Spis treści

W tomie II

Barbara Engelking, Jan Grabowski

Wstęp

Dwa tomy, które oddajemy w ręce czytelników, są owocem kilkuletniej pracy zespołu badaczy skupionych wokół działającego przy Instytucie Filozofii i Socjologii PAN Centrum Badań nad Zagładą Żydów. Centrum podejmowało już temat Zagłady na prowincji: w tomie *Prowincja noc* z 2007 r., a następnie w *Zarysie krajobrazu* z 2011 r. Kolejnym etapem kilkuletniego projektu jest obecna książka, dla której bezpośrednią inspiracją były wcześniejsze wyniki badań nad powiatem Dąbrowa Tarnowska[1]. Pojawiło się wówczas wiele pytań dotyczących roli Niemców, reakcji i działań Żydów oraz postaw Polaków, postanowiliśmy więc prześledzić te procesy na większej próbie i – stosując podobne podejście metodologiczne – przyjrzeć się z bliska wybranym terenom okupowanej Polski. Dodatkowym impulsem była żywa dyskusja, jaka od kilkunastu lat toczy się w prasie oraz literaturze przedmiotu i odbija się również szerokim echem w mediach. Dyskusja, zapoczątkowana publikacją *Sąsiadów* Jana Tomasza Grossa w 2000 r., dotyczy skali polskiego współuczestnictwa w zagładzie Żydów, a przede wszystkim postaw Polaków po zakończeniu akcji „Reinhardt" (eksterminacji Żydów w Generalnym Gubernatorstwie i w okręgu białostockim), czyli w tzw. trzeciej fazie Zagłady, przez Niemców zwanej okresem polowania na Żydów, *Judenjagd*. To właśnie wówczas, w latach 1942–1945, nastawienie polskiego otoczenia w ogromnym stopniu warunkowało szanse przeżycia Żydów. W dyskusji odwoływano się nie tylko do argumentów historycznych *sensu stricto*, lecz także do racji emocjonalnych, głównie zaś politycznych, gdy wzywano do obrony „dobrego imienia narodu" i „polskiej racji stanu". Sytuacja ta uzmysłowiła nam konieczność pogłębienia badań i analiz, a zwłaszcza dostarczenia znaczących ilościowo i jakościowo udokumentowanych danych, które stanowiłyby punkt wyjścia dalszych badań i debat na gruncie realiów historycznych, a nie sentymentów, resentymentów czy mitów.

---

1 Jan Grabowski, *Judenjagd. Polowanie na Żydów 1942–1945. Studium dziejów pewnego powiatu*, Warszawa: Stowarzyszenie Centrum Badań nad Zagładą Żydów, 2011. Rozszerzone i uzupełnione wydanie angielskie: *Hunt for the Jews. Betrayal and Murder in German-Occupied Poland*, Bloomington–Indianapolis: Indiana University Press, 2013.

TERENY BADAWCZE

Książka składa się z dziewięciu rozdziałów, z których każdy dotyczy innego powiatu; w porządku alfabetycznym są to: Bielsk Podlaski, Biłgoraj, Bochnia, Dębica, Łuków, Miechów, Nowy Targ, Węgrów i Złoczów. W 1942 r., w przededniu akcji „Reinhardt", na obszarze wszystkich badanych powiatów znajdowało się około 140 tys. Żydów, stanowili oni od 5 do 10% ogółu ludności. Celem naszej pracy było prześledzenie – w miarę możliwości jak najbardziej szczegółowo – losów Żydów zamieszkałych na terenie każdego z tych powiatów w latach 1939–1945, szczególnie zaś interesował nas okres akcji likwidacyjnych (1942–1943) oraz czas ukrywania się, który trwał aż do wyzwolenia. Czytelnik historię zagłady Żydów poznaje zazwyczaj przez pryzmat wielkich miast: Warszawy, Krakowa czy Łodzi, i tamtejszych gett. Tymczasem większość polskich Żydów żyła i ginęła w setkach małych miasteczek rozsianych po całym obszarze okupowanego kraju; właśnie ta część historii Zagłady jest znana o wiele słabiej. Naszym celem była analiza sytuacji na prowincji – czyli w małych i średniej wielkości skupiskach żydowskich (do 12 tys. mieszkańców) oraz gettach otwartych, a także mniejszych, w tym wiejskich, skupiskach Żydów, którym aż do końca udało się uniknąć przesiedlenia do większych miejscowości.

Wybrane przez nas jednostki administracyjne znajdują się w różnych rejonach Polski, co umożliwia porównanie polityki eksterminacyjnej okupanta oraz analizę różnorakich strategii przetrwania przyjętych przez żydowskie ofiary. W żadnym z analizowanych powiatów nie było lepiej zbadanych dużych ośrodków miejskich, w których zarówno przebieg akcji wysiedleńczych, możliwości ucieczki z gett, jak i sposoby ratowania się po stronie aryjskiej były odmienne niż na prowincji. Przeważnie – choć nie zawsze – za podstawę badawczą każdego studium przyjęto teren *Kreishauptmannschaft*, czyli niemieckiego powiatu[2]. Po ustanowieniu Generalnego Gubernatorstwa 12 października 1939 r. i reformie administracyjnej przeprowadzonej na początku 1940 r. kreishauptmannschafty zastąpiły przedwojenne powiaty;

2 Do wyjątków należą powiaty węgrowski oraz bielski. Powiat węgrowski podczas okupacji został wcielony do Kreishauptmannschaft Sokolow-Wengrow, a powiat Bielsk Podlaski objął również gminy, które po wojnie znalazły się w obrębie Związku Sowieckiego. W obu wypadkach przedmiotem analizy historycznej stały się gminy położone na terenach powiatów o granicach z 1939 r.

zazwyczaj niemiecki kreishauptmannschaft zawierał w sobie tereny dwóch lub więcej polskich powiatów.

Struktura administracyjna GG początkowo obejmowała cztery dystrykty: warszawski, krakowski, radomski, lubelski, a od sierpnia 1941 r. doszedł przyłączony po najeździe na ZSRR piąty dystrykt — Galicja. Stolica każdego dystryktu stanowiła jednocześnie „powiat miejski" (*Stadthauptmannschaft*)[3]. Obok „powiatów miejskich" w skład poszczególnych dystryktów wchodziły wcześniej wspomniane kreishauptmannschafty. W dystrykcie warszawskim było ich dziewięć, w lubelskim i radomskim po dziesięć, w krakowskim dwanaście, a dystrykt Galicja obejmował jedenaście kreishauptmannschaftów. Niemieckie powiaty w GG liczyły zazwyczaj od 150 do 300 tys. ludności, choć zdarzały się odstępstwa od tej normy[4]. W lecie 1941 r., po przyłączeniu dystryktu Galicja, GG obejmowało obszar 150 tys. km kw. oraz liczyło nieco ponad 17 mln ludności[5]. 22 lipca 1941 r. Niemcy utworzyli na zajmowanych właśnie północno-wschodnich ziemiach polskich okręg białostocki (Bezirk Bialystok), zamieszkiwany przez około 1,13 mln mieszkańców[6]. Obejmował on większość przedwojennego województwa białostockiego oraz część powiatów prużańskiego i brzeskiego z dawnego województwa poleskiego. Ziemie te nie zostały wcielone do Generalnego Gubernatorstwa – miały charakter rejencji, struktura administracyjna była wzorowana na Prusach Wschodnich, a w skład okręgu wchodziło osiem

3 Jedynym wyjątkiem był dystrykt radomski, gdzie znajdowały się trzy stadthauptmannschafty: Częstochowa, Kielce oraz sam Radom.

4 Zob. *Amtliches Gemeinde- und Dorfverzeichnis für das Generalgouvernement*, Krakau: Burgverlag, 1943; Max Freiherr du Prel, *Das Generalgouvernement*, Würzburg: Triltsch, 1942, rozdział 1.

5 Szacunki niemieckie dotyczące liczby mieszkańców poszczególnych dystryktów wynosiły w 1941 r.: dystrykt krakowski 3,7 mln, lubelski 2,5 mln, radomski 2,7 mln, warszawski 3,5 mln (zob. Friedrich Gollert, *Zwei Jahre Aufbauarbeit im Distrikt Warschau*, Warschau: Deutscher Osten, 1941, s. 35). Przyłączony w sierpniu 1941 dystrykt Galicja liczył 4,7 mln mieszkańców (zob. *Das Generalgouvernement, seine Verwaltung und seine Wirtschaft*, oprac. Josef Bühler, Krakau: Burgverlag, 1943, s. 30). Czesław Madajczyk szacował liczbę ludności w Generalnym Gubernatorstwie i Bezirk Bialystok łącznie na 18 mln 183 tys. mieszkańców (*idem*, *Polityka III Rzeszy w okupowanej Polsce*, Warszawa: PWN, 1970, szczególnie rozdział „Zmiany ludnościowe w czasie wojny i okupacji", t. 1, s. 234–284, ponadto zaś t. 1, s. 533, 631 oraz t. 2, s. 165–176, 247, 259, 328).

6 Takie szacunki podaje *The United States Holocaust Memorial Museum Encyclopedia of Camps and Ghettos 1933–1945* [dalej *Encyclopedia*], t. 2: *Ghettos in German-Occupied Eastern Europe*, cz. A, red. Martin Dean, współpraca Mel Hecker, Bloomington–Indianopolis: Indiana University Press, 2012 s. 858.

kreiskomisariatów. Na terenie pięciu dystryktów GG i Bezirk Bialystok mieszkało nieco ponad 18 mln ludności, w tym około 2,2 mln Żydów[7].

Badane przez nas powiaty podczas wojny znalazły się na terenie różnych dystryktów Generalnego Gubernatorstwa. Powiat węgrowski (w czasie okupacji wszedł w skład większego Kreishauptmannschaft Sokolow-Wengrow) znajdował się w dystrykcie warszawskim, powiaty łukowski (w czasie okupacji część Kreis Radzyn Podlaski) oraz biłgorajski – w dystrykcie lubelskim; dębicki, miechowski, bocheński i nowotarski – w dystrykcie krakowskim, a powiat złoczowski od lata 1941 r. znajdował się w dystrykcie Galicja. Powiat bielski natomiast został włączony do wydzielonego obszaru Bezirk Bialystok. W wyniku takiego doboru badanych terenów udało nam się pokazać różnorodność uwarunkowań (gospodarczych, geograficznych, społecznych), które wpływały na przebieg Zagłady, oraz rozmaite możliwości ukrywania się Żydów. Nasze konkluzje wskazują też na to, co wspólne: ludzką determinację i odwagę, strach, a także podłość.

KWESTIE METODOLOGICZNE

Prezentowane w obu tomach studia „powiatowe" odwołują się do wypracowanego w latach siedemdziesiątych XX w. rodzaju pisarstwa historycznego określanego jako „mikrohistoria"[8]. Mikrohistoria to „praktyka

---

7 Albert Stankowski i Piotr Weiser podają, że w GG było około 1 mln 990 tys. Żydów (zob. *eidem*, *Demograficzne skutki Holokaustu* [w:] *Następstwa zagłady Żydów. Polska 1944–2010*, red. Feliks Tych, Monika Adamczyk-Garbowska, Lublin: Wydawnictwo UMCS, Warszawa: ŻIH, 2011, s. 19), ponadto w Bezirk Bialystok było ich około 150 tys. (zob. *Encyclopedia*, s. 858), czyli razem około 2 mln 140 tys. Wszystkie liczby są szacunkowe, nie sposób w dynamicznej sytuacji – gdy następowały deportacje Żydów między różnymi częściami okupowanej Polski dokonywane przez Niemców, ucieczki Żydów z wielu miejscowości (oraz na Wschód), a przede wszystkim śmierć z głodu, chorób, wycieńczenia w gettach, obozach pracy czy wskutek rozstrzeliwań – ustalić jednoznacznych danych demograficznych. W marcu 1943 r. Niemcy przeprowadzili spis powszechny; liczba mieszkańców wynosiła wówczas w GG 14 mln 900 tys., a wraz z Bezirk Bialystok 15 mln 800 tys. osób. Na podstawie porównania z wcześniejszymi danymi 18,1 mln okazuje się, że ubytek ludności wynosi około 2,3 mln osób. Liczba zamordowanych i ukrywających się Żydów mieści się zapewne w przedziale między tymi dwoma szacunkami, przyjęliśmy, że było to około 2,2 mln osób.

8 O pojęciu mikrohistorii zob. klasyczna książka jednego z twórców tego podejścia: Carlo Ginzburg, *Microhistory: Two or Three Things That I Know About It*, „Critical Inquiry", jesień 1993, t. 20. W polskim obszarze językowym zob. przede wszystkim Ewa Domańska, *Mikrohistorie. Spotkania w międzyświatach*, wyd. 2 uzupełnione i uaktualnione, Poznań: Wydaw-

historiograficzna, której zamysłem jest zachowanie elementu indywidualnego narracji przy jednoczesnym dążeniu do generalizacji", a jednocześnie stara się „nie zarzucać abstrakcji, ponieważ pojedyncze przypadki mogą okazać się kluczowe do ukazania ogólniejszych fenomenów" – pisał jeden z twórców tej metody, Giovanni Levi[9]. W historiografii niemieckiej mikrohistoria jest silnie związana z historią codzienności, historią „małych światów przeżywanych" (*kleine Lebenswelten*), dąży do zbadania szczegółów dotyczących niewielkich społeczności i określonego, zazwyczaj niedużego obszaru. Tak pojęta mikrohistoria, manifestująca niejako swą fragmentaryczność czy niekompletność, prowadzi jednak w zamyśle jej teoretyków i praktyków do konstatacji natury ogólnej, do zarysowania szerszego kontekstu historycznego, do uchwycenia i zinterpretowania relacji między tym, co lokalne, a tym, co globalne. Badania prowadzone w skali mikro otwierają perspektywę rozumienia zjawisk oraz mechanizmów wykraczających poza lokalność i prowadzą do wnioskowania w skali makro.

U podstaw naszej pracy leży przekonanie, że mikrohistoria, czyli zejście do poziomu doświadczeń jednostkowych, jest najlepszą metodą umożliwiającą zbadanie i zrozumienie natury Zagłady z perspektywy jej ofiar. Takie podejście metodologiczne pozwala na kwantyfikację zebranego materiału, odtworzenie losów całych wspólnot żydowskich, polityki okupanta oraz postaw i działań polskiego społeczeństwa. Mikrohistoria umożliwia historykowi odejście od uogólniających teorii, pozwala na lepsze zrozumienie motywów działań, strategii [przetrwania] obranych przez jednostki oraz przez niewielkie grupy ludzkie [...]"[10]. W ostatnich latach studia z mikrohistorii wojny i okupacji wniosły nową wiedzę i umożliwiły badaczom głębsze rozumienie Zagłady.

Nie przypadkiem pierwsze badania i analizy przebiegu Zagłady oparte na tego rodzaju metodologii pojawiły się we Francji[11]. Prześledzenie

---

nictwo Poznańskie, 2005 (rozdz. „Inspiracje", s. 57–67, tam bibliografia), oraz *Historia społeczna, historia codzienności, mikrohistoria*, red. Winfred Schulze, tłum. Andrzej Kopacki, Warszawa: Volumen, 1996.

9 Cyt. za: Dorota Gregorowicz, *Mikrohistoria – otwieranie nowych horyzontów*, https://histmag.org/Mikrohistoria-otwieranie-nowych-horyzontow-9621 (dostęp 23 x 2017 r.).

10 *Microhistories of the Holocaust*, red. Claire Zalc, Tal Bruttmann, New York: Berghahn, 2017, s. 2.

11 Nicolas Mariot, Claire Zalc, *Face à la persécution. 991 Juifs dans la guerre*, Paris: Odile Jacob i Fondation pour la Mémoire de la Shoah, 2010. Praca Mariota i Zalc dotyczyła losów

indywidualnych trajektorii losów większej liczby ludzi było szczególnie zasadne w kraju, gdzie ze względu na mniejszą liczbę ofiar łatwiej odtworzyć ich dzieje, niż jest to możliwe na wschodzie Europy. Równie ważny okazał się znakomity stan zachowania dokumentów z okresu drugiej wojny światowej we francuskich archiwach. We Francji, skąd deportowano na śmierć około 75 tys. Żydów, historycy mają dostęp do ogromnego zasobu akt samorządowych, miejskich, administracji centralnej (zarówno Vichy, jak i strefy okupowanej) oraz kompletnych, niesłychanie drobiazgowych akt policyjnych, którym towarzyszą setki (uaktualnianych nieraz co miesiąc) list imiennych Żydów przeznaczonych do aresztowania.

Z Francji do obozów zagłady deportowano około 25% przebywających na jej terenie Żydów. Inaczej było w znanej od wieków z tolerancji Holandii, gdzie ofiarą *Endlösung* padło aż 75% miejscowych Żydów. Właśnie ta statystyka skłoniła historyków holenderskich do poszukiwania nowych interpretacji i sięgnięcia po metody badawcze stosowane w mikrohistorii. Kolejne studia z wybranych regionów Holandii pozwoliły lepiej zrozumieć nie tylko mechanizmy eksterminacji, lecz przede wszystkim rolę „świadków", czyli nastawienie szerokich rzesz społeczeństwa holenderskiego do prześladowanych współobywateli żydowskich. Wynikiem tego była – i nadal jest – niezwykle ożywiona debata, która wyszła poza wąsko pojęty krąg specjalistów i odbiła się głośnym echem w holenderskich mediach[12].

W odniesieniu do terenów okupowanej Polski metodą mikrohistorii posłużył się m.in. Christopher Browning. Jego celem było zbadanie historii obozu pracy niewolniczej w Starachowicach, a wobec ubóstwa źródeł archiwalnych postanowił odtworzyć ją przez pryzmat indywidualnych losów 472 żydowskich więźniów[13]. Podobną metodę zastosowali Michał Kalisz

Żydów z miasta Lens. Alexandre Doulut i Sandrine Labeau zajęli się losem Żydów z departamentu Garonny (*eidem*, *Les 473 Déportés juifs de Lot-et-Garonne. Histoires individuelles et archives*, Marmande: Après l'oubli, Paris: les Fils et filles des déportés juifs de France, 2010). Na temat Grenoble zob. *Commission d'enquête de la ville de Grenoble sur les spoliations des biens de juifs, Persécutions et spoliations des Juifs pendant la Seconde Guerre mondiale, Résistances*, red. Tal Bruttmann, Grenoble: Presses universitaires de Grenoble, 2004.

12 Zob. *The Persecution of the Jews in the Netherlands, 1940–1945. New perspectives*, red. Pim Griffioen, Amsterdam: Vossiuspers UvA, 2012; Christina Morina, *The 'Bystander' in Recent Dutch Historiography*, „German History" 2014, t. 32, nr 1, s. 101–111.

13 Christopher R. Browning, *Pamięć przetrwania. Nazistowski obóz pracy oczami więźniów*, tłum. Hanna Pustuła-Lewicka, Wołowiec: Czarne, 2012. Przykładem badań mikrohistorycznych jest także inna książka tego autora: *Zwykli ludzie. 101. Policyjny Batalion Rezerwy i „ostateczne rozwiązanie" w Polsce*, tłum. Piotr Budkiewicz, Warszawa: Bellona, 2000.

i Elżbieta Rączy, opisując dzieje Żydów w powiecie gorlickim[14]. Mikrohistoria nie jest jednak, co należy podkreślić, tożsama z historią lokalną, odłączoną od szerszej sceny historycznej[15]. W naszym wypadku tereny badanych powiatów łączą się z całym obszarem Polski (oraz okupowanej Europy) nie tylko przez losy deportowanych i wyniszczanych Żydów, lecz także przez uniwersalne wybory moralne ich „sąsiadów", które są szczególnie wyraziste na tle żydowskiej walki o przeżycie.

BAZA ŹRÓDŁOWA

Opis każdego z badanych przez nas powiatów powstał w wyniku gruntownej kwerendy wszelkich dostępnych, często unikatowych źródeł. To właśnie wielość i różnorodność dokumentów, które stały się podstawą badawczą, stanowi o sile książki. Studia „powiatowe" oparte są na dokumentach z archiwów polskich, izraelskich, amerykańskich, niemieckich, ukraińskich, białoruskich i rosyjskich. Kwerendą objęliśmy dokumentację wytworzoną przez Polskie Państwo Podziemne, władze emigracyjne, żydowskie organizacje samopomocy społecznej, niemiecko-polską i niemiecką administrację, żandarmerię i policję granatową, a także prasę konspiracyjną i „gadzinową" itp. Oprócz dzienników i relacji żydowskich oraz polskich czy zeznań składanych w powojennych dochodzeniach i procesach przed polskimi sądami powszechnymi albo prokuratorami okręgowych komisji badania zbrodni hitlerowskich, wykorzystaliśmy też akta niemieckich dochodzeń i procesów toczonych przeciwko sprawcom przede wszystkim w latach pięćdziesiątych i sześćdziesiątych XX w. Po raz pierwszy w literaturze przedmiotu sięgnęliśmy po teczki polskich sądów grodzkich i okręgowych z okresu okupacji, szerzej wykorzystaliśmy również obfite zasoby archiwów regionalnych, gdzie zgromadzono między innymi dokumentację urzędów niższego szczebla (zarządów miejskich), i akta gminne, zawierające na przykład korespondencję wójtów i sołtysów czy protokoły posiedzeń

14 Michał Kalisz, Elżbieta Rączy, *Dzieje społeczności żydowskiej powiatu gorlickiego podczas okupacji niemieckiej 1939–1945*, Rzeszów: IPN, 2015.

15 Zob. np. *The Holocaust and Local History: Proceedings of the First International Graduate Students' Conference on Holocaust and Genocide Studies (Strassler Family Center for Holocaust and Genocide Studies, Clark University, 23–26 April 2009)*, red. Tom Lawson, Thomas Kuhne, London: Vallentine Mitchell, 2011, szczególnie wstęp, s. 1–12.

władz gminy. Korzystaliśmy ze źródeł historii mówionej, takich jak nagrane zeznania ocalałych Żydów czy wywiady z Polakami, uczestnikami i świadkami badanych wydarzeń[16]. Autorzy zebrali też pewną liczbę źródeł wywołanych – głównie są to wywiady przeprowadzone w czasie badań. W wielu wypadkach udało się nam dotrzeć do archiwaliów prywatnych – chodzi przede wszystkim o listy, wspomnienia i materiały ikonograficzne, które nigdy wcześniej nie weszły do obiegu naukowego.

Nawet najskrupulatniej przeprowadzona kwerenda archiwalna nie wystarcza jednak, by udzielić całkowicie zadowalających odpowiedzi na pytania dotyczące niektórych aspektów opisywanych wydarzeń. Zróżnicowanie źródeł dostępnych dla poszczególnych powiatów spowodowało, że w każdym z nich pewne kwestie pozostają częściowo niemożliwe do zbadania, a tym samym nierozstrzygnięte. Takie czynniki, jak trudne do wyobrażenia i oszacowania liczby ofiar, luki w dokumentacji, meandry ludzkiej pamięci, kłamstwa i przeinaczenia faktów podawanych w zeznaniach, skutkują rozmaitymi białymi plamami, przy których wypełnianiu należy zachować szczególną rozwagę. Dlatego też liczby i szacunki zawarte w książce są ostrożne.

Badania nad poszczególnymi powiatami nie byłyby możliwe bez wykorzystania bezcennej pracy regionalnych badaczy – zawodowych historyków i amatorów. W każdym z badanych przez nas rejonów istnieją periodyki poświęcone lokalnej historii, które stanowią ogromny zasób wiedzy[17]. W czasie pracy nad poszczególnymi powiatami przekonaliśmy się, że wiele szczegółowych informacji można uzyskać, jedynie prowadząc badania na miejscu, korzystając z pamięci mieszkańców, ich wspomnień i relacji.

16 Przede wszystkim w zasobach USC Shoah Foundation, Visual History Archive, a także w zbiorach USHMM, Yad Vashem, Archiwum Historii Mówionej Domu Spotkań z Historią, Polskich Sprawiedliwych i innych.

17 Jesteśmy dłużnikami wielu badaczy zgłębiających i opisujących historię regionów lub poszczególnych miejscowości. Wymieńmy przede wszystkim Zbigniewa Romaniuka piszącego o Brańsku, Krzysztofa Czubaszka zajmującego się Łukowem, Jana Ziobronia, historyka amatora z Radomyśla Wielkiego, Andrzeja Krempę i Stanisława Wanatowicza z Mielca, Ireneusza Sochę z Dębicy czy Reginę Smoter Grzeszkiewicz, od lat badającą losy Żydów ze Szczebrzeszyna, powiatu Radecznica i innych miejscowości Zamojszczyzny.

POLITYKA NIEMIECKA: LOKALNA SPECYFIKA

Historycy (poczynając od Raula Hilberga) często oceniają niemiecką strategię dotyczącą polityki eksterminacji Żydów jako szczegółowo i precyzyjnie planowaną, niemniej analiza okupacyjnych dziejów wybranych powiatów dostarcza dowodów na różnorodność i wyjątkowość miejscowych warunków i ich ważny wpływ na kształtowanie zachowań ludzkich: ofiar, sprawców oraz wszystkich pozostałych, których przywykliśmy nazywać „świadkami". Mimo tych odmienności i bez względu na to, czy przedmiotem badań jest historia Miechowa, Biłgoraja, Bielska Podlaskiego czy Węgrowa, w każdym przypadku do końca wojny zdołała dotrwać jedynie niewielka część.

Tabela 1. Ocalali z Zagłady

Powiat	Ludność żydowska w 1942 r.	Żydzi z terenu powiatu, którzy przeżyli Zagładę	Odsetek ocalałych w stosunku do liczby Żydów w przededniu deportacji
Bielsk Podlaski	22 500[18]	321	1,4
Biłgoraj	14 500	274	1,9
Bochnia	11 157	395	3,5
Dębica	18 000	233	1,3
Łuków	15 988	140	0,8
Miechów	30 000	191	0,6
Nowy Targ	4 445	115[19]	2,6
Węgrów	11 200	195	1,8
Złoczów	10 359	634	6,1
RAZEM	138 149	2 498	1,8

Źródło: Opracowanie własne na podstawie badań przeprowadzonych przez zespół autorów.

Spośród około 140 tys. żydowskich mieszkańców dziewięciu badanych powiatów w 1942 r. przeżyło 2498 osób (1,8%). O tylu ludziach — jak dotych-

18 Dane dotyczą wschodniej części powiatu, tj. tej, która po wojnie znalazła się w granicach Polski.

19 W tym około 80 osób przeżyło na terenie obozów, 26 osób poza powiatem nowotarskim, a zaledwie 9 osób na jego terenie.

czas — odnaleźliśmy i zweryfikowaliśmy informacje we wszystkich przebadanych dostępnych źródłach. Dalsze badania być może zweryfikują te liczby. Różnorodność żydowskich losów, zachowań i strategii przetrwania wiązała się w części z odrębnymi uwarunkowaniami miejscowymi, a w części stanowiła odbicie elastyczności niemieckiego systemu administracji i eksterminacji, w którym widoczny jest znaczny margines własnej inicjatywy i inwencji pozostawiony miejscowym władzom policyjnym i cywilnym. W niemieckim systemie, jak to wcześniej odnotowali Christopher Browning czy Raul Hilberg[20], wiele zależało od oddolnej inicjatywy, od tego, czy niższej rangi funkcjonariusze umieli być skuteczni i improwizować – niejako odczytując niesformułowane na piśmie oczekiwania swoich przełożonych. A niemiecka improwizacja pociągała za sobą łańcuch dalszych improwizacji, także w wykonaniu zarówno Żydów, jak i Polaków.

Niemiecka polityka wobec Żydów na terenie powiatów omawianych w książce ewoluowała w rozmaity sposób. Także miejscowe stosunki między Żydami i ich sąsiadami cechowały się lokalnymi wariacjami, w związku z czym bieg wydarzeń na każdym obszarze kształtował się trochę inaczej. Do czynników, które w zasadniczy sposób zmieniały przebieg „akcji wysiedleńczych" – jak eufemistycznie nazywano masowe mordy i deportacje do obozów zagłady – należały odległość likwidowanych żydowskich skupisk od linii kolejowej czy też liczebność znajdujących się w pobliżu i gotowych do działania niemieckich „komand likwidacyjnych". Widać to szczególnie wyraźnie na przykładzie powiatu biłgorajskiego, gdzie likwidacjom gett towarzyszyły marsze do nieraz bardzo odległych punktów koncentracji; w ich trakcie ginęły setki Żydów. Podobnie rzecz się miała w powiatach węgrowskim i miechowskim. Jeżeli zaś mowa o powiecie biłgorajskim, to warto zauważyć, że Zagłada na tym terenie nie przebiegała wedle tylko jednego schematu. Można założyć, że duże rozproszenie Żydów w słabo skomunikowanych ze sobą miejscowościach (przed wojną Żydzi mieszkali poza miasteczkami w 80 – w przybliżeniu – wsiach i koloniach) spowodowało wprowadzenie w życie innego jeszcze sposobu „ostatecznego rozwiązania kwestii żydowskiej". Najbardziej charakterystyczną cechą eksterminacji w powiecie biłgorajskim było zastosowanie na taką samą skalę obu metod mordowania: rozstrzeliwań na miejscu i wywózek do obozu zagłady. Czasem zamiast prze-

20 Browning, *Zwykli ludzie...*; Raul Hilberg, *Sprawcy, ofiary, świadkowie. Zagłada Żydów 1933–1945*, tłum. Jerzy Giebułtowski, Warszawa: Centrum Badań nad Zagładą Żydów IFiS PAN i Cyklady, 2006.

siedlać ludność z całej okolicy do najbliższych większych skupisk, w teren wyruszał pluton egzekucyjny i jeżdżąc od wsi do wsi, wyłapywał i mordował Żydów na miejscu. Podobnie działo się w Baczkach pod Łochowem czy w podhalańskich Krościenku i Ochotnicy. Najczęściej, przykładem niech będzie powiat miechowski, Niemcy stosowali kombinację różnych taktyk eksterminacyjnych, opierając się – szczególnie z powodu szczupłości własnych sił policyjnych – na polskiej policji granatowej, jednostkach Ochotniczej Straży Pożarnej oraz na skoszarowanych tam oddziałach junaków ze Służby Budowlanej (Baudienst). Podobna „improwizacja" jest widoczna w wypadku Węgrowa i miasteczek powiatu biłgorajskiego, gdzie poza żandarmami w akcjach likwidacyjnych wzięli udział funkcjonariusze PP, strażacy z OSP oraz rzesze „gapiów". Nieco inaczej ewoluowała sytuacja w okolicach Łukowa, gdzie przez dłuższy czas stacjonowały dwa bataliony niemieckiej policji rezerwowej, które niemal samodzielnie dokonały licznych masowych mordów miejscowych Żydów. Bezpośredni udział w eksterminacji Żydów miały także niemieckie władze cywilne. Na przykład w Miechowie nadzorowały one drugą fazę likwidacji gett, przeprowadzaną przez żandarmerię. Lokalny wariant stanowi też likwidacja gett w powiecie bielskim (i w całym Bezirk Bialystok) – tam nastąpiła ona wszędzie tego samego dnia: Żydów przewieziono w tym samym czasie do dwóch największych gett i stamtąd deportowano do Treblinki[21].

Inną taktyką posługiwano się przy likwidacji gett zamkniętych, przeważnie tych największych, inną w wypadku gett otwartych lub częściowo zamkniętych, tam gdzie prawdopodobieństwo ucieczek na aryjską stronę było szczególnie wysokie. Na poziomie badań mikrohistorycznych widać wyraźnie, że na często wspominaną rzekomą „nieuchronność Zagłady" składało się wiele elementów, które bynajmniej nieuchronne nie były.

AKCJE LIKWIDACYJNE: OFIARY

Jedną z podstawowych cezur czasowych przyjętych w każdym ze studiów są *Liquidierungsaktionen*, czyli akcje likwidacyjne przeprowadzane w ramach operacji „Reinhardt". Staraliśmy się prześledzić ich przebieg na tyle dokładnie, na ile to jest możliwe, choć w tekstach prezentujemy jedynie najważniejsze fakty, wychodząc z założenia, że właśnie ten dzień lub te dni miały

21 Z wyjątkiem Prużany, skąd Żydów wywieziono w styczniu 1943 r. do Auschwitz-Birkenau.

decydujące znaczenie dla losu ofiar. Likwidacje, przeprowadzane z trudną do opisania brutalnością, rozgrywały się na oczach sąsiadów, stając się swoistym spektaklem grozy. Liczby dają pewne wyobrażenie o skali przemocy, a zawarte w studiach opisy (czasem oddające przebieg akcji godzina po godzinie) nie pozostawiają wątpliwości, że terror miał na celu zduszenie jakiejkolwiek woli oporu deportowanych Żydów. Dokonywane publicznie mordy stanowiły także ostrzeżenie dla nieżydowskiej ludności, a jednocześnie były sygnałem, że życie żydowskie przestało mieć jakąkolwiek wartość. W Węgrowie 22 września 1942 r., w dniu likwidacji, na ulicach miasteczka wymordowano przynajmniej tysiąc Żydów, czyli 10% ludności getta. W Miechowskiem, gdzie likwidację przeprowadzono w dwóch etapach, skala mordów dokonywanych na miejscu wyglądała podobnie. W powiecie nowotarskim w czasie akcji likwidacyjnych wymordowano ponad 20% miejscowych Żydów, a w złoczowskim – 36–38% (likwidacja getta wtórnego i obozów pracy). Pamiętać przy tym trzeba, że pod sucho brzmiącymi danymi procentowymi kryją się tysiące zamordowanych dzieci, kobiet, osób starszych i chorych oraz mężczyzn. I to właśnie w tej kolejności, gdyż to najsłabsi – dzieci, kobiety i osoby starsze – byli w przeważającej mierze ofiarami rozstrzeliwań dokonywanych przez oddziały likwidacyjne i ich miejscowych „pomocników".

W żadnym z przedstawionych przypadków nie zdołaliśmy dokładnie określić, ilu spośród Żydów wymordowanych w czasie samej akcji likwidacyjnej próbowało się ratować, ilu wyciągnięto z przemyślnych bunkrów i przygotowanych wcześniej kryjówek, a ilu zabito, choć nie stawiali oporu i nie próbowali się ukrywać. Nie znamy też dokładnej liczby uciekinierów z gett, którzy zostali wyłapani zaraz po zakończeniu akcji, w ciągu kilku godzin czy dni. Tak więc przedstawione szacunki – o których będzie mowa dalej – wywiedzione zostały w sposób ostrożny, a jednocześnie na tyle skrupulatny, na ile pozwoliły szczegółowe kwerendy.

SPRAWCY I ICH POMOCNICY

Dokładna analiza przebiegu akcji likwidacyjnych pozwala nam na pogłębienie i wzbogacenie dotychczasowej wiedzy na ten temat. Na podstawie powojennych niemieckich i polskich materiałów procesowych można zazwyczaj dość dokładnie ustalić skład sił użytych przez Niemców do likwidacji gett. Dane procesowe są tu szczególnie ważne, gdyż w relacjach polskich i żydowskich Niemcy jawią się jako jednorodny oddział umundurowanych mężczyzn, określany zazwyczaj jako „SS-mani", „gestapowcy", „szupowcy", „szucmani" czy „żandarmi". Istotne jest to, że do likwidacji gett Niemcy używali różnych lokalnych i zamiejscowych formacji policyjnych: funkcjonariuszy Policji Bezpieczeństwa (Sipo) oraz żandarmerii, Schupo (policji miejskiej), Waffen SS (Judenvernichtungstruppen), Policji Ochrony Kolei (Bahnschutzpolizei), lokalnej Schutzpolizei (na terenie Bezirk Bialystok), batalionów rezerwowych Policji Porządkowej (Orpo) oraz przedstawicieli niemieckiej administracji cywilnej. Poza nimi istotną rolę odegrały pomocnicze oddziały Wachtmansschaften SS, złożone z byłych jeńców sowieckich (przez Polaków i Żydów nieraz nazywani askarami, hiwisami lub czarnymi), oraz inne niemieckie formacje, takie jak oddziały wartownicze, służba samochodowa, straż przemysłowa (Werkschutz) czy też – czasami – młodzież z Hitlerjugend.

Zależało nam także na ustaleniu nazwisk nieznanych wcześniej i często nieosądzonych sprawców spośród niemieckich żandarmów czy funkcjonariuszy administracji okupanta. Na temat niemieckich sprawców Zagłady istnieje niezwykle obfita – i wciąż rosnąca – literatura historyczna[22], natomiast szczególnie oryginalnym i ważnym aspektem naszych badań jest poszerzenie wiedzy o udziale Polaków (a także Białorusinów czy Ukraińców), którzy na różne sposoby – i z różnych przyczyn – włączyli się bądź też zostali włączeni w eksterminację Żydów. W pierwszej kolejności należy podkreślić złowrogą rolę Policji Polskiej Generalnego Gubernatorstwa, zwanej od koloru mundurów granatową, która stanowiła istotny element niemieckiej strategii wyniszczenia Żydów. Rola granatowych bynajmniej nie ograniczała się do uszczelniania kordonów wokół gett prowincjonalnych. Polscy funkcjonariusze wkraczali wraz z niemieckimi żandarmami do dzielnic żydowskich, brali udział w poszukiwaniach ukrywających się Żydów, złapanych eskortowali

22 Publikacji o niemieckich sprawcach jest tak wiele, że nie sposób je tu wyliczyć. Tytułem przykładu podajemy kilka niedawno wydanych monografii: Wolfgang Curilla, *Der Judenmord in Polen und die deutsche Ordnungspolizei 1939–1945*, Paderborn: Schöningh, 2011; Stefan Klemp, *Vernichtung: Die deutsche Ordnungspolizei und der Judenmord im Warschauer Ghetto 1940–43*, Münster: Prospero, 2013; Frank Bajohr, Dieter Pohl, *Massenmord und schlechtes Gewissen: Die deutsche Bevölkerung, die NS-Führung und der Holocaust (Die Zeit des Nationalsozialismus)*, Frankfurt am Main: S. Fischer Verlag, 2008; Thomas Sandkühler, *„Endlösung" in Galizien: Der Judenmord in Ostpolen und die Rettungsinitiativen von Berthold Beitz 1941–1944*, Bonn: J.H.W. Dietz Verlag, 1996; Rupert Butler, *The Gestapo: A History of Hitler's Secret Police, 1933–45*, London: Amber Books, 2015; Waitman Wade Beorn, *Marching into Darkness. The Wehrmacht and the Holocaust in Belarus*, Cambridge, MA: Harvard University Press, 2014.

do pociągów śmierci oraz często dokonywali egzekucji. Nieco później, już po likwidacji gett, zadaniem polskich policjantów była służba wartownicza w opuszczonych „dzielnicach zamkniętych". W momencie wycofania z terenu niemieckich oddziałów likwidacyjnych, wtedy gdy rozpoczynała się trzecia faza Zagłady, polscy policjanci brali – często, lecz nie zawsze, na rozkaz niemieckich przełożonych – udział w obławach na ukrywających się Żydów, a także rozstrzeliwali tych, których doprowadzono na posterunek. Ponadto z własnej inicjatywy i bez rozkazu wyszukiwali i mordowali Żydów w wielu mniejszych miejscowościach oraz na obszarach wiejskich, gdzie obecność żandarmerii była znikoma bądź też Niemców w ogóle nie było.

Drugą polską formacją, której członków widać w czasie akcji likwidacyjnych w kilku z badanych powiatów, była Ochotnicza Straż Pożarna. Zagadnienie udziału polskich strażaków w akcjach eksterminacyjnych to temat dotychczas słabo rozpoznany przez historyków[23]. Jak wynika ze studiów zawartych w książce, polscy strażacy również odegrali niechlubną rolę w likwidacji skupisk żydowskich, np. w powiecie miechowskim czy biłgorajskim. Z kolei w Węgrowie i w Stoczku Węgrowskim strażacy nie tylko wzięli udział w likwidacji gett, ale wręcz zgłosili się w tym celu na ochotnika, o czym informowała polska prasa konspiracyjna.

W tym miejscu dochodzimy do odrębnego, wywołującego największe emocje zagadnienia, czyli do roli, jaką w likwidacji gett odegrała polska ludność, zwykli mieszkańcy miasteczek oraz chłopi ściągający z okolicznych wsi na wieść o postępującej akcji. Niektórzy byli gotowi pomóc uciekającym, inni łapali Żydów i oddawali ich w ręce mundurowych, ten i ów rabował dopiero co opuszczone żydowskie domy, często odnajdując przy tym poukrywane ofiary, a jeszcze inni patrzyli w przerażeniu na rozgrywające się wokół sceny masowych mordów. Wielu obserwowało toczące się wydarzenia, a ich bezczynność w sytuacji, gdy na ich oczach ginęli Żydzi, oznaczała więcej niż bierność czy obojętność. Sąsiedzi i znajomi przyglądający się zza

---

23 Pierwsza książka, która poruszała zagadnienie udziału Ochotniczej Straży Pożarnej, to praca Tadeusza Markiela i Aliny Skibińskiej *„Jakie to ma znaczenie, czy zrobili to z chciwości? Zagłada domu Trynczerów* (Warszawa: Stowarzyszenie Centrum Badań nad Zagładą Żydów, 2011). Ostatnio naświetlona została wstępnie kwestia udziału polskich strażaków w mordach dokonywanych na Żydach na Podkarpaciu, w Markowej i okolicy: Jan Grabowski, Dariusz Libionka, *Distorting and Rewriting the History of the Holocaust in Poland: The Case of the Ulma Family Museum of Poles Saving Jews During World War II in Markowa*, „Yad Vashem Studies" 2017, t. 45, nr 1, s. 29–60; *eidem*, *Bezdroża polityki historycznej. Wokół Markowej, czyli o czym nie mówi Muzeum Polaków Ratujących Żydów podczas II Wojny Światowej im. Rodziny Ulmów*, „Zagłada Żydów. Studia i Materiały" 2016, nr 12, s. 617–641.

pleców policji masowym mordom dokonywanym na ulicach gett to jeden z obrazów, jakie pojawiają się w naszych studiach z niepokojącą częstotliwością. Szczebrzeszyński lekarz i autor dziennika Zygmunt Klukowski pod datą 22 października 1942 r. odnotował: „Wyprowadzonych wczoraj z miasta trzymano przez całą noc koło fabryki «Alwa», pod gołym niebem. Około godziny dziewiątej doprowadzono jeszcze i Żydów ze Zwierzyńca. Dopiero dzisiaj w południe załadowano ich do wagonów. Około godziny szesnastej pociąg jeszcze stał na stacji. A na dworze zimno, pada drobny, jesienny deszcz. Robotnicy fabryczni znajdowali [potem] na placu pieniądze, złoto, biżuterię, perły. Mieszkania żydowskie są częściowo opieczętowane, pomimo to rabunek idzie na całego. W ogóle ludność polska nie zachowywała się poprawnie. Wielu ludzi brało czynny udział w tropieniu i wynajdywaniu Żydów. Wskazywali, gdzie są ukryci Żydzi, chłopcy uganiali się nawet za małymi dziećmi żydowskimi, które policjanci zabijali na oczach wszystkich. W ogóle działy się straszne rzeczy, potworne, koszmarne, od których włosy stają na głowie”[24].

SZACUNKI

Studia zamieszczone w tomach *Dalej jest noc* zmuszają do rewizji wielu przekonań, które głęboko zakorzeniły się w polskim piśmiennictwie historycznym dotyczącym czasów Zagłady i wokół których narodziło się wiele kontrowersji oraz niejasności. Zacząć należy od próby oszacowania liczby Żydów szukających ratunku i chowających się w czasie likwidacji gett w swoich miejscowościach. Jest to zagadnienie niełatwe, najczęściej pomijane w opracowaniach dotyczących kwestii demograficznych okresu wojny i okupacji. W odniesieniu do Wołynia Shmuel Spector oszacował, że próbę ucieczki z gett i obozów pracy w obliczu likwidacji podjęło 25% Żydów[25]. Analizę liczbową zjawiska ucieczek w szerszej skali podjął Grzegorz Berendt, który badając (często niekompletne) dane zawarte w izraelskiej *Encyclopedia of the Ghettos during the Holocaust*[26], doszedł do wniosku, że skala zbiegostwa na Kresach była znacznie większa niż w GG, na ziemiach wcielonych

24 Zygmunt Klukowski, *Zamojszczyzna 1918–1959*, Warszawa: Ośrodek Karta, 2017, s. 325.

25 Shmuel Spector, *The Jews of Volhynia and their Reaction to Extermination*, https://www.yadvashem.org/untoldstories/documents/studies/Shmuel_Spector.pdf, s. 167

26 *The Yad Vashem Encyclopedia of the Ghettos during the Holocaust*, red. Guy Miron, Shlomit Shulhani, Jerusalem: Yad Vashem, 2009.

do Rzeszy ucieczek niemal nie podejmowano, a między poszczególnymi dystryktami i powiatami oraz dużymi miastami i prowincją występowały bardzo duże różnice[27]. Trudno więc jednoznacznie i precyzyjnie określić liczbę Żydów szukających ratunku w trzeciej fazie Zagłady, jesteśmy tutaj skazani na szacunki.

Przed wywózkami do obozów zagłady, jak już była o tym mowa, Generalne Gubernatorstwo wraz z Bezirk Bialystok liczyły nieco ponad 18 mln ludności, w tym około 2,2 mln Żydów[28]. Shmuel Krakowski liczbę uciekinierów z gett i obozów ocenił na około 300 tys. osób[29]. Szymon Datner szacował Żydów ratujących się ucieczką na aryjską stronę na 200–250 tys. ludzi[30]. Obaj badacze mieli świadomość, że podawane przez nich dane są bardzo niepewne i nie zostały oparte na badaniach statystycznych. Dla nas stały się inspiracją do podjęcia żmudnych kwerend, będących próbą oszacowania liczby uciekinierów na możliwie szerokiej podstawie źródłowej. Liczby są bowiem istotne, tym bardziej że prawdopodobieństwo przeżycia ukrywających się po likwidacji gett było bezpośrednio związane z nastawieniem miejscowej ludności; na tym etapie to właśnie Polacy (a także inni sąsiedzi, Ukraińcy czy Białorusini) mieli duży wpływ na to, kto spośród Żydów mógł przeżyć, a kto ginął. Liczba tych, którzy chcieli się ratować, lecz zginęli, ma więc nie tylko znaczenie historyczne, ale i moralne.

Ilu więc spośród 200–300 tys. Żydów szukających ratunku przeżyło? I w tym wypadku jesteśmy zdani na szacunki. Historycy podają, że wojnę pod okupacją niemiecką przeżyło 30–120 tys. Żydów, wliczając w to ocala-

---

27 Zob. Grzegorz Berendt, *Żydzi zbiegli z gett i obozów śmierci* [w:] *Zagłada Żydów na polskiej prowincji*, red. Adam Sitarek, Michał Trębacz, Ewa Wiatr, Łódź: IPN i Wydawnictwo Łódzkie, 2012, s. 121–158.

28 Nie licząc Żydów z terenów wcielonych do Rzeszy.

29 Tak oszacował na podstawie Ankiety Sądów Grodzkich, tysięcy żydowskich relacji oraz Ksiąg pamięci (Shmuel Krakowski, *The Attitude of the Polish Underground to the Jewish Question During the Second World War* [w:] *Contested Memories. Poles and Jews During Holocaust and Its Aftermath*, red. Joshua D. Zimmerman, New Brunswick–New Jersey–London: Rutgers University Press, 2002, s. 100). Taką samą liczbę podają historycy IPN: „Wśród trzymilionowej społeczności żydowskiej zaledwie około 300 tysięcy osób zdecydowało się zaryzykować ucieczkę z miejsc wyznaczonych przez Niemców" (*Polacy ratujący Żydów w latach II wojny światowej*, „Teki Edukacyjne IPN", oprac. Kamila Sachnowska i in., Warszawa: IPN, 2008, s. 7).

30 Szymon Datner, *Zbrodnie hitlerowskie na Żydach zbiegłych z gett. Groźby i zarządzenia „prawne" w stosunku do Żydów oraz udzielających im pomocy Polaków*, „Biuletyn ŻIH" 1970, nr 3 (75), s. 28–29; Wywiad z Szymonem Datnerem w: Małgorzata Niezabitowska, *Ostatni współcześni Żydzi polscy*, Warszawa: Wydawnictwa Artystyczne i Filmowe, 1993, s. 150.

łych w obozach pracy i koncentracyjnych[31]. Najczęściej przyjmuje się, że ocalało 40–50 tys. Żydów. Szacunek ten jest istotny, ponieważ związana z nim liczba żydowskich uciekinierów, którym przeżyć się nie udało, zakreśla interesujące nas pole badawcze i jest punktem wyjścia do dalszych rozważań o losach żydowskich rozbitków oraz nastawieniu miejscowych chrześcijan.

Nasze badania pozwalają dokładniej się przyjrzeć konkretnym powiatom, poznać (przybliżoną, gdyż niemożliwą do jednoznacznego określenia) skalę ucieczek, strategie i możliwości ratunku w zróżnicowanych rejonach okupowanej Polski.

Tabela 2. Żydzi ukrywający się po likwidacji gett[32]

Powiat	Ludność żydowska w 1942 r.	Liczba (odsetek) Żydów ukrywających się po likwidacji gett	Liczba ukrywających się Żydów, o których udało się znaleźć szczegółowe informacje jednostkowe (odsetek wszystkich szukających ratunku)
Bielsk Podlaski	22 500	1 300 (6%[30])	974 (75%)
Biłgoraj	14 500	1 500 (10%)	1 092 (73%)
Bochnia	11 157	1 100 (10%)	629 (57%)

31 Szacunki dotyczące liczby ocalałych Żydów na terenie okupowanej Polski (wśród Polaków, w partyzantce, w lesie) są rozmaite: niektórzy badacze oceniają, że mogło się uratować od 80 do 120 tys. Żydów (zob. Stankowski, Weiser, *Demograficzne skutki Holokaustu*, s. 31), z kolei Shmuel Krakowski za Lucjanem Dobroszyckim szacował liczbę Żydów ocalałych na ziemiach polskich na 30 tys. osób (*idem*, *The Attitude of the Polish Underground to the Jewish Question...*, s. 104), a Michał Borwicz na 40–50 tys. (*idem*, *Eksterminacja Żydów w Polsce* [w:] *Ekspertyzy i orzeczenia przed Najwyższym Trybunałem Narodowym*, t. 8, wybór i oprac. Czesław Pilichowski, Warszawa: Ministerstwo Sprawiedliwości, Główna Komisja Badania Zbrodni Hitlerowskich, 1981, s. 123), Czesław Łuczak zaś na 100 tys. (*idem*, *Polska i Polacy w drugiej wojnie światowej*, Poznań: Wydawnictwo UAM, 1993, s. 128; dwie ostatnie pozycje cyt. za: Piotr Eberhardt, *Przemieszczenia ludności na terytorium Polski spowodowane II wojną światową*, Warszawa: Instytut Geografii i Przestrzennego Zagospodarowania im. Stanisława Leszczyckiego PAN, 2000). Natomiast Teresa Prekerowa szacowała liczbę Żydów ocalałych wśród Polaków na 30–60 tys., w obozach: 20–40 tys., w partyzantce i lesie: 10–15 tys. (*eadem*, *Wojna i okupacja* [w:] *Najnowsze dzieje Żydów w Polsce w zarysie (do 1950 roku)*, red. Jerzy Tomaszewski, Warszawa: Wydawnictwo Naukowe PWN, 1993, s. 384). Wszystkie dane są szacunkowe, źródłem do badań są przede wszystkim kartoteki ocalałych z CKŻP, ale wielu Żydów nie zarejestrowało się w ogóle, inni zaś rejestrowali się kilkakrotnie – ustalenie dokładniejszych liczb, jeśli w ogóle jest możliwe, wymaga dalszych, wnikliwych badań.

32 Dane zaokrąglone do pełnych procent.

Powiat	Ludność żydowska w 1942 r.	Liczba (odsetek) Żydów ukrywających się po likwidacji gett	Liczba ukrywających się Żydów, o których udało się znaleźć szczegółowe informacje jednostkowe (odsetek wszystkich szukających ratunku)
Dębica	18 000	722 (4%)	722 (100%)
Łuków	15 988	986 (6%)	986 (100%)
Miechów	30 000	3 000 (10%)	769 (26%)
Nowy Targ	4 445	650 (15%)	650 (100%)
Węgrów	11 200	1 390 (12%)	386 (28%)
Złoczów	10 359	1 356 (13%)	1 356 (100%)
RAZEM	138 149	12 004 (mediana = 10%)	7 564

Źródło: Opracowanie własne na podstawie badań przeprowadzonych przez zespół autorów.

Dane z tabeli 2 wymagają komentarza. Otóż w źródłach natykamy się na wiele informacji dotyczących prób ukrywania się w czasie wysiedlenia – czy to w rozmaitych schowkach na terenie getta, czy poza nim. Większość tych informacji jest szalenie nieprecyzyjna – mówi się o „kilkudziesięciu", „kilkuset" czy „setkach" Żydów próbujących uniknąć wysiedlenia. Z oczywistych powodów sami ukrywający się nie byli w stanie podać dokładniejszych liczb, nie możemy nawet być pewni co do sugerowanego przez nich rzędu wielkości. Jeżeli jednak w kilku źródłach potwierdzały się tego rodzaju dane, przyjmowaliśmy najmniejszą (lub najczęściej powtarzającą się) liczbę uciekinierów i w ten sposób szacowaliśmy grupę ukrywających się – ta informacja znajduje się w trzeciej kolumnie tabeli. Podobnie jak we wszystkich innych przypadkach, nasze szacunki są bardzo ostrożne. Gdy mowa była o „kilku" Żydach, przyjmowaliśmy 3, „kilkunastu" — 11, kilkudziesięciu — 21, „kilkuset" — 200. Podawane przez nas dane liczbowe są więc najprawdopodobniej zaniżone.

Poza tym z każdego analizowanego przez nas źródła wybieraliśmy najdrobniejsze nawet wzmianki o każdej ukrywającej się osobie. W ten sposób stworzyliśmy arkusze danych zawierające informacje o poszczególnych uciekinierach: nie tylko biograficzne (jeśli to było możliwe), lecz także dotyczące ich wojennych losów oraz tego, czy i jak udało im się przeżyć lub w jakich okolicznościach zginęli. Liczba osób, o których udało nam się czegokolwiek dowiedzieć, znajduje się w kolumnie czwartej tabeli. Nie byliśmy jednak w stanie odnaleźć informacji o każdej z osób, która usiłowała się ratować, dlatego część z nich pozostaje anonimowa, a ich losy – nieznane. W tabeli 2 to ci, o których nie zdołaliśmy uzyskać żadnych informacji; ich liczebność odzwierciedla różnica między danymi w trzeciej i czwartej kolumnie. Przeprowadzane przez nas analizy sposobów przetrwania czy okoliczności śmierci dotyczą tych Żydów, których losy poznaliśmy. Uznaliśmy jednak, że w ogólnych szacunkach nie możemy pominąć osób o nieustalonym jeszcze nazwisku, gdyż doprowadziłoby to do poważnego błędu niedoszacowania i tak bardzo ostrożnych obliczeń.

Mediana wszystkich powiatów (10%), która lepiej od średniej[33] oddaje ogromne lokalne zróżnicowanie liczby uciekinierów, nie odbiega od intuicyjnych szacunków Krakowskiego i Datnera. Warto przy tym zauważyć, że lokalne różnice były rzeczywiście ogromne. Tytułem przykładu: na terenie powiatu Bielsk Podlaski z Brańska uciekło około 20% Żydów, z Drohiczyna 18%, z Siemiatycz 5%, a z Orli, jak można sądzić – nikt. Dalsze badania kolejnych powiatów prawdopodobnie po raz kolejny zweryfikują szacunki dotyczące mediany i średniej ucieczek, tym bardziej że na przykład w badanym wcześniej powiecie Dąbrowa Tarnowska liczba ukrywających się wynosiła 11%. Dane te – jak już podkreślaliśmy – we wszystkich przypadkach są bardzo ostrożne; zazwyczaj nie można oszacować liczby Żydów ukrywających się na terenie likwidowanych gett w dniu akcji oraz w dniach następnych. Znacznie więcej wiadomo o liczbie Żydów, którym udało się wyrwać poza getto i przetrwać pierwsze tygodnie i miesiące po aryjskiej stronie.

STRATEGIE PRZETRWANIA

Naszym najważniejszym celem badawczym – oprócz przedstawienia polityki okupanta i losu Żydów w wybranych powiatach – było opisanie żydowskiej aktywności i walki o przetrwanie oraz prześledzenie podejmowanych przez nich strategii przetrwania. Temat projektu został zdefiniowany jako „strategie przetrwania", warto zastanowić się więc, w jakim kontekście w wypadku Żydów poszukujących ratunku po likwidacji gett możemy mówić o „strategiach"? „Strategia", jak formułują rozmaite definicje słownikowe, jest działaniem długofalowym, mającym na celu zrealizowanie dalekosiężnych, zaplanowanych celów, zakłada więc możliwość wpływu, w jakimś stopniu może nawet kształtowanie wydarzeń, a ponadto zawiera

33 Średnia (9%), jak widać w tabeli 2, tylko nieznacznie odbiega od mediany.

psychologiczny aspekt sprawczości odnoszącej się do wiary w przyszłość. Celem Żydów uciekających z gett było ocalenie życia, ale działania naprawdę „strategiczne" znajdowały się poza ich zasięgiem. Dlatego posługiwanie się przez nas tym terminem ma charakter umowny, a nie dosłowny, i odnosi się raczej do podejmowanych przez Żydów każdorazowo pojedynczych decyzji, które złożyły się na ciąg zdarzeń i wpłynęły na ich los. Pula możliwych opcji wyboru była niewielka, wolność podejmowania decyzji – szalenie ograniczona, a rezultat – niepewny. W zasadzie jedyna autonomiczna decyzja, jaką mogli podjąć w obliczu wysiedleń, to: ukrywać się na terenie getta czy uciekać. Pozostanie w getcie oznaczało wiele przygotowań: gromadzenie zapasu żywności, zbudowanie kryjówki, stworzenie systemu ostrzegania o niebezpieczeństwie. Ucieczka najczęściej wiązała się z kontaktami wśród okolicznej ludności i możliwością pomocy z jej strony, ale w obu przypadkach dalsze losy Żydów zależały w większym stopniu od uwarunkowań zewnętrznych niż zaplanowanych działań. Liczba dostępnych opcji topniała wraz z upływem czasu: „strategie" musiały być elastyczne i zmienne, dostosowywane błyskawicznie do zagrażających i trudnych sytuacji, a każda decyzja wiązała się z ryzykiem porażki i trzeba ją było podjąć w sytuacji całkowitej nieprzewidywalności. Zaplanowane czy intuicyjne strategie przetrwania oraz spontanicznie podejmowane decyzje zależały od wielu czynników, w dużym stopniu od niemieckiej polityki eksterminacyjnej, ale zasadniczą rolę – jak się okazywało – w możliwości przeżycia odgrywało „aryjskie" otoczenie, a często splot nieprzewidzianych okoliczności. Przez „strategie przetrwania" rozumiemy tutaj wszystkie próby podejmowane przez Żydów, aby przeżyć.

Na podstawie danych z przebadanych dziewięciu powiatów doszliśmy do wniosku, że około 30% spośród ukrywających się Żydów przeżyło, a ponad 60% zginęło. Losy części uciekinierów pozostały, niestety, dotychczas nieustalone. Informację o tym, w jaki sposób Żydzi przetrwali czy jak zginęli w konkretnych powiatach, znajdują się w tekstach poszczególnych autorów.

Procentowo najwięcej Żydów – spośród tych, którzy podjęli próby ratowania się zarówno na terenie powiatu, jak i poza nim – przeżyło z powiatu złoczowskiego (47%), a najmniej – łukowskiego (12%). Z kolei wysoki wskaźnik skuteczności przetrwania w powiecie dębickim (32%) jest związany z ocaleniem w tamtejszych obozach pracy (głównie we Flugzeugwerk Mielec, gdzie przeżyła większość ocalałych w powiecie). Natomiast w Złoczowie występowała kombinacja kilku czynników: likwidacja getta nastąpiła późno (wiosną 1943 r.); do końca okupacji niemieckiej (która trwała tam krócej niż na terenach położonych bardziej na zachód) Żydzi musieli przeżyć – najczęściej w leśnych kryjówkach – tylko jedną zimę (1943/1944); działająca na tych obszarach partyzantka sowiecka przyjęła prawdopodobnie kilkudziesięciu z nich; polscy sąsiedzi we wsiach chętniej niż w innych rejonach Polski pomagali ukrywającym się Żydom. Niewykluczone, że miejscowi Polacy, sami zagrożeni przez UPA i narastający konflikt polsko-ukraiński, mieli więcej współczucia oraz zrozumienia dla ludzi poszukujących ratunku[34].

Żydzi uciekający przed śmiercią podejmowali wiele rozmaitych działań, by się ratować. Uwarunkowania tych strategii są odmienne dla każdego powiatu, wpływ na nie miało wiele czynników, takich jak chociażby warunki naturalne i demograficzne, sieć dróg, lokalna struktura społeczna i etniczna, liczebność i rozmieszczenie niemieckich sił okupacyjnych (policyjnych i cywilnych), obecność i potencjał ugrupowań partyzanckich etc. O wszystkich tych – i innych – czynnikach wpływających na możliwości i strategie przetrwania jest szczegółowo mowa w tekstach zawartych w tomach, niemniej przy wszystkich odmiennościach można się pokusić o pewne porównania. Wspólne we wszystkich zbadanych rejonach było na przykład długotrwałe ukrywanie się w jednym miejscu przez pewną grupę Żydów; przyjęliśmy, że oznacza to przebywanie u jednego gospodarza nie krócej niż 18 miesięcy (w powiecie złoczowskim 15). Większość uciekinierów z gett w pierwszych dniach i tygodniach po wysiedleniu zmuszona była do poszukiwań oraz nieustannych zmian miejsca pobytu; część z nich miała szczęście stosunkowo szybko znaleźć bezpieczną kryjówkę, w której doczekali końca okupacji niemieckiej.

Podobnie powszechną strategię stanowiło ukrywanie się w wielu różnych kryjówkach, co oznaczało pobyt kolejno w kilku (kilkunastu) gospodarstwach. Takie krótsze lub dłuższe pomieszkiwanie u chłopów opierało się najczęściej na wymianie (pieniędzy lub umiejętności, np. krawiectwa) i było uzależnione od dobrej woli gospodarzy, posiadanych zasobów, ciekawości sąsiadów oraz wielu innych czynników, takich jak łapanki na roboty

34 Shmuel Krakowski zwraca uwagę, że najwięcej Sprawiedliwych pochodzi z Galicji i że tam chętniej pomagano Żydom niż w Polsce centralnej: „trzeba podkreślić, że na terenie przedwojennej Polski południowo-wschodniej polska populacja była skonfrontowana z wrogością nacjonalistów ukraińskich i ukrywanie Żydów wiązało się tam z większym niebezpieczeństwem i ryzykiem" (*idem*, *The Attitude of the Polish Underground to the Jewish Question...*, s. 102).

przymusowe do Rzeszy i częste rewizje; wszystkie takie czynniki szczegółowo analizujemy w opracowaniach[35]. Ci, którym nie udało się znaleźć bezpiecznej kryjówki pod dachem domu, stajni czy stodoły, skazani byli na wędrowanie i błądzenie, okresowe przebywanie w lesie, na polach (np. latem w stogach siana, w prymitywnych ziemiankach zimą), czasem na krótkotrwałe pobyty w gospodarstwach. Przemieszczali się z miejsca na miejsce, stale poszukując bezpiecznej kryjówki na dłużej[36].

Kolejną strategią, obecną w niemal wszystkich opisywanych powiatach, było ukrywanie się w leśnych bunkrach: lasy stanowiły naturalne miejsce schronienia, pierwszą kryjówkę dla większości uciekinierów z gett. Chroniły się tam setki Żydów. Ich liczba topniała jednak na skutek następujących po sobie obław i „polowań" oraz w wyniku trudnych warunków bytowania. Przetrwanie w lesie w miesiącach jesiennych i zimowych było niezwykle ciężkie. W tej kategorii umieszczaliśmy Żydów, którzy przeżyli do końca okupacji w ziemiankach czy leśnych jamach, a nie byli związani z partyzantką. Ich zaplecze stanowiły okoliczne wsie, gdzie kupowali (lub wymieniali, a jeśli nie mieli na co – kradli, rabowali) jedzenie; sami zaś budowali kolejne leśne bunkry, przenosili się z miejsca na miejsce. Zagrożenie stanowili partyzanci, lokalni konspiratorzy, straż leśna, czasem przypadkowi zbieracze runa leśnego oraz przede wszystkim – zorganizowane obławy i donosiciele. Ta strategia była rzecz jasna uzależniona od stopnia zalesienia poszczególnych powiatów[37], a to z kolei bezpośrednio wiązało się także z obecnością partyzantki w danym rejonie. Możliwość przyłączenia się do partyzantki była zależna nie tylko od występowania jej w okolicy, lecz także od tego, jaki był stosunek poszczególnych formacji i oddziałów (zwłaszcza dowódców) do Żydów. W zasadzie przyjmowały ich jedynie partyzantki sowiecka i komunistyczna (również niewolna od antysemickich uprzedzeń), inne ugrupowania stanowiły dla Żydów śmiertelne zagrożenie. Zdarzało się jednak, że i do nich

35 W ten sposób ocalało w powiecie węgrowskim 44,6%, miechowskim 25,5%, biłgorajskim 15,7%, bocheńskim 8%, łukowskim 5%, nowotarskim 3,4%, złoczowskim 2,2%, a w dębickim 2% Żydów.

36 Najwięcej Żydów procentowo ocalało w ten sposób w powiecie bielskim (25,4%), węgrowskim (23%), łukowskim (25%), dębickim (12%), a najmniej w biłgorajskim (6,1%) i złoczowskim (1,1%).

37 W poszczególnych powiatach skuteczność tej strategii przetrwania kształtowała się następująco: najbardziej efektywna okazała się w powiatach biłgorajskim (31% spośród ocalałych przeżyło w lesie), złoczowskim (24,6%) i dębickim oraz bielskim (po 16%); najmniej skuteczna zaś była w powiatach miechowskim (6,8%), nowotarskim (4,3%) oraz węgrowskim (3%) i łukowskim (2,5%).

przyłączali się Żydzi – ukrywając swoje pochodzenie. Udział w walkach partyzanckich stanowił zazwyczaj epizod w całej historii przetrwania, niemniej wyróżniliśmy taką kategorię, tym bardziej że deklarowali ją sami ocalali.

Strategią przetrwania występującą we wszystkich badanych powiatach było przeżycie na aryjskich papierach. Wiązało się to ze zmianą tożsamości, co niemal w każdym wypadku oznaczało konieczność wyjazdu z miejscowości, w której wszyscy się znali i gdzie łatwo było o dekonspirację. Aryjskie papiery zdobywano najczęściej w parafiach (metryki chrztu), dzięki kontaktom z lokalnymi urzędnikami (czyste blankiety dowodów osobistych czy kenkart) lub z podziemiem (można było kupić „murowane" fałszywe papiery). Wariantem przeżycia na aryjskich papierach był wyjazd poza powiat, w szczególności (przede wszystkim dla kobiet) dobrowolne zgłoszenie się na roboty do Rzeszy. Nie ulega wątpliwości, że tego rodzaju wyjazdy były łatwiejsze w wypadku mieszkańców wielkich miast niż badanych przez nas wsi i małych miasteczek.

Pewne strategie można było stosować tylko w niektórych powiatach, zależnie od działań lokalnych władz niemieckich albo położenia geograficznego. Na przykład ucieczki przez granicę były możliwe jedynie w powiatach bocheńskim, dębickim oraz nowotarskim. Natomiast ratunek w obozach pracy zależał rzecz jasna od istnienia takich obozów na terenie powiatu lub w pobliżu. W naszych badaniach takie możliwości istniały w powiecie nowotarskim, dębickim i bocheńskim. Strategia przeżycia oparta na dostaniu się do jednego z rozsianych po całej Polsce obozów pracy dla Żydów (Juden Arbeitslager, Julag) to zjawisko słabo jak dotąd przez historyków rozpoznane, lecz jego wagę widać wyraźnie w badaniach prowadzonych na szczeblu powiatów[38]. Inna sprawa, że tego rodzaju strategia (szukanie ratunku w Julagu, szczególnie w Julagu płaszowskim) pozostawiała ostateczny wynik walki o przetrwanie w rękach decydentów niemieckich.

W tym miejscu dochodzimy do jednego z najbardziej istotnych elementów strategii przetrwania; elementu, który nie poddaje się kwantyfikacji i którego nie można wytłumaczyć w sposób racjonalny – przypadku czy łutu szczęścia – bez niego bowiem wszystkie decyzje, wysiłki i strategie byłyby bez wyjątku z góry skazane na niepowodzenie.

---

38 Warto tu zwrócić uwagę na pionierskie badania Martina Deana (*idem*, *Strategies for Jewish Survival in Ghettos and Forced Labor Camps* [w:] *Holocaust Resistance in Europe and America*, red. Victoria Khiterer, Newcastle upon Tyne: Cambridge Scholars Publishing, 2017, s. 38–50).

STRATEGIE ZAKOŃCZONE NIEPOWODZENIEM

Mimo najrozmaitszych prób ratowania się większość Żydów, którzy uciekli w okresie wysiedlenia z gett, zginęła. W badanych powiatach proporcje te tworzą spójną, przygnębiającą całość: w powiatach miechowskim, węgrowskim, bielskim, nowotarskim, dębickim i biłgorajskim zginęło od 60 do ponad 80% spośród próbujących się ratować Żydów. Mediana w wypadku nieprzeżycia wynosi 67%, czyli 2/3 Żydów szukających ratunku. W najmniejszym odsetku Żydzi zginęli w powiatach złoczowskim – 37%, i bocheńskim – 30%.

Zagrożenie dla nich stanowiła niemiecka policja (na wsiach żandarmeria, w większych miasteczkach – Schupo). Niemieccy policjanci czasem działali z własnej inicjatywy, ale częściej rozstrzeliwali Żydów wydanych i doprowadzonych na posterunek przez mieszkańców wsi. W wielu bogato udokumentowanych wypadkach Niemców wzywano na miejsce; było to zadaniem sołtysa. W odpowiedzi na wezwanie – często w asyście polskiej policji – niemieccy policjanci pojawiali się w terenie i tam, na miejscu, rozstrzeliwali ofiary (czasem wraz z ukrywającymi ich Polakami). Raz jeszcze należy podkreślić, że akcje likwidacyjne przeprowadzane przez słabo orientujących się w terenie Niemców bardzo często wiązały się z donosami składanymi do władz okupacyjnych i zazwyczaj odbywały się przy współudziale policji granatowej. Ponadto mieszkańcy polskich wsi częściej niż Niemcom donosili lokalnej polskiej policji. Policja granatowa nieraz rozstrzeliwała Żydów na miejscu lub w pobliżu miejsca wykrycia, czasem – koło posterunku PP. Mordy na Żydach dokonane przez granatowych policjantów bywały także wynikiem ich własnej inicjatywy, bez wiedzy Niemców.

Śmiertelne zagrożenie dla ukrywających się Żydów nieraz stanowili członkowie polskiej konspiracji. Szczególnie wielu (14% spośród wszystkich ukrywających się, którzy zginęli) zostało zamordowanych przez polskie podziemie w powiecie miechowskim. Można to wiązać ze szczególnym natężeniem kampanii antyżydowskich prowadzonych przez polskie organizacje podziemne operujące na tym obszarze, bardziej prawdopodobne jednak, że wynika to ze znacznie lepszego rozpoznania tego problemu ze względu na bardzo dobry stan zachowania materiałów archiwalnych. Tak się bowiem złożyło, że zaraz po wojnie w ręce komunistycznych władz bezpieczeństwa wpadło archiwum miechowskiej AK. Można założyć, że dużo niższe dane dotyczące zbrodniczych działań podziemia wobec ukrywających się Żydów z innych powiatów wynikają ze szczupłości bazy źródłowej.

Jeżeli chodzi o mordy dokonane na Żydach przez miejscowych cywilów, czyli „sąsiadów", to mamy świadomość, że oprócz przypadków odnotowanych w źródłach wiele innych stanowi tzw. ciemną liczbę, której wielkości nigdy nie poznamy. Specyfika relacji (ukrywający się Żydzi mieli ograniczony dostęp do informacji) oraz źródeł sądowych (na jaw wyszły przede wszystkim przestępstwa popełnione wspólnie przez przynajmniej kilka osób; zbrodnie dokonane pojedynczo, w ukryciu, rzadko wychodziły na światło dzienne) powoduje, że nasza wiedza na ten temat jest – i pozostanie – niepełna.

Żydzi ginęli także z innych przyczyn: chorób, zimna, głodu, napadów bandyckich, zdarzały się też samobójstwa, w części przypadków nie znamy szczegółów śmierci. Śmierć wielu została jedynie zdawkowo odnotowana w źródłach i nazbyt często musieliśmy dokonywać w odpowiedniej rubryce wpisu: „brak danych".

Z przeprowadzonych badań jednoznacznie wynika, że na interesujących nas obszarach (z wyłączeniem powiatów bielskiego i złoczowskiego[39]) zdecydowana większość próbujących się ratować Żydów – na podstawie przebadanych i zweryfikowanych przypadków – zginęła z rąk polskich bądź też została zabita przy współudziale Polaków.

POMAGAJĄCY ŻYDOM

Udzielanie stałego schronienia Żydom bądź też udzielanie im pomocy w innej formie było działaniem skrajnie ryzykownym, przede wszystkim ze względu na strach przed karą, w tym przed zastosowaniem odpowiedzialności zbiorowej, oraz na sąsiedzką wrogość, nierzadko motywowaną antysemityzmem. W polskiej literaturze dotyczącej pomocy przyjęto traktować zagadnienie ratowania Żydów jako temat sam w sobie, poniekąd wyjęty z kontekstu społecznego, w jakim się rozgrywał. Wynikiem tego jest obfitość studiów o różnej wartości poznawczej, które prezentują skrajnie

39 W wypadku kreishauptmannschaftu Bielsk Podlaski pewną część ludności stanowili Białorusini, a w wypadku Złoczowa – Ukraińcy. Nawet jeżeli wiemy ze źródeł, że donieśli sąsiedzi, nie zawsze jesteśmy w stanie stwierdzić, jakiej byli narodowości.

wyidealizowany obraz realiów okupacyjnych, zazwyczaj eliminując lub ograniczając omawianie zagrożeń tylko do akcji Niemców. Rzeczywistość oglądana w tak zniekształconej perspektywie niewiele ma wspólnego z doświadczeniem Sprawiedliwych, dla których główne zagrożenie, czyli donos do Niemców, płynęło ze strony sąsiadów lub policjantów granatowych.

Udzielanie pomocy Żydom w czasie wojny, ryzykowanie życia własnego i bliskich stanowiło prawdziwe wyzwanie, niełatwe do podjęcia. Przyjęło się uważać, że pomaganie Żydom zwykle kończyło się śmiercią pomagających i/lub otrzymaniem przez nich medalu Sprawiedliwy wśród Narodów Świata. Pomiędzy tymi dwoma skrajnymi zakończeniami wojennych historii było jednak jeszcze kilka wariantów pośrednich, takich jak śmierć samych Żydów w wypadku wykrycia czy inne kary zastosowane wobec Polaków – spalenie gospodarstwa, pobicie, areszt, grzywna lub wysłanie do obozu koncentracyjnego. Pomaganie miało też różną jakość, chociaż po latach najbardziej liczy się samo przeżycie, a nadużywanie czy wykorzystywanie przez gospodarzy najczęściej idzie w zapomnienie. O tego rodzaju problemach nie ma mowy szczególnie w dokumentach związanych z przyznawaniem medali Sprawiedliwych – w nich nie wspomina się nawet o płaceniu za ukrywanie, gdyż przyznanie medalu wiąże się z wymogiem bezinteresownej pomocy. Pamiętać jednak należy, że dokumentacja zgromadzona w teczkach Działu Sprawiedliwych (Righteous Among the Nations) Yad Vashem powstała nie z myślą o badaniach historycznych, lecz uzyskaniu zaszczytnego odznaczenia.

Wśród ratujących byli ludzie bogaci i biedni, miasteczkowi inteligenci i niepiśmienni chłopi, ludzie związani z konspiracją i Volksdeutsche (a także czasem Niemcy z Rzeszy), katolicy, prawosławni, świadkowie Jehowy i ateiści – innymi słowy ani przynależność narodowa czy klasowa, ani status majątkowy czy wyznanie nie determinowały tego, że ktoś pomagał Żydom (choć pomoc ze strony Polaków była częstsza niż ze strony Białorusinów czy Ukraińców). Jest oczywiste, że ludzie decydujący się nieść pomoc wykluczonym ze społeczeństwa i tropionym Żydom musieli być odważni, gotowi łamać nie tylko okupacyjne prawa, lecz także społeczny nacisk antysemicko lub choćby niechętnie nastawionego otoczenia. Przyczyny takiej decyzji wynikały raczej z ich systemu wartości, osobowości czy innych przymiotów wewnętrznych niż ze statusu czy zamożności.

Motywację do pomagania często stanowiła przedwojenna znajomość, przyjaźń (a nawet miłość), głęboko zinternalizowane zasady wiary, przeświadczenie, że drugiemu człowiekowi – bez względu na to, kim jest – należy pomagać, chęć przeciwstawienia się Niemcom lub przekonanie, iż należy postąpić właściwie i przyzwoicie, mimo ryzyka utraty życia. Nie można zapominać o wszystkich tych, którzy ratowali za – często duże – pieniądze. Dla niektórych był to po prostu sposób na uzyskanie dochodu, stworzony przez warunki okupacyjne, dla innych – okazja do nieetycznego wzbogacenia się przez bezwzględne wykorzystanie ludzi będących w skrajnej potrzebie.

Jak wykazujemy w książce, formy pomocy udzielanej przez Polaków Żydom po akcjach likwidacyjnych (1942–1944/1945) najczęściej oznaczały dostarczanie żywności, zapewnienie schronienia w którymkolwiek z budynków na terenie gospodarstwa: stajni, oborze, stodole (rzadziej w domu mieszkalnym), lub w specjalnie skonstruowanej kryjówce. Pomoc oznaczała także wynoszenie z kryjówki nieczystości, umożliwienie utrzymania higieny osobistej, bezpieczne przechowywanie własności należącej do Żydów (w tym pieniędzy i cennych rzeczy, np. biżuterii przeznaczonej na sprzedaż). Pomoc materialna mogła przybierać różne formy, np. zmianę odzieży, zakup aryjskich papierów czy biletu kolejowego. Udzielano też pomocy niematerialnej, na przykład informowano o niebezpieczeństwie w okolicy czy o sytuacji na froncie. Akty pomocy to także wsparcie moralne – pocieszanie, wspieranie na duchu, współczucie i zrozumienie, podtrzymywanie nadziei.

Część z tych, którzy pomagali Żydom w poszczególnych powiatach, została po wojnie odznaczona medalem Sprawiedliwych[40]. Statystycznie jeden Sprawiedliwy pomagał dwóm Żydom. Trzeba jednak pamiętać, że liczba Sprawiedliwych, czyli osób odznaczonych medalem przez Instytut Yad Vashem, jest mniejsza od rzeczywistej liczby pomagających – niektórzy uważali swoje działania za całkowicie normalne i nie życzyli sobie odznaczeń, inni zginęli, jeszcze inni po wojnie z wielu powodów stracili kontakt z ukrywanymi osobami. Od kilku do kilkudziesięciu osób w każdym powiecie spotkały represje za pomaganie Żydom[41]; w tych przypadkach najczęściej ginęli także

40 Uhonorowanych medalem Sprawiedliwych zostało w powiecie bielskim 18 rodzin (51 osób), w biłgorajskim 13 rodzin (26 osób), bocheńskim 61 osób (20 rodzin i 8 osób działających w pojedynkę), dębickim 103 osoby, nowotarskim 9 rodzin (21 osób), miechowskim 61 osób, łukowskim 10 rodzin i 4 indywidualne osoby, w węgrowskim medale otrzymało 51 osób, a w złoczowskim 40.

41 W powiecie bielskim w odwecie za pomaganie Żydom zginęło 5 osób, w biłgorajskim 13 Polaków zamordowano, 3 ukarano obozem i utratą majątku, w dębickim spacyfikowano 5 wsi, rozstrzelano 23 Polaków, a 2 zginęło w obozach; w nowotarskim zginęło 15 osób w obozach lub przez rozstrzelanie, w miechowskim za pomoc dla Żydów zostało rozstrzelanych co najmniej 27 Polaków, w węgrowskim zginęło przynajmniej 12 Polaków, w złoczowskim za udzielanie Żydom pomocy rozstrzelano co najmniej 9 Polaków, jednego Ukraińca i prawdopodobnie 6 rodzin zostało aresztowanych.

ich żydowscy podopieczni, a więc mimo że za akt pomocy osoby te zapłaciły najwyższą cenę, na ogół nie zostały odznaczone medalem Sprawiedliwego, ponieważ procedura przyznania odznaczenia wymaga potwierdzenia aktu pomocy ze strony tych, którym pomagano. Niektórych pomagających Niemcy zabijali na miejscu, razem z ukrywającymi się u nich Żydami, innym spalono gospodarstwo, aresztowano na kilka miesięcy, wysłano do obozów koncentracyjnych, skąd wielu nie powróciło.

KONKLUZJE

Jedną z najważniejszych konkluzji podsumowujących kilka lat naszych badań jest bogactwo obserwacji dotyczących stopnia przedsiębiorczości, własnej inicjatywy Żydów w obliczu nadciągającej – i trwającej – Zagłady. Uderzają determinacja, mobilność, odwaga, z jaką ofiary podjęły walkę o życie własne oraz najbliższych. Nasze obserwacje – ujęte razem i zarysowane w skali całego okupowanego kraju – zadają kłam stwierdzeniom o rzekomej bierności ofiar, o „Żydach prowadzonych na śmierć jak owce na rzeź". W latach poprzedzających eksterminację polskim Żydom udało się stworzyć system oporu społecznego, oparty na strukturach formalnych (Żydowska Samopomoc Społeczna, judenraty, Joint) i nieformalnych (pomoc sąsiedzka, rodzinna, koleżeńska), które łagodziły działanie drakońskich przepisów i terroru okupanta. Od jesieni 1939 r. aż do niemieckiego ataku na ZSRR trwały – w różnym stopniu nasilenia – ucieczki z terenu okupacji niemieckiej. Z chwilą rozpoczęcia akcji likwidacyjnych, kiedy mało kto mógł żywić nadal jakiekolwiek złudzenia co do ostatecznych celów polityki niemieckiej, Żydzi zintensyfikowali desperacką walkę o przetrwanie. Zamieszczone w tomach studia oddają zasięg i zakres tych przygotowań. Z jednej strony dzielnice żydowskie stały się terenem wielkich prac „oblężniczych" – w domach oraz pod domami budowano schowki i bunkry, a w podwójnych ścianach i na strychach urządzano przemyślne kryjówki. Z drugiej strony nawiązywano kontakty ze stroną aryjską, których celem było znalezienie pomocy i schronienia. Tam, gdzie było to możliwe, powstawały siatki przerzutu za granicę, zwłaszcza na Słowację i Węgry. Nasze badania wskazują na niezwykłą różnorodność strategii przetrwania Żydów ukrywających się po aryjskiej stronie. Omawiamy też wybory tych, którzy – nie widząc możliwości ratunku wśród Polaków – szukali szansy przeżycia w obozach pracy lub świadomie kolaborowali z władzami niemieckimi (mamy tu na myśli np. niektórych członków judenratów czy policji żydowskiej). Jak pokazały nasze badania, kolaboracja nie miała w ostateczności żadnego znaczenia w akcie ratowania życia. Jeszcze inni – jeśli pozwalały na to warunki topograficzne – zdecydowali się na egzystencję w lesie, w pewnych wypadkach walcząc o życie w bunkrach, a w innych próbując przetrwać w oddziałach partyzanckich. Niekiedy – na przykład w okolicach Łukowa i Bielska Podlaskiego – żydowscy partyzanci zaczęli otaczać opieką ukrywające się u chłopów żydowskie dzieci oraz dokonywali aktów zemsty na lokalnych mordercach i donosicielach. W Adamowie (powiat łukowski) partyzanci żydowscy uwolnili z więzienia przetrzymywanych tam kilkudziesięciu Żydów i wspólnie zemścili się na Polakach, którzy donosili i pomagali przy deportacji.

Ogromne wrażenie robi także skala pomocy, jakiej Żydzi udzielali sobie nawzajem, siatka kontaktów i wsparcia, która łączyła kryjówki. Nasze badania pokazują, jak dalece Żydzi byli zaangażowani we wzajemną pomoc, podważają utarte przekonanie, że biernym Żydom pomagali tylko aktywni Polacy. Równie ważnym wkładem przedstawionych w książce badań mikrohistorycznych jest przywrócenie pamięci o losach jednostkowych, w tym wypadku losach tysięcy ludzi, których większość po raz pierwszy doczekała się imiennej wzmianki w literaturze dotyczącej dziejów Zagłady.

We wszystkich zbadanych przez nas powiatach najwięcej Żydów szukało pomocy nie w miasteczkach (stąd tak niewielka liczba uratowanych na aryjskich papierach), ale w pobliskich wsiach – w domach swoich sąsiadów i znajomych. Możliwość przetrwania w ogromnym stopniu zależała od chęci pomocy tychże sąsiadów, od tego, czy byli w stanie przełamać strach wobec zagrożenia, jakie stanowili dla wspólnoty wiejskiej ukrywający się Żydzi. Nie sprzyjały temu obowiązujące normy grupowe, obecny wszędzie antysemityzm ani mechanizmy konformizmu społecznego. Tym bardziej podziwiać należy tych, którzy potrafili przeciwstawić się nie tylko niemieckim przepisom prawnym, lecz także niepisanym regułom życia grupowego.

Wymowa liczb jest nieubłagana: dwóch spośród każdych trzech Żydów poszukujących ratunku zginęło – najczęściej za sprawą swoich sąsiadów, chrześcijan. Mimo lokalnych różnic nasze badania dostarczają dowodów wskazujących na znaczną – i większą, aniżeli się to dotychczas wydawało – skalę uczestnictwa Polaków w wyniszczeniu żydowskich współobywateli. Jakkolwiek może to być dla wielu trudne do zaakceptowania, to historyczne dowody zgromadzone w książce nie pozostawiają w tej materii najmniejszych wątpliwości: znaczne, w dużym stopniu możliwe do określenia oraz do identyfikacji, grupy polskiej ludności wzięły udział w akcjach likwidacyjnych, a następnie w okresie 1942–1945 przyczyniły się bezpośrednio lub pośrednio do śmierci tysięcy Żydów szukających ratunku po aryjskiej stronie.

Udało nam się również – po szczegółowym zbadaniu przebiegu akcji eksterminacyjnych w poszczególnych powiatach – pokazać elastyczne działania oraz rolę lokalnych władz niemieckich, cywilnych i policyjnych, a także przypomnieć nazwiska wielu Niemców działających na szczeblu powiatu, konkretnego miasteczka czy posterunku żandarmerii, którzy nigdy nie ponieśli odpowiedzialności za swój pośredni i bezpośredni udział w mordowaniu Żydów.

Na koniec należy podkreślić powszechność zachowań antysemickich, masowość skierowanej przeciwko Żydom agresji, które to postawy wcale nie malały wraz z upływem czasu. Wręcz odwrotnie – pod sam koniec wojny, gdy nasiliły się działania partyzanckie, rosła liczba mordów dokonywanych na Żydach. Zbrodnie te nie skończyły się wraz z odejściem Niemców – na każdym z badanych przez nas terenów dochodziło do zabójstw ocalałych z Zagłady.

*

Tytuł *Dalej jest noc* to fragment wersu zamykającego wiersz Czesława Miłosza *Podróż* (1942); nawiązujemy nim do tytułu naszego wcześniejszego tomu na temat losów Żydów na polskiej prowincji, *Prowincja noc*, który został zaczerpnięty z poematu Józefa Czechowicza. Drobiazgowe opracowanie losów Żydów z dziewięciu powiatów okupowanej Polski zajęło nam kilka lat. W książce zaproponowaliśmy pewien model badawczy, który może być z powodzeniem wykorzystywany przy badaniu sytuacji w kolejnych powiatach. Mamy nadzieję, że powstaną podobne studia i za kilka czy kilkanaście lat będzie można stworzyć bardziej kompletną mapę odzwierciedlającą losy Żydów szukających ratunku w okupowanej Polsce w trzeciej fazie Zagłady.

*

Na koniec kilka uwag edytorskich: ze względu na dużą objętość opracowania zdecydowaliśmy się na publikację w dwóch tomach, stosując podział geograficzny. W tomie pierwszym znajdują się teksty dotyczące powiatów bielskiego, biłgorajskiego, węgrowskiego, łukowskiego i złoczowskiego, a w tomie drugim: miechowskiego, nowotarskiego, dębickiego oraz bocheńskiego. Indeksy osobowe i geograficzne dla wygody czytelnika znajdują się w obu tomach.

Niemcy stosowali eufemistyczne określenia na mordy („akcja wysiedleńcza" itp.) oraz specyficzne nazewnictwo typu „aryjczyk"; autorzy zawsze podkreślają, jak należy tę terminologię rozumieć. Niemniej ze względu na powszechne występowanie tych określeń w źródłach zdecydowaliśmy się używać tych terminów przy opisie wydarzeń i dla ułatwienia lektury zrezygnować z umieszczania ich za każdym razem w cudzysłowie, co nie oznacza, że akceptujemy język sprawców.

Cytowane w tekstach źródła staraliśmy się przytaczać w formie jak najbliższej oryginałowi, ograniczając się do niezbędnych poprawek interpunkcyjnych i ortograficznych, bez naruszania istoty zapisu, tak by można było poznać kompetencje językowe autora.

Teksty ilustrowane są zdjęciami archiwalnymi oraz wykonanymi współcześnie, czasem przez autorów opracowań. Na okładki obu tomów wybraliśmy zdjęcia unikatowe (i publikowane po raz pierwszy), do takich bowiem należą wizerunki Żydów z okresu ukrywania się. Obydwie fotografie wykonał nadleśniczy Jan Mikulski, mieszkający podczas okupacji w Dużej Woli koło Biłgoraja.

Barbara Engelking

Powiat
BIELSKI

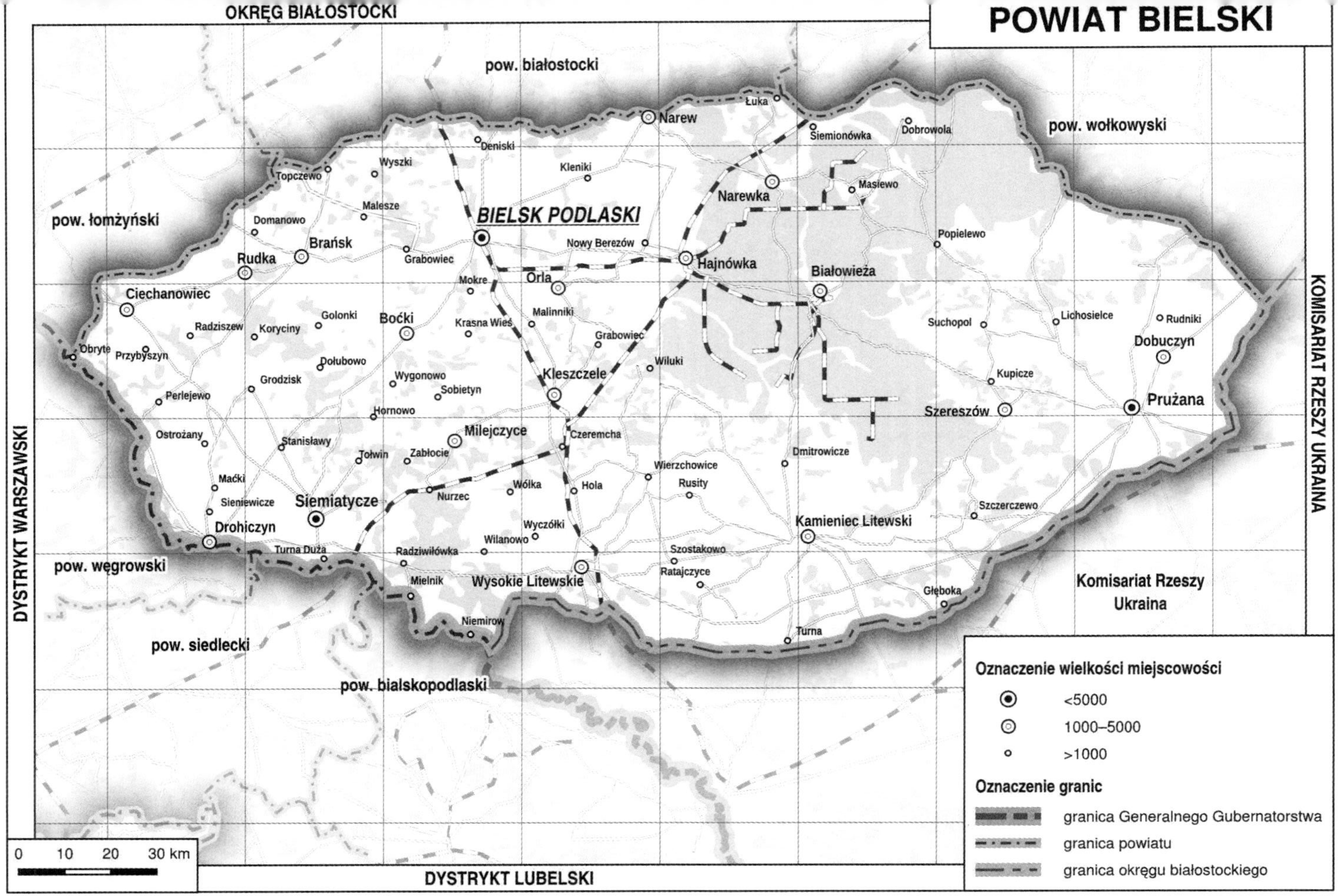
POWIAT BIELSKI
OKRĘG BIAŁOSTOCKI
KOMISARIAT RZESZY UKRAINA
DYSTRYKT WARSZAWSKI
DYSTRYKT LUBELSKI
pow. białostocki
pow. wołkowyski
pow. łomżyński
pow. węgrowski
pow. siedlecki
pow. bialskopodlaski
Komisariat Rzeszy Ukraina
BIELSK PODLASKI
Narew
Łuka
Siemionówka
Dobrowola
Deniski
Kleniki
Wyszki
Topczewo
Malesze
Domanowo
Narewka
Masiewo
Nowy Berezów
Hajnówka
Białowieża
Popielewo
Brańsk
Rudka
Grabowiec
Mokre
Orla
Ciechanowiec
Malinniki
Radziszew
Koryciny
Golonki
Boćki
Krasna Wieś
Grabowiec
Obryte
Przybyszyn
Dołubowo
Wiluki
Grodzisk
Wygonowo
Sobietyn
Kleszczele
Perlejewo
Hornowo
Ostrożany
Stanisławy
Milejczyce
Czeremcha
Tołwin
Zabłocie
Maćki
Nurzec
Wólka
Hola
Wierzchowice
Rusity
Dmitrowicze
Sieniewicze
Siemiatycze
Drohiczyn
Wyczółki
Wilanowo
Turna Duża
Radziwiłówka
Szostakowo
Ratajczyce
Kamieniec Litewski
Mielnik
Wysokie Litewskie
Niemirów
Turna
Głęboka
Szczerczewo
Suchopol
Lichosielce
Rudniki
Dobuczyn
Kupicze
Szereszów
Prużana
Oznaczenie wielkości miejscowości
<5000
1000–5000
>1000
Oznaczenie granic
granica Generalnego Gubernatorstwa
granica powiatu
granica okręgu białostockiego
0 10 20 30 km

Wprowadzenie

Powiat bielski przed drugą wojną światową

OBSZAR I LUDNOŚĆ

Ziemie powiatu bielskiego to kraina graniczna, na której terenie następowało przenikanie i ścieranie się wpływów polskich, ruskich oraz litewskich. W XIII i XIV w. ziemie te wchodziły przejściowo w skład Mazowsza (część zachodnia) i Litwy (część wschodnia i północna), a część południowa znajdowała się okresowo w granicach księstwa włodzimiersko-halickiego. W końcu XIV w. rozpoczęło się tam osadnictwo drobnoszlacheckie, poprzez które książęta mazowieccy kolonizowali wschodnie Mazowsze oraz Podlasie. Nieco później książęta litewscy rozpoczęli kolonizację tych ziem od wschodu, osiedlając tam chłopów pochodzenia ruskiego. Taki typ osadnictwa oraz najazdy, wojny i zmiany granic ukształtowały specyficzną strukturę społeczno-narodową regionu: polska drobna szlachta wyznania rzymskokatolickiego zamieszkiwała zwarte wsie szlacheckie (zaścianki) w zachodniej części powiatu, a prawosławna lub unicka ludność wiejska — wsie chłopskie (ruskie, białoruskie) — jego wschodnie obszary. Od XV w. w miasteczkach powiatu osiedlali się Żydzi i w okresie międzywojennym stanowili około 50% ich mieszkańców.

W 1919 r. powiat bielski (największy z powiatów należących do województwa podlaskiego), znalazł się w całości w granicach Drugiej Rzeczypospolitej. Zajmował obszar 4989 km kw., znajdowało się tam wówczas 9 miast oraz 19 gmin. Rozmaite przekształcenia i reformy administracyjne (w 1922, 1925, 1926, 1932 i 1934 r.) zmieniały nie tylko granice powiatu, lecz także siedziby gmin i kwestię praw miejskich przysługujących poszczególnym miejscowościom. Po ostatniej przedwojennej reformie na terenie powiatu Bielsk Podlaski znajdowało się 6 miast (Bielsk Podlaski, Brańsk, Ciechanowiec, Drohiczyn, Kleszczele, Siemiatycze) oraz 15 gmin (Białowieża, Bielsk Podlaski, Boćki, Brańsk, Ciechanowiec, Drohiczyn, Grodzisk, Hajnówka, Kleszczele, Mielnik, Milejczyce, Narew, Orla, Siemiatycze, Wyszki).

W powiecie bielskim nie było żadnego dużego miasta, był to słabo zurbanizowany i ubogi gospodarczo obszar, a wyróżniało go „niezmierne mnóstwo" drobnych zagród szlacheckich „w wioskach przeważnie niewielkich, ale gęsto rozsianych"[1]. Te wioski ze swoimi licznymi koloniami i niewielkie miasteczka rozsiane są wśród lasów[2], a cała topografia wschodniej części powiatu bielskiego zdominowana jest przez Puszczę Białowieską.

W okresie okupacji — najpierw sowieckiej, a następnie niemieckiej — granice powiatu znacznie zmieniały się w stosunku do granic przedwojennych. Jesienią 1939 r. w wyniku ataku ZSRR na Polskę powiat bielski stał się częścią tzw. Zachodniej Białorusi. W ostatniej dekadzie czerwca 1941 r. ziemię bielską zajęły wojska niemieckie i znalazła się ona w granicach okręgu białostockiego (Bezirk Bialystok). W okresie okupacji hitlerowskiej powiat bielski stał się największym powiatem okręgu — dodano do niego kilka gmin z powiatów prużańskiego i brzeskiego (dawnego województwa poleskiego), a także okręg Prużana — obejmował wtedy 25 gmin miejskich i wiejskich. W 1944 r. na skutek nowego wytyczenia granic część przedwojennego powiatu bielskiego znalazła się w ZSRR, większość zaś pozostała w Polsce; powiat liczył 4551 km kw. i składał się z 17 gmin wiejskich oraz 3 miejskich.

Ze względu na brak źródeł do opisu wschodniej części powiatu, która obecnie znajduje się poza granicami Polski, przeważająca część tekstu i końcowe wnioski dotyczą jedynie zachodniej części powiatu bielskiego w jego okupacyjnych granicach, czyli tej, która po wojnie przypadła Polsce. Do końcowej analizy nie włączyłam gett z miast znajdujących się obecnie na terenie Białorusi (Dmitrowicze, Kamieniec Litewski, Nowe Berezowo, Ratajczyce, Rudniki, Suchopol, Szczerczewo, Szereszów, Wierzchowice, Wysokie Litewskie), gdyż w odniesieniu do nich nie udało się zdobyć wystarczających informacji ani o okresie istnienia gett, ani o ocalałych. Szczątkowe dane o pojedynczych osobach ocalałych z Kamieńca czy Wysokiego, które ukrywały się w zachodniej części powiatu, zostały w tekście uwzględnione[3]. Największe getto na terenie powiatu, w Prużanie, liczące 10 tys. osób, nie

1 Zygmunt Gloger, *Geografia historyczna ziem dawnej Polski*, Kraków 1903, reprint dostępny pod adresem: http://literat.ug.edu.pl/glogre/index.htm.

2 *Rocznik statystyczny* z 1937 r. podaje, że lasy stanowiły około 20% powierzchni powiatu bielskiego.

3 Jedno z nielicznych wspomnień osoby z Kamieńca Litewskiego, która została uratowana, to historia Dory Galperin, opisana w kamienieckiej Księdze pamięci. Pomagali jej Kozłowscy i Grzegorzewscy w samym Kamieńcu oraz Mikołaj Żuk i jego siostra w pobliskiej wsi Ugalin (http://www.jewishgen.org/yizkor/Kamenets/Kamenets.html).

zostało — podobnie jak i inne we wschodniej części powiatu — włączone do obliczeń statystycznych. To getto zostało zlikwidowane dwa miesiące później niż pozostałe, a jego mieszkańców wywieziono nie do Treblinki, ale do Auschwitz, gdzie przeżyło kilkadziesiąt osób. W zasadzie jedyny wątek opracowania, gdy jest mowa o Prużanie, to zagadnienie partyzantki w powiecie.

ŹRÓDŁA

Dużą trudność stanowi opisanie powiatu, który w okresie okupacji niemieckiej był zlepkiem gmin z trzech przedwojennych powiatów i dwóch województw. Wiele danych demograficznych zawarto w źródłach dotyczących tychże trzech powiatów. Niespójność[4] danych ze spisów statystycznych z 1921 i 1931 r. utrudnia ich odniesienie do powiatu stworzonego przez Niemców. Ponadto duża część źródeł znajduje się obecnie na Białorusi lub w Rosji, a kwerendę udało się wykonać tylko w niektórych białoruskich archiwach[5]. Dokumenty w archiwach lokalnych oraz niemieckie dotyczące Bezirk Bialystok zachowały się w stanie szczątkowym[6]. Więcej informacji przyniosły relacje ocalałych, księgi pamięci[7], dokumenty z Archiwum Żydowskiego Instytutu Historycznego i Archiwum Instytutu Pamięci Narodowej, np. dokumentacja byłej Głównej Komisji Badania Zbrodni Hitlerowskich, a także akta powojennych procesów zbrodniarzy niemieckich, m.in. Ericha Kocha, oraz innych procesów karnych. Ważnym źródłem do odtworzenia losów Żydów w powiecie są też będące w zasobach Visual History Archive USC Shoah Foundation wypowiedzi zarówno ocalałych, jak i z Polaków pomagających Żydom.

4 Przede wszystkim ich niska wiarygodność w odniesieniu do danych dotyczących składu etnicznego, gdyż w spisie z 1921 r. pytano o narodowość, a w 1931 r. nie było pytania o narodowość, lecz jedynie o język i wyznanie.

5 Ze względu na ograniczenia dostępu do dokumentów w archiwach białoruskich wykonano kwerendę jedynie w Grodnie i Mińsku w następujących archiwach: Państwowe Archiwum Organizacji Społecznych Obwodu Grodzieńskiego, Państwowe Archiwum Obwodu Grodzieńskiego, Państwowe Archiwum Obwodu Brzeskiego, Narodowe Archiwum Białorusi w Mińsku.

6 Kwerenda objęła archiwum w Ludwigsburgu, w Białymstoku Archiwum Państwowe, a także Archiwum Diecezjalne w Drohiczynie.

7 Z terenu powiatu bielskiego istnieją księgi pamięci dla następujących miasteczek: Bielsk Podlaski, Ciechanowiec, Drohiczyn, Kamieniec Litewski, Narewka Mała, Siemiatycze, Prużana (Prużany) oraz Wysokie Litewskie.

Większość źródeł, które miałam do dyspozycji, to źródła narracyjne: relacje pisemne czy ustne, wspomnienia, zeznania. Nie odnalazłam niestety żadnego dziennika sporządzanego na terenie powiatu, którego autor zapisywałby wydarzenia na bieżąco. Powojenne wspomnienia modelują zaś przeszłość na rozmaite sposoby. Relacje żydowskie często koncentrują się na doznanych krzywdach i stratach, niemal wcale nie przybliżając okresu ukrywania się — czyli tego, co w kontekście strategii przetrwania byłoby najbardziej interesujące. Relacje opowiadają raczej o wydarzeniach i w wielu z nich okres od listopada 1942 do lipca 1944 r. stanowi niezorganizowaną przestrzeń czasu, w której dają się zauważyć jedynie pojedyncze epizody. Także na wydarzeniach — ale w inny sposób — skupiają się relacje partyzantów: wiele w nich dynamiki, akcji, walki z wrogiem, wyrównywania rachunków, poczucia sprawczości.

Nie bez znaczenia jest to, że autorzy istniejących relacji z obszaru powiatu bielskiego nie byli osobami władającymi sztuką słowa czy nawykłymi do głębszych refleksji; to najczęściej drobni rzemieślnicy czy kupcy lub młodzi, jeszcze bez zawodu, których edukacja zakończyła się przed wojną na kilku klasach szkoły podstawowej. Jedyne dwie dorosłe osoby z wyższym wykształceniem, które przeżyły na terenie powiatu, nie opowiedziały o własnych przeżyciach. Nauczyciel Symcha Burstein (Bursztajn) — jedna z tych osób — zbierał relacje innych ocalałych, po wojnie był przewodniczącym lokalnego komitetu żydowskiego, ale o sobie ani wówczas, ani później nic nie napisał.

Inaczej jeszcze zniekształcają przeszłość dokumenty sądowe — zeznania świadków i oskarżonych w oczywisty sposób nie są bezinteresowne, służą wybieleniu własnych działań lub odwrotnie — udowodnieniu czyjejś winy. Z racji swojej specyfiki koncentrują się one na ustaleniu zakresu odpowiedzialności sprawców, ich zależnościach służbowych, posłuszeństwie wobec przełożonych, wskazaniu konkretnych dat wydarzeń[8]. W centrum zainte-

8 Na przykład lektura 21 tomów akt dotyczących procesu Ericha Kocha przed Sądem Najwyższym w Polsce w latach 1958–1959 przynosi sporą wiedzę o kolejach jego życia, motywacjach działania, ambicjach osobistych, stosunkach służbowych w obrębie administracji Trzeciej Rzeszy, kompetencjach jako nadprezydenta prowincji Prus Wschodnich, szefa NSDAP w regionie i szefa zarządu cywilnego okręgu białostockiego oraz komisarza Rzeszy dla Ukrainy, jego konflikcie z Himmlerem, a nawet stanie zdrowia; można też poznać, co rzekomo wiedział o miejscu ukrycia Bursztynowej Komnaty etc. Niewiele jednak można się dowiedzieć o wymordowaniu Żydów na terenie podległego mu Bezirk Bialystok. W jednym z przesłuchań Koch zeznaje: „Ja nigdy nie miałem sposobności do przedsięwzięcia środków przeciwko

resowania są sprawcy, ofiary znajdują się na dalekim planie. Z kolei relacje zawarte w dokumentacji związanej z przyznaniem medalu Sprawiedliwego profilują przeszłość „na słodko", pod kątem dobrych uczynków, i unikają szarych stref. W wywiadach z lat dziewięćdziesiątych i późniejszych przeżycia dominują nad faktami, a nazwiska i nazwy miejscowe są często tak poprzekręcane, że z trudem udaje się je zweryfikować.

Z tych wszystkich źródeł starałam się wydobyć maksymalnie wiele szczegółów, wydestylować i potwierdzić fakty oraz uwzględnić wymiar emocjonalny, by opisać całość doświadczenia nazwanego „strategiami przetrwania".

ŻYDZI W POWIECIE BIELSK PODLASKI

Od końca XV w. do miast Podlasia: Bielska, Drohiczyna, Tykocina, zamieszkanych dotychczas przez Polaków i Rusinów, zaczęli napływać Żydzi. Wiązało się to z wygnaniem ich na przełomie XV i XVI w. z Hiszpanii, Portugalii i Sycylii. Kolejne fale uchodźców żydowskich napływały do Rzeczypospolitej w drugiej połowie XVII i w XVIII w.[9] Znaleźli na Podlasiu sprzyjające warunki do osiedlania się — król zezwalał tam „na odbywanie targów we wsiach i «miejscach» targowych"[10]. Sieć targowisk wiejskich była szczególnie liczna na terenach takich jak ziemia bielska, gdzie występowało wyjątkowe zagęszczenie wsi drobnoszlacheckich. Żydzi, którzy od XVI w. mieli zagwarantowane przywilejem królewskim prawo handlu po wsiach, przyczyniali się do rozwoju gospodarczego regionu[11]. Żydzi osiedlający się we

---

Żydom w Białymstoku [...]. Żydzi nie podlegali cywilnej administracji, a tylko policji bezpieczeństwa. Wyłącznie od niej zależało załatwienie kwestii żydowskiej i administracja cywilna nie miała tutaj nic do powiedzenia. [...] W Białymstoku byłem dwa razy między 1941 a 1944 r. [...] Możliwe, że tysiące ludzi mogło być zabitych i poddanych egzekucji. Mnie jednak tam nie było [...]" (Archiwum Instytutu Pamięci Narodowej [dalej AIPN], GK 318/759, Akta w sprawie oskarżenia Ericha Kocha, Wypowiedź Kocha w protokole rozprawy przed brytyjskim Sądem Ekstradycyjnym w Hamburgu z 8–11 XI 1949, k. 108).

9 Żydzi przybywali do Rzeczypospolitej z Niemiec i Śląska, w trakcie wojny trzydziestoletniej i po jej zakończeniu, z Ukrainy po pogromach Chmielnickiego i po rzezi humańskiej, a także z terenów Rosji, ponadto zaś z Austrii i Prus, skąd w 1772 r. przymusowo wysiedlano najbiedniejszych Żydów, tzw. Betteljuden.

10 Józef Maroszek, *Żydzi wiejscy na Podlasiu w XVII i XVIII wieku w świetle przemiany struktury rynku wewnętrznego*, „Studia Podlaskie" 1989, nr 2, s. 56.

11 Zob. Anatol Leszczyński, *Żydzi ziemi bielskiej od połowy XVII do 1795 r. (Studium osadnicze, prawne i ekonomiczne)*, Wrocław i in.: Zakład Narodowy im. Ossolińskich, 1980.

wsiach targowych stopniowo wpływali na przekształcenie tych wsi w miasteczka o charakterze sztetli, pełniących funkcje handlowo-usługowe na rzecz rolniczego otoczenia. Taka struktura utrzymywała się do drugiej wojny światowej. W powiecie bielskim mieszkało wówczas około 200 tys. osób[12]. W okresie okupacji niemieckiej do powiatu zostało przyłączonych 12 gmin liczących około 50 tys. mieszkańców[13]. Biorąc pod uwagę przyrost ludności, migracje, ucieczki i przesiedlenia, można szacować, że w 1942 r. na terenie ówczesnego powiatu bielskiego mieszkało około 40 tys. Żydów[14].

Żydzi mieszkali przede wszystkim w miastach, gdzie stanowili około połowy mieszkańców; ludność katolicka (Polacy) zasiedlała głównie miasteczka i wsie zachodniej części powiatu, a prawosławna (Rusini) — wsie jego wschodniej części. Im bardziej na wschód, tym więcej jest prawosławnych, a mniej katolików. W miasteczkach powiatu bielskiego z kilkoma tysiącami mieszkańców życie osobiste i społeczne Żydów przebiegało według ustalonego tradycją rytmu, a ich życie gospodarcze opierało się zwykle na handlu, rzemiośle czy usługach. Miasteczka powiatu były bardzo słabo uprzemysłowione, co wpływało na ogólny poziom życia — podlaskie stanowiło obszar biedy, a Bielsk nazywano „zajdene torbes", co — jak wspomina Fania Grinberg — jest symbolem biedoty: „całe zmartwienie miasta, cała jego lokalna aktywność zamykała się w ramach biedy. Było to miasto bez przemysłu i bez źródeł utrzymania [...] w Bielsku normalną rzeczą było to, iż ludzie byli biedni i bardzo szanowani. Była tam bieda, ale nie skrajna nędza. Ludzie nie czuli, że są biedni. Mimo że nie wystarczało im nawet na kupno śledzia. [...] Żydzi żyli jeden z drugiego nawzajem. I z handlu z okolicznymi gojami"[15].

---

12 Według danych spisu powszechnego z 1931 r.: 90 tys. katolików, 90 tys. prawosławnych i około 20 tys. Żydów.

13 W tym według danych z 1931 r. około 4 tys. katolików, 30 tys. prawosławnych oraz 11 tys. Żydów.

14 Ze względu na brak źródeł do opisu wschodniej części powiatu, która obecnie znajduje się poza granicami Polski (z powodu ograniczonego dostępu do dokumentów w archiwach białoruskich nie udało się wykonać tam pełnej kwerendy), przeważająca część tekstu i końcowe wnioski dotyczą jedynie zachodniej jego części (w okupacyjnych granicach), czyli tej, która po wojnie znalazła się w Polsce. Większość wyliczeń dotyczy 22 500 Żydów znajdujących się w gettach w granicach obecnej Polski.

15 Zob. Fania Grinberg, *Niezwykły Bielsk* [w:] *Księga pamięci Bielska Podlaskiego*, oprac. i przedmowa Wojciech Konończuk, Doroteusz Fionik, Bielsk Podlaski: Stowarzyszenie Małej Ojczyzny w Studziwodach, 2017, s. 83. Dziękuję panu Wojciechowi Konończukowi za wszystkie uwagi do niniejszego tekstu.

W Bielsku przed wojną działało „kilka fabryczek, które wyrabiały wojłoki i zimowe buty filcowe, oraz [istniały] inne miejsca pracy, w których produkowano cegły i ceramikę. To była cała produkcja, ale byli u nas oczywiście także rzemieślnicy. Nasz powiat był bardzo duży i odbywały się duże targi. Okoliczna ludność przybywała na targ, aby zakupić przeróżne wyroby rzemieślników”[16].

Procesy emancypacji i modernizacji wśród Żydów nabrały przyspieszenia po odzyskaniu przez Polskę niepodległości w 1918 r. Konstytucja marcowa (1921) gwarantowała mniejszościom narodowym, w tym żydowskiej, równouprawnienie oraz możliwość rozwoju szkolnictwa i kultury. Mimo nasilającej się z upływem lat dyskryminacji rozkwitło żydowskie życie społeczne, polityczne i kulturalne. Aktywnie rozwijające działalność organizacje oraz ruchy młodzieżowe i partie polityczne reprezentujące wszelkie możliwe poglądy przyczyniały się do wzrostu tendencji emancypacyjnych i idących za nimi zmian w tradycyjnej strukturze i funkcjach sztetla. Podobnie jak w całej Polsce, także tam Żydzi „zaznali czasów cierpienia, prześladowań i opresyjnych przepisów. Ale były to również czasy relatywnego spokoju, kiedy mieli możliwość rozwinąć się zarówno ekonomicznie, jak i duchowo. Życie żydowskie [...] nie było nigdy tak żywe i dynamiczne, jak podczas ostatniego czasu niepodległości Polski od 1918 do 1939 roku”[17]. W miasteczkach działały „grupy dramatyczne, które na scenie grały jak profesjonaliści”[18], orkiestry, kluby sportowe[19], biblioteki etc. W wielu miasteczkach funkcjonowały szkoły żydowskie, np. w Prużanie znajdowały się „hebrajskie gimnazjum «Tarbut» i dwie szkoły powszechne hebrajskie siedmioklasowe. Oprócz szkół hebrajskich była tutaj 7-klasowa szkoła żydowska im. Pereca. Z organizacyj syjonistycznych były w mieście czynne Hechaluc, Haszomer Hacair, Hanoar [ha-Cijoni], Brit Tumpledor, a z innych Bund.

Z instytucyj żydowskich i innych kulturalnych ośrodków należy wymienić: żydowską Gminę wyznaniową [...], Związek Kupców Żydowskich [...] Żydowski Bank Spółdzielczy, Kasę Samopomocową Zapomogową, Linas-Hacedek (pomoc chorym), Dom Sierot żydowskich dla 60 dzieci,

---

16 Cwi Kadłubowski, *Życie gminy w Bielsku, epizody z lat młodości)* [w:] *ibidem*, s. 140.

17 *Semiatych — Its Growth and Destruction* [w:] *Semiatych Yizkor Buch*, http://www.jewishgen.org/yizkor/siemiatycze1/sie500.html.

18 Jeruchem Kleszczelski, *Mój ukochany Bielsk* [w:] *Księga pamięci Bielska Podlaskiego*, s. 189.

19 W Bielsku — z grupą piłkarską, która należała do ligi. Grała mecze z drużynami z innych miast województwa białostockiego — wspomina Jeruchem Kleszczelski (*ibidem*, s. 191).

Chewra Kadisza, [...] Hachnasat Orchim (pomoc dla biednych), jeszibot dla 60 uczniów, dom starców dla 50 osób"[20]. W miasteczkach Podlasia było wielu ortodoksyjnych, religijnych Żydów[21], lecz stosunkowo niewielu chasydów.

W drugiej połowie lat trzydziestych na Podlasiu — jak w całej Polsce — narastały nastroje antysemickie. W przeciwieństwie jednak do sąsiednich łomżyńskiego czy wysokomazowieckiego w powiecie bielskim Narodowa Demokracja miała ograniczone wpływy. W zasadzie jej aktywność zaznaczyła się jedynie w zachodniej części powiatu, gdzie przeważała ludność katolicka[22]. W zachowanych częściowo sprawozdaniach starosty powiatowego w Bielsku Podlaskim dla Urzędu Wojewódzkiego w Białymstoku z lat 1935–1939 znajdujemy informacje o ponad 30 wydarzeniach, uznanych za antysemickie. Są to różnego kalibru ekscesy — od umieszczenia przy wjeździe do wsi Łapcie (gm. Wyszki) tabliczek z napisami: „Baczność. Do wsi żydom wstęp wzbroniony"[23], przez nawoływanie proboszcza parafii rzymskokatolickiej w Strabli ks. Dudy-Dziewierza do „bojkotu ekonomicznego żydów"[24], aż do rozruchów 10 grudnia 1936 r. na targu w Ciechanowcu, kiedy to „około 100 członków Stronnictwa Narodowego zaczęło przewracać stragany żydowskich kupców. Na czele grupy stał Stanisław Zawistowski (mieszkaniec wsi Usza Mała, pow. wysokomazowiecki). W trakcie zajścia wybite zostały również szyby w domach żydowskich oraz poturbowano kilka osób narodowości żydowskiej"[25]. Do kolejnych rozruchów doszło w Ciechanowcu:

---

20 Archiwum Yad Vashem (dalej AYV), O.3/727, Relacja Izaaka Friedberga z Prużany.

21 „Wielu siemiatyckich Żydów znajdowało się pod wpływem rebego ze Słonima, w którym widziano zarówno błyskotliwego, jak i świętego człowieka" (Michel Radzinski, *The Scroll of My Life* [w:] *Semiatych Yizkor Buch*, https://www.jewishgen.org/Yizkor/siemiatycze/siemiatycze.html).

22 Henryk Majecki, *Chrześcijańska Demokracja w województwie białostockim w latach 1918–1935*, „Studia Podlaskie" 1991, nr 3, s. 150.

23 Archiwum Państwowe w Białymstoku (dalej AP Białystok), Urząd Wojewódzki białostocki [1918–1919,] 1920–1939, [1940, 1967], 47/91, Miesięczne sprawozdanie sytuacyjne społeczno-polityczne Starostwa Powiatowego Bielskiego z lat 1935–1936, k. 50. Zachowały się sprawozdania z pojedynczych miesięcy w latach 1935–1939.

24 AP Białystok, 47/100, Miesięczne sprawozdania sytuacyjne z ruchu politycznego polskiego oraz z życia społeczno-politycznego mniejszości narodowych za rok 1938, k. 109.

25 AP Białystok, 47/91, Miesięczne sprawozdanie sytuacyjne społeczno-polityczne Starostwa Powiatowego Bielskiego z lat 1935–1936, k. 132–133. W czwartym kwartale 1936 r. w całej Polsce doszło do 640 napadów na Żydów (w tym 13 zabójstw i 14 ciężkich poranień) oraz 1492 wypadków wybicia szyb w mieszkaniach i przedsiębiorstwach żydowskich). W Ciechanowcu bojkot sklepów żydowskich był tak dokuczliwy, że na początku 1937 r. żydowscy mieszkańcy miasteczka wystosowali memoriał do Żydowskiego Koła Parlamentarnego z prośbą

„w dniach 6 i 9 lutego [1939 r.] w czasie targów pikieciarze niszczyli stragany żydowskie”[26]. Antysemickich ekscesów było w regionie z pewnością więcej — w tabeli dotyczącej „akcji przestępczych członków Stronnictwa Narodowego” jedynie w październiku 1937 r. odnotowano w powiecie bielskim cztery „wydarzenia zbiorowe”, pięć „wystąpień indywidualnych” oraz jedno „zebranie nielegalne”[27].

Najwięcej antysemickich ekscesów wystąpiło w zachodniej części powiatu; wydaje się, że do znajdującego się najbliżej Bugu Ciechanowca „eksportowano” działaczy z powiatu wysokomazowieckiego, gdzie struktury SN były bardziej rozwinięte[28]. Do antysemickiej agitacji dochodziło także w Siemiatyczach, gdzie furman w polskiej spółdzielni mleczarskiej Józef Fleks rozdawał chłopom ulotki zachęcające, „by sprzedawali tylko do [polskiej] Spółdzielni, która płaciła ceny wyższe”[29]. Tenże Fleks pozostawał w konflikcie z dwoma siemiatyckimi koniuchami — braćmi Kapłanami, a konflikt ten miał dalszy ciąg w czasie wojny i po niej. W miasteczkach wschodniej części powiatu — mimo analogicznej, a nawet większej liczby Żydów — było o wiele spokojniej. Najwyraźniej antysemityzm na terenie bielskiego był skorelowany z wyznawaną religią i narodowością. Tam, gdzie mieszkała ludność prawosławna, antysemityzm był mniej odczuwalny, być może dlatego że Rusini sami stanowili mniejszość (choć nie na tych ziemiach), a może także z tego powodu, iż zamieszkiwali głównie wsie, gdzie Żydów było niewielu. „Emocje antysemickie, eksplodujące na pobliskim Mazowszu, u nas nie miały pożywki”[30] — pisze Sokrat Janowicz. Podobnie Izaak Friedberg z Prużany wspomina, że „do wybuchu wojny światowej nie było, z wyjątkiem

---

o interwencję, by ukrócić zajścia antysemickie w Ciechanowcu (*ibidem*, k. 38–39; zob. także Jolanta Żyndul, *Zajścia antyżydowskie w Polsce w latach 1935–1937*, Warszawa, Fundacja im. Kazimierza Kelles-Krauza i Agencja Scholar, 1994).

26 AP Białystok, 47/106, Miesięczne sprawozdanie ze stanu bezpieczeństwa za rok 1939, k. 45–46.

27 W zachowanych „Miesięcznych sprawozdaniach sytuacyjnych” znajduje się tylko ta tabela, być może lepiej oddaje ona rzeczywistą skalę antysemityzmu w powiecie.

28 Podobnie było w Orli, do której około 1937 r. przyjechało z Łomżyńskiego kilkunastu pałkarzy, żeby bić Żydów. W ich obronie wystąpili wówczas prawosławni mieszkańcy miasteczka (zob. Wojciech Konończuk, *Orla — przewodnik*, http://shtetlroutes.eu/pl/orla-przewodnik/).

29 Archiwum Instytutu Pamięci Narodowej Oddział w Białymstoku (dalej AIPN Bi), 403/17. Akta sprawy przeciwko Józefowi Fleksowi, Przesłuchanie oskarżonego, b.d., k. 46.

30 Sokrat Janowicz, *Żydzi w oczach Białorusina* [w:] *Świat NIEpożegnany. Żydzi na dawnych ziemiach wschodnich Rzeczypospolitej w XVIII–XX wieku*, red. Krzysztof Jasiewicz, Warszawa–Londyn 2004, s. 292.

sporadycznych wystąpień chuligańskich, żadnych incydentów między ludnością polską lub białoruską a Żydami. [...] Bojówek nie było. Żadnych jawnych ekscesów antysemickich również nie było"[31]. Być może pamięć i upływ czasu wygładzają wspomnienia, gdyż i tam jednak zdarzały się incydenty o charakterze antysemickim. O takich wydarzeniach w Białowieży (wybicie szyb w domu oraz pobicie Żyda — obwoźnego handlarza) wspomina David Waldshan w rozmowie z Katarzyną Winiarską[32].

Pożywką dla antysemickich ekscesów była pogarszająca się sytuacja gospodarcza w Polsce. Pauperyzacja dotknęła wszystkich obywateli Rzeczypospolitej, także Żydów, których sytuację dodatkowo utrudniała dyskryminacja ekonomiczna, wyrywając „coraz bardziej z posad ugruntowane do niedawna warstwy ludności żydowskiej, obniżając systematycznie ich poziom życiowy, [czego] [...] nie da się przypisać, a przynajmniej nie wyłącznie, ogólnemu przesileniu gospodarczemu"[33]. Ubożenie ludności miało poważne konsekwencje: coraz więcej Żydów znajdowało się na marginesie, zdanych na dobroczynność gmin[34]. Gminy żydowskie wydawały coraz większe sumy na pomoc społeczną, a jednocześnie ich dochody malały ze względu na ogólny spadek stopy życiowej[35]. Liczni Żydzi, także ci mieszkający w powiecie bielskim, szukali możliwości wyjazdu z Polski. „Wielu mieszkańców opuszczało Ciechanowiec i udawało się za morza. Wielu starało się dostać do Erec Israel wszelkimi możliwymi drogami"[36]. Emigracja stawała się jednak coraz trudniejsza, niełatwo było Żydom w przededniu wojny znaleźć na świecie jakieś inne miejsce do życia.

Trudna sytuacja ekonomiczna, procesy modernizacyjne i sekularyzacyjne składały się na narastający kryzys wspólnoty żydowskiej i rosnące napięcia między pokoleniami. Sztetl, wcześniej chroniony przed zmianami systemem nakazów i norm, stał się sceną gwałtownych przemian. Wśród

---

31 AYV, O.3/727, Relacja Izaaka Friedberga.

32 Dziękuję pani Katarzynie Winiarskiej za udostępnienie rozmowy przeprowadzonej z Davidem Waldshanem w 2016 r.

33 Arie Tartakower, *Pauperyzacja Żydów polskich*, „Miesięcznik Żydowski" 1935, nr 1.

34 Tartakower podaje: „ankieta Związku Żydowskich Kas Bezprocentowych wykazała, że w 1934 r. 25,8% Żydów starało się o zapomogi na Pesach — średnio 8 zł na rodzinę" (*ibidem*).

35 Jak podaje Tartakower, ponad 50% Żydów w Polsce było tak biednych, że nie mogli płacić składki gminnej. Zwolnionych z opłat było w Warszawie 46%, w Łodzi — 53%, we Lwowie — 49%, w Krakowie — 68%, na prowincji — około 60% (*ibidem*).

36 Joseph Gebali (Yabkowski), *The Shtetl between the Two World Wars* [w:] *Ciechanowiec Yizkor Buch*, https://www.jewishgen.org/yizkor/Ciechanowiec/Ciechanowiec.html.

młodych coraz silniej przejawiała się tendencja do odchodzenia od tradycyjnej kultury i ortodoksyjnej wiary. Postępowała również akulturacja językowa – młodzież po 1918 r. uczęszczała obowiązkowo do polskich szkół. Gdy polski stawał się pierwszym językiem, często wiązało się to z asymilacją kulturalną i tożsamościową, aż do konwersji włącznie. Procesy asymilacyjne zostały jednak zahamowane przez narastający w okresie międzywojennym antysemityzm. Wspólnota sztetlu, targana procesami odśrodkowymi i rozmaitymi kryzysami, w chwili wybuchu wojny musiała się zmierzyć z nowymi wyzwaniami.

Powiat bielski pod okupacją sowiecką

We wrześniu 1939 r. na ziemie powiatu bielskiego na kilkanaście dni wkroczyli Niemcy, dając w tym czasie Żydom przedsmak tego, co ich czeka. „Panował strach, rabowano domy żydowskie"[37]. Na skutek umowy z 28 września 1939 r., zmieniającej tajne ustalenia wcześniejszego paktu Ribbentrop–Mołotow, a dotyczącej przebiegu nowej granicy wzdłuż linii rzek: Pisa–Narew–Bug–San, Niemcy wycofali się z części zajętych terenów — przypadły one Związkowi Radzieckiemu. Do miasteczek powiatu wkroczyły więc wojska sowieckie. Żydzi przyjęli zmianę okupacji niemieckiej na sowiecką z ulgą. Zagrożenie ze strony nazistów, które zapowiadało — jak wówczas sądzono — fizyczną przemoc, prześladowania i terror, zostało zastąpione przez ustrój polityczny, który obiecywał — nawet jeśli tylko w teorii — równość i brak antysemityzmu. Morris Kantorowicz z Szereszowa wspomina, że Rosjanie „byli przyjęci z mieszanymi uczuciami przez lokalną społeczność. Wieśniacy [...] obawiali się utraty ziemi i przymusowej kolektywizacji. Żydzi także byli niepewni — wiedzieli z doświadczenia, że zmiana oznacza kłopoty. Młodzi ludzie spodziewali się ulgi od szalejącego polskiego antysemityzmu, polegając na zapewnieniach Sowietów o równości ras, ale starsi Żydzi obawiali się prześladowania religii i własności prywatnej. [...] Uważaliśmy jednak, że mamy szczęście, że znaleźliśmy się po tej stronie płotu"[38].

Objawy zadowolenia ze zmiany okupanta przyjmowały często charakter entuzjastycznego powitania wkraczającej Armii Czerwonej. Jak wspomina Berl Lew, w Ciechanowcu „następnego dnia po ewakuacji Niemców pojawili się otwarcie żydowscy komuniści. Wcześniej byli uwięzieni przez rząd polski, ale zostali zwolnieni na skutek umowy niemiecko-rosyjskiej. [...] Urządzili wielkie święto i zbudowali bramę triumfalną od domu Altera Lubawiczera aż do domu Lipy Rubinsteina [...]. Udekorowali bramę rozmaitymi błyszczącymi ozdobami i zawiesili transparenty «Niech żyje rząd

37 AYV, M.11/50, Rabin Halperin, „Opis martyrologii Żydów miasteczka Orla za czasów okupacji", tłum. z jidysz Anna Szyba.

38 AYV, O.33/1875, „Szereszów. Agonia i śmierć sztetl. Opowiedziana przez Morrisa (Meishke) Kantorowicza, jedynego ocalałego z 51-osobowej rodziny wysłanej do Auschwitz w styczniu 1943 r.", oprac. Jacob Auerbach.

sowiecki» i «Witamy!»"[39]. Abraham Spielman dodaje, że tę bramę budowali wspólnie komuniści polscy i żydowscy[40]. Mosze Kleinbaum, przewodniczący Federacji Syjonistycznej w Polsce, który jesienią 1939 r. po udziale w wojnie obronnej jako żołnierz znalazł się na Kresach i obserwował wkraczanie Armii Czerwonej oraz pierwsze miesiące okupacji sowieckiej, napisał w raporcie dla Nachuma Goldmanna, przewodniczącego Komitetu Wykonawczego Światowego Kongresu Żydów: „wieśniacy ukraińscy, młodzi komuniści żydowscy — przede wszystkim kobiety komunistki — witali żołnierzy uśmiechami i okrzykami przyjaźni. Liczba żydowskich wielbicieli nie była zbyt duża. Jednakże ich zachowanie tego dnia wydawało się podejrzane z powodu ich krzykliwości, która była większa niż innych grup. W ten sposób można było odnieść błędne wrażenie, że Żydzi najbardziej fetowali gości na tej uroczystości"[41]. Takie zachowanie części społeczności żydowskiej zaważyło na stosunkach polsko-żydowskich w czasie wojny, stało się pożywką do oskarżania wszystkich Żydów o entuzjastyczny stosunek do najeźdźcy, o zdradę narodową, a później przekształciło się w łatwy stereotyp i wygodny pretekst do wrogości, a także odwetu.

22 października 1939 r. przeprowadzono wybory do Zgromadzenia Ludowego Zachodniej Białorusi. Kampania wyborcza i same wybory odbywały się w atmosferze terroru, a wyniki zostały sfałszowane. 2 listopada 1939 r. 52,1% terytorium Drugiej RP zostało formalnie włączone do republik Białoruskiej i Ukraińskiej w ramach ZSRR. Przedwojenny powiat bielski został podzielony między obwody brzeski i białostocki[42].

Na tereny zwane teraz Zachodnią Białorusią przybyło od 100 do 150 tys. uciekinierów spod okupacji niemieckiej, wśród których „przeważali zdecydowanie Żydzi"[43]. Przedostanie się przez nową niemiecko-sowiecką granicę, początkowo stosunkowo łatwe, z czasem stawało się coraz trudniejsze

---

39 Berl Lew, *Ciechanowiec Under the Soviet Regime* [w:] *Ciechanowiec Yizkor Buch*, https://www.jewishgen.org/yizkor/Ciechanowiec/Ciechanowiec.html.

40 Dr Avraham Spielman, *My Pain in Soviet Russia* [w:] *ibidem*.

41 Moshe Kleinbaum, *Report* [w:] *Jews in Eastern Poland and the USSR 1939–46*, red. Norman Davies, Antony Polonsky, London: Palgrave Macmillan, 1991, tekst raportu tłum. z j. hebrajskiego David Engel.

42 Jerzy Hawryluk, *„Kraje ruskie, Bielsk, Mielnik, Drohiczyn". Rusini-Ukraińcy na Podlasiu — fakty i kontrowersje*, Kraków: Fundacja Świętego Włodzimierza Chrzciciela Rusi Kijowskiej, 1999, s. 131. W grudniu 1939 r. teren tzw. Zachodniej Białorusi podzielono na pięć obwodów (obłasti): baranowicki, białostocki, brzeski, piński i wilejski.

43 Tak podaje Andrzej Żbikowski, zob. *idem*, *U genezy Jedwabnego. Żydzi na Kresach Północno-Wschodnich II Rzeczypospolitej, wrzesień 1931–lipiec 1941*, Warszawa: ŻIH, 2006, s. 16.

i wymagało pomocy wyspecjalizowanych, płatnych przewodników. Zdarzało się, że przewodnicy okradali i oszukiwali uchodźców. „Najpierw napełniali łódź ludźmi, tak aby nie starczyło miejsca na rzeczy, które uciekinierzy chcieli wziąć ze sobą, a następnie szybko odbijali od brzegu, obiecując bezradnym wówczas Żydom, że wrócą na brzeg po raz drugi i przewiozą im ich rzeczy. Rzecz jasna, że Żydzi, nie doczekawszy się powrotu podejrzanych, nie mogli wrócić z powrotem do GG i upominać się o odbiór swoich rzeczy"[44].

W samym Bielsku Podlaskim przed wybuchem wojny mieszkało około 4 tys. Żydów. Na początku okupacji ich liczba zwiększyła się prawdopodobnie o ponad tysiąc uchodźców[45], których „Bielsk przyjął ciepło. Troszczył się o nich. [...]. Synagogi i bes-medrasze również przepełnione były uchodźcami. Bielsk stał się miejscem ich ucieczki"[46].

Gościnność mieszkańców jednak nie wystarczała — trzeba było jakoś rozwiązać problem napływu uchodźców, przepełniających miasta i wegetujących w nędzy i brudzie. W końcu października 1939 r., władze sowieckie przesiedliły z tzw. Zachodniej Białorusi do jej wschodnich obwodów (m.in. witebskiego, homelskiego i mohylewskiego) ponad 22 tys. uchodźców (w tym 70% Żydów). Mieli tam dostać mieszkania i pracę, ale lokalne władze nie przygotowały dla nich ani jednego, ani drugiego. 29 listopada 1939 r. dekretem Prezydium Rady Najwyższej ZSRR nadano obywatelstwo radzieckie obywatelom Polski zamieszkałym przed 1–2 listopada 1939 r. na terytorium ówczesnej Zachodniej Białorusi i Zachodniej Ukrainy, a także uchodźcom przybyłym przed tą datą. Utracili oni obywatelstwo polskie; mieli otrzymać w ramach akcji zwanej „paszportyzacją" nowe, sowieckie paszporty, bez których nie można było się zameldować ani poruszać po kraju, a które ponadto m.in. zobowiązywały do służby w Armii Czerwonej[47].

---

44 AIPN, 318/85, Sąd Wojewódzki dla Województwa Warszawskiego 1950–1964, Akta sprawy przeciwko Władysławowi Brodzikowi, Henrykowi Kruczykowi i Marianowi Bienkowskiemu. Cytat z aktu oskarżenia. Na rozprawie 1 VIII 1951 r. oskarżeni zostali uniewinnieni.

45 W listopadzie 1939 r. zarejestrowano w Bielsku 2384 uchodźców, wśród których „przeważali Żydzi" (Daniel Boćkowski, *Na zawsze razem. Białostocczyzna i Łomżyńskie w polityce radzieckiej w czasie II wojny światowej (IX 1939 — VIII 1944)*, Warszawa: Neriton i IH PAN, 2005, s. 68).

46 Rywka Litman-Pelner, *Bielsk pod rządami Sowietów* [w:] *Księga pamięci Bielska Podlaskiego*, s. 494. W Siemiatyczach jesienią 1939 r. było około 7 tys. Żydów, w tym 3 tys. uchodźców z Generalnego Gubernatorstwa.

47 Do wojska wcielono m.in. brata Chawy Okoń, który „na wszelkie sposoby starał się przekroczyć granicę [wybuch wojny zastał go w Warszawie — B.E.], wrócił do Brańska i od razu został zmobilizowany do Armii Czerwonej" (Archiwum Żydowskiego Instytutu Historycznego [dalej AŻIH], 301/2268, Relacja Chawy Okoń).

Liczba uchodźców w strefie sowieckiej nadal rosła. Jak podaje Daniel Boćkowski — za raportem ludowego komisarza spraw wewnętrznych BSRR Ławrientija Canawy z 5 lutego 1940 r. — w obwodzie białostockim znajdowało się 39 648 uchodźców, natomiast na terenie całej Białoruskiej SRR przebywało 72 896 uchodźców, w tym 65 796 Żydów. Spośród tych uchodźców bez pracy, a więc i środków do życia, pozostawało 47 275 osób[48]. Znaczną część uciekinierów, przede wszystkim tych, którzy zarejestrowali się na powrót do GG[49], wywieziono w kolejnych deportacjach w głąb ZSRR, głównie w czerwcu 1940 r. Żydzi stali się jedną z kilku grup (liczącą około 80 tys. osób) pośród ponad 320 tys. obywateli polskich wywiezionych w czterech akcjach deportacyjnych. Trzy pierwsze wywózki odbyły się w 1940 r.: w lutym deportowano osadników wojskowych i leśników wraz z rodzinami, w kwietniu — rodziny jeńców wojennych i aresztowanych, w czerwcu — uciekinierów z zachodniej i centralnej Polski. Czwarta deportacja nastąpiła w maju–czerwcu 1941 r.; jej ofiarą padły przede wszystkim rodziny „kontrrewolucjonistów". Znaczna część wywiezionych Żydów powróciła po wojnie do Polski.

Nie mamy szczegółowych danych, które pozwalałyby ustalić liczbę Żydów — uchodźców i stałych mieszkańców powiatu — deportowanych[50] lub wcielonych do Armii Czerwonej przed wybuchem wojny z Niemcami[51]. W Indeksie Represjonowanych[52] znajdujemy dalece niepełne i dotyczące tylko stałych mieszkańców informacje o Żydach wywiezionych

48 Daniel Boćkowski, *Polscy uchodźcy wojenni na ziemiach wschodnich II RP zajętych przez ZSRR w latach 1939–1941 (próba oceny problemu)*, „Prace Komisji Środkowoeuropejskiej PAU" 2007, t. 15 (red. Jan Machnik, Irena Stawowa-Kawka), s. 88.

49 Władze niemieckie odmówiły przyjęcia Żydów, których Niemcy nie chcieli w Generalnym Gubernatorstwie (natomiast Polakom zezwolono na powrót). Sowieci uznali, że chcąc opuścić terytorium ZSRR, Żydzi dowiedli swej nielojalności, należy ich więc jako element „niepewny" wywieźć i rozproszyć po bezkresnych obszarach Związku Sowieckiego.

50 Liczbę deportowanych obywateli polskich z całych polskich Kresów Wschodnich szacuje się na 300–330 tys., w tym około 80 tys. Żydów. Na temat liczb i losów Żydów na Wschodzie zob. Alina Skibińska, *Żydzi polscy ocaleni na wschodzie (1939–1946)* [w:] *Narody i polityka. Studia ofiarowane profesorowi Jerzemu Tomaszewskiemu*, red. August Grabski, Artur Markowski, Warszawa: ŻIH i Instytut Historyczny UW, 2010. Liczbę 320 tys. deportowanych podają autorzy opracowania *Polska 1939–1945. Straty osobowe i ofiary represji pod dwiema okupacjami*, red. Wojciech Materski, Tomasz Szarota, Warszawa: IPN, 2009.

51 Jednym z młodych mężczyzn wcielonych do wojska był Morty Lewkowsky z Bielska Podlaskiego, którego interesujące wspomnienia zatytułowane *Łzy szczęścia* zostały opublikowane w piśmie „Bielski Hostineć" (nr 44 z 2011 r.), s. 82–93. Nie sposób ustalić, ilu Żydów z powiatu bielskiego znalazło się w szeregach Armii Czerwonej.

52 Zob. http://www.indeks.karta.org.pl/pl/index.html (dostęp 22 I 2014 r.).

z poszczególnych miejscowości powiatu. Według tych danych z Ciechanowca deportowano do Komi SRR osiemnaścioro Żydów[53], z Drohiczyna pięcioro[54], z Kamieńca Litewskiego (także do Komi SRR) jedenaścioro[55], z Kleszczel i Siemiatycz po jednej Żydówce[56]. Te 35 nazwisk nie daje żadnego pojęcia o skali wywózek z powiatu. Z kolei w Kartotece Centralnej Ocalałych Żydów na 220 osób z powiatu bielskiego, które zarejestrowały się w CKŻP w latach 1945–1948, aż 113 przeżyło na terenie ZSRR[57]. Informacje o nich można znaleźć także we wspomnieniach i relacjach[58]. Losy wysiedlonych nie są jednak tematem tego tekstu — opuściwszy ziemię bielską, opuścili także zakreślony tu horyzont tematyczny.

ŻYCIE ŻYDÓW POD OKUPACJĄ SOWIECKĄ

Poziom urbanizacji i uprzemysłowienia był w rolniczym powiecie bielskim niski, a wymiana handlowa i usługowa ze wsią stanowiła podstawowe źródło utrzymania żydowskich mieszkańców miasteczek. Tradycyjna struktura ekonomiczna i hierarchia społeczna nie oparły się procesowi sowietyzacji. Nowa władza postrzegała sztetl jako „uosobienie wstecznictwa oraz siedlisko burżuazji i kleru"[59]; w ciągu dwudziestu lat nowego ustroju

53 Chil Boczko; Gotlib Chaja, Estera, Jacha, Lejb, Sima i Szejna; Sender Grodziński, Kłoda Chaja, Chana, Etka, Lejb, Ruwin i Zelda; Ida i Szejna Kotłowiczowie, Józef Szektor oraz Fajga Szlemowicz (http://www.indeks.karta.org.pl/en/wyniki.jsp [dostęp 22 I 2014 r.]).

54 Brucha Drohiczyńska, Lejb i Chana Jawerbaum, Mira Rubinsztejn oraz Hersz Siemiatycki (http://www.indeks.karta.org.pl/en/wyniki.jsp [dostęp 22 I 2014 r.]).

55 Litman Czarnecki, Josel Doliński; Góralnik Josel, Estera, Ajzyk, Jakub (Jankiel Pinkus), Jenta; Oszer Górny, Chaim Grunt, Morduch Rimłand oraz Doba i Dawid Rudniccy (http://www.indeks.karta.org.pl/en/wyniki.jsp [dostęp 22 I 2014 r.]).

56 Chana Rymar (http://www.indeks.karta.org.pl/en/wyniki.jsp [dostęp 22 I 2014 r.]); Rejzla Lancman (http://www.indeks.karta.org.pl/en/wyniki.jsp [dostęp 22 I 2014 r.]).

57 32 przeżyły po stronie aryjskiej, 11 w obozach, 64 nie podało żadnej informacji na ten temat (AŻIH, Kartoteka Centralna Ocalałych Żydów).

58 Zob. np. Henryk Grynberg, *Dzieci Syjonu*, Warszawa: Wydawnictwo Karta, 1994, *„W czterdziestym nas matko na Sibir zesłali…". Polska a Rosja 1939–42*, wybór i oprac. Jan Tomasz Gross, Irena Grudzińska-Gross, Warszawa: Libra i Res Publica, 1990, a także relacje i wspomnienia Żydów, np. zamieszczone w nr. 43 z 2011 r. pisma „Bielski Hostineć" wspomnienia rodzin Frejdkiesów i Barchatów, bogatych kupców żydowskich, wywiezionych z Bielska Podlaskiego na Syberię w 1941 r.

59 Elina Chkolnikova, *The Transformation of the Jewish Shtetl in the USSR in the 1930s*, „Polin", http://www.aapjstudies.org/index.php?id=46.

w Związku Radzieckim stracił on swoje dotychczasowe funkcje społeczno-ekonomiczne i kulturalne i stał się elementem systemu komunistycznego. Początek podobnych procesów dotknął wspólnotę żydowską na ziemiach polskich, które znalazły się pod sowiecką okupacją. Aneksja tych ziem oznaczała szybki rozpad instytucji, na których opierało się dotychczasowe życie Żydów. Przestały działać gminy żydowskie, upoważnione w myśl polskiego prawa do pobierania podatków. W momencie gdy to prawo przestało obowiązywać, gminy straciły ważne źródło dochodów. Destrukcja gmin podcięła z kolei byt finansowanych przez nie instytucji: synagog, domów modlitwy, szkół, domów opieki społecznej etc. Budynki będące ich własnością przejmowało zresztą państwo, urządzając w nich koszary, magazyny czy szpitale. Szkoły żydowskie i hebrajskie zmieniły charakter. Jak wspomina Szyja Żółtak, który przed wojną chodził do szkoły Tarbutu w Siemiatyczach, w czasach sowieckich „nie uczyło się już hebrajskiego, tylko jidysz i rosyjskiego”[60]. Niemal wszystkie dzieci zapisały się (lub zostały zapisane) także do pionierów.

Ustrój komunistyczny uderzał w życie religijne Żydów: „synagogi zostały zamknięte. [...] Wszyscy musieli pracować w sobotę”[61], a praktyki odbywały się — jak w Siemiatyczach — „w cieniu strachu i terroru. Władze sowieckie próbowały nawet zabrać dużą synagogę. Ale Żydzi Siemiatycz okazali wielką odwagę [...]. Delegacja udała się do administracji miasta i próbowała powstrzymać projekt zamiany synagogi w magazyn”[62].

W Kamieńcu Litewskim „wielka Jesziwa została zamieniona przez Rosjan na kino i klub przeznaczony na zebrania komunistów i tańce”[63]. Społeczność żydowska uległa dezintegracji — przetrzebiono elity, aresztując lub deportując przywódców politycznych, działaczy, lokalne autorytety czy tych, którym się lepiej powodziło. Odbywało się to niekiedy przy udziale miejscowych zwolenników nowych porządków, jak w Kamieńcu Litewskim, gdzie „sytuacja żydowskiej społeczności zmieniła się na gorsze. Lokalni komuniści, tacy jak Lejbke Katz, Lejzer Doliński, Józef Wolfson, Józef Kupczyk [...]

---

60 USC Shoah Foundation, Visual History Archive (dalej USC, VHA), 07427, Relacja Sidneya Żółtaka.

61 Dora Galperin, „Tragedia i zniszczenie Kamieńca” [w:] „Księga pamięci: Kamieniec Litewski, Zastawie i okolice”, tłum. z j. hebrajskiego Anna Kawałko.

62 *Semiatych — Its Growth and Destruction*, http://www.jewishgen.org/yizkor/siemiatycze1/sie500.html.

63 Dwora Rudnicki-Singer, „Moje życie w gettach i obozach koncentracyjnych” [w:] „Księga pamięci: Kamieniec Litewski, Zastawie i okolice”.

i inni prominentni członkowie partii, gorliwie zajęli stanowiska pod nowymi rządami. Znali dobrze wszystkich i doskonale wiedzieli, kogo gnębić i prześladować"[64]. W systemie ustanawianej ówcześnie władzy znalazło się jednak niewielu miejscowych Żydów; Sowieci mieli więcej zaufania do doświadczonych aparatczyków ze Związku Radzieckiego i to oni stanowili trzon nowego reżimu. Wśród tych „wostoczników" było około 10% Żydów[65] i bardzo wielu Białorusinów[66].

Do stałych niedogodności systemu sowieckiego — wspólnych dla wszystkich mieszkańców okupowanego terytorium — należało zmaganie się z brakiem podstawowych produktów żywnościowych i odzieżowych, a także dokwaterowanie do mieszkań funkcjonariuszy sowieckich, represje i poczucie zagrożenia ze strony policji politycznej — NKWD, inwigilacja, donosy i aresztowania. W okresie okupacji sowieckiej aresztowano na Kresach łącznie ponad 100 tys. osób. Było wśród nich ponad 20 tys. Żydów (20% ogółu), uwięzionych głównie za próbę „nielegalnego przekroczenia granicy państwowej" oraz przynależność do żydowskich partii politycznych[67]. Aresztowano także „wrogów klasowych", m.in. Rubena Chazana z Ciechanowca, który został skazany na 5 lat więzienia[68].

Wszystkie sowieckie represje mocno uderzyły w tradycyjny styl życia polskich Żydów i skutkowały jego destrukcją. Rozpadowi infrastruktury społecznej towarzyszyły zmiany w zakresie własności. Drobni sklepikarze i kupcy jako „klasa posiadająca" z założenia zostali zaliczeni do ideologicznych wrogów systemu, toteż błyskawicznie w ramach ogólnego, nieoszczędzającego żadnej narodowości procesu nacjonalizacji odebrano Żydom fabryki, warsztaty i sklepy, tworząc zarazem spółdzielnie produkcyjne na wzór

---

64 Dora Galperin, „Tragedia i zniszczenie Kamieńca".

65 „Sowieccy Żydzi [...] w sumie stanowią około 10% lub więcej aparatu władzy" (Krzysztof Jasiewicz, *Rzeczywistość sowiecka 1939–1941 w świadectwach polskich Żydów*, Warszawa: ISP PAN i Oficyna Wydwnicza Rytm, 2009, s. 62).

66 „Wyższe stanowiska w administracji sowieckiej [na nowo przyłączonej Zachodniej Białorusi — B.E.] były zajęte prawie wyłącznie przez aparatczyków narodowości białoruskiej"– pisze Mikołaj Iwanow (*idem*, *Partyzantka żydowska na Kresach Północno-Wschodnich i jej stosunek do Armii Krajowej 1942–1945* [w:] *Świat NIEpożegnany...*, s. 510).

67 W sowieckich więzieniach znaleźli się tak znani przedstawiciele żydowskiej społeczności Drugiej Rzeczypospolitej, jak członkowie CK Bundu Henryk Erlich i Wiktor Alter, posłowie Emil Sommerstein, Joszua Gotlieb i Maurycy Leser, senatorowie Mojżesz Schorr i Michał Ringel, przywódca Betaru Menachem Begin, a także redaktor naczelny znanej gazety syjonistycznej „Der Moment" (Chwila) Henryk Hescheles.

68 USC, VHA, 25881, Relacja Sheldona Chazena (Szai Chazana).

rosyjski. Tym, którzy nie chcieli przystąpić do kooperatyw, wymierzano wysokie podatki, co rychło powodowało ich bankructwo. Niektórych aresztowano. Nachum Freidkes, którego ojciec Kalman miał sklep tekstylny w Bielsku Podlaskim, wspominał, że jego „rodzice i wszyscy ich przyjaciele czuli się ścigani przez nowy komunistyczny porządek. Jako bogaty kupiec i aktywista syjonistyczny ojciec był persona non grata. Prywatne biznesy zostały skonfiskowane"[69]. Sklep krawiecki Izraela Żółtaka w Siemiatyczach został skonfiskowany, a on sam z niemałym trudem znalazł pracę jako robotnik w fabryce szyjącej ubrania[70]. Rubin Rosenthal z Ciechanowca, któremu znacjonalizowano rodzinną koszerną jatkę, zatrudnił się z kolei jako sprzątacz[71]. Brak pracy — jak zauważał ironicznie w swoim raporcie Kleinbaum — miał jedną dobrą stronę: „dzięki temu ludzie mają czas, żeby stać w kolejkach. [...] Niczego bowiem nie można otrzymać normalnie. Wszystko jest zdobywane siłą, po znajomości albo dzięki trickom. [...] Miliony ludzi stoją całymi dniami w kolejkach, żeby zdobyć trochę chleba i śledzia. To jest dominujący obraz życia codziennego w sowieckiej strefie w Polsce"[72].

Większość Żydów szybko straciła złudzenia co do systemu komunistycznego; „wielkie rozczarowanie przyszło w ciągu pierwszych dni i tygodni — 80% Żydów myśli w ten sposób"[73]. Byli jednak i tacy — szczególnie młodzi Żydzi i Białorusini[74] — którzy nowy system postrzegali jako atrakcyjny, otworzył bowiem wszystkim mniejszościom narodowym, w tym Żydom, zamknięte przedtem dla nich drzwi. Byli teraz równoprawnymi obywatelami, mogli znajdować zatrudnienie w zawodach wcześniej niedostępnych, jak chociażby w administracji państwowej. Antysemityzm był zabroniony (przynajmniej oficjalnie), wprowadzono powszechną edukację, darmową na wszystkich poziomach, nie obowiązywał już *numerus clausus*. „Dla nich sowietyzacja oznaczała ucieczkę z życia na marginesie i okazję do

---

69 Freidkesowi udało się wydostać do Wilna, ale cała pozostała rodzina została deportowana. Razem z nimi do Kraju Ałtajskiego pojechały rodziny braci Barchatów, którzy mieli w Bielsku sklep tekstylny „Manufaktura" (Nachum Freidkes, *Freidkesowie z Bielska Podlaskiego* oraz *Rodzina Barchatów*, „Bielski Hostineć" 2011, nr 44, s. 41–60).

70 USC, VHA, 07427, Relacja Sidneya (Szyi) Żółtaka.

71 USC, VHA, 10313, Relacja Rubina Rosenthala.

72 Kleinbaum, *Report*.

73 *Ibidem*.

74 O sytuacji Białorusinów w Białowieży za czasów okupacji sowieckiej zob. np. United States Holocaust Memorial Museum (dalej USHMM), RG-50.488*0051, Wywiad z Włodzimierzem Dackiewiczem.

wykorzystania rozmaitych możliwości, jakie oferowało nowoczesne państwo sowieckie"[75].

Jednym z beneficjentów nowego systemu była zapewne Rywka Litman-Pelner, która w swoich wspomnieniach zamieszczonych w bielskiej Księdze pamięci pisze: „w tym czasie Bielsk naprawdę ożył. Bielskie dziewczęta wychodziły za mąż za wysokich sowieckich urzędników państwowych pochodzenia żydowskiego. W społeczeństwie panowała jedność, równość, braterstwo. W mieście panowała radość, bo bielscy Żydzi dobrze pamiętali jeszcze panowanie Niemców, którzy byli u nich wprawdzie tylko kilka dni, lecz zdążyli ich już dręczyć fizycznie i poniżać moralnie. Przeżyli już chwile strachu, szykan i niewyobrażalnych trudności. Pod rządami Sowietów panowała wolność i serdeczność. Każdego wieczoru odbywały się pokazy w kinie, przedstawienia w teatrze, koncerty, wieczorki taneczne, odczyty i wykłady. Artyści przybywali z innych miejscowości. [...] Po raz pierwszy świętowano w Bielsku dzień 1 Maja. Odbyła się wielka manifestacja, mityngi z udziałem młodzieży i dzieci szkolnych. Uroczystość współorganizowali młodzi i starzy. Słonecznie było w Bielsku. Ludzie cieszyli się wolnością, wielką wolnością"[76]. Ta „wolność" nie trwała jednak długo.

POLSKA KONSPIRACJA W OKRESIE OKUPACJI SOWIECKIEJ

O ile dla Żydów okupacja sowiecka mogła mieć ambiwalentny charakter, o tyle dla Polaków atak Związku Sowieckiego na Polskę 17 września 1939 r. oznaczał akt agresji i wrogą okupację. Na Białostocczyźnie działało kilkanaście polskich grup partyzanckich, utworzonych głównie z rozbitych w kampanii wrześniowej oddziałów; utrzymały się do czerwca 1940 r. (m.in. na bagnach nadbiebrzańskich, w puszczach Białowieskiej i Knyszyńskiej, w okolicach Czerwonego Boru), kiedy to zostały rozbite przez NKWD. W maju 1940 r. na Białostocczyznę przybyli wysłannicy z Warszawy, których zadaniem było scalenie różnych spontanicznie powstających grup oporu i utworzenie Związku Walki Zbrojnej. Pod koniec listopada 1940 r. komendantem Okręgu Białostockiego ZWZ został (i pozostał nim do stycznia 1945 r.) ppłk Władysław Liniarski „Mścisław". Mimo wysiłków nie

75 Ben Cion Pinchuk, *The Sovietization of the Jewish Community of Eastern Poland 1939–1941*, „The Slavonic and East European Review", lipiec 1978, t. 56, nr 3, s. 387–410.

76 Litman-Pelner, *Bielsk pod rządami Sowietów*, s. 495.

udało się jednak zorganizować tam na szeroką skalę zwartej struktury konspiracyjnej: „ciągle trwały aresztowania i bez przerwy rwały się zawiązane na nowo «konspiracyjne pajęczyny»" — wspominał jego adiutant[77].

Pod okupacją sowiecką nie udało się na terenie Białostocczyzny stworzyć konspiracji na szerszą skalę. Kolejni trzej komendanci okręgu, kilkudziesięciu funkcyjnych różnego szczebla oraz wielu szeregowych członków zostało aresztowanych przez NKWD. Generał Stefan Rowecki pisał w raporcie do Londynu, że praca organizacyjna na obszarze okupacji sowieckiej jest wyjątkowo trudna ze względu na gęstą sieć NKWD, czujną i wnikliwą obserwację ze strony jego funkcjonariuszy i agentów, a także wskutek prowokatorskiej roboty ludzi zajmujących czołowe stanowiska w samej organizacji. Stałe naloty NKWD na wsie i miasteczka spowodowały bardzo duże aresztowania w szeregach organizacji[78]. W dokumentach ZWZ znajduje się zaledwie kilka raportów z informacjami z Białostocczyzny, gdyż aktywność podziemia na tamtym terenie do czerwca 1941 r. była bardzo skromna, nastawiona przede wszystkim na utrzymywanie łączności, działalność propagandową i wywiadowczą.

*

Okupacja sowiecka skończyła się równie gwałtownie, jak się zaczęła. Część Żydów (nie sposób ustalić ilu) zdecydowała się uciekać na wschód wraz z wycofującą się Armią Czerwoną, innych ewakuowano z całymi fabrykami i zakładami pracy. Władza radziecka zostawiła po sobie chaos, zamieszanie, zmęczenie, brak poczucia bezpieczeństwa i dezorientację. Doprowadziła — przynajmniej częściowo — do destrukcji starego porządku, relacji społecznych i ekonomicznych, zachwiała lokalną hierarchią społeczną. Starej struktury nie zastąpiono nową hierarchią, tym bardziej że wielu liderów z okresu sowieckiego — jako najbardziej zagrożonych — wycofało się wraz z Armią Czerwoną na wschód.

Po 21 miesiącach powiat bielski znalazł się pod okupacją niemiecką na kolejne trzy lata. Żydzi mieli za sobą miesiące niepewności i strachu — zagrożeni wywózkami, aresztowaniem, znękani codzienną walką o byt,

---

77 Ks. Stanisław Kossakowski, *Byłem adiutantem „Mścisława"*, Rajgród: Towarzystwo Miłośników Rajgrodu, 1999, s. 55.

78 *Raport gen. Roweckiego „Stan organizacyjny ZWZ" z dn. 1 października 1941 r.* [w:] *Armia Krajowa w dokumentach*, t. 2: *Czerwiec 1941 — kwiecień 1943*, red. Tadeusz Pełczyński i in., Londyn: SPP, 1973, s. 111.

zmęczeni ofensywą propagandową. Wobec nadchodzących wydarzeń stanęli zatomizowani, wyczerpani fizycznie i duchowo, pozbawieni przywództwa, a także wiedzy o tym, jak w rzeczywistości wygląda niemiecka polityka w okupowanej Polsce. „Istniejące setki lat struktury życia społecznego, przywództwo i relacje zostały zniszczone. Kiedy skończyła się władza radziecka, Żydzi nie mieli już liderów, organizacji społecznych ani odwiecznych metod radzenia sobie z kryzysem"[79]. Władza radziecka zostawiła po sobie także symbole. Symbolem wolności i nowych, szczęśliwych czasów, które nadeszły dla mieszkańców ziemi bielskiej wraz z nowym ustrojem, były ustawiane w centralnych punktach miasteczek pomniki Lenina. Stanęły tam przynajmniej cztery[80] takie pomniki: w Brańsku, Siemiatyczach, Bielsku Podlaskim i Ciechanowcu. Odegrały one pewną rolę w dalszej historii Żydów powiatu bielskiego.

---

79 Ben Cion Pinchuk, *Sovietisation and the Jewish Response to Nazi Policies of Mass Murder* [w:] *Jews in Eastern Poland and the USSR...*, s. 124.

80 Być może postawiono je i w innych miastach powiatu, nie udało mi się jednak tego ustalić.

Powiat bielski pod okupacją niemiecką

22 czerwca 1941 r. Trzecia Rzesza zaatakowała Związek Radziecki. Rozpoczęła się operacja pod kryptonimem „Barbarossa". Wojska niemieckie posuwały się błyskawicznie na wschód. 22 czerwca o 6 rano Niemcy byli już w Kamieńcu Litewskim[81], a o 9 rano wkroczyli do Ciechanowca[82], 23 czerwca zajęli Narewkę oraz Siemiatycze, 24 czerwca wkroczyli do Hajnówki[83], Brańska i Bielska, gdzie „od razu zastrzelono kilku Żydów"[84]. 27 czerwca w Prużanie aresztowali 20 Żydów i rozstrzelali ich tego samego dnia[85], a 28 czerwca wkroczyli do Narwi[86]. W ciągu sześciu dni cały powiat bielski znalazł się pod nową okupacją.

Za wojskiem, a konkretnie Grupą Armii „Środek" pod dowództwem feldmarszałka Fedora von Bocka, atakującą Związek Radziecki w kierunku na Brześć i Kobryń, podążała Einsatzgruppe B. Głównym zadaniem czterech operacyjnych grup Policji Bezpieczeństwa i SD (Einsatzgruppen der Sicherheitspolizei und des SD)[87] sformowanych przed atakiem Niemiec na ZSRR miało być „wykrywanie i zwalczanie dążeń wrogich wobec Rzeszy"[88],

---

81 Dwora Rudnicki-Singer, „Moje życie w gettach i obozach koncentracyjnych": „około godziny 6 wieczorem w środku miasta zatrzymało się kilka pojazdów opancerzonych i czołgów, na wprost sklepów na końcu ul. Brzeskiej. Nikt nie stawił oporu: żołnierzy rosyjskich nie było na miejscu; już rankiem nieliczni pozostali w mieście aparatczycy i urzędnicy sowieccy wyprawili swoje rodziny dalej".

82 AŻIH, 301/975, Relacja Efraima Wienera; AŻIH, 301/1829, Symcha Burstein, „Ostatnia droga ciechanowieckich Żydów", tłum. z jidysz Adam Bielecki.

83 AŻIH, 301/255, Szymon Kamiński, „Zagłada osiedli żydowskich w puszczy białowieskiej".

84 AŻIH, 301/988, Relacja Henocha Piaska.

85 AYV, O.3/727, Relacja Izaaka Friedberga.

86 AŻIH, 301/1270, Relacja Ariego Wachta, tłum. z jidysz Julia Jakubowska.

87 Einsatzgruppen podlegały bezpośrednio szefowi SS i policji Reichsführerowi SS Heinrichowi Himmlerowi, każda liczyła do tysiąca żołnierzy i dzieliła się na mniejsze jednostki – Einsatzkommanda i Sonderkommanda, których członków zwerbowano spośród funkcjonariuszy Waffen SS i niemieckich formacji policyjnych.

88 Edmund Dmitrów, *Oddziały operacyjne niemieckiej Policji Bezpieczeństwa i Służby Bezpieczeństwa a początek zagłady Żydów w Łomżyńskiem i na Białostocczyźnie latem 1941 roku* [w:] *Wokół Jedwabnego*, t. 1: *Studia*, red. Paweł Machcewicz, Krzysztof Persak, Warszawa: IPN, 2002, s. 280.

co w praktyce oznaczało nieograniczone kompetencje oddziałów operacyjnych, łącznie z „przeprowadzaniem na własną odpowiedzialność egzekucji ludności cywilnej”[89], a zadanie likwidacji „wszystkich funkcjonariuszy Kominternu, [...] funkcjonariuszy partyjnych, [...] komisarzy ludowych, Żydów na stanowiskach partyjnych i państwowych [oraz] inn[ych] element[ów] radykaln[ych] (sabotażyści, propagandyści strzelający z ukrycia, zamachowcy, podżegacze)”[90] oznaczało skierowanie głównego uderzenia przeciwko Żydom. W praktyce wyglądało to tak, że Einsatzkommanda wkraczały na zajęte tereny i przystępowały do akcji eksterminacyjnej. Najpierw spośród ludności cywilnej wybierano osoby przeznaczone do eliminacji — żołnierzy sowieckich, którzy nie zdążyli uciec, lokalnych urzędników, działaczy komunistycznych. Następnie wyselekcjonowaną grupę ludzi rozstrzeliwano. W powiecie bielskim w czerwcu i lipcu 1941 r. w kilkunastu egzekucjach zamordowano co najmniej 281 osób[91]. Jednocześnie mordowano żydowskich mężczyzn[92]. 29 (lub 30) czerwca w Drohiczynie na placu przed żydowskim domem modlitwy Niemcy zgromadzili wszystkich mieszkańców. Wybrali spośród nich „32 żydowskich mężczyzn i odprowadzili w nieznanym kierunku. Według zasłyszanych informacji od razu zostali oni straceni”[93]. W Bielsku Podlaskim na początku lipca Niemcy zamordowali 30 Żydów „pochodzących z inteligencji i bogatych sfer”[94].

---

89 *Ibidem.*

90 Cyt. za: Wojciech J. Muszyński, Marek J. Chodakiewicz, *W cieniu „Barbarossy”. Wybór niemieckich dokumentów policyjnych (maj 1941 – kwiecień 1942)*, „Glaukopis” 2003, nr 1.

91 Jak na podstawie Ankiety Sądów Grodzkich ustalił Kazimierz Leszczyński, do morderstw doszło w: Słochach Annopolskich (44 osoby), Szczytach-Dzięciołowie (37 osób), Boćkach (29 osób), w lesie pilickim (2 egzekucje, w sumie 44 osoby), Olchówce (12 osób), Waśkach (43 osoby), Czeremsze (7 osób), Milejczycach (10 osób), Podborowisku (3 osoby), Starokorninie (2 osoby), Bacikach Średnich (3 osoby), Klekotowie (17 osób, w tym 8 Białorusinów), Wiercieniu (9 osób), Wólce nad Bugiem (12 osób), Warpechach Nowych (9 osób) (*idem*, *Eksterminacja ludności na ziemiach polskich w latach 1939–1945. Opracowanie materiałów ankiety z 1945 roku*, „Biuletyn Głównej Komisji Badania Zbrodni Hitlerowskich” [dalej „Biuletyn GKBZH”] 1956, nr 8). W ankietach nie zawsze podawano narodowość zamordowanych, nie jest więc jasne, czy uwzględniano w nich także zamordowanych wówczas w tych miejscowościach Żydów.

92 Od sierpnia 1941 r. akcja eksterminacji została rozszerzona na wszystkich Żydów — także kobiety i dzieci.

93 AŻIH, 301/973, Wolf Wiśnia, „Przeżycia Żydów drohiczyńskich”, tłum. z jidysz J. Bosak.

94 AŻIH, 301/1829, Symcha Burstein, „Ostatnia droga ciechanowieckich Żydów”. Byli wśród nich: „Guterman — budowniczy, Stupnik — nauczyciel muzyki, Wajnsztajn, Brzeziński Jakub, Ajzensztajn, Eksztajn, bracia [Talie i Mejczek] Kapłańscy” (AŻIH, 301/988, Relacja Henocha

Do podobnych mordów doszło także w Narewce[95] i Prużanie[96]. W dalekopisie z 26 czerwca 1941 r. skierowanym do dowódców czterech Einsatzgruppen Reinhard Heydrich przypominał: „Dążeniom do samooczyszczenia kręgów antykomunistycznych lub antyżydowskich w rejonach niedawno zajętych nie powinno się stwarzać przeszkód"[97]. Trudno ocenić, w jakiej mierze decydujące znaczenie miały „niestwarzanie przeszkód", inspiracja czy przykład niemiecki dla rozruchów antyżydowskich na tych terenach, w jakiej zaś wynikały one z potrzeby rewanżu, lokalnych porachunków, antysemityzmu czy też stanowiły zwykłą okazję do przemocy i grabieży.

W kilku miejscowościach zachodniej części powiatu bielskiego doszło latem 1941 r. do antysemickich rozruchów. Nie były one tak krwawe jak w sąsiednim Łomżyńskiem, ale podobnie jak tam Żydzi zostali zmuszeni do zlikwidowania symbolu upadłej właśnie władzy radzieckiej: pomników Lenina. W Brańsku zmusili do tego Żydów Niemcy: „Ponieważ w Brańsku w roku 1940 Sowieci postawili pomnik Lenina, teraz okupanci zdecydowali, że Żydzi mają go zniszczyć razem z postumentem. Kazano nieść pomnik po ulicach z płaczem, a później wrzucić go [do] rzeki"[98]. W Ciechanowcu nowy niemiecki burmistrz Hubert Romanus z upodobaniem znęcał się nad Żydami i to on „zarządził zebranie wszystkich Żydów z miasta na placu i rozbicie pomnika [Lenina] na małe kawałki, tak aby każdy otrzymał taki kawałek do ręki. Po tym wszystkich wystawiono w szeregi i kazano z dużą «paradą» przejść przez miasto ze śpiewem i okrzykami, jak np. «Precz z Leninem»,

---

Piaska) oraz „Szejke Kos, Herszl Kos (jego brat), Mojsze Plański (syn Sendersa), Halke Charblowski, syn (student), Janas Wejnsztajn (adwokat), Szimszon Kasz, Jakow Walczyk (nauczyciel, zięć Zalmana Kona), Alter Muzykant (brat Szai), Zelcer (nauczyciel, zięć Jaskulskiego), Szmulik Lewin (szwagier Liby), Chaim Icze Gewirc, Icze Bakensztajn (właściciel restauracji nieopodal kolei), Jankiel Brzeziński, Josef Kac (znany nauczyciel) (Fajwel Szapiro, *Byłem jednym z nich* [w:] *Księga pamięci Bielska Podlaskiego*, s. 572) oraz Menachem Stupnicki, Apfelbaum, Melamedowicz, Łuzowski i Kusowicki (Meir Peker, *W bielskim getcie i obozach* [w:] *ibidem*, s. 522).

95 15 lipca Niemcy rozstrzelali żydowskich mężczyzn w wieku 14–60 lat w pobliskim lesie (w księdze pamięci nie podano liczby zamordowanych). Tego samego dnia pozostałych Żydów — kobiety, dzieci i starców — „wsadzono do pociągu i wysłano do Kobrynia" (*Księga pamięci Bielska Podlaskiego*). Podobnie Żydów z Hajnówki i Białowieży wysiedlono od razu do Prużany i Kobrynia.

96 „W drugim tygodniu od ich wkroczenia Niemcy zebrali 18 Żydów [...] wywieźli za miasto, do lasu i rozstrzelali. Wśród nich byli dr Szrajb, Kaganicki, Montior, Luboszyc, Alihu, Perl, Potolska Liba, Awerbuch, Golubowicz, Gewisek, Retar — pracownica rady miasta (Gorsowietu), Frydman z synem Herszlem i córką" (AŻIH, 301/511, Relacja Józefa Elmana).

97 Cyt. za: *W cieniu „Barbarossy"...*

98 AŻIH, 301/1256, Relacja Symchy Bursteina.

«Precz z Sowietami» itd. W ten sposób doszli do rzeki, do której wrzucono wszystkie kawałki rozbitego pomnika. W ten sposób zorganizowany został «pogrzeb» Lenina"[99]. Pomnik Lenina został także zdemontowany przez Żydów w Bielsku Podlaskim.

Rozebrany pomnik Lenina w Bielsku Podlaskim

Do najbardziej krwawych wydarzeń doszło w Siemiatyczach; atmosfera nabrzmiewała tam od kilku dni. Najpierw Niemcy zebrali „całą młodzież miasteczka (Żydów i nie-Żydów) w obozie, przy kolejowej stacji. W tym obozie oddzielono Żydów od chrześcijan". Następnego dnia „zwolniono z obozu chrześcijan, dano im prawo przychodzić do obozu żydowskiego i wybrać znanych im przestępców, tzn. komunistów. Chrześcijanie natychmiast wykorzystali dane im zadanie i wybrali porządnych ludzi: Szymona Grinberga z synem, Israela Salanskiego z synem Lejblem, Mojszego Nasza, Josifa Fisza i innych czterech [...]. Spośród dziesięciu wybranych siedmiu zostało zamordowanych"[100]. W kolejnych dniach zabito Lejbla Marmara i jego syna

99 AŻIH, 301/1829, Relacja Symchy Bursteina.
100 AŻIH, 301/1463, Relacja Jehoszui Kajlesa.

Chaima[101], potem „Polacy rozpoczęli rabunek w mieszkaniach żydowskich, bili i zabijali domowników. Żydowskiego szewca Michała Polacy Janek Malinowski, szofer Józek i paru innych jeszcze zamordowali kijami"[102]. Wreszcie 10 lipca „Polacy z własnej inicjatywy zebrali wszystkich Żydów [...] i kazali rozbierać pomnik Lenina. Rozebrane części Żydzi musieli zawijać w prześcieradła i nieść na cmentarz, tam byli zmuszani do głośnego płaczu. Droga na cmentarz prowadziła koło rzeki i kiedy Żydzi znaleźli się na moście, wrzucano ich z mostu do wody. W czasie wrzucania Żydów z mostu do wody jeden Żyd zginął, uderzył głową w filar mostu. Ów człowiek nazywał się Kozubowicz, z zawodu szklarz. Pozostali wyszli z wody żywi. Inicjatorzy zorganizowania rozbiórki pomnika Lenina, a właściwie pogrzebu, w większości stanowili inteligencję miasta"[103].

Wydarzenia w Siemiatyczach zostały opisane (czy też raczej opowiedziane) przez licznych świadków w 1949 r., na procesie polskiego policjanta pełniącego służbę na niemieckim posterunku w Siemiatyczach — Józefa Fleksa[104]. Fleks był furmanem, przed wojną miewał rozmaite zatargi z braćmi Kapłanami, o czym już była mowa. Na procesie twierdził, że Żydzi donosili na niego NKWD[105], a okupacja niemiecka stała się dla niego okazją do kariery oraz do rewanżu. Żydowscy świadkowie[106] opisywali szczegółowo działania Fleksa, jego udział w przymuszaniu Żydów do rozbierania pomnika Lenina, kiedy to kazał im „śpiewać «Katiuszę»" i wznosić okrzyki „precz z Leninem i Stalinem, niech żyje Hitler"[107]. Natomiast świadkowie polscy zapamiętali te wydarzenia całkiem inaczej. Maria Jankowska stwierdziła, że Kozubowicz wpadł do wody sam — „zaplątał się swymi chałatami o zastawę i utonął"[108]. Ksiądz proboszcz Stanisław Paczkowski bronił oskarżonego, który „był praktykującym katolikiem, chodził do kościoła, przystępował do

---

101 Jak podaje Jehoszua Kajles, „zaatakowano ich, związano im ręce z tyłu, wrzucono do dołu i żywcem zasypano. Dopiero w 1944 roku, kiedy jeszcze toczyła się wojna, odkopano ich i pogrzebano na żydowskim cmentarzu" (*ibidem*). Najprawdopodobniej zabili ich Niemcy.

102 *Ibidem.*

103 *Ibidem.*

104 AIPN Bi, 403/17, Akta sprawy przeciwko Józefowi Fleksowi, Akta śledztwa. Proces odbywał się przed Sądem Apelacyjnym w Białymstoku.

105 *Ibidem*, Zeznanie Józefa Fleksa w śledztwie, k. 72.

106 W procesie Fleksa zeznawało siedmiu żydowskich świadków: Chuna Kapłan, Hersz Gaił, Kalman Krawiec, Motel Brukier, Moszek Kuperhand, Hersz-Lejb Smoluk i Hersz Szabes.

107 AIPN Bi, 403/17/1, Akta sprawy przeciwko Józefowi Fleksowi, Zeznanie Chuny Kapłana, k. 77.

108 *Ibidem*, Zeznanie Marii Jankowskiej, k. 87.

Sakramentów Świętych i należał nawet do bractwa, nie tylko przed wojną, lecz i w czasie okupacji, nosząc mundur niemiecki"[109]. Do procesu Fleksa jeszcze wrócę przy omawianiu likwidacji getta, gdyż rola, jaką miał odegrać przy eksterminacji Żydów w Siemiatyczach, stanowiła drugi punkt sformułowanego przeciw niemu oskarżenia.

Przyczyny antyżydowskich ekscesów w południowo-zachodniej części powiatu bielskiego były podobne jak w sąsiednim Łomżyńskiem: przedwojenny antysemityzm, wzmocniony stereotypami i doświadczeniami z okresu okupacji sowieckiej; resentymenty, które znalazły ujście w okresie chaosu związanego ze zmianą władzy, wsparte dodatkowo poczuciem bezkarności i zachętą ze strony Niemców[110]. W powiecie bielskim pogromy były dokonywane bezpośrednio przez Niemców lub jednoznacznie przez nich inspirowane. Być może miało to związek z Einsatzkommando pod dowództwem hauptsturmführera SS Adolfa Bonifera, stacjonującym w Bielsku Podlaskim kilka dni po 3 lipca 1941 r.[111] Na tle pogromów w Łomżyńskiem trzy opisane przypadki rozbierania pomnika Lenina, z których jeden miał charakter pogromowy, wydają się jednak bledsze, pozbawione tej gorliwości, nienawiści i temperatury emocjonalnej, jaką daje się wyczuć w innych miejscowościach — choćby w Radziłowie, Wąsoszu czy Jedwabnem. To rzecz jasna nie zmienia faktu, że dla Żydów wydarzenia w Brańsku, Ciechanowcu i Siemiatyczach stanowiły szokujące wprowadzenie w okupację niemiecką.

WŁADZE NIEMIECKIE W BEZIRK BIALYSTOK I BIELSKU PODLASKIM

22 lipca 1941 r. Niemcy utworzyli na nowo zajętych ziemiach polskich okręg białostocki (Bezirk Bialystok) i administracja cywilna zastąpiła tam wojskowe władze okupacyjne. Na czele tej administracji stanął 1 sierpnia

---

109 *Ibidem*, Zeznanie ks. Stanisława Paczkowskiego, k. 201.

110 Na temat pogromów na wschodnich terenach Rzeczypospolitej latem 1941 r. i wyjaśnienia ich przyczyn istnieje już bogata literatura, zob. przede wszystkim: *Wokół Jedwabnego*, t. 1–2, red. Paweł Machcewicz, Krzysztof Persak, Warszawa: IPN, 2002; Andrzej Żbikowski, *U genezy Jedwabnego...*; Witold Mędykowski, *W cieniu gigantów. Pogromy 1941 roku w byłej sowieckiej strefie okupacyjnej. Kontekst historyczny, społeczny i kulturowy. Zarys teorii pogromów*, Warszawa: ISP PAN, 2012.

111 8 VII 1941 r. jednostka ta była już w Grodnie (*Shared History, Divided Memory: Jews and Others in Soviet-occupied Poland, 1939–1941*, red. Elazar Barkan, Elizabeth A. Cole, Kai Struve, Leipzig: Leipziger Universitätsverlag, 2007, s. 327).

1941 r. gauleiter i nadprezydent Prus Wschodnich Erich Koch, podlegający bezpośrednio Hitlerowi[112]. Jednocześnie był on komisarzem Rzeszy dla okupowanej Ukrainy i posłem do Reichstagu. Sprawując tak wiele funkcji, Koch nie mógł nieustannie przebywać w Białymstoku, dlatego powołał na swego stałego zastępcę szefa Niemieckiego Frontu Pracy w Królewcu Waldemara Magunię, którego zastąpił 1 lutego 1942 r. były landrat tylżycki dr Friedrich Brix. Okręg białostocki miał charakter rejencji — nie został bezpośrednio włączony do Prus Wschodnich, chociaż ustanowiono wspólną władzę osobową i aparat bezpieczeństwa; dzieliła je jednak granica policyjna, a jej przekroczenie wymagało specjalnego zezwolenia.

Okręg białostocki miał powierzchnię 31 426 km kw. oraz około 1,13 mln mieszkańców[113]. Dzielił się na osiem jednostek administracyjnych szczebla powiatowego, tzw. komisariatów powiatowych (Kreisskommissariate): białostocki, bielski, grajewski, grodzieński, łomżyński, sokólski, wołkowyski oraz miasto Białystok. Niższymi jednostkami były tzw. obwody urzędowe (Amtskommissariate), a najniższy szczebel administracyjny stanowiły gminy i sołectwa. Największym komisariatem powiatowym był Bielsk Podlaski (około 10 tys. km kw.), do którego włączono kilka gmin z powiatów prużańskiego i brzeskiego (dawnego województwa poleskiego) oraz okręg Prużana (dołączony do powiatu 16 października 1941 r.). Nadleśnictwo Białowieża (z gminami Białowieża, Suchopol i Szereszów) stało się własnością państwową Niemiec[114], a Puszcza Białowieska otrzymała specjalny status — na życzenie Wielkiego Łowczego Trzeciej Rzeszy Hermanna Göringa Puszcza Białowieska 23 października 1941 r. jako obszar polowań należący do Rzeszy znalazła się pod

112 Na mocy dekretu Hitlera z 15 VIII 1941 r. był także upoważniony do stanowienia prawa w drodze rozporządzeń (AIPN, GK 318/748, Akta procesu Ericha Kocha, t. 7, Karol Marian Pospieszalski, Kompetencja oskarżonego Ericha Kocha jako Oberpräsidenta i Gauleitera prowincji Prus Wschodnich i szefa zarządu cywilnego w okręgu Białystok w zakresie położenia ludności polskiej i żydowskiej, k. 26).

113 Takie szacunki w: *Encyclopedia of Camps and Ghettos 1933–1945*, t. 2: *Ghettos in German-Occupied Eastern Europe*, red. Martin Dean, współpraca Mel Hecker, Bloomington–Indianopolis: Indiana University Press we współpracy z USHMM, 2012, s. 858.

114 AYV, O53/10, Ludwigsburg USSR Collection, Amtsblatt des Oberpräsidenten der Provinz Ostpreussen, Zivilverwaltung für den Bezirk Bialystok, [Dziennik urzędowy nadprezydenta, administracja cywilna dla okręgu Białystok], Rozporządzenie o ustaleniu granic nadleśnictwa Białowieża i wprowadzeniu go w posiadanie skarbu państwa, 21 XI 1942 r. Odtworzenie szczegółów polityki niemieckiej w Bezirk Bialystok oraz odpowiedzialności poszczególnych osób za konkretne działania nie jest łatwe, co wykorzystywali oskarżeni w powojennych procesach. Ze wszystkich urzędowych obwieszczeń zachowało się jedynie 16 (AIPN, GK 318/758, Proces Ericha Kocha, k. 24).

jego osobistą pieczą. Obszar puszczy podzielono na kwartały, wycięto zasieki, zbudowano drogi — częściowo dla motocykli, częściowo dla samochodów, założono system alarmowy, przystosowano leśne kolejki wąskotorowe do przewozu żołnierzy, teren był patrolowany przez służbę leśną (Forstschutzkommando), a dookoła stworzono „pas ochronny", z którego wysiedlono mieszkańców[115]. W Białowieży Niemcy umieścili ośrodek wywiadowczy[116].

Niemcy zlikwidowali wprowadzone przez Sowietów kołchozy[117], przywrócili majątki, aczkolwiek nie wróciły one do poprzednich właścicieli, lecz znajdowały się obecnie pod zarządem niemieckim. Chłopi zostali zobowiązani do dostarczania Niemcom obowiązkowych kontyngentów płodów rolnych. Pilnowały tego urzędy ziemskie (Bodenämte), które przez swoje terenowe agendy zbierały podatki, daniny, kontrybucje, rekwizycje i kontyngenty.

Komisarzem powiatowym w Bielsku Podlaskim, czyli starostą (*Landrat*) był od sierpnia 1941 r. Heinrich von Bünau z Olsztyna, a od lutego 1942 r. do końca okupacji — Walter Tubenthal[118], który pełnił jednocześnie funkcję komisarza powiatu grajewskiego. Zakres kompetencji kreiskomisariatów i amtskomisariatów w Bezirk Bialystok obejmował m.in. tworzenie gett i kwestie mieszkaniowe, aprowizację, zatrudnianie i sprawy zdrowotne Żydów[119].

---

115 Wysiedlenia 34 wsi miały krwawy przebieg. W zachowanym dzienniku wojennym 322 Batalionu Pułku Policyjnego „Środek" pod dowództwem mjr. Nadela, który ich dokonywał, czytamy m.in.: „ewakuację przeprowadza się za pomocą podwodów i pojazdów ciężarowych batalionu [...]. Po dokonaniu ewakuacji większość miejscowości zostanie całkowicie spalona. Wszystko bydło, które nie może być odtransportowane w kolumnie podwodów, będzie spędzone w stado i umieszczone — w celu zorganizowania nad nim opieki — w specjalnie utworzonych strzeżonych punktach. Opiekować się nim będzie administracja leśna, która ze swej strony ma także starać się o zebranie plonów na ewakuowanych terenach [zebrali je jeńcy radzieccy]" (AIPN Bi, 484/7, Wysiedlenie wsi Masiewo I i II, pow. Hajnówka, k. 224; fragmenty „Dziennika wojennego Batalionu Policji 322" w aktach sprawy w tłumaczeniu i opracowaniu Kazimierza Leszczyńskiego).

116 Zob. Michał Gnatowski, *Białostockie Zgrupowanie Partyzanckie*, Białystok: Uniwersytet Warszawski Filia w Białymstoku, 1994, s. 77.

117 Rosjanie utworzyli w powiecie bielskim do lutego 1941 r. sześć kołchozów (Wojciech Śleszyński, *Okupacja sowiecka na Białostocczyźnie 1939–1941. Propaganda i indoktrynacja*, Białystok: Benkowski, 2001, s. 196).

118 Walter Tubenthal (ur. 1901), od 1934 r. był starostą oleckim i szefem NSDAP w regionie, od 1940 także starostą suwalskim, zmarł w Hamburgu w wieku 87 lat, nigdy nie został postawiony przed sądem.

119 Por. Christian Gerlach, *Kalkulierte Morde. Die deutsche Wirtschafts- und Vernichtungspolitik in Weißrussland 1941 bis 1944*, Hamburg: Hamburger Edition, 2000, s. 656. Na terenie Bezirk Bialystok nie działały Joint ani ŻSS.

POLICJA W BEZIRK BIALYSTOK I POWIECIE BIELSK PODLASKI

W Białymstoku działały ekspozytura placówki Staatspolizei (Policji Państwowej) z Olsztyna (kierowana przez hauptsturmführera SS Waldemara Macholla) oraz ekspozytura Policji Kryminalnej z Królewca (kierowana przez Johannesa Krebsa). W kwietniu 1942 r. Białystok oddzielono od struktur Staatspolizei w Olsztynie i utworzono tam samodzielną jednostkę: Urząd Szefa Policji Bezpieczeństwa i SD (Kommandeur der Sicherheitspolizei und des SD für den Bezirk Bialystok, KdS), oraz jej delegatury w Grodnie, Wołkowysku, Łomży, Augustowie i Bielsku Podlaskim. Szefem tego urzędu był SS- und Polizeiführer (SSPF) Werner Fromm (od 2 maja 1943 r. — Otto Hellwig), a szefem delegatury w powiecie bielskim Willi Schröder. KdS dostawał polecenia z RSHA albo bezpośrednio, albo przez inspektora Policji Bezpieczeństwa w Królewcu dr. Constantina Canarisa. Jeden z referatów KdS (Gestapo IVB Judenangelegenheiten) zajmował się sprawami żydowskimi. Szefem tego referatu był kriminalkommissar Lothar Heimbach, a jego zastępcą — Fritz Friedel[120]. Na czele bielskiej delegatury Gestapo stanął wspomniany obersturmführer SS Schröder, a pracowali tam także Paul Schwede i Franz Triebe oraz kilka osób obsługi administracyjnej[121].

Administracji cywilnej podlegała Policja Porządkowa (Orpo, jej szefem był SSPF Fromm, potem Hellwig), która dzieliła się na Schutzpolizeidienstabteilungen (Schupo, do jej zadań należało m.in. pilnowanie gett) oraz żandarmerię (Gendarmerie). Komendantem Orpo w okręgu białostockim był Hans-Georg Hirschfeld, a następnie (od maja 1943 r.) Leberecht von Bredow. Komendantem Schupo był Gustav Zernack, potem Heinrich Schwalm, a żandarmerii — Helmut Limpert, następnie zaś Artur Baumann. W okręgu operowały ponadto rozmaite policyjne jednostki specjalne, jak wspomniana służba leśna w Puszczy Białowieskiej czy „zmotoryzowana kompania żandarmerii, która dbała o bezpieczeństwo ruchu, oraz komando

---

120 Fritz-Gustaw Friedel (ur. 1891), inspektor kryminalny; został przesłuchany jako świadek w procesie Kocha, zeznał, że w ramach swoich zadań służbowych zajmował się „szmuglem do getta żywności, fałszowaniem dokumentów osobistych i pieniędzy" (AIPN, GK, 318/756, Akta w sprawie oskarżenia Ericha Kocha, k. 113). Na temat procesu powojennego przeciwko Friedlowi zob. Ewa Rogalewska, *Sprawa Fritza Friedla*, „Biuletyn IPN" 2004, nr 3, s. 65–60.

121 Zob. Janusz Porycki, *Niemieckie policyjne organy terroru w Bielsku Podlaskim w latach 1941–1944, ze szczególnym uwzględnieniem karnego obozu pracy*, „Bielski Almanach Historyczny" 2016, s. 86–114.

egzekucyjne do rozstrzelań", „samodzielne plutony żandarmerii, [...] które później przemianowano na «Jagdzüge». [...] Od marca 1942 przeniesiono ich z Białegostoku i nazwano «latającymi komando». [...] Od czerwca 1943 do końca tego roku był także policyjny batalion ochronny 34, który razem z regimentem 26 oraz z KdS w Białymstoku przeprowadził likwidację getta w Białymstoku"[122]. Na granicy z GG działały również jednostki służby granicznej i celnej.

Funkcjonariusze Schutzpolizei Dienstabeilung der Stadt Siemiatycze przed posterunkiem mieszczącym się w przejętym domu Dawida Muzykanta przy ul. Pałacowej (fot. Antoni Nowicki)

W Generalnym Gubernatorstwie Schutzpolizei działała na terenie miast, a Gendarmerie operowała poza miastami. W Bezirk Bialystok (i w powiecie bielskim) natomiast sytuacja wyglądała inaczej. Po pierwsze, nie było tam polskiej policji (granatowej)[123], po drugie, struktura i zadania policji były

122 Bundesarchiv Ludwigsburg (dalej BAL), 162/16443, „Adnotacja dot. okręgu Białystok", w aktach procesu żandarmów z posterunku w Ostrożanach, Motzko i Sehla, k. 52.

123 Na terenie Bezirk Bialystok działały natomiast dwie sotnie (Hubderteschaften) tzw. policji białoruskiej (Weissruthenische Schutzmanschaft), utworzone przez Komitet Białoruski (Weissruthenische Vereinigung), kolaborancką organizację powołaną do życia przez władze niemieckie zimą 1939/1940 w Warszawie. Jej celem było utworzenie niezawisłej Białorusi pod patronatem Niemiec. Białoruskie oddziały policyjne pełniły funkcję podobną do Schupo: „służbę ochronną pod gmachami i obiektami SD i Gestapo, oraz stanowiły oddziały ochronne w czasie wyjazdów funkcjonariuszy policji bezpieczeństwa w teren, zasadniczo zaś brały

wzorowane na strukturach z Królewca i Prus Wschodnich, a nie Krakowa i GG[124], po trzecie, zakresy działań policji i żandarmerii w dużym stopniu się pokrywały[125]: operowały one na tym samym obszarze (w powiecie bielskim nie było dużych miast), a ich posterunki mieściły się często w jednym budynku[126]. Autorzy większości relacji z reguły nie rozróżniają żandarmów i szucmanów, tym bardziej że nosili oni mundury w takim samym kolorze[127]. Określenie „Schutzpolizei" było używane nieprecyzyjnie[128], a Schupo w Bezirk różniło się od tego w GG przede wszystkim tym, że nie składało

---

udział w masowych akcjach doraźnych" (AIPN Bi, 408/87, Akta śledztwa przeciwko Tymoteuszowi Fiedoszczeni i innym, k. 5).

124 „Administracja w Białymstoku została w szczegółach podobnie zorganizowana jak w pruskiej rejencji" — czytamy w ekspertyzie anonimowego autora „Ogólne stosunki w okręgu i mieście Białystok", która stanowiła materiał dowodowy w procesie prowadzonym od 22 III 1966 do 14 IV 1967 r. przed Sądem Krajowym w Bielefeld w RFN przeciwko byłemu szefowi Policji Bezpieczeństwa i Służby Bezpieczeństwa w okręgu białostockim (KdS) dr. Wilhelmowi Altenlohowi oraz jego trzem współpracownikom: Lotharowi Heimbachowi, Heinzowi Errelisowi i Richardowi Dibusowi, oskarżonym m.in. o udział w deportacjach Żydów z Białegostoku, Grodna, Zambrowa i Prużany do obozów zagłady w Auschwitz i Treblince. Zostali skazani „za zbiorowe pomaganie w zbiorowym mordzie" na odpowiednio: 8 (Altenloh), 9 (Heimbach), 8 (Errelis) i 5 (Dibus) lat więzienia. Analiza procesu zob. Katrin Stoll, *Die Herstellung der Wahrheit. Strafverfahren gegen ehemalige Angehörige der Sicherheitspolizei für den Bezirk Bialystok*, Berlin: De Gruyter, 2012. Dokumenty procesowe (niekompletne) znajdują się w tłumaczeniu na j. polski w AIPN Bi, 1707, Sprawa o wywóz Żydów przeciwko niemieckim funkcjonariuszom, k. 16. Erich Koch i Hans Frank nie znosili się i rywalizowali ze sobą, o czym Koch mówił w śledztwie (AIPN, GK 318/759, t. 5, Akta procesu Kocha, k. 139).

125 W „Adnotacji dot. okręgu Białystok", czytamy, że „zadania policji wykonywała żandarmeria", a należały do nich m.in. „małe akcje przeciwko bandom i partyzantom" (BAL, B 162/16443, „Adnotacja dot. okręgu Białystok", w aktach procesu żandarmów z posterunku w Ostrożanach, Motzko i Sehla, k. 42). Brak zachowanych dokumentów administracyjnych z Bezirk Bialystok uniemożliwia jednoznaczne odtworzenie struktur policyjnych. Na temat struktur policyjnych zob. Stoll, *Herstellung der Wahrheit*..., s. 160–162.

126 Na przykład w Siemiatyczach przy ul. Legionowej w jednym z budynków mieściła się siedziba „Schutzpolizei (komendant Herman Reszke) i żandarmerii (komendant Otto Domersdorf)" — pisze Mirosław Leszczak (*idem*, *Zagłada ludności żydowskiej w Siemiatyczach*, „Studia Podlaskie" 1989, nr 2, s. 356).

127 Tak wynika z zeznań samych szucmanów, np. Józef Nazarewicz na przesłuchaniu 17 III 1967 r. mówił: „nosiliśmy początkowo zielone mundury, a później zmieniono je na umundurowanie takiego koloru, jak mieli mundury Niemcy" (AIPN Bi, 408/250, k. 35).

128 W powszechnym użyciu były nazwy „Schupo" i „szucmani", w wielu zeznaniach miesza się także Schupo z żandarmerią. Waldemar Macholl mówi o „Schutzpolizei i Schutzpolizei gminnej" (AIPN, GK 318/747, Akta w sprawie karnej Ericha Kocha, t. 6, Przesłuchanie świadka, k. 217). Dodatkową komplikację stanowi to, że „rozporządzeniem Reichsführera SS i szefa niemieckiej policji z dnia 3 marca 1944 r. oddziały Policji Porządkowej w okręgu Białystok zostały

się wyłącznie z Niemców — werbowano do służby lokalnych mieszkańców, katolików i prawosławnych.

Szefem Schupo w Bielsku Podlaskim był Franz Lampe, żandarmerii — Klein, następnie Ulrich Renner. Tenże Renner zeznał na procesie, że „podlegało mu od listopada 1942 do lipca 1944 r. 420 żandarmów, a także polskich policjantów pomocniczych, którzy byli podzieleni pomiędzy 30 posterunków"[129]. Dzięki śledztwom prowadzonym przez polski wymiar sprawiedliwości przeciwko obywatelom polskim pełniącym w czasie okupacji funkcję szucmana (skazano co najmniej 46 spośród policjantów z powiatu bielskiego[130]), udało mi się znaleźć informacje o 33 posterunkach[131]. Zebrane informacje znajdują się w tabeli 1.

---

zamienione w żandarmerię" (BAL, B 162/16443, „Adnotacja dot. okręgu Białystok", w aktach procesu żandarmów z posterunku w Ostrożanach Motzko i Sehla, k. 42).

129 BAL, B 162/15966. Nie udało się stwierdzić, czy liczba 420 dotyczy łącznie żandarmów i szucmanów, ale z innych źródeł wynika, że obsada posterunku wynosiła 10–14 policjantów, wydaje się więc, że liczba 420 dotyczy niemieckich i polskich policjantów łącznie.

130 Warto zauważyć, że większość posterunków Schuztpolizei znajdowała się we wschodniej, prawosławnej części powiatu Bielsk Podlaski i najwięcej procesów powojennych dotyczyło także tej części powiatu — szucmanów z gmin Orla i Hajnówka. W wywiadzie dla Yahad in Unum p. Jadwiga (ur. 1929) wspomina o powojennym samosądzie dokonanym przez mieszkańców Ciechanowca na wyjątkowo okrutnym polskim policjancie (wywiad 591P, www.yahadinunum.org).

131 Część z nich funkcjonowała krótko, były przenoszone, zmieniane i łączone — stąd najprawdopodobniej wynika rozbieżność między danymi w tabeli a zeznaniem Rennera.

'abela 1. Żandarmeria i Schutzpolizei w powiecie bielskim

Gmina	Posterunki w miejscowościach	Posterunek żandarmerii (Niemcy)	Obywatele polscy na posterunkach Schutzpolizei
Bielsk Podlaski	Bielsk Podlaski		Anatol Derepeński*, Józef Kardasz, Włodzimierz Owiejamiuk (?), Kazimierz Serelewski, Włodzimierz Szumiewicz, Aleksander Tymkiewicz, Włodzimierz Jaworski, Antoni Szulc, Onufry Wakulczyk
	Rudka	komendant Willy Bausky, Josef Krutow „Gucio", „Gustaw", Bent, Steincke, Westerhause, Fritz	Kazimierz Borek*, Józef Ruciński, Kazimierz Wyszyński, Franciszek Daniluk, Bronisław Woroszył*
	Dziadkowice (funkcjonuje przez krótki okres)		Łochowski i Tatarczuk (z posterunku w Boćkach)
Białowieża	Białowieża		Jan Jankuszyk*, Wincenty Karczmarek*
	Hajnówka		Franciszek Niewiarowski (z posterunku w Boćkach), Feliks Gałek*
	Klejniki	komendant Herbert Dali [Dalei], Richard, Paul Georg, Kale [Kalus] Hautmann, Franz Niencke [Mienck], Sakowski, Dasche	Piotr Grygoruk, Andrzej Andrejuk*, Włodzimierz Naumiuk, Stefan Szeszko*
Boćki	Boćki	komendant Behling, Fryc Kowalik, Buchali, Anton	Kazimierz Karwiński*, Joachim Dłużewski, Franciszek Niewiarowski, Stanisław Oniszczuk, Józef Panasiuk*, Konstanty Chiniewicz, Mikołaj Adamiuk*, Franciszek Łozowski*, Kazimierz Karnaszewski,

Gmina	Posterunki w miejscowościach	Posterunek żandarmerii (Niemcy)	Obywatele polscy na posterunkach Schutzpolizei
Boćki (cd.)			Mieczysław Świerczyński, Konstanty Tyszkiewicz, Feliks Tomaszewski, Stanisław Fałkowski, Antoni Łoniewski, Mieczysław Wizner, Szymon Tatarczuk, Czesław Łęski (?), Łochowski (?)
Brańsk	Brańsk	Martin, Paul Schultz, Paul Schwede zwany „Cebulka", Krzemiński, Kohn, Bruno Krzemiński, Arthur Matern, Martin Schulz, Boner	Bolesław Falkowski (kierownik), Aleksander Rzewuski, Jan Rzewuski, Józef Falkowski, Józef Wyszkowski, Markowski, Mikołaj Dalekin, Mieczysław Korzeniewski, Antoni Mucha, Stanisław Krzemień, Jerzy Antoni Niemira, Paweł Pajko
	Domanowo	komendant „Meister", August, Erwin, Fritz „Gross", Fritz „Klein"	Mieczysław Korzeniewski, Jan Sukowski, Konstanty Radziwon, Wacław Markowski
Ciechanowiec	Ciechanowiec	komendant Jóźwiak, Fritz Zupak, Franz, „Rudy", Kuba	Kazimierz Arnold*
	Pobikry	komendant Jóźwiak z żandarmerii z Ciechanowca, Laur, Bomba, Fritz, Dudek, Emil, Knutt	Bronisław Akacki*
Dmitrowicze	Dmitrowicze	6–10 osób	

Gmina	Posterunki w miejscowościach	Posterunek żandarmerii (Niemcy)	Obywatele polscy na posterunkach Schutzpolizei
Drohiczyn	Drohiczyn		Witold Wrotnowski
	Sieniewicze		Kazimierz Wrotnowski*
Grodzisk	Grodzisk		Stanisław Szmurło*
Kamieniec Litewski		Schank	
Kleszczele	Kleszczele	komendant Schmidt, potem Winzer, Hartmann, Pitsch, Pitarus, Scholz, Franz	Zygmunt Bartnikowski*, Andrzej Andrzejuk
	Czeremcha		Współpraca z posterunkiem: sołtys Jakim Szatyłowicz*
Mielnik	Mielnik		Władysław Markowski*
Milejczyce	Milejczyce	Koster – żandarm zabity przez partyzantów	Władysław Zelewski*, Konstanty Pachwicewicz*
Narew	Narew	komendant Kleinke	Anatol Werpeński*, Michał Janiuk*
	Narewka		Edward Szlędak* [Szlendak]
Orla	Orla	komendant Buhler lub Biller, Richter, Holm, Krum, Behrent, Saja, Golf, Mazanek, Paulis	agent posterunku żandarmerii Jan Bobik*, szucmani: Piotr Batura*, Daniel Kozłowski*, Józef Nazarewicz*, Michał Jarymowicz*, Włodzimierz Naumiuk*, Mikołaj Gonta*, Piotr Kubajewski, Metody Fedorowicz
Prużana (obecnie Białoruś)	Międzylesie, pow. Prużana		Mikołaj Kienda*, G. Jarowicz, N. Michniewicz, W. Garmotny, Fiedor Postojałko

Gmina	Posterunki w miejscowościach	Posterunek żandarmerii (Niemcy)	Obywatele polscy na posterunkach Schutzpolizei
Ratajczyce (obecnie Białoruś)	Ratajczyce	6–10 osób	Jan Lichota*, Józef Lichota*, Antoni Mazur*, Wincenty Wojewódzki*, Kola z Ratajczyc, Andrzej z Buczebla, Jan Repting, Chodka z kolonii Świszczewo, Leon ze Świszczewa, Stanisław Pawlonka
Siemiatycze	Siemiatycze	komendant Domorstof, Adolf Rudolf, Wilhelm Kaiser, Rudolf Hohstein, von Morstein	komendant Herman Reschke, Józef Fleks*
	Ostrożany	Motzko, Gral, Agron	
Suchopol	Suchopol		Antoni Ochrem, Stanisław Wójtowicz*
Szereszów	Szereszów		komendant policji Szahin (?), Antoni Ochrem*, Franciszek Kuźmicki, Zerdziwski (?)
Wierzchowice	Wierzchowice		Marian Żuchowski*, oddelegowanych czasowo kilku z Wysokiego Lit[ewskiego]
Wysokie Litewskie (obecnie Białoruś)	Wysokie Litewskie		Jan Charyton*, Piotr Dziekan, Markiewicz, Antoni Mazur, Władysław Czeropski*, Wincenty Wojewódzki, Chrustowski, Droździnski, Antoni Jackowiak*, Borys Borycki, Władysław Witak, Czesław Depkiewicz [Dubkiewicz]

Gmina	Posterunki w miejscowościach	Posterunek żandarmerii (Niemcy)	Obywatele polscy na posterunkach Schutzpolizei
Wyszki	Wyszki	komendant Walter Jess oraz 3 żandarmów	Władysław Maryszczuk (?)
	Topczewo	komendant Walter Jess, Johann Zöllner, Willi Wilkopf, Otto Alexander, Alfred Bothe, Alfred Leder, Sakowski, Herbert Beutel, Otto Neuhaus, Marmula	Aleksander Lipski, Stanisław Ułaszonek, Jan Wilczyński, Kazimierz Bronisław Kocłajda

Gwiazdką oznaczono nazwiska szucmanów, którym po wojnie wytoczono procesy.
Źródło: AIPN Bi, 1/1647, Akta śledztw i procesów, Szucmani na posterunkach powiatu Bielsk Podlaski.

Tabela 1 została sporządzona głównie na podstawie zeznań polskich szucmanów, dlatego dane o niemieckich żandarmach często ograniczają się jedynie do imienia, nazwiska czy przezwiska, czasem opisu wyglądu zewnętrznego. Po wojnie polskie prokuratury wystąpiły do niemieckich o wydanie kilkudziesięciu byłych żandarmów, żadnego jednak nie udało się odnaleźć (albo już nie żyli) i żaden nie stanął przed sądem. Szucmani rekrutowani byli spośród mieszkańców powiatu — katolików i prawosławnych, przeważnie z zaledwie podstawowym, kilkuklasowym wykształceniem. Po wojnie zeznawali, że najczęściej wstępowali do policji pod presją[132]

132 Abstrahując od tego, że większość oskarżonych broniła się, twierdząc, iż byli „tylko furmanami" lub „tylko stali na warcie", lub tylko „czyścili Niemcom buty", np. Mikołaj Gonta zeznał: „Nie chciałem iść do pracy w policji, ale zmusił mnie do tego ojciec — sołtys we wsi Mikłasze", jego matka zeznała, że „syna mieli wywieźć do Prus, i mąż prosił Niemców, by dali synowi robotę na miejscu i dali mu tę pracę w policji" (AIPN Bi, 408/250, Akta w procesie Mikołaja Gonty, k. 73), a Piotr Kubajewski: „zostałem zmobilizowany do wstąpienia na służbę do policji razem z oskarżonym. Gdybyśmy się nie zgodzili, trzeba byłoby iść do lasu" (*ibidem*, k. 85). Podobnie tłumaczyli się Włodzimierz Naumiuk (AIPN Bi, 408/185, k. 62) oraz Stanisław Szmurło: Niemcy dali mu do wyboru — albo wstąpi do policji, albo wywiozą go „do Prus" (AIPN Bi, 403/59). Nie widzę powodu, by w te tłumaczenia nie wierzyć. Niektórzy twierdzili, iż wstąpili do policji na polecenie AK, co wydaje się mniej prawdopodobne, szczególnie że w tym regionie (wschodnia część powiatu BP) struktury AK były słabe.

lub z biedy[133]. Jeden z nich następująco opisał umundurowanie: „koloru zielonego, a przy czapce miałem przypięty orzeł niemiecki ze swastyką. Broń miałem długą — karabin holenderski wraz z amunicją w ilości 5 do 10 sztuk"[134]. Za pracę na posterunku wypłacano 30[135] (albo 120[136]) marek miesięcznie, polegała zaś przede wszystkim na poszukiwaniu po wsiach osób pędzących samogon[137], obławach na partyzantów i zbiegłych jeńców sowieckich[138], wyjazdach w teren w reakcji na informacje mieszkańców[139] — często w sprawie ukrywających się Żydów. Akcjami dowodzili Niemcy, a brali w nich udział wspólnie policjanci i żandarmi[140]. Z obrazu Schutzpolizei przedstawionego w zeznaniach oskarżonych (co, rzecz jasna, może wynikać z sytuacji, w jakiej się znaleźli) można wnioskować, że ta formacja wykazywała stosunkowo mało własnej inicjatywy[141]; była raczej reaktywna niż aktywna, co różni ją zdecydowanie od policji w Generalnym Gubernatorstwie. O roli szucmanów w zagładzie Żydów będzie mowa dalej.

---

133 Feliks Galek, szucman na posterunku w Hajnówce, zeznawał: „Zmuszony byłem przystąpić do żandarmerii na służbę, gdyż byłem w nadzwyczaj trudnych warunkach [...], nie miałem ciepłej odzieży, chodziłem bez butów" (AIPN Bi, 404/274, Akta procesowe Feliksa Gałka, k. 48). Stefan Szeszko napisał w oświadczeniu: „Wstąpiłem ja tam pracować nie z dobrych chęci, a zmusiły mię do tego moje warunki" (AIPN Bi, 410/229, k. 44).

134 AIPN Bi, 408/250, Akta w procesie Mikołaja Gonty, k. 72.

135 *Ibidem*.

136 AIPN Bi, 408/185, Akta w procesie Włodzimierza Naumiuka.

137 Tym zajmował się — jak twierdził — wyłącznie jeden z oskarżonych szucmanów, Marian Żuchowski (AIPN Bi, 408/245).

138 Jak wynika z katalogu archiwalnego IPN, sprawy dotyczące wyłapywania Żydów na terenie powiatu bielskiego stanowią jedną czwartą procesów „sierpniowych" w powiecie, podczas gdy trzy czwarte to procesy o donoszenie na sąsiadów bądź wydawanie partyzantów lub zbiegłych jeńców sowieckich.

139 Na przykład: „Mieszkaniec wsi Reduty zawiadomił posterunek żand[armerii] w Orli, że w mieszkaniu jego śpi dwóch partyzantów" (AIPN Bi, 408/250, Akta w procesie Mikołaja Gonty, Zeznanie Józefa Nazarewicza); „nad ranem na posterunek przybył Antoni Statkiewicz i złożył meldunek, że w jego stodole na kolonii wsi Dziecinne znajdują się Żydzi" (AIPN Bi, 07/3, Akta w sprawie karnej Kazimierza Kawińskiego).

140 Nazarewicz: „Komendant posterunku, Niemiec Biller, dał rozkaz zebrać wszystkich żandarmów i policjantów. Na akcję tą wyjechali żandarmi, a ponadto policjanci", albo: „Niemcy z posterunku w Orli zarządzili akcję na wyjazd w teren. Zabrali nas wszystkich policjantów na tę akcję" (AIPN Bi, 408/250).

141 „Trzymaliśmy wartę przy żandarmerii i wyjeżdżaliśmy na wioski w celu ochrony żandarmerii, my sami nie mieliśmy prawa aresztować kogoś" — zeznał szucman Kazimierz Borek z posterunku w Rudce (AIPN Bi, 410/227, k. 18).

POLSKA KONSPIRACJA W OKRESIE OKUPACJI NIEMIECKIEJ

Zorganizowanie kadrowej konspiracji na Białostocczyźnie zajęło wiele miesięcy. Okręg Białystok AK został utworzony w lutym 1942 r. Obwód AK Bielsk Podlaski należał do Inspektoratu 1, a jego komendantami od 1941 r. byli kolejno por./kpt. artylerii Bolesław Rzepniewski „Syty", „Zajęty", por. służby stałej Stanisław Popławski „Głuchowski", a następnie por. saperów Ludgard Miniakowski „Kmicic". Do stycznia 1945 r. Armia Krajowa była najliczniejszą polską organizacją konspiracyjną na Białostocczyźnie. Pod koniec okupacji jej stan liczbowy szacowano na tym obszarze na ponad 30 tys. ludzi. Około 7 tys. miały liczyć NSZ, 3 tys. NOW, a oddziały BCh 1 tys. zaprzysiężonych członków. W czerwcu 1944 r. większość organizacji konspiracyjnych w ramach akcji scaleniowej połączyła się, wchłaniając także mniejsze organizacje lokalne i podporządkowując się AK (część NSZ dołączyła do nich ostatnia — w październiku 1944 r.). Prasa podziemna AK na terenie okręgu białostockiego w zasadzie ograniczała się do dwóch tytułów: wydawanego przez BIP KG AK dwutygodnika „Informacja" oraz tygodnika „Biuletyn Informacyjny Ziemi Podlaskiej"[142].

Celem strategicznym AK w regionie — podobnie jak w całej Polsce — było przygotowanie do akcji „Burza", czyli powszechnego powstania zbrojnego przeciwko Niemcom przed wkroczeniem Armii Czerwonej. W wymiarze praktycznym oznaczało to działania wywiadowcze, propagandowe, dywersyjne i sabotażowe. Meldunki sytuacyjne sporządzane przez poszczególne placówki dotyczyły spraw operacyjnych, wojskowych, politycznych i gospodarczych. Podawano w nich charakterystyki lokalnych funkcyjnych Niemców i ich współpracowników, np. polskich szucmanów[143], ruchy wojsk

---

142 Ksiądz Stanisław Kossakowski, który był adiutantem „Mścisława" , wspomina: „BIP Komendy Głównej przysyłał jeden egzemplarz «Agencji Wschodniej». [...] Artykuły dotyczyły zagadnień naszych kresów wschodnich oraz spraw narodowościowych. [...] Z Warszawy otrzymywaliśmy następującą prasę: «Biuletyn Informacyjny», «Wiadomości AK», dwutygodnik ogólno-polityczny «Insurekcja», miesięcznik fachowo-wojskowy «Żołnierz Polski», miesięcznik wychowawczo-wojskowy. Ponadto otrzymywaliśmy kilka broszur i wydawnictw książkowych: [...] *Obóz śmierci*, [...] trzy broszury o kampanii wrześniowej, *Zasady propagandy*. Napisany przez Fiedlera *Dywizjon 303* był drukowany w odcinkach w prasie okręgu i obwodu" (Kossakowski, *Byłem adiutantem „Mścisława"*, s. 123–124).

143 „Obecny komendant [Schutzpolizei w Ciechanowcu] Piotrowski Józef 1901 [...], były wojskowy plutonowy zawodowy. Przy sowietach — szpicel. Gość włada perfekt j. niemieckim. Na początku po przyjściu Niemców był naczelnikiem poczty — zapisał się na volksdeutscha — po

niemieckich[144], ilości zboża zebranego, sprzedanego na miejscu oraz wywiezionego do Rzeszy[145], informowano o sytuacji politycznej w okolicy. Na przykład w listopadzie 1943 r., po likwidacji gett w regionie, szef wywiadu placówki Jarosław Gorczyński ps. „Pokraka" meldował: „ludzie bardzo podnieceni wypadkami, jakie miały miejsce w całym Okr[ęgu] Białostockim. Jedynym pragnieniem wszystkich jest, żeby nie dać się wydusić, tak jak wyduszono Żydów"[146].

W ramach akcji dywersyjnych podziemie likwidowało Polaków wysługujących się Niemcom, zdrajców, szpiclów Gestapo, kolaborantów, ponadto zaś agentów komunistycznych[147]. Polskie podziemie interesowało się bowiem nie tylko działaniami Niemców, lecz także poczynaniami drugiego wroga — Sowietów. Komendant Sił Zbrojnych Tadeusz Komorowski „Bór" zalecał w specjalnej instrukcji z 23 grudnia 1943 r. inwigilację i rozpracowywanie wszelkich środowisk, które ulegały wpływom ideologii komunistycznej, a do których zaliczano z jednej strony Armię Czerwoną, GL, AL i PAL, z drugiej „zwykłe bandy rabunkowe, rekrutujące się z elementu przestępczego lub zdemoralizowanego wojną" oraz „bandy mieszane żydowsko-sowiecko-polskie[148], co oczywiście musiało mieć konsekwencje dla stosunku polskiego podziemia do partyzantki żydowskiej.

---

całkowitym objęciu poczty przez Niemców został naganiaczem w szucpolicji. Mocno dusił Żydów, ale i naszym nie darował. Wygląd antypatyczny — gość o niskich instynktach [...]. Jest on nadzwyczaj chytry, prawdopodobnie dużo wie lub też domyśla się — jednak do spraw tych nie chce przykładać ręki — asekuruje się na przyszłość" (Meldunek „Soły" z 23 XI 1943 r., cyt. za: *Meldunki sytuacyjne z placówek „Soła" i „Wierzba" obwodu Armii Krajowej Bielsk Podlaski z lat 1943–1944*, „Ciechanowiecki Rocznik Muzealny" 2007, t. 3, s. 125).

144 „Dn. 22 IV przyjechał oddział kwaterunkowy 34 L. A.D. Bat[alionu] w ilości 30 ludzi, który na 4 samochodach ciężarowych zwiózł pewną ilość swoich rzeczy. Dn. 25 IV przyjechała pierwsza kompania 34 L. A.D. Batalionu. Dn. 26 IV przyjechała druga kompania 34 L. A.D. Batalionu [...]. Dn. 28 IV przyjechała czwarta kompania 34 L. A.D. Batalionu. Zostały one rozlokowane w byłej fabryce [...], w domu Freimarka, po drugiej stronie Nurca w domu Winera i Rychtera. Samochody stoją koło garażu szucpolicji, a tabory rozlokowano u gospodarzy po całym mieście" (Meldunek „Wierzby" z 22 V 1944 r., *ibidem*, s. 127).

145 Jak wynika z meldunku „Wierzby" z 22 V 1944 r. na 10 918,86 m żyta 8065,85 wysłano do Niemiec, jęczmienia wywieziono 704,7 m spośród zebranych 812,59, pszenicy — 1445,45 z 1605,69, a owsa 1377,25 z 1928,7 (*ibidem*, s. 129–130).

146 *Ibidem*, s. 120. Jak wyjaśnia autor opracowania Stanisław Kryński, meldunki były sporządzane przez szefa wywiadu placówki „Soła" Jarosława Gorczyńskiego ps. „Pokraka". Meldunki w latach osiemdziesiątych znajdowały się w prywatnym posiadaniu, a ich fotokopie zostały wówczas przekazane do Światowego Związku Żołnierzy Armii Krajowej.

147 Kossakowski, *Byłem adiutantem „Mścisława"*, s. 108.

148 *Ibidem*, k. 38.

Partyzantka polska na Białostocczyźnie zaczęła się organizować w drugiej połowie 1942 r.[149] Początkowo były to niewielkie grupy, które stały się liczniejsze wiosną 1943 r., a pod koniec roku w okręgu „istniało kilkanaście oddziałów partyzanckich, liczących łącznie 220 żołnierzy. W czerwcu roku następnego przed przystąpieniem do akcji «Burza» w oddziałach było już około 2000 partyzantów. Najwięcej oddziałów istniało na terenie obwodów Suwałki i Augustów, w oparciu o Puszczę Augustowską"[150]. W powiecie bielskim nie sformowano większych oddziałów polskiej partyzantki. Silna partyzantka AK działała bardziej na wschód i północ od Bielska Podlaskiego — przede wszystkim na Wileńszczyźnie i Nowogródczyźnie, a na Białostocczyźnie w okolicach Łomży, Suwałk, Augustowa i Grajewa.

PARTYZANTKA SOWIECKA

Zalążek pierwszych sowieckich grup partyzanckich na ziemiach polskich pod okupacją niemiecką stanowili sowieccy dezerterzy[151], żołnierze z rozbitych oddziałów Armii Czerwonej (tzw. okrużeńcy) oraz jeńcy[152], którzy

---

149 „W związku z powołaniem trzech roczników młodzieży na roboty do Prus część naszych żołnierzy i duża ilość młodzieży musiała opuścić swoje miejsce zamieszkania i ukryła się w lasach. Aby nie dopuścić do zmarnowania tych sił, względnie przystąpienia do band komunistycznych — rozpoczęto organizację oddziałów partyzanckich przy obwodach: Szczuczyn koło Łomży, Augustów, Białystok-powiat, grodzieński prawy" (Gen. Komorowski do N[aczelnego] W[odza]: meldunek półroczny o sprawach AK i położeniu w Kraju, 31 sierpnia 1943 [w:] *Armia Krajowa w dokumentach*, t. 3, s. 120–121).

150 Jerzy Kułak, *Walka zbrojna na Białostocczyźnie* [w:] Daniel Boćkowski, Jerzy Kułak, Wiesław L. Ząbek, Stanisław Zybała, *Walka i martyrologia narodowa w latach 1939–1945. Materiały z sesji popularnonaukowej*, Nadarzyn: Vipart, 1997, s. 17. Więcej na temat konspiracji na tamtym terenie zob. Rafał Wnuk, *„Za pierwszego Sowieta. Polska konspiracja na Kresach Wschodnich II Rzeczypospolitej (wrzesień 1939 — czerwiec 1941)*, Warszawa: IPN, 2007.

151 Jak podaje Bogdan Musiał: „dezercja w szeregach Armii Czerwonej w pierwszych miesiącach wojny osiągnęła ogromne rozmiary [...]. Z raportów NKWD wynika, że do końca 1941 roku aresztowano [...] 710 755 dezerterów. [...] Dane te nie uwzględniają ludzi zatrzymanych [...] i rozstrzelanych na miejscu oraz tych, których nie zdołano schwytać" (*idem*, *Sowieccy partyzanci 1941–1944. Mity i rzeczywistość*, Poznań: Zysk i S-ka, 2014, s. 57).

152 Tylko do końca 1941 r. Niemcy wzięli do niewoli około 3 mln żołnierzy sowieckich. Do końca wojny 5,7 mln żołnierzy Armii Czerwonej zostało wziętych do niewoli, z tego 3,3 mln zginęło — większość na skutek wyniszczających warunków świadomie stworzonych przez Niemców w obozach jenieckich. Polityka wobec jeńców zmieniła się, gdy Niemcom zaczęło brakować rąk do pracy; w połowie 1942 r. postanowili zwolnić z obozów tych, którzy jeszcze żyli, i wykorzystać ich do pracy przymusowej. Wielu jeńców zwolnionych wówczas z obozów uciekło, by uniknąć rejestracji i wysyłki do Rzeszy (Zdzisław Łukaszkiewicz, *Zagłada jeńców*

wyrwali się z niemieckich obozów[153], gdzie panowały nieludzkie warunki. Chociaż do prowadzenia wojny partyzanckiej wzywał już latem 1941 r. Stalin[154], to pierwsze spontanicznie tworzące się grupy były niezorganizowane, skoncentrowane raczej na własnym przetrwaniu i niezdolne do prowadzenia działań partyzanckich. Miejscowa ludność wydawała ukrywających się Rosjan — częściowo zapewne z niechęci do komunistów[155], ze strachu, a także dlatego że część tych pierwszych grup zbiegłych z niewoli jeńców i ukrywających się żołnierzy zmieniła się w bandy przestępcze, stając się lokalną plagą.

Pierwszą zimę przetrwały pojedyncze oddziały, większość jednak się rozpadła, a sytuacja zmieniła się dopiero w drugiej połowie 1942 r., kiedy powstała Centralna Szkoła Przygotowania Kadr Partyzanckich, kształcąca dowódców i szefów sztabu oddziałów partyzanckich oraz specjalistów

---

radzieckich w obozach na ziemiach polskich, „Biuletyn GKBZH" 1949, nr 5, s. 125–172; Musiał, *Sowieccy partyzanci...*, s. 165).

153 Na terenie Bezirk Bialystok znajdowało się co najmniej kilka stałych oraz przejściowych obozów jenieckich. Jak podaje Michał Gnatowski, większe obozy znajdowały się w Boguszach k. Grajewa, Białymstoku, Kiełbasinie, Zambrowie, a mniejsze — w Choroszczy, Hajnówce, Augustowie. Chociaż żaden z wymienionych obozów (oprócz tego w Hajnówce) nie leżał na terenie powiatu bielskiego, to uciekający z nich jeńcy mogli się, rzecz jasna, znaleźć w tym rejonie (*idem*, *Białostockie Zgrupowanie Partyzanckie*, 65–66).

154 W przemówieniu radiowym wygłoszonym 3 lipca 1941 r.: „Na terenach zajętych przez wroga należy koniecznie tworzyć oddziały partyzanckie, konne i piesze, tworzyć grupy dywersyjne [...] wszędzie podejmować wojnę partyzancką, wysadzać mosty, niszczyć drogi, zrywać łączność telefoniczną i telegraficzną, podpalać lasy, magazyny i tabory" (cyt. za: Musiał, *Sowieccy partyzanci...*, s. 59).

155 Jesienią 1941 r. do mieszkania sołtysa wsi Krupice (gm. Siemiatycze) Bolesława Malinowskiego „weszło 4 żołnierzy armii radzieckiej, ubranych w ubrania cywilne, którzy oświadczyli, że uciekli z obozu jeńców, i prosili o chleb. Malinowski krzyknął «chleba nie dam, śmierć komunistom», przy czym wybiegł na ulicę i zaczął krzyczeć: «łapać komunistów». Żołnierze ci wybiegli na podwórze i rzucili się do ucieczki, a za nimi na koniu popędził Bolesław Malinowski i kilku innych na koniach i pieszo. [...] Po upływie godziny — trzech jeńców schwytano, a czwartemu udało się ujść. Kiedy tych trzech doprowadzono na podwórze [...] — zebrał się tłum kobiet i mężczyzn. Ci trzej żołnierze zaczęli prosić Bolesława Malinowskiego, aby puścił ich, gdyż są jeńcami radzieckimi i wracają do domu, gdzie oczekują ich żony i dzieci. Za nimi wstawiły się kobiety i mężczyźni wsi Krupice. Kobiety płakały i całowały po rękach Bolesława Malinowskiego, ale to nic nie pomogło. Malinowski powiedział: «nie wasz interes, już i tak za długo komuniści żyją». Tegoż samego dnia tych trzech jeńców dostarczono do posterunku żandarmerii niemieckiej w Siemiatyczach i tam ich żandarmi rozstrzelali" (AIPN Bi, 403/156, k. 7–8). Na rozprawie przed Sądem Wojewódzkim w Białymstoku 12 I 1951 r. Bolesław Malinowski za to przestępstwo został skazany na 5 lat i 6 miesięcy więzienia (był oskarżony także o inne przestępstwa, ale od tamtych zarzutów został uniewinniony).

i instruktorów[156]. Szkolono również radiotelegrafistów, gdyż łączność była podstawą skutecznego dowodzenia partyzantką. 5 września 1942 r. Stalin wydał rozkaz nr 189 „o zadaniach ruchu partyzanckiego", w którym wyznaczał cele strategiczne: niszczenie istotnych odcinków linii kolejowych, zamachy na niemieckich dowódców i polityczną indoktrynację ludności miejscowej. By zyskać poparcie mieszkańców, partyzanci mieli „żywność brać tylko od okupanta, z rozbitych posterunków, w niemieckich majątkach ziemskich, u zdrajców i kułaków"[157]. Partyzantka została wzmocniona, dozbrojona, zdyscyplinowana, zrejonizowana, doszkolona, upolityczniona; podjęto także walkę z wewnętrznym bandytyzmem i terroryzmem, co przyczyniło się do rozwoju ruchu w 1943 r.

156 Szkoła działała z rozmachem: „Od 15 czerwca 1942 do 1 stycznia 1944 roku szkołę tę ukończyło 447 dowódców i szefów sztabu, 632 instruktorów z zakresu materiałów wybuchowych oraz 1528 specjalistów w tej dziedzinie. Wśród nich do działań na Białorusi skierowano 73 dowódców i szefów sztabu, 135 instruktorów i 666 specjalistów z zakresu materiałów wybuchowych" (Musiał, *Sowieccy partyzanci...*, s. 225–226).

157 Ze wspomnień Wasyla Jemieljanowicza Samutina, I sekretarza Białostockiego Podziemnego Komitetu Obwodowego, cytowanych przez Michała Gnatowskiego (*idem*, *Białostockie Zgrupowanie Partyzanckie*, s. 107).

Życie Żydów pod okupacją niemiecką

„Pierwsze tygodnie obecności Niemców wytworzyły wśród Żydów atmosferę straszliwego napięcia. Siedzieli w swoich domach, bojąc się zapalić światło"[158]. Strach był całkowicie uzasadniony: w pierwszych trzech miesiącach okupacji niemieckiej zostało zamordowanych w okręgu białostockim od 30 do 50 tys. Żydów[159]. Po pierwszym okresie opisanych wcześniej chaotycznych mordów w czasie władzy wojskowej, kiedy utworzono Bezirk Bialystok, niemiecka administracja zaczęła wprowadzać nowe reguły życia pod okupacją i specjalne przepisy antyżydowskie. Jednym z pierwszych rozporządzeń dotyczących Żydów było ich oznakowanie — sprawdzone już wcześniej wszędzie na terenach okupowanych jako podstawowa metoda pozwalająca wyróżnić Żydów spośród innych mieszkańców, co następnie ułatwiało ich dalszą izolację i kolejne prześladowania. Sonia Glejcher z Bielska tak to zapamiętała: „W kilka dni [po wejściu Niemców] został wydany rozkaz noszenia przez Żydów na piersiach i na plecach sześciokątnych żółtych gwiazd". W 1942 r. zamieniono opaski na hańbiące żółte łaty, które nosiło się na klapie i na plecach"[160], z kolei według Izaaka Friedberga Żydzi musieli nosić „żółtą łatę na piersiach oraz opaski biało-niebieskie"[161]. Nieścisłości we wspomnieniach dotyczące sposobu oznakowania Żydów można łatwo wyjaśnić. Początkowo — w okresie administracji wojskowej w powiecie — nakazano im nosić opaski, jak w Generalnym Gubernatorstwie. Burmistrz Brańska w zarządzeniu nr 3 z 12 lipca 1941 r. informował: „Wszyscy żydzi i żydówki osiedleni w mieście Brańsku i okolicy i [którzy] ukończyli 10 (dziesięć) lat życia są natychmiast po przeczytaniu niniejszego zarządzenia zobowiązani do noszenia na prawym rękawie ubrania wierzchniego (płaszcza, chustki

158 AŻIH, 301/3521, Relacja Fejgi Rubin.

159 Sara Bender szacuje tę liczbę na 30 tys. (*eadem*, *The Jews of Bialystok During World War II*, tłum. Yaffa Murciano, Waltham: Brandeis University Press, 2008); Frank Golczewski, powołując się na Szymona Datnera, podaje liczbę od 40 do 50 tys. (Katrin Stoll, *Deportacje Żydów z Okręgu Białystok do obozu zagłady w Treblince* [w:] *Co wiemy o Treblince? Stan badań*, red. Edward Kopówka, Siedlce: Muzeum Regionalne, 2013, s. 121).

160 AŻIH, 301/3521, Relacja Fejgi Rubin.

161 AYV, O.3/727, Relacja Izaaka Friedberga.

itd.) białej opaski 10 cm szerokiej z żółtą gwiazdą sjońską lub co najmniej żółtej tarczy o średnicy 10 cm"[162]. Dziewięć dni później oznakowanie Żydów zostało zmienione, o czym tenże burmistrz zawiadomił 21 lipca 1941 r. zarządzeniem nr 14 o trybie „natychmiastowym": „Wszyscy Żydzi miasta Brańsk i okolicy winni zamienić opaski z gwiazdą syjońską na łaty o średnicy 10 cm, przyszyte do wierzchniego ubrania [...]. Termin wykonania do godz. 5 rano dnia 22 lipca 1941"[163].

Strony z Księgi Rozporządzeń Burmistrza Brańska
(Archiwum Państwowe w Białymstoku, Zespół Zarząd Miejski w Brańsku, [1941] 1946–1950, 566/1, k. 1–5)

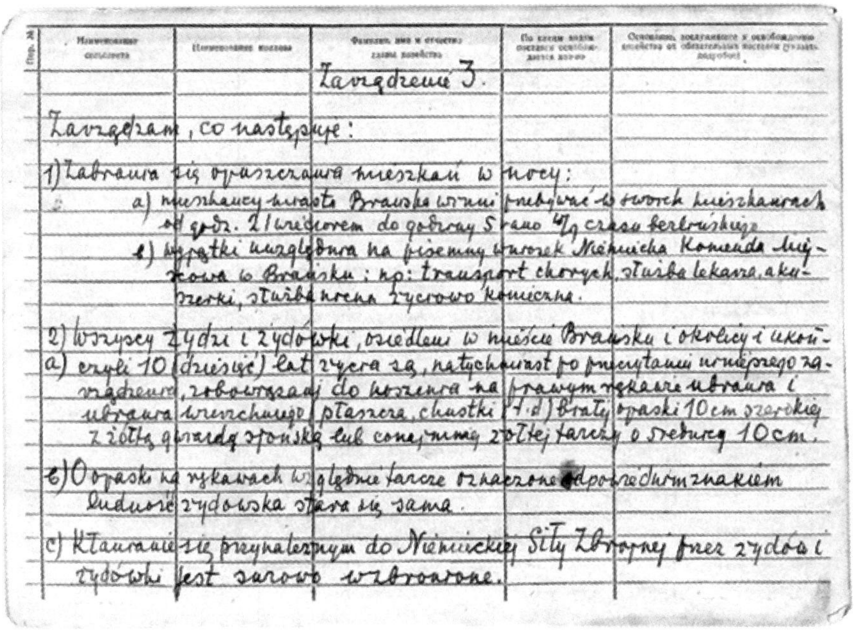

Zarządzenie 3.
Zarządzam, co następuje:
1) Zabrania się opuszczania mieszkań w nocy:
a) mieszkańcy miasta Brańska winni przebywać w swoich mieszkaniach od godz. 21 wieczorem do godziny 5 rano wg czasu berlińskiego
b) wyjątki uwzględnia na pisemny wniosek Niemiecka Komenda Miejscowa w Brańsku; np: transport chorych, służba lekarza, akuszerki, służba inna życiowo konieczna.
2) Wszyscy Żydzi i Żydówki, osiedleni w mieście Brańsku i okolicy i ukończyli
a) 10 (dziesięć) lat życia są, natychmiast po przeczytaniu niniejszego zarządzenia, zobowiązani do noszenia na prawym rękawie ubrania i ubrania wierzchniego (płaszcza, chustki i t.d) białej opaski 10 cm szerokiej z żółtą gwiazdą sjonską lub conajmniej żółtej tarczy o średnicy 10 cm.
b) O opaski na rękawach względnie tarcze oznaczone odpowiednim znakiem ludność żydowska stara się sama.
c) Kłanianie się przynależnym do Niemieckiej Siły Zbrojnej przez żydów i żydówki jest surowo wzbronione.

---

162 AP Białystok, Zespół Zarząd Miejski w Brańsku ([1941] 1946–1950), 566/1, Księga Rozporządzeń Burmistrza miasta Brańska, k. 3. To samo zarządzenie informowało, że „kłanianie się przynależnym do Niemieckiej Siły Zbrojnej przez żydów i żydówki jest surowo wzbronione" oraz że „od natychmiast zakazuje się uboju rytualnego — tj. uboju zwierząt przez stopniowe odcięcie krwi w celu tzw. koszernego spożycia mięsa". A „kto stanie się winnym: uboju rytualnego, tak samo wspólnik, podżegacz i pomocnik usiłowania wprowadzenia uboju rytualnego [...] — będzie surowo karany przez Komendanta Niemieckiej Komendy Miejscowej".

163 *Ibidem*, k. 4.

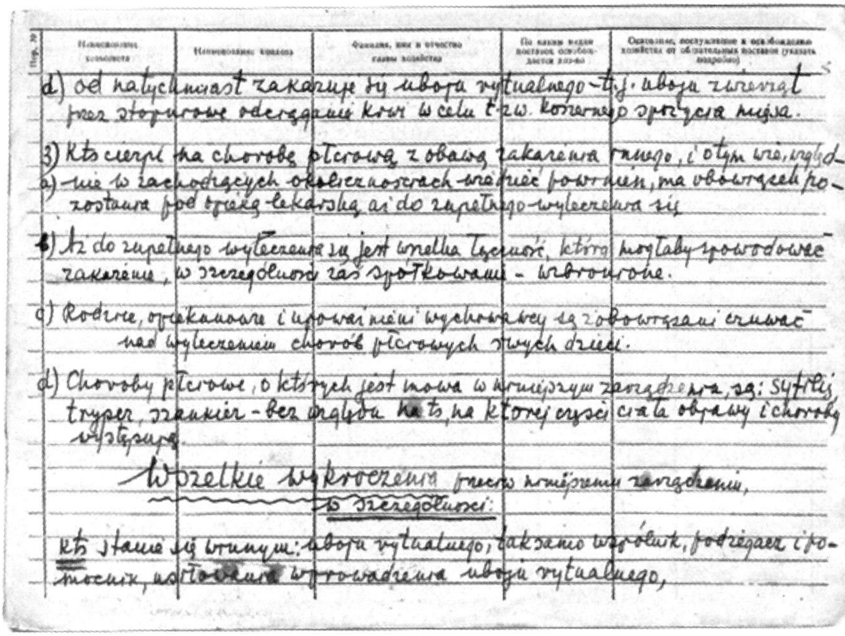

d) Od natychmiast zakazuje się uboju rytualnego – tj. uboju zwierząt przez stopniowe odcedzanie krwi w celu t.zw. koszernego spożycia mięsa.

3) Kto cierpi na chorobę płciową z obawą zakażenia innego, i o tym wie, względnie w zachodzących okolicznościach winien powziąć podejrzenie, ma obowiązek pozostawać pod opieką lekarską aż do zupełnego wyleczenia się.

b) Aż do zupełnego wyleczenia się jest wszelka czynność, która mogłaby spowodować zakażenie, w szczególności zaś spółkowanie – wzbronione.

c) Rodzice, opiekunowie i upoważnieni wychowawcy są zobowiązani czuwać nad wyleczeniem chorób płciowych swych dzieci.

d) Choroby płciowe, o których jest mowa w niniejszym zarządzeniu, są: syfilis, tryper, szankier – bez względu na to, na której części ciała objawy i choroby występują.

Wszelkie wykroczenia przeciw niniejszemu zarządzeniu,

w szczególności:

kto stanie się winnym: uboju rytualnego, tak samo współwinnik, podżegacz i pomocnik, usiłowania wprowadzenia uboju rytualnego,

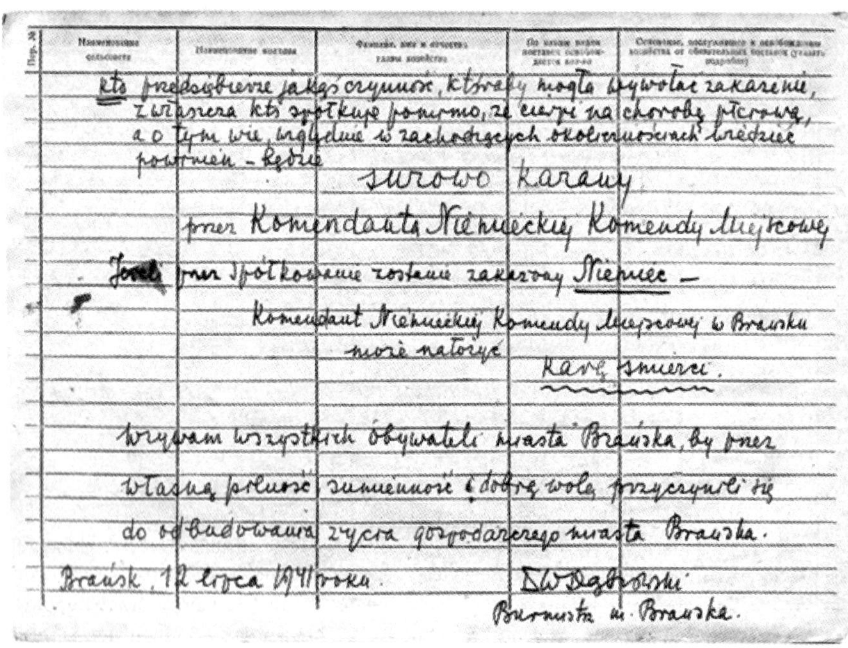

kto przedsięweźmie jakąś czynność, która by mogła wywołać zakażenie, z wyjątkiem kto spółkuje pomimo, że cierpi na chorobę płciową, a o tym wie, względnie w zachodzących okolicznościach winien powziąć podejrzenie – będzie

surowo karany

przez Komendanta Niemieckiej Komendy Miejscowej

Jeżeli przez spółkowanie zostanie zakażony Niemiec –

Komendant Niemieckiej Komendy Miejscowej w Brańsku może nałożyć

karę śmierci.

Wzywam wszystkich obywateli miasta Brańska, by przez własną pilność, sumienność i dobrą wolę przyczynili się do odbudowania życia gospodarczego miasta Brańska.

Brańsk, 12 lipca 1941 roku.

W. Dąbrowski

Burmistrz m. Brańska.

POWIAT BIELSKI

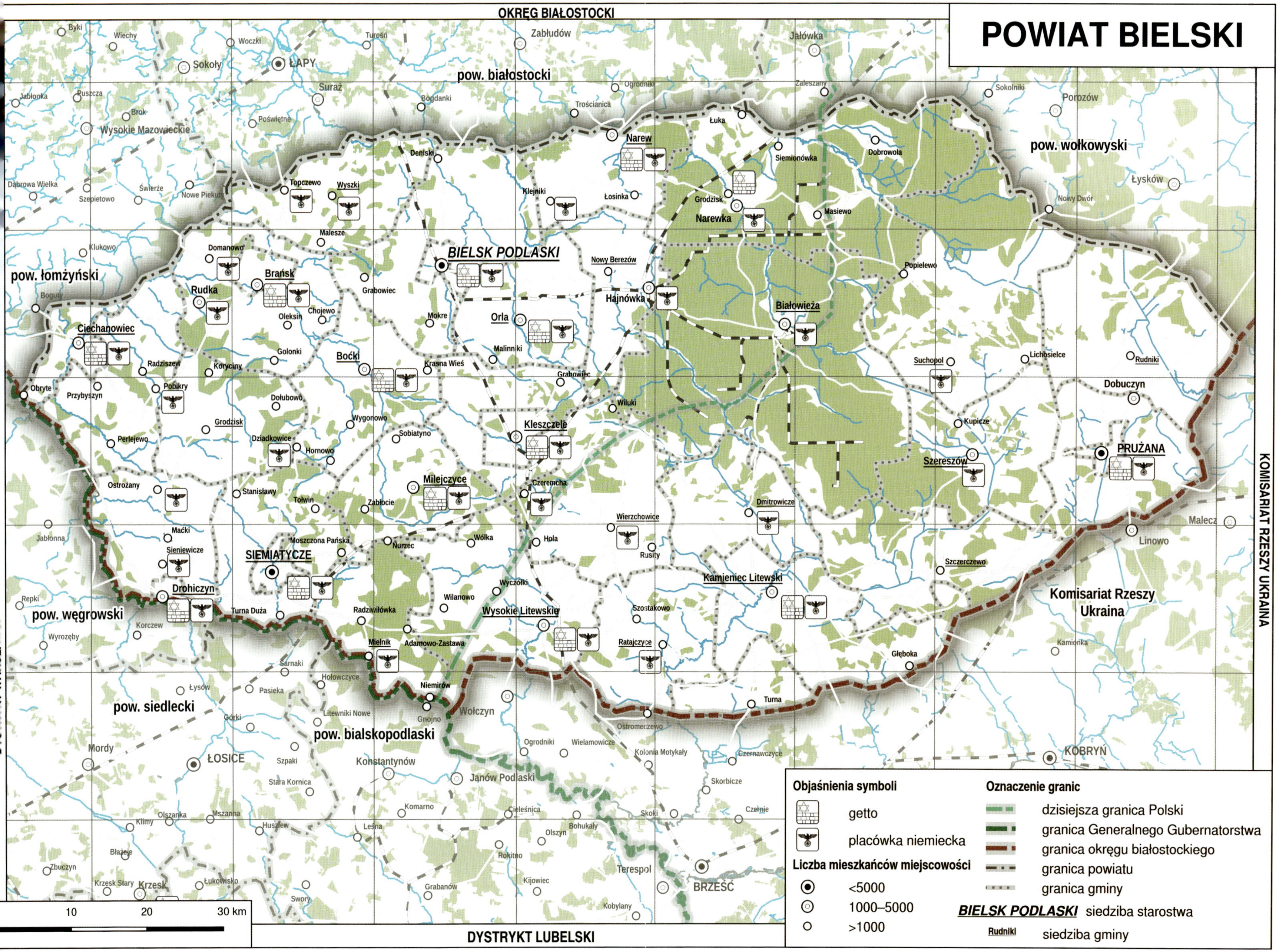

Szczególnym prześladowaniom Niemcy poddali od początku życie religijne. Zakazali wszelkich praktyk, niszczyli przedmioty kultu[164], poniżali publicznie religijnych Żydów[165], obcinając im brody i bijąc. Religijni w większości mieszkańcy sztetli podlaskich silnie odczuwali te szykany, zostały więc zapamiętane na lata. Ester Klejnot z Ciechanowca wspomina, że pewnego dnia, gdy modlono się w domu, „mieszkanie zostało otoczone przez policjantów z bronią. Wsadzili wszystkich mężczyzn do ciemnej śmierdzącej piwnicy i trzymali ich tam przez wiele godzin. Ofiary zostały potem wyciągnięte i ciężko pobite, tak że złamani na ciele i duchu, z trudem doszli do swoich domów"[166]. Żydom w Bielsku kazano „pozbierać tałesy, święte księgi, tefilin, i to wszystko własnoręcznie spalić w jednym miejscu"[167]. W Białowieży Niemcy urządzili w synagodze „wielkie ognisko, w którym spalono przedmioty kultu (w tym Torę) i inne przedmioty z synagogi"[168].

Jednym z pierwszych poleceń okupanta, które musieli wykonać Żydzi, było zapłacenie kontrybucji. Niemcy ustalali ich wysokość w dowolny sposób, żądano ich zresztą od Żydów wielokrotnie, np. w Bielsku Podlaskim dwa razy[169], a w Prużanie trzykrotnie[170], często pod groźbą dokonania zbiorowego

---

164 Rabin z Orli wspomina, że „że zwoje Tory zostały [...] w większości porwane, a parochety, lampy i inne rzeczy (posiadające wartość historyczną) zniknęły" (AYV, M.11/50, Rabin Halperin, „Opis martyrologii Żydów miasteczka Orla za czasów okupacji").

165 W Prużanie „Niemcy pojawili się u miejscowego rabina Rozenberga, któremu nakazali nałożyć tałes, tefilin i klęknąć na końcu miasta przy ulicy Dąbrowskiej. Klęczał tam cały dzień, pilnowany przez Niemców (AŻIH, 301/3521, Relacja Fejgi Rubin).

166 Esther Kleinoth (Goldberg), *Atrocities and Hell* [w:] *Ciechanowiec Yizkor Buch*, https://www.jewishgen.org/yizkor/Ciechanowiec/Ciechanowiec.html.

167 AŻIH, 301/988, Relacja Henocha Piaska.

168 Wywiad Katarzyny Winiarskiej z Janem Sawickim, który mieszkał w sąsiedztwie synagogi i obserwował palenie jej zawartości, 15 III 2016 r., zob: www.jewish-bialowieza.pl.

169 „Nałożona zostaje na ludność żydowską kontrybucja — 2,3 kg złota, 5 kg srebra i wysoka kwota pieniężna. Wszystko trzeba zgromadzić w zaledwie kilka godzin. W razie niedostarczenia rzeczy w wyznaczonym terminie miała zostać rozstrzelana określona liczba Żydów. [...]. Ludzie oddali swój ostatni grosz, aby tylko ratować się od śmierci. [...] Na początku września 1941 roku na żydowską ludność zostaje nałożona kolejna kontrybucja, tej samej wysokości co pierwsza. Nie udało się dostarczyć jej w wyznaczonym czasie, ponieważ niemożliwością było zgromadzenie tak wielkiej ilości złota i pieniędzy. W mieście wybuchła panika ze strachu przed możliwymi ofiarami. Tylko dzięki interwencji udało się przedłużyć termin do następnego dnia. Ogromny wysiłek każdego pojedynczego człowieka umożliwił dostarczenie kontrybucji" (AŻIH, 301/811, Relacja Symchy Bursteina).

170 „20 lipca [1941] Gestapo przyszło do biura Judenratu i oświadczyło, że w ciągu trzech dni mają zapłacić wielką kontrybucję (pięć kg złota, 50 kg srebra i pół miliona sowieckich rubli). [...] 3 stycznia 1942 Niemcy zażądali, żebyśmy zapłacili drugą kontrybucję. Zebrali nasze

mordu[171]. Kolejne rozporządzenia dotyczyły (nie we wszystkich miejscowościach) rozdzielenia mieszkań między Polaków i Żydów – chodziło o ograniczenie obszaru zamieszkanego przez Żydów i przygotowanie do utworzenia gett. Na przykład w Brańsku wydano rozporządzenie, które „mówiło, że Żydzi nie mogą mieszkać pod jednym dachem z chrześcijanami. Jeżeli w domu jest Żyd i chrześcijanin, chrześcijanin może zostać, ale Żyd musi się wyprowadzić. Nie chrześcijanin, a właśnie Żyd musi się wyprowadzić. Dokąd ma się wyprowadzić? Do Żydów. [...] Trzeba było wyprowadzić się jak najszybciej. Dokąd? – To ich nie interesowało. W okolicę żydowską [...]. Goj zostawał w mieszkaniu, a Żyd się wynosił. Kiedy to się skończyło, wszyscy Żydzi zgromadzeni byli na jednym obszarze i Niemiec nie musiał ich poszukiwać"[172].

We wszystkich gminach powiatu bielskiego utworzono judenraty, składające się z 12 do 24 radców, czasem „dawnych członków kahału"[173], a czasem powoływanych pod przymusem[174]. Judenraty podlegały administracji cywilnej (oraz podległym im pionom policji – żandarmerii i Schupo)[175], ale

futra, wszystkie nasze wełniane ubrania oraz inne rzeczy. [...] 9 stycznia [1942] Niemka nazwiskiem Horn, która była wówczas burmistrzem, ogłosiła, że 2000 Żydów ma natychmiast opuścić getto. Dzięki wielkiej łapówce, którą zapłaciliśmy Horn i żandarmom, pozwolono tym Żydom zostać w getcie do wiosny. W lutym przybył nowy burmistrz, mężczyzna nazwiskiem Koschman. Natychmiast zażądał trzeciej kontrybucji w pieniądzach i ubraniach. Dodatkowo nałożono nowy podatek – 10 marek od osoby. Za tych, którzy nie mieli pieniędzy, miał zapłacić Judenrat" (Olga Goldfajn, *The Story of Olga Goldfajn* [w:] *The Complete Black Book of Russian Jewry*, red. Ilya Ehrenburg, Vasily Grossman, New Brunswik–London: Transaction Publishers, 2007, s. 172).

171 Jak w Orli, gdzie burmistrz wydał „rozkaz wykopania przez Żydów trzech dużych grobów nieopodal synagogi. Panika była wielka. Przerażenie i śmiertelny strach spadły na ludność żydowską. Z wielkim trudem udało się rozkaz ten zamienić na kontrybucję wynoszącą pół kilo złota, trzy kilo srebra i 40 tys. rubli" (AYV, M.11/50, Rabin Halperin, „Opis martyrologii Żydów miasteczka Orla za czasów okupacji").

172 Lejzer Dawidowicz, *Skrawki z największej katastrofy ludzkiej* [w:] *Księga pamięci Bielska Podlaskiego.*

173 Tak podaje rabin Halperin z Orli w swoich wspomnieniach pt. „Opis martyrologii Żydów miasteczka Orla za czasów okupacji" (AYV, M.11/50).

174 Jak w Prużanie, gdzie „15 lipca Niemcy ogłosili, że w ciągu trzech dni Żydzi mają stworzyć Radę Żydowską – Judenrat, składający się z 24 mężczyzn. Jeśli nie stworzą Judenratu, 100 osób zostanie zastrzelonych. [...] Ludzie z wyższym wykształceniem zostali umieszczeni na liście – prawnicy i nauczyciele. W ciągu tygodnia Niemcy sami wybrali członków Judenratu" (Goldfajn, *The Story of Olga Goldfajn*, s. 172).

175 Takie rozporządzenie Ortskommandanta majora Trendelburga z 6 lipca 1941 r. cytuje Christian Gerlach, zob. *Kalkulierte Morde...*, s. 515, przypis 66.

w okresie wysiedleń, od listopada 1942 r., nadzór nad nimi przejął KdS[176]. Do tego czasu judenraty teoretycznie kierowały życiem gmin żydowskich, przede wszystkim jednak ich zadaniem było — jak wszędzie — wykonywanie niemieckich poleceń i rozporządzeń. „Dostawali oni od Niemców instrukcje, które musieli przekazywać ludności. [...] W wewnętrznych sprawach Niemcy nie mieli nic do powiedzenia. Słali tylko list: to i to ma zostać zrobione, w taki i taki sposób. Trzeba było wprowadzić w życie każde ich rozporządzenie"[177]. „Widziałem ich nieraz — wspomina Meir Peker — zmarniałych i bezradnych, jak głowili się nad kwestiami sumienia, moralności i nad tym, «jak to zrobić», i «jak można tego nie zrobić». To byli bardzo dobrzy Żydzi. Serce mnie bolało na widok ich nieszczęsnych, smutnych rozterek"[178].

Działalność judenratów nie była oceniana krytycznie, raczej okazywano zrozumienie dla ich niewdzięcznej roli. Fajwel Szapiro z Bielska pisze, że „byli święci aż do ostatniego tchnienia. Bielska rada żydowska ofiarowała się za każdego człowieka"[179]. Podobnie pozytywnie zapisała się w pamięci działalność Judenratu w Prużanie: „Działalność Judenratu ogólnie była pozytywna. Oni wykupywali Żydów, którzy byli aresztowani przez Niemców. Kupowali u okolicznych chłopów produkty i rozdzielali je Żydom, którzy byli zamknięci w getcie"[180]. Równocześnie z powoływaniem judenratów tworzono także policję żydowską, o której opinia nie była już tak pozytywna. Meir Peker z Bielska wspominał, że Niemcy „powołali żydowską policję, z pogardy godnym komendantem z Orli. [...] Wiedzieli, że na Wajnsztajnie można polegać [...]. Niemcy wynajdowali najgorsze szumowiny w okolicy i udzielali im władzy nad nami. Były wśród nich prawdziwe ścierwa. [...] Najwyraźniej chcieli w ten sposób wykupić się od śmierci, jednak nikt spośród nich się nie uratował"[181].

Na terenie powiatu Niemcy utworzyli 15 gett; zbiorcze informacje o nich znajdują się w tabeli 2.

---

176 Zob. Katrin Stoll, *Antyżydowska polityka w Białymstoku z perspektywy niemieckich sprawców* [w:] *Stosunki etniczne podczas wojny i okupacji. Białystok i Wilno 1939–1941–1944/1945*, red. Edmund Dymitrów, Joachim Tauber, Białystok: Wydawnictwo Uniwersytetu w Białymstoku, 2011, s. 158.

177 Lejzer Dawidowicz, *Skrawki z największej katastrofy ludzkiej* [w:] *Księga pamięci Bielska Podlaskiego*.

178 Peker, *W bielskim getcie i obozach*, s. 524.

179 Szapiro, *Byłem jednym z nich*, s. 573.

180 AŻIH, 301/6427, Relacja Kadisza Goldberga.

181 Peker, *W bielskim getcie i obozach*, s. 524.

Tabela 2. Liczba Żydów, getta i członkowie judenratów w powiecie bielskim

Miasto	Szacunkowa liczba Żydów	Getto	Judenrat	Los Żydów
Bielsk Podlaski	5000[182]	pierwsze getto w powiecie, od lipca 1941[183]	Szlomo Epstein (przewodniczący), Ajzensztat, Jakow Galant, Kalman Frejdkies, Chaim Abramowicz, Mendel Bekerman, Grajewer, Jakow Elberg, Jakow Sznajder, Lipa Słochowski, Mosze Sztern	200 Żydów pracujących 6 XI 1942 do getta białostockiego, pozostali wraz z wsiedlonymi – do Treblinki 2–15 XI 1942
Boćki	600–750	od marca 1942, od czerwca – dwa getta	rabin Szlomo Zimny	2 XI 1942 – do getta w Bielsku i stamtąd do Treblinki. Kilkunastu (?) rzemieślników powraca do Bociek (w grudniu 1942 wysłani do getta w Białymstoku i w styczniu 1943 do Auschwitz)
Brańsk	2400	od kwietnia 1942, dwa getta	Alter Jamsin, Mojsze Tykoćkin	5 i 7 XI 1942 – do getta w Bielsku i stamtąd do Treblinki
Ciechanowiec	4000	od jesieni 1941	Efraim Wiener	około 240 Żydów zamordowano przy likwidacji obozu w Pobikrach, pozostali – do stacji kolejowej w Czyżewie i stamtąd do Treblinki
Drohiczyn	1500	od kwietnia 1942, dwa getta	Łazarz Reznik, Abraham Reznik, Fiszel Gruda	5 XI 1942 – do getta w Siemiatyczach i stamtąd do Treblinki
Grodzisk	40	od maja 1942, wszyscy Żydzi na jednej posesji		pod koniec października 1942 – do getta w Siemiatyczach, stamtąd w listopadzie do Treblinki

182 Szacunki populacji Żydów w Bielsku są bardzo różne – od 3 do 6 tys. Żydów. Przyjęłam najczęściej spotykane 5000 (zob. *Encyclopedia of Camps and Ghettos...*, t. 2, s. 871).
183 Zob. Peker, *W bielskim getcie i obozach*, s. 524.

Miasto	Szacunkowa liczba Żydów	Getto	Judenrat	Los Żydów
Kamieniec Litewski	około 5000	od stycznia 1942	Szlomo Mandelbrat	2500 Żydów w sierpniu 1941 przesiedlono do Prużany, pozostali – 2 XI 1942 do Wysokiego Litewskiego i stamtąd do Treblinki
Kleszczele	750	półzamknięte getto od maja 1942[184]	Bunim Weiner (Weiman?)	5 XI 1942 – do getta w Bielsku i stamtąd do Treblinki
Mielnik	400			2 XI 1942 – do getta w Siemiatyczach i stamtąd do Treblinki
Milejczyce (tam przesiedleni Żydzi z Nurca)	1000	od wiosny 1942		5 XI 1942 – do getta w Kleszczelach, stamtąd 4 lub 5 XI do Bielska i do Treblinki
Narew	300	przede wszystkim dla pracujących mężczyzn, pozostali wywiezieni do Prużany w październiku 1941		4 XI 1942 – do getta w Bielsku i do Treblinki
Orla	1450	od 20 marca 1942[185], od kwietnia dwa getta		2 XI 1942 – do getta w Bielsku i stamtąd do Treblinki
Prużana	9000 + przesiedleńcy, łącznie około 10 000[186]	od sierpnia 1941; przywieziono tam tysiące Żydów z okolic Białegostoku	24 członków Judenratu, m.in. Janowicz, Goldberg, Breskin, Chajkin	ostateczna likwidacja 28 I–2 II 1943 – do Auschwitz[187]

184 „1 sierpnia 1942 roku, w poniedziałek, Żydzi zostali przeprowadzeni do getta" (AŻIH, 301/1463, Relacja Jehoszui Kajlesa).

185 AYV, M.11/50, Rabin Halperin, „Opis martyrologii Żydów miasteczka Orla za czasów okupacji". Rabin podaje, że było to 2 nisan [5702], czyli 20 III 1942 r.

186 Większość z 2000 przesiedlonych do Prużany Żydów z Białegostoku uciekła z powrotem, wielu zmarło z głodu i chorób, w listopadzie 1942 r. Niemcy zarejestrowali w Prużanie 9976 osób (*Encyclopedia of Camps and Ghettos...*, t. 2, s. 940).

187 „Lekarka Olga Goldfajn wspomina: „10 sierpnia [1941 r.] komenda niemiecka ogłosiła w rozwieszonym na murach ogłoszeniu, że wszyscy Żydzi na okupowanych terytoriach

Miasto	Szacunkowa liczba Żydów	Getto	Judenrat	Los Żydów
Siemiatycze	5000–6000	od sierpnia 1942[188]	Izrael Rosencwajg	2–15 XI 1942 – do Treblinki
Wysokie Litewskie	2500	od sierpnia 1941, początkowo otwarte, ogrodzone wiosną 1942		2–15 XI 1942 – do Treblinki
OGÓŁEM	około 40 000, w tym w „polskiej" części powiatu 22 500[189]			

Źródła: *Encyclopedia of Camps and Ghettos...*; relacje w AŻIH i AYV; księgi pamięci.

W gminach wiejskich nie tworzono gett — tamtejszych Żydów przesiedlano do miasteczek, często dopiero przed likwidacją, w listopadzie 1942 r. Wyjątkiem była Białowieża, gdzie 9 sierpnia 1941 r. rozstrzelano 77 Żydów,

zostaną przeniesieni do getta. [...] 10 października ogłoszono, że «Judenstadt» będzie zorganizowany w Prużanach, możemy zostać tam, gdzie jesteśmy, a mieszkańcy Białegostoku zostaną przeniesieni do naszego getta. 25 października zostaliśmy przeniesieni do getta. Część getta była ogrodzona drutem kolczastym, część — murem. W ciągu kolejnych 6 tygodni Żydzi z Białegostoku napływali do naszego getta: trzy tysiące wdów i dwa tysiące sierot. [...] W tym samym czasie Żydzi z innych miasteczek i wsi zostali przeniesieni do getta [...]: z Białowieży, Hajnówki, Nowego Dworu, Zabłudowa, Kamieńca [...] Szereszowa, Berezy, Słonima i z innych miejsc. W marcu [1942 r.] Żydzi ze Stołpc i innych miejscowości zaczęli przybywać do getta. Wyglądali strasznie: byli półnadzy, mieli odmrożone ręce i stopy. W kwietniu getto było znowu przepełnione" (*eadem*, *The Story of Olga Goldfajn*). W tym czasie, jak podaje Fejga Rubin, „Niemcy pomniejszyli getto o ulicę Szereszewską i Dąbrowską aż do rzeki Muchowicy" (AŻIH, 301/3521).

188 Powstało w kwartale ulic: Górnej, Wysokiej, Słowiczyńskiej, Koszarowej, i zostało ogrodzone wysokim płotem z drutu kolczastego (Waldemar Monkiewicz, *Zbrodnie hitlerowskie w Siemiatyczach w okresie II wojny światowej* [w:] *Studia i materiały do dziejów Siemiatycz*, red. Henryk Majecki, Warszawa 1989, s. 164).

189 Do dalszych obliczeń przyjmuję dane — w całym powiecie bielskim około 40 tys. Żydów, a w części, która po wojnie znalazła się na terenie Polski — 22,5 tys. Dane te nie zgadzają się z podanymi przez autora „Adnotacji dot. okręgu Białystok", według którego „w marcu 1942 liczba Żydów w okręgu Białystok wynosiła 161 200, [w tym w powiecie Bielsk Podlaski] 33 800" (BAL, 162/16443, „Adnotacja dot. okręgu Białystok", w aktach procesu żandarmów z posterunku w Ostrożanach, Motzko i Sehla, k. 42).

a następnego dnia pozostałych około 550 wywieziono do Kobrynia (część z nich znalazła się później w getcie w Prużanie). Teren getta stanowiło zwykle kilka wyznaczonych dla Żydów ulic, „na których wolno było żydom mieszkać i chodzić", należało ich ścieśnić w mieszkaniach oraz ograniczyć swobodę poruszania się[190]. Dodatkowo getta ogradzano — najczęściej drewnianym płotem lub drutem kolczastym[191], a wejście było strzeżone[192].

W dzielnicach żydowskich panowały ciężkie warunki, co więcej, stopniowo się pogarszały; „każdy walczył o przeżycie, jak tylko mógł. [...] Większość Żydów żyła w nędzy i w strasznej biedzie"[193]. „Ludzie rozprzedali wszystko, co posiadali. I pozostało siedzenie i czekanie na cud, jeśli nie na szybką śmierć"[194]. Masowego głodu czy epidemii, takich jak w warszawskim getcie, w małych gettach prowincjonalnych jednak nie odnotowywano. O wiele łatwiej było tam szmuglować żywność; odbywało się to przede wszystkim na zasadzie wymiany barterowej, gdyż „chrześcijanie musieli korzystać z usług żydowskich rzemieślników. Łatwo można było wymienić rzeczy: ubrania itp. na jedzenie"[195]. Żydowscy rzemieślnicy czy handlarze z racji swojego zawodu nie tylko znali doskonale pobliskie wsie, lecz także mieli wielu znajomych i byłych klientów wśród okolicznych mieszkańców. Relacje społeczne w małych miasteczkach miały charakter mniej anonimowy niż w dużych miastach i w zasadzie każdy Żyd znał jakichś Polaków (i Białorusinów) — kolegów ze szkoły, sąsiadów czy interesantów. Rubin Rosenthal wspomina, że zaopatrzony w fikcyjne zaświadczenie od znajomego Polaka, wędrował po wsiach w okolicach Ciechanowca,

---

190 Tak było np. w Prużanie, zob. AYV, O.3/1639, Relacja Rubina Tauba.

191 „Warto wspomnieć, że koszty budowy płotu i samą budowę musieli wziąć na siebie Żydzi. Robota musiała być wykonana w wyznaczonym terminie. Tak więc Żydzi sami zbudowali dla siebie «śmiertelną klatkę»" (AŻIH, 301/811, Relacja Symchy Bursteina).

192 W Bielsku Podlaskim getto „powstało na obszarze głównie już zamieszkanym przez Żydów. Wszystko robiliśmy sami, ale skąd wziąć materiały, z których można coś zbudować. Rozebrano wszystkie zniszczone płoty, wzięto, co tylko dało się znaleźć w starych domach i tak dalej. Sami zrobiliśmy płot, który wykonany był tak, aby nie dało się przez niego przejść — otoczony drutem, z dwoma bramami. Jedną od ul. Kościelnej obok Siemiatyckiego, w miejscu, gdzie wchodzi się na ulicę Bóżniczą, i drugą, «na Jeruzalimskiej». Były to dwie wielkie i wysokie bramy. Przy każdej stał z jednej strony strażnik żydowski, a z drugiej polski milicjant" (Lejzer Dawidowicz, *Skrawki z największej katastrofy ludzkiej*, s. 542).

193 Michel Dawidowicz, *Z getta Bielska przez Białystok do Auschwitz-Birkenau* [w:] *ibidem*, s. 558.

194 Szapiro, *Byłem jednym z nich*, s. 574.

195 AYV, M.11/50, Rabin Halperin, „Opis martyrologii Żydów miasteczka Orla za czasów okupacji".

skupując żywność, którą następnie szmuglował do getta[196]. Wychodzenie z getta wymagało odwagi, gdyż złapanym poza gettem Żydom groziły kary: „wszystkich schwytanych poza gettem Niemcy bili straszliwie"[197]. Zdarzało się nawet, że wyprawy po żywność przypłacano życiem: „Latem 1942 [...] kilkoro młodych znalazło się w pobliskiej wsi, by wymienić rzeczy na żywność. Akurat wtedy Niemcy prześladowali partyzantów w lasach, a znajdując na wsi Żydów, po bestialskim znęcaniu się, rozstrzelali. Za karę przez dwa tygodnie mieszkańcy miasteczka [Orli] musieli meldować się na policji trzy razy w ciągu dnia"[198].

Na tle sytuacji aprowizacyjnej w gettach powiatu bielskiego, gdzie zdobywano żywność na własną rękę, wyróżniała się sytuacja w Prużanie, tam bowiem Judenrat starał się zaopatrywać mieszkańców. Według Kadisza Goldberga jego działalność oceniano pozytywnie, ponieważ radcy wykupywali Żydów aresztowanych przez Niemców i wspomagali ubogich produktami nabytymi u okolicznych chłopów[199]. Jeszcze bardziej nietypowa była postawa pewnego prużańskiego Volksdeutscha Gramma, który był „dyrektorem mechanicznego młyna (były młyn Zajdla Kricela). Ten folksdojcz okazał się przyjazny dla Żydów i przy każdej sposobności pomagał Żydom, jak tylko mógł. Z nim Judenrat nawiązał kontakt i u niego dostawano bardzo dużo mąki. To w pewnym stopniu ułatwiało problem związany z wyżywieniem Żydów. [...] Gramm za ilość mąki przewyższającą kontyngent ustalony przez Niemców nie brał pieniędzy. Uzasadniał to tym, że nie chce się wzbogacić kosztem tragedii Żydów. Skąd u tego folksdojcza wzięła się w tych ciężkich czasach sympatia dla Żydów, nikt nie wiedział"[200].

Od samego początku okupacji niemieckiej na tym obszarze — podobnie jak wcześniej w Generalnym Gubernatorstwie — Żydów łapano na ulicach i zmuszano do najrozmaitszych prac na rzecz Niemców, co łączyło się zwykle z upokarzaniem i biciem[201]. Po wprowadzeniu oficjalnego nakazu

196 USC, VHA, 10313, Relacja Rubina Rosenthala.

197 AŻIH, 301/3521, Relacja Fejgi Rubin.

198 AYV, M.11/50, Rabin Halperin, „Opis martyrologii Żydów miasteczka Orla za czasów okupacji".

199 Zob. AŻIH, 301/6427, Relacja Kadisza Goldberga.

200 *Ibidem*.

201 W Prużanie „Niemcy brali żydowskich mężczyzn do pracy o piątej rano, wieczorem wielu wracało okaleczonych i pobitych" (Goldfajn, *The Story of Olga Goldfajn*). W Siemiatyczach „pewnego piątku, kiedy wszyscy Żydzi, również dzieci i starsze kobiety, ciężko pracowali przy rozbiórce spalonej bramy policji, oddziały policji niemieckiej i polskiej poszczuły psami tych Żydów pracujących w pocie czoła przy dźwiganiu cegieł. Psami został poszczuty znany kantor Władek Nowak. Psy gryzły ciała pracujących i ich twarze. Krzyki atakowanych były nie

pracy dla mężczyzn w wieku od 14 do 60 lat Żydzi wykonywali najrozmaitsze zadania — pracowali „przy sprzątaniu ulic lub budowie baraków"[202], „na dworcu kolejowym 7 km od miasta, potem przy sprzątaniu ratusza zniszczonego po bombardowaniu"[203], przy zdejmowaniu macew z cmentarza[204], „na terenie aerodromu, na szosach, w gospodarstwach przejętych przez Niemców"[205].

Siemiatyccy Żydzi pod nadzorem Niemców pracują przy rozbiórce i uprzątaniu gruzów pozostałych po ratuszu (fot. Antoni Nowicki)

Inni wspominają: „odśnieżaliśmy linię kolejową z Linowa do Baranowicz [...]. Wiosną i latem kopaliśmy torf, karczowaliśmy pniaki, wycinaliśmy przecinkę w lesie szeroką na sto metrów wzdłuż linii kolejowej, wypełnialiśmy doły piaskiem"[206]. „Wykańczaliśmy szosy, tłukliśmy kamienie. W najgorszą zimę wypędzano nas do pracy, cóż mogliśmy robić? Judenrat przysłał kartkę, że trzeba wyjść do pracy, szło się". W powiecie bielskim nie było

do opisania" (AŻIH, 301/1463, Relacja Jehoszui Kajlesa). W Bielsku „Żydzi musieli pracować przy upiększaniu miasta. [...] W każdą niedzielę cała ludność żydowska, kobiety, dzieci i starcy, musieli zamiatać ulice miasta. Przy tej pracy urządzano całe widowisko: bito ich, śmiano się z nich, potrącano" (AŻIH, 301/4769, Relacja Soni Gleicher).

202 Michel Dawidowicz, *Z getta Bielska przez Białystok do Auschwitz-Birkenau.*

203 AYV, O.3/12628, Relacja Cwiego (Zvi) Prinza.

204 AYV, M.11/50, Rabin Halperin, „Opis martyrologii Żydów miasteczka Orla za czasów okupacji".

205 AŻIH, 301/3521, Relacja Fejgi Rubin.

206 Goldfajn, *The Story of Olga Goldfajn.*

obozów pracy dla Żydów, takich jak w GG, ale niektóre prace przymusowe łączyły się z mieszkaniem w barakach poza swoim miasteczkiem — tak np. mieszkało 140 Żydów z Prużany pracujących dla firmy „Stickel budującej szosę w Białowieży"[207].

Praca przymusowa miała też pewne dodatnie strony. Niektórzy „dziękowali Bogu, że mogą chodzić do pracy. Bo [wychodząc z getta,] mogli kupić butelkę mleka, kawałek chleba, inaczej nie było jak się wyżywić. Spotykało się z chrześcijanami i wymieniało się rzeczy, parę butów, kawałek materiału za butelkę mleka, kawałek chleba. To wnosiło się do getta. W ten sposób przynosiło się odrobinę jedzenia dla malutkich dzieci, kobiet i mężczyzn"[208]. Z kolei pracujący przymusowo w magazynach poradzieckiej broni Żydzi z Prużany zaczęli wynosić stamtąd pistolety i granaty i myśleć o przyłączeniu się do partyzantki[209]. W Prużanie działała od początku 1942 r. najaktywniejsza w powiecie bielskim konspiracja, której liderzy nie tylko organizowali młodzież, lecz także postanowili: „w wypadku likwidacji getta będziemy stawiać opór: podpalimy getto i rozpoczniemy strzelaninę, by umożliwić ucieczkę z getta. W tym celu postanowiono potajemnie wykonać podkop"[210]. Tym podkopem wyprowadzano młodzież do lasu, wynoszono broń, co dało początek działalności partyzanckiej w powiecie bielskim; stanowiła ona jedną z możliwych strategii przetrwania.

PRZEBIEG AKCJI EKSTERMINACYJNYCH W POWIECIE BIELSKIM

Od listopada 1942 r. Urząd Szefa Policji Bezpieczeństwa w Białymstoku kierowany przez komendanta Sipo (KdS) dr. Wilhelma Altenloha przejął nadzór nad wszystkimi gettami w okręgu[211]. Był to początek ostatecznej eksterminacji Żydów w Bezirk Bialystok. Likwidacja gett w powiecie bielskim — i w całym okręgu — rozpoczęła się 2 listopada. Do lutego 1943 r. około 110 tys. Żydów zostało stamtąd wywiezionych do Treblinki

207 AŻIH, 301/2604, Relacja Berla Dzbanka.

208 Lejzer Dawidowicz, *Skrawki z największej katastrofy ludzkiej.*

209 AYV, O.3/727, Relacja Izaaka Friedberga.

210 AŻIH, 301/6427, Relacja Kadisza Goldberga.

211 Zob. Stoll, *Antyżydowska polityka w Białymstoku*..., s. 158. Wcześniej w Białymstoku działały, jak wspominałam, ekspozytura placówki Policji Państwowej z Olsztyna oraz ekspozytura Policji Kryminalnej z Królewca.

i Auschwitz-Birkenau[212]. Wśród nich znajdowało się około 40 tys. Żydów z powiatu bielskiego[213]. Likwidacja gett w Bezirk Bialystok rozpoczęła się „wszędzie tego samego dnia i o tej samej godzinie: od wpół do piątej do wpół do szóstej nad ranem", najprawdopodobniej „według jednolitego planu opracowanego na podstawie instrukcji z Berlina i Królewca"[214].

Żydzi w gettach powiatu bielskiego już latem 1941 r. byli świadkami mordów dokonywanych przez Einsatzgruppen. Mimo to niełatwo było im uwierzyć w niemieckie plany zbiorowej eksterminacji. Stopniowo jednak docierające z różnych stron wieści o likwidacji skupisk żydowskich zaczynały układać się w obraz masowej zagłady. Do gett w powiecie bielskim przybywali uciekinierzy z miejscowości w GG, gdzie wcześniej przeprowadzono deportacje, oraz z transportów kierowanych do Treblinki. O takich uciekinierach przynoszących informacje o obozie zagłady do Drohiczyna wspomina Jehoszua Warszawski[215], do Siemiatycz – Szyja Żółtak[216], Duba Marmur-Goldshtein[217] i Hersz-Leib Smoluk[218]. Do Brańska dotarł uciekinier, który opowiadał tamtejszym Żydom o likwidacji skupisk żydowskich w Siedlcach, Sokołowie i Sarnakach. Fiszel Gruda tak relacjonuje reakcje na jego słowa: „[twierdził, że] odbywa się systematyczne niszczenie wszystkich polskich Żydów. Usłyszawszy to, zebraliśmy się, grupa młodych mężczyzn z bronią, by uciec do lasu. Wtedy zrobił się tumult. Judenrat zmusił nas do rezygnacji z naszych postanowień, mówiąc, że naszą ucieczką narazimy na niebezpieczeństwo wszystkich mieszkańców getta"[219].

---

212 Yitzchak Arad, *Belzec, Sobibor, Treblinka. The Operation Reinhard Death Camps*, Bloomington: Indiana University Press, 1987, s. 135.

213 Jak wynika z danych zawartych w tabeli 2, w gettach powiatu bielskiego znajdowało się ponad 41 tys. Żydów. Nie sposób stwierdzić, ilu z nich zmarło przed listopadem 1942 r., a ilu dożyło deportacji. Przyjmuję więc szacunkowo, że było to około 40 tys., a zgromadzone przeze mnie dane dotyczą 22,5 tys. Żydów z „polskiej" części powiatu. Z tej liczby prawdopodobnie kilkuset zostało zabitych na miejscu, część zginęła w czasie deportacji, 1300 usiłowało uciec.

214 Szymon Datner, *Eksterminacja ludności żydowskiej w okręgu białostockim*, „Biuletyn ŻIH" 1966, nr 4 (60), s. 24.

215 AYV, O.3/12432, Relacja Jehoszui (Szai) Warszawskiego, tłum. z j. hebrajskiego Ela Linde.

216 USC, VHA, 07427, Relacja Sidneya (Szyi) Żółtaka.

217 Duba Marmur-Goldshtein, „Ostatnie dni getta" [w:] „Księga pamięci Siemiatycz", tłum. z j. hebrajskiego Anna Kawałko.

218 W zeznaniu przed prokuratorem mówił: „Ludność żydowska wiedziała już, co to będzie oznaczać, gdyż inne getta były likwidowane wcześniej, o czem mieliśmy wiadomości od różnych osób, które się wyratowały i uciekły do Siemiatycz" (AIPN Bi, 403/17/3, Akta sprawy przeciwko Józefowi Fleksowi, Akta prokuratora, k. 143).

219 AŻIH, 301/6639, Relacja Fiszla Grudy.

Niezależnie od tego, czy wiedzieli i rozumieli, że zbliża się deportacja, i co ona oznacza, czy też pozostawali nieświadomi[220], informacja o zbliżającej się likwidacji getta wywoływała ogromny niepokój, najczęściej panikę: „wszystkich ogarnęło przerażenie, strach, który opanował mieszkańców getta, doprowadzał ich do szaleństwa" — wspomina Fajwel Szapiro[221]. Ostatecznym potwierdzeniem pogłosek o zbliżającym się wysiedleniu była często informacja, że Niemcy zamówili podwody[222].

OD 2 DO 15 LISTOPADA 1942 R.

Nad ranem 2 listopada 1942 r. getta w powiecie zostały otoczone przez niemiecką żandarmerię i policję. Siły lokalne zostały wsparte jednostkami przybyłymi z Białegostoku. Żydom pozwalano zabrać jedynie bagaż podręczny, jednocześnie informując, że „będą wywiezieni do innej miejscowości, gdzie będą pracowali z większym dla siebie pożytkiem"[223], lub że jadą nad Morze Czarne[224] czy na Kaukaz[225]. Mało kto jednak nabierał się na niemieckie kłamstwa.

Akcji deportacyjnej towarzyszyły przemoc, pośpiech, krzyki, bicie, terror, które wzmagały ogólny chaos i panikę. Niektórzy uznawali, że nadchodzi koniec świata. Po brańskim getcie „biegał stary, szanowany 76-letni Żyd, który całował się ze wszystkimi, bo nadeszły już czasy Mesjasza"[226]. Do opieszałych, opornych, ukrywających się lub uciekających strzelano; wielu Żydów zostało tego dnia zabitych. W Brańsku Niemcy zastrzelili na miejscu co najmniej 40 osób[227], w Ciechanowcu m.in. Mordechaja Szmakowskiego,

---

220 Na przykład rabin z Orli Halperin pisze w relacji: „likwidacji miasteczka w listopadzie 1942 r. nie przewidzieliśmy" (AYV, M.11/50, Rabin Halperin, „Opis martyrologii Żydów miasteczka Orla za czasów okupacji").

221 Szapiro, *Byłem jednym z nich.*

222 Na przykład w Siemiatyczach „w przeddzień likwidacji getta na polecenie Amtskomisarza rolnicy z Siemiatycz i okolicznych wsi otrzymali wezwania, aby 2 listopada 1942 r. o godzinie 7 przybyć z furmankami na ulicę Pałacową" (Monkiewicz, *Zbrodnie hitlerowskie w Siemiatyczach...*, s. 165).

223 *Ibidem.*

224 Lejzer Dawidowicz, *Skrawki z największej katastrofy ludzkiej.*

225 AYV, M.11/50, Rabin Halperin, „Opis martyrologii Żydów miasteczka Orla za czasów okupacji".

226 AŻIH, 301/6639, Relacja Fiszla Grudy.

227 AŻIH, 301/1256, Relacja Symchy Bursteina.

Żydzi przed deportacją, Bielsk Podlaski *(AYV, 5701/51)*

który odmówił wyjścia z kryjówki, Markela Blutmana z żoną i nowo narodzonym dzieckiem[228]. W Drohiczynie zginęło co najmniej osiem osób, m.in. Mala Litmans, „która była ciężko chora, i jej matka Hinda, która nie chciała odejść od swojej chorej córki"[229], w Kleszczelach sześcioro kalekich Żydów[230], w Siemiatyczach około 150 osób zabito podczas próby ucieczki z getta otoczonego przez policjantów niemieckich, ukraińskich i polskich; zginęli tak m.in. rodzice Duby i Chaima Marmurów[231], Jaspa Kapelusznik[232], dwie siostry Feldman[233] oraz Berko Kapłan z żoną Chajcią, których

228 Cwi Blutman, „Krwawe dni getta" [w:] „Księga pamięci Ciechanowca", s. 642, tłum. z j. hebrajskiego Anna Kawałko. W opracowaniu ankiet z 1945 r. znajdujemy informację, że w Ciechanowcu 1 listopada (!) na placu przy ul. Kuczyńskiej pochowano 20 „Żydów rozstrzelanych przez gestapo" (Leszczyński, *Eksterminacja ludności na ziemiach polskich*..., s. 130).

229 AŻIH, 301/1257, Relacja Symchy Bursteina.

230 W opracowaniu ankiety pod datą 5 XI 1942 r. znajdujemy informację: „6 Żydów kalek z getta w Kleszczelach. Rozstrzelani przez gestapo. Zwłoki pochowano na cmentarzu żydowskim" (Leszczyński, *Eksterminacja ludności na ziemiach polskich*..., s. 131).

231 Chaim Marmur, „Od bunkra w getcie do życia członka ruchu oporu w lesie" [w:] „Księga pamięci Siemiatycz", tłum. z j. hebrajskiego Anna Kawałko.

232 „Złapano kobietę, Jaspę Kapelusznik, przy paleniu swoich rzeczy. Doprowadzono ją do drzwi i zastrzelono. Trup musiał tak leżeć całą dobę, aby wszyscy widzieli" (AŻIH, 301/1463, Relacja Jehoszui Kajlesa).

233 Dwie siostry matki Szoszany Sapirstein z domu Feldman (AYV, O93/24839, Wywiad z Szoszaną Sapirstein).

miał zastrzelić Józef Fleks[234]. W Bielsku Niemcy zastrzelili Szlojme Kona i tragarza o przezwisku „Kadisz" oraz „Szlojme Glezera, Akronowicza"[235], „Judla Lewartowskiego, braci z Drohiczyna wraz z siostrą"[236], w sumie około 150 osób[237]. W kilku relacjach powtarzają się nazwiska Welwla Krejnberga i Jankiela Rejbera; według Eliezera Dawidowicza: „uciekli z getta. Wkrótce ich złapano, zastrzelono i z powrotem wrzucono do getta. Pochowano ich niedaleko bes medreszu przy sztiblu chasydzkim. Na własne oczy widziałem, jak ich grzebano. Obu razem. Dwóch przyjaciół uciekło razem i zostało razem pochowanych"[238].

W Ciechanowcu (jedyny taki przypadek w powiecie) dwa dni przed wysiedleniem utworzono obóz pracy dla kilkuset[239] robotników w oddalonym

---

234 Chuna Kapłan zeznawał: „[Fleks] zabił mojego brata. [...] Ghetto było ogrodzone drutem kolczastym. Uciekający żydzi rwali druty rękoma, ja sam pokaleczyłem sobie ręce i dziś jeszcze mam blizny. Dużo ludzi rzuciło się do drutów. [...] Jak my przekradliśmy się przez druty, to Niemcy odkryli po nas ogień. Gdy mój brat i bratowa zostali zabici, ja upadłem na ziemię, a po chwili powstałem i uciekałem dalej" (AIPN Bi, 403/17/2, Akta sprawy przeciwko Józefowi Fleksowi, k. 196). Świadkowie przypisali Fleksowi także inne zabójstwa uciekających z getta Żydów, m.in. brata i ojca Hersza-Leiba Smoluka, rodzeństwa: Estery, Lejbla, Szlomy i Zyskinda Kramerów, braci Szmula i Symchy Prusów, Jankiela Akama z synkiem, Jankiela Dolinera, Abrahama Szoskiesa, oraz rozstrzelanie Dawida Kejlesa z synkiem, który został schwytany, gdy udał się po pomoc lekarską, kiedy jego dziecko ciężko rozchorowało się w leśnej kryjówce. Fleks miał ich obu rozstrzelać na cmentarzu (*ibidem*, k. 143).

235 AŻIH, 301/988, Relacja Henocha Piaska.

236 AŻIH, 811/I, Symcha Burstein, „Męczeńska droga Żydów z Bielska Podlaskiego".

237 Dariusz Olszewski, prokurator Oddziałowej Komisji Ścigania Zbrodni przeciwko Narodowi Polskiemu w Białymstoku 15 II 2005 r. umorzył 42 śledztwa w sprawie zbrodni nazistowskich dokonanych w latach 1941–1944, m.in. śledztwo „w sprawie pozbawienia życia w dniu 3 listopada 1942 r. 154 osób starych i chorych pochodzenia żydowskiego poprzez ich rozstrzelanie dokonane po likwidacji getta w Bielsku Podlaskim i wywiezienia 3500 obywateli polskich narodowości żydowskiej różnej płci i wieku do obozu zagłady w Treblince [...]" — wobec braku możliwości ustalenia tożsamości bezpośrednich sprawców (AIPN, S 38/01/Zn, t. 12, Akta „W sprawie pozbawienia wolności w okresie od I 1944 do 20 VII 1944 L. Twarowskiego i in. osób w więzieniu w Bielsku Podlaskim, które połączone było ze szczególnym udręczeniem", k. 2428).

238 Lejzer Dawidowicz, *Skrawki z największej katastrofy ludzkiej*. O zastrzelenie Wolfa Kremberka i Jakuba Rajberta został w 1949 r. oskarżony Antoni Szulc, który w tamtym okresie był komendantem straży pożarnej w bielskiej fabryce, a później został szucmanem w obozie pracy. Jednak przewód sądowy nie dostarczył dowodów na poparcie tego punktu oskarżenia. Za inne przestępstwa Szulc został skazany na 3 lata więzienia (AIPN Bi, 403/119, Akta procesowe w sprawie Antoniego Szulca).

239 Ben Monsher (Berko Monczar) podaje, że było tam 200 chłopców i 40 dziewcząt (USC, VHA, 05977). Symcha Burstein zapewne przesadza, pisząc, że było tam 500 mężczyzn i 200 kobiet (AŻIH, 301/1829, Symcha Burstein, „Ostatnia droga ciechanowieckich Żydów"). Na upamiętnieniu znajdującym się obecnie w Pobikrach podano informację (z błędną datą), że jest

od miasteczka o 12 km majątku Pobikry, co prawdopodobnie miało ochronić „użytecznych" Żydów. Jednak 2 listopada, podobnie jak getto w Ciechanowcu, także placówka w Pobikrach została otoczona, a Niemcy rozstrzelali Żydów w pobliskim lasku. Wielu uciekło, w tym Berko Monczar[240], który opowiada w relacji, że gdy Niemcy zaczęli zabijać starszych, młodsi się rozbiegli. On sam ukrywał się w stogu na polu, a potem poszedł do Brańska, w którym Żydzi czekali jeszcze na transport do Bielska. Wywieziono wówczas także Żydów z innych placówek w Bezirk Bialystok, np. w Łapach, z której zbiegł w zamieszaniu wywózki Mosze Rubinstein i wrócił do rodzinnego Brańska, gdzie zorientowawszy się, co się dzieje, natychmiast uciekł do lasu[241].

Pomiędzy 2 a 15 listopada Żydów z powiatu bielskiego stopniowo wywożono do Treblinki, gromadząc tych z mniejszych miejscowości w dwóch gettach zbiorczych — w Bielsku Podlaskim i Siemiatyczach. Do Bielska „we wtorek 3 listopada przypędzono Żydów z Orli. W środę 4 listopada przypędzono Żydów z Rudki i Narwi, zaś w czwartek 5 listopada Żydów z Brańska"[242]. Znaleźli się tam również Żydzi z Bociek[243] oraz Kleszczel (dokąd wcześniej wsiedlono Żydów z Milejczyc)[244]. „Wwożono do Bielska transport za transportem. Żydów z wszystkim, co posiadali, z małymi dziećmi. Wwożono ich do getta jak tułających się Cyganów. Otworzono bramy, po obu stronach stała ostra, mocna straż, wprowadzono ich na noc i odliczono. Wkrótce wydano Judenratowi rozkaz. Mają zostać dostarczeni na stację tak, jak ich przywieziono. I zaraz podstawiono na stację składy do transportu. Gdy tylko wjechały, o poranku, na drzwiach Judenratu zawisła karteczka, że wszystkich uchodźców należy zebrać przy bramie na Jagiellońskiej. Tam ustawiono

---

to „zbiorowa mogiła 106 Żydów z Ciechanowca zastrzelonych we wsi 2 grudnia 1942 przez niemiecką żandarmerię". Z ankiet przeprowadzanych w 1945 r. wynika, że rozstrzelano tam „około 150 Żydów przyprowadzonych z Ciechanowca. Rozstrzelani przez żandarmerię, policję i naczelnika urzędu pocztowego z Ciechanowca. Zwłoki zakopano w polu" (Leszczyński, *Eksterminacja ludności na ziemiach polskich...*, s. 130).

240 USC, VHA, 05977, Relacja Bena Monshera (Berko Monczara).

241 AYV, O3/13105, Relacja Moszego Rubinsteina, tłum. z j. hebrajskiego Ela Linde.

242 AŻIH, 811/I, Symcha Burstein, „Męczeńska droga Żydów z Bielska Podlaskiego".

243 W Boćkach 2 listopada zgromadzono wszystkich Żydów ma placu przed synagogą, skąd tego samego dnia pomaszerowali do Bielska. Na furach jechali chorzy, starzy, kobiety z dziećmi (http://kehilalinks.jewishgen.org/bocki/Holocaust.html).

244 Nie udało mi się ustalić, czy Żydzi z Milejczyc i Kleszczel zostali przewiezieni do Bielska Podlaskiego, czy też — jak pisze w relacji Symcha Burstein — pojechali „transportem do Białegostoku, skąd zostają wysłani do Treblinki" (AŻIH, 301/979).

ich w rzędach, odliczono i piechotą, bocznymi uliczkami, odprowadzono ich na stację. Obok kroczyli strażnicy z karabinami. Do wagonów wrzucono ich tak, jak wrzuca się zwierzęta. I wywieziono ich. [...] Judenrat otrzymał rozkaz, by rozpocząć przygotowywanie transportów Żydów bielskich"[245]. W getcie zbiorczym, jakim stał się Bielsk Podlaski, znalazło się 11–15 tys. Żydów. W ciągu dwóch tygodni wysiedleń wywożono stamtąd około 1000 osób dziennie do obozu zagłady w Treblince.

W Siemiatyczach Niemcy zgromadzili Żydów z Drohiczyna, Grodziska i Mielnika. Do czasu transportu do gett zbiorczych lub wywózki do Treblinki przetrzymywano Żydów w dotychczasowych gettach, otoczonych „przez polską i niemiecką policję. [...] Uciekać się nie dało, bo polska ludność łapała uciekających Żydów. [...] Likwidacja trwała 6 dni"[246] — wspomina Efraim Wiener, mając na myśli to, że w Ciechanowcu Żydzi byli przetrzymywani kilka dni na terenie getta, zanim Niemcy skierowali ich na oddaloną o 20 km stację kolejową w Czyżewie, a stamtąd — do Treblinki. Jednocześnie od 2 listopada, tak jak z Bielska, tak i z Siemiatycz, a także z gett na wschodzie powiatu (z Wysokiego Litewskiego, dokąd wcześniej przywieziono Żydów z Kamieńca Litewskiego) wysyłano transporty do Treblinki.

6 listopada około 40 Żydów — szewców i krawców — z Bielska Podlaskiego (wśród nich byli także Żydzi z Bociek[247], Orli i być może innych miejscowości powiatu bielskiego[248]) wywieziono do pracy w getcie w Białymstoku. „Każdy z robotników mógł wziąć ze sobą 4 członków rodziny — wywieziono wówczas ok. 200 osób, w tej grupie był też przewodniczący Judenratu Szlomo Epsztajn"[249] oraz rabin z Orli Halperin. „W Białymstoku zgromadzono nas w getcie — wspomina Michał Dawidowicz. — Były tam dawne synagogi, w których nas umieszczono. Pomieszczenia były nieogrzewane, było strasznie zimno. Ściany wilgotne od mrozu. [...] Przez osiem godzin

245 AŻIH, 301/1463, Relacja Jehoszui Kajlesa.

246 AŻIH, 301/975, Relacja Efraima Wienera.

247 „Rzemieślnicy z Bociek i Bielska przeszli kilka kolejnych selekcji. Nielicznych wysłano do różnych obozów pracy i ostatecznie zamordowano, inni zostali prawdopodobnie wysłani do getta w Białymstoku, a na początku 1943 r. wywieziono ich do obozu śmierci Auschwitz", http://kehilalinks.jewishgen.org/bocki/Holocaust.html (dostęp 27 VII 2015 r.).

248 Rabin Halperin wspomina: „[w obozie] spotkaliśmy Żydów z innych miasteczek, z każdego miasteczka w okolicy" (AYV, M.11/50, Rabin Halperin, „Opis martyrologii Żydów miasteczka Orla za czasów okupacji").

249 Zob. AYV, O41/1357, Janusz Porycki, „Robocza lista mieszkańców Bielska żydowskiego pochodzenia". Autor podaje, że wywieziono 48 fachowców, co potwierdza Symcha Burstein, w innych źródłach jest mowa o 40 lub 42 oraz ich rodzinach.

dziennie pracowaliśmy w fabryce. Za tę pracę otrzymywaliśmy dziennie kilka groszy, za które żyliśmy. Oprócz tego Niemcy rozdawali czasami kawałek kiełbasy"[250]. Żydowscy rzemieślnicy z Bielska po pobycie w Białymstoku zostali wraz z rodzinami przywiezieni z powrotem do pustego już getta w Bielsku, gdzie produkowali buty dla Niemców. W styczniu 1943 r. przeniesiono ich do miejscowości Pietrasze koło Białegostoku, a stamtąd w lutym 1943 r. kobiety i dzieci wywieziono do Treblinki, mężczyźni rzemieślnicy zaś pojechali do Majdanka i Auschwitz. Kilku z nich przeżyło.

W czasie dwóch tygodni deportacji Żydzi uciekali z miasteczek, inni usiłowali się ukrywać na terenie gett. Duża grupa 70–100 osób ukryła się w Brańsku. Ostatniego dnia wysiedleń „gestapowcy, widząc, że nie wszyscy Żydzi stawili się, wywołali dwóch członków Judenratu, Jakuba Gotliba i Szyję Cukiera, i różnymi represjami i torturami zmusili ich, by ci wydali żydowskie kryjówki. Jakub Gotlib nikogo nie wydał. Szyja Cukier, przeciwnie [...], pokazał większość schowków, o których istnieniu wiedział. Z tych kryjówek wyciągnięto 70 osób: mężczyzn, kobiety i dzieci. Wszystkich na chłopskich wozach wywieziono na cmentarz 1 km od miasta, kazano się rozebrać do naga i rozstrzelano. Pozostali schowani Żydzi, bojąc się, by ich nie wykryto, postanowili 15 listopada podpalić getto"[251], a według innej wersji podpalili getto, by oświetlić sobie drogę ucieczki[252]. Podczas pożaru Żydzi próbowali uciec, ale część z nich Niemcy złapali i rozstrzelali. Na terenie getta pozostało jeszcze co najmniej kilkunastu Żydów, których schrony wykryto 20 i 21 listopada; Niemcy rozstrzelali wówczas 10 lub 11 osób[253].

W Siemiatyczach nie udała się akcja zbrojnego oporu, której elementem miało być podpalenie getta[254], wyłapywano ukrywających się Żydów, a „w ostatnim transporcie wywieziono z getta wszystkich członków Judenratu i policję żydowską"[255]. W Bielsku natomiast członków Judenratu

250 Michel Dawidowicz, *Z getta Bielska przez Białystok do Auschwitz-Birkenau*, s. 561–562.

251 AŻIH, 301/1988, „Zagłada Żydów z Brańska oraz rozwój oddziału partyzanckiego Żydów z Brańska" przekazane przez Moszego Jęczmienia, tłum. z jidysz Sara Arm; Leszczyński, *Eksterminacja ludności na ziemiach polskich...*, s. 129.

252 AŻIH, 301/1256, Relacja Symchy Bursteina.

253 Taką informację podaje (bez wskazania źródła) Zbigniew Romaniuk (*idem*, *Brańsk i okolice w latach 1939–1953...*, s. 9).

254 Zob: http://www.kirkuty.xip.pl/siemiatycze_zaglada.htm.

255 Być może to m.in. ich dotyczy informacja z ankiety z 1945 r., że w Siemiatyczach znajduje się grób 8 × 1,5 m „około 50 Żydów z getta. Rozstrzelani przez gestapo i policję niemiecką. Zwłoki zakopano przy ul. Wysokiej róg ul. Koszarowej" (Leszczyński, *Eksterminacja ludności na ziemiach polskich...*, s. 129).

i policjantów wraz ze starymi i chorymi ze szpitala (łącznie 78 osób) rozstrzelano „na ogrodzie między ulicą Wąską i obecną Puszkina nr 21"[256]. Tę scenę obserwował z domu sąsiadującego z gettem Eugeniusz Beszta-Borowski; warto przytoczyć jego zeznanie: „Około godz. 9.00 [...] usłyszałem suchy trzask, który przypominał salwy z pistoletów maszynowych. Dźwięk ten szedł od strony getta. Wtedy to z ciekawości, co się tam dzieje, właziłem na belkę łączącą krokwie na strychu i dotarłem do okienka, z którego widać było otwartą przestrzeń getta. Zobaczyłem żandarmów w zielonych mundurach stojących w dużym kręgu. Mieli na plecach pistolety maszynowe i spokojnie palili papierosy. W pewnym momencie zobaczyłem coś, co mnie przeraziło. Dwóch mężczyzn, jak się okazało Żydów, wiozło drabiniastym wozem coś, co wyglądało jak potężna ośmiornica; kiedy wóz podjechał bliżej stojących Niemców, zobaczyłem, że są to ręce [i] nogi, które wystawały przez szczeble drabiniastego wozu. Ręce i nogi poruszały się w różny nieskoordynowany sposób. Jak się okazało, byli to kładzeni jak polana, jedno na drugim, starzy Żydzi, niezdolni do samodzielnego poruszania się. Kiedy fura dotarła do stojących kręgiem Niemców, rozstąpili się z jednej strony i dwaj młodzi Żydzi zaczęli rzucać żywych żydowskich starców do ogromnego dołu. Nie widziałem dna tego dołu. Po zakończeniu rozładunku furmanka pojechała po następnych, złożonych, jak się potem okazało w żydowskim domu modlitwy starych Żydów. Wówczas Niemcy na rozkaz oficera zdjęli z pleców maszynowe pistolety i zaczęli strzelać do leżących na dnie dołu starych Żydów. Po kilku seriach zawiesili ponownie pistolety maszynowe na plecach, a dowodzący tym oddziałem egzekucyjnym ze zwykłym pistoletem obszedł dookoła, co chwila strzelając, widocznie do ruszających się jeszcze Żydów. Znowu Niemcy palili papierosy i taka makabryczna scena powtarzała się wielokrotnie, może z 10 razy. Na pewno zamordowanych w ten sposób Żydów było ponad 100 osób, być może nawet 150. Po przywiezieniu ostatniej partii Żydów, ich rozstrzelaniu widziałem gest dowódcy grupy egzekucyjnej, nakazujący położenie się tym dwóm młodym Żydom na trupy wcześniej zamordowanych. Jeden z nich ukląkł na brzegu dołu, a drugi usiłował objąć rękami za nogi oficera. Wówczas prosił, aby go nie zabijać. Obu zastrzelił ten oficer, strzelając w głowę. Nie widziałem, kto zasypywał

256 AIPN Bi, 1/1716 Stanisław Janucki, „Powiat Bielsk Podlaski w latach 1918–1956. Dzieje polityczne, społeczne i gospodarcze", s. 20; Porycki, *Niemieckie policyjne organy terroru w Bielsku Podlaskim...*

dół, bo moja mama znalazła mnie na strychu, kazała zejść i mocno mnie skrzyczała. Miałem wówczas 11 lat"[257].

Brakuje szczegółowych informacji o zabitych na miejscu w okresie dwóch tygodni wysiedlenia; na podstawie wielu źródeł można szacować, że w okresie 2–15 listopada 1942 r. na terenie wysiedlanych gett „polskiej" części powiatu bielskiego zamordowano około 700 osób.

*

Przeprowadzenie akcji wysiedleńczej w jednym terminie na obszarze nie tylko rozległego powiatu bielskiego, lecz całego Bezirk Bialystok wymagało dużego wysiłku organizacyjnego oraz użycia i skoordynowania działań sporej liczby sił policyjnych i pomocniczych. „Przed rozpoczęciem ewakuacji u komisarza powiatu Tubenthala doszło do omówienia tej akcji. Podczas gdy kierownictwo ewakuacji getta leżało w rękach Policji Bezpieczeństwa i do odcięcia getta od zewnątrz skierowana została zamiejscowa jednostka Schutzpolizei, członkowie Wydziału Schutzpolizei Bielsk i członkowie żandarmerii z powiatu Bielsk zostali skierowani do zadań odcięcia i eskortowania"[258]. W deportacjach wykorzystywano żandarmerię i policję pomocniczą (Schutzpolizei) oraz dodatkowe siły policyjne: rezerwowe bataliony policji 13, 11 i 22, a także oddział KdS z Białegostoku[259], ponadto zaś „funkcjonariusze Jagdzugów, żołnierze Wehrmachtu, wreszcie cywilni urzędnicy niemieccy, pocztowcy, kolejarze"[260]. Także polscy szucmani w ramach swoich

257 AIPN, S 38/01/Zn, t. 4, Przesłuchanie świadka Eugeniusza Borowskiego 5 XII 2002 r. w Drohiczynie przez prokuratora Dariusza Olszewskiego z Oddziałowej Komisji Ścigania Zbrodni przeciwko Narodowi Polskiemu w Białymstoku, k. 677–680.

258 „Dowódca żandarmerii powiatowej Lamer i podejrzany Tubenthal (komisarz powiatu) zaprzeczają swej odpowiedzialności za przeprowadzenie tej akcji. [...] Zaprzeczają, iżby przeznaczony żydom los był im znany [...]. Ich zeznań w związku z brakiem odpowiednich środków dowodowych obalić nie można" — czytamy w postanowieniu sądu w Dortmundzie z 2 II 1968 r. (podpisanym przez dr. Hessego, prokuratora naczelnego przy Sądzie Krajowym), dotyczącym umorzenia postępowania przeciwko siedmiu członkom administracji i policji okręgu białostockiego, w tym Tubenthalowi (AIPN, S 38/01/Zn, t. 9, k. 1779–1780, tłum. z j. niemieckiego Adam Pacholski).

259 Franz Lampe zeznał podczas postępowania przygotowawczego przeciwko członkom KdS, że policja razem z oddziałem KdS z Białegostoku pod kierownictwem Schwedego przeprowadziły likwidację getta w Bielsku Podlaskim (por. Stoll, *Herstellung der Wahrheit...*, s. 263). Lampe zeznał również, że zastrzelono 30 do 40 Żydów „niezdolnych do transportu" (*ibidem*, s. 264).

260 Waldemar Monkiewicz, *Zagłada skupisk żydowskich w regionie białostockim w latach 1939, 1941–1944*, „Studia Podlaskie" 1989, nr 2, s. 348.

obowiązków na posterunkach Schutzpolizei zostali włączeni do akcji likwidowania gett w powiecie. „Przy przetransportowywaniu Żydów z Narwi do Bielska brała udział żandarmeria z Klejnik"[261], a w Wysokiem Litewskiem Jan Charyton uczestniczył „w zabezpieczaniu drogi, którą była wykonywana wywózka. Zadaniem jej [policji] było uważanie, aby ktoś nie uciekł"[262]. Żydzi zgromadzeni w Bielsku i Siemiatyczach w ciągu niecałych dwóch tygodni zostali wywiezieni do Treblinki. „Codziennie odchodziły z Bielska transporty około 1000 Żydów w ostatnią drogę do Treblinki. 14 listopada 1942 roku Bielsk opuścił ostatni transport Żydów do krematoriów"[263].

Jedynym gettem powiatu, które nie zostało zlikwidowane w listopadzie 1942 r., była Prużana. Prawdopodobnie stało się tak ze względu na trudności z transportem związane ze wstrzymaniem przez Himmlera przewozów do końca 1942 r. z uwagi na sytuację na froncie[264]. Deportacje wznowiono na początku 1943 r., wywożąc z getta w Prużanie między 28 stycznia a 1 lutego 10 tys. Żydów do Auschwitz. Przed deportacją przewodniczący Judenratu Icchak Janowicz miał popełnić samobójstwo[265]. Żydów poprowadzono na najbliższą stację kolejową w Orańczycach. Na rampie przeprowadzano selekcję, wybierając silnych i zdolnych do pracy. Lea Kirschner w przeddzień wysiedlenia z Prużany miała sen, który okazał się proroczy. Śniło jej się, że nad zebranymi na stacji krążą kruki; „za każdym razem inny kruk zlatuje na dół, bierze dziobem za włosy kogoś z jej rodziny i ulatuje z nim do góry. Tak zabierają całą rodzinę, oprócz niej. Krzyczy: «ja też chcę z nimi!». I wtedy się budzi"[266]. Lea jako jedyna z rodziny przeżyła obozy. Żydzi w Prużanie rozumieli, co oznacza wysiedlenie. „Do tego czasu wszyscy Żydzi z okolicznych wiosek zostali już zabici i wiedzieliśmy, co nas czeka. Wielu zdecydowało umrzeć na miejscu i tłoczyli się w gabinetach

261 AIPN Bi, 408/185, Akta w sprawie Włodzimierza Naumiuka, Przesłuchanie świadka Piotra Kurjanowicza, 10 III 1949 r., k. 89.

262 AIPN Bi, 408/288, Akta Jana Charytona, szucmana w Wysokiem Litewskiem, k. 7.

263 AŻIH, 301/811, Symcha Burstein, „Męczeńska droga Żydów z Bielska Podlaskiego".

264 Tak przypuszcza Szymon Datner (*idem, Eksterminacja ludności żydowskiej w okręgu białostockim*, s. 27), a potwierdzają to niemieckie dokumenty cytowane przez Katrin Stoll (*eadem, Deportacje Żydów z Okręgu Białystok...*, s. 128–129). Drugim gettem w Bezirk Bialystok, którego wówczas nie zlikwidowano, było getto w Grodnie (poza powiatem bielskim).

265 AYV, O.93/44194, Relacja Lei Kirschner (z domu Lola Szpialter), tłum. z j. hebrajskiego Ela Linde. Informacja ta jest niepotwierdzona. Avraham Harshalom podaje, że Janowicz został wywieziony do Auschwitz i zagazowany wraz z żoną i synem 2 II 1943 r. (*idem, Alive from the Ashes*, tłum. Peretz Kidron, Tel Aviv: Milo, 1990, s. 45).

266 AYV, O.93/44194, Relacja Lei Kirschner.

lekarskich po truciznę. 47 osób zażyło truciznę i zmarło. Ja także zdecydowałam się umrzeć — wspomina lekarka Olga Goldfajn. — Miałam morfinę i podzieliłam ją [...]: gram na osobę. Połknęłam gram i wstrzyknęłam gram dożylnie. Zamknęliśmy się w mieszkaniu i próbowaliśmy otruć się gazem. [...] Nad ranem otworzono nasze mieszkanie. Wszyscy leżeli nieprzytomni. Jedna szczęśliwa dusza umarła"[267]. W Prużanie powstała także organizacja bojowa, która zgromadziła broń i nawiązała kontakt z partyzantką. Około 50 młodych ludzi było przygotowanych do opuszczenia getta akurat 28 stycznia, zostali jednak zaskoczeni przez wysiedlenie. Mimo to 35 ludziom udało się uciec do lasu, inni mieli podjąć próbę samoobrony na terenie getta, ta jednak została natychmiast stłumiona przez Niemców[268]. W drodze z Prużany na stację kolejową w Orańczycach wielu Żydów uciekło do lasu. Część z nich zasiliła szeregi partyzantki.

UCIECZKI W CZASIE DEPORTACJI

Charakterystyczne dla powiatu bielskiego były wieloosobowe ucieczki z kilku gett. Sprzyjały im zapewne pobliskie lasy, świadomość tego, co oznacza wysiedlenie, w niektórych wypadkach zachęcały do nich także władze getta, np. wiceprzewodniczący Judenratu w Siemiatyczach Kruszewski miał namawiać do ucieczek, mówiąc: „dzieci, ratujcie się, niech nas Bóg uchowa"[269], a w Ciechanowcu „Judenrat kazał policjantom żydowskim otworzyć bramy getta, jak przyjdą Niemcy"[270]. Według rozmaitych źródeł najwięcej uciekło z Brańska: 700[271] lub 800[272] osób (czyli około 30%), z Drohiczyna

267 Goldfajn, *The Story of Olga Goldfajn*, s. 172. O tej nieudanej próbie samobójczej wspomina także Genowefa Czubakówna, zakonnica, która pomagała dr Goldfajnowej w ucieczce z getta, a następnie z Prużany, i sama miała z tego powodu nieprzyjemności w klasztorze (*eadem*, *W habicie*, Warszawa 1986, s. 110, 117, 140).

268 „Żydzi w getcie zaczęli ostrzeliwać Niemców z dachów. Wybuchła panika. Niemcy się tego nie spodziewali. Żydowska młodzież strzelała ze wszystkich stron. Niemcy odpowiedzieli silnym ogniem. Ale nie trwało to długo. Niemcy zarządzili, by usadawiać się w saniach i zaczęło się przesiedlenie" (AŻIH, 301/6427, Relacja Kadisza Goldberga). Informacja o próbie oporu w Prużanie nie znalazła potwierdzenia w innych źródłach.

269 AŻIH, 301/4086, Kałmen Krawiec, „Przeżycia w Treblince".

270 USC, VHA, 25881, Relacja Sheldona Chazena.

271 Tak podaje Lejb Trus (AŻIH, 301/2100).

272 Według Mojżesza Jęczmienia (AŻIH, 301/1988). Obie te liczby wydają się zawyżone. Zresztą większość tych uciekinierów wróciła do getta „po kilku dniach", czyli zapewne przed

250[273], 270[274] lub 300[275] (20%), z Siemiatycz zaś od 150[276] do 300[277] Żydów (3–6%), z Bielska Podlaskiego około 150 (3%). Średnio z tych czterech gett, o których mam najwięcej informacji, zbiegło około 10% Żydów, choć różnice procentowe między tymi gettami są ogromne. Z innych miejscowości brak tego rodzaju danych, ale w świadectwach żydowskich wspomina się o „wielu" indywidualnych uciekinierach. W sumie uciekło z gett — według bardzo przybliżonych szacunków — ponad 1000 Żydów. W przeanalizowanych przeze mnie źródłach jest mowa mniej więcej o 1300[278] uciekinierach z gett w „polskiej" części powiatu Bielsk Podlaski, co stanowi 5,7% mieszkańców tutejszych gett. Skala ucieczek była proporcjonalnie mniejsza niż w innych powiatach. Trudno jednak stwierdzić, czy jest to kwestia braku danych, czy też rzeczywiście w powiecie bielskim uciekało z gett mniej Żydów niż w innych rejonach Polski. To zagadnienie wymaga dalszych studiów. Dalszych studiów wymaga także zagadnienie olbrzymiej dysproporcji ucieczek pomiędzy poszczególnymi gettami: z getta w Drohiczynie uciekło niemal 20% mieszkańców, z Brańska *de facto* 15%, a wyjątkowo mało z gett w Orli (nie znalazłam ani jednego uciekiniera w źródłach) czy Kleszczelach (8 Żydów). Jedną z przyczyn takiego zróżnicowania ucieczek może być to,

---

ostateczną wywózką do Bielska. Zaważył na tym, jak pisze Zbigniew Romaniuk, „obojętny stosunek Polaków do Żydów w okolicznych wsiach". Jak podaje autor, w okolicy Brańska ukrywało się około 350 Żydów zbiegłych z getta (*idem*, *Brańsk i okolice w latach 1939–1953*, s. 8), można więc uznać, że mniej więcej połowa tych, którzy uciekli w dniach deportacji, nie wróciła do getta. Przyjmuję jednak liczby 700 i 800 uciekinierów jako informacje o tych, którzy w ogóle próbowali się ratować ucieczką z getta.

273 AŻIH, 301/973, Wolf Wiśnia, „Przeżycia Żydów drohiczyńskich".

274 AŻIH, 310/1257, Relacja Symchy Bursteina.

275 AŻIH, 301/2130, Relacja Gerszona Lwa.

276 Chaim Marmur, „Od bunkra w getcie do życia członka ruchu oporu w lesie". Marmur pisze, że podczas próby ucieczki 150 osób zostało zabitych, a 150 udało się uciec. Szacunki dotyczące dużych grup ludzi w relacjach są jednak bardzo niepewne.

277 AŻIH, 301/4086, Kałmen Krawiec, „Przeżycia w Treblince".

278 Pracując nad niniejszym studium, zgromadziłam wszelkie dane, jakie udało mi się znaleźć na temat Żydów, którzy uciekli z gett i szukali ratunku po stronie aryjskiej. W przeanalizowanych przeze mnie źródłach jest mowa mniej więcej o 1300 uciekinierach z gett w „polskiej" części powiatu Bielsk Podlaski, co stanowi 7,3% mieszkańców tamtejszych gett. Udało mi się uzyskać bardziej szczegółowe informacje o niemal tysiącu Żydach poszukujących ratunku po wysiedleniach, co stanowi zaledwie 4,5% mieszkańców gett. Wszystkie dane zawarte są w tabeli, która jednak ze względu na swoją objętość nie jest reprodukowana w niniejszym tekście. Do końcowej analizy nie włączyłam, jak pisałam, getta w Prużanie (kilkadziesiąt osób przeżyło w Auschwitz) oraz gett z miast znajdujących się obecnie na Białorusi, skąd nie udało mi się zdobyć informacji o ocalałych.

że Żydzi stamtąd zostali początkowo przesiedleni do Bielska, a wcześniejsze relokacje w regionie nie wydawały się niczym specjalnie niebezpiecznym, tym bardziej że Niemcy zapowiadali, iż tym razem jest to wywózka nad Morze Czarne (w Orli) lub na Ukrainę (w Kleszczelach). Być może więc zwodzenie okazało się częściowo skuteczne, a dodatkowo oba getta były szczelnie otoczone w dniu przesiedlenia. Ponadto ci, którzy w Orli próbowali wydostać się z getta, zaniechali ucieczki na wieść, że Niemcy zagrozili rozstrzelaniem rodzin uciekinierów[279]. Zresztą gdy już znaleźli się w Bielsku, trudniej było zdecydować się na ucieczkę, chociażby z braku znajomości w tej okolicy. Równie dobrze mogli też zostać policzeni w relacjach pośród 150 uciekinierów z getta w Bielsku Podlaskim. Możliwe również, że uciekali, ale zginęli i nie pozostał po nich żaden ślad. Wielu Żydów nie podejmowało ucieczki nie tylko z powodu rozmaitych ograniczeń (wiek, choroby, brak energii czy środków), odpowiedzialności za innych („przekonywali mnie, że odpowiedzialny człowiek nie pozostawia rodziny i nie ucieka"[280]), czy poczucia swoistego fatalizmu, lecz także z przekonania o daremności ucieczki, wyrażonego m.in. przez żonę Hersza Gaiła: „chłopi i tak nas złapią i przekażą Niemcom"[281].

Wśród uciekinierów z Brańska znajdowały się m.in. Chawa Okoń z siostrą i bratem[282] oraz Chaja Kagan ze starszą siostrą i rodzicami; wcześniej zostali do Brańska przetransportowani z oddalonej o 15 km wsi Pietkowo[283]. Icchak Grodziński żegnał się właśnie z matką, kiedy zaczęła się strzelanina w brańskim getcie, uciekł więc przez okno i przeskoczył przez druty, przy okazji „przerzucając małego chłopca, który błagał o ratunek" — był to 8-letni Jehoszua Goldberg. Pobiegli razem dalej, weszli do jakiegoś gospodarza. „Jehoszua odmawiał jedzenia czegokolwiek, nawet picia mleka, ponieważ nie było koszerne. Twierdził, że przestrzeganie koszerności może uchroni jego rodzinę, która pozostała w getcie"[284]. Z Drohiczyna uciekli m.in. Sara

279 *Encyclopedia of Camps and Ghettos...*, t. 2, s. 930.

280 AŻIH, 301/1853, Relacja Symchy Bursteina, tłum. z jidysz Adam Bielecki.

281 AŻIH, 301/6640, Relacja Hersza Gaiła.

282 AŻIH, 301/2268, Relacja Chawy Okoń.

283 AYV, O.3/9891, Relacja Chai Kagan Sukman.

284 AYV, SAPIR # 7421797, Icchak Grodziński, tłum z j. hebrajskiego Ela Linde. Jehoszua Goldberg w swojej relacji wspominał ucieczkę z getta: „Po ucieczce z getta widziałem, jak moja mama z chorą siostrzyczką na rękach krąży po terenie getta. Ostatnie słowa, które od niej usłyszałem, brzmiały: «Joszue, wracaj, co z nami będzie, co będzie z tobą?». Kiedy dotarłem do

Mężyńska z siostrą, matką i jej bratem[285], Efraim Lederman z bratem, siostrą i rodzicami[286]. Z Ciechanowca — Ester Klejnot, rodzina doktora Hipolita Bajera[287], Arie Chazan z liczną rodziną[288] (jego starszy brat Gerszon został zabity na miejscu w czasie ucieczki).

Podczas transportowania Żydów z getta w Narwi do Bielska Podlaskiego uciekł Arie Wacht z kilkoma kolegami[289]. Z Siemiatycz wśród licznych uciekinierów byli Jehoszua Kajles, Chaskiel Rozencwajg, Chaim Marmur[290], jego siostra Duba, która przeskoczyła przez płot getta z liczną grupą Żydów[291], oraz Zwi Werner z młodszym bratem Baruchem. Dwaj ostatni w pobliskim lesie napotkali „grupę kilkunastu Żydów, między nimi żonę prezesa Judenratu w Siemiatyczach Rozenzweiga, z córeczką. Dołączyli do nich jej wuj i siostra, którzy uciekli z pociągu do Treblinki"[292]. Z Siemiatycz zbiegli także Szoszana Feldman z rodzicami i trójką rodzeństwa, wujem i jego córeczką[293] Ciporą oraz Rachela Lisogurski (z domu Kajles) z mężem, córeczką i przewodniczącym siemiatyckiego Judenratu Israelem Rozenzweigiem[294], a także Hersz-Leib Smoluk[295].

Ucieczki rzadko były przygotowane, a nawet jeśli je planowano, to ostatecznie przebiegały w atmosferze deportacyjnego chaosu i paniki — jak ta rodziny Żółtaków, która przygotowała się do opuszczenia getta w Siemiatyczach. W nocy z 1 na 2 listopada, uprzedzeni przez policjanta, opuścili

---

wsi, nie byłem w stanie nawet mówić ani rozpłakać się z powodu tego, że żyję" (AYV, M.1.416, Relacja Joszui [Jehoszui] Goldberga).

285 AYV, O.3/12359, Relacja Sary Soni Gold z domu Mężyńskiej.

286 AYV, O93/37064, Relacja Efraima Ledermana.

287 Esther Kleinoth (Goldberg), „Sceny piekielne, sceny grozy" [w:] „Księga pamięci Ciechanowca", tłum. z j. hebrajskiego Anna Kawałko.

288 AYV, SAPIR # 5247278, Relacja Ariego Chazana, tłum. z j. hebrajskiego Ela Linde.

289 AŻIH, 301/1270, Relacja Ariego Wachta.

290 AŻIH, 301/1463, Relacja Jehoszui Kajlesa; Chaim Marmur, „Od bunkra w getcie do życia członka ruchu oporu w lesie".

291 Duba Marmur-Goldshtein, „Ostatnie dni getta".

292 Po kilku dniach Cwi był świadkiem zabicia przez Niemców Rozencwajgowej z córeczką, które wziął do swojej stodoły pewien Polak (AYV, SAPIR # 7392790, Relacja Cwiego Weinera, tłum z j. hebrajskiego Ela Linde).

293 AYV, SAPIR # 7406209, Relacja Szoszany Sapirstein z domu Feldman, tłum. z j. hebrajskiego Ela Linde.

294 Rachel Kajles Lisogurski, „Siemiatycz droga krzyżowa" [w:] „Księga pamięci Siemiatycz", tłum. z j. hebrajskiego Anna Kawałko.

295 AIPN Bi, 403/17/3, Akta sprawy przeciwko Józefowi Fleksowi, Zeznanie Hersza-Leiba Smoluka, k. 143.

dom. Ojciec przeciął druty kolczaste, syn wybiegł z getta, ojciec jednak nie pośpieszył za nim, gdyż nie chciał iść bez żony, ta z kolei czekała na swoich rodziców, chłopiec czekał więc na nich wszystkich. Kiedy nad ranem zaczęła się strzelanina, wszyscy się pogubili, a Szyja uciekł do lasu z 4-letnią kuzynką. Odnalazł ich tam wujek, potem dołączyli ojciec i ciotka. Reszta rodziny zginęła[296].

Rodzina Kajlesów i Żółtaków przed domem w Grodzisku, 1935 lub 1936 r. Sidney (Szyja) Żółtak (ur. 1931) drugi z prawej w pierwszym rzędzie (USHMM, 57737)

Większość ucieczek była spontaniczną próbą ratowania życia i wiele kończyło się niepowodzeniem. Inni uciekinierzy wracali do gett, zniechęceni fiaskiem poszukiwania ratunku lub by dołączyć do pozostałej w getcie rodziny. Chaim Marmur wspomina, że około 60 uciekinierów z getta w Siemiatyczach wróciło po kilku dniach, bo nie potrafili znaleźć schronienia, a inni przez dwa tygodnie ukrywali się w pobliskim lesie, ale zrezygnowani, sami wydali się w ręce policji, która zamordowała ich na cmentarzu żydowskim[297].

Jeszcze inni początkowo nie chcieli lub nie mogli się ratować, a następnie zmieniali zdanie. Rywka Gruskin z Siemiatycz uciekła dopiero z pociągu do Treblinki — wcześniej nie chciała opuścić rodziców. Wyskoczyła razem

296 USC, VHA, 07427, Relacja Sidneya (Szyi) Żółtaka.
297 Chaim Marmur, „Od bunkra w getcie do życia członka ruchu oporu w lesie".

z 14 osobami z wagonu i wróciła w okolice rodzinnego miasteczka, gdzie spotkała brata. Ten robił jej wyrzuty, że zostawiła rodziców[298]. Natomiast Kałmen Krawiec, który planował wyskoczyć z pociągu, napotkał opór swojej rodziny: „Surełe [7-letnia siostra] objęła mnie, zaczęła mnie całować i prosić, żebym nie uciekał, żebym nie zostawił jej samej. Byłem z ojcem, matką, trzema braćmi i siostrzyczką. Moja matka podbiegła do mnie i powiedziała: «nie chcę patrzeć, jak zostaniesz zabity przy ucieczce»"[299]. Krawiec dojechał wraz z rodziną do Treblinki, gdzie wszyscy zginęli, a on uciekł z obozu w czasie powstania.

Gdy uciekinierzy próbowali zorientować się w sytuacji, rozpoznać możliwości i zaplanować jakąkolwiek strategię, obszar opuszczonych gett był ogołacany z pozostawionych wartościowych rzeczy[300] i penetrowany w poszukiwaniu ukrywających się jeszcze Żydów. W Siemiatyczach „żandarmi [...] rozstrzelali 3 młodych mężczyzn, którzy nie opuścili getta podczas wysiedlania i ukrywali się. Egzekucji tej dokonano na cmentarzu żydowskim". W Wysokiem Litewskiem na terenie getta schowało się kilka rodzin żydowskich (m.in. rodzina Rejfów[301]), lecz zostały wykryte po mniej więcej miesiącu. Świadkami złapania Żydów było wielu mieszkańców miasteczka; jeden z nich zeznał o tym następująco: „dowiedziałem się od kogoś, że na terenie getta ujęto Żydów. Przez ciekawość poszedłem [...]. Żydów tych wyciągnięto z piwnicy domu, do której wejście ukryte [było] za podwójną ścianą. Trafiono na nich w ten sposób, że ktoś z Żydów wyszedł na zewnątrz i ktoś z robotników (wywozili mienie żydowskie) zauważył i powiadomił żandarmów. W grupie Żydów były kobiety i dzieci, a także mężczyźni, [...] około piętnastu osób". Niemiecki komisarz miał złapanym Żydom powiedzieć: „«Popełniliście błąd przez to, że ukryliście się, bo tamci Żydzi z getta, to jest ci, co nie ukrywali się, zostali wywiezieni do Palestyny»"[302]. Ci

298 USC, VHA 07089, Relacja Reginy Kugler (Rywki Gruskin).

299 AŻIH, 301/4086, Kałmen Krawiec, „Przeżycia w Treblince".

300 W Siemiatyczach „podczas wywożenia pozostawionego mienia z terenu getta żandarmi odkryli przy ul. Fabrycznej w zrujnowanych zabudowaniach byłej fabryki sklejek, należącej przed wojną do Maliniaka, grupkę ukrywających się Żydów, wśród których były kobiety i dzieci. Wychodząc z kryjówki, Żydzi wynieśli na rękach zwłoki małych dzieci. Całą grupę żandarmi popędzili w kierunku ul. Polnej i tam rozstrzelali" (Monkiewicz, *Zbrodnie hitlerowskie w Siemiatyczach...*, s. 167).

301 O udział w ujęciu i rozstrzelaniu Rejfów w końcu listopada 1942 r. został oskarżony szucman żandarmerii w Wysokiem Litewskiem Ignacy Jakowluk (AIPN Bi, 403/178).

302 AIPN Bi, 408/289, Akta w sprawie Antoniego Mazura i innych, Zeznanie świadka Adolfa Paterka z 11 IV 1969 r., Białystok, Komenda Wojewódzka MO, k. 204.

Żydzi wraz z innymi najprawdopodobniej wyłapanymi w okolicy — łącznie około 60 osób — zostali po kilku dniach rozstrzelani. Udokumentować zbrodnię planował Józef Charyton i dlatego ukrył się nocą w budynku garbarni nieopodal wykopanego już dołu. O 7 rano Niemcy przyprowadzili Żydów i kazali im usiąść nad dołem, ale Żydzi jakby nie rozumieli, o co chodzi. „W pewnym momencie jeden z Żydów nazwiskiem Biełorak podszedł do dołu i spojrzawszy do niego — zemdlał. W tym momencie padł do niego strzał [...]. Po tym padło kilkanaście strzałów do pozostałych Żydów. Wszyscy popadali na ziemię, z tym że nie wszyscy zostali zabici. Do kilku z nich strzelano kilkakrotnie, gdyż wykazywali niezwykłą żywotność. N[a] p[rzykład] do syna rabina chyba pięciokrotnie strzelano, a on powtarzał: «strzelaj jeszcze»". Charyton mówi dalej: „miałem zamiar całą tę egzekucję utrwalić na kliszy. Jednak momentu egzekucji nie mogłem sfotografować, gdyż zabrakło mi sił. Dokonałem natomiast zdjęcia po odejściu Niemców". Po egzekucji na miejscu zjawił się stróż ze szkoły podstawowej w Wysokiem Litewskiem, który „zaczął ściągać ubrania z pomordowanych, a także wybijał zęby, [...] ściągał ich do dołu, a następnie zasypywał ziemią. Widać było, że niektórzy okazywali jeszcze oznaki życia, jednak ten stróż na to nie zwracał uwagi"[303].

Wielu Żydów zginęło w pierwszych dniach i tygodniach po wysiedleniu[304], ale z pewnością ponad tysiąc osób podjęło wysiłek ratowania się, stosując rozmaite strategie przetrwania.

---

303 *Ibidem*, Zeznanie Józefa Charytona z 8 IV 1969 r., k. 35. Charyton twierdził, że „zdjęcie to zostało zabrane przez władze UB w Białymstoku w 1950–51 r. w związku ze sprawą księdza Lipeckiego z Tokar", nie udało mi się jednak znaleźć akt powyższej sprawy.

304 Rozstrzelano m.in. Żydów zatrudnionych przy pracach drogowych w miejscowości Klin-Połosy, a w okolicy stacji kolejowej niemiecki kolejarz Albert, pochodzący ze Stuttgartu, zastrzelił z pistoletu dwóch Żydów. Łącznie na cmentarzu żydowskim w Bielsku Podlaskim pochowano 70 osób, w tym Efraima Kejlesa, Abrama Ekstrakta i Mejtę Lew (Monkiewicz, *Zbrodnie hitlerowskie w Siemiatyczach...*, s. 170). W Trzeszczotkach żandarmi z posterunku w Klejnikach rozstrzelali 7 Żydów. Kuźma Łokjaniuk, mieszkaniec wsi, zeznawał: „W miesiącu listopadzie 1942 zostaliśmy spędzeni przez żandarmów niemieckich i ówczesnego sołtysa naszej wsi Trzeszczotki Dziemianiuka Grzegorza (zmarł 1946) z łopatami do pobliskiego lasu, gdzie żandarmi kazali nam kopać obszerny dół, co myśmy zmuszeni byli uczynić. Następnie furmanką z pola obok lasu przywieziono siedem postrzelanych przez tychże żandarmów osób narodowości żydowskiej, w tym jedną kobietę, których zwłoki musieliśmy zagrzebać. Nadmieniam, że ciała pomordowanych były jeszcze ciepłe" (AIPN Bi, 408/185, Akta w sprawie karnej Włodzimierza Naumiuka, Przesłuchanie Kuźmy Łokjaniuka, k. 104). O udział w tej zbrodni był oskarżony Włodzimierz Naumiuk.

Strategie przetrwania

W przeanalizowanych przeze mnie źródłach jest mowa mniej więcej o 1300 uciekinierach z gett w powiecie Bielsk Podlaski. Odnalazłam bardziej szczegółowe informacje o 974[305] spośród nich. Te 974 osoby, o których udało się odnaleźć choćby minimum informacji, typu że był to krewny czy wuj jakiejś konkretnej osoby (tego rodzaju informacje znajdują się w wielu relacjach) lub że byli to nieznani z nazwiska, ale konkretni Żydzi rozstrzelani w takim to a takim miejscu przez policjanta lub żandarma (tego rodzaju informacje można znaleźć w dokumentach procesowych). W statystykach nie uwzględniałam dużych grup (tych liczb nie sposób zweryfikować) Żydów nieznanych z imienia ani nazwiska, których losów nie udało się potwierdzić (możemy przypuszczać, że wszyscy zginęli, pozostaną jednak anonimowi). Na przykład spośród szacunkowej dużej liczby około 700 Żydów zabitych w czasie wysiedleń w pierwszej połowie listopada jakiekolwiek dane biograficzne zebrałam o 124 osobach — i dlatego tę liczbę brałam pod uwagę w ogólnych statystykach. Tak więc dane statystyczne odnoszą się do 974 Żydów poszukujących ratunku po wysiedleniach, co stanowi zaledwie 4,3% mieszkańców gett w „polskiej" części powiatu[306]. Pamiętając o wszystkich zastrzeżeniach, spróbuję przyjrzeć się żydowskim strategiom przetrwania — oraz niepowodzeniom tych strategii.

305 W rzeczywistości o 975, ale w rachunkach pominęłam jedną osobę: Goldę Lew, ponieważ w niektórych relacjach była mowa o jej śmierci, a jednocześnie taka osoba figuruje na listach Żydów w Bielsku Podlaskim w 1946 r. Być może były w rozgałęzionej rodzinie Lew dwie kobiety w tym samym wieku o tym samym imieniu. Nie udało mi się jednak tego ustalić ponad wszelką wątpliwość.

306 Do końcowej analizy, jak już pisałam, nie włączyłam getta w Prużanie oraz gett z miast znajdujących się obecnie na Białorusi.

NIEPOWODZENIA W POSZUKIWANIU RATUNKU

Tabela 3. Żydzi, którzy zginęli na terenie powiatu bielskiego po 15 listopada 1942 r.

Zginęli	Liczba Żydów	Odsetek zabitych
Zabici przez Niemców	265	43,5
w tym w obławach zaraz po ucieczce z getta	124	20,0
Wydani lub złapani przez sąsiadów, zabici przez Niemców (policjantów)	241	39,6
Zginęli w walkach partyzanckich	40	6,5
Zabici przez sąsiadów	32	5,2
Zmarli śmiercią naturalną	5	0,8
Zabici przez polskie podziemie	5	0,8
Nie wiadomo, jak zginęli	20	3,2
OGÓŁEM	608	100,0

Źródło: Opracowanie własne.

Proporcja porażki do sukcesu w poszukiwaniu ratunku wynosiła jak 2 do 1 — zginęło 62,4% (608) Żydów, przeżyło — 32% (322, przy czym nie wiadomo, co się stało z 50 [5,6%]). Niepowodzenia w okresie wysiedleń oraz w pierwszych kilku tygodniach po ucieczce z getta były przede wszystkim skutkiem obław niemieckich. W tym gorącym okresie wyłapano co najmniej 124 uciekinierów spośród tych, którzy po 15 listopada 1942 r. ukrywali się w pobliskich lasach. Wyszukiwały ich patrole policyjne, jak ten z udziałem Józefa Fleksa (to on wcześniej zmuszał Żydów do rozbiórki pomnika Lenina), biorące udział w łapance na grupę Żydów, którzy schronili się w lesie, skąd szucmani przygnali ich „do Siemiatycz i zabili"[307]. Zginęli wówczas także inni uciekinierzy — z gett w Kleszczelach[308],

307 AIPN Bi, 403/17/2, Zeznanie na procesie Fleksa, Przesłuchanie świadka Chunego Kapłana. Fleks miał także w dniu wysiedlenia zastrzelić brata, bratową i siostrzeńca Chunego Kapłana.

308 Sześciu Żydów, którzy uciekli z getta w Kleszczelach, a w oddalonej o 10 km Wólce Wygonowskiej zostali złapani przez sołtysa Kozłowskiego i komendanta warty nocnej Gawryluka,

Brańsku[309], Bielsku Podlaskim[310] czy Mielniku[311]. Jedna z ukrywających się wspomina, że w tym okresie „co noc słychać strzały — Żydzi byli wszędzie — w polu, lesie i polowano na nich jak na zające"[312].

O wielu takich wypadkach wiadomo z zeznań naocznych świadków — innych Żydów, którzy ukryci w pobliżu obserwowali wydarzenia. Tak było choćby na kolonii Zajęczniki w pobliżu Drohiczyna, gdzie w opuszczonym domu (za zgodą jego właściciela, Karola Zalewskiego) przebywało osiem starszych osób: Hersz Gruda z żoną oraz ich krewni — Sura Gruda, Dawid Zylberman z żoną, Chaim Cukierman z żoną oraz „stara Gaiłowa". Młodsze pokolenie Grudów — synowie i bratankowie Hersza: Gdal, Kiwa, Chaim, Szloma oraz Dawid — ukrywali się w pobliskim lesie[313]. Po kilku dniach do grupy Żydów w Zajęcznikach przyszli ich przedwojenni znajomi, Jurczuk z dwoma synami oraz Skowronek, i pod groźbą wydania ich żandarmerii zabrali im pieniądze i ubrania. „Po obrabowaniu poszli do wsi Zajęczniki i zameldowali dla straży pogranicznej niemieckiej, po pewnym czasie przyszli pograniczniki [Niemcy — B.E.] wraz z Jurczukami i Skowronkiem i zabrali w[yżej] w[ymienionych] żydków i zaprowadzili ich

---

umieszczeni w pustym domu pożydowskim, a następnego dnia rano przybyli z Kleszczel żandarmi rozstrzelali ich za wsią (AIPN Bi, 404/41, Akta śledztwa w sprawie Aleksandra Kozłowskiego, Protokół rozprawy głównej z 21 IV 1947 r., k. 36). Kozłowski za wydanie tych sześciu Żydów i dwóch partyzantów sowieckich został skazany na 12 lat więzienia.

309 Dzień po likwidacji getta Lajzer Skowronek i jego syn Manes zostali zatrzymani przez braci Turów, którzy ich związali i wspólnie z wezwanymi Niemcami zabili (AIPN Bi, 404/299, Akta w sprawie Pawła Tura). Mimo obciążających zeznań, także o zabójstwo Jankiela Olendzkiego, Tura uniewinniono. Trzech innych Żydów z Brańska — Josel i Nochim Topczewscy oraz Berko Jęczmień — zostało złapanych we wsi Chojewo i odwieziono ich do żandarmerii niemieckiej, gdzie zostali rozstrzelani (AIPN Bi, 404/168, Akta w sprawie karnej Jana Kamińskiego). Kamiński, oskarżony o branie udziału w ujęciu i odwiezienie na posterunek tych trzech Żydow, został skazany początkowo na dożywocie, a następnie wyrok zmniejszono do 8 lat.

310 Między innymi Wolf Kremberk i Jakub Rajbert, którzy uciekli z getta 2 listopada, zostali złapani przez szucmana Antoniego Szulca i zaprowadzeni na posterunek żandarmerii, gdzie ich rozstrzelano (AIPN Bi, 403/119, Akta procesowe w sprawie Antoniego Szulca).

311 Uciekinierka z tego getta, 16-letnia Żydówka nazwiskiem Don, ukryła się u Władysława Adamiuka we wsi Borysowszczyzna. „Adamiukowie ją ukrywali, zabrali wszystkie kosztowne rzeczy i chcąc się pozbyć, wydali ją. Miała prosić sołtysa, by ją zawiózł na żandarmerię, tłumacząc, że nikt ją teraz nie będzie trzymać, ponieważ nie ma żadnych środków do życia i wie, co grozi za przetrzymanie Żyda" (AIPN Bi, 408/72, Akta w sprawie karnej Bolesława Kalinowskiego, fragment zeznania oskarżonego). Kalinowski został skazany na 5 lat i 6 miesięcy więzienia.

312 USC, VHA, 41607, Ester Fiszgop.

313 AIPN Bi, 07/870, Akta prokuratora w sprawie Antoniego Jurczuka, Przesłuchanie świadka Chaima Grudy, k. 6–7.

do wsi Zajęczniki, a stamtąd do Drohiczyna"[314], gdzie rozstrzelano ich pod Zamkową Górą.

Ostatnią dużą łapanką w 1942 r. była ta urządzona w połowie grudnia na kolonii Oleksin (w pobliżu Brańska) na schowanych w kilku stodołach we wsi Żydów. Złapano 16 z nich[315], co obserwowali ukrywający się na miejscu Arie Lejb Prybut i Jakub Samojło, których nie znaleziono. Wyłapani Żydzi zostali zamknięci w chlewie, skąd dwóm udało się uciec[316], a pozostali zostali zabici.

Po okresie początkowego chaosu od 1943 r. zaczęły się utrwalać pewne strategie przetrwania, bardziej planowe próby przeżycia, oparte na rozeznaniu możliwości i własnych zasobów. Mimo to większość (2:1) nadal kończyła się śmiercią. W ponad 240 przypadkach jej powodem było wydanie Żydów przez lokalnych mieszkańców. Oto w lutym 1943 r. grupa czternastu Żydów, którzy ukrywali się dotychczas w lesie, postanowiła przedostać się do getta białostockiego. „Były najgorsze mrozy, brudno i głodno, i wszy dokuczały nam nie do wytrzymania" — pisał w 1987 r. Jack [Jankiel] Rubin do prokuratora Waldemara Monkiewicza[317]. Żydów do Białegostoku przewoził saniami Jan Antoniuk z Bujnowa, u którego spędzili noc przed podróżą. Gdy przez

---

314 *Ibidem*.

315 Byli to m.in.: Estera, Moszko i Sara Oskardowie, Liba, Rubin i Leja Kozakowie, Joel Prybut, Pinie Szczygielski, Jankiel Rotensztejn, Naftali Chawal, Abram Dawidowicz, Sara Tabak, Pesza Rozen, Lejb Rosse, Szymszon Brański (AIPN Bi, 404/130, Akta w sprawie Józefa Adamiuka).

316 Moszko Oskard zeznawał na rozprawie 17 II 1948 r.: „Z [Moszkiem] Klejnotem chowałem się w okolicy Oleksina. Pewnego razu przenocowaliśmy w stodole, a nad ranem chcieliśmy pójść do domu poprosić o chleb i zapałki. W tym czasie szła warta i otoczyła nas. Adamiuk chwycił mnie za kark. Spędzili nas na podwórko, gdzie byli też inni Żydzi, i mieli zamknąć w chlewie. Kiedy sołtys poszedł po klucze, ja z Klejnotem zacząłem uciekać. Ludzie z widłami pędzili za nami. Zdołaliśmy uciec. [...] W czasie gdy nas złapano, prosiłem Adamiuka, by mię puścił. Nie chciał nawet słuchać. Na podwórku wraz z nami było 14–16 Żydów" (*ibidem*). Adamiuk został skazany w pierwszej instancji na karę śmierci, następnie zmieniono mu karę na dożywocie, a potem na 8 lat więzienia. „Złapani owi Żydzi prosili się bardzo, ażeby ich wypuścić. Płakali i modlili się po żydowsku i po polsku. Słychać było słowa «O Jezu», «Matko Bosko» i «O Boże» — zeznał na przesłuchaniu w innym procesie Jan Ryczkowski, właściciel chlewika, w którym zamknięto Żydów. Na pytanie, dlaczego ich nie wypuścił, odpowiedział: „nie wypuściłem złapanych Żydów ze śpichlerza dlatego, ponieważ bałem się sołtysa. Który by mógł zameldować o tym Niemcom" (AIPN Bi, 404/171, Akta w sprawie Kazimierza Półtoraka, Jana Ryczkowskiego, Jana Kindeusza, Przesłuchanie Ryczkowskiego, k. 127).

317 AIPN Bi, 1/1298, Bujnowo — przechowywanie Żydów, k. 4–5. W grupie byli m.in. żona i synek autora listu, jego teściowa, brat Szymon Rubin z żoną i dwójką dzieci, Szlomo Nisko, Nodelman.

bród w pobliżu wsi Zawyki pokonali rzekę Narew, oddzielającą powiat bielski od białostockiego, koło wsi Pulsze spotkał ich Alfons Maciejczuk, który niezwłocznie doniósł o tym do żandarmerii. Niemcy dogonili Żydów i ich zabili, uratował się jedynie Jankiel Rubin[318].

Zwykle nie znamy powodów denuncjacji, nie sposób bowiem stwierdzić, czy szukający ratunku Żydzi byli nieostrożni, zbyt biedni lub zbyt zamożni, ani jaka motywacja przyświecała denuncjatorom. Większość danych o śmierci Żydów sprowadza się do jednego zdania: jesienią 1943 r. we wsi Patoki (gm. Brańsk) Paweł Tur ujął Jankiela Olendzkiego i odwiózł go na żandarmerię w Brańsku[319]; na posterunek w Siemiatyczach odwieziono dwóch Żydów złapanych we wsi Romanówka[320]; na posterunek w Kleszczelach — czworo dzieci żydowskich złapanych w Czechach Zabłotnych[321]; na posterunek w Grodzisku — trzech anonimowych Żydów złapanych w Biszewie[322]; na posterunek w Pobikrach — dwóch anonimowych Żydów złapanych w Skórcach[323].

W kilku zaledwie wypadkach możemy doszukiwać się konkretnych motywów wydawania Żydów. Najwyraźniej z chciwości Adam Kierski i Marianna Gnatowska z Łuniewa Dużego (gm. Klukowo) wydali rodziców Etki Sznajder — Chanę Szejnę oraz Moszka i Berka Ptaszków, których uprzednio Gnatowska przyjęła na przechowanie za „znacznym wynagrodzeniem", w wysokości 3000 marek[324]. Z powodu kradzieży natomiast Józef

318 AIPN Bi, 403/239, Akta sprawy Alfonsa Maciejczuka. 25 IV 1951 r. został skazany na 15 lat więzienia.

319 AIPN Bi, 404/299, Akta w sprawie karnej Pawła Tura. Oskarżony tłumaczył się następująco: „w nocy zauważył, że nieznani sprawcy włamują się do jego spichlerza w celu dokonania kradzieży. Kiedy Tur zbliżył się do spichlerza, sprawcy zaczęli uciekać, więc Tur począł gonić za nimi i w wyniku tej pogoni złapał jednego ze sprawców, tj. Jankiela Olendzkiego, Żyda, którego dostarczył do sołtysa wsi Patoki, który wyznaczył Pawła Tura do konwojowania Olendzkiego w celu doprowadzenia go do żandarmerii w Brańsku, co też Tur uczynił" (*ibidem*). Tur, jak wspomniałam, został uniewinniony.

320 AIPN Bi, 404/416, Akta w prawie karnej Władysława Fionika i innych. Oskarżonych uniewinniono.

321 AIPN Bi, 408/19, Akta w sprawie karnej Piotra Tołoczki. Oskarżonego uniewinniono.

322 AIPN Bi, 404/331, Akta w sprawie karnej Stanisława Kondraciuka. Kondraciuk był sołtysem wsi Biszewo, został uniewinniony.

323 AIPN Bi, 408/152, Akta w sprawie karnej Józefa Bandysiaka i in. Dwóch spośród oskarżonych zostało skazanych odpowiednio na 6 oraz na 5 lat i 6 miesięcy więzienia.

324 AIPN Bi, 403/235, Akta sprawy Adama Kierskiego. Kierski był sołtysem wsi, razem z Gnatowską postanowili obrabować i wydać Ptaszków, co też uczynili. Kierski został skazany na 5 lat i 6 miesięcy więzienia, Mariannę Gnatowską uniewinniono.

Odachowski w marcu 1944 r. odwiózł na posterunek żandarmerii w Brańsku Kryńskiego, którego złapał w Załuskach Koronnych. Spotkany po drodze sąsiad prosił go, by puścił Żyda, ale Odachowski „odmówił zadośćuczynienia jego prośbie, podając jako powód, że Kryński zabierał mu po kryjomu mleko z obory"[325]. W tym wypadku strategia zdobywania jedzenia okazała się zgubna w skutkach.

W analizowanych źródłach znalazłam informację o 265 Żydach zabitych przez Niemców (w tym 124 zaraz po likwidacji gett w powiecie). Nie sposób jednak stwierdzić, czy wszystkie te przypadki świadczą o własnej inicjatywie niemieckiej, czy też po prostu nie zachowała się informacja, skąd Niemcy dowiedzieli się o ukrywających się Żydach. Nie można także ustalić, o jakich „Niemców" chodzi, w relacjach używa się najczęściej tej ogólnej formuły, trzeba zaś pamiętać, że w powiecie bielskim szczególne miejsce wśród morderców Żydów zajmowali polscy szucmani, pracujący na posterunkach policji niemieckiej, to tam, „do Niemców", doprowadzono złapanych Żydów, bez rozróżniania jednostek policyjnych. Nie ma tu miejsca na opisywanie wszystkich zbrodni zarzucanych (i w dużym stopniu udowodnionych) szucmanom, przedstawię dwa charakterystyczne i dobrze udokumentowane przypadki. Pamiętam przy tym, by do wszelkich zawartych w aktach procesowych zeznań podchodzić ostrożnie, wiedząc, że oskarżeni bronią się, klucząc, zrzucając odpowiedzialność na innych i zasłaniając się brakiem pamięci[326].

Pierwszy przykład działań policyjnych pochodzi z Orli, która ze względu na to, że ani jeden Żyd stamtąd nie przeżył na terenie powiatu, jest mało obecna w tym tekście. Wykorzystam więc proces szucmana Mikołaja Gonty, by opisać zamordowanie Żydów, którzy ukrywali się w lesie w pobliżu Orli i pojawiali w okolicznych wsiach. Latem 1943 r. komendant warty „zameldował i Niemcy przyjechali, i zastrzelili ich, trzech zastrzelono,

325 AIPN Bi, 408/2, Akta w sprawie Józefa Odachowskiego, cytat z uzasadnienia aktu oskarżenia. Odachowskiego skazano na dożywocie.

326 „Siedząc w więzieniu, straciłem pamięć" — stwierdził Daniel Kozłowski, były szucman z posterunku w Orli, gdy przesłuchiwano go w 1967 r. w sprawie innego szucmana, Mikołaja Gonty. Wcześniej odsiedział wyrok 9 lat (AIPN Bi, 408/250, Akta w procesie Mikołaja Gonty, k. 46). Więcej o tego rodzaju aktach procesowych zob. Alina Skibińska, *„Dostał 10 lat, ale za co?". Analiza motywacji sprawców zbrodni na Żydach na wsi kieleckiej w latach 1942–1944* [w:] *Zarys krajobrazu. Wieś polska wobec zagłady Żydów 1942–1945*, red. Barbara Engelking, Jan Grabowski, Warszawa: Stowarzyszenie Centrum Badań nad Zagładą Żydów, 2011.

a dwóch zbiegło"[327]. Tych dwóch zatrzymano niebawem w nieodległej wsi i niezwłocznie „ktoś z mieszkańców wsi Tofiłowce zameldował na posterunku żandarmerii w Orli, że we wsi zostało złapanych 2 Żydów"[328]. Wówczas z posterunku przyjechało trzech żandarmów i trzech szucmanów, wśród nich Józef Nazarewicz, który zeznawał w śledztwie: „Nie pamiętam, [...] jaki cel był tego wyjazdu: czy Żydów tych mieliśmy przywieźć do posterunku, czy też zlikwidować ich tam na miejscu. [...] W jakimś mieszkaniu było zatrzymanych 2 Żydów w średnim wieku, którzy siedzieli, związani do siebie drutem za ręce. Niemcy przeprowadzili z tymi Żydami rozmowy, a następnie odprowadzili za wieś w odległości około 1 km i tam ich rozstrzelali"[329]. Okazuje się, że te „rozmowy" tłumaczył właśnie Nazarewicz, znający niemiecki; brał on też udział w egzekucji, której szczegóły opisywał inny szucman: „Niemcy kazali Żydom zejść z furmanki i w odległości ok 20 metrów od drogi żandarm z Nazarewiczem zastrzelili tych Żydów. Ciała zabitych Żydów zostały tam na miejscu, a my wróciliśmy do Orli"[330].

Druga historia dotyczy zamordowania Icka Chajta na kolonii wsi Śliwowo i pokazuje mechanizmy działania okupanta, które zwiększały strach przed udzielaniem pomocy Żydom. W egzekucji brał udział szucman z posterunku w Klejnikach Włodzimierz Naumiuk, który wraz z drugim szucmanem i czterema niemieckimi żandarmami prowadził Chajta na rozstrzelanie. Świadkiem na procesie była m.in. Akulina Kalinowska; w jej poruszającym zeznaniu jest mowa o różnych powodach do strachu: „[Złapawszy Icka,] Niemcy chodzili z nim po domach na kolonii Śliwowo, żądając od Żyda, aby im pokazał tych, którzy mu dawali jeść. Byli oni także i przed [moim] domem, [...] i przez okno widziałam, jak Icka prowadził na sznurku szucman z Klejnik. [...] Żandarmi po wejściu zaczęli mię zapytywać, czy ja dawałam Ickowi jeść, na co ja zaprzeczyłam, po czym oni wyprowadzili mię do sieni i skonfrontowali z Ickiem, który mówił, że był u mnie. [...] Starszy z tych żandarmów, widząc, że Icko w kółko jedno i to samo [mówi], gdyż on rzeczywiście dostał częściowo warjacji, kazał go rozstrzelać. Słysząc to, przelękłam się niezmiernie, myśląc, że go rozstrzelają tuż pod progiem mego domu. [...] Zabójstwo Icka było około godziny 15"[331]. Mieszkańcy

327 AIPN Bi, 408/250, Akta w procesie Mikołaja Gonty, Zeznanie Tarasa Kukołki, k. 95.

328 *Ibidem*, Zeznanie Józefa Nazarewicza, k. 38.

329 *Ibidem*.

330 AIPN, Bi 408/250, Akta w procesie Mikołaja Gonty, Zeznanie Mikołaja Gonty, k. 73.

331 AIPN Bi, 408/185, Akta w sprawie karnej Włodzimierza Naumiuka, k. 95.

Śliwowa, także Akulina Kalinowska, karmili wcześniej Icka, i oczywiście obawiali się konsekwencji. Szucmani, ich sąsiedzi, ochronili mieszkańców przed konsekwencjami: uznali, że Icek zwariował ze strachu przed śmiercią (choć oczywiście mogło tak być naprawdę) i sami go rozstrzelali, zapobiegając ściągnięciu na nich niemieckich represji za udzielanie pomocy.

W opisanych przykładach widać, jaką rolę odgrywały z jednej strony strach i umiejętne nim zarządzanie przez Niemców, a z drugiej — sprzężenie zła i przypadku. Złej woli nie brakowało, a przypadek sprawiał często, że Żydzi znajdowali się w niewłaściwej chwili i w niewłaściwym miejscu — jak tych czterech przechodzących przez wieś Romanówka za dnia akurat wtedy, gdy u sołtysa odbywało się zebranie. Zauważono ich, złapano, nie powiodła się próba wymiany butów za życie — zostali związani i dowieziono ich do żandarmerii w Siemiatyczach[332]. Sytuacje te pokazują, że „strategie" w rozumieniu wpływu na kształtowanie wydarzeń w odniesieniu do Żydów szukających ratunku okazywały się nieskuteczne, mało bowiem zależało od nich samych, w niewielkim stopniu ich zasoby, determinacja lub wola przeżycia mogły decydować o sukcesie przedsięwzięcia zwanego przetrwaniem. Większe znaczenie miało tu zło — w postaci strachu, nienawiści czy chciwości innych

Co najmniej 32 Żydów zostało zabitych bezpośrednio przez mieszkańców powiatu. Doszło tam do kilku głośnych morderstw, które zostały opisane w relacjach, a ponadto znalazły odbicie w powojennych procesach sądowych. Należą do nich przede wszystkim morderstwa dokonywane przez braci Hryciów oraz gajowego Koszaka. Pisałam już o nich w innym miejscu[333], a finał historii gajowego związany jest z działaniem partyzantki żydowskiej na terenie powiatu; poruszam ten temat dalej. Co najmniej czterdziestu Żydów partyzantów zginęło w potyczkach z Niemcami. Pięciu zostało zamordowanych przez polskie podziemie, pięciu innych zmarło śmiercią naturalną (z chorób lub głodu), a przyczyn śmierci kolejnych dwudziestu nie udało się ustalić. Podsumowując, można stwierdzić, że w 608 sytuacjach śmierci Żydów poszukujących ratunku ich sąsiedzi ponoszą bezpośrednią lub pośrednią odpowiedzialność w nie mniej niż 45% przypadków.

---

332 AIPN Bi, 404/293, Akta w sprawie karnej Filipa Sirockiego. Oskarżony — sołtys Romanówki — został skazany na 6 lat więzienia.

333 Barbara Engelking, *Jest taki piękny słoneczny dzień... Losy Żydów szukających ratunku na wsi polskiej 1942–1945*, Warszawa: Stowarzyszenie Centrum Badań nad Zagładą Żydów, 2011, s. 232–236.

PRZEŻYLI W UKRYCIU

Istotne ze względu na temat tekstu są losy tych, którzy przeżyli na terenie powiatu bielskiego, niezależnie więc od tego, jak niewielki mieli *de facto* wpływ na skuteczność własnych wysiłków, trzeba przyjrzeć się bliżej temu, jak przetrwali.

Tabela 4. Żydzi, którzy przeżyli okupację w powiecie bielskim

Przeżyli	Liczba Żydów	Odsetek ocalałych
W jednym miejscu	98	30,5
Wędrując po wsiach	78	24,2
W bunkrach, w lesie	70	21,8
Walcząc w partyzantce	26	8,0
Na aryjskich papierach	11	3,1
Na robotach w Prusach (poza powiatem)	3	0,9
Wiadomo, że przeżyli, ale nie wiadomo jak	36	11,2
OGÓŁEM	322	100,0

Źródło: Opracowanie własne.

W JEDNYM MIEJSCU

Spośród 974 Żydów, o których zebrałam informacje, przeżyły 322 osoby. Najskuteczniejszą metodą przetrwania na tym terenie okazało się przebywanie przez długi czas w jednym miejscu, pod opieką jednej rodziny. Co najmniej 98 Żydów — a więc niemal jedna trzecia ocalonych — znalazło 42 kryjówki, w których przebywali powyżej 15 miesięcy (większość powyżej 20). Najwięcej stałych kryjówek znajdowało się w okolicach Siemiatycz (12), Brańska (11) i Drohiczyna (10). Znajdujący w nich schronienie Żydzi byli r a t o w a n i, mieszkając w domach czy na terenie gospodarstwa. Odróżniam tutaj ratowanie od p o m a g a n i a. Ratowanie oznacza mniejszą sprawczość żydowską, mniejszy wpływ na własny los, większą zależność od Polaków. Ratowano dzieci, ale w sytuacji długotrwałego ukrywania u Polaków także dorośli byli od nich całkowicie zależni. Ukrywanie kogoś przez wiele miesięcy, żywienie go, dbanie o jego potrzeby było właśnie ratowaniem, czymś więcej niż sporadycznym aktem pomocy. Co ciekawe, wydaje się, że — przynajmniej w wypadku opisywanego przeze mnie powiatu — mniejsze znaczenie wśród posiadanych zasobów miały pieniądze. W analizowanych źródłach nie pojawiają się informacje o wysoko opłacanym ukrywaniu, o nadużyciach ze strony pomagających związanych z pokusą wzbogacenia się. Najprawdopodobniej wynika to ze specyfiki regionu oraz wyjątkowości ludzi, na których ci Żydzi mieli szczęście trafić. Wśród szukających ratunku nie było szczególnie bogatych Żydów. Najzamożniejsi zostali pozbawieni własności już w okresie władzy sowieckiej i często wywieziono ich na Wschód. Pozostali stanowili w większości biedotę ze sztetli i musieli się ratować, wykorzystując inne zasoby niż materialne.

Jednym z nielicznych Żydów wciąż posiadających zasoby finansowe był Beniamin Feldman, właściciel młyna w Siemiatyczach. Miał z żoną Libą czworo dzieci (Ester miała w 1942 r. 13 lat, Szoszana 11, Szlomo 9, a Szachne 7) i wszyscy uciekli 2 listopada z getta. Razem z nimi miała uciec siostra Liby Szyfra z rodziną, ale w ostatniej chwili postanowiła czekać na córeczkę Blumę, która gdzieś się zapodziała, z getta wydostali się więc razem z Feldmanami przez przecięte druty tylko mąż Szyfry szochet Beniamin Fuks i młodsza, 3-letnia córeczka Cipora. Pierwszą noc spędzili w lesie, następnego dnia wieczorem poszli do znajomego weterynarza, Leszczyńskiego, z prośbą o przechowanie całej ośmioosobowej rodziny. Bolesław Leszczyński z żoną i trzema synami mieszkał na kolonii Kajanka, oddalonej od wsi. Żydzi ukrywali się początkowo w kopcu na ziemniaki, a potem w ziemiance wykopanej w lesie. Spędzili tam 22 miesiące, do wyzwolenia. W ziemiance można było tylko leżeć, siedzieć lub klęczeć. Leszczyńscy dawali im jedzenie, przeważnie zupę ziemniaczaną, którą zostawiali w umówionym miejscu; żywność odbierał codziennie Beniamin Feldman; pozostali niemal nie wychodzili z leśnego bunkra i nie mieli kontaktu ze światem zewnętrznym. Czasami wieczorem lub nocą mogli wyjść na kilka minut na świeże powietrze.

Żydzi przetrwali napaść chuliganów, którzy chcieli im zabrać rzeczy, ale nic nie znaleźli (najwyraźniej zasoby finansowe Feldmanów dość szybko się skończyły), rewizję Niemców w gospodarstwie (nie wykryli ich), ciężkie choroby. Beniamin Fuks, który był bardzo religijny, nie chciał jeść niekoszernego jedzenia i po jakimś czasie zmarł z głodu. Beniamin Feldman był wówczas ciężko chory i zbyt słaby, by go pochować. Dopiero po kilku dniach z pomocą syna gospodarzy wynieśli zmarznięte ciało i pochowali w lesie. Co robili całymi dniami? Cipora pamięta, że „siedzieli, trzymali się za ręce i się modlili, dziękując Bogu za cud — że chociaż głodują i chorują, są złamani i boją się — ale dotychczas są żywi"[334]. Jej zdaniem przetrwali psychicznie tylko dzięki silnej woli wuja, który nie tracił nadziei i stale podtrzymywał wszystkich na duchu. Fizyczne przetrwanie zawdzięczali przede wszystkim Leszczyńskim, ponadto zaś pomocy materialnej ze strony byłego wspólnika Feldmana, który przekazywał dla nich mąkę i inne produkty żywnościowe. Jeden z młodych Leszczyńskich, Józek, należał do podziemia i odegrał istotną rolę w ratowaniu Żydów — u niego szukał wsparcia ojciec w chwilach zmęczenia, zwątpienia czy załamania. Gdy córka sąsiadów przypadkiem odkryła leśny bunkier, Józek zapowiedział jej, że jeśli komukolwiek o tym powie, puści dom jej rodziny z dymem. Do końca nikt nie zdradził kryjówki. Feldmanom, jak wspomniałam, dość szybko zabrakło zasobów materialnych, ale istotne okazały się w ich przypadku zasoby innego rodzaju, przede wszystkim społeczne oraz duchowe.

Gdy nadeszli Rosjanie, okazało się, że u Leszczyńskich ukrywała się także pięcioosobowa rodzina Grodzickich; jedni o drugich nic nie wiedzieli. Grodziccy wyjątkowo długo — do połowy grudnia 1942 r. — przebywali w bunkrze na terenie getta w Siemiatyczach, a gdy skończyło im się jedzenie, musieli szukać ratunku gdzie indziej. Szlomo Grodzicki z żoną i córeczką postanowił szukać pomocy u ludzi, dwoje jego nastoletnich dzieci z pierwszego małżeństwa, Miriam i Mosze, oraz trójka kuzynów zdecydowali się wybudować ziemiankę w lesie. Szlomo miał szczęście, trafił do Kajanki i Leszczyński zgodził się ukrywać ich w stodole na strychu. Piątka młodszych radziła sobie z trudem: marzli, byli stale głodni, tropiono ich. Po jakimś czasie rozeszła się po okolicy plotka, że zostali zabici, i dotarła do ojca. Postanowił wówczas się powiesić, czuł się bowiem odpowiedzialny za ich śmierć. Gdy jego żona usnęła, wyciągnął pasek ze spodni, by powiesić się na belce w stodole. „W czasie, kiedy się wieszał — opowiada Miriam Kuperhand — macocha miała sen, że moja zmarła matka potrząsa nią i mówi: «Rojzke, Szlomo się wiesza, powiedz mu, że dzieci żyją i niedługo do was przyjdą». Kobieta się obudziła i powiedziała mężowi, że dzieci żyją i niedługo przyjdą[335]. I tak się stało — Mosze i Miriam odnaleźli ojca u Leszczyń-

334 USC, VHA, 01194, Relacja Cipory Katz z domu Fuchs. O ukrywaniu się u Leszczyńskich opowiadają także córki Feldmanów: Ester Amir Feldman (AYV, O.3/7531) oraz Szoszana Sapirstein (USC, VHA, 24839). Rodzina Leszczyńskich została odznaczona medalem Sprawiedliwych w 1987 r.

335 USC, VHA 50632, Relacja Miriam Kuperhand (ur. 1926 w Kałuszynie); także wspomnienia: Miriam Kuperhand, Saul Kuperhand, *Shadows of Treblinka*, Urbana–Chicago: University of Illinois Press, Urbana and Chicago, 1998, s. 48–49.

skich i razem przeżyli tam do końca wojny. Nie chcę wnikać w problematykę snów z okresu Zagłady[336] i powtarzające się w nich kontakty ze zmarłymi, ale nie sposób zaprzeczyć w tym wypadku, że istotnym zasobem rodziny Grodzickich okazała się zmarła pierwsza żona.

Bina Mężyńska uciekła z getta w Drohiczynie z matką, bratem oraz dwoma córeczkami: Sarą (ur. 1937) oraz Esterą (ur. 1939). Jej mąż Michał został zastrzelony przez Niemców w 1941 r. Tułali się po okolicy przez miesiąc, żebrząc o pomoc i jedzenie, od czasu do czasu udawało im się gdzieś zaczepić na noc lub dwie. W grudniu nocowali u jakiegoś chłopa we wsi Sytki; Bina dała mu wszystko, co jej zostało, w zamian za ratowanie Sary. „Następnego dnia rano Sara widziała przez okno, jak ten sam chłop zastrzelił jej matkę, wuja i babcię. Żona sprzeciwiła się zastrzeleniu dziewczynki i wygnała ją z domu"[337]. W Sytkach została także zabita później Estera, którą wzięli do siebie Anna i Kazimierz Kurkowie — mieli zamiar ją przechować, ochrzcili ją jako Elżbietę, ale sąsiedzi na nich donieśli i dziecko zostało zabite przez Niemców[338]. Sara błąkała się przez kilka dni, aż znalazła ją pod lasem Bronisława Miłkowska, matka ośmiorga dzieci. W dużym (50 ha) gospodarstwie Miłkowskich we wsi Koczery Sara — nazywana teraz Zosią — przeżyła w kochającej rodzinie do końca okupacji, traktowana jak jeszcze jedno własne dziecko. W razie niebezpieczeństwa chowano ją w piecu chlebowym. Po wojnie daleki kuzyn Sary dowiedział się, że przeżyła i chciał ją odebrać, ale Miłkowscy nie chcieli jej ani oddać, ani „odsprzedać" za proponowany milion złotych. Sara została więc wykradziona w 1947 r. i wywieziono ją — wbrew jej woli — do Palestyny.

Jedenastoletniego Beniamina Blusztejna rodzice wysłali z getta w rodzinnym Ciechanowcu do pracy na wsi. Jesienią 1942 r., gdy getto zlikwidowano, a za pomaganie Żydom groziła już kara śmierci, gospodarz wyrzucił chłopca i Beniamin udał się do rodzinnej wsi matki w pobliżu Drohiczyna,

---

336 Pisałam o tym w artykule *Sny jako źródło badań nad Zagładą* („Zagłada Żydów. Studia i Materiały" 2014, nr 9, s. 15–42).

337 AYV, O.3/12359, Relacja Sary Soni Gold z domu Mężyńskiej, tłum. z j. hebrajskiego Ela Linde. O ratowaniu Sary (Zosi) opowiada także najstarsza córka Miłkowskich Maria Wisłocka (USC, VHA, 32879). Cała rodzina została uhonorowana medalem Sprawiedliwych w 1988 r.

338 AIPN Bi, 1/1034, Skiwy Małe, gm. Siemiatycze — pomoc Żydom, Przesłuchanie Eugeniusza Kurka, bratanka i sąsiada Kazimierza, który był naocznym świadkiem, jak „żandarm niemiecki Motzko wyniósł dziewczynkę żydowską, trzymając ją pod pachą, z domu Kazimierza Kurka. Nie widziałem, jak żandarm [...] zabijał żydowską dziewczynkę, słyszałem jedynie strzały" (k. 86–87).

gdzie miejscowi, głównie prawosławni, znali rodzinę. Sołtys skierował chłopca do Smarklic, dworu za wsią, rekomendując go do pomocy w gospodarstwie jako swojego znajomego. Rodzina Żerów, która opiekowała się „Staśkiem" do końca wojny, „byli to ludzie wykształceni, oświeceni, szlachetni, przyjęli go jak jednego z rodziny, [gdy] Niemcy wpadli do domu, szukając Żydów, jeden z braci powiedział, że wszyscy obecni to rodzina, wskazując też na Beniamina. Pomagali Żydom, dając żywność, ubrania, nocleg czasowy, a nawet broń"[339]. Po wojnie Beniamin dowiedział się, że w domu ponad rok ukrywała się także inna Żydówka — Hinda Sroszko[340].

Podobnie niemal cały czas w jednym miejscu udało się przetrwać — u Popławskich na kolonii Oleksin (gm. Brańsk) — braciom Lejblowi i Fajwlowi Szapirom z matką, siostrą, narzeczoną Miną Waserówną oraz Sonią Weinstein[341]. U Kozłowskich na kolonii Bronka (gm. Brańsk) za podwójną ścianą w chlewie ukrywał się po nieudanej wyprawie do Białegostoku Jankiel Rubin[342]. U Puchalskich na przedmieściach Brańska w ziemiance z aprowizacją ukrywała się 22 miesiące pięcioosobowa rodzina Finkelsztajnów[343]. U Kryńskich we wsi Bystre (gm. Boćki) przechował się Wolf Farber[344], a u Złotkowskich w Złotkach (gm. Ciechanowiec) — rodzeństwo Ita i Wolf Ptaszkowie oraz ich siostra Róża z mężem Rubinem Chazanem i trójką dzieci. U Stanisławy Kryńskiej w Krynkach-Sobolach (gm. Grodzisk) przechowywał się Szyja Żółtak z rodzicami i wujem[345], a u Grzegorza i Konstancji Czapków na kolonii Drohiczyn — Lejzor Gruda z żoną Leją i synkiem

---

339 AYV, SAPIR # 3559028, Wywiad z Beniaminem Bashanem, tłum z j. hebrajskiego Ela Linde.

340 O ukrywaniu tych dwojga Żydów opowiada także Janina Żero, http://www.nawschodzie.pl/podlascyzydzi/zero.html. W 1988 r. rodzina Żero została nagrodzona medalem Sprawiedliwych.

341 AIPN Bi, 1/1028, Sprawa dot. przechowywania 4 Żydów: Herszka i Dory Rubinsztajn oraz Moszka i Mulki Klejnotów, Brańsk-Kolonia, Zeznanie Stanisława Popławskiego, k. 120. W 1992 r. rodzina Popławskich została odznaczona medalem Sprawiedliwych.

342 AIPN Bi, 1/1298, Bujnowo — przechowywanie Żydów, List Jacka Rubina. W Brańsku było dwóch Jankielów Rubinów, stryjecznych braci; obaj przeżyli. W relacjach czasem trudno rozróżnić, o którym z nich mowa, jeden był sprzedawcą gęsi, nazywano go „Gęsiarzem" (ur. 1909, przeżył u Kozłowskich), na drugiego (ur. 1913, przeżył w leśnych schronach) wołano „Czerwony Nos", zob. wywiad z nim nagrany dla USC, VHA (nr 28754).

343 AŻIH, 301/2952, Relacja Zofii Puchalskiej.

344 *Księga Sprawiedliwych wśród Narodów Świata. Ratujący Żydów w czasie Holocaustu. Polska*, red. wydania polskiego Dariusz Libionka, Robert Kuwałek, Adam Kopciowski, Kraków: Fundacja Instytut Spraw Strategicznych, Kraków 2009, t. 1, s. 879.

345 USC, VHA, 07427, Relacja Sidneya (Szyi) Żółtaka.

Chaimem[346]. Symcha Burstein wraz z Zelmanem Wasermanem przeżyli od maja 1943 r. do końca wojny w kryjówce w stodole u Skarżyńskich w Sakach (gm. Kleszczele)[347], a u Markiewiczów w samych Kleszczelach przez cały czas ukrywał się Józef Białostocki[348]. U Szymaniuków w okolicach Siemiatycz przechował się Szlomo Cymbalist z dwojgiem dzieci oraz Cwi (Zvi) Prinz[349], u Heleny Morzy w Korzeniówce (gm. Siemiatycze) przetrwała do końca wojny Eugenia Kotlarowa z córką Aliną i synem Borysem[350], u Sołomachów w Siemiatyczach — Dwora i Szlomo Goldwaserowie oraz brat Szlomy Kalman i kuzyn Szmuel[351], natomiast u anonimowego szewca w ziemiance pod chlewem w Zalesiu (gm. Wyszki) przeżyła Chaja Kagan z ojcem i siostrą[352]. Józef Wojeński we wsi Wojeniec przechowywał 15 miesięcy

346 AIPN Bi, 1/1032, Kolonia Popławy, gm. Brańsk. Pomoc Żydom, k. 134.

347 AIPN Bi, 1/1349, Saki gm. Kleszczele. Przechowywanie Żydów przez Skarżyńskich. Burstein, który po wojnie pracował dla żydowskiej komisji historycznej i zebrał wiele relacji ocalałych w powiecie bielskim, nie pozostawił wówczas ani nie złożył później relacji o własnych przeżyciach. Tak samo Waserman, który po wojnie zmienił nazwisko na Weinstein. Szkoda, tym bardziej że byli oni jednymi z nielicznych inteligentów żydowskich, którzy ocaleli. Zeznanie na procesie Włodzimierza Szklaruka (AIPN Bi, 404/190), gdy Burstein opowiada o o śmierci dwóch Żydów, z którymi się początkowo razem ukrywali, to jedyna informacja o tym, jak ocaleli, na jaką udało mi się natrafić.

348 *Księga Sprawiedliwych*..., s. 444.

349 AYV, O.3/12628, Relacja Cwiego Prinza, w j. hebrajskim. Podaje on nazwę wsi, w której się przechowali, jako „Zalozce", ale nie ma takiej wsi w okolicach Siemiatycz, być może chodzi o Zalesie albo o Żerczyce.

350 AIPN Bi, 1/1034, Skiwy Małe, gm. Siemiatycze, pomoc Żydom, k. 42. Niestety, najmłodszy synek Kotlarowej zginął w tragicznych okolicznościach. Aleksander Morzy zeznał: „Najmłodszy synek Kotlarowej miał na imię Jankiel. Był on w wieku około 5 lat. Synek ten sprawiał Kotlarowej sporo kłopotu. Gdy ona chowała się przed nieznajomymi wraz z dziećmi, to on płakał, nie chciał się chować. Było to tragiczne, ale ona postanowiła oddać dziecko Niemcom. Było to tak. Na kolonii w sąsiedniej wsi mieszkał sołtys. Nazywał się Jan Czapko. On już nie żyje od dawna. Kotlarowa poprosiła go, aby on zaprowadził jej synka do Niemców. Potem ona u nas opowiadała, jak to było. Sołtys zaprowadził dziecko do Niemców i powiedział, że znalazł Żyda. Wtedy Niemcy powiedzieli do chłopczyka: «leć, tam twoja mama poszła». Gdy dziecko trochę odbiegło, zastrzelili je. Kotlarowa, gdy się o tym dowiedziała, to bardzo rozpaczała" (*ibidem*, k. 47).

351 *Księga Sprawiedliwych*..., s. 678. Sołomachowie zostali odznaczeni medalem Sprawiedliwych w 1995 r. Ich nazwisko zarówno w angielskiej, jak i polskiej edycji Księgi jest zniekształcone na „Solomachi". Natomiast na listach z 1946 r. podane są inne imiona Goldwasserów z Drohiczyna: Moszko (43 lata), Chaja (40), Rachela (16) („Bielski Hostineć" 2010, nr 3).

352 AYV, O.3/9891, Relacja Chai Kagan Sukman. Jak twierdzi autorka relacji, szewc został po wojnie zamordowany przez podziemie za pomaganie Żydom. Nie znalazłam potwierdzenia tej informacji w innych źródłach.

4 anonimowych Żydów[353]. Z kolei u anonimowego gospodarza w okolicach Siemiatycz ukrywał się od 4 grudnia 1942 r. do końca okupacji Rafał Kirszenbojm z pięcioma innymi Żydami[354]. Nie przypadkiem Żydzi ukrywali się w tych miejscach i u tych właśnie ludzi; te wyspy przetrwania stanowiły zaścianki drobnoszlacheckie.

WĘDROWANIE I LEŚNE BUNKRY

Drugą z kolei pod względem skuteczności strategią przetrwania było krążenie po okolicy i korzystanie z incydentalnej pomocy czy opieki kilku lub kilkunastu osób. W ten sposób przeżyło 78 Żydów. Oni nie byli ratowani — im pomagano. Nie mieli szczęścia znaleźć długotrwałej bezpiecznej kryjówki, musieli wykazać się większą sprawczością, częściej podejmować decyzje, z których każda mogła prowadzić do zguby. „Wędrowanie" wiązało się z przebywaniem kolejno u różnych gospodarzy, czasem okresowo w lesie, w bunkrach; podział na kategorie „wędrowanie" oraz „w lesie" jest do pewnego stopnia umowny. Wynika on z definiowania sposobu przetrwania przez samych ocalałych[355]. W bunkrach i „w lesie" przeżyło 70 Żydów z powiatu bielskiego.

Tułaczka przebiegała według pewnego powtarzającego się (z drobnymi wariantami) schematu. Początkowo — ucieczka z getta, dezorientacja, spotkanie z innymi uciekinierami, naradzanie się w dużej grupie, pobyt w lesie. Potem następował zwykle podział na mniejsze (najczęściej rodzinne) grupy i podejmowano próbę znalezienia punktu zaczepienia (czasem była to osoba znajoma, umówiona wcześniej). Najczęściej udawało się uzyskać nocleg lub wsparcie aprowizacyjne na dzień, kilka dni, tydzień, czasem dłużej. Kolejny

---

353 Waldemar Monkiewicz, Józef Kowalczyk, *Pomoc Żydom w regionie białostockim podczas II wojny światowej*, „Studia Podlaskie" 1989, nr 2, s. 376.

354 AŻIH, 301/107, Relacja Rafała Kirszenbojma. Autor jest bardzo enigmatyczny w kwestii ukrywania się. W całej relacji poświęca temu dwa zdania: „W pierwszym miesiącu po mojej ucieczce ukrywałem się po różnych wsiach, wynajdując starszych Polaków. 4 grudnia 1942 r. spotkałem koło Siemiatycz pięciu Żydów. Ukryliśmy się pod stodołą właściciela stodoły — Polaka, od niego otrzymaliśmy pomoc. Następnie wykopaliśmy bunkier i tak przeczekaliśmy do czasu przyjścia Armii Czerwonej".

355 Na przykład na liście Żydów z Bielska z 1946 r. (zob. „Bielski Hostineć" 2010 nr 3, s. 81–84) ocalali wpisywali w rubrykę dotyczącą ocalenia wyłącznie „w lesie" jako sposób przetrwania po stronie aryjskiej (dwie osoby wpisały uratowanie na aryjskich papierach).

etap to ponowna wędrówka w inne miejsce, z przystankami w lesie, spotykaniem (często przypadkowo) innych Żydów, poszukiwanie kolejnego punktu zaczepienia — i tak dalej. Schemat był cyklicznie zaburzany przez zagrożenia, wpadki, rabunek, zdradę, donos i (udaną, ponieważ piszę tu o tych, którzy przeżyli) ucieczkę. Żydzi z biegiem czasu zdobywali doświadczenie, a ich kompetencje w dziedzinie ukrywania się rosły. Jak stwierdziła jedna z ocalałych, ukrywanie się „jest umiejętnością, której się uczysz"[356]. Z czasem wiedzieli coraz lepiej, do kogo udać się po pomoc, kogo omijać, jak budować ziemianki w lesie, jak wkradać się do obór i stodół bez wiedzy gospodarzy, jak przestawać ze zwierzętami w gospodarstwie. Istotne wsparcie stanowiły osoby gotowe do pomocy, takie jak choćby katolicy Kliniccy[357], Sobolewscy[358], Nikodem Miśkiewicz[359], Maria Klinicka[360] w Brańsku czy prawosławna rodzina Kołosów oraz Olga Paszkowska[361] w Świrydach, którzy dawali ukrywającym się Żydom żywność, zostawiali otwarte drzwi od zabudowań gospodarskich, gdzie mogli przenocować, przekazywali informacje etc.

Mimo stopniowo zdobywanego doświadczenia i rosnącej kompetencji w sztuce przetrwania los ukrywających się zależał również, a może przede wszystkim, od dobrej lub złej woli innych, czasem — od przypadku. Zgodnie z relacją Chawy Okoń jej brat został złapany, kiedy szedł „w kierunku Kolonii Oleksin do chłopa Popławskiego. Akurat tam na podstawie donosu leśnika [Koszaka] odbywała się rewizja i spotkano tam mego brata". Został zabity przez Niemców. Nastoletnie siostry Chawa i Chana zostały same, bezradne. „Postanowiłyśmy popełnić samobójstwo — wspomina Chawa — ale na szczęście napotkałyśmy chrześcijanina Jaśka Żukowskiego we wsi Klichy (12 km od Brańska), który zlitował się nad nami, dwiema kobietami,

356 USC, VHA, 41607, Ester Fiszgop.

357 U Zygmunta Klinickiego w lesie Żydzi mieli trzy schrony, nocowali w jego stodole, dostarczał im żywność — m.in. Finkelsztajnom i Welwlowi Alperinowi (AIPN Bi, 1/1757, Brańsk, losy Żydów).

358 U Pawła Sobolewskiego przechowali się Chaim Wróbel i Srul Brenner — początkowo w domu, później opiekowali się nimi, gdy Żydzi przenieśli się do schronu pod kaplicą (AIPN Bi, 1/1020, Brańsk — pomoc Żydom, Oświadczenie Chaima Wróbla).

359 Opiekował się także innymi Żydami w schronie pod kaplicą, m.in. Mulką Rechelzonem (AIPN Bi, 1/1757, Brańsk, losy Żydów).

360 Karmiła ukrywających się, m.in. Josefa Brojdego, Welwla Alperina (*ibidem*).

361 Zeznanie Zofii Kołos: „Żydzi ci korzystali z pomocy żywnościwej mieszkańców naszej wsi. Przychodzili w nocy do domów i dawano im pożywienie. Ja również im dawałam żywność". Przed wojną rodzina Olendzkich mieszkała w Świrydach — wszyscy ich tam znali (AIPN Bi, 1/1029, Świrydy — pomoc Żydom).

i kazał nam wejść do stajni, gdzie stały konie i bydło. Było to na 3 miesiące przed wyzwoleniem"[362].

Istotnym zasobem okazywały się przedwojenne kontakty z miejscowymi. Żydzi ze sztetli, często kupcy, mieli wśród lokalnej ludności wielu starych znajomych, klientów, młodsi — kolegów szkolnych. Dzięki pomocy przyjaciół z wojska oraz wielomiesięcznemu ukrywaniu się u dwóch spowinowaconych rodzin Iwaniuków w Gradocznie (gm. Narew) uratował się Lejbko Wacht[363], który miał przed wojną sklep w Narwi, znał wielu katolików i prawosławnych w okolicy.

Z pewnymi zasobami materialnymi uciekła z getta w Drohiczynie siedmioosobowa rodzina Rezników[364], która podzieliła się na dwie grupy. Chaja Reznik z rodzicami po kilku dniach tułania się trafiła na dwa tygodnie do Zaleskich na kolonii Zajęczniki, gdzie ich przyjęto w niezwykły sposób. Chaja wspomina, że potraktowano ich nie jak Żydów, uciekinierów z getta, ale jak gości, co dodało jej niezwykle dużo odwagi i sprawiło, że „poczuła się znowu człowiekiem"[365]. Niespodziewanie w domu pojawili się Niemcy, ale Reznikowie zdołali się skutecznie schować, niemniej musieli opuścić gościnne Zajęczniki i przez kolejne dwa lata tułali się po okolicy, zatrzymując się w wielu miejscach „na dzień, dwa, tydzień, nigdzie nie było na stałe, żadnej stabilizacji: w stajni, w oborze, na strychu, czasem w domu". Ostatnie dziewięć miesięcy spędzili u Kosków, zakopani w sianie w stodole. Przeżyła cała rodzina — jedna z nielicznych w powiecie bielskim: Hersz i Bela Reznikowie, ich córka Chaja oraz synowie Jankiel i Joel z żoną Mirą.

O zasobach materialnych jest także mowa w relacji Estery Fiszgop, wędrującej z ciotką i dwiema kuzynkami początkowo między tymi, którzy wzięli na przechowanie rzeczy, pieniądze i obiecywali pomóc — wszyscy jednak kolejno je wyrzucali i nie zamierzali niczego oddać. W końcu przez sześć miesięcy siedziały w kucki w dziurze wykopanej pod chlewem, ale gdy sąsiedzi Leokadii Jurczuk zaczęli coś podejrzewać, musiały opuścić gospodarstwo, rozdzielić się i próbować ratunku na własną rękę. Estera wędrowała bosa i obdarta po okolicy, kradnąc zwierzętom jedzenie, nocując po stodołach; wracając od czasu do czasu do Jurczukowej, u której mogła pobyć po

362 AŻIH, 301/2268, Relacja Chawy Okoń.

363 AYV, O.93/8112, Relacja Ariego Wachta (ur. 1912 w Narwi), tłum. z j. hebrajskiego Ela Linde; AIPN Bi, 1/1029, Świrydy — pomoc Żydom, List Bazyla Iwaniuka do Okręgowej Komisji [Badania Zbrodni Hitlerowskich] w Białymstoku, k. 329–330.

364 USC, VHA, 30031, Relacja Helen Kokin z domu Reznik (ur. 1924 w Drohiczynie). Siostry Zaleskie i Jadwiga Kosk zostały uhonorowane w 1983 r. medalem Sprawiedliwych.

365 *Ibidem*.

kilka dni, pomagając w domu. Nauczyła się tak chować, że chłopi nie mogli jej znaleźć, znała okolicę, psy się do niej przyzwyczaiły, nie szczekały na nią. Estera wspomina, że jej pęd do życia był tak silny, iż mimo bezustannej niepewności, poniżenia i bólu nie czuła tego, bo była cały czas w stanie wewnętrznej paniki, bezustannie owładnięta myślą o przetrwaniu. Nie planowała i nie analizowała sytuacji, działała instynktownie, tak by przetrwać od jednego zagrożenia do kolejnego. Musiała być bezustannie czujna, każdy moment mógł przynieść niebezpieczeństwo. „Najbardziej bałam się chłopów, Niemcy nie wzięliby mnie za Żydówkę, chłopi tak". Najgorszym przeżyciem były dla niej rozmowy, „które słyszała, kiedy była schowana — jak bardzo była nienawidzona i jaka była niebezpieczna". Pod koniec okupacji jej sytuacja stała się łatwiejsza, ponieważ Estera znalazła się pod opieką partyzantów; dostała od nich jakieś ubrania, a przede wszystkim „rozwiesili ogłoszenie, że jeśli żyd zostanie zabity na twojej ziemi, to ty i twoja rodzina zostaniecie zabici, a gospodarstwo spalone"[366]. Tuż przed wyzwoleniem Estera znowu spotkała ciotkę i kuzynki — wszystkie przeżyły. Podobnie skomplikowane i trudne przejścia, pełne niebezpieczeństw, zagrożeń, zdrad i rozczarowań, miała Luba Wróbel z Ciechanowca; ona także pod koniec okupacji przyłączyła się do grupy rodzinnej pod opieką partyzantów[367].

Żadnych zasobów materialnych nie miała Rywka Gruskin (Regina Kugler), która wyskoczyła z pociągu do Treblinki w grupie 13 osób. Wszyscy schowali się gdzieś w stodole u chłopa. Ktoś ich zadenuncjował, nadjechali żandarmi, a gdy Żydzi uciekali, zaczęto za nimi strzelać. Z całej grupy przeżyła tylko Rywka (zginęli m.in. jej młodszy brat i rodzice), tułając się po gospodarzach i co kilka tygodni lub miesięcy zmieniając miejsce. Pomagała w gospodarstwie, robiła na drutach, jakiś czas przesiedziała ukryta w oborze, nie wychodząc na zewnątrz[368].

Zasoby psychologiczne — odwagę, determinację, brawurę — wykazali Symche Wojnowicz i jego brat Berl, umieszczeni dzień przed wysiedleniem w majątku w Pobikrach, o którym już była mowa. Pracujących tam kilkuset Żydów Niemcy 2 listopada 1942 r. planowali zaprowadzić z powrotem do Ciechanowca. Gdy w drodze doszło do próby ucieczki i masakry na miejscu, Wojnowiczom udało się uciec. U znajomego Polaka spotkali siostrę i brata,

---

366 USC, VHA, 41607, Ester Fiszgop. O partyzantce mowa dalej.

367 USC, VHA, 18687, Luba Goldberg (ur. 1925 w Ciechanowcu). Luba uciekła w dniu wysiedlenia do lasu z dwoma wujami, ciotkami i siedmiorgiem ich dzieci; z całej grupy przeżyła tylko ona, pod koniec w bunkrze z partyzantami.

368 AYV, O.93/7089, Relacja Reginy Kugler, tłum. z j. hebrajskiego Ela Linde.

którzy uciekli z getta, było tam też kilkoro innych Żydów. Niemcy wykryli ich w końcu grudnia, ale w drodze na posterunek bracia Wojnowiczowie wyswobodzili się z więzów i znowu zdołali zbiec. Ich rodzeństwo zginęło. Do końca okupacji Symche i Berl tułali się po okolicy, spotykając innych ukrywających się Żydów, łącząc się okazjonalnie w grupy przetrwania, rozdzielając się ponownie po przeżyciu kolejnych zagrożeń i stracie towarzyszy. Budowali w różnych miejscach ziemianki i kryjówki: w ogrodzie, na polu, pod stodołą właściciela młyna. Po wojnie Berl Wojnowicz ożenił się z ocalałą w leśnym bunkrze w okolicach Brańska Brachą Szpak; wszyscy wyjechali z Polski[369].

Przykładem tego, jak Żydzi się uczyli i zdobywali doświadczenie, jak stopniowo zaczynali być coraz bardziej samodzielni w sztuce przetrwania może być 19-letni Icchak Grodziński, który przetrwał w lesie. Uciekł on z getta w Brańsku wraz z przypadkowym dzieckiem, 8-letnim Jehoszuą Goldbergiem. Przez miesiąc tułali się po okolicy. „Parokrotnie, kiedy prosili o żywność, albo zostali przyłapani w nocy w stodole, gospodarze chcieli ich oddać Niemcom, ale udało im się ubłagać ich o litość. Chodzili okrężnymi dróżkami, nie wchodząc do wsi, czasem do gospodarstwa na skraju wsi, nie wiedząc, gdzie dostaną kawałek chleba, a gdzie gospodarz wyrzuci ich, grożąc wydaniem Niemcom"[370]. Icchak był zdezorientowany, nie wiedział, komu może zaufać. Obiecał im pomóc pewien szewc, ale ograbił ich i wyrzucił niemal gołych na śnieg. Obiecał pomóc młynarz — dał im nóż, kazał wrócić do szewca, odebrać zagrabione rzeczy i przechował ich przez najgorsze zimowe miesiące. Potem Icchak i Jehoszua przestali się bać i żebrać o jedzenie — wchodzili do chłopów i żądali jedzenia, a Icchak „pod kurtkę wkładał coś, co mogło wyglądać na pistolet". W marcu 1943 r. przyłączył się do nich uciekinier z transportu z getta białostockiego, nastolatek Meir Studnik, a potem doszło jeszcze trzech znajomych Żydów z Brańska. „Icchak był przywódcą grupy. Uczył, jak należy zachowywać się w lesie, nigdy nie przebywać w tym samym miejscu, zdobywał żywność dla wszystkich". Później przyłączyła się do nich kobieta z trójką dzieci, ale grupa została rozbita przez Niemców. Icchak z Jehoszuą i Meirem stopniowo stworzyli nową, 12-osobową grupę i „doczekali wyzwolenia, kryjąc się w okolicach Brańska, zabierając jedzenie chłopom pod groźbą [użycia] broni"[371]. Grupa Icchaka

369 USC, VHA, 48443, Relacja Szymona Wojnowicza (ur. 1922 w Ciechanowcu).
370 AYV, SAPIR # 7421797, Yitshak Grodzinski (Icchak Grodziński, ur. 1923 w Brańsku).
371 *Ibidem.*

to typowa leśna gromada Żydów walczących o przetrwanie, różniąca się od partyzantki, o której będzie mowa dalej.

Efraim Lederman z rodzicami, siostrą i dwoma braćmi uciekł z getta; znaleźli schronienie w oborze u Miłkowskich w Koczerach (tych samych, którzy później przygarną Sarę Mężyńską). Ojciec szewc i dwaj najstarsi bracia wychodzili pracować w okolicznych wsiach. Jak wspomina Efraim, pewnej nocy miał zły sen i prosił ojca, by nie wychodzili. „Tego samego dnia ktoś doniósł, przyjechali Niemcy i zastrzelili ojca i 2 braci"[372]. Pozostała czwórka Ledermanów musiała znaleźć inne miejsce: matka z siostrą schroniły się u znajomego gospodarza w innej wsi, a Efraim z młodszym bratem tułali się po okolicy, czasem je odwiedzając. Przez jakiś czas ukrywali się razem w opuszczonym gospodarstwie, gdzie przypadkowo znaleźli ich Niemcy. Matka i siostra zostały zastrzelone. Po ich śmierci chłopcy przyłączyli się do grupy Żydów ukrywających się w lesie koło wsi Kłopoty-Bańki. „Wieś była przyjazna Żydom, nie donosili, mogli pracować za dnia w gospodarstwach. Latem było łatwiej o żywność, czasem udawało im się skraść owoce w dalszej wsi. Spotykali się nocą grupami w lesie". We wrześniu 1943 r. do lasu weszli Niemcy, wielu Żydów zginęło, między innymi brat Efraima. Po jego śmierci Efraim wrócił do Koczer, „przeżył zimę 1943/44 i wiosnę, kryjąc się co kilka tygodni u innego gospodarza"[373], a w kwietniu przyłączył się do partyzantki.

KARY ZA POMAGANIE ŻYDOM

Udzielanie pomocy ukrywającym się Żydom było zagrożone karą śmierci i co najmniej pięcioro mieszkańców powiatu z tego powodu zginęło, a kilku innych dotknęły poważne represje. U starszego małżeństwa Jakubowskich na kolonii Popławy (gm. Brańsk) ukrywali się Lejbka i Fiszka Dolińscy, bracia rzeźnicy z Brańska; 12 kwietnia 1943 r. zabili ich żandarmi, a wraz z nimi Walentynę Jakubowską. Jej mąż był wówczas w kościele[374].

---

372 AYV, O93/37064, Relacja Efraima Ledermana (ur. 1923 w Drohiczynie), tłum. j. z hebrajskiego Ela Linde. Szewc Szloma z synami zostali „rozstrzelani na kolonii Koczer, u Kosińskiego" — zeznała Helena Borzym z domu Kosińska, która jako dziecko nosiła im do obory jedzenie (AIPN Bi, 1/1031, Popławy-Kolonia. Pomoc Żydom, k. 181).

373 *Ibidem.*

374 Po kilku dniach żandarmi zabrali go na posterunek i trzymali kilka dni, „domagając się oddania broni i złota rzekomo otrzymanego od Żydów. [Jakubowski] stwierdził, iż przyjął

Walentyna Jakubowska jako jedyna została rozstrzelana na miejscu, razem z ukrywającymi się Żydami — inni mieszkańcy powiatu ukarani za pomaganie Żydom zginęli w obozach — Olędzki[375], żona Antoniego Kazimieruka z Suchowolców[376], Konstanty Dobrogowski i jego syn Stanisław, którzy zginęli w obozie Stutthof[377]. W tym wypadku dodatkową karą było rozebranie zabudowań; pozostali członkowie rodziny musieli się przenieść do innej wsi.

Za pomaganie Żydom w powiecie bielskim Niemcy wymierzali także inne kary. Na trzy miesiące pobytu w obozie karnym w Bielsku Podlaskim[378]

Żydów po znajomości i żadnych kosztowności oni nie mieli. Broni też nie posiada. Został zwolniony". Dostał też pozwolenie na odkopanie żony pochowanej na polu, tam, gdzie została zastrzelona — pochował ją pod przydrożnym krzyżem (AIPN Bi, 1/1039, Popławy-Kolonia, pomoc Żydom, Zeznanie Jana Jakubowskiego, syna Walentyny, k. 8–10). Imiona Dolińskich pojawiają się w różnych wersjach, tu: Mośko i Wełwko.

375 U Olędzkich w Szmurłach ukrywało się czworo anonimowych Żydów (trzech mężczyzn i kobieta), których rozstrzelali żandarmi z posterunku w Rudce. Gdy Olędzki dostał wezwanie na posterunek, poszedł do znajomego szucmana, i prosił go, by „żandarmom wytłumaczył, że to nie on przechowywał Żydów, tylko jego żona. Przypuszczał, że w ten sposób uniknie odpowiedzialności, a jego żona jako kobieta nie będzie surowo represjonowana. Nie pomogły jednak żadne tłumaczenia i Olędzki po pewnym czasie został wywieziony z Rudki. Gdzie trafił, nie wiem, ale na pewno żandarmi go zamordowali" (AIPN Bi, S31/70, Posterunek w Rudce, pow. Bielsk Podlaski, Zeznanie Piotra Osmólskiego, k. 12).

376 U Kazimieruka w chlewie ukrywali się przez pewien czas Majer Biały i Symcha Burstein. Gospodarz nie chciał im na to pozwolić, ale — jak zeznał na rozprawie — „Żona prosiła mnie, by pozwolić im parę dni pozostać u nas, i tak się stało. [...] 27 kwietnia [1943 r.] udałem się do Kleszczel przynieść dla nich żywności i w czasie mojej nieobecności sołtys Jakub Szklaruk zatrzymał u mnie w ustępie jednego z tych żydków nazwiskiem «Biały». [...] Po tym wszystkim Niemcy aresztowali moją żonę, którą po 3 miesiącach w [obozie w] Bielsku Podlaskim rozstrzelali, a ja zmuszony byłem iść do partyzantów, gdzie przebywałem aż do chwili ofenzywy Armii Czerwonej w 1944" (AIPN Bi, 404/10, Akta w sprawie Włodzimierza Szklaruka).

377 Na kolonii wsi Łempice w ich stodole ukrywało się dwóch anonimowych Żydów z Ciechanowca (20- i 50-letni), 7 III 1943 r. znaleźli ich żandarmi z Rudki i rozstrzelali za stodołą, a Konstanty Dobrogowski z synem Stanisławem zostali zmuszeni do zakopania ciał. Następnie żandarmi zabrali ich na posterunek, skąd po kilku dniach zostali przewiezieni do karnego obozu w Bielsku Podlaskim, a „stamtąd trafili do Stutthofu, gdzie obaj zginęli" (AIPN Bi, S31/70, Posterunek w Rudce, pow. Bielsk Podlaski, Zeznanie Marianny Mikołajczyk z d. Dobrogowskiej, k. 16).

378 W Bielsku Podlaskim przy ul. Zamkowej 11, w dawnym budynku szkoły żydowskiej, jesienią 1941 r. Niemcy utworzyli obóz karny (Straff-Lager), którego więźniów wykorzystywano do ciężkiej pracy, m.in. przy kopaniu torfu. Obóz był używany także jako areszt, funkcjonował do 16 lipca 1944, przebywało w nim średnio 100–150 więźniów, w sumie przez obóz przewinęło się 1500–2000 więźniów, 3 zginęło, 69 zostało rozstrzelanych (AIPN Bi, 1759, Waldemar Monkiewicz, „Obozy hitlerowskie w regionie białostockim").

został skazany Stanisław Popławski, który w swoim gospodarstwie na kolonii Oleksin (gm. Brańsk) ukrywał Żyda Josiela z żoną i dwiema córkami. Żandarmi z Brańska zabili tych Żydów, gdy uciekali oni z gospodarstwa, ostrzeżeni przed nadciągającą rewizją. Popławski spędził trzy miesiące w obozie karnym w Bielsku, ale wkrótce potem wziął na przechowanie kolejnych Żydów, gdyż „nie potrafił ludziom odmówić pomocy. Był gorliwym katolikiem"[379]. Spaleniem zabudowań ukarano rodzinę Danilczuków z kolonii Pace (gm. Brańsk)[380], a rozebraniem gospodarstwa oprócz wspomnianych wcześniej Dobrogowskich także rodzinę Gołembieckich (wdowę z czwórką dzieci), u których na kolonii Poletyły (gm. Brańsk) ukrywała się czwórka Żydów. W październiku 1943 r. żandarmi zorganizowali obławę[381] i zabili rodzeństwo Dorę i Herszka Rubinsztajnów, natomiast Mula i Moszko Klejnotowie wraz z gospodarzami zdążyli uciec. „Dom rodziny Gołembieckich został zburzony przez niemców do fundamentów, a inwentarz skonfiskowany. Od tego tragicznego dnia rodzina Gołembieckich musiała ukrywać się ze mną i moim bratem Moszkiem po dalszych okolicach i w lasach"[382]. Moszko Klejnot zginął, Mula i rodzina Gołembieckich przeżyli.

379 AIPN Bi, 1/1028, Sprawa przechowywania 4 Żydów, Brańsk-Kolonia, k. 119. Przesłuchanie syna, Stanisława Popławskiego. Ci Żydzi, wzięci później na przechowanie, to Fajwel i Lejbko Szapirowie z Miną Waserówną oraz Sonią Weinstein, którzy przeżyli tam do końca okupacji. Popławscy mieli duże gospodarstwo, 25 ha, i jak zeznał Popławski: „po oddaniu kontyngentu zostawało nam trochę żywności". Dawali też żywność innym Żydom, którzy ukrywali się w okolicy.

380 U Danilczuków (zadenuncjowanych przez „jednego z gospodarzy ze wsi Markowizna") Niemcy znaleźli i 10 V 1944 r. zastrzelili małe dziecko i trzy Żydówki, które tam się ukrywały. Po zastrzeleniu Żydów od razu na posesji Danilczuków wciągnęli ciała do stodoły, podpalili całe zabudowania i odeszli. Apolonia Danilczuk z dwojgiem dzieci była wówczas na odpuście w rodzinnej wsi Łazy, a Antoni zdążył uciec do lasu (AIPN Bi, 1/1115, Chojewo — pomoc Żydom, Zeznanie Wiktora Kamińskiego, k. 12; *ibidem*, Zeznanie Stanisława Olszewskiego, k. 30).

381 Z pewnością ktoś na nich doniósł, jak zeznała Anna Glinka z domu Gołąbecka, wcześniej przychodził do nich znajomy szucman Falkowski i mówił: „donosy przychodzą, że Żydom jeść dajecie, powiedz mamie, że jak znajdą u was Żyda, to was wszystkich zabiją na miejscu wraz z żydami" (AIPN Bi, 1/1028, Sprawa przechowywania 4 Żydów, Brańsk-Kolonia, k. 113–114). Nazwisko pojawia się w relacjach w różnych formach: jako Gołębieccy, Gołębiewscy, Gołembieccy. W dokumentach IPN czworo dzieci Zuzanny, które pomagały ratować Żydów, używa trzech różnych form nazwiska: Anna używa formy „Gołąbecka" (*ibidem*, k. 4), Czesław — „Gołembiecki" (k. 32), Kazimierz stwierdza na przesłuchaniu, że poprawne brzmienie nazwiska to „Gołembiecki" (k. 50), natomiast Franciszek używa formy „Gołębiecki" (k. 75).

382 *Ibidem*, List Mulki Klejnota do Głównej Komisji Badania Zbrodni Hitlerowskich w Polsce z 7 III 1987 r., k. 34–35.

Kosiński z kolonii Koczery został przez Niemców pobity[383], a żadnych konsekwencji nie ponieśli Błaszczukowie z Bacik Średnich[384] czy bracia Skrzypkowscy, do których na kolonię Sieniewicze (gm. Drohiczyn) przychodziło wielu Żydów z prośbą o żywność. Maciej Skrzypkowski, ojciec siedmiorga dzieci, przechowywał przez kilka miesięcy dwójkę dzieci żydowskich, lecz Niemcy je znaleźli i zabili. Zygmunt Skrzypkowski, który miał pięcioro dzieci, w kryjówce pod podłogą przechowywał kilkoro Żydów. U mieszkającej w tym samym domu ich macochy przebywała przez jakiś czas Żydówka Mendlowa z siostrą i pięciorgiem małych dzieci. W lutym 1943 r. przyszli Niemcy i „mimo błagań Mendlowej o darowanie życia przynajmniej jej dzieciom żandarmi bez żadnej litości wyprowadzili Mendlową, jej siostrę i dzieci za stodołę [...] i rozstrzelali... Mendlowa przed egzekucją okryła dzieci kocem"[385]. Sąsiedzi pochowali zabitych w lasku i posadzili na ich grobie brzozę[386]. Skrzypkowscy nie ponieśli żadnych konsekwencji w związku z ukrywaniem Żydów. Represje nie dotknęły także Kurków, którzy ukrywali Esterę, siostrę Sary Mężyńskiej, ani rodziny Turów, która w Sieśkach (gm. Wyszki) na prośbę księdza Zalewskiego przechowywała lekarza Juliana Charina[387].

---

383 W ich gospodarstwie zamordowano ojca i synów Ledermanów; Niemcy chcieli zastrzelić także Kosińskich, ale ci „tłumaczyli im, że nie wiedzieli, że ci mężczyźni są Żydami, chcieli tylko, by nam zrobili buty. Niemcy zabrali skórę, buty i inne rzeczy", zostawiając rodzinę w spokoju (AIPN Bi, 1/1033, Koczery — pomoc Żydom, Zeznanie Mieczysława Kosińskiego, k. 79).

384 Troje Żydów Solańskich po ucieczce z getta w Siemiatyczach ukrywało się u przedwojennych znajomych Błaszczuków w Bacikach Średnich, w chlewie na ruszcie. Po dwóch miesiącach przyszedł w nocy sołtys wsi z Niemcami, znaleźli Żydów, rozstrzelali ich, gospodarzowi kazali pochować ciała. Błaszczukowie obawiali się konsekwencji, i rzeczywiście „po paru dniach przyszło wezwanie do żandarmerii w Siemiatyczach — zeznawała Błaszczukowa. — Poszliśmy najpierw do kościoła i modliliśmy się. Potem poszliśmy do żandarmów". Błaszczuk został przesłuchany i wypuszczony, ale „po powrocie do domu podupadł na zdrowiu — niedlugo zmarł na serce" (AIPN Bi, 1/1128, Sprawa przechowywania Żydów, Baciki Średnie, Przesłuchanie Antoniny Błaszczuk, k. 2). O Żydach ukrywanych u Błaszczuków doniósł niejaki Sawczuk. „Mieszkał on w Leszczce. [...] to Sawczuk powiedział, że widział u nas Żydów. Niemcy przesłuchiwali mojego męża i Sawczuka. Potem ich wypuścili... Mój mąż powiedział, kiedy wyszedł na dwór, że to jest nasz gubiciel. Ja podskoczylam do Sawczuka i uderzyłam jego dwa razy w twarz. On zaczął uciekać. Ja goniłam go i przeklinałam" (*ibidem*, k. 3).

385 AIPN 3/06/Zn, Akta główne prokuratora w sprawie zbrodni ludobójstwa dokonanego przez funkcjonariuszy niemieckiego aparatu okupacyjnego w Drohiczynie popełnionego w celu wyniszczenia osób narodowości żydowskiej, Zeznanie Macieja Skrzypkowskiego, k. 66.

386 AIPN Bi, 1/1034, Skiwy Małe, gm. Siemiatycze — pomoc Żydom, Zeznanie Stanisława Pawelczuka, k. 30.

387 U księdza ukrywała się siostra doktora Charina, opiekował się on nimi i pomagał organizować niezbędną pomoc. Policjanci z Topczewa przyszli do Turów, Charina zabrali,

Nie potrafię wytłumaczyć, dlaczego nie wymierzono w tych wypadkach bezwzględnie kary śmierci za udzielanie schronienia Żydom ani od czego zależał rodzaj wymierzonej kary, ani też z jakiego powodu niektórzy nie ponieśli żadnych konsekwencji za pomaganie Żydom. Oczywiście decydując się na pomoc, nie mogli wiedzieć, że w razie wpadki ominie ich kara — działali ze świadomością, że ryzykują życiem własnym i całej rodziny w wypadku wykrycia. Represje wobec pomagających stanowiły przestrogę dla innych — dla wszystkich, którzy chcieliby się przeciwstawiać niemieckim rozkazom. Poza ukaraniem sprawców nieposłuszeństwa pełniły także funkcję ostrzeżenia, a przede wszystkim rozsiewały terror i strach. Uczucie strachu przenika zarówno relacje żydowskie, jak i świadectwa polskie, nie łącząc jednak, ale dzieląc. Był to strach nie tylko przed Niemcami, lecz przed sobą nawzajem: ukrywający się Żydzi bali się zagrożenia ze strony lokalnych mieszkańców, ci zaś obawiali się z jednej strony partyzantów i „band", a z drugiej pomagania Żydom, co oznaczało nieposłuszeństwo wobec Niemców i narażenie się na represje. Strach przed karą był z pewnością jednym z istotnych czynników utrudniających pomaganie Żydom, nawet jeżeli Niemcy nie zawsze stosowali karę śmierci; czasem zadowalali się spaleniem gospodarstwa, czasem wzywali na posterunek. Czy było to związane z pracą ich znajomych i sąsiadów w policji niemieckiej? Czy współpraca między szucmanami a żandarmami mogła mieć wpływ na surowość kar wymierzanym mieszkańcom? Czy może Niemcy niedbale wykonywali rozkazy? A może dawali się przekupić, chociaż żadne sugestie na ten temat w przesłuchaniach nie padały?

NA ARYJSKICH PAPIERACH

Najrzadszą strategią przetrwania w powiecie bielskim było przeżycie na aryjskich papierach. Żydzi małomiasteczkowi i wiejscy, którzy stanowili populację powiatu, w większości żadnych aryjskich papierów nie posiadali, ukrywali się po sąsiadach i lasach, w ogóle nie troszcząc się o zdobycie stosownych dokumentów. Niemniej jedenaście osób w tym powiecie przeżyło właśnie w sposób, który znamy z dużych miast — na tzw. aryjskich

a gospodarzy i ich syna Wacława wzięli na posterunek. Tenże Wacław zeznawał: „Niemcy nie bili mnie ani moich rodziców za przechowywanie Juliana Charina. Nie spalili także zabudowań gospodarczych ani domu. Po trzech dobach zostaliśmy zwolnieni. Julian Charin został rozstrzelany. Jest pochowany na cmentarzu w Topczewie" (AIPN Bi, 1/1032, Kolonia Popławy, gm. Brańsk. Pomoc Żydom, Przesłuchanie Wacława Tura, k. 159–160).

papierach. Tak przetrwała Cyla Kalecka, która przed wojną wyszła za mąż za Polaka Romana Jastrzębskiego, głęboko zaangażowanego w działalność konspiracyjną i partyzancką; jako nauczyciel wiejski przebywał przez dłuższy czas we wsi Żale z żoną i córką. Córka, wówczas nastoletnia, wspomina aresztowanie i pobyt na posterunku w Pobikrach, co było związane raczej z działalnością ojca niż z podejrzeniem żydowskiego pochodzenia. Gdy zaś zostały z matką zatrzymane w Siemiatyczach, uwolnił je policjant związany z podziemiem i znający ojca[388].

Podobnie przeżyła żona zamożnego adwokata z Wysokiego Litewskiego Eugenia Wiszrubska z dwiema córkami, Reginą (ur. 1931) i Adelą (ur. 1935). Ojciec zginął w 1942 r., w czasie przesiedlenia do getta w Prużanie, a Eugenii pomogła zaprzyjaźniona córka burmistrza Wysokiego, posyłając jej papiery karaimskie. Jako trzy „karaimki" panie Wiszrubskie przy pomocy kilku znajomych osób zamieszkały w Narwi, gdzie przeżyły do końca okupacji. Tamtejszy ksiądz, wtajemniczony w ich pochodzenie, uwiarygadniał je wobec lokalnej społeczności i wspierał[389]. W Białowieży przeżyła „Sarenka", właścicielka szynku w dzielnicy Krzyże, o której nikt nie wiedział, że jest Żydówką. W czasie okupacji pracowała jako gospodyni u pochodzącego z Kłajpedy Niemca, oberleutnanta Schulza[390]. Trzyosobowa rodzina Sperlingów przeżyła w Bielsku Podlaskim, udając Węgrów, pan Sperling był zatrudniony jako główny księgowy w firmie Kreishandel, prowadzonej przez Czecha lub Austriaka Johanna Chlupkę, który ich w ten sposób uratował[391]. Kolejnym Żydem na aryjskich papierach był student z Warszawy – jako Adolf Jużelewski przeżył w Bielsku przy pomocy rodziny Sielickich[392]. Anastazja i Walerian Sobolewscy w maju 1943 r. przywieźli z domu sierot ks. Baudouina w Warszawie żydowską dziewczynkę Inkę Grynszpan, która jako Joasia przeżyła u nich do końca wojny[393].

388 USC, VHA, 22019, Relacja Zuzanny Jastrzębskiej-Szydłowskiej (ur. 1927). Kapitan Jastrzębski został aresztowany w 1944 r. przez NKWD i zesłany do obozu, do Polski wrócił po kilku latach, jego żona i córka przeżyły wojnę.

389 USC, VHA, 28361, Relacja Reginy Szymańskiej z domu Wiszrubskiej; USC, VHA, 45233, Relacja Adeli Boddy z domu Wiszrubskiej.

390 Zob. http://www.jewish-bialowieza.pl/ocaleni/sarenka/.

391 Zob. Janusz Porycki, *Pomoc mieszkańców Bielska Podlaskiego ludności żydowskiej*, „Bielski Almanach Historyczny" 2017, s. 101–111.

392 *Ibidem*.

393 https://sprawiedliwi.org.pl/pl/historie-pomocy/historia-pomocy-rodzina-sobolewskich.

Troje innych Żydów przeżyło na robotach w Prusach. Brak zasobów finansowych rekompensowała przytomnością umysłu i brawurą Batszeba Szwarzberg z Siemiatycz (ur. 1927), która wyskoczyła z pociągu do Treblinki. Batszeba kręciła się przez jakiś czas po wsiach, obiecano jej pracę, jeśli będzie miała legalne dokumenty. Nie wiedziała, skąd je wziąć — poszła do kościoła i, „żegnając się znakiem krzyża, modliła się, przypominając sobie wszystkie modlitwy hebrajskie, które pamiętała. Zasnęła w kościele. Śniła jej się matka, która dała jej paczkę papierów i powiedziała: «teraz będzie ci już dobrze, pilnuj tych papierów». Obudziła się, szukając torebki do schowania dokumentów"[394]. Ubrana jak chłopka poszła do urzędu w Grodzisku i wyrobiła sobie papiery na Walentynę Zajcew, córkę radzieckiego oficera stacjonującego w ich domu w okresie okupacji sowieckiej. Z papierami wróciła do gospodarza, który obiecał jej pracę — przyszła akurat w chwili, gdy Niemcy go aresztowali za pędzenie bimbru. Przy okazji zgarnęli też Batszebę — okazało się, że na posterunku żandarmerii w Pobikrach potrzebują kogoś do sprzątania. I tak Batszeba od stycznia 1943 r. sprzątała, pomagała w kuchni, gotowała dla żandarmów niemieckich. W połowie 1943 r. dziewczynę wzięła do swojego gospodarstwa w Prusach Wschodnich Niemka Gerda Kossak, wcześniej zatrudniona w majątku w Pobikrach. Tam Batszeba jako Walentyna Zajcew doczekała końca wojny. Za sowiecką sierotę Iwana Orłowa podawał się 13-letni Szaja Wiprawnik po ucieczce z getta w Ciechanowcu. W połowie 1943 r. razem z Rosjanami pracującymi w okolicy znalazł się w więzieniu w Łomży, skąd trafił na roboty do Prus Wschodnich i był zatrudniony do końca wojny jako posługacz u oficera SS[395]. Natomiast Estera Drogicka (z domu Siemiatycka) po stracie rodziny[396], zaopatrzona w dokumenty kupione od Białorusinki, postanowiła wyjechać do Prus na roboty, w czym pomógł jej sołtys Malinowa Edward Malinowski (przy okazji ją ograbił) — i w grudniu 1942 r. trafiła do Rastenburga (Kętrzyna) jako pomoc domowa w niemieckiej rodzinie Fittkau. Nie tylko poznała tam swojego drugiego męża (Polaka, który także był na robotach), lecz rozwinęła działalność handlową, przesyłając Malinowskiemu paczki z rzeczami na sprzedaż.

394 AYV, O.3/7885, Relacja Bat Szewy Arieli z domu Szwarzberg (ur. 1927) (tłum. z j. hebrajskiego Ela Linde).

395 USC, VHA, 5893, Relacja Sheldona Wiprawnika (ur. 1929 w Czyżewie).

396 Siostra z dziećmi i synek Estery po ucieczce z getta w Drohiczynie znajdowali się w dużej grupie Żydów w lesie. Złapali ich Polacy i zawieźli na posterunek żandarmerii, gdzie wszystkich rozstrzelano.

Odwiedziła go, gdy jechała na urlop „do domu". Zdawała sobie sprawę, że jest on współwinny śmierci kilkudziesięciu Żydów, którzy ukrywali się w lesie i zostali wydani Niemcom, mimo to na jego procesie po wojnie złożyła fałszywe zeznania w jego obronie[397].

PRZEŻYLI W PARTYZANTCE

Spośród 322 Żydów ocalałych na terenie powiatu bielskiego co najmniej 26 przeżyło, walcząc w partyzantce. W ruchu oporu działało więcej Żydów z powiatu, lecz część z nich zginęła. Ginęli najczęściej w walce, a nie wydani czy zamordowani przez sąsiadów. W tej strategii przetrwania zawarta jest sprawczość, samodzielność, aktywność podyktowana zasobami, takimi jak przekonanie o własnej skuteczności, możliwości wpływu na własny los — ten rodzaj niezależności, jakiej brakowało w opisanych wcześniej strategiach przetrwania.

W 1942 r. okręg białostocki został ogłoszony przez Himmlera „obszarem walki z bandami" (*Banden-Kampf-Gebiet*)[398], gdzie partyzanci mieli „być bezlitośnie wyeliminowani w walce lub podczas prób ucieczki"[399], a sądy doraźne szybko i bezwzględnie karały za pomoc im udzielaną[400]. 5 maja 1942 r.

---

397 AIPN Bi, 403/18, Akta sprawy karnej Edwarda Malinowskiego, Zeznanie Marii Wiśniewskiej, k. 43: „W czasie okupacji niemieckiej ukrywałam się jako żydówka w lesie koło Malinowa. Nikt mnie nie chciał przyjąć do domu. Weszłam więc do sołtysa Malinowskiego i ten mnie przyjął. Parę dobrych tygodni ukrywałam się w stodole Malinowskiego i on mnie karmił [...]. W nocy w jego stodole było pełno żydów, Malinowski dawał im jeść. Ja zawdzięczam Malinowskiemu życie, gdyż wyrobił mi aryjskie papiery, a potem umówiwszy się ze mną, zameldował, że uchylam się od robót przymusowych. Zostałam wówczas aresztowana i odesłana do Niemiec. Na urlop przyjechałam do Malinowa. W czasie mordu Żydów byłam w Niemczech. Otrzymałam tylko list od Edwarda Malinowskiego, w którym pisał mi on, że żydów wydał w ręce niemieckie leśniczy i że go za to partyzantka żydowska zabiła". Malinowski został uniewinniony.

398 Szymon Datner, *Niemiecki okupacyjny aparat bezpieczeństwa w Okręgu Białostockim (1941–1944) w świetle materiałów niemieckich (opracowania Waldemara Macholla)*, „Biuletyn GKBZH" 1965, nr 15, s. 9.

399 Geoffrey P. Megargee, *Front wschodni 1941. Wojna na wyniszczenie*, tłum. Tomasz Łuczak, Warszawa: Świat Książki, 2009, s. 70.

400 „Policyjny Sąd Doraźny w Prużanie skazał prawomocnie dnia 10.5.1942 r. 25 mężczyzn [oraz] 2 kobiety na śmierć za działalność bandycką, sprzyjanie bandom i pomoc dla band. Osoby te zostały doraźnie rozstrzelane w niedzielę, dnia 10 maja 1942 w Żabinie. Miejscowości: Kapitanczyzna [Kapitańszczyzna], Postołowo, Skypiewo i Sawiny-Gród zostały spalone za

landrat powiatu bielskiego wydał odezwę, w której czytamy m.in: „Kto nosi przy sobie bez upoważnienia broń i będzie na tym przyłapany, zostanie rozstrzelany na miejscu. Kto stawia opór będącym w akcji organom bezpieczeństwa albo nie staje na wezwanie i nie podnosi rąk do góry oraz kto zapewnia członkom band pomieszczenie i schronienie, zostanie rozstrzelany. Kto zna nazwisko bandyty i bez względu na przyczyny nie uczyni doniesienia, zostanie ukarany śmiercią. [...] Obowiązkiem ludności jest natychmiastowe meldowanie niemieckim władzom policyjnym o osobach, które rozpoznała jako przynależne do band [...]"[401]. Miesiąc później we wsi Rajsk „zamordowani zostali przez dywersantów sowieckich dwaj przebywający tam na wycieczce kolejarze niemieccy. W dwa dni po tym [16 czerwca 1942 r.] karna ekspedycja niemiecka spaliła Rajsk i szereg wsi pobliskich oraz rozstrzelała w okolicy 140 mężczyzn i mnóstwo kobiet z tego terenu wysłano na roboty w Rzeszy"[402].

Za wszelkie przejawy oporu, działania konspiracji, za pomaganie zbiegłym jeńcom czy partyzantom Niemcy stosowali terror, by zastraszyć i wymusić posłuszeństwo mieszkańców okupowanych ziem polskich. Ludność cywilna była w sytuacji bez wyjścia: cokolwiek zrobiła — był to zły wybór. Za udzielenie pomocy partyzantom groziła jej surowa kara, nieudzielenie zaś pomocy także niosło ze sobą ryzyko, gdyż partyzanci byli gotowi brać siłą to, czego potrzebowali, a ponadto grabić i podpalać.

Pod koniec 1942 r. w powiecie bielskim działały grupy partyzantki sowieckiej i tworzyła się partyzantka polska — obie zależne od zaopatrzenia w żywność u chłopów i walczące z Niemcami. Pomiędzy tymi siłami znaleźli się wyjęci spod prawa i poszukujący ratunku Żydzi. W trzech miejscach powiatu uformowały się oddziały partyzanckie, w których walczyli Żydzi: w okolicy Drohiczyna/Siemiatycz, Brańska oraz Prużany. Geneza żydowskiej

---

popieranie band. Niniejszym komunikuje się to ludności" — zawiadamiał w ogłoszeniu bielski landrat (AIPN, GK 318/756, Akta w sprawie oskarżenia Ericha Kocha, k. 247).

401 AIPN, GK 318/755, Akta w sprawie oskarżenia Ericha Kocha, k. 329–330.

402 Pro Memoria o sytuacji w kraju w okresie 16 lipca — 25 sierpnia 1942 r., cyt. za: *Pro Memoria (1941–1944). Raporty Departamentu Informacji Delegatury Rządu RP na Kraj o zbrodniach na narodzie polskim*, wybór i oprac. Janusz Gmitruk, Arkadiusz Indraszczyk, Adam Koseski, Warszawa–Pułtusk 2004/2005, s. 220). Jedno z 16 zachowanych z Bezirk Bialystok niemieckich obwieszczeń, pochodzące z 16 VI 1942 r., dotyczy właśnie rozstrzelania za pomoc partyzantom. Wśród zarzutów oskarżenia w procesie Ericha Kocha pojawia się zarzut rozstrzelania 140 mieszkańców wsi Rajsk w powiecie Bielsk Podlaski i spalenia tejże wsi za „udział w tworzeniu i wspieraniu bandy" (AIPN, GK 318/753, Akta procesu Ericha Kocha, k. 42).

partyzantki jest dwojaka. Część bojowników (model drohicko-siemiatycko--brański) była powiązana z gromadami uciekinierów z gett, rekrutowała się spośród „grup przetrwania" — to grupy młodych, którzy stopniowo stali się partyzantami: kiedy udało im się zdobyć broń, używali jej w samoobronie, stawali się obrońcami pozostałych Żydów, a z biegiem czasu przekształcali się w regularnych partyzantów, zachowując przy tym stałe więzi z ukrywającymi się Żydami.

Grupa żydowskich partyzantów w lesie w pobliżu Brańska (AYV, 47382)

Druga część partyzantów z kolei wywodziła się ze środowisk konspiracji żydowskiej (model prużański), która jeszcze przed likwidacją gett starała się wysłać część młodych do lasu i nawiązać kontakt z działającymi już tam Sowietami. Ci byli od początku nastawieni na walkę z Niemcami i na zemstę, aczkolwiek chronili także ukrywających się Żydów, jeśli spotykali ich na terenie swojej działalności.

PARTYZANTKA ŻYDOWSKA W REJONIE PRUŻANY

Prużana znajdowała się na wschodnim krańcu powiatu w jego granicach z okresu okupacji niemieckiej; przed wojną siedziba powiatu w województwie poleskim z mniejszością żydowską stanowiącą 50% mieszkańców; historycznie powiązana była z Polesiem, a nie z ziemią bielską. Tam właśnie — na skutek opisanego wyżej procesu — wcześniej niż na innych obszarach powiatu pojawiły się oddziały partyzantki sowieckiej, a polska konspiracja — nie tak silna jak na Nowogródczyźnie czy Wileńszczyźnie — zaangażowana była w walkę z nią oraz ochronę Polaków na tych terenach, a także samych terenów przed sowietyzacją i potencjalną utratą[403]. Prużański plan walki z Niemcami powstał — jak pisałam — w grupie Żydów, którzy wychodzili z getta do pracy w byłych sowieckich magazynach broni, zaczęli ją stamtąd wynosić i gromadzić[404]. Planowano zarówno obronę na terenie getta, jak i wyjście do lasu. Józef Elman wspomina, że w pierwszej grupie, która opuściła getto, było 10 osób[405]. Kolejna grupa szykowała się do opuszczenia getta 28 stycznia 1943 r., ale akurat tego dnia Niemcy rozpoczęli wysiedlenie Żydów z Prużany. Miało dojść do strzelaniny w getcie[406], kilkadziesiąt[407]

---

403 Przedstawiam tę sytuację w ogromnym uproszczeniu. Nie zajmuję się tutaj wojną partyzancką polsko-sowiecką, złożoną historią konspiracji polskiej w tym regionie, konfliktami interesów pomiędzy rozmaitymi mniejszościami zamieszkującymi te tereny, polityką ZSRR zmierzającą do odebrania Kresów Polsce czy reakcją na nią ze strony Polskiego Państwa Podziemnego oraz rządu RP na uchodźstwie.

404 „Zorganizowaliśmy uzbrojenie w postaci 20 karabinów, 20 pistoletów, 2 ręczne miotacze, broń maszynową, granaty — wiele skrzynek, różnorodny materiał wybuchowy, miotacze ognia — maszynowe" — podaje Józef Elman w relacji (AŻIH, 301/511).

405 „Josel Waterszulaza ze swoją żoną Galią, Towi Brejtbard, Abraham Frydman, Berył Segal ze swoim bratem Lolkiem, Herszel Dinerman, Herszel Hanowski, Józik Frydman oraz Żyd z Białegostoku, którego imienia nie pamiętam. Uzbrojeni w granaty, pistolety, karabiny maszynowe z aparatem radiowym 6-lampowym marki Philips, wyszli na początku stycznia [1943 r.] z getta. [...] Ja z bratem Szmulem, Misza Rawicki, Lejzer Izraelit z żoną, Abraham Rybnik i inni pozostaliśmy w getcie po to, by organizować broń i agitować ludzi w getcie, by poszli z nami do partyzantki" (*ibidem*).

406 Młodzież została postawiona w pogotowie. Na rozkaz Łajbla Majstra organizacja bojowa zaczęła ostrzeliwać Niemców z dachów. Wybuchła panika. Niemcy się tego nie spodziewali. Żydowska młodzież strzelała ze wszystkich stron. Niemcy odpowiedzieli silnym ogniem. Ale nie trwało to długo. Niemcy zarządzili, by usadawiać się w saniach, i zaczęło się przesiedlenie. Z Prużany Żydów wieziono na dworzec do Orańczyc; tam stały już przygotowane wagony towarowe" (AŻIH, 301/6427, Relacja Kadisza Goldberga). Żydów z Prużany wywieziono do Auschwitz.

407 Goldberg podaje, że uciekło 35 osób, Józef Elman — 45.

osób wydostało się przez przecięte druty i uciekło do lasu. Zbudowali ziemianki i zdobywali żywność, wymuszając ją pod groźbą użycia broni, co spowodowało denuncjację i atak Niemców; w jego wyniku część Żydów zginęła. Pozostali ulokowali się głębiej w „Janinowym" lesie. Spotkali tam sowieckich partyzantów i zostali w kwietniu 1943 r. przyjęci do ich oddziału. Kiedy Rosjanie podstępnie zamordowali „siedmiu najodważniejszych ludzi i jednych z pierwszych naszych partyzantów pod pretekstem wysłania do innego oddziału"[408], pozostała przy życiu 18-osobowa grupa Żydów odeszła i trafiła po pewnym czasie do oddziału im. Kirowa[409]. Tam Żydzi z Prużany zostali prawdziwymi partyzantami i brali udział „jako bojowcy w pracach dywersyjnych, takich jak cięcie słupów telegraficznych i telefonicznych, podkładanie min na drogach, stawianie barykad, zapory itd."[410].

PARTYZANTKA ŻYDOWSKA W REJONIE DROHICZYNA, SIEMIATYCZ I BRAŃSKA

Z gett w Drohiczynie, Siemiatyczach i Brańsku w dniach wysiedlenia setki Żydów uciekły do pobliskich lasów. Pierwsze próby kontaktu z partyzantką radziecką nie były udane[411]. Wolf Wiśnia po ucieczce z getta z kilkoma

408 AŻIH, 301/511, Relacja Józefa Elmana. Tę samą historię opowiada w swojej relacji Rubin Taub (AŻIH, 301/1639).

409 Według schematu „Organizacja partyzantki radzieckiej w okręgu Białystok" (zob. Gnatowski, *Białostockie Zgrupowanie Partyzanckie*, Szkic 3, s. 138), w Brygadzie im. Ponomarienki (ani w żadnej innej) nie było oddziału im. Kirowa; obejmowała pięć oddziałów: im. Ponomarienki, „Sokół", im. Stalina, im. Tałalichina oraz im. Timoszenki. Być może autor ma na myśli mniejszą formację, gdyż oddziały dzieliły się na kompanie, plutony i drużyny. W całej Brygadzie im. Ponomarienki było w 1944 r. nie więcej niż 97 Żydów (*ibidem*, tabela na s. 141–142). Gnatowski wymienia „inne narodowości, prócz Rosjan i Białorusinów", można domniemywać, że niemal na pewno chodzi o Żydów, gdyż Polaków w partyzantce sowieckiej na tych terenach niemal nie było. Jak podaje autor, w całym Białostockim Zgrupowaniu Partyzanckim (pięć brygad i sześć samodzielnych oddziałów) było 10,8% Żydów, 44,8% Białorusinów, 28,8% Rosjan, 10,2% Ukraińców, 3% Polaków oraz 2,4% innych narodowości (*ibidem*, s. 146).

410 AŻIH, 301/511, Relacja Józefa Elmana.

411 Hersz Szabes z Siemiatycz, utrzymujący kontakty z partyzantami radzieckimi, w listopadzie 1942 r. przyprowadził do nich grupę kilkunastu Żydów, którzy uciekli w czasie likwidacji getta. „Pierwsze polecenie wydane przez dowódcę partyzantów dotyczyło sprawdzenia, czy Żydzi mają złoto i pieniądze. Jeśli tak — mają je natychmiast oddać. [...] Podczas pierwszego partyzanckiego rajdu 12 mężczyzn zostało zabitych, w tym kilku Żydów. Kilka tygodni później nowi rosyjscy partyzanci przybyli na te tereny. Nowym dowódcą wybrano Ukraińca. Planował

kolegami chcieli przyłączyć się do partyzantki. „Przez 14 dni błądzili, aż natrafili na grupę partyzantów. Niestety bardzo się rozczarowali, ponieważ partyzanci rozebrali ich, trzymali w zamknięciu przez 2 dni i chcieli ich zlikwidować, więc postanowili uciec"[412]. Inni późniejsi partyzanci, podobnie jak wielu „cywilnych" Żydów, zostali ograbieni przez Polaków[413], dochodziło także do morderstw.

Tworzyły się wówczas pierwsze grupy samoobrony, jak ta sformowana przez braci Grudów, dla których impulsem do takiego działania było zapewne opisane wcześniej zamordowanie ich rodziny. Ich grupa nie tylko walczyła o własne przetrwanie, lecz także z bronią w ręku chroniła ukrywających się w okolicy Żydów i karała tych, którzy wydawali ich Niemcom. Zdrada i morderstwo nakręciło spiralę zemsty ciągnącą się jeszcze po wojnie[414].

---

zamordować wszystkich Żydów w oddziale. Zwierzył się z tego Szabesowi, którego polubił, i radził mu uciekać. Szabes powiedział Kalmanowi Fererowi, który był razem z nim: «bierz połowę Żydów, ja biorę drugą połowę i uciekamy»" (*Semiatych — Its Growth and Destruction*, http://www.jewishgen.org/yizkor/siemiatycze1/sie500.html). Podobnie nieudane były pierwsze kontakty z sowiecką partyzantką Żydów z Prużany (zob. AŻIH, 301/2256, Relacja Szyi Bortnowskiego; USC VHA, 26065, Relacja Waltera Grabowa). Przykłady mordowania Żydów przez partyzantów sowieckich podaje również Kenneth Slepyan (*idem*, *Partyzanci Stalina*, tłum. Jan Szkudliński, Poznań: Rebis 2008, s. 6–8).

412 AŻIH, 301/973, Wolf Wiśnia, „Przeżycia Żydów drohiczyńskich".

413 Na przykład Meir Wiśniewicz po ucieczce brańskiego getta spał na polu znajomego Polaka wraz ze Srulem Brennerem oraz Manesem, Lajzerem i jego synem Nislem Skowronkami. „W czasie, kiedy nocowali pod brogiem, nadjechali na trzech koniach trzej brańscy chrześcijanie: Zygmunt Kusiszewski, Stasiek Kusiszewski i sowiet, który u nich pracował. Kazali Żydom zdjąć odzież i zabrali im pieniądze. Meir Wiśniewicz powiedział jednemu: «Stasiek, ty się mnie czepiasz, przecież jestem twoim sąsiadem, ja cię uratowałem podczas władzy sowieckiej». Ten chrześcijanin spoliczkował go i zamaskował się, aby go nie poznano, ale Meir dobrze go poznał. Kusiszewski zabrał Meirowi kurtkę, obuwie i to samo pozostałym Żydom. Wszyscy pozostali goli" (AŻIH, 301/3146, „Historia poległego partyzanta Meira Wiśniewicza", przekazana przez Symchę Pata, tłum. z jidysz Adam Bielecki).

414 „11 stycznia 1945 r. dwóch członków partii komunistycznej, Szloma Goldwaser i Szloma Gruda, zostało zastrzelonych w Drohiczynie, prawdopodobnie przez oddział AK-WiN kpt. Władysława Łukasiuka „Młota". W tym samym miesiącu w pobliskich Smarklicach oddział NSZ najprawdopodobniej zabił brata Szlomy Grudy, Dawida" — podaje Marek Jan Chodakiewicz (*idem*, *Po Zagładzie. Stosunki polsko-żydowskie 1944–1947*, tłum. Anna Madej, Warszawa: IPN, 2008, s. 156). Autor w przypisie 48 na s. 117 podaje, że nie udało się jednoznacznie ustalić, kto dokonał morderstw w Mikołowicach-Maćkach oraz Kłyzówce (w innych źródłach jednoznacznie przypisywanych Grudom, np. Andrzej W. Olędzki, *Banda Herszla Szebesa*, „Głos Siemiatycz Online", http://box.zetobi.com.pl/glos_siemiatycz/histor_zydzi_1944.htm), mogły to jednak być „zabójstwa dokonywane z zemsty za antyżydowskie czyny z okresu okupacji niemieckiej".

Pierwszą zimę po ucieczce z getta wielu przyszłych partyzantów przeżyło we wsiach, a wiosną 1943 r. rozpoczął się w lasach powiatu bielskiego ożywiony ruch. Żydzi podjęli czynne działania w samoobronie, uaktywnili się również partyzanci sowieccy, podziemie polskie oraz polujący na nich wszystkich Niemcy i ich współpracownicy. Hersz Szabes przetrwał zimę razem z Izraelem Krawcem, a wiosną utworzyli pięcioosobową grupę wraz z Israelem Morerem, Herszem Smoluchem i Chaimem Brzezińskim. Ich pierwszym celem było zdobycie broni. Żydzi ze spotkanej w lesie grupy siemiatyczan powiedzieli im, którzy chłopi przechowują żydowską własność. Mając „kije pomalowane tak, by wyglądały jak broń"[415], Żydzi odebrali pieniądze i rzeczy[416]. Dzięki temu udało im się kupić pistolet, a następnie — grożąc nim — zdobyli kolejny[417]. Gdy mieli już dwa pistolety, zdobyli jeszcze dwa. Teraz zaczęli planować „intensywniejsze działania przeciwko chłopom, którzy wydają lub zabijają Żydów. Do okolicznych wieśniaków zostało wystosowane ostrzeżenie, że wydanie Żydów Niemcom zostanie pomszczone"[418]. Niebawem mieli okazję udowodnić, że nie rzucają słów na wiatr. Pewien gospodarz złapał Welwla Szoszkesa, wuja Izraela Krawca, „przywiązał go łańcuchem do wozu i zabrał do gestapo, gdzie został zabity. Kilka dni później gospodarz zginął od kuli siemiatyczan. To był pierwszy akt zemsty,

415 *Semiatych — Its Growth and Destruction*, http://www.jewishgen.org/yizkor/siemiatycze1/sie500.html.

416 Dokładniej opisuje początki tej grupy Mula Klejnot, który właśnie w tejże grupie siemiatyczan przesiedział „w spokoju aż do wiosny 1943". Dalej relacjonuje: „Wówczas wyszliśmy z bronią w ręku, by odnaleźć w okolicy pozostałych przy życiu Żydów. W miaskim lesie spotkaliśmy wielu Żydów z Brańska — Chaima Finkelsztajna z rodziną, Gitlę Rubinsztejn z rodziną, Mulę Grechlzan, Herszla Lipo, Welwla Halperna [Alperina] i trzech braci Olendzkich. Wszyscy oni siedzieli w lesie nadzy i żywili się zielonymi kartoflami. Powiedzieliśmy im: «Chodźcie, odbierzemy teraz chrześcijanom to, co oni nam zabrali i nie chcą oddać. Będziemy mieli co jeść i w co się ubrać!». Poszliśmy: 12 nagich, bosych Żydów — do młynarza, któremu powierzono towary, a on nie chciał ich oddać. Zabraliśmy mu 12 worków wypełnionych wszelkim dobrem. Wracaliśmy przez wodę, aby nie zostawić żadnego śladu. W lesie rozdzieliliśmy rzeczy. Każdy dostał parę spodni, butów, wszystko rozdzielono wedle potrzeb" (AŻIH, 301/3530).

417 Z kolei Abe Olendzki wspomina: „w pierwszej grupie, która otrzymała broń, byli bracia Olendzcy, bracia Klajnad [Klejnot], Rubin Herszl, Rubin Dora. Broń otrzymaliśmy na początku za pieniądze od chłopów. Zorganizowaliśmy się po 8–10 osób w grupie w lesie" (AŻIH, 301/3144). Trudno odtworzyć przebieg wydarzeń — relacje partyzantów są niedokładne, zwykle bardzo ogólne, daty są przybliżone, często sprzeczne. Dodatkową trudność stanowi tłumaczenie z jidysz nazwisk i nazw miejscowości — bywają zmienione nie do rozpoznania.

418 *Semiatych — Its Growth and Destruction*, http://www.jewishgen.org/yizkor/siemiatycze1/sie500.html.

ale nie ostatni. [...] Polak ze wsi Narojki[419] złapał trzech Żydów, m.in. Motla Blusteina, związał ich i zawiózł do Drohiczyna. Niemcy torturowali ich i w końcu zabili. Grupa siemiatyczan zamordowała później całą rodzinę tego Polaka"[420]. Oddział pod dowództwem Hersza Szabesa, który „chronił większe grupy ukrywających się Żydów i wymierzał sprawiedliwość okolicznym chłopom [...], zaczął aktywną działalność w okolicy i przeprowadził akcje przeciw chłopom we wsiach Lachówka, Skiwy, Narojki, Malinowo"[421].

Podobną działalność prowadziło kilka uzbrojonych grup, co poprawiło sytuację ukrywających się w okolicy Żydów. Nastoletni wówczas Szmuel Mordechaj Lew z Drohiczyna, przebywający w ziemiance z młodszymi braćmi i siostrami, wspomina spotkanie z grupą uzbrojonych żydowskich partyzantów, którzy działali w pobliskich lasach. Przeprowadzili oni „kilka aktów pomszczenia przelanej krwi, zabitych lub wydanych na zabicie przez Polaków. Napadali też na bogatych chłopów i używali pieniędzy, by pomóc potrzebującym Żydom w ukryciu. [...] Dostaliśmy później pewną kwotę, za którą wynajęliśmy «legalny» bunkier, a jego właściciel zaopatrywał nas także w jedzenie"[422].

Tę działalność podsumował w swojej relacji Fiszel Gruda: „Utworzyliśmy partyzantkę. Naszym celem było pomagać Żydom schowanym w lesie lub u chrześcijan. Mieliśmy kontakt z 250 Żydami, mężczyznami, kobietami i dziećmi. Pomagaliśmy im pieniędzmi, jedzeniem, dawaliśmy im ubrania. Kiedy dowiadywaliśmy się, że w obrębie 10–20 km znajduje się Żyd, nie było dla nas problemu, by go odnaleźć i skontaktować się z nim. Mściliśmy się szczególnie na chrześcijanach, którzy stawiali sobie święte zadanie zniszczenia każdego śladu po Żydach ukrywających się w okolicznych wsiach. Chłopi nigdy nie wiedzieli, ilu nas było i jaką potęgę sobą przedstawiamy. Chodziliśmy również zabierać u chłopów, którzy nie chcieli oddawać po dobremu, żydowskie rzeczy. Rzeczy te rozdzielaliśmy potem każdemu według potrzeb"[423].

Powstanie partyzantki żydowskiej w regionie opisuje ze swojej perspektywy także Josef Brojde, który z bratem Icie spędził zimę 1942/1943

---

419 W oryginale wieś „Naike", ale taka nie istnieje.

420 *Semiatych — Its Growth and Destruction*, http://www.jewishgen.org/yizkor/siemiatycze1/sie500.html.

421 Zob. Mirosław Leszczak, *Zagłada ludności żydowskiej w Siemiatyczach*, „Studia Podlaskie" 1989, nr 2, s. 358.

422 Shmuel Mordechai Lev, *Diary of Pain and Suffering* [w:] „Księga pamięci Drohiczyna", http://www.jewishgen.org/yizkor/drohiczyn/Dro042e.html.

423 AŻIH, 301/6639, Relacja Fiszla Grudy.

u znajomego Polaka Felińskiego. Musieli odejść od niego wiosną, gdy lokalny strażnik leśny, znany morderca Żydów i donosiciel, Koszak[424], dowiedział się o ich obecności[425]. Brojde z bratem po ucieczce do lasu spotkali Moszego Rubinsztejna, Welwla i Zewa Alperinów oraz Chaima Finkelsteina z rodziną. Wykopali swoją ziemiankę nieopodal i wieczory spędzali razem, przy ognisku, rozmawiając; „tylko żona Finkelsteina stale milczała"[426]. Pewnego wieczoru przyszli do nich Hersz Rubin i Mula Klejnot z bronią i — jak pisze Brojde — „w tym momencie przestaliśmy być biernymi ocaleńcami, a staliśmy się walczącymi mścicielami naszego umęczonego ludu. Od tej chwili mogliśmy walczyć, nie tylko przeżyć, ale także karać wrogów, którzy zagrażali naszemu istnieniu"[427].

Partyzanci oprócz przywołanych aktów zemsty i działań chroniących ukrywających się Żydów prowadzili również akcje dywersyjne i sabotażowe, a także przeprowadzili niezwykłe pod względem psychologicznym przedsięwzięcie. O tej nietypowej akcji, zorganizowanej przez grupę Hersza Szabesa, pisze Saul Kuperhand (wówczas Kalman Krawiec): „Nasi partyzanci nie mieli nic poza przywództwem Hersza i własną desperacją. [...] Zebrawszy niezbędne mundury, broń oraz parafernalia, zaplanowali dużą operację, żeby wzbudzić strach przed żydowską partyzantką w tchórzliwych sercach lokalnych bandytów. Pewnej sobotniej nocy wmaszerowali do wsi Łopusze

424 Koszak (jego nazwisko pojawia się także w wersji Kosiak) był pomocnikiem leśniczego Janinasa (Janusza) Wycecha, który został oskarżony o makabryczną zbrodnię: wykryli w lesie schron, w którym ukrywali się nieznany z nazwiska adwokat z Brańska i jego ciężarna żona. Mężczyznę zabili, kobietę ranili, a ponieważ zabrakło im nabojów, pochowali ją żywcem. Śledztwo w tej sprawie wszczęto w 1947 r. na podstawie relacji Żydów, którzy ocaleli. Długo jednak nie można było ustalić miejsca pobytu Wycecha; odnaleziono go dopiero w 1965 r. Na rozprawie 8 VII 1967 r. Wycech został skazany na 6 lat więzienia; rewizja z 1 VI 1967 r. zmniejszyła wyrok do 5 lat i 6 miesięcy, w 1970 r. został przedterminowo warunkowo zwolniony. W zeznaniach świadków i na rozprawie często była mowa o Kosiaku (Koszaku) (AIPN Bi, 408/248, Akta w sprawie Janinasa Wycecha).

425 Brojde pisze: „Jedna ze strasznych historii o nim mówiła o żydowskim prawniku z Brańska, który ukrywał się z żoną na polu ziemniaków w pobliżu lasu. Brutalny strażnik odkrył ich i po zgwałceniu kobiety wrzucił ją do dziury i zbił okrutnie kijem, zostawiając nieprzytomną. Jej mąż, bezradny, musiał przyglądać się strasznej scenie, przywiązany do drzewa, i wskutek tego bolesnego doświadczenia doznał ataku serca, umarł ze związanymi rękami. Kobieta został pogrzebana żywcem przez zdegenerowanego strażnika" (Jose Broide, „Men of the Forest", mps, s. 30).

426 *Ibidem*, s. 37.

427 *Ibidem*. W tekście jest mowa o „Hule Kleinvart", ale to najwyraźniej przekręcone nazwisko Muli Klejnota.

i załomotali do drzwi sołtysa. [...] Gdy on i kilku gapiów przyglądało się ich mundurom i broni, partyzanci zapytali o «pozwolenie», by podłączyć swój sprzęt telefoniczny do linii telefonicznej. «To wyjątkowo pilne» — zapewniali go — «musimy odbyć pilną rozmowę z naszym łącznikiem w sztabie w Moskwie». Wyglądali bardzo oficjalnie i przerzucili metry kabla przez okno sołtysa i «połączyli» telefon polowy z jego linią telefoniczną. Wówczas rozłożyli wielką mapę wojskową i zaczęli wykrzykiwać pozycje i ruchy oddziałów. Ubrany w mundur rosyjskiego oficera jeden z chłopców, który mówił świetnie po rosyjsku, dodał, że wieś Łopusze jest absolutnie bezpieczna i całkowicie otoczona. Powtarzali to w kółko przez swoją fałszywą linię telefoniczną do Moskwy. Robili głośny przegląd sprzętu wojskowego, który otrzymali w zrzucie spadochronowym, wymieniając szczegółowo ilość broni i amunicji, które rozdzielili pomiędzy partyzantów w okolicy. Jeden z partyzantów mówił nawet łamanym angielskim, «łącząc się» z dowództwem w Londynie. Żaden z polskich chłopów nie wiedział, że to blef i że to połączenie wiedzie donikąd. Żeby dodać autentyzmu, udawany generał, Hersz Szabes, [...] zaoferował zapłatę, wyciągając rosyjskie ruble, niemieckie marki, angielskie funty, amerykańskie dolary i polskie złote, żeby przekonać sołtysa, że partyzanci mają międzynarodowe wsparcie"[428]. Na koniec Szabes zażądał 20 wozów, by móc rozwieźć rzekomy sprzęt do oddziałów. Sołtys podstawił podwody, a partyzanci załadowali na nie worki wypełnione kamieniami i złomem, które następnie pracowicie rozwieźli po lesie. Woźnice wrócili do wsi nad ranem, roznosząc pogłoski o militarnej sile i doskonałej organizacji żydowskiej partyzantki.

Partyzanci próbowali też naprawdę nawiązać kontakty z Sowietami[429], lecz początkowo okazało się to trudne. Abe Olendzki tak wspomina ten okres: „[Sowieci] napadali na nas, zabierali broń, dobre obuwie i bardzo często napastowali kobiety. W tym czasie, latem 1943 r., było w miejscowym lesie do 200 brańskich Żydów. Powoli, po trochu chrześcijanie wyłapywali ich i przekazywali żandarmerii. Pod koniec lata Sowieci zaczęli iść razem

---

428 Miriam Kuperhand, Saul Kuperhand, *Shadows of Treblinka*, s. 157–159.

429 Jak pisze Brojde: „Były one bezowocne. [...] Nie było łatwo zbudować pierwsze relacje z rosyjskimi bojowcami, a jeszcze trudniej było przekonać ich, że podzielamy ten sam los i że powinniśmy połączyć nasze siły i walczyć przeciwko tym, którzy byli zdeterminowani zetrzeć nas z powierzchni ziemi. W tamtych czasach trudno ich było winić za ich sceptycyzm i brak zaufania. Było im trudno uwierzyć, że my, Żydzi, możemy mieć broń i już nie jesteśmy bezwolnym celem nienawiści Niemców, Polaków, Litwinów, Ukraińców i innych" (USHMM, DS135.R93 B764 1980z, Jose Broide, „Men of the Forest", s. 50–51).

z Żydami"[430]. Zmusiły ich do tego trudne warunki: nie znali okolicy, nie mieli za co kupować żywności i o każdą drobnostkę musieli powodować zamieszanie w okolicznych wsiach. Gdy związali się z Żydami, „ich sytuacja, a także nasza stała się lżejsza. Nasza — z powodu ich broni, ich — dzięki naszym znajomym chrześcijanom łatwo zaopatrywali się w żywność"[431].

Zbliżenie między grupami żydowskimi a sowieckimi nie uszło uwagi polskiego podziemia, które meldowało o tym do Londynu[432], ostrzegając jednocześnie przed bandyceniem się partyzantki, przy czym zupełnie niesłusznie przypisywano ten fenomen wyłącznie „bandom sowiecko-żydowskim". Na zjawisko „bandycenia się", którym była zagrożona każda partyzantka, także polska, zwracał uwagę Tomasz Strzembosz, dopatrując się jego źródeł m.in. w ogólnej zmianie systemu wartości oraz brutalizacji życia codziennego w czasie wojny, kiedy „to, co było cenne, traci znaczenie, zmieniają się cele i dążenia [...]. Człowiek ma zabijać albo zostać bezkarnie zabity". Nie bez znaczenia były też masowe zubożenie społeczeństwa, łatwy dostęp do broni, liczne pokusy, gdy „walka zbrojna z okupantem i przeciwko zdrajcom [jest] prowadzona przez ludzi bardzo młodych, głodnych, nieubranych" oraz „demoralizujące i kryminogenne wzorce propagowane przez okupanta"[433], wskazujące np. na to, że ludzi można bezkarnie zabijać, że życie jest tanie.

430 Mosze Jęczmień w relacji, dotyczącej także grupy partyzantów z Brańska, podawał z kolei, że „pod koniec 1943 roku Żydzi z sowietami powoli się zaprzyjaźniali. Wykopano obok siebie ziemianki" (AŻIH, 301/1988, „Zagłada Żydów z Brańska oraz rozwój oddziału partyzanckiego Żydów z Brańska" przekazane przez Moszego Jęczmienia).

431 AŻIH, 301/3144, Relacja Abe Olendzkiego.

432 Na przykład w raporcie z 20 VI 1943 r., czytamy m.in.: „sowieckie odziały dywersanckie w dalszym ciągu nie tyle działają przeciw Niemcom, co gnębią i rabują społeczeństwo polskie oraz wyraźnie przygotowują się do odegrania czynnej roli wojenno-politycznej w momencie ostatecznej walki Polaków z Niemcami. Bandy sowieckie są coraz lepiej zorganizowane. Otrzymują one drogą powietrzną doskonałe zaopatrzenie w broń i inny materiał wojskowy oraz wyszkolonych instruktorów. Na wielu terenach, [...] gdzie formacje sowieckie są specjalnie silne, starają się one grupować koło siebie miejscowe elementy komunistyczne lub komunizujące oraz zbiegłych z miast Żydów. [...] Bandytyzm należy obecnie do najcięższych i najgroźniejszych plag polskiej prowincji. Bandyckie napady na dwory, plebanie, zagrody zamożniejszych gospodarzy wiejskich, siedziby administracji rolnej i leśnej [...] — są głównym zajęciem licznych sowieckich band dywersyjnych, przy czym szczególną złośliwością, a często i okrucieństwem odznacza się coraz liczniej w tych bandach pojawiający się element żydowski" (Pro Memoria o sytuacji w kraju. Generalne Gubernatorstwo i Ziemie Wschodnie w okresie 22 V — 19 VI 1943 r. [w:] *Pro Memoria...*, s. 389).

433 Tomasz Strzembosz, *Przestępczość i okupacja* [w:] *Problemy bandytyzmu w okupowanej Polsce w latach 1939–1947*, red. Tomasz Strzembosz, Warszawa: ISP PAN, 2003, s. 10–11.

We wrześniu 1943 r. struktury Delegatury Rządu informowały, że „bolszewicy w dalszym ciągu wzmacniają swe oddziały partyzanckie w Polsce zarówno drogą desantów, jako też werbowania do nich miejscowego elementu komunistycznego. [...] W ostatnim czasie w komunistycznych oddziałach partyzanckich coraz liczniej pojawiać się poczynają Żydzi”[434]. Wzrost liczebności żydowskich grup w tym okresie wiązał się z likwidacją getta w Białymstoku: „w sierpniu 1943 r. w czasie straszliwej likwidacji białostockiego getta przybyli do partyzanckiego oddziału Żydzi, którzy wyskoczyli z pociągu. [...] We wsi Ferma znaleziono ciężko ranną granatem polskiej bandy [...] białostocką dziewczynę Edzię Kac. Brańskiej grupie udało się wykurować ją [...]. We wsi Chodziszewo znaleziono sześcioletnią dziewczynkę Stellę Sześciańską z odmrożonymi nóżkami. Znaleziono Lubę Frank [...], która wyskoczyła z pociągu. Została ona włączona do brańskiej grupy[435]. W lesie pojawiali się także inni uciekinierzy; Fiszel Gruda wspomina: „pod koniec 1943 r. spotkaliśmy w lesie żydowskiego chłopca Kalmana [Krawca – B.E.] [...], który uciekł z powstania w Treblince. Był brudny, głodny, zarośnięty. Zaprowadziliśmy go do naszego chrześcijanina, gdzie był kilka tygodni. Kiedy chłopak trochę odpoczął, z bronią w ręku chodził z nami wykonywać zadania”[436].

Pod koniec 1943 r. uaktywniła się na terenie powiatu partyzantka Armii Krajowej[437], co z punktu widzenia Żydów oznaczało kłopoty. „Coraz częściej zaczęły się pojawiać duże grupy polskich partyzantów. Była to polska narodowa partia partyzancka «Armia Krajowa» («A.K.»), która atakowała i zabijała Żydów w lasach. W «brzezińskim» lesie doszło pewnego razu do

---

434 Pro Memoria o sytuacji w kraju. Generalne Gubernatorstwo i Ziemie Wschodnie w okresie 27 VIII–20 IX 1943 z uzupełnieniami z okresu poprzedniego [w:] *Pro Memoria...*, s. 456–466.

435 AŻIH, 301/1988, „Zagłada Żydów z Brańska oraz rozwój oddziału partyzanckiego Żydów z Brańska” przekazane przez Moszego Jęczmienia.

436 AŻIH, 301/6639, Relacja Fiszla Grudy. Kalman (Kałmen) Krawiec nie uciekł z powstania w Treblince, ale miesiąc później, 2 września 1943 r., z obozu Treblinka I wraz z grupą Mieczysława Chodźki (AŻIH, 301/4086, Kałmen Krawiec, „Przeżycia w Treblince”). „Nasz chrześcijanin”, o którym wspomina Gruda, to Aleksander Jagiełło, który w Milikiewiczach pomagał wielu Żydom i kilku stale ukrywał u siebie. U niego przez pewien czas mieszkał także Krawiec.

437 Operowały tam okresowo niewielkie grupy partyzanckie, m.in. Uderzeniowe Bataliony Kadrowe. Ta formacja Konfederacji Narodu, w sile około 200 żołnierzy, na podstawie porozumienia z AK miała przejść w maju 1943 r. przez Białostocczyznę, by udać się na Nowogródczyznę. Tymczasem UBK przeprowadziły na tych terenach kilkadziesiąt akcji, wdając się w potyczki z Niemcami, z których największą stoczono 11 VI 1943 r. pod Pawłami (pow. Bielsk Podlaski). Zginęło wówczas 25 partyzantów i 40 Niemców. 17 VIII 1943 r. oddziały wojskowe Konfederacji Narodu zostały rozkazem gen. „Bora” włączone do AK, a następnie przerzucone na Nowogródczyznę.

bezpośredniej walki pomiędzy grupą AK i trzynastoma członkami grupy Hersza Szabesa. Następnego dnia okazało się, że polscy partyzanci stracili ponad 20 ludzi, a Żydzi ani jednego. Takie potyczki, choć na mniejszą skalę, zdarzały się często"[438].

Partyzanci nie tylko staczali potyczki z polskim podziemiem, lecz przede wszystkim walczyli z Niemcami. Żydowscy partyzanci wspominają takie, gdy ginęli ich towarzysze: jesienią 1943[439] czy 15 lutego 1944 r., kiedy komendant warty ze Świryd zameldował Niemcom[440], że w okolicy ukrywają się Żydzi. Gdy Niemcy otoczyli kryjówkę pięciorga uzbrojonych Żydów, doszło do walki, w której kilku, między nimi Mosze Klejnot, poniosło śmierć. Jego brat Mula kilka dni później zabił denuncjatora[441]. Łącznie w walkach partyzanckich na terenie powiatu zginęło 40 Żydów.

Wiosną 1944 r. dotarły tam sowieckie oddziały Białostockiego Zgrupowania Partyzanckiego i żydowskie grupy partyzanckie — nie bez obaw — przyłączyły się do nich[442]. 4 kwietnia dowódca brygady Michaił Grigoriewicz

---

438 „Księga pamięci Siemiatycz". Żydzi nie rozróżniali poszczególnych polskich organizacji konspiracyjnych. Z ich punktu widzenia całe podziemie to było AK. Nie udało mi się znaleźć żadnej informacji na temat tej potyczki w polskich źródłach, trudno więc ocenić wiarygodność tej informacji — równie dobrze może chodzić o NSZ, których trzy oddziały operowały na terenie powiatu bielskiego: „120-osobowy oddział ppor. Franciszka Malinowskiego «Buksy», oddział ppor. Zbigniewa Kryńskiego «Rekina» oraz oddział Aleksandra Olędzkiego «Tatara»" (*Operacja „Burza" 1944 — w Obwodzie AK „Tygrys" nr 6 — Powiecie* XIII/1 *NSZ*, http://www.siemiatycze.com.pl/notatnik-historyczny/110-operacja-qburzaq-1944-w-obwodzie-ak-qtygrysq-nr-6-powiecie-xiii1-nsz.html [dostęp 29 XI 2014 r.).

439 „Chrześcijanin [...] doniósł o sowieckim okopie i przyprowadził tam żandarmów, którzy okrążyli okop, strzelali, rzucali granaty. Nie wiedziałem, co się dzieje. Sądziłem, że otoczono cały las. Wieczorem wróciłem do brańskiego lasu i dowiedziałem się, że zabici zostali: jeden Sowiet i żydowski chłopak Chaim Josef Pribus [Prybut]" (AŻIH, 301/3146, Relacja Symchy Pata).

440 AŻIH, 301/3530, Relacja Muli Klejnota.

441 *Ibidem*. Mojżesz Jęczmień wspomina wydarzenie nieco inaczej: „Został wykonany wyrok śmierci na komendancie warty ze wsi Świrydy — Dnieszczaku, który zdradził kryjówkę znajdującą się na polu. Tam byli: Lajbł Faw [Pat], Mosze Klajnat [Klejnot], Beniamin Fribut [Prybut], Rachel Cieśluk i babcia Rubinsztejn. Wszyscy dzielnie się bronili. Faw i Prybut zostali zastrzeleni podczas ucieczki. Niemcy, bojąc się wejść do kryjówki (schronu) do dziewcząt, rzucili granaty, które dziewczęta złapały i odrzuciły, i które wtedy wybuchły. Nie mogąc ich złapać, wrzucono palącą się kępę słomy. Kobiety, nie chcąc spłonąć żywcem, wyszły i plując Niemcom w twarze, zostały zastrzelone" (AŻIH, 301/1988, „Zagłada Żydów z Brańska oraz rozwój oddziału partyzanckiego Żydów z Brańska" przekazane przez Moszego Jęczmienia).

442 Wspomina o tym Mula Klejnot: „Zebraliśmy się: bracia Olendzcy, Welwl Halpern [Alperin], Mosze Rubinsztajn, Mosze Jęczmień, by zastanowić się, czy możemy sprzymierzać

Jankowski (znany jako „pułkownik Martynow") spotkał się w Nurcu z Pawłem Razinem, dowódcą 15-osobowej grupy partyzanckiej złożonej z jeńców sowieckich zbiegłych z obozów w GG. Po „szczegółowym omówieniu spraw związanych z rozwojem ruchu partyzanckiego w okolicy Brańska" Jankowski wydał rozkaz, by stworzyć z „rozproszonych grupy partyzanckich brańskiego i ciechanowieckiego rejonu [...] oddział partyzancki im. G[ieorgija] Żukowa i włączyć [go]w skład Brygady «W imię Ojczyzny»". Oddział „w większości składał się z brańskich Żydów i niewielkiej ilości sowietów, którzy uciekli z niemieckiej niewoli"[443]. Ponadto utworzono „zgodnie z rozkazem komendanta brygady Martynowa obóz rodzinny dla Żydów, który składał się z kobiet, dzieci, starych i słabych. Pomiędzy nimi była Gitł Rubinsztejn, kobieta 65-letnia, ze swoimi 3 córkami i z synem. Jedna córka była kaleką, ale mimo to przeżyła 21 miesięcy w lesie"[444]. Josef Brojde dodaje, że w obozie znaleźli się Żydzi zabrani z kryjówek, pozostający dotychczas pod opieką żydowskich partyzantów, rozmaici uciekinierzy, błąkające się samotnie dzieci — wśród nich 8-letnia Ludka, pochodząca z Szawli, którą rodzice „w akcie desperacji wyrzucili z pociągu jadącego do Treblinki". W obozie organizowano życie kulturalne, m.in. urządzano przedstawienia[445].

Włączeni w struktury sowieckiej partyzantki Żydzi wykonywali już zwykłą, partyzancką robotę: „przecinaliśmy druty telefoniczne, wyrywaliśmy słupy [...], paliliśmy mosty, robiliśmy zasadzki (na Niemców) na drogach.

---

się z sowietami, którzy grabili nas, niejednokrotnie zostawiali Żydów w samej tylko bieliźnie, gwałcili nasze kobiety. Doszliśmy do wniosku, że nie są oni żadnymi partyzantami, a zwykłymi bandytami, którzy chcą nas oszukać i odebrać naszą broń. Wysłaliśmy do nich Moszego Rubinsztajna [...]. Przekazał im, że jeżeli pokażą nam dokumenty z Moskwy potwierdzające, że są grupą partyzantów, wszyscy Żydzi przyłączą się do nich. Sowiecki dowódca wyciągnął wtedy dokument, który nakazywał utworzenie partyzanckich oddziałów w lasach brańskich. Jeszcze raz naradziliśmy się we własnym gronie. Schowaliśmy nasze karabiny, wzięliśmy jedynie rewolwery, na wypadek gdyby chcieli nas ograbić, i od marca 1944 staliśmy się aktywnymi członkami grupy partyzanckiej imienia Żukowa" (AŻIH, 301/3530).

443 AŻIH, 301/4498, Relacja Moszego Rubinsztajna. Autor myli się, pisząc, że „wszystko to wydarzyło się w końcu 1943 r. Michał Gnatowski podaje, że oddział im. Żukowa został utworzony 4 IV 1944 r. i należał do Brygady „W Imię Ojczyzny", którą dowodził Michaił Grigoriewicz Jankowski („pułkownik Martynow"), komisarzem politycznym był tam Nikołaj Iwanowicz Czurkin, a szefem sztabu — Władimir Polikarpowicz Tregubow (*idem*, *Białostockie Zgrupowanie Partyzanckie*, s. 305).

444 AŻIH, 301/1988, „Zagłada Żydów z Brańska oraz rozwój oddziału partyzanckiego Żydów z Brańska" przekazane przez Moszego Jęczmienia.

445 USHMM, DS135.R93 B764 1980z, Jose Broide, „Men of the Forest", s. 79 i 115.

I tak do czasu wyzwolenia”[446]. Mosze Jęczmień z dumą podkreśla, że „brańska grupa partyzancka w czasie swego krótkiego istnienia zniszczyła kilka transportów, wysadzała mosty, rozbrajała Niemców, paliła folwarki, w których byli niemieccy administratorzy, i zdobywała broń, napadając na chłopów, członków różnych band NSZ, i różnymi torturami zmuszała ich do oddawania broni”[447]. Oprócz podejmowania aktów sabotażu Żydzi znający teren i lokalne stosunki służyli także za informatorów: „pojawiały się desanty członków NKWD, którym dostarczaliśmy informacje o rozmieszczeniu niemieckich wojsk, podawaliśmy szczegóły dotyczące lokalizacji mostów i nastrojów wśród ludności”[448].

Żydzi dokonali również (na rozkaz komendanta Razina) w czerwcu 1944 r. aktu zemsty „na wielkim mordercy Żydów i bandycie, gajowym Kaszaku”[449]. Kaszak był tak znienawidzony przez ukrywających się Żydów, że — jak pisze Brojde — do wykonania wyroku śmierci, gdy ten został na niego wydany, „zgłosiło się wielu ochotników”[450], ale w końcu wykonał go Mula Klejnot, żeby w ten sposób pomścić śmierć swojego wuja „Nochema Klejnota, którego w ręce żandarmerii wydał Kaszak”[451].

Kilka tygodni później, w połowie lipca 1944 r., Armia Czerwona wkroczyła na te tereny. Skończyła się tam okupacja niemiecka. Nie oznaczało to bynajmniej, że nastał pokój.

PODSUMOWANIE: SPECYFIKA POWIATU BIELSKIEGO

Tym, co wyróżnia powiat Bielsk Podlaski, jest jego struktura społeczna, która miała wpływ na żydowskie strategie przetrwania. Na podstawie przeanalizowanych źródeł mogę stwierdzić, że zróżnicowanie stanowe wydaje się kluczowe dla zrozumienia zjawiska pomagania Żydom/wydawania Żydów w powiecie. W 49 procesach sądowych wśród 89 oskarżonych o wydawanie

446 AŻIH, 301/4498, Relacja Moszego Rubinsztajna.

447 AŻIH, 301/1988, „Zagłada Żydów z Brańska oraz rozwój oddziału partyzanckiego Żydów z Brańska” przekazane przez Moszego Jęczmienia.

448 AŻIH, 301/3530, Relacja Muli Klejnota.

449 AŻIH, 301/1988, „Zagłada Żydów z Brańska oraz rozwój oddziału partyzanckiego Żydów z Brańska” przekazane przez Moszego Jęczmienia.

450 USHMM, DS135.R93 B764 1980z, Jose Broide, „Men of the Forest”, s. 71.

451 AŻIH, 301/3530, Relacja Muli Klejnota. Autor opisuje dramatyczną scenę wykonania wyroku na Kaszaku: partyzanci przyszli do niego do domu, przypomnieli mu wszystkie jego zbrodnie, po czym odczytali wyrok i zastrzelili.

lub mordowanie Żydów 53 było prawosławnych (w tym 3 szucmanów), 34 katolików (w tym 4 szucmanów), a w wypadku 2 osób nie udało się ustalić wyznania. W źródłach, które analizowałam, wymienionych jest ponadto 14 nazwisk konkretnych osób (nigdy nie stanęły przed sądem) oraz przewijają się dziesiątki anonimowych Polaków (chłop, sąsiad, leśniczy), którzy wydawali lub mordowali Żydów, a których wyznania/narodowości rzecz jasna nie znamy. Nie sposób więc potwierdzić jakiejś generalnej zależności między wyznaniem/narodowością a donosicielstwem. Istnieje jednak inna ciekawa korelacja: oskarżonych w procesach, o których mam najwięcej danych, łączy przynależność klasowa — zdecydowana większość to niepiśmienni lub z trudem podpisujący się chłopi. Na temat wydawania Żydów przez chłopów istnieje już literatura[452], warto jednak podkreślić jedną z motywacji donosicielstwa, którą uważam za najbardziej adekwatną w kontekście powiatu bielskiego.

Trzeba pamiętać, że ówczesny powiat bielski to obszar świata słabo upolitycznionego, o charakterze zdecydowanie przednowoczesnym. Stanowił on pewnego rodzaju skansen — teren peryferyjny, rolniczy, niezmodernizowany, należący mentalnie do wcześniejszej epoki z właściwą dla niej wizją świata. Przyczyn zachowania mieszkańców tego rejonu Podlasia wobec Żydów w czasie Zagłady trzeba poszukiwać w perspektywie antropologicznej: antysemityzm miał tam charakter bardziej etnologiczny czy religijny niż gospodarczy i polityczny, co zresztą widać w stosunkowo nielicznych akcjach antyżydowskich w okresie przedwojennym, importowanych głównie z sąsiedniego powiatu[453]. Trzeba także wziąć pod uwagę, że donoszenie na ukrywających się Żydów było tylko jednym z rodzajów donosicielstwa wojennego na terenie powiatu[454]. Donoszono także na ukrywających się zbiegłych

---

452 Zob. *Zarys krajobrazu. Wieś polska wobec zagłady Żydów...*

453 Także Kościół w powiecie nie podgrzewał przed wojną nastrojów antyżydowskich — w diecezji pińskiej, do której należał Bielsk Podlaski, nie było kościelnych periodyków o charakterze antysemickim (dziękuję za tę informację Dariuszowi Libionce). Od 1925 do śmierci w 1932 r. biskupem pińskim był Zygmunt Łoziński, postać niezwykła: otwarty na prawosławnych, unitów i Żydów, znający biegle hebrajski, skromny, unikający splendoru przeciwnik endecji, uznany za sługę Bożego, jego proces beatyfikacyjny toczy się obecnie. Po nim diecezją kierował (do 1946 r.) bp Karol Bukraba, postać może już nie tak „posoborowa", lecz także nie endek, przeciwnie — wielbiciel Piłsudskiego; brał udział w powstaniu warszawskim jako duszpasterz w AK.

454 W archiwach znajdują się także akta co najmniej 60 procesów dotyczących oskarżenia o inne rodzaje donosicielstwa w powiecie: wydawanie zbiegłych jeńców sowieckich, Polaków zbiegłych z robót przymusowych, sympatyków komunizmu, posiadających broń etc. Ich

jeńców sowieckich, na uciekinierów z robót przymusowych — ogólnie na wszystkich łamiących przepisy okupanta. Dopatrywałabym się w tym donosicielstwie nie tyle antysemityzmu, ile raczej nawyku posłuszeństwa i adaptacji wobec każdej kolejnej władzy. Może to mieć źródło w doświadczeniu pańszczyzny, wyuczonej bierności, a może także w mentalności chłopskiej i rozumieniu własnego miejsca w hierarchii świata przednowoczesnego, którego reguły były wieczne, dane raz na zawsze, niezmienne. Chłop zawsze będzie chłopem, a władza — władzą, i dlatego jest ona ważnym adresatem chłopskich działań. Sądzę, że donosicielstwo mogło być motywowane w większym stopniu posłuszeństwem wobec poleceń aktualnej władzy niż niechęcią do Żydów czy jeńców — adresowane bardziej do Niemców niż przeciwko Żydom czy Rosjanom. Przyczyną wydawania Żydów nie byłby więc antysemityzm, lecz stosunek do władzy oraz uwewnętrzniony przymus. Takie motywacje wydają się przyświecać np. działaniom Franciszka Nieściora, który doniósł Niemcom o dziewięciorgu Żydach ukrywających się w ziemiance koło Świryd. Znajdowało się wśród nich kilkoro Olendzkich z rodziny kowala mieszkającej przed wojną w tej prawosławnej w większości wsi, którą wszyscy znali i nieśli jej pomoc. Żydów ostrzeżono, ale „chcieli zaczekać do nocy, aby przenieść swoje rzeczy z ziemianki i znaleźć inne miejsce ukrycia"[455]. Nie zdążyli, żandarmi podpalili ziemiankę. Wyciągnęli wszystkich ukrywających się i ich zabili. W powojennym procesie sąsiedzi komentowali, że „Nieścior Niemcom chciał się przypodobać"[456]. Właśnie kategoria „przypodobania się Niemcom" otwiera całe pole rozważań na temat serwilizmu, uległości i podporządkowania władzy oraz gotowości do gorliwego wypełniania jej poleceń, a szerzej — mentalności chłopskiej, stosunku chłopów do rządzących w ogóle oraz fatalistycznego podejścia do świata, w którym obowiązuje niepodważalna hierarchia, a rolą wieśniaka jest przejawiać uległość wobec każdej zwierzchności i posłusznie wykonywać

---

dokładniejsza analiza pozwoliłaby zapewne bardziej precyzyjnie zbadać delatorstwo na terenie powiatu bielskiego. Oczywiście nie bez znaczenia jest to, że po wojnie niechętnie ścigano za przestępstwa popełniane na Żydach, a bardzo chętnie za donosy na jeńców radzieckich — i z tego powodu zapewne więcej było tego rodzaju procesów.

455 AIPN, S 61/09/Zn, Akta główne prokuratora w sprawie zbrodni nazistowskich popełnionych w latach 1941–1944 w Brańsku i innych miejscowościach powiatu Bielsk Podlaski, woj. podlaskie przez funkcjonariuszy III Rzeszy Niemieckiej, zbrodni zabójstw osób z ludności gminnej, k. 350. Wśród zabitych byli Mosze Klejnot, 17-letnia Rywka Cieśluk i druga młoda dziewczyna, Sonia Rubinstein, oraz jej babcia, Beniamin Prybut, Lejb Pat i inni. Zwłoki zakopane w rozwalonej ziemiance do dzisiaj znajdują się w tym miejscu.

456 *Ibidem*, Zeznanie Walentyny Fiedorczuk.

nakazy[457]. Taka mentalność i postawy miały wiele wspólnego z poczuciem, że się jest przedmiotem, a nie podmiotem działań politycznych; bierność to także w dużym stopniu spadek po feudalnym porządku świata, konsekwencja doświadczenia podporządkowania i pańszczyzny[458].

Inny aspekt mentalności chłopskiej, który miał znaczenie dla przetrwania Żydów w powiecie bielskim, to charakterystyczny dla świata przednowoczesnego fatalizm i determinizm. Skoro bowiem wszystko jest z góry postanowione, to człowiek (szczególnie chłop, lokujący się nisko w hierarchii społecznej) nie ma ani prawa, ani możliwości zmiany toku wydarzeń. Jeżeli los Żydów został postanowiony przez Stwórcę, to nie można go w żaden sposób zmienić, nie można się do wyroków boskich mieszać ani wpłynąć na bieg historii[459], którą kultura chłopska interpretuje w kategoriach porządku mitycznego. Dlatego na przykład pomoc dla Żydów nie ma sensu, gdyż i tak „muszą" oni zginąć na mocy decyzji sił, wobec których chłop pozostaje bezradny. Ten szczególny fatalizm nabiera wyjątkowej aktualności w sytuacjach chaosu, takich jak wojna, należąca „do wyroków boskich" i postrzegana „w kategoriach katastrofy, kary boskiej, nadejścia Antychrysta"[460] — czasu, gdy kara boska spotyka tych, których Stwórca postanowił ukarać. Z tak rozumianego fatalizmu wynika bierność postaw, postrzegana przez nas jako obojętność wobec losu Żydów w czasie Zagłady.

Na tle chłopskiej mentalności świata przednowoczesnego osobliwością powiatu bielskiego jest zjawisko pomagania Żydom w zaściankach szlacheckich. Spośród 86 rodzin, które pomagały i ratowały Żydów, o 17 nie mamy szczegółowych informacji, 6 to prawosławni, a 63 (73% pomagających) — katolicy, a dokładniej: mieszkańcy dawnych szlacheckich

---

457 Na temat chłopskiego widzenia i interpretowania świata isnieje ogromna literatura. W odniesieniu do polskich realiów Polesia zob. np. Anna Engelking, *Kołchoźnicy. Antropologiczne studium tożsamości wsi białoruskiej przełomu XX i XXI wieku*, Toruń; Wydawnictwo Naukowe UMK, 2012; Joanna Tokarska-Bakir, *Żydzi u Kolberga* [w:] *eadem*, *Rzeczy mgliste. Eseje i studia*, Sejny: Pogranicze, 2004, s. 49–72; Roch Sulima, *Słowo i etos. Szkice o kulturze*, Kraków: Fundacja Artystyczna Związku Młodzieży Wiejskiej „Galicja", 1992; Józef Obrębski, *Polesie. Studia etnosocjologiczne*, t. 1, Warszawa: Oficyna Naukowa, 2007.

458 Na temat pańszczyzny i jej historycznych konsekwencji zob. Andrzej Leder, *Prześniona rewolucja. Ćwiczenia z logiki historycznej*, Warszawa: Wydawnictwo Krytyki Politycznej, 2014.

459 Liczne przykłady takiego obrazu świata i takiego rozumienia żydowskiego losu można znaleźć w wypowiedziach chłopskich respondentów w: np. Anna Engelking, *Kołchoźnicy...* czy Paweł Buszko, *Żyd Żydem. Wizerunek Żyda w kulturze ludowej podlaskich prawosławnych Białorusinów*, „Societas Communitas" 2012.

460 Sulima, *Słowo i etos...*, s. 157.

zaścianków[461]. Zaściankowa szlachta już na pierwszy rzut oka w dokumentach procesowych i zapisach z przesłuchań różni się od chłopów sposobem wypowiadania oraz umiejętnością podpisania się. Linia podziału między pomaganiem a wydawaniem przebiega między klasami społecznymi. Obraz jest jednoznaczny — wydają chłopi, pomaga szlachta zagrodowa. Jedna z interpretacji tego zjawiska może zmierzać w kierunku wyjaśniania go poczuciem własnej podmiotowości, co skutkuje aktywnym (szlachta) lub biernym (chłopi) stosunkiem do świata.

Znakomita większość wsi i kolonii stanowiących wyspy pomocy, w których Żydzi ukrywali się przez długie miesiące, oraz te, które systematycznie pomagały, to były zaścianki szlacheckie. Trzeba więc przyjrzeć się bliżej szlachcie zaściankowej, będącej, jak się okazuje, fenomenem powiatu Bielsk Podlaski. Szlachta zwana okoliczną, zagrodową, zaściankową to zubożała grupa, m.in. na skutek polityki zaborcy[462], udziału w powstaniach narodowych i rozdrobnienia gospodarstw, sprowadzana na te ziemie od XIV w. przez książąt mazowieckich w celach kolonizacji gospodarczej słabo zasiedlonych terenów i tworzenia zapory przeciwko najazdom litewsko-ruskim i zagonom krzyżackim. Co istotne dla poruszanego tu tematu — „największe skupisko osad drobnoszlacheckich znajdowało się w okolicach Brańska i Ciechanowca w kierunku Drohiczyna i Siemiatycz"[463], występowały tam zwarte obszary szlachty zagrodowej. W powiecie bielskim na początku XX w. na 182 wsie było 92 wsi drobnoszlacheckich, a drobna szlachta stanowiła 20% mieszkańców[464]. Zamieszkiwała ona zaścianki lub tzw. okolice, jak nazywano siedliska szlacheckie, by odróżnić je od wsi zamieszkiwanych przez chłopów. Te zaścianki, zakładane przez jedną rodzinę, z biegiem czasu, na skutek dziedziczenia i podziałów, obrastały koloniami, osadami, przy-

461 Spośród 18 rodzin udzielających długotrwałej pomocy o dwóch brak danych, natomiast pozostałych 16 to mieszkańcy szlacheckich zaścianków.

462 Szlachta zagrodowa została w praktyce usunięta z wykazów szlacheckich, gdyż nie była w stanie wylegitymować się przed Heroldią działającą na terenie obwodu białostockiego, do którego należał Bielsk. W drugiej dekadzie XIX w. Heroldia (komisja potwierdzająca szlachectwo) żądała dokumentów, a ich uzyskanie wymagało kosztownego postępowania administracyjnego i przekraczało możliwości drobnej szlachty. O działaniu Heroldii zob. Jerzy Jedlicki, *Klejnot i bariery społeczne. Przeobrażenia szlachectwa polskiego w schyłkowym okresie feudalizmu*, Warszawa: PWN, 1968.

463 Maria Biernacka, *Wsie drobnoszlacheckie na Mazowszu i Podlasiu. Tradycje historyczne a współczesne przemiany*, Wrocław–Warszawa–Kraków: Zakład Narodowy im. Ossolińskich, 1966, s. 51.

464 *Ibidem*, s. 38.

siółkami, które dawały początek kolejnym wsiom. Jeden z przedstawicieli szlachty okolicznej pisał w latach dwudziestych XX w.: „w województwach wschodnich są osobne wsie szlacheckie. Ludzie mający jeden herb stanowili z początku jedną rodzinę. Potem rozrządzając się, osiadali członkowie tej rodziny (mającej na przykład herb Sas) w różnych okolicach i zatrzymali nadal swój herb, natomiast przybierali różne nazwiska, od tych miejscowości, gdzie zamieszkali. [...] Dlatego do dzisiaj istnieją wsie, w których mieszka głównie jeden ród szlachecki i gdzie nazwa wsi i nazwa rodu są takie same". I dodawał: „jesteśmy czemś innem niż szara masa wieśniaków, którzy dawniej pracowali na naszej roli jako chłopi pańszczyźniani"[465].

Położenie ekonomiczne nie różniło specjalnie szlachty zagonowej od chłopów, ale zachowała ona silną świadomość własnej odrębności stanowej i duchowej, aspiracje do klas wyższych i zdecydowane dystansowanie się od chłopskiego otoczenia. Uwłaszczenie chłopów przez cara w 1861 r. zniosło kluczowe różnice między stanami: przywilej wolności osobistej i prawo dziedziczenia posiadanej ziemi. Drobna szlachta traciła na znaczeniu, deklasowała się i podupadała, natomiast chłopi zaczęli się emancypować — różnice między tymi stanami coraz bardziej malały. Średnia wielkość gospodarstw szlacheckich także nie różniła się zbytnio od gospodarstw chłopskich[466]. W sensie gospodarczym, społecznym i prawnym obie warstwy coraz bardziej się upodabniały, lecz szlachta szaraczkowa pielęgnowała świadomość dawnych przywilejów, podtrzymywała tradycję pochodzenia, zachowywała system podziału społecznego i kulturę duchową. W domach szlacheckich uczono dzieci czytać, zamożniejsze rodziny kształciły synów w miastach, gdzie zasilali oni szeregi powstającej inteligencji. Co istotne, ta grupa społeczna (w przeciwieństwie do warstwy chłopskiej) miała poczucie własnej podmiotowości, także podmiotowości politycznej. Dlatego nie dziwi, że to przede wszystkim przedstawiciele szlachty zagrodowej byli aktywni w działaniach społecznych i politycznych na terenie powiatu zarówno w okresie przedwojennym, w czasie okupacji, jak i w pierwszych latach powojennych, kiedy walczyli z nowym ustrojem.

Szlachta okoliczna zachowywała poczucie własnej godności, tradycyjny system wartości, religijność obrządku rzymskokatolickiego oraz etos honoru. Była także postrzegana jako leniwa, zabobonna, skłonna do pieniactwa,

---

465 Prokop Sas, *Szlachta zagrodowa*, Lwów 1925, s. 304.

466 W 1904 r. na Podlasiu gospodarstwa drobnoszlacheckie liczyły średnio 7–13 ha, chłopskie — 6–8 ha (Biernacka, *Wsie drobnoszlacheckie na Mazowszu i Podlasiu...*, s. 163).

zarozumiała, z pogardą odnosząca się do klas niższych[467]. Szlachta pielęgnowała własną ekskluzywność, nie wchodząc w bliskie związki z chłopami, ani towarzyskie, ani małżeńskie. Pamięć własnego uprzywilejowania, tradycja odrębności i wyższości stanowej przetrwała lata wojny[468].

Uważam, że w kulturze duchowej, poczuciu własnej podmiotowości oraz tradycjach szlachty zagrodowej możemy upatrywać źródeł pomagania Żydom. Takie postępowanie wydaje się normą zgodną ze szlacheckim etosem i systemem wartości, a przede wszystkim — poczuciem wolności osobistej, całkowicie odmiennym od chłopskiego fatalizmu. Nie bez znaczenia jest przy tym świadomość narodowa i całkowicie odmienny niż u wieśniaków stosunek do władzy — zarówno zaborczej, jak i okupacyjnej[469]. Zapewne wchodzą tu w grę również inne przyczyny, takie jak topografia zaścianków, spójność tej grupy społecznej, jej swoista hermetyczność. Silne powiązania rodzinne sprzyjały dochowywaniu tajemnicy; w liczniejszych i mniej zżytych wsiach chłopskich zagrożenie stanowiła nie tylko liczba sąsiadów, lecz także mniejsze poczucie wzajemnej lojalności.

Spotkałam się tylko z jednym donosem na Żydów w szlacheckim zaścianku Załuskie Koronne, dokonanym przez lokalnego wyrzutka społecznego — Józefa Odachowskiego, który wydał Żyda Kryńskiego. Cała okolica

---

467 O kulturze materialnej i duchowej drobnej szlachty zob. Halina Chamerska, *Drobna szlachta w Królestwie Polskim (1832–1864)*, Warszawa: PWN, 1974.

468 W latach pięćdziesiątych XX w. Przemysław Burchard, badający tereny Podlasia, zanotował, że różnice między gospodarstwami szlacheckimi i chłopskimi „dotyczyły wyłącznie pojazdów odświętnych. Tak więc niejako przywilejem drobnej szlachty było posiadanie tzw. wolantów czyli bryczek na resorach. Wolanty służyły do wyjazdu rodziny szlacheckiej do kościoła, na odpust, wesele, chrzciny lub inną uroczystość. Wolant był zewnętrznym wyrazem wyższości stanowej, zamożności oraz odróżnienia warstwy drobnoszlacheckiej od chłopskiej" (*idem*, *Za ostatnim przystankiem*, Warszawa: Czytelnik, 1985, s. 193). Natomiast autorka badań prowadzonych na początku XXI w. na Podlasiu stwierdza: „Badania świadomości szlachty zagrodowej prowadzone we wsi Tymianki Adamy pod Ciechanowcem wykazały, że świadomość przynależności do stanu szlacheckiego jest wśród mieszkańców wciąż żywa, choć brak wyraźnych różnic w statusie majątkowym, obyczajowości, architekturze lub języku pomiędzy drobną szlachtą a chłopami. [...] Szlachta zamieszkująca Tymianki przekonanie o swym szlacheckim rodowodzie opiera na tradycji rodzinnej. Chłopi — byli poddani, szlachta — zawsze wolna" (Ewa Golachowska, *Język i kultura mieszkańców wsi włościańskich i szlacheckich dawnej ziemi drohickiej na Podlasiu. Studium socjolingwistyczne*, Warszawa: Slawistyczny Ośrodek Wydawniczy, 2006, s. 36).

469 Szlachta zagrodowa brała aktywny udział w powstaniach narodowych i spiskach niepodległościowych, a w powstaniu styczniowym podlaska szlachta zaściankowa odniosła „szczególnie duże straty" (Chamerska, *Drobna szlachta w Królestwie Polskim...*, s. 128).

pomagała Kryńskiemu, znano go, przed wojną bowiem handlował źrebakami. Został jednak wydany i rozstrzelany w Brańsku, a Aniela Odachowska z tegoż zaścianka zeznawała w śledztwie, że Żyda wydał „niezrównoważony psychicznie Józef Odachowski, syn Antoniego — on zabrał Kryńskiego do Brańska na posterunek. Kiedy mu sąsiedzi mówili, żeby tego nie robił, krzyczał na nich, że jak będą tolerowali Żyda, to ich zamordują"[470].

Nie chcę idealizować zaścianków szlacheckich, przecież nie wszyscy ratowali Żydów i na pewno nie o wszystkich donosicielach z tej grupy społecznej wiemy. Na podstawie analizy źródeł historycznych z powiatu Bielsk Podlaski mogę jednak stwierdzić, że istniały tam obszary, na których w większym stopniu i bardziej skutecznie niż gdzie indziej pomagano Żydom. Najwyraźniej to zjawisko jest widoczne w okolicach Brańska, gdzie znajdowało się jedno z największych skupisk osad drobnoszlacheckich. Na powszechniejsze w tej okolicy udzielanie pomocy miały zapewne wpływ także inne czynniki, być może takie jak aktywność księdza dziekana Bolesława Czarkowskiego, który apelował o pomaganie Żydom, głosząc „stale z ambony miłość bliźniego, wyraźnie zaznaczając, że należy pomagać ukrywającym się"[471]. Pomagali Żydom również brański ksiądz Józef Chwalko[472] oraz ksiądz Józef Perkowski w odległym o 12 km Hodyszewie; ten ostatni zaopiekował się pięcioletnią córeczką Josela Tykockiego[473] oraz pomagał lekarce doktor Kamienieckiej i jej synowi[474].

Zjawisko wyspowego pomagania Żydom w powiecie bielskim warto badać dalej i głębiej analizować. Trzeba przeprowadzić różne analizy historyczne, porównując np. stosunek do Żydów w podobnych środowiskach na innych terenach okupowanej Polski. Warto też byłoby przyjrzeć się fenomenowi pomagania Żydom przez szlachtę okoliczną z innych perspektyw, np. w kategoriach relacji między tymi dwiema grupami, na wzór

---

470 AIPN Bi, 408/2, Akta w sprawie karnej Józefa Odachowskiego, Zeznanie Anieli Odachowskiej, k. 62.

471 AŻIH, 301/2100, Relacja Altera Trusa.

472 Pomógł m.in. braciom Szapiro, ukrywanym początkowo przez aptekarkę Janinę Woińską, dla których znalazł miejsce u Popławskich na kolonii Popławy AIPN Bi, 1/1020, Brańsk — pomoc Żydom, Zeznanie Janiny Woińskiej, k. 122).

473 Józef Kowalczyk i Waldemar Monkiewicz nie podają źródła tej informacji (*eidem*, *Pomoc dla Żydów w regionie białostockim...*, s. 372).

474 Szczegółowe zeznanie na ten temat złożyła Adela Binczak, pielęgniarka ze szpitala w Brańsku, także zaangażowana w pomoc dr. Kamienieckiej (AIPN Bi, 1/1033, Koczery — pomoc Żydom, Zeznanie Adeli Binczak, k. 16–18).

antropologicznych analiz interpretujących relacje między chłopami a Żydami[475]. Wymagałoby to dalszych pogłębionych badań przy uwzględnieniu innego zasobu źródłowego (np. dokumentów osobistych, zachowanych wspomnień osób pochodzących z tej warstwy społecznej). Tymczasem można skonstatować, że charakterystyczne dla powiatu bielskiego jest zjawisko wydawania Żydów przez chłopów oraz pomagania im przez szlachtę okoliczną.

Patrząc z szerszej perspektywy, trzeba uznać, że Niemcom powiodło się wyłapywanie ukrywających się po akcjach likwidacyjnych Żydów bez względu na to, do jakich mechanizmów się odwoływali: chciwości, nienawiści, strachu czy też ludzkiej skłonności do posłuszeństwa. Siły dobra — jak wszędzie — były słabsze i skromniejsze.

Dwie najskuteczniejsze strategie przetrwania to znalezienie właściwej rodziny drobnoszlacheckiej i przeczekanie pod jej opieką do końca okupacji lub wędrowanie po okolicy oraz korzystanie z pomocy zaścianków i przedwojennych znajomych. W relacjach żydowskich nie znalazłam jednak śladu świadomości, że w powiecie istniały lepsze i gorsze strategie przetrwania. Żydzi wydawali się nie odróżniać wsi szlacheckich od chłopskich, a przynajmniej nie wspominają o tym. Przypuszczam, że w ich optyce świat nie-Żydów był jednolity i niezróżnicowany (np. katolicy i prawosławni to po prostu „chrześcijanie"), co w tym akurat powiecie być może zmniejszyło szanse przetrwania.

---

475 Takich, jakie przeprowadzają np. Alina Cała w: *Wizerunek Żyda w polskiej kulturze ludowej* (Warszawa: WUW, 1992), Joanna Tokarska-Bakir w: *Rzeczy mgliste...*, Paweł Buszko w: *Żyd Żydem...* czy Anna Engelking w: *Kołchoźnicy...*

Zakończenie

Powiat bielski w latach 1944–1945

Latem 1944 r. na ziemie powiatu bielskiego wkroczyła Armia Czerwona, dokładniej zaś siły Frontu Białoruskiego 48 i 65 armii. Hajnówka została wyzwolona 20 lipca, Siemiatycze — 22 lipca, Bielsk — 30 lipca, Brańsk — 1 sierpnia, a Ciechanowiec — 2 sierpnia. Zgodnie z założeniami akcji „Burza" Armia Krajowa atakowała wycofujące się wojska niemieckie i zamierzała wystąpić wobec Rosjan w roli gospodarza terenu. W Białymstoku 29 lipca ujawnił się Rosjanom okręgowy delegat rządu Józef Przybyszewski[476], który po kilku dniach został aresztowany przez NKWD i wywieziony do Moskwy. Jednocześnie aresztowano innych działaczy szczebla wojewódzkiego i powiatowego w Bielsku, a od 31 lipca 1944 r. — na podstawie podpisanego dzień wcześniej w Moskwie porozumienia — w Białymstoku zaczął urzędować pełnomocnik PKWN Leonard Borkowicz[477]. 13 sierpnia powstał Komitet Wojewódzki PPR z Edwardą Orłowską[478] jako pierwszym sekretarzem. Przystąpiono do budowy nowego porządku, jednocześnie aresztując zwolenników starego. Do końca 1944 r. przez areszt PUBP w Bielsku Podlaskim przeszło 478 osób, w tym ponad 200 członków AK[479]. Działalność AK niemal

---

476 Józef Przybyszewski (1906–1972), działacz ruchu narodowego w okręgu łomżyńskim, więziony w Berezie Kartuskiej; w czasie wojny działacz podziemnego SN i NOW, ps. „Grajewski", „Grzymała". Od jesieni 1943 r. był delegatem rządu na woj. białostockie, aresztowany przez Sowietów 7 VIII 1944 r., przebywał w więzieniach w ZSRR do 1947 r. Po powrocie do Polski aresztowany, zwolniony po sześciu miesiącach. Zmarł w Warszawie w 1972 r.

477 Leonard Borkowicz (Berkowicz, 1912–1989), działacz komunistyczny, więzień Berezy Kartuskiej, w czasie drugiej wojny w ZSRR — oficer Armii Czerwonej i WP, walczył pod Lenino, dowódca Praskiego Pułku Piechoty, kawaler orderu Virtuti Militarii (i innych). Lipiec–październik 1944 r. — pełnomocnik PKWN w woj. białostockim, następnie na Pomorzu Zachodnim, wojewoda szczeciński 1946–1949 i ambasador w Czechosłowacji, odwołany 1950; wycofał się z życia publicznego. Zmarł 1989 r. w Warszawie.

478 Edwarda Orłowska (Estera Mirer, 1906–1977), działaczka komunistyczna, wielokrotnie więziona, w czasie drugiej wojny w Kazachstanie, w 1944 r. organizowała aparat PPR na Białostocczyźnie, następnie posłanka na sejm, żona Szymona Datnera (straciła pierwszego męża i syna w Zagładzie).

479 Tomasz Danilecki, Marcin Zwolski, *Urząd Bezpieczeństwa Publicznego w Bielsku Podlaskim (1944–1956)*, Białystok: IPN, 2008, s. 57; http://gminawyszki.pl/index.php?option=com_content&view=article&id=233&Itemid=428 (dostęp 4 VII 2016 r.).

zupełnie wówczas ustała, tym bardziej że front ustabilizował się jesienią w rejonie Narwi, Biebrzy i Pojezierza Mazursko-Suwalskiego, a obszar całego województwa białostockiego był silnie nasycony wojskami sowieckimi. Stacjonowały tam wówczas — oprócz żołnierzy Armii Czerwonej — trzy pułki wojsk NKWD, które łącznie z organami Smiersz liczyły 4500 ludzi[480].

Po wyłonieniu władz wojewódzkich PKWN przystąpił do tworzenia władz lokalnych. Powiatowa Rada Narodowa w Bielsku Podlaskim powstała 23 sierpnia 1944 r., w połowie sierpnia przyjechała tam grupa funkcjonariuszy z MO z Białegostoku, by zorganizować Komendę Powiatową. 1 stycznia 1945 r. na terenie powiatu istniało 17 posterunków[481] obsadzonych przez 250 funkcjonariuszy, których 70% nie miało jeszcze 30 lat. Większość z nich (55%) miała wykształcenie niepełne podstawowe, 35% — podstawowe, pięciu miało wykształcenie średnie, a czterech — niepełne średnie. Z analizy ich pochodzenia społecznego wynika, że 55% stanowili chłopi, 40% — robotnicy[482], reszta to inteligenci. I chociaż 20 milicjantów należało do PPR, byli skoszarowani i mieli na posterunkach stołówki, a ich rodziny otrzymywały lepsze kartki żywnościowe, to funkcjonariusze MO w latach 1944–1945 nie mieli umundurowania i wystarczającego uzbrojenia. Przeprowadzono tylko jedną linię telefoniczną łączącą posterunki w Bielsku Podlaskim z Brańskiem i Hajnówką.

Nie lepiej wyglądał w tym czasie aparat Urzędu Bezpieczeństwa, który w powiecie bielskim powstał na początku września 1944 r. 1 stycznia 1945 r. PUBP liczył 18 pracowników, z których połowa nie przekroczyła 30 lat. Jedna osoba miała wykształcenie wyższe, trzy — niepełne wyższe, sześć — podstawowe, a pięć — niepełne podstawowe[483]. W kwietniu 1945 r. do PUBP dołączyła 40-osobowa grupa członków PPR w wieku 18–20 lat[484], a jesienią

480 Zob. Helena Koniuszek, *Społeczno-ekonomiczne położenie Białorusinów Białostocczyzny jako dominujący czynnik decyzji o przesiedleniu w latach 1944–1947*, „Acta Universitatis Lodziensis. Folia Historica" 2013, nr 91, s. 104.

481 W siedzibach gmin: Bielsk Podlaski, Boćki, Milejczyce, Siemiatycze, Drohiczyn, Mielnik, Klukowicze, Ciechanowiec, Brańsk Wyszki, Białowieża, Hajnówka, Narew, Narewka, Grodzisk, Orla, Kleszczele.

482 AIPN, 0177/97. Przy wyjazdach na „akcje" PUBP korzystało z samochodów WP lub ACz.

483 Co do trzech — brak danych (AIPN, 0177/108, Komenda Wojewódzka MO w Białymstoku, Wydział „C", Organizacja władzy ludowej i powiatowego urzędu bezpieczeństwa publicznego na terenie powiatu Bielsk Podlaski w latach 1944–1945, Białystok, 1975 r., k. 5).

484 Byli to prawosławni chłopi ze wschodniej części powiatu. Znajdował się wśród nich Grzegorz Matujewicz (ur. 1925); we wspomnieniach opisuje on ubogie dzieciństwo, doświadczenia okupacji niemieckiej, decyzję o wstąpieniu do PPR i podjęciu pracy w PUBP, która

tego roku — kolejna kilkunastoosobowa grupa z Łodzi i ze Śląska. Sprawa wyposażenia przedstawiała się nie lepiej niż w MO. Początkowo „pracownicy PUBP [...] uzbrojeni byli w karabiny i rewolwery, które zdobywali w walce z reakcyjnym podziemiem [...] i byli w posiadaniu następujących środków lokomocji: samochód osobowy DKW (stary), para koni, bryczka i wóz oraz kilka rowerów"[485]. Dopiero w kwietniu 1945 r. otrzymali broń, mundury, a samochód ciężarowy pod koniec tegoż roku.

22 sierpnia 1944 r. dekretem PKWN przywrócono przedwojenny podział na województwa, powiaty, gminy i gromady. Powiat Bielsk Podlaski stał się największym powiatem w Polsce — liczył 4551 km kw.; 22 miasteczka i 1112 wsi podzielono między 17 gmin wiejskich i 3 miejskie. W czasie okupacji niemieckiej zostały tam całkowicie zniszczone 3 wsie, a 154 — zniszczone częściowo, przy czym największe zniszczenia dotknęły wschodnią część powiatu — gminy Boćki, Narewka, Mielnik, Orla, Wyszki. Gminy te zamieszkiwała niemal wyłącznie ludność prawosławna, stanowiąca ogółem 45% mieszkańców[486] powiatu, podczas gdy w jego wschodniej części — 95%. Rusini, którzy dotychczas pozostawali raczej biernymi uczestnikami wydarzeń, w obliczu powojennego konfliktu między Polakami stali się istotnym zapleczem nowej władzy. Eugeniusz Mironowicz podkreśla, że „władza komunistyczna na Białostocczyźnie nie miała żadnych korzeni, trwanie jej w oparciu o element miejscowy było możliwe tylko przy włączeniu ludności białoruskiej do budowy nowych struktur. [...] Wobec istnienia dwóch zwalczających się orientacji polskich Białorusini nie musieli nawet wybierać opcji, której udzielili poparcia. Znaleźli się po tej samej stronie konfliktu co władza, chociaż nie wszyscy byli jej zwolennikami"[487]. Na początku 1945 r. do PPR w powiecie należało 545 osób, w tym 461 (84,5%) Białorusinów, 83 Polaków

---

wiązała się wówczas z narażaniem własnej rodziny, gdyż „może być zemsta bandy", a następnie walki z poakowskim podziemiem na terenie powiatu (AIPN, 2241/128, Wspomnienia pracownika Służby Bezpieczeństwa, 1980 r.).

485 *Ibidem*, k. 8.

486 Jak wynika ze spisu narodowościowego ludności powiatu Bielsk Podlaski z 5 I 1945 r., zamieszkiwały tam wówczas 191 353 osoby, w tym 105 195 Polaków, 85 945 Białorusinów oraz 213 „innych" (Żydzi, Ukraińcy, Rosjanie) (AP Białystok, sygn. 354, k. 2, cyt. za: Koniuszek, *Społeczno-ekonomiczne położenie Białorusinów...*, s. 101).

487 Eugeniusz Mironowicz, *Stosunki etniczne i główne linie polityki narodowościowej komunistów na Białostocczyźnie w pierwszych latach po wojnie* [w:] *Stosunki etniczne podczas wojny i okupacji. Białystok i Wilno...*, s. 371 i 379.

oraz 1 Żyd[488]. Spośród Białorusinów rekrutowano funkcjonariuszy MO i UB. Dla młodych ludzi z ubogich wiejskich środowisk była to szansa awansu społecznego. Stosunki polsko-białoruskie, dotychczas nacechowane nieufnością[489], stawały się coraz bardziej konfliktowe. Białorusinom obiecywano początkowo oprócz awansu społecznego także więcej autonomii narodowej[490], a jednocześnie władze komunistyczne realizowały umowę z Radą Komisarzy Ludowych BSRR o „ewakuacji Białorusinów na wschód". Niemniej repatriacja — mimo sowieckiej agitacji — nie cieszyła się popularnością[491]. Jednocześnie na mocy dekretu PKWN z 6 września 1944 r. przeprowadzano reformę rolną, która w powiecie bielskim oznaczała parcelację 67 majątków ziemskich o łącznej powierzchni 7870 ha, którą otrzymało 660 chłopów nieposiadających ziemi (2730,03 ha), 1794 małorolnych (4030,77 ha) oraz 306 średniorolnych (671,88 ha)[492].

---

488 Zob. Sprawozdanie statystyczne KP PPR w Bielsku Podlaskim dla KW PPR w Białymstoku o liczbie członków partii w powiecie z wyszczególnieniem m.in. ich narodowości, cyt. za: *Białorusini i stosunki polsko-białoruskie na Białostocczyźnie 1944–1955. Wybór dokumentów*, t. 1, oprac. Sławomir Iwaniuk, Białystok: Białoruskie Towarzystwo Historyczne, 1996, s. 175–176, dok. 95.

489 „Stosunek ludności białoruskiej do ludności polskiej był i jest nieszczery, nieufny, a nierzadko i wrogi. Stosunek ten pogorszyła jeszcze odpowiednia propaganda niemiecka" — czytamy w opracowaniu starosty bielskiego R. Woźniaka pt. „Stosunki narodowościowe w pow. bielskim podlaskim" z 12 IX 1945 r. (cyt. za: *ibidem*, s. 205, dok. 117).

490 „Na przykład tworzono szkoły białoruskie (we wrześniu 1944 r. w powiecie bielskim funkcjonowały 64 placówki z białoruskim językiem nauczania), zezwalano na działalność stowarzyszeń, białoruskiego teatru etc. Były to działania krótkotrwałe. Do końca 1946 r. oficjalne władze polskie zlikwidowały wszelkie przejawy publicznej działalności Białorusinów na Białostocczyźnie, które świadczyły o odrębności i samodzielności tej społeczności. Z systemu oświaty, w wyniku konkretnych przedsięwzięć Kuratorium Okręgu Szkolnego Białostockiego, znikło białoruskie szkolnictwo średnie i podstawowe. [...] Również wyraźna ingerencja administracji państwowej spowodowała podporządkowanie duchowieństwa prawosławnego z Białostoczczyzny Polskiemu Autokefalicznemu Kościołowi Prawosławnemu, co oznaczało zerwanie więzi z Cerkwią prawosławną na Białorusi" — pisze Sławomir Iwaniuk we wstępie do książki *Białorusini i stosunki polsko-białoruskie...* (s. 10).

491 Do stycznia 1945 r. „wyjechało z terenów tut[ejszego] powiatu Białorusinów 2021 rodzin (7105 os[ób]). Należy podkreślić, iż ludność białoruska na ogół niechętnie zapisuje się na wyjazd do BSRR. Dość często słyszy się oświadczenia niektórych Białorusinów, iż są oni Polakami wyznania prawosławnego" — podawał w swoim opracowaniu starosta R. Woźniak. W sumie do września 1945 r. wyjechało z powiatu do ZSRR 7790 gospodarstw (rodzin) Białorusinów (Koniuszek, *Społeczno-ekonomiczne położenie Białorusinów...*, s. 107).

492 Sprawozdanie statystyczne wojewódzkiego pełnomocnika PKWN do spraw reformy rolnej Stefana Wengierowa z 2 XII 1944 r. dotyczące parcelacji majątków ziemskich w woj. białostockim. Dane dotyczą parcelacji 61 majątków (*Białorusini i stosunki polsko-białoruskie...*, s. 95, dok. 52).

*

W styczniu 1945 r. ofensywa Armii Czerwonej ruszyła na zachód, a nowa władza na wschodnich ziemiach polskich, w tym na terenie powiatu bielskiego, pozostała bez ochrony. Armia Krajowa została rozwiązana rozkazem gen. Leopolda Okulickiego z 19 stycznia 1945 r., ale komendant Okręgu Białystok AK ppłk Władysław Liniarski „Mścisław" nie podporządkował się rozkazowi i utworzył 15 lutego formację zbrojną o nazwie Armia Krajowa Obywatelska. Wiosną 1945 r. AKO liczyła 27 tys. członków, w maju weszła w skład Obszaru Centralnego Zrzeszenia „Wolność i Niezawisłość". Jednym z jej liczniejszych (około 300 żołnierzy) oddziałów zbrojnych stała się 5 Wileńska Brygada AK pod wodzą Zygmunta Szendzielarza „Łupaszki". Z WiN związany był też oddział Lucjana Minkiewicza „Wiktora", który potem przekształcił się w 6 Wileńską Brygadę. Aktywność przejawiała tam również Narodowa Organizacja Wojskowa (mimo prób scalenia nie połączyła się z AK, wiosną 1945 r. współtworzyła Narodowe Zjednoczenie Wojskowe), licząca około 5 tys. żołnierzy. W jej skład weszła 3 Wileńska Brygada, na której czele stał Romuald Rajs „Bury" (około 180 żołnierzy). Poza zorganizowaną konspiracją na terenie powiatu działały uzbrojone bandy, terroryzujące mieszkańców, które podszywając się pod partyzantów, rabowały, nakładały kontrybucje, gwałciły.

Co istotne, większość oddziałów konspiracji (oprócz tej przybyłej z Wileńszczyzny) rekrutowała się z zachodniej części powiatu, zamieszkanej przez ludność polską (zaścianki szlacheckie), a wspierająca nową władzę białoruska ludność wschodniej części powiatu stała się (rzecz jasna z wyjątkiem komunistów) jej wrogiem. Konflikt miał więc nie tylko charakter polityczny, lecz także narodowościowy. Nastąpił *de facto* podział powiatu bielskiego na dwie skonfliktowane części: zachodnią, zwalczającą nowy ustrój, i wschodnią, udzielającą mu poparcia. Oddziały podziemia rabowały białoruskie wioski, mordowały ludność. Na przełomie stycznia i lutego 1946 r. doszło do zbiorowej masakry o charakterze ludobójstwa[493] — w ciągu kilku dni 200-osobowy oddział „Burego" (działający wówczas jako IV Oddział NZW, tzw. Pogotowie Akcji Specjalnej) zamordował 31 białoruskich furmanów, wziętych siłą jako podwody, a następnie dokonał pacyfikacji kilku wsi białoruskich: Zaleszan, Wólki Wyganowskiej, Zań, Szpaków. „W okrutny

493 Zob. oficjalny komunikat IPN po zakończeniu śledztwa, http://ipn.gov.pl/pl/dla-mediow/komunikaty/9989,Informacja-o-ustaleniach-koncowych-sledztwa-S-2802Zi-w-sprawie-pozbawienia-zycia.html.

sposób zamordowano 79 przypadkowych osób, kilkadziesiąt okaleczono. Mieszkańców wsi Zaleszany spalono żywcem w zamkniętym budynku"[494].

W październiku 1945 r. KW PPR w Białymstoku pisał o sytuacji w powiecie: „W dalszym ciągu w części zachodniej powiatu nie ma naszej organizacji partyjnej ani żadnych bratnich organizacji. Ta część powiatu jest terenem swobodnie hulających band NSZ-etowskich[495]. Podziemie antykomunistyczne istotnie występowało zbrojnie przeciwko nowej władzy. Jego głównym wrogiem byli „komuniści": agenci NKWD, żołnierze Armii Czerwonej, członkowie PPR. Oddziały podziemia napadały na posterunki MO, rozbrajały ich załogi, często mordując funkcjonariuszy, a także członków ich rodzin. Miejscowe organy władzy zostały rozpędzone przez polską konspirację w 13 z 17 gmin powiatu. Po napadach na MO z 17 posterunków z 250 milicjantami w połowie września 1945 r. w powiecie pozostało 14 posterunków, a w styczniu 1946 r., na skutek kolejnych napadów, służyło w nich jedynie 194 milicjantów[496]. Wielu posterunków nie udawało się odtworzyć miesiącami; sekretarz PPR w Bielsku Podlaskim pisał w sprawozdaniu z listopada: „Jeżeli chodzi o urzędy gmin zachodnich, to te są teoretyczne. [...] Jeżeli chodzi o MO, to posterunki, które istnieją, też są teoretyczne. [...] Komendant posterunku MO w Ciechanowcu poszedł do bandy [...], funkcjonariusze MO i podoficerowie chodzą pijani po mieście. [...] funkcjonariusze UBP też często upijają się"[497].

Nie ulega wątpliwości, że w pierwszych powojennych latach w powiecie bielskim rządziły chaos i przemoc. Nie sięgały tam władze centralne, a władze lokalne przegrywały w walce ze zbrojnym podziemiem i zwykłym bandytyzmem. W cieniu powszechnej przemocy militarnej, morderstw i zabójstw dochodziło do przemocy na mniejszą skalę — zwykłych, tradycyjnych, sąsiedzkich gwałtów, często podlanych alkoholem i kończących się

---

494 Mironowicz, *Stosunki etniczne i główne linie polityki narodowościowej komunistów na Białostocczyźnie...*, s. 376. O działalności „Burego" opowiadają świadkowie mordów oraz byli towarzysze broni w filmie Agnieszki Arnold *Bohater*, https://www.youtube.com/watch?v=To8OWLnClbU.

495 Sprawozdanie miesięczne KW PPR w Białymstoku za październik 1945 r. dotyczące sytuacji społeczno-politycznej w powiatach woj. białostockiego (*Białorusini i stosunki polsko--białoruskie...*, s. 229, dok. 129).

496 AIPN, 0177/77, Stan organizacji Milicji Obywatelskiej na terenie powiatu Bielsk Podlaski w latach 1944–1945, b.d., k. 4.

497 Sprawozdanie sekretarza KP PPR w Bielsku Podlaskim Mariana Ossolińskiego dotyczące działalności partii, stanu bezpieczeństwa publicznego i pracy PUBP w powiecie, 29 XI 1945 r. (*Białorusini i stosunki polsko-białoruskie...*, s. 247, dok. 142).

tragicznie ze względu na powszechny dostęp do broni[498]. Organy nowej władzy – milicja i UB – kiepsko uzbrojone, słabo wyszkolone i ulegające demoralizacji[499], przegrywały z lepiej wyszkolonymi i uzbrojonymi oddziałami podziemia[500]. Jeden z młodych Białorusinów, zwerbowany wówczas do UB, wspominał po latach: „działalność band w tym okresie na terenie powiatu Bielsk Podlaski wzmagała się z dnia na dzień. Prawie codziennie bandy dokonywały morderstw i rabunków w różnych miejscowościach powiatu. Na terenie powiatu działało kilkanaście mniejszych i większych band. Myśmy też nie mieli za wiele wolnego czasu. [...] Operacje, jak operacje w tym okresie, nic ciekawego. Każdy raz porządnie się zmarzło. Wiele trzeba było się nachodzić po polach, lasach i bagnach. Czasem była okazja postrzelać. Zawsze z operacji wracało się głodnym, wyczerpanym ze zmęczenia, lecz z pewnymi większymi lub mniejszymi rezultatami"[501].

Bilans przemocy w powiecie bielskim wygląda następująco: w 1945 r. doszło do 248 napadów rabunkowych na urzędy gminne, spółdzielnie, instytucje państwowe i indywidualne gospodarstwa, w których zrabowano około

498 Na przykład w Bujnowie (gm. Brańsk) został zamordowany przypadkowo przez pijanego Władysława Giermazia Antoni Pajko. Giermaź kupił wcześniej karabin od żołnierza sowieckiego za butelkę wódki, a następnie z sąsiadami opijał zakup (Protokół przesłuchania Aleksandra Pajko z Bujnowa [gm. Brańsk] przeprowadzonego przez p.o. sędziego śledczego Sądu Okręgowego w Białymstoku Leona Damulewicza w sprawie śmierci Antoniego Pajko [w:] *Białorusini i stosunki polsko-białoruskie...*, s. 44, dok. 16).

499 „Bandy w dalszym ciągu grasują, grabią i terroryzują ludność. Z milicją trudno jest nawiązać współpracę, bo milicjanci sami chętnie zajmują się grabieżą" — skarżył się tow. Burycz, wójt gminy Klukowicze, we wrześniu 1945 r. (Protokół Konferencji Powiatowej PPR w Bielsku Podlaskim w sprawie określenia zadań partii i złożenia sprawozdań z działalności komitetów gminnych i komórek PPR [w:] *Białorusini i stosunki polsko-białoruskie...*, s. 190, dok. 118).

500 Kwestie bezpieczeństwa stanowiły przedmiot nieustannych narad i dyskusji, np. 26 IV 1945 r., kiedy „tow. Ossoliński omówił sprawy bezpieczeństwa w powiecie i nawoływał do współpracy z Milicją Obywatelską. [...] Obecni na zebraniu sekretarze komórek gminnych i członkowie PPR powiedzieli, że Milicja Obywatelska i władze Bezpieczeństwa Publicznego źle pracują i nie walczą, a w razie napadów uciekają od band «akowców». Tow. Pomorski powiedział, że w Hajnówce «akowcy» rzucają ulotki, na słupach telefonicznych malują swastyki niemieckie. Przyjechali pracownicy Urzędu Bezpieczeństwa, ale zamiast przeprowadzić rewizje, pili wódkę. [...] Na terenie gminy Kleszczele zaczęły grasować bandy. Przychodzą do wsi, zabierają produkty, straszą, zabijają ludzi. [...] Członkowie partii mówią, że nie liczą się z nimi, a tylko się wyśmiewają" (Protokół posiedzenia KP PPR w Bielsku Podlaskim w sprawie omówienia znaczenia układu polsko-radzieckiego o przyjaźni, pomocy i powojennej współpracy gospodarczej z 21 IV 1945 r., sprawozdawczości z kampanii siewnej, oceny stanu bezpieczeństwa, organizacji obchodów świąt 1 i 3 Maja [w:] *Białorusini i stosunki polsko-białoruskie...*, s. 150, dok. 85).

501 AIPN, 2241/444, Szymon Wiluk, Wspomnienia, s. 4.

800 tys. zł[502]. W latach 1944–1946 aresztowano 1753 członków podziemia, w tym 1508 z AK-AKO-WiN oraz 245 z NSZ-NZW[503]. W okresie 1945–1946 odnotowano łącznie 65 napadów na posterunki MO w powiecie[504]. W okresie 1944–1947 zamordowano tam 411 osób (w tym 105 funkcjonariuszy MO i UB, 38 żołnierzy radzieckich, 20 żołnierzy WP oraz 219 cywilów)[505]. Wśród zamordowanych było 13 Żydów.

Posterunek MO w Boćkach po ataku 1 Szwadronu 5 Wileńskiej Brygady AK pod dowództwem por. Zygmunta Błażejewicza „Zygmunta", 7 maja 1945 r.

502 Dane podaję za: AIPN, 001834/98, Jan Pawluczuk, „Wkład organów bezpieczeństwa w walkę o utrwalanie władzy ludowej i likwidację reakcyjnego podziemia w powiecie Bielsk Podlaski w latach 1944–1947", praca magisterska, Instytut Nauk Społeczno-Politycznych Akademii Spraw Wewnętrznych, Warszawa 1975, s. 124 i 140. W 1944 r. podobnych napadów było 13, w 1946 — 172, w 1947 — 113. Pawluczuk sporządza w tabeli (s. 68) bardzo dokładny „wykaz oddziałów zbrojnych i band terrorystyczno-rabunkowych działających w terenie powiatu Bielsk Podlaski w latach 1944–1947". W tabeli wymienił 26 oddziałów (z przynależnością organizacyjną, okresem i obszarem działania), od kilkusetosobowych „Łupaszki", „Zygmunta", „Wiktora" czy „Młota", przez kilkudziesięcioosobowe „Burego", „Mścisława", „Rekina" czy „Szumnego", do kilkuosobowych band rabunkowych.

503 *Ibidem*, s. 141. Jak podaje Pawluczuk, w 1944 r. aresztowano 259 (230 z organizacji AKO-WiN i 29 z NSZ-NZW), w 1945 — 1143 (1076 i 67), w 1946 — 342 (224 i 118).

504 *Ibidem*, s. 138. Na każdy posterunek napadano kilkakrotnie, najwięcej na Siemiatycze — 6 razy.

505 *Ibidem*, s. 150. W 1944 zamordowano 22 osoby, w 1945 — 242, w 1946 — 66, 1947– 35; w latach 1947–1951 — 26.

*

Na terenie powiatu Bielsk Podlaski[506] wojnę przeżyło 322 Żydów (znanych z nazwiska), z czego najwięcej w rejonach Brańska (59), Drohiczyna (43) i Siemiatycz (35). Dodatkowo około 30 osób ukrywało się w lasach w pobliżu tych miejscowości, korzystając z okazjonalnej pomocy mieszkańców. Te trzy miejscowości stanowiły wyspy przetrwania, tam znajdowało się także najwięcej miejsc, gdzie udzielono Żydom długotrwałej pomocy.

Sidney Żółtak i jego kuzynka Chana Lisogurski w obozie DP w Cremonie (USHMM, 57736)

Spośród 322 ocalałych Żydów, o których informacje odnalazłam w wielu źródłach, jedynie część zarejestrowała się w CKŻP, na którego listach znajduje się 220 Żydów podających jako miejsce swojego pobytu 1 września 1939 r. powiat Bielsk Podlaski. Ponad połowa z nich (co najmniej 113) przeżyła jednak wojnę w ZSRR, a zaledwie 32 podało, że przeżyło po stronie

506 Dane z okresu powojennego odnoszą się do części powiatu bielskiego, która znalazła się w granicach Polski; w odniesieniu do wschodnich gmin powiatu, które pozostały w ZSRR, nie udało mi się natrafić na żadne wiarygodne dane.

aryjskiej, 11 — w obozach, a 64 nie udzieliło informacji, w jaki sposób przeżyli (na pewno część z nich przeżyła na terenie powiatu). Co się stało z pozostałymi ocalałymi na terenie powiatu, dlaczego nie zarejestrowali się w CKŻP? Najbardziej prawdopodobne wydaje mi się wyjaśnienie, że w 1946 r., kiedy to zarejestrowało się 91% ocalałych z Bielska Podlaskiego[507], nie było ich już w Polsce. Zarejestrowali się natomiast inni Żydzi niż ci, którzy ocaleli na terenie powiatu. Szczegółowe dane z CKŻP zawiera tabela 5.

Tabela 5. Żydzi z powiatu bielskiego zarejestrowani w CKŻP

Miasto	AR	ZSRR	Obóz	Brak danych	Ogółem
Bielsk	2	42	4	6	54
Białowieża	1	1	1		3
Brańsk	9	5	1	13	28
Ciechanowiec	3	14		6	23
Kamieniec Litewski		6		1	7
Kleszczele	2	3		1	6
Mielnik		2			2
Milejczyce	2	3			5
Narew		2		3	4
Narewka		2		1	4
Orla		3		1	4
Siemiatycze	12	22		25	59
Szereszów	1	6	5	5	17
Wierzchowice				1	1
Wysokie Litewskie		2		1	3
OGÓŁEM	32	113	11	64	220

Źródło: Opracowanie własne.

Dane liczbowe należy traktować z pewną ostrożnością, nie mogę mieć pewności, że osoba występująca w jednym źródle jako anonimowa w innym nie pojawia się pod imieniem i/lub nazwiskiem i czy w związku z tym nie została policzona dwukrotnie. Jestem jednak przekonana, że można bezpiecznie przyjąć, iż na terenie powiatu bielskiego przeżyło wojnę przynajmniej

507 Spośród 220 ocalałych z powiatu Bielsk Podlaski tylko 5 zarejestrowało się w 1945 r., 201 — w 1946, 12 — w 1947, a 2 — później.

322 Żydów. Ta liczba nie uwzględnia Żydów, którzy przeżyli obozy koncentracyjne oraz tych ze wschodnich gmin powiatu, przyznanych po wojnie Białorusi w ramach ZSRR; stamtąd bowiem nie mam żadnych danych (poza pojedynczymi osobami, które zarejestrowały się w CKŻP, czyli po wojnie znalazły się w Polsce). Dane w relacjach ocalałych bardzo się różnią i nie mogą być podstawą do szacunków liczbowych.

Koniec okupacji niemieckiej i wynikająca z tego faktu świadomość ocalenia w kontekście całkowitego zniszczenia żydowskiego świata w Polsce była dla Żydów psychologicznym szokiem. Jeszcze nie wiedzieli wówczas, że przeżyli doświadczenie, które kiedyś zostanie nazwane Holokaustem. Ukrywający się — teraz już wolni — kierowali swoje pierwsze kroki do rodzinnych miejscowości, gdzie bynajmniej nie witano ich z otwartymi ramionami. „Każdy napotkany chrześcijanin mierzy mnie wzrokiem, tak jakbym miał rogi" — wspomina Motl Lewkowsky[508], a Fajwel Szapiro pisze o tym, czego doznał tydzień po wyzwoleniu: „w pewien piękny, jasny, łagodny letni dzień wróciłem do Bielska. Ciemność śmierci. Cisza zagłady. Pustynia, pustka panowały w opuszczonym mieście Bielsku. Puste ulice. Głuche domy — żałoba wyziera z okien i drzwi, zgliszcza. Ani jednego Żyda. [...] W moim drogim mieście czułem się bardziej samotny i nieszczęśliwy niż w lesie. Na każdej uliczce, w każdym domu czaiła się na mnie śmiertelna nienawiść rabusiów, którzy obawiali się, że zostanę przy życiu i będę chciał odebrać im to, co zdołali zrabować"[509]. Ocalali Żydzi, dopiero rozpoznający rozmiar własnych strat, uświadamiający sobie całkowitą destrukcję ich świata w Polsce, zostali skonfrontowani z nowymi niebezpieczeństwami. Te nowe źródła zagrożenia życia miały, jak się wydaje, trzy podstawowe przyczyny: chciwość związaną z przejęciem żydowskiego mienia, demoralizację (której wyrazem stał się rozpowszechniony bandytyzm[510]) oraz antysemityzm, bazujący na starych i nowych stereotypach[511]. Tocząca się wojna domowa wprowadzała chaos, okresowo dwuwładzę, generując dodatkowo poczucie braku bezpieczeństwa i dezorientacji.

508 Motl Lewkowsky, *Napisz książkę. Pamiętaj* [w:] *Księga pamięci Bielska Podlaskiego*, s. 595.

509 Szapiro, *Byłem jednym z nich*, s. 575–576.

510 O powojennym bandytyzmie zob. Marcin Zaremba, *Wielka trwoga. Polska 1944–1947. Ludowa reakcja na kryzys*, Kraków: Znak, 2012, szczególnie rozdział „Bandytyzm: «Chłopska wojna upadłych żołnierzy»", s. 315–354.

511 W cytowanym raporcie politycznym podziemia nie brakowało antysemickich klisz dotyczących udziału Żydów we władzy — całkowicie fałszywych w wypadku powiatu bielskiego.

Podobnie jak w każdym innym miejscu w powojennej Polsce, także na terenie tego powiatu Żydzi nie byli bezpieczni. „Żydzi żyją w ciągłym strachu o swe życie. Od zapadnięcia zmierzchu nikt z nich z domu nie wychodzi, na noc przeważnie grupują się w jednym domu, zamykają się i nikogo do siebie nie wpuszczają. Taki stan rzeczy spowodowany jest tym, że z okolicy stale dochodzą wiadomości o napadach i zabójstwach Żydów"[512] — pisał w swojej relacji dr Hipolit Bajer, który przyjechał do Ciechanowca sprawdzić, jakie jest położenie Żydów w mieście.

Po wojnie w powiecie Bielsk Podlaski doszło do co najmniej dwunastu ataków na ocalałych Żydów. Pierwszy nastąpił 13 grudnia 1944 r., kiedy „zraniono Żyda Brukiera z Siemiatycz, który leży obecnie w szpitalu w Białymstoku"[513]. Kolejny — nocą z 4 na 5 stycznia 1945 r., kiedy dokonano napadu rabunkowego na mieszkanie młynarza Beni Lwa[514], który został zabity. W podobnych okolicznościach zginął Arie Blustein[515]. 8 stycznia 1945 r. napadnięto na dom Symchy Warszawskiego w Drohiczynie, który przebywał tam z trójką młodszego rodzeństwa — wszyscy ocaleli na terenie powiatu i cudem odnaleźli się po wojnie. Przez chwilę mieszkali razem w domu rodzinnym. Do ich pokoju wrzucono granat, najstarszy brat zginął, a trójką młodszych zajęli się stacjonujący tam Rosjanie — rozdzielono ich pomiędzy różne domy dziecka. Szai udało się po jakimś czasie wrócić z Brześcia nad Bugiem do Polski i wyjechać do Palestyny, gdzie dotarł do siostry, wywiezionej wcześniej do Winnicy. Nigdy zaś nie udało im się odnaleźć młodszego brata, Chaima Hirsza[516].

---

512 Archiwum Beit Lochamej ha-Getaot (Archiwum Kibucu Bojowników Gett, dalej ABLG), 1/005974, Relacja dr. Hipolita Bajera z 21 III 1945 r., s. 1.

513 AIPN Bi, 047/13, t. 1, Meldunek komendanta MO w Drohiczynie z 5 I 1945 r., k. 2.

514 Zob. meldunek KP MO w Bielsku Podlaskim do KW MO w Białymstoku z 13 I 1945 r.: „Melduję, że w dniu 4 na 5 stycznia 1945 został zamordowany Lew Beniamin, właściciel młyna wodnego koło Siemiatycz młyn «Karpiniec». Morderstwo dokonało 6-ciu uzbrojonych bandytów, którzy po morderstwie doszczętnie obrabowali dom" (AIPN Bi, 047/13, t. 1, k. 4).

515 Zob. http://www.kirkuty.xip.pl/siemiatycze_zaglada.htm. Arie Blustein jest najprawdopodobniej tożsamy z Iciem B., o którym wspomina Zbigniew Romaniuk, pisząc, że zginął w innych okolicznościach: „w okolicach Drohiczyna chłopi zabili Icie B., który zrabował krowę" (*idem*, *Brańsk i okolice w latach 1939–1953. Reminiscencje zdarzeń*, „Ziemia Brańska" (Brańsk) 1995, t. 6, s. 17).

516 AYV, O.3/12432, Jehoszua (Szaja) Warszawski (ur. 1929 w Drohiczynie), wywiad z 2005 r., tłum. z j. hebrajskiego Ela Linde. Szaja z młodszym bratem Chaimem Hirszem wyskoczyli z pociągu do Treblinki i do wyzwolenia tułali się po wsiach i polach w okolicy rodzinnego Drohiczyna. O wrzuceniu granatu do mieszkania Warszawskich wspomina też w wywiadzie Efraim Lederman (AYV, O93/37064), mówiąc, że następnego dnia pozostałych kilkunastu Żydów z Drohiczyna przeniosło się do Siemiatycz. W meldunku MO z Bielska z 9 I 1945 r. do

Niektóre mordy były dalszym ciągiem porachunków wojennych — jak w wypadku wydania przez Jurczuka Niemcom rodziny Grudów i nakręconej wokół tego spirali zemsty. Dwóch z pięciu młodych Grudów — Szloma i Dawid — zostało zabitych[517]. Po ich śmierci Grudowie doprowadzili do procesu Jurczuka, w którym go oskarżono o zabójstwo ich rodziców[518].

Do kolejnego ataku na Żydów doszło 17 marca 1945 r. w Brańsku: narzeczona Ariego Prybuta Zisl Topczewska wybrała się wówczas z koleżanką Rachelą Wolson (?) do polskiej krawcowej, pani Sztejmanowej. Do jej mieszkania „przyszło 2-ch nieznanych osobników" i zamordowali wszystkie trzy kobiety[519]. Także w marcu „w Boćkach włamali się bandyci do mieszkania jednego z ob[ywateli] Żydów, którego zabito, gdy leżał w łóżku, a po drodze do Drohiczyna zostało zabitych na kolonii leśnej 2-ch Żydów, którzy zatrzymali się tam przejazdem u rzekomo znajomych gospodarzy"[520].

Żydzi byli gotowi do samoobrony, tym bardziej że znajdowali się wśród nich byli partyzanci posiadający broń. Do potyczki z napastnikami doszło 6 kwietnia 1945 r. w Siemiatyczach. Całe wydarzenie zostało dokładnie przedstawione w raporcie lokalnego posterunku MO (zachowuję pisownię oryginalną): „W dniu 6 IV [19]45 r. banda w liczbie 200 ludzi umundurowanych w polskie mundury z automatami rozbrajła Post[erunek] MO

KW MO w Białymstoku czytamy: „dn. 8.1.[19]45 dokonano zbrojnego napadu na mieszkanie Warszawskiego Symchy. W mieszkaniu znajdowało się 5-ć osób, z tego przy rzuceniu granatu ręcznego przez okno został zabity Symcha Warszawski, a ciężko ranna Maria Stachura i Stachura Henryk, lat 14" (AIPN Bi, 047/13, t. 1, k. 3).

517 Zob. przypis 414.

518 Gdal Gruda zeznawał w czasie rozprawy: „mój brat Kiwa Gruda był w Drohiczynie milicjantem w 1945 roku i jeżeli nie oskarżył Jurczuka, to tylko dlatego, że były czasy niespokojne, w związku z czym zrzekł się nawet służby w milicji, bo dwóch naszych braci Szlomę i Dawida bandy zamordowali, i to w związku z tą sprawą" (AIPN Bi, 404/329, Akta w sprawie karnej Antoniego Jurczuka, Zeznanie na rozprawie głównej, b.d., b.p.). Jurczuk został skazany w 1949 r. przez Sąd Okręgowy w Białymstoku na karę dożywocia, zmarł w więzieniu w 1950 r.

519 AIPN Bi, 047/1, t. 1, Telefonogram z posterunku MO w Brańsku, k. 10. To wydarzenie jest także opisane w innych źródłach, Arie Lejb Prybut podaje: „Ten straszny mord uczynił na wszystkich wielkie wrażenie. Następnego dnia resztka brańskich Żydów przeniosła się do Białegostoku (AŻIH, 301/3526). Mosze Rubinsztejn wspomina: „wszyscy wtedy się rozbiegli. Bogaci Żydzi natychmiast odeszli do większego miasta, do Białegostoku. Ja z jeszcze czteroma chłopakami zostałem. Rano wstajemy i widzimy na drzwiach duży afisz [...]: «Żydy! Dajemy wam 3-dniowy termin, by wynieść się z Brańska, a jeśli nie, to znajdziecie się na łonie Abrahama!» (po polsku)" (AŻIH, 301/4498).

520 ABLG, 1/005974, Protokół spisany w Grupie [?] CK, 21 III 1945 r., k. 8. Te trzy morderstwa nie znalazły potwierdzenia w innych źródłach.

w Siemiatyczach. Po rozbrojeniu Posterunku bandyci udali się na rynek miasta i rozbrajli 2 kobiety z radjo-toczki i Lajtinanta z Białoruskiej komisji. Następnie kolejno napadali na domy, w których mieszkali żydzi. Z dwóch domuw zdąrzyli żydzi uciekną́ć, jak twierdzą miejscowi mieszkańcy, pozostawiając po sobie automaty, które zabrała banda. W jednym domu zaczęli się odstrzeliwać i przez dłuższy czas słychać było na mieście strzelaninę i rwanie granatów prawdo podobnie rzucanych przez żydów. W wyniku została zabita 1 żydówka i 2 żydów cięszko rannych"[521]. Jednym z rannych był Jankew Baszkes (Jankiel Blusztein), który w relacji podaje: „o szóstej rano do miasta wjechała banda 50 ludzi w wojskowych ubraniach i rozbroili posterunek policji. Następnie podjechali w naszą stronę i zapytali, gdzie mieszkają Żydzi. Widząc to, wszyscy Żydzi, około 50 osób, zebrali się na strychu przy ulicy Ciechanowieckiej i zaczęli strzelać przez okna i rzucać granaty [...]. Walka trwała 3 godziny. Mnie przestrzelono rękę. Jedną kobietę zabito. Przypadkiem nadjechało kilka pojazdów z sowieckimi żołnierzami, [...] uratował nas przypadek. Następnego dnia po zajściu przyjechało kilka wojskowych samochodów i zabrało nas do Bielska"[522].

Być może w tym samym czasie podłożono bombę pod dom Szlomy Kuperhanda w Siemiatyczach[523]; dokładnej daty nie udało mi się ustalić, ale

521 AIPN Bi, 227/4, Raport Posterunku MO Siemiatycze do Powiatowej Komendy MO w Bielsku Podlaskim, b.d., k. 105.

522 Zob. AŻIH, 301/1164, Jankew Baszkes [Jankiel Blusztein]. Autor podaje błędną datę wydarzenia: 15 III 1945 r. O tej strzelaninie jest mowa także w innych źródłach, m.in. we wzmiankowanej już relacji Efraima Ledermana (AYV, O93/37064) oraz Beniamina Bashana (Blussteina, AYV, SAPIR # 3559028), który wspomina, że jego wuj został wówczas ranny, a także w siemiatyckiej Księdze pamięci, http://www.jewishgen.org/yizkor/siemiatycze1/sie500.html.

523 Informacja o tym znajduje się w zeznaniu Hersza Gaiła na procesie policjanta Józefa Fleksa. Po wyproszeniu publiczności z sali, przy drzwiach zamkniętych, świadek ten zeznawał 27 II 1948 r. przed Sądem Okręgowym w Białymstoku: „po przeżyciu okupacji my, którzy ocaleliśmy, zamieszkaliśmy jakiś czas w Siemiatyczach. Z początku można tam było żyć spokojnie, a po kilku miesiącach pod mieszkanie, w którym zamieszkiwał Szloma Kuperhand, została podłożona mina, która wyrwała całą ścianę z pustaków, i dlatego dalsze zamieszkiwanie tam żydów zagrażało niebezpieczeństwem" (AIPN Bi, 403/17/2, k. 125). Ciekawy jest fragment uzasadnienia Sądu Najwyższego dołączonego do decyzji o odrzuceniu rewizji oskarżonego w tym procesie, sąd bowiem jasno wypowiedział się o mijających się z prawdą świadkach obrony: „nastroje antyżydowskie, które znalazły swój jaskrawy wyraz między innymi w 1939 r. w chuligańskich wyczynach miejscowej łobuzerii w stosunku do Żydów, a w 1945 r. w podłożeniu materiału wybuchowego pod dom zajmowany przez Kuperhanda, który po dłuższej tułaczce wrócił do Siemiatycz. Niezdrowe opary tych nastrojów zaciążyły i na wezwanych do Sądu świadkach, których zeznania były dalekie od prawdy materialnej" (AIPN Bi, 403/17/1, k. 128–129).

nastąpiło to przed opuszczeniem przez Żydów miasta. Ostatnie morderstwo popełniono 27 lipca 1945 r. Chawcia i Meir Kosowerowie — dwójka spośród trójki ocalałego rodzeństwa — zostali zamordowani w Ciechanowcu[524]. Ich siostra Rachela uciekła wówczas do Białegostoku.

W rezultacie opisanych dwunastu ataków zginęło trzynastu Żydów (i jedna Polka), a czterech zostało rannych. Trudno jednoznacznie określić, jakie były przyczyny poszczególnych napaści — wydaje się, że niektóre z nich miały charakter zemsty, inne zwykłego bandytyzmu i rabunku, jeszcze inne mogły mieć charakter polityczny. Wszystkie wpisywały się w antysemicką przemoc, która szeroką falą rozlała się wówczas po całej Polsce[525], czerpiąc z zasobów tradycyjnego antysemityzmu i jednocześnie znajdując doskonałą pożywkę w klimacie panujących po wojnie strachu, nienawiści i potrzeby zemsty.

Co interesujące, Żydzi w powiecie bielskim jakby nie zdawali sobie sprawy, że wokół nich toczy się wojna domowa — a przynajmniej nie dawali temu wyrazu w swoich relacjach — ani tych składanych wtedy dla Centralnej Żydowskiej Komisji Historycznej przy CKŻP, ani spisywanych po latach czy nagrywanych dla fundacji Spielberga. Wydaje się to zrozumiałe — byli skoncentrowani na swoim nieszczęściu, stratach, lęku. A może z ich punktu widzenia było wszystko jedno, z jakiego powodu znowu ich życie jest zagrożone? Może brakowało im energii, żeby roztrząsać przyczyny zagrożeń czy motywacje sprawców, skoro wszystkie je łączył bez wątpienia antysemityzm? Może zresztą tak się przyzwyczaili do stosowanej wobec nich przemocy, że nie widzieli w tym nic szczególnego, wartego odnotowania, zwłaszcza w kontekście wspomnień, których głównym tematem były przeżycia okupacyjne? Trudno stwierdzić, w jakim stopniu powojenna przemoc i grożące niebezpieczeństwo wydawały im się niewielkie, wręcz normalne.

---

524 Zob. AŻIH, 301/2795, Relacja Racheli Kosower. O tym morderstwie wspomina także w wywiadzie Arie Chazan (AYV, SAPIR # 5247278).

525 W Polsce zginęło po wojnie „w wyniku pogromów, działań podziemia, zbrojnych napaści i skrytobójczych mordów co najmniej od 650 do 750 Żydów" — podaje Andrzej Żbikowski (*idem*, *Morderstwa popełniane na Żydach w pierwszych latach po wojnie* [w:] *Następstwa zagłady Żydów...*, s. 93). O powojennych mordach na Żydach w Polsce zob. także (m.in.) David Engel, *Patterns of Anti-Jewish Violence in Poland 1944–1946*, „Yad Vashem Studies" 1998, nr 26, s. 43–85; Aleksandra Bańkowska, Agnieszka Jarzębowska, Magdalena Siek, *Morderstwa Żydów w latach 1944–1946 na terenie Polski na podstawie kwerendy w zbiorze 301 (relacje z Zagłady) w Archiwum Żydowskiego Instytutu Historycznego*, „Kwartalnik Historii Żydów" 2009, nr 3, s. 356–367.

Cytowany już dr Hipolit Bajer dostrzegał szerszy kontekst przemocy w powiecie bielskim i w swoim raporcie z Ciechanowca konkludował: „we wszystkich tych wypadkach miejscowa milicja sprawców nie ujęła. W ogóle wykazuje ona bardzo małą aktywność. [...] Nocami przejeżdżają przez wsie i miasteczka większe grupy uzbrojonych osobników. Ludność twierdzi, że nie są to zwyczajni bandyci, lecz zorganizowane grupy o charakterze wojskowym, pozostałości dawnej AK. [...] Częste są również wypadki zabójstw popełnianych na ludziach deklarujących swe sympatie dla obecnego rządu bądź też zajmujących stanowiska urzędowe"[526].

Przemoc na terenie powiatu uwypukliła dramatyzm podziałów i sprzecznych interesów, dzielących jego mieszkańców. Każda z żyjących tam narodowości skupiała się na swoich problemach, które izolowały ją od pozostałych. Żydzi przechodzili żałobę; z jednej strony w strachu o własne bezpieczeństwo poszukiwali ocalałych bliskich, z drugiej — rozglądali się za bezpieczniejszym miejscem do życia. Białorusini, obawiając się przymusowych przesiedleń do ZSRR i przemocy ze strony polskiego podziemia, jednocześnie mieli nadzieję na awans społeczny i lepsze życie za nowej władzy. Polacy niezgadzający się na komunizm starali się zwalczać nowy reżim, traktując go jako kolejną narzuconą okupację. Przedwojenne antagonizmy nie minęły, wprost przeciwnie — pojawiły się nowe; egzystencja trzech nacji zamieszkujących (już w zupełnie innych proporcjach) te ziemie nadal biegła zupełnie odmiennymi torami. Sytuacja powojenna, nie tylko w powiecie bielskim, ukazuje też inny wymiar tragizmu doświadczeń wojennych — trwałość starych, przedwojennych i tych okupacyjnych, podziałów, które skazały mieszkańców tych obszarów na całkowitą osobność istnienia. Dramatyczne przeżycia okupacyjne nie zbliżyły ich do siebie — ani jako sąsiadów, ani jako ludzi. Ich doświadczenia toczyły się jakby w równoległych, odrębnych światach, niemających o sobie nawzajem pojęcia, ich świadomości nie spotkały się — historie przez nich opowiadane były i pozostały do dzisiaj całkowicie osobne.

*

Sytuacja w powiecie bielskim — i w całej Polsce — stopniowo się uspokajała w miarę krzepnięcia nowych rządów. 30 czerwca 1946 r. władze przeprowadziły sfałszowane referendum dotyczące zgody na zmianę ustroju w Polsce, a następnie — sfałszowane wybory (styczeń 1947 r.). Pełnię władzy przejęli

526 ABLG, 1/005974, Relacja dr. Hipolita Bajera z 21 III 1945 r.

wówczas komuniści. Już w lutym uchwalono amnestię dla członków organizacji podziemnych — część się wówczas ujawniła, wielu jednak pozostało w konspiracji. Walki i potyczki z nową władzą trwały na terenie powiatu bielskiego do końca lat czterdziestych.

Liczba Żydów mieszkających w powiecie bielskim stopniowo się zmniejszała. Z kilkuset mieszkających tam — krócej lub dłużej — w latach czterdziestych w 1948 r. zostało czterdziestu[527]. Kolejni wyjechali w latach pięćdziesiątych; przygotowania do wyjazdu rodzin Kapłańskich i Grudów opisywał Samuel Lejb Sznajderman w artykule pt. *Ostatni Żydzi w Bielsku Podlaskim są już spakowani i czekają na statek do Izraela*[528]. Grudowie ostatecznie wyjechali w 1968 r.[529] Spośród Żydów, którzy przeżyli wojnę na terenie powiatu, pozostali na miejscu Mojżesz (Mieczysław) Kamień i Kiwa Gruda; po wojnie ożenili się z Polkami i założyli tam rodziny.

527 AŻIH, 301/3943, Bielsk Podlaski, 24 VIII 1948 r. W dokumencie wymieniono nazwiska 40 Żydów mieszkających w Bielsku.

528 W piśmie „Forwerts" z 27 XII 1957 r., przedruk w: *Księga pamięci Bielska Podlaskiego*, s. 607–610.

529 W Bielsku mieszkał do śmierci w 1993 r. Józef Izbucki, który przeżył wojnę w ZSRR. W 1968 r. podobnie jak rodzina Grudów wyjechała rodzina Kapłańskich (również Izrael Kapłański przeżył wojnę w ZSRR).

Alina Skibińska

Powiat biłgorajski

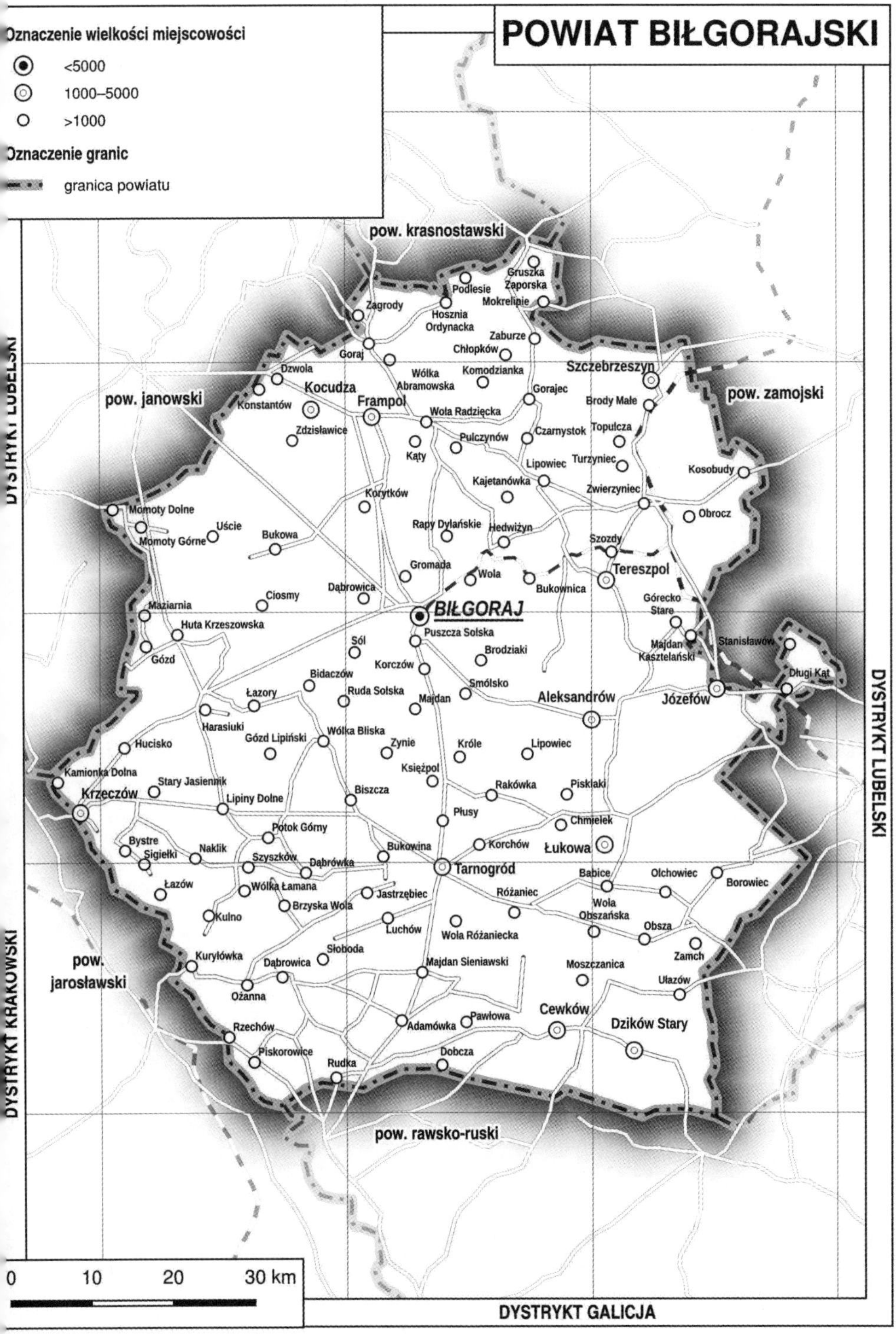
POWIAT BIŁGORAJSKI
Oznaczenie wielkości miejscowości
<5000
1000–5000
>1000
Oznaczenie granic
granica powiatu
pow. krasnostawski
pow. janowski
pow. zamojski
pow. jarosławski
pow. rawsko-ruski
DYSTRYKT LUBELSKI
DYSTRYKT KRAKOWSKI
DYSTRYKT GALICJA
BIŁGORAJ
Gruszka Zaporska
Podlesie
Mokrelipie
Zagrody
Hosznia Ordynacka
Zaburze
Chłopków
Goraj
Dzwola
Wólka Abramowska
Komodzianka
Szczebrzeszyn
Kocudza
Konstantów
Frampol
Gorajec
Brody Małe
Wola Radzięcka
Zdzisławice
Czarnystok
Topulcza
Pulczynów
Kąty
Lipowiec
Turzyniec
Kosobudy
Kajetanówka
Zwierzyniec
Korytków
Momoty Dolne
Momoty Górne
Uście
Bukowa
Rapy Dylańskie
Hedwiżyn
Obrocz
Szozdy
Gromada
Tereszpol
Wola
Bukownica
Dąbrowica
Ciosmy
Górecko Stare
Maziarnia
Huta Krzeszowska
Puszcza Solska
Majdan Kasztelański
Stanisławów
Gózd
Sól
Brodziaki
Korczów
Długi Kąt
Bidaczów
Smólsko
Józefów
Łazory
Ruda Solska
Aleksandrów
Majdan
Harasiuki
Gózd Lipiński
Wólka Bliska
Hucisko
Żynie
Króle
Lipowiec
Kamionka Dolna
Księżpol
Stary Jasiennik
Rakówka
Pisklaki
Krzeczów
Biszcza
Lipiny Dolne
Płusy
Chmielek
Potok Górny
Bystre
Korchów
Łukowa
Naklik
Sigiełki
Szyszków
Bukowina
Dąbrówka
Tarnogród
Babice
Olchowiec
Borowiec
Łazów
Wólka Łamana
Jastrzębiec
Różaniec
Brzyska Wola
Wola Obszańska
Kulno
Obsza
Łuchów
Wola Różaniecka
Zamch
Słoboda
Kuryłówka
Dąbrowica
Majdan Sieniawski
Moszczanica
Ułazów
Ożanna
Cewków
Rzechów
Adamówka
Pawłowa
Dzików Stary
Piskorowice
Dobcza
Rudka
0
10
20
30 km

Przed i po 1939 r. — światy równoległe

POWIAT W OKRESIE PRZEDWOJENNYM

W dzisiejszej południowo-wschodniej Polsce rozciąga się bardzo nieregularny w kształcie powiat biłgorajski, wyraźnie wypiętrzony obszar o dużych walorach krajobrazowych i przyrodniczych. Są tam ogromne połacie leśne, przede wszystkim Puszcza Solska i Lasy Janowskie, i niewielkie lasy rozrzucone między polami położonymi to na wzniesieniach, to na równinie. Była to — i nadal jest — piękna, malownicza kraina, z wioskami i małymi miastami, których rynki przed wojną okalały parterowe drewniane domy z podcieniami, ogrodzone sztachetowymi płotami z typowymi dla tego regionu zadaszonymi gontem bramami i furtkami, otoczone przydomowymi ogródkami i sadami.

Powiat wyodrębniono w 1867 r. z gmin okręgu tarnogrodzkiego, po odzyskaniu niepodległości znalazł się w obrębie województwa lubelskiego; plasował się — w porównaniu z innymi powiatami tego województwa — w środkowych lub dolnych rubrykach tabel statystycznych dotyczących powierzchni, liczby ludności, gęstości zaludnienia, odsetka mniejszości narodowych, uprzemysłowienia oraz innych danych. Spis z 1931 r. wykazał, że w granicach powiatu sprzed okupacji mieszkało 12 938 Żydów, lecz na potrzeby niniejszego opracowaniu muszę przyjąć inne dane, tj. dotyczące obszaru powiatu z okresu okupacji, czyli Kreishauptmannschaft Bilgoraj, który był znacznie większy, o czym będzie mowa dalej. Szacuję, że na interesującym mnie obszarze mieszkało w 1939 r. około 16 tys. Żydów.

W 1933 r. powiat dzielił się na 15 gmin, w czasie okupacji został powiększony do 23: Aleksandrów, Babice, Biszcza, Biłgoraj, Cieplice, Dzików Stary, Frampol, Goraj, Huta Krzeszowska, Kocudza, Krzeszów, Księżpol, Kuryłówka, Łukowa, Potok Górny, Puszcza Solska, Radecznica, Sól, Szczebrzeszyn, Tarnogród, Tereszpol, Wola Różaniecka i Zwierzyniec. Całość niniejszego opracowania odnosi się do losów Żydów mieszkających na obszarze Kreishauptmannschaft Bilgoraj, czyli wymienionych tu 23 gmin.

Tabela 1. Ludność żydowska w miastach i osadach typu miejskiego na terenie powiatu biłgorajskiego w granicach późniejszego Kreishauptmannschaft Bilgoraj w 1921 i 1939 r.[1]

Miasto lub osada miejska	1921			1939		
	Ludność		Odsetek ludności żydowskiej	Ludność		Odsetek ludności żydowskiej
	ogółem	żydowska		ogółem	żydowska (przed wybuchem wojny)	
Biłgoraj	5 603	3 715	66,3	8 270[2]	5 010	60
Goraj	2 331	394	16,9	–	498	–
Frampol	2 720	1 465	53,9	–	1 939	–
Józefów	1 344	1 050	78,1	–	1 700	–
Krzeszów	724	281	38,8	–	281[3]	–
Szczebrzeszyn	6 350	2 644	41,6	–	3 200	43
Tarnogród	4 769	2 238	46,9	5 016	2 515	50
Zwierzyniec	1 308	436	33,3	1 682	520[4]	31
OGÓŁEM	25 149	12 223	48,6	–	15 663	ok. 46

Ludność powiatu cechował konserwatyzm, widoczny zarówno w kulturze polskiej, jak i żydowskiej[5]. Powiat, jak zresztą całe województwo lubelskie, był regionem typowo rolniczym, wiejskim i chłopskim, zacofanym pod względem gospodarczym; panowały tam na wpół feudalne stosunki społeczne. Bogactwem były jedynie lasy, które wraz z nieużytkami stanowiły połowę całej powierzchni. W powiecie działały niemal wyłącznie zakłady bezpośrednio związane z miejscową bazą surowcową, np. tartaki i różne niewielkie firmy przemysłu drzewnego, a także cukrownie, browary, gorzel-

1 Radosław Dąbrowski, *Mniejszości narodowe na Lubelszczyźnie w latach 1918–1939*, Kielce: Wszechnica Świętokrzyska, 2007, s. 40–45, tabele 14 i 15.

2 Jerzy Markiewicz, Ryszard Szczygieł, Wiesław Śladkowski, *Dzieje Biłgoraja*, Lublin: Wydawnictwo Lubelskie, 1985, s. 160 (dane na podstawie ankiety Urzędu Miasta Biłgoraja z 11 III 1949 r.).

3 Wobec braku danych za rok 1939 przyjmuję tę samą liczbę mieszkańców co w 1921 r.

4 Niemal wszyscy Żydzi zwierzynieccy mieszkali w osadzie zwanej Rudka, po prawej stronie Wieprza, gdzie stanowili około 31% mieszkańców (Halina Matławska, *Zwierzyniec*, Zwierzyniec: Rada Miejska, 1991, s. 261).

5 Dorota Skakuj, *Zarys dziejów powiatu biłgorajskiego w latach 1867–1939*, Biłgoraj: Muzeum Ziemi Biłgorajskiej, 2005, *passim* (zob. szczególnie rozdział pt. „Specyfika kulturowa powiatu biłgorajskiego", s. 196–215).

nie, olejarnie i młyny. Znaczna liczba tych niewielkich przedsiębiorstw należała do Żydów, pojedyncze do Polaków, niektóre do Ordynacji Zamojskiej lub właścicieli ziemskich. Na życie gospodarcze większości Żydów składały się niewielkie sklepiki i warsztaty rzemieślnicze, dzierżawa sadów i uprawa niewielkich działek, dająca produkty na własne potrzeby. Około 2200 Żydów mieszkało w folwarkach i na wsiach, część prowadziła własne gospodarstwa rolne, charakterystyczny był także groszowy handel obwoźny i domokrążny. Silnie rozwinięte było rzemiosło miejskie o monoprodukcyjnym modelu: sitarstwo, tkactwo, płóciennictwo, kamieniarstwo i drukarstwo. W drugiej połowie XIX w. zła komunikacja podważyła ponadregionalną funkcję handlową ośrodków tego regionu; w dwudziestoleciu międzywojennym sytuacja jeszcze się pogorszyła. Fatalna była infrastruktura, brakowało nie tylko kolei szerokotorowej (do Zwierzyńca docierała z Biłgoraja kolejka wąskotorowa), ale nawet bitych szos (jeśli nie liczyć 40-kilometrowego odcinka), w miastach nie było ani kanalizacji, ani sieci elektrycznej. Niektóre wioski, tzw. śródleśne, były niemal odcięte od świata. Pod względem społecznym teren charakteryzował się małą liczebnością i słabością mieszczaństwa (7%, gdy dla całego województwa 17,9%), a co za tym idzie niemal brakiem inteligencji jako odrębnej grupy społeczno-zawodowej. Jednocześnie dominujący status Ordynacji spowodował, że nie było tam ani licznych, ani dużych majątków ziemskich, w całym powiecie doliczyć się ich można zaledwie kilkunastu. Tak więc drugą poza mieszczaństwem słabo reprezentowaną w powiecie grupą społeczno-zawodową było ziemiaństwo.

Żydzi pojawili się na tych terenach w pierwszej połowie XVII w., sprowadzeni jako arendarze majątków Ordynacji Zamojskiej, i przez długi okres byli trzecią co do liczebności grupą etniczną, po ludności polskiej i ruskiej. W większych miejscowościach działały gminy żydowskie, wokół których organizowało się nie tylko życie religijne lokalnych społeczności. Było ich w powiecie sześć: Biłgoraj[6], Goraj, Frampol, Józefów, Krzeszów i Tarnogród, ponadto gminy w Szczebrzeszynie i Zwierzyńcu[7], przyłączone do powiatu w czasie okupacji. Mimo że ze statystycznego punktu widzenia Żydzi byli w tych miasteczkach większością, a nie mniejszością etniczną, ich współudział w administracji lokalnej przejawiał się jedynie w wyborach do Rady

6 Prezesem gminy w Biłgoraju był Gerszon Gutwein (Markiewicz, Szczygieł, Śladkowski, *Dzieje Biłgoraja*, s. 163).

7 Dla porównania: przed wojną w powiecie były dwa dekanaty i 20 parafii rzymskokatolickich oraz 1 dekanat i 4 parafie prawosławne.

Miejskiej w Biłgoraju i Szczebrzeszynie oraz w wyborach do rad gminnych w osadach typu miejskiego. Powiat zamieszkiwały dwie mniejszości narodowo-wyznaniowe: według spisu z 1931 r. poza Żydami zarejestrowano 20 913 prawosławnych (około 17,9%)[8]. Z kolei ludność niemiecka była tak nieliczna[9], że nie została w ogóle uwzględniona w ówczesnej statystyce. Liczba Niemców w powiecie znacząco wzrosła dopiero w czasie okupacji w wyniku planowej akcji przesiedleńczej, w której ramach do wysiedlonych wsi Zamojszczyzny sprowadzono w 1943 r. 12–13 tys. niemieckich osadników. Prawosławni w okresie międzywojennym mieli słabo wykształconą świadomość narodową, sami uważali się za „Rusinów" lub „tutejszych", posługiwali się językiem ruskim, także polskim, a we wsiach pounickich nierzadko występowały rodziny, w których jedni byli katolikami, a drudzy wyznawali prawosławie. Dla uproszczenia i odróżnienia ludność wyznania prawosławnego będę w tym opracowaniu nazywać Ukraińcami. Byli oni na omawianym terenie słabo zorganizowani i podlegali intensywnej polonizacji, mieszkali w gminach położonych na południu powiatu oraz w Tarnogrodzie.

Biłgoraj przed 1939 r., dzielnica żydowska *(zbiory Łukasza Biedki)*

Żydzi na terenie powiatu biłgorajskiego byli bardzo religijni, uczęszczali do synagog ortodoksyjnych lub chasydzkich, wielu było zwolennikami cadyka z Ger (Góry Kalwarii), inni — cadyka z Aleksandrowa, jeszcze

8 Dane Urzędu Wojewódzkiego Lubelskiego za 1931 r. (Dąbrowski, *Mniejszości narodowe na Lubelszczyźnie...*, s. 22, tabela 7).

9 W 1931 r. w powiecie 486 osób podało inne wyznanie, np. protestanckie.

inni — cadyków z Warki lub Bełza. W samym Biłgoraju w latach 1927–1939 urząd rabina sprawował uznawany za cudotwórcę cadyk reb Motele (Mordechaj) Rokeach, syna rabina z Bełza. Tuż po wybuchu wojny Rokeach przedostał się do rodzinnego Bełza, a stamtąd do getta w Bochni, skąd dzięki cudownym zrządzeniom losu — jak podają Księga pamięci Biłgoraja i inne źródła chasydzkie — udało mu się w kwietniu lub maju 1943 r. z bratem rabbim z Bełza Aaronem Rokeachem wyjechać do Budapesztu, a stamtąd w 1944 r. razem z nowosądeckim rabinem Jeszajahele przedostać do Palestyny[10]. Z pewnością część Żydów na tym terenie zasymilowała się, w pewnym przynajmniej stopniu przyjęła kulturę polską, ale procesy sekularyzacyjne przebiegały wolniej i na mniejszą niż gdzie indziej skalę. Pod względem politycznym na „żydowskiej ulicy" prym wiodły partie syjonistyczne wszelkich odłamów, przede wszystkim Aguda[11] i Mizrachi[12]. Partie lewicowe były słabe, ich liczebność na tym terenie nigdy nie przekraczała kilkudziesięciu osób, należeli do nich zarówno Polacy, jak i Żydzi. Chcę jednak podkreślić, że inne partie polityczne działały w środowiskach polskich, zupełnie inne w żydowskich, jedynie PPS-Lewica i Komunistyczna Partia Polski skupiały przedstawicieli obu nacji, organizując ich jednak w osobnych frakcjach.

---

10 *Zagłada Biłgoraja. Księga pamięci. Materiały zebrane przez Abrahama Kronenberga*, tłum. Monika Adamczyk-Garbowska, Andrzej Trzciński, Marzena Zawanowska, Gdańsk: Słowo/obraz Terytoria, 2009, s. 28; Yaffa Eliach, *Chasydzkie powieści o Holokauście*, tłum. Mirosław Wójcik, Kraków: Nomos, 2014, s. 70–72 (powieść zasłyszana w 1980 r. od chasyda bełskiego, któremu miał ją przekazać sam rabbi Rokeach). Żona rabina Rokeacha była córką cadyka z Kobrynia, po wybuchu wojny razem z dziećmi pojechała do rodzinnego domu i tam wraz z innymi zginęła. Za pomoc w ustaleniu tych faktów dziękuję Dagmarze Swałtek-Niewińskiej.

11 Aguda, Agudas Jisroel (jid. Związek Izraela) — ogólnoeuropejska partia polityczna powołana w 1909 r. w Niemczech przez grupę ortodoksyjnych rabinów; w Polsce rozpoczęła działalność w 1916 r. Wyjątkową rolę odgrywali w niej cadycy, a szczególnie dynastia z Góry Kalwarii. Do swoich najważniejszych zadań Aguda zaliczała obronę praw religijnych i ekonomicznych oraz działalność filantropijną. Była lojalna wobec państwa polskiego, liczyła około pół miliona członków (*Polski słownik judaistyczny. Dzieje, kultura, religia, ludzie*, oprac. Zofia Borzymińska, Rafał Żebrowski, Warszawa: Prószyński i S-ka, 2003, t. 1, s. 49–51, http://www.jhi.pl/psj/Aguda).

12 Mizrachi, nazwa pochodzi od hebrajskich słów *mekaz ruchani*, co znaczy „centrum duchowe". Religijny ruch syjonistyczny działający od początku XX w., w diasporze Mizrachi dążyła do urzeczywistnienia żydowskiej autonomii kulturalno-narodowej opartej na języku hebrajskim. Miała wpływy w środowisku ortodoksyjnego mieszczaństwa, prowadziła sieć własnych szkół kierowaną przez organizację Jawne. Była zwalczana przez Agudę (*ibidem*, t. 2, s. 169–170, http://www.jhi.pl/psj/Mizrachi).

Oddzielenia wielu instytucji, organizacji społeczno-kulturalnych i partii dopełniał podział przestrzenny wspólnie przecież zamieszkiwanych i tworzących jeden organizm miasteczek. Żydzi i Polacy żyli obok siebie, ale w wyraźnie wyodrębnionych dzielnicach. W sztetlach Żydzi osiedlali się przy rynku i na kilku przylegających doń uliczkach, skupiając się wokół handlowego centrum i najważniejszych budynków związanych z kultem religijnym.

Gdybyśmy szukali słowa klucza opisującego w sposób najbardziej adekwatny relacje polsko-żydowskie w okresie międzywojennym, byłby to jeden z takich terminów, jak „obok", „osobno", „odrębnie" lub „równolegle". Odrębne było życie kulturalne, religijne, tradycja, obyczaje, pamięć historyczna i język. Tamtejsi Żydzi, zarówno dorośli, jak i młodzież, rozmawiali ze sobą w jidysz, mimo że dzieci uczęszczały do polskich szkół. Świat Polaków i Żydów to były dwa różne światy równoległe, życie obu społeczności biegło odrębnymi rytmami i drogami, do intensywniejszych kontaktów dochodziło głównie w życiu gospodarczym. Była to jedyna przestrzeń silniej łączącą obie grupy narodowo-wyznaniowe i tu właśnie rodziły się konflikty, rywalizacja, bezpardonowe zwalczanie „żydowskiej konkurencji", zwłaszcza od lat trzydziestych XX w. Organizowane wówczas przez polskie skrajnie prawicowe partie i organizacje brutalne akcje antysemickie miały jednak na tych terenach stosunkowo niewielki oddźwięk. Nie doszło do pogromów czy do większych incydentów, nie było też rannych ani ofiar śmiertelnych. Zdaniem Szyi Bronsztejna „w dzielnicach wschodnich i południowo-wschodnich Polski stosunki polsko-żydowskie były lepsze niż w innych okręgach Polski"[13], choć autor nie podaje przyczyn takiego stanu rzeczy. Nasilenie akcji antysemickich w całej Polsce przypadło na lata 1935–1937, doszło wtedy do wielu wydarzeń, w których rany odniosło 1289 osób[14]; także w powiecie biłgorajskim odnotowano bojkot i pikietowanie żydowskich sklepów w Józefowie i Frampolu, wybijanie szyb i zdejmowanie szyldów ze sklepów w Goraju, bójkę w Józefowie, dokuczanie sprzedawcom żydowskim na odpustach w Majdanie Księżpolskim,

---

13 Szyja Bronsztejn, *Ludność żydowska w Polsce w okresie międzywojennym. Studium statystyczne*, Wrocław: Zakład Narodowy im. Ossolińskich, 1963, s. 115.

14 Tatiana Berenstein, *KPP w walce z pogromami antyżydowskimi w latach 1935–37*, „Biuletyn ŻIH" 1955, nr 3/4 (15/16), s. 23; zob. także Jolanta Żyndul, *Zajścia antyżydowskie w Polsce w latach 1935–1937*, Warszawa 1994; *eadem*, *Kłamstwo krwi. Legenda mordu rytualnego na ziemiach polskich w XIX i XX wieku*, Warszawa 2011.

Górecku Kościelnym, Puszczy Solskiej i Biszczy, rozlepianie ulotek i plakatów „Precz z Żydami", „Polaku, nie kupuj u Żyda" czy „Precz Żydzi do Palestyny", a także kolportaż antysemickich broszur[15].

Mimo to antysemicka agitacja nie odnosiła w powiecie bardziej spektakularnych sukcesów, co wiązało się niewątpliwie ze słabymi wpływami Narodowej Demokracji. Większość kół SN w powiecie była po prostu mało aktywna, przede wszystkim z tego względu, że ziemiaństwo, będące gdzie indziej społecznym zapleczem tego ruchu, na tym terenie występowało nielicznie. Z kolei wśród ludności chłopskiej, która stanowiła zdecydowaną większość ludności powiatu, największą popularnością cieszyły się przede wszystkim partie ludowe. Ludowcy w zależności od odłamu tego ruchu, okresu i obszaru zajmowali wobec Żydów postawy umiarkowane (PSL „Wyzwolenie") bądź nieprzychylne (PSL „Piast"), ale władze SL nigdy nie nawoływały do antysemityzmu[16], chociaż radykalizacji poglądów i postaw sprzyjał kryzys gospodarczy lat trzydziestych i co za tym idzie ogólny brak stabilizacji i pogłębiająca się bieda oraz przeludnienie wsi.

*

Studium moje opiera się nie tylko na fachowej literaturze, lecz przede wszystkim na wszelkich dostępnych i różnorodnych źródłach, bez względu na język, w jakim zostały wytworzone, i miejsce, gdzie są dziś przechowywane. Najważniejsze z nich odnajdzie czytelnik w licznych przypisach, w które zaopatrzyłam tekst. Wielokrotnie odwoływać się w nim będę do opinii doktora Zygmunta Klukowskiego i nie raz będę go dosłownie cytować, czytelnikowi winna więc jestem już teraz podstawową informację zarówno o samym autorze, jak i jego niezwykłym dzienniku[17]. Jest to najważniejszy

---

15 Wszystkie informacje pochodzą ze sprawozdań Wydziału Społeczno-Politycznego Urzędu Wojewódzkiego Lubelskiego (cyt. za: Dorota Skakuj, *Żydzi w powiecie biłgorajskim w okresie międzywojennym w świetle zachowanych dokumentów i wspomnień* [w:] *Biłgoraj, czyli raj. Rodzina Singerów i świat, którego już nie ma*, red. Monika Adamczyk-Garbowska, Bogusław Wróblewski, Lublin: Wydawnictwo UMCS, 2005, s. 99).

16 Zob. Sławomir Mańko, *Polski ruch ludowy wobec Żydów (1895–1939)*, Warszawa–Rzeszów: Muzeum Historii Polskiego Ruchu Ludowego i IPN, 2010.

17 Zygmunt Klukowski (ur. 23 I 1885 r. w Odessie, zm. 23 XI 1959 r. w Szczebrzeszynie), od 1919 do 1946 r. pełnił funkcję dyrektora szpitala w Szczebrzeszynie. Był lekarzem i historykiem medycyny oraz regionu zamojskiego, bibliofilem i kolekcjonerem ekslibrisów i pamiątek historycznych. Podczas wojny był członkiem ZWZ-AK i lekarzem oddziałów partyzanckich. Po wojnie zeznawał m.in. jako świadek w procesie w Norymberdze, był także więziony i skazany na 6 lat, karę odbywał we Wronkach. W 1956 r. został zrehabilitowany, w 1959 r. tygodnik

i najdokładniejszy zapis zagłady Żydów widziany i zanotowany przez polskiego świadka na bieżąco, *hic et nunc*. Zdaniem Zygmunta Mańkowskiego, redaktora i autora wstępu do pierwszego wydania dzienników, jest to dzieło epokowe i monumentalne, niezwykle ważne studium atmosfery małego miasteczka oraz „wysoce wiarygodna analiza zbrodni okupanta". Właśnie ten zapis skłonił mnie do wyboru powiatu biłgorajskiego jako terenu badań. Dziennik doktora Klukowskiego jest przytaczany po wielokroć w literaturze dotyczącej losów Żydów i nie tylko (był on także historykiem regionu zamojskiego i autorem kilkutomowego wydawnictwa *Materiały do dziejów Zamojszczyzny w latach wojny*), a szczególnie postaw polskiego społeczeństwa wobec rozgrywających się wydarzeń. Interesowało mnie, w jakiej mierze obserwacje i opinie Klukowskiego można potwierdzić przekazami innych naocznych świadków i innymi typami źródeł, oraz w jakim stopniu wnioski płynące z przytaczanych przez niego faktów można uogólniać. Szukałam odpowiedzi na bardzo ważne pytanie postawione już kilkanaście lat temu przez Dariusza Libionkę: czy szczebrzeski scenariusz zagłady Żydów był powszechny?[18] Jako dyrektor szpitala w Szczebrzeszynie Klukowski należał do ścisłej elity nie tylko miasteczka, lecz także całej Zamojszczyzny. Mieszkał na parterze szpitalnego budynku, którego okna z widokiem na ulicę Zwierzyniecką i rynek pozwalały mu widzieć wiele. Nie odwracał wzroku, nie zatykał uszu, nie unikał rozmów i pytań. Kilkakrotnie pisze, że stoi w oknie i obserwuje, czasem nawet przez lornetkę (!). Klukowski był niezwykle wnikliwym obserwatorem i kronikarzem losu Żydów, ale jednocześnie konsekwentnym i bardzo ostrożnym legalistą, który ani razu nie złamał niemieckich rozporządzeń, zakazów i nakazów. Żydów leczył i udzielał im doraźnej pomocy wyłącznie po upewnieniu się, że ma na to urzędową zgodę. Zarazem jednak spisując swój dziennik, a w nim niezliczone fakty dotyczące losu ludności żydowskiej, z pewnością także ryzykował wiele. To niejednoznaczna, trudna do oceny, na pewno nie czarno-biała

---

„Polityka" za *Dziennik z lat okupacji Zamojszczyzny 1939–1944* przyznał mu nagrodę za najwybitniejsze dzieło z zakresu historii za rok 1959 (Zygmunt Mańkowski, Biogram Zygmunta Klukowskiego [w:] *Polski słownik biograficzny*, t. 13, Wrocław: Zakład Narodowy im. Ossolińskich, 1967–1968).

18 Dariusz Libionka, *Polska ludność chrześcijańska wobec eksterminacji Żydów — dystrykt lubelski* [w:] *Akcja Reinhardt. Zagłada Żydów w Generalnym Gubernatorstwie*, red. Dariusz Libionka, Warszawa: IPN, 2004, s. 306–333. W tekście używam przymiotnika „szczebrzeski" ze względu na powszechne używanie tej formy w regionie oraz jej występowanie w literaturze przedmiotu.

postać. Pierwszy na wyjątkową wagę zapisów z dziennika Klukowskiego dla zrozumienia mechanizmów Zagłady na polskiej prowincji zwrócił uwagę Jan Tomasz Gross, podkreślając niebywałą szczerość autora, który tylko w rzadkich przypadkach dokonywał autocenzury[19]. Gross był pewien, „że jako członek konspiracji na tym terenie i człowiek głęboko przejęty dramatem, którego był świadkiem, w jakiś sposób sam musiał Żydom pomagać"[20]. Niestety, nic na to nie wskazuje, chyba że za pomoc uznamy zatrudnienie grupy Żydów w przyszpitalnym ogrodzie, co ich doraźnie uchroniło przed wywózką. Tymczasem właśnie ta okoliczność skłoniła Dworę Flajszer, ocalałą z Zagłady, do bardzo gorzkiej i skrajnie krytycznej oceny postawy Klukowskiego wobec Żydów — nazwała ją wręcz podłą i bezduszną[21]. Klukowski w jej oczach tylko rzekomo im pomógł, w rzeczywistości zaś wykorzystał. Także Joanna Tokarska-Bakir już w najwcześniejszych zapisach dziennika dostrzegła nuty uprzedzeń i dalekie echa antysemityzmu, podkreśliła też, że Klukowski czasem nie zdaje sobie sprawy z istnienia innej niż jego własna perspektywy[22]. Śledząc wszystkie zapisy dziennika, starałam się ustalić, ilu Żydów i których Klukowski tak naprawdę znał osobiście. Jaki krąg ludzi to był, kogo wymienił z nazwiska? Jest to czternaście osób, głównie z jego własnego kręgu zawodowego, a więc lekarze, dentyści, aptekarze, a także szpitalny rzeźnik Lejzor Zero. Tak naprawdę Żydzi są dla Klukowskiego anonimowi, początkowe wrażenie wyniesione z lektury dziennika o bliskiej styczności doktora ze środowiskiem szczebrzeskich Żydów okazuje się złudne. Klukowski był obserwatorem tragedii ludzi sobie raczej nieznanych i obcych. Niezależnie jednak od opinii na temat samego autora ocena jego dziennika musi pozostać wysoka, dokonuje on bowiem prawdziwej wiwisekcji i przytacza setki faktów oraz szczegółów, niezwykle dziś dla nas ważnych, gdyż pozwalają one zrozumieć ludzkie zachowania, dokonuje także ich wnikliwej i obiektywnej analizy.

---

19 Jan Tomasz Gross, *„Ten jest z Ojczyzny mojej...", ale go nie lubię* [w:] *Upiorna dekada. Trzy eseje o stereotypach na temat Żydów, Polaków, Niemców i komunistów 1939–1948*, Kraków: Universitas, 1998, s. 52–60.

20 *Ibidem*, s. 53.

21 *Book of Memory to the Jewish Community of Szczebrzeszyn*, tłum. J.S. Berger, New Jersey 2006, s. 147.

22 Joanna Tokarska-Bakir, *Dialog z okrutnym partnerem. Świat w zwierciadle dziennika prowincjonalnego lekarza: „Zamojszczyzna 1918–1959" Zygmunta Klukowskiego*, „Tygodnik Powszechny" 2007, nr 27.

1939–1941 — przetrwanie

KAMPANIA WRZEŚNIOWA

Drugą wojnę światową na tych terenach rozpoczęły 8 września 1939 r. bombardowania lotnicze, byli ranni i ofiary śmiertelne. Trzy dni później w Biłgoraju w kilku miejscach jednocześnie wybuchły pożary, spłonęło niemal trzysta budynków mieszkalnych oraz synagoga, kościół parafialny, ratusz, kino, sale widowiskowe i wiele innych. Ogień objął poza Rynkiem ulice Lubelską, Bagienną, Szewską, Przemysłową, Ogrodową, Piłsudskiego, Radziecką, Nadstawną, Tadeusza Kościuszki i 3 Maja, a więc centrum miasta i przede wszystkim te rejony, gdzie mieszkali Żydzi[23]. „W czasie, gdy w mieście buszował ogień, zbiegli się młodzieńcy z półświatka, z okolicznych miejscowości i wykorzystując okazję, rabowali żydowskie sklepy. Był nawet taki przypadek, że policja zastrzeliła Polaka z miejscowego półświatka, gdy ten okradał żydowski sklep"[24]. Wybuchła rozpacz. „Następnego dnia rano, kiedy słońce zaczęło się wyłaniać zza horyzontu, dał się słyszeć powszechny płacz: «Żydzi, jesteśmy wszyscy spaleni, wszyscy spaleni, straszna kara Boża!»"[25]. Po pożarze przyszły kolejne bombardowania i kolejne ofiary, to samo działo się w całej okolicy. W Szczebrzeszynie bomba uderzyła w dom Warmanów na Targowej, zabiła pięć osób, siedem poraniła[26]. Dwa dni później celem bombardowania stał się Frampol, gdzie spłonęło 96 budynków, tj. 80% całej zabudowy miasteczka, w większości należącej do Żydów, zginęło wielu ludzi[27].

---

23 Wykaz szkód w nieruchomościach w Biłgoraju sporządzony 30 V 1945 r. Straty oszacowano na 912 657 zł (Archiwum Państwowe w Kraśniku [dalej AP Kraśnik], 3/132, Starostwo Powiatowe w Biłgoraju, Wykaz szkód wojennych poniesionych na terenie powiatu biłgorajskiego, k. 78–88).

24 *Bilgoraj izker buch* [Księga pamięci Biłgoraja], red. Mosze Tajtlbojm, Jeruszalaim 1955, tłum. z jidysz Agata Kondrat, mps (częściowo niepaginowany). Za udostępnienie tłumaczenia dziękuję Tadeuszowi Kuźmińskiemu i Mirosławowi Tryczykowi.

25 Szmuel Atzmon-Wircer, *Pożar* [w:] *Zagłada Biłgoraja. Księga pamięci...*, s. 173–174.

26 Zygmunt Klukowski, *Zamojszczyna 1918–1959*, Warszawa: Ośrodek Karta, 2017, s. 154, zapis z 9 IX 1939 r.

27 Wykaz domów żydowskich we Frampolu spalonych 14 IX 1939 r. na skutek bombardowania przez Niemców; według cen sprzed 1 IX 1939 r. straty oszacowano na 602 000 zł.

Tarnogród szczęśliwie nie doświadczył tak wielkich zniszczeń, za to przez miasteczko przeszły tysiące uciekinierów, ludzie furmankami, rowerami lub pieszo uciekali w kierunku Rawy Ruskiej[28]. 14 września Niemcy zaatakowali Tarnogród, przez cały dzień 16 września trwał bój o Biłgoraj, przegrany. Niemcy po wkroczeniu do miasteczka, wykorzystując byle pretekst, „spalili południowo-wschodnią część rynku [...]. Palono głównie domy żydowskie i rozstrzelano sześciu przedstawicieli tej społeczności, wrzucając ich ciała do palących się domostw"[29]. Pożarom i gwałtom towarzyszył bezpardonowy rabunek domów, sklepów i warsztatów[30]. Tu i ówdzie dochodziło do aktów terroru — zbiorowych egzekucji polskich i żydowskich zakładników, wykonywanych publicznie[31]. Żydów zmuszano do różnych, czasem poniżających prac, zasypywania wyrw po bombach, naprawiania zniszczeń, czyszczenia klozetów. Jak wspominają świadkowie tamtych wydarzeń, ogarnął ich paniczny strach, Żydzi zaczęli się obawiać pogromów i jednocześnie „krążyły pogłoski, że wejdzie Armia Czerwona"[32].

Trzydniowa bitwa pod Tomaszowem Lubelskim, stoczona 18–20 września 1939 r. i przegrana przez polskie oddziały, praktycznie zakończyła kampanię wrześniową na tym terenie. W tym samym czasie, 17 września nad ranem, Armia Czerwona przekroczyła wschodnią granicę Polski, wypełniając tym samym postanowienia tajnego protokołu podpisanego w ramach paktu Ribbentrop–Mołotow z 23 sierpnia 1939 r. Pod koniec września Niemcy wycofali się z zajętych na wschodzie terenów, ustępując miejsca wschodniemu sojusznikowi. W tej sytuacji 26 września zapadła po stronie polskiej decyzja o kapitulacji, do niewoli niemieckiej poszło 6 tys. polskich żołnierzy i oficerów.

Wkroczenie Armii Czerwonej zostało odebrane przez Żydów nie tylko jako wybawienie od niemieckiego, lecz także od polskiego zagrożenia. W Tarnogrodzie zbudowano specjalną bramę powitalną, a w lufy sowieckich karabinów wkładano czerwone kwiaty[33]. Zygmunt Klukowski pisał

28 Janusz Wrona, *Dzieje Tarnogrodu*, Tarnogród: Urząd Miasta i Gminy, 2006, s. 254–255.

29 *Ibidem*, s. 257.

30 Wygląd Szczebrzeszyna w tamtych dniach opisał na gorąco Zygmunt Klukowski (*idem*, *Zamojszczyzna...*, s. 155–156, zapis z 18 IX 1939 r.).

31 Jak podaje Leszek Siemion, na Lubelszczyźnie do końca 1939 r. odbyło się 19 zbiorowych i masowych egzekucji, największa w tym czasie egzekucja Żydów została dokonana pod Majsłowicami w powiecie hrubieszowskim (*idem*, *Z lat okupacji hitlerowskiej na Lubelszczyźnie*, Lublin: Wydawnictwo Lubelskie, 1971, s. 239–243).

32 Abraham Kronenberg, *Pierwsze ofiary* [w:] *Zagłada Biłgoraja. Księga pamięci...*, s. 179.

33 Wrona, *Dzieje Tarnogrodu*, s. 258.

o entuzjastycznym powitaniu Armii Czerwonej przez Żydów w Szczebrzeszynie i częstowaniu Sowietów jabłkami; Żydzi ponoć „cały dzień stali na ulicy, krzyczeli: «Niech żyje Armia Czerwona!»"[34]. Bardzo krytycznie odniósł się też do rozbrajania polskich żołnierzy przez nową, samozwańczą milicję: „Trzeba mieć bardzo mocne nerwy, żeby znieść widok szmatławych, oberwanych wyrostków żydowskich rewidujących żołnierzy polskich, odbierających im nie tylko broń, pasy, czasem konie, lecz nawet ściągających im buty; przejmujących całą władzę w mieście w swoje ręce"[35]. Takie grupy porządkowe, zwane też milicją opaskową (od czerwonych opasek na rękawach), samorzutnie organizowały się niemal wszędzie na terenach zajętych przez Sowietów. Wstępowali do niej zarówno Polacy, jak i Żydzi, ale informacje pochodzą niemal wyłącznie z polskich relacji, dzienników i wspomnień i są trudne do zweryfikowania i oceny. Najbliższa prawdzie jest, jak uważam, interpretacja Jana Tomasza Grossa, że dla Polaków, przyzwyczajonych do Żydów w roli pariasów i grupy dyskryminowanej, widok tych samych ludzi w milicyjnych mundurach i z bronią w ręku był szokiem, dlatego spotkał się z tak wielką dezaprobatą i zapadł w zbiorową polską pamięć.

Radzieckie *regnum* trwało bardzo krótko, już 3 października Armia Czerwona zaczęła opuszczać zajęte tereny. Wraz z nią na wschód pomaszerowały z dziećmi oraz z pakunkami na plecach i na wozach setki Żydów. Autorzy opracowań szacują, że Biłgoraj opuściło prawdopodobnie około tysiąca osób[36], Szczebrzeszyn nieco mniej, ale ze wszystkich sztetli całe grupy uciekały w popłochu przed niemieckim terrorem. Nie wiemy, ilu dokładnie Żydów z tego obszaru przedostało się za wschodnią linię demarkacyjną, nie ma żadnych źródeł pozwalających tę liczbę dokładnie ustalić, być może było to w sumie kilkaset osób, być może tysiąc, a nawet dwa tysiące. Jedyne pewne dane to liczba ocalałych na Wschodzie, którzy powrócili po zakończeniu działań wojennych do Polski; będzie o nich mowa w zakończeniu tekstu. Uciekinierzy nie mogli przewidzieć, że ta desperacka, nieprzygotowana, nieplanowana, podjęta nagle i w panicznym strachu decyzja większości z nich uratuje życie. Niektórzy podążali za Rosjanami, motywowani wiarą w komunistyczną ideologię i sprawiedliwość społeczną stalinowskiej Rosji, inni po prostu uciekali przed Niemcami, ryzykując biedę i bezdomność, a w niejednym przypadku godząc się na najgorsze — rozstanie z najbliższymi. Za

34 Klukowski, *Zamojszczyzna...*, s. 160, zapis z 29 IX 1939 r.

35 *Ibidem*, s. 159, zapis z 27 IX 1939 r.

36 Markiewicz, Szczygieł, Śladkowski, *Dzieje Biłgoraja*, s. 222.

wschodnią granicę uciekali przede wszystkim młodzi i zdrowi, i ci, którzy nie mieli już nic do stracenia, bezdomni, ograbieni, pogorzelcy.

Między wycofaniem się wojsk sowieckich a wkroczeniem niemieckich przez krótki okres nie było żadnej władzy. Dla Żydów *interregnum* mogło się zakończyć „rzezią zgotowaną przez miejscowych chuliganów", dlatego cały ten czas „spędzili zamknięci w ciasnych domach i ogarnięci strachem [...]"[37]. W szabas 7 października Wehrmacht ponownie wkroczył do Biłgoraja. W ciągu kilku dni wszędzie powróciło niemieckie wojsko i wszędzie wydano rozkazy, by Żydzi stawili się do pracy na potrzeby niemieckiej armii. 10 października Klukowski zanotował, że Niemcy szukają kwater i urządzają się na dobre, pod tą samą datą dodał: „około godziny trzeciej chłopi zgromadzeni na jarmarku zaczęli rabować sklepy żydowskie". Wraz z niemieckim wojskiem powróciły niemieckie brutalne „porządki", a z nimi polski odwet na Żydach za „bratanie się z Ruskimi"[38].

Tatiana Berenstein i Adam Rutkowski wymienili wiele form prześladowań, które dotknęły ludność żydowską na całych okupowanych ziemiach polskich w okresie do 25 października 1939 r., czyli w czasie funkcjonowania niemieckiej administracji wojskowej. Badania z ostatnich lat potwierdzają ich ustalenia, że wszędzie rozstrzeliwano zakładników, palono i burzono synagogi i inne obiekty sakralne, niszczono księgi religijne i rodały Tory, bezczeszczono cmentarze, rozbijając macewy i ohele, Żydów dręczono i grożono im śmiercią, moralnie i fizycznie znęcano się nad nimi i poniżano, publicznie bijąc i obcinając mężczyznom brody[39]. Aktów tych dopuszczano się szczególnie w dni żydowskich świąt religijnych, które przypadają na wrzesień i październik (Nowy Rok, Jom Kipur i Święto Szałasów). Jawnych i bezkarnych kradzieży dopuszczali się nawet oficerowie niemieccy, którzy „chodzili [...] po mieszkaniach bogatszych Żydów i zabierali pieniądze, biżuterię, bieliznę"[40]. W całej Polsce zniszczono w pierwszych miesiącach okupacji tysiące obiektów sakralnych wyznania mojżeszowego, a te nie całkiem

---

37 *Bilgoraj izker buch*, mps.

38 Klukowski, *Zamojszczyzna...*, s. 166, zapis z 15 X 1939 r.

39 Tatiana Berenstein, Adam Rutkowski, *Prześladowania ludności żydowskiej w okresie hitlerowskiej administracji wojskowej na okupowanych ziemiach polskich (1.IX.1939 — 25.X.1939 r.)*, „Biuletyn ŻIH" 1961, nr 2 (38), s. 3–87; Jochen Böchler, *Zbrodnie Wehrmachtu w Polsce. Wrzesień 1939. Wojna totalna*, tłum. Patrycja Pieńkowska-Wiederkehr, Kraków: Znak, 2009; Alexander B. Rossino, *Hitler uderza na Polskę. Blitzkrieg, ideologia i okrucieństwo*, tłum. Halina Górska, Warszawa: PIW, 2009.

40 Klukowski, *Zamojszczyzna...*, s. 171, zapis z 30 X 1939 r.

spalone lub zburzone zamieniono na magazyny i stajnie, Żydom zaś zakazano publicznych praktyk religijnych.

Powiat biłgorajski kontrolowany był przez oddziały XVII Korpusu 14 Armii, którego jednostki wojskowe rekwirowały broń, ewidencjonowały żołnierzy i oficerów Wojska Polskiego, rejestrowały pojazdy mechaniczne, konfiskowały radia i rowery, wprowadzały godzinę policyjną i inne bieżące zarządzenia władz[41]. Wehrmacht rządził do 26 października 1939 r., tj. do wejścia w życie dekretu z 12 października proklamującego nowy organizm polityczno-administracyjny pod nazwą Generalne Gubernatorstwo (czasem nazywany Generalną Gubernią). Odtąd rząd GG w Krakowie z Hansem Frankiem na czele będzie publikować rozporządzenia dotyczące całej ludności cywilnej i szczegółowo regulować każdą sferę życia mieszkańców podbitych ziem, traktując ich jak gorszą kategorię ludzi czy wręcz „podludzi", a zajęte tereny jak kolonie, które można eksploatować bezkarnie pod każdym względem. Odrębne zarządzenia i restrykcje dotyczące Żydów wprowadziły w życie niemiecką politykę rasową. Żydów należało oznakować i odizolować od reszty społeczeństwa, ograniczyć swobodę poruszania się, odebrać prawa i wolności, pozbawić wszelkiej własności, zmusić do ciężkiej, wręcz niewolniczej pracy, później zamknąć w gettach lub izolowanych dzielnicach żydowskich, w końcu eksterminować. Te same prawa stanowione przez rząd GG w odniesieniu do wszystkich Żydów na terenie okupowanego obszaru, na poziomie dystryktów i powiatów były jedynie dostosowywane do warunków lokalnych, uszczegóławiane, regulowane rozporządzeniami wykonawczymi starostów.

POWIAT W OKRESIE OKUPACJI

Przeprowadzona na początku 1940 r. reforma administracyjna GG spowodowała korekty granic wszystkich jednostek administracyjnych, zwłaszcza na poziomie powiatów[42]. Dotychczasowy powiat biłgorajski stał się siedzibą starostwa (Kreishauptmannschaft Bilgoraj) i jednym z dziesięciu po-

41 Zygmunt Mańkowski, *Między Wisłą a Bugiem. Studium o polityce okupanta i postawach społeczeństwa*, Lublin: Wydawnictwo Lubelskie, 1978, s. 65 i n.

42 Archiwum Żydowskiego Instytutu Historycznego (dalej AŻIH), Dokumenty niemieckie 1939–1944, 233/69, Der Chef des Distrikts Lublin, Zarządzenie (Anordnung) gubernatora dystryktu Ernsta Zörnera z 29 IV 1940 r., k. 1.

wiatów (*Kreise*) dystryktu lubelskiego[43]. Leżał na granicy najpierw dwóch dystryktów Generalnego Gubernatorstwa: lubelskiego i krakowskiego, a od czerwca 1941 r., także galicyjskiego[44]; od zachodu graniczył z powiatem janowskim, od wschodu z zamojskim, od północy, na bardzo krótkim odcinku, z krasnostawskim.

Zmiany terytorialne Kreishauptmannschaft Bilgoraj polegały na przyłączeniu miasta i gminy Szczebrzeszyn (odłączono je ponownie 31 sierpnia 1943 r.), Radecznicy, Tereszpola i Zwierzyńca (wcześniej leżących w powiecie zamojskim), ponadto z województwa rzeszowskiego gminy Dzików Stary (wcześniej powiat lubaczowski), gminy Cieplice (wcześniej powiat jarosławski) oraz gminy Kuryłówka (wcześniej powiat łańcucki)[45]. Obszar Kreishauptmannschaft Bilgoraj należał nadal do średnich pod względem obszaru, choć powiększył się o połowę (2584 km kw. powierzchni wobec 1708 km kw. w okresie przedwojennym), a także zaludnienia (190 tys. mieszkańców)[46], ze stosunkowo małą liczbą ludności żydowskiej (około 16 tys., czyli 8,5%)[47] oraz liczną ludnością wyznania prawosławnego (około 40 tys., 21%)[48].

Najważniejsze rozporządzenia dotyczące Żydów to nakaz przymusowej pracy od 16. do 60. roku życia i natychmiastowe zablokowanie kont bankowych (26 października 1939 r.), obowiązek noszenia przez wszystkich od 12. roku życia opaski z gwiazdą Dawida (magistrat w Szczebrzeszynie sprzedawał je po złotówce) i obowiązek oznakowania sklepów należących do Żydów (1 grudnia 1939 r.), zakaz zmiany miejsca zamieszkania bez specjalnego zezwolenia i zakaz korzystania z komunikacji miejskiej oraz pociągów dalekobieżnych (1 stycznia 1940 r.). Zabroniono Żydom przebywania w publicznych parkach i na palcach zabaw, chodzenia do kina, kupowania chleba u tzw. aryjczyków, chyba „że co pozostanie po odejściu wszystkich chrześcijan". Nie mogli leczyć się u polskich lekarzy, a lekarzom Żydom

43 Zlikwidowano powiaty Tomaszów Lubelski, Łuków, Lubartów i Włodawa.

44 Pozostałe powiaty dystryktu lubelskiego to: Lublin-Land, Chełm (niem. Cholm), Hrubieszów, Radzyń, Puławy, Krasnystaw, Janów Lubelski, Zamość i Biała Podlaska.

45 Zob. Dorota Skakuj, *Zmiany granic powiatu biłgorajskiego*, „Nad Tanwią i Ładą. Przyczynki do historii i kultury Ziemi Biłgorajskiej" 2006, t. 1, s. 84–94.

46 Tylko w dwóch powiatach tego dystryktu liczba ludności była niższa: w powiecie Biała Podlaska wynosiła około 150 tys., w powiecie Krasnystaw około 145 tys. Największy pod każdym względem był powiat Radzyń, zamieszkany przez około 350 tys. osób.

47 Najwięcej Żydów w dystrykcie lubelskim mieszkało w powiecie Radzyń (około 44 tys.), oraz Chełm (około 28 tys.).

48 Bardzo wielu Ukraińców zamieszkiwało ponadto powiaty: Hrubieszów (około 94 tys.), Chełm (około 64 tys.), Radzyń (około 45 tys.) i Zamość (około 40 tys.).

nie wolno było leczyć „aryjczyków". Musieli zdejmować przed Niemcami nakrycia głowy, kłaniać się i schodzić im z drogi, obowiązywała ich inna niż „aryjczyków" godzina policyjna (od 19 do 6 rano), a „mieszkania ich musiały być stale dostępne dla władz bezpieczeństwa, żandarmerii i władz miejscowych"[49].

Niemcy przywiązywali wielką wagę do tego, by nikt nie wymknął się z gęsto utkanej administracyjnej sieci kontroli wszystkich sfer życia. Od początku organizowano żydowski aparat wewnętrznej administracji w postaci rad żydowskich (*Judenräte*), sprawujących przede wszystkim funkcję pośrednika między ludnością żydowską a władzą niemiecką — i to odpowiedzialnych osobiście i własnym życiem za realizację niemieckich poleceń, do których należało między innymi dostarczanie codziennego kontyngentu robotników przymusowych. Ten żydowski aparat „władzy" w formie kilku lub kilkunastoosobowych rad żydowskich został powołany w miasteczkach powiatu biłgorajskiego w okresie od listopada 1939 do stycznia 1940 r.; tym samym gminy żydowskie z dotychczasowymi zarządami przestały istnieć. Zdelegalizowano wszystkie żydowskie partie, stowarzyszenia i organizacje. W ich miejsce powstały wyłącznie struktury samopomocowe. Natychmiast nałożono na wójtów i burmistrzów, a tam gdzie istniały i na rady żydowskie, obowiązek sporządzenia imiennych spisów wszystkich Żydów[50]. Na bieżąco i skrupulatnie monitorowano ruch ludności i wprowadzono bezwzględny obowiązek meldowania się. Na terenie GG nakazano rejestrowanie całego ruchomego i nieruchomego mienia rozporządzeniem z 24 stycznia 1940 r., od którego uchylanie się groziło jego natychmiastową konfiskatą (tzw. ordynacja konfiskacyjna). Mienie Żydów miało się stać łupem Trzeciej Rzeszy, należało więc zawczasu zewidencjonować i zabezpieczyć przyszły stan posiadania[51]. Sprawę traktowano bardzo poważnie, skoro zarządzenia

49 Klukowski, *Zamojszczyzna...*, s. 165, zapis z 13 X 1939 r.

50 Spis ze Szczebrzeszyna z 1940 r. zawiera łącznie 639 nazwisk dorosłych mężczyzn, spisanych w grupach po 50 osób (Archiwum Państwowe w Zamościu [dalej AP Zamość], 23/230, Akta miasta Szczebrzeszyna, Verzeichnis der Juden von 1880 bis 1922 geboren [Wykaz Żydów urodzonych między 1880 a 1922 r.], b.d.; zob. także AP Kraśnik, 28/476, Akta gminy Sól, Ilościowe wykazy Żydów z terenu gminy, k. 13–17). Ocalało niewiele kompletnych akt gmin z okresu okupacji, natomiast zachowane dokumenty świadczą o polityce prowadzonej na całym terenie i odwołują się do odnośnych zarządzeń starostów lub szefów dystryktu.

51 Zob. *Klucze i kasa. O mieniu żydowskim w Polsce pod okupacją niemiecką i we wczesnych latach powojennych 1939–1950*, red. Jan Grabowski, Dariusz Libionka, Warszawa: Stowarzyszenie Centrum Badań nad Zagładą Żydów, 2014.

kreishauptmanna powiatu biłgorajskiego, by wójtowie i burmistrzowie rejestrowali budynki i grunty żydowskie oraz oddawali je w zarząd powierniczy, były regularnie powtarzane[52]. To samo dotyczyło posiadanego inwentarza. Wszystkie „żydowskie" krowy i konie zostały więc spisane, a na Żydów nałożono ograniczenia w dysponowaniu nimi, zakazano ich sprzedaży, zamiany i darowania. Żydzi nieposiadający własnej ziemi zobowiązani zostali do odstawienia swoich krów do gminy[53]. Właściciele domów i mieszkań musieli odtąd płacić do gminnej bądź miejskiej kasy czynsz dzierżawny w wysokości od 3 do 10 zł miesięcznie[54]. Pozbawienie prawa własności oznaczało w praktyce możliwość wysiedlenia Żydów z ich domów, jeśli taka była wola tego czy innego urzędnika. Zachowane w aktach lokalnej administracji dokumenty dotyczące Żydów z lat 1939–1941 odnoszą się niemal w stu procentach do kwestii związanych z kontrybucjami, pracą przymusową czy spisem mienia. Żydzi istnieli więc w przestrzeni publicznej wyłącznie jako źródło potencjalnych dochodów, pośrednich bądź bezpośrednich, lub jako źródło zagrożenia — chorobami i epidemiami. Mówiąc o ograniczeniach, nakazach i zakazach, trzeba pamiętać, że kontrybucje[55], represje, godzina policyjna, obowiązek pracy[56], oddawanie kontyngentów i rejestracja żywego inwentarza (kolczykowanie zwierząt) dotyczyły nie tylko Żydów, lecz całej ludności podbitego kraju, niemniej w odniesieniu do Żydów ograniczenia te były bardziej bezwzględne, dokuczliwe i wyniszczające materialnie. Ośmieszani, okradani, terroryzowani i przemocą zmuszani do poniżających prac, mieli już od pierwszych dni okupacji czuć się całkowicie zdegradowani,

---

[52] Świadczą o tym zapisy w zachowanych protokołach sesji sołtysów z trzech gmin powiatu za cały okres okupacji (AP Kraśnik, 27/3, Akta gminy Puszcza Solska; *ibidem*, 28/484, Akta gminy Sól; *ibidem*, 26/190, Akta gminy Potok Górny).

[53] AP Kraśnik, 26/190, Akta gminy Potok Górny, Protokoły sesji sołtysów z 22 VI 1940 r., k. 72–73.

[54] Pismo Rady Żydowskiej do Prezydium ŻSS w Krakowie, z którego wynika, że od 1 III 1941 r. Zarząd Przymusowy Nieruchomościami Żydowskimi objął zarząd nad wszelkimi nieruchomościami w powiecie. Od tego czasu wszyscy użytkownicy mieli płacić czynsz dzierżawny do zarządu miejskiego. Treuhandstelle domagało się ponadto czynszu za okres wsteczny, poczynając od 1 X 1939 r.; jak się ta sprawa zakończyła, nie wiadomo (AŻIH, Żydowska Samopomoc Społeczna [dalej ŻSS], 211/221, k. 25). W aktach gminy Potok Górny zachowały się dokładne listy dzierżawne z terenu całej gminy (AP Kraśnik).

[55] Dla przykładu jesienią kontrybucję w wysokości 8 tys. zł nałożono na miasto Tarnogród (Wrona, *Dzieje Tarnogrodu*, s. 268).

[56] Rozporządzeniem Hansa Franka z 26 X 1939 r. wprowadzono powszechny obowiązek pracy dla Polaków w wieku 18–60 lat, 14 grudnia objęto nim młodzież od 14. roku życia.

uprzedmiotowieni, wykluczeni, bezbronni i, co najważniejsze, zastraszeni. Mieli przeobrazić się w posłusznych niewolników, których kolejne restrykcje, nakazy i zakazy spychać będą na coraz dalszy margines wspólnoty ludzi, aż w końcu znajdą się poza nim.

Judenraty od pierwszej chwili musiały wykonywać niemieckie polecenia, m.in. spłacać bardzo wysokie kontrybucje; w tym celu organizowały zbiórki pieniędzy i kosztowności. Nakładano je, używając perfidnych pretekstów. W Szczebrzeszynie pierwsza z trzech kontrybucji wynosiła 10 tys. zł i była to kara za pożar synagogi oraz kilku okolicznych domów, które Żydzi rzekomo podpalili. Musieli zatem zapłacić tę wielką kwotę tytułem strat, jakie sami ponieśli. Jesienią 1939 r. pożar zniszczył domy modlitwy właściwie w każdej gminie, w Biłgoraju, w Krzeszowie, w Tarnogrodzie, we Frampolu. W Tarnogrodzie spłonął ponadto budynek gminy żydowskiej, podpalony przez żołnierzy Wehrmachtu. Tam także zastosowano identyczną taktykę i o podpalenie oskarżono Żydów; szesnastu zakładników zginęło w płomieniach[57].

PRZESIEDLENIA

Już w pierwszych miesiącach okupacji można odnotować duże ruchy ludności, obejmujące zarówno dobrowolne przemieszczanie się uchodźców, jak i przymusowe przesiedlenia. O masowej ucieczce Żydów na wschód była mowa już wcześniej, tu warto podkreślić, że przecież uciekali nie tylko Żydzi i że proces ten został w niewielkim stopniu odwrócony. Porozumienie zawarte w listopadzie 1939 r. z ZSRR umożliwiło wymianę ludności, szacuje się, że na teren GG powróciło około 60 tys. osób, ale nie są to dane pewne. W powiecie biłgorajskim powroty dotyczyły nieistotnej statystycznie grupy[58], ale ubytek ludności spowodowany ucieczkami na wschód został w dużym stopniu zbilansowany przesiedleniami z zachodnich ziem Polski wcielonych do Rzeszy. Łącznie na obszar całego dystryktu lubelskiego

57 AŻIH, Relacje Żydów Ocalałych z Zagłady, 301/5504, Relacja Franciszka Hułasia i Leona Raka.

58 Zachował się dokument dotyczący powrotu na teren gminy Potok Górny osób, które wyjechały do ZSRR i wróciły w okresie 1939–1940; ta krótka lista obejmuje sześć osób, pięciu Polaków i jednego Żyda, Icka Szlomę Szprunga, wszyscy oni byli członkami KPP (AP Kraśnik, Akta gminy Potok Górny, 26/696, k. 30).

trafiło w początkowym okresie okupacji około 15 tys. Żydów, w tym ponad 2500 do powiatu biłgorajskiego, głównie do Tarnogrodu, Szczebrzeszyna, Józefowa i Zwierzyńca. Przesiedleńcy pochodzili z Łodzi, Włocławka, Kalisza i gmin powiatu konińskiego[59]. Do tego pamiętać trzeba o ruchach ludności w obrębie powiatu i gmin, przyczyniających się do osłabienia fizycznej i psychicznej kondycji ludności wyrugowanej ze swojego naturalnego dotąd otoczenia społecznego, dotknęły one niemal 2 tys. osób[60]. Przesiedlenia przeprowadzano dostarczonymi podwodami, za które płacić musiała Rada Żydowska.

59 AŻIH, American Joint Distribution Committee (dalej AJDC), 210/684, Spis osób uchodźców łódzkich w Tarnogrodzie, b.d., k. 63–68 (spis imienny, zawiera nazwiska 166 osób); Janina Kiełboń, *Migracje ludności w dystrykcie lubelskim w latach 1939–1944*, Lublin: Państwowe Muzeum na Majdanku, 1995, s. 133.

60 AŻIH, AJDC, 210/648, Spis pogorzelców biłgorajskich zamieszkałych w Tarnogrodzie z 9 III 1940 r., k. 21–22; *ibidem*, Spis imienny spaleńców z Biłgoraja zamieszkałych w Tarnogrodzie, b.d., k. 80–82; *ibidem*, Pismo do Świetnego Komitetu Głównego Joint w Warszawie z 3 III 1940 r., k. 15; *ibidem*, Notatka z 3 IV 1940 r., k. 40; *ibidem*, Spis imienny spaleńców z Frampola zamieszkałych w Tarnogrodzie, b.d., k. 94.; Archiwum Yad Vashem (dalej AYV), M.54/JM/10012, Spis Żydów przesiedlonych z Frampola do Szczebrzeszyna w 1940 r.; AŻIH, AJDC, 210/684, Notatka z 3 IV 1940 r., k. 40; *ibidem*, Spis imienny spaleńców z Janowa zamieszkałych w Tarnogrodzie, b.d., k. 95; AŻIH, 233/55, Dokumenty niemieckie, Starostwo powiatowe Biłgoraj, k. 1 („Wszystkim wysiedlonym Żydom jest zakazany powrót do Biłgoraja. Przeciwdziałania będą surowo karane. Opuszczone mieszkania zajęte zostaną przez Starostwo Powiatowe i nie mogą być odnajęte"); Bundesarchiv Ludwigsburg (dalej BAL), B 62/19161, Urzędowa niemiecka korespondencja z marca 1942 r.; AŻIH, 301/5506, Relacja Jana Strzęciwilka; AŻIH, 301/5507, Relacja Jana Małyszka; Ryszard Złamański, *Koniec getta*, „Tanew" 1998, nr 2; *Eksterminacja Żydów na ziemiach polskich w okresie okupacji hitlerowskiej. Zbiór dokumentów*, oprac. Tatiana Berenstein, Artur Eisenbach, Adam Rutkowski, Warszawa: ŻIH, 1957, s. 283 („W dniu 22 III 1942 r. przesiedlono z Biłgoraja do Tarnogrodu 57 rodzin żydowskich liczących 221 osób"); USC Shoah Foundation, Visual History Archive (dalej USC, VHA), 16038, Relacja Fredy Dymbort z domu Guterman; USC, VHA, 10269, Relacja Blumy Holler Kamerman.

Tabela 2. Ludność żydowska w powiecie biłgorajskim w 1939, 1941 i 1942 r.

Miejscowość i gmina	Koniec 1939 r.	1941 r.	1942 r.
Aleksandrów (łącznie z Józefowem)	1119 (1700 przed wrześniem 1939)	2147[61]	2076[62]
Babice	105	b.d.	142[63]
Biłgoraj	5010	2184[64] 1900[65]	2200[66]
Biszcza	205	96[67]	180[68]
Cieplice	25	b.d.	151[69]
Dzików Stary	b.d.	b.d.	84[70]
Frampol	1537 (1939 przed wrześniem 1939)	538[71]	500[72]
Goraj	416 (498 przed wrześniem 1939)	1350[73]	776[74]
Huta Krzeszowska	17	b.d.	75[75]

61 AŻIH, ŻSS, 211/221, Pismo ŻSS w Biłgoraju do Prezydium ŻSS w Krakowie z 18 VII 1941 r., k. 47.

62 Archiwum Akt Nowych (dalej AAN), 125/1088, Kartoteka RGO dotycząca struktury i ludności w powiatach i gminach [dalej Kartoteka RGO], [lipiec 1942 r.]. Niemal wszyscy Żydzi w gminie Aleksandrów mieszkali w Józefowie, w samym Aleksandrowie kilkadziesiąt osób.

63 *Ibidem.*

64 AAN, 1436/29, Rząd GG, Zestawienia liczbowe mieszkańców w poszczególnych dystryktach uwzględniające narodowość, k. 8 (dane z 1941 r.).

65 AŻIH, ŻSS, 211/221, Pismo ŻSS w Biłgoraju do Prezydium ŻSS w Krakowie z 18 VII 1941 r., k. 47.

66 AAN, 125/1088, Kartoteka RGO, [październik 1942 r.]. Liczbę Żydów w październiku 1942 r. podano na 1400; ponieważ w sierpniu 1942 r. deportowano do Bełżca około 800 osób, liczbę Żydów przed deportacjami szacuję na około 2200.

67 AP Kraśnik, 18/75, Akta gminy Biszcza, Wykaz zaludnienia gminy Biszcza 1 VII 1941, k. 14–15.

68 AAN, 125/1088, Kartoteka RGO, [maj 1942 r.].

69 *Ibidem,* Kartoteka RGO, [czerwiec 1942 r.].

70 AAN, 125/1088, Kartoteka RGO, [maj 1942 r.].

71 AŻIH, ŻSS, 211/221, Pismo ŻSS w Biłgoraju do Prezydium ŻSS w Krakowie z 18 VII 1941 r., k. 47.

72 AAN, 125/1088, Kartoteka RGO, [lipiec 1942 r.], „Żydów o 70% mniej niż przed wojną".

73 AŻIH, ŻSS, 211/221, Pismo ŻSS w Biłgoraju do Prezydium ŻSS w Krakowie z 18 VII 1941 r., k. 47.

74 AAN, 125/1088, Kartoteka RGO, [lipiec 1942 r.].

75 *Ibidem,* Kartoteka RGO, [kwiecień 1942 r.].

Miejscowość i gmina	Koniec 1939 r.	1941 r.	1942 r.
Kocudza	20	201[76]	166[77]
Krzeszów	348 (281 przed wrześniem 1939)	432[78]	446[79]
Księżpol	83	b.d.	b.d.[80]
Kuryłówka	b.d.	b.d.	223[81]
Łukowa	263	b.d.	214[82]
Potok Górny	243	b.d.	243 (?)[83]
Puszcza Solska	37	b.d.	18[84]
Radecznica	263	437[85]	400[86]
Sól	30	b.d.	b.d.
Szczebrzeszyn	2748 (3200 przed wrześniem 1939)	2810[87]	2912[88]
Tarnogród	2238 (?) (2515 przed wrześniem 1939)	2515[89] 2723[90]	2000[91]

76 AŻIH, ŻSS, 211/220, Pismo ŻSS w Kocudzy do Prezydium ŻSS w Krakowie z 28 IV 1941 r., k. 63.

77 AAN, 125/1088, Kartoteka RGO, [lipiec 1942 r.], „Żydzi przybyli z Frampola".

78 AŻIH, ŻSS, 211/221, Pismo ŻSS w Biłgoraju do Prezydium ŻSS w Krakowie z 18 VII 1941 r., k. 47.

79 AAN, 125/1088, Kartoteka RGO, [kwiecień 1942 r.].

80 *Ibidem*, Kartoteka RGO, [wrzesień 1942 r.], brak informacji o Żydach w powiecie w tym czasie.

81 *Ibidem*, Kartoteka RGO, [maj 1942 r.].

82 *Ibidem*, Kartoteka RGO, [lipiec 1942 r.].

83 *Ibidem*, Kartoteka RGO, [kwiecień 1942 r.], „Żydów kilkunastu".

84 *Ibidem*, Kartoteka RGO, [sierpień 1942 r.].

85 AŻIH, ŻSS, 211/851, Pismo Rady Żydowskiej w Radecznicy do ŻSS w Krakowie z 24 IV 1941 r., k. 1.

86 AAN, 125/1088, Kartoteka RGO, [wrzesień 1942 r.].

87 AŻIH, ŻSS, 211/221, Pismo ŻSS w Biłgoraju do Prezydium ŻSS w Krakowie z 18 VII 1941 r., k. 47.

88 AAN, 125/1088, Kartoteka RGO, [sierpień 1942 r.].

89 AŻIH, ŻSS, 211/1016, Sprawozdanie ŻSS w Tarnogrodzie za czas od 1 do 31 VII 1941 r., k. 1. Według Janusza Wrony w 1941 r. mieszkało w Tarnogrodzie 2611 Żydów, brak odsyłacza do źródła tej informacji (*idem*, *Dzieje Tarnogrodu*, s. 272).

90 AŻIH, ŻSS, 211/221, Pismo ŻSS w Biłgoraju do Prezydium ŻSS w Krakowie z 18 VII 1941 r., k. 47.

91 AAN, 125/1088, Kartoteka RGO, [luty 1942 r.], „W czasie wojny zwiększyła się liczba Żydów, których tutaj osiedlono. Jest Żydów około 2000".

Miejscowość i gmina	Koniec 1939 r.	1941 r.	1942 r.
Tereszpol	39	b.d.	b.d.
Wola Różaniecka	83	b.d.	b.d.
Zwierzyniec	474 (520 przed wrześniem 1939)	350[92]	372[93]
OGÓŁEM	15 303 (17 143 przed wrześniem 1939)	14 534[94]	13 178

Źródło: Opracowanie własne na podstawie zgromadzonej dokumentacji.

Znacznie większe rozmiary w liczbach bezwzględnych przybrała akcja przesiedleńcza ludności polskiej. Na początku 1940 r. napływali pojedynczy uchodźcy, potem już w planowych akcjach na teren GG w latach 1940–1941 trafiło około pół miliona osób łącznie w 99 transportach, w tym kilkadziesiąt tysięcy Żydów, z tego około 20% osiedlono w dystrykcie lubelskim. W 1940 r. przesiedlano z kolei Niemców mieszkających w dystrykcie lubelskim na ziemie wcielone do Rzeszy, czasem zresztą też pod przymusem. Na wiosnę 1941 r. wobec zbliżającej się inwazji na ZSRR i protestów Hansa Franka nastąpiło zamknięcie granic GG dla przesiedleńców z zachodu. Polityka przesiedleńcza z pierwszego okresu okupacji całkowicie się zmieniła; poczynając od jesieni 1942 r. tereny dystryktu lubelskiego, a szczególnie czterech jego powiatów — zamojskiego, hrubieszowskiego, biłgorajskiego i tomaszowskiego — określanych łącznie mianem Zamojszczyzny, podlegały intensywnej polityce germanizacyjnej, w której wyniku wysiedlono około 30% ludności polskiej i nasiedlono tysiące Niemców, głównie z Besarabii, nazywanych przez miejscowych „czarnymi". Wielka niemiecka akcja kolonizacyjna w ramach Generalnego Planu Wschodniego (*Generalplan Ost*) miała objąć ogromne obszary krajów Europy Wschodniej i zaczęto ją realizować właśnie na Zamojszczyźnie, którą z tego powodu nazwano „Laboratorium specjalnym SS" (*Sonderlaboratorium SS*). Jak się wydaje, nie mogło to pozostać bez związku z losem tych Żydów, którzy od jesieni 1942 r., po likwidacji ich skupisk, usiłowali chronić się u polskich sąsiadów.

92 *Ibidem*, k. 47.

93 AŻIH, ŻSS, 211/1162, Pismo ŻSS w Zwierzyńca do Prezydium ŻSS w Krakowie z 31 IV 1942 r., k. 46.

94 Uwzględniono liczbę mieszkańców w miejscowościach podanych przez Żydowską Samopomoc Społeczną (razem 12 984 oraz) oraz liczbę 1550 mieszkańców w miejscowościach pominiętych w statystykach ŻSS, a podanych przez RGO w 1942 r.

NIEMIECKA ADMINISTRACJA I POLICJA

Siedzibą okupacyjnych władz powiatowych od połowy października 1939 r. stał się Biłgoraj, gdzie poza urzędem starosty powiatowego (kreishauptmanna), którego biuro mieściło się na ul. Głównej, czyli Hauptstrasse (dziś Kościuszki), zaczęły działać mianowana Rada Miejska, Urząd Pracy (Arbeitsamt)[95], Urząd Skarbowy, Urząd Techniczny, inspektorat szkolny, poczta niemiecka, nadleśnictwo, policja leśna (Fortschutzkommando)[96] oraz powiatowy agronom (Kreislandwirt)[97]. Zlokalizowano tam posterunki poszczególnych niemieckich formacji policyjnych: Sonderdienstu[98] o sile około 40 ludzi, będącego w dyspozycji kreishauptmanna, Policji Bezpieczeństwa (Sicherheitspolizei, Sipo) i Służby Bezpieczeństwa (Sicherheitsdienst, SD), do których należały Policja Kryminalna (Kriminalpolizei, Kripo)[99] oraz Tajna Policja Państwowa, czyli Gestapo (Geheime Staatspolizei), ponadto znajdowały się tam oddział Policji Ochronnej (Schutzpolizei) i garnizon Wehrmachtu[100]. Biłgorajskiemu posterunkowi żandarmerii pod komendą Aloisa Faltenmaiera podlegał posterunek Policji Polskiej Generalnego Gubernatorstwa (Polnische Polizei im Generalgouvernement, tzw. granatowej), której komendantem był Józef Wrzeszcz, zastąpiony później przez Michała Wiesiołowskiego, oraz policji ukraińskiej (Ukrainische Hilfspolizei) z komendantem Jurkiwem. W dzielnicy żydowskiej służbę pełnili policjanci żydowscy. Według Klukowskiego w Szczebrzeszynie wyłoniono początkowo kilku

---

95 Kierownikami byli Steihard i Benkiel.

96 Forstmeistrem w Biłgoraju był prawdopodobnie Knissilng (?), „furiat i degenerat", w kwietniu 1943 r. został zabity przez partyzantów w lasach biłgorajskich w czasie polowania na głuszce (*Niemcy i Zamojszczyzna 1939–1944*, red. Zygmunt Klukowski, Zamość: b.w., 1946, t. 3, s. 63).

97 Stanowisko partyjne na terenach okupowanych związane z rolnictwem, mógł nim być wyłącznie członek NSDAP lub wojskowy. W Biłgoraju agronomem był inż. Geyer (lub Geier), zginął w zamachu razem ze starostą Adamem, po nim urząd objął Schön.

98 Do służby w Sonderdienst powołani zostali głównie starsi wiekiem lub niezdolni do służby wojskowej Volksdeutsche. Pełnili głównie służbę wartowniczą wokół obiektów przemysłowych i administracyjnych, nadzorowali ściąganie kontyngentów, walczyli z handlem czarnorynkowym, ściągali podatki, a także byli wykorzystywani do innych doraźnych zadań o charakterze policyjnym. Szefem Sonderdienstu w Biłgoraju był Ferdinand Krausbauer, ur. w 1896 r. w Kassel (BAL, B 162/5950, Sprawa Hansa Ernsta Paula Augustina i innych, Zeznanie Krausbauera z 18 II 1966 r.).

99 Szefem Kripo był Rajmund Galbas.

100 Markiewicz, Szczygieł, Śladkowski, *Dzieje Biłgoraja*, s. 223–224.

policjantów żydowskich, głównie Żydów czeskich, komendantem był polski Żyd, przedwojenny oficer Wojska Polskiego, niestety autor nie podał jego nazwiska[101]. W Biłgoraju policja żydowska istniała od 1941 r., należeli do niej: Jakow Tober, Mosze Blajchman, Mosze Pancerman, Synaj Szper, Bolek Etenberg, Mosze Szwanenfeld i Jakow Olender.

Kreishauptmannschaftami w GG kierowali zawsze urzędnicy niemieccy przysłani z Rzeszy, obsada co jakiś czas się zmieniała, kilkakrotnie w ciągu całej okupacji. Wszystkie stanowiska kierowników wydziałów i referatów starostwa były obsadzone wyłącznie Niemcami z Rzeszy (Reichsdeutschami). W celu usprawnienia pracy starostwa i eksploatacji ekonomicznej zajętych terenów gdzieniegdzie powstawały komisariaty gminne (Landeskommissariate), w powiecie biłgorajskim taki komisariat istniał w Tarnogrodzie. Dotychczasowa Rada Miejska w Biłgoraju w październiku 1939 r. została rozwiązana, funkcję p.o. burmistrza powierzono Kazimierzowi Kryńskiemu, a od marca 1940 r. aż do końca okupacji Eugeniuszowi Golińskiemu[102]. Wraz z dwoma ławnikami i sekretarzem Antonim Książkiem, który pracował na tym stanowisku już od 1922 r., tworzyli nowy Zarząd Miejski. W powiecie biłgorajskim w trzech miastach ustanowiono urząd komisarycznego burmistrza: w Biłgoraju, Szczebrzeszynie i Tarnogrodzie. W Szczebrzeszynie byli nim kolejno Jan Franczak[103], Jan Borucki, pochodzący z Poznańskiego[104], Józef Hejno, wreszcie od czerwca 1941 r. Andreas Kraus z Cieszanowa („rodem Ukrainiec, obecnie Volksdeutsch"[105]). W Tarnogrodzie do czerwca 1942 r. wójtem był Alfons Kamiński, po nim krótko rządzili Stefan Karpik, Michał Nowosilecki i Jan Kucil, wreszcie — już z tytułem

101 Biblioteka KUL, Spuścizna Zygmunta Klukowskiego, 827, k. 33.

102 Eugeniusz Goliński (ur. w 1901 r. w Słomce, pow. Limanowa), nie podpisał volkslisty, bliższych informacji na jego temat brak (Archiwum Państwowe w Lublinie [dalej AP Lublin], Gouverneur des Distrikts Lublin, 70).

103 Był burmistrzem także przed wojną, 9 VI 1940 r. został aresztowany, przebywał w więzieniu w Zamościu i Lublinie, następnie zesłany do obozów koncentracyjnych w Oranienburgu i Dachau, do Szczebrzeszyna powrócił w listopadzie 1941 r. (Klukowski, *Zamojszczyzna...*, s. 165, 206, 243–244).

104 Został aresztowany 18 III 1941 r. i rozstrzelany przez Gestapo z Biłgoraja we wrześniu tegoż roku, w tej samej egzekucji rozstrzelano burmistrza Zamościa Michała Wazowskiego. Borucki zyskał wcześniej niechlubną sławę tropiciela Żydów, przez Niemców został skazany prawdopodobnie za defraudację (Klukowski, *Zamojszczyzna...*, s. 231, 255, 283).

105 Andreas Kraus uciekł ze Szczebrzeszyna rankiem 19 III 1944 r., paląc przedtem w magistracie wszystkie niemieckie akta, powrócił po kilku dniach, ale nie wiadomo, co się z nim później stało (Klukowski, *Zamojszczyzna...*, s. 412–413).

burmistrza — brat Andreasa Roman Kraus[106]. Gminami kierowali wójtowie wraz ze swoim urzędem, podlegali im sołtysi, czyli najniżsi rangą urzędnicy administracji GG, wybierani przez ogół dorosłych mieszkańców danej wsi (gromady). Wszyscy burmistrzowie, wójtowie i sołtysi byli *de facto* funkcjonariuszami niemieckiej administracji, dążono więc do obsadzania tych stanowisk Volksdeutschami, często przesiedlonymi z terenów wcielonych do Rzeszy, władającymi zarówno językiem polskim, jak i niemieckim. Starania, by stanowiska wójtów zajmowali Niemcy etniczni, powiodły się jednak w niewielkim stopniu, jedynie w gminach Biszcza i Kuryłówka, ale z pewnością im wyższe stanowisko w hierarchii, tym liczba VD była wyższa. Urzędy wójtów, zwłaszcza w gminach położonych na południu powiatu (Biszcza, Cieplice, Dzików Stary, Księżpol, Łukowa i Potok Górny), gdzie odsetek ludności wyznania prawosławnego był stosunkowo duży, obsadzono Ukraińcami[107]. Powiatem biłgorajskim kierowali kolejno na stanowisku starosty (kreishauptmanna)[108]:

dr Werner Ansel[109] od 26 października 1939 do 31 marca 1942 r.,

106 Ukraiński nacjonalista, zastrzelony 22 II 1944 r. przez oddział partyzancki Tadeusza Błaszczuka „Groma" (Wrona, *Dzieje Tarnogrodu*, s. 260; Wincenty Depczyński, *Tarnogród 1567–1967. Monografia historyczno-gospodarcza*, Tarnogród: Prezydium Gromadzkiej Rady Narodowej, 1970, s. 70).

107 AP Lublin, 498/70, Amt des Distrikts Lublin, Wykaz burmistrzów, wójtów i sekretarzy gmin w powiecie biłgorajskim z 27 II 1942 r.

108 Markus Roth, *Herrenmenschen. Die deutschen Kreishauptleute im besetzten Polen — Karrierewege, Herrschaftspraxis und Nachgeschichte*, Göttingen: Wallstein Verlag, 2009, s. 448.

109 Werner Ansel (ur. w 1899 r.), pochodził z Esslingen (Badenia-Wirtembergia), studiował prawo na znakomitych niemieckich uczelniach w Tybindze, Berlinie i Monachium, tytuł doktora praw uzyskał w 1935 r., od 1933 r. był członkiem SA, od maja 1937 partii NSDAP. Pracował jako radca prawny w Heilbronn, do służby w GG został „zesłany" rzekomo z powodu rozbieżności stanowisk zaistniałej między nim a jego przełożonym. Początkowo był starostą w Biłgoraju, następnie w Chełmie. W styczniu 1943 r. został skierowany do służby w Wehrmachcie, skąd po odniesieniu ciężkich ran i jako niezdolny do dalszej służby wojskowej 1 lipca 1944 r. powrócił na krótko do Chełma. Po wojnie przez kilka miesięcy 1945 r. przebywał w obozie jenieckim, lecz pomyślnie przeszedł proces denazyfikacji i od 1948 aż do 1972 r. kontynuował karierę urzędniczą w Niemczech Zachodnich na stanowisku starosty powiatowego, tym razem w Crailsheim (Badenia-Wirtembergia). Dopiero po latach, w 1968 r., skierowano przeciwko niemu akt oskarżenia za udział w mordach popełnionych na ludności cywilnej podczas okupacji. Wiemy, że 18 maja 1942 r. już jako starosta w Chełmie „odwiedził" budowany obóz zagłady w Sobiborze, był w gronie osób odpowiedzialnych za organizowanie transportów śmierci do tego obozu (na podstawie: Bogdan Musial, *Deutsche Zivilverwaltung und Judenverfolgung im Generalgouvernement. Eine Fallstudie zum Distrikt Lublin 1939–1944*, Wiesbaden: Harrasowitz, s. 379).

Hans Augustin[110] od 1 kwietnia do 1 grudnia 1942 r.,
dr Karl Adam[111] od 1 grudnia 1942 do 26 lipca 1943 r.,
Erich Löwner od lipca 1943 do czerwca 1944 r.

Ostatni dwaj starostowie nie przeżyli wojny. Wicestarostami byli: Held, Langhammer, Weinzierl i Ulman[112]. Ze względu na politykę niemiecką prowadzoną wobec Żydów na okupowanych terenach oraz przebieg i organizację procesu ich eksterminacji najważniejsze są postaci dwóch pierwszych starostów. Starostami zostawali ludzie bardzo dobrze wykształceni, często po studiach prawniczych, młodzi, ambitni, wyznawcy nazistowskiej ideologii. Wszystkie te cechy zapewniały kompetencję, dużą inwencję w znajdowaniu rozwiązań na pojawiające się problemy, a jednocześnie lojalność wobec Wielkiej Rzeszy.

Siły policyjne w dystrykcie lubelskim zostały zorganizowane w struktury analogiczne do pozostałych dystryktów, niemniej wszyscy badacze tego zagadnienia zwracają uwagę na wyjątkową, bardzo silną pozycję gruppenführera SS i generała policji Odila Globocnika[113], który do sierpnia 1943 r. pełnił najważniejszą w dystrykcie funkcję dowódcy SS i policji (der SS- und

---

110 Hans Augustin (ur. w 1909 r. w Rastatt, Badenia-Wirtembergia), z wykształcenia prawnik, od 1936 r. po egzaminach państwowych. W zdobyciu tytułu doktora z pewnością przeszkodziła mu jedynie wojna. Augustin był wręcz wzorcowym karierowiczem, od maja 1933 towarzysz partyjny (*Partaigenosse*), zatrudnił się początkowo jako radca prawny w strukturach Gestapo, w 1940 r. zgłosił na ochotnika do pełnienia służby w niemieckich koloniach, za jakie uważano GG, i zjawił się wśród urzędników cywilnych dystryktu lubelskiego. Najpierw pracował jako szef Wydziału Personalnego w Lublinie, następnie jako starosta w Chełmie, by w końcu trafić do Biłgoraja i współuczestniczyć do grudnia 1942 r., na terenie tego powiatu, w akcjach eksterminacyjnych przeciwko Żydom. Po spełnieniu tego „obowiązku" powołany został do wojska, po czym od maja 1945 r., przez trzy lata był internowany w obozie w amerykańskiej strefie okupacyjnej. Od 1952 r. kontynuował karierę prawniczą w Dolnej Saksonii. Dopiero w latach sześćdziesiątych wszczęto przeciwko niemu śledztwo, zakończone zresztą decyzją sądu w Hanowerze umorzeniem. Augustin zmarł na początku lat dziewięćdziesiątych; nigdy nie poniósł jakiejkolwiek kary za swoją okupacyjną działalność, co stanowi wyjątek wśród urzędników GG tego szczebla (na podstawie: Musial, *Deutsche Zivilverwaltung und Judenverfolgung im Generalgouvernement...*, s. 380).

111 Karl Adam zginął 27 lipca 1943 r. pod Modliborzycami, zastrzelony przez Grupę Operacyjną GL Grzegorza Korczyńskiego, wraz z nim zginął inż. Meyer, agronom powiatowy (Markiewicz, Szczygieł, Śladkowski, *Dzieje Biłgoraja*, s. 223).

112 *Ibidem*, s. 223, przypis 26.

113 Odilo (Otto) Lotario Globocnik (21 IV 1904 – 31 V 1945), gruppenführer SS, pochodził z Triestu, przed wojną był handlowcem. Od 1931 należał do NSDAP, od 1934 r. do SS, od listopada 1939 r. na stanowisku dowódcy SS i policji (SSPF) w dystrykcie lubelskim. Bezpośrednio zaangażowany w budowę obozów zagłady w Bełżcu, Sobiborze i Treblince

Polizeiführer)[114]. Pozycja Globocnika wynikała z tego, że poza policyjnymi zajmował także inne kluczowe stanowiska, co było niespotykane w pozostałych dystryktach: był jednocześnie kierownikiem partii NSDAP w dystrykcie, pełnomocnikiem komisarza Rzeszy do spraw umacniania niemczyzny oraz głównodowodzącym akcją „Reinhardt" — planem wymordowania wszystkich Żydów — w całym GG. Skoncentrowanie tych stanowisk i zadań w jednym ręku było z jednej strony funkcją osobistych przywódczych cech i ambicji Globocnika, z drugiej wiązało się z wyjątkową rolą dystryktu lubelskiego w niemieckich planach przesiedleńczych i eksterminacyjnych wobec ludności polskiej i żydowskiej. Dystrykt wyróżniał się ponadto znacznie większą niż gdzie indziej koncentracją sił policyjnych skierowanych tam do walki z polskim podziemiem i jego oddziałami partyzanckimi. Od połowy 1943 r. w dystrykcie lubelskim znajdowało się najwięcej jednostek policyjnych w całym GG.

W terenie najważniejsza formacja policyjna, czyli Policja Porządkowa (Ordnungspolizei, Orpo), wypełniała swoje zadania za pośrednictwem siatki posterunków żandarmerii (Gendarmerie-Posten), podlegających komendom powiatowym (Gendarmerie-Zug), te z kolei, w liczbie trzech lub czterech, podlegały komendanturze szczebla wyższego, tzw. Gendarmerie-hauptmannschaftom, których w dystrykcie lubelskim było trzy, w tym interesujący nas II Hauptmannschaft Zamość. Podlegały mu cztery powiaty: Zamość, Krasnystaw, Hrubieszów i Biłgoraj, oraz wszystkie znajdujące się na tym terenie posterunki żandarmerii niemieckiej, Policji Polskiej i policji ukraińskiej. Stan liczebny w całym dystrykcie wynosił w 1942 r. łącznie 1899 żandarmów i policjantów oraz 78 dowódców[115]. Niemieckie siły policyjne w czerwcu 1940 r. liczyły w Biłgoraju 42 osoby: 10 policjantów w konnej policji ochronnej, 7 funkcjonariuszy Sipo oraz 25 żandarmów[116]. Według danych za wrzesień 1943 r. w powiecie biłgorajskim były tylko trzy posterunki żandarmerii: w Biłgoraju, Tarnogrodzie[117] i Szczebrzeszynie, na

i współodpowiedzialny za plan eksterminacji Żydów w GG. W 1943 r. przeniesiono go do Włoch; w 1945 r. został schwytany przez Brytyjczyków, popełnił samobójstwo.

114 Po nim już do końca okupacji dowódcą sił policyjnych w tym dystrykcie był Jakob Sporrenberg, również w stopniu generała.

115 Waldemar Tuszyński, *Policyjny i wojskowy aparat okupacyjny*, „Zeszyty Majdanka" 1969, nr 3, s. 24–25.

116 *Okupacja i ruch oporu w dziennikach Hansa Franka 1939–1945*, t. 1: *1939–1942*, oprac. Stanisław Płoski i in., Warszawa 1970, s. 293.

117 Komendantem żandarmów w Tarnogrodzie był Michel (Karl) Gerhard (ur. 20 X 1897).

ogółem 34 w całym dystrykcie. Według ustaleń Waldemara Tuszyńskiego czterokrotnie gęstsza w dystrykcie była natomiast sieć posterunków policji nieniemieckiej: Policja Polska dysponowała aż 95 posterunkami, a policja ukraińska 21. W powiecie biłgorajskim 12 posterunków PP rozlokowano we wszystkich miejscowościach, w których znajdowały się liczniejsze skupiska Żydów; były to: Biłgoraj, Łukowa, Dzików Stary, Cieplice, Tarnogród, Krzeszów, Księżpol, Józefów, Frampol, Szczebrzeszyn, Zwierzyniec i Radecznica[118]. Obsada największego posterunku, komendy powiatowej w Biłgoraju, liczyła 21 policjantów, podlegające jej posterunki średnio od 11 do 13 policjantów[119]. W miejscowościach, gdzie stacjonowała zarówno PP, jak i żandarmeria, posterunki były łączone.

ŻYCIE CODZIENNE ŻYDÓW I PRACA PRZYMUSOWA

Poczynając od listopada 1939 r., powoływano rady żydowskie wszędzie tam, gdzie istniały przed wojną gminy żydowskie, oraz w kilku innych miejscowościach, a więc w Biłgoraju, Goraju, Józefowie, Kocudzy, Krzeszowie, Kulnie, Kuryłówce, Tarnogrodzie, Potoku Górnym i Szczebrzeszynie. Liczyły od trzech do dwunastu członków, ich składy zmieniały się — jedni umierali, inni rezygnowali, jeszcze inni ginęli, rozstrzelani za niesubordynację, i byli zastępowani przez osoby bardziej posłuszne władzom.

Od 1940 r. dzielnice żydowskie przeistoczyły się w quasi-getta. Żydom nie wolno już było opuszczać miasteczka bez specjalnej przepustki, karą dla złapanego mogła być zsyłka do obozu pracy. Decyzją kreishauptmanna jednak gett w powiecie nigdy nie wyznaczono formalnie i ich nie ogrodzono, Żydów wyrugowano jedynie z frontowych domów i głównych ulic. Zadecydowała o tym prawdopodobnie topografia miasteczek w powiecie, ponieważ ogrodzenie i odizolowanie dzielnic żydowskich zlokalizowanych w ich centrach spowodowałoby paraliż komunikacyjny i było wobec tego praktycznie niemożliwe. W ten sposób gettem stawało się całe miasteczko,

118 Także w miejscowości Sól prawdopodobnie istniał posterunek PP, jego komendantem miał być Brzozowski (Archiwum Instytutu Pamięci Narodowej Oddział w Lublinie [dalej AIPN Lu], 326/66, Sprawa Jana Małka i Antoniego Lewkowicza, Zeznanie świadka Jana Lisieckiego, k. 12). Na podstawie różnych dokumentów archiwalnych ustaliłam nazwiska 114 granatowych policjantów z powiatu biłgorajskiego; lista prawdopodobnie nie jest kompletna.

119 AP Lublin, 1072/133, ZWZ-AK Okręg Lublin, Wykaz polskich policjantów w powiecie biłgorajskim, b.d.

a przekroczenie jego granic przez Żydów traktowano tak samo jak gdzie indziej bezprawne opuszczenie getta.

Życie codzienne pod okupacją oznaczało dla Żydów nieustanną walkę o zaspokojenie podstawowych potrzeb, właściwie wszystko obracało się wokół przetrwania, przede wszystkim zdobycia żywności. Pozbawieni własności, warsztatów pracy i większości legalnych źródeł dochodu, musieli zdobywać jedzenie i inne przedmioty konieczne do życia w każdy możliwy sposób. Wielu mieszkańców żydowskich dzielnic nie znajdowało, bo i nie mogło, żadnego sposobu na życie. Jedynym ich oparciem stały się organizacje samopomocowe, wśród ich podopiecznych znaleźli się w pierwszej kolejności przesiedleńcy, których los wszędzie należał do najgorszych i o których w wewnętrznej korespondencji instytucji żydowskich pisano, że są to ludzie pozbawieni wszelkich środków do życia. Z dokumentacji ŻSS i Jointu wynika, że największe obciążenia i problemy pojawiały się wraz z przesiedleńcami i były wprost proporcjonalne do ich liczby. Na polecenie starosty 24 lipca 1940 r. zawiązał się Żydowski Komitet Opiekuńczy (Jüdische Hilfskomitee) dla Biłgoraja i dostał lokal przy Radzie Żydowskiej na ul. Kościuszki 33; początkowo miał za zadanie rozdzielić kilkaset kilogramów żywności otrzymanej od Jointu[120]. Komitetów i delegatur ŻSS w powiecie w sumie powstało dziewięć, w zasadzie wszędzie tam, gdzie były rady żydowskie, zresztą niejednokrotnie, zwłaszcza na początku, członkowie RŻ obejmowali funkcje w komitetach, co było zarzewiem wielu konfliktów i nieustannych zmian osobowych[121]. Dążył do rozdzielenia tych funkcji zwłaszcza Joint, który finansował działalność dobroczynną ŻSS i obawiał się braku kontroli nad wydatkowaniem przekazywanych sum, w sytuacji gdy niewielka, kilkuosobowa grupa ludzi sprawowała całą, wewnątrzgettową władzę i dysponowała sporymi jak na tamte warunki subwencjami i darami. Obawiano się, czy nie będą defraudowane zamiast sprawiedliwie rozdzielane pośród najbardziej potrzebujących. Zdarzało się nawet, że w komitetach ŻSS zasiadały „samozwańcze jednostki" (przypadek Zwierzyńca), niezatwierdzone przez centralę i kreishauptmanna, co było wymagane.

120 AŻIH, ŻSS, 211/219, Pismo ŻSS w Biłgoraju do Prezydium ŻSS w Krakowie, b.d. (data wpływu 21 IX 1940 r.), k. 1–2.

121 W Biłgoraju, Frampolu, Goraju, Józefowie, Kocudzy, Krzeszowie, Tarnogrodzie, Szczebrzeszynie i Zwierzyńcu. W gminie Kuryłówka, gdzie mieszkało około 200 Żydów, utworzono delegaturę ŻSS.

Korespondencja między komitetami a Prezydium ŻSS w Krakowie odsłania całą nędzę gettowej wegetacji. Ludzie w spalonych miasteczkach mieszkali w tragicznych warunkach, byli biedni (wielu zamożniejszych wyjechało we wrześniu 1939 r.), nie mieli stałej pracy, bezrobocie dotyczyło zwłaszcza napływowych, wielu chorych z braku lekarstw pozbawionych było jakiejkolwiek pomocy medycznej, cierpieli z niedożywienia i niemożności utrzymania higieny, gdyż oficjalne przydziały chleba, kaszy, cukru, mydła, proszku do prania czy nafty były niewystarczające i znacznie niższe (dwu-, a nawet trzykrotnie) niż dla ludności polskiej[122]. Zresztą nie wszędzie sytuacja była taka sama, szczególne trudności pojawiły się w Goraju, dokąd w kwietniu 1941 r. przymusowo przesiedlono 850 Żydów z Biłgoraja, co spowodowało z dnia na dzień dwukrotne zwiększenie się liczby ludności żydowskiej w tej miejscowości![123] Alarmowano o natychmiastową pomoc, gdyż Goraj zawsze należał do najbiedniejszych sztetli, jeszcze przed wojną wielu gorajskich Żydów, nazywanych „Gorjer majsym" (trupy gorajskie), było skazanych na pomoc krewnych z zagranicy i dary od amerykańskich Żydów. Z czasem sytuacja się nieco poprawiła, ponieważ jak czytamy we wspomnieniach, biłgorajscy Żydzi wbrew zakazowi starosty Ansela wracali do swoich domów. Jak należało się spodziewać, wszelkie pisma i monity do władz odnosiły niewielki skutek, a najbiedniejsi otrzymywali minimalne zapomogi w wysokości od 5 do maksymalnie 25 zł oraz bezpłatne obiady w kuchniach ludowych, które zaczęły działać niemal wszędzie, choć nie od razu. One także nie zaspokajały potrzeb, np. z uruchomionej w Tarnogrodzie w grudniu 1941 r. kuchni ludowej korzystało 250 osób dziennie przy liczbie ubiegających dochodzącej do 600[124]. W pozostałych miejscowościach również występowała tak wielka dysproporcja między potrzebującymi a uzyskującymi pomoc.

Z pewnością wielu Żydów przesiedleńców egzystowało tylko dzięki pomocy lokalnej społeczności żydowskiej, tylko na niej bowiem spoczywał ciężar opieki nad wszystkimi przebywającymi na danym terenie Żydami, choć czasem komitety opiekuńcze, nie widząc innego wyjścia, „żebrzą i u chrześcijan, którzy od czasu do czasu pomagają"[125]. Nie zawsze jednak

---

122 AŻIH, ŻSS, 211/223, Korespondencja Prezydium ŻSS z Powiatowym Komitetem ŻSS w Biłgoraju, 4 I 1942 – 2 III 1942.

123 „Wszystkim wysiedlonym Żydom jest zakazany powrót do Biłgoraja. Przeciwdziałania będą surowo karane" (AŻIH, 233/55, Dokumenty niemieckie, k. 1).

124 „Gazeta Żydowska", 6 II 1942, nr 16, s. 2.

125 AŻIH, ŻSS, 211/1161, Pismo Żydowskiego Komitetu Pomocy w Zwierzyńcu do Prezydium ŻSS w Krakowie z grudnia 1941 r. (data wpływu 11 XII 1940 r.), k. 1.

POWIAT BIŁGORAJSKI

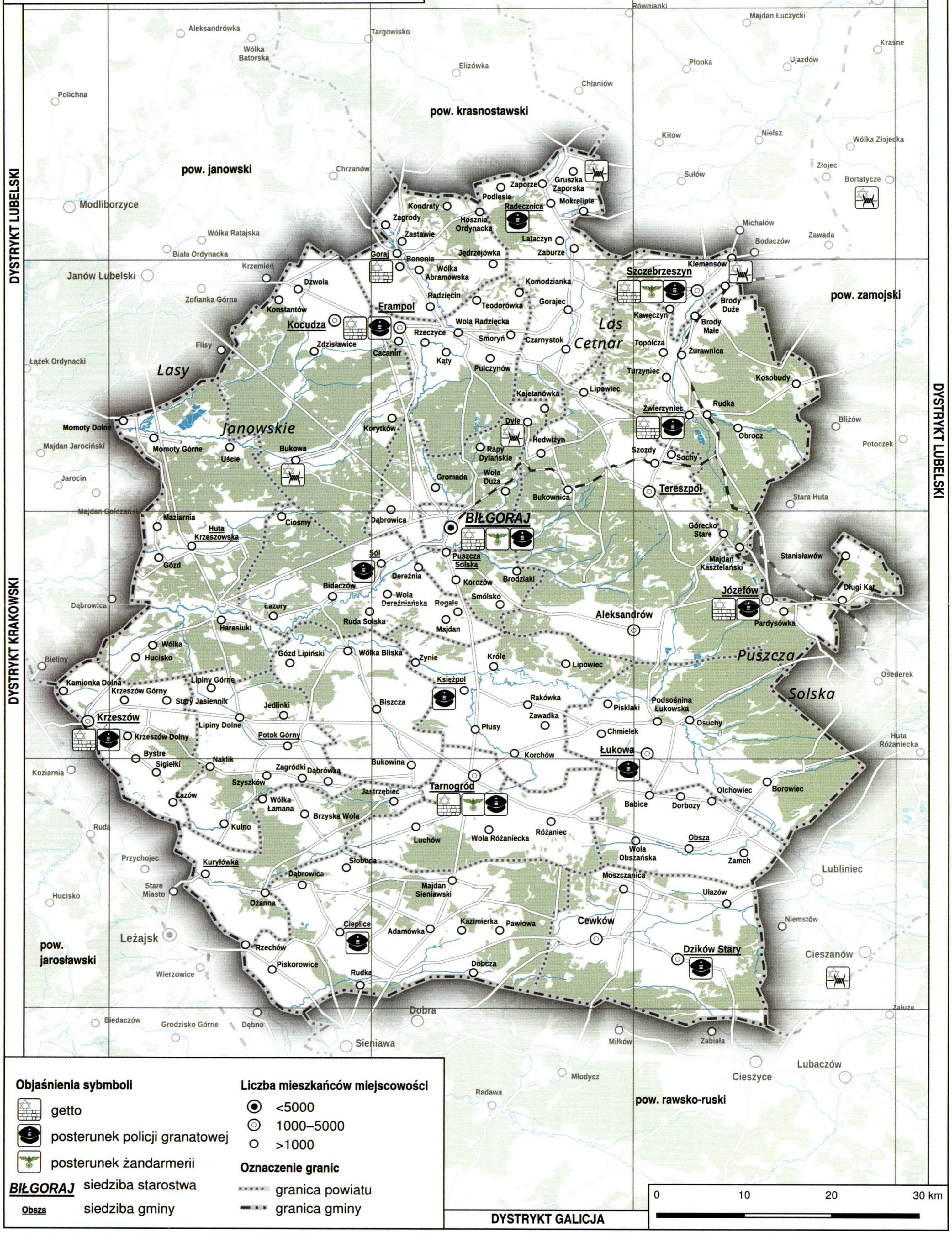

i nie każdy mógł liczyć choćby na minimalną pomoc, na terenie powiatu nie było — z braku funduszy — żadnych placówek opieki nad dzieckiem, a z liczby 260 osób ubiegających się o zasiłki w Krzeszowie dostało je zaledwie 56 — rozdzielono między nich 308 zł, co dało średnio 5,5 zł zasiłku na osobę[126]. Na przykład miesięczne subwencje w 1941 r. ŻSS na społeczność żydowską Tarnogrodu wynosiły od 5100 do 6700 złotych, pieniędzy we wszystkich ośrodkach było o wiele za mało, nie pokrywały choćby w połowie pilnych potrzeb, dlatego nawet w sprawie groszowych sum wymieniano liczną korespondencję i błagano o pomoc, ratunek, zlitowanie. W tej sytuacji łatwo sobie wyobrazić, jak ogromnym obciążeniem były niemieckie kontrybucje nakładane na poszczególne społeczności pod byle pretekstem. Na przykład gmina w Tarnogrodzie musiała zapłacić 18 października 1941 r. kontrybucję w wysokości 40 tys. zł (!) tytułem kary za spalenie stosów siana; spłonęły przez nieostrożność grupy pastuchów, wśród których był 12-letni żydowski chłopiec[127]. Delegatura ŻSS w Krzeszowie w piśmie do centrali w Krakowie z 18 sierpnia 1942 r. zawiadamiała: „Komunikujemy, iż ludność żydowska naszego terenu jest wyczerpana. Do ostatnich sił, bez środków do życia i okrycia. Apelujemy o ratunek"[128]. W ostatnim piśmie z Krakowa do Krzeszowa, opatrzonym datą 4 listopada 1942 r., które do adresatów już nie dotarło, centrala informowała: „przy rozdziale darów rzeczowych uwzględnimy Wasz powiat, a tym samym i Waszą miejscowość"[129]. Wówczas jednak na jakąkolwiek pomoc było już za późno, żydowska społeczność Krzeszowa przestała istnieć w dniu wysyłki tego listu.

Mimo wszelkich trudności, długotrwałego niedożywienia, wyczerpania i ogólnie złych, niehigienicznych warunków życia przypadki śmierci głodowej były w gettach prowincjonalnych odosobnione[130]. Radzono sobie na różne sposoby, łamiąc niemieckie zakazy i korzystając z przedwojennych kontaktów. Zakaz opuszczania miasta spowodował, że to nie Żydzi wyprawiali się na wieś, lecz sami chłopi przyjeżdżali z towarami do miasteczek,

---

126 AŻIH, ŻSS, 211/625, Sprawozdanie ŻSS w Krzeszowie za lipiec 1942 r., k. 40–41.

127 AŻIH, ŻSS, 211/222, Pismo ŻSS w Biłgoraju do Prezydium ŻSS w Krakowie z 25 X 1941 r., k. 19.

128 AŻIH, ŻSS, 211/625, Sprawozdanie ŻSS w Krzeszowie za lipiec 1942 r., k. 39.

129 *Ibidem*, k. 48.

130 Informacje o członkach rodziny zmarłych wskutek głodu można znaleźć w niektórych relacjach i wywiadach, np. o ojcu Morrisa (Motla) Shapiry z Goraja (USC, VHA, 9679, Relacja Morrisa Shapiro). Niestety, dane ŻSS z badanego terenu nic nie mówią na temat przyczyn śmierci w dzielnicach żydowskich.

a transakcji za gotówkę, za usługi lub na zasadzie wymiany (Żydzi dostarczali wyroby rzemieślnicze, skóry i inne materiały[131]) dokonywano najczęściej już na rogatkach miast. Niemniej wśród Żydów „żebractwo wzrosło do katastrofalnych rozmiarów"[132]. W 1940 r. wiele żydowskich sklepów i warsztatów zamknięto i wystawiono na licytację — oficjalnie ich prowadzenie przejęli Volksdeutsche i Polacy, często przesiedleńcy z Kraju Warty. Z czasem część z nich powróciła do prawowitych właścicieli i Żydzi znów mogli je prowadzić samodzielnie. W styczniu 1941 r. przymusowy zarządca (treuhänder) odpowiedzialny za warsztaty sitarskie w Biłgoraju polecił Herszowi Zylberbergowi, kupcowi i przewodniczącemu ŻSS (a od lata 1942 r. czwartemu i ostatniemu już prezesowi Judenratu), uruchomić produkcję sześćdziesięciu warsztatów sitarskich i zatrudnić w nich 120 rzemieślników; ostatecznie pracę udało się zapewnić tylko 60 (przyczyną był brak surowca — końskie włosie podlegało reglamentacji), zarabiali 50 zł tygodniowo[133]. Uruchomiono kilkadziesiąt innych warsztatów, głównie krawieckich i szewskich, np. w 1941 r. w Tarnogrodzie 60 krawców i szewców nadal mogło pracować w swoim zawodzie[134]. Dzieci często zatrudniano w gospodarstwach rolnych Polaków i Ukraińców do wypasu owiec, przy żniwach, sianokosach i wykopkach. Żydzi pracowali także jako robotnicy sezonowi w lasach i tartakach Ordynacji Zamojskiej, np. w Długim Kącie[135]. Spółdzielnia „Społem" w 1941 r. zatrudniła kobiety i dzieci do zbierania jagód i grzybów[136]. W czerwcu rozpoczął się masowy wyścig co młodszych Żydówek po ausweisy prywatnej firmy niemieckiej Quasta, prowadzącej na terenie Ordynacji Zamojskiej skup płodów leśnych. Zwycięskie finalistki wychodziły do lasu bardzo wcześnie i wracały do Józefowa przed zmierzchem. Praca

131 AŻIH, 301/ 5501, Relacja Jerzego Markiewicza.

132 *Ibidem*, k. 3.

133 AŻIH, ŻSS, 211/220, Pismo ŻSS w Biłgoraju do Prezydium ŻSS w Krakowie z 28 I 1941 r., k. 8–9; AŻIH, ŻSS, 211/221, Pismo ŻSS w Biłgoraju do Prezydium ŻSS w Krakowie z 28 VII 1941 r., k. 55.

134 AŻIH, ŻSS, 211/1016, Sprawozdanie ŻSS w Tarnogrodzie za wrzesień 1941 r., k. 5.

135 Tartak Ordynacji w Długim Kącie prowadziła niemiecka firma Anders (KUL, Spuścizna Zygmunta Klukowskiego, 827, Opracowanie pt. „Urząd pracy", k. 99).

136 Autor wspomnień o Józefowie pisze, że zdarzył się w lesie gwałt na grupie żydowskich dziewcząt z Józefowa (Zbigniew Jakubik, *Czapki na bakier*, Warszawa: Pod Wiatr, 1997, s. 18–19; Edward Herc, *Czasy niezapomniane. Gehenna Żydów w Józefowie*, cz. 2, „Aspekty. Biłgorajski rocznik społeczno-kulturalny" 2006, nr 3, s. 77). Edward Herc (ur. 1914 w Józefowie, zm. 1997 w Tomaszowie), był w Józefowie właścicielem piekarni, w czasie wojny zaopatrywał w chleb oddziały AK, brał także udział w akcjach dywersyjnych.

nie była ciężka i stwarzała pozory osobistego bezpieczeństwa. Las chronił, izolował, zwiększał szanse przetrwania[137].

Konkretne przykłady podejmowanej przez Żydów pracy przedstawiają się następująco: Rywka Sznycer i jej starsza siostra pracowały bardzo ciężko w polu razem z gospodarzami w okolicach Goraja, za co dostawały wikt i nocleg[138]. Cila także była wykorzystywana do robót w gospodarstwie, chociaż w chwili wybuchu wojny miała dopiero 11 lat[139]. Mosze Malchi przez rok był zatrudniony jako robotnik przymusowy w kamieniołomach przy budowie drogi, 3 km od Frampola[140]. Mosze Becher pracował jako robotnik przymusowy przy budowie dróg dla wojska, zapamiętał, że stosunek załogi obozowej do robotników był na ogół dobry, on sam czasem dostawał od Niemców żywność. W 1942 r. pracował przez kilka miesięcy w gospodarstwie rolnym koło Krzeszowa prowadzonym przez Volksdeutscha, ten pozwalał mu zostawać w gospodarstwie w dni, kiedy trwały akcje. Zatrudnionych tam było czterech Żydów, ponadto Polacy; Mosze był tam pastuchem[141]. Jaakow Morgenstern prawie dwa lata aż do 1942 r. pracował na lotnisku w Klemensowie; gdy podjął pracę, miał 13 lat[142]. Pesia Lichtfeld i dwie jej siostry już w 1939 r. przez kilka miesięcy pracowały również na lotnisku w Klemensowie — zatrudnieni tam Żydzi wyrównywali pole pod lotnisko. Potem siostry zostały skierowane do pracy w majątku Józefa Jarosza w Bodaczowie na czas żniw i robót jesiennych w 1940 r. Po skończeniu pracy u Jarosza nie wróciły na lotnisko, ukrywały się u znajomych chłopów, którzy zatrudnili je do nawlekania tytoniu. Brata Pesi ze Szczebrzeszyna i jego 16-letniego syna wysłano do obozu w Oszczowie (gmina Dołhobyczów w powiecie hrubieszowskim), gdzie pracowali przy budowie torów, układali szyny. „Więźniowie obozu byli strasznie owszeni". Po pewnym czasie Pesi z pomocą polskiego lekarza udało się wydostać ich obu z obozu i wrócili do Szczebrzeszyna. „Każdy wolał pracować w pobliżu swego domu. Brat z trzema synami i dwiema córkami pracował odtąd na lotnisku w Klemensowie aż do deportacji". Najstarszy chłopiec Josef Lichtfeld

137 KUL, Spuścizna Zygmunta Klukowskiego, 827, Opracowanie pt. „Urząd pracy", k. 100. Podobną informację zamieścił Zbigniew Jakubik, pisząc o Józefowie (*idem*, *Czapki na bakier*, s. 17). Zob. także „Gazeta Żydowska", 22 VIII 1941, nr 75, s. 5.

138 AYV, O.3/3078, Relacja Rywki Dawidowicz (w j. hebrajskim).

139 AYV, VT/10973, Wywiad z Cilą Cipą Lebert z domu Sznycer (w j. hebrajskim).

140 AYV, O.3/10552, Relacja Moshe Malchiego (w j. hebrajskim).

141 AYV, O.3/8403, Relacja Moshe Bechera (w j. hebrajskim).

142 AYV, O.3/10237, Relacja Jaakowa Morgensterna (w j. hebrajskim).

pracował na lotnisku jako fryzjer, młodszy brat przy wykopach[143]. Z kolei Szmul, mąż Estery Fefer, pracował przymusowo przy budowie dróg, jej siostra w lesie przy sadzeniu drzewek, ona sama mogła pozostać w domu i trudnić się swoim zawodem jako krawcowa, dzięki czemu utrzymywała dom. Tak było do lata 1942 r., kiedy rozpoczęły się akcje w okolicznych miasteczkach[144].

OBOZY PRACY

Łapanki na roboty przymusowe, za które Żydzi nie otrzymywali żadnego wynagrodzenia lub głodowe stawki, rozpoczęły się wraz z okupacją. Od początku w Biłgoraju, podobnie jak gdzie indziej, Żydzi pracowali przymusowo przy sprzątaniu ulic, usuwaniu śniegu, naprawie zniszczeń wojennych, wyrębie lasu. Później przy „prostowaniu" koryta rzeki Biała Łada na Stawiskach, tzn. przy kopaniu kanału (dziś zarośniętego), „tonąc w błocie (bagnie)"[145]. Do tej pracy Niemcy zatrudniali 300–500 ludzi dziennie, trwała od 6 rano do 5 po południu. Żydów prowadzono w kolumnach, czwórkami, musieli w drodze śpiewać upokarzające piosenki, np. „Nasz Śmigły Rydz nie nauczył nas nic, a nasz Hitlerek złoty nauczył nas roboty". Później zatrudniono ich w kamieniołomach koło Krakowa, przy budowie szosy Biłgoraj–Krzeszów, naprawie drogi Lipiny Górne–Lipiny Dolne[146], do melioracji łąk w Turkowicach (pow. Zamość), kopania rowów melioracyjnych w gminie Biszcza[147]. Wysyłano ich także do obozu pracy w Bełżcu, gdzie w 1940 r. zatrudniano około 2500 więźniów przy budowie umocnień nadgranicznych, a także do obozu w Werbkowicach, gdzie pracowali przy osuszaniu pół i bagien, brodząc po pas w wodzie i bagnie, a „pijawki wypełzały z błotnistej wody

143 AŻIH, 301/5785, Relacja Pesi Lichtfeld.

144 AŻIH, 301/1474, Relacja Estery Fefer.

145 Złamański, *Koniec getta*, s. 16–17.

146 Do tej pracy zatrudniono dziesięciu Żydów w okresie 16–31 lipca 1942 r. Pracowali po 9–10 godzin dziennie, zarobili za cały ten czas od 12,60 do 54 zł. Stawki godzinowe wynosiły 30, 35 lub 45 gr. Dokument w sprawie wypłat tych groszowych sum dowodzi, jak bardzo Żydów eksploatowano i wyniszczano pracą.

147 „Gazeta Żydowska", 22 VIII 1941, nr 75, s. 5. W lipcu 1940 r. 130 Żydów wysłano ze Szczebrzeszyna do obozu w Białobrzegach, gdzie pracowali przy kopaniu rowów melioracyjnych; gdy w sierpniu 300 robotników miało się stawić do pracy, większość uciekła — urządzono łapanki.

i wysysały ostatnią krew z tych i tak już od pracy umęczonych ludzi"[148]. Później przeniesiono ich do Tyszowców, do równie ciężkiej pracy przy regulowaniu rzeki. Przez cały rok 1940 w zapiskach Klukowskiego powtarzają się informacje o obławach na ukrywających się Żydów wyznaczonych do ciężkiej, bardzo wyczerpującej pracy przymusowej. W tych obławach poza policją brali udział polscy ochotnicy, w tym osobiście burmistrz Szczebrzeszyna Borucki, woźny magistratu i inni cywile. Jaka była motywacja tych ludzi? Pod datą 14 sierpnia 1940 Klukowski odnotował: „Magistrat wyznaczył za każdego Żyda [nagrodę] 5 złotych, które musiał zapłacić sam złapany". Obławy trwały więc nieraz całą noc, aż do skutku. W tym samym roku zaczęto Żydów z Biłgoraja i innych miejscowości wysyłać do znajdujących się na terenie powiatu kilku niewielkich obozów pracy, ale „wszyscy, którzy z jakichś powodów zwolnieni zostali z obozów, głównie dlatego, że nie byli już zdolni do pracy fizycznej, wszyscy oni bez wyjątku musieli myć niemieckie konie, czyścić stajnie, budować baraki, pucować buty niemieckich oficerów i usługiwać w ich mieszkaniach"[149].

Obóz pracy w Bukowej koło Biłgoraja (maj 1940 — listopad 1941 lub 1942), był przede wszystkim obozem dla Żydów, ale przebywali tam także Polacy[150] odbywający karę np. za nieodstawienie kontyngentów. Średnio w obozie przebywało 100–150 osób, wyłącznie mężczyzn, pracujących przy melioracji i regulacji rzeki Bukowa, dopływu Sanu. Był to jeden z dwóch obozów pracy wodnej w powiecie biłgorajskim, podlegających Urzędowi Gospodarki Wodnej w Zamościu. Na okres zimy 1940/1941 r. został zlikwidowany i wznowił działalność w marcu 1941 r. Po jego całkowitej likwidacji więźniów przeniesiono do obozu w Dylach[151].

Przez obóz pracy w Dylach koło Biłgoraja (grudzień 1941 — grudzień 1942) przeszło około 1000 osób, Polaków, Żydów i Rosjan. Mieścił się w trzech lub czterech barakach zlokalizowanych w środku wsi i otoczonych

148 *Bilgoraj izker buch*, mps.

149 *Ibidem*.

150 Grupę Polaków w maju 1941 r. przeniesiono do obozu o takim samym charakterze w miejscowości Kapronie w powiecie janowskim, miesiąc później po zbiorowej ucieczce więźniów 17 z nich ujęto i osadzono ponownie w Bukowej. We wrześniu 1941 r. w obozie przebywało 168 więźniów, w tym 93 Żydów (AP Lublin, 498/148, Urząd Okręgu Lubelskiego, Feststellung aller vorhandenen Lager im Distrikt Lublin [Wykaz wszystkich obozów istniejących w dystrykcie lubelskim], 1941 r.).

151 AŻIH, 301/5505, Relacja Jana Strzęciwilka; AŻIH, 301/5506, Relacja Jana Małyszka.

wysokim płotem[152], średnio przebywało w nim 250 więźniów zatrudnionych w miejscowych kamieniołomach w Gliniskach koło Hedwiżyna (wydobywano torf, granit i wapień) i przy budowie dróg[153]. W powiecie biłgorajskim był to jedyny obóz pracy budowy dróg, w całym dystrykcie lubelskim było takich obozów ogółem 29, w tym 19 dla Żydów[154]. Chłopi trafiali do obozu za nieoddawanie kontyngentów i inne przewinienia; przy jego likwidacji Polacy zostali zwolnieni, Żydów rozstrzelano[155].

Obóz we wsi Bortatycze (gm. Zamość) mieścił się w zabudowaniach folwarcznych, Żydzi pracowali przy kopaniu rowów melioracyjnych[156] i regulacji rzeki Łabuńka[157]. Według Klukowskiego to właśnie tam, w lutym 1940 r., założono pierwszy obóz pracy dla Żydów, największe nasilenie prac przypadło na 1942 r.[158]

Obozy pracy w Cieszanowie (3000 więźniów) i Dzikowie (1000 więźniów) były w 1940 r. formalnie podobozami Bełżca. Więźniowie pochodzili ze wszystkich dystryktów[159].

Obóz pracy w Gruszce Zaporskiej (gm. Sułów) działał w latach 1940–1941 w baraku postawionym na terenie folwarku Bramskich. Przebywało tam jednorazowo około 100 Żydów, pracowali przy wyrobie drewnianych skrzynek. Kierownikiem stolarni był Polak Stanisław Dorosz, obozem kierował przesiedleniec z Wielkopolski Paszak, mieszkał z rodziną w Radecznicy. W 1941 r. obóz przeniesiono do Zastawia w powiecie krasnostawskim[160].

---

152 Dziś w miejscu, gdzie stały baraki, znajduje się park (AŻIH, 301/5507, Relacja Adama Kitaja i Kazimierza Mazurka).

153 Kamień do budowy dróg w GG wydobywano w sześciu karnych obozach pracy zlokalizowanych w kamieniołomach, m.in. w Dylach, Bukownicy i Józefowie. Kamieniołomy w dwóch ostatnich miejscowościach prowadziła firma Ikavec (istniała krótko), zatrudniała wielu Żydów (KUL, Spuścizna Zygmunta Klukowskiego, sygn. 827, Opracowanie pt. „Urząd pracy", k. 100; Tomasz Brytan, *Gmina Biłgoraj*, Krosno: Apla, 2000).

154 Najwięcej, bo aż 10 obozów pracy budowy dróg, działało w powiecie hrubieszowskim (Józef Marszałek, *Obozy pracy w Generalnym Gubernatorstwie w latach 1939–1945*, Lublin: Państwowe Muzeum na Majdanku, 1998, s. 68).

155 Zob. *Obozy hitlerowskie na ziemiach polskich 1939–1945. Informator encyklopedyczny*, oprac. GKBZHwP i Rada Ochrony Pomników Walk i Męczeństwa, Warszawa: PWN, 1979, s. 164.

156 AŻIH, 301/5503, Relacja Zofii Skoczek.

157 *Obozy hitlerowskie na ziemiach polskich 1939–1945*..., s. 115.

158 KUL, Spuścizna Zygmunta Klukowskiego, sygn. 827, k. 97.

159 Kiełboń, *Migracje ludności w dystrykcie lubelskim*..., s. 136.

160 Regina Smoter Grzeszkiewicz, Stanisław „Rozwar" Zybała, *Rzeczpospolita Radecznicka (wrzesień 1939 – lipiec 1944) i druga konspiracja*, Lublin: Agencja Reklamy MAM, 2007, s. 107–108.

Obóz pracy w Klemensowie[161] założono w celu wybudowania i naprawy pasów startowych polowego lotniska wojskowego, ale niewiele o nim wiemy. Budynki cukrowni wykorzystywano na magazyn bomb, lotnisko uruchomiono w 1941 r. Kilkakrotnie informacje o obozie pojawiają się w dzienniku Klukowskiego, ostatnie pochodzą z 17 kwietnia 1944 r.: z 250 Żydów miało wówczas pracować jeszcze 95[162], pozostałych rozstrzelano lub wywieziono. W obozie tym od początku panował głód, a więźniów, którzy stracili całkowitą zdolność do pracy, zabijano[163]. Czesław Chwiejczak jako młody chłopak również pracował przy budowie lotniska w Klemensowie, codziennie dojeżdżał furmanką do pracy polegającej na przewożeniu ziemi; po wojnie pisał w listach do ŻIH, że żydowscy więźniowie obozu z głodu piekli na ognisku wrony. Ich stan opisał następująco: „Obraz nędzy, wynędzniali, brudni i bardzo biedni. Zawsze ich szkodowałem, bo współczułem im, a oni dziękowali

Żydzi z Biłgoraja zatrudnieni do prac przymusowych, b.d.
(zbiory Łukasza Biedki)

---

161 Klemensów to osada na przedmieściach Szczebrzeszyna, znana głównie z wielkiej cukrowni założonej pod koniec XIX w. przez Ordynację Zamojskiej.

162 Niestety, nie wiadomo, jaki był los tych ostatnich robotników przymusowych w Klemensowie, prawdopodobnie zostali także rozstrzelani po wykonaniu przydzielonej im pracy.

163 AIPN Lu, 327/41, Sprawa Adalberta Beringera, Zeznania Geni Edlerman z 5 V 1946 r. i Michała Kirenberga z 8 VI 1946 r.

mi i prosili mnie, o ile mogę, o dalszą pomoc". Nadawca listów informował, że trzy razy w tygodniu szmuglował do obozu żywność dla więźniów[164]. Obóz zlikwidowano na wiosnę 1944 r.

Fabryka Mebli w Zwierzyńcu zatrudniała 60-osobową grupę Żydów z Czech; kiedy w czerwcu 1943 r. Niemcy obstawili fabrykę, grupie około piętnastu osób udało się zbiec. Tuż potem warta nocna ze Zwierzyńca schwytała w pobliżu fabryki kobietę i mężczyznę, odstawiono ich do aresztu gminnego, schwytano także syna blacharza ze Szczebrzeszyna, spotkał go ten sam los[165]. Co stało się z pozostałymi uciekinierami z tej fabryki, nie wiadomo.

Relacje między Polakami i Żydami w okresie 1939–1941 w obliczu wszystkich zachodzących w tym czasie zjawisk nie polepszyły się w stosunku do przedwojnia, obserwować wręcz można ich pogorszenie, widoczne także w dzienniku Klukowskiego i odnoszące się nawet do niego samego. W ocenzurowanej przez autora wersji przeznaczonej do druku, w notatce pod datą 8 maja 1942 r. zapisał, że odmówił żydowskiemu lekarzowi dr. Bołotnemu udostępnienia narzędzi chirurgicznych i środków opatrunkowych. Trzy tygodnie później, 28 maja, że „wprost nie może się opędzić" od Żydów proszących go o przyjęcie do pracy, która chroniłaby ich przed wywózką. W tym „opędzaniu się" słychać irytację, zmęczenie i otępienie emocjonalne. Wreszcie Klukowski przyjął grupę około piętnastu osób do pracy w ogrodzie, bez wynagrodzenia i wyżywienia. Klukowski do tego stopnia stępił swoją wrażliwość, by „nie wiedzieć", że pracujący przez cały dzień, wyniszczeni i zaszczuci Żydzi też potrzebują jeść. Pod koniec października 1942 r. z niechęcią i bez przyjemności, ale jednak przyjął z rąk żandarmów do szpitalnego użytku bieliznę i sprzęt po zamordowanych Żydach, stwierdziwszy: „bo naprawdę bardzo nam te rzeczy przydadzą się".

Już wtedy, w pierwszym okresie okupacji, kontakty między obiema społecznościami były bardzo zróżnicowane, nie można ich wszystkich oceniać jednakową miarą. Jak zawsze w odniesieniu do zjawisk społecznych, o których dowiadujemy się wyłącznie ze źródeł narracyjnych, najtrudniejsza do

---

164 AŻIH, Korespondencja przychodząca do ŻIH, Listy Czesława Chwiejczaka ze Szczebrzeszyna, podczas wojny mieszkańca wsi Brody Duże, gm. Zwierzyniec, do ŻIH z 14 XI i 12 XII 1989 r. Autor zwracał się z prośbą o pomoc materialną; na odpowiedź, której próbowano ustalić, czy ma kontakt z kimś, komu pomagał i czy taka osoba może to potwierdzić, zareagował wielką irytacją.

165 AIPN Lu, 326/161, Sprawa Adolfa Zygmunta, w czasie okupacji komendanta warty nocnej w Zwierzyńcu, 1949–1956. Został skazany na 5 lat i pół roku więzienia.

oszacowania pozostaje skala i zakres danego zjawiska. Tu zwrócić chcę uwagę na najczęściej pomijane w opracowaniach udzielanie przez niektórych Polaków pomocy Żydom w pierwszym okresie ich prześladowań, poprzedzającym akcje wysiedleńcze i akcje eksterminacji fizycznej. Można je sprowadzić do kilku wyczerpujących to zjawisko typów pomocy, najczęściej udzielanej odpłatnie lub przynoszącej dochód, co można także traktować jako rodzaj transakcji handlowej. Niemniej były to zachowania niezgodne z okupacyjnym prawem, obarczone ryzykiem, a co za tym idzie karą, i dlatego wykraczały poza ramy zwykłego zachowania czy wymiany handlowej, były na rękę prześladowanym Żydom, pozwalały im przetrwać w trudnych warunkach pierwszych okupacyjnych lat. Pomoc z lat 1939–1941 można zamknąć w trzech kategoriach związanych z sytuacją życiową Żydów. Pomagano w ucieczkach na wschód przez dostarczanie pojazdów do transportu mienia czy podczas przepraw przez rzeki. Druga grupa zachowań pomocowych dotyczyła Żydów przebywających w obozach pracy, w ich wypadku najważniejszy był szmugiel żywności i lekarstw, a także pomoc w wydostaniu się z obozu, tu wielką pozytywną rolę mogli odegrać polscy lekarze wystawiający zaświadczenia o niezdolności do pracy. Wreszcie pomoc świadczono Żydom przebywającym na terenie gett lub dzielnic żydowskich. Tu ważna była postawa tych Polaków, którzy pełnili funkcję komisarycznych zarządców żydowskich nieruchomości i przedsiębiorstw. To od nich zależało, czy Żydzi — uprzedni właściciele — mogli w dalszym ciągu czerpać dochody z zajętego mienia. Liczyła się też pomoc w ukryciu cennych rzeczy osobistych i towarów handlowych przed konfiskatą oraz dalsze wspólne, nielegalne prowadzenie interesu, np. sklepu, warsztatu czy nielegalnej ubojni[166]. Wreszcie pomoc najbardziej widoczna, powszechna, udzielana bezpośrednio osobom głodnym, skrajnie ubogim, które uciekały się do środka ostatecznego — żebrania na ulicy o żywność. Zapisy w dziennikach i relacjach świadczą zarazem o powtarzających się przypadkach tyfusu i czerwonki, łapankach,

166 Boruch Wermut nieoficjalnie kierował swoim młynem do 1 II 1942 r., chociaż został on wcześniej przejęty pod przymusowy zarząd, z Mieczkowskim jako kierownikiem — dogadał się z nim (AIPN Lu, 327/31, Sprawa Franciszka Kuleszy, Władysława Bełżka i Jana Blicharza, Zeznanie Borucha Wermuta na rozprawie głównej, k. 162). Innym przykładem jest Halina Wittig, pochodząca z Poznania. W relacji dla Shoah Foundation wspomina, że sklep nadal był prowadzony wspólnie i zgodnie, na zasadzie cichej spółki. Ona sprzedawała, towary zaś dostarczał poprzedni właściciel, Kacenellenbogen (USC, VHA, 32877, Relacja Haliny Wittig). Halina Wittig została w 1987 r. odznaczona medalem Sprawiedliwy wśród Narodów Świata za pomoc w uratowaniu Marii, Aleksandry i Ryszarda Spielreinów w Otwocku pod Warszawa, gdzie małżeństwo Wittigów mieszkało po wyjeździe ze Szczebrzeszyna.

publicznym biciu i szykanach, kolejnych spisach i rejestracjach, rewizjach, grabieżach i kontrybucjach. Nadmierne zagęszczenie dzielnic żydowskich, brak kanalizacji i w związku z tym niemożność utrzymania higieny, zawszenie, świerzb, epidemie chorób zakaźnych — wszystko to wyczerpywało siły i powodowało, że Żydzi wkroczyli w okres dla siebie najtrudniejszy bardzo już osłabieni, wyczerpani fizycznie i psychiczne, a tym samym zrezygnowani, często po prostu bezsilni.

1941/1942 — zmiany

ZAPOWIEDŹ ZAGŁADY

„Widoczne jest znaczne zaostrzenie stosunku do Żydów" — zanotował 20 stycznia 1942 r. Klukowski[167]. Od tego czasu w jego dzienniku powtarzają się zapisy o przeprowadzanych z byle powodu egzekucjach i niesłychanych gwałtach dokonywanych na Żydach. Terror i nieodłączny strach narastały z tygodnia na tydzień. W ten sposób wprowadzano w życie ogłoszony na terenie GG 15 października 1941 r. zakaz opuszczania żydowskich dzielnic mieszkaniowych i zakaz udzielania Żydom jakiejkolwiek pomocy:

1. Żydzi, którzy bez upoważnienia opuszczają wyznaczoną im dzielnicę, podlegają karze śmierci. Tej samej karze podlegają osoby, które takim Żydom świadomie dają kryjówkę.
2. Podżegacze i pomocnicy podlegają tej samej karze jak sprawca, czyn usiłowany karany będzie jak czyn dokonany. W lżejszych wypadkach można orzec ciężkie więzienie lub więzienie[168].

Od tego czasu zabijano Żydów za takie „przestępstwa", jak nienoszenie opaski, nielegalny handel, ukrycie towarów i futer, chodzenie polną ścieżką, dosłownie za nic nieznaczący drobiazg, a nawet bez szukania pretekstu. W Dylach 13 stycznia 1942 r. zamordowano trzech Żydów, w Józefowie jednego, powód obu mordów pozostał nieznany[169]. W tym samym czasie kogoś innego zastrzelono za ukrywanie kożucha i sprzedaż mąki[170], 6 lutego pięciu Żydów zginęło od kuli koło młyna Kraczka w okolicy Futymówki[171], pod

167 Klukowski, *Zamojszczyzna...*, s. 291.

168 Rozporządzenie generalnego gubernatora Hansa Franka z 15 X 1941 r., *Eksterminacja Żydów na ziemiach polskich w okresie okupacji hitlerowskiej. Zbiór dokumentów*, oprac. Tatiana Berenstein, Artur Eisenbach, Adam Rutkowski, Warszawa: ŻIH, 1957, s. 122–123.

169 Siemion, *Z lat okupacji hitlerowskiej na Lubelszczyźnie*, s. 250.

170 Klukowski, *Zamojszczyzna...*, s. 291, zapis z 20 I 1942 r.

171 Archiwum Instytutu Pamięci Narodowej (dalej AIPN), GK 175/50, Zbrodnie popełnione w gminie Aleksandrów, k. 151. Zamordowani zostali Icek Berger, Szymon Duch i N.N. Żydzi. Wracali z pracy w lesie, gdy furmanką przyjeżdżali gestapowcy. Żydów zatrzymano i od razu zastrzelono, ofiary zakopano w tym samym miejscu. „Grób znajduje się na polu obok szosy na linii Józefów–Łukowa, właściciel pola Rożek, zam. w Borowinie, pow. Zamość". Gestapowcy, którzy mieli dokonać tej zbrodni, to Mrozik i Majewski.

Zwierzyńcem zastrzelono młodą Żydówkę ze Szczebrzeszyna tylko za brak opaski[172]. Trzydziestu Żydów ze Szczebrzeszyna zastrzelono 16 kwietnia 1942 r., 8 czerwca trzech Żydów w Harasiukach, tego samego miesiąca również trzech mężczyzn w Luchowie Dolnym[173]. W Tarnogrodzie za dzielnicę żydowską uznano w styczniu 1942 r. rynek miasteczka i wychodzenie na sąsiadujące z rynkiem tzw. Wały (dziś Wały Tarnogrodzkie) groziło śmiercią. Codziennie rano jeden z niemieckich żandarmów w towarzystwie psa wilczura robił obchód po wałach i strzelał do każdego napotkanego; w sierpniu właśnie tam zastrzelił młodą dziewczynę, Gołdę Berko, córkę piekarza[174]. W Biłgoraju, powiatowej siedzibie Gestapo, szaleli żandarmi i gestapowcy Stanisław Majewski, Ryszard Barda, Roman Kolb i inni. Dokonywali regularnych egzekucji w kilku wybranych na ten cel miejscach, na tzw. Piaskowej Górce bądź w lesie Rapy[175] za stacją kolejki wąskotorowej[176].

Nim nastąpiło ostateczne „wysiedlenie" z Biłgoraja i innych miasteczek tego powiatu, niemal wszędzie dokonywano na niewinnych ludziach mordów. Zapowiadały one, co czeka wszystkich szczebrzeskich, biłgorajskich, frampolskich czy tarnogrodzkich Żydów w ciągu najbliższych miesięcy. Były to akty niespotykanego dotąd terroru, w których chodziło o zastraszenie ludności żydowskiej (ale i polskiej), by ludzie, sparaliżowani strachem, owładnięci paniką, osłabieni i wyzuci z nadziei, tracili ducha i wolę walki, nie widzieli sensu w stawianiu oporu. W dużym stopniu cel ten osiągnięto, choć nie do końca. Egzekucje w tym okresie przeprowadzano pod byle pretekstem, na pojedynczych osobach, na mniejszych lub większych grupach, a solidarność, spójność i odporność społeczności żydowskich dodatkowo osłabiano aktami terroru wymierzonymi bezpośrednio w członków rad żydowskich lub pracowników Żydowskiej Samopomocy Społecznej. W ten sposób eliminowano już od 1941 r. elitę gett. Kolejno: w czerwcu 1941 r. zastrzelono prezesa Judenratu w Krzeszowie Mordkę Furera[177], 14 stycznia lub 3 maja 1942 r. (podawane są różne daty) aresztowano i rozstrzelano

172 Klukowski, *Zamojszczyzna...*, s. 295, zapis z 18 II 1942 r.

173 Zob. http://ipn.gov.pl/pl/form/39,Zydzi-polscy-i-Zydzi-w-Polsce-Archiwum-Oddzialu-Instytutu-Pamieci-Narodowej-w-Lu.html?szukaj=16843260&page=0 (dostęp 6 VII 2016 r.). Zdarzyło się to 25 VII 1942 r.

174 Wrona, *Dzieje Tarnogrodu*, s. 275.

175 AIPN, GK 164/4493, Akta badawczo-dochodzeniowe w sprawie Romana Kolba i Ryszarda Bardy, 1946–1947.

176 AŻIH, 301/5501, Relacja Jerzego Markiewicza.

177 AŻIH, 301/5502, Relacja Aleksandra Falandysza, Wincentego Chałkiewicza i Mieczysława Ślebody.

w Biłgoraju prezesa Judenratu Hillela Janowera, społecznika o poglądach syjonistycznych, uważanego za mędrca i erudytę[178], później rozstrzelano jeszcze trzech innych członków biłgorajskiego Judenratu: Szymona Bina, Szmuela Lejba Olendera i Efraima Waksszula[179], podobny los spotkał członków Judenratu w Tarnogrodzie i Zwierzyńcu[180].

W maju 1942 r. gestapowcy i żandarmi z powiatu dokonali serii masowych rozstrzeliwań, można je uznać za kontynuację tzw. *Kommunistenaktion*, czyli akcji wymierzonej w żydowskich komunistów (i nie tylko) na terenie całego GG. *Kommunistenaktion* to nazwa nadana tym mordom przez samych Niemców — w rzeczywistości był to pretekst do mordowania elity przywódczej. Pierwsza łapanka („istne piekło") na Żydów w Szczebrzeszynie zaczęła się niespodziewanie o 3 po południu 8 maja[181]. Sprowokowało ją kilku gestapowców żądaniem stawienia się do pracy stu osób w ciągu godziny, a ponieważ nikt się dobrowolnie nie zgłosił, rozpoczęto „polowanie" i strzelanie do ludzi „jak do kaczek". Nie sposób ustalić dokładnie liczby zabitych, źródła podają od 100 do 250 ofiar. Poranionych i skrwawionych starano się umieścić w szpitalu, ale okazało się to niemożliwe. Doktor Klukowski, ordynator szpitala, dostał wyraźny zakaz przyjmowania rannych z tego rodzaju „masowych akcji". I choć się do rozkazu dostosował, nie uniknął rewizji szpitala, zadenuncjowany przez miejscowego konfidenta Wójtowicza. Jak się wydaje, rzeczywistym zamiarem sprawców było zabicie pewnej grupy ludzi i przez to sterroryzowanie pozostałych. Był to już okres wywózek z Zamościa. Niejako „przy okazji" kaci podreperowali własną kieszeń, skoro, jak czytamy, „po zakończeniu akcji [...] zażądali od Judenratu 3 kilogramów kawy i 2000 złotych za zużyte kule"[182]. Dodatkowym aspektem tej zbrodni były wypady miejscowych „łazików" (tak pobłażliwego określenia używa Klukowski, w istocie chodzi o rabusiów i złodziei bez skrupułów żerujących na cudzym nieszczęściu) do żydowskiej dzielnicy, by okradać opuszczone domy. Taki scenariusz udziału miejscowych „w zyskach" przez wykorzystanie dla własnej korzyści dokonywanej przez Niemców zbrodni miał się powtórzyć jeszcze niejeden raz i nie tylko w tym mieście. Do kolejnej masakry doszło zaledwie trzy dni

178 AYV, M.1.Q.22, Relacja Izraela Harmana, Mosze Tajera i Abrahama Tajmana.

179 Isaiah Trunk, *Judenrat. The Jewish Councils in Eastern Europe under Nazi Occupation*, Lincoln: University of Nebraska Press, 1972, s. 440.

180 Klukowski, *Zamojszczyzna...*, s. 301, zapis z 29 IV 1942 r.

181 *Ibidem*, s. 302, zapis z 8 V 1942 r.

182 *Ibidem*, s. 304, zapis z 9 V 1942 r.

później, 11 maja, w Józefowie Biłgorajskim. Wiemy z dziennika Klukowskiego, że na ulicach miasteczka i w pobliskim kamieniołomie trzech biłgorajskich gestapowców zamordowało tego dnia około 120 osób. Nie ma dokumentów wyjaśniających szczegóły i okoliczności tych zbrodni, ale wydarzenia te musiały naprawdę wstrząsnąć świadkami, skoro nawet Niemiec Becker, komisaryczny zarządca fabryki terpentyny Alwa, był w szoku. „Opowiadał potem w biurze, że było to coś potwornego, coś, czego nie da się opisać, i nie mógł ochłonąć z wrażenia, pomimo iż zawsze pienił się na Żydów i mówił, że należałoby ich wszystkich wytępić"[183]. Inny świadek, Polak Józef Skałuba, zeznał, że w zbrodni tej uczestniczyła policja granatowa, gdyż to właśnie polscy policjanci na rozkaz Gestapo ujęli około 150 Żydów i zatrzymali ich w areszcie. Część zwolniono, pozostałych gestapowcy wymordowali[184]. W tej akcji nie tylko mordowano, lecz także wyłapywano do robót przymusowych; podobno część Żydów wysłano do pracy w lasach w okolicach Biłgoraja, część wywieziono do Lublina. Jednym ze złapanych był Jakub Rogoziński, „plakatowy niemal typ aryjski". Z lubelskiego obozu przysłał w lipcu kartę pocztową do znajomego Polaka, Zbigniewa Jakubika. Oto jej treść:

> Od trzech miesięcy jestem w Lublinie w jenieckim lagrze, gdzie pracuję ciężko w warsztatach Waffen SS na ulicy Lipowej. Bardzo tęsknię za szanownym Panem, za znajomymi. Bardzo tyż się martwię, co się dzieje z moją kochaną Mamusią i z moją drogą Siostrzyczką, które zostały same w Józefowie i bez mojej pomocy nie dadzą sobie rady w tych ciężkich czasach. Dlatego proszę bardzo Szanownego Pana o ratunek. Niech Szan[owny] Pan coś koniecznie zrobi, żebym mógł wrócić do mojej kochanej Mamusi i Siostrzyczki i żebym pracował na szosie na utrzymanie rodziny. Ja jestem tu bez jednego grosza i nie umiem kombinować. Proszę więc Szan[ownego] Pana o pomoc. Będę Panu za to wdzięczny do śmierci[185].

Kilka dni później, 14 maja, identyczny scenariusz masowego zabójstwa powtórzył się w Goraju; jak podaje Klukowski, miało w tym pogromie zginąć aż 400 Żydów, co jednak jest liczbą nieprawdopodobnie wysoką[186]. Taki

---

183 *Ibidem*, zapis z 13 V 1942 r.

184 AIPN, GK 175/50, Zbrodnie popełnione w gminie Aleksandrów, zeznanie Józefa Skałuba z Józefowa, b.d., k. 134.

185 Jakubik, *Czapki na bakier*, s. 24–25.

186 Klukowski, *Zamojszczyzna...*, s. 304, zapis z 15 V 1942 r.

sam przebieg miała egzekucja 49 Żydów na cmentarzu w Tarnogrodzie, jednej osobie udało się uciec[187]. I tego mordu mieli dokonać okryci złą sławą gestapowcy z Biłgoraja, Stanisław Mrozik i Stanisław Majewski (o których nieco więcej dalej).

W maju i czerwcu zamordowano kolejnych niewinnych ludzi. Na rozłopskiej szosie zginęły od kul żandarmów dwie córki malarza Lemera, na placu przed magistratem w Szczebrzeszynie został zabity Żyd Gelernter[188], miesiąc później jego brat[189], a pięć dni potem ojciec ich obu „i jeszcze jakiś szewc"[190]. Te niemal codzienne już zbrodnie stworzyły atmosferę, do której miejscowi zaczęli się przyzwyczajać. „Ludzie [...] zadają sobie przede wszystkim pytania: Ilu Żydów zastrzelono? Na kogo był napad? To są wydarzenia absolutnie codzienne i przestają już być sensacją"[191]. Koniec maja przyniósł kolejną porcję informacji o „likwidowaniu" Żydów w pobliskich miejscowościach, choć jeszcze poza granicami powiatu biłgorajskiego: w Krasnobrodzie, Zamościu, Tomaszowie Lubelskim. Tylko z tych trzech miejscowości w ostatnich dniach maja wywieziono do Bełżca i Sobiboru ponad 2600 Żydów[192]. Czerwiec również nie minął bez ofiar. 22 tego miesiąca bez żadnej przyczyny gestapowcy wyciągnęli z mieszkań w Szczebrzeszynie i aresztowali 53 Żydów, następnego dnia 20 najstarszych spośród nich, około sześćdziesięcioletnich, wyprowadzili ulicą Frampolską tuż poza miasto „na wygon" i tam ich zastrzelili, pozostałych aresztowanych zwolniono[193]. Do pogromu doszło również w Radecznicy — koło domu Mordki Weistucha żandarmi rozstrzelali 7 lub 9 osób, w tym trzech członków rodziny Rubina Weistucha; on sam, lekko ranny, zdołał uciec[194]. Zabito jego ojca

187 AŻIH, 301/5504, Relacja Franciszka Hułasia i Leona Raka.

188 Klukowski, *Zamojszczyzna...*, s. 305, zapis z 19 V 1942 r.

189 *Ibidem*, s. 310, zapis z 17 VI 1942 r.

190 *Ibidem*, s. 311, zapis z 22 VI 1942 r.

191 *Ibidem*, s. 306, zapis z 22 V 1942 r.

192 David Silberklang, *Gates of Tears. The Holocaust in the Lublin District*, Jerusalem: Yad Vashem, 2013, s. 318.

193 Klukowski, *Zamojszczyzna...*, s. 311, zapis z 22 VI 1942 r. W ankiecie sądu grodzkiego odnoszącej się właśnie do tej egzekucji podana jest liczba 20 zabitych na ul. Frampolskiej; w dole nadal spoczywały szczątki rozstrzelanych.

194 Rubin Weistuch (ur. 5 II 1924 r. w Zaporzu, syn Moszka i Rywki) ukrywał się do czasu wyleczenia u Wojciecha Batorskiego w Zaporzu, za jego namową, z pomocą Batorskiego, urzędników gminnych i policjanta Wawrzyńca Kowalczyka oraz jego żony wyjechał jako Polak na roboty do Niemiec, przeżył. W 2000 r. jego staraniem stanął w Radecznicy pamiątkowy głaz (Stanisław „Rozwar" Zybała, „Żyli wśród nas", mps, s. 7; Helena z Batorskich Krukowska, *On jest Rubin...*, http://www.horajec.republika.pl/fakt7.html [dostęp 11 VIII 2016 r.]).

Moszka (Mordkę?), siostrę Surę, będącą w zaawansowanej ciąży, i jej męża oraz członków rodziny Icka Mantla[195]. To wydarzenie wywołało ogromne przerażenie w miasteczku, po raz pierwszy bez żadnej przyczyny i bez uprzedzenia żandarmi zabili na oczach przechodniów przypadkowo złapane osoby. Jeśli celem było wywołanie paniki i rozpaczy, to cel osiągnięto. Później, pod koniec września 1942 r., radeczniccy Żydzi zostali przesiedleni do Szczebrzeszyna, niebawem podzielili los miejscowych. Ci, którzy uniknęli przesiedlenia i ukrywali się po chałupach czy jarach, byli systematycznie przez miejscowych tropieni, wyłapywani, denuncjowani, a nawet zabijani. Jedynym radecznickim Żydem, który przeżył Zagładę, był wspomniany Rubin Weistuch. Wykorzystując swój „dobry", czyli „aryjski", wygląd i pomoc życzliwych mu Polaków, wyjechał na roboty do Niemiec. Jest jedną z kilkunastu osób z powiatu biłgorajskiego, które na aryjskich papierach wyjechały na roboty do Rzeszy i przeżyły[196]. Według dwóch świadków z Tarnogrodu w wyjeździe na roboty pomagał Żydom Stanisław Jagodziński, pracownik Arbeitsamtu; dzięki niemu miało się uratować kilka osób[197]. Wojciech Batorski z Zaporza był wśród dobrych ludzi, których Rubin spotkał na swej drodze, on właśnie doradził mu taki sposób ratowania życia:

> po mojemu przyjmą cię na roboty do Niemiec. Dam ci skierowanie i musisz stąd wyjechać na te roboty. Inaczej nie przeżyjesz. Jak się w Radecznicy pokażesz, to cię wydadzą. Ja cię nie zabiję, ale ludzie cię zabiją. Posłuchaj mnie, jesteś jeszcze młody chłopak, jak się posłuchasz, to przeżyjesz[198].

Żona policjanta Wawrzyńca Kowalczyka zaprowiantowała go na drogę do Niemiec i „pocałowała w czoło na pożegnanie". Żona Batorskiego założyła mu medalik na szyję i pożegnała słowami: „dziecko, ja ci daję tę Matkę

195 „Rozwar" Zybała, „Żyli wśród nas", mps, s. 1–2, 7.

196 Byli to (osób takich mogło być więcej): 1) Genia Dawidowicz, ur. w Lublinie, 2) Rachela Mosze z Frampola, zginęła w Niemczech podczas bombardowania; wyjazd do Niemiec załatwił jej Polak Frelas, 3) Sierpińska lub Ślepińska (imię nieznane) z Tarnogrodu, 4) Rywka Lustrin zamężna Adler z Tarnogrodu (prawdopodobnie wyjechała jako Aniela Sitarz), 5) Lea Lustrin, siostra Rywki, 6) Sara Lacher z Tarnogrodu, 7) Zelig Tripf z Tarnogrodu, 8 i 9) siostry Cwajman (imiona nieznane), 10) Rubin Weistuch z Radecznicy, 11) Hencia Wagner z Dąbrowicy Małej (po wojnie jako Helen Abraham).

197 AŻIH, 301/5504, Relacja Franciszka Kułasia i Leona Raka.

198 Krukowska, *On jest Rubin...*, s. 3, http://www.horajec.republika.pl/fakt7.html (dostęp 11 VIII 2016 r.).

Boską i tego Pana Jezusa na szczęście i przyczepię ci do szyi, żeby cię Bóg i ta Matka Boska szczęśliwą drogą prowadzili". Jest to jeden z dwóch znanych mi przypadków z terenu, który badam, by żydowski chłopiec jako Polak wyjechał do Niemiec i przeżył, drugim był Zelig Tripf z Tarnogrodu. Natomiast Motek (nazwisko nieznane), którego rodzinę również zabito w lipcu 1942 r. i który towarzyszył Rubinowi w ucieczce do Zaporza oraz ukryciu się u Batorskich, wojny najprawdopodobniej nie przeżył, był „podobny do Żyda", „kto na niego spojrzał, poznał, że jest Żyd"[199].

PIERWSZE MIESIĄCE 1942 R.

W marcu 1942 r. sztab odpowiedzialny za realizację „ostatecznego rozwiązania kwestii żydowskiej", z siedzibą w Lublinie i z Odilem Globocnikiem jako szefem, już od kilku miesięcy opracowywał plan wymordowania całej żydowskiej ludności Generalnego Gubernatorstwa, nazwany z czasem *Einsatz Reinhardt* (akcja „Reinhardt"). Getto lubelskie było pierwszym[200], z którego odeszły do obozu zagłady w Bełżcu pociągi towarowe wypełnione ludźmi. Właśnie w Lublinie i w dystrykcie lubelskim od 17 marca realizowano bezprecedensowy plan wymordowania całego narodu; w pierwszym etapie chodziło nie tylko o wypracowanie metod zabijania ludzi na masową skalę, lecz także takiego sposobu postępowania z setkami i tysiącami skazanych na Zagładę, by stosunkowo nieliczne oddziały policji, żandarmerii i służb pomocniczych, ponosząc jak najmniejsze straty własne, były w stanie zapanować nad przepełnionymi strachem i paniką ludźmi i zaprowadzić ich na śmierć bez oporu. Do Bełżca i Sobiboru trafili w ciągu kolejnych miesięcy 1942 r. Żydzi z dystryktów lubelskiego, krakowskiego i Galicji, od lipca 1942 r. do komór gazowych kolejnego obozu natychmiastowej zagłady, w Treblince, kierowano transporty z dystryktów warszawskiego i radomskiego oraz z okręgu białostockiego.

Zaledwie kilka dni po rozpoczęciu akcji „Reinhardt" Zygmunt Klukowski odnotował, naturalnie nie rozumiejąc jeszcze znaczenia tych faktów, że z różnych stron dochodzą wiadomości o ruchach pociągów „tak w jednym,

---

199 *Ibidem.*

200 Przygotowania do deportacji rozpoczęto niemal równocześnie w dwóch dużych getta, w Lublinie i we Lwowie (Robert Kuwałek, *Obóz zagłady w Bełżcu*, Lublin: Państwowe Muzeum na Majdanku, 2010, s. 100).

jak i w drugim kierunku"[201]. W ciągu pierwszych trzech miesięcy trwania akcji „Reinhardt" na terenie dystryktu przemieszczono około 220 tys. Żydów. Pociągi przewoziły dziesiątki tysięcy Żydów przesiedlanych z Europy Zachodniej[202], Protektoratu Czech i Moraw[203] i z getta mieleckiego do gett tranzytowych i obozów dystryktu lubelskiego. Kiedy i z jakiego powodu oraz jak liczne grupy Żydów z Europy Zachodniej i Czech trafiły do miasteczek powiatu biłgorajskiego[204], bardzo trudno ustalić, ponieważ z logistycznego punktu widzenia Niemcy nie powinni byli ich tam kierować. Chodziło o słabe zintegrowanie komunikacyjne tych terenów z resztą dystryktu oraz przeludnienie tamtejszych dzielnic żydowskich jeszcze przed 1942 r.

> Takie [...] były wytyczne władz niemieckich w dystrykcie lubelskim, by transporty Żydów zagranicznych kierować w pierwszej kolejności do miejscowości leżących przy linii kolejowej prowadzącej do Bełżca. Jednocześnie zalecono, że z miejscowości tych powinno się usunąć Żydów polskich, a w praktyce oznaczało to, że zostaną deportowani w pierwszej kolejności do bełżeckiego obozu zagłady[205].

Mimo to relacje i zeznania wskazują, że Żydzi z Niemiec oraz Czech trafili także do powiatu biłgorajskiego, choć nie wiadomo jak wielu. Jak obliczył David Silberklang, tylko w ciągu trzech pierwszych miesięcy akcji — od marca do czerwca 1942 r. — przesiedlono na teren dystryktu około 90 tys. Żydów austriackich, niemieckich, czeskich i słowackich[206]. Część transpor-

201 Klukowski, *Zamojszczyzna...*, s. 297, zapis z 25 III 1942 r.

202 Były to pociągi z Niemiec: z Moguncji, Wormacji, Darmstadtu, Würzburga, Fürth, Norymbergi, Akwizgranu, Koblencji, Kassel, Monachium, Augsburga, Regensburga, Frankfurtu, Wiesbaden, Kassel, Halle, Chemnitz, Berlina, Wrocławia, Poczdamu, Düsseldorfu, Essen, Duisburga, Wuppertalu, Bambergu, Sttutgartu oraz z Wiednia.

203 Z takich miejscowości, jak Terezin (Theresienstadt), Žilina, Nováky, Trnava, Nitra, Topolčany, Sereď, Nové Mesto itd. (Silberklang, *Gates of Tears...*, s. 302–306, tabela 7.1).

204 Miejscowości i obozy, do których ich wywożono, to Izbica, Krasiczyn, Piaski, Trawniki, Zamość, Włodawa i Bełżyce, oraz obozy w Sobiborze i na Majdanku (Robert Kuwałek, *Krótkie życie na „Wschodzie". Żydzi z terenu Rzeszy deportowani do dystryktu lubelskiego*, „Studia Żydowskie. Almanach" 2014, nr 4, s. 31–51). Także ustalenia Janiny Kiełboń nie zawierają informacji, jakoby w Józefowie lub innych miejscowościach powiatu biłgorajskiego przebywali Żydzi z Europy Zachodniej (*eadem*, *Migracje ludności w dystrykcie lubelskim...*, s. 127).

205 Kuwałek, *Obóz zagłady w Bełżcu*, 2010, s. 93.

206 Janina Kiełboń podaje liczbę 79 tys. deportowanych w 1942 r. (*eadem*, *Migracje ludności w dystrykcie lubelskim...*, s. 148).

tów skierowano do gett tranzytowych w Izbicy, Piaskach i Rejowcu[207] oraz do kilku innych, skąd miejscowych Żydów już wywieziono na śmierć, dzięki czemu przesiedleńcy mogli zająć opuszczone domy. Niektóre pociągi kierowano bezpośrednio do uruchomionego 1 maja 1942 r. kolejnego obozu zagłady w dystrykcie lubelskim — Sobiboru. Zdarzały się także przesiedlenia miejscowych Żydów z getta do getta, niczym właściwie nieuzasadnione[208], prawdopodobnie chodziło o jakiś nie do końca udany plan koncentracji Żydów w jednym miejscu, ponieważ mimo zakazu Żydzi często wracali do swojego uprzedniego miejsca zamieszkania. W tym samym czasie gdy do gett i obozów dystryktu lubelskiego trafiali Żydzi niemieccy i austriaccy, pociągi wywoziły dziesiątki tysięcy miejscowych Żydów do obozów zagłady. W Bełżcu straciło życie w ciągu trzech miesięcy około 62 tys. Żydów, w Sobiborze jeszcze więcej, około 66 tys. Jednocześnie tysiące osób zginęło na miejscu w czasie przeprowadzania tzw. akcji likwidacyjnych oraz w towarzyszących im egzekucjach. Do połowy lipca zbiorowe rozstrzeliwania jako metoda eksterminacji całej ludności żydowskiej były na tym terenie jeszcze odosobnionymi epizodami, później to się zmieniło.

Po raz pierwszy informacja o „potwornym obozie Bełżec" pojawiła się w dzienniku Klukowskiego w zapiskach z 26 marca, zaledwie osiem dni po dotarciu tam pierwszych transportów z Lublina. Cztery dni później wyprawiono do Bełżca specjalnego posłańca, by dowiedział się, co jest prawdziwym celem transportów. 8 kwietnia Klukowski nie miał już wątpliwości, że Bełżec to miejsce kaźni, wiedza ta na pewno dotarła i do miejscowych Żydów, o których pisał, że „wywiad mają świetny". Niemcy przeprowadzający akcje i obławy w getcie lubelskim zauważyli, że od 31 marca Żydzi ukrywają się, a więc informacje o Bełżcu dotarły też do nich i wywołały taką właśnie reakcję obronną[209].

Akcja likwidacyjna w Zamościu zaczęła się 11 kwietnia, drugiego dnia święta Pesach, wieści o tym błyskawicznie dotarły do Szczebrzeszyna i Zwierzyńca. Jej przebieg był podobny jak w Lublinie, schemat powtarzano i doskonalono w miarę nabywania przez Niemców doświadczenia i rutyny. Do Bełżca wywieziono pierwszego dnia ponad 3 tys. osób, kilkaset zastrzelono

---

207 Robert Kuwałek, *Getta tranzytowe w dystrykcie lubelskim* [w:] *Akcja Reinhardt...*, s. 138–160.

208 „W dniu 22 III 1942 r. przesiedlono z Biłgoraja do Tarnogrodu 57 rodzin żydowskich, liczących 221 osób" (*Eksterminacja Żydów na ziemiach polskich...*, s. 284).

209 Silberklang, *Gates of Tears...*, s. 287–288.

na miejscu. Wieczorem tego dnia w Szczebrzeszynie wybuchła panika, przerażeni ludzie w obłędzie biegali po ulicach, szukając ratunku, innych z kolei ogarnęły apatia i rezygnacja. Klukowski zanotował, że „stare Żydówki nocowały dziś na kirkucie. Wolą zginąć tu na miejscu, w swoim miasteczku, wśród grobów swoich bliskich, aniżeli gdzieś w Bełżcu po uprzednich męczarniach. Niektórzy ryzykują i uciekają na wieś. Bardzo wielu przygotowuje kryjówki na miejscu. Inni znów wysyłają dzieci pod opieką zaufanych Aryjczyków do Warszawy"[210]. Przeprowadzano transakcje z Polakami, którzy obiecywali przechować rzeczy. „Przez cały dzień ludzie nosili jakieś toboły, kosze, maszyny do szycia itp."[211]. Ktoś zadenuncjował grupę Żydów usiłujących wyjechać pociągiem do Warszawy, pięcioro z nich zastrzelono na stacji w Zwierzyńcu. Listy wysłane przez Fiszla Fryda i Sarę Wulf ze Szczebrzeszyna 17 kwietnia 1942 r. do Moszka Wulfa w getcie warszawskim to krzyk strachu i rozpaczy, błaganie o jakąkolwiek pomoc, wreszcie gorzkie zwątpienie, czy w ogóle nadejdzie:

> Niech Bóg zlituje się nad nami, a głównie nad naszymi dziećmi, bo one przecież jeszcze nie zgrzeszyły! Nie możecie sobie wyobrazić naszej sytuacji. [...] Wyobraź sobie złą sytuację, w której się znajdujemy — nie mieć żadnych pieniędzy. [...] Żyjemy tu w wielkim strachu. [...] Nie możesz sobie przedstawić straszliwego naszego położenia, od ośmiu dni się nie rozbieramy i nie śpimy[212].

Przez kolejne dni napięcie i panika wzrastały, okazało się jednak, że masowy mord Żydów zrealizowany zostanie wedle innego planu i rozkładu geograficznego. Żydzi z powiatu biłgorajskiego, leżącego najdalej na południu dystryktu lubelskiego, mieli zginąć w ostatniej kolejności, późną jesienią 1942 r. Od wiosny docierały więc do nich różne wieści o Zagładzie i z pewnością wpływały na postępowanie oraz decyzje przyszłych ofiar o ucieczkach, budowaniu schronów i kryjówek, szukaniu bezpiecznych miejsc dla dzieci. Dwa dni po zamojskiej akcji, kiedy Żydzi w Szczebrzeszynie zdecydowali się wyjść z kryjówek, „rozmównica telefoniczna w urzędzie pocztowym była formalnie oblężona". Dodajmy, że do Zamościa informacje o wywózkach

---

210 Klukowski, *Zamojszczyzna...*, s. 300, zapis z 12 IV 1942 r.

211 *Ibidem*, s. 301, zapis z 13 IV 1942 r.

212 *Archiwum Ringelbluma. Konspiracyjne Archiwum Getta Warszawy*, t. 1: *Listy o Zagładzie*, oprac. Ruta Sakowska, Warszawa: Wydawnictwo Naukowe PWN, 1997, s. 89–97.

z Lublina przekazał Judenrat lubelski, zaniepokojony wydarzeniami i brakiem rozeznania co do miejsca przeznaczenia transportów. W odpowiedzi Judenrat zamojski ustalił, że pociągi dochodzą do terenu byłego obozu pracy w Bełżcu i że wyjeżdżają stamtąd puste[213]. O tym, że zagłada Żydów objęła kolejne rejony i miasta, dowiedział się też Szlamek (Jakub Grojnowski, właśc. Szlama Ber Winer), uciekinier z obozu śmierci w Chełmnie nad Nerem[214]. Wiedział dobrze, co naprawdę czeka „wysiedlanych" Żydów. Zdążył jeszcze napisać na początku kwietnia 1942 r. do Blumy i Hersza Wasserów w Warszawie: „To jest ta sama śmierć co w Chełmnie. [...] das Bajsolem ist in Belżyc"[215]. Został zabrany w pierwszej akcji likwidacyjnej zamojskiego getta i zginął w Bełżcu. Wieści o Bełżcu docierały, ale czy już wtedy wiedza ta przekładała się na świadomość, czym jest w rzeczywistości obóz zagłady, można wątpić, toteż mimo rozpoczęcia ludobójczego planu życie toczyło się nadal, działała niemiecka administracja, Judenrat przyjmował interesantów, każdy krzątał się przy codziennych sprawach.

Kwiecień 1942 r. minął pod znakiem akcji przeprowadzanych w kolejnych miastach dystryktu: w Kraśniku, Lubartowie, Izbicy i cały czas w Lublinie. Do Bełżca docierały również pociągi od strony dystryktu Galicja, ze Lwowa, Stanisławowa, z Kołomyi[216]. Wszystkimi deportacjami kierował i kontyngenty z poszczególnych powiatów wyznaczał szef sztabu Globocnika hauptsturmführer SS Hermann Höfle[217], rozkazy w praktyce wykonywały specjalne policyjne grupy operacyjne, wspomagane przez lokalne służby mundurowe niemieckie, polskie i ukraińskie.

213 Adam Kopciowski, *Zagłada Żydów w Zamościu*, Lublin: Wydawnictwo UMCS, 2005, s. 154; David Silberklang, *Żydzi i pierwsze deportacje z dystryktu lubelskiego* [w:] *Akcja Reinhardt...*, s. 54–68.

214 Relacja Szlamka o obozie w Chemnie była publikowana kilkakrotnie, ostatnio w: *Archiwum Ringelbluma. Konspiracyjne Archiwum Getta Warszawy*, t. 13: *Ostatnim etapem przesiedlenia jest śmierć. Pomiechówek. Chełmno nad Nerem. Treblinka*, oprac. Barbara Engelking, Alina Skibińska, Ewa Wiatr, Warszawa: ŻIH i WUW, 2013, s. 90–113.

215 „Cmentarz jest w Bełżcu" (jidysz). (*Archiwum Ringelbluma...*, t. 1, s. 130).

216 Kuwałek, *Obóz zagłady w Bełżcu*, s. 235–238.

217 Silberklang, *Gates of Tears...*, *passim*.

Sprawcy i ich pomocnicy

Poza stałymi posterunkami żandarmerii i policji osobną grupę sił policyjnych w dystrykcie stanowiły zmienne co do składu i rozlokowania, a także wypełnianych zadań tzw. Truppenpolizei (operacyjne jednostki policji), podlegające bezpośrednio komendantowi Orpo (Kommandeur der Ordnungspolizei, KdO) w dystrykcie[218]. Te ruchome oddziały w sile pułku (2000–5000 ludzi) dla każdego dystryktu GG obejmowały jeden batalion lub składały się z dwóch do pięciu batalionów (500–700 ludzi w batalionie), w zależności od potrzeb. Według Tuszyńskiego jednostką, która działała m.in. na terenie powiatu biłgorajskiego, był od połowy 1941 r. batalion oznaczony numerem 314, którego bazą operacyjną stał się Zamość[219]. Batalion został prawdopodobnie w połowie 1942 r. przerzucony na wschód, a w jego miejsce sprowadzono trzy nowe bataliony rezerwowe, oznaczone numerami 41, 67 i 101. W drugiej połowie 1942 r. cały lubelski pułk policji otrzymał numer 25, a wchodzący w jego skład 67 Batalion przemianowano na 2 Policyjny Batalion Rezerwy (SS-Polizei Regiment) „Lublin". Sztab stacjonował do końca okupacji w Zamościu, a obszarem jego działania była południowo-wschodnia Lubelszczyzna. Z kolei 101 Batalion, który dokonał masakry w Józefowie 13 lipca 1942 r., przemianowano na 3 Batalion i przeniesiono do Radzynia, skąd do końca lipca 1944 r. prowadził operacje na terenie północnej Lubelszczyzny.

Od połowy 1942 r. eksterminację Żydów w powiecie biłgorajskim przeprowadzał właśnie 67 (2) Batalion przy udziale miejscowych sił: Gestapo, żandarmerii, policji polskiej i ukraińskiej, oddziałów Sonderdienstu[220] oraz

---

218 Byli nimi kolejno: Korsemann (od listopada 1939 do stycznia 1941 r.), Griphan (do listopada 1941 r.), Schoosten (do 1942 r.), Kintrup (do początku 1944 r.) i Konrad Rheindorf (do lipca 1944 r.) (Tuszyński, *Policyjny i wojskowy aparat okupacyjny*, s. 23).

219 *Ibidem*, s. 27.

220 Na terenie dystryktu lubelskiego oddziały Sonderdienstu brały udział w akcjach deportacyjnych Żydów z Hrubieszowa, Biłgoraja i Puław (Musial, *Deutsche Zivilverwaltung und Judenverfolgung im Generalgouvernement...*, s. 250–251, 253, 259–260, 291, 309, 335; por. Peter Black, *Sonderdienst w Generalnym Gubernatorstwie*, „Zagłada Żydów. Studia i Materiały" 2016, nr 12, s. 91–118).

przy pomocy policjantów żydowskich wykorzystywanych przede wszystkim do wyszukiwania ukrywających się ludzi[221]. Polizeibataillon 67 (2) został sformowany na początku wojny w Essen (Okręg Ruhry) głównie z policjantów rezerwistów[222], do lutego 1942 r. stacjonował w Holandii. 29 maja 1942 r. skierowano go na ziemie polskie, początkowo do Włocławka w Kraju Warty, następnie — od początku lipca — do dystryktu lubelskiego GG. Do końca okupacji działał w powiatach Krasnystaw, Zamość i Biłgoraj. Jego drugi pluton (Zug, 30–40 ludzi) 1 Kompanii odpowiadał za teren w Józefowie, Suścu i Biłgoraju, natomiast wszystkie trzy plutony 3 Kompanii działały we wszystkich gminach powiatu biłgorajskiego[223]. Policjanci tego batalionu, choć nie tylko oni, byli odpowiedzialni za likwidację wszystkich gett w południowej części dystryktu lubelskiego, dokonali egzekucji tysięcy Żydów, eskortowali tysiące innych do miejsc przesiedlenia lub bezpośrednio do transportów śmierci, uczestniczyli w *Judenjagd* („polowaniu na Żydów") i w operacji „Erntefest" na początku listopada 1943 r., a także w akcjach wysiedleńczych i pacyfikacyjnych skierowanych przeciwko ludności polskiej na terenie całej Zamojszczyzny w 1943 r., ponadto w akcjach przeciwko polskiej partyzantce w 1944 r. Batalion 67 (2) został wycofany z Lubelszczyzny dopiero w lipcu 1944 r., gdy go rozwiązano. Dowódcami byli kolejno Kurt Sack (do 12 grudnia 1943 r.), Wilhelm Gabriel (do lutego 1944 r.) i Johannes Korda (aż do rozwiązania)[224]. Po wojnie żaden spośród dowódców i członków batalionu nie został osądzony, ani w Polsce, ani w Niemczech[225]. Jak zauważył Stefan Klemp, niemiecki historyk badający akta śledztw i procesów byłych policjantów, prowadząca dochodzenie prokuratura w Dortmundzie nikogo nie postawiła w stan oskarżenia, ponieważ z wyjątkiem Rudolfa Abego (oficera z 1 Kompanii)

---

221 Dieter Pohl, *Von der „Judenpolitik" zum Judenmord. Der Distrikt Lublin des Generalgouvernements 1939–1944*, Frankfurt am Main: Peter Lang, 1993, s. 144 (rozdział dotyczący sił dokonujących likwidacji gett w ramach akcji „Reinhard" pt. „Beteiligten Dienststellen und Einheiten", s. 143–148; rozdział o masowych egzekucjach pt. „Massenerschiessung", s. 148–149).

222 Bataliony Rezerwy formowano na podstawie Dritte Verordnung zur Sicherung des Kräftebedarfs für Aufgaben von besonderer staatspolitischer Bedeutung (Trzecie rozporządzenie w sprawie ochrony wojska przy zadaniach o szczególnym znaczeniu państwowym, zwane także „Notdienstverordnung") z 15 X 1938 r.

223 Stefan Klemp, *„Nicht ermittelt". Polizeibataillone und die Nachkrigsjustiz. Ein Handbuch*, Essen: Klartext Verlag, 2005, s. 179.

224 *Ibidem*, s. 178–181.

225 Dochodzenie przeciwko policjantom 67 Batalionu Rezerwy prowadziła prokuratura w Dortmundzie (Staatsanwaltschaft Dortmund, numer akt sprawy 45 Js I/64).

wszyscy policjanci byli dla niej „zaginieni, zmarli lub nieznani z miejsca pobytu" („vermissit, verstorben oder wurden nicht ermittelt")[226]. Tymczasem, jak się okazuje w świetle najnowszych ustaleń, niemal czterdziestu byłych policjantów tego właśnie batalionu po wojnie kontynuowało karierę w niemieckiej policji[227]. Zrządzeniem losu zachował się pokaźny zbiór 243 listów napisanych w okresie od października 1940 do listopada 1942 r. do żony i syna przez jednego z policjantów, Kurta Dreyera; listy te dają wgląd w życie codzienne sprawców, ich szybkie wdrażanie się w pracę zawodowego masowego mordercy i co za tym idzie, błyskawicznie postępującą znieczulicę emocjonalną i pogardę wobec ofiar. 15 listopada 1942 r. Dreyer informował żonę i syna o swoim udziale w „polowaniu na Żydów" w Krasnymstawie (był członkiem Greifkommando, czyli oddziału pościgowego): „w niedzielę znów wyjeżdżałem z kolegami, żeby przywieźć z okolicy 3 Żydów. Potem przy świetle księżyca załatwiliśmy ich na żydowskim cmentarzu [...]". Trzy dni później: „W niedzielę z martwej Żydówki zdjąłem buty z długimi cholewami, mniej więcej rozmiar 35, może Bube [syn Dreyera — A.S.] będzie mógł je nosić, kiedy inne buty się zedrą"[228]. Niemieccy prokuratorzy wbrew oczywistym faktom i dowodom uznali, że policjanci byli jedynie „pomocnikami", wykonywali rozkazy, do czego byli służbowo zobowiązani, i nie ma żadnych dowodów na to, by działali z niskich pobudek. W takim stanie rzeczy wszystkie mordercze czyny popełnione przez 67 (2) Batalion Policji zostały z prawnego punktu widzenia uznane w Niemczech w latach sześćdziesiątych za przedawnione i tym samym za niepodlegające ukaraniu. Tymczasem zdaniem historyków udział 67 (2) Batalionu w akcjach deportacyjnych, w mordowaniu Żydów na miejscu i w potwornej zbrodni 3 listopada 1943 r., ze skrajnym cynizmem nazwanej „Dożynki" (*Erntefest*)[229], nie ulega wątpliwości. Historycy (Stefan Klemp, Christopher

226 Klemp, *„Nicht ermittelt". Polizeibataillone und die Nachkrigsjustiz...*, s. 180.

227 Służyli w policji w Düsseldorfie, gdzie kilkanaście lat temu odkryto materiały archiwalne o tym świadczące, zob. Klaus Dönecke, Hermann Spix, *Das Reserve-Polizeibataillon 67 und die 'Aktion Zamość'. Ein Rechercheberich*t, „Medaon. Magazin für Jüdisches Leben in Forschung und Bildung" 2013, nr 13. http://www.medaon.de/de/artikel/das-reserve-polizeibataillon-67-und-die-aktion-zamosc-ein-recherchebericht/ (dostęp 2 VIII 2016 r.).

228 *Ibidem*, s. 5–6.

229 Jest pewne, że 67 Batalion wziął udział w masowych rozstrzeliwaniach Żydów w Poniatowej (Klemp, *„Nicht ermittelt". Polizeibataillone und die Nachkrigsjustiz...*, s. 181). *Einsatz Erntefest* (operacja „Dożynki") to kryptonim akcji wymordowania wszystkich będących jeszcze przy życiu Żydów przebywających w obozach pracy i koncentracyjnych na terenie dystryktu

Browning, Daniel Goldhagen) szacują, że bezpośrednio z rąk rezerwistów 67 (2) Batalionu śmierć poniosło około 4200 Żydów.

Zanim ukazały się niemieckie opracowania dotyczące Ordnungspolizei[230] oraz Polizeibataillone[231], polscy badacze nie byli w stanie ustalić, jakie konkretnie siły przeprowadzały „ostateczne rozwiązanie kwestii żydowskiej" na terenie powiatu biłgorajskiego. Jerzy Markiewicz pisał ogólnikowo o „specjalnych oddziałach Szupo, w skład których wchodzili faszyści chorwaccy, litewscy, łotewscy i ukraińscy". Skład etniczny 67 (2) Policyjnego Batalionu Rezerwy rzeczywiście nie był wyłącznie niemiecki, uzupełniano go z czasem Volksdeutschami z terenów Polski, Rumunii czy Jugosławii[232]. Janusz Wrona, pisząc o eksterminacji Żydów w Tarnogrodzie, także użył ogólnikowych sformułowań, a bezpośrednim sprawstwem obciążył Gestapo z Biłgoraja, specjalne brygady egzekucyjne, funkcjonariuszy Policji Ochronnej (Schutzpolizei) i żołnierzy Wehrmachtu[233].

ŻANDARMERIA I GESTAPO

Rekonstrukcja składu osobowego poszczególnych formacji policyjnych choćby na poziomie dowódców jednostek i posterunków wobec zdziesiątkowania dokumentacji nastręcza wiele trudności i jest możliwa tylko w ograniczonym zakresie[234]. Dzięki zapisom Klukowskiego uzupełnionym o ustalenia prokuratury w Niemczech znamy niemal cały skład osobowy posterunku żandarmerii w Szczebrzeszynie — liczba etatów takiego posterunku wynosiła co najmniej 12 osób plus dowódca; niektórzy tu wymienieni służyli przez jakiś czas i byli przenoszeni do innych posterunków:

---

lubelskiego; 3–4 XI 1943 r. rozstrzelano około 42 tys. osób na Majdanku, w Trawnikach i Poniatowej (*Erntefest, 3–4 listopada 1943. Zapomniany epizod Zagłady*, red. Wojciech Lenarczyk, Dariusz Libionka, Lublin: Państwowe Muzeum na Majdanku, 2009).

230 Na przykład Wolfgang Curilla, *Judenmord in Polen und die Deutsche Ordnungspolizei 1939–1945*, Paderborn–München–Wien–Zürich: Schöning, 2011.

231 Christopher R. Browning, *Zwykli ludzie. 101. Policyjny Batalion Rezerwy i „ostateczne rozwiązanie" w Polsce*, tłum. Piotr Budkiewicz, Warszawa: Bellona, 2010; Klemp, *„Nicht ermittelt". Polizeibataillone und die Nachkrigsjustiz...*

232 Curilla, *Judenmord in Polen und die Deutsche Ordnungspolizei...*, s. 728.

233 Wrona, *Dzieje Tarnogrodu*, s. 276.

234 Dotychczas udało mi się ustalić pełne lub szczątkowe dane osobowe dotyczące 129 żandarmów (Niemców, Ukraińców i Volksdeutschów) z terenu Kreishauptmannschaft Bilgoraj.

Karl Förster — komendant[235], Albert Both (vel Bot)[236], Josef Frömmer, Richard Himmel (vel Himler)[237], Ler Hass, Kurtz[238], Mayer, Arthur Radke, Jan Siring (vel Siering, Syring) „Łebniak"[239], Richard Scholz, Adam Retzlaff (vel Reclaw)[240], Richard Dörbandt, Johann Dummert, wreszcie Friedrich Ehle, Gustaw Pritsching (vel Pryczing)[241] oraz Medykowski, żandarm polskiego pochodzenia[242]. Warto wymienić ich nazwiska, ponieważ to żandarmi byli siłą policyjną najniższego szczebla, kontrolującą i terroryzującą na co dzień ludność podbitego kraju. Ci właśnie ludzie, o których czytamy w wielu zeznaniach świadków i w dzienniku Klukowskiego, byli wspominani jako osobnicy okrutni, odpowiedzialni za śmierć wielu ludzi i osobiście ją zadający.

Znamy także obsadę osławionego biłgorajskiego Gestapo; funkcję szefów sprawowali: Karl Friedrich Irle (vel Ihrle)[243], Johannes (Johann) von Dol-

---

235 We wrześniu 1942 r. polskie podziemie zastrzeliło leutnanta Karla Förstera, co sprowadziło na miasto represje i aresztowania.

236 Klukowski, *Zamojszczyzna...*, s. 363, zapis z 25 IV 1942 r. Klukowski zanotował, że Both 24 V 1943 r. rozstrzelał pełniącego właśnie służbę strażaka Leopolda Gąskę.

237 *Ibidem*, s. 298–299. Himler pochodził podobno z Katowic, został zastrzelony w kwietniu 1942 r. w czasie pobytu w Zakłodziu („magistrat złożył koło jego zwłok olbrzymi wieniec", na pogrzebie „było kilka wianków, między innymi od magistratu Szczebrzeszyna, od policji granatowej i... od Judenratu").

238 *Ibidem*, s. 333, 363. („[Kurtz] ma nerwicę serca, nie sypia po nocach, nerwowo jest bardzo wyczerpany. Skarżył mi się na ciężkie warunki służby i mówił, że już ma wszystkiego dosyć"; „gdy nadszedł niespodziewany rozkaz wymarszu wszystkich w teren walki, żandarm Kurtz prosił gospodynię z posterunku, żeby mu dała obrazek Matki Boskiej — taki, który by można było powiesić na szyi").

239 *Ibidem*, s. 323, 325.

240 AIPN Lu, 327/21, Proces Jana Siringa, Zeznanie Siringa, k. 68. Retzlaff prawdopodobnie pochodził z okolic Jędrzejowa.

241 Pritsching uczestniczył w wyłapywaniu Żydów ukrywających się podczas akcji likwidacyjnej getta, doprowadzaniu ich na cmentarz i rozstrzeliwaniu.

242 Nazwisko Medykowskiego wymieniane jest przez Jana i Władysława Małyszów, miał on współpracować z polskim podziemiem i niejednokrotnie pomagać, przekazując ważne informacje; to dzięki niemu udało się zlikwidować groźnego gestapowca Majewskiego (AIPN Lu, 331/121–124, Sprawa Jana i Władysława Małyszów).

243 AIPN, 175/17, Okręgowa Komisja Badania Zbrodni Hitlerowskich w Lublinie, List gończy za Karolem Irle, ur. 8 X 1902 r., wraz z jego zdjęciem, k. 123: „Kto wiedział o zbrodniach popełnionych przez niego w okresie okupacji, zechce zgłosić się osobiście do Okręgowej Komisji Badania Zbrodni Niemieckich w Lublinie". Ogłoszenie wisiało dwa miesiące w 1949 r., zgłosiło się pięciu świadków, którzy złożyli zeznania.

len, Roman (Robert?) Kolb (vel Colb)[244], Waldemar Trautwein[245]. Funkcjonariuszami byli: Ant, Leon Arend, Aron, Richard Barda (vel Melnbarda), Faukruck, Grell, Iselt, Jun, Izath, Keiff, Friedrich Keller, Kentz, Klein, Liser, Stanisław (Georg) Majewski, Stanisław Mrozik, Neiderke, Pukall, Heinrich Rathje (vel Rathie), Schenk, Hans Schultz, Smidt, Friedrich (?) Stolz[246]. Powojenni świadkowie wymieniają najczęściej kilka nazwisk tych samych osób uważanych za prawdziwych „katów ludności polskiej". Wyłącznie w skrajnie negatywnych kontekstach wspominany był Roman Kolb, pochodzący z Rzeszy. W Biłgoraju przebywał z żoną, po mieście często poruszał się konno, nazywany był „żółtym psem". Prawdopodobnie początkowo pracował na posterunku Gestapo w Zamościu. Kolb był powszechnie znany z sadyzmu, okrutnego traktowania ludzi, bicia do nieprzytomności, a nawet torturowania. Z jego rąk zginęły dziesiątki osób albo w wyniku pobicia podczas „badania" przez Kolba w siedzibie Gestapo, albo rozstrzelania niedaleko przystanku kolejki wąskotorowej w Biłgoraju (przystanek Rapy), kilkadziesiąt metrów od gospodarstwa Stanisława Skiby[247]. Skazańców najczęściej przywożono bryczką, Kolb kopał ich ciała, czasem miał „kaprys", by egzekucji dokonywać osobiście. Nie wiemy z całą pewnością, jak skończył osławiony Kolb; niektórzy twierdzili, że z Biłgoraja wyjechał tuż przed wkroczeniem Armii Czerwonej. Klukowski zanotował pod datą 17 czerwca 1946 r., że Kolba prawdopodobnie ujęto w angielskiej strefie okupacyjnej i polski rząd wystąpił z żądaniem wydania go Polsce, z kolei komendant Sonderdienstu w Biłgoraju zeznał, że Kolb dostał się w 1944 r. w ręce partyzantów i został rzekomo przez sąd podziemny skazany[248]. Z kolei według prokuratury w Ludwigsburgu zmarł w marcu 1945 r. na terenie Rzeszy. „Był on znany na naszym terenie, bił, znęcał się nad ludźmi w straszliwy sposób i chętnie

244 Roman Kolb (ur. 7 X 1899 r. w Walterschen Krs. Altenkirchen, Westwald), był członkiem Gestapo i SD, do Biłgoraja przybył 15 I 1943 r., zmarł 4 III 1945 r. w Dortmundzie (BAL, B 62/5949, k. 477).

245 AIPN, 2586, k. 421; Markiewicz, Szczygieł, Śladkowski, *Dzieje Biłgoraja*, s. 223, przypis 27.

246 Niektóre nazwiska wymienił w zeznaniu Erich Georg Malescha (BAL, B 162/5950). Stolz był komendatem Kriminalpolizei w Biłgoraju w latach 1940–1941.

247 AIPN, GK 164/4493, Akta badawczo-dochodzeniowe w sprawie Romana Kolba, Zeznanie świadka Szczepana Malawskiego, k. 11; *ibidem*, Zeznanie świadka Józefa Wolanina, k. 12; *ibidem*, Zeznanie świadka Stanisława Grodzkiego, k. 13; *ibidem*, Zeznanie świadka Wincentego Gołąba, k. 19; *ibidem*, Zeznanie świadka Stanisława Skiby, k. 30.

248 Klukowski, *Zamojszczyzna...*, s. 587, zapis z 17 VI 1946 r.

widziałbym go wiszącego na szubienicy w Zamościu lub Biłgoraju"[249]. Istotne jest to, że nigdy nie został ujęty i nie poniósł żadnej kary[250]. W grudniu 1943 r. zastąpił go kapitan Waldemar Trautwein z Lublina: „zewnętrznie człowiek kulturalny, z wykształceniem uniwersyteckim, ale potrafił bić i znęcać się nad badanymi nie gorzej od innych"[251]. Ci inni biłgorajscy gestapowcy to Ryszard Barda, dwudziestokilkuletni mężczyzna, prawdopodobnie absolwent gimnazjum w Milanówku[252]. Jak zeznała Maria Brodowska: Barda „z lubością zabijał żydów i często od krwi ich był zbroczony zarówno na ubraniu, jak na obuwiu. Sam opowiadał mi, że na okopisku zabił w jednym dniu tylko 300 żydów. Natomiast mniejsze liczby jego ofiar wynosiły po kilku lub kilkudziesięciu dziennie do czasu zlikwidowania całkowicie ludności żydowskiej"[253]. Poza tym świadek wymienił nazwisko Fritza Moocka, średniego wzrostu pięćdziesięciolatka znad granicy francuskiej, referenta opieki społecznej i miłośnika psa wytresowanego do rozszarpywania ludzi: „jednej żydówce z Biłgoraja z jego poszczucia rozerwał brzuch i wyrwał wnętrzności"[254]. Złą pamięcią zapisał się też Karol Ferdynand Franciszek Hanf, od 1926 r. zakonnik, bernardyn o. Maksymilian z zakonu w Radecznicy, który przeszedł na służbę niemiecką. „Dn. 10 XI 1939 po aresztowaniu gwardiana został Verwalterem [administratorem] klasztoru w Radecznicy. W roku 1940 zadeklarował się jako Reichsdeutsch i wyjechał do Niemiec. Wrócił w roku 1941 już jako gestapowiec i zamieszkał w Lublinie. Od czasu do czasu przyjeżdżał do Zamościa, Szczebrzeszyna i Radecznicy [...]"[255].

Świadkowie, w tym Klukowski, jako szczególnie sadystycznego oprawcę wymieniali żandarma Jana Siringa[256], który musiał mieć bardzo charaktery-

249 BAL, B 162/5950, Akta dochodzenia przeciwko Hansowi Ernstowi Augustinowi. Zeznanie Ferdinanda Krausbauera, dowódcy Sonderdienstu w Biłgoraju, z 18 II 1966 r., k. 584–599.

250 Teczka badawczo-dochodzeniowa dotycząca Romana Kolba znajdująca się w AIPN zawiera wyłącznie zeznania polskich świadków (AIPN, GK 164/4493).

251 Klukowski, *Zamojszczyzna...*, s. 394, zapis z 17 XII 1943 r.

252 AIPN, GK 164/4493, Akta badawczo-dochodzeniowe w sprawie Romana Kolba i Ryszarda Bardy, 1946–1947, Zeznanie świadka Marii Brodowskiej, k. 10. Twierdziła ona, że rodzice Bardy mieszkali w Lublinie.

253 *Ibidem.*

254 AIPN, GK 164/4493, Akta badawczo-dochodzeniowe w sprawie Romana Kolba i Ryszarda Bardy, 1946–1947, Zeznanie świadka Stanisława Grodzkiego, k. 13.

255 Biblioteka KUL, Spuścizna Zygmunta Klukowskiego, 827. O działalności Maksymiliana Hanfa w Radecznicy zob. także http://horajec.republika.pl.

256 Jan Siring (ur. 31 I 1924 r. we Flatow, dziś Złotów, k. Piły), syn Niemca i Polki, wyznania ewangelickiego. Dzięki matce znał świetnie zarówno język polski, jak i niemiecki, ukończył

styczny wygląd, skoro nadano mu przydomek „Łebniak" (od wielkiej głowy — „łba"). To jedyny żandarm z całego powiatu biłgorajskiego, który przez polski sąd został osądzony i skazany na karę śmierci; wyrok wykonano[257]. W czasie pierwszego przesłuchania Siring zeznał: „zabiłem tylko dwóch żydów, nazwiska ich nie pamiętam". Mimo konsekwentnego nieprzyznawania się do winy, zdaniem sądu Siringa można było uznać za zwierzę li tylko odziane w skórę człowieka, okrutnika pozbawionego ludzkich uczuć, osobnika moralnie nikczemnego, „najgorszego bandytę i zbrodniarza w Szczebrzeszynie", wyróżniającego się okrucieństwem. Siringa wszyscy uważali za kata znęcającego się nad bezbronnymi ofiarami i dokonującego bez żadnych skrupułów okrutnych mordów. Sąd nie dopatrzył się żadnych okoliczności łagodzących, gdyż w jego przekonaniu takie „krwiożercze i sadystyczne typy jak Siring" powinny być wyeliminowane na zawsze z grona ludzkości — kara śmierci jest dla nich jak najsłuszniejsza. W uzasadnieniu wyroku podkreślono, że sąd nie skazuje go za służbę w żandarmerii, która nie została uznana wedle prawa za organizację zbrodniczą, lecz za osobiste czyny, moralną nikczemność, bicie i znęcanie się nad ludźmi oraz niezliczone zabójstwa. Adwokaci kolejno odmawiali reprezentowania go przed sądem lub nie widzieli podstaw do wnoszenia skargi na taki wyrok. Wina Siringa dla nikogo nie ulegała najmniejszej wątpliwości.

Na koniec chcę wymienić nazwiska dwóch Polaków (prawdopodobnie wpisanych na volkslistę), biłgorajskich gestapowców, o których krwawych wyczynach można czytać w niezliczonej liczbie relacji i zeznań — Stanisława Majewskiego i Stanisława Mrozika[258]. Obaj zostali zlikwidowani przez dywersję AK, Majewski pod Panasówką 7 kwietnia 1944 r.[259], Mrozik w Zwierzyńcu. Klukowski pisał o Majewskim, że „był to gestapowiec niezwykle gorliwy i szkodliwy. Pławił się we krwi żydowskiej. Również niezliczoną ilość Polaków ma na sumieniu. Nic więc dziwnego, że w ślad za nim idą jedynie przekleństwa"[260].

---

cztery klasy gimnazjum w Pile, na posterunku żandarmerii w Szczebrzeszynie służył od 1940 r., potem od 25 XI 1942 r. przebywał w Starym Zamościu.

257 AIPN Lu, 327/21, Sprawa Jana Siringa 1945–1946, Pismo prokuratury do Sądu Okręgowego w Zamościu o wykonaniu kary śmierci na Siringu; został powieszony na terenie więzienia w Zamościu 28 VI 1947 r. o godz. 9.45 (k. 301).

258 Stanisław Mrozik, Polak, mundurowy funkcjonariusz Gestapo w Biłgoraju (*Niemcy i Zamojszczyzna...*, t. 3, s. 73).

259 Klukowski, *Zamojszczyzna...*, s. 415–417.

260 *Niemcy i Zamojszczyzna...*, t. 3, s. 64.

POLICJA UKRAIŃSKA

Ukraińcy bez wątpienia służyli w niemieckiej żandarmerii (świadczą o tym choćby ich imiona i nazwiska, które udało mi się ustalić), natomiast o Chorwatach, Łotyszach lub Litwinach w oddziałach policyjnych na tym terenie nic nie wiadomo. Według Markiewicza, który w 1948 r. złożył bardzo obszerne zeznanie (*de facto* z pewnością wcześniej przygotowany elaborat) przed Komisją Badania Zbrodni Niemieckich na temat „zbrodniczej i szkodliwej dla narodu polskiego działalności Ukraińców na terenie powiatu biłgorajskiego", ani Ukrainische Hilfspolizei, ani tzw. darmochwalcy, czyli ukraiński oddział SS z Tarnogrodu, prawdopodobnie wchodzący w skład Dywizji SS Galizien (informacja niepewna), nie brali udziału w zbrodniach przeciwko Żydom w 1942 r.[261] W wypadku darmochwalców sprawa jest jasna, ponieważ ich dowódca zaczął formować swój oddział dopiero pod koniec 1942 r. Natomiast udział policji ukraińskiej w łapankach na Polaków i Żydów, związanych np. z przymusową pracą lub wywózkami na roboty do Niemiec, w biciu, szykanowaniu i rozstrzeliwaniu nie ulega wątpliwości. Świadek Michał Sołtys z Biszczy widział na przykład rozstrzelanie dziesięciu Żydów dokonane przez ukraińskich policjantów z posterunku w tej miejscowości („jeden z tych policjantów, który szczególnie zajmował się strzelaniem Polaków i Żydów, nazywał się Kranczuk"). Podobne sceny zaobserwował inny świadek, Stanisław Budzyński z Księżpola: policjanci Michał Pawłyszyn i Michał Żur zastrzelili tam dwie Żydówki. Budzyński dodał, że obaj „zabili jeszcze wiele innych osób lub też nasyłali Niemców". Wielu świadków nie znało nazwisk ukraińskich policjantów, wiedzieli jednak dobrze o ich działalności, szczególnie na terenie gmin Biszcza, Księżpol, Aleksandrów i Tarnogród, czyli wszędzie tam, gdzie odsetek ludności ukraińskiej był wysoki i gdzie działały posterunki ukraińskiej policji. Po wojnie skazany został wyłącznie jeden z nich, Stefan Serkis, wyznania prawosławnego (jego ojciec był Rosjaninem), z zawodu rzeźnik i masarz. Świadkowie zeznali, że miał „bliskie kontakty z Darmochwałą", ale w trakcie akcji likwidacyjnej współpracował z Niemcami na własną rękę: „chodził po domach i wyszukiwał Żydów i pędził ich na cmentarz", „zabitych rewidował i zabierał pieniądze", „rabował trupy, szukał w ubraniach, pierścionki, kolczyki, brał czynny udział we

261 AIPN, GK 175/17, Okręgowa Komisja Badania Zbrodni Niemieckich w Lublinie, Zeznanie Jerzego Markiewicza z 13 II 1948 r., k. 11–28.

wszystkich akcjach przeciw Żydom"[262]. Choć żaden ze świadków — zeznawali wyłącznie polscy świadkowie — nie potwierdził, że widział na własne oczy, by Serkis brał udział także w rozstrzeliwaniach, Sąd Wojewódzki w Lublinie w 1952 r. skazał go na karę śmierci, Sąd Najwyższy karę podtrzymał, Rada Państwa skorzystała z prawa łaski i złagodziła karę do 15 lat więzienia. Skazany wyszedł na wolność już po pięciu latach na mocy amnestii. Gdyby wśród zeznających w procesie Serkisa była Hawa Fefer, z pewnością sąd nie znalazłby żadnych okoliczności łagodzących, gdyż to, co podała w swojej relacji o poczynaniach tego osobnika w wyszukiwaniu bunkrów i ograbianiu ukrywających się w nich Żydów, jest przerażające.

> W jednym z bunkrów bandyta Serkis spotkał swoich znajomych Żydów, u których zawsze kupował na kredyt i nigdy nie płacił. Prosili go ze łzami w oczach, aby po znajomości darował im życie i nie prowadził na gestapo, bo to oznacza pewną śmierć. On tylko cynicznie śmiał się i szydził z próśb i płaczu Żydów. Mówił: „A właśnie, że tak zrobię! Czekałem na to tyle lat!"[263].

Naoczni świadkowie Zagłady nie mieli rozeznania, kto tak naprawdę dokonuje zbrodni, potrafili rozpoznać wśród oprawców miejscowych żandarmów, granatowych i ukraińskich policjantów, ale jak zauważył ks. Czesław Stanisław Bartnik (naoczny świadek), „szaleli [w czasie tzw. akcji likwidacyjnych] głównie żandarmi obcy, SS-mani"[264]. Czasem świadkowie usiłowali doprecyzować opis sprawców, podając cechy szczególne ich umundurowania. „Policjanci ukraińscy nosili mundury granatowe z odcieniem siwym, kołnierze były obszyte czerwoną wypustką. Na naramiennikach odznaki podobne jakie miała policja granatowa. Czapki podobne do narciarskich. Z przodu były poprzecznie naszyte dwa paski niebiesko-żółte (barwy ukraińskie)"[265]. Większość sprawców pozostała jednak dla świadków i ofiar anonimowa, nie wiedziano, skąd przybyli i kim byli, potrafili oni jedynie opisać ich zachowanie lub język, jakim się posługiwali. Niemcy i Ukraińcy

---

262 AIPN Lu, 326/85, Sprawa Stefana Serkisa 1952–1957, Zeznanie Marcina Konopki, k. 21; *ibidem*, Zeznanie Marcina Larwińskiego, k. 23; *ibidem*, Zeznanie Józefa Milczyńskiego, k. 27; *ibidem*, Zeznanie Bolesława Seroka, k. 33–35.

263 *Bilgoraj izker buch*, mps.

264 Czesław Stanisław Bartnik, *Mistyka wsi. Z autobiografii młodości 1929–1956*, Źrebce: Instytut Prymasowski Ślubów Narodu, 1988.

265 AIPN, GK 175/17, Okręgowa Komisja Badania Zbrodni Niemieckich w Lublinie, Zeznanie Zygmunta Klukowskiego z 11 V 1948 r., k. 44–45.

na niemieckiej służbie w „akcjach przeciwżydowskich" opisywani byli jako brutalni, sadystyczni i okrutni ludzie, zachowujący się jak maszyny, czasem „naoliwione" alkoholem.

POLICJA POLSKA, TZW. GRANATOWA

Po wojnie spośród 114 policjantów granatowych, których nazwiska udało mi się ustalić[266], przed sądem stanął zaledwie jeden[267], wielu końca wojny nie doczekało, zginęli „na posterunku" lub zostali przez polskie podziemie likwidowani za kolaborację z okupantem i czyny na szkodę polskich obywateli. Po wojnie tylko sześciu byłych policjantów z powiatu biłgorajskiego złożyło wnioski rehabilitacyjne, z czego dwóch nie rozpatrzono pozytywnie i tym samym otrzymali oni zakaz pełnienia funkcji publicznych[268]. Wobec Teofila Działy, policjanta z Biłgoraja, zastosowano areszt i postawiono go do dyspozycji prokuratury w Zamościu, zarzucając mu udział w łapankach, biciu i znęcaniu się nad konwojowanymi, ale wśród zarzutów nie pojawił się żaden dotyczący Żydów, nic więc nie możemy o tym powiedzieć. Powstaje pytanie, dlaczego pozostali policjanci nie wystąpili o rehabilitację, choć było to konieczne dla uznania ich praw emerytalnych i innych. Zdecydowana większość policjantów rozpoczęła karierę jeszcze przed wojną, byli więc zawodowymi policjantami, którzy w czasie okupacji niejako kontynuowali pracę w zawodzie i, co ważne, zostali przez władze niemieckie do tego zobowiązani. W grupie policjantów znaleźli się także ludzie, którzy mimo kilkuletniej służby w formacji mundurowej podporządkowanej rozkazom okupanta nie ulegli całkowicie wojennej deprawacji i zasłużyli ze strony polskiego otoczenia na dobrą opinię. W tej grupie znalazł się np. Stanisław

---

266 Zob. AP Lublin, 1072/235, ZWZ-AK Okręg Lublin, Verzeichnis der polnischen Polizeiposten des Kreises Bilgoraj [Wykaz polskich policjantów w powiecie Biłgoraj], [b.d.], k. 133.

267 Chodzi o Józefa Góralczyka, który był komendantem PP w Lipinach Górnych, w 1948 r. został oskarżony za udział w rewizjach i łapankach na szkodę Polaków, został skazany na 5 lat więzienia, zmarł w więzieniu. Zaskakujące w jego sprawie jest to, że rok wcześniej został zrehabilitowany (AIPN, GK 299/99, Sprawa Józefa Góralczyka 1948–1950; AAN, 1656, Akta byłych funkcjonariuszy Policji Państwowej, Straży Więziennej, Korpusu Ochrony Pogranicza i Straży Granicznej 1946–1952, teczka Józefa Góralczyka).

268 Wnioski o rehabilitację złożyli: Teofil Działo (niezrehabilitowany), Józef Góralczyk, Stanisław Jarkiewicz, Jan Lubliński, Kacper Małecki (niezrehabilitowany) i Aleksander Świtaj. Dziękuję Agnieszce Hasce za pomoc w ustaleniu tych faktów.

Jarkiewicz, komendant PP w Łukowej, później we Frampolu, czy Aleksander Świtaj z posterunku w Zwierzyńcu. Byli w powiecie biłgorajskim chlubnym, wciąż jednak wyjątkiem.

Kolejnych kilka tygodni po akcjach likwidacyjnych to okres bardzo nasilonego wyłapywania Żydów; z relacji wiemy, że do pomocy żandarmom i niemieckiej policji skierowano przede wszystkim policjantów granatowych[269], a także straż pożarną. Wielu świadków potwierdza ich udział w zbrodniach, np. w Łukowej, Józefowie, Szczebrzeszynie, Radecznicy, we Frampolu, i choć nie w każdym przypadku można to twierdzenie poprzeć zeznaniami czy relacjami, uzasadnione jest rozciągnięcie na cały powiat twierdzenia o powszechnym zaangażowaniu, mniej lub bardziej dobrowolnym, obu tych służb w akcjach likwidacyjnych i w późniejszym „polowaniu" na Żydów. Można wymienić z nazwiska policjantów granatowych, którzy brali udział w akcjach w Szczebrzeszynie; byli to Stanisław Cedler[270], Jan (lub Mikołaj) Gał i jego syn Edmund[271], Hajduczak[272], Marunkowski (vel Muranowski)[273] (komendant), Tatulińscy ojciec i syn[274], Wieliczko[275], Tadeusz Niedźwiedzki (ps. „Sten")[276] i Bolesław Matysiak – młody policjant z Sułowa, który szczególnie „popisywał się" podczas akcji przeciw Żydom[277]. Nie

---

269 AŻIH, 301/7010, Relacja Bolesława Omiotka.

270 Klukowski, *Zamojszczyzna...*, s. 345, zapis z 2 II 1943 r. Cedler został zastrzelony 1 II 1942 r. koło stacji Klemensów przez polskie podziemie, poza nim zginęli wówczas dwaj polscy policjanci z posterunku w Zwierzyńcu (Antoni Kletowski i Antoni Szczygielski), policjant z Sułowa Matysiak został ciężko ranny.

271 *Ibidem*, s. 271. Policjant Gał zranił uciekającego przed aresztowaniem Wejlera, żandarm Siring go dobił (por. AIPN Lu, 327/21, Sprawa Jana Siringa 1945–1952, Zeznanie Stanisława Bendera z 12 IV 1946 r., k. 84). Gał został zlikwidowany przez polskie podziemie w 1945 r.: ‚wyprowadzono z kryjówki Mikołaja Gała i jego syna Edmunda, Mikołaj Gał był policjantem, nazbyt gorliwie współpracował z niemiecką żandarmerią w Szczebrzeszynie i niejedno ludzkie życie miał na sumieniu. Tępił nie tylko Żydów, lecz i Polaków podczas rozmaitych łapanek, pościgów i aresztowań. Syn poszedł w ślady ojca" (Klukowski, *Zamojszczyzna...*, s. 548–549).

272 *Ibidem*, s. 362.

273 *Ibidem*, s. 310. Jego nazwisko wymienia także świadek Julia Kowalczyk z Topólczy, zeznająca w sprawie przeciwko Władysławowi i Janowi Małyszom (AIPN Lu, 331/121–124).

274 Klukowski, *Zamojszczyzna...*, s. 271, 336. Starszy przodownik PP Tatuliński okazał się bardzo gorliwy w akcji usuwania Żydów z ich mieszkań w czerwcu 1941 r.

275 „Wczoraj w Szczebrzeszynie popełnił samobójstwo policjant polski Wieliczko. Strzelił do siebie z rewolweru, trafił w okolicę serca. Odwieziono go natychmiast do szpitala w Zamościu, gdzie wkrótce zmarł" (*ibidem*, s. 246, zapis z 29 XII 1940 r.).

276 *Ibidem*, s. 495, 514, 519, 521, 523, 525, 530, 537.

277 Został ranny w czasie akcji partyzanckiej w lutym 1943 r. koło stacji w Klemensowie.

dość tego, zbrodni w sposób barbarzyński dokonywano nawet na dzieciach, liczba ofiar była ogromna, jeśli wierzyć informatorom prasy konspiracyjnej: „Pod Szczebrzeszynem są uciekinierzy żydowscy w lasach. Niemcy przy pomocy policji granatowej i jeńców sowieckich[278] urządzają polowania. Dzieci likwiduje się uderzeniem głową o kamień... Pewien «granatowy» już upolował 69 żydów"[279]. Złapanych odstawiano do aresztu gminnego i co jakiś czas w większych grupach wyprowadzano na miejsce egzekucji, czasem za miasto, częściej na cmentarz żydowski. Przypadkową ofiarą takich „polowań" stał się Bolesław Omiotek z Chrzanowa, w 1942 r. młody chłopiec, który wracając na furmance do domu, natknął się koło wsi Zagrody na pijanych policjantów granatowych z Goraja. Jeden gwałtowniejszy ruch ze strony Omiotka wystarczył, by zaczęli do niego strzelać; przekonani, że nie żyje (został jedynie ranny w nogę), krzyczeli: „nareszcie został zgładzony ostatni żydziak"[280].

CYWILNI „POMAGIERZY"

W opracowaniu tym nie może zabraknąć akapitu o czynnej współpracy cywilnych Polaków, którzy (często dla zysku) przyłączali się do akcji przeciw Żydom — prześladowali ich, wyłapywali, denuncjowali lub sami zabijali. Dzięki zapisom nieocenionego doktora Klukowskiego oraz powojennym relacjom i zeznaniom świadków w procesach karnych wiemy, że w „akcję przeciwżydowską" zaangażowała się część cywilnych mieszkańców. Klukowski w odniesieniu do Szczebrzeszyna i na określenie dobrowolnych, „spontanicznych" pomocników żandarmów i policjantów używał sformułowania „ludność cywilna", czasem „sporo ludności polskiej, zwłaszcza chłopaków". Wśród aktywistów znaleźli się i urzędnicy, np. Kuczer, pracownik

---

278 Jeńców sowieckich, przebywających w straszliwych warunkach w specjalnych obozach przeznaczonych tylko dla nich, werbowano do służby na rzecz Trzeciej Rzeszy, co było dla nich sposobem ratowania życia przy braku świadomości, do jakich celów zostaną wykorzystani. Osoby zwerbowane szkolono następnie w specjalnych ośrodkach i kierowano do szczególnie bezwzględnych i okrutnych zadań, w tym do mordowania Żydów. Na terenie GG w Trawnikach w dystrykcie lubelskim zlokalizowano ich obóz szkoleniowy, dlatego często określano ich mianem „Trawnikimänner" (ludzie z Trawnik; zob. Peter Black, *Prosty żołnierz „akcji Reinhardt". Oddziały z Trawnik i eksterminacja polskich Żydów* [w:] *Akcja Reinhardt...*, s. 103–131).

279 „Przez Walkę do Zwycięstwa" (pismo Stronnictwa Ludowego), 20 XI 1942, nr 28 (66).

280 AŻIH, 301/7010, Relacja Bolesława Omiotka.

magistratu, czy Skórzak, woźny tego samego urzędu. Klukowski, gdy pisze o rabunku, operuje pojęciami pozwalającymi wyobrazić sobie dużą grupę osób — tłuszczę uganiającą się za kolejnym „łupem". Żandarmi, aby powstrzymać grabież (bo w końcu mienie zamordowanych Żydów było własnością Rzeszy, a nie członków podbitej społeczności), zastrzelili kilka osób, m.in. młodą dziewczynę i chłopaka, którego ciało dla przestrogi pozostawili na chodniku przez całą dobę[281].

> Ludność z otwieranych żydowskich domów rozchwytuje wszystko, co jest pod ręką, ludzie bezwstydnie dźwigają całe toboły z nędznym żydowskim dobytkiem i towarem z małych sklepików. [...] Przed wieczorem wielu mieszkańców z jeszcze większą pasją rzuciło się do rabunku. [...] Przez cały dzień furmanki zwoziły do hali żydowskie rzeczy, a od czasu do czasu na żydowski cmentarz — trupy zabitych. Wszystko to razem daje niesamowity obraz, trudny do opisania. [...] Furmanki wciąż zwożą do hali żydowskie rzeczy. Już nie mieszczą się wewnątrz budynku i na rynku koło hali urosła olbrzymia góra z tych gratów[282].

Przykładem dobrowolnego uczestnictwa w akcjach przeciw Żydom może być choćby sprawa Tomasza Jamińskiego z Łukowej, który w zastępstwie syna był w straży pożarnej i brał udział w wyłapywaniu — i przy okazji — ograbianiu Żydów[283]. Zarówno z akt procesowych, jak i relacji wiemy o bardzo dużym zaangażowaniu jednostek Ochotniczej Straży Pożarnej; tak było w każdej miejscowości, gdzie przeprowadzono akcje, ale szczególnie „zasłużyć" się musieli strażacy z Frampola i Krzeszowa, o nich bowiem relacjonuje wielu świadków. Jeden z oskarżonych, Władysław Bełżek, podał imiona i nazwiska piętnastu członków straży z Krzeszowa, którzy brali udział w łapaniu Żydów, co jednak nie wystarczyło do wszczęcia przeciwko nim postępowania karnego i osądzenia. Tak zresztą się stało we wszystkich pozostałych przypadkach[284].

---

281 Klukowski, *Zamojszczyzna...*, s. 328, zapis z 27 X 1942 r.

282 *Ibidem*, s. 327–329, zapisy z 26–30 X 1942 r.

283 AIPN Lu, 326/60, Sprawa Tomasza Jamińskiego 1951–1954. Oskarżony został skazany na 6 lat więzienia, w wyniku amnestii z 1956 r. karę skrócono do 2,5 roku, w 1967 r. kara uległa zatarciu.

284 AIPN Lu, 327/31, Sprawa Franciszka Kuleszy, Władysława Bełżka i Jana Blicharza 1946–1954, Zeznanie Władysława Bełżka, k. 20.

Ponurą i złowrogą postać Franciszka Kuleszy z Biłgoraja poznajemy z akt sprawy karnej zakończonej wyrokiem śmierci, który wykonano. Zatrudniony w czasie okupacji w charakterze robotnika w Zarządzie Miejskim (był przesiedleńcem, pochodził ze wsi Orłowiec na Dolnym Śląsku), dobrowolnie i nad wyraz ochoczo pomagał Niemcom w akcjach deportacyjnych i w tropieniu Żydów:

> Wyszukiwał ukrytych w piwnicach, w schronach i chodził oficjalnie z Niemcami w dzień, tropiąc ludność żydowską na każdym kroku. Sam widziałem, jak Kulesza trzymał przy likwidacji żyda za kark, by nie uciekł gestapowcom w czasie masowych rozstrzeliwań. Był to jeden na całe miasto Biłgoraj. Największy szubrawiec, znany tak ludności polskiej, jak i żydowskiej, który miał na sumieniu masę żyć ludzkich. Po akcji jakiś miesiąc czasu Kulesza pił z niemi i donosił o wszystkim, co tylko od kogo usłyszał[285].

Wielu świadków widziało Kuleszę, jak „przetrząsał kieszenie zwłok żydowskich"[286]. Zdaniem świadka Borucha Wermuta Kulesza „chodził po żydach" jeszcze przed akcją likwidacyjną, groził, szantażował i żądał łapówek. Nie ma wątpliwości, że Kulesza wiódł prym w Biłgoraju wśród Polaków ochotniczo zaangażowanych w prześladowaniach Żydów i robił to w celu wzbogacenia się; jemu podobnych było więcej. Wermut, główny świadek w procesie Kuleszy, wymienił ponadto Jana Waliłkę i Władysława Tomaszewskiego. Niemal równie obciążające zeznania dotyczyły gajowego Jana Blicharza („uchodził za służbistę, był stale pijany"[287]), uczestniczącego wraz z Niemcami w łapankach na Żydów i partyzantów w lasach. Nadleśniczym w Biłgoraju był Volksdeutsch Władysław Choma, który bez wątpienia kazał swoim podwładnym współpracować z siłami policyjnymi i bezpieczeństwa („zmuszał nas do różnych prac niezgodnych z naszym sumieniem"[288], „zmuszał personel do kradzieży i terroryzował"[289]). Jak zeznał leśniczy Mieczysław Mańkowski, by nie wykonywać poleceń Chomy, przeniósł się do innego leśnictwa. Niemcy nie znali miejsc ukrywania się Żydów w lesie, zdani

285 *Ibidem*, Zeznanie Lejzora Fluchtlandera, k. 40. Kulesza otrzymał karę śmierci, którą wykonano, Blicharz karę 10 lat więzienia, Bełżka uniewinniono.

286 *Ibidem*, Zeznanie Moszka Szterna, k. 48.

287 *Ibidem*, Zeznanie Wincentego Króla, k. 69.

288 *Ibidem*, Zeznanie Franciszka Zaleśnego, gajowego, k. 69.

289 *Ibidem*, Zeznanie Jana Mikulskiego, nadleśniczego w Biłgoraju, k. 70.

byli na informacje otrzymywane od służb leśnych[290]. Blicharz przyznał się do uczestnictwa w pięciu leśnych obławach; w jednej z nich Niemcy ujęli dziesięć osób[291]. Jeszcze innym wymienionym w powojennych relacjach Polakiem, który zhańbił swoje imię kolaboracją z Niemcami, był niejaki Flis, strażnik w więzieniu Gestapo w Biłgoraju. „Brał on udział we wszystkich akcjach skierowanych przeciwko Żydom z Biłgoraja i okolicznych miejscowości"[292].

290 *Ibidem*, Zeznanie Mieczysława Mańkowskiego, k. 69.
291 *Ibidem*, Zeznanie Jana Blicharza, k. 76.
292 *Bilgoraj izker buch*, mps.

1942 — Zagłada

PRZEBIEG TZW. AKCJI LIKWIDACYJNYCH

Chronologiczne zestawienie akcji (*Aktion, Judenaktion*) i egzekucji na terenie powiatu biłgorajskiego oraz podawane w literaturze i źródłach liczby ofiar w okresie od marca 1942 do stycznia 1943 r. ujęto w tabeli 7, załączonej w aneksie, powstaje jednak pytanie, które spośród tych ponurych wydarzeń można uznać za początek akcji „Reinhardt" w powiecie biłgorajskim. W okresie od stycznia do lipca 1942 r. odbywały się tam liczne egzekucje, wykonywane zarówno na pojedynczych osobach, grupach kilku- i kilkunastoosobowych, jak i masowe rozstrzeliwania — już od kwietnia. Egzekucje z okresu styczeń–kwiecień 1942 r. należy uznać raczej za „wprowadzanie w życie" rozporządzeń władz GG z października i listopada 1941 r. o ograniczeniu miejsca pobytu dla Żydów i grożącej im za to karze śmierci, a także za krwawe represje za „niesubordynację" i niestawianie się Żydów do prac przymusowych, co stanowiło zresztą świetną okazję dla żandarmów, policjantów i gestapowców do uprawiania zwykłej grabieży na całkowicie bezbronnych ludziach. Od tego czasu Żydów można było zabijać bezkarnie, a ci spośród nieszczęśników, którzy złapani bez przepustki poza miejscem zamieszkania, wcześniej stawiani byli przed sądem, teraz płacili za to życiem. Przykładem tej zasadniczej zmiany może być mord z końca marca 1942 r. Zabito Huna Luftfelda, 25-letniego mężczyznę z Józefowa; sprawcami byli czterej gestapowcy z Tarnogrodu: „Wymienieni gestapowcy przyszli do Luftfelda H. zakupić cywilne ubrania, które ten miał na sprzedaż, i przybyli zobaczyli u niego macę, za którą nałożyli na niego karę, którą wymieniony Luftfeld uiścił w postaci 20 rubli złotych. Następnie gestapowcy zarzucili Luftfeldowi handel złotem, chcąc u niego wymusić oddanie tegoż. W końcu zabrali ubrania i Luftfelda na furmankę i po wyjeździe z Józefowa zastrzelili go"[293]. Do podobnych zbrodni należała i ta z 6 lutego 1942 r., której ofiarą padli Icek Berger, Szymon Dach i trzej nieznani Żydzi. Świadkowie

293 AIPN, GK 175/50, Akta ws. zbrodni popełnionych w gminie Aleksandrów, informacje nt. zbrodni popełnionej pod koniec marca 1942 r., k. 158.

z Józefowa zeznawali: „Powracających z pracy w lesie spotkali na szosie Józefów–Łukowa około 1 km od Józefowa jadący w kierunku Łukowej furmanką gestapowcy, zatrzymali ich i po wylegitymowaniu ustawili przy drodze za rowem i zastrzelili z broni automatycznej. Ofiary zostały zakopane na miejscu zbrodni". Grób nadal znajduje się na polu obok szosy na linii Józefów–Łukowa, właścicielem pola był Rożek, zamieszkały w Borowinie w powiecie zamojskim. Zbrodni według świadków dokonali dwaj wspomniani wcześniej gestapowcy — Mrozik i Majewski[294].

Kolejne egzekucje, zwłaszcza te z maja 1942 r., nosiły już znamiona masowej eksterminacji, były jednak dopiero preludium do realizacji właściwej Zagłady na tym terenie. Egzekucja grupy józefowskich Żydów w maju 1942 r. była wymierzona w komunistów (do tego rodzaju antykomunistycznych akcji dochodziło w całym GG), uważanych przez Niemców za osoby zdolne do dobrej samoorganizacji i mogące mobilizować innych do oporu podczas planowanych właściwych akcji „wysiedleńczych"[295]. Zresztą jak już była o tym mowa, od początku 1942 r. można było obserwować represje i gwałty wymierzone w elitę poszczególnych społeczności żydowskich — pod byle pretekstem rozstrzeliwano prezesów i członków judenratów (np. w Biłgoraju i Tarnogrodzie), by osłabić spójność i solidarność grupy i zastąpić liderów ludźmi bardziej uległymi wobec Niemców. Władze, dążąc jednocześnie do zintensyfikowania konfliktów i maksymalnego odizolowania Żydów od ludności „aryjskiej", nasilały propagandę antyżydowską na prowincji przez akcję plakatowania o treściach antysemickich[296]. Do wójtów rozsyłano plakaty takie jak „Unikaj Żyda" z poleceniem rozwieszania ich na budynkach publicznych. W korespondencji urzędowej w powiecie informacja o plakatowaniu pojawia się po raz pierwszy w lutym, następnie w marcu 1942 r.[297]

Egzekucję około 1000[298] Żydów w Józefowie 13 lipca 1942 r. można już z całą pewnością uznać za pierwszą akcję, której celem było wymordowanie całej żydowskiej populacji miasteczka, z wyjątkiem kilkuset osób wyselekcjonowanych do pracy przymusowej w odosobnionych obozach. Egzekucji dokonało „komando śmierci", 101 Policyjny Batalion Rezerwy, ściągnięty

294 *Ibidem*, Informacje nt. zbrodni z 6 II 1942 r., k. 151.

295 Edward Herc, *Czasy niezapomniane. Gehenna Żydów w Józefowie*, cz. 1, „Aspekty. Biłgorajski rocznik społeczno-kulturalny" 2005, nr 2, s. 119–120.

296 Zob. Jan Grabowski, *Propaganda antyżydowska w Generalnej Guberni, 1939–1945*, „Zagłada Żydów. Studia i Materiały" 2010, nr 6, s. 130–141.

297 AP Kraśnik, 27/3, Akta gminy Puszcza Solska, Protokoły sesji sołtysów 1940–1944, k. 50 i 53.

298 Uwagi na temat liczby ofiar tej egzekucji zob. aneks, tabela 7.

do dystryktu lubelskiego właśnie w celu realizacji ludobójczych planów[299]. Zarówno w przypadku tej akcji, jak i wszystkich następnych aż do stycznia 1943 r. cel nadrzędny, którym było wymordowanie wszystkich Żydów bez względu na wiek i płeć, nie został przez Niemców osiągnięty w stu procentach. Część Żydów zbiegła do lasów i okolicznych wsi, część ukryła się na terenie miasteczek tak skutecznie, że nie zdołano ich odszukać, inni przebywali z różnych powodów poza miastem w momencie trwania akcji i uniknęli egzekucji, np. żydowscy chłopcy z Józefowa pasący krowy na okolicznych łąkach, jeszcze inni — bardzo nieliczni — podjęli działania ratownicze już kilka dni przed akcją. Postąpiła tak m.in. Judyta Kremowa, która z córką opuściła Józefów tuż przed akcją, dzięki pomocy Mieczysława Hajduka dostała się nocą do stacji kolejowej w Krasnobrodzie i również dzięki niemu wsiadła z biletem do pociągu, wyjechała z zagrożonego obszaru i przeżyła wojnę[300]. Autor relacji na jej temat podaje, że była „wychszczanką" [tak w oryginale — A.S.], jej mąż jako polski oficer zginął w kampanii wrześniowej, miała więc znajomości w polskich kręgach i, jak się okazało, mogła na nie liczyć[301].

Oddziały niemieckie powracały do Józefowa jeszcze dwukrotnie, by jesiennymi obławami na całym terenie powiatu (*Judenjagd*) zakończyć ostatecznie plan Zagłady i by w mieście nie pozostał legalnie już ani jeden Żyd. To rozciągnięcie eksterminacji Żydów w czasie i powtarzanie akcji co kilka tygodni w niemal każdej większej miejscowości, aby wyłapać uciekinierów i ukrywających się — którzy po zakończeniu akcji wcześniej czy później wychodzili z kryjówek i wracali do getta — jest cechą charakterystyczną przebiegu akcji „Reinhardt" w powiecie biłgorajskim. Jest to także przykład typowej taktyki Einsatzgruppen (grup specjalnych Sipo i SD do wykonywania zadań specjalnych na zapleczu Wehrmachtu) — *vide* raport standartenführera SS Karla Jägera, dowódcy Einsatzkommando 3, operującego na Litwie[302]. Innymi słowy, można zaryzykować tezę, że ilekroć przeprowadzaniem akcji likwidacyjnych zajmowały się rezerwowe bataliony Orpo, taka właśnie

---

299 Na temat masowych mordów dokonanych przez ten oddział zob. wstrząsająca książka Christophera R. Browninga; pierwsza z opisanych tam zbrodni to masakra z 13 VII 9142 r. w Józefowie (*idem*, *Zwykli ludzie...*).

300 Niestety, nie mamy żadnych informacji o jej wojennych losach, w jaki sposób ani gdzie przeżyła.

301 Herc, *Czasy niezapomniane...*, cz. 2, s. 79.

302 Fragmenty raportu zob. dok. nr 92 w: *Wybór źródeł do nauczania o zagładzie Żydów na okupowanych ziemiach polskich*, wybór i oprac. zespół pod kierunkiem Aliny Skibińskiej i Roberta Szuchty, Warszawa: Stowarzyszenie Centrum Badań nad Zagładą Żydów, 2010, s. 207–210.

taktyka była stosowana. Widać to wyraźnie w dzienniku doktora Zygmunta Klukowskiego, u którego pierwsze zapisy o zabijaniu „każdego napotkanego [poza gettem] Żyda" pojawiają się już w styczniu 1942 r., a ostatnie noty na temat zagłady Żydów szczebrzeskich i obławy na nich oraz komentarze dotyczące zachowania się miejscowej ludności pochodzą z listopada tego roku; na niemal pięćdziesięciu stronach dziennika widnieją jedne po drugich wstrząsające opisy aktów przemocy, zabijania, grabieży. „Właściwa" Zagłada trwała na terenie powiatu sześć miesięcy — od lipca do grudnia 1942 r., z finałem w styczniu 1943 r. Jeśli wolno mi tu użyć brutalnego porównania, nawiązującego do nomenklatury stosowanej przez samych nazistów, to Zagładę w powiecie można by porównać do „polowania wielokrotnego".

Jakie były inne cechy przebiegu „akcji żydowskich" (*Judeneinsatz, Judenumsiedlung*) na badanym terenie z punktu widzenia sprawców? Jak pisze David Silberklang, każdą akcję poprzedzała odprawa prowadzona przez przedstawiciela sztabu akcji „Reinhardt" z udziałem miejscowych dowódców różnych niemieckich formacji policyjnych i SS oraz lokalnych władz cywilnych, przedstawicieli kreis- i stadthauptmannów, a także delegata Wydziału ds. Ludności i Opieki Społecznej (Bevölkerungswesen und Fürsorge), który był szczególnie zainteresowany skutkami ludnościowymi i gospodarczymi tej olbrzymiej operacji[303]. Gdzie i na ile dni przed zaplanowaną akcją takie odprawy się odbywały oraz czy poprzedzały każdą kolejną akcję w powiecie — niestety, z braku dokumentacji nadal nie umiemy powiedzieć. Ze stosunkowo dobrze zachowanych akt kilku gmin powiatu biłgorajskiego (Potok Górny, Puszcza Solska i Sól), a zwłaszcza protokołów cotygodniowych posiedzeń sołtysów[304] w tych gminach za cały okres okupacji, wnioskuję, że data akcji wysiedleńczej w danej miejscowości była ustalona już 3–4 tygodnie wcześniej. Sołtysów w gminie Puszcza Solska (dziś południowa dzielnica Biłgoraja) poinformowano na posiedzeniu 9 października 1942 r. o zarządzeniu kreishauptmanna z 5 października w sprawie „grzebania znalezionych zwłok"[305]. W gminie Potok Górny tydzień później poinformowano

303 Silberklang, *Żydzi i pierwsze deportacje...*, zob. Raul Hilberg, *Zagłada Żydów europejskich*, tłum. Jerzy Giebułtowski, Warszawa: wyd. Piotr Stefaniuk, 2014, t. 2, s. 590.

304 Posiedzenia odbywały się w każdą sobotę w urzędzie gminy.

305 AP Kraśnik, 27/3, Akta gminy Puszcza Solska, Protokoły sesji sołtysów 1940–1944, k. 67. To samo zarządzenie starosty i w tym samym czasie („w sprawie chowania zwłok ludzkich znalezionych w lasach i na polach") zostało przekazane na sesji sołtysów w gminie Potok Górny (AP Kraśnik, 26/790, Akta gminy Potok Górny, Pismo starosty z 5 X 1942 r., k. 59; *ibidem*, 26/697, Akta gminy Potok Górny, Oryginał zarządzenia starosty, k. 59).

o obowiązku meldowania Policji Kryminalnej znalezionych zwłok[306]. Ostatnia akcja likwidacyjna na tym terenie została przeprowadzona 2–4 listopada, czyli już miesiąc wcześniej kreishauptmann wydał zarządzenie jednoznacznie związane z tym, co miało nastąpić, choć żadnych konkretnych dat sołtysom nie podano. Trzeba tu wyraźnie podkreślić, że o „grzebaniu zwłok" na sesjach sołtysów mówiono wyłącznie w kontekście zagłady Żydów. O „sprawie" przypomniano ponownie jesienią 1942, by 12 marca 1943 r. upomnieć sołtysów jeszcze raz, mówiąc już wprost o „dokładnym pogrzebaniu zwłok żydowskich"[307]. W tym samym czasie i na tych samych sesjach co sprawa grzebania znajdowanych zwłok wójtowie zobowiązali sołtysów (a wcześniej kreishauptmann wójtów) do zorganizowania wiejskich wart nocnych (Wachdienst). Ich powołanie właśnie wtedy, przynajmniej w niektórych miejscowościach, było więc bez wątpienia związane z planowanymi na tym terenie ostatnimi już akcjami likwidacyjnymi gett, a jedną z trzech funkcji wart było wyłapywanie przychodzących nocą do wsi Żydów[308]. Potwierdzają to powojenne zeznania członków wart oskarżonych o współudział w chwytaniu ukrywających się Żydów i tym samym przyczynienie się do ich śmierci: „na polecenie wójta Paszkowskiego warty poza chronieniem przed pożarem i rozbojami miały za zadanie wyłapywanie Żydów"[309]. O tym, że termin akcji eksterminacyjnych ustalany był 3–4 tygodnie wcześniej, świadczą także akcje przesiedleńcze Żydów z mniejszych miejscowości i wiosek do większych gett, z których planowano ich zbiorowo deportować do Bełżca. Te przesiedlenia poprzedzały właśnie o 3–4 tygodnie właściwą akcję likwidacyjną, np. Żydów z Radecznicy i okolic przesiedlono do Szczebrzeszyna pod koniec września; akcja w Szczebrzeszynie nastąpiła 21 października.

Kontynuując opis „wzorcowego" przebiegu tzw. wysiedlenia: Żydów wyciągano z domów lub miejsca pracy i zgromadzonych na rynku, dzielono

---

306 AP Kraśnik, 26/190, Akta gminy Potok Górny, Pismo starosty z 10 X 1942 r., k. 189.

307 AP Kraśnik, 27/3, Akta gminy Puszcza Solska, Zarządzenie gminy z 12 III 1942 r., k. 79.

308 W aktach znajdujemy też wcześniejsze zarządzenia starosty z 11 VII 1941 r. w sprawie powoływania służby wartowniczo-strażackiej (Wachdienst), która miała być pełniona przez 24 godziny, a grupa wartowników powinna liczyć 1 (dowódca) + 8 mężczyzn (AP Kraśnik, 26/789, Akta gminy Potok Górny, k. 78 i 89; por. Andrzej Żbikowski, *„Night Guard": Holocaust Mechanisms in the Polish Rural Areas, 1942–1945. Preliminary Introduction into Research* [w:] *The Holocaust in Occupied Poland: New Findings and New Interpretations*, red. Jan Tomasz Gross, Frankfurt am Main: Peter Lang, 2012, s. 161–178).

309 AIPN Lu, 326/161, Sprawa Adolfa Zygmunta 1949–1956, Zeznanie Adolfa Zygmunta, k. 24. Zygmunt podczas wojny był komendantem warty nocnej w Zwierzyńcu, Oskarżony został skazany na karę 5 i pół roku więzienia.

na grupy, by odizolować mężczyzn od kobiet i dzieci. To podzielenie na płci i odseparowanie członków rodzin było głównie manewrem psychologicznym, obliczonym na zniechęcenie do stawiania oporu, skoncentrowanie uwagi ofiar na losie najbliższych — matek, żon i dzieci, których traciło się z oczu. Często (prawdopodobnie zawsze) w czasie przebywania na placu zbornym (*Sammelplatz*) przeprowadzano rewizje i odbierano pieniądze, kosztowności i inne wartościowe przedmioty, wszystko, co cenne ludzie przy sobie mieli. Wierzyli, a przynajmniej łudzili się, że jadą do pracy, przecież zabierali ze sobą to, co mogło im ułatwić przeżycie. Zresztą nawet bez tej wiary wyciągani z domów ludzie zabierali co cenniejszego ze sobą, czasem w panice i śmiertelnej trwodze łapali przedmioty pierwsze lepsze z brzegu lub inne, wydawałoby się zupełnie nieprzydatne w walce o przetrwanie, ale ważne z innych powodów. Morris Shapiro (Motl Szapiro) z Goraja, uciekając, zabrał duży i ciężki tom Talmudu, który miał ze sobą w kolejnych kryjówkach, i nawet w tak skrajnych okolicznościach nie zaniechał studiów talmudycznych wpojonych mu w lubelskiej jesziwie[310]. Te przedmioty, bezwartościowe dla oprawców na placu zbornym lub które udało się przemycić, odbierano ofiarom już na miejscu kaźni; część z nich lądowała potem w dołach śmieciowych[311]. Domy i mieszkania ofiary ludobójstwa musiały pozostawić tak, by umożliwić do nich dostęp oprawcom — z kluczem w zamku.

Drugim celem, który realizowano na placu, były selekcje ludzi do pracy niewolniczej. Wybierano przede wszystkich mężczyzn młodych, zdrowych i silnych, a „wyselekcjonowanych" odwożono samochodami do miejsca przeznaczenia. Mogło być też inaczej, np. ostatnia selekcja żydowskich robotników w Biłgoraju dokonana została jeszcze przed akcją, kiedy to Judenrat otrzymał polecenie sporządzenia listy 70 rzemieślników, którzy otrzymali specjalne zaświadczenia o zatrudnieniu chroniące ich przed wywózką — tzw. glejty na życie. Umieszczono ich w wydzielonym już wówczas i odgrodzonym getcie szczątkowym (*Restghetto*) na ul. 3 Maja; w trakcie akcji 2–4 listopada byli więc „legalni", odizolowani i tymczasowo bezpieczni. Była to sytuacja w powiecie wyjątkowa, gdyż rozporządzenie Friedricha Wilhelma Krügera, dowódcy SS i policji w GG, z 28 października 1942 r. o utworzeniu dzielnic mieszkaniowych w ośmiu tzw. gettach wtórnych w dystrykcie

310 USC, VHA, 9679, Relacja Morrisa Shapiro.

311 Zob. Andrzej Kola, *Hitlerowski obóz zagłady Żydów w Bełżcu w świetle źródeł archeologicznych. Badania 1997–1999*, Warszawa–Waszyngton: Rada Ochrony Pamięci Walk i Męczeństwa, United States Holocaust Memorial Museum, 2000.

lubelskim nie przewidywało żadnej takiej dzielnicy na terenie powiatu biłgorajskiego.

Przeznaczona do transportu śmierci tzw. pociągiem żydowskim (*Judenzug*) reszta ofiar pędzona była do punktu deportacyjnego, który w całym powiecie biłgorajskim był tylko jeden — stacja w Zwierzyńcu. Stamtąd linią kolejową przez Długi Kąt, Susiec, Maziły do Bełżca było już tylko około 50 km. Czas przejazdu pociągu to ostatni moment, gdy można było jeszcze podjąć decyzję o ratowaniu się i ryzyku związanym z wyskoczeniem z pędzącego i obstawionego uzbrojonymi żandarmami pociągu. Niektórzy ryzyko podjęli, tylko nieliczni przeżyli sam skok i cały okres ukrywania się aż do końca wojny.

„Wzorcowo" przeprowadzona akcja powinna była zacząć i zakończyć się jednego dnia, bez „strat własnych". W powiecie biłgorajskim ostatnia akcja, która swym zasięgiem objęła jednocześnie cały powiat, trwała od 2 do 4 listopada. Tyle zajęło przeprowadzenie jej na miejscu w każdym z miasteczek, zgromadzenie ludzi, przepędzenie ich pieszo z najdalszych miejscowości powiatu do miejsca załadunku w Zwierzyńcu i wreszcie załadowanie do pociągu. Większe miejscowości (osady typu miejskiego) oddalone są od siebie o mniej więcej 20 km, toteż pokonanie pieszo ponad 40-kilometrowego odcinka dzielącego Tarnogród od Zwierzyńca nie mogło trwać jeden dzień. Podobnie było w wypadku Frampola i Krzeszowa — przejście tej drogi musiało być mordercze, niewyobrażalnie trudne, dla wielu osób i dla dzieci wręcz niemożliwe. Kolumny eskortowali policjanci na rowerach, czasem dodatkowo na początku i końcu kolumny jechał oświetlający drogę samochód. Tak było np. przy pędzeniu Żydów tarnogrodzkich, którzy dotarli do Biłgoraja późną nocą. Na wozach konnych podstawionych przez chłopów (do podwód byli zobowiązani na rozkaz) przewożono dzieci, osoby starsze i bagaże. Tak wyglądałby „wzorcowy" pochód skazańców. W rzeczywistości trasy przemarszów usłane były dziesiątkami, jeśli nie setkami ciał zamordowanych. Masowe groby, dziś w większości zapomniane i nieoznaczone, rozsiane są wzdłuż całej trasy łączącej Tarnogród, Krzeszów i Frampol z Biłgorajem, a Biłgoraj ze Zwierzyńcem.

Jak wspominałam, przebieg Zagłady nie był w powiecie biłgorajskim jednolity, przeprowadzony wedle jednego schematu. Można założyć, że duże rozproszenie Żydów w odległych i słabo skomunikowanych ze sobą miejscowościach (przed wojną Żydzi mieszkali poza miasteczkami w 80 wsiach i koloniach) spowodował wprowadzenie w życie innego jeszcze sposobu „ostatecznego rozwiązania kwestii żydowskiej". Zamiast przesiedlać ludność z całej okolicy do najbliższych większych skupisk, w teren wyruszał pluton egzekucyjny; jeżdżąc od wsi do wsi, wyłapywał i mordował Żydów na miejscu, a ich spisy wcześniej musieli dostarczyć sołtysi[312]. Cały powiat pokryty jest grobami Żydów zabitych w tych akcjach, niektóre z nich są oznaczone i pielęgnowane, np. grób na polu Jana Majewskiego w Łukowej czy mogiła we wsi Kulno, ale o większości dziś już niewiele osób wie i pamięta, gdzie się znajdują. Nie sposób współcześnie zlokalizować grobów przy drogach, na polach i łąkach czy w lasach. Wyobrażenie o ich dużej liczbie dają tużpowojenne ankiety sądów grodzkich o egzekucjach i masowych mordach, dziś znajdujące się w archiwum Instytutu Pamięci Narodowej.

Pozostały po zamordowanych ruchomy dobytek, ten, którego nie rozgrabiono i nie zniszczono w trakcie samej akcji, bo przecież miejscowa ludność miała co najmniej kilka godzin na spenetrowanie pustych już „pożydowskich" mieszkań, choć Niemcy zarządzali zabezpieczenie majątku po zamordowanych („Wójta nie zastałem: pieczętował żydowskie domy"[313]) — palono (tak było np. w Józefowie), a cenniejsze przedmioty, ubrania i meble gromadzono w magazynach i odsyłano do dalszej przeróbki i wykorzystania w Rzeszy. Inne sprzedawano na licytacjach w pierwszej kolejności Niemcom i Volksdeutschom, a czego oni nie chcieli — także miejscowym Polakom. Garnki, talerze, meble, pościel, lampy, zegary, obrusy, okna, zasłony, ubrania... Były to przecież już majątki bezpańskie, niczyje, za takie bowiem „uważa się te, których właściciele zostali rozstrzelani przez żandarmerię, względnie wysiedleni"[314]. Splądrowane mieszkanie wiceprzewodniczącego józefowskiego Judenratu w chwilę po akcji widział polski świadek, gdy wszedł do domu, w którym mieszkał jego znajomy; tam także było to mieszkanie. Zaskoczony i strwożony swoim wtargnięciem w czyjś intymny, prywatny, jeszcze ciepły świat — świat ludzi, których znał i którym teraz wzrokiem „grzebał" w szufladach, szafach, a nawet w łóżku...

> Wywalone na środek pokoju szuflady, otwarte drzwi szafy, na podłodze okruchy gipsowej figurki, rozsypane koraliki, kawałek wstążki, strzępek podwiązki, podarta pończocha, rozsypane listy, jakieś fotografie, zgniecione

312 AŻIH, 301/1474, Relacja Estery Fefer; Relacja Chaima Mordechaja Szlajchera [w:] *Bilgoraj izker buch*, mps, s. 139.

313 Jakubik, *Czapki na bakier*, s. 22.

314 AP Kraśnik, 28/484, Akta gminy Sól, Protokoły sesji sołtysów, 1942–1944, Sesja z 23 XII 1942 r., k. 36.

dokumenty. Nie był to widok dla moich oczu. Spłoszyłem się. Chciałem się wycofać... Szafa była oczywiście pusta. Za szafą kłąb tasiemek, dalej ogołocone łóżko. Rejterując tyłem w kierunku drzwi, bez przerwy potykałem się spojrzeniem o leżące na podłodze rupiecie. [...] Schylony nad podłogą, spode łba spojrzałem w kierunku okna: za oszklonymi drzwiami stała z twarzą przylepioną do szyby żona wiceprzewodniczącego Judenratu. W niczym nie przypominała dystyngowanej inicjatorki uroczej dyskusji o literaturze: brudna, wymięta bluzka, rozkudlone włosy, wytrzeszczone konwulsyjnie oczy, brzydko otwarte usta; rozkrzyżowane ramiona młóciły zaciekle framugę drzwi. Obserwowaliśmy się kilka sekund. Szarpnęła klamkę, zabębniła pięściami po szybie, skrzeknęła żałośnie, gwałtownie odchyliła się do tyłu... Nie mogłem się ruszyć. Po pewnym czasie wyprostowałem się i wybiegłem na ulicę... [...] Żonę wiceprezesa oraz kilka innych osób z miejscowego Judenratu ukrył podobno na czas akcji we własnej piwnicy wójt Giełczyk. Sprzedaję, co słyszałem[315].

Opis akcji wysiedleńczo-eksterminacyjnych, jaki zaprezentowałam w tym rozdziale, nie daje w najmniejszym stopniu wyobrażenia o tym, co w ich trakcie w rzeczywistości się działo, jak dantejskie, rozdzierające serce sceny się rozgrywały. „Wzorcowa akcja" w praktyce była nie do zrealizowania, ofiary stawiały przecież opór, ukrywały się, uciekały — jedynie skala takich reakcji i działań była odmienna w różnych miejscach i okresie. Z biegiem czasu, po sierpniowych wywózkach, kiedy od „wysiedlonych do pracy na Wschód" nie nadchodziły żadne wiadomości, za to zewsząd napływały wieści o masakrach dokonywanych na Żydach, już prawie nikt nie wierzył w niemieckie kłamstwa. W trakcie jesiennych wysiedleń dochodziło do masowych ucieczek, towarzyszyły im coraz brutalniejsze zachowania oprawców. Przede wszystkim trzeba podkreślić właśnie tę niebywałą brutalność i szybkość działania policjantów i żandarmów[316]. Wszystko odbywało się błyskawicznie, w szalonym tempie i przy akompaniamencie szczekania psów, krzyków, wrzasków towarzyszącym rozkazom oprawców, popychania i szturchania ludzi kolbami karabinów, kopania i bicia. Nie zostawiano

315 Jakubik, *Czapki na bakier*, s. 23–25.

316 Zupełnie inaczej było w wypadku masowej egzekucji 13 lipca w Józefowie, dokonanej przez 101 Batalion, którego policjanci obchodzili się z ofiarami ponoć „nad wyraz grzecznie i delikatnie". Przypisać to trzeba niedoświadczeniu policjantów tego batalionu, późniejsze akcje z ich udziałem miały już inny, typowy przebieg.

czasu do namysłu i reakcji, atakowano zmysły i ciało. Każdy przejaw oporu, słowa sprzeciwu, jakikolwiek gest demonstrujący pogardę dla sprawców były karane natychmiast, opornych i niepokornych zabijano na miejscu. Wiele tych aktów miało charakter pokazowy i odstraszający: każdego czeka ten sam los co mordowaną okrutnie ofiarę. Szybką śmierć od kuli należało w takich okolicznościach uznać za zbawienną. Trzeba więc tu jasno powiedzieć, że termin „rozstrzelani", jakim posługuję się w zestawieniu chronologicznym kolejnych akcji eksterminacyjnych (zob. aneks, tabela 7), ma charakter umowny, odróżniający śmierć zadaną na miejscu lub w drodze do punktu zbornego i w czasie przejazdu do obozu od śmierci w komorze gazowej Bełżca. Taka śmierć często oznaczała męczarnie, długie umieranie od ran zadanych szpadlem, kijem, kolbą karabinu czy butem. Śmierć z uduszenia w masowym grobie... Część ofiar nie umierała od kuli natychmiast, ranni byli chowani ze zmarłymi, umierali przytuleni do martwych, nagich i skrwawionych ciał, z piaskiem zatykającym oczy i usta.

Świadectwa świadków i tym samym uczestników akcji eksterminacyjnych w powiecie biłgorajskim nie pozostawiają żadnych złudzeń: krew mordowanych dosłownie zalała ulice miasteczek. Każdego wyciągniętego z kryjówki lub złapanego w tracie ucieczki bądź zabijano na miejscu, bądź zamykano w areszcie gminnym lub w innym pomieszczeniu pełniącym tę funkcję; we Frampolu była to piwnica w szkolnym budynku, w Tarnogrodzie skład skór Chaima Goldmana, w Szczebrzeszynie areszt miejski. Później kilkudziesięcioosobowe grupy nieszczęśników odprowadzano na miejsce egzekucji, na miejscowy cmentarz żydowski, gdzie zawczasu wykopano już wielkie doły — zbiorowe groby. Tu chciałabym wspomnieć o korespondencji starosty powiatu z wójtami gmin, w której już w lipcu 1942 r. pytał on, czy na terenie gminy istnieje kirkut żydowski. Z pozoru pytanie wydaje się pozbawione sensu, „niewinne", ale dopatruję się w nim jednego z elementów przygotowawczych i logistycznych akcji eksterminacyjnych, skoro — jak się okazało — to właśnie cmentarze żydowskie stały się miejscami rozstrzeliwania Żydów[317]. Można przypuszczać, że miejscowości, w których były cmentarze, z góry wytypowano jako te, gdzie będzie można dokonać egzekucji na miejscu. Ciała zabitych na placach i ulicach zbierano i grzebano w zbiorowych grobach na cmentarzu rękoma miejscowych Polaków. Oni również asystowali w trakcie egzekucji, kopali groby, wrzucali do nich ciała zabitych,

317 Zob. AP Kraśnik, 27/3, Akta gminy Puszcza Solska, Zarządzenie starosty z 2 VII 1942 r., k. 60.

zasypywali je wapnem i piachem. Niemieccy oprawcy nie ukrywali przed miejscowymi tego, co robią, nawet nie byliby w stanie tego ukryć. Wszystko działo się publicznie, kto chciał widzieć, widział, kto chciał słyszeć, słyszał; wiadomo, że wielu nie chciało. Z opowieści grabarzy wiemy, że oprawcy nie dbali o to, czy grzebane ofiary jeszcze żyją. Czasem „z dobrego serca" dających oznaki życia dobijano, ale wielu ludzi po prostu pogrzebano żywcem. Wszyscy świadkowie takich scen mówią, że masowe groby po ich zasypaniu jeszcze się ruszały, a ranni, duszący się ludzie walczyli do ostatniej chwili życia i ostatniego haustu powietrza.

Kolejne dni i tygodnie po ostatniej listopadowej akcji były czasem intensywnego „polowania na Żydów" w całej najbliższej okolicy danego miasteczka. Niemcy nie mieli złudzeń, że jednego dnia zdołają wyłapać i deportować wszystkie ofiary. Mimo powtarzania akcji deportacyjnych wciąż setki Żydów zdołały się ukryć i uniknąć śmierci. Ukrywali się w schronach i kryjówkach w mieszkaniach, w domach na terenie miasta, w bunkrach, w lasach i u znajomych chłopów. Złapanych przetrzymywano pod strażą i co jakiś czas, gdy grupa uwięzionych była już dostatecznie duża, wyprowadzano na cmentarz i rozstrzeliwano.

Cały okres od stycznia 1943 r. aż do zakończenia wojny to ostatni, trzeci etap Zagłady, kiedy Niemcy sami nie organizowali w zasadzie żadnych większych wymierzonych specjalnie przeciwko Żydom akcji czy ekspedycji i obław. W tym czasie niemal cały wysiłek tropienia, denuncjowania albo wręcz zabijania Żydów spoczywał w rękach miejscowej ludności („nichtdeutsche Bevölkerung" — „nieniemieckiej ludności", jak powiedziałby ówczesny niemiecki urzędnik mieszkający na podbitych ziemiach). Tak samo jak wysiłek pomocy, ukrywania i ratowania skazanych na śmierć. Los, dobry lub zły, zależał w ogromnym stopniu od polskiego otoczenia, ale bardzo duża grupa Żydów w powiecie walczyła zupełnie sama o swoje przeżycie. O tym, jak jedni i drudzy ten czas przetrwali, czy raczej jak go nie przetrwali, będą traktować dalsze części opracowania.

GEOGRAFIA ZAGŁADY

JÓZEFÓW BIŁGORAJSKI (13 LIPCA — 21 PAŹDZIERNIKA 1942 R.)

Masakra z 13 lipca w Józefowie była pierwszą zbrodnią w powiecie na wielką skalę i pierwszym zrealizowanym rozkazem wymordowania niemal całej żydowskiej ludności miasteczka. Zbrodnia w Józefowie, dokonana przez 101 Batalion Policji, została już zbadana i opisana dokładnie przez Christophera Browninga i Daniela Goldhagena, a także innych badaczy[318], dlatego fakty podane w literaturze, do której odsyłam, uzupełniam tu jedynie relacjami polskich i żydowskich świadków, niecytowanymi przez przywołanych autorów. Gdy rankiem polecono zgromadzić wszystkich Żydów na rynku, część policjantów obstawiła rynek, inni wyruszyli na przeszukanie domów. Policjanci mieli rozkaz strzelania do każdego, kto chciałby uciec lub ukryć się, toteż „ciała zastrzelonych Żydów leżały wszędzie — w domach, na ulicach, na rynku"[319]. Wielu Żydów stawiło się dobrowolnie, nie widząc sensu w ukrywaniu się, nie mając nadziei ani żadnych środków, by podjąć jakiekolwiek kontrdziałania. Na rynku wybrano około trzystu mężczyzn zdolnych do pracy (*Arbeitsfähigen*), wywieziono ich do Lublina, do obozu pracy przy ul. Lipowej 7[320]. Na prośbę Niemca, dyrektora pobliskiego tartaku w Długim Kącie, zwolniono 25 zatrudnionych tam mężczyzn[321]. Pozostałych kolejno cały dzień aż do zmroku wywożono grupami za miasto w głąb lasu na tzw. Winiarczykowej Górze, tuż przy szosie w kierunku na Biłgoraj[322], i tam rozstrzeliwano. Jeden z niewielu naocznych świadków tych wydarzeń, który zdecydował się o tym mówić, napisał:

> Dalsze transporty defilowały wzdłuż ukrytego szpaleru widzów, przeważnie kobiet i dzieci, skupionych za parkanami, przylepionych do futryn,

---

318 Dorota Skakuj, *Masakra w Józefowie 13 lipca 1942 roku*, „Nad Tanwią i Ładą. Przyczynki do historii i kultury Ziemi Biłgorajskiej" 2012, t. 6, s. 65–71.

319 Browning, *Zwykli ludzie...*, s. 73–76.

320 AŻIH, 301/105, Relacja Israela Szlajchera.

321 Prawdopodobnie grupę Żydów zatrudniono też w tartaku w Krasnobrodzie (Herc, *Czasy niezapomniane...*, cz. 2, s. 79).

322 Iglasty las i piaszczysta górka za rzeką Nepryszką, w pobliżu gajówki Adama Krzaczka i Adamowicza, była własnością Winiarczyka, stąd nazwa (*ibidem*, cz. 2, s. 78–79).

> wychylonych ostrożnie z półotwartych okien lub stojących przed furtkami. Obecnie każdy samochód odjeżdżał w kierunku lasu, chaotycznie falując woskowymi łodyżkami wyciągniętych ramion, spowity kakofonicznym welonem płaczu, śmiechu, śpiewu oraz pożegnalnych okrzyków. W powietrzu nad jezdnią wirowały strzępy banknotów, konfetti podartych dokumentów, na chodnik padały kolczyki, tanie pierścionki i odłamki pośpiesznie niszczonych obrączek. Z głębi pokoju obserwowałem perspektywę ulicy biernie i przezornie. Nie byłem miejscowym proboszczem, nie byłem józefowskim policjantem. Byłem skromnym, tuzinkowym biuralistą, który się boi prywatnie i który wie, że po bezsennie prawdopodobnie spędzonej nocy zje jednak jutro śniadanie, zje obiad, zje nawet kolację, i któremu owa bierność, owa przezorność i lęk nie odbiorą chyba apetytu i nie przysporzą wyrzutów sumienia[323].

Ofiarom kazano kłaść się twarzą do ziemi w szeregu, wzdłuż ścieżki. Nie były zmuszane do rozbierania się i nie przeszukiwano ich ubrań w celu odebrania kosztowności[324]. Egzekucję zgodnie z instrukcją wykonywano szybko, strzałem z bliskiej odległości w tył głowy. Niektórzy policjanci nie radzili sobie z zadaniem, kule rozbijały więc czaszki, a mózg, fragmenty ciała i kości rozpryskiwały się dookoła, brudząc niemieckie mundury i twarze. Po południu przywieziono mocny alkohol, sprawcy mordowali w coraz większym upojeniu i zamroczeniu, obryzgani ludzką krwią, zaczadzeni jej zapachem, krążyli wśród niepogrzebanych ciał. Ale, jak opowiadała polskim sąsiadom cudem ocalała wraz z dwiema córkami z pierwszej egzekucji pochodząca z Konina pani Bigos, wszyscy policjanci „przez cały czas obchodzili się z nimi nadzwyczaj delikatnie i spokojnie"[325]. Pragnę tu przypomnieć: policjanci ze 101 Batalionu byli przecież „zwykłymi ludźmi", nigdy wcześniej nie zabijali, to, co zrobili 13 lipca w Józefowie, stanowiło ich pierwszą zbrodnię, ale nie ostatnią. Tego dnia, 13 lipca, byli jednak nowicjuszami, nie wiedzieli jeszcze, że z ofiarami nie należy rozmawiać, ponieważ rozmowa tworzy więź, a tej między ofiarami i sprawcami być nie powinno. Już po zmroku tego dnia 101 Batalion odjechał do Biłgoraja, mordując przedtem na miejscu pacjentów żydowskiego szpitala oraz wszystkich chorych i starych, którzy

---

323 Jakubik, *Czapki na bakier*, s. 22.

324 Daniel Goldhagen, *Gorliwi kaci Hitlera. Zwyczajni Niemcy i Holocaust*, tłum. Wiesław Horabik, Warszawa: Prószyński i S-ka, 1999, s. 202.

325 Herc, *Czasy niezapomniane...* cz. 2, s. 80.

pozostali w swoich domach. A zmasakrowane ciała około tysiąca ofiar pozostały w lesie na Winiarczykowej Górze i na ulicach miasteczka.

> Każdy zabity miał twarz zakrytą rękami, mimo że leżeli twarzą do ziemi. Widocznie tak im kazano. U wylotu kuli z głowy, wszystkie czaszki były popękane, a z niektórych wyleciał mózg. Nie oglądaliśmy wszystkich, ponieważ na to potrzeba było dużo czasu i nie należało do przyjemności. Zaraz po wyjeździe Niemców biedota ściągała z ofiar ubrania i szukała łupów w postaci zegarków, pieniędzy, dolarów i złota[326].

Dopiero w ciągu kilku dni po masakrze na polecenie burmistrza ciała zostały pochowane przez miejscowych Polaków. Mord z 13 lipca nie „zlikwidował" całkowicie społeczności żydowskiej w Józefowie, liczącej w tym dniu 2100–2200 dusz wraz z przesiedleńcami z Konina[327]. Liczna grupa ukryła się i uniknęła egzekucji, po pewnym czasie powrócili oni do miasteczka, dołączyli do nich Żydzi przesiedleni do Józefowa z innych miejscowości po 13 lipca, m.in. z Łukowej (o czym dalej). Estera Fefer podała, że pewnego dnia zjawił się w Łukowej prezes józefowskiego Judenratu Mordcha Leiter wraz z dwoma „milicjantami" i wszystkich, około sześćdziesięciu osób, przewieziono do Józefowa.

> Józefów było to prawdziwe miasto śmierci. Zabijano bez akcji, bez pretekstu. Na sam Sądny Dzień[328] zabierali niby wedle listy, na liście było 20 nazwisk, a tymczasem zabrali 70 kilka osób. Zabrano ich do remizy strażackiej, tam zbito ich nieludzko, a potem zastrzelono za miastem w wapniarce pod lasem[329]. Przy tem była pomocna ludność miasta. Po tygodniu zaczęli codziennie przyjeżdżać jacyś niemieccy dygnitarze. Mówiono ogólnie, że Józefów ma zostać „judenfrei". Ciągle było mordowanie i bicie. Nie było dnia bez ofiar. Zaczęliśmy planować, jak wydostać się z tego piekła[330].

---

326 Autor trzy dni po pogromie poszedł do lasu ze znajomym, Borysem Paulinem, i widział ciała zamordowanych (*ibidem*).

327 W lipcu 1941 r. było w Józefowie 2147 Żydów (AŻIH, ŻSS, 211/221, Pismo z 18 VII 1941, k. 47).

328 Święto Jom Kipur zaczynało się w 1942 r. w niedzielę 20 września po zachodzie słońca.

329 Silberklang, *Gates of Tears...*, s. 327.

330 AŻIH, 301/1474, Relacja Estery Fefer.

Esterze i wielu innym osobom udało się uciec do lasu. Pisze ona o grupie aż trzystu uciekinierów, którzy w lasach józefowskich, czyli w Puszczy Solskiej, walczyli o przeżycie. Ostateczny kres ludności żydowskiej w tym mieście nastąpił 21 października 1942 r. Inny świadek, Tadeusz Butrym, wspominający zagładę Żydów tego miasteczka, słusznie stwierdził, że „getto [...] likwidowano chyba czterokrotnie". To samo można powiedzieć o niemal każdym skupisku żydowskim na tym terenie. Butrym zapamiętał, że ostatnia, nieliczna garstka Żydów została przepędzona z miasteczka na stację w Długim Kącie[331]:

> Ludzie szli całą szerokością drogi, ale każdy w pojedynkę wlókł swoje skupienie w śmierci. To wlokły się już ludzkie trupy. I żadna siła nie była w stanie narzucić im niemieckiego ładu. Szli rozciągnięci na całej przestrzeni drogi, wcale na grupę nie wyglądając. Do ostatnich strzelano. Tak zginął Tajer, kiedyś bogaty kupiec, właściciel sklepu żelaznego i wielu innych. Cała droga usiana była trupami[332].

Oczekiwanie na pociąg w Długim Kącie trwało trzy godziny, to wystarczająco długo, by z nudów dodatkowo znęcać się nad Żydami fizycznie i psychicznie, zmuszać ich do makabrycznego tańca wokół ogniska i rozbierania się do samej bielizny. „Niemcy uznali, że tak będzie weselej..." Żydów z Józefowa na stacji w Długim Kącie dołączono do ostatniego transportu zbiorczego w drodze do Bełżca 4 listopada 1942 r. Zdaniem Butryma najdłużej, do wiosny 1943 r., przetrwała grupka Żydów nadal zatrudnionych w tartaku w Długim Kącie, ale w końcu i ich wywieziono do obozu w Trawnikach. Więźniowie z Trawnik zginęli w listopadzie 1943 r. w masakrze nazwanej „Dożynkami".

TARNOGRÓD, BIŁGORAJ, SZCZEBRZESZYN I ZWIERZYNIEC (8–9 SIERPNIA 1942 R.)

8 i 9 sierpnia 1942 r. przeprowadzono pierwszą skoordynowaną akcję na terenie powiatu biłgorajskiego, której ofiary wywieziono do Bełżca. Deportacji doglądał osobiście kreishauptmann Hans Augustin, przeprowadzały

---

331 Nie jest jasne, jak datować akcji w Józefowie opisaną przez Tadeusza Butryma.

332 Tadeusz Butrym, *Żydowski pociąg odjechał pierwszy* [w:] *Czarny rok... czarne lata...*, oprac. Wiktoria Śliwowska, Katarzyna Meloch, Marian Turski, Warszawa: Polityka Spółdzielnia Pracy, 2010 (seria „Biblioteka Polityki"), s. 197–198.

ją miejscowa żandarmeria i 3 Kompania 67 Policyjnego Batalionu Rezerwy. Akcja objęła równocześnie Tarnogród, Biłgoraj, Zwierzyniec i Szczebrzeszyn. Latem i jesienią 1942 r. trwały już systematyczne, całościowe akcje przeczesywania całych powiatów w dystrykcie lubelskim i wysyłania do Bełżca niemal wszystkich Żydów skoncentrowanych w gettach. Miało to związek z rozkazem Heinricha Himmlera ogłoszonym 19 lipca w Lublinie, aby do końca 1942 r. „deportować" wszystkich Żydów z terenu GG[333]. Akcje eksterminacyjne nabrały więc przyspieszenia. Około 700 Żydów popędzono pieszo z Tarnogrodu do Biłgoraja (20 km), a stamtąd wraz z 800–1000 Żydami biłgorajskimi dalej na oddaloną o 21 km stację w Zwierzyńcu. Dla Żydów z Tarnogrodu oznaczało to pokonanie pieszo w upalny dzień ponad 40 km. Za konwojem jechały chłopskie furmanki, wezwane na podwody. Pochód skazańców konwojowali na rowerach policjanci z 1 i 2 plutonów 3 Kompanii 67 Batalionu[334]. Wszystkich, łącznie z grupą 52 Żydów ze Zwierzyńca, wywieziono jednym transportem do Bełżca[335]. W transportach tych, przeznaczonych rzekomo do prac polowych na Ukrainie, wywieziono zarówno mężczyzn, jak i kobiety, dzieci oraz starców[336].

Niemcy przeprowadzili tę akcję ze swojego punktu widzenia „modelowo": zażądali, by Judenrat w Biłgoraju wyznaczył tysiąc osób do przesiedlenia, co stanowiło niemal połowę ówczesnej ludności żydowskiej miasta. Pod presją policjantów w liczbie jednego plutonu (30–40 ludzi) Judenrat zebrał się i sporządził taką listę; nie było na niej ani członków Rady Żydowskiej, ani robotników wykwalifikowanych z rodzinami[337]. Kto tylko mógł, organizował jakiekolwiek potwierdzenia „miejsca pracy", za taki dokument płacono duże sumy, nawet 200 dolarów za rodzinę[338]. Niektórzy pracodawcy „wykradali" swoich pracowników, pozostali — łącznie kilkadziesiąt rodzin, 800–1000 osób, którzy stawili się, jak rozkazano, na rynku — zostali w konwoju wyprowadzeni na stację kolejową i załadowani do wagonów towarowych. Zabrali ze sobą bagaże (po 15 kg) i pieniądze (1500 zł na osobę), a także

333 Zob. *Wybór źródeł do nauczania o zagładzie Żydów...*, s. 253–254 (dokument nr 110).

334 Curilla, *Judenmord in Polen und die Deutsche Ordnungspolizei...*, s. 732.

335 *Zamojszczyzna w walce z Niemcami 1939–1944*, t. 2, oprac. Zygmunt Klukowski, Zamość: b.w., 1946, s. 80.

336 AŻIH, 301/5501, Relacja Jerzego Markiewicza.

337 Raul Hilberg, *Sprawcy, ofiary, świadkowie. Zagłada Żydów 1933–1945*, tłum. Jerzy Giebułtowski, Warszawa: Stowarzyszenie Centrum Badań nad Zagładą Żydów i Cyklady, 2007, s. 255.

338 AYV, M.1.E.1118, Relacja Nachuma Krimerkopfa.

żywność na czas rzekomej podróży na Ukrainę. Byli wśród nich i tacy, którzy uwierzyli niemieckiej propagandzie i zgłosili się do „przesiedlenia" dobrowolnie, nie dopuścili do siebie myśli o najgorszym. Informacje o istnieniu obozu śmierci w Bełżcu niektórzy jeszcze bagatelizowali, uważali za pogłoski, nieprawdopodobne plotki. Boruch Wermut i dwaj inni dowiedzieli się, od znajomego konduktora Sadowskiego, który sam był kilka razy w Bełżcu, że Żydów „palą [tam] w piecach", ale uznali, że trzeba o tym milczeć, ponieważ „konduktor opowiada takie rzeczy dlatego, że jest antysemitą"[339]. „Informacje, pogłoski, plotki mnożyły się z każdym dniem. Wymieniano miasta, podawano konkretne liczby i daty"[340]. Aż pewnego dnia powróciła do getta Dwora, córka Herszke Hochmana ze Zwierzyńca, która uciekła z pociągu. Od niej dowiedziano się, że Żydów rzeczywiście wywieziono do Bełżca. W końcu do spółdzielni „Społem" trafiło dużo odzieży i modlitewników, by sortowali to biłgorajscy Żydzi[341]. Jednak, jak pisze Wermut, dopiero znacznie później, po ostatniej akcji w Szczebrzeszynie (21 października) i relacjach złożonych przez uciekinierów z tego transportu („wielu z nich wyskoczyło z pociągu"), uwierzono, że chodzi o „Wielką Zagładę" wszystkich Żydów.

W Tarnogrodzie zastosowano tego samego dnia identyczny fortel, by zgromadzić odpowiednią liczbę ludzi do wywózki bez stosowania przemocy, tzn. Judenrat otrzymał polecenie przedsięwzięcia odpowiednich kroków w celu „przesiedlenia" 1500–2000[342] osób do „pracy na Ukrainie"[343]. Raul Hilberg podaje przykład akcji z 8 sierpnia w Biłgoraju, przeciwstawiając ją temu, co działo się w nieodległym Janowie Lubelskim[344]. Tam wielu Żydów ukryło się i na wkroczenie oddziału policji do getta odpowiedziało zbrojnym oporem; zdobyto kilka sztuk broni palnej i materiały wybuchowe domowej roboty, około pięćdziesięciu osobom udało się uciec, mimo to tylko garstka uratowała się od Zagłady. Judenrat biłgorajski okłamywał Żydów co do prawdziwego celu akcji i tym samym uniemożliwiał podjęcie zawczasu decyzji o ucieczce lub oporze. Członkowie tych judenratów,

339 *Zagłada Biłgoraja. Księga pamięci...*, s. 207.

340 Jakubik, *Czapki na bakier*, s. 16.

341 Hilberg, *Sprawcy, ofiary, świadkowie...*, s. 255 (na podstawie wyroku niemieckiego sądu w Hanowerze w sprawie Johannesa von Dollena, Johannesa Friedricha Rathjego i innych, 10 IV 1978 r.).

342 Absurdalność tego rozkazu polegała na tym, że w Tarnogrodzie mieszkało wówczas mniej Żydów niż wyznaczony kontyngent.

343 Curilla, *Judenmord in Polen und die Deutsche Ordnungspolizei...*, s. 733–734.

344 Hilberg, *Sprawcy ofiary, świadkowie...*, s. 256–257.

którzy nie ostrzegali, wypełniając niemieckie polecenia, uspokajając i zapewniając Żydów, że nic im nie grozi, po prostu zawiedli swoje społeczności. Wyznaczeni do „wysiedlenia" Żydzi nie tylko że nie zostali ostrzeżeni, ale przeciwnie, przekonywano ich, że istotnie jadą do pracy. Dlatego nie próbowali ukrywać się, uciekać czy stawiać oporu w jakikolwiek inny sposób[345]. Wspomnieć więc tu trzeba bardzo krytyczne opinie, jakie pozostawili ocalali z Zagłady o biłgorajskim Judenracie, a zwłaszcza o jego nowym przewodniczącym Herszu Zylberbergu. Ich zdaniem wysługiwał się Niemcom, wyciągał od ludzi pieniądze, a gdy ktoś nie mógł się więcej opłacać, był wysyłany do najgorszych prac przymusowych. „Nigdy nie mówił, co się stanie. O ile wcześniejszy Judenrat zawsze o wszystkim informował, umożliwiając ukrycie się, ten wszystko robił w konspiracji i dlatego właśnie Kreishauptmann darzył go zaufaniem"[346].

SZCZEBRZESZYN (8–9 SIERPNIA, 21 PAŹDZIERNIKA 1942 R.)

Zupełnie inny przebieg niż w Biłgoraju i Tarnogrodzie miała akcja w Szczebrzeszynie, przeprowadzona dokładnie w tym samym dniu. Jej zapowiedzią było identyczne polecenie skierowane do Judenratu przez kreishauptmanna, aby dostarczyć 2000 osób „do przesiedlenia"; wyznaczeni mieli stawić się o godz. 8 rano następnego dnia. Klukowski zanotował o 11 rano, że w mieście jest już od poprzedniego wieczora wyczuwalne poruszenie; policyjne patrole krążyły po ulicach, legitymowały, dobijały się do domów. Żydzi poukrywali się i nie stawiali na wezwania. Polscy kolejarze potwierdzali, że na stacji w Brodach stoi pusty pociąg z 55 wagonami. Ponieważ nikt się dobrowolnie nie zgłaszał, rozpoczęto regularne łapanki, a schwytanych odprowadzano do hali targowej, pełniącej funkcję tymczasowego aresztu. Gestapo, żandarmerii, członkom Sonderdienstu, policji granatowej i policji wszelkich innych formacji, w tym także żydowskiej, oraz polskim cywilom-pomagierom udało się tego dnia schwytać jedynie 280–400 osób. Wieczorem popędzono ich na stację kolejową; starych, niedołężnych i grupę kobiet dowieziono chłopskimi furmankami. Zostali skierowani do obozu przejściowego w Izbicy, a dopiero stamtąd do Bełżca. W czasie wyprowadzania

345 *Ibidem*, s. 254–257.

346 Abraham Janower, *Biłgoraj u progu Zagłady* [w:] *Zagłada Biłgoraja. Księga pamięci...*, s. 214.

ludzi z hali targowej, czemu przyglądali się licznie zgromadzeni miejscowi gapie, wybuchł tumult, w odpowiedzi na próby ucieczek doszło do strzelaniny, bicia pałkami i batem. Puste domy w tym czasie grabiono, całymi furami wywożono rzeczy i towary należące do Żydów.

Co przyczyniło się do tak różnego przebiegu akcji z 8 sierpnia w Szczebrzeszynie i pozostałych miejscowościach? Nie można udzielić przekonującej odpowiedzi na to pytanie. Być może to, że w Szczebrzeszynie akcję przeprowadzano miejscowymi siłami, bez udziału doświadczonych policjantów z 67 Batalionu, może ważną rolę odegrała bliskość Zamościa, skąd od dawna napływały wieści o deportacjach i obozie w Bełżcu, w końcu nie bez znaczenia były wcześniejsze zbiorowe egzekucje, których ani Żydzi w Biłgoraju, ani w Tarnogrodzie nie doświadczyli — w obu tych miejscowościach akcja z 8 sierpnia była pierwsza. Zdaniem ocalałego Icie Sztemera to przede wszystkim wcześniejsze egzekucje Żydów szczebrzeskich upewniły tę społeczność, że twierdzeniom Niemców nie wolno wierzyć i że ich rzeczywistym celem jest eksterminacja Żydów. Prawdopodobnie nie liczyła się postawa Judenratu, który zachował się tak samo jak judenraty biłgorajski i tarnogrodzki, czyli ulegle, wręcz służalczo wobec niemieckich rozkazów: „Judenrat otrzymał rozkaz dostarczyć 300 młodzieńców na transport do Bełżca i wziął się dokładnie za wypełnianie tego rozkazu. Ale im się nie udało, bo duża część [młodych mężczyzn] nie chciała pójść, wiedząc, co ich czeka"[347]. Ocalali ze Szczebrzeszyna nie podają nazwisk członków Judenratu, gdyż tak bardzo, ich zdaniem, zhańbili pamięć o sobie. Tylko o jednym z nich wspomnienia są pozytywne. Wielu zapamiętało Hirsza Gecela Hochbojma, który nie chciał się podporządkować niemieckim rozkazom sporządzenia listy Żydów do „wysiedlenia" i popełnił samobójstwo przez powieszenie; stało się to jeszcze przed akcją sierpniową[348].

Ostatnia akcja w Szczebrzeszynie, ale nie ostatnia w powiecie biłgorajskim, zaczęła się o 6 rano w środę 21 października. Poza Żydami szczebrzeskimi ofiarami egzekucji i wywózki padli Żydzi z Radecznicy i innych okolicznych miejscowości (Chłopkowa, Gorajca, Mokregolipia, Zaporza), których tam przesiedlono pod koniec września. Niektórzy albo nie dali się

347 Relacja Efraima Farbera [w:] *Sefer zikaron li-kehilat Szebreszin* [Księga pamięci gminy Szczebrzeszyn], red. Dow Szuwal, Hajfa: Irgun Jocej Szebreszin be-Israel u-wa-Tefucot, 1984, s. 202 (tłum. z hebrajskiego na j. polski Adam Altman, mps).

348 Relacja Icie Sztemera [w:] *The Book of Memory to the Jewish Community of Szczebrzeszyn*, (tłum. J.S. Berger z jidysz i hebrajskiego na j. angielski), New Jersey 2006, s. 92.

wywieźć, albo później wracali do swoich wsi, a raczej „tylko do strefy leśnej”[349]. Tego dnia do Bełżca wywieziono 934 osoby, a pozostałych, którzy nie uciekli do lasu, zamordowano na miejscu. W domach, na ulicach, w kryjówkach leżały ich ciała. W miasteczku zabito prawdopodobnie około 2300 osób — taką informację otrzymał Klukowski od burmistrza Andreasa Krausa. Relacje mówią o kilkuset osobach, które uciekły do lasów. Ich tropienie, wyłapywanie i zabijanie na szczebrzeskim cmentarzu, nazywanym jak i gdzie indziej okopiskiem[350], trwało przez kolejne co najmniej dwa tygodnie, po tym czasie w dzienniku Klukowskiego informacje o przypadkach wykrycia ukrywających się są już sporadyczne.

> Wciąż stoją mi przed oczami bici pojedynczy Żydzi, grupy prowadzone na śmierć i trupy rzucone byle jak na furmanki, posiniaczone, pokrwawione. Wśród tych ofiar w znacznym stopniu przeważają kobiety, dzieci i starcy. Mężczyzn w sile wieku jest najmniej. Albo lepiej się ukrywają, albo zdążyli uciec do lasu. Jak mówią, właśnie ci odgrażali się, że będą się mścić i podpalą miasto za takie zachowanie się ludności cywilnej[351].

Polaków z miasteczka i okolicznych wiosek zaprzęgnięto do zwożenia i grzebania ciał[352]. Czasem ci sami ludzie przeszukiwali ubrania po zabitych, czasem rewidowali rozbierane do naga przyszłe ofiary, a nawet ciała ofiar już po egzekucji, czasem wykonywali swą makabryczną przymusową pracę, dogłębnie wstrząśnięci. Potworne fakty wspomniał Jan Jurczykowski, który sam świadkiem wydarzeń nie był, ale w miasteczku opowiadano, że „Niemcy jednak zauważyli, że po odstrzale Żydów ich pomocnicy wskakują do dołów, rewidują trupy, odnajdując różną biżuterię. Takim, który Żydówkom, zawinąwszy rękawy, grzebał palcami w łonie, szukając złota, był Franuszek, szewc”[353]. „Esesman Majewski chodził po ciałach z karabinem, palił papierosy i jeśli widział, że ktoś dogorywa — dobijał. Polacy musieli stać i się

349 „Rozwar” Zybała, Relacja pt. „Żyli wśród nas”, mps, s. 3.

350 To ludowe określenie cmentarza żydowskiego ma i inne, pierwotne znaczenie: to miejsce, na którym grzebie się padłe z różnych powodów zwierzęta.

351 Klukowski, *Zamojszczyzna*..., s. 327, zapis z 24 X 1942 r.

352 Zygmunt Klukowski, *Niedola i zagłada Żydów w Szczebrzeszynie* (Fragmenty z pamiętnika) [Relacja Tadeusza Jaszczyka], „Biuletyn ŻIH” 1956, nr 3/4 (19/20), s. 239–240. Przejmującą relację o tym, co się działo na kirkucie podczas egzekucji, odebrał od Tadeusza Jaszczyka tuż po wojnie Zygmunt Klukowski.

353 Brama Grodzka. Teatr NN w Lublinie, Jan Jurczykowski, „Mordowanie Żydów”, mps, s. 2.

temu bestialstwu przyglądać. Potem przysypywaliśmy doły ziemią. Znaliśmy zabitych Żydów. Przyjeżdżają czasem do Szczebrzeszyna Żydzi i pytają: czemu nie pomagaliśmy? A ja pytam: jak mieliśmy to robić? Trudno odpowiadać na takie pytania"[354]. W grupie Polaków grabarzy był Tadeusz Jaszczyk. Tylko jednego dnia w obecności Jaszczyka zamordowano przeszło sto osób, przeważnie mężczyzn.

> Z początku zabijano Żydów w ubraniach, każąc im kłaść się po obu stronach dołu, twarzą do ziemi, z głową nad brzegiem mogiły. Po jednej stronie szedł miejscowy żandarm niemiecki, po drugiej policjant granatowy z Sułowa — Matysiak. Podchodzili oni po kolei do każdego leżącego Żyda i pochyliwszy się, strzelali z krótkiej broni w tył głowy z odległości około 20 cm. Do tego czasu nie zauważyłem najmniejszej próby oporu ze strony Żydów. Leżąc na ziemi, ani drgnęli, spokojnie, z rezygnacją oczekując swojej kolejki. O rabunku rzeczy odbieranych Żydom przez niektórych Polaków wolę nie mówić... Raz jeden tylko widziałem, jak Żyd wyrwał z rąk Polakowi zabrane mu pieniądze i porwał na drobne kawałeczki. [...] Nie wszyscy Żydzi ginęli od razu. Niektórzy po strzale wili się, jęczeli i tak po zepchnięciu do dołu bywali przysypywani wapnem. W kilku miejscach widziałem, jak poruszała się warstwa wapna pokrywająca drgające jeszcze ciała. Utkwił mi w pamięci pewien wstrząsający szczegół, jak jedna młodziutka Żydówka, leżąc już na ziemi, zapytywała któregoś z Polaków zatrudnionych przy grzebaniu zwłok: „panie, czy ja dobrze leżę?". Patrząc na to wszystko, nie mogłem się opanować. Czułem się całkiem chory. Prosiłem SS-mana, żeby mnie zwolnił, ale bez skutku. Musiałem więc wytrwać do końca[355].

Dalej Jaszczyk relacjonuje, że jeszcze tego samego dnia Niemcy wprowadzili zmianę do praktyki mordowania: mężczyznom kazano rozbierać się do bielizny, kobietom — zwłaszcza młodym — nawet do naga. Rozebrani musieli wchodzić do dołu i układać równo jeden obok drugiego. Zabójcy stawali nad dołem i strzelali do ofiar pojedynczo lub z karabinu maszynowego. Jaszczyk był świadkiem buntu ofiar. W obronie młodej Żydówki stanął silny, dobrze zbudowany chłopak, może jej brat lub narzeczony? Uderzył policjanta pięścią tak mocno, że ten upadł. W jednej chwili Matysiak strzałem zabił

---

354 Zob. http://www.mmzamosc.pl/artykul/tragedia-zydow-w-szczebrzeszynie-nie-dajmy-sie-zobojetnieniu.

355 Klukowski, *Niedola i zagłada Żydów w Szczebrzeszynie* [Relacja Tadeusza Jaszczyka], s. 239–240.

chłopaka, dziewczynę zaś odprowadzono do pobliskiej szopy i dręczono przez kilka godzin, w końcu potwornie zbitą i sponiewieraną zastrzelono i ją. Przypadki oporu kończyły się dla ofiar bądź natychmiastowym ich zabiciem, bądź potwornymi cierpieniami, które oprawcy zadawali w odwecie. Klukowski o tej samej akcji z 21 października pisał, że „rabunek idzie na całego", że „wielu ludzi brało czynny udział w tropieniu i wynajdywaniu Żydów. Wskazywali, gdzie są ukryci Żydzi, chłopcy uganiali się nawet za małymi dziećmi żydowskimi, które policjanci zabijali na oczach wszystkich. W ogóle działy się straszne rzeczy, potworne, koszmarne, od których włosy stają na głowie"[356].

Na placu, gdzie trzymano Żydów pod gołym niebem, robotnicy fabryki Alwa znajdowali pieniądze, złoto, biżuterię i perły. „Obębniono"[357], że za pomoc Żydom i przechowywanie ich samych oraz należących do nich rzeczy grozi kara śmierci, za pomoc w tropieniu — czeka nagroda, cukier albo wódka. „Prawnie Żydzi w Szczebrzeszynie już nie istnieją, nie pozostawiono nawet najpotrzebniejszych rzemieślników, których brak już dzisiaj daje się odczuwać"[358]. Jak kilkakrotnie pisałam wcześniej, mordowaniu Żydów wszędzie towarzyszyła grabież, Niemcy czasem przymykali na nią oko, jeśli Polacy plądrujący puste domy pomagali w wydawaniu kryjówek Żydów. „Wszystkie budynki żydowskie stały otworem. Całe umeblowanie pootwierane: szafy z ubraniem, kredensy, różne skrzynie". Po pewnym czasie na ul. Frampolskiej grupa sześciu zapobiegliwych miejscowych „przedsiębiorców" (autor podaje ich nazwiska) otworzyła sklep z „ciuchami pożydowskimi"[359]. W niektórych domach po zamordowanych zamieszkali miejscowi Polacy, inne rozebrano, jeszcze inne same się zawaliły.

ŁUKOWA (SIERPIEŃ/WRZESIEŃ 1942 R.)

Późnym latem i wczesną jesienią zakończyła się długa historia niewielkiej żydowskiej społeczność gminy Łukowa. To, co się wtedy wydarzyło, można zrekonstruować na podstawie relacji Estery Fefer i zeznań polskich

356 Klukowski, *Zamojszczyzna...*, s. 325, zapis z 22 X 1942 r. W opublikowanej wersji podano zmienioną (ocenzurowaną już we wcześniejszych wydaniach dzienników) wersję pierwszych słów zdania, zamiast „wielu ludzi" jest „niektórzy".

357 Podano do wiadomości publicznej przez urzędnika magistratu chodzącego po mieście i bijącego w bęben.

358 Klukowski, *Zamojszczyzna...*, s. 325.

359 Brama Grodzka. Teatr NN w Lublinie, Jan Jurczykowski, „Mordowanie Żydów", mps, s. 2.

mieszkańców tej wsi, naocznych świadków[360]. Zagłada Żydów Łukowej ilustruje, jak wyglądała eksterminacja w małych miejscowościach, z których Żydów nie przesiedlono. Pewnego dnia na przełomie sierpnia i września[361] Niemcy przyjechali do wsi i nakazali sołtysowi zgłosić wszystkich Żydów, było ich ogółem, według relacji Estery Fefer, 214. W poleceniu tym dostrzeżono zły znak, zapowiedź najgorszego, „powstała wielka panika". Po pewnym czasie wczesnym rankiem, jeszcze przed świtem, przyjechała do wsi grupa żandarmów i policjantów z Biłgoraja; zamierzali zebrać wszystkich Żydów w jednym miejscu i rozstrzelać. Cel osiągnięto dopiero po kilku godzinach, gdy większą grupę zgromadzono na placu gminnym i popędzono na pole Andrzeja Grzyba; tam dokonano egzekucji. Dziś w tym miejscu jest ich zbiorowy grób i stoi pomnik pomordowanych Żydów w Łukowej. Determinacja ofiar, by uniknąć strasznego losu, sprawiła, że wielu stawiało opór, uciekali, ukrywali się, byli mordowani w miejscu schwytania. Estera Fefer z matką, siostrą i kilkoma mężczyznami ukryła się na strychu jakiegoś domu, podobnie jej mąż i inni mężczyźni. Te kryjówki okazały się tymczasowe i Estera wraz z matką i siostrą (wszystkie trzy przeżyły wojnę) kolejne straszne godziny spędziła na polu, leżąc w koniczynie i słuchając odgłosów tego, co się we wsi dzieje.

Inną kilkuosobową grupę Żydów ukrywających się „w topolach" Michała Hyra złapali żandarmi i policjanci granatowi, na miejscu zastrzelili, ale przedtem obrabowali: „Widziałem z ogrodu Rozmyślaka Kazimierza, jak komendant granatowej policji Michał Szturmowski wysypał z torebki (płóciennej) «skarby» żydowskie, a hitlerowiec zbierał, co uważał za złote, jak: pierścionki, kolczyki, dukaty, koronki złote itp., bo stał przy nich tłumacz — sołtys Jan Łakaj, który mi mówił, co Niemiec zabierał". Zginęli kulawy Szyja Zigierman (miał jedną nogę krótszą), Moszko Wertman, Szmul Fefer i całe

360 AP Zamość, 382/158, Prezydium Gromadzkiej Rady Narodowej w Łukowej, Dokumentacja zeznań ustnych i pisemnych mieszkańców GRN w Łukowej nt. zbrodni hitlerowskich popełnionych na terenie gminy, 1968–1971 (za wskazanie mi tych materiałów i udostępnienie kopii dziękuję Andrzejowi Augusiakowi); Andrzej Augusiak, *70 rocznica śmierci Janusza Korczaka oraz zagłady Żydów w Łukowej*, „Goniec Łukowej" 2012, R. 11, nr 3 (96), s. 14–16; AŻIH, 301/1474, Relacja Estery Fefer.

361 Data 10 VIII 1942 r. pada w aktach sprawy karnej przeciwko Tomaszowi Jamińskiemu, oskarżonemu o ujęcie w czasie tej akcji dwóch Żydówek, Nusi i Sury, i oddanie ich w ręce Niemców; zostały zastrzelone (AIPN Lu, 326/60). Na pomniku w Łukowej, ufundowanym przez Josepha Schorera, wyryto (prawdziwą?) datę 28 VIII 1942 r. Niektóre przekazy podają z kolei datę wrześniową.

ich rodziny, ktoś wspominał o zgwałceniu przez dwóch niemieckich żołnierzy na polu 17-letniej Blimki, córki kulawego Szyi. „Razem wszystkich Żydów Niemcy zastrzelili około 104 osób z samej wsi Łukowa"[362]. „Nikogo nie wywieźli, wszystkich zabijali na miejscu. Wszędzie na drodze, w polu, na miedzach, w domach leżały trupy"[363]. Ich pojedyncze i wspólne groby rozsiane są po polach Andrzeja Grzyba, Marcina Pluskwy, Szczepana Kawy i w innych miejscach. Dziś na polu Marcina Pluskwy stoi budynek Gminnego Ośrodka Kultury, w czasie wojny znajdowały się tam baraki, przy których wykonywano egzekucje zarówno Polaków, jak i Żydów. Jest to jedno z dwóch miejsc masowych egzekucji w Łukowej do dziś znanych i pamiętanych przez mieszkańców wsi[364]. Ocalali żydowscy łukowianie powracali w następnych dniach do wioski, potem znów uciekali w zarośla („sołtys zawiadomił nas, że Niemcy znów są we wsi"[365]), by w końcu po dwóch tygodniach otrzymać zawiadomienie, że mają się przenieść do Józefowa[366].

ZWIERZYNIEC (21 PAŹDZIERNIKA 1942 R.)

Tego samego dnia co w Szczebrzeszynie przeprowadzono ostatnią akcję w Zwierzyńcu. Zaczęła się nietypowo w godzinach popołudniowych, gdy do miasteczka zajechało kilka „bud", czyli wojskowych ciężarówek krytych brezentem, załadowanych grupą kilkudziesięciu policjantów z 3 Kompanii 67 Policyjnego Batalionu Rezerwy[367]. Ktoś z pracowników Arbeitsamtu, widząc to, powiedział: „Biorą Żydów. Cały Zwierzyniec otoczony. [...] Polaków nie zatrzymują wcale. Można chodzić swobodnie"[368]; na polu za domami stali rozstawieni pojedynczy żandarmi. Kilku Żydom pracującym w tartaku udało się ukryć „po rozmaitych zakamarkach", kilku uciekło do lasu. Jakaś

---

362 Według spisu z 1921 r. w Łukowej mieszkało 174 Żydów.

363 AŻIH, 301/1474, Relacja Estery Fefer.

364 Za informację dziękuję Andrzejowi Augusiakowi.

365 AŻIH, 301/1474, Relacja Estery Fefer.

366 *Ibidem*.

367 Curilla, *Judenmord in Polen und die Deutsche Ordnungspolizei...*, s. 736. Bohdanowicz nie potrafił określić, co to za jednostka — byli „w mundurach żandarmów z czerwonymi krawatami. Była to jakaś nowa odmiana SS" (Stanisław Bohdanowicz, *Likwidacja Żydów ze Zwierzyńca* [w:] *Materiały do dziejów Zamojszczyzny w latach wojny 1939–1944*, red. Zygmunt Klukowski, t. 2, Zamość 1945, s. 82).

368 Stefan Bakoński, *Biorą Żydów w Zwierzyńcu* [w:] *Czarny rok... czarne lata...*, oprac. Wiktoria Śliwowska, Warszawa: Stowarzyszenie Dzieci Holocaustu, 1996, s. 157.

kobieta, która po prostu wyszła z grupy zatrzymanych, na pytanie Niemca, czy jest Żydówką, odpowiedziała „nein". Niemiec puścił ją wolno. Podobnie postąpił lekarz dr Riedel (Rydler?), który tak jak jego żona zdjął w odpowiednim momencie opaskę z rękawa i „nie spiesząc się, spacerowym krokiem, z małą walizeczką w ręku wyszedł ze Zwierzyńca podczas największej strzelaniny"[369]. Oboje przeżyli wojnę[370].

Zgromadzonych na rynku kilkaset osób popędzono szosą w kierunku dworca kolejowego, tam wraz z Żydami szczebrzeskimi załadowano do pociągu i wywieziono do Bełżca. Towarzyszyły temu szczególna brutalność, bicie i strzelanina. Jak słusznie zauważył Robert Kuwałek, „cała procedura miała na celu doprowadzenie Żydów do takiego stanu, by nie stawiali oporu i nie próbowali podjąć ucieczki"[371]. W Zwierzyńcu, tak jak w każdym innym miejscu, korzystano z „usług" miejscowych kolaborantów i szpicli. Złapanych, w dziesięcioosobowych grupach rozstrzeliwali policjanci 3 Kompanii 67 Batalionu Rezerwy, którzy zeznawali po wojnie, że zabito wtedy około osiemdziesięciu osób[372]. Spośród konfidentów szczególnie zapamiętano Ignacego Kulika, „chciwego grabieżcę żydowskiego mienia", aktywnego w wyszukiwaniu ukrywających się Żydów, których podobno nawet własnoręcznie zabijał. Został niedługo potem wyrokiem polskiego podziemia skazany na karę śmierci, wykonaną 29 grudnia 1942 r.[373] Jak gdzie indziej, tak i tam, gdy „dzielnica żydowska opustoszała", przystąpiono do grabieży żydowskiego mienia.

GORAJ I FRAMPOL (2 LISTOPADA 1942 R.)

Zagłada Goraja i Frampola, miasteczek oddalonych od siebie o zaledwie 6 km, jest ze sobą ściśle związana, gdyż przeprowadzono ją jednocześnie i połączono z przesiedleniami ludności z jednej miejscowości do drugiej. Odsetek Żydów z Goraja i Frampola, którym udało się zbiec i w konsekwencji uratować od Zagłady, jest znacznie większy niż w innych miejscowościach

369 Bohdanowicz, *Likwidacja Żydów ze Zwierzyńca*, s. 83.
370 Bakoński, *Biorą Żydów w Zwierzyńcu*, s. 158.
371 Kuwałek, *Obóz zagłady w Bełżcu...*, s. 112.
372 Curilla, *Judenmord in Polen und die Deutsche Ordnungspolizei...*, s. 736.
373 Matławska, *Zwierzyniec*, s. 313; Bakoński, *Biorą Żydów w Zwierzyńcu*, s. 156–160.

powiatu. Zacznę od losu Żydów frampolskich[374]. Prawdopodobnie w sierpniu Judenrat otrzymał taki sam rozkaz jak w Szczebrzeszynie, Biłgoraju i Tarnogrodzie – sporządzenia listy „przesiedleńców" do rzekomej pracy na Ukrainie. Jednak we Frampolu Judenrat uprzedził Żydów o mającej nastąpić akcji i większość nie stawiła się do wywózki, lecz uciekła do Goraja, do lasu lub do okolicznych wiosek, i kiedy Niemcy wkroczyli, miasto było niemal puste; podobno pozostała tylko grupa sześciu Żydów, których złapano[375]. Po tej akcji uciekinierzy, jak w każdym innym podobnym przypadku, wrócili do Frampola. 29 września lub w październiku 1942 r. (relacje podają różne daty tego wydarzenia) Niemcy podpalili żydowskie domy w Goraju, a wszystkich przebywających tam Żydów przesiedlili do Frampola. Ostatnia akcja, która objęła tym samym Żydów gorajskich i frampolskich, nastąpiła miesiąc później, 2 listopada, i była skoordynowana z ostatnią akcją w całym powiecie.

Według Jerzego Czerwińskiego noc z 1 na 2 listopada Żydzi spędzili na czuwaniu, niektórzy uciekli do wąwozów i lasów, inni z niecierpliwością i trwogą wypatrywali gońca, którego posłali po wieści do Biłgoraja. Ponieważ akcja rozpoczęła się równocześnie we wszystkich miejscowościach, goniec wrócił dopiero o 6 rano, tuż przed nadjeżdżającymi samochodami z niemieckimi oddziałami policji uzbrojonej w kilka karabinów maszynowych, pistolety i granaty[376]. Miejscowość błyskawicznie otoczono, w kilku miejscach postawiono karabiny skierowane w stronę lasów i dróg ucieczki, mimo to Żydzi rozbiegli się w panice dosłownie po całym mieście, chowali, gdzie się dało – w krzakach, zaroślach, stertach liści, stogach siana i słomy, na polach, w piwnicach, na strychach, w polskich gospodarstwach, przy kościele i w zabudowaniach gospodarczych plebanii, w ustępach, w dołach tuż

---

374 Według Davida Silberklanga dwie akcje, z 21 VIII i 21 IX 1942 r., przeprowadzone w Goraju, spowodowały wywózki do Bełżca najpierw 850 osób, później 700. Oznaczałoby to koniec społeczności żydowskiej w tym miasteczku, a tak przecież nie było. W październiku 1942 r. ostatnich Żydów gorajskich przesiedlono do Frampola (*idem*, *Gates of Tears...*, s. 326–327). Prawdopodobnie autor przyjmuje, że wszyscy (850 osób) przesiedleni wcześniej z Biłgoraja do Goraja Żydzi trafili do Bełżca już w sierpniu 1942 r., tymczasem jak wiemy, wielu Żydów na własną rękę i wbrew zarządzeniom starosty wróciło do wcześniejszego miejsca zamieszkania lub przeniosło się do rodzin mieszkających we wsiach, potwierdzałaby to kartoteka RGO z lipca 1942 r., zgodnie z którą w Goraju mieszkało wówczas 776 Żydów.

375 *Frampol* [w:] *Encyclopedia of Jewish Communities in Poland*, t. 7: *Lublin & Kielce districts*, red. Abraham Wein, Jerusalem: Yad Vashem, 1999 (tłum. z hebrajskiego na j. angielski Morris Gradel).

376 Relacja Jerzego Czerwińskiego, http://andrzejburlewicz.blog.onet.pl/2015/11 (dostęp 18 X 2016 r.).

za miastem i w zawczasu przygotowanych bunkrach, nawet na cmentarzu. Żandarmi i policjanci przeczesywali ulica po ulicy, dom po domu, także te zamieszkane przez Polaków. „Niemcy latali po Frampolu jak «wściekłe psy» żądne krwi i mordu"[377]. Ulica Targowa prowadząca do rynku cała usłana była trupami, tak samo ulica Orzechowa — na ścieżkach, w pokrzywach, w krzakach widać było ciała zastrzelonych ludzi.

Akcja zakończyła się po czterech godzinach, na rynku uformowano kolumny skazańców, za nimi pojechały wozy załadowane chorymi, starcami i dziećmi; wszystkich skierowano do Zwierzyńca drogą przez Szczebrzeszyn. Długo trwały „polowania" na Żydów w całej okolicy. Z Lasu Janowskiego ulicami Polną i Łąkową co jakiś czas Polacy przyprowadzali grupy wyłapanych uciekinierów. Według Marianny Wąsek, Niemcy sami bali się chodzić do lasu, dlatego wysyłali strażaków, część szła „z musu", inni ochoczo i dobrowolnie. „Wiem, że Cacaniaki[378] przygnali z lasu do szkoły ze 30 Żydów [...]. Wśród nich był podobno rabin Frampolski"[379]. Według miejscowej legendy rabin i jego żona byli pięknie ubrani w pluszowe odzienia[380]. Niemcy zabili ich dziecko, które rebecyn trzymała na rękach[381]. Nie ma wątpliwości, że strażacy brali też udział w samej akcji eksterminacyjnej, wyszukując ukrywających się po domach i siłą sprowadzając ich na rynek. Kilkadziesiąt osób ukryło się w piwnicy jakiegoś domu, ich także wytropiono i wydano. Wszystkich złapanych gromadzono w urządzonym *ad hoc* areszcie w budynku szkolnym. Przez zakratowane okienko miejscowi zaglądali do uwięzionych, niektórzy odbierali i przekazywali kartki z ostatnią informacją dla najbliższych. „Zobaczyłam przez to małe okienko ludzi w strasznym stanie, brudnych i pokrwawionych, głodnych i spragnionych, bez jakiejkolwiek nadziei na uwolnienie. Z rozpaczy i bólu gryźli swoje ręce i kaleczyli ciała"[382]. List od uwięzionego ojca otrzymał Szmul Maler:

> Drogie Dziecko, wybaczam Ci i niech Ci też Bóg przebaczy. Schodzę z tego świata jako ofiara dla Ciebie, ażebyś Ty mógł dalej żyć. Adam Wonszyk [Wąsek?], ten, co woził cegły, kiedy budowaliśmy nasz dom, był u mnie, przez

377 Relacja Marianny Wąsek pt. „Zagłada Żydów we Frampolu", *ibidem*.

378 Mieszkańcy osady Cacanin na skraju Lasu Janowskiego.

379 Relacja Stanisława Oszusta, http://andrzejburlewicz.blog.onet.pl/2015/11 (dostęp 18 X 2016 r.).

380 Relacja Seweryny Krawczyk, *ibidem*.

381 AYV, O.3/3078, Relacja Chany Buksenbaum-Brik.

382 Relacja Marianny Wąsek, http://andrzejburlewicz.blog.onet.pl/2015/11.

kraty rozmawiałem z nim. Powiedział mi, że możesz przyjść do niego, on Cię przechowa. Powiedział też, że szkoda, że my wszyscy nie przyszliśmy wcześniej do niego. Dbaj o siebie, jedz i pij tak, żebyś mógł przetrwać tę gehennę. Uważaj, żebyś się nie przeziębił. Może nam się uda jeszcze wydostać z aresztu i pozostać przy życiu. To są ostatnie słowa Twego ojca, który jest ofiarą po to, żebyś Ty żył[383].

Z aresztu skazańców grupami wyprowadzano na cmentarz żydowski i rozstrzeliwano. W masowych grobach leży ponad siedemset ofiar tej zbrodni, a „wielu patrzyło na te egzekucje, i to nie z przymusu"[384].

TARNOGRÓD (2–4 LISTOPADA 1942 R.)

Gdy 2 listopada specjalne oddziały egzekucyjne, a więc ponownie 3 Kompania 67 Batalionu Rezerwy, wspomagane przez żandarmerię i miejscowe siły policyjne polskie i ukraińskie, wczesnym rankiem otoczyły Tarnogród, było jeszcze ciemno. W tarnogrodzkiej dzielnicy żydowskiej (obszar między ulicami Luchowską, Różaniecką i Rynkiem) przebywało w tym czasie około 2000 Żydów; poza miejscowymi mieszkali tam przesiedleńcy z gmin Obsza, Wola Różaniecka, Księżpol, Biszcza i Potok Górny, ponadto z Kalisza, Łodzi i być może z Wiednia[385]. Żydów spędzano na rynek obok synagogi, bito pałami, terroryzowano, do upadających strzelano; trwało to około dwóch godzin[386]. 4 listopada Klukowski odnotował: „Od trzech dni likwidują Żydów w Biłgoraju i Tarnogrodzie. Tu [w Tarnogrodzie] w jednym domu Żydzi stawili opór, rzucili się na gestapowca i mocno go poturbowali". Chodziło prawdopodobnie o Ryszarda Bardę, jednego z najbardziej znienawidzonych funkcjonariuszy Gestapo z Biłgoraja. Siekierą uderzył go w głowę policjant żydowski Wajman (z zawodu piekarz), za co cała jego siedmioosobowa rodzina, w tym maleńkie dziecko, została natychmiast

383 *Ten jest z ojczyzny mojej. Polacy z pomocą Żydom 1939–1945*, oprac. Władysław Bartoszewski, Zofia Lewinówna, wyd. 3, Warszawa: ŻIH i Bertelsman, 2007, s. 506: „Niestety, Wonszyk odmówił przyjęcia Szmula, dlatego ten udał się do Sobczaka". Zachowałam oryginalną pisownię.

384 Relacja Marianny Wąsek, http://andrzejburlewicz.blog.onet.pl/2015/11.

385 AŻIH, 301/5504, Relacja Franciszka Hułasia i Leona Raka.

386 Wrona, *Dzieje Tarnogrodu*, s. 276 (na podstawie relacji Józefa Szunerta).

rozstrzelana[387]. Zdaniem niektórych świadków to wydarzenie dodatkowo rozwścieczyło żandarmów i jego następstwem było zatłuczenie na śmierć pałkami na oczach wszystkich zgromadzonych na rynku niewinnego, około 30-letniego przypadkowo wyciągniętego z tłumu Żyda.

Pierwszego dnia zastrzelono około trzystu osób. Kilku Polakom rozkazano zbierać ciała zabitych i układać je jedne na drugich w stos; po pewnym czasie Polacy załadowali je na furmanki i przewieźli do dołu wykopanego na wale przy ul. Różanieckiej (dziś Kościuszki). Leży w nim około 350 ciał[388]. Ponieważ „wielu Żydów usiłowało uciekać w pole poza obręb miasta"[389], przez cały czas szukano ukrywających się i uciekinierów. Wyselekcjonowaną grupę 200–250 osób skierowano pieszo do Biłgoraja, skąd dalej również pieszo poszli na dworzec w Zwierzyńcu. Stamtąd wszystkich wywieziono do Bełżca.

Pozostałych w Tarnogrodzie Żydów wyprowadzono na stary katolicki cmentarz parafialny, położony przy drodze do Biszczy. Chłopi z Przedmieścia Płuskiego wykopali na rozkaz Niemców siedem wielkich dołów[390]. Przymusowymi grabarzami byli: Józef Lis, Leon Misiągiewicz, Marcin Larwa, Andrzej Chemielecki, Cyprian Dziewicz, Jan Jabłoński i Józef Szunert. Maciej Bartosik dostarczył podwodę do wożenia trupów[391]. Żydom kolejno kazano rozbierać się do naga, wskakiwać do dołu i kłaść twarzą do ziemi. Gdy

387 „Około godziny pierwszej w południe zaszedł następujący wypadek, mianowicie w jednym z domów na strychu Niemcy odnaleźli ukrywającą się rodzinę żydowską. Po drabinie na strych wchodził gestapowiec, wzywając Żydów do opuszczenia kryjówki. Wówczas jeden z będących tam Żydów nazwiskiem [puste miejsce], młody człowiek (około 30 lat), uderzył siekierą w głowę gestapowca, jednak nie zabił go, a tylko ranił. Wówczas wszyscy Żydzi zeszli. Niemcy zaczęli ustawiać ich obok domu. Gestapowca, który upadł na ziemię, odprowadzono do apteki, gdzie założono mu opatrunek. Po założeniu mu opatrunku gestapowiec wrócił do Żydów wyciągniętych z kryjówki i kazał ich wyprowadzić na szosę. Wówczas Żyd, który uderzył go siekierą, zaczął uciekać w kierunku rynku. Wtedy za nim posypały się strzały, nie czyniące mu szkody, natomiast został ranny jeden z Polaków znajdujących się w tym czasie na rynku. Jednakże Żydowi nie udało się zbiec, gdyż wpadł na podwórze, gdzie znajdował się parkan. Kiedy był już na parkanie, w ostatniej chwili dosięgły go strzały gestapowca, który go ścigał" (Wrona, *Dzieje Tarnogrodu*, s. 27; AŻIH, 301/5504, Relacja Franciszka Hułasia i Leona Raka).

388 Dziś w tym miejscu od 1985 r. stoi upamiętnienie wzniesione dzięki staraniom Josepha Schorera (Joseph Schorer [as told to Sheldon Schorer], *A Dream Fulfilled. Return to Tarnogrod*, nakładem autora, 1989).

389 AŻIH, 301/5504, Relacja Franciszka Hułasia i Leona Raka.

390 Ankiety sądów grodzkich podają wymiary: 2–3 × 8–10 × 5–7. Dziś w tym miejscu stoi upamiętnienie wzniesione dzięki staraniom Josepha Schorera.

391 Depczyński, *Tarnogród 1567–1967...*, s. 68–69.

taka warstwa ciał była już gotowa, żandarm wchodził do dołu, „z tyłu głowy u podstawy czaszki przykładał pistolet i strzelał”[392]. Przebieg tej zbrodni znamy z opisu Józefa Szunerta, wówczas młodego chłopaka, któremu wraz z innymi kazano zasypywać doły z ciałami zabitych[393]. Przez wiele kolejnych dni żandarmi, niemieccy i polscy policjanci oraz różnego autoramentu konfidenci tropili uciekinierów i ukrywających się.

KRZESZÓW (2–4 LISTOPADA 1942 R.)

3 listopada nad ranem dotarła do Biłgoraja ostatnia grupa „straszliwie wycieńczonych i obojętnych na wszystko” Żydów z Krzeszowa[394]. Akcja zaczęła się, jak i w pozostałych miejscowościach powiatu, które nie były jeszcze „oczyszczone z Żydów” (*judenrein*), nad ranem poprzedniego dnia otoczeniem miasta przez oddziały policyjne. Żydów spędzonych siłą na rynek podzielono na grupy, jednocześnie przeszukiwano domy. Zasłużyli się w tym szczególnie dwaj Volksdeutsche, Wojciech Gezel, z zawodu technik weterynaryjny, i Kobel ze wsi Bystre. Uciekających lub schwytanych w kryjówkach zabijano na miejscu, zdaniem świadków zginęło w ten sposób około 150 osób. Ciała pochowano w grobie w sadzie Grzegorza Szesera[395]. W końcu na rynek przybyły chłopskie podwody, około 4 po południu ruszyły za konwojem skazańców. Do idących strzelano, według świadków na samym tylko siedmiokilometrowym odcinku Krzeszów–Hucisko zabito w ten sposób ponad 200 osób[396]. Dopiero w Hucisku pozwolono kobietom i dzieciom wsiąść na wozy. Nielicznym udało się po drodze uciec, m.in. Gersonowi Berkowi, szewcowi, ale został ranny w twarz i po kilku dniach sam zgłosił się na posterunek Policji Polskiej, by go zastrzelono. Musiał potwornie cierpieć, całą twarz miał w rozkładzie. Został zastrzelony nocą przez niemieckiego żołnierza.

---

392 Wrona, *Dzieje Tarnogrodu*, s. 277 (na podstawie relacji Józefa Szunerta).

393 *Ibidem*.

394 AŻIH, 301/5501, Relacja Jerzego Markiewicza.

395 Kwestionariusz o egzekucjach i grobach masowych dotyczący Krzeszowa podaje, że w ogrodzie Szesera jest grób, w którym pochowano około 24 ciał (AIPN, GK 163, Ankieta miejsc i faktów zbrodni hitlerowskich przeprowadzona przez sądy grodzkie, 1945).

396 AŻIH, 301/5502, Relacja Aleksandra Falandysza, Wincentego Chwałkiewicza, Mieczysława Ślebody.

W Krzeszowie wciąż trwały poszukiwania ukrywających się, gdy trzech gestapowców wpadło na iście szatański pomysł. Polecili wójtowi Wojciechowi Stąporowi wezwać cieśli i zabić deskami wszystkie okna i drzwi w żydowskich domach; w większości z nich nadal byli ukryci Żydzi[397]. W ten sposób odcięto im drogę ucieczki. Z kolei ci, którzy poukrywali się w okolicy, sami zaczęli wychodzić z kryjówek już następnego dnia po akcji. Polska Policja zamknęła ich w areszcie. Byli i tacy, którzy zgłosili się do baraku, gdzie wcześniej pracowali przy wyrobie koszyków na pociski artyleryjskie. Samorzutnie rozpoczęli produkcję. Niemcy perfidnie to wykorzystali, ogłaszając, że kto się ujawni i zacznie pracować, pozostanie przy życiu, przez co „dużo ukrywających się Żydów przystąpiło do pracy w koszykarni"[398]. Po pięciu dniach, 7 listopada, przyjechali do Krzeszowa Ryszard Barda, Stanisław Majewski i kilku żandarmów, wyprowadzili z aresztu grupę około 120 osób i pod tzw. Chojniakiem[399] wszystkich rozstrzelali. „W tym dniu rozstrzelano również prezesa Judenratu Herszka Nisenfelda, którego po złapaniu żandarmi przywiązali sznurem za szyję do drugiego Żyda, nazwiskiem Abram Tropf"[400]. Kolejna zbiorowa egzekucja odbyła się w tym samym miejscu 13 listopada; jej ofiarą padło około 160 Żydów pracujących dotąd w koszykarni. Nie wszystkich Żydów z Krzeszowa zdołali jednak Niemcy wywieźć do Bełżca lub zabić na miejscu, prawdopodobnie nawet kilkudziesięciu osobom udało się przetrwać najtrudniejszy okres między 2 a 13 listopada, gdyż znalazły schronienie w przygotowanych zawczasu kryjówkach lub u chłopów.

BIŁGORAJ (2–4 LISTOPADA 1942, STYCZEŃ 1943 R.)

Jeszcze pod koniec października biłgorajski Judenrat z Herszem Zylbergiem na czele otrzymał polecenie sporządzenia listy siedemdziesięciu fachowców[401]. 1 listopada Judenrat ogłosił, że wszystkie osoby z listy mają się

397 *Ibidem.*

398 *Ibidem.*

399 Las koło wsi Kamionka nazywany „Chojnik" lub „Chojniak". Kwestionariusze o egzekucjach podają, że w lesie tym znajduje się jeden masowy grób, w którym pochowano około 500 ciał.

400 AŻIH, 301/5502, Relacja Aleksandra Falandysza, Wincentego Chwałkiewicza, Mieczysława Ślebody.

401 Znaleźli się na niej m.in.: Bejnisz Adler z żoną, Dawid Bendler z żoną i dziećmi, Mosze Bojm, Pinchas Farsztendyk z synem, Lejzer Fruchdlender, syn Chaima Hochnera, Aharon

przenieść do kilku budynków na ul. 3 Maja należących do Eliezera Kandla, Jońcie Kantora i Hersza Pancermana; stanowiły odtąd ogrodzone kolczastym drutem getto, zamykane bramą, ale niestrzeżone[402]. Wszyscy ci „legalni" Żydzi otrzymali specjalne dowody (ausweisy). W ostatnią noc przed akcją wszyscy Żydzi w Biłgoraju zgromadzili się, by się naradzać, i z przerażeniem oczekiwali następnego dnia, chociaż prezes Judenratu zapewniał, że nic złego się nie stanie[403]. Bardzo wielu ludzi nieuwzględnionych na liście potajemnie przedostało się na teren „getta" i ukryło w bunkrach, na strychach, w piwnicach czy innych specjalnie przygotowanych kryjówkach. O świcie 2 listopada odgłosy strzelaniny oznajmiły początek akcji przeprowadzanej według przećwiczonego wielokrotnie schematu. Wczesnym rankiem policyjny kordon otoczył miasto, Żydów gromadzono na placu Borucha Hirszmana w pobliżu rynku, u zbiegu ulic 3 Maja, Lubelskiej i Tadeusza Kościuszki, stamtąd przeprowadzano do budynku Deutsche Haus, gdzie dokonywano rewizji i odbierano złoto, pieniądze, wartościowe przedmioty. Według świadka idący „przedstawiali niesamowity widok". Na czele w rzędzie czwórkami szli najbardziej dostojni i najbogatsi członkowie gminy, odświętnie ubrani, bez tobołów, śpiewali pieśni żałobne[404]. Niemcy zmusili ich do śpiewania weselnej pieśni *Majufes*[405], ale i ona „przekształciła się w ustach idących w jakąś makabryczną pieśń"[406]. Po rewizji przeprowadzono wszystkich ulicą 3 Maja pod eskortą policji do baraków wojskowych (właściwie stajni końskich) postawionych jeszcze w 1941 r. na terenie

---

Horenfeld, Abraham Janower z żoną, Fiszel Kandel, Dawid Laks, Todros Lang z dwiema siostrami i żoną, Mosze Lichtenfeld, stolarz z Frampola Pesach, Szolem Porcelan, Ajzyk Rener z żoną i dziećmi, czterej synowie Herszele Szulmana, Hersz Torem, Szlome Zylberlicht z żoną, Szmuel Zysman oraz oczywiście przewodniczący Judenratu Hersz Zylberberg (Relacja Israela Gajsta [w:] *Zagłada Biłgoraja. Księga pamięci*..., s. 188).

402 Relacja Abrahama Janowera [w:] *ibidem*, s. 214.

403 *Ibidem*.

404 Nie wszystkim szczegółom jego relacji można jednak dać wiarę, skoro wymienia on wśród tych osób Moszka Herszenhorna, prezesa Rady Żydowskiej, z całą pewnością wówczas już nieżyjącego (zmarł w styczniu 1942 r.).

405 Majufes (z hebr. *Mah Jafit* — jak pięknie), tradycyjna pieśń szabatowa, która w XIX- i XX-wiecznej Polsce zyskała negatywną konotację. Ze względu na ogromną popularność tej pieśni-modlitwy wśród polskich chasydów polska szlachta zaczęła zmuszać Żydów do jej śpiewania i tańczenia, aby ich ośmieszyć i poniżyć. Identyfikacja tej żydowskiej pieśni ze służalczością i śmiesznością spowodowała, że została usunięta z wielu antologii pieśni szabatowych i dziś rzadko można ją usłyszeć w oryginalnym kontekście religijnym. Dziękuję Bretowi Werbowi z USHMM za informację i wyjaśnienia.

406 AŻIH, 301/5501, Relacja Jerzego Markiewicza.

starego cmentarza żydowskiego[407] obok domu Lejzera Micnera[408]. W tym czasie policja i żandarmeria kontynuowały przeszukiwania domów. Żydów zabijano w domach, w trakcie ucieczek, przy najmniejszej próbie stawienia oporu. Zelig Wajntrojb z siekierą napadł na niemieckiego policjanta, podobno zabił go na miejscu, sam też został rozstrzelany[409]. „Na ulicach krew lała się jak woda"[410], „całe miasto wyglądało jak rzeźnia, wszędzie trupy"[411]. Złapanych gromadzono na placu Borucha Hirszmana i tam zabijano, tam także wykopano dla nich masowy grób rękoma Polaków wyznaczonych przez Radę Miejską. Zdaniem Abrahama Janowera wykonywali tę pracę chętnie, a nawet „z radością", „bo przy każdej ofierze można było coś znaleźć — jeśli nie pieniądze, to zegarek, złoty ząb itp. Nie brakło Polaków, którzy wzbogacili się na nędznym dobytku pozostawionym przez Żydów. Chodzili od mieszkania do mieszkania i wynosili wszystko, co tylko dali radę unieść"[412]. Pomagali wyłapywać ukrywających się nie tylko dorośli, płatni konfidenci czy inni pomagierzy, ale i małoletnie dzieci, deprawowane słodką nagrodą: „Komendant polskiej Wiesiołowski w otoczeniu kilkudziesięciu dzieciaków w wieku od 6 [do] 12 lat przeszukuje podwórka, strychy, piwnice i komórki. Za każde znalezione [i] przyprowadzone dziecko żydowskie rozdaje polskim dzieciom landrynki"[413].

W nocy dotarły do Biłgoraja kolumny Żydów z Tarnogrodu, wszyscy spędzili tę noc zamknięci w barakach na cmentarzu. Droga, którą ich prowadzono, jak wszystkie inne trasy tych marszów śmierci, usłana była trupami[414]. Nazajutrz, 3 listopada koło południa, kilka tysięcy osób wyprowadzono z baraków i ustawiono obok stajni Szlomy Israela w kolumnę marszową po osiem osób w szeregu. Zastraszonych i wycieńczonych poprowadzono na stację w Zwierzyńcu. Israel Gajst (Srul Geist) zapamiętał, że konwojującymi

---

407 Najstarsze pochówki sięgały XVI w., na terenie cmentarza rosły stare, olbrzymie zabytkowe dęby, ścięto je i drogocenny budulec wywieziono do Niemiec. Płyt nagrobnych użyto do budowy dróg i chodników (AŻIH, 301/5501, Relacja Jerzego Markiewicza).

408 Relacja Israela Gajsta [w:] *Zagłada Biłgoraja. Księga pamięci...*, s. 189.

409 Relacja Mordechaja Minca [w:] *ibidem*, s. 228.

410 Relacja Barucha Wermuta [w:] *ibidem*, s. 208.

411 Relacja Abrahama Janowera [w:] *ibidem*, s. 218.

412 *Ibidem*.

413 Biblioteka Publiczna w Biłgoraju, Jan Mikulski, „Myśli, wspomnienia, uwagi, refleksje...", Biłgoraj 1970, mps, część pt. „Zbrodnie wojenne", s. 42.

414 AŻIH, 301/5501, Relacja Jerzego Markiewicza; AŻIH, 301/5504, Relacja Franciszka Hułasia i Leona Raka; AIPN, GK 163, Ankieta miejsc i faktów zbrodni hitlerowskich przeprowadzona przez sądy grodzkie, 1945 r.

byli Litwini ubrani w czarne uniformy. Ostatnia już dwudziestokilometrowa droga skazańców trwała wiele godzin. Następnego dnia na samym tylko pięciokilometrowym odcinku dzielącym wieś Wola Duża od Biłgoraja leżało 58 ciał, głównie kobiet i dzieci; tylu doliczył się leśniczy Jan Mikulski, który właśnie wtedy tą drogą jechał[415]. Przemarsz przez Zwierzyniec grupy „sponiewieranych, wymęczonych, zastraszonych ludzi" widział Stanisław Bohdziewicz, ponieważ konwój zatrzymano w pobliżu tartaku, gdzie pracował. Grupę kobiet i dzieci zamknięto w barakach otoczonych drutem kolczastym[416], mężczyźni całą noc stali w deszczu pod gołym niebem, młode dziewczyny ukraińscy wartownicy wyciągali z baraków i gwałcili... Nad ranem następnego dnia słyszano krzyki i błagania spragnionych ludzi o wodę, wreszcie pozwolono dwóm kobietom przynieść wodę zaczerpniętą z kałuży obok stawu, stęchłą, brudną i cuchnącą. Tego dnia, 4 listopada, wszystkich popędzono już w ostatnią drogę na dworzec, szli wolno, po trzech dniach gehenny nieczuli już na nic, jakby obojętni. Bohdziewicz dostrzegł w tej grupie „ludzi prawie obłąkanych, z nieprzytomnymi oczyma ustawionymi w słup", widział zastrzelenie młodej matki, która upuściła na ziemię niemowlę, bo nie mogła już dalej iść, obserwował też inne koszmarne sceny. Te same chwile i miejsca opisał Israel Gajst z Biłgoraja:

> W punkcie zbornym przy dworcu było kilka tysięcy ludzi zabranych z Biłgoraja, Tarnogrodu, Frampola, Goraja, Krzeszowa i innych miejscowości. Ludzie leżeli na ziemi oszołomieni, nieprzytomni, cierpiąc głód i zimno. W środę 4 listopada po południu sprowadzono puste wagony towarowe i zaczęto załadunek ludzi. Wzdłuż wagonów stali niemieccy oprawcy z pałkami w rękach i przy wejściu do wagonu każdy Żyd otrzymywał krwawe razy. Kiedy pierwszy wagon był już pełen, zamknięto go i zaczęto ładować drugi, a potem następne. Wszedłem do wagonu pełnego leżących na podłodze małych dzieci, półżywych i martwych. Niemieckie zbiry napakowały tam tylu ludzi, że stało się na dzieciach. Kiedy tak tkwiliśmy w zamkniętych wagonach, gdzie nie było czym oddychać i dokuczało pragnienie, podeszli Litwini ze straży, otworzyli drzwi i zażądali pieniędzy, obiecując za nie wodę. Ludzie oddawali im wszystko, żeby tylko otrzymać troszkę wody. Najpierw

---

415 AIPN, BU 2586/421, Akt oskarżenia prokuratora w Hanowerze przeciwko Friedrichowi Wilhelmowi Kellerowi.

416 Wcześniej baraki służyły za obóz dla jeńców francuskich, potem sowieckich.

dostarczyli wodę, potem wzięli pieniądze, ale więcej już nie chcieli jej przynieść, tylko powiedzieli: w Bełżcu dostaniecie już wodę[417].

W dniu gdy do Bełżca odjechały ostatnie „żydowskie pociągi", chorych Żydów ze Szpitala Powiatowego w Biłgoraju wywieziono na wozach za parkan szpitalny, tam zastrzelono, a ciała pochowano na miejscu zbrodni[418]. Puste domy w dzielnicy żydowskiej, a także domy wyznaczone do zamieszkania przez kilkudziesięciu „legalnych", stanowiące ostatnie biłgorajskie mini-getto, stały się schronieniem dla tych, którzy się ukryli lub uciekli z konwoju, a nawet z pociągu do Bełżca. Jednym z nich był cytowany wcześniej Israel Gajst, który przez lasy w ciągu kilku dni i nocy przedzierał się, by na powrót dotrzeć do swoich, do Biłgoraja. Ukrył się na strychu ładowni piwa w domu Szaloma Rofeta i dowiedział od napotkanych Żydów, że wielu jeszcze pozostało w miasteczku w różnych kryjówkach, bunkrach czy po prostu w pustych domach. Ze swojej kryjówki przez szpary w ścianie mógł widzieć patrole polskiej i niemieckiej policji przeszukujące domy. Od brata Szlome dowiedział się, że w bunkrze Mendla Hurwica na podwórzu Elizera Tajera przebywa ponad siedemdziesięciu Żydów. W domu Cymryngów na 3 Maja ukryło się także kilkadziesiąt osób[419], m.in. dwoje wnuków Hersza Josefa Cymrynga, z kolei na strychu u dzieci Szlome Bendlera, mydlarza, dziewiętnaście osób, w tym ciotka Israela Gajsta Rochele (żona Eljahu Goldberga) i jej dwoje dzieci. Sam Eljahu znalazł przytulisko u mechanika Solskiego, ale Niemcy go znaleźli i rozstrzelali[420]. Kryjówkę u Bendlera także wykryto, wszystkich zaprowadzono na cmentarz i tam rozstrzelano. Wśród sprawców mordu Gajst widział Kuleszę i „jakichś chłopów uzbrojonych w drągi i siekiery"[421]. W komórkach na podwórku swojego własnego domu ukrywał się przez kilka tygodni Szmuel Blander, aż i jego żandarmeria znalazła i zastrzeliła[422]. Za szafą w domu Anczela Szora ukrywali się Dawid Zokman, Henech Szyjer i inni — chłopi, szabrując w ich domu, odsunęli szafę i wszystkich wydali w ręce Niemców; zginęli na cmentarzu. W domu Nute Kronenberga

417 Relacja Israela Gajsta [w:] *Zagłada Biłgoraja. Księga pamięci...*, s. 191–192.

418 Markiewicz, Szczygieł, Śladkowski, *Dzieje Biłgoraja*, s. 242.

419 Gajst widział polskich policjantów (w tym przedwojennego policjanta z Biłgoraja, Grzybka), którzy odkrycie ich kryjówki skomentowali „Skąd się ich tylu wzięło?" (*Zagłada Biłgoraja. Księga pamięci...*, s. 194).

420 *Ibidem*, s. 198.

421 *Ibidem*, s. 199.

422 *Ibidem*, s. 198.

(właściciela hebrajskiej drukarni) ukrył się ktoś z rodziny Micnerów, Polacy go znaleźli i wydali. Sam Nute Kronenberg, jego żona Rochelcie i córka zginęli na ulicy od kul gestapowca Majewskiego. Nim Kronenberg został zabity, upadł na ziemię z wyczerpania i otrzymał przed śmiercią kilka kopniaków od bezwzględnego sadysty, a „trzech chłopaków około 10 lat grało w piłkę nożną, przeskakując przez trupy”[423].

Dla Gajsta, podobnie jak i dla innych ukrywających się Żydów, największym bieżącym problemem było zdobycie wody i żywności. Gajst poszedł po prowiant do getta wczesnym rankiem, kiedy miasto spało i ulice były puste. Wielki zapas jedzenia znajdował się także w bunkrze Mendla Hurwica. Pewnego dnia Gajst poszedł tam i zobaczył, że bunkier wykryto i wszystkich na miejscu zamordowano, dostrzegł podwórze pełne trupów, ziemię zmieszaną z krwią, banknoty podarte na strzępy. Widział, że wyszukiwaniem bunkrów trudnią się nie tylko niemieccy, ale i polscy policjanci oraz cywile, chodzący z łomami i siekierami, za każdego schwytanego nieszczęśnika inkasując po dwa kilo cukru. W niemieckie ręce wpadł również najlepiej zamaskowany bunkier na podwórzu Jechezkiela (Eliezera) Kandla, w którym ukrywał się on sam, Awrum Tober z zięciem i całą rodziną, Małka Kornblit i inni. Gajst słyszał, że bunkier wskazali ludzie z polskiego marginesu[424]. Wszystkich zastrzelono na miejscu. Jeden z bunkrów wpadł, zadenuncjowany z zemsty przez Żyda, którego wcześniej do tej kryjówki nie wpuszczono[425]. W styczniu 1943 r. wykryto ostatnią kryjówkę w Biłgoraju, zorganizowaną na strychu u Szaloma Rofeta. Byli w niej Chaim Brandwajn i brat Israela Gajsta, Szlome — obu zastrzelono na cmentarzu.

W połowie stycznia 1943 r.[426] o świcie mieszkańców szczątkowego getta obudziły strzały, walenie w okiennice i krzyki: „Wstawać! Kontrola!”. Wszystkich zebrano na podwórzu, kobiety i dzieci oddzielono od grupy młodych mężczyzn[427] — tym ostatnim kazano odmaszerować do bramy. Grupę

---

423 Biblioteka Publiczna w Biłgoraju, Jan Mikulski, „Myśli, wspomnienia, uwagi, refleksje...”, mps, zapis odnoszący się do 1942 r., s. 5.

424 Relacja Israela Gajsta [w:] *Zagłada Biłgoraja. Księga pamięci...*, s. 199.

425 Relacja Abrahama Janowera [w:] *ibidem*, s. 219.

426 Israel Gajst jako datę likwidacji getta podaje 10 I 1943 r., ale w literaturze można spotkać również daty 7 i 15 stycznia.

427 W grupie tej byli: Bejnisz Adler, Dawid Bendler, Mosze Bojm, Pinchas Farsztendyk, Israel Gajst, Aharon Horenfeld, Awrum Hurwic, Awrum (Abraham) Janower, Fiszel Kandel, Dawid Laks, Berysz Lang, Todros Lang, Mosze Lichtenfeld, Szolem Porcelan, Ajzyk Rener z całą rodziną, dwóch synów Eliezera Szuchta, Benjamin Szulman, Szlome Zylberlicht, Szmuel Zysman

tę odstawiono do aresztu biłgorajskiego Gestapo, skąd pod eskortą SS-mana Pinkowskiego („prawdziwego olbrzyma") odwieziono ciężarówką do Zamościa. Tam wraz z innymi więźniami pracowali przy budowie szkoły jazdy konnej i kawalerii SS (SS-Reit und Farhrschule); ci, którzy z tej grupy przeżyli, trafili później na Majdanek, a stamtąd do innych obozów.

Nadal pozostawało w getcie kilku „legalnych" mężczyzn mających wykończyć jakąś pracę, trzem z nich udało się uciec. Nachman Rener i Lejzor Fruchtlander uciekli do lasu, Nechemia Lang do znajomego Polaka, który zabrał mu pieniądze i otruł[428]. Wszystkich innych rozstrzelano, ciała zakopano w zbiorowym grobie na miejscowym cmentarzu.

LICZBA OFIAR

Ustalenie liczby ofiar egzekucji i wywózek do obozu zagłady w Bełżcu nie jest łatwe, ale trzeba podjąć taką próbę, by oszacować liczbę uciekinierów, którym udało się wymknąć Zagładzie w 1942 r. W tym celu zestawiłam pochodzące z różnych źródeł dane dotyczące liczby ofiar z liczbą Żydów zamieszkujących powiat w przeddzień akcji „Reinhardt". W tabeli 2 podaję dane liczbowe, na których możemy się opierać. Poza zamieszczonymi w niej danymi dysponujemy informacjami opublikowanymi przez Maximiliana du Prela, szefa Głównego Wydziału Propagandy w rządzie GG, w dwóch wydaniach monografii o Generalnym Gubernatorstwie[429]. Według niego liczba Żydów w powiecie biłgorajskim wynosiła w 1940 r. około 13 100, natomiast rok później około 12 tys.[430], co uważam za niezgodne z rzeczywistością. Zgadzam się tu z opinią Tatiany Berenstein, że dane niemieckie nie były dokładne i wyraźnie zaniżone w stosunku do liczb, jakie są zawarte w innych źródłach, ponieważ niektórzy unikali rejestracji i wymykali się wszelkim niemieckim statystykom. Jest też możliwe, że dane niemieckie nie uwzględniły dużej grupy Żydów mieszkających w powiecie biłgorajskim we wsiach. Wreszcie, jak wiemy, granice powiatu ulegały przesunięciu, nie jest

i przewodniczący Judenratu Hersz Zylberberg mieszkający z całą rodziną w domu Lipe Wagszula, ten ostatni został tam z całą rodziną zastrzelony (*Zagłada Biłgoraja. Księga pamięci...*, s. 200; *Bilgoraj izker buch*, mps).

428 Relacja Israela Gajsta [w:] *Zagłada Biłgoraja. Księga pamięci...*, s. 199.

429 du Prel, *Das Generalgouvernement*.

430 Cyt. za: Tatiana Berenstein, *Martyrologia, opór i zagłada ludności żydowskiej w dystrykcie lubelskim*, „Biuletyn ŻIH" 1957, nr 1 (21), s. 23.

więc całkiem pewne, czy dane opublikowane przez du Prela objęty wszystkie 23 gminy, o których tu mowa. Szczęśliwie zachowały się stosunkowo liczne dokumenty ŻSS z 1941 r., w których znajdują się interesujące nas informacje, z kolei dla 1942 r. zachowały się kartoteki Rady Głównej Opiekuńczej z dokładnymi informacjami o liczbie ludności na danym terenie, z rozbiciem na grupy etniczne.

RGO liczbę Żydów w całym powiecie (po zliczeniu danych z kartoteki odnośnie do poszczególnych gmin) oszacowała na 13 178, według źródeł ŻSS zaś liczba Żydów w powiecie na dzień 1 lipca 1942 r. wynosiła 13 500. Dane ŻSS są najbliższe prawdy, w tej sytuacji po dodaniu do nich około 750 osób rozstrzelanych w powiecie w pierwszej połowie 1942 r. otrzymamy najbardziej prawdopodobną liczbę 14 250–14 500 Żydów mieszkających w powiecie w przededniu akcji eksterminacyjnych; w tej liczbie było około 3000 przesiedleńców i uchodźców.

Załączona w aneksie tabela 7 „Akcje i egzekucje" zawiera informacje szczegółowe pochodzące z różnych źródeł i publikacji na temat daty, miejsca i liczby ofiar kolejnych aktów represji, egzekucji i „wysiedleń". W tym miejscu chcę podkreślić, że większość danych, którymi dysponujemy, pochodzi niestety z wątpliwych co do liczbowej dokładności typów źródeł: z relacji, zeznań, dzienników i wspomnień (zarówno Żydów, jak i Polaków[431]), tj. ze źródeł narracyjnych, oraz z dwóch ankiet, również obarczonych błędami, przeprowadzonych po wojnie i dotyczących strat wśród ludności cywilnej. Pierwszą przeprowadzono w 1945 r. pod nazwą „Kwestionariusze o egzekucjach masowych i grobach masowych" (znana jako Ankieta Sądów Grodzkich), drugą ankietę o podobnej tematyce rozpisała w 1968 r. Główna Komisja Badania Zbrodni Hitlerowskich w Polsce. Dane z obu tych ankiet uzupełnione o informacje z innych dokumentów zgromadzonych w archiwum Głównej Komisji Ścigania Zbrodni przeciwko Narodowi Polskiemu IPN zostały opublikowane w osobnych dla każdego województwa tomach pod nazwą *Rejestr miejsc i faktów zbrodni popełnionych przez okupanta hitlerowskiego na ziemiach polskich w latach 1939–1945*[432]. Informacje do Ankiety Sądów Grodzkich zbierane były przez sędziów w formie zeznań

431 Najcenniejszy jest pisany na bieżąco i wielokrotnie w tej pracy cytowany dziennik doktora Zygmunta Klukowskiego ze Szczebrzeszyna.

432 *Rejestr miejsc i faktów zbrodni popełnionych przez okupanta hitlerowskiego na ziemiach polskich w latach 1939–1945. Województwo zamojskie*, Warszawa: GKŚZpNP Instytut Pamięci Narodowej, 1994 [dalej *Rejestr*].

składanych przez przedstawicieli lokalnej administracji, na ogół sołtysów i burmistrzów miast. Zaletą tej ankiety jest okres, w którym powstała, dzięki czemu odnotowano detale niemożliwe do odtworzenia po latach, np. o lokalizacji, liczbie i wielkości grobów czy nazwiska ofiar egzekucji; tych ostatnich nie jest wiele, czasem jednak zostały podane. W 1945 r. świadkowie żyli, a odbierający zeznania i udzielający informacji z pewnością sami częstokroć byli uczestnikami wydarzeń.

Tabela 3. Egzekucje i wysiedlanie w okresie marzec 1942 – styczeń 1943 r. według miejscowości i gmin

Miejscowość/gmina	Rozstrzelani	Deportowani do Bełżca	Liczba ofiar łącznie
Aleksandrów	79	–	79
Babice gmina: Obsza, Olchowiec, Wola Obszańska, Zamch	85	–	85
Biłgoraj miasto i gmina: Wola Duża	490	2800–3300	3290–3790
Biszcza gmina: Biszcza	13	–	13
Cieplice	40	–	40
Frampol	744–1000	200–300 (?)	944–1300
Goraj	459	1550	2009
Józefów gm. Aleksandrów	1548	40 300 (obóz Lipowa)	1880
Krzeszów miasto i gmina: Bystre, Łazów	318–618	600–1000	918–1618
Księżpol gmina: Markowicze, Płusy	90–140	–	90–140
Łukowa gmina: Chmielek, Łukowa	122	–	122
Potok Górny gmina: Kulno	80	–	80
Puszcza Solska gmina: Dyle, Korczów, Rapy Dylańskie	32	–	32
Radecznica gmina: Gorajec Zagroble	101–103	–	101–103
Szczebrzeszyn	3570–3820	1180–1400	4750–5220

Miejscowość/gmina	Rozstrzelani	Deportowani do Bełżca	Liczba ofiar łącznie
Tarnogród	609–909	1700	2309–2609
Wola Różaniecka gmina: Luchów Górny i Dolny, Różaniec	80	–	80
Zwierzyniec	3	52	55

Źródło: Opracowanie własne na podstawie zgromadzonej dokumentacji.

Okazuje się, że suma danych ze wszystkich wykorzystanych źródeł jest błędna, ale niezależnie od wielkości błędu uprawniony jest wniosek, że w egzekucjach dokonanych na miejscu — na terenie miasteczek, na cmentarzach, w drodze do Zwierzyńca i w dziesiątkach innych miejsc — zabito podobną liczbę ofiar, ile zagazowano w komorach Bełżca. Suma danych z tabeli 3:

Rozstrzelani:	8 463–9 621
Bełżec:	8 422–9 642
ŁĄCZNIE:	16 885–19 263 (razem z 300 wywiezionymi do obozu na ul. Lipowej w Lublinie)

Z powyższych danych wynikałoby, że śmierć w 1942 r. poniosło o 2400–4700 Żydów więcej, niż ich w tym czasie w powiecie przebywało, a przecież trzeba jeszcze uwzględnić tych wszystkich, którzy uciekli w trakcie akcji, przetrwali najgorszy okres obław i łapanek (listopad–grudzień 1942 r.) i przebywali w ukryciu na początku 1943 r. W tym miejscu kwestię tę chcę zamknąć jedyną możliwą w tej sytuacji konstatacją, że szacunki — zwłaszcza liczby ofiar egzekucji i ucieczek — były przez świadków znacznie zawyżane, przypuszczam, że co najmniej o 25–35%. Niemożność oszacowaniu liczby osób w grupach liczniejszych niż kilkudziesięcioosobowe, a tym bardziej w chaotycznym tłumie, jest psychologicznie uzasadniona i oczywista, percepcja jest dodatkowo zaburzona przez emocjonalny odbiór danej sytuacji. Strach i groza ujawniają się właśnie w zawyżeniu liczby ofiar bądź uczestników jakiegoś zdarzenia, tak jakby większa liczba świadczyła o większej jego skali, grozie i większym nieszczęściu. Skala odczuwanego przerażenia o relacjonowanej zbrodni jest więc pośrednio reprezentowana zawyżoną liczbą zabitych i deportowanych, a także uciekających przed wywózkami. W celu zilustrowania rozbieżności w ocenach przytaczam wypowiedzi kilku świadków dotyczące liczby Żydów ze Szczebrzeszyna zamordowanych i deportowanych do Bełżca:

Franciszek Głowacki: „Przypuszczalnie do Bełżca wywieziono około 3 tysięcy Żydów, w Szczebrzeszynie w ciągu wszystkich egzekucji [zamordowano] około tysiąca Żydów"[433].

Jan Lepionko: „Później wywożono Żydów do Bełżca, ale więcej zabito na miejscu"[434].

Leon Budzyński: „Oceniam, że podczas tej akcji [21 października 1942 r.] zabitych zostało kilkaset osób. [...] Wszystkich Żydów, którzy zamieszkiwali w Szczebrzeszynie w liczbie kilku tysięcy, wywieziono do obozu w Bełżcu"[435].

Maria Krzeszowska: „Podczas pacyfikacji zginęło kilka tysięcy Żydów, miejscowych Żydów było 4 do 5 tysięcy, a przywozili też Żydów i z innych miejscowości"[436].

Władysław Sierpetowski widział doły na cmentarzu i ocenił, że zakopano w nich około 3 tysięcy ciał[437].

Janina Zajdlic: „Ludzie oceniali ilość zabitych na 4 tysiące"[438].

Jan Roczniak sądził, że na okopisku zabito około 2 tysięcy osób, były 4 masowe groby po około 500 osób[439].

Na koniec Jan Siring, żandarm ze Szczebrzeszyna skazany na karę śmierci: „W czasie wysiedlania żydów część zostało zabitych na kierkowie [kirkucie], to jest około 3000, w strzelaniu udziału nie brałem, tylko doprowadzałem wraz z kolegami, a rozstrzeliwało gestapo

433 AIPN Lu, 284/533, Zbrodnie dokonane w latach 1941–1943 w Szczebrzeszynie, Zeznanie Franciszka Głowackiego, emerytowanego nauczyciela, lat 69, z 1968 r.

434 *Ibidem*, Zeznanie Jana Lepionki, pracownika fizycznego, lat 49, z 1968 r. Świadek był przymusowo zatrudniony przy grzebaniu ciał.

435 AIPN Lu, 284/529, Zbrodnie dokonane w latach 1941–1943 w Szczebrzeszynie, Zeznanie Leona Budzyńskiego, ślusarza-rencisty, lat 70, z 1968 r.

436 *Ibidem*, Zeznanie Marii Krzeszowskiej, ogrodniczki, lat 58, z 1968 r.

437 *Ibidem*, Zeznanie Władysława Sierpetowskiego, murarza, lat 63, z 1968 r.

438 *Ibidem*, Zeznanie Janiny Zajdlic, rencistki, lat 60, z 1968 r.

439 *Ibidem*, Zeznanie Jana Roczniaka, murarza, lat 68, z 1968 r.

z Biłgoraja, a ci rozstrzelani zostali natychmiast chowani, rozstrzeliwani byli z pepeszek rosyjskich, gdyż było pod dostatkiem amunicji sowieckiej"[440].

Tak więc błędne dane z Ankiety Sądów Grodzkich, zresztą nie tylko co do liczby ofiar, lecz także sprawców zbrodni (podawano, że byli to bez wyjątku niemieccy bądź ukraińscy żandarmi, gestapowcy, SS-mani czy schutzmani, o polskich policjantach granatowych ani cywilach nigdy nie wspominano), są niemal bezkrytycznie i bezrefleksyjnie cytowane i powielane w niezliczonych kolejnych opracowaniach i publikacjach, także tych najnowszych. Liczbami obraca się dowolnie, wedle swobodnego uznania danego autora, przy czym widoczna jest tendencja do podwyższania liczb zamiast ich weryfikowania lub choćby podawania w wątpliwość. Na przykład w ankiecie z 1945 r. znajduje się najbliższa prawdzie liczba ofiar egzekucji w Józefowie z 13 lipca 1942 r. — „ponad tysiąc", później Zygmunt Mańkowski podał liczbę 1500 ofiar, Leszek Siemion już 2000, a na odsłoniętym w 2016 r. upamiętnieniu wyryto informację o co najmniej 1500 ofiarach. Trudno powiedzieć, na jakiej podstawie podawane są tak różne dane.

W ustaleniu, gdzie tkwią największe błędy, pomocne są zestawione przeze mnie dane w tabeli 3 oraz informacja o „stratach biologicznych poniesionych przez woj. lubelskie w czasie II wojny światowej. Kwestionariusze powiatowe i gminne, 1945", sporządzona przez Biuro Odszkodowań Wojennych[441]. Zawyżanie liczby ofiar dotyczyło tych miejscowości, gdzie przeprowadzono na miejscu masowe egzekucje i gdzie jednocześnie zamieszkiwała największa liczba Żydów, a ruchy ludności były częste. Ostatecznie porównanie wielu danych liczbowych i uwzględnienie wszelkich wymienionych zastrzeżeń pozwala mi dojść do wniosku, że liczba ofiar akcji „Reinhardt" w powiecie biłgorajskim w 1942 r. nie była wyższa niż 13 tys. osób, przy czym połowa ofiar zginęła na miejscu, połowa w obozie natychmiastowej zagłady w Bełżcu.

440 AIPN Lu, 327/21, Sprawa Jana Siringa, k. 68.

441 AAN, 291/54 i 55, Biuro Odszkodowań Wojennych przy Prezesie Rady Ministrów w Warszawie.

1942–1944 — strategie przeżycia

OPÓR I UCIECZKI

Opuszczenie miasteczka zawczasu, co teoretycznie było przecież możliwe, skoro wydarzenia w najbliższej okolicy i dopływające informacje o „wysiedleniach" tudzież rozkazy, jakie dostawały rady żydowskie, informowały Żydów i jednoznacznie alarmowały ich o zbliżającej się katastrofie, było reakcją stosunkowo rzadką, ale nieprawdą jest, że się nie zdarzało. Decydowali się na to wyłącznie młodzi ludzie, jeszcze wystarczająco silni i sprawni fizycznie oraz pełni woli życia i gotowi na wszystko, a także — co bardzo ważne — przekonani, że „wysiedlenia" oznaczają dla Żydów śmierć, i niepogodzeni na wyrok, jakim była Zagłada. Ostatnią noc w Biłgoraju przed zapowiedzianymi na 2 listopada przesiedleniami opisał Abraham Janower:

> część młodszych osób pojedynczo opuściła miasto, nie licząc się z tym, że już od ponad roku obowiązywało prawo pozwalające rozstrzelać każdego Żyda spotkanego za miastem. Część poszła do lasu, część do znajomych chrześcijan w pole, aby tylko nie być w mieście. Starsi Żydzi mówili, że to wszystko jest od Boga i nie można się przed tym uchronić, wielu prosiło, aby w końcu nadszedł koniec ich udręk. Tak to biłgorajscy Żydzi oczekiwali ze strachem nadejścia następnego dnia. Na niebie było jeszcze całkiem ciemno, kiedy usłyszano strzelaninę ze wszystkich stron miasta[442].

Do ucieczek poprzedzających akcje namawiali młodych starsi członkowie rodzin, zawsze rodzice dzieci, nigdy odwrotnie, przy czym decydując się na opuszczenie wspólnoty, liczono się z rozstaniem ostatecznym. Na ucieczki przygotowywano się czasem, uzgadniając miejsca spotkań na wypadek konieczności rozdzielenia, np. Icie Sztemer ze Szczebrzeszyna umówił się z żoną, że będą się szukać w trzech wsiach, gdzie mieszkali ich znajomi

442 Relacja Abrahama Janowera, *Biłgoraj u progu zagłady* [w:] *Zagłada Biłgoraja. Księga pamięci...*, s. 214.

polscy gospodarze, i dzięki temu Icie wiedział, gdzie szukać żony z dzieckiem i szybko się odnaleźli[443].

Ucieczki już w czasie akcji wiązały się z ogromnym ryzykiem śmierci tu i teraz, natychmiast i nieodwołalnie. Ten sam czynnik — strach przed śmiercią — na jednych działał paraliżująco, u innych wyzwalał gotowość podjęcia każdego ryzyka. Strach i mechanizm wyparcia powodowały, że większość decyzję o ucieczce odsuwała na ostatnią chwilę, łudziła się, że nieszczęście ich ominie, lub że pracując, będą bezpieczni, bo przecież potrzebni („wszyscy kurczowo trzymali się pracy w tartaku, chociaż dookoła były takie olbrzymie lasy")[444]. Niemcy zdawali sobie z tego sprawę i podsycali w Żydach przekonanie, że zatrudnieni będą bezpieczni, dlatego wielu Żydów w okresie nasilenia akcji szukało jakiejkolwiek, realnej bądź fikcyjnej, pracy. Skrajnym przykładem rozpaczy i bezsilności Żydów w obliczu Zagłady, pogłębianych pozorną racjonalnością takiego właśnie myślenia, był powrót do Krzeszowa tych, którym udało się uciec w trakcie akcji. Wrócili do warsztatów koszykarskich i spontaniczne, sami i bez zewnętrznego przymusu, podjęli pracę — zaczęli wyplatać koszyki. Bardzo chcieli żyć i wierzyć, że mogą być potrzebni, użyteczni, że nie ma potrzeby ich „wysiedlać". Niebawem wszyscy zginęli w egzekucji za miastem.

Strach powstrzymywał przed opuszczeniem przestrzeni sobie bliskiej i znanej, przed wejściem w przestrzeń „aryjską", obcą i przerażającą, w której uciekinierzy skazani będą na samotność i konfrontację z wrogim, a co najmniej nieprzychylnym otoczeniem. Dlatego niektórzy uciekali dosłownie w ostatniej chwili, jak Rywka Wajnberg z Biłgoraja, która niezauważona, odłączyła się od kolumny pędzonej na stację w Zwierzyńcu i przez lasy dotarła do leśniczówki Jana Mikulskiego w Woli Dużej, gdzie przeżyła do końca okupacji. Takich jak ona było z pewnością więcej, okazję do ucieczki stwarzały długie marsze kolumn drogami wiodącymi przez obszary leśne. Ostatnimi godzinami do podjęcia decyzji o ucieczce była „podróż" pociągiem zmierzającym do Bełżca. Jednym z uciekinierów był wielokrotnie już cytowany Israel Gajst z Biłgoraja. Gajst jak wielu innych, mimo że wyskoczył z pociągu i skok przeżył, swoje kroki na powrót skierował do Biłgoraja, chciał być wśród Żydów nadal przebywających w getcie, wśród swoich i w przestrzeni, która dla niego nadal była bezpieczniejsza niż aryjska strona. Można przypuszczać, że dla wielu Żydów ucieczki w ostatniej chwili były

---

443 *Book of Memory to the Jewish Community of Szczebrzeszyn...*, s. 93–94.

444 Bohdanowicz, *Likwidacja Żydów ze Zwierzyńca*, s. 80–81.

przemyślaną strategią, skracały do minimum czas spędzony poza dzielnicą żydowską i poza żydowskim środowiskiem, a czas po aryjskiej stronie był dla każdego Żyda okresem najtrudniejszym. Gajst po skoku z pociągu spotkał w lesie innego uciekiniera, Szlomę Fajla, postrzelonego w nogę. Obaj przez kilka dni nocowali w lasach i przedzierali się do swoich uprzednich miejsc zamieszkania, pod drodze żywili „różnymi roślinami leśnymi" i tym, co dostali od chłopów. Israel chciał wracać do Biłgoraja, Szloma do Frampola, ich drogi się rozeszły. W lesie pod Panasówką Israel spotkał Elimelecha Wajntrojba, ten także błąkał się samotnie, ale do getta wracać nie chciał; więcej o jego losie już nic nie wiemy. Gajst miał szczęście, gdyż w końcu zdobył ausweis i przebywał jako robotnik w getcie szczątkowym w Biłgoraju do stycznia 1943 r. Został wyselekcjonowany do dalszej pracy w Zamościu, stamtąd trafiał do kolejnych obozów, cudem przeżył wojnę, znalazł się wśród ocalałych w obozie HASAG w Częstochowie[445]. Jako jeden z nielicznych z powiatu przeżył okres 1943–1944 w obozie, nie po aryjskiej stronie. Jego własna inicjatywa o takim właśnie sposobie przeżycia była ograniczona, od momentu powrotu do getta dzięki zrządzeniu losu na każdym kolejnym etapie był wybierany do grup roboczych i zdołał przetrwać w trudnych obozowych warunkach.

Jan Juryczkowski ze Szczebrzeszyna pisał, że ludność pod okupacją była bardzo podzielona. Wśród Polaków, którzy sami dzielili się na ludzi jawnie lub po cichu współpracujących z władzą, oportunistów oraz grupę stawiającą opór i działającą w różnych podziemnych strukturach, mieszkali Volksdeutsche, Niemcy z Rzeszy i liczni Ukraińcy, tworzący grupy wrogie wobec siebie i, jak stwierdził autor, „nawet wysiedlone Poznaniaki na terenie Szczebrzeszyna i okolicy nie można było darzyć zaufaniem". Trzeba skomentować, że właśnie z grup ludności przesiedlanej z terenów włączonych do Rzeszy rekrutowali się szczególnie licznie policjanci czy urzędnicy cywilni, wyrwani bowiem ze swojego środowiska utracili pracę i podstawy bytu, byli więc zainteresowani zdobyciem jakiegokolwiek zatrudnienia, nawet kosztem kolaboracji z władzami okupacyjnymi. Sprzyjały temu znajomość języków niemieckiego i polskiego oraz obcość w nowym otoczeniu. Ten sam autor dodawał: „Część żydowskiej młodzieży ukryła się za miastem wśród pól. Inni szukają możliwości ukrycia się u Polaków, ale to było bardzo trudne do zrealizowania w tak małym miasteczku jak Szczebrzeszyn"[446].

---

445 Relacja Israela Gajsta [w:] *Zagłada Biłgoraja. Księga pamięci...*, s. 183–204.

446 Brama Grodzka. Teatr NN w Lublinie, Jan Jurczykowski, „Mordowanie Żydów", mps, s. 1.

„Obojętnie, kto kim był, ale rdzenni mieszkańcy Szczebrzeszyna poznawali się nie po nazwiskach, ale po twarzach"[447]. W takich warunkach wyjście na aryjską stronę oznaczało dla miejscowych Żydów wyłącznie ukrycie się poza miasteczkiem — na wsi, w lesie, w polu. W całym powiecie zdarzyły się pojedyncze przypadki dłuższego niż kilka dni czy tygodnie ukrywania się Żydów na terenie miasteczka, najczęściej zakończone tragicznie. Żydzi Kandel oraz Dawid Szlafrok ukrywali się w Biłgoraju w kryjówce na terenie garbarni należącej do Pawła i Gabrieli Trzcińskich, ale w lutym 1943 r. ktoś ich zadenuncjował. Trzcińscy zostali aresztowani i poddani torturom w więzieniu Gestapo, w końcu ich zamordowano, Żydzi z pewnością także zginęli[448]. Pozytywny tym razem i wyjątkowy przykład dotyczy grupy dwunastu osób uratowanej w piwnicy pod stodołą Stanisława Sobczaka we Frampolu, przy ul. Targowej, niemal w samym centrum miasteczka. Wręcz cudem było niewykrycie tego schronienia aż do wyzwolenia.

Na aryjskich papierach, a więc „na powierzchni", według nomenklatury zaproponowanej jeszcze w czasie okupacji przez Emanuela Ringelbluma, żyć mogli wyłącznie Żydzi przybyli do powiatu skądinąd, bardzo zasymilowani, których nie można było rozpoznać „po twarzach". W źródłach odnalazłam zaledwie kilkanaście takich przypadków. Ordynat Jan Zamojski wydostał z warszawskiego getta wybitnego specjalistę w handlu drzewem Ignacego Fabrykanta i jego żonę, oboje pod przybranym nazwiskiem Faberka przeżyli wojnę na terenie Ordynacji[449]. Także w Zwierzyńcu, w domu ordynata, przetrwał znany kompozytor Jerzy Wasowski (rodzina Wasowskich była zasymilowana i przeszła na katolicyzm, co nie ratowało przed niemieckimi prześladowaniami) oraz przez pewien czas jego ojciec Józef Wasowski, dyrektor Szkoły Dziennikarskiej z Warszawy[450]. W Hucie Krzeszowskiej jako urzędnik nadleśnictwa pracował z kolei dr Henryk Rubanek;

---

447 *Ibidem.*

448 Relacja Gabrieli Gorzandt, córki państwa Trzcińskich, nagranie: Biłgoraj, 2007 r. [w:] *Światła w ciemności. Sprawiedliwi wśród Narodów Świata*, Lublin: Ośrodek Brama Grodzka Teatr NN, Lublin b.r.w., s. 70–75; drugi wywiad z Gorzandt, przeprowadzony przez Muzeum Historii Żydów Polskich Polin: https://sprawiedliwi.org.pl/pl/historie-pomocy/relacja-gabrieli-gorzandt (dostęp 2 XII 2017 r.).

449 Po wojnie Fabrykant (vel Faberka) pozostał w Polsce, zachowując nazwisko „aryjskie", pracował jako dyrektor handlowy centrali handlu zagranicznego Paged, mieszkał w Warszawie przy ul. Wspólnej 61/19 (jego adres we wrześniu 1939 r. to ul. Wspólna 62).

450 Robert Jarocki, *Ostatni ordynat. Z Janem Zamoyskim spotkania i rozmowy*, Warszawa: Oficyna Wydawnicza Fulmen, 1996, s. 225–226, 244–245.

i on dostał tam zatrudnienie dzięki kontaktom z Ordynacją. Rubanek podaje, że w Hucie ukrywał się również wybitny profesor prawa międzynarodowego Ludwik Ehrlich[451]. Także w Ordynacji znalazł schronienie i zatrudnienie pochodzący z Warszawy lekarz Dionizy Gelbart, ukrywający się na aryjskich papierach jako Edward Gadomski[452]. Krystyna Mazurkiewicz i jej ojciec Stanisław Kleiner przyjechali do wsi Topólcza ze Lwowa, zamieszkali u rodziny Kołodziejczyków, którzy nie wiedzieli, że lokatorzy są żydowskiego pochodzenia. Jak napisała pani Mazurkiewicz w liście do ŻIH w 1994 r., byli z ojcem zasymilowani, od lat ochrzczeni, jej narzeczonym, a później mężem był Polak, którego brat był w Topólczy proboszczem. To właśnie on — katolicki ksiądz — powiadomił o ich „semickim" pochodzeniu Kołodziejczyków, szantażował gospodarzy i zmusił ich do wypowiedzenia lokatorom mieszkania. „Na szczęście znalazła się w Topólczy samotna młoda dziewczyna [...], chętna do przyjęcia nas do swojej jedynej izby mieszkalnej, i u której mieszkaliśmy z ojcem do sierpnia 1944 r."[453]. W tym miejscu, skoro jest mowa o czyjejś identyfikacji „po twarzy", czyli po wyglądzie, warto wspomnieć o takich sytuacjach w trakcie akcji wysiedleńczych, gdy Niemcy zdani byli na pomoc osób trzecich. W zwierzynieckim tartaku to buchalter, Ślązak o nazwisku Scharfenstein (wcześniej Szafarczyk), informował Niemców, którzy spośród zatrudnionych robotników są Polakami, a którzy Żydami; w Zwierzyńcu członkowie Rady Żydowskiej pokazywali Niemcom domy zamieszkane przez Żydów, innym znów razem do wskazywania ukrywających się nakłaniano członków żydowskiej policji lub młodocianych Żydów, którzy sądzili, że w ten sposób uratują swoje życie (tak było w Szczebrzeszynie)[454]. Kontynuując wątek ratowania się na aryjskich papierach, co było powszechne w dużych miastach, np. Warszawie, Krakowie czy we Lwowie, trzeba dodać, że niewielka grupa zasymilowanych Żydów z powiatu biłgorajskiego jednak przetrwała „na powierzchni", lecz głównie poza terenem

---

451 AYV, O.3/994, Relacja Henryka Rubanka. Ludwik Ehrlich został we wrześniu 1943 r. aresztowany i osadzony w więzieniu biłgorajskiego Gestapo (kierował biłgorajskim Biurem Informacji i Propagandy AK), w wyniku akcji oddziałów AK na to więzienie 24 września uwolniono 72 więźniów, w tym prof. Ehrlicha.

452 AŻIH, 301/5624, Relacja Heleny Gadomskiej z domu Haneman.

453 AŻIH, List Stanisława Kołodziejczyka do ŻIH z 31 VII 1994 r. i list Krystyny Mazurkiewicz do ŻIH z 22 VIII 1994 r.

454 Bohdanowicz, *Likwidacja Żydów ze Zwierzyńca*, s. 81–82; Biblioteka KUL, Spuścizna Zygmunta Klukowskiego, 852, Pamiętnik W. Lisa [członka BCh, dotyczy Tarnogrodu], k. 22–23.

powiatu, gdzie nie mogli być rozpoznani przez dawnych znajomych. Udało mi się ustalić kilkanaście takich przypadków. Jest oczywiste, że osoby te potrzebowały dokumentów na polskie nazwiska i jakoś je zdobyły, gdyż fałszywe papiery można było po prostu kupić. W jednej z relacji wspomniano, że Żydów zaopatrywał w czyste blankiety kenkart pracownik Wydziału Meldunkowego w Urzędzie Miasta w Biłgoraju, Mieczysław (Stanisław?) Paczos. Miał ich „uszperać" kilkadziesiąt i pouczać Żydów, aby legitymowali się nimi tylko w ostateczności i nigdy przed Gestapo. Freda Dymbort, kiedy znalazła się z rodziną w Józefowie, otrzymała za opłatą polskie dokumenty na nazwisko Regina Chajduk; przehandlował je jakiś Polak[455]. Miała zamiar starać się o wyjazd do Rzeszy, tymczasem krążyła po wsiach i większych gospodarstwach, oferując swoją pracę jako polska dziewczyna, chodziła do kościoła, naśladowała innych ludzi, bardzo dobrze znała język polski i tak właśnie przeżyła, odizolowana od żydowskiego środowiska, pozbawiona najbardziej elementarnych informacji o losie innych Żydów[456].

Najczęściej lakoniczne i bezrefleksyjne relacje polskich świadków tych makabrycznych wydarzeń zawierają oskarżenia Żydów o bierność, klisza ta powtarza się w wielu przekazach, takich jak te: „dla miejscowej ludności był smutny fakt, że Żydzi z takim spokojem i rezygnacją szli na śmierć"[457]. „Dlaczego Żydzi się nie bronią? Przecież stać ich na kupienie broni od samych Niemców. Tymczasem prawdziwych partyzantów żydowskich [można] policzyć na palcach. Nieliczni tylko myślą o ukryciu się, schowaniu kosztowności, oddaniu dzieci na wieś"[458]. „Większość Polaków zadawała sobie pytanie,

455 Państwowe Muzeum na Majdanku (dalej PMM), VII/O-33, Relacja Czesława Witkowskiego z 1970 r. Według niego Paczos dla bezpieczeństwa trzymał to „w ścisłej tajemnicy i wyjawił Witkowskiemu dopiero po wojnie". Według Jerzego Markiewicza w Zarządzie Miejskim pracował nie Mieczysław, lecz Stanisław Paczos, i prowadził komórkę legalizacyjną, wystawiając fałszywe dokumenty; podlegał szefowi wywiadu Komendy Obwodu ZWZ-AK (Markiewicz, Szczygieł, Śladkowski, *Dzieje Biłgoraja*, s. 249). Według informacji otrzymanej od Jana Grabowskiego, za którą dziękuję: „Kenkarty miały lokalne numery rozpoznawcze. W kancelarii wystawiającej blankiety kenkart miały numery porządkowe, ale nie było kartoteki centralnej. W wypadku zatrzymania podejrzanej kenkarty wysyłano zapytanie do organu wystawiającego oraz do centralnego rejestru skazanych".

456 USC, VHA, 16038, Relacja Fredy Dymbort z domu Guterman, ur. w 1927 r. w Woli k. Tarnogrodu.

457 Aleksander Przysada, *Zygmunt Klukowski, lekarz ze Szczebrzeszyna 1885–1959*, Szczebrzeszyn: Miejski Dom Kultury, 2000, s. 81.

458 Czesław Stanisław Bartnik, *Mistyka wsi. Z autobiografii młodości...*, s. 155.

dlaczego Żydzi w Tarnogrodzie nie bronili się przed zagładą?"[459]. Autor, sam udzielając odpowiedzi na to pytanie, podkreślił, że Żydzi nie mieli warunków do zbrojnej samoobrony, panowało wśród nich przekonanie, że podporządkowanie się niemieckim zarządzeniom da im szansę ukrycia się i przeżycia, ponadto Żydzi — głównie chasydzi — podzielali pogląd o poddaniu się woli Boga, wyznawali pewnego rodzaju fatalizm dziejów, któremu muszą się poddać. Inny znów autor zwrócił uwagę na psychologiczne podłoże takiego poglądu Polaków o Żydach — służyło ono w jego ocenie własnemu dowartościowaniu i pocieszeniu: „Im bardziej czułem się niepewnie, tym częściej recytowałem z podejrzaną skwapliwością wraz z innymi, że z nami jednak nie pójdzie Niemcom tak gładko i tak łatwo jak z Żydami. Co to, to na pewno nie! Pociecha była tania, krótkodystansowa"[460].

W miasteczkach na terenie powiatu biłgorajskiego istotnie nie było oporu, który moglibyśmy nazwać zorganizowanym zbrojnym powstaniem czy buntem. Żydzi w tamtych warunkach i okolicznościach, coraz bardziej gnębieni, wyniszczani, antagonizowani i izolowani od reszty społeczeństwa, nie mieli ani broni, ani innych możliwości zorganizowania się i podjęcia walki, po której można byłoby zaplanować czy choćby przewidywać jakikolwiek realny wariant przetrwania całej społeczności. Było też jasne, że każdy bunt będzie skazany na klęskę okupioną rozlewem krwi i cierpieniem innych ludzi. Przypadki stawiania czynnego oporu kończyły się bądź natychmiastowym zastrzeleniem buntowników, bądź potwornymi torturami, które oprawcy publicznie i w odwecie im zadawali. Społeczności pozbawione przywódców, których, jak wspominałam, Niemcy zawczasu wymordowali i zastąpili oportunistami, osłabione trzyletnią wegetacją na skraju nędzy, wyniszczającymi fizycznie i psychicznie warunkami życia codziennego, naznaczonego ogromnym wysiłkiem o zdobycie podstawowych dóbr, broniły się jedynie w aktach indywidualnego oporu. Grzegorz Kołacz w książce o uwarunkowaniach postaw Żydów podczas okupacji wielokrotnie podkreślał, że wskutek skrajnie wyniszczającej polityki niemieckiej, trwającej nieprzerwanie od początku okupacji, duża grupa Żydów nie mogła nawet myśleć o ukrywaniu się po aryjskiej stronie[461]. Na decyzje i postawy Żydów miały więc wpływ czynniki zarówno materialne, jak i psychologiczne,

---

459 Wrona, *Dzieje Tarnogrodu*, s. 278.

460 Jakubik, *Czapki na bakier*, s. 19.

461 Grzegorz Kołacz, *Czasami trudno się bronić. Uwarunkowania postaw Żydów podczas okupacji hitlerowskiej w Polsce*, Warszawa: WAiP, 2008, s. 141.

występowały nierozłącznie i tak samo się liczyły. Konkretne decyzje i postawy poszczególnych osób były wypadkową wielu czynników indywidualnych. Córka Feliksa Urmana po latach przytoczyła słowa, które słyszała od ojca, że jedynymi jego motywacjami do przetrwania były strach i głód[462]. Z kolei ludzie biedni, nieposiadający niczego, co dawałyby im elementarne zabezpieczenie, a bez pieniędzy nie było ratunku, rezygnowali z jakiegokolwiek oporu. Oto ostatnie chwile życia Tajwlowej z Józefowa opisane przez jej sąsiada Edwarda Herca:

> Umyli się i zabierając najwartościowsze rzeczy, bez żadnych tobołków, pożegnali się z nami. Powiedziała do mnie, że to już koniec, że idą na śmierć. Prosiła tylko o opiekę nad synem, któremu może uda się uratować, bo pasł krowy poza miastem. Nie próbowała się kryć. Poszła odważnie z dziećmi na rynek. Nie miała już nic do sprzedania na wyżywienie się ani żadnych warunków do życia. Mimo opanowania trzęsła się cała. Tak barbarzyńca potrafi zniewolić, że człowiek widzi już tylko jedno wyjście z tak wielkiego cierpienia, w śmierci[463].

Tuż przed akcją lub w jej trakcie podejmowano spontaniczne, nieprzygotowane decyzje o ucieczkach — lasy otaczające roztoczańskie sztetle bardzo temu sprzyjały. Ratowano się indywidualnie, ale przecież na skalę masową. Krwawe rzezie, jakich dokonywano w Szczebrzeszynie, Biłgoraju, Tarnogrodzie, Frampolu, Krzeszowie i we wszystkich innych miejscowościach powiatu, spowodowane były właśnie masowym ukrywaniem się przyszłych ofiar, ucieczkami, próbami niepoddania się. Podobnie jak w wypadku liczby ofiar egzekucji i liczby ofiar wywózek do Bełżca, tak i ustalenie, jak liczne grupy uciekały, jest bardzo trudne i oparte wyłącznie na szacunkach świadków i uczestników. Grupę uciekinierów ze Szczebrzeszyna szacuje się na 500 osób, z Józefowa na 300, z Biłgoraja na kilkaset, z Krzeszowa na kilkadziesiąt, z Goraja i Frampola wiele osób z pewnością uciekło w lasy, na pola i do najbliższych wsi. Na tej podstawie oceniam, że w całym powiecie na ucieczkę lub ukrycie zdecydowało się około 1500 osób, dolną granicą jest liczba 1100 osób. Szacunek ten jest z konieczności bardzo nieprecyzyjny, intuicyjny, ale i oparty na wszystkich dostępnych źródłach oraz korelujący

---

462 USC, VHA, 44697, Relacja Feliksa (Efraima) Urmana.
463 Herc, *Czasy niezapomniane...*, cz. 2, s. 78–79.

(proporcjonalny i prawdopodobny) z liczbą ludności żydowskiej przebywającej w czasie ostatnich akcji w danej miejscowości.

W liczbie tych, którzy podjęli aktywną próbę ratowania się, są też wszyscy ukrywający się na terenie gett — w miejscach wcześniej przygotowanych lub znalezionych doraźnie — z zamiarem ich opuszczenia po minięciu największego niebezpieczeństwa. Jest jeszcze jedna kategoria Żydów, których należy uwzględnić w szacunkach dotyczących liczby osób walczących po 1942 r. o przetrwanie, może tu chodzić o co najmniej kilkadziesiąt osób, które przebywały we wsiach już od 1939 r. i aż do końca nie przeniosły się do większych skupisk żydowskich, a więc do tych miejsc, gdzie mordowano i skąd deportowano na śmierć. Dotyczyło to Żydów wiejskich i pochodzących ze spalonych we wrześniu 1939 r. miasteczek, np. Frampola. Wielu pozbawionych dachu nad głową przeniosło się wtedy na wieś i tam już pozostało, niektórzy pracowali w gospodarstwach i na ich terenie znaleźli schronienie w okresie późniejszym.

Jak wiemy, kryjówki na terenie gett obliczone były wyłącznie na przetrwanie samej akcji deportacyjnej i krótkiego okresu po niej. Wcześniej czy później i tak trzeba było wyjść i uciekać, pozostawanie w kryjówkach na miejscu nie było zaplanowaną strategią przetrwania do końca okupacji, ale czas, który trzeba było spędzić w ukryciu, nikomu nie był z góry znany. Był to jeden z ważnych czynników osłabiających wolę przetrwania i uniemożliwiający jakiekolwiek długofalowe racjonalne planowanie, gromadzenie zapasów. Tylko część Żydów przygotowała zawczasu bunkry zaopatrzone w duże ilości jedzenia i wody, ale były to pojedyncze przypadki. Większość uciekała spontanicznie, gdzie się dało, na strychy domów, do piwnic, w niewidoczne zakamarki mieszkań, kryli się w domowych sprzętach i meblach, niektórzy ukrywali się w cmentarnych grobowcach. Również do wyjątków należały bunkry przygotowane wcześniej poza miastem.

Działania podjęte zawczasu i oparte na trzeźwej, wykalkulowanej ocenie rzeczywistości sprowadzały się najczęściej do zabezpieczenia majątku, który jeszcze pozostał, rozlokowania go po znajomych Polakach, uzgodnienia warunków ukrycia przedmiotów i sposobów dotarcia do nich w razie potrzeby. Tego nie można było przecież zrobić w ostatniej chwili, tym bardziej w trakcie samej akcji likwidacyjnej. Kilka przykładów: Haskiel Huf z Frampola, szewc z zawodu, zostawił na przechowanie u Adama Sochy buty i skórę, u jego stryja Leona Sochy dziesięć par butów, jesionkę i dwie kapy na łóżko; Icchak ze Smorynia towary handlowe i pieniądze powierzył Polakowi Kuninowi; rodzina Belli Hot ulokowała swoje rzeczy u polskiej rodziny, podobnie postąpiła rodzina Rywki Wajnberg i wielu, wielu innych. Często mieli problemy z ich odzyskaniem, czasem płacili za to życiem. Kwestia rzeczy, pieniędzy, biżuterii i złota, które Żydzi rzeczywiście posiadali lub o co byli podejrzewani, przewija się przez wiele wspomnień, relacji i powojennych wywiadów czy zeznań. Ukrywający się Żyd był potencjalnym źródłem zysku i można było go w każdej chwili okraść, niczego nie ryzykując; można było go wydać, wygonić lub wręcz zabić. „Chłopi ukrywali na wsi Żydów, odbierając od nich za to złoto, garderobę i inne potrzebne rzeczy. Zdarzało się, że po odebraniu rzeczy od nich wydali Żydów w ręce policji albo nawet cichaczem zamordowali" — pisała Tema Wajnsztok[464]. Byli i ludzie bardzo uczciwi, np. rodzina Stańczyków z Frampola, u której rodzice Chany Brik zostawili swoje rzeczy, wszystko oddała Chanie i do końca wojny, a nawet po jej zakończeniu bardzo jej pomagała[465], a przyjaźń i osobiste kontakty między Chaną i tą rodziną trwały także po wojnie[466]. Zdaniem Morrisa Shapiro nie można było trzymać pieniędzy przy sobie (choć oczywiście wielu nie miało innego wyjścia i przypłaciło to życiem [467]) i właśnie dlatego jego siostra Drajzla ulokowała cały majątek u godnego zaufania Polaka z Goraja, ten zaś zawsze, kiedy rodzeństwo potrzebowało pieniędzy, wypłacał potrzebną w danym momencie kwotę[468]. Choć Morris Shapiro nie wymienił jego nazwiska, pewne jest, że chodzi o Ksawerego Złomańskiego z Goraja, po wojnie mieszkańca Biłgoraja. Jego nazwisko pojawiło się kilkakrotnie we wspomnieniach pochodzących z Goraja Naomi Samson i jej siostry Janice Gutwein, które ukrywały się wraz z bratem i matką Fajgą Rosenberg od jesieni 1942 r. aż do wyzwolenia w gospodarstwie rodziny Kowalików we wsi Łada koło Goraja. Złomański trzymał nad nimi pieczę, przechowywał ich rzeczy oraz pieniądze i wydzielał je, kiedy tylko były

---

464 AYV, O.33/635, Relacja Temy Wajnsztok z domu Rottman.

465 Rodzina Stańczyków została odznaczona medalem Sprawiedliwych wśród Narodów Świata. Pomagali nie tylko Chanie, lecz także innym Żydom, którzy przychodzili do nich z lasu po żywność.

466 Za informacje oraz udostępnienie mi listów i zdjęć dziękuję pani Alicji Mikszy z Frampola, córce Klementyny Filipowicz-Stańczyk, odznaczonej medalem Sprawiedliwej wśród Narodów Świata.

467 Na przykład przed ucieczką z Frampola Fajga Rosenberg i jej dzieci podzieliły się pieniędzmi, każde dziecko miało przy sobie po 500 zł. Gdy w trakcie ucieczki jedna z dziewczynek, Perła, ranna w nogę, nie mogła dalej biec i pozostała na polu, przekazała matce swoje pieniądze. Fajga z trójką pozostałych dzieci przeżyła całą okupację, ukrywając się we wsi Łada koło Goraja (USC, VHA, 11010, Relacja Janice Gutwein z domu Ichad Rosenberg).

468 USC, VHA, 9679, Relacja Morrisa Shapiro.

im potrzebne[469]. Takich podopiecznych miał więcej, w wypełnionej przez niego ankiecie w 1968 r. wymienił jeszcze Gitlę i Esterę Guterman oraz Bajlę Nestelbaum — wspierał je i wyszukiwał dla nich „osób zaufanych, u których znajdowały odpowiednie schrony"[470]. Nazwisko Złomańskiego odnajdziemy także w relacji Bolesława Omiotka ze wsi Chrzanów: „Późną jesienią 1942 r. do ojca przyszedł znajomy żyd i po rozmowie ojciec powiedział do mnie: masz zaraz dostarczyć ten list do pani, która czeka w domu Złomańskiego z «podsieniami» w Goraju. Tylko zapytaj, czy to pani Złomańska, jeśli ci odpowie trzykrotnie Złomańska, to jej oddaj"[471].

Do wyjątkowo przedsiębiorczych osób należał Boruch Wermut, właściciel młyna w Biłgoraju na Bojarach: „wraz [z Herszkiem] Kahanem i [Lejbem] Kacenbergiem poszedłem do lasu pracować, aby żyć i aby poznać teren, w razie prześladowań żeby się ukryć"[472]. Wermut w tym czasie przygotował w lesie kilka bunkrów. „Ja sam i swoją rodzinę ukryłem we młynie. Ja miałem kryjówkę w elewatorze, a rodzina na strychu w domu"[473]. Później rodzina Borucha przedostała się do bunkra w lesie, gdzie było już około 60 osób, niestety został on wykryty[474], jego żona i siostrzeniec zginęli. Sam Wermut po tym wydarzeniu przez siedem dni ukrywał się w biłgorajskim getcie szczątkowym, a nie mając dostępu do wody, przez ten czas pił własny mocz; dzieci umieścił znów we młynie. Widział, jak Franciszek Kulesza brał udział w wykryciu przebywających w piwnicy pewnego domu około 30 Żydów, wszystkich zastrzelono. Kulesza trupom wyjmował złote zęby, rozbierał je do naga, „a jednej młodej kobiecie rozsunął nogi i włożył na nią trupa mężczyzny, mówiąc: niech sobie po śmierci użyje, z czego on i obecni głośno się śmiali". Po tygodniu wycieńczony Wermut wyszedł z kryjówki, poszedł do lasu, żywił się znajdowanymi na polu surowymi warzywami, w końcu za wiedzą i zgodą Niemca Mieczkowskiego, który zarządzał młynem Wermuta, znów wrócił do młyna, gdzie nadal przebywała jego rodzina, ukrył się

469 Naomi Samson, *Hide, a Child's View of the Holocaust*, Lincoln–London: University of Nebraska Press, 2000, *passim*.

470 AAN, Pomoc Polaków dla ludności żydowskiej, 1968–1969, 1521/9, Ankieta Ksawerego Złomańskiego z 8 VI 1968 r., k. 66–69.

471 AŻIH, 301/7010, Relacja Bolesława Omiotka.

472 AIPN Lu, 327/31, Sprawa Franciszka Kuleszy, Władysława Bełżka i Jana Blicharza 1946–1954, Zeznanie Borucha Wermuta na rozprawie głównej, k. 162.

473 *Ibidem*.

474 Zadenuncjował ich gajowy Jan Blicharz; po wojnie został skazany na 10 lat więzienia (AIPN Lu, 327/31).

w elewatorze z Beniem Hochmanem i jego synkiem; tkwili tam trzy tygodnie. Ponownie uciekł do lasu i ponownie wrócił do młyna, za złotą bransoletkę Mieczkowski przynosił mu chleb i informacje. „Trzymałem się tego miejsca jako miejsca znanego, gdzie się urządziłem i gdzie mogłem wyżywić". Wermut opowiadał, jak wielokrotnie krążył między młynem a lasem, wracał do Biłgoraja, by zdobyć żywność, ubrania i pieniądze, wchodził na teren getta i wykopywał ukryte tam przedmioty. Istniejące do połowy stycznia 1943 r. mini-getto umożliwiło kilkudziesięciu osobom ukrywanie się na jego terenie w piwnicach i na strychach domów, jak już pisałam, to tam wracali z lasu uciekinierzy, aby pobyć ze swoimi, wymienić się informacjami, dowiedzieć o losie najbliższych, zdobyć potrzebne przedmioty i żywność. Dopóki istniała jakakolwiek legalna grupa Żydów, stawała się dla ukrywających ośrodkiem, do którego dążyli. Podobnie jak Wermut działali inni. Rodzina cholewkarza Lejzora Fruchtlandera ukryła się pod podłogą, potem wyszła na pole[475]. Od 15 stycznia 1943 r. Fruchtlander przebywał już stale w lesie, do Biłgoraja przyszedł tylko raz. Natomiast po aryjskiej stronie Biłgoraja, na strychu domu, w którym była lodownia, ukrył się z bratem Israel Gajst, tylko czasem ukradkiem wchodził do getta, by zdobyć żywność i dowiedzieć o losie ciotki, która z osiemnastoma Żydami ukryła się u Bendlerów[476]. Zostali wykryci i rozstrzelani na cmentarzu; w tej akcji też brał udział Kulesza, Gajst widział go chodzącego z siekierą[477].

Jedną z form ratowania życia podczas akcji eksterminacyjnych, wymagającą zimnej krwi i dostępną tylko nielicznym, było udawanie wobec Niemców „aryjczyka", nawet bez posiadania odpowiednich dokumentów. W trakcie akcji, kiedy wszystko działo się błyskawicznie i chaotycznie, żandarmi i policjanci nie zawsze je sprawdzali, czasem oceniali „na oko", co niektórych uratowało[478]. Zachowały się wspomnienia o kilku takich przypadkach: w Zwierzyńcu z łapanki wymknął się doktor Riedel z żoną, w Józefowie chłopiec Dawid Borensztejn, we Frampolu nieznana z imienia i nazwiska Żydówka poszła w czasie akcji w pole okopywać kapustę, udawała polską chłopkę, inna postąpiła podobnie — założyła na głowę chustkę i zabrała się

475 AIPN Lu, 327/31, Zeznanie Lejzora Fruchtlandera na rozprawie głównej, k. 213.

476 *Ibidem*, Pismo Zarządu Miejskiego, że rodzina Benderów w Biłgoraju nie mieszkała, k. 325. Świadek Wermut zeznał, iż chodzi o rodzinę Bendlerów (k. 308).

477 Gajst został wywieziony do Zamościa, potem na Majdanek i do Częstochowy (*ibidem*, Zeznanie Israela Gajsta (Srula Geista) na rozprawie głównej, k. 267).

478 Zdarzały się pomyłki i w drugą stronę, gdy Polaka brano za Żyda.

za obieranie kapusty, samą akcję przeżyła, pogoni za Żydami zorganizowanej przez polskich sąsiadów już nie; złapali ją i zabili na ścieżce[479]. Często w takich sytuacjach konieczna była pomoc Polaków. Jedno ze zdarzeń tego rodzaju odnotowano w Józefowie, gdzie mieszkała pani Strzałkowska; jako „wychrzczanka" nie miała ausweisu, który by ją chronił. W czasie akcji położyła się do łóżka i udawała chorą, Niemcy zadowolili się jej dowodem kolejowym i tak się uratowała[480]. Zdarzała się i pomoc Niemców. O wyjątkowej sytuacji w Szczebrzeszynie opowiedziała Wanda Kinrus, żona doktora Bołotnego. Jej rodzinie i innym osobom pomógł podczas akcji jakiś „bardzo sympatyczny i miły" Volksdeutsch, zatrudniony w magistracie; był on pacjentem Bołotnego, ale Kinrus nie znała jego nazwiska. Uprzedził ich o planowanej akcji i zaproponował ukrycie w magistrackim pokoju, co było dla niego szczególnie niebezpieczne:

> Tam [w magistracie – A.S.] on miał pokój. Zamknął nas. Zdziwiłam się nawet, że on to chce robić zupełnie bezinteresownie. [...] Ale on też [ratował] męża i matkę moją, siostrę, całą rodzinę i jego rodziców. Tam było dużo osób. I on nam przynosił tam jedzenie. Byliśmy tam jakie pięć do sześciu dni. Akcja trwała dzień albo dwa dni, nie pamiętam dokładnie, bo ja byłam w tym czasie zupełnie zamknięta. [...] I co najgorsze – wynosił kubły i przynosił. To był elegancki pan. To nie tylko, że on pomagał. On ryzykował swoim życiem i życiem swojej żony i dziecka. Miał jedno dziecko tylko. [...] I raz on przyszedł i spytał, czy chcemy wyjść stamtąd. Co będzie, to będzie, jak długo można siedzieć w takim pokoju?[481]

Formy pomocy udzielanej w czasie akcji likwidacyjnych i pierwszych tygodniach po nich najczęściej były aktami jednorazowymi, gestami i odruchami spontanicznymi, bezwarunkowymi, mniej lub bardziej ryzykownymi, ale przede wszystkim niezwykle ważnymi, ratującymi w danym momencie czyjeś życie[482]. Tu nie chodziło o zaspokojenie głodu czy pragnienia, lecz

---

479 Wspomnienie Seweryny Krawczyk, http://andrzejburlewicz.blog.onet.pl/2015/11 (dostęp 25 X 2016 r.); Herc, *Czasy niezapomniane...*, cz. 2, s. 78.

480 Jakubik, *Czapki na bakier*, s. 25.

481 AYV, O.3/3510, Relacja Wandy Kinrus z domu Litwak.

482 Podobnych form pomocy Ukraińcy udzielali Polakom uciekającym przed ludobójczymi akcjami na Wołyniu w 1943 r. (por. *Kresowa księga Sprawiedliwych 1939–1945. O Ukraińcach ratujących Polaków poddanych eksterminacji przez OUN i UPA*, oprac. Romuald Niedzielko, Warszawa: IPN, 2007, s. 14).

o ratunek natychmiastowy, działanie krótkotrwałe, ale zdecydowane i stanowcze, umożliwiające wymknięcie się z sideł oprawców. Udzielano chwilowego schronienia i pomocnej informacji, np. dokąd lub do kogo uciekać, gdzie są Niemcy, czy i kiedy wrócą, jednocześnie wprowadzano w błąd policjantów i ich pomocników, np. co do tożsamości danej osoby lub kierunku ucieczki poszukiwanych Żydów. Kto wymknął się obławom i przeżył pierwsze dwa–trzy tygodnie po akcji „wysiedleńczej", ten musiał szukać takich miejsc schronienia, które mogłyby się stać azylem na dłużej i umożliwić zdobywanie żywności. Część Żydów pozostała w lasach i tam urządzała się w mniej lub bardziej licznych grupach (o czym dalej), część błąkała po wsiach i koloniach, znajdując schronienie na krócej lub dłużej. O nich piszę w następnym podrozdziale.

UKRYWANIE SIĘ WE WSIACH

Po ucieczce największym zagrożeniem byli ludzie, ale istniały też inne realne zagrożenia, którym należało zaradzić, by przeżyć: permanentny głód, zimno, wyczerpanie, choroba, strach, utrata nadziei, siły i woli przeżycia. Dla niektórych były to przeszkody nie do pokonania, lub inaczej: pokonaliby je, gdyby na ich drodze nie stanęli ludzie podli i bezduszni. Pod koniec listopada 1942 r. „dwie Żydówki z małymi dziećmi same zgłosiły się do aresztu miejskiego, bo już nie mogły dłużej wytrzymać bez jedzenia i bez ubrania, które im w lesie zrabowano. Dzieci były już ledwie żywe"[483]. „Coraz częstsze są wypadki, że Żydzi sami zgłaszają się i proszą, żeby ich zabić"[484]. Kamasznik Flug z Józefowa, chociaż przeżył masakrę na Winiarczykowej Górze, po kilku dniach popełnił samobójstwo, w kryjówce powiesił się na pasku[485]. Do najbardziej drastycznych należał przypadek 17-letniej dziewczyny o nazwisku Merec ze wsi Kusze, która nie chcąc zginąć z niemieckich rąk, „tak długo ukrywała się na strychu przy ulicy Ulanowskiej 2, aż zmarła z głodu"[486]. Bolesnym doświadczeniem szukających ocalenia były nie tyle obojętność czy odmowa pomocy ze strony Polaków, ile bezduszne

483 Klukowski, *Zamojszczyzna...*, s. 311, zapis z 18 XI 1942 r.

484 *Ibidem*, s. 332, zapis z 20 XI 1942 r.

485 Herc, *Czasy niezapomniane...*, cz. 2, s. 80.

486 AŻIH, 301/5502, Relacja Aleksandra Falandysza, Wincentego Chałkiewicza i Mieczysława Ślebody.

przepędzanie, szczucie psami, grożenie, okradanie czy wręcz mordowanie („grozili mi nawet śmiercią", „zbił mnie, grożąc śmiercią, skoro nie opuszczę tego domu"[487]). Niektórzy gospodarze, kiedy odkrywali, że w ich obejściu ukrywają się Żydzi, prosili, by ci odeszli i nie narażali gospodarzy na represje, a nawet śmierć, często dawali nieszczęśnikom żywność na drogę. Kilka takich sytuacji wspomina np. Icie Sztemer: „Opisała [żona gospodarza] nam swój strach i błagała, abyśmy przez wzgląd na nich odeszli, prawdopodobnie poza nimi także sześcioro sąsiadów mieszkających po obu stronach mogłoby zostać zastrzelonych". „Kiedy zobaczył nas, zaczął szlochać nad naszym losem, ale błagał nas, abyśmy nie ściągali na jego rodzinę nieszczęścia"[488]. Chodzenie od domu do domu nocą, by nikt nie widział, unikanie wart wiejskich i szczekających psów, pukanie do okien, błaganie o litość i zmiłowanie, o kawałek chleba, o zgodę na przenocowanie w stodole, w oborze, na strychu, choć na jedną noc — oto doświadczenia, które poznał każdy uciekinier z gett. Bezdomni często w ogóle nie pytali o zgodę na nocleg w zabudowaniach gospodarczych. Pod osłoną nocy zagrzebywali się w słomie czy sianie i zachowywali cicho, by nie zdradzić swojej obecności, a rano jeszcze przed świtem odchodzili do lasu, gdzie chronili się w ciągu dnia. Jedynym śladem ich obecności była wygnieciona słoma. Taka ryzykowna metoda postępowania dawała wprawdzie dach nad głową, ale nie zapewniała pożywienia. Grupa głodnych dzieci uciekinierów ze Szczebrzeszyna, błąkających się po lesie koło Topólczy, wyjadała jedzenie kurczakom. Żywienie się resztkami ze zwierzęcych koryt czy psich misek wcale nie było praktyką odosobnioną.

Zdobycie żywności było potrzebą rudymentarną, najważniejszą z ważnych, pierwszą w kolejności po potrzebie bezpieczeństwa. Żywność zdobywano więc na wszelkie możliwe sposoby, ogromnie ryzykując: zbierano grzyby i jagody w lesie, żebrano, kupowano (w relacjach niestety nie ma informacji za jakie kwoty, i czy były zawyżone), kradziono z sadów, pól i piwnic pod osłoną nocy, zdobywano także w drodze rabunku i napaści. Były to absolutnie podstawowe, wciąż te same produkty, pozbawione wartościowych składników odżywczych: suchy chleb, mleko, kartofle, brukiew i czasem zupa lub kasza, rzadko okraszone tłuszczem. Dla bezdomnych Żydów schronieniem stawały się stajnie, obory, stodoły, strychy, piwnice, stogi siana, ziemianki i kopce, bunkry, doły, rowy lub nory wydrążone w ziemi. We wspomnieniach ocalałych Żydów rzadko znajdziemy opowieści o komfortowych

---

487 AYV, O.33/635, Relacja Temy Wajnsztok.

488 *Book of Memory to the Jeiwsh Community of Szczebrzeszyn...*, s. 94–95.

czy choćby znośnych warunkach ukrywania się, o posiłkach zaspokajających głód, ciepłych mieszkaniach, posłanych łóżkach, wodzie i mydle, nie wspominając już o ciekawych rozmowach przy zastawionym stole. Zwraca uwagę, że udzielający schronienia i pomocy Polacy solidaryzują się z ludźmi z własnej grupy społecznej lub zawodowej, nie bez kozery w Ordynacji Zamojskiej skuteczną pomoc i schronienie otrzymali profesor, oficer, wybitny specjalista drzewny, dyrektor, kompozytor. Oni — tak nieliczni — przebywali po aryjskiej stronie w relatywnie luksusowych warunkach. Biedna 12-osobowa żydowska rodzina Bryksów, ukrywająca się w ordynackiej stajni w Michałowie, dzieliła przestrzeń życiową nie ludzi, ale zwierząt gospodarskich, w końcu zginęli („Niemcy [ich] wyrżnęli")[489]. Warunki ukrywania się Bryksów nie były w niczym podobne do życia codziennego urzędników Ordynacji. To samo można powiedzieć o wszystkich innych, którzy szukali schronienia na wsi, u gospodarzy. Codzienną dolą i niedolą ocalenia znakomitej większości były nędza i warunki życia typowe dla biednej polskiej wsi. Zdecydowana większość pomagających i ratujących to ludzie prości, o niewielkim wykształceniu, zdani sami na siebie; ich domy były czasem tylko starymi jednoizbowymi drewnianymi chatami krytymi strzechą, z glinianą podłogą — w takich warunkach nie sposób było kogokolwiek w izbie ukryć. Szukający schronienia Żydzi znajdowali je na strychach tych domów, znacznie częściej zaś w budynkach gospodarczych. Oferowanie ukrywającym się kąta we wnętrzu mieszkalnym należało do rzadkości i raczej nie wynikało ze znieczulicy gospodarzy, lecz z wymogów zachowania jak najdalej idącej konspiracji — do chałupy w każdej chwili mógł przecież ktoś wejść. Chciałabym tu na marginesie wspomnieć o jednym z warunków kontynuowania pomocy, stawianym czasem Żydom, tj. zmianie wyznania i przyjęciu chrztu. Na ogół Żydzi, nie widząc innego wyjścia, zgadzali się, gdyż traktowali to jak przymus do niczego ich w przyszłości niezobowiązujący[490].

Nie było we wsiach żadnych podziemnych organizacji, które pomagałyby finansowo ukrywającym się i ich opiekunom. Do wąskiego kręgu wtajemniczonych najczęściej należeli jedynie członkowie najbliższej rodziny, czasem wciągano kilkoro zaufanych znajomych, tworząc w ten sposób

489 AŻIH, 301/5785, Relacja Pesi Lichfeld.

490 W jednym przypadku odmowa warunku była jak najbardziej zrozumiała, nie zgodził się na to Motl Szapiro, głęboko wierzący student lubelskiej jesziwy. Dla niego sprawy wiary nie podlegały żadnym negocjacjom, musiał wobec tego wraz z siostrą opuścić dotychczasową kryjówkę (USC, VHA, 9679, Relacja Morrisa Shapiro).

niewielką siatkę i grupę wsparcia dla siebie samych i swoich żydowskich podopiecznych[491]. Z relacji wiemy, że praktycznie nie zdarzało się, aby gospodarz ukrywający Żydów wykonywał wyłącznie sam wszystkie związane z tym czynności, z których najważniejsze były dostarczanie żywności i wynoszenie nieczystości. Zwykle robiła to cała rodzina z wyłączeniem małoletnich dzieci, te bowiem o niczym nie mogły wiedzieć, aby nie „wygadać się" przed obcymi.

Spośród kilkudziesięciu przypadków wybrałam kilka przykładów najlepiej ilustrujących to, co można nazwać „wędrowaniem i błądzeniem" w historii szukania ratunku[492]. To wędrowanie odbywało się w promieniu nie większym niż 10–15 km, aby nie zbliżać się nadmiernie do miast; kolejno odwiedzane wsie dzieliły niewielkie odległości, najczęściej dana osoba błąkała się od domu do domu w obrębie jednej wsi i dopiero nie znajdując w niej pomocy, wędrowała dalej. Niektóre wsie oraz niektórzy gospodarze mieli opinię przychylnych Żydom, taką opinię w relacji Morrisa Shapiro miała np. wieś Branewka koło Goraja.

Opisując losy ukrywających się we wsiach, można dla lepszego zrozumienia towarzyszących temu okoliczności wprowadzić różne kategorie, np. oparte na liczebności osób ukrywających się wspólnie. Według Szymona Datnera pomoc udzielana grupie liczącej od dwóch do dziesięciu osób była ratownictwem zbiorowym, powyżej dziesięciu osób — masowym[493]. Na terenie powiatu biłgorajskiego zdarzył się tylko jeden przypadek ratownictwa masowego (chodzi o Stanisława Sobczaka z Frampola) i kilkanaście przypadków zbiorowego. Zdecydowana większość ukrywała się samotnie lub z jedną, maksymalnie dwoma osobami, najczęściej z kręgu najbliższej rodziny bądź znajomych. Rzadko wspólnie ukrywały się osoby sobie obce, które poznały się przypadkowo już w czasie ukrywania się. Często rodziny po ucieczce musiały się rozdzielić, choć zawsze robiono wszystko, aby utrzymywać ze sobą kontakt, przekazując informacje o sobie przez znajomych

---

491 W ankietach na temat pomagania Żydom przez ludność polską, zbieranych w 1968 r. przez ZBoWiD, jedno z pytań dotyczyło osób, które wiedziały o udzielaniu takiej pomocy. Z odpowiedzi wynika, że była to najbliższa rodzina, ale często kilka innych osób, np. sąsiadów (AAN, 1521, Pomoc Polaków dla ludności żydowskiej, 1968–1969).

492 Por. Barbara Engelking, *„Jest taki piękny słoneczny dzień...". Losy Żydów szukających ratunku na wsi polskiej 1942–1945*, Warszawa: Stowarzyszenie Centrum Badań nad Zagładą Żydów, 2011.

493 Szymon Datner, *Las sprawiedliwych. Karta z dziejów ratownictwa Żydów w okupowanej Polsce*, Warszawa: Książka i Wiedza, 1968, s. 42–51.

Polaków. Nocą, jeśli to tylko było możliwe, ukrywający się Żydzi wychodzili z kryjówek, żeby zaspokoić potrzeby fizjologiczne, zaczerpnąć świeżego powietrza, rozruszać skostniałe ciało, popatrzeć w niebo. Nocą też się spotykano.

Inna kategoria opisująca warunki przetrwania, choć na ogół jakoś związana z liczebnością grupy, odnosi się do tego, co można nazwać stabilnością lub stałością kryjówki. Niewielki odsetek osób przetrwał cały okres 1942–1944 tylko w jednym miejscu, choć i takie sytuacje się zdarzały. Ludzie ci mieli ogromne, naprawdę wyjątkowe szczęście spotkać Polaków, którzy udzielili im długotrwałej pomocy, przyjęli pod swój dach, zapewnili wszelką pomoc i traktowali jak członków rodziny. Znamy natomiast wiele przykładów długotrwałej pomocy udzielonej jednej osobie i zakończonej uratowaniem podopiecznego; bardzo często dotyczyło to dzieci, a zwłaszcza dziewczynek, które łatwiej było przedstawiać światu jako polskie kuzynki lub nawet własne dzieci, obcym zaś trudniej było je zdemaskować. Nawet bardzo małe dzieci zdawały sobie sprawę, że muszą ukrywać swoje pochodzenie i nie wolno im mówić w jidysz. Uczyły się katolickich obyczajów i modlitw, były bardzo pojętnymi uczniami i jako pełne sieroty wzbudzały współczucie. Takim przykładem jest los Rywki Dawidowicz, która jako Stefa przebywała cały czas w jednym miejscu, we wsi Kąty koło Frampola[494]. Dora Brik uratowała się z kolei u rodziny polsko-niemieckiej w Zamościu, traktującej ją jak własne dziecko[495]. U rodziny Sieków z kolei przez cały okres przebywał Feliks Urman[496]. Z beznadziejnej wydawałoby się sytuacji uratowano 3-letnią dziewczynkę znalezioną przy torach w Majdanie Niepryskim; została wyrzucona z pociągu. Adoptowała ją wdowa Aleksandra Knap, dała na imię Janina[497]. Ale los innego dziecka okazał się tragiczny. „Przed paroma dniami wyskoczyła z pociągu, tuż koło fabryki Alwa, młoda Żydówka z siedmioletnim dzieckiem. Żandarmi wystrzałem z karabinu zabili ją na miejscu, dziecko tylko potłukło się, padając. Robotnicy z Alwy nakarmili je, lecz zawiadomili posterunek żandarmerii w Szczebrzeszynie. Po paru godzinach przyjechali żandarmi, zastrzelili dziecko na oczach robotników i kazali na miejscu ciało zakopać"[498].

494 AYV, O.3/3078, Relacja Rywki Dawidowicz.
495 AYV, O.3/3109, Relacja Dory Kislowicz z domu Brik.
496 USC, VHA, 44697, Relacja Feliksa (Efraima) Urmana.
497 *Ten jest z ojczyzny mojej. Polacy z pomocą Żydom...*, s. 511.
498 Klukowski, *Zamojszczyzna...*, s. 357, zapis z 28 V 1943 r.

Inny przykład przebywania cały czas w jednej kryjówce to historia Henryka Fladella (Fladela) z Leżajska, który w czasie okupacji znalazł się u dziadka mieszkającego w małej wiosce Wólka Łamana w gminie Kuryłówka, w powiecie biłgorajskim[499]. W sąsiedniej wsi Brzyska Wola mieszkał Walek Kaczyński, człowiek bardzo biedny, utrzymujący całą rodzinę z czyszczenia kominów i małego gospodarstwa. Otóż to on właśnie, mimo własnej skrajnie trudnej sytuacji, zaproponował Henrykowi i jego koledze Abrahamowi Hamfingowi schronienie u siebie. Obaj przez osiemnaście miesięcy przebywali w sianie na strychu domu, nigdy go nie opuszczając. Przez cały ten czas żywili się wyłącznie ziemniakami, nie myli się ani razu, nigdy nie zmienili ubrań, ale przeżyli. Fladell opowiedział w wywiadzie, że nie wie, czemu zupełnie obcy człowiek ich uratował i dzielił z nimi wszystkim, co miał, choć miał tak niewiele. Walek przynosił podziemne gazetki, które mu czytali, gdyż był analfabetą. Przede wszystkim jednak był bardzo uczciwym, wrażliwym na innych, przyzwoitym człowiekiem, który zachował w sobie człowieczeństwo w najstraszniejszych czasach. To bardzo rzadka kategoria ludzi.

Większość Żydów wciąż musiała szukać kolejnych schronień i stale ryzykować, a ponieważ każde wyjście z ukrycia, wędrowanie i błądzenie zwiększało prawdopodobieństwo wpadki, ich los naznaczony był nieustannym lękiem, stresem, napięciem. Chcąc przeżyć, musieli ryzykować, ale powtórzę tu jeszcze raz: po ucieczce największym zagrożeniem byli ludzie, nie leśne zwierzęta, nawet nie głód czy choroby. Aron Kisłowicz przeżył, ukrywając się w wielu miejscach, krążąc w okolicach Frampola od jednego do drugiego gospodarstwa, klucząc, uciekając i myląc tropy. Nie chciał, aby ktokolwiek wiedział, gdzie można go spotkać, nakryć, zadenuncjować. Zbyt wiele zła i podłości widział, by wierzyć ludziom. Dłuższy czas spędził (wraz z Rywką Kestenbaum i jej córeczką Szanglą) w bunkrze pod stodołą u Polaka, którego nazywał „bandytą" — za dobrodziejstwo udostępnienia bunkra tenże pobierał „czynsz"[500]. Takie zamaskowane kryjówki jak u „bandyty" były w niemal wszystkich gospodarstwach, chłopi budowali je, aby mieć gdzie ukryć przed Niemcami wytwarzaną nielegalnie żywność. Zdaniem Arona był to człowiek zdolny dla zysku nawet zabić, ale w tym wypadku nie musiał, pobierał przecież „czynsz". Kolejne przystanie Kisłowicza to dom Polaka o nazwisku

499 USC, VHA, 2561, Relacja Henry'ego Fladella.

500 Por. historia rodziny Książków z Komodzianki: https://sprawiedliwi.org.pl/pl/historie-pomocy/historia-pomocy-rodzina-ksiazkow.

Oszust[501], stajnia u innego anonimowego Polaka, mieszkanie u zięcia Oszusta, Władka Paszkowa, który pomagał i ukrywał go bezinteresownie aż do końca wojny, a także strych szwagra Władka. W przekonaniu Arona ocalenie zawdzięczał właśnie Władkowi Paszkowowi. Takimi opiekunkami dla innej ocalałej — Temy Wajnsztok z Frampola — stały się gospodynie Aniela Chmiel i jej córka Janka, oraz kobieta o nazwisku Ducherka (Janina Sitarz)[502]. Dzieliła z nimi chroniczny głód, zimno i strach. Znajdziemy w jej opowieści napad „partyzantki" i brutalny gwałt, godziny spędzone w bezruchu pod łóżkiem, wykradanie żywności z cudzych pól, a także codzienną wspólną pracę w gospodarstwie, szycie, sprzątanie. Tema krążyła po całej okolicy i wielokrotnie zmieniała miejsca pobytu, ale dom Chmielowej pozostał dla niej przystanią i zawsze mogła tam wrócić.

Tema była typową wiejską dziewczyną, pracowitą, ubraną w chłopskie spódnice, a więc swojską i mimo żydowskiego pochodzenia, którego nie ukrywała, akceptowaną i ochranianą głównie przez gospodynie, rzadziej przez gospodarzy. Ale, jak powiedziała już po wojnie: jej droga była ciężka, jak głodnego, zmarzniętego, wystraszonego i zaszczutego psa, który nie wie, co przyniesie następna godzina. Kiedy w ciągu kilku pierwszych miesięcy po akcji likwidacyjnej chłopi szczególnie bali się brać do siebie Żydów, z dwoma braćmi, Mojsze i Izraelem, spędziła trzy miesiące na bagnach. Wiedziała, jak niektórzy odnoszą się do „wałęsających się" Żydów: „trzeba wygnać albo zastrzelić jak psa na podwórku, bo i po co się narażać i cierpieć". Zapisała: „Życia się trzymałam kurczowo, nie chciałam zginąć. Byłam odważna i ryzykowałam, włażąc do najmniejszego lochu, by się ukryć". Błagając o nocleg, obiecywała wszystkim zapłatę po wojnie, ale wiedziała, że jest „plagą, która zamącała im spokój". Przez cały okres ukrywania się dziewczyna po wielokroć wracała w te same miejsca i trafiała w nowe, do Franciszka, sąsiada Ducherki, Michała Turlipy, rodziny Stachów, Popków, Niedźwieckich. Jeden z braci Temy, starający się przetrwać na własną rękę w lasach, nie przeżył, kiedy i jak zginął — nie wiemy. Spośród wszystkich, którzy pomagali Temie,

---

501 Być może był to Jacenty Olszewski (dawniej Jacenty Oszust) z Frampola, z zawodu rolnik, który w 1958 r. złożył w Żydowskim Instytucie Historycznym zeznanie na temat swojej roli w udzieleniu pomocy grupie Żydów z Frampola, choć wśród wymienionych przez niego osób nie ma Arona Kisłowicza (AŻIH, 301/5595).

502 AŻIH, 301/7214, Relacja Temy Wajnsztok z domu Rottman. Dziękuję Reginie Smoter Grzeszkiewicz za informację, że Ducherka to Janina Sitarz z Ducherów, oraz za udostępnienie mi jej zdjęcia. Janina Sitarz opowiadała, że Tema ukrywała się m.in. na cmentarzu oraz w kapliczce w Trzęsinach.

medalem Sprawiedliwego wśród Narodów Świata odznaczono w 1969 r. dwie osoby, Anielę i Jankę Chmiel. W relacji innej uratowanej dziewczyny, Pesi Lichtfeld z Bodaczowa, możemy wyodrębnić aż siedemnaście epizodów — spotkań z Polakami, którzy odegrali pozytywną lub negatywną rolę w jej historii[503]. Brat ukrywający się w jamie na polu i dokarmiany przez szkolnych kolegów niestety nie przetrzymał zimy, siostrę zastrzelono w lesie, bratanka z donosu schwytała żandarmeria, drugiego bratanka, wałęsającego się po domach, złapał miejscowy sołtys[504]. Chodzi o Walentego Kowalczyka z Bodaczowa, oskarżonego o ujęcie i wydanie żandarmerii Icka Lichtfelda, a następnie jego syna Arona oraz 8-letniej dziewczynki Szajnerówny. Kowalczyk bronił się na różne sposoby, między innymi tym, że mieszkańcy wsi go nakłaniali, by wreszcie zrobił porządek, bo ludzie mają dosyć, mówili: „wy śpicie, a Żyd się pcha do mieszkania". Niemal wszyscy świadkowie zeznawali w obronie Kowalczyka, mimo to został skazany na 3 lata więzienia, najniższy wymiar kary z tzw. dekretu sierpniowego[505]. Wśród wielu dobrych i złych ludzi, których spotkała Pesia, znajdowała się zupełnie obca jej kobieta — nagą uciekinierkę z transportu do Bełżca przygarnęła, ubrała i nakarmiła. Nie jej jednej Pesia zawdzięczała ocalenie.

Przytoczone przykłady mogłyby potwierdzać przekonanie, że do uratowania jednej osoby potrzebna była pomoc wielu ludzi, ale jest ono prawdziwe tylko w odniesieniu do pewnej grupy ocalałych. Znamy schematy przeciwne (choć rzadsze), kiedy jedna osoba, a częściej cała jedna rodzina, przyczyniała się do uratowania wielu ludzi; obserwacje te potwierdzają także badania Zuzanny Schnepf-Kołacz[506]. Nechama Tec[507] nazwała ludzi zdolnych do długotrwałej, bezinteresownej pomocy mianem „autonomicznych altruistów" i scharakteryzowała ich jako jednostki o dużej niezależności, wolne od zewnętrznych presji, niepodlegające kontroli społecznej i działające w zgodzie z wewnętrznym imperatywem moralnym, którego źródła były bardzo

503 AŻIH, 301/ 5785, Relacja Pesi Lichtfeld.

504 AIPN Lu, 326/82, Sprawa Walentego Kowalczyka, 1951–1955.

505 Dekret z 31 VIII 1944 r. „O wymiarze kary dla faszystowsko-hitlerowskich zbrodniarzy winnych zabójstw i znęcania się nad ludnością cywilną i jeńcami oraz dla zdrajców Narodu Polskiego" (Dz.U. 1944, nr 4, poz. 16; tekst jednolity Dz.U. 1946, nr 69, poz. 377).

506 Zuzanna Schnepf-Kołacz, *Pomoc Polaków dla Żydów na wsi w czasie okupacji niemieckiej. Próba opisu na przykładzie Sprawiedliwych wśród Narodów Świata* [w:] *Zarys krajobrazu Wieś polska wobec zagłady Żydów 1942–1945*, red. Barbara Engelking, Jan Grabowski, Warszawa: Stowarzyszenie Centrum Badań nad Zagładą Żydów, 2011, s. 220.

507 Nechama Tec, *When Light Pierced the Darkness. Christian Rescue of Jews in Nazi-Occupied Poland*, New York–Oxford: Oxford University Press, 1986.

różne[508]. Taką osobą był bez wątpienia Stanisław Sobczak, Sprawiedliwy z Frampola, opisywany przez ocalałych jako człowiek dobry, miły, sympatyczny, odważny i religijny[509]. Na tle innych Polaków pomagających Żydom postać Sobczaka bardzo się wyróżnia. Uratowani zaświadczali, że zachowywał się wyjątkowo i był gotów zginąć razem z nimi. Ukrywał od jesieni 1942 r. aż do końca okupacji dwanaście osób, a „gdy z plakatów dowiedział się, że za pomoc Żydom i ukrywanie grozi kara śmierci, powiedział, że za dziesięciu jest taka sama kara jak za jednego, ale trudniej jest z wyżywieniem ich"[510]. Przez pierwsze sześć miesięcy Żydzi ukrywali się na strychu jego domu, później w dużym bunkrze pod stodołą, specjalnie w tym celu zbudowanym. W ostatnią noc przed wyzwoleniem w mieście wybuchł pożar, Żydzi musieli uciekać na pola, tam zatrzymali ich uzbrojeni Polacy, kilka osób zabito, pozostali uciekli. Po wyzwoleniu partyzanci (czy po prostu zwykli bandyci?) biciem wyliczyli Sobczakowi i jego córce „przestępstwa", które popełnili. Za przechowywanie Żydów i komunistów zabrano im świnie, konie i co tylko się dało, Sobczaka pobito tak mocno, że kilka miesięcy leżał chory w łóżku.

Kolejną kwestią, na którą chcę zwrócić uwagę, ściśle związaną ze strategiami przetrwania była praca podczas ukrywania się. Nawet jeśli dach nad głową był za darmo, to przecież coś trzeba było jeść. Często zdarzało się, że ukrywający się ludzie o pożytecznym fachu, krawcy lub szewcy, „obszywali" całą rodzinę, u której nocowali, i w ten sposób odpłacali się za uzyskaną pomoc i żywność. Potem przenosili się do kolejnej rodziny, by i tam szyć dla nowych gospodarzy. Gospodarze przekazywali ich sobie z rąk do rąk. Kobiety pomagały w gospodarstwie, dzieci wypasały bydło. Dla ukrywających się Żydów możliwość pracy i zarobku była zbawienna i bardzo pożądana. Praca dawała dochód i wypełniała czas, stwarzała sytuację pewnej, choć iluzorycznej niezależności, minimalizowała skutki nudy, depresji i zwątpienia, nieodłączne przy ukrywaniu się. Zasoby finansowe, którymi Żydzi dysponowali, wciąż się kurczyły, a zapewne od początku były niewystarczające do przeżycia całej okupacji, choć w relacjach, wspomnieniach czy wywiadach na ten temat ocaleni wypowiadają się niezwykle rzadko.

Przestrzeń, jaką Żydzi zmuszeni byli pokonywać, bardzo często stanowił obszar, który umownie nazwę „między wsią a lasem". Jak wspominałam, Żydzi przebywający w ciągu dnia w lesie, zwłaszcza jesienią i zimą, przychodzili

---

508 *Ibidem*, s. 188–189.

509 AYV, M.31/589, Relacja Szmuela Malera. Stanisław Sobczak został odznaczony medalem Sprawiedliwego wśród Narodów Świata 11 XI 1969 r.

510 *Ibidem*.

nocą do wsi, by spać w miejscach lepiej chroniących przez zimnem i wilgocią niż leśne kryjówki. Z kolei ci, którzy w większych grupach i na stałe przebywali w lasach, też nie mogli się obyć bez wypadów do wsi po żywność. Domy stojące na skraju, chaty pod lasem, zwłaszcza samotne gospodarstwa w rzadko zabudowanych i odległych koloniach — to do nich Żydzi zachodzili najczęściej. W relacjach jest mowa o gospodarstwach oddalonych od wsi i ludzkich oczu, do których wciąż przychodzili Żydzi z lasu po pomoc doraźną, narzędzia do budowy schronów, lekarstwa, po żywność i informacje. Na pewno wieść o tym, że właśnie te domy są bezpieczne i przychylne, ukrywający się sobie przekazywali. To były domy-przystanie, niestety, narażone także bardziej niż inne na napady band rabunkowych i odwiedziny polskiej partyzantki. Las z kolei był schronieniem doraźnym dla Żydów ukrywających się na stałe u gospodarzy, gdyż w razie nagłego niebezpieczeństwa można było tam uciec i przeczekać. Wykorzystywano wtedy naturalne leśne jaskinie i jary, tak typowe dla przyrody Roztocza. O leśnej jaskini i kryjącej się w niej grupie Żydów wspominał Morris Shapiro (Motl Szapiro) z Goraja; ukrywający się tam niestety nie przeżyli obławy Niemców i wszyscy zginęli. Wśród ofiar był młody chłopiec, student jesziwy, po którym pozostały tefilin. Znajomy Polak zabrał je i przekazał Morrisowi, który przez cały okres ukrywania się nie tylko studiował Talmud, lecz także modlił się i zachowywał, jak to nazwał po angielsku, „strict" koszer[511]. Bunkry blisko wsi były raczej rzadkim zjawiskiem. W jednym z nich, pod Smoryniem, przez kilka miesięcy przebywały młoda kobieta o imieniu Rywka i jej 9-letnia córeczka Szajndl; pochodziły ze wsi Czarnystok. Razem z nimi ukrywał się wspominany już Aron Kisłowicz[512]. Mężczyzna nocami wychodził zdobywać żywność, a zimą, gdy padał śnieg, używał dwóch kijów, na których chodził jak na szczudłach, by myślano, że ślady na śniegu zostawił zając, nie człowiek. Niestety, podczas jego nieobecności Rywka z córką zostały zabite przez Polaków. Kobieta przed wojną prowadziła we wsi sklep z materiałami na ubrania, uchodziła więc w wyobraźni miejscowych za „bardzo bogatą"[513].

Bunkry budowane na polach jako stałe kryjówki to były najrzadsze formy ukrywania się. W ten sposób przetrwał niemal cały okres po 1942 r. Icie

511 USC, VHA, 9679, Relacja Morrisa Shapiro.

512 AYV, O.3/3082, Relacja Aharona Kislowicza (Arona Kisłowicza).

513 Za uzupełniające informacje o Rywce z Czarnegostoku dziękuję Reginie Smoter Grzeszkiewicz. Do lat siedemdziesiątych XX w. w Czarnymstoku-Rusi stał drewniany dom należący niegdyś do Rywki, po czym został rozebrany.

Sztemer ze Szczebrzeszyna, który po wielu próbach znalezienia schronienia u gospodarzy dla siebie, żony, dziecka i swego kuzyna Jankla Morgensztерna zrezygnował z dalszych prób i „zamieszkał" wraz z nimi w bunkrze (nazywanym przez niego grobem), oddalonym o 2 km od wsi. Zbudował go na środku pola należącego do chłopa ze wsi Źrebce w gminie Sułów, który się na to zgodził i nawet w zbudowaniu bunkra uczestniczył. Gdyby nie jego pomoc, przeżycie w takich warunkach nie byłoby w ogóle możliwe; gospodarz raz na dwa tygodnie przynosił im nocą jedzenie, bardzo się w to zaangażował i współczuł, jak pisał o nim Icie, „ciągle płakał nad naszym losem, mówił, że nasze cierpienia nie opuszczają jego myśli". W tym jednym miejscu wszyscy cudem dotrwali do wiosny, na dłużej gospodarz nie chciał i nie mógł się zgodzić, ponieważ zaczęły się roboty polowe, wciąż ktoś się pojawiał i kryjówka stała się bardzo niebezpieczna. Icie od wiosny do końca 1943 r. zbudował aż pięć bunkrów, sytuacja zmuszała go do nieustannej zmiany miejsca. Kiedy zimą wręcz zamarzali w wilgotnym dole, chłop poradził im, by ogrzewali się w końskim nawozie i pozwolił nocą przychodzić do stajni. Nadzy zanurzali ciała w nawozie i powoli z dnia na dzień odzyskiwali siły. Nie sposób tu szczegółowo opisywać, w jak strasznych warunkach przyszło im przebywać, niewątpliwie były to trudne, wręcz graniczne przeżycia. Co najważniejsze — wszyscy ocaleli.

W rozdziale tym, traktującym o przetrwaniu dzięki pomocy innych osób, chciałabym wymienić te jej formy, o których relacjonują sami ocalali. Jest to wykaz wyłącznie o znaczeniu fenomenologicznym, nie statystycznym, kolejność nie jest decydująca, choć zgodna z moją subiektywną oceną co do częstotliwości występowania. Jedynie niewielkiej grupie spośród wszystkich żydowskich uciekinierów z gett i transportów udzielono pomocy w stopniu wystarczającym do przeżycia i w chwili, kiedy taka pomoc była możliwa i/lub konieczna. Jeśli odnieść się do strategii przetrwania, to trzeba podkreślić, że o pomoc zwracali się (a częściej błagali o nią lub wręcz ją wymuszali) sami Żydzi, w zasadzie nie była oferowana samorzutnie ze strony polskiej. Zdarzały się wyjątki, takie jak Stanisław Sobczak, o którym relacjonowano, że sam proponował Żydom schronienie w swoim domu. Strategią, jeśli w ogóle można takiego określenia tu użyć, było zwracanie się o pomoc do właściwych osób i unikanie tych, które stanowiły zagrożenie. Tu chcę podkreślić, że pomagającymi i ratującymi na terenie powiatu biłgorajskiego z bardzo nielicznymi wyjątkami byli małorolni chłopi. Znane mi są dwa przypadki udzielenia pomocy przez sołtysów, jeden przez policjanta granatowego i jeden przez członka straży pożarnej. Prawie nikt z właścicieli ziemskich nie ratował Żydów, poza Zamojskimi i Bramskimi. W czterech przypadkach czynnej i długotrwałej pomocy udzieliły małżeństwa polsko-niemieckie, w jednym Niemiec — była już o tym mowa.

W powiecie biłgorajskim 27 osób z 14 rodzin otrzymało medale Sprawiedliwych wśród Narodów Świata[514], uratowali co najmniej 36 istnień ludzkich, są to:

Aniela i Janina Chmiel z Czarnegostoku —
uratowały Temę Wajnsztok.

Rodzina Dudziaków z Kajetanówki —
uratowali dziewczynkę Rózię Bejman (w Izraelu jako Shoshana Golan).

Rodzina Frelasów ze Starej Wsi koło Frampola —
uratowali Abę Bechera.

Jan i Katarzyna Grumowie z Potoku Górnego —
uratowali jedną osobę, trzem pomagali, byli to Szmul i Szloma Szprungowie, Wela i N.N. Żyd.

Franciszek Łyda z Krzeszowa —
uratował Abrahama, Elzę (Elżbietę) i Marię Westrajchów.

Rodzina Małków z Łady koło Goraja —
uratowali Bellę Hot z domu Nestelbaum.

Felicja Mazurek ze wsi Bagno koło Zwierzyńca —
uratowała Sonię Elbaum (później jako Irena Burstin).

Jan Mikulski z rodziną z Woli Dużej koło Biłgoraja —
uratowali Rywkę Wajnberg, Bencjona i Chaima Rozenbaumów (Rozenbojmów), Perlę Frajberg, Polę Kening (vel Twerski), Miriam Wakslicht (Małka, Maria, po wojnie jako Lila Stern).

Paweł i Edward Sajowie z kolonii Kąty koło Frampola —
uratowali Natana, Leona i Rywkę Bryków.

Rodzina Sieków z Lipin Dolnych —
uratowali Feliksa Urmana.

---

514 Teczki z dokumentacją dotyczącą przyznania medalu każdej z tych spraw znajdują się w Archiwum Yad Vashem w Jerozolimie.

Stanisław Sobczak z rodziną z Frampola —
ukrywali od listopada 1942 do lipca 1944 r. dwanaście osób; byli to: Nachman Kestenbaum, Mosze Cymerman, Szmul Honigman z żoną, Mosze Zalc i jego siostra, Szmul Mahler, Abram Sztajnberg z żoną i dwojgiem dzieci, Dina Huf.

Jan i Stefania Sosnowy z Komodzianki —
uratowali Elego Aszenberga.

Stanisław i Wiktoria Stańczykowie z Frampola —
pomagali Chanie Buksenbaum-Brik i Szmulowi Brikowi oraz kilku innym osobom.

Stanisław Zaśko i Maria Zaśko z domu Nieśpiał z Józefowa —
pomagali Wargaczowi Godelowi (zginął) i Eugenii Sieradzkiej, która przeżyła.

Od lewej: Chaim Rozenbaum, Perl Frajberg, Bencjon Rozenbaum, uratowani przez nadleśniczego Jana Mikulskiego z Woli Dużej koło Biłgoraja. Podpis pod zdjęciem: „Wola 1943 r. Obiad w magazynie leśniczówki. Cześć poległemu pod Berlinem Chaimowi Rozenbaumowi. J. Mikulski" (fot. Jan Mikulski, zbiory Danuty Mikulskiej-Renk)

Bencjon miał 42 lata, pochodził z Biłgoraja, handlował przed wojną drewnem, dlatego znał Mikulskiego. W listopadzie uciekł do Polaka Pieczykolana w Bukownicy, byli tam także Chaim Fajner, jego syn i Perl Frajberg. Uciekli do lasu, kiedy zorientowali się, że Pieczykolan chce ich zabić. Doszli do leśniczówki Mikulskiego, który przyjął Chaima, Perlę i Bencjona, zrobił im kryjówkę w wielkim stogu siana, było tam jednak strasznie gorąco, dlatego później przygotował schronienie pod podłogą komórki dla królików. Poza nimi przebywali tam wnuk Mosze Goldberga i Małka Wakslicht. Po dziewięciu miesiącach Bencjon i Chaim wrócili do lasu, dołączyli do grupy partyzanckiej i w ten sposób przetrwali do wejścia Rosjan. Chaim wstąpił do wojska, zginął w walkach pod Kołobrzegiem lub pod Berlinem, Bencjon po wojnie zamieszkał w Izraelu. Perla Frajberg miała 25 lat, także pochodziła z Biłgoraja, szczegółowe okoliczności jej ukrywania się nie są bliżej znane. Po wojnie wszyscy członkowie rodziny Mikulskich — Jan, Melania i ich dzieci: Jerzy, Jadwiga i Danuta — zostali odznaczeni medalem Sprawiedliwi wśród Narodów Świata.

Rywka Wajnberg (po wojnie jako Rita Goldshmid), ur. w 1932 r. w Biłgoraju, córka Moszka i Basi z domu Goldberg, uratowana przez nadleśniczego Jana Mikulskiego z Woli Dużej koło Biłgoraja, którego ojciec Rywki znał sprzed wojny (fot. Jan Mikulski, zbiory Danuty Mikulskiej-Renk)

Rywka w liście do Yad Vashem w 1966 r. pisała: „Prawie cała rodzina była zabrana przez niemców do deportacji, ja wykradłam się z wozu i zaczęłam pieszo chodzić z celem, aby przyjść do P[ana]

Mikulskiego. On opiekował się nami jak własnymi dziećmi, jak również cała jego rodzina i dzieci. Chociaż oni byli stale w groźnym niebezpieczeństwie. [...] Gdyby niemcy się dowiedzieli, że on ratuje Żydów, to by się zemścili na nim i na całej wiosce. On miał troje dzieci: syn Jurek, córka Jadwiga i Danuta. Oni wykazali nam bardzo dużo dobroci. Oni byli krępowani na każdym kroku. Kolegów nigdy im nie wolno było zaprosić do domu. 3 razy dziennie oni przynosili nam trochę jedzenia. Mimo wszystko, co P[anu] Mikulskiemu z rodziną groziło, co chwila za ratowanie Żydów, oni czuli, że to jest ich zadanie by utrzymać nasze życie do końca wojny. Za to im się należy największe wynagrodzenie, co tylko istnieje. Szczególnie dla córki Pani Jadwigi, która posiada anielskie serce".

Małka Wakslicht (po wojnie jako Lila Stern), ur. w 1932 r. w Biłgoraju, córka Cudyka i Estery z domu Gidbert, mieszkali przy ul. Bagiennej, oboje rodzice zginęli. Przez pewien czas sama ukrywała się w lesie, pomoc dostawała od Jana Mikulskiego, później na stałe przebywała w zabudowaniach jego leśniczówki w Woli Dużej razem z innymi chronionymi przez niego w kryjówce wybudowanej pod komórką dla królików, przeżyła. Po wojnie trafiła w domu dziecka w Lublinie, później wyjechała do Stanów Zjednoczonych *(fot. Jan Mikulski, zbiory Danuty Mikulskiej-Renk)*

Helena (Hencia) Wagner (pierwsza z prawej, po wojnie jako Helen Abraham), w grupie Polek, robotnic przymusowych w fabryce amunicji w Menden na terenie Rzeszy, dokąd wyjechała na aryjskich papierach (USHMM, 41420)

Helena urodziła się w 1923 r. w niewielkiej wsi Dąbrowica koło Kuryłówki i Leżajska, była córką Mejera Wagnera i Jehudit z domu Zimmerman, rodzice prowadzili gospodarstwo rolne. Po wybuchu wojny rodzina straciła gospodarstwo i zmuszona była zarabiać na utrzymanie pracą w gospodarstwach sąsiadów. W 1942 r. Helena i jej brat Dawid zostali przesiedleni do getta w Tarnogrodzie, do tego czasu wszyscy inni członkowie rodziny bądź zmarli, bądź zostali zabici. Po tzw. akcji likwidacyjnej Dawid próbował się ukrywać, został złapany i zginął. Helena zdobyła dokumenty z polskim nazwiskiem i zgłosiła się dobrowolnie na wyjazd do Rzeszy. W fabryce amunicji w Menden zaprzyjaźniła się z Polką Karoliną Wilk, która wiedziała, kim jest Helena, i pomagała jej ukrywać żydowską tożsamość. Po wojnie Helena trafiła do obozu DP w Ainring, tam za pośrednictwem znajomego, tak jak ona ocalałego z Zagłady Henry'ego Fladella, poznała przyszłego męża Williama Abrahama. Zamieszkali w Stanach Zjednoczonych, mieli troje dzieci. Helena zmarła w 2014 r.

W źródłach, ale najczęściej tylko w relacjach i wspomnieniach, odnotowano dziesięć przypadków represji za pomaganie Żydom w powiecie biłgorajskim. Polacy zapłacili za to ogromną cenę, bądź własnym życiem, bądź więzieniem i utratą majątku.

Rodzina Bilów z Długiego Kąta, Andrzej, Jan, Stefania i Karolina, latem 1943 r. została rozstrzelana przez żandarmów[515]. Nie jest jasne, czy Bilowie zginęli za ukrywanie Żydów, czy za wspieranie polskich partyzantów, jak twierdził świadek Jan Ferenc.

Kazimierz Dorosz, Michał Hubka i Jan Kukiełka z Bukowiny w gminie Biszcza udzielali pomocy tej samej grupie czterech uciekinierów, o których nie mamy żadnych bliższych informacji, wiemy jedynie, że byli to Moszko nieznanego nazwiska, Hela Gros, Knochen N.N., Keller N.N. Dorosz przez dwa tygodnie ukrywał ich u siebie, za co otrzymał zapłatę w gotówce, potem przenieśli się do Michała Hubki i Jana Kukiełki. Na skutek donosu 3 kwietnia 1943 r. policja dokonała rewizji u Hubki i Kukiełki i odkryła kryjówkę; Żydzi zostali rozstrzelani dwa dni później. Hubkę, Kukiełkę i Dorosza aresztowano, osadzono w więzieniu w Biłgoraju, wreszcie wyrokiem Sądu Specjalnego w Lublinie skazano na więzienie. Dorosz otrzymał 3 lata, 3 października 1943 r. trafił do KL Auschwitz, później został przeniesiony do więzienia w Landsbergu. Hubkę skazano na 1 rok, jednak 3 października 1943 r. trafił do KL Auschwitz (nr obozowy 155333), skąd 12 stycznia 1945 r. został przeniesiony do więzienia w Goerlitz. Kukiełka został skazany na 3 lata więzienia, 3 października 1943 r. trafił również do KL Auschwitz, gdzie zmarł 15 stycznia 1944 r.[516]

Żona Wojciecha Kusiaka (nie znamy jej imienia) i ich syn oraz przypadkowo przebywająca u nich Katarzyna Rybak z Lipowca w gminie Księżpol zginęli za ukrywanie N.N. Żydów. Żandarmeria naszła ich dom i go podpaliła, a wszystkie zastane na miejscu osoby rozstrzelała (zginął też jeden z ukrywanych Żydów). Gospodarz Wojciech i jeden z synów byli nieobecni, przeżyli. Według pogłosek drugi z ukrywających się Żydów wyszedł w jakiejś sprawie, został złapany

515 Informacja od Aleksandry Namysło.

516 Bundesarchiv Berlin, Sąd Specjalny w Lublinie, R. 137/63 (za informację dziękuję Aleksandrze Namysło).

i ujawnił, gdzie się ukrywają, to spowodowało najście żandarmerii i tragedię[517].

Antoni i Michał Maciochowie ze wsi Brodziaki w gminie Puszcza Solska także pomagali Żydom. Na skutek doniesienia Maciocha został aresztowany, zastrzelono go przed więzieniem w Biłgoraju, gdy podczas eskorty podjął próbę ucieczki. W tym czasie przejeżdżał obok na rowerze Klik, kierownik tartaku i widział ciało Maciochy na ulicy. Nie wiadomo, czy chodziło o Antoniego, czy Michała Maciochę, nie wiadomo też, co stało się z ukrywanymi przez nich Żydami[518].

Florian Orliński (Oszust) z Frampola, nazywany Florkiem, ukrywał ukochaną dziewczynę Gołdę Dymbort, najpierw na aryjskich papierach w Kocudzy (przebywała tam jako Genowefa Grzywna), potem na strychu sklepu „Społem" we Frampolu, w którym pracował. Podobno nie zachowali należytej ostrożności i wiedza o ukrywającej się Żydówce rozpowszechniła się wśród miejscowych. Zostali wydani i zastrzeleni we wspólnym grobie w lesie za Frampolem przez wezwanych z Biłgoraja żandarmów. Wcześniej rewizję przeprowadziła policja granatowa z Frampola pod komendą policjanta Kęsika, zawiadomił go o tym inny granatowy, Jan Łukasik, ten z kolei współpracował z AK. Można przypuszczać, że to właśnie polska organizacja podziemna zdecydowała o tym, by zakończyć tę sprawę w tak tragiczny dla dwojga zakochanych sposób. Florek mógł się uratować, proponowano mu ucieczkę, ale wolał zginąć razem z ukochaną. Ta historia należy do najtragiczniejszych przykładów na to, jak niektórzy miejscowi bezpardonowo rozprawiali się z aktami pomocy[519].

Za pomaganie Żydom zginęła także rodzina Sułowskich z Gruszki Zaporskiej w gminie Radecznica: Helena, Wanda, Jan i Marian. Według Klukowskiego ukrywali sześć osób, Żydzi podobno wychodzili nocą do pobliskiego dworu Bramskich po żywność, ktoś zauważył ich ślady i zadenuncjował. Zostali rozstrzelani, Sułowskich pochowano

---

517 Kazimierz Iranek-Osmecki, *Kto ratuje jedno życie... Polacy i Żydzi 1939–1945*, Warszawa: IPN, 2009, s. 283.

518 Informacja od Aleksandry Namysło.

519 AP Zamość, 177, Prezydium Gromadzkiej Rady Narodowej we Frampolu, k. 102–103 (za informację dziękuję Aleksandrze Namysło); Henryk Wujec, *Biłgoraj–Wannsee–Frampol*, „Tanew" 2012, nr 11; http://andrzejburlewicz.blog.onet.pl (wpis z 8 IV 2013 r. pt. „Z lat okupacji").

na cmentarzu w Mokremlipiu. Żydów zastrzelili policjanci granatowi z Radecznicy, a ich ciała — jak mamy prawo się domyślać — zakopano na polu lub w jakimś rowie albo na miejscowym okopisku (miejscu, gdzie chowano padnięte zwierzęta), jak to było w okupacyjnym „zwyczaju" w odniesieniu do Żydów. Tragedia ta była głośna w powiecie biłgorajskim, wiele osób o niej wspominało. Sułowski, który zaczął uciekać, został postrzelony, ranny trafił do szpitala w Szczebrzeszynie pod opiekę Klukowskiego, lecz w nocy 22 marca 1943 r. zmarł.

Paweł i Wiktoria Trzcińscy z Biłgoraja za ukrywanie Żydów zostali aresztowani przez biłgorajskie Gestapo, poddano ich torturom, a następnie rozstrzelano 2 marca 1943 r. Przeżyła ich córka Gabriela Gorzandt. Ukrywani Żydzi to Chaskiel Kandel i Dawid Szlafrok z rodzinami (prawdopodobnie sześć osób), oni z pewnością także zginęli.

Jan Wróbel i Maria z domu Tochman z Nowego Bidaczowa gm. Sól zostali zastrzeleni za ukrywanie dwojga N.N. Żydów (kobiety i mężczyzny) w schronie zbudowanym w oborze. Po egzekucji dom Wróblów spalono, ciało Marii Wróbel wrzucono do ognia, uratowało się dwoje ich dzieci — Eugeniusz, 9 lat, i Antonina, 6 lat[520].

Do tragedii doszło podobno także w Majdanie Nowym w gminie Księżpol, gdzie 28 grudnia 1942 r. za pomoc udzielaną Żydom miało zostać rozstrzelanych siedmiu Polaków, jednak nieznane są ich personalia, nie wiadomo też, komu pomagali. Informacje o tym wydarzeniu są niepewne, wymagają dalszych badań, podobnie jak te dotyczące księdza z Potoku Górnego Błażeja Nowosada[521], Andrzeja i Michała Starońskich ze wsi Korchów w gminie Księżpol[522], Janiny

520 BAL, 208 AR-Z 234/92, t. 1, k. 1923 (informacja od Aleksandry Namysło); Wacław Bielawski, *Zbrodnie na Polakach dokonane przez hitlerowców za pomoc udzieloną Żydom*, Warszawa: Główna Komisja Badania Zbrodni Hitlerowskich w Polsce, 1987, k. 114–115, i inne liczne wzmianki w źródłach i literaturze.

521 Wiktor Jacewicz, Jan Woś, *Martyrologium polskiego duchowieństwa rzymsko-katolickiego 1933–1945*, Warszawa: ATK, 1977, s. 268; Wacław Zajączkowski, *Martyrs of Charity*, Washington, DC: St. Maximilian Kolbe Foundation, 1988, s. 205–206; Franciszek Kącki, *Udział księży i zakonnic w Holokauście Żydów*, Warszawa: Adiutor, 2002, s. 121.

522 Bielawski, *Zbrodnie na Polakach dokonane przez hitlerowców...*, s. 25; Zajączkowski, *Martyrs...*, s. 166; Stanisław Wroński, Maria Zwolakowa, *Polacy — Żydzi 1939–1945*, Warszawa: Książka i Wiedza, 1971, s. 431.

Sedlakowskiej (Sędłowskiej?) z gminy Zwierzyniec[523] czy Katarzyny Kopeć z Józefowa.

Formy pomocy udzielanej przez Polaków Żydom po akcjach likwidacyjnych (1942–1944) według relacji, wspomnień i zeznań ocalałych najczęściej polegały na dostarczaniu żywności, umożliwieniu schronienia (w grę wchodziły wszystkie budynki w gospodarstwach wiejskich i specjalne kryjówki wewnątrz nich, np. pod korytami do karmienia świń, jamy i tunele w sianie, piwnice, strychy, ziemianki, doły wykopane w ziemi, przykryte deskami, ziemią lub gnojówką), a co za tym idzie, pomocy w utrzymaniu higieny osobistej (wynoszenie z kryjówki nieczystości, umożliwienie kąpieli, ogolenia się i obcięcia włosów, prania odzieży, zmiany bielizny), ukrywaniu pieniędzy lub wartościowych przedmiotów należących do ukrywających się i pomocy w ich spieniężaniu (najczęściej: biżuterii, ubrań, bielizny, butów, pościeli, obrusów i kap na łóżko, przedmiotów gospodarstwa domowego, towarów handlowych, jak tkaniny, skóry, buty). Rzadziej dostarczano dobra inne niż żywność (np. ubrania, buty, zapałki, szmaty do owinięcia nóg, gazety, bilety na kolej), sporadycznie udzielano pomocy lekarskiej, ponieważ udzielić jej po prostu albo nie potrafiono, albo wiązała się z wielkim ryzykiem. W osobnej grupie mieszczą się te aspekty ludzkich postaw i zachowań, które można nazwać po prostu pomocą niematerialną, było to np. przekazanie ważnej informacji, pomocnych rad, wskazówek i adresów osób mogących pomóc, zatrudnienie ukrywających się, a tym samym pomoc w uzyskaniu dochodów, i wreszcie bardzo ważna pomoc w zdobyciu „aryjskich" dokumentów i broni. Ostatnią grupę aktów pomocowych nazwałabym pomocą duchową i moralną — polegała na przebywaniu z ukrywającymi się przynajmniej od czasu do czasu, a zatem solidarne dzielenie ich losu i położenia, pocieszanie, podtrzymywanie na duchu, przytaczanie argumentów pomagających zachować nadzieję czy wreszcie przekonywanie innych Polaków do kontynuowania pomocy, jeśli chcieli jej zaniechać. Ten ostatni przypadek dotyczył wspominanego wcześniej Złomańskiego, który wyszukiwał kryjówki Żydom u znajomych Polaków, a potem usilnie ich namawiał i przekonywał, by nie rezygnowali. Robił to skutecznie, dzięki niemu cała grupa Żydów przeżyła wojnę, mimo że sam Złomański nikogo pod swoim dachem nie ukrywał; zapewne nie miał ku temu warunków. Wreszcie wspomnijmy o pomocy

523 Zajączkowski, *Martyrs...*, s. 282; Bakoński, *Biorą Żydów w Zwierzyńcu*, s. 158.

w grzebaniu ciał osób zmarłych, udzielił jej np. wielokrotnie przywoływany Sobczak, u którego jedna z osób zmarła śmiercią naturalną.

Informacje w materiałach o pomagających i ratujących Polakach niewiele mówią o tych Żydach szukających ratunku, którzy mimo ryzyka, starań, ogromnych wysiłków i cierpienia nie uratowali się, nie dostali koniecznej do przeżycia pomocy, a stanowili przecież większość. Wszystkie znane mi źródła dowodzą, że denuncjowano ukrywających się najczęściej na polską policję granatową, co wynikało choćby z tego, że w całym powiecie znajdowały się zaledwie trzy posterunki żandarmerii. Ważniejszym powodem była chęć załatwiania „sprawy żydowskich" między sobą. Czasem granatowi sami rozstrzeliwali pojmanych Żydów, częściej przekazywali ich Niemcom. Wszystkie okoliczności śmierci Żydów szukających ratunku warte są bardzo skrupulatnego badania, ujawniają bowiem cały wachlarz sytuacji i postaw Polaków wobec ukrywających się. Moje badania wskazują, że jedynie co czwarty Żyd szukający na polskiej prowincji ratunku przeżył okres od listopada 1942 do lipca 1944 r., kiedy wkroczyła na te tereny Armia Czerwona. Potwierdzają także, że „większość szukających schronienia nie przetrwała okupacji, a pomagać i ratować nie oznaczało automatycznie uratować"[524]. Dla przebywających w wiejskich kryjówkach Żydów zawsze krytycznym i bardzo trudnym momentem była sytuacja wykrycia w najbliższej okolicy takich jak oni nieszczęśników; jeśli kończyło się to represjami wobec polskiej rodziny, to niemal nieuchronnie inni Żydzi musieli opuszczać swoje kryjówki — odchodzili, by szukać schronienia gdzie indziej, a z braku takich możliwości — szli po prostu do lasu. Las był dla nich ostatnim ratunkiem i nadzieją.

GRUPY LEŚNE

Ukrywanie się w lasach przedstawiam po omówieniu kryjówek wiejskich, choć kolejność opisu mogłaby być odwrotna, gdyż i taka często bywała w rzeczywistości. W mojej ocenie wielokrotnie więcej Żydów tuż przed akcjami i w ich trakcie uciekło do lasów niż do znajomych gospodarzy. Lasy

524 Marcin Urynowicz, *Zorganizowana i indywidualna pomoc Polaków dla ludności żydowskiej eksterminowanej przez okupanta niemieckiego w okresie drugiej wojny światowej* [w:] *Polacy i Żydzi pod okupacją niemiecką 1939–1945. Studia i materiały*, red. Andrzej Żbikowski, Warszawa: IPN, 2006, s. 246.

otaczają Biłgoraj, Szczebrzeszyn, Zamość, do Lasów Janowskich blisko jest z Frampola, do Puszczy Solskiej z Józefowa, Tarnogrodu, Łukowej oraz innych okolicznych miejscowości. Przepiękne tereny między Szczebrzeszynem, Radecznicą i Gorajem to na przemian pola, lasy i zagajniki, a także jary, wąwozy, łąki i bagna — tereny tak ukształtowane przez naturę sprzyjały uciekinierom z gett, topografia terenu odegrała niezwykle ważną rolę. To właśnie tam leżą niewielkie wioski i kolonie śródleśne, do których prowadziły jedynie złej jakości, nieutwardzone drogi i dróżki. Łatwiej niż gdzie indziej w powiecie było się tam przemieszczać niezauważonym, łatwiej było zbudować kryjówkę, wykorzystując naturalne ukształtowanie terenu, a jednocześnie trudniej docierały tam siły policyjne. Mimo to docierali; jak najgorzej zapisali się we wspomnieniach granatowi policjanci z posterunku PP w Radecznicy, gdyż mieli na sumieniu wiele żydowskich istnień. Patrząc na mapę, widzi się, że niemal w całym powiecie były i nadal są mniejsze lub większe skupiska leśne. Poza Lasami Janowskimi i Puszczą Solską w kilku relacjach wspomina się las zwany „Cetnar" koło Kawęczynka, w którym także ukrywała się większa grupa Żydów. Anonimowy świadek z Gorajca przywołuje z kolei lokalne nazwy lasów i zarośli w okolicach tej wsi: „dębrówka", „portka", „śmiechówka" i „świrszczowa" — tam właśnie ukrywali się Żydzi[525]. Nawet jeśli uciekinierzy nie pozostali zaraz po ucieczce na stałe w lesie, to i tak większość z nich do lasu wcześniej czy później na krócej czy dłużej trafiała[526].

Przez pierwszych kilka, kilkanaście godzin po akcji uciekinierzy byli w stanie ogromnego oszołomienia, trwogi i dezorientacji, nie wiedzieli, co począć i dokąd iść. Zrozpaczeni, nie wiedząc dokładnie, co się stało, ilu zabito, kto przetrwał i gdzie jest, starali się zdobyć jakiekolwiek informacje, wracali na przykład do wsi, skąd pochodzili, lub szli do tej obranej jako miejsce kontaktowe — tam, gdzie mieli znajomych Polaków, na których mogli liczyć. W liście do Natana Bryka powstałym wiele lat po wojnie Edward Saj opisał pierwszy wieczór po masakrze we Frampolu. Obie rodziny, polska Sajów i żydowska Bryków, mieszkały w kolonii Kąty koło Frampola, dobrze się znali, utrzymywali przyjacielskie kontakty. Żydowskich rodzin w tej wsi

---

525 Anonimowa relacja z Gorajca pt. „Pamiętam taką przerażającą scenę..." [w:] Regina Smoter Grzeszkiewicz, Bogusław Garbacik, *Okupacja Zamojszczyzny we wspomnieniach jej mieszkańców*, Zamość: Urząd Gminy, 2013, s. 119–120.

526 Por. Wojciech Łukaszun, *Ratunek czy niebezpieczeństwo? Obszary leśne w Generalnym Gubernatorstwie jako miejsce schronienia ludności żydowskiej* [w:] *Okupowana Europa. Podobieństwa i różnice*, red. Waldemar Grabowski, Warszawa: IPN, 2014, s. 124–138.

było kilka, wszystkich wcześniej przesiedlono do Frampola, a w trakcie akcji ci, którzy uciekli, wieczorem spotkali się właśnie w domu Sajów:

> Po tym dniu zebrała się u nas w domu was spora gromadka wieczur. Był Ślomka [z] synem, córkami i żoną. Pan z bratem i siostrą Rywką. Ślomka był ranny w nogę, uciekł z kolejki z transportu, jak wieźli do Bełsca. Ile było osób, to niepamiętam. Byliście wszyscy zmarznięci, zmoknięci i dotego głodni. Podjedliście, ogrzali, przenocowali się w stodole. Tato i ja na zmiany pełniliśmy warte, żeby ktoś nieporządany nie nadszedł i wrazie niebezpieczeństwa mogli uciec byście ze stodoły. Potem świtem was pobudziliśmy i zaopatrzyli w żywność i wszyscy poszliście do lasu. Po kilku dniach przyszedł Pan z bratem w nocy i powiedzieliście, że stej gromadki pozostało was troje: Pan, brat i siostra Rywka, reszte zostali złapani i rostrzelani przez Niemców we Frampolu na cmentarzu. Przenocowaliście w stodole i świtem zaopatrzeni w żywność i pośliście, dokąd to nie wiem[527].

Tylko początkowo grupy ludzi, którzy uciekli do lasu, były bardzo liczne, mogły mieć nawet po kilkaset osób, znajdowały się w nich kobiety, dzieci i mężczyźni. Bez przygotowania, zaplecza i uzbrojenia można było koczować pod gołym niebem nie dłużej niż kilka, kilkanaście dni, była przecież już późna jesień, listopad 1942 r., zbliżały się mrozy, wkrótce spadł śnieg. Szybko te bezładne i niezorganizowane większe grupy uciekinierów w sposób naturalny rozpadały się i dzieliły na mniejsze, co sprzyjało skutecznemu przetrwaniu. Część ruszała szukać ratunku u znajomych gospodarzy, inni zostawali w lesie. Pierwszy okres po akcjach był szczególnie niebezpieczny, gdyż lasy przeczesywali pomagierzy niemieckich oprawców (np. członkowie ochotniczych straży pożarnych i inni miejscowi gotowi do tego rodzaju haniebnej kolaboracji), wyłapujący zbiegłych nieszczęśników i przyprowadzający ich do aresztów miejskich, skąd praktycznie nie było już ucieczki. W ten sposób i w krótkim czasie zginęło wielu uciekinierów. 20 listopada 1942 r. Klukowski zanotował: „Widziałem dziś na ulicy dwoje Żydów prowadzonych przez miejscowych «pomagierów». Byli krańcowo wychudzeni i wycieńczeni. On chwiał się na nogach, zataczał się i szedł z wielkim trudem. Gdy z aresztu miano wyprowadzić kilku Żydów, ci nie mogli już

527 List Edwarda Saja do Natana Bryka z 5 V 1995 r., zachowałam oryginalną pisownię (AYV 7582, Teczka Sprawiedliwego Saja).

iść o własnych siłach"[528]. Donosy na grupy ukrywające się w lasach i następujące po nich obławy zdarzały się zresztą do końca okupacji. Israel Szlajcher ocalał jako jedyny z grupy dziesięciu osób, potem w obławie zabito kolejnych trzydziestu Żydów z innej grupy, w której przebywał, w tym jego wujka i dwóch kuzynów[529]. Szlajcher pisał: „buszowali bandyci z AK i systematycznie na nas napadali". Ostatnie miesiące chłopiec przeżył już poza lasem, pracując jako pastuch. Zatrudniający go gospodarz nie domyślał się nawet, że jest on żydowskim chłopcem. Z kolei z obozowiska, w którym był Irving Lumerman, przeżyło około 25 osób, w tym jego rodzice, ale już siostrzyczka Miriam, urodzona w lesie, zginęła tragicznie. Kiedy dziecko płakało, ludzie rzucili na nie stos ubrań, a maleństwo się pod nimi udusiło. Duszenie małych dzieci, które nieświadome niczego płakały i kasłały, to niestety zdarzający się i prawdziwy topos holokaustowych relacji o ukrywaniu się. Oto jeszcze jeden przykład tych najpotworniejszych okoliczności: „Po wyzwoleniu pozostali przy życiu Żydzi wyszli z lasu i wrócili do Józefowa. Opowiadał mi Icek Unfasung, przedwojenny rzeźnik, który z całą rodziną przetrwał w lesie, jak podczas ostatniej akcji, będąc w schronie, zmuszony był zadusić własne dziecko, siadając mu na główkę. Dziecko miało koklusz i nie mogło powstrzymać się od kaszlu. W czasie akcji Niemców, kaszląc, mogło zdradzić cały schron, w którym było dużo ludzi"[530].

Z grupy Blumy (Holler) Kamerman, liczącej początkowo około dwustu osób, przeżyło zaledwie sześć rodzin i pojedyncze osoby bez rodzin; według niej tylko dlatego nie wybito wszystkich, że podzielili się na mniejsze grupy. O wymordowanie Żydów Bluma oskarżała oddziały AK[531]. W relacji A.H. — kobiety ze Szczebrzeszyna, która pragnęła zachować anonimowość — czytamy o wybiciu wszystkich (!) członków jej grupy, ukrywającej się koło Kawęczynka, ona przeżyła tylko dlatego, że tego dnia przypadła jej kolej pójścia do wsi po żywność, i była poza kryjówką. Napisała: „Pewnego ranka polscy partyzanci z AK (Armii Krajowej) zaatakowali naszą kryjówkę. Wszystkich z niej wypędzili i zapędzili do dolinki, tam rozstrzelali"[532]. Zginęli najbliżsi członkowie rodziny autorki, zrozpaczona chciała popełnić samobójstwo,

---

528 Klukowski, *Zamojszczyzna...*, s. 328, zapis z 28 x 1942 r.

529 AŻIH, 301/105, Relacja Israela Szlajchera.

530 Herc, *Czasy niezapomniane...*, cz. 2, s. 84.

531 USC, VHA, 10269, Relacja Blumy Holler Kamerman. Podobną opinię wyraził Szlajcher: „Tam jednak buszowali bandyci z AK i systematycznie nas napadali. Zamordowali w ten sposób 300 ludzi" (AŻIH, 301/105 Relacja Israela Szlajchera).

532 *Book of Memory to the Jewish Community of Szczebrzeszyn...*, s. 123.

zdecydowała się jednak dołączyć do dużej grupy partyzanckiej, w której było kilkudziesięciu Rosjan, kilku Polaków i kilku Żydów. W oddziale tym spotkała inną dziewczynę ze Szczebrzeszyna, tak jak ona jedyną pozostałą przy życiu z całej rodziny; obie z oddziałem po pewnym czasie przeszły przez Bug i dostały się do lasów koło Pińska. Była to najprawdopodobniej grupa dowodzona przez Rajewskiego, o czym dalej.

Wspominałam wcześniej o Wandzie Kinrus, jej mężu doktorze Mieczysławie Bołotnym i ich rodzinie, uratowanych z akcji w Szczebrzeszynie przez jakiegoś nieznanego z nazwiska Niemca. Po ucieczce z miasta i oni trafili do lasu. Ich losy były jednostkowe, ale i typowe. Matkę Wandy i rodziców jej męża złapano i zabito, szczegółów mordu ani personaliów sprawców nie znamy. Wanda z mężem i siostrą pozostali w lesie. „Życie tam było straszne — nie tylko, że był głód. Było zimno strasznie, nie było gdzie spać". Kinrus opisuje tragedię, jaka się na oczach ich wszystkich rozegrała. W grupie znajdował się ojciec z małą, wciąż płaczącą i marudzącą córeczką, który własnoręcznie ją udusił, aby nie narażać na niebezpieczeństwo pozostałych; „on w lesie zwariował i potem się powiesił"[533]. Grupa, w której była Kinrus, z czasem zdobyła broń, po prostu kupili ją od chłopów w najbliższej wsi. Teren, gdzie w 1939 r. skapitulowały duże oddziały Wojska Polskiego, naszpikowany był poukrywaną po chałupach bądź zakopaną bronią, jej zdobycie nie nastręczało większych trudności, wystarczyło mieć pieniądze. Wanda relacjonowała, że spotkali inną, około 15-osobową grupę, określającą się mianem partyzantki. Nie chcieli przyjmować kobiet, dołączył do nich tylko doktor Bołotny (lekarzy do oddziałów przyjmowano szczególnie chętnie), wobec czego Wanda z siostrą zdecydowały się wyjść z lasu i szukać ratunku wśród Polaków. Dla nich obu życie w lesie było nie do zniesienia, ostatecznie po wielu perypetiach, licznych dobrych i złych doświadczeniach z napotykanymi po drodze Polakami dotarły do Warszawy i obie przeżyły; o lekarzu Bołotnym słuch zaginął. Nie wszyscy byli w stanie znieść warunki bytowania w lesie, ale cokolwiek byśmy powiedzieli o ukrywaniu się Żydów, znajdziemy przykłady przeciwne, gdyż dla niektórych las był straszny i nie do zniesienia, a dla innych stał się wybawieniem i ostatnią deską ratunku.

Wiosną 1944 r. bez żadnych zapasów i pieniędzy i nie mając już dokąd pójść, Morris Shapiro z siostrą zdecydowali się iść do lasu, nic im więcej nie pozostało. Odnaleźli grupę takich samych jak oni nieszczęśników, w lesie siedzieli za dnia, noce spędzali w stodołach bez wiedzy chłopów, jedzenie

533 AŻIH, 301/7214, Relacja Temy Wajnsztok.

przynosiła znajoma Polka z Branewki Tekla (niestety, nie wiadomo, jak miała na nazwisko). Shapiro opowiadał o niej w najcieplejszych słowach: przychodziła na skraj lasu, zdobywała wszystko, czego potrzebowali, pocieszała i razem z nimi płakała nad ich strasznym losem, była wyjątkowej dobroci i serca osobą. Kontakt po wojnie między nimi trwał, mimo że Morris wyjechał do Stanów Zjednoczonych, gdzie objął posadę rabina w Cincinnati. Kto tak jak oni szedł do lasu, musiał dotrzeć do żydowskich obozowisk, jeśli nie — ginął. Dla innych, szczególnie dla kobiet, pójście do lasu, a zwłaszcza dołączenie do grup partyzanckich, było nie do zaakceptowania. Niewiele o tym wiemy, niektóre okoliczności pozostają, jak się wydaje, tematem tabu. W relacji Temy Wajnsztok można wyczytać o dwóch spośród trzech najważniejszych tego przyczynach (jedną były wspomniane bardzo trudne warunki bytowe): „Ja nie chciałam tam iść, bo wiedziałam o tym, że będę musiała żyć z każdym, który tego ode mnie zażąda, a skoro się przeciwstawię, zabiją mnie. Bałam się tego i tych kradzieży w nocy, które musiało się wykonywać w grupie partyzantów"[534]. Dziewczyny i kobiety były bezpieczne w oddziałach leśnych, tylko jeśli towarzyszył im mąż lub ktoś, kto je ochraniał i bronił przed niechcianymi zalotami innych. W grupach leśnych tworzyły się pary, gdyż dziewczyny bardzo chciały „mieć kogoś", męskiego opiekuna. Opinię Temy, że oddział zabiłyby osobę, która odmówiłaby udziału w kradzieżach, trudno mi skomentować, nie znalazłam podobnej w innych relacjach.

W ocenie ocalałych do Puszczy Solskiej z samego Józefowa uciekło wiele osób[535], w głębi lasu (7–9 km[536]) już w mniejszych, kilkudziesięcioosobowych grupach budowali bunkry, namioty, nawet palili ogniska, ale musieli się nieustannie, co kilka tygodni, przenosić i budować obozowiska od nowa. Zabezpieczeniem przed wykryciem i denuncjacją było budowanie kilku dobrze zamaskowanych bunkrów jednocześnie i szybkie przenoszenie się z miejsca na miejsce w razie potrzeby. Żyli z dnia na dzień, nie robili żadnych planów, nie myśleli o przyszłości, modlili się, starali zachować żydowskie tradycje i obyczaje, romansowali, a nawet brali śluby i rodzili dzieci[537]. W identyczny

534 *Ibidem*.

535 Według Irvinga Lemermana około 25 rodzin, według Estery Fefer około 300 osób, według Israela Szlajchera około 400 osób.

536 USC, VHA. 10269, Relacja Blumy Holler Kamerman.

537 Swojego narzeczonego Bluma Kamerman poznała właśnie w lesie, tam też wzięli ślub, Bluma zaszła w ciążę, córkę urodziła już po wyzwoleniu. Zgodnie z jej relacją w lesie tworzyło się wiele par (*ibidem*).

sposób koczowanie w lesie wspominają niezależnie od siebie różni ocalali: Irving Lumerman, Helen Adler, Bluma Kamerman, Israel Szlajcher, Marian Szarach, Estera Fefer, Atara Steinberg (Kreindel Kalichman). Ale lasy wcale nie były bezpieczne i bezludne, pracowali tam ludzie z tartaków przy wycince drzew, patrolowały je służby leśne, kręcili się kłusownicy i rabusie, zbiegli jeńcy radzieccy, chłopi uciekający przed przesiedleniami i ukrywający w lasach niekolczykowane zwierzęta, z czasem doszły do tego oddziały partyzanckie AK, BCh, GL-AL. Lumerman, urodzony w 1937 r., siłą rzeczy okres ukrywania się pamięta oczami dziecka, dla którego pobyt w leśnych ostępach miał cechy emocjonującej przygody. W jego obozie było kilkoro dzieci; wspominał po latach ich wspólne, dosyć beztroskie zabawy, a nawet lekcje hebrajskiego i religii udzielane przez jakiegoś mężczyznę. Podobne wspomnienia zachował 15-letni wówczas Israel Szlajcher, dla którego życie w lesie było po prostu interesujące[538]. Ani mały Iciele Lumerman, ani nastoletni Israel, w przeciwieństwie do dorosłych, nie zapamiętali głodu i zimna, chociaż na nogach zamiast butów nosili owijki ze szmat. Wielu ukrywających się cierpiało katusze z braku obuwia i cieplejszej odzieży, chorowali, niedomagali, cierpieli na odmrożenia, wrzody i różne choroby skórne, niemniej śmierć w kryjówkach z przyczyn naturalnych należała do rzadkości. Choroby i załamania przychodziły później, już po wojnie. Wspominając kobiety i mężczyzn z obozu „Jankla"[539], należący do BCh Florian Wójtowicz ps. „Listek" pisał: „byli obdarci, brudni, nędzni aż strach było na nich patrzeć"[540]. Grupa Lumermana była typową niewielką grupą przetrwania, mieli broń, ale służyła im do samoobrony, nie do walki. Do podobnej grupy trafili Bluma (Holler) Kamerman i jej trzy siostry oraz brat Abram.

Omawianie sposobów przetrwania Żydów w lasach ułatwi podział na trzy kategorie: liczniejsze grupy, najczęściej kilkudziesięcioosobowe, ukrywające się wspólnie, gdyż razem łatwiej było walczyć o przeżycie, bronić się, budować bunkry, zdobywać żywność. Przebywały w takich obozowiskach całe rodziny, starsze osoby i nawet bardzo małe dzieci. Druga kategoria to kilkuosobowe grupy, zwykle rodziny ukrywające się wspólnie w leśnych bunkrach, często na obrzeżach lasów, blisko wsi; były to małżeństwa, rodzice z dziećmi, rodzeństwo. Wreszcie grupy uzbrojone, zwykle mieszane

---

538 AŻIH, 301/105, Relacja Israela Szlajchera.

539 Autor relacji pisze o tej osobie „Jankiel Berko Josel", niestety, nie udało mi się jej zidentyfikować (AŻIH, 301/6825, Relacja Floriana Wójtowicza ps. „Listek").

540 *Ibidem.*

polsko-rosyjsko-żydowskie, składające się przeważnie z mężczyzn, walczące i dokonujące aktów sabotażu i dywersji na Niemcach. Duże grupy wiedziały o sobie i utrzymywały kontakty.

Jan Kędra „Błyskawica", „Jaskółka" i sanitariuszka „Krysia" – Żydówka (N.N.), Osuchy, 1943 r. (AZHRL, 8540)

Największym problemem był głód. Często zdobywano żywność w drodze kradzieży czy wręcz rabunku na mieszkających w pobliżu Polakach, choć nie był to naturalnie sposób jedyny. Niezależnie od tego, gdzie kto usiłował przetrwać, zdobycie żywności wymagało nieustannego kontaktu ze wsią. Grupy leśne pokonywały więc przestrzeń „między wsią a lasem" znacznie częściej niż Żydzi ukrywający się we wsiach. Przychodzący nocą po żywność ryzykowali najwięcej, nieraz nie wracali. Aleksander Piwowarek wspominał, że zdobywanie żywności stawało się coraz trudniejsze, chłopi sami mieli jej coraz mniej, nie chcieli sprzedawać, a tym bardziej oddawać za darmo, i coraz bardziej bali się kontaktów z Żydami oraz grożących za to represji. Dla ludzi z lasu jedynym wyborem wobec groźby śmierci głodowej było zdobywanie żywności za wszelką cenę, nawet siłą. Piwowarek pisze, że w okolicach Szczebrzeszyna utworzyła się „szajka rabunkowa, w skład której wchodziło dodatkowo [poza Żydami] kilku «plennych» (zbiegłych z niewoli rosyjskich jeńców)", bardzo uciążliwa dla mieszkańców[541]. Podobną opinię

541 Zob. www.szczebressyn.pl/wspomnienia/Aleksander_Piwowarek.pdf (dostęp 30 x 2016 r.).

podzielał Klukowski, pisząc, że „wśród „bandytów" sporo jest Żydów: „Chłopi w obawie przed represjami wyłapują Żydów po wsiach i przywożą do miasta albo nieraz wprost na miejscu zabijają. W ogóle w stosunku do Żydów zapanowało jakieś dziwne zezwierzęcenie. Jakaś psychoza ogarnęła ludzi, którzy za przykładem Niemców często nie widzą w Żydzie człowieka, lecz uważają go za jakieś szkodliwe zwierzę, które należy tępić wszelkimi sposobami, podobnie jak wściekłe psy, szczury..."[542]. Z kolei zdaniem Stanisława „Rozwara" Zybały w okolicach Radecznicy dawały się we znaki trzy bandy rabunkowe: banda Szpugi z Topólczy, banda rodziny Zawiślaków z Czarnegostoku oraz banda Dyma. Chodzi tu z pewnością o Michała (Mendla) Dyma ze wsi Gorajec Zagroble[543]. Dym, zeznając jako świadek w powojennym procesie braci Małyszów, mówił, że należał „do tej organizacji, gdzie były ruskie, Szpugi i żydzi"[544]. Zaprzeczył, by grupa ta dokonywała rabunków i gwałtów, kiedy on do niej należał. Inni świadkowie zeznawali jednak, że Dym uczestniczył w rabunkach. Co do bandy Szpugi (o której rozbojach można przeczytać w kilku relacjach i zeznaniach), to w Topólczy były dwie rodziny o tym nazwisku. Jedna — grupa Jana Szpugi — jeszcze przed wojną utworzyła „bandę rabusiów" karaną za kradzieże i rozboje, w czasie wojny ukrywającą się w lasach i kontynuującą swoją działalność, mieli m.in. na sumieniu kilka zabójstw Polaków, gwałty na kobietach oraz grabieże i zabójstwa Żydów[545]. Natomiast Józef Szpuga należał do partyzantki utworzonej z jeńców radzieckich oraz Polaków i Żydów; do nich właśnie trafiły A.H. (Żydówka pragnąca zachować anonimowość) oraz Rózia Berger ze Szczebrzeszyna, a do grupy sprowadził ją Józef Szpuga[546]. Inną bandę rabunkową działającą w okolicach Łukowej i Szarajówki utworzył z kolei Iwan Kaniuk z Chmielka, liczyła 15–20 osób i także nie była związana z żadną organizacją konspiracyjną; w tej grupie prawdopodobnie przez jakiś czas znajdowali

542 Klukowski, *Zamojszczyzna...*, s. 332, zapis z 26 X 1942 r.

543 Na informacje o Mendlu Dymie i na jego własne zeznania natknęłam się w materiałach archiwalnych wielokrotnie, to, co uderza, to oczywiste sprzeczności w jego zeznaniach odnośnie do kilku spraw, przede wszystkim gdzie i w jakiej grupie leśnej rzeczywiście podczas wojny przebywał. Nie całkiem jasne są także okoliczności i data śmierci jego ojca (Alina Skibińska, *Problemy rewindykacji żydowskich nieruchomości w latach 1944–1950. Zagadnienia ogólne i szczegółowe (na przykładzie Szczebrzeszyna)* [w:] *Klucze i kasa. O mieniu żydowskim w Polsce...*, s. 563–567).

544 AIPN Lu, 331/121–124, t. 3, Sprawa Jana i Władysława Małyszów, Zeznanie Michała Dyma, k. 68.

545 Jan, Stanisław i Leonard Szpugowie zostali zabici jeszcze podczas wojny.

546 AIPN Lu, 331/121–124, t. 3, Sprawa Jana i Władysława Małyszów, Zeznanie Michała Dyma, k. 74–75.

się również Żydzi[547]. Dla mieszkańców wsi, od których żądano coraz to nowych kontrybucji, czyli wydania żywności „na organizację", nie było jasne, z kim właściwie mają do czynienia; na rozprawach sądowych świadkowie zeznawali, że nie rozróżniali bandytów od partyzantów, a rabowali wszyscy, choć mówili, że zapłacą[548].

Trudno dziś rozstrzygnąć, dysponując dosłownie jednostkowymi relacjami ocalałych Żydów i bardzo lakonicznymi zeznaniami polskich świadków, z jakimi grupami czy organizacjami Żydzi w lasach mieli do czynienia, do których istotnie należeli, które ich wspierały i pomagały, a które dokonywały rabunków i grabieży. Taktyką Żydów było unikanie wszystkich. Jedno jest jednak pewne: do oddziałów partyzanckich działających na tym terenie pod egidą AK Żydzi z pewnością nie byli przyjmowani. W powojennym oświadczeniu Konrada Bartoszewskiego ps. „Wir"[549], jednego z dowódców Rejonu v Józefów ZWZ-AK, czytamy, że zarówno Żydzi ukrywający się indywidualnie, jak i ci w lesie „korzystali z pomocy organizacji"[550]. Niestety, w źródłach nie natknęłam się na żadne przekazy czy przykłady to potwierdzające, wręcz przeciwnie, wiele wypowiedzi ocalałych Żydów świadczy o tym, że AK uważała żydowskie obozowiska za czynnik niebezpieczny dla konspiracji i raczej Żydów zwalczała[551]. Z pewnością najwięcej zależało od postawy konkretnego dowódcy, trudno też jednoznacznie stwierdzić, czy rozbojów na Żydach dopuszczali się indywidualni osobnicy przy cichym przyzwoleniu dowódcy

547 Dwaj nastoletni Żydzi z „grupy Kaniuka" przekazali podobno żandarmerii w Tarnogrodzie, że Kaniuk ma wsparcie ze strony wsi Szarajówka; Żydzi uciekli, ponieważ bali się o własne życie. 18 v 1943 r. Niemcy przeprowadzili pacyfikację wsi, zginęło 58 osób, spalono 60 budynków (AIPN Lu, 284/415, Akta w sprawie przeprowadzonej w dniu 18 v 1943 r. pacyfikacji wsi Szarajówka, k. 97).

548 AIPN Lu, 331/121–124, t. 3, Sprawa Jana i Władysława Małyszów, Zeznania Józefa Kowalika i Stanisława Witoszka.

549 Był on jednym z trzech dowódców tego rejonu, najważniejszego dla ukrywających się w lasach Żydów, pozostali dwaj to Hieronim Nięc „Korsarz" i Edward Błaszczak „Grom".

550 „Osobne zagadnienie stanowił problem ludności żydowskiej. Po masowym mordzie dokonanym przez okupanta 23 lipca 1942 r. pozostała przy życiu część tej ludności przechowywała się w lesie na własną rękę, a pokaźna liczba znalazła schronienie w domach ludności polskiej. Zarówno ci, którzy ukrywali się w lesie, jak i przechowujący się indywidualnie korzystali z pomocy organizacji" (Konrad Bartoszewski „Wir", *Relacje, wspomnienia, opracowania*, wybrał, opracował i przedmową opatrzył Ireneusz Caban, Lublin: Oficyna Wydawnicza Czas, 1996, s. 54).

551 O złym stosunku polskich oddziałów konspiracyjnych do ukrywających się Żydów zob. relacja Chaima Mordechaja Szlajchera pt. „Żydzi biłgorajscy w oddziałach partyzanckich" [w:] *Bilgoraj izker buch*, mps, s. 137–163.

oddziału, którego jednocześnie żołnierzami byli, czy też winą można obarczyć oddział i jego dowódcę jako rozkazodawcę. Jako przykład posłuży mi sprawa zamordowania trzech osób z rodziny Szlajcherów ze wsi Gózd Lipiński w gminie Huta Krzeszowska. Matka z trzema synami i córką ukrywali się w bunkrze leśnym za wsią Maziarnia. W czasie gdy dwaj synowie, Markus (Chaim Mordechaj) i Jakub, poszli do rodziny Nachajskich, by dostać od nich żywność, najścia na bunkier dokonała grupa siedmiu mężczyzn; wśród nich co najmniej jeden, Józef Igras, był członkiem oddziału „Ojca Jana". Zdaniem Markusa Szlajchera zaś wszyscy sprawcy „należeli do bandy Ojca Jana". Czy mógł to wiedzieć, orientować się, kim byli napastnicy i do jakiej konspiracji należeli, zwłaszcza że nie widział napaści na własne oczy? Chłopcy z daleka słyszeli krzyki, płacz i w końcu strzały, drugiego dnia poszli na miejsce zbrodni, zobaczyli „matkę z siostrą, objęte, w kałuży krwi, obok leżał brat z roztrzaskaną głową"[552]. Po tym wydarzeniu „ludność przestała nam pomagać, obawiając się innych ludzi". Czy za zbrodnię tę odpowiedzialność ponosi oddział dywersyjny Franciszka Przysiężniaka ps. „Ojciec Jan", działający w Lasach Janowskich[553], czy też przynależność do oddziału sprawców mordu (lub choćby tylko jednego z nich) nie obciąża organizacji?

Zła opinia krążyła także o żołnierzach podległych por. Tadeuszowi Kuncewiczowi ps. „Podkowa", działającemu w ramach zamojskiego obwodu AK w rejonie Zwierzyńca i Szczebrzeszyna. Jeden z żołnierzy „Podkowy" , Bolesław Polakowski „Wiarus", prowadził w 1944 r. dziennik, dwa lapidarne zapisy warto w omawianym tu kontekście przytoczyć: „10 stycznia 1944. Jutro będą przeprowadzać telefony do każdego oddziału oprócz żydowskiego. Oddział ten liczy 60 ludzi. Nie wiemy w ogóle, po co oni jeszcze żyją". „10 maja. Przy rozbrajaniu jednej z nich [min] nastąpił wybuch. Jeden Sowiet został zabity na miejscu, drugi śmiertelnie ranny. Był zupełnie przytomny, prosił, by go dobito. Uczynił to wystrzałem z rewolweru jego bezpośredni przełożony, oficer sowiecki, który dla złagodzenia swego postępku oświadczył nam po rosyjsku, że nie ma kogo żałować, bo to był Żyd"[554]. Dość też przypomnieć, że to właśnie u „Podkowy" znalazł miejsce Tadeusz Niedźwiedzki

552 AIPN Lu, 326/140–141, Sprawa Józefa Igrasa, 1946–1998, Zeznanie Markusa Szlajchera z 11 VIII [brak daty rocznej], k. 14.

553 Oddział początkowo działał w ramach Narodowej Organizacji Wojskowej, a od listopada 1943 r. jako NOW-AK (Stanisław Puchalski, *Partyzanci „Ojca Jana"*, Stalowa Wola: Światowy Związek Żołnierzy AK, 1996).

554 Bolesław Polakowski „Wiarus", *Dziennik z lasu*, „Karta" 2012, nr 72, s. 26 i 47.

ps. „Sten", ten sam, który w czasie akcji w Szczebrzeszynie jako wówczas jeszcze policjant granatowy wyłapywał Żydów. Niedźwiedzki był synem woźnego gimnazjum w Szczebrzeszynie; najpierw robił niechlubną karierę jako policjant granatowy, a jako partyzant miał na koncie dziesiątki bandyckich napadów i kilkanaście gwałtów, w tym napad połączony z rabunkiem na samego Klukowskiego. W marcu 1945 r. został zastrzelony z wyroku podziemia. „Była to dziwna mieszanina bandyty i żołnierza, który szedł na najbardziej niebezpieczne i ryzykowne roboty"[555]. Skoro do „Podkowy" trafiali ludzie pokroju „Stena", nie może dziwić, że antysemityzm panujący wśród żołnierzy tego oddziału prowadził i do innych okrutnych zachowań wobec Żydów[556]. Oto kilka dodatkowych faktów i opinii o oddziałach ZWZ-AK w żydowskich i polskich relacjach[557]: „Szczególnie wrogo wobec miejscowych żydowskich partyzantów dowodzonych przez Jakuba Met[a] był oddział AK zakwaterowany w miejscowości Hosznia, znajdującej się w połowie drogi między Frampolem a Turobinem"[558]. „Wczoraj ludzie z lasu natknęli się na znanego Żyda ze Szczebrzeszyna, Millera, tego też «uziemiono»"[559]. Żydzi ukrywający się niedaleko źródełka koło wsi Różaniec zostali w 1943 r. wykryci przez partyzantów i zamordowani; na tym terenie są jary, wąwozy i ziemianki i w nich właśnie nieszczęśnicy się ukrywali[560]. W marcu do domu Jana i Stefanii Sosnowych weszli AK-owcy w poszukiwaniu ukrywającego się Żyda, mimo groźby zastrzelenia na miejscu Sosnowowie nie

---

555 Klukowski, *Zamojszczyzna...*, s. 525, zapis z 5 III 1945 r.

556 „Za objaw wyjątkowego okrucieństwa należy uznać postępowanie żołnierzy AK oddziału por. Tadeusza Kuncewicza «Podkowy», którzy wiosną 1945 r. w okolicach Krasnegostawu złapali dwóch powracających z obozu Żydów i kazali im bić się między sobą. Obiecali, że ten, który przeżyje, zostanie uwolniony. Gdy Żydzi zaczęli się bić, żołnierze AK zastrzelili obydwu" (Rafał Wnuk, *Bandytyzm na Lubelszczyźnie w latach 1944–1953: propozycja typologii*, [w:] *Problemy bandytyzmu w okupowanej Polsce w latach 1939–1947*, red. Tomasz Strzembosz, Warszawa: ISP PAN, 2003, s. 89–90 (relacja Eugeniusza Tchórzewskiego, w zbiorach Rafała Wnuka).

557 Na osobną analizę zasługiwałby język, jakim Żydzi posługiwali się, mówiąc o polskich oddziałach partyzanckich, podobnie zresztą jak język, jakim posługiwało się polskie podziemie, pisząc o oddziałach, w których byli Żydzi. Na ten temat zob. Adam Puławski, *Postrzeganie żydowskich oddziałów partyzanckich przez Armię Krajową i Delegaturę Rządu RP na Kraj*, „Pamięć i Sprawiedliwość" 2003, nr 2 (4), s. 271–300.

558 Yisrael Gutman, Shmuel Krakowski, *Unequal Victims. Poles and Jews During World War Two*, New York: Holocaust Library, 1986, s. 127 (relacja Aby Ben Mosze [Aby Bechera]).

559 Klukowski, *Zamojszczyzna...*, s. 432, zapis z 31 V 1944 r.

560 Dziękuję za informację Piotrowi Kupczakowi; w Różańcu mieszkało prawdopodobnie pięć rodzin żydowskich, w 1939 r. 72 osoby.

wydali ukrywającego się w schowku pod podłogą Elego Aszenberga, dzięki nim ocalał[561]. Problem stosunku polskiego podziemia, a zwłaszcza oddziałów dywersyjnych i zbrojnych, do ukrywających się Żydów został dotychczas tylko częściowo rozpoznany, ale na pewno jest bardzo ważnym wątkiem historii Żydów ukrywających się w okresie po 1942 r. Dwaj izraelscy historycy w opublikowanej jeszcze w latach osiemdziesiątych XX w. książce wymienili około 120 przypadków mordów dokonanych na Żydach przez członków polskiego podziemia, niektóre z nich dotyczą także powiatu biłgorajskiego[562]. Dziś wiemy, że ustalona przez nich lista nie jest zamknięta, badania tego trudnego, także pod względem źródłowym, tematu powinny być kontynuowane.

Z oddziałami AK w tym rejonie połączyły się grupy BCh, o których zachował się jeden przekaz, że Żydów ochraniały. Mowa o oddziale Jana Kędry ps. „Błyskawica" i Michała Myszki ps. „Jawor", który w lasach biłgorajskich — zdaniem Floriana Wójtowicza ps. „Listek", jednego z partyzantów tego oddziału — pomagał grupie dowodzonej przez „Jankla Berka Josela"[563], stacjonującej w lasach blisko wsi Nowy Lipowiec, Osuchy i Łukowa. Podobno dostarczano im żywność z placówek BCh na tym terenie, przydzielono ponadto na stałe partyzanta ps. „Skrzypek", który z nimi jeździł i przebywał w ich obozowisku z zadaniem ochrony; trudno dociec, jakiego rodzaju ochronę mógł zapewnić, czyżby przed oddziałami AK? Wójtowicz w liście do ŻIH napisał: „Oddział AK «Podkowy» i «Groma» chcieli ich zlikwidować, dlatego nasze dowództwo bechowskie, a między innymi komendant Podokręgu IVb Edward Michański «Lis» (obecnie zam. w Lublinie) wydał polecenie opiekowania się tym obozem żydowskim"[564]. Jego zdaniem ci Żydzi właśnie dzięki opiece miejscowych BCh byli dobrze ukryci, przeżyli wielką obławę niemiecką w czerwcu 1944 r. i doczekali wyzwolenia. Estera Fefer pisze z kolei, że przeżyli ostatni okres wojny i wielkie partyzanckie bitwy w czerwcu 1944 r. dzięki podziemnym, dobrze zamaskowanym bunkrom; ważne było i to, że posiadali broń. Informację o pomaganiu Żydom przez oddział „Błyskawicy" można byłoby przyjąć z satysfakcją, gdyby nie to, że ludzie Kędry tworzyli typową grupę bandycką, wcieloną mimo to w struktury AK i dzięki temu z czasem, jak zauważył Rafał Wnuk, „członkowie

561 AYV, Teczka Sprawiedliwych Jana i Stefanii Sosnowych z Komodzianki.

562 Gutman, Krakowski, *Unequal Victims...*, s. 33, 211–215, 222, 233.

563 Nie udało mi się ustalić, o kogo chodzi.

564 AŻIH, 301/6825, Relacja Floriana Wójtowicza.

bandy okazali się wartościowymi żołnierzami podziemia". Sam Kędra nie zrezygnował jednak z bandziorki i chcąc uniknąć kary, wstąpił do BCh, a następnie po wkroczeniu Armii Czerwonej podjął współpracę z NKWD i UB, by w końcu wiosną 1945 r. zostać zlikwidowanym wyrokiem poakowskiego podziemia[565]. Czyżby więc Kędra „współpracował" z ukrywającymi się w lasach Żydami, kontynuując swój proceder? Nie da się tego wykluczyć, skoro — jak zostało już nie raz powiedziane — Żydzi znajdowali się w sytuacji skrajnej i przymusowej, znacznie gorszej niż wszyscy inni, gdyż nie mogąc otrzymać żywności dobrowolnie, musieli ją kraść, w przeciwnym razie zginęliby. Już choćby z tego powodu Żydom bliżej było do grup bandyckich i grup leśnych formowanych przez zbiegłych jeńców radzieckich, bo tak samo jak oni byli wykluczeni i poza jakimikolwiek legalnymi strukturami i opieką Polskiego Państwa Podziemnego.

W praktyce kontakty, a w zasadzie ich nieustanne unikanie, grup Żydów z polskimi oddziałami partyzanckimi (AK i BCh) miały początek dopiero wiosną 1943 r., ponieważ właśnie wtedy pierwsze z nich zaczęły się formować. Wcześniej jednak, już od lata 1942 r., powstawały grupy zbrojnie ze zbiegłych jeńców radzieckich; do nich właśnie dołączali niektórzy spośród żydowskich uciekinierów. Prawdopodobnie pierwszą z nich była grupa kpt. Rajewskiego[566], stacjonująca w lasach między Frampolem, Gorajcem a Szczebrzeszynem. Otrzymywała żywność, broń (zakopaną jeszcze we wrześniu 1939 r.) i wsparcie od braci Metów (lub Mettów) i innych Żydów z Gorajca. Młodzi Żydzi właśnie z tej miejscowości, a także z Goraja i Rzeczyc dołączyli do Rosjan jeszcze w maju 1942 r., a więc w okresie pierwszych prześladowań i powtarzających się egzekucji, ale jeszcze przed akcjami wysiedleńczymi. Byli wśród nich Jankiel Met i Mendel Dym, dołączyli także Polacy, w tym Józef Szpuga[567]. W listopadzie 1942 r. niezidenty-

---

565 Rafał Wnuk, *Problem bandytyzmu wśród żołnierzy antykomunistycznego podziemia w Polsce (1945–1947)* [w:] *Komunizm, ideologia, system, ludzie*, red. Tomasz Szarota, Warszawa: IH PAN, 2001, s. 69–70. Oczywiście nie trzeba dodawać, że w piśmiennictwie z kręgu PSL postać Jana Kędry jest prezentowana zupełnie inaczej (zob. Kazimierz Przybysz, Andrzej Wojtas, *Bataliony Chłopskie*, t. 1–3, Warszawa: Ludowa Spółdzielnia Wydawnicza, 1986).

566 Nie udało się ustalić bliższych danych na jego temat, informacje cytuję za: Shmuel Krakowski, *The War of the Doomed. Jewish Armed Resistance in Poland, 1942–1944*, New York–London: Holmes & Meier, s. 77–83. Szmuel Krakowski z kolei opiera się na relacji Dawida Sztokfisza (David Shtokfish) zamieszczonej w *Sefer Frampol (The Book of Frampol)*, Tel Awiw 1966, s. 59, 98–109.

567 „Kiedy zaczęły się prześladowania ludności żydowskiej przez władze okupacyjne, razem z moim kolegą Janklem Met uciekłem do lasu położonego w pobliżu wsi Zagroble [tuż obok

fikowana grupa Polaków (najprawdopodobniej mieszkańcy okolicznych wsi, zdaniem Dawida Goldgrabera, który zdołał uciec, pochodzili z Gorajca) napadła nocą na obozowisko uciekinierów; kilku uzbrojonych Rosjan i Żydów z tej grupy nocowało w pewnym oddaleniu, dlatego przeżyli. Do bunkra wrzucono granaty i wszystkich, poza osobami, które uciekły, rozstrzelano. Wśród zabitych 30–40 osób znajdowali się: Abram Met, Josef Met, Chaskiel Met, Abram Goldgraber, Dawid Kleiner, Ita Kleiner z domu Fink. Czterej ocalali to Mendel Dym, Dawid Goldgraber, Icek Met i Herszek Altman. Mendel Dym z Jankielem Metem przeszli później do lasów józefowskich, gdzie działały inne grupy polsko-żydowsko-rosyjskie i istniały, o czym była już mowa, rodzinne grupy przetrwania utworzone z uciekinierów jesienią 1942 r. Rajewski z kolei zdecydował się na przekroczenie Bugu i przejście w lasy poleskie, jedynie pojedynczy Żydzi poszli wraz z nim, inni zostali, ponieważ odejście oznaczało utratę kontaktu z członkami rodzin, kryjącymi się w lasach lub we wsiach. Drugiego mordu na Żydach zbiegłych z Gorajca i Szczebrzeszyna dokonano w czerwcu 1943 r.; zginęli wówczas Jankiel Dym — ojciec Mendla, Malcia Met, Kindla Zimerman oraz mała dziewczynka z Frampola o nieustalonej tożsamości. Jankiel Dym był przed śmiercią potwornie męczony, kiedy jeszcze żył, obcięto mu uszy, wyjęto oczy i do ust włożono karteczkę, że został zabity przez AK[568]. O ten straszny mord jeden ze świadków oskarżył partyzantów oddziału „Podkowy", jego zdaniem „była [to] akcja za szpiegami i za bandytami i złodziejami i po drodze zostali zabici i żydzi", lecz także w tym przypadku, jak i w wielu innych, śledztwo jednoznacznie nie ustaliło sprawców i zostało umorzone[569].

Najsłynniejszą na tym terenie grupą zorganizowaną przez byłych jeńców był siedemdziesięcioosobowy oddział powstały nieco później niż oddział Rajewskiego, dowodzony przez Michała Atamanowa (Umera Achmołła

---

wsi Gorajec — A.S.]. W lesie tym początkowo chodziliśmy z oddziałami b[yłych] jeńców radzieckich, którzy zbiegli z niewoli i ukrywali się w okolicy. Po upływie około miesiąca czasu zaczęli uciekać z getta w Szczebrzeszynie Żydzi, bo właśnie Niemcy rozpoczęli akcję likwidacyjną całej ludności żydowskiej, między innymi uciekł również ze Szczebrzeszyna mój ojciec Jankiel Dym oraz kilka jeszcze osób z mojej dalszej rodziny, których poprzednio przesiedlono z Gorajca do Szczebrzeszyna. Grupa Żydów ze Szczebrzeszyna i z Gorajca w liczbie około 40 osób, w tem kobiety i dzieci, zbudowała sobie kryjówki w lesie Portka położonym w pobliżu Gorajca" (AIPN, GK 377/4, Śledztwo w sprawie przeciwko Michałowi Wolskiemu i Władysławowi Kowalczykowi, Zeznanie Michała [Mendla] Dyma z 24 IX 1949 r., k. 79).

568 AIPN, GK 377/4, Śledztwo w sprawie przeciwko Michałowi Wolskiemu i Władysławowi Kowalczykowi, Zeznanie Dawida Goldgrabera z 19 IX 1946 r., k. 6.

569 *Ibidem*, Wniosek o umorzenie śledztwa, k. 121.

Adamanowa) ps. „Miszka Tatar" lub „Miszka Groźny"[570]. Należał do niego m.in. mąż Estery Fefer Szmul, który zginął w tej samej bitwie co jego dowódca, 1 czerwca 1943 r. Jednak prawdziwym „krajem partyzantów" stał się powiat biłgorajski dopiero w 1944 r.; na początku tego roku według obliczeń Jerzego Markiewicza stacjonowało w powiecie 18 oddziałów partyzanckich, w maju już 23 (AK, BCh, NOW, AL i oddziały radzieckie). W tym też czasie na teren powiatu przybyła 1 Ukraińska Dywizja Partyzancka im. Sidora Kowpaka w sile 2500 partyzantów, dowodzona przez legendarnego Piotra Werszyhorę. Wielu Żydów przyłączyło się do nich, potocznie nazywanych „kowpakowcami"[571] i przeszło do Lasów Janowskich, a następnie na Białoruś. Oddziały radzieckie nie były wolne od antysemityzmu i również miały na swoim sumieniu żydowskie ofiary; jeden ze świadków pisał o oddziale Czapajewa, że jego żołnierze byli wcześniej jeńcami, którzy uciekli z obozów w Bełżcu, Sobiborze i Treblince[572], gdzie brali udział w mordowaniu Żydów; „ich stosunek do Żydów był straszny"[573]. Ten problem, podobnie jak stosunek do Żydów oddziałów GL-AL tworzonych na tym obszarze przez Grzegorza Korczyńskiego, jest ważnym i bardzo skomplikowanym zagadnieniem, ale tylko pośrednio i w niewielkim zakresie związanym z głównym tematem tego opracowania, dlatego go tu dalej nie rozwijam.

Bitwy stoczone przez kowpakowców na terenie powiatu biłgorajskiego przypadają na koniec lutego i marzec 1944 r. Ostatni rok okupacji,

570 Michał Atamanow urodził się w 1916 r. we wsi Ai-Wasil na Krymie, w 1942 uciekł z obozu jenieckiego w Częstochowie i dotarł w rejon Józefowa. Jego oddział im. Kotowskiego należał do sił AL im. Tadeusza Kościuszki. Po śmierci „Miszki Tatara" 1 VI 1943 r. w bitwie o Józefów oddział się rozpadł, jedną grupą dowodził Wasyl Manżawadze, drugą Andrzej Borodowyj „Andriej" (Jerzy Markiewicz, *Partyzancki kraj*, Lublin: Wydawnictwo Lubelskie, 1985, s. 76). „Miszka Tatar" został pośmiertnie przez dowództwo AL odznaczony krzyżem Grunwaldu III klasy, jego grób znajduje się we wsi Hamernia nad rzeką Sopot, natomiast w Józefowie na skraju kamieniołomów stoi pomnik (zob. AAN, Zbiór akt osobowych działaczy ruchu robotniczego 1918–1990, teczka osobowa Michała Atamanowa nr 14691).

571 Estera Fefer wymieniła jeszcze inne ugrupowania partyzantki sowieckiej: „kołapkowcy, sitowcy, chruszczowcy, kowalowcy, grupa dziadzia Pietia" (AŻIH, 301/1474, Relacja Estery Fefer).

572 Chodzi o tzw. ludzi z Trawnik, jeńców radzieckich, którzy zgodzili się przejść szkolenie w specjalnym Obozie Szkoleniowym SS w Trawnikach, gdzie przygotowywano ich do pełnienia służby w obozach natychmiastowej zagłady oraz jako oddziały pomocnicze w akcjach eksterminacyjnych i pacyfikacyjnych; części z nich udało się zbiec i trafili m.in. do oddziału partyzantki sowieckiej im. Czapajewa (Black, *Prosty żołnierz „akcji Reinhard". Oddziały z Trawnik...*, s. 103–131).

573 AŻIH, 301/5344, Relacja Mariana Szaracha.

naznaczony wielkimi niemieckimi akcjami przeciwpartyzanckimi o kryptonimach „Wicher" (*Szturmwind I* 9–14 czerwca 1944 r. i *Szturmwind II* 15–25 czerwca 1944 r.) i największymi w ramach tych działań bitwami stoczonymi przez polskie oddziały partyzanckie na Porytowym Polu i pod Osuchami, był dla ukrywających się w lasach Żydów tragiczny w skutkach. Grupy leśnie, już i tak nieliczne, zostały dosłownie zdziesiątkowane. Shmuel Krakowski pisał wręcz, że „w Lasach Janowskich i w Puszczy Solskiej wszystkie [żydowskie] grupy partyzanckie zostały rozbite, a spośród Żydów z obozów rodzinnych nie przeżyła ani jedna osoba"[574]. Nie jest to do końca prawdziwe, ale istotnie jedynie niewielka, kilkudziesięcioosobowa grupa ocalała w lasach, a spośród nich tylko pojedyncze osoby pozostawiły relacje pozwalające na wgląd w historię życia i śmierci Żydów szukających w ten sposób ratunku i ocalenia. Nim jednak nadszedł lipiec 1944 r., gdy Armia Czerwona po kolei wyzwoliła poszczególne miasta i gminy powiatu biłgorajskiego (21 lipca Niemcy opuścili Tarnogród, 24 lipca wyzwolono Biłgoraj), nastąpiły na tym terenie i w ogóle na całej Zamojszczyźnie ważne i tragiczne wydarzenia, które przyczyniły się bezpośrednio i pośrednio do tego, że przeżycie w lasach okazało się dla Żydów tak trudne.

Bezpośrednio po zakończeniu akcji likwidacyjnych gett Niemcy przystąpili do realizacji planowanej już od dawna akcji pacyfikacyjno-przesiedleńczej (*Generalplan Ost*) skierowanej przeciwko ludności polskiej. Trwała na Zamojszczyźnie od 27 listopada 1942 do sierpnia 1943 r., a w powiecie biłgorajskim do połowy lipca 1943 r. Niemcy planowali uczynić z Zamojszczyzny pierwszy teren osiedleńczy dla ludności niemieckiej i „oczyścić" go z ludności polskiej. Jednocześnie przesiedlano do wsi wokół Puszczy Solskiej ludność ukraińską, aby utworzyć w ten sposób swego rodzaju kordon — pierścień ochronny dla wsi mających się stać w zamyśle niemieckimi. W ten sposób zaplecze żywnościowe dla ukrywających się w puszczy Żydów w postaci polskich wsi coraz bardziej się kurczyło. Polaków z wysiedlanych wsi przewożono do obozów przejściowych w Zamościu, Zwierzyńcu, Budzyniu, Biłgoraju i w innych miejscowościach, gdzie dokonywano selekcji i odbierano rodzicom dzieci przeznaczone do germanizacji. Część dorosłych trafiła na roboty przymusowe do Rzeszy, część do obozów koncentracyjnych, część zmarła, część została przesiedlona na inne, gorsze tereny, pozostali wreszcie mogli powrócić do swojego pierwotnego miejsca zamieszkania. Choć ostatecznie niemieckich zamierzeń nie zrealizowano

574 Krakowski, *The War of the Doomed...*, s. 80.

do końca, skala cierpienia, strat materialnych i niematerialnych oraz ludzkich dramatów była ogromna. Dość powiedzieć, że z samego powiatu biłgorajskiego wysiedlono niemal 40 tys. osób z 89 wsi[575], niektóre wsie były pacyfikowane kilkakrotnie, inne z kolei zniszczono doszczętnie, a ludność okrutnie wymordowano w odwecie za pomaganie partyzantom; tak się stało np. w Sochach i Szarajówce. Wedle ustaleń Biura Odszkodowań Wojennych z 1945 r., które objęło 19 gmin (bez gmin Cieplice, Dzików, Kuryłówka i Tereszpol), śmierć wskutek działań wojennych, pobytu w więzieniach i obozach, pracy przymusowej, chorób, ran, wycieńczenia i ukrywania się poniosło łącznie 12 886 Polaków. Szkód na ciele i umyśle doznały 1833 osoby — chodzi tu o kalectwo, ciężkie naruszenie zdrowia i ciała, zgwałcenie (odnotowano 244 gwałty) i choroby umysłowe. Na roboty do Rzeszy wywieziono 20 827 osób, pozbawiono wolności w więzieniach i obozach 7097 osób, przy czym nie są to wszystkie przypadki, ponieważ odnośnie do 5 tys. osób brak informacji o ich dalszym losie[576].

Kulminacją działań pacyfikacyjnych i antypartyzanckich była tzw. *Grossaktion*, rozpoczęta w czerwcu 1943 r., mająca na celu maksymalne zintensyfikowanie wysiedleń; w jej trakcie przeczesywano lasy, wyłapując uciekinierów, a ofiarą tych obław padali oczywiście również Żydzi. *Generalplan Ost* i akcje wymierzone przeciw podziemnym organizacjom oraz ich oddziałom zbrojnym to elementy jednej wspólnej całości, powiązane ze sobą łańcuchem przyczynowo-skutkowym. Tak silny rozwój partyzantki na terenie dystryktu lubelskiego, a zwłaszcza na Zamojszczyźnie, był możliwy dzięki istniejącym tam warunkom naturalnym (duże kompleksy leśne) i jednocześnie spowodowany reakcją polskiego podziemia na wysiedlenia, pacyfikacje czy wręcz eksterminację wymierzoną w polską ludność tych obszarów. Tego rodzaju reakcji podziemia w odpowiedzi na wysiedlenia Żydów nie odnotowujemy. Naturalną odpowiedzią cywilnej ludności były z kolei ucieczki; Klukowski zapisał, że chłopi organizują się w lasach, już 14 grudnia 1942 r.

---

575 Zob. Dorota Skakuj, *Wysiedlenia w powiecie biłgorajskim w 1943 roku*, „Nad Tanwią i Ładą. Przyczynki do historii i kultury Ziemi Biłgorajskiej" 2010, t. 5, s. 35–41; Jacek Wołoszyn, *Powiat biłgorajski w okresie okupacji niemieckiej*, „Nad Tanwią i Ładą. Przyczynki do historii i kultury Ziemi Biłgorajskiej" 2006, t. 1, s. 19–30; Agnieszka Jarczyńska, *Sonderlaboratorium SS. Zamojszczyzna „Pierwszy obszar osiedleńczy" w Generalnym Gubernatorstwie*, Lublin: IPN, 2012.

576 AAN, 291/54 i 55, Biuro Odszkodowań Wojennych przy Prezesie Rady Ministrów w Warszawie, Straty biologiczne poniesione w woj. lubelskim. Kwestionariusze powiatowe i gminne, 1945 r.

stwierdził wprost: „a «w lasach» ludzi moc"[577], późniejszy o pół roku zapis w jego dzienniku jest podobny, jedynie mocniejszy w tonie: „słowem, jesteśmy ściskani coraz mocniej. Dla ludzi, którzy chcą lub muszą ukryć się, pozostaje właściwie tylko jeden sposób: pójście «do lasu», «do bandy»"[578]. Wydarzenia 1943 r. spowodowały nie tylko wyludnienie się niektórych wsi lub niemal całych gmin, ale i załamanie gospodarki rolnej w powiecie; w czasie gdy należało zająć się orką i siewem wsie były wysiedlane i pacyfikowane, a chłopów wywożono na roboty przymusowe. Nie powinno więc dziwić, że od 1943 r. żywność na tych terenach była towarem naprawdę deficytowym, a część ludności egzystowała na granicy głodu i drżała o swój własny los.

Z tego względu pytanie, jak wydarzenia te wpłynęły na sytuację ukrywających się Żydów i jak zostały przez nich zauważone, wydaje się oczywiste. Nieoczywista jest jednak odpowiedź, gdyż w relacjach, wspomnieniach i wywiadach ocalałych Żydów praktycznie brak jakichkolwiek odniesień do tych wszystkich tragicznych faktów i wydarzeń, tak jakby w ogóle nie zaszły; zapisy na ten temat udało mi się odnaleźć zaledwie w kilku tekstach[579]. Ze źródeł żydowskich nie dowiedzielibyśmy się, że Niemcy przeprowadzali tak brutalne i liczne wysiedlenia i pacyfikacje, że następowały egzekucje Polaków, że wreszcie niektóre polskie wsie wręcz przestały istnieć. Niełatwo odpowiedzieć na pytanie, dlaczego w wypowiedziach Żydów nie ma odniesień do tych wydarzeń. Do właściwej oceny relacji polsko-żydowskich w okresie wysiedleń i ich wpływu na możliwości przetrwania Żydów należałoby nanieść na mapę dane dotyczące miejsc ukrywania się Żydów oraz dane dotyczące skutków *Generalplan Ost* — jak już wspominałam akcjami

577 Klukowski, *Zamojszczyzna...*, s. 336.

578 *Ibidem*, s. 363, zapis z 24 VI 1943 r.

579 O wysiedlaniu Polaków wspomniała Tema Wajnsztok, dla której — o dziwo — ta okoliczność okazała się zbawienna: „Byłam dla wszystkich plagą, która im zamąca spokój. Płakałam ciągle. W mojej rozpaczy nie widziałam wyjścia, ale stał się cud, bo zaczęli wysiedlać Polaków, którzy uciekali w różne strony. Wtedy już nie zwracali uwagi na mnie, bo każdy miał swoje kłopoty. W tym tłumie więc wyjeżdżających na zachód i ja znalazłam się w pobliżu Ducherki" (AŻIH, 301/7214, Relacja Temy Wajnsztok). Wysiedlenia Polaków miały też wpływ na ukrywanie się Icie Sztemera wraz z rodziną, ponieważ gospodarz, który dostarczał im pożywienie, został wysiedlony; wszyscy ukrywający się musieli się przenieść w inne miejsce i szukać nowych sposobów przetrwania (*Book of Memory to the Jewish Community of Szczebrzeszyn...*, s. 89–100). W podobnej sytuacji znalazł się Aba Becher, kiedy Hieronim Frelas został zesłany na roboty przymusowe do Rzeszy (AYV, Teczka Sprawiedliwego Hieronima Frelasa; *Izkor Buch Frampol*, red. Dawid Sztokfisz, Tel Awiw 1966, Relacja Aby Ben Mosze [Aby Bechera] pt. „Żydzi frampolscy w walce z hitlerowskim wrogiem").

na mniejszą lub większą skalę dotkniętych zostało niemal 90 wsi (na ogólną liczbę 454 miejscowości) i kilkadziesiąt tysięcy ludzi. To czasochłonne i trudne zadanie może mimo wszystko nie przynieść jednoznacznego rozstrzygnięcia. Zapisy w relacjach Żydów o losach i kondycji Polaków w tym okresie są dosłownie jednostkowe. Moim zdaniem odpowiedzi na pytanie o przyczyny takiego stanu rzeczy należy szukać nie w tzw. twardych faktach, lecz raczej w sferze psychologicznej i socjologicznej, np. w odcięciu ukrywających się Żydów od źródeł informacji; trzeba też pamiętać, że głównym tematem wypowiedzi ocalałych był ich własny los i los ich najbliższych, na tym się koncentrowali, o to byli pytani.

Zakończyć ten wątek chciałabym jeszcze jednym cytatem z fenomenalnego źródła, jakim jest dziennik doktora Klukowskiego — to zapis z 15 kwietnia 1944 r., a należy go czytać, mając w myślach i pamięci ukrywających się Żydów, uzależnionych od pomocy polskiej ludności, i los Żyda Millera, którego „uziemiono":

> Trzeba przyznać, że Niemcy wbrew swojej woli dali chłopom wspaniałą szkołę. Dzisiaj każda wieś — to jednolita, silnie zespolona jednostka organizacyjna. Obecnie przez wieś nie przejedzie żaden obcy, nieznany człowiek. Chłopi każdego zatrzymują, legitymują, choć trochę podejrzanych odprowadzają do komendanta placówek. Podejrzanych o szpiegostwo odprowadzają do lasu. Tam już mają odpowiednie sposoby do wydobycia zeznań. Tym sposobem unieszkodliwiono niemało szpiegów, wysyłanych w teren przez Gestapo[580].

W lipcu 1944 r. wyszło z biłgorajskich lasów nie więcej niż kilkudziesięciu Żydów, prawdopodobnie najliczniejsza grupa przetrwała w Puszczy Solskiej, w okolicy wsi Borowiec (tam także była leśna kwatera „Miszki Tatara" oraz wiosną 1944 r. Werszyhory), o ocalałych tam Żydach pamięć przetrwała do dziś wśród mieszkańców tej niewielkiej wioski[581]. W styczniu 1944 r. liczebność tej grupy według dziennika Polakowskiego wynosiła 60 osób, według Estery Fefer w wielkiej niemieckiej akcji skierowanej przeciwko

580 Klukowski, *Zamojszczyzna...*, s. 417, zapis z 15 IV 1944 r.

581 Za informację i pomoc w dotarciu do Borowca i przeprowadzeniu rozmów z mieszkańcami dziękuję Andrzejowi Augusiakowi oraz Janowi Majewskiemu, mieszkańcowi Łukowej, na którego polu znajduje się upamiętnienie zbiorowego grobu Żydów zamordowanych jesienią 1942 r.

partyzantom (*Sturmwind*) zginęło 26 Żydów, a wedle relacji zebranej po wojnie dla GKBZHwP ostatecznie ocalało w tymże lesie 42 Żydów[582].

Pisałam, że przetrwanie w lasach w pojedynkę nie było możliwe, ale historia Zagłady badana na poziomie pojedynczych ludzkich losów zaskakuje, szokuje, czasem jest wręcz nieprawdopodobna i ociera się o cud. We wspomnieniach Edwarda Herca z Józefowa przeczytałam o takim właśnie cudzie ocalenia Szymona Hofmana, damskiego krawca. Zbudował kryjówkę w lesie nieopodal gajówki Władysława Czekirdy. Gajowy pomagał mu, ale gdy musiał się przenieść służbowo do Stanisławowa, ich kontakt mógł być już tylko sporadyczny. Wtedy Hofman zwrócił się o pomoc do kwaterującego niedaleko oddziału AK pod dowództwem Edwarda Błaszczaka „Groma" i tu oddaję głos autorowi relacji:

> Poprosił kucharza, by po zarżnięciu jakiego bydlęcia dał mu z niego skórę. Pociął ją na kawałeczki, oczyszczał i przypiekał na ognisku. Próbował jeść, co mu posmakowało. Zrobił sobie z tych skórek zapas na zimę. W schronie zgromadził też trochę surowych kartofli i butelki z wodą. Gajowy miał nie zbliżać się do schronu, żeby nie zostawiać śladów na śniegu. Kontaktować się mieli tylko zawołaniem Czekirdy, gdy zbliżył się do schronu. Przyjeżdżał od czasu do czasu, wrzucał z pewnej odległości od schronu gotowane kartofle w woreczku i opowiadał Hofmanowi o sytuacji, w jakiej znajduje się cała okolica. Żyd przebywał całą zimę w leśnym schronie. Zjadał dziennie po dwa surowe kartofle, bo gotowanych nie miał za wiele. Skórki były spleśniałe, a wodę pił już zieloną. Cały był zarośnięty, mało podobny do człowieka. Na wypadek, gdyby Niemcy go znaleźli, otrzymał od Czekirdy orzech z trucizną na lisy. Miał to połknąć, by uniknąć katuszy i nie wydać swego opiekuna. Wiosną, gdy stopniał śnieg, Czekirda udał się do lasu. Myślał, że Hofman już nie żyje. Podszedł do schronu i jak zawsze zawołał. Poczekał chwilę i ujrzał, jak Hofman wyłazi ze schronu. Nie mógł już chodzić, tylko raczkował. Stopniowo uczył się chodzić. Oczyścił schron, zaopatrzył się w świeżą wodę i nadal mieszkał w nim. Tu mógł spać bezpiecznie. Latem odżywiał się jagodami. Leśniczy dał mu zapałki. Zapalał z dala od schronu małe ognisko, coś tam sobie gotował i tak żył. W ten sposób przetrwał też ostatnią akcję partyzancką pod Osuchami. Wreszcie doczekał się wyzwolenia, ale ubranie

582 AP w Zamościu, 382/158, Prezydium Gromadzkiej Rady Narodowej w Łukowej, Dokumentacja zeznań ustnych i pisemnych mieszkańców GRN w Łukowej nt. zbrodni hitlerowskich popełnionych na terenie gminy 1968–1971.

> na nim zgniło i był tak osłabiony, że trzy dni szedł do Józefowa. Wstąpił do znajomego, Henryka Kowala, którego siostra szyła u niego w zakładzie. Odpoczął przez kilka dni i nabrał sił. Przyszedł do Stanisławowa, do Czekirdy, tam umył się i przebrał w świeżą bieliznę. Ostrzyżono go i ogolono, zniszczono wszy. Systematyczne odżywianie postawiło go na nogi. Miałem okazję rozmawiać z nim w Józefowie. Nie miał butów, tylko chodaczki uszyte ze szmat. Bardzo żałował żony i dzieci. Wszyscy czysto mówili po polsku[583].

Gdyby nie współczująca pamięć Edwarda Herca, dziś nikt z nas już nie dowiedziałby się ani o damskim krawcu Szymonie Hofmanie, ani o gajowym Władysławie Czekirdzie. Hofman opuścił Polskę, mimo że kilka przyzwoitych osób zaopiekowało się nim po wyjściu z podziemnej kryjówki i pomogło odzyskać siły. Środowisko, w którym niegdyś żył, już nie istniało, nikt z rodziny nie przeżył. Świat, który zobaczył, był zmieniony, zniszczony, przeorany nieszczęściem, obcy i nieżydowski. Atara Steinberg (z domu Kreindel Kalichman), pochodząca także z Józefowa, znała historię Hofmana. W długiej relacji wideo udzielonej USC Shoah Foundation wspomniała, że wyjechał do Izraela, tam popełnił samobójstwo.

583 Herc, *Czasy niezapomniane...*, cz. 2, s. 82–83.

1944–1946 — żydowska nieobecność

Ci, którzy wyjechali, niemal bez wyjątku opuścili Polskę z gorzkimi wspomnieniami. Na przykład Aron Kisłowicz, który życie uratował dzięki pomocy kilku Polaków[584]. Kiedy wyszedł z kryjówki u Władka Paszkowa obaj zachowali największą ostrożność. Idąc ulicami Frampola, udawali, że się nie znają, na wszelki wypadek byli uzbrojeni. Demonstracja przyjaznych kontaktów Polaka i Żyda dla nich obu mogłaby się źle skończyć. Zaledwie dzień lub dwa dni wcześniej zginęła we Frampolu cała czteroosobowa rodzina Sztajnbergów ukrywana przez Sobczaka. Szajndla Klajner, kiedy wyszła z leśnego bunkra po nieprawdopodobnie wręcz trudnych przeżyciach[585] i wróciła do „swojej" wsi Gorajec, została przepędzona z podwórza. Bojąc się, by jej nie zabito, zwróciła się o pomoc do sowieckich żołnierzy, ci przetransportowali ją z dziećmi do Zamościa, gdzie znalazła się wśród innych ocalałych z zagłady Żydów. Przez obóz dla DP wyjechała do Palestyny. Mosze Malchi po wyjściu z kryjówki uciekł do Kraśnika, gdzie byli już inni Żydzi; oficer radziecki ostrzegł go, by uważał, gdyż w sąsiedniej wsi zabito właśnie dwóch Żydów. Po dotarciu do Warszawy dostał certyfikat na wyjazd do Palestyny. Israel Cytron z kuzynem Szlomo Gutermanem także nie wrócili do Gorajca, obawiali się Polaków szukających ocalałych Żydów, podobno grożono mu śmiercią. Israel wstąpił do wojska, do brygady AL im. Wandy Wasilewskiej, później wyjechał do Palestyny. Chaja Mett Hoftman po dwóch latach spędzonych w Komodziance pod opieką Polaków uciekła do

---

584 Rodzice i brat Arona zginęli w Szczebrzeszynie, podczas akcji likwidacyjnej jesienią 1942 r. Żoną Arona została Dora Brik z Frampola, w chwili wybuchu wojny miała 9 lat, udając katoliczkę, przeżyła u polskich rodzin w Zamościu (AYV, O.3/3109, Relacja Dory Kislowicz z domu Brik).

585 Ukrywała się w leśnym bunkrze nieopodal wsi z czworgiem dzieci, z których najmłodsze miało 3 lata, najstarsze 15 lat. Kiedy najstarszy syn, który wychodził do wsi zaopatrywać ich wszystkich w żywność, został przez miejscowych zamordowany, jego rolę przejął kolejny najstarszy w rodzinie syn, 12-letni. Najmłodsze dzieci nie chciały matki wypuścić i zostać w kryjówce same. Jest wręcz niepojęte, jak Szajndli Klajner samej z trójką dzieci udało się mimo wszystko przeżyć, ten przykład należy do najbardziej skrajnych (AYV, M.1/E-1474, Relacja Szajndli Klajner).

Biłgoraja, ponieważ Magda, Polka, która się nią opiekowała, ostrzegła, że trzeba uciekać, bo Polacy mordują Żydów w okolicy. W Biłgoraju Chaja nie spotkała nikogo ze swoich ziomków z Goraja, pojechała więc do Zamościa, a stamtąd do Lublina, gdzie spotkała siostrę, która wróciła z Rosji. Obie opuściły Polskę i *via* Francja dotarły w 1948 r. do Palestyny. Chana Brik z Frampola, której cała rodzina zginęła, przez pewien czas bała się wracać do miasteczka, a kiedy przemogła lęk, dowiedziała się, że właśnie jacyś Polacy zabili kilku Żydów uratowanych przez Sobczaka. Jakaś kobieta na jej widok krzyknęła: „przyszedł diabeł", poszła więc po pomoc do Stańczyków, gdyż zawsze mogła na nich liczyć, ale ci wyraźnie bali się sąsiadów. Stańczykowa ją ostrzegła, by nie pozostawała w mieście, ponieważ mogą ją zabić, pomogła jej się umyć, obcięła włosy, dała nową sukienkę, oddała wszystkie rzeczy, jakie miała na przechowanie od rodziców dziewczyny. Pod opieką rosyjskich żołnierzy i Czerwonego Krzyża Chana spędziła we Frampolu jeszcze kilka dni, potem wyjechała do Zamościa, w końcu do Niemiec i Palestyny. Przed wyjazdem opiekowała się swoją szkolną koleżanką Diną Huf, ta bowiem po dwóch latach spędzonych w bunkrze u Sobczaka nie była w stanie chodzić. Jakow Morgensztern uratował się w leśnych i polnych bunkrach wraz ze swoim wujem i jego rodziną, ale po wyzwoleniu przez Armię Czerwoną bał się poruszać po okolicy, bo wszyscy mówili, że mordują Żydów z obawy przed koniecznym zwrotem ziemi, która kiedyś do Żydów należała. W Szczebrzeszynie Jakow nie spotkał żadnego ocalałego, w zrujnowanej synagodze trzymano konie, na zdewastowanym cmentarzu i na masowych grobach ktoś pasł krowy. Jakow wyjechał do Łodzi, przyłączył się do kibucu Ha-Szomer ha-Cair i nielegalnie wyjechał do Palestyny. Jacheta Rosenberg z matką i dwójką rodzeństwa nie wróciła już nigdy do rodzinnego Goraja, przez chwilę była we Frampolu pod opieką Rosjan, stamtąd wszyscy udali się w długą i daleką drogę: przez Biłgoraj, Kraśnik, Gliwice, Hamburg dotarli do Stanów Zjednoczonych. Efraim Urman znalazł schronienie i ocalenie u rodziny Sieków we wsi Lipiny, ale jeszcze przez jakiś czas po wkroczeniu Rosjan nie chciano go wypuścić dla jego własnego bezpieczeństwa, dopiero kiedy w Krzeszowie i okolicy pojawili się inni ocalali Żydzi, pozwolono mu wyjść. Był u znajomego, Sendlera, w Krzeszowie, napadli na nich uzbrojeni bandyci, ale czymś spłoszeni, nie spełnili szczęśliwie swojego zamiaru. Efraim wyjechał z Polski, przez Włochy i Francję dotarł do Ameryki. Henry Fladell, uratowany we wsi Brzyska Wola dzięki poświęceniu Walka Kaczyńskiego, po wyzwoleniu przez pewien czas zatrzymał się w Tarnogrodzie, gdzie osiedli inni Żydzi, u jakiegoś Polaka mieszkał, pracował w gospodarstwie, handlował walutą, jakoś żył, ale jak powiedział w relacji wideo dla Shoah Foundation, AK zamordowała w okolicy jedenastu ocalonych. Musiał uciekać z Rosjanami do Lublina, stamtąd przez kilka krajów dotarł do swojej nowej ojczyzny, którą stały się Stany Zjednoczone. Przeżył siłą woli, bo po prostu bardzo chciał żyć („will power just to live").

Trudno mi na tym etapie badań, skoncentrowanych przede wszystkim na latach okupacji niemieckiej, stwierdzić, ile rzeczywiście było żydowskich ofiar w powiecie biłgorajskim w okresie od wkroczenia Armii Czerwonej do sierpnia 1946 r., kiedy po pogromie kieleckim fala pogromowa została na terenie całej Polski zatrzymana. Tuż przed wyzwoleniem zamordowano Rywkę Bryk i nieznanych z nazwiska Mośka, Lipę i Szyję z żoną, wszystkich z kolonii Kąty koło Frampola, na pewno w lipcu 1944 r. we Frampolu zginęli uratowani przez Sobczaka Sztajnbergowie i Nachman Kestenbaum. Także w okolicach Frampola zginęli bracia Mosze, Lejbel, Chaim i Sruel (Israel) Malchi. Dwa lata przetrwali w kryjówce na polu u znajomego gospodarza, ponieśli śmierć, zastrzeleni przez nieznanych Polaków po zakończeniu wojny i wyjściu z kryjówki[586]. 5 lutego 1945 r. w Zwierzyńcu ludzie z oddziału „Podkowy" (Tadeusz Niedźwiedzki „Sten" i Zdzisław Jóźwiakowski „Husar") zastrzelili jedynego przebywającego tam wówczas Żyda, Dawida Bibermana, który objął stanowisko komendanta posterunku MO. W tym samym roku zginął Herszek Altman, 20 grudnia 1945 r. nieznani sprawcy zastrzelili w Tarnogrodzie Pesę Wachnachter, jej dziewięciomiesięczną córeczkę i ich znajomego Chaima Fajnera[587], w tym samym miasteczku zamordowano Symchę Knacha. To w sumie czternaście ofiar. Można powiedzieć, że w ten sposób sprawcy tych mordów — kimkolwiek byli — osiągnęli swój cel. Od 1946 r. Żydów w powiecie praktycznie już nie było, z wyjątkiem jednego — Jankiela Grojsera, żołnierza armii Andersa, odznaczonego orderem Virtuti Militari, uczestnika bitwy pod Monte Cassino, który wbrew wszystkiemu i na przekór wszystkim do Polski i do swojego Szczebrzeszyna powrócił i zmarł tam 5 stycznia 1970 r. Opieka społeczna pochowała go pod ogrodzeniem na cmentarzu katolickim, żydowski od dawna był już nieczynny; jego grób przykryto płytą z wyrytą gwiazdą Dawida. Podobno mówił, że w Szczebrzeszynie leżą wszyscy jego bliscy i chce z nimi zostać. Po Jankielu pozostało wiele wspomnień i anegdot, był człowiekiem wyjątkowym,

586 AYV, O.3/10552, Relacja Moshe Malchiego.

587 AAN, 199/787, Ministerstwo Administracji Publicznej, Zeznanie Szlomy Fajnera z 28 I 1946 r., k. 117.

obdarzonym wewnętrzną mądrością, wielką życzliwością, wrażliwością i religijnością. Widywano go czasem siedzącego pod synagogą lub koło hali targowej, w której kątem mieszkał; często płakał[588].

Koniec wojny oznaczał otwarcie nowej perspektywy, długi horyzont czasowy, który dla każdego człowieka kończy się wraz z kresem jego życia. Trzeba było to życie sklejać na nowo, decydować, a nie jedynie reagować na zdarzenia i fakty, na które przez cały okres wojny nie miało się wpływu. Wychodzący z kryjówek, bunkrów i leśnych ostępów Żydzi byli bezdomnymi, chorymi, okradzionymi ze wszystkiego ludźmi; ich domy albo ziały pustką, albo zajął je już ktoś inny, a jeszcze inny nie chciał zwrócić oddanych na przechowanie ostatnich dóbr. Wyjście z kryjówek, bunkrów czy z lasu, gdzie miało się „nie istnieć" i być „niewidocznym", okazało się zadaniem równie trudnym i niebezpiecznych jak wejście do nich. Bezpieczne wyjście wymagało pewnego rodzaju śluzy, „okresu przejściowego", ochrony fizycznej i pomocy oraz psychologicznego przystosowania się do nowych warunków, a tego w powojennej Polsce nie dało się zapewnić[589]. Przyczyny tkwiły nie tylko w zmieniającej się sytuacji politycznej i związanej z nią transformacji ustrojowej, na którą wielu Polaków się nie godziło, co doprowadziło do stanu mającego cechy wojny domowej, lecz także w nastrojach społecznych oraz postawach wobec Żydów — jak się wydaje niezmiennych od 1942 r. Relacje społeczne cechuje siła bezwładu i długie trwanie, stosunek Polaków do Żydów nie uległ więc natychmiastowej zmianie wraz z końcem działań wojennych. Powojenna atmosfera pogromowa i mordy popełniane na ocalałych Żydach stają się zrozumiałe dopiero wtedy, gdy pojmiemy, że nie były żadnym powojennym wybuchem i fenomenem, lecz kontynuacją tego, co dokonywało się przedtem[590]. Kiedy niemiecka okupacja ustała, to, co działo się w jej ramach i niejako „pod okupacyjną przykrywką", stało się nagle widoczne. Długi proces stygnięcia rozbujanych nastrojów antysemickich i emocji

588 Za udostępnienie mi zbioru wspomnień o Jankielu Grojserze, zapamiętanych przez mieszkańców Szczebrzeszyna i okolic, dziękuję Jerzemu Mazurkiewiczowi. Zob. także Alina Skibińska, *Problem rewindykacji...*, s. 555–556; *Grojser Jankiel zapamiętany*, oprac. Regina Smoter Grzeszkiewicz, http://www.scebreshinum.republika.pl/szczebmg.html (dostęp 29 XI 2016 r.).

589 Por. Adam Kopciowski, *Zajścia antyżydowskie na Lubelszczyźnie w pierwszych latach po drugiej wojnie światowej*, „Zagłada Żydów. Studia i Materiały" 2007, nr 3, s. 178–207.

590 Więcej na ten temat zob. Jan Tomasz Gross, *Strach. Antysemityzm w Polsce tuż po wojnie. Historia moralnej zapaści*, Kraków: Znak, 2008.

społecznych, nazwany w zbiorze esejów przez powojennych intelektualistów, zaniepokojonych poziomem agresji i antysemityzmu, „martwą falą"[591], trwał niemal trzy lata, ale przecież nigdy nie zaniknął. Antagonizm polsko-żydowski był jednocześnie podsycany zmianami dokonującymi się już po wojnie. Liczne na terenie Lubelszczyzny podziemne organizacje z okresu okupacji przekształcały się w organizacje antykomunistyczne, a ich ofiarą padali nie tylko członkowie nowych władz, w tym szczególnie funkcjonariusze UB i MO (tak Polacy jak i Żydzi), ale i Żydzi cywilni, w powszechnym mniemaniu utożsamiani z ideologią komunistyczną lub co najmniej jej sprzyjający. Sytuacja była niezwykle skomplikowana i napięta, a uratowanym z Holokaustu Żydom *de facto* nie miał kto zapewnić bezpieczeństwa. Czy mogli w ogóle liczyć na polską administrację i powstające dopiero nowe struktury władzy, skoro w sprawozdaniach starosty biłgorajskiego do wojewody zaprzeczano, jakoby na terenie powiatu mieszkali w ogóle jacyś Żydzi i utrzymywano, że nie dochodzi tam do antyżydowskich wystąpień[592]? Zwracali się o pomoc i ochronę do żołnierzy sowieckich, potwierdzając tym samym w oczach polskiego otoczenia swoją rzekomą „prosowiecką" postawę. Jak pisał Rafał Wnuk na podstawie analizy prasy AK-DSZ-WiN, Żydzi byli w oczach antykomunistycznego podziemia lokowani w obozie wroga, w tekstach z okresu 1944–1946 postać Żyda ma wyłącznie skrajnie negatywną konotację: obcego, komunisty i wroga[593]. „Sowieci przynieśli Żydom wybawienie, Polakom — zniewolenie. Żydzi nie mogli i nie chcieli zrozumieć antyradzieckości podziemia niepodległościowego. Natomiast żołnierze AK prosowieckość Żydów odbierali w kategoriach zdrady państwa polskiego"[594]. Nawet gdyby Żydzi mogli i chcieli zrozumieć, jak Sowieci są postrzegani przez polskie społeczeństwo, niczego by to w ich własnym położeniu nie

591 *Martwa fala. Zbiór artykułów o antysemityzmie*, z przedmową Stanisława Ryszarda Dobrowolskiego, Warszawa: Spółdzielnia Wydawnicza Wiedza, 1947 (w tomie zamieszczono teksty: Stanisława Ryszarda Dobrowolskiego, *Na śmiertelnej fali*; Marii Kann, *Martwa fala*; Jerzego Andrzejewskiego, *Zagadnienie polskiego antysemityzmu*; Stefana Otwinowskiego, *Sąsiedzi*; Juliana Przybosia, *Hańba antysemityzmu*; Stefana Flukowskiego, *Aby nie odezwało się już ani jedno echo ludzkiego barbarzyństwa*; Jerzego Zawieyskiego, *Nadzieja ludzi dobrej woli*; Juliusza Góreckiego, *Męczennikom getta*).

592 Adam Kopciowski, „Żydzi w Lublinie w latach 1944–1949", praca magisterska obroniona na Wydziale Humanistycznym UMCS, Lublin 1998, s. 197.

593 Rafał Wnuk, *Lubelski Okręg AK 1944–1947*, Warszawa: Volumen, 2000 (rozdział 9 „AK-DSZ-WiN a Żydzi", s. 199–219).

594 *Ibidem*, s. 202–203.

zmieniło, ponieważ to nie Żydzi powinni byli „zrozumieć", lecz etniczni Polacy — w jakim położeniu ich żydowscy współziomkowie znajdowali się tuż po wojnie i czego doświadczyli. Tymczasem w gazetce BIP Obwodu Biłgorajskiego z 3 grudnia 1944 r. czytamy:

> Zdawało się, że Żydzi w Polsce po wyjściu z krwawej łaźni hitlerowskiej nauczyli się czegoś. Okazuje się, że 5 lat okupacji niemieckiej i nauka ta jakby poszła w las. Żydzi powychodzili z nor, ostępów leśnych i węszą, pragną zemsty. Szukają swego mienia, wypytują o morderców, rabusiów mienia swoich braci i grożą zemstą nie tylko rzeczywistym zbrodniarzom, ale dają do zrozumienia, że może ona dotknąć całe miejscowości[595].

Można gorzko skonstatować, że nauka, jaką wynieśli Żydzi z lat wojny i okresu tuż po niej, była jednoznaczna: ratować życie, wyjeżdżać z Polski, im szybciej, tym lepiej. Poza kilkoma przypadkami ukarania sprawców sprawiedliwego rozliczenia zbrodni nie było, zemsty tym bardziej.

*

Lubelszczyzna, której część stanowił powiat biłgorajski, została wyzwolona przez Armię Czerwoną w lipcu 1944 i aż do lutego 1945 r. to właśnie Lublin był „stolicą" nowej Polski i siedzibą komunistycznych władz, z tego względu o tym okresie i terenie mówi się „Polska Lubelska". Natychmiast po przejściu frontu Żydzi wychodzący z kryjówek i leśnych bunkrów organizowali się w lokalne struktury nazywane komitetami żydowskimi; powstawały wszędzie tam, gdzie zebrała się jakaś grupka ocaleńców. Nie miejsce tu na referowanie genezy i początków działalności Centralnego Komitetu Żydów w Polsce, który ostatecznie ukonstytuował się jesienią 1944 r., literatura na ten temat jest już stosunkowo obszerna[596]. Interesuje mnie tu wyłącznie lokalny kontekst i możliwości powrotu do normalnego życia (nie)istniejące na tym terenie dla tych, którzy przeżyli. Od końca lipca do listopada 1944 r. przebywali na terenie Polski Lubelskiej wyłącznie ci Żydzi, którzy właśnie

---

595 *Nauka poszła w las*, „Czarne na Białym", 3 XII 1944, nr 6, gazetka BIP Obwodu Biłgoraj, cyt. za *ibidem*, s. 215.

596 Najważniejsze ogólne opracowania to: Józef Adelson, *W Polsce zwanej Ludową* [w:] *Najnowsze dzieje Żydów w Polsce w zarysie (do 1950 roku)*, red. Jerzy Tomaszewski, Warszawa: PWN, 1993; *Następstwa zagłady Żydów. Polska 1944–2010*, red. Feliks Tych, Monika Adamczyk-Garbowska, Warszawa–Lublin: ŻIH i Wydawnictwo UMCS, 2011; August Grabski, *Centralny Komitet Żydów w Polsce (1944–1950). Historia polityczna*, Warszawa: ŻIH, 2015.

tam w ten bądź inny sposób okres wojny przeżyli. Od listopada tego roku zaczęła się indywidualna repatriacja z tzw. Zachodniej Ukrainy (Ukraińskiej SRR), od lutego 1945 r. z Białoruskiej SRR, a od marca z Litewskiej SRR[597]. Planowa i zorganizowana repatriacja z głębi ZSRR ruszyła dopiero wiosną 1946 r. i trwała do lipca tego roku. Dopiero wtedy powrócili masowo Żydzi, którzy we wrześniu 1939 r. wydostali się z Armią Czerwoną z terenów zajmowanych przez Wehrmacht. W tej masie wrócili też Żydzi biłgorajscy, tarnogrodzcy, szczebrzescy oraz ziomkowie z innych miejscowości powiatu i to oni stanowili największą procentowo grupę ocalałych. Osiedlali się od razu na tzw. ziemiach odzyskanych, dokąd wprost trafiały pociągi z repatriantami. Dokładne określenie liczebności tej grupy nie jest łatwe, choć teoretycznie możliwe, ponieważ repatrianci byli rejestrowani w różnych instytucjach i organizacjach, głównie przez Państwowy Urząd Repatriacyjny, CKŻP i ziomkostwa. W chwili obecnej grupę Żydów z powiatu biłgorajskiego ocalałych na Wschodzie, którzy powrócili w latach czterdziestych do Polski, szacuję na około 800 osób[598]

Ocaleni na Wschodzie nie są jednak tematem tego studium, dlatego wracam do roku 1944 i 1945 i na teren powiatu, który badam. Trzy komitety żydowskie na tym obszarze powstały jesienią 1944 r. w Tarnogrodzie, Biłgoraju i Krzeszowie[599], do żadnego innego miasteczka w powiecie nie wróciło wystarczająco wielu Żydów, by tworzyć wspólnotę i móc się zorganizować, nie mówiąc już o wspólnym pozostaniu na miejscu, przynajmniej przez jakiś czas. Wszędzie indziej Żydzi pojawiali się przejazdem, na chwilę; widząc opustoszałe, spalone, zrujnowane miasteczka i brak jakichkolwiek oznak żydowskiego życia, czym prędzej je opuszczali. Nic ich tu nie zatrzymywało, nikt z przyjaźnią i otwartymi ramionami nie witał, nie zachęcał do pozostania. Bez opieki ze strony nielicznych przyjaznych im Polaków nikt raczej nie

---

597 PKWN już w wrześniu 1944 r. podpisał umowy repatriacyjne z zachodnimi republikami ZSRR; umożliwiły one powrót do Polski przebywającym na tych terenach polskim obywatelom, a więc i Żydom.

598 Żydzi ze Szczebrzeszyna mieszkali na terenie Dolnego Śląska we Wrocławiu, w Legnicy, Dzierżoniowie, Bielawie, Wałbrzychu i Świdnicy (łącznie 109 zarejestrowanych osób, 49 rodzin), inne miasta na terenie Polski to Opole, Szczecin, Łódź i Lublin (łącznie 50 osób), razem 159 osób ze Szczebrzeszyna (AŻIH, CKŻP, Wydział Ewidencji i Statystyki, 710, k. 15–17). Żydzi z Biłgoraja mieszkający we Wrocławiu zarejestrowali się w liczbie 103 osób.

599 W sprawozdaniu Wojewódzkiego Komitetu Żydowskiego w Lublinie z 4 V 1945 r., któremu komitety lokalne podlegały, podano następujące liczby zarejestrowanych w nich Żydów: w Biłgoraju 25 osób (w tym 3 dzieci), w Krzeszowie 23 osoby (w tym 5 dzieci), w Tarnogrodzie 77 osób (w tym 10 dzieci). Łącznie 125 osób (w tym 18 dzieci).

decydował się choćby na jeden nocleg. Powroty do dawnych miejsc zamieszkania były naturalnym wewnętrznym przymusem i duchową potrzebą ocalałych, ale miejsca, które jeszcze kilka lat temu tętniły żydowskim życiem, teraz były „martwe", obce, nie swoje. Polskie otoczenie w małych miasteczkach jawiło się ocalałym Żydom jako próżnia społeczna, właściwie nie mieli po co w nich zostawać, a jedyne przyczyny dalszych kontaktów były natury praktycznej i ekonomicznej. Wszyscy, dosłownie wszyscy z wyjątkiem kilku kobiet[600], osiadłych tam ze względu na założoną wcześniej rodzinę, wyjeżdżali najpierw do większych miast (Zamościa, Lublina), a stamtąd ruszali w świat, opuszczając Polskę już na zawsze. Do dziś po tragedii Żydów, jaka się tam rozegrała, pozostały w języku polskim ślady-toponimy, których genezy kiedyś już nikt nie będzie pamiętał. „Żydowskie laski" — lasy, gdzie nieszczęśnicy budowali swoje bunkry, „dół Żydów" — masowy grób, do którego wrzucono ciała pomordowanych.

Kto miał jakąkolwiek szansę odzyskać przed wyjazdem utracone mienie, ten się o to starał. Sądy grodzkie w Biłgoraju i Szczebrzeszynie rozpatrzyły w latach 1944–1950 ponad 2 tys. pozwów o wprowadzenie w posiadanie mienia utraconego (według nomenklatury prawnej: opuszczonego), o zwrot oddanych na przechowanie rzeczy, o wystawienie aktów zgonu zaginionym w Holokauście. Dla ocalałych każda rzecz i przedmiot miały wartość podwójną, materialną i sentymentalną, były namacalnym dowodem ciągłości ich własnego istnienia i historii ich rodzin. Dawny, w praktyce „nie swój" już dom można było sprzedać, a za uzyskane fundusze zacząć nowe życie gdzie indziej. Odzyskane maszyny i narzędzia pracy mogły być zalążkiem nowego warsztatu i źródłem utrzymania. Lektura licznych spraw spornych między Polakami i Żydami rozpatrzonych tuż po wojnie przez sądy grodzkie daje pogląd, co Żydzi oddali pod opiekę Polakom i czego im oddać nie chciano. Wśród nazwisk znajduję wiele dobrze mi już znanych: cholewkarz Lejzor Fruchtlander z Biłgoraja walczył o zwrot maszyny, Boruch Wermut o wydanie wagi i wprowadzenie w posiadanie młyna, Estera Fefer podobnie — złożyła pozew przeciwko Annie O. z Łukowej o zwrot maszyny do szycia i starała się o zwrot nieruchomości, bracia Nusym i Lejba Brykowie (ci sami, którzy dostali pomoc od rodziny Sajów ze wsi Kąty koło Frampola) wystąpili

600 Tylko w jednym przypadku małżeństwo mieszane zdecydowało się razem wyemigrować do Palestyny, polska żona przeszła konwersję na judaizm. Po wyjeździe utrzymywali kontakt z kuzynami w Polsce.

do sądu przeciwko Stanisławowi K. o zwrot krowy, sieczkarni i pasów młyńskich, a przeciwko Zygmuntowi P. o eksmisję z gruntu. Przedmiotami sporów były m.in. kamienie młyńskie, różne maszyny (krawieckie, do tłoczenia oleju, sieczkarnie), krowy, konie, rowery, ale zdecydowana większość pozwów dotyczyła nieruchomości i uregulowania przedwojennych długów. Sprawy sporne, a nawet procesy karne to niestety niemal jedyne, co „łączyło" ocalałych Żydów z ich dawnymi ojczyznami i polskimi sąsiadami.

*

Zgromadziłam na podstawie wielu źródeł dane na temat losów 1092 osób, które próbowały się ratować wystarczająco skutecznie, by przetrwać dłużej niż samą akcję oraz pierwsze dni tuż po niej, kiedy w sposób szczególnie intensywny wyłapywano Żydów i organizowano obławy w najbliższej okolicy i w lasach. W liczbie tej zawierają się szczątkowe informacje o 106 osobach, co do których brak informacji, czy udało im się wojnę przeżyć. Zagładę przeżyło nie mniej niż 274 osoby, zginęło w okresie styczeń 1943 — lipiec 1944 r. nie mniej niż 712 osób. Chcę jeszcze raz podkreślić, że są to wyłącznie dane dotyczące tych, o których losie zgromadziłam pewne informacje, wiele ofiar pozostało jednak anonimowych. Jak już wcześniej pisałam, ogólną liczbę Żydów próbujących się ratować w powiecie biłgorajskim szacuję na około 1500 osób, co znaczyłoby, że 400–450 osób, a więc 30% wszystkich pragnących się ratować, zginęło w pierwszym okresie *Judenjagd*, to jest w ciągu pierwszych kilku–kilkunastu dni tygodni po akcjach likwidacyjnych, ale przede wszystkim po ostatniej akcji z 2–4 listopada 1942 r., obejmującej swym zasięgiem cały powiat.

Tabela 4. Dane demograficzne

Liczba Żydów w powiecie przed 1939 r.	16 000 (11%)
Liczba Żydów w 1942 r. przed akcjami	14 500
Liczba próbujących się ratować	1092
Odsetek próbujących się ratować wobec liczby Żydów z 1942 r.	7,53%
Liczba ocalałych	274
Liczba zabitych	712
Brak danych, czy przeżyli, czy zginęli	106

Liczba ocalałych	274	w powiecie	239
		poza powiatem	35
Odsetek ocalałych (bez ZSRR) wobec liczby Żydów z 1939 r.	1,71%		
Odsetek ocalałych wobec liczby Żydów z 1942 r.	1,88%		
Odsetek ocalałych wobec liczby Żydów próbujących się ratować	25,09%		
Ocalałe kobiety (liczba i %)	98 | 35,70%		
Ocalali mężczyźni (liczba i %)	117 | 42,70%		
Ocalałe dzieci do lat 15 w 1942 r. (liczba i %)	59 | 21,50%	w tym: chłopcy	23
		dziewczynki	32
		brak danych	4

Liczba wywiezionych w czasie akcji	około 6500
Liczba zabitych na miejscu w czasie akcji	około 6500
Liczba zabitych na miejscu zaraz po akcjach	około 400
Liczba zabitych w okresie ukrywania się	712
Odsetek zabitych w okresie ukrywania się wobec liczby Żydów próbujących się ratować	65,20%

Tabela 5. Miejsce i sposoby przeżycia

Liczba ocalonych (w tym poza powiatem)	274 (35)		
Las i bunkry (w tym partyzantka)	72 (27)		
Wieś – w jednym miejscu	53		
Wieś – w kilku lub wielu miejscach, w tym wędrowanie, las i wieś	46		
Aryjskie papiery na terenie powiatu	22		
Obóz pracy na terenie powiatu	–		
Ocalenie poza powiatem	35	w tym: ucieczka za granicę	–
		na aryjskich papierach	14
		na robotach w Rzeszy	11
		w obozach	10
Brak danych na temat sposobu przeżycia	46		

Tabela 6. Mordercy i przyczyny śmierci

Liczba ofiar	712
Mord z rąk niemieckiej żandarmerii i policji (akcja własna)	175
Mord z rąk niemieckiej żandarmerii i policji (wydani przez miejscowych)	265
Mord z rąk policjantów granatowych	26
Mord z rąk miejscowej konspiracji	46
Mord z rąk miejscowych cywilów	130
Śmierć z innych przyczyn (w kryjówce, samobójstwo)	13

Źródło (tabele 4–6): Opracowanie własne na podstawie zgromadzonej dokumentacji.

Mimo wydarzeń, które rozegrały się w 1943 i 1944 r., ucieczki do lasu i przebywanie w nim przez cały czas okazały się równie (nie)skuteczne co ukrywanie na wsiach. Niewątpliwie najbardziej skutecznym sposobem ratowania życia była długotrwała, najczęściej także bezinteresowna pomoc ze strony Polaków. W tej grupie znaleźli się także ci, którzy przez pewien czas błąkali się, szukając bezpiecznej przystani, i przeżyli, przebywając długi czas w jednym miejscu pod ochroną polskich opiekunów. Niemal wszystkie takie osoby (*de facto* całe polskie rodziny) zostały już uhonorowane medalem Sprawiedliwy wśród Narodów Świata. Ci z kolei, których los skazał na bezustanne wędrowanie i przenoszenie się z miejsca na miejsce bez możliwości pozostania w jednej kryjówce na dłużej, byli narażeni najbardziej; ich szanse przeżycia okazały się minimalne. Na uwagę zasługują również dane dotyczące wieku i płci ocalałych. Zachowane z początku 1946 r. spisy Żydów z Biłgoraja i Tarnogrodu zawierają nazwiska tych, którzy przetrwali na terenie powiatu oraz grupę indywidualnych repatriantów z Ukrainy[601]. Łącznie na obu listach znajduje się 98 nazwisk, w tym 76 dorosłych i 22 dzieci w wieku od 7 do 17 lat w 1945 r. Średni wiek osób dorosłych obliczony dla 1942 r. wynosił zaledwie 32 lata. Grupa ocalałych ze względu na płeć jest także charakterystyczna: wśród dorosłych zdecydowanie przeważali mężczyźni, bardzo liczna była też grupa ocalałych dzieci. Tylko ludzie młodzi, jednocześnie zdeterminowani i silni mieli szansę przejść przez niewyobrażalnie trudne doświadczenie, jakim była Zagłada.

601 Dane wszystkich osób z obu list zostały skonfrontowane z wszelkimi dostępnymi zapisami o osobach ocalałych z Zagłady znajdującymi się w Archiwum ŻIH. Za pomoc dziękuję Monice Taras.

Jeśli odnieść się do danych o osobach, które nie przeżyły, to zdecydowanie najwięcej ukrywających się zginęło w omawianym okresie z rąk niemieckiej żandarmerii i policji, z tym jednak, że dane te wymagają komentarza. Dla wielu świadków śmierć Żydów niezależnie od rzeczywistych okoliczności zadawana była przez Niemców. Tymczasem przyczyną śmierci ogromnego procentu ofiar były donosy, wyłapywanie przez Polaków i wydawanie, doprowadzanie na policyjny posterunek. W relacjach opisujących te dramatyczne wydarzenia nieustannie pojawiają się takie sformułowania, jak „wykryci przez Polaków", „ujęci i wydani", „złapani i zaprowadzeni", „złapani na polecenie", „złapani i oddani w ręce Niemców", „ujęci i doprowadzeni", „złapani, pobici i odwiezieni", „przygnani z lasu". Zaskakująco wielu ukrywających się Żydów zostało zabitych bezpośrednio przez samych Polaków, cywilów bądź policję granatową oraz grupy uzbrojone, wśród których byli zarówno zwykli bandyci, rabujący, kogo się dało, jak i oddziały zbrojne polskiego podziemia różnych formacji. Moja odpowiedź na pytanie, czy szczebrzeski scenariusz Zagłady, tak szczegółowo i wstrząsająco opisany w dziennikach doktora Zygmunta Klukowskiego, był powszechny i czy wnioski możemy uogólniać, jest twierdząca w odniesieniu do badanego przeze mnie terenu. We wszystkich miasteczkach powiatu biłgorajskiego stosowano skrajnie brutalne metody, w których wyniku bardzo wielu Żydów zabito na miejscu, w obecności i ze świadomością ich polskich i ukraińskich sąsiadów. Wszędzie mundurowi, a także niektórzy członkowie miejscowej ludności cywilnej uczestniczyli najpierw w samych akcjach likwidacyjnych, następnie zaś w tropieniu i denuncjowaniu uciekinierów. Bez ich służbowego oraz dobrowolnego zaangażowania skuteczność *Judenjagd* byłaby znacznie mniejsza, a szanse na uratowanie żydowskiego życia odpowiednio większe. I wreszcie wszędzie wielu Polaków dopuszczało bezdusznego rabunku mienia Żydów.

*

Sposoby, metody czy strategie przetrwania przez Żydów Zagłady — niezależnie od tego, jak nazwiemy drogi prowadzące do ocalenia i stopień sprawczości samych Żydów — były oczywiście różne, ale mimo tej różnorodności i niepowtarzalności ludzkich losów można zauważyć podobne schematy zachowania, reakcji, decyzji. W moim przekonaniu najważniejszymi cechami ocalałych były: ich niezgoda na śmierć, niezwykła siła woli, odporność, odwaga, umiejętność dostosowywania się do skrajnych warunków, wiara w sens istnienia, niezłomna nadzieja i nieutracone mimo wszystko zaufanie do ludzi. Posiadanie zasobów materialnych nie dla wszystkich było warunkiem koniecznym do uratowania życia, ale dla wielu bardzo pomocnym. Nigdy przecież nie dowiemy się, ilu Żydów uratowałoby się, gdyby wszyscy mieli materialne zabezpieczenie i zapasy wystarczające na długie miesiące. Jednak bez wątpienia najważniejszymi kapitałami, z których czerpali ukrywający się Żydzi, okazały się kapitały społeczne — rozległe przedwojenne znajomości i kontakty z Polakami. Wielu ocalałych podkreślało, że znali całą okolicę i wiedzieli, do kogo mogą się zwrócić po pomoc. Ich oswojoną, dobrze znaną okolicą był rolniczy, zdecydowanie małomiasteczkowy teren powiatu. Ze względu na taki charakter tego regionu Żydzi, żyjący na co dzień obok społeczności polskiej, byli bardzo blisko tej społeczności, połączeni przede wszystkim rozlicznymi więzami gospodarczymi. Różnica między Żydami wiejskimi a mieszkającymi w małych miastach była w praktyce nieistotna, zatarta. Ocalali podkreślali, że dobrze znali topografię terenu, po którym się poruszali, wiedzieli, gdzie leżą wsie i dokąd biegną drogi, a wszystko to miało przecież dla przeżycia ogromne znaczenie. Tylko wsparcie ludzi z zewnątrz gwarantowało możliwość przetrwania niemal dwóch lat w ukryciu, gdyż nawet przebywający w lasach nie przeżyliby bez zaplecza, jakie stanowiły wsie. Z kolei w lasach, bunkrach i innych kryjówkach konieczna była współpraca i wzajemne wspieranie się ludzi walczących o przeżycie. Jeszcze innym, niewyczerpującym się zasobem, a wręcz przeciwnie, wciąż rosnącym i wzbogacanym, było doświadczenie, jakie zdobywali Żydzi. Uczyli się unikać niebezpieczeństw, nasłuchiwać i rozpoznawać dźwięki, sprawnie budować solidne schrony i szałasy, żywić się i leczyć tym, czego dostarczała natura, zdobywać jedzenie i broń. Żadna jednak decyzja i żaden dokonany wybór nie gwarantowały sukcesu. Ostatecznie decydowały przypadek, los, zbieg nieprzewidzianych okoliczności, odruchowo podjęta decyzja, dokonany wybór. Ogromnie ważna była cecha ludzkiego umysłu nazywana intuicją, ten, kto ją miał i potrafił poddać się jej działaniu, często unikał niebezpieczeństw nieprzewidywalnych w drodze racjonalnej analizy. Reagował bez zastanowienia, a więc szybko, unikając w ten sposób śmiertelnych zagrożeń. Intuicja podpowiadała, komu można zaufać, a przeczucia wpływały na zachowanie. Czasem zawodziło jedno i drugie, a czasem w skrajnie beznadziejnej sytuacji stawał na czyjejś drodze obcy człowiek, oferując bezinteresowną pomoc i wybawienie. Niczego nie dało się do końca i w dłuższej perspektywie ani przewidzieć, ani zaplanować. Wszystko było tymczasowe, niepewne, kruche.

Aneks

Tabela 7. Egzekucje i wysiedlenia w okresie kwiecień 1942 – styczeń 1943 r.[602]

Data	Miejscowość	Liczba ofiar	Los ofiar
16 kwietnia	Szczebrzeszyn	30	rozstrzelani[603]
kwiecień	Józefów	18	rozstrzelani[604]
maj	Tarnogród	49 (lub 42)	rozstrzelani[605]
maj	Gorajec Zagroble gm. Radecznica	12	rozstrzelani[606]
1 maja	Józefów gm. Aleksandrów	20	rozstrzelani[607]
8 maja	Szczebrzeszyn	100–250	rozstrzelani[608]
11 maja	Józefów	120	rozstrzelani[609]

602 W niektórych publikacjach można znaleźć informację, że grupę 150 Żydów wywieziono z Biłgoraja na Majdanek 14 III 1942 r., tymczasem nastąpiło to rok wcześniej, 13 V 1941 r.; wśród tych osób był ojciec zeznającego Salomona Zilberlichta (PMM I.d.6, Zofia Leszczyńska, Wykaz transportów więźniów przychodzących do obozu koncentracyjnego na Majdanku; BAL, B 62/19161, Zeznanie Salomona Zilberlichta z 1967 r.).

603 Silberklang, *Gates of Tears...*, s. 317; Klukowski tej informacji nie podaje.

604 *Rejestr*, s. 53.

605 AŻIH, 301/5504, Relacja Franciszka Hułasia i Leona Raka. Zastrzeleni przez dwóch gestapowców, w relacji podano, że byli to Mrozik i Majewski. Zdaniem Sinaja Gruera, szefa Judenratu w Tarnogrodzie, w egzekucji tej zastrzelono 42 Żydów i stało się to na cmentarzu katolickim w czerwcu 1942 r. Egzekucję tę przeżył jedynie Żyd o nazwisku Hochmann, wśród rozstrzelanych byli Herbstman, Wolf Spiegler, Icik Adler, Hersz Richter, Lajzar Ackermann, Sinaj Ackermann, Benz Brick, Abraham Grossmann i Josef Goldbaum (BAL, B 162/5950, Zeznanie Sinaja Gruera).

606 Grób ofiar upamiętniła w listopadzie 1942 r. Fundacja Pamięć, Która Trwa.

607 Herc, *Czasy niezapomniane...*, cz. 1, s. 119. Inne przekazy podają liczbę około 120 zamordowanych w Józefowie Żydów i datują to wydarzenie na 11 V 1942 r.; nie ma pewności, czy relacje dotyczą tego samego wydarzenia, czy dwóch różnych.

608 Według Davida Silberklanga 280 ofiar wywieziono do Bełżca (*idem*, *Gates of Tears...*, s. 317); jest to informacja raczej nieprawdziwa, ponieważ w tym okresie transportów do Bełżca nie było, informacji tej nie podaje także Klukowski.

609 Według Klukowskiego rozstrzelani przez trzech gestapowców (*idem*, *Zamojszczyzna...*, s. 304). Według Edwarda Herca w maju w Józefowie doszło do dwóch zbiorowych egzekucji: pierwszej 1 maja (20 ofiar), drugiej 11 maja (około 200 ofiar) — tę drugą egzekucję miał

Data	Miejscowość	Liczba ofiar	Los ofiar
14 maja	Gorajec	14	rozstrzelani[610]
14 maja	Goraj	28	rozstrzelani[611]
14 maja	Biłgoraj	111	KL Majdanek[612]
maj	Szczebrzeszyn	2	rozstrzelani[613]
23 czerwca	Szczebrzeszyn	20	rozstrzelani[614]
25 czerwca	Luchów Górny gm. Wola Różaniecka	3	rozstrzelani[615]
13 lipca	Józefów	1000[616]	rozstrzelani[617]
		300	obóz Lipowa 7[618]
18 lipca	Szczebrzeszyn	6	rozstrzelani[619]

przeprowadzić niemiecki oficer zwany Kolumbusem (właśc. Kurt Columbus, leutnant 1 Kompanii) wraz ze swoim oddziałem z Krasnobrodu, egzekucji mieli dokonać w lesie za rzeką Nepryszką, tym samym lesie, w którym dokonano masakry 13 VII 1942 r. (*Czasy niezapomniane...* cz. 1, s. 120). Inne dane zawiera pismo Zarządu Gminy Aleksandrów skierowane do PCK 22 I 1948 r.; mowa w nim o 20 Żydach zamordowanych w kamieniołomach koło Józefowa w lipcu 1942 r. Z kolei Ankieta Sądów Grodzkich (AIPN, ASG) podaje liczbę około 2000 Żydów z Józefowa i gminy Aleksandrów zastrzelonych w okresie od kwietnia do czerwca 1943 r., ich ciała są pochowane w 37 zbiorowych grobach w lasach i na polach.

610 Klukowski, *Zamojszczyzna...*, s. 304, zapis z 15 V 1942 r. Autor podaje, że zostali zastrzeleni przez dwóch żandarmów ze Szczebrzeszyna i jednego policjanta granatowego.

611 Silberklang, *Gates of Tears...*, s. 318.

612 Tomasz Kranz, Robert Kuwałek, Beata Siwek-Ciupak, *Odszyfrowane radiotelegramy ze stanami dziennymi obozu koncentracyjnego na Majdanku (styczeń 1942–styczeń 1943)*, „Zeszyty Majdanka" 2008, nr 24, s. 215 (numery obozowe 8547–8658, co najmniej 111 mężczyzn).

613 *Rejestr*, s. 169. Chodzi o dwóch Żydów, którzy uciekli z transportu.

614 Klukowski, *Zamojszczyzna...*, s. 311–312, zapisy z 23 i 24 VI 1942 r. Mężczyźni około 60 lat, zastrzeleni na ul. Frampolskiej (obecnie Partyzantów) i tam pochowani (AIPN, ASG; *Rejestr* jako datę podaje wrzesień 1942 r. (s. 146–147); zob. też AIPN Lu, 284/533, Zeznanie Franciszka Głowackiego).

615 *Rejestr*, s. 69. Żydzi pochodzili z Tarnogrodu, zwłoki pochowano w lesie.

616 W literaturze i relacjach pojawiają się różne dane, od 1000 do 2000 osób, najczęściej podawana liczba zamordowanych to 1500, ale w świetle wszystkich źródeł wydaje się ona zawyżona, dlatego przyjmuję liczbę 1000 rozstrzelanych w egzekucji 13 VII 1942 r.

617 AIPN, ASG; AIPN, GK 175/50, Zbrodnie popełnione w gminie Aleksandrów. Informacja o około 2000 rozstrzelanych. Ponadto podano tam nieprawdziwą informację, że „ofiary musiały uprzednio wykopać dół na grób" (k. 153); Silberklang, *Gates of Tears...*, s. 326; *Rejestr* podaje datę 12 lub 13 VII 1942 r. oraz liczbę rozstrzelanych „ponad tysiąc" (s. 53); Zygmunt Mańkowski podaje liczbę 1500 ofiar (*idem*, *Między Wisłą a Bugiem...*, s. 218); Leszek Siemion podaje liczbę 2000 ofiar (*idem*, *Z lat okupacji hitlerowskiej na Lubelszczyźnie*, s. 167).

618 Jeśli nie uciekli z obozu w Lublinie na Lipowej 7 lub nie zostali przeniesieni gdzie indziej, zginęli najpóźniej w akcji „Erntefest" 3 XI 1943 r.

619 *Rejestr*, s. 146.

Data	Miejscowość	Liczba ofiar	Los ofiar
25 lipca	Aleksandrów	18	rozstrzelani[620]
7 lipca	Bystre gm. Krzeszów	10	rozstrzelani[621]
10 lipca	Tarnogród	60	rozstrzelani[622]
lipiec	Radecznica	9	rozstrzelani[623]
lipiec	Łazów gm. Krzeszów	8 (?)	rozstrzelani[624]
	Różaniec gm. Wola Różaniecka	4	rozstrzelani[625]
3 sierpnia	Kulno gm. Potok	80	rozstrzelani[626]
7 sierpnia	Aleksandrów	36	rozstrzelani[627]
8 sierpnia	Tarnogród	700	Bełżec[628]
8 sierpnia	Biłgoraj	800	Bełżec[629]

620 *Ibidem*, s. 11.

621 AIPN, ASG, Mieli to być N.N. Żydzi — cudzoziemcy, oraz dziewięciu Polaków i dwóch Ukraińców, zginęli w tej samej egzekucji. Polaków pochowano w pojedynczych grobach na cmentarzu w Krzeszowie, Żydów i Ukraińców pochowano na łąkach 200 m od wsi Bystre, w jednym grobie.

622 W nocy zostali przez Gestapo z Biłgoraja wyciągnięci z domów i rozstrzelani obok cmentarza (AYV, M.1.E/1118, Relacja Nachuma Krimerkopfa).

623 „Rozwar" Zybała, Relacja pt. „Żyli wśród nas", mps, s. 1–2.

624 AIPN, ASG. Źródło podaje, że zastrzelono łącznie 16 osób, Polaków i Żydów, pochowano ich w jednym grobie o wymiarach 2 × 8 m na cmentarzu w Krzeszowie.

625 AIPN, ASG, N.N. Żydzi pracujący w tartaku w Majdanie Sieniawskim, zostali rozstrzelani.

626 AIPN, GK 196/322 (Najwyższy Trybunał Narodowy [dalej NTN] 322 B 76), Proces Josefa Bühlera t. 322, k. 14–21; Berenstein, *Martyrologia, opór i zagłada ludności żydowskiej w dystrykcie lubelskim*, s. 85; Tadeusz Bazanpodaje, że żandarmeria i Gestapo dokonali pacyfikacji Kulna w lipcu 1942 r. z powodu podejrzeń o współpracę z partyzantką, rozstrzelano 92 osoby, w tym 60 Żydów (*idem*, *Zarys dziejów gminy Potok Górny 1574–2002*, Leżajsk: Poligraf, 2003, s. 441, na podstawie relacji Jana Garbacza). Wszystkie ofiary pochowano we wspólnym grobie 5 × 10 m we wsi Kulno przy drodze Kulno–Naklik. W Kulnie stoi pomnik zbudowany w 1986 r. z inicjatywy ocalonego z Kulna Sydneya Pressberga (Tadeusz Bazan ma w zbiorach pismo od niego).

627 *Rejestr*, s. 12; AIPN, GK 175/50. Zeznanie Jana Puźniaka (sołtysa) i Andrzeja Małka, k. 8. Wśród zamordowanych byli: Icek Zylbersztajn z rodziną, Abram Brandt z rodziną, Szyja Brandt z rodziną, Uryś Brejzer z rodziną, Moszko Zylbersztajn z rodziną, Herszko Zylbersztajn z rodziną.

628 AŻIH, 301/5504, Relacja Franciszka Hułasia i Leona Raka; *Zagłada Biłgoraja. Księga pamięci...*, s. 206; Hilberg, *Sprawcy, ofiary, świadkowie...*, s. 255.

629 AŻIH, 301/5504, Relacja Franciszka Hułasia i Leona Raka; *Zagłada Biłgoraja. Księga pamięci...*, s. 206; Pohl, *Von der „Judenpolitik" zum Judenmord...*, s. 131; Musial, *Deutsche Zivilverwaltung und Judenverfolgung im Generalgouvernement...*, s. 241.

Data	Miejscowość	Liczba ofiar	Los ofiar
8–9 sierpnia	Szczebrzeszyn	280–400 14	Bełżec rozstrzelani[630]
9 sierpnia	Zwierzyniec	52	Bełżec[631]
12 sierpnia	Szczebrzeszyn	3	rozstrzelani[632]
21 sierpnia	Goraj	850	Bełżec[633]
10 września	Rapy Dylańskie gm. Puszcza Solska	4	rozstrzelani[634]
13 września	Luchów Dolny gm. Wola Różaniecka	4	rozstrzelani[635]
18 września	Szczebrzeszyn	2	rozstrzelani[636]
21 września	Goraj	700	Bełżec[637]
21 września	Józefów gm. Aleksandrów	70	rozstrzelani[638]
wrzesień	Stanisławów gm. Aleksandrów	25	rozstrzelani[639]
wrzesień	Szczebrzeszyn	400	rozstrzelani[640]

630 Klukowski podaje, że tego dnia zastrzelono w Szczebrzeszynie trzynastu Żydów (*idem*, *Zamojszczyzna...*, s. 316, zapis z 8 VIII 1942 r.); według Silberklanga liczba zastrzelonych wynosiła 200, ponadto podaje on, nie przytaczając źródła tej informacji, że około 700 osób ze Szczebrzeszyna wywieziono 9 sierpnia do obozu pracy w Chełmie, tam też zostali zabici (*idem*, *Gates of Tears...*, s. 326). Informację taką podaje *Encyclopedia of Jewish Communities in Poland* (t. 7). Ponieważ brak źródła tych danych, pomijam je w moim zestawieniu.

631 Bohdanowicz, *Likwidacja Żydów ze Zwierzyńca*, s. 79.

632 *Rejestr*, s. 146.

633 Silberklang, *Gates of Tears...*, s. 326.

634 AIPN, ASG, Czterej N.N. Żydzi w wieku około 40 lat (dwie osoby), 60 lat i 2 lata, pochowani w lesie koło Rap, 100 m od drogi Biłgoraj–Radzięcin.

635 *Rejestr*, s. 69. Żydzi zostali rozstrzelani w lesie, zwłoki pochowano na miejscu.

636 *Rejestr*, s. 147.

637 Silberklang, *Gates of Tears...*, s. 327.

638 *Ibidem*; AŻIH, 301/1474, Relacja Estery Fefer; AIPN, GK 175/50, Zbrodnie popełnione w gminie Aleksandrów, k. 154. Informacja o rozstrzelaniu w kamieniołomach około 20 starszych Żydów przez oddział kierowany przez Columbusa, który miał zażądać od Judenratu okupu, a gdy go nie dostał, w odwecie popełnił tę zbrodnię, jest także datowana na maj 1942 r.

639 „Do wsi przybył oddział żandarmerii niemieckiej, zanocował i rano dnia następnego zostały zatrzymane przez żandarmerię wszystkie rodziny żydowskie przebywające w Stanisławowie. Zatrzymane rodziny w liczbie 25 osób odprowadzono do lasu koło wsi i tam wszystkich zastrzelono". Ciała pochowano w jednym grobie, nazwiska ofiar są nieznane (AIPN, GK 175/50, Okręgowa Komisja Badania Zbrodni Niemieckich w Lublinie, zbrodnie popełnione w gminie Aleksandrów, k. 182).

640 *Rejestr*, s. 147. Zwłoki pochowano na cmentarzu.

Data	Miejscowość	Liczba ofiar	Los ofiar
sierpień/wrzesień	Łukowa	104	rozstrzelani[641]
sierpień/wrzesień	Chmielek gm. Łukowa	8	rozstrzelani[642]
30 września	Goraj	31	rozstrzelani[643]
11 i 15 października	Korczów gm. Puszcza Solska	6	rozstrzelani[644]
15 października	Szczebrzeszyn	2	rozstrzelani[645]
20 października	Dyle gm. Puszcza Solska	11	rozstrzelani[646]
21 października	Szczebrzeszyn	934 2300	Izbica, potem Bełżec rozstrzelani[647]
26 października	Szczebrzeszyn	5	rozstrzelani[648]
25–30 października	Szczebrzeszyn	500	rozstrzelani[649]
październik–listopad	Zwierzyniec	3	rozstrzelani[650]

641 Pochowani w grobie na polu Marcina Pluskwy należącym dziś do Jana Majewskiego (Łukowa II). Ankieta Sądów Grodzkich (AIPN, ASG) podaje, że liczbę zastrzelonych Żydów z Łukowej w 1942 r. trudno ustalić. W Łukowej cz. IV zastrzelono 14 miejscowych Żydów, w tym Jankiela Welca; pochowano ich we wspólnym grobie na łące we wsi.

642 AIPN, ASG, Pochowani w grobie na pastwisku we wsi Chmielek, jedna osoba pochowana w osobnym grobie. Żydzi pochodzili ze wsi Chmielek gm. Łukowa.

643 AŻIH, 301/5502, Relacja Aleksandra Falandysza, Wincentego Chwałkiewicza i Mieczysława Ślebody. Żydów zastrzelono na cmentarzu żydowskim we Frampolu i tam pochowano w jednym zbiorowym grobie; *Rejestr*, s. 35; Czesław Madajczyk, *Hitlerowski terror na wsi polskiej 1939–1945. Zestawienie większych akcji represyjnych*, Warszawa: PWN, 1965, s. 73; AIPN, ASG.

644 AIPN, ASG. Dwaj Żydzi byli gońcami z Tarnogrodu, pochowano ich w Korczewie koło drogi Tarnogród–Biłgoraj. Czterech Żydów zastrzelono w lesie Krasne-Korczów, pochowano ich przy drodze Korczów–Smólsko. Wszystkich zastrzeliła żandarmeria.

645 *Rejestr*, s. 147. Żydzi zostali zastrzeleni w lesie.

646 AIPN, ASG, Żydzi pochodzili z Frampola, zostali wyłapani przez załogę obozu w Dylach w lesie Kanteckim, zwłoki zakopano w lesie przy drodze Dyle–Hedwiżyn.

647 *Ibidem*; Silberklang, *Gates of Tears...*, s. 329; Curilla, *Judenmord in Polen und die Deutsche Ordnungspolizei...*, s. 736–737; Ankieta Sądów Grodzkich (AIPN, ASG) podaje nieprawdopodobną liczbę około 4000 Żydów rozstrzelanych w Szczebrzeszynie w październiku 1942 r. i pochowanych na cmentarzu żydowskim w trzech ogromnych zbiorowych mogiłach.

648 *Rejestr*, s. 147.

649 Klukowski, *Zamojszczyzna...*, s. 327–329; Silberklang, *Gates of Tears...*, s. 329.

650 *Rejestr*, s. 187. Ofiarami byli: jedna N.N. Żydówka i dwóch N.N. Żydów; ich ciała zakopano w lesie.

Data	Miejscowość	Liczba ofiar	Los ofiar
październik–listopad i zima 1943	Radecznica	70	rozstrzelani[651]
od wiosny 1941 do 1 listopada 1942	Luchów Górny gm. Wola Różaniecka	60	rozstrzelani[652]
2 listopada	Płusy gm. Księżpol	30 lub 80	rozstrzelani[653]
2 listopada	Markowicze gm. Księżpol	60	rozstrzelani[654]
2 listopada	Wola Duża gm. Biłgoraj	60	rozstrzelani[655]
2–4 listopada	Tarnogród	1000 500–800	Bełżec rozstrzelani[656]

651 Wizje lokalne w Radecznicy oraz kwerenda archiwalna Komisji Rabinackiej. Wcześniej, we wrześniu lub październiku 1942 r., część Żydów z Radecznicy przesiedlono do Biłgoraja. W *Rejestrze* uwzględniono trzy egzekucje w Radecznicy, w których rozstrzelano kolejno 5, 7 i 43 Żydów, czyli łącznie 55 osób (s. 110).

652 AIPN, ASG. Chodzi tu o miejscowych Polaków i Żydów, N.N., pochodzili z Tarnogrodu. Zwłoki pochowano prawdopodobnie w 12 zbiorowych grobach po obu stronach drogi Tarnogród–Majdan Sieniawski. W *Rejestrze*podano Luchów Dolny (s. 68).

653 AIPN, NTN, Proces Josefa Bühlera, t. 76, k. 20; Berenstein, *Martyrologia, opór i zagłada ludności żydowskiej w dystrykcie lubelskim*, s. 85; Ankieta Sądów Grodzkich (AIPN, ASG) podaje liczbę 30 osób, byli to Żydzi przesiedlani z Tarnogrodu do Biłgoraja. Zwłoki pochowane we wspólnym grobie na polu Blicharza koło drogi Tarnogród–Biłgoraj, „wykopano głęboki dół o powierzchni 12 m, pogrzebano ww. ofiary. Grób zasypano ziemią i zrównano z terenem". W *Rejestrze* podano liczbę 30 ofiar (s. 98).

654 AIPN, NTN, Proces Josefa Bühlera t. 76, k. 14–21; Berenstein, *Martyrologia, opór i zagłada ludności żydowskiej w dystrykcie lubelskim*, s. 85; AIPN, ASG. Zwłoki pochowano koło wsi Markowicze przy szosie Tarnogród–Biłgoraj: „kilkanaście grobów w odstępach kilkumetrowych, grzebano po kilka ofiar w jednym grobie koło szosy na przestrzeni jednego km, w których pochowano ww. 60 ofiar, groby te zasypano ziemią i zrównano z terenem".

655 *Rejestr*, s. 176. Żydzi zostali zastrzeleni lub zabici kolbami karabinów.

656 Silberklang, *Gates of Tears...*, s. 330; AIPN, ASG. Żydów rozstrzelanych po drodze z Tarnogrodu do Biłgoraja pochowano w zbiorowych grobach niedaleko wsi Księżpol koło „Łukowca" oraz na gruncie Katarzyny Markowicz i Mikołaja Markowicza; według ASG pochowano w tych grobach łącznie 82 osoby. Ankieta podaje łączną liczbę rozstrzelanych 2500 Polaków i Żydów z Tarnogrodu i Łodzi (?) w okresie 2 XI–31 XII 1942 r.; ciała zostały pochowane w siedmiu zbiorowych grobach „w Patoku", od zachodniej strony cmentarza parafialnego w Tarnogrodzie, w każdym grobie pochowano średnio 355 osób. W akcie oskarżenia z procesu Bühlera podano liczbę 500 Żydów rozstrzelanych na rynku w Tarnogrodzie 2 XI 1942 r. (AIPN, NTN, Proces Josefa Bühlera, k. 21; *Rejestr*, s. 154; Mańkowski, *Między Wisłą a Bugiem...*, s. 218).

Data	Miejscowość	Liczba ofiar	Los ofiar
2–4 listopada	Biłgoraj[657]	2000–2500	Bełżec[658]
2–4 listopada	Biłgoraj	400	rozstrzelani[659]
2–4 listopada	Krzeszów	600–1000 300–600	Bełżec rozstrzelani[660]
2–4 listopada	Frampol	200–300 744–1000	Bełżec[661] rozstrzelani[662]
3 listopada	Józefów	200	rozstrzelani[663]

657 Według Tatiany Berenstein uwzględniono w tym Żydów z Kocudzy, przesiedlonych do Biłgoraja we wrześniu lub w październiku 1942 r. (*eadem*, *Martyrologia, opór i zagłada ludności żydowskiej w dystrykcie lubelskim*).

658 Silberklang, *Gates of Tears...*, s. 331.

659 Złamański, *Koniec getta*, s. 16–17.

660 AŻIH, 301/5502, Relacja Aleksandra Falandysza, Wincentego Chwałkiewicza i Mieczysława Ślebody; Silberklang, *Gates of Tears...*, s. 331; AIPN, NTN, Proces Josefa Bühlera, k. 20; AIPN, ASG: Krzeszowa oraz gminy Cieplice, Huta Krzeszowska, Kuryłówka, Lipiny, Potok Górny, Rudnik, Ulanów i inne. Zwłoki pochowano w sadzie Szesera w Krzeszowie i pod lasem (tzw. Chojniak) koło wsi Kamionka. Dziesięciu Żydów ze wsi Bystre w gminie Krzeszów pochowano w jednym grobie na łąkach 200 m za wsią. *Rejestr miejsc i faktów zbrodni popełnionych przez okupanta hitlerowskiego na ziemiach polskich w latach 1939–1945. Województwo tarnobrzeskie* (Warszawa: Główna Komisja Badania Zbrodni Hitlerowskich w Polsce, Warszawa: GKBZHwP, 1984, hasło Krzeszów, gm. Rudnik) podaje, że rozstrzelano około 300 Żydów, w tym 140 mężczyzn, 120 kobiet i 40 dzieci, zwłoki zakopano w zbiorowej mogile koło lasku „Chojniak".

661 Silberklang podaje liczbę 2000 Żydów z Frampola wywiezionych do Bełżca (*idem*, *Gates of Tears...*, s. 330); jest to liczba z całą pewnością bardzo zawyżona, autor nie wskazał źródła tej informacji. Liczbę Żydów, którzy na pieszo zostali skierowani do Zwierzyńca i wywiezieni do Bełżca, można oszacować na 200–300 osób (zob. także AIPN, 2586/421, Akt oskarżenia prokuratora w Hanowerze przeciwko Friedrichowi Wilhelmowi Kellerowi).

662 W Ankiecie Sądów Grodzkich (AIPN, ASG) podano liczbę 744 Żydów zastrzelonych w okresie od 2 XI 1942 do maja 1944 r. i pochowanych na cmentarzu żydowskim we Frampolu. Na tablicy pamiątkowej znajdującej się na tym cmentarzu umieszczono natomiast liczbę 1000 ofiar. Zabici Żydzi zostali pochowani w dużych trzech zbiorowych grobach o wymiarach 2 × 5 m. W *Rejestrze* podano, że łączna liczba ofiar żydowskich wynosiła 744 oraz że zostali rozstrzelani w okresie 2 XI 1942 — maj 1944 r. (s. 31).

663 AAN, PCK, Pismo Zarządu Gminy Aleksandrów do PCK z 22 I 1948 r. Znajduje się tam informacja, że zostali zastrzeleni koło Chojniastej Góry; według Berenstein 2 XI 1942 r. Żydów z Józefowa wysłano do Bełżca (*eadem*, *Martyrologia, opór i zagłada ludności żydowskiej w dystrykcie lubelskim*); AIPN, GK 175/50, Okręgowa Komisja Badania Zbrodni Niemieckich w Lublinie, Zbrodnie popełnione w gminie Aleksandrów, k. 152: „Zgromadzono wszystkich Żydów w remizie strażackiej, następnego dnia przed południem popędzono do stacji Długi Kąt. Po drodze niemogących iść bito i strzelano. Zastrzelonych zwłoki pochowano obok Józefowa

Data	Miejscowość	Liczba ofiar	Los ofiar
4 listopada	Józefów[664]	40	Bełżec[665]
10 listopada	Zamch gm. Babice	3	rozstrzelani[666]
10 listopada	Cieplice gm. Cieplice	40	rozstrzelani[667]
20 listopada	Dyle gm. Puszcza Solska	3	rozstrzelani[668]
20 listopada	Obsza gm. Babice	5	rozstrzelani[669]
15–30 listopada	Olchowiec gm. Babice	47	rozstrzelani[670]
listopad–grudzień	Józefów	100	rozstrzelani[671]
listopad–grudzień	Biszcza	13	rozstrzelani[672]
grudzień	Łukowa	8	rozstrzelani[673]
grudzień	Łukowa	2	rozstrzelani[674]

pod «Chojniastą Górą», a inni zostali wywiezieni do obozu straceń w Bełżcu. Prócz tego zabito niektórych na miejscu (w Józefowie) i pogrzebano ich koło nowego budynku szkolnego przy drodze na Pardysówkę". Zbrodni dokonały: żandarmeria, Schupo z Biłgoraja, miejscowy posterunek policji granatowej; dowódcą akcji był Columbus.

664 Zabrani ze stacji w Długim Kącie, gdzie pracowali w tartaku.

665 Kuwałek, *Obóz zagłady w Bełżcu*, s. 119; Butrym, *Żydowski pociąg odjechał pierwszy*, s. 197–198.

666 AIPN, ASG: zamordowano 3 Żydów oraz 7 Rosjan z Turkiestanu, wyłapano ich w okolicy; podano tam błędną datę 10 II 1942 r. Wśród zamordowanych byli Dawid i Zumerman ze wsi Zamch. Ciała zakopano na polu przy drodze do Borowca: „dwie mogiły, w jednej Żydzi, a w drugiej Turkiestan".

667 Nazwisk nie ustalono, zwłoki zakopano na polu należącym do Szewczyka (*Rejestr... Województwo przemyskie*; cytowana tam informacja pochodzi z ASG).

668 AIPN, ASG: pracowali w obozie w Dylach, zostali zastrzeleni w lesie strzałem w tył głowy przez służbę obozową, pochowano ich w lesie. Ofiary miały 25, 30 i 45 lat, nie wiadomo, skąd pochodzili.

669 AIPN, NTN, Proces Josefa Bühlera, t. 76, k. 20; Berenstein, *Martyrologia, opór i zagłada ludności żydowskiej w dystrykcie lubelskim*, s. 85; *Rejestr*, s. 88; AIPN, ASG: „przyłapano na drogach", „zakopane na polu Prokopa Martyna za szosą we wsi Obsza".

670 AIPN, NTN, Proces Josefa Bühlera, k. 20; *Rejestr*, s. 88; AIPN, ASG: „wyłapano po terenie gminy Babice i przywożono spoza terenu gminy", „zakopane są w jednej mogile we wsi Olchowiec".

671 AAN, PCK, Pismo Zarządu Gminy Aleksandrów do PCK z 22 I 1948 r. w sprawie liczby zamordowanych Żydów z terenu powiatu.

672 AIPN, NTN, Proces Josefa Bühlera (dokument na podstawie Ankiety Sądów Grodzkich), k. 6; *Rejestr*, s. 18; AIPN, ASG: wśród zabitych Hana, Szyja i Josef Zylbercwajg i Mojżesz Szmaja, pozostali N.N., ciała zakopano w czterech grobach we wsi Biszcza.

673 *Rejestr*, s. 73; Siemion, *Z lat okupacji hitlerowskiej na Lubelszczyźnie*, s. 176.

674 *Rejestr*, s. 74. Ciała pochowano na polu, nazwiska ofiar: Meir Hinigsfeld i Mosze Tintenfisz.

Data	Miejscowość	Liczba ofiar	Los ofiar
22 grudnia	Radecznica	10–12	rozstrzelani[675]
8 grudnia	Rapy Dylańskie gm. Puszcza Solska	8	rozstrzelani[676]
?	Wola Obszańska gm. Babice	30	rozstrzelani[677]
grudzień 1942	Różaniec I gm. Wola Różaniecka	4	rozstrzelani[678]
7, 10 lub 15 stycznia 1943[680]	Biłgoraj	30 (?)	rozstrzelani[679]
zima 1942/1943	Józefów	20	rozstrzelani[681]
styczeń 1943	Różaniec I gm. Wola Różaniecka	5	rozstrzelani[682]
1943	Dzików Stary gm. Dzików Stary	7	rozstrzelani[683]

Podsumowanie

Rozstrzelani	7 898–9 056[684]
Bełżec	8 122–9 342[685]
Obóz ul. Lipowa	300
KL Majdanek	111
ŁĄCZNIE	16 431–18 809[686]

675 Ustalenia Komisji Rabinackiej z Warszawy.

676 AIPN, ASG: Żydzi ukrywali się w leśnym schronie, zostali zamordowani wskutek wrzucenia granatu do schronu, kilka osób zabito w trakcie ucieczki; wszystkich pochowano w lesie koło Rap oraz nad rzeczką Osą.

677 Rozstrzelani przez policję ukraińską (AIPN, Okręgowa Komisja Lublin, Sprawozdanie prokuratora Jana Grzybowskiego na temat działalności policji ukraińskiej, k. 59).

678 AIPN, ASG: Żydzi byli nieznani miejscowej ludności; ciała pochowano w grobach na polu i we wsi Różaniec.

679 Markiewicz, Szczygieł, Śladkowski, *Dzieje Biłgoraja*, s. 243; AŻIH 301/5501, Relacja Jerzego Markiewicza.

680 W literaturze pojawiają się wszystkie te trzy daty dzienne.

681 Klemp, *„Nicht ermittelt". Polizeibataillone und die Nachkriegsjustiz...*, s. 180. Egzekucji dokonali policjanci z 1 Kompanii pod dowództwem leutnanta Kurta Columbusa. Niektórym złapanym Żydom udało się uciec, rozstrzelano co najmniej 20 osób.

682 AIPN, ASG: pięć kobiet N.N.; pochodziły z Tarnogrodu, ciała pochowano we wspólnym grobie we wsi Różaniec.

683 *Rejestr... Województwo przemyskie*, hasło Stary Dzików, gm. Stary Dzików.

684 Liczby znacznie zawyżone, zob. rozdział pt. „1942 — Zagłada", część: „Liczba ofiar".

685 Liczby znacznie zawyżone, zob. *ibidem*.

686 Liczby znacznie zawyżone, zob. *ibidem*.

Jan Grabowski

Powiat węgrowski

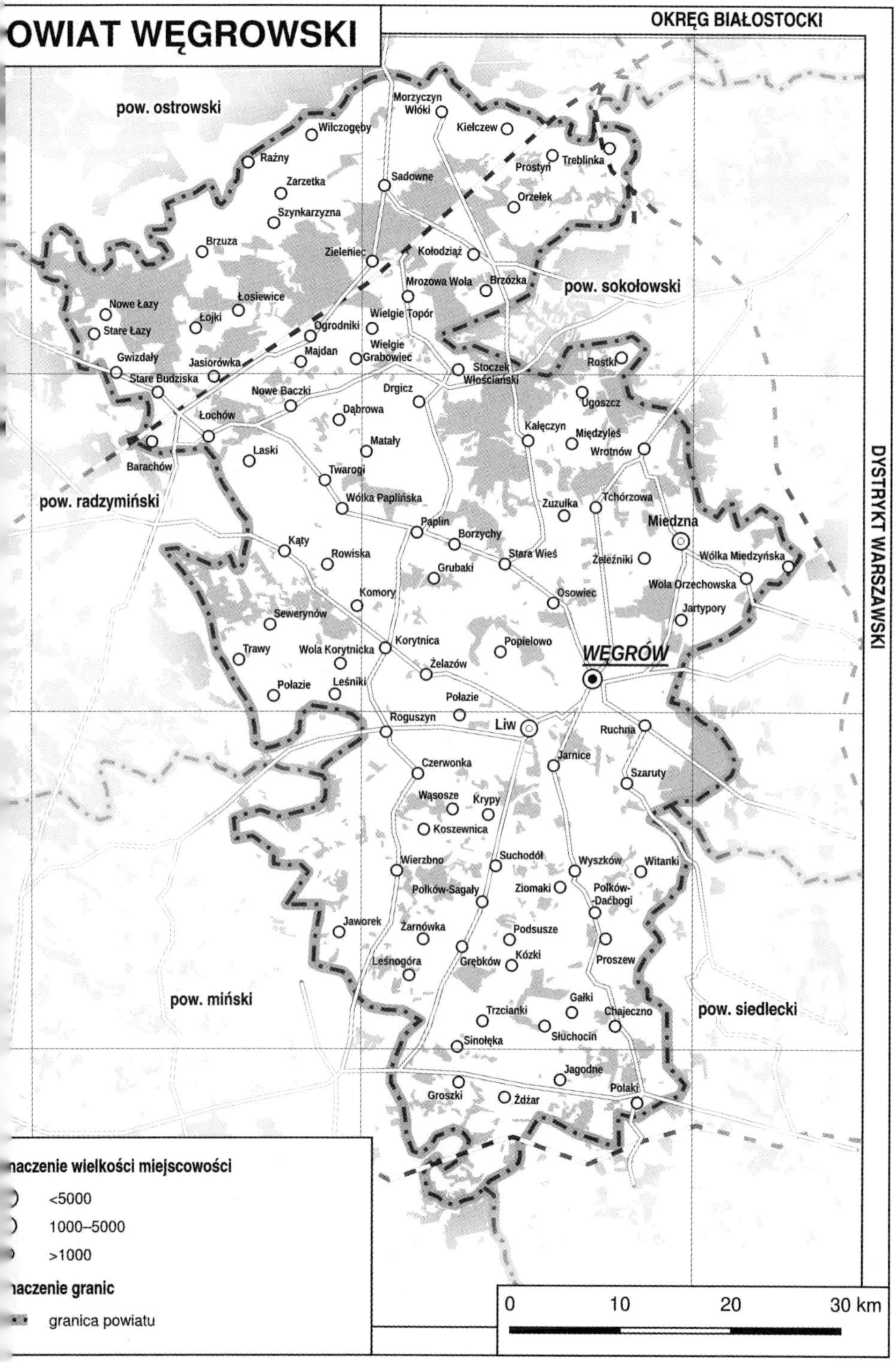
OWIAT WĘGROWSKI
OKRĘG BIAŁOSTOCKI
DYSTRYKT WARSZAWSKI
pow. ostrowski
pow. sokołowski
pow. radzymiński
pow. miński
pow. siedlecki
WĘGRÓW
Liw
Miedzna
Morzyczyn Włóki
Kiełczew
Wilczogęby
Rażny
Treblinka
Prostyń
Zarzetka
Sadowne
Orzełek
Szynkarzyzna
Brzuza
Zieleniec
Kołodziąż
Mrozowa Wola
Brzózka
Łosiewice
Nowe Łazy
Stare Łazy
Łojki
Ogrodniki
Wielgie Topór
Wielgie Grabowiec
Majdan
Gwizdały
Jasiorówka
Stare Budziska
Stoczek Włościański
Rostki
Nowe Baczki
Drgicz
Ugoszcz
Dąbrowa
Łochów
Kałęczyn
Międzyleś
Matały
Barachów
Laski
Wrotnów
Twarogi
Wólka Paplińska
Zuzułka
Tchórzowa
Paplin
Borzychy
Kąty
Rowiska
Stara Wieś
Żeleźniki
Wólka Miedzyńska
Grubaki
Wola Orzechowska
Komory
Osowiec
Jartypory
Sewerynów
Korytnica
Popielowo
Trawy
Wola Korytnicka
Żelazów
Połazie
Leśniki
Połazie
Roguszyn
Ruchna
Jarnice
Czerwonka
Szaruty
Wąsosze
Krypy
Koszewnica
Suchodół
Wierzbno
Wyszków
Witanki
Połków-Sagały
Ziomaki
Połków-Daćbogi
Jaworek
Żarnówka
Podsusze
Leśnogóra
Grębków
Kózki
Proszew
Gałki
Trzcianki
Chajęczno
Słuchocin
Sinołęka
Jagodne
Polaki
Groszki
Żdżar
naczenie wielkości miejscowości
<5000
1000–5000
>1000
naczenie granic
granica powiatu
0
10
20
30 km

Bezwstydne kłamstwo rozpuszcza grunt pod tym, czego się nie da zapomnieć, i czyni z niego grzęzawisko. Dlatego w obronie przeciwko temu kłamstwu pamięć musi co jakiś czas mobilizować cały swój arsenał świadków, dokumentów, pamiątek i raz po raz od nowa utwardzać ten grunt[1].

Wstęp

Specyfika powiatu węgrowskiego, który jest przedmiotem tego studium, ma swoją nazwę, a jest nią Treblinka. Ta niewielka wioska, położona na północno-wschodnim skraju powiatu węgrowskiego w historiografii światowej stała się tożsama z Holokaustem, miejscem, w którym w bestialski sposób wymordowano prawie milion ludzi. W związku z tym powiat węgrowski stał się drugim co do wielkości — po powiecie oświęcimskim — cmentarzem narodu żydowskiego. Nie ulega wątpliwości, że bliskość Treblinki i powszechna wiedza o postępującej Zagładzie, w znaczący sposób wpływały na postawy węgrowskich Żydów w czasie likwidacji gett. Trzeba przy tym podkreślić, że toksyczny wpływ Treblinki dotyczył nie tylko Żydów; rozciągał się daleko poza druty obozu, zatruwając serca i dusze polskich mieszkańców w promieniu dziesiątków kilometrów. Bliskość Treblinki wiąże się też z setkami żydowskich grobów, gdyż teren powiatu jest nimi usłany. Wiele tych grobów znajduje się niedaleko linii kolejowych, którymi jechały w kierunku na Małkinię pociągi śmierci, a uciekały z nich tysiące skazanych na śmierć Żydów. Nielicznym udało się ocaleć. Większość zginęła przy torach albo w pobliskich lasach. Kolejne groby (dziś już w większości wypadków nie do odnalezienia) znajdują się w pobliżu każdego miasta i każdej wioski powiatu węgrowskiego. Te groby są ostatnimi śladami polowania na

1 Goran Rosenberg, *Krótki przystanek w drodze z Auschwitz*, tłum. Mariusz Kalinowski, Wołowiec: Czarne, 2014, s. 113.

ukrywających się Żydów. Polowania, które pochłonęło tysiące ofiar i które trwało dwa lata — od chwili likwidacji miejscowych gett we wrześniu 1942 r aż do nadejścia Armii Czerwonej w sierpniu 1944 r.

Innym znakiem szczególnym badanego terenu jest niewątpliwy współudział części polskiej społeczności Węgrowa i okolic w niemieckiej akcji eksterminacyjnej. Problem ten został zresztą zasygnalizowany już podczas wojny w raportach wywiadu AK oraz w prasie podziemnej. Na plan pierwszy wysuwa się nie tylko udział policji granatowej w wymordowaniu miejscowych Żydów (co stanowiło normę w Generalnym Gubernatorstwie), lecz także stopień zaangażowania jednostek Ochotniczej Straży Pożarnej oraz ludności cywilnej powiatu w likwidacji miejscowych gett oraz w następującym później wyszukiwaniu żydowskich rozbitków.

Początki

Powiat węgrowski położony jest na pograniczu Podlasia i Mazowsza. Pierwsze wzmianki dotyczące Węgrowa pojawiają się w dokumentach na początku XV w., kiedy to tereny te włączono do Księstwa Mazowieckiego. Rozwojowi Węgrowa i okolic sprzyjał stopniowo przybierający na znaczeniu handel ze Wschodem, głównie z Rusią oraz Wielkim Księstwem Litewskim. Wyrazem rosnącego znaczenia handlowego Węgrowa było nadanie osadzie w 1441 r. praw miejskich ustanowionych na podstawie prawa chełmińskiego (tzw. *Kulmer Recht*), odmianie prawa magdeburskiego używanej najczęściej na Pomorzu i w Prusach, rzadziej na Podlasiu i Mazowszu. Od początku XVI w. rozwój miasta jeszcze przyspieszył dzięki ożywionej wymianie handlowej z Gdańskiem, do którego *via* Węgrów eksportowano zboże z południowego wschodu Rzeczypospolitej. W 1569 r. Węgrów został włączony do Królestwa Polskiego i wszedł w skład województwa podlaskiego. Od połowy XV w. Węgrów był miastem prywatnym — wpierw należał do rodu Kiszków, a od 1593 r. do Radziwiłłów i ich koligatów. To właśnie Radziwiłłowie sprowadzili do Węgrowa osadników protestantów. Protestancka kolonia z czasem rosła, a potomkowie siedemnastowiecznych osadników znaleźli się kilka wieków później w polu zainteresowania okupacyjnych władz niemieckich. W XVII i XVIII stuleciu Węgrów stał się ważnym ośrodkiem życia protestanckiego w Polsce, tym bardziej że na Mazowszu nie tolerowano wyznawania wiary protestanckiej. Od połowy XVI w. — nie bez związku z otwartą polityką osadniczą Radziwiłłów — zaznaczył się też szybki wzrost społeczności żydowskiej Węgrowa. Po odzyskaniu niepodległości powiat węgrowski wszedł w skład województwa lubelskiego, co wielokrotnie próbowano zmienić (gdyż okolica naturalnie ciążyła ku Warszawie), ale podział administracyjny poddano rewizji dopiero na wiosnę 1939 r[2]. Prawie 90% ludności mieszkało w gminach wiejskich i parało się rolnictwem. Na powiat składało się 14 gmin wiejskich

2 Arkadiusz Kołodziejczyk, *Ludność, urzędy i władze powiatu węgrowskiego w latach 1918–1939* [w:] *Węgrów. Dzieje miasta i okolic w latach 1444–1944*, red. Arkadiusz Kołodziejczyk, Tadeusz Swat, Węgrów: Towarzystwo Miłośników Ziemi Węgrowskiej, 1991.

oraz miasto Węgrów. Dziś powiat węgrowski obejmuje obszar 1222 km kw. i 68 tys. ludności; administracyjnie podzielony jest na siedem gmin wiejskich oraz dwie gminy miejskie: Węgrów i Łochów.

LUDNOŚĆ ŻYDOWSKA POWIATU WĘGROWSKIEGO

Pierwsza informacja o osadnictwie żydowskim w Węgrowie pochodzi z 1537 r.[3] Zachował się hebrajski rękopis z 1596 r., sporządzony w Węgrowie przez „Uriego, syna Eliezera", poświęcony zagadnieniom medycznym i świadczący o wysokim poziomie wiedzy węgrowskiego autora. W tekście Uri ben Eliezer (znany również jako Leibman Aszkenazy) wspomina o tym, że jedno z opisywanych lekarstw znakomicie pomogło „dziecku ze świętej wspólnoty w Węgrowie"[4]. W przywileju miejskim nadanym przez właściciela miasta, Jana Kazimierza Krasińskiego, w 1665 r., postanowiono, że Żydzi mogą się osiedlać w mieście, po uiszczeniu jednorazowej opłaty 6 zł. Krasiński, próbując stymulować rozwój gospodarczy miasta i okolic, nadał węgrowskiej wspólnocie żydowskiej rozległe prawa samorządowe, w tym autonomię sądową oraz prawo zakładania gildii kupieckich. Zachowały się żydowskie księgi sądowe z XVIII w., w których można znaleźć informacje o żydowskich kupcach, piekarzach, krawcach i futrzarzach z Węgrowa. W 1765 r. w gminie Węgrów mieszkało już 3623 Żydów, z tego w samym mieście — 587.

Najgłębsze zmiany demograficzne nastąpiły w XIX w., kiedy to zdecydowana większość obywateli Węgrowa należała do wspólnoty żydowskiej.

Poza Węgrowem, w okolicznych gminach, obecność żydowska zaznaczała się o wiele słabiej, lecz warto podkreślić, że w każdej z gmin powiatu znajdowały się skupiska żydowskie.

---

3 *Początki osadnictwa żydowskiego w Węgrowie i okolicach* [w:] *Żydzi w Węgrowie*, oprac. Wolfgang W. Ronge, Wiesław Theiss, Węgrów: Stacja Badawcza Wydziału Pedagogicznego UW, 1990 (seria „Węgrowskie Listy", t. 2); Nisan Słucki, „Dzieje osadnictwa żydowskiego w Węgrowie" [w:] *Kehilat Wengrow. Sefer zikaron*, wyd. Mosze Tamari, Tel Awiw: Hoca'at Joce Wengrow be-Israel, 1961.

4 Zob. http://www.textmanuscripts.com/manuscript_description.php?id=2812&%20cat=p3&# (dostęp 12 VII 2017 r.).

Tabela 1. Ludność miasta Węgrowa

Rok	Żydzi	Chrześcijanie
1840	2130	b.d.
1856	2350	1555
1890	5730	2677
1909	7605	b.d.
1931	5100	4316
1939	5900	b.d.

Źródło: Opracowanie własne.

Tabela 2. Żydzi i chrześcijanie w gminach wiejskich powiatu węgrowskiego w 1921 r.

Gmina	Żydzi	Chrześcijanie	Razem
Borze	153	3793	3946
Czarnogłów[5]	21	2067	2088
Grębków	140	4716	4856
Jaczew	132	3074	3206
Korytnica	144	4531	4675
Łochów	762	9041	9803
Miedzna	235	5279	5514
Ossówno	63	3797	3860
Prostyń	276	3670	3946
Ruchna	168	5152	5320
Sadowne	353	6571	6924
Sinołęka	133	4074	4207
Starawieś	109	5587	5696
Stoczek	1322	5086	6408
Wyszków	166	3635	3801

Źródło: *Skorowidz miejscowości Rzeczypospolitej Polskiej opracowany na podstawie wyników pierwszego powszechnego spisu ludności z dn. 30 września 1921 r. i innych źródeł urzędowych*, t. 4: *Województwo lubelskie*, Warszawa: GUS RP, 1924, s. 111–116.

---

5 W wyniku reformy administracyjnej z 1927 r. gmina Czarnogłów została wyłączona z powiatu węgrowskiego i weszła w skład powiatu mińskiego.

Swoistym fenomenem były okolice Łochowa: wsie Łopianka wraz z Aleksandrówką i pobliskimi Baczkami to wioski założone w latach siedemdziesiątych XIX w. przez Judela Jakowlewicza Perlisa, który właśnie w Baczkach wybudował fabrykę narzędzi rolniczych. Fabryka z czasem stała się kołem zamachowym rozwoju przemysłowego tego skądinąd rolniczego terenu. Perlis ściągał z okolicy wykwalifikowanych rzemieślników i robotników, co zaowocowało znaczną koncentracją ludności żydowskiej w okolicy Łochowa. W 1921 r. Żydzi stanowili ponad połowę mieszkańców Łopianki, Jasiorówki i Ostrówka.

POWIAT WĘGROWSKI W OKRESIE MIĘDZYWOJENNYM

W samym Węgrowie Żydzi stanowili większość ludności – w 1921 r. było tam 8522 mieszkańców, a w 1931 r. – 9416. W 1921 r., w pierwszym powszechnym spisie, 5148 osób deklarowało się jako będący wyznania mojżeszowego (3276 osób podało wyznanie rzymskokatolickie, a 93 – ewangelickie). Kryterium wyznania było bardziej precyzyjnym wyznacznikiem „rasowego profilu" miasta, gdyż na pytanie o narodowość wielu Żydów udzielało odpowiedzi „narodowość polska"[6]. Strukturę narodowościową i wyznaniową ludności powiatu węgrowskiego w 1931 r. przedstawia tabela 3.

Tabela 3. Ludność według wyznania w powiecie węgrowskim w 1931 r.

Wyznanie	Liczba	Odsetek
katolickie	76 511	86,2
ewangelickie	1 483	1,7
mojżeszowe	8 888	10,0
mariawickie	1 608	1,8
greckokatolickie	83	0,1
OGÓŁEM	88 573	

Źródło: *Drugi powszechny spis ludności z dn. 9.XII.1931 r. Mieszkania i gospodarstwa domowe. Ludność. Stosunki zawodowe. Województwo lubelskie*, Warszawa: GUS RP, 1931.

W czasie wyborów parlamentarnych z marca 1928 r. powiat węgrowski razem z Sokołowem i Siedlcami wszedł w skład III okręgu wyborczego. W okręgu zdecydowanie zwyciężyła wówczas lista 24, czyli Lista

6 *Kehilat Wengrow. Sefer zikaron*, s. 59–78.

Katolicko-Narodowa, a dwaj jej przedstawiciele (Aleksander Dębski i Józef Milik) weszli do sejmu[7].

Jak wspomniano, w początkowym okresie Drugiej Rzeczypospolitej duże wpływy miała tam endecja. W wyborach 1919 r. na listę narodową padło 22 141 głosów (ludową — 6132, socjalistyczną — 183). Głównymi działaczami SN byli: Edward Paczóski z Węgrowa, Maria Holder-Eggerowa, prezes ZP SN, właścicielka majątku Korytnica, Wacław Filewicz z majątku Sinołęka, Józef Neyman z majątku Ruchna, Adam Kietliński z Kietlanki, Karol Popiel z Turnej. Popiel był także prezesem Związku Ziemian w powiecie. Stronnictwo Narodowe popierali drobna szlachta, rzemieślnicy, inteligencja i kler. Narodowcy dominowali w Sejmiku Powiatowym, Okręgowym Towarzystwie Rolniczym, Powiatowej Radzie Szkolnej. Mieli także swoich posłów, Paczóskiego i Holder-Eggerową. Terytorialnie SN dominowało w gminach Jaczew, Borze i Węgrów.

Stosunki polsko-żydowskie wyraźnie się pogorszyły w końcu lat trzydziestych. Już wcześniej na wschodnim Mazowszu i na Podlasiu zaznaczył się wzrost wpływów endecji, a od 1936 r. zaczęła nabierać rozmachu akcja bojkotu żydowskiego handlu[8]. Jeden z polskich obywateli Węgrowa ujął to w następujący sposób:

> Żydzi uważali się za coś lepszego już z samego faktu, że są Żydami, że należą do narodu wybranego przez Boga. Sprawy Polski jako ojczyzny były im na ogół dalekie, natomiast bliskie i realne były im sprawy finansowe i w sprawach tych wykazywali zdolności i energię przewyższającą Polaków [...]. W Węgrowie obydwie społeczności, polska i żydowska, żyły obok siebie bez większych kłopotów do początków lat 30-tych. Wtedy to Żydzi zaczęli emigrować do Palestyny, a równocześnie tak zwana endecja rozpoczęła walkę z Żydami. Była to akcja mająca wprowadzić bojkot żydowskich sklepów, usług i rzemiosła. Akcja ta nie przyniosła, można powiedzieć, żadnych efektów. Głównie dlatego, że ewentualny klient nie miał możliwości wyboru — mógł kupić w sklepie żydowskim albo wcale. W całym Węgrowie było

---

7 *Statystyka wyborów do Sejmu i Senatu odbytych w dniu 4 i 11 marca 1928 roku*, Warszawa: GUS RP, 1930; Tadeusz i Karol Rzepeccy, *Sejm i Senat 1928–1933. Podręcznik zwierający wyniki wyborów w województwach, okręgach i powiatach, podobizny posłów sejmowych i senatorów, statystyki i mapy poglądowe*, Poznań: Wielkopolska Księgarnia Nakładowa Karola Rzepeckiego, 1928.

8 Archiwum Zakładu Historii Ruchu Ludowego, P-171, Władysław Okulus, „50 lat życia, pracy i walki na terenie powiatu węgrowskiego".

nie więcej jak 10 sklepów nieżydowskich, wobec kilkudziesięciu żydowskich. Ponadto zarówno sklepy żydowskie, jak i chrześcijańskie zaopatrywały się z hurtowniach żydowskich, gdzie Żydzi mieli rabat[9].

Tę samą sytuację nieco inaczej opisał Szraga Fajwel Bielawski, właściciel sklepu w centrum miasta:

> Polska policja porozmieszczana była w pobliżu sklepów i warsztatów żydowskich, aby pilnować porządku, lecz często popierała młodych bandytów. Nierzadko zdarzało się, że pikietujący, którzy okładali pięściami Żydów, oświadczali, że to oni zostali najpierw zaatakowani i tylko się bronili. Wiele takich zdarzeń widzieliśmy na własne oczy, ponieważ nasz dom znajdował się w centrum miasta, a okna wychodziły na rynek. Któregoś dnia, gdy stałem w oknie sklepu, grupka pikietujących, uzbrojonych w kije, wpadła do środka i wyciągnęła mnie na ulicę, grożąc, że mnie zabiją. Potem twierdzili, że to ja wygrażałem im metalowym prętem. Uratował mnie policjant. Tak wyglądało życie pod koniec lat trzydziestych[10].

Odwołań do świadectwa Bielawskiego — ze względu na jego wyjątkową wagę — będzie w tym studium więcej. W podobnym duchu wypowiadali się zresztą także inni węgrowscy Żydzi: pikietom przed sklepami towarzyszyły akty przemocy i napady na żydowskich przechodniów na ulicach miasta[11]. Wrogość dorosłych udzielała się dzieciom i znajdowała odbicie w coraz częstszych konfliktach w szkołach, a ich ofiarą padali najczęściej żydowscy uczniowie[12].

Badaczka historii Sokołowa i okolicy pisze: „od początku 1937 r. Stronnictwo Narodowe postanowiło rozpocząć akcję skierowaną przeciwko Żydom na szerszą skalę. W dni, w które odbywał się w Sokołowie, Kosowie i Sterdyni jarmark, członkowie Stronnictwa Narodowego wystawiali przed

9 Zygmunt Klem, *I wtedy przyszło najgorsze* [w:] *Żydzi w Węgrowie*, s. 38–39.

10 Szraga Fajwel Bielawski, *Ostatni Żyd z Węgrowa. Wspomnienia ocalałego z Zagłady w Polsce*, tłum. Sara Abrahamer, oprac. Jan Grabowski, Warszawa: Stowarzyszenie Centrum Badań nad Zagładą Żydów, 2015, s. 45.

11 USC Shoah Foundation, Visual History Archive (dalej USC, VHA), Relacje, 23573, Relacja Sary Kaye (Nortman), ur. 6 XI 1929 r. w Węgrowie.

12 USC, VHA, 18608, Relacja Sewka Fiszmana [Sevek Fishman], ur. 1928 r. w Kałuszynie; USC, VHA, 23137, Relacja Nate Gruszki; USC, VHA, 24208, Relacja Manny'ego (Menachema Icchaka) Orlińskiego.

żydowskimi sklepami pikiety. Ich zadaniem było nie dopuścić do sklepu ewentualnych klientów. «Akcja ta spotyka się z poparciem ze strony mas ludności wiejskiej» — uważał starosta sokołowski"[13]. W marcu akcja bojkotu żydowskiego handlu przybrała jeszcze szerszy zasięg, a w Węgrowie i Sokołowie doszło do pobić, napadów na żydowskie sklepy oraz do starć z policją. W kwietniu w Sokołowie pobito kilkudziesięciu Żydów, a w domach żydowskich wybito 600 okien[14].

Wybuch wojny zastał społeczność żydowską zepchniętą do dalekiej defensywy, a przemoc wobec Żydów, tak wyraźna w końcu lat trzydziestych, miała już niebawem spotęgować się wraz z nadejściem Niemców.

13 Archiwum Państwowe w Siedlcach (dalej AP Siedlce), Starostwo Powiatowe w Sokołowie Podlaskim 1918–1939, 343, 17, cyt. za: Katarzyna Markusz, „Tylu szlachetnych ludzi tu mieszkało", nieopublikowany manuskrypt, s. 38, w zbiorach autora.

14 Archiwum Państwowe w Lublinie, Urząd Wojewódzki Lubelski 1918–1939, Wydział Społeczno-Polityczny, 35/403, 2145, Zajścia antyżydowskie w Sokołowie, k. 67–68, cyt. za: Markusz, „Tylu szlachetnych ludzi", s. 42.

Pierwsze wojenne lata, wrzesień 1939 — lato 1942 r.

W kampanii wrześniowej 1939 r. Węgrów — w odróżnieniu od pobliskiego Kałuszyna — specjalnie nie ucierpiał, nie toczyły się walki o miasto. Jeden z węgrowskich Żydów wspominał:

> W Węgrowie obawialiśmy się o swoje bezpieczeństwo, zamknęliśmy więc dom i sklep i 5 września przejechaliśmy około sześciu kilometrów do małej wioski w pobliżu Jarnic. Jeden z tamtejszych gospodarzy robił z nami interesy i mieliśmy do niego zaufanie. Tamtego wieczora całą rodziną spaliśmy w stodole na sianie. Było jeszcze ciepło, toteż bez szczególnej przykrości mieszkaliśmy w tej stodole przez tydzień. Wtedy jeszcze tego nie wiedzieliśmy, ale był to pierwszy z wielu „domów", w których mieliśmy się ukrywać przez najbliższe pięć lat. 7 września radio podało wiadomość, że Niemcy zajęli nie tylko Warszawę, ale i Węgrów. To nas przeraziło, ale na wsi było spokojnie, nie wpadaliśmy więc w panikę. Niemniej musieliśmy wiedzieć, co to dla nas oznacza, dlatego kilka dni później poprosiliśmy naszego gospodarza, żeby pojechał do Węgrowa i dowiedział się, ile tylko zdoła, o mieście i o naszym majątku. Wrócił tego samego dnia wieczorem i przywiózł złe wiadomości. Niemcy, w pełnym umundurowaniu i z karabinami maszynowymi, opanowali miasto[15].

Ksiądz kanonik Kazimierz Czarkowski z Węgrowa pisze, że po 17 września miasto — na krótko — zajęły oddziały Armii Czerwonej: „kiedy na rynek wjechał sowiecki czołg, obstąpili go Żydzi, głośno wiwatując na cześć przybyszów, a dzieci żydowskie powłaziły na czołg, ściskały ręce sowieckich żołnierzy i częstowały ich papierosami"[16]. Trzeba tu odnotować, że ksiądz kanonik — będzie jeszcze o nim mowa — jest jedynym świadkiem, który

---

15 Bielawski, *Ostatni Żyd z Węgrowa...*, s. 48.

16 Cyt. za: Jan Mielniczek, *Węgrów miasto moje, a w nim...*, Węgrów: Urząd Miasta, 2016, s. 36.

odnotował pojawienie się wojsk sowieckich w Węgrowie. O ich obecności nie wspomina też żaden z lokalnych historyków.

W połowie października 1939 r. Niemcy przystąpili do reorganizacji administracyjnej GG. Jednym z posunięć były zmiany na poziomie powiatów, polegające na łączeniu ich w większe kreishauptmannschafty. Siedzibą skonsolidowanego powiatu (powstałego z połączenia powiatów sokołowskiego i węgrowskiego) został Sokołów Podlaski, a w Węgrowie ustanowiono jedynie filię urzędów z Sokołowa, w której znalazło zatrudnienie pięciu Niemców, resztę urzędników zaś stanowili Polacy. Niemieckim komisarzem miasta został Wilhelm Neumann. Starostami (naczelnikami administracji cywilnej) kreishauptmannschaftu Sokołów-Węgrów byli kolejno[17]: Friedrich Schulz (październik 1939 – marzec 1940), Ordensjunker Völker (marzec–czerwiec 1940) oraz Ernst Gramss, który tę funkcję sprawował od 10 czerwca 1940 aż do końca okupacji, czyli do lipca 1944 r. Najdłużej urzędujący Gramss był też człowiekiem, który miał niewątpliwie największy wpływ na kształtowanie niemieckiej polityki terroru na badanym terenie. O stylu rządów nowego „władcy" kreishauptmannschaftu niech świadczy fragment jego listu do żony, wysłanego wiosną 1940 r., kiedy wahał się między objęciem urzędu w Sochaczewie i w Sokołowie: „stanę się absolutnym władcą Połączonych Królestw Sochaczewa i Błoni"[18]. Nieco później, w końcu maja 1940 r., zawiadamiał: „w najbliższych dniach zostanę wprowadzony na urząd, Gubernator [dystryktu warszawskego — J.G.] wygłosi przemowę tronową, a ja pozdrowię swój lud..."[19]. Trochę później, już po objęciu urzędu, Gramss tak przybliżał żonie przywileje związane ze stanowiskiem: „mam tu wspaniały dom, dwa wierzchowce, samochód i to wszystko, co trzeba, aby żyć w stylu «małego gubernatora». W parku jest basen, wybuduje się saunę [...], jestem tutaj królem..."[20]. Na koniec warto dodać, że sokołowski starosta mimo trzech zamachów na jego życie, zorganizowanych przez polskie podziemie, przeżył wojnę i w 1945 r. został internowany w obozie w Moosburgu w Bawarii. Uciekł stamtąd w 1946 r. i przepadł bez śladu — dziesięć lat później uznano go za zmarłego[21].

---

17 Markus Roth, *Herrenmenschen. Die deutschen Kreishauptleute im besetzten Polen — Karrierwege, Herrschaftspraxis und Nachgeschichte*, Göttingen: Wallstein, 2009, s. 443.

18 List Ernsta Gramssa do żony. Cyt. za: *ibidem*, s. 50.

19 *Ibidem*.

20 *Ibidem*.

21 *Ibidem*, s. 477.

*

Prezentowane studium, w odróżnieniu od innych opracowań wchodzących w skład niniejszego tomu, obejmuje zasięgiem nie tyle cały kreishauptmannschaft Sokolow-Wengrow, ile jedynie tę jego część, która do wybuchu wojny wchodziła w skład powiatu węgrowskiego. Dzięki temu łatwiej będzie można porównać dane przedwojenne z danymi z lat wojny (trzeba pamiętać, że na poziomie gmin władze okupacyjne nie dokonały żadnych zmian administracyjnych); łatwiej też będzie zejść na poziom mikrohistorii, czyli indywidualnych trajektorii losów żydowskich na terenie wybranym do analizy. Innymi słowy, przedmiotem mojego zainteresowania będzie miasto Węgrów oraz 14 gmin wiejskich znajdujących się w powiecie węgrowskim w granicach administracyjnych z 1939 r.

MIGRACJE LUDNOŚCI

Zmianom administracyjnym towarzyszyły migracje ludności — nie tylko żydowskiej, lecz także polskiej. W pierwszych miesiącach okupacji sporo Żydów uciekło pod okupację sowiecką. Zdarzały się jednak wypadki powrotów, gdyż warunki na Wschodzie wydawały się jeszcze cięższe niż pod okupacją niemiecką. Cytowany wcześniej Bielawski w ten sposób opisywał swoją krótką wyprawę do Siemiatycz, pod sowiecką władzę:

> W ciągu następnych czterech dni dokładnie spenetrowaliśmy miasto. Brak łaźni. Mało jedzenia. Brak pracy. Trudno o miejsce do spania. Czy mogliśmy sprowadzić tu całą rodzinę? Poumieralibyśmy z zimna, głodu albo chorób. W Węgrowie było źle, ale tu było jeszcze bardziej nie do wytrzymania. Po wyczerpaniu się zarówno pieniędzy, jak i naszego zapału ruszyliśmy do domu. Powrót okazał się dużo łatwiejszy niż przybycie. W rzeczywistości Rosjanom nawet zależało, żeby nam pomóc w drodze powrotnej. W Węgrowie zdaliśmy rodzinie relację z tego, co przeżyliśmy. Byli rozczarowani, bo liczyli na to, że uciekniemy przed Niemcami. Gdyby tylko ktokolwiek gdziekolwiek zapewnił Żydom dom. Wpadliśmy w potworną sieć, z której nie było ucieczki[22].

22 Bielawski, *Ostatni Żyd z Węgrowa*..., s. 83.

Wyjazdom Żydów węgrowskich towarzyszyły przyjazdy Żydów przesiedlanych z terenów włączonych do Rzeszy i z powiatów położonych na zachodzie Generalnego Gubernatorstwa[23]. W okresie 1939–1940 do Węgrowa dotarły transporty wysiedlonych, wśród których znajdowali się zarówno Polacy, jak i Żydzi. Polaków wśród wysiedleńców było stosunkowo niewielu, a Żydów — kilka tysięcy. Według jednego z ówczesnych świadectw, w wyniku przesiedleń w Węgrowie oraz w innych gminach byłego powiatu węgrowskiego znalazło się 10–11 tys. osób[24]. Według wojennego burmistrza Węgrowa, po przesiedleniach pierwszych lat wojny liczba Żydów w samym Węgrowie przekroczyła wówczas 8 tys. ludzi[25]. W grupie wygnańców z zachodu szczególnie liczny kontyngent wywodził się z Kalisza i okolic.

Sara Frajda Bielawska, Szraga Fajwel Bielawski, Paula Bielawska, przed należącym do nich sklepem z odzieżą, Węgrów, 1940 r.
(zbiory rodziny Bielawskich)

23 Tomasz Szczechura, *Życie i zagłada społeczności żydowskiej w powiecie węgrowskim w latach 1939–1944*, „Biuletyn ŻIH" 1978, nr 1 (105), s. 39–52.

24 Klem, *I wtedy przyszło najgorsze*, s. 41.

25 Archiwum Żydowskiego Instytutu Historycznego (dalej AŻIH), Relacje Żydów Ocalałych z Zagłady, 301/6043, Relacja Władysława Okulusa, s. 1.

W PRZEDEDNIU EKSTERMINACJI – SPISY LUDNOŚCI ŻYDOWSKIEJ

W pierwszym roku okupacji Niemcy sporządzili dwa spisy ludności – pierwszy, szacunkowy, miał oddać liczbę ludności 1 września 1939, a drugi, dokładny, z wyszczególnieniem liczby ludności żydowskiej – 1 lipca 1940 r. Spisy te są istotne z tego względu, że pozwalają nam oszacować liczbę żydowskich mieszkańców gmin, które przed wojną wchodziły w skład nieistniejącego już powiatu węgrowskiego.

Tabela 4. Liczba ludności byłego powiatu węgrowskiego podczas wojny

Miasto i gminy	1 września 1939 r.	1 lipca 1940 r.		1 marca 1943 r.
		ogółem	w tym Żydów	
Węgrów	10 000	12 821	7364	5182
Borze	4430	5968	47	
Grębków	5523	5900	142	
Jaczew	3694	4825	42	
Korytnica	4994	5417	86	
Łochów	11 821	14015	1200	
Miedzna	6305	7223	159	
Ossówno	4180	5579	73	
Prostyń	4494	5541	87	
Ruchna	5580	6727	150	
Sadowne	7939	7229	226	
Sinołęka	4849	5968	63	
Starawieś	6236	6486	56	
Stoczek	7793	8061	967	
Wyszków	4382	4554	63	
OGÓŁEM	92 226	104 864	10 725	87 921

Źródło: Opracowanie własne na podstawie (1939 i 1940): „Regierung des Generalgouvernements. Abteilung Ernährung und Landwirtschaft. Statistiche Amt. Die Ernährungs- u. Landwirschaft im Generalgouvernements Polen", seria B: „Statistische Zusammenstellungen", Krakau 1940, zeszyt 6, s. 47; (1943): *Amtliches Gemeinde- und Dorfverzeichnis für das Generalgouvernement auf Grund der Summarischen Bevölkerungsbestandsaufnahme am 1. März 1943*, Krakau: Burgverlag, 1943.

Dane spisu z lipca 1940 r. wyglądają dość prawdopodobnie i znajdują potwierdzenie w źródłach ŻSS z badanego terenu[26]. Tatiana Brustin-Berenstein pisze, że późną jesienią 1939 r. do Węgrowa przybyło 390 osób, a w 1940 r. liczba przesiedlonych wzrosła do 1320 osób[27]. W gminie Łochów liczba Żydów wzrosła z 860 do 1470 w styczniu 1941 r. — głównie w wyniku przybycia wygnańców z Kalisza i Wyszkowa[28]. O pochodzeniu przesiedleńców mówią też akta American Joint Distribution Committee, w których można znaleźć informacje o rozdziale macy wśród najbardziej potrzebujących Żydów w Węgrowie i w okolicy[29]. Niemniej, jak twierdzi Tomasz Szczechura, Brustin-Berenstein wyraźnie zawyża szacunki dla Stoczka Węgrowskiego, powtarzając niewzbudzające zaufania liczby z 1942 r. Podobne, znacznie zawyżone, liczby podawała lokalna rada narodowa w liście do ŻIH z 7 maja 1952 r.[30] W wypadku Stoczka decydujące znaczenie będą miały jednak dane sporządzone przez wójta gminy Stoczek S. Kruka 11 lutego 1941 r. i wysłane do starosty powiatu w Sokołowie Gramssa[31]. W odpowiedzi na zarządzenie z 24 stycznia 1941 r., odnoszące się do migracji i pobytu ludności żydowskiej na terenie powiatu, wójt Stoczka przesłał do Sokołowa zestawienie, w którym określił liczbę Żydów mieszkających na terenie gminy na 984 osoby.

Przesiedleniom i wysiedleniom Żydów towarzyszyła wzmożona aktywność niemieckich biurokratów. Warto w związku z tym przytoczyć wspomniane wcześniej zarządzenie z 24 stycznia 1941 r. dotyczące „przeprowadzenia się żydów powiatu Sokołów-Węgrów i postępowania z ludnością żydowską"[32]. W myśl zarządzenia wójtowie mieli w ciągu dwóch tygodni przeprowadzić spisy ludności żydowskiej zamieszkującej ich gminy (bądź miasto — w wypadku gmin miejskich). Równocześnie władze niemieckie wprowadziły stanowczy zakaz meldowania Żydów przybywających z innych dystryktów GG i pragnących się osiedlić na terenie powiatu Sokołów-Węgrów.

---

26 AŻIH, Żydowska Samopomoc Społeczna (dalej ŻSS), 211/1091, s. 90.

27 Tatiana Brustin-Berenstein, *Deportacje i zagłada skupisk żydowskich w dystrykcie warszawskim*, „Biuletyn ŻIH" 1952, nr 1 (3), s. 95. Przesiedleńcy pochodzili z Pułtuska, Chorzel, Serocka — głównie z terenów nowo utworzonej rejencji ciechanowskiej (Regierungsbezirk Zichenau).

28 *Ibidem*, s. 96.

29 AŻIH, AJDC, 210/288, k. 10 i n., cyt. za: Szczechura, *Życie i zagłada społeczności żydowskiej w powiecie węgrowskim...*, s. 41.

30 *Ibidem*, Pismo z 7 V 1952 r.

31 Miejska Biblioteka Publiczna w Węgrowie, 16 (9), Pismo wójta Kruka z 11 II 1941 r.

32 *Ibidem*, 16 (4), Kreishauptmann des Kreises Sokolow-Wengrow. Innere Verwaltung: An die Bürgemeister und Vögte im Kreise Sokolow-Wengrow, 24 I 1941 r.

Żydzi Węgrowa i powiatu węgrowskiego pod okupacją niemiecką w latach 1939–1942

Jedną z pierwszych ofiar niemieckiego terroru okazał się Ezechiel Szatensztejn, właściciel młyna, elektrowni i tartaku nad Liwcem. Szatensztejn został zaaresztowany, a potem zamordowany. Niemcy przejęli jego majątek, jego zwłoki pochowano zaś na parceli w pobliżu Urzędu Skarbowego, gdzie był wcześniej więziony. Zabójstwo umożliwiło Niemcom przejęcie zakładów przemysłowych należących do tego najzamożniejszego członka miejscowej wspólnoty żydowskiej. Los Szatensztejna podzielił węgrowski rabin Jakub Mendel Morgenstern, który został zamordowany w Jom Kipur, 23 września 1939 r. Mord dokonany na powszechnie szanowanym rabinie Węgrowa odbił się szerokim echem w całym żydowskim społeczeństwie. Bielawski wspominał:

> Zbliżały się wielkie święta, Rosz ha-Szana i Jom Kipur, lecz wszystkie synagogi były zamknięte. Niemcy wybrali Jom Kipur, żeby uderzyć. Żołnierze wkroczyli do domu rabina, gdy ten siedział w swym długim jedwabnym chałacie i modlił się. Esesmani kazali mu założyć aksamitny kapelusz, który tradycyjnie nosił w Jom Kipur. Zabrali go z domu i wyciągnęli na rynek, tam gdzie stały konie i furmanki chłopów, przybyłych do miasta po zakupy. Dali mu miotłę i kazali zamiatać. Kazali mu zbierać odpadki i koński nawóz do aksamitnego kapelusza i wynosić na wysypisko. Robił to, co mu kazali, dopóki nie posprzątał całego rynku. Potem Niemcy podeszli bliżej rabina i kazali mu się rozebrać. Zdjął chałat i talit katan, strój modlitewny z frędzlami, który zawsze nosił. Jeden z żołnierzy bez ostrzeżenia wbił mu bagnet w brzuch. Rabin wydał rozdzierający krzyk i upadł na ziemię. Moja matka, stojąca przed domem, była świadkiem tego wszystkiego. Próbowała podbiec do rabina, lecz ją powstrzymali. Żydowscy sanitariusze przyszli i zabrali rabina do prowizorycznego żydowskiego szpitala, gdzie następnego dnia rano umarł[33].

33 Bielawski, *Ostatni Żyd z Węgrowa...*, s. 57.

Węgrów, dom rabina Morgensterna, lato 2014 r. (*fot. Jan Grabowski*)

Rabin Jakow (Jakub) Mendel Morgenstern z Węgrowa, zdjęcie przedwojenne (*GFH, 7108*)

Represjom wobec żydowskiej elity towarzyszyły akty terroru wobec mas żydowskich — dochodziło do licznych pobić, gwałtów, poza tym coraz częściej porywano mężczyzn do robót przymusowych[34]. Równocześnie w pobliżu Węgrowa powstały obozy pracy — w Mordach, w Kałuszynie[35], a w 1941 r.

34 USC, VHA, 14739, Relacja Natana Najmana, ur. w 1933 r. w Budziskach. Pamięta, jak Niemcy wjechali do Łochowa, polowali na dziewczyny, zgwałcili jego 17-letnią siostrę Esterę.

35 Żydów z Węgrowa i okolic już zimą 1940 r. wysyłano do prac przymusowych na drogach pod Kałuszynem. Więcej o tych obozach (tzw. *Strassenbaustammlagern*) zob. Józef Marszałek, *Obozy pracy w Generalnym Gubernatorstwie w latach 1939–1945*, Lublin: Państwowe Muzeum na Majdanku, 1998, s. 67.

wzbudzający największy strach obóz pracy Treblinka I. Prace przymusowe zarówno w obozach, jak i w pobliżu miejsca zamieszkania stały się ciągłą udręką dla miejscowych Żydów. Od samego początku praca przymusowa stanowiła dla Niemców narzędzie terroru i upokarzania Żydów. Jeden z polskich świadków opisywał ówczesną sytuację ludności żydowskiej w następujących słowach: „zima 1940/41 była dość łagodna, ale ciężka dla Żydów. Żydzi są używani do prac przymusowych: budowa mostów na Liwcu i naprawy szos. Żydzi, wbrew zakazom, wypuszczają się poza miasto, szukając żywności. Okoliczne wsie nie były w stanie wyżywić 10 tys. ludzi, a Żydzi często nie mieli już czym płacić, lecz żebrali”[36].

Getta w Węgrowie Niemcy z początku nie utworzyli, gdyż biorąc pod uwagę liczebność oraz miejsca koncentracji żydowskiej ludności, wytyczenie dzielnicy zamkniętej musiałoby na dobrą sprawę spowodować ekspulsję wszystkich Polaków poza granice miasta. W 1940 r. na terenie powiatu powstały natomiast trzy otwarte „dzielnice żydowskie”: w Węgrowie, Stoczku i w okolicy Łochowa, gdzie za getto uznano po prostu kilka wsi. Wyjątkowość getta w Węgrowie polegała na tym, że — zgodnie ze słowami starosty Gramssa — „za zamkniętą dzielnicę żydowską uważa się miasto Węgrów jako takie”[37]. Ten stan rzeczy miał trwać aż do wiosny 1942 r. W Węgrowie powołano do życia Radę Żydowską, na której czele stanął Mordechaj Zejman, a w Łochowie Judenratem kierował Mojżesz Goldsztejn. Już wkrótce do „dzielnic żydowskich” zaczęto przesiedlać Żydów z mniejszych ośrodków i z terenów wiejskich. Proces ten jednak odbywał się w sposób trudny do prześledzenia, z przerwami, a nabrał tempa dopiero na przełomie 1941 i 1942 r. W każdym z gett poza Judenratem powołano też do życia Żydowską Służbę Porządkową (Jüdischer Ordnungsdienst, JOD), czyli policję, składającą się z kilku lub kilkunastu funkcjonariuszy[38].

13 września 1940 r. rozporządzenie Gramssa ograniczyło prawo pobytu ludności żydowskiej na terenie powiatu, czemu towarzyszyło — od 13 października — wydłużenie obowiązywania godziny policyjnej dla Żydów[39]. W pierwszych dniach grudnia 1940 r. Żydom byłego powiatu węgrowskiego

36 Autor, Zygmunt Klem, mieszkał wtedy w Liwie, „w pierwszym domu od strony Węgrowa”, i widział „procesje” głodujących Żydów (*idem*, *I wtedy przyszło najgorsze*, s. 41).

37 Miejska Biblioteka Publiczna w Węgrowie, 16 (6), Rundschreiben [Okólnik] nr 42, 24 VII 1941 r.

38 Tadeusz Wangrat, *Polska i powiat węgrowski w przededniu i w czasie II wojny światowej*, Węgrów: Światowy Związek Żołnierzy AK Obwód „Smoła”, 2010, s. 100.

39 Szczechura, *Życie i zagłada społeczności żydowskiej w powiecie węgrowskim...*, s. 44.

rozkazano przeprowadzić się do gett. Nie postępowano jednak przy tym konsekwentnie, gdyż np. ludność żydowska gminy Sadowne została przesiedlona do getta w Łochowie dopiero w grudniu 1941 r., a Żydów z wielu wiosek położonych na południe od Węgrowa przesiedlono do węgrowskiego getta jeszcze później, w styczniu 1942 r. Akcja wysiedleń była koordynowana z władzami dystryktu, o czym świadczy wymiana korespondencji między Sokołowem a Warszawą[40]. 13 grudnia 1940 r. Wydział Zdrowia Urzędu Szefa Dystryktu Warszawskiego przesłał do kreishauptmanna list, w którym nakazano miejscowym władzom zadbać o to, aby mieszkania i domy opróżniane przez Żydów zostały przed ich przekazaniem w ręce Volksdeutschów lub Polaków — poddane odpowiedniej dezynsekcji[41]. Zalecenia te starosta przesłał w połowie lutego 1941 r. wszystkim wójtom oraz burmistrzom podległego sobie obszaru.

Również w lutym 1941 r. Gramss pisał w sprawozdaniu przesłanym do Warszawy:

> Żydzi skoncentrowani są w 6 miejscowościach powiatu, a mianowicie w Sokołowie, Węgrowie, Sterdyni, Kosowie, Stoczku i Łochowie[42]. Zakładanie żydowskich dzielnic w wymienionych miejscowościach będzie wkrótce zakończone; nielicznych Żydów mieszkających jeszcze po wsiach skieruje się do jednej z owych 6 miejscowości. Żydom niemieszkającym w powiecie Sokołów-Węgrów zabroniłem pod karą wstępu na jego teren, tak że wkrótce cała komunikacja w obrębie powiatu będzie wolna od Żydów. Gdy tylko pogoda pozwoli, żydowskie dzielnice zostaną zamknięte[43].

Więcej światła na tę sprawę rzuca okólnik rozesłany przez sokołowskiego starostę „Do Panów Burmistrzów i Wójtów w powiecie Sokołów-Węgrów" 24 stycznia 1941 r. Rozkazując podległym sobie urzędnikom policzenie

---

40 Jak wcześniej wspominałem, władze skonsolidowanego powiatu Sokołów-Węgrów mieściły się w pobliskim Sokołowie Podlaskim.

41 „Umsiedlungen von Volksdeutschen oder Polen in bisherige Judenwohnungen dürfen nur noch nach vorheriger Entwesung der jüdischen Wohnungen statfinden" (Miejska Biblioteka Publiczna w Węgrowie, 16 (3), List dr. Lambrechta z 13 XII 1940 r.).

42 Mowa tu oczywiście o skonsolidowanym przez Niemców powiecie Sokołów-Węgrów, czyli Kreishauptmannschaft Sokolow-Wengrow.

43 *Eksterminacja Żydów na ziemiach polskich w okresie okupacji hitlerowskiej. Zbiór dokumentów*, oprac. Tatiana Berenstein, Artur Eisenbach, Adam Rutkowski, Warszawa: ŻIH, 1957, s. 108.

wszystkich Żydów mieszkających na ich terenie, Gramss równocześnie polecił Policji Polskiej GG wyłapanie Żydów przybywających spoza powiatu i — po ich ukaraniu — odesłanie do miejsca wcześniejszego zameldowania: „zarządziłem z natychmiastową ważnością zakaz przeprowadzania się do powiatu Sokołów-Węgrów żydów stale zamieszkałych poza terenem powiatu. Zawiadamiam Panów o powyższym zarządzeniu z wyraźnym zleceniem surowego czuwania nad tym, by w moim powiecie żydzi się nie osiedlali" — kończył kreishauptmann Gramss[44].

Wiosną i latem 1941 r. antyżydowska polityka okupanta jeszcze bardziej się zaostrzyła. 29 kwietnia ukazało się rozporządzenie generalnego gubernatora Hansa Franka wyznaczające getta jako jedyne dopuszczane prawem miejsce zamieszkania dla Żydów. Ludwig Fischer, szef dystryktu warszawskiego, nie chcąc pozostać w tyle za swym krakowskim przełożonym, wydał własne rozporządzenie, nakładające dalsze ograniczenia na ludność żydowską. *Anordnung* z 17 czerwca 1941 r. był zgodny z duchem rozporządzenia kwietniowego, lecz znacznie bardziej szczegółowy, zawierał bowiem wyliczeni okolic i rodzajów miejsc, do których Żydzi mieli wstęp wzbroniony. Rozporządzenie Fischera dotyczyło całości dystryktu, lecz kreishauptmann Sokołowa-Węgrowa opatrzył je własną „klauzulą wykonawczą". W Okólniku nr 42 z 24 lipca 1941 r. starosta Gramss zobowiązał żandarmerię i polską policję do legitymowania Żydów napotkanych poza terenem wyznaczonym (poza gettami) i natychmiastowego aresztowania osób poruszających się bez przepustek. Równocześnie zaostrzono przepisy dotyczące używania żydowskiej siły roboczej poza gettem. W myśl lipcowego okólnika Żydów można było wyprowadzać z gett do robót jedynie w zwartych kolumnach marszowych; zakazem objęto indywidualne zatrudnianie pracowników żydowskich. Wszystkie urzędy (oraz stacjonujące na terenie powiatu jednostki wojskowe) dostały polecenie, by unikać zatrudniania Żydów. Niemcom chodziło głównie o szczelniejszy nadzór nad mobilnością Żydów i było to częścią szeroko zakrojonej polityki represji, której nadzór leżał w kompetencjach policji niemieckiej[45]. W tym celu zakazano Żydom wykonywania zawodu dorożkarza oraz nie pozwalano zatrudniać Żydów w roli posłańców. Zezwolenie na opuszczanie getta miało odtąd przysługiwać jedynie przewodniczącym

---

44 Miejska Biblioteka Publiczna w Węgrowie, 16 (4), Okólnik nr 21, Sokolow-Wengrow, 24 I 1941 r.

45 Archiwum Instytutu Pamięci Narodowej (dalej AIPN), Gestapo Zichenau, 148/3765 i 148/3481.

miejscowych judenratów bądź ich zastępcom. Ostateczne fizyczne odseparowanie polskiej i żydowskiej ludności Węgrowa zaczęto wdrażać w życie wiosną 1942 r. 3 marca kreishauptmann Sokołowa-Węgrowa wydał rozporządzenie nakazujące Polakom mieszkającym na obszarze „żydowskim" natychmiastowe zameldowanie się w Urzędzie Mieszkaniowym, przypuszczalnie w celu przesiedlenia[46]. Wtedy też pojawił się płot, który oddzielał poszczególne części getta od strony aryjskiej. Należy w tym miejscu podkreślić, że aż do wysiedlenia getto w Węgrowie pozostawało gettem w zasadzie otwartym, co wcale jednak nie znaczyło, że jego opuszczenie było rzeczą łatwą i bezpieczną. Nad szczelnością niewidocznych granic „dzielnicy żydowskiej" czuwali bowiem nie tylko polscy i niemieccy policjanci, lecz także wspomniani wcześniej „gapie", których uwadze niewiele mogło ujść. To „oznaczenie" Żydów, ich szybko postępujące wykluczenie ze sfery wzajemnych zobowiązań miało się już niebawem okazać tragiczne w skutkach. Jak trafnie ujął Robert van Voren: „[Żydzi] byli jak drzewa w lesie, oznaczone na długo przed ich ścięciem — wciąż jeszcze pozostają na swoim miejscu, ale już są wybrane «do produkcji»"[47].

ŻYCIE W GETTACH, SAMOPOMOC ŻYDOWSKA

O ile cytowane wcześniej niemieckie dokumenty pozwalają prześledzić kolejne etapy zaostrzającej się polityki terroru, o tyle nie mogą oddać pełni grozy położenia ludności żydowskiej interesującego nas obszaru. W tym celu trzeba sięgnąć do innych źródeł, a do głosu dopuścić ofiary. W pierwszych dniach października 1941 r. mieszkający w Węgrowie wysiedleniec z Kalisza napisał kartkę do krakowskiej centrali Żydowskiej Opieki Społecznej:

> zwracam się z wielką prośbą do opieki społecznej żydowskiej o zaopiekowanie się nami, ponieważ jesteśmy kilkakrotnie wysiedleni z Kalisza do Krakowa, z Krakowa do Sokołowa, z Sokołowa do Węgrowa, i tu przeżywamy głodową śmierć i nie mamy żadnej opieki żydowskiej nad nami. Dzień

---

46 Miejska Biblioteka Publiczna w Węgrowie, 16 (4), Rozporządzenie [Bekanntmachung], Sokolow-Wengrow, 3 III 1942 r.

47 Robert van Voren, *Undigested Past: The Holocaust in Lithuania*, Amsterdam–New York: Rodopi, 2011, cyt. za: Rūta Vanagaitė, Efraim Zuroff, *Nasi. Podróżując z wrogiem*, tłum. Krzysztof Mazurek, Warszawa: Czarna Owca, 2017, s. 74.

w dzień padają trupy i nikt się nie interesuje ani nawet kiedy gmina chleba nie dawają, więc zgłaszam się z wielką prośbą i litością nad nami, co głód mnie zmusza o zaopiekowanie się z nami. Łączę, że prośba moja zostanie pomyślnie załatwiona i z góry serdecznie dziękuję. Proszę to pomyślnie załatwić, bo głód nas pchnie do tego. Z poważaniem — wysiedlony z Kalisza[48].

Ulica w węgrowskim getcie (GFH, 7109)

Wbrew temu, co pisał wysiedleniec z Kalisza, lokalna wspólnota żydowska próbowała zorganizować pomoc dla najuboższych, choć pomoc ta na pewno stanowiła kroplę w morzu potrzeb. Na terenie powiatu węgrowskiego powstały dwa komitety Żydowskiej Samopomocy Społecznej — jeden z samym Węgrowie, drugi w Łochowie, a dokładniej — w Baczkach Fabrycznych, gdzie w latach siedemdziesiątych XIX w. powstała (należąca do przedsiębiorcy Judela Perlisa) fabryka urządzeń rolniczych, zatrudniająca wielu żydowskich robotników. W końcu 1939 r. w Baczkach Fabrycznych znalazło się kilkuset przesiedleńców z Kalisza, wliczając w to pensjonariuszy wysiedlonego z Kalisza domu starców.

Na czele Delegatury ŻSS w Węgrowie stanął Mordechaj Zelman, zarazem przewodniczący węgrowskiej Rady Żydowskiej[49]. Poza nim w skład

48 AŻIH, ŻSS, 211/1091, Korespondencja Prezydium ŻSS z Delegaturą ŻSS w Węgrowie, 1942 r., k. 3–4.

49 Łączenie funkcji w Judenracie z funkcjami w ŻSS zdarzało się w mniejszych gettach często, choć było to sprzeczne z instrukcjami płynącymi z centrali ŻSS w Krakowie.

Delegatury weszli: wiceprezes Całka Bocian, A.Sz. Wajntraub (skarbnik), Mendel Klein — kierownik Domu Sierot przy Delegaturze, M. Sztajnklarer — magazynier, Arja Feingold — prezes Wydziału Sanitarno-Higienicznego, Jankiel Mandelbaum — kierownik Ośrodka Zdrowia, Hersz Gordon — kontroler sanitarny, Zosia Krajtman — higienistka, oraz Abram Barab — komendant sanitarny ŻSS[50]. Podstawowym zadaniem węgrowskiego ŻSS było zapewnienie środków kuchni ludowej, która od końca 1940 r. do likwidacji getta wydawała ponad tysiąc posiłków dziennie. Oprócz niej działała też specjalna kuchnia żywiąca dzieci z sierocińca.

W przededniu likwidacji getta (22 września 1942 r.) do Węgrowa przesiedlono wielu Żydów z mniejszych miejscowości. Rozpaczliwą sytuację, która wówczas zapanowała w mieście, opisał prezes Zelman w liście z 8 września 1942 r.: „a tu stale dzień w dzień napływają rozbitki z różnych stron. My sami czujemy się jak na wulkanie. Bieda jest tak wielka, że nie ma tak silnego wyrażenia, które by dostatecznie W[ielmożnym] P[aństwu] określiło stan faktyczny [...]; wydajemy 1200 obiadów dziennie [...], jesteśmy absolutnie bezsilni wobec wzrastającej coraz biedy i nędzy. Starsze dzieci sierocińca również pracują przy rozbudowie mleczarni miejskiej. Akcja na rzecz sierocińca trwa. Wysiłek — wielki, rezultat — znikomy"[51]. Jest to zarazem ostatni zachowany list węgrowskiej ŻSS — dwa tygodnie później Niemcy przystąpili do likwidacji getta. W pobliskim Łochowie Delegatura ŻSS nosiła nazwę Komitet Pomocy Przesiedleńcom i działała przy miejscowej Radzie Starszych wspólnoty żydowskiej. W lutym 1941 r. pod opieką Komitetu znajdowało się 70 pensjonariuszy domu starców (wysiedlonych z Kalisza), 840 innych przesiedleńców oraz 220 ubogich spośród miejscowych Żydów[52]. Ogółem w 1940 r. Komitet wydał 155 tys. obiadów[53]. W Łochowie, tak jak w Węgrowie, prezes Judenratu (w Łochowie funkcję tę sprawował Mojżesz Goldsztejn) był również kierownikiem lokalnego komitetu ŻSS.

50 Lista sporządzona na podstawie pisma ŻSS Węgrów do centrali w Krakowie, 20 VIII 1942 r. (AŻIH, ŻSS, 211/1091, Korespondencja Prezydium ŻSS z Delegaturą ŻSS w Węgrowie, 1942 r., k. 9).

51 AŻIH, ŻSS, 211/1091, Korespondencja Prezydium ŻSS z Delegaturą ŻSS w Węgrowie, 1942 r., k. 10.

52 AŻIH, ŻSS, 211/660, Apel Komitetu Pomocy Przesiedleńcom do ŻSS w Krakowie, 9 II 1941 r., k. 3.

53 *Ibidem*, List Komitetu Pomocy Przesiedleńcom z 25 II 1941 r., k. 5.

DOKUMENTACJA SĄDÓW NIEMIECKICH I POLSKICH Z LAT 1939–1942 JAKO NOWE ŹRÓDŁO DO POZNANIA DZIEJÓW WĘGROWSKICH ŻYDÓW

Ciekawym — i jak dotąd przez historyków praktycznie niewykorzystywanym — źródłem, dzięki któremu możemy nieco lepiej poznać historię Żydów podczas pierwszych lat okupacji, są akta polskich sądów — grodzkich, okręgowych i apelacyjnych. W wypadku Żydów Węgrowa i okolic na specjalną uwagę zasługują akta Sądu Grodzkiego w Węgrowie, Sądu Okręgowego w Siedlcach oraz Sądu Apelacyjnego w Warszawie. Akta Sądu Grodzkiego oraz Apelacyjnego uległy w większej części zniszczeniu, ale kopie niektórych postępowań i wyroków można znaleźć w nieco lepiej zachowanym zespole siedleckiego Sądu Okręgowego. Podczas wojny, zgodnie z decyzją władz okupacyjnych, do kompetencji polskich sądów należały sprawy cywilne oraz postępowania z Kodeksu karnego dotyczące tzw. normalnej przestępczości[54]. Naszą wiedzę o życiu codziennym Żydów powiatu węgrowskiego wzbogacają również akta sądów niemieckich: Specjalnego (Sondergericht) oraz Niemieckiego (Deutsches Gericht) z Warszawy. W obu wypadkach kompetencje niemieckich sądów rozciągały się na teren byłego powiatu węgrowskiego i dotyczyły spraw, które godziły „w interesy narodu niemieckiego" — by odwołać się do ówczesnej terminologii. W praktyce oznaczało to łamanie wojennych zarządzeń okupanta, zwłaszcza tych dotyczących nielegalnego obrotu żywnością, niewykonywania nakazów pracy przymusowej czy odmowy noszenia „opaski syjońskiej" na ramieniu.

Do jakich wniosków można dojść (pomijając kwestię samego orzecznictwa, która wychodzi poza ramy studium), przeglądając teczki spraw sądowych dotyczących żydowskich mieszkańców interesującej nas okolicy? Przede wszystkim rzuca się w oczy „własna sprawczość" węgrowskich Żydów. Ten nieelegancki zwrot określa w tym wypadku podejmowane przez Żydów rozmaite działania mające na celu obejście coraz to liczniejszych

---

54 Więcej na ten temat zob. Jan Grabowski, *Żydzi przed obliczem niemieckich i polskich sądów w dystrykcie warszawskim Generalnego Gubernatorstwa, 1939–1942* [w:] *Prowincja noc. Życie i zagłada Żydów w dystrykcie warszawskim*, red. Barbara Engelking, Jacek Leociak, Dariusz Libionka, Warszawa: Wydawnictwo IFiS PAN, 2007, s. 75–119 (wersja anglojęzyczna: *Jewish Defendants in German and Polish Courts in the Warsaw District*, „Yad Vashem Studies" 2007, t. 35, nr 1, s. 49–81).

zakazów i nakazów, jakie mnożyli Niemcy w latach bezpośrednio poprzedzających fizyczną eksterminację ludności żydowskiej. Węgrowscy Żydzi nie tylko nie pogodzili się z narzucanymi siłą ograniczeniami, lecz — jak wynika z lektury akt sądowych — z wielką przedsiębiorczością i odwagą stawiali czoła narastającemu terrorowi. Mając do czynienia z tak mało znanymi zespołami jak dokumentacja sądów z lat wojny, warto przytoczyć kilka przykładów, dzięki którym można z jednej strony lepiej poznać losy węgrowskich Żydów, z drugiej zaś odkryć potencjał tych źródeł do dalszych studiów nad historią Zagłady. Za pierwszy przykład może posłużyć sprawa węgrowskiego Żyda Moszka Wiszni.

30 stycznia 1940 r. furman Wisznia wyruszył z Kosowa Lackiego w stronę Węgrowa saniami zaprzężonymi w dwa konie. Razem z nim jechało trzech żydowskich kupców z Kosowa oraz „2-ch nieznanych mi żydków: jeden ze Sterdyni, a drugi z Kałuszyna" — jak nieco później zeznał w sądzie Wisznia. Kupcy wieźli do Węgrowa cztery cielaki, troche drobiu, masło i owies. W drodze na sanie napadło dwóch uzbrojonych Polaków, a w trakcie walki Wisznia został kilkakrotnie pchnięty nożem, w wyniku czego spędził sześć tygodni w szpitalu. Sam napad i rabunek są — z punktu widzenia historii Żydów Węgrowa — mniej istotne. Tym, co zasługuje na uwagę historyka, jest natomiast zjawisko ożywionego handlu uprawianego przez żydowskich kupców w początkach okupacji. Prowadzenie działalności handlowej było już wówczas surowo Żydom wzbronione. Niebezpieczeństwo — jak wynika z akt Sądu Okręgowego — groziło jednak nie tylko ze strony Niemców, lecz także ze strony miejscowych bandytów, ośmielonych stopniowym usuwaniem Żydów spod ochrony prawa[55]. W celu zapewnienia sobie względnego bezpieczeństwa żydowscy kupcy transportowali towary w konwojach furmanek, ubezpieczając się wzajemnie. Nie zawsze była to jednak taktyka skuteczna. 8 listopada 1941 r. kilka żydowskich wozów obciążonych zbożem zmierzało w stronę Węgrowa[56]. W lesie niedaleko Stoczka Węgrowskiego żydowscy kupcy Binem Szwarcberg oraz Mordka Gurman padli ofiarą uzbrojonych w broń palną bandytów. Jednym z bandytów okazał się niejaki

55 Zob. sprawa o gwałt na osobie Srula Milbergera, mieszkańca wsi Mingosy (gm. Sinołęka, pow. Węgrów), 4 VII 1941 r. (AP Siedlce, Sąd Okręgowy w Siedlach [dalej SOS], t. 684, Akt oskarżenia przeciwko Zygmuntowi Stańskiemu oraz Mariannie Stańskiej z 11 VII 1942 r.; SOS, t. 656, Akt oskarżenia przeciwko Romanowi Litwiniakowi za pobicie Moszka Libermana, 27 I 1942 r.

56 AP Siedlce, SOS, t. 670, Akt oskarżenia przeciwko Franciszkowi Groszkowskiemu i Zygmuntowi Komorowskiemu z kolonii Wycech, gm. Miedzna, pow. węgrowski.

Franciszek Groszkowski, gajowy ze Stoczka, który na widok wiozących zboże Żydów miał krzyknąć: „Dosyć tego! Wy będziecie szmuglować, a ja będę z głodu umierał!"[57]. Trudno powiedzieć, do jakiego stopnia ten okrzyk miał być wyrazem oburzenia gajowego Groszkowskiego, a do jakiego stanowił część strategii obrony polegającej na podkreśleniu narodowej wspólnoty oskarżonego z przesłuchującymi go granatowymi policjantami. Nieco więcej światła na to zagadnienie rzucają słowa Zygmunta Komorowskiego, również biorącego udział w napadzie: „gdy nadjechała furmanka, Groszkowski zszedł [z wozu], zatrzymał ją i wezwał mnie. Było to w lesie niedaleko od Stoczka [Węgrowskiego]. Gajowy zapytał jednego z mężczyzn, czy jest żydem, ten odpowiedział, że nie, że jest Polakiem. Ja uderzyłem tego żyda, dlatego że kłamał, że jest Polakiem, i nie nosił opaski"[58]. Takie właśnie wyjaśnienie, rzecz nie bez znaczenia, złożył furman Komorowski wobec sędziego podczas rozprawy głównej w Siedlcach.

Raz jeszcze trzeba podkreślić, że na podstawie dokumentacji sądowej trudno wnioskować o powszechności zagrożeń, lecz na pewno można rozpoznać różne strategie działania, wypracowane przez żydowskich kupców i handlarzy. Możemy również postawić hipotezę, że przemoc wobec Żydów nie była częścią „ogólnego zbandycenia" za okupacji, zbandycenia, którego ofiarą padali wszyscy mieszkańcy, bez względu na ich „profil rasowy". W sposób całkiem wyraźny przemoc ta wpisywała się w pasmo działań skierowanych przeciwko Żydom[59]. Innym rzucającym się badaczowi w oczy spostrzeżeniem jest intensywność kontaktów między Żydami i Polakami. Wbrew powszechnie panującej opinii o odseparowaniu obu społeczności dokumenty sądowe zdają się wskazywać na coś wręcz przeciwnego. W mniejszych ośrodkach, szczególnie zaś tam, gdzie istniały getta otwarte i częściowo otwarte, bądź tam, gdzie gett nie utworzono wcale, sieci

57 *Ibidem*, k. 3.

58 AP Siedlce, SOS, t. 670, Protokół rozprawy głównej, 8 IX 1942 r., k. 25v. Sąd Okręgowy odrzucił wyjaśnienia oskarżonego i skazał go na 6 miesięcy więzienia. Wnosząc apelację od wyroku, adwokat Komorowskiego pisał do Sądu Apelacyjnego w Warszawie: „Faktem jest, iż Żydzi od szeregu miesięcy z przemytnikami i paskarzami byli w łączności, iż bandy te łączyły się z bolszewikami, które Groszkowski [gajowy — J.G.] z nakazu władz po lesie tropił [...]" (*ibidem*, Pismo sporządzone w Stoczku, 12 X 1942 r.). Sam gajowy Groszkowski został zabity przez bandytów 1 X 1942 r.

59 Rozporządzenie o handlu żywnością oraz o pracy na roli w Generalgouvernement z 23 XI 1939 r., rozszerzone rozporządzeniem z 20 I 1940 r (Archiwum Ministerstwa Spraw Wewnętrznych [dalej AMSW], Deutsches Gericht Warschau [dalej DGW], t. 173, Postępowanie przeciwko Ickowi-Moszkowi Holcmannowi, k. 1–2).

powiązań handlowych, a niekiedy i towarzyskich, między Żydami i Polakami nie zostały przerwane[60].

Dokumenty sądowe dostarczają zarazem dowodów poświadczających pogłębiającą się nędzę mas żydowskich Węgrowa i rosnącą desperację ludzi, którzy zmuszeni byli coraz częściej łamać prawo, aby uniknąć śmierci głodowej. Pewnym wskaźnikiem nasilającej się „kryminalizacji" ludności żydowskiej jest zestawienie żydowskich podsądnych z dołączanymi do akt „świadectwami karalności". O ile w latach 1938–1939 wśród Żydów postawionych w stan oskarżenia przeważali recydywiści, o tyle w latach 1940–1942 osoby takie w ogromnej większości nie miały żadnych sądowych zaszłości. Nędza będąca skutkiem niemieckich rozporządzeń stała się — co do tego nie ma wątpliwości — przyczyną licznych dochodzeń prowadzonych przeciwko Żydom w tamtym okresie. Szukanie ratunku poza gettem stanowiło wówczas jedną ze strategii przetrwania, wiązało się jednak ze sporym ryzykiem. Przykładów obecności Żydów poza gettem dostarcza dochodzenie prowadzone latem 1941 r. przez żandarmerię z Węgrowa przeciwko Abrahamowi Tennenbaumowi, Hanie Armacie oraz Rywce Sochaczewskiej — węgrowskim Żydom zatrzymanym przez patrol policji w Ruchnie. Cała trójka, zdjąwszy opaski, szukała pracy u okolicznych gospodarzy. Jak tłumaczył się Tennenbaum: „zdjąłem opaskę, bo nie chciałem, żeby mnie rozpoznano od razu jako Żyda, bo Polacy niechętnie przyjmują Żydów do pracy". Natomiast w sprawozdaniu policyjnym sprawę obecności Żydów w terenie, poza Węgrowem, ujęto w sposób bardziej ogólny, co pozwala nam wnioskować o szerszym wymiarze zbiegostwa Żydów z gett powiatu węgrowskiego. Szef węgrowskiego posterunku żandarmerii raportował: „w ostatnich czasach w terenie pojawiło się mnóstwo Żydów, którzy chcą u polskich chłopów wykupywać żywność bądź też oddają się żebraninie"[61].

Innym wnioskiem nasuwającym się z lektury akt sądowych z lat 1939–1942 jest ogromna rola polskiej policji granatowej w codziennym wcielaniu w życie niemieckich rozporządzeń skierowanych przeciwko Żydom. Choć temat ten zostanie omówiony szczegółowo w dalszych rozdziałach studium, roli PP w okresie poprzedzającym likwidację gett nie wolno pozostawić bez

60 AP Siedlce, SOS, t. 158, Dochodzenie przeciwko Władysławowi Wilkowi oraz Chaimowi-Joskowi Majdenbergowi o kradzież krów, Akt oskarżenia z 20 VIII 1940 r., k. 26–30.

61 AMSW, DGW, t. 2837, Bericht, Gendarmerieposten Wengrow, 30 VII 1941 r.: „In letzter Zeit wird das platte Land sehr von Juden überlaufen die bei der polnischen Bevölkerung Nahrungsmittel aufzukaufen versuchen oder um zu betteln" (k. 3–4).

komentarza. Badając zagadnienie roli polskiej policji granatowej w egzekwowaniu rozporządzeń niemieckich, można sięgnąć do teczki warszawskiego Sądu Niemieckiego, który latem 1941 r. rozpatrywał sprawę przeciwko Chaimowi Łomasowi, 21-letniemu Żydowi w Węgrowa. 8 kwietnia 1941 r. Łomasa schwytał w Sokołowie na ulicy plutonowy PP Stanisław Śliwiński i oskarżył o poruszanie się po mieście bez opaski z gwiazdą Dawida[62]. Łomas, „wyrobnik z Węgrowa", bronił się dość nieprzekonująco, twierdząc, że nie był świadom obowiązku noszenia „lenty". Za to wykroczenie Sąd Niemiecki w Warszawie skazał Łomasa w czerwcu 1941 r. na dwa miesiące więzienia. Wyrok wydano — jak to wówczas często się zdarzało — zaocznie, gdyż Żydów sądzonych w sprawach „opaskowych" niejednokrotnie zwalniano z aresztu za kaucją[63]. Czujność posterunkowego Śliwińskiego z Sokołowa miała dla węgrowskiego Żyda dalekosiężne skutki: po zwolnieniu z aresztu Chaim Łomas zaczął się ukrywać, a policja niemiecka rozesłała za nim listy gończe. Według strzępów informacji, które można dziś odszukać w zdekompletowanych materiałach Sądu Niemieckiego, 21-letni Łomas uciekł z rodzinnego Węgrowa i schronił się w obozie pracy w Mordach. Stamtąd, jak zdaje się wskazywać pismo policji siedleckiej skierowane do Warszawy na ul. Długą, do Deutsches Gericht, Chaima Łomasa, wraz z resztą Żydów z Mord, wywieziono do obozu zagłady w Treblince[64].

Jak już wspomniałem, w pierwszych latach wojny do sądów polskich trafiały przestępstwa ścigane na mocy przedwojennego Kodeksu karnego, a do sądów niemieckich — wykroczenia przeciwko wojennym rozporządzeniom okupanta lub też sprawy, w których stroną byli obywatele Rzeszy bądź Volksdeutsche. W jednej z takich spraw prowadzonych w czerwcu 1941 r. przez śledczych Policji Kryminalnej (Kriminalpolizei, Kripo) z Węgrowa i Sokołowa zajmowano się nielegalnym handlem benzyną uprawianym przez węgrowskich Żydów na szkodę niemieckiego przedsiębiorstwa Ostdeutsche-Autoreparatur-Schloesser z Sokołowa[65]. Sama sprawa nie zasługiwałaby na

62 *Ibidem*, t. 2472, Dochodzenie przeciwko Chaimowi Łomasowi z Węgrowa, Notatka służbowa z 21 IV 1941 r.: „Chodzenie po ulicy bez opaski na ręku [lenty] w Sokołowie, stosownie do wydanego zarządzenia".

63 Praktykę tą zarzucono w 1942 r., od kiedy Żydów przetrzymywano w areszcie śledczym do dnia rozprawy (Grabowski, *Żydzi przed obliczem niemieckich i polskich sądów...*, s. 88–89).

64 AMSW, DGW, t. 2472, Pismo z 29 VIII 1942 r.: „Unter Rückgabe des haftbefehls wird berichtet, dass Tagelöhner Jude Chaim Lomas, infolge Umsiedlung der Juden aus der Stadt Mrozy derselbst nicht mehr wohnhaft ist" (k. 20).

65 AMSW, Prokuratura przy Sądzie Specjalnym, t. 2567, k. 16–31.

większe zainteresowanie, gdyby nie to, że w wyniku śledztwa policji udało się ustalić zakres polsko-żydowskich powiązań handlowych — zakres, który w pełni potwierdza wcześniej postawioną hipotezę o istnieniu żywych kontaktów między przedstawicielami obu społeczności. W omawianym wypadku funkcjonariusze śledczy poza polskimi podejrzanymi i świadkami przesłuchali również 16-letniego Jankiela Ternera oraz syna Naftulę i ojca Barucha Morgenszternów. Ten ostatni jeszcze w połowie 1941 r. prowadził sklep przy rynku w Węgrowie, pomagał mu zaś w tym syn. W nielegalnym handlu benzyną Morgenszternowie współpracowali z dwoma Polakami, szoferami niemieckiej firmy z Sokołowa, a pośrednikiem był Terner — młody węgrowski Żyd zatrudniany od czasu do czasu w sokołowskich warsztatach. Dochodzenie węgrowskiego Kripo ma też inną, dodatkową wagę — jest to ostatnie pisemne świadectwo odnoszące się do Morgenszternów.

Nieco wcześniej, jesienią 1940 r., przed Deutsches Gericht toczyło się postępowanie w sprawie kradzieży, której ofiarą padli żołnierze Wehrmachtu mieszkający w Węgrowie[66]. W wyniku śledztwa prowadzonego przez węgrowską policję granatową udało się schwytać złodziei, a wśród oskarżonych znaleźli się zarówno Polacy, jak i Żydzi, mieszkańcy miasta, sąsiedzi zamieszkali wzdłuż ul. Ruchenskiej. O ile jednak w 1940 r. oskarżeni Żydzi i Polacy nadal utrzymywali — jak widać z akt sądowych — ożywione (choć nielegalne) kontakty, o tyle dwa lata później jedni z nich staną się ofiarami Zagłady, a drudzy niejednokrotnie wezmą udział w likwidacji węgrowskiego getta i przyczynią się do zguby swoich żydowskich sąsiadów.

66 AMSW, DGW, t. 4875

Liquidierungsaktion Wengrow — akcja likwidacyjna Węgrowa

JOM KIPUR, 22 WRZEŚNIA 1942 R.

18 lipca 1942 r. z Lublina do Warszawy przybył specjalny, liczący ponad 800 ludzi, „oddział likwidacyjny”[67]. Dowództwo i większość funkcjonariuszy wchodzących w skład oddziałów likwidacyjnych (Liquidierungskommandos) operujących w gettach dystryktu warszawskiego znajdowały się bowiem w Lublinie i to stamtąd „delegowano” je do przeprowadzenia tzw. akcji wysiedleńczych na terenie dystryktów lubelskiego i warszawskiego. Koncentracja sił policji i SS właśnie w Lublinie wiązała się z ambicjami przywódczymi Odila Globocnika, mianowanego głównodowodzącym akcji „Reinhardt”. Bezpośrednio „komandem śmierci” kierował hauptsturmführer SS Hermann Höfle, komendant sztabu *Einsatz Reinhard* i jeden z zastępców Globocnika. Z tej przyczyny oddział wysłany do Warszawy określano mianem Kommando Höfle. W skład dowództwa Liquidierungskommando wchodzili również: Georg Michalsen[68], Hermann Worthoff[69], podporucznik Mayerhofer (przyjaciel Höflego), hauptsturmführer SS Kurt Claasen[70], sturmbannführer SS Erich Lerch oraz oberscharführer SS Helmut (Sepp) Slany[71]. Najważniejszym zadaniem Kommando Höfle było przeprowadzenie w getcie warszawskim latem 1942 r. „wysiedlenia”, zwanego wielką akcją. W celu zlikwidowania mniejszych gett Niemcy przygotowywali odpowiednio mniejsze komanda, z reguły liczące po kilkadziesiąt osób[72]. W skład tych komand wchodzili funkcjonariusze SS i SD, formacje pomocnicze ukraińskie, litewskie i łotewskie, a na miejscu dołączały do nich polska policja

67 Charles Ajenstat, Daniel Buk, Thomas Harlan, *Hermann Höfle, l'Autrichien artisan de la Shoah en Pologne*, Paris: Berg Editeurs, 2006, s. 140–141 (przesłuchanie Höflego, 20 X 1961 r.).

68 Właśc. Georg Michalczyk, Ślązak, sturmbannführer SS, m.in. brał udział w likwidowaniu gett w Wołominie, Białymstoku, Otwocku, Międzyrzecu Podlaskim i Sokołowie.

69 Szef sekcji żydowskiej w KdS Lublin w latach 1941–1942.

70 Volksdeutsch z Radomia.

71 Ajenstat, Buk, Harlan, *Hermann Höfle...*, s. 159–163 (przesłuchanie Michalsena, 29 VI 1961 r.).

72 *Ibidem*, s. 181.

granatowa, Policja Kryminalna, niekiedy Ochotnicza Straż Pożarna oraz Żydowska Służba Porządkowa. Niebagatelna rola, o czym będzie mowa dalej, przypadła również tzw. gapiom, czyli miejscowej ludności, bezpośrednio obserwującej likwidacje i niejednokrotnie, w różnym zakresie, włączającej się w działania Liquidierungskommandos.

W tle trwającej od 22 lipca wielkiej akcji deportacyjnej w Warszawie rozgrywała się tragedia mniejszych gett dystryktu. Niekiedy Kommando Höfle „korzystało" z przerw w akcji w Warszawie, aby opróżnić getta w bezpośredniej okolicy. 19 i 20 sierpnia ofiarą akcji padły Falenica, Otwock, Rembertów, Jadwisin, Radzymin, Wołomin, Jadów i Parczew. Zaraz potem, 21–22 sierpnia, przyszła kolej na getto w Mińsku Mazowieckim; między 22 a 24 sierpnia komanda śmierci pojawiły się w Siedlcach, Łosicach i Mordach, a 25 sierpnia nastąpiła zagłada getta w Międzyrzecu Podlaskim. Po kilku dniach Kommando Höfle wróciło do Warszawy, aby dokończyć wywózki z getta. Ostatni transport warszawskich Żydów odszedł do Treblinki 21 września 1942 r. Do obozu zagłady wywieziono wówczas 2100 Żydów, m.in. żydowskich policjantów z OD. Zaraz po zakończeniu akcji w Warszawie część podkomendnych Höflego skierowano na wschód, do Kreishauptmannschaft Sokolow-Wengrow. Już na miejscu, w Sokołowie, dołączyły do nich lokalne siły, przede wszystkim funkcjonariusze niemieckiej policji i żandarmerii stacjonujący na terenie kreishauptmannschaftu.

Jako że nasza wiedza o niemieckich policjantach z Węgrowa i okolic jest fragmentaryczna, tym bardziej warto ją usystematyzować, szczególnie że można wśród nich odnaleźć późniejszych prześladowców, zaangażowanych w latach 1942–1944 w polowania na ukrywających się Żydów. W samym Węgrowie znajdował się posterunek Schutzpolizei (Szupo), którego dowódcą był niejaki Müller — wysoki, tęgi, mniej więcej 45-letni mężczyzna, którego wiele lat po wojnie bezskutecznie poszukiwała zachodnioniemiecka prokuratura. Na przełomie 1942 i 1943 r. Müllera zastąpił porucznik Dieselhorst. Wśród ich podkomendnych znajdowali się Brenner (wysoki, tęgi mężczyzna, w wieku znacznie powyżej 40 lat) oraz pracujący razem z nim policjanci Giler oraz Langer[73]. Trudno dziś powiedzieć z całą stanowczością, który z nich należał do Schupo, a który do rozlokowanej po wsiach żandarmerii. Przez polskich świadków wszyscy mundurowi Niemcy regularnie patrolujący wsie i miasteczka określani byli ogólnogatunkowym mianem

73 Bundesarchiv Ludwigsburg (dalej BAL), B 162/6843, Zeznanie Cyli Rubenfeld z Węgrowa, k. 61–64.

„żandarmów". O wyżej wspomnianym Gilerze polski świadek wyraził się: „żandarm Goler był najgorszym z innych żandarmów, dlatego że jak nie zabił gdzieś żyda, to mścił się na nas, polakach"[74]. Wobec braku ścisłości w zeznaniach i dla uproszczenia tekstu wszystkich policjantów Policji Porządkowej (Ordnungspolizei, Orpo) będę również nazywać żandarmami.

Na obszarze będącym przedmiotem studium mieściły się wówczas trzy posterunki Orpo[75]: w samym Sokołowie (skąd często wysyłano funkcjonariuszy do Węgrowa), w Węgrowie i Łochowie, a dokładniej rzecz biorąc w pobliskich Budziskach[76]. Na czele posterunku żandarmerii w Sokołowie Podlaskim (sprawującym również nadzór nad Węgrowem) stał porucznik August Piotrowski, a wśród jego podkomendnych znajdowali się żandarmi Karl Tedsen, Erich Rieger, Karl Oberhofer[77] oraz Pfützner, Reuke, Draxler, Maurer, Josef Preiner, Juch, Friedrich Ahlers i Krebs. Poprzednikiem Piotrowskiego (do lata 1940 r.) w Sokołowie był Führer des Gendarmeriezuges Sokolow Franz Kessler, pochodzący z terenów Czechosłowacji. Kessler mówił płynnie po czesku i dlatego mógł się porozumieć z miejscową ludnością, szczególnie z polską policją[78]. Niemieccy żandarmi przesłuchiwani po wojnie wymieniali jeszcze Herberta Strassera, zabitego w Siedlcach przez polskie podziemie w 1944 r. Kończąc tę listę, warto dodać, że określanie żandarmów jako Niemców jest nieścisłe ze względu na to, że ponad połowa załogi sokołowskiego posterunku wywodziła się z Austrii, a mówiąc dokładniej, z regionu Karyntii.

Piotrowski i Tedsen, których zadaniem było utrwalenie struktur policyjnych na terenie kreishauptmannschaftu, pojawili się w Sokołowie w lipcu 1940 r.[79] Piotrowski przejął dowodzenie placówką od Kesslera, a Tedsen — na jesieni 1940 r. — został komendantem posterunku żandarmerii w Budziskach w stopniu gendarmeriebezirksleutnanta. Jako że niemiecka żandarmeria sprawowała nadzór nad polską policją granatową, pod rozkazami Tedsena znalazł się posterunek granatowych w Łochowie. Tedsenowi miały podlegać również wszystkie inne posterunki PP na terenie dawnego powiatu.

---

74 AIPN, GK 317/144, Zeznanie świadka Edwarda Felińskiego, k. 25–25v.

75 Informacje o obsadzie posterunków zob. też tabela 8 w aneksie.

76 Wieś oddalona od Łochowa o 3 km.

77 Karl Oberhofer znalazł się na posterunku żandarmerii w Sokołowie w końcu października 1940 r. i służył tam aż do późnej jesieni 1943 r. (BAL, B 162/6843, Zeznanie Karla Oberhofera, 21 VII 1967 r., k. 135–138).

78 *Ibidem*, k. 138.

79 BAL, B 162/6843, Przesłuchanie podejrzanego Karla Tedsena, 7 III 1968 r., k. 193–203.

Posterunek w Budziskach (Łochowie) liczył 12 żandarmów, a zastępcą Tedsena był niejednokrotnie wspominany przez polskich świadków morderca gendarmeriemeister Wilhelm Pross. Z innych żandarmów z Budzisk znane są nazwiska: Rudolf Pietsch (z Poczdamu), Friedrich Hartmann — miejscowy Volksdeutsch, oraz żandarmi Oprisnik, Schmidt i Kögel.

Według komendanta posterunku w Budziskach/Łochowie, żandarmi zajmowali się wyłącznie zwalczaniem przestępczości pospolitej. Jedynie w nielicznych wypadkach — jak twierdził Tedsen w zeznaniach składanych w drugiej połowie lat sześćdziesiątych — żandarmi pracowali na zlecenie kolegów z SD. Chodziło głównie o aresztowania Polaków zadenuncjowanych przez innych Polaków na Policję Bezpieczeństwa. O żadnych wypadkach „działań bezprawnych" swoich podkomendnych Tedsen rzekomo nie słyszał. O stopniu zakłamania niemieckich policjantów świadczą też zeznania Karla Kurniga[80], żandarma z Sokołowa Podlaskiego, którego warto zacytować: „w kręgu moich kolegów krążyły pogłoski [*kursierte des Gerücht*], że odbyły się akcje likwidacyjne skierowane przeciwko Żydom. Ale niczego pewnego na ten temat nie wiedzieliśmy. Mogę z całą pewnością stwierdzić, że moi koledzy z posterunku żandarmerii w Sokołowie nigdy nie uczestniczyli w żadnej takie akcji, w żadnej formie [*und zwar in keiner Weise*]". Według Kurniga „ewakuacją" Żydów trudniły się bliżej nieokreślone „oddziały fińskie", funkcjonariusze SD oraz Sonderdienst, dowodzeni przez ludzi kreishauptmanna Gramssa.

W rzeczywistości udział Tedsena i jego ludzi w utrwalaniu niemieckiego terroru w Węgrowskiem był oczywiście bez porównania większy, niż wskazywałyby na to cytowane wypowiedzi. Latem 1942 r. Tedsen osobiście uczestniczył w rozstrzelaniu siedemdziesięciu Żydów w Budziskach na terenie cegielni, w pobliżu posterunku żandarmerii[81]. Wśród żandarmów znajdowali się również dwaj Volksdeutsche, Hübscher oraz Hoppe, należący do tzw. Ghettokommando, czyli grupy żandarmów szczególnie często oddelegowywanych do służby w getcie sokołowskim i węgrowskim.

Drugą formacją odpowiedzialną za wdrażanie (i formułowanie) polityki terroru w kreishauptmannschafcie Sokołów-Węgrów była Policja Bezpieczeństwa, którą najczęściej określano po prostu jako „Gestapo". Tą tzw. Placówką Zewnętrzną warszawskiego dowódcy Policji Bezpieczeństwa i Służby Bezpieczeństwa w Sokołowie Podlaskim (Aussenstelle des Kommandeurs

---

80 *Ibidem*, Zeznanie świadka Karla Kurniga, 19 VII 1967 r., k. 121–125.

81 BAL, B 162/6846, Zeznanie świadka Stanisława Oniska, 7 V 1947 r.

der Sicherheitspolizei und des SD Warschau in Sokolow) dowodził sturmschaführer SS kriminalsekretär Friedrich Schröder; a podlegali mu scharführer SS Uwe Karsten, pochodzący z Sudetów rottenführer SS Gustav Friedrich, kriminalkommissar Kurt Nicolaus oraz obersturmführer SS Rudolf Weber. Ten ostatni zastąpił Schrödera w 1943 r. W skład placówki sokołowskiego Gestapo wchodzili również kierowca Schweitzer oraz tłumacz, miejscowy Volksdeutsch Hirsekorn[82]. Warto zapamiętać tych ludzi, gdyż to właśnie w ich kompetencjach (jako funkcjonariuszy jedynej placówki Gestapo w rejonie) znajdowało się likwidowanie gett kreishauptmannschaftu Sokołów-Węgrów.

Poza Gestapo w skład Sipo wchodziła również Polska Policja Kryminalna (Polnische Kriminalpolizei). Główny komisariat polskiego Kripo mieścił się w Sokołowie; placówka liczyła ośmiu funkcjonariuszy, a na jej czele stał wspomniany wcześniej Schröder, szef Gestapo, łączący w ten sposób dwie funkcje służbowe[83]. Szefem polskiej ekipy kryminalnych w Sokołowie był Józef Kosmala, a wśród miejscowych agentów znajdowali się Marian Nowakowski oraz Jan Biługa — obaj policjanci z przedwojennym stażem z Sokołowa[84]. Nowakowski pełnił też funkcję tłumacza.

W Węgrowie także znajdował się posterunek Polskiej Policji Kryminalnej, w którego skład — jak się wydaje z rozproszonych wzmianek — wchodziło pięciu lub sześciu funkcjonariuszy. Polscy agenci Kripo podlegali bezpośrednio szefowi miejscowych żandarmów w Węgrowie oraz, pośrednio, Gestapo w Sokołowie Podlaskim[85]. Od lutego 1940 r. na czele węgrowskiej Policji Kryminalnej stał pochodzący z Kalisza Józef Dominiak, a wśród jego podkomendnych znajdowali się Edward Podgórniak, Tadeusz Figiel, (Tolek?) Jarosz, Władysław Kuriański, Gorzoch, Ryszard Cymerman oraz Stanisław Lange. Na stałe w Węgrowie stacjonowali Podgórniak, Dominiak i Kuriański, a pozostali tajni policjanci pojawiali się „zadaniowo", by uczestniczyć w konkretnych akcjach.

Kluczowym uzupełnieniem dla niemieckich i polskich policjantów był personel Polskiej Policji GG (granatowej), czyli stu kilkudziesięciu funkcjonariuszy rozmieszczonych na ośmiu posterunkach na terenie byłego

82 BAL, B 162/6843, Przesłuchanie Rudolfa Webera, 26 VI 1967 r., k. 72.

83 *Ibidem*, k. 75–76.

84 AIPN, GK 318/131, Przesłuchanie Edwarda Podgórniaka, 7 III 1950 r., 434–435. W zeznaniach pada również nazwisko Zulaufa, Niemca dołączonego do polskiej Kripo w Sokołowie, nie udało mi się jednak potwierdzić tej informacji w innych źródłach.

85 *Ibidem*, Przesłuchanie Edwarda Podgórniaka, 20 II 1950 r., k. 421–427. Na kartach 423–425 opis obław, w których uczestniczyli policjanci kryminalni, ale z lat 1943–1944.

powiatu węgrowskiego. Posterunki te znajdowały się w: Bojmiu, Miedznej, Węgrowie, Wyszkowie, Łochowie, Sadownym, Stoczku i Grębkowie. Nazwiska większości granatowych policjantów zginęły w niepamięci, razem ze zniszczoną podczas wojny i po jej zakończeniu dokumentacją. Niektórych jednak jesteśmy dziś w stanie zidentyfikować, warto wobec tego wspomnieć o nich choćby dlatego, że w szczególnie niechlubny sposób odznaczyli się w czasie likwidacji gett i w okresie późniejszym. Na posterunku w Węgrowie pełnili służbę Stanisław Kanciała, Czesław Sałek i Józef Guzek[86]; w Bojmiu służyli Piotr Grochal, Władysław Królik, Władysław Babulewicz i Władysław Sałek[87], w Miedznie kapral Józef Pawlak, Franciszek Barbasiewicz, Kazimierz Ajchel oraz Wincenty Jankowski[88], a w Grębkowie komendantem PP był Czesław Kurkowski[89]. Na posterunku w Prostyni pełnili służbę sierżanci Wojciech Styperek i Marian Wilczewski, plutonowy Franciszek Witkowski, plutonowy Bolesław Wolanin oraz kaprale Kazimierz Skok, Jan Chojecki i Antoni Kobryński[90].

Wyliczając siły, które już niebawem miały zostać zaangażowane do likwidacji miejscowych gett, nie wolno pominąć ukraińskich policjantów pomocniczych (Trawniki-Männer) z załogi obozu pracy w Treblince. To właśnie w Sokołowie Podlaskim akcją likwidacyjną dowodził sturmbannführer SS Theodor van Eupen, komendant wzbudzającego w całej okolicy powszechny strach obozu pracy (Arbeits Erziehungs Lager, AEL) Treblinka I. Według wielu świadków — zarówno Niemców, jak Polaków — van Eupen dowodził likwidacją Sokołowa i osobiście mordował Żydów na ulicach miasteczka[91]. Wraz z nim do akcji likwidacyjnej w okolicach Sokołowa i Węgrowa oddelegowano pewną liczbę tzw. hiwis (ukraińskich policjantów pomocniczych) z podległej mu załogi obozu. W jednym niemieckim świadectwie jest również mowa o obecności oddziału złożonego z Estończyków, ponieważ jednak

86 AIPN, GK 318/568, przesłuchanie świadka Józefa Maleszewskiego, k. 3; *ibidem*, Przesłuchanie Tytusa Czarneckiego, k. 10–13. W aktach sprawy załączone zostały zdjęcia niektórych policjantów granatowych z Prostyni.

87 AIPN, GK 318/460, t. 1, Akt oskarżenia przeciwko Piotrowi Grochalowi i innym, k. 304–306.

88 Archiwum Akt Nowych (dalej AAN), AK, 202-III-115, k. 17 i 17a; AP Siedlce, SOS, t. 652, k. 144.

89 AIPN, GK 318/29, k. 3.

90 Zob. też skład osobowy posterunku w Sokołowie: AAN, AK 203-III-115, k. 19–21.

91 BAL, B 162/6843, Zeznanie świadka Ruwena (Romka) Figowego, OD z Sokołowa, k. 53–56. Figowy opisuje tam mordy dokonywane przez von Eupena podczas akcji likwidacyjnej. Później Figowy pracował w „Scheisskommando" w obozie AEL Treblinka I, aż do przyjścia Rosjan.

nie udało się potwierdzić tego w innych źródłach, informację tę należy traktować z dużą ostrożnością.

Tabela 5. Zagłada gett kreishauptmannschaftu Sokołów-Węgrów według źródeł niemieckich

KREISHAUPTMANNSCHAFT SOKOLOW-WENGROW			
ORT [miejsce]	ZAHL [liczba]	VERNICHTUNG [mord]	ÜBERSIEDLUNG [wysiedlenie]
Kosów Lacki	do 1 września 1939 – 1400 [Żydów] luty 1941 – 2400 listopad 1941 – 3800	23 września 1942 do Treblinki i od 1 grudnia (1942) dzielnica żydowska; 19 grudnia – do Treblinki; 14 lutego 1943 – ?	marzec 1940 – część uchodźców z Kalisza do Sterdyni
Łochów-Baczki	do 1 września 1939 – 860 sierpień 1942 – 1640		listopad 1941
Prostyń	do 1 września 1939 – 190 maj 1941 – 150		listopad 1941
Sadowne	do 1 września 1939 – 380 grudzień 1941 – 350		15 grudnia 1941 – 265 [Żydów] do Łochowa, pozostali do innych miejscowości
Sokołów Podlaski	1 września 1939 – 4000	22 września 1942 do Treblinki; około 1500 zabitych na miejscu	listopad 1940 – 192 uchodźców wysłanych do Węgrowa
Sterdyń	1 września 1939 – 686 wrzesień 1942 – 1086	22 i 24 września 1942 – do Treblinki	
Stoczek	1 września 1939 – 3000 1942 – około 2000	22 i 24 września 1942 – do Węgrowa, stamtąd do Treblinki; 188 zabitych na miejscu	
Węgrów	1 września 1939 – 5900 maj 1942 – 8300	22 września – do Treblinki; około 100 zostało w celu uprzątnięcia getta 1 maja 1943 – wszystkich zabito	

Źródło: BAL, B 162/6843, t. 7.

Opis likwidacji gett Węgrowa i okolic należy zacząć od wytyczenia granic „białych plam", od tego, czego nie wiemy. Jest tego sporo: nieznana jest liczba ofiar w dniach likwidacji — skazani tu jesteśmy na niepełne i często rozbieżne szacunki. Nie zawsze (zwłaszcza w wypadku małych gett oraz niewielkich skupisk żydowskich nieobjętych gettoizacją) znamy dokładną datę wysiedlenia. I wciąż bardzo mało wiemy o ludziach, którzy te getta zgładzili; o ich zachowaniu, taktyce działania. Mając w pamięci te wstępne zastrzeżenia, przystąpię do zarysowania dramatu, którego kulminacja przypadła na 22–24 września 1942 r.

Niedługo przed wysiedleniem i likwidacją getta węgrowskiego władze niemieckie przystąpiły do skoncentrowania wszystkich Żydów w samym mieście. Wiązało się to z wyłapaniem Żydów w wioskach powiatu i ich przenoszeniem do getta. Nehamę Rotbart[92] wraz z rodziną deportowano z rodzinnej miejscowości Bojmie, dając im pół godziny na spakowanie dobytku. W zagęszczonym getcie w Węgrowie panowały koszmarne warunki, powszechnie odczuwano głód, szalał tyfus.

Żydzi Węgrowa żyli nieco na uboczu — nie tylko dlatego że najważniejsze decyzje dotyczące życia i śmierci mieszkańców węgrowskiego getta zapadały gdzie indziej: w Sokołowie, Warszawie czy nawet w odległym Krakowie, lecz także ze względu na to, iż najbliższa linia kolejowa biegła ponad 15 km na wschód od miasteczka. Ale to właśnie tą linią, idącą przez Sokołów, latem 1942 r., jechały do Treblinki transporty z „materiałem", jak o deportowanych na śmierć Żydach pisali niemieccy urzędnicy z RSHA. Wieści o transportach błyskawicznie dochodziły do Węgrowa — getto było przecież w zasadzie otwarte i między dzielnicą żydowską a stroną aryjską trwała ciągła wymiana, również wymiana informacji.

„TEJ NOCY NIE MOGLIŚMY SPAĆ"[93] — WĘGRÓW, PONIEDZIAŁEK 21 WRZEŚNIA 1942 R., GODZ. 23.00

Pogłoski o nadciągającej likwidacji szerzyły się w węgrowskim getcie już od dłuższego czasu. Z czasem nabrały treści i wizja zagłady stanęła przed mieszkańcami Węgrowa w całej grozie. Uchodźcy z Siedlec, Warszawy, Mińska Mazowieckiego, Łosic, Mord czy Międzyrzeca

92 USC, VHA, 17292, Relacja Nellie Kaptsan.

93 Bielawski, *Ostatni Żyd z Węgrowa...*, s. 120.

Podlaskiego — likwidowanych stopniowo w końcu sierpnia — przynosili wieści o koszmarnym okrucieństwie „askarów"[94] oraz ich niemieckich mocodawców. Węgrzynianka Norma Przepiórka wspominała wiele lat później, że już na długo przed likwidacją wszyscy Żydzi w miasteczku świetnie zdawali sobie sprawę z tego, co ich czeka w Treblince[95]. Nastąpił okres gorączkowych przygotowań do — jak to sobie wyobrażano — oblężenia. Wymyślne kryjówki miały umożliwić mieszkańcom getta przetrwanie jednego lub kilku dni, pozwalając na ukrycie się przed niemiecką furią. To, że ostateczne rozwiązanie miałoby przybrać rzeczywiście ostateczną formę, mało komu mieściło się w głowie. Równocześnie ożywiły się kontakty ze stroną aryjską; ucieczka z getta nie była zresztą trudna. O wiele trudniejsze było znalezienie pomocy i uniknięcie niebezpieczeństw grożących Żydom opuszczającym „dzielnicę zamkniętą" bez zezwolenia. Nie ulega bowiem kwestii, że dla wielu węgrowskich Żydów Polacy po stronie aryjskiej stanowili większe zagrożenie niż Niemcy, ci bowiem — choć wzbudzający trwogę — istnieli niejako na „horyzoncie postrzegania"[96].

Pierwsze sygnały o nadciągającej likwidacji dotarły do urzędu kreishauptmanna i do placówki Gestapo przynajmniej na dwa–trzy dni przed planowaną akcją. Można dość dokładnie określić tę datę, gdyż właśnie wówczas żony niemieckich dygnitarzy zaczęły pospiesznie wycofywać towary zamówione wcześniej u żydowskich rzemieślników[97]. W przeddzień likwidacji lokalnych gett postawiono w stan gotowości Kripo i polską policję granatową oraz przesłano do wójtów i sołtysów polecenie, by przygotowali podwody na dni następne[98]. Trudno dziś ustalić, czy Ochotnicza Straż Pożarna wzięła udział w masakrze Żydów na własną rękę, czy nastąpiło to na wyraźne żądanie Niemców[99]. 21 września do Sokołowa dotarli też ukraińscy

94 W ten sposób niejednokrotnie wówczas określano Ukraińców w służbie niemieckiej (inne nazwy: Trawniki-Männer, hiwis, czarni).

95 United States Holocaust Memorial Museum (dalej USHMM), RG-50.030*0287, Wywiad z Normą Schneidermann, transkrypcja.

96 USC, VHA, 35694, Relacja Harry'ego Millera z Jarnic i Węgrowa.

97 Rachela Mandelbaum, narzeczona Bielawskiego, usłyszała o nadciągającym zagrożeniu od Niemek, dla których szykowała kapelusze. Sam Bielawski o likwidacji dowiedział się w przeddzień akcji od znajomego Polaka, pracownika magistratu: „Powiedział mi: Nie mogę ci podać żadnych szczegółów, ale jeśli masz dokąd uciec, uciekaj natychmiast" (Bielawski, *Ostatni Żyd z Węgrowa...*, s. 119).

98 AŻIH, 301/6043, Relacja Władysława Okulusa.

99 Ochotnicza Straż Pożarna włączyła się w polowanie na Żydów w pobliskim Kałuszynie (Archiwum Yad Vashem [dalej AYV], Kolekcja relacji Yad Vashem, O.3/842, Relacja Chila

askarzy i funkcjonariusze SS wchodzący w skład przysłanego z Warszawy oraz z Treblinki Liquidierungskommando.

W tym samym czasie, a uściślając, 21 września 1942 r., Żydzi przygotowywali się do uroczystego obejścia rozpoczynającego się właśnie w ten wieczór Jom Kipur, Sądnego Dnia. Paniczne wieści o nadciągającej zagładzie od pewnego już czasu krążyły wśród mieszkańców getta. W ten sposób wspominał to Bielawski, jeden z nielicznych ocalałych:

> W Jom Kipur wcześnie zaczęliśmy modlitwy, na wypadek gdyby Niemcy złapali nas i rozpędzili, żebyśmy zdążyli odmówić chociaż szacharis[100]. Szmuel Moncarz był kantorem podczas szacharis, a Icchak Szydłowski podczas musaf[101]. Doszedł do *Unesane Tokef*[102], modlitwy, która brzmi tak: „Kto ma żyć, a kto umierać, komu pełnej miary dni dostąpić, a komu przedwcześnie, w kwiecie wieku, odejść: kto ma zginąć przez wodę, a kto przez ogień, kto od miecza, a kto od bestyi drapieżnej; kto ma zginąć z głodu, a kto z pragnienia, przez srożącą się burzę, albo przez niszczącą zarazę, kto ma ulec zadławieniu [...]"[103]. Kiedy doszedł do tego miejsca, wszyscy wyobraziliśmy sobie „zadławienie" jako pozbawienie nas życia w Treblince. Wszyscy płakaliśmy tak głośno, że kantor musiał przerwać śpiew i nie mógł kontynuować modlitwy. Tonęliśmy we łzach. Po siedmiuset latach miało to być jedno z ostatnich nabożeństw w Węgrowie[104].

Podobna scena rozgrywała się w domu innego żydowskiego świadka wydarzeń w Węgrowie, który zaraz po wspólnej modlitwie dowiedział się, że gdzieś w getcie szykuje się zbrojny opór, że ktoś gdzieś zgromadził 200 rewolwerów i na dany znak getto przystąpi do walki[105].

W chwili gdy Żydzi Węgrowa wznosili modlitwę *Unesane Tokef*, wokół Węgrowa zaciskał się pierścień złożony z funkcjonariuszy niemieckiej

---

Kirszenbauma, „Bezkarny mord na Żydach w Mińsku Mazowieckim") czy też w Bełżycy pod Lublinem (AYV, O.33/161, Relacja Chaima Gradela).

100 Szacharis (jid., hebr. szacharit) — pierwsza modlitwa poranna.

101 Musaf (hebr.) — druga modlitwa poranna, dodatkowa, odmawiana w szabat i święto.

102 Świadczymy głośno (hebr. wym. jid.) — jedna z modlitw musafu.

103 Fragment modlitwy, *Machzor czyli modlitwy Izraelitów na wszystkie święta*, cz. 2, tłum. Izaak Cylkow, Warszawa 1936, s. 429, 431.

104 Bielawski, *Ostatni Żyd z Węgrowa...*, s. 118–119.

105 Relacja Rotsztajna [brak imienia; inna forma nazwiska: Rotsztajn], „Grób braci" [w:] *Kehilat Wengrow. Sefer zikaron*, s. 108.

i polskiej policji oraz ukraińskich askarów. Pierścień ten zamknął się 22 września 1942 r. o godz. 4–5 rano. Węgrów, Sokołów i Stoczek zostały otoczone kordonem, w ten sposób, że poszczególnych policjantów dzieliło nie więcej niż sto metrów[106]. 22 września słońce wstaje około 6.15, lecz noc zaczyna blednąć już około 5 rano, zbliżający się do celu uczestnicy obławy mogli więc utrzymywać ze sobą kontakt wzrokowy. Co ciekawe, kordon wokół Węgrowa — przynajmniej dla Polaków — był półprzepuszczalny: o ile nikomu nie wolno było miasteczka opuścić, o tyle można było doń wejść, co było istotne dla mieszkańców pobliskich wsi spieszących na wtorkowy targ[107]. Jan Piechocki, Żyd na aryjskich papierach, właśnie tego dnia wczesnym przedpołudniem dotarł z Warszawy do Węgrowa: „na drodze stały furmanki, kręciły się kobiety z kobiałkami, gdzieniegdzie grupki chłopców. Coś się stało, o czymś radzą — ale o czym? Zagadnięty gospodarz wyjaśnił: «A, wyganiają Żydów z Węgrowa, wyciągnęli ich z domów na stadion, a teraz szukają ukrytych. Przez to zamknęli miasto, nie przepuszczają. Nie będzie targu»"[108].

Sekwencja wydarzeń w Węgrowie przypominała do złudzenia likwidację gett w innych miastach i miasteczkach dystryktów warszawskiego i lubelskiego. Jedyną zmianą w niemieckiej strategii było odejście od stosowanego jeszcze późną wiosną 1942 r. likwidowania poszczególnych gett na rzecz operacji obejmujących zasięgiem tego samego dnia przynajmniej cały powiat lub kreishauptmannschaft[109]. Można zaryzykować twierdzenie, że likwidacja gett odbywała się według spisanego, starannie przygotowanego skryptu, który z makabryczną regularnością powtarzał się w całym Generalnym Gubernatorstwie od wiosny do zimy 1942 r. W większych gettach,

106 Kordon był gęsty wokół likwidowanych gett; od strony aryjskiej posterunki stały zazwyczaj wzdłuż dróg.

107 Klem, *I wtedy przyszło najgorsze*, s. 42–44. Mimo trwającej akcji posterunki przepuszczały do miasta Polaków idących na znajdujący się daleko od getta targ. Po mieście — według relacji Klema — kręciły się grupki żołnierzy niemieckich i ukraińskich, dobijając się do drzwi, poszukując Żydów. Na małym placu (gdzie obecnie stoi liceum) Klem zobaczył stłoczoną masę ludzi — około 400 osób — Żydów pilnowanych przez żandarmów. Na placu przed bóżnicą znajdowała się druga, większa, grupa około 1000 osób. „[N]a pierwszym planie stał oficer z pistoletem w ręku, a przed nim młody Żyd. Coś mu tłumaczył, gestykulując, i w tym momencie oficer wystrzelił. Żyd upadł, a my poszliśmy dalej, do najbliższej knajpy. Tam przesiedzieliśmy do godzin popołudniowych, to jest do czasu, kiedy się dowiedzieliśmy, że już Polakom pozwalają wyjść z miasta" (*ibidem*, s. 43).

108 Jan Yohay Remetz [Piechocki], *Wspomnienia z lat 1939–1944*, Lublin: Werset, 2002, s. 116.

109 David Silberklang, *Gates of Tears. The Holocaust in the Lublin District*, Jerusalem: Yad Vashem, 2014, s. 308.

takich jak getto w Lublinie, proces likwidacji był bardziej skomplikowany, wielostopniowy, z podziałem na getto „A" i „B", z rozdawaniem „pieczątek życia", lecz koniec końców chodziło wyłącznie o usprawnienia mające na celu ułatwienie deportacji większej liczby ludzi[110].

Władysław Okulus[111], okupacyjny burmistrz Węgrowa, opisywał likwidację getta w następujących słowach: „Najpierw zabroniono im [Żydom] wydalać się z miasta. Napotykanych za miastem bez słowa zabijano. Chodziło o to, aby Żydzi nie robili sobie kryjówek w okolicznych lasach i nie rozchodzili się po okolicy. Po kilku miesiącach takiej izolacji wojsko niemieckie otoczyło cały Węgrów. Po wschodzie słońca niemiecki pierścień zaczął się zaciskać. Niemcy ze wszystkich stron kierowali się do środka miasta"[112]. Pochodzący z Jarnic (wieś oddalona od Węgrowa o 5 km) Harry Miller (wówczas Hersz Meier) o mającej nastąpić likwidacji dowiedział się około 5 rano z ust wystraszonego sąsiada. Getto było już otoczone, a po ulicy kręcili się umundurowani ludzie z bronią[113].

WĘGRÓW–SOKOŁÓW–STOCZEK,
WTOREK 22 WRZEŚNIA; GODZ. 6 RANO — 12 W POŁUDNIE

W tym samym czasie gdy Hersz Meier dowiadywał się o nadciągających askarach, nieznany z imienia Rotsztajn, do niedawna mieszkaniec Grębkowa, przesiedlony trzy tygodnie wcześniej do getta w Węgrowie, był również świadkiem narastającej paniki wśród jego mieszkańców[114]. Tuż przed likwidacją Żydzi usiłowali załatwić dla siebie (lub przynajmniej dla swoich dzieci) schronienie po aryjskiej stronie, głównie wśród znajomych chłopów w pobliskich wioskach; mało kto próbował szukać oparcia wśród Polaków mieszkających w samym miasteczku. Inną strategią przetrwania była ucieczka do jednego z pobliskich obozów pracy, które — jak ufano — oferowały pewien margines bezpieczeństwa. Obozy takie znajdowały się w pobliskim Korczewie, czy nieco dalej w Ostrowi Mazowieckiej, Mordach

110 Wstrząsający opis akcji likwidacyjnych w sąsiednim dystrykcie lubelskim można znaleźć w: *ibidem*, s. 281–285 i 306–310.

111 Władysław Okulus (1900–1979), nauczyciel, społecznik, działacz samorządowy i polityczny w Węgrowie i w okolicy.

112 AŻIH, 301/6043, Relacja Władysława Okulusa.

113 USC, VHA, 35694, Relacja Harry'ego Millera.

114 Relacja Rotsztajna [w:] *Kehilat Wengrow. Sefer zikaron*, s. 176.

i Mrozach. Opcja ta była z oczywistych względów dostępna jedynie dla ludzi dorosłych i w pełni sił. W przededniu likwidacji w getcie miał też się pojawić jakiś niemiecki oficer, zapewniając Żydów, że żadnej akcji nie będzie. Trudno powiedzieć, czy była to zwykła plotka, przejaw *wishful thinking*, czy też podjęta przez Niemców świadoma próba zasiania jeszcze większej konfuzji i fałszywej nadziei w umysłach mieszkańców. 22 września na odgłos pierwszych strzałów ogarnięci paniką Żydzi zaczęli się chować do wcześniej przygotowanych schronów. Przedstawiciele węgrowskiego Judenratu próbowali co prawda namawiać ludzi — z pomocą nielicznego kontyngentu policji żydowskiej — by stawili się „na zbiórkę do pracy" na placu targowym, ale nikt w getcie nie miał najmniejszych wątpliwości, że celem wysiedlenia jest Treblinka[115]. Zdecydowana większość, co do tego świadkowie są zgodni, usiłowała się ukryć. Z reguły były to próby skazane na niepowodzenie; w wynajdywaniu kryjówek Niemcy i Ukraińcy nie działali bowiem w osamotnieniu, uzyskali znaczną pomoc ze strony pewnej, choć trudno określić jak znacznej, części polskiej ludności Węgrowa. Według świadectwa Efraima Przepiórki, dodatkową zachętę stanowiło ćwierć kilo cukru, które Niemcy obiecali wydać polskim ochotnikom za każdego doprowadzonego Żyda[116].

Do domu, w którym chował się Fajwel Szraga Bielawski wraz z rodziną, Niemcy dotarli około 6 rano. Nie byli sami:

> Leżeliśmy jak sparaliżowani. Usłyszeliśmy głos naszego „przyjaciela" Mańka Karbowskiego[117], który mówił: — Przyniosę siekierę i je porąbię. — A po chwili rozległo się walenie siekiery w drzwi. — Te dranie Żydzi jeszcze śpią! — powiedział Maniek Niemcom. Kiedy drzwi puściły, Maniek z esesmanami weszli do środka. Żołnierze wrzeszczeli: „*Raus*!", przetrząsając sklep i piwnicę. Bębnili w deski podłogi, ale nikogo nie znaleźli. Niemcy wyszli, a mu leżeliśmy jak nieżywi[118].

Podobnie opisywała te chwile 18-letnia Cyla Rubenfeld: miasteczko otoczone zostało przez gestapowców, policje ukraińską oraz Schupo[119]. Część

115 *Ibidem*, s. 187.
116 *Ibidem*, s. 152.
117 Karbowski — sąsiad Bielawskich.
118 Bielawski, *Ostatni Żyd z Węgrowa...*, s. 122.
119 BAL, B 162/ 6843, Zeznanie Cyli Rubenfeld z Węgrowa, k. 61–64.

Żydów pochowała się w bunkrach, które jednak stopniowo wpadały w ręce niemieckich, ukraińskich i polskich tropicieli[120].

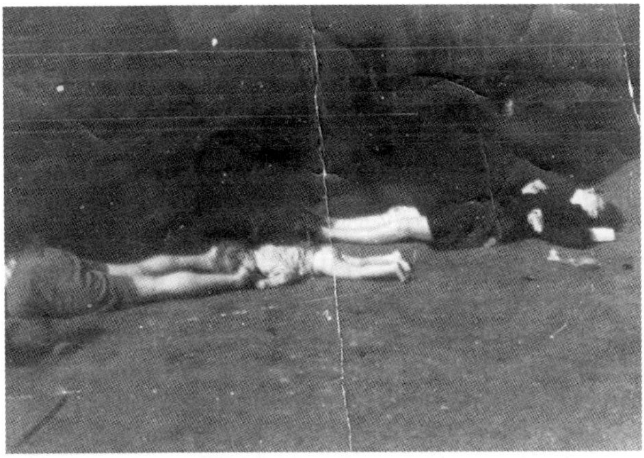

Zabici Żydzi, w tym dziecko — akcja w Węgrowie, wrzesień 1942 r. (GFH, 7105)

Od samego rana trwały prowadzone z niesłychaną brutalnością przeszukania, a ulicami getta pędzono na plac targowy tysiące przerażonych ludzi: „Żydzi, zbudzeni straszliwą wieścią, nieuczesani, byle jak ubrani, biegali po mieście jak szaleni w poszukiwaniu kryjówek" — pisał Władysław Okulus. Na plac targowy pędzono ludzi zdolnych do dalszej wędrówki; starców i osoby chore rozstrzeliwano na miejscu bądź na pobliskim kirkucie. Masowo zabijano też małe dzieci i kobiety w ciąży. W akcji likwidacyjnej wziął nawet udział kilkunastoletni syn Müllera (dowódcy węgrowskiego posterunku Schupo), którego widziano, jak ubrany w mundur Hitlerjugend mordował Żydów.

Równocześnie z Węgrowem dopełniał się los pobliskiego Sokołowa. Sama „akcja", polegająca na wyważaniu drzwi do żydowskich domów, mordowaniu opornych, szukaniu kryjówek oraz spędzaniu znalezionych Żydów na centralny plac zbiorczy, zaczęła się około 6 rano. Paul Thurm, szef Centrali Handlu Produktami Rolnymi (Kommissar der landwirtschaftlichen Kreishandelgenossenschaft) w Sokołowie Podlaskim, któremu podlegały cztery polskie towarzystwa handlowe położone na terenie okręgu — w Sokołowie,

120 USC, VHA, 26871, Relacja Perli Orenstein [Bruner].

Węgrowie, Kosowie i Łochowie[121] – jak zwykle rano udawał się do pracy. Drogę do oddalonego o 5 km Sokołowa pokonywał służbowym autem, kierowanym przez polskiego szofera, niejakiego Raciborskiego. Do miasta przyjechali około 7 rano:

> Na moje codzienne pytanie: „co tam nowego w mieście?", odparł on [Raciborski] jakoś tak: „O, tak, dziś w mieście ciągle strzelają, mają wybić wszystkich Żydów!". W drodze widziałem, jak z ulic strzelano do Żydów, którzy usiłowali ratować się ucieczką dachami. Z okien biura widziałem też oddalone o 100 metrów getto. Wyszedłem z biura na balkon i widziałem, jak Żydów spędzano na rynek. Przez cały dzień stali na tak zwanym małym placu Targowym w getcie. Żydzi, którzy próbowali uciekać, zostali zabici. Z tego, co wiem, starych i chorych Żydów, którzy nie mogli chodzić, zastrzelono w łóżkach [...][122].

Wśród Niemców biorących osobiście udział w akcji likwidacyjnej w Sokołowie szef Centrali Handlowej Produktów Rolnych zauważył samego kreishauptmanna obersturmbannführera SS Ernsta Gramssa, jego zastępcę dr. Klausa Hermanna oraz szefa miejscowego Gestapo Schrödera. Szabtaj Grünberg[123] również był świadkiem likwidacji sokołowskiego getta: „getto zostało otoczone SS-manami, Schutzpolicjantami i Polską Policją granatową. Ok. godziny 7 rano do mieszkań żydowskich wchodzili SS-mani i wyprowadzali Żydów na mały rynek". Grünberg zdołał się ukryć w bunkrze, lecz zginęła wówczas jego rodzina.

WĘGRÓW, OD POŁUDNIA DO GODZ. 17

Nie wiemy, czego doświadczali Żydzi spędzeni na plac zbiorczy – z samego placu nie zachowała się żadna relacja, a Niemcy i Polacy wówczas tam obecni z oczywistych względów woleli tego tematu nie poruszać. Zachowała się jednak relacja spisana przez Aarona Elstera, żydowskiego chłopca,

---

121 BAL, B 162/6843, Protokół przesłuchania [Vernehmungsniederschrift] Paula Thurma, 8 VI 1967 r., k. 48–52. Thurm pełnił funkcję kreisstellenleitera, a przysługiwał mu stopień „polityczny" [*politische Dienstgrad*] oberscharführera SS.

122 *Ibidem.*

123 BAL, B 162/6843, Zeznanie Szabtaja Grünberga złożone 28 III 1962 r., k. 32–33.

czekającego na śmierć w tłumie Żydów spędzonych tego samego dnia na rynek w Sokołowie:

> Dwóch Polaków wlecze z powrotem na rynek ciemnowłosą kobietę, która uciekła z getta, a teraz szarpie się z nimi, walczy o życie. Zasłaniam twarz rękami, ale przez palce widzę, jak się opiera, próbuje czepiać się ziemi, kopie, okłada Polaków pięściami — wszystko nadaremnie. Dowlekają swoją ofiarę do gestapowca, który mierzy do nas z karabinu maszynowego. Gestapowiec ma czarne oficerki i ciemny mundur. Chwyta ją za włosy, każe wybierać, czy woli umrzeć na miejscu, czy trafić do Treblinki. Kobieta pada na ziemię, żebrze litości. Gestapowiec tak zanosi się śmiechem, że aż głowę odchyla do tyłu. Mówi kobiecie, że za długo zwlekała z decyzją, odpycha ją kopniakiem i strzela jej w głowę. Okrzyki przerażenia, które wypełniają rynek, mieszają się ze śmiechem gestapowca i jego ukraińskich sługusów[124].

Jeżeli chodzi o sytuację panującą około południa na rynku w Węgrowie, to — choć nie mamy relacji bezpośrednich uczestników wydarzeń — dysponujemy wspomnieniami tych, którzy obserwowali dramat niejako „z pierwszych rzędów". Był wśród nich Władysław Wójcik, mieszkaniec Liwa, odznaczony po wojnie medalem Sprawiedliwego, który na wieść o trwającej likwidacji wcześnie rano dotarł do Węgrowa:

> około godziny 12 w południe znalazłem się wreszcie w centrum miasteczka, mianowicie na samym rynku. Jak się osobiście przekonałem, dojście do centrum miasta nie przedstawiało żadnych trudności, w związku z czym na trotuarach zgromadziło się wiele osób mieszkających po stronie aryjskiej. Aby mieć lepszą widoczność, stanąłem na schodach jakiegoś budynku, który znajdował się naprzeciw budynku kościelnego (kościół katolicki). Co chwila dolatywały do mnie od strony dzielnicy żydowskiej strzały karabinowe i rewolwerowe, co chwila dolatywały do mnie krzyki oraz jęki umierających, rozstrzeliwanych. Ponieważ rynek miasteczka znajdował się obok getta, strzelanina i jęki mordowanych doprowadzały nas, patrzących, do rozpaczy. Natychmiast po znalezieniu się na rynku spostrzegłem, że cały rynek otoczony jest przez żandarmerię oraz przez najmitów ukraińskich,

124 Aaron Elster, *Ocalony z Zagłady. Wspomnienia chłopca z Sokołowa Podlaskiego*, tłum. Elżbieta Olender-Dmowska, oprac. Barbara Engelking, Jan Grabowski, Warszawa: Stowarzyszenie Centrum Badań nad Zagładą Żydów, 2014, s. 64.

zaś w środku tego pierścienia zauważyłem parę tysięcy Żydów, mężczyzn, kobiety oraz starszą młodzież, którzy siedzieli na bagażu lub na kamieniach. Co chwila doprowadzano ludność polską pochodzenia semickiego od strony getta[125].

Według tego samego świadka, dzieci, starców i kobiety ciężarne mordowano na miejscu, czasem na pobliskim cmentarzu.

Dziecko żydowskie zabite podczas akcji likwidacyjnej w Węgrowie (GFH, 7106)

Henryka Grabowska, młoda wówczas dziewczyna, była świadkiem spędzania Żydów na rynek. Towarzyszyły temu okropne sceny, rozgrywające się na oczach wszystkich mieszkańców — zarówno Polaków, jak i Żydów:

Wyszłam po wodę. Żandarm nazwiskiem Gil [przypuszczalnie Giler lub Goler z posterunku Schupo w Węgrowie — J.G.] i dwóch z tak zwanych własowców ukraińskich wyprowadziło kobietę z małym dzieckiem pod drzewo. Na oczach matki wzięli dziecko za nóżki i bagnetem w brzuszek, a matkę rozstrzelali. Tego przeraźliwego krzyku nie zapomnę do końca życia. I tej

125 AYV, Kolekcja różnych relacji, dzienników i wspomnień, O.33/1066, Relacja Władysława Wójcika. Relację tę, spisaną w 1961 r. w Nowym Jorku, należy traktować z ostrożnością. Autor wielokrotnie się myli, ubarwia własne osiągnięcia „pomocowe", a podane daty są często błędne, np. likwidację getta węgrowskiego datuje na wiosnę 1943 r. Mimo wielu zastrzeżeń opis likwidacji Węgrowa zasługuje na wiarę, z tym że Wójcik konsekwentnie pomija w nim udział polskich uczestników wydarzeń.

sceny [...]; widziałam jeszcze jedną zabitą kobietę. Leżała na ulicy, a obok niej dwoje dzieci. Jedno z nich miało rozbitą głowę i płakało — „mama"[126].

Jeżeli już mowa o Gilerze, to o jego mordach w dniu likwidacji pisał też Bielawski:

> [Restaurator] Fiszel [Chudzik] wykopał kryjówkę dla rodziny pod podłogą swego domu. Kiedy zrobiło im się zbyt niewygodnie i ciasno leżeć pod podłogą, Fiszel wykradł się w nocy do pobliskiej wioski, w poszukiwaniu nowego ukrycia. [...] zanim Fiszel wrócił, Polacy przeczesali dom i znaleźli jego żonę Tojbe i dziewczynki. Wezwali Gillera, który przyszedł i wywlókł tę czwórkę przed budynek. To było blisko naszego sklepu i słyszeliśmy każde słowo. Dzieci płakały i błagały Gillera: — Herr Giller, niech pan nam pozwoli żyć! Pan nas zna. Pan nam dawał czekoladę. Pan się z nami bawił. Pan nas lubił! Niech pan nam pozwoli żyć. Prosimy, niech pan nam pozwoli żyć! Giller wrzasnął: — Szybciej, szybciej! Najstarsza z dziewczynek powiedziała do matki: — Ja chcę jeszcze trochę pożyć. A matka odpowiedziała z goryczą: — Nie, nie będziesz żyła, bo nie ma dla ciebie miejsca na tym świecie! Dzieci krzyczały i płakały, kiedy je pędzono na rynek. Kilka sekund później usłyszeliśmy strzały, potem wszystko ucichło[127].

Według cytowanego wcześniej burmistrza Okulusa, ludność miasta w tych tragicznych godzinach podzieliła się na trzy „prawie wrogie" grupy: „Grupa pierwsza, najliczniejsza, nie tylko okazywała Żydom współczucie, ale pospieszyła z pomocą w postaci ukrywania ich i dostarczania żywności, choć groziło to śmiercią. [...] Drugą grupą były elementy faszyzujące, które choć nie współdziałały z wrogiem, wyrażały aprobatę i okazywały zadowolenie"[128]. Natomiast trzecia grupa węgrowian, której zachowanie obszerniej omówię dalej, włączyła się bezpośrednio w niemieckie działania eksterminacyjne. Szraga Fajwel Bielawski, który na wieść o likwidacji schował się w przemyślnie urządzonym bunkrze przygotowanym wcześniej we

---

126 Henryka Grabowska, *Wojna nam zabrała dzieciństwo i młodość* [w:] *Żydzi w Węgrowie*, s. 33. Inną relację Grabowskiej można znaleźć w tomie 1 serii „Listy Węgrowskie" (*Życie codzienne w czasie wojny i okupacji 1939–1945. Wspomnienia*, oprac. Wolfgang W. Ronge, Wiesłae Theiss, Węgrów: Stacja Badawcza UW, 1990, s. 29–34).

127 Bielawski, *Ostatni Żyd z Węgrowa...*, s. 128–129.

128 *Ibidem*, s. 14.

własnym domu, słyszał, co działo się na ulicy wiodącej na rynek: „Krzyki Żydów mieszały się z wrzaskami Niemców i śmiechem Polaków. Dzieci wołały do swoich matek: «Mama, ja nie chcę umrzeć! Ja nie chcę umrzeć!». Wszyscy wiedzieli, dokąd ich zawiozą i co się tam z nimi stanie. Przez cały dzień esesmani z ochoczą pomocą Polaków ładowali Żydów na otwarte ciężarówki, które odjeżdżały w stronę Treblinki"[129].

Żydzi wyciągnięci z bunkrów na terenie getta w Węgrowie podczas akcji likwidacyjnej, 22 września 1942 r. (GFH, 7110)

W akcji tropienia Żydów szczególnie niebezpieczni (a może szczególnie widoczni?) byli młodzi, kilkunastoletni chłopcy, którzy uganiali się po mieście, szukając kolejnych ofiar i wydając je w ręce Niemców. W dniu likwidacji getta 20-letnia Renia Lipska znalazła się na ulicy, rozpaczliwie poszukując kryjówki. Gdy próbowała uciec z miasta (miała zamiar przedostać się do Julagu w Mordach), wpadła na grupę wyrostków. Jednego z nich, 14-latka, enigmatycznie określiła w powojennej relacji jako „najgorszego człowieka, jakiego spotkała w życiu". Z rąk tej grupy młodocianych łapaczy wyzwolił ją przypadkowo przechodzący w pobliżu nauczyciel, który przekonał członków bandy, że schwytana dziewczyna jest Polką. Niemniej kazał jej z miejsca uciekać, gdyż młodzi ludzie pobiegli po policję[130]. Niektórzy młodzi ludzie

129 *Ibidem*, s. 123.

130 USC, VHA, 13697, Relacja Reni Lipskiej-Micznik.

uczestniczący w niemieckiej nagonce nie tylko łapali, lecz także mordowali Żydów. Jednym z nich był 17-letni Edward Witecki, który pomagał żandarmom wyszukiwać żydowskie schrony, a czasem sam brał udział w zabijaniu ofiar. W dniu likwidacji około godz. 14 żandarm określany jako „Hans" postrzelił uciekającego Żyda w pachwinę, po czym oddał karabin Witeckiemu i polecił mu dobić leżącego na ulicy człowieka. „Witecki podszedł do niego i chciał mu strzelić od przodu w głowę, więc żydziak nie mógł patrzeć, tylko kilkakrotnie się okręcał, a Witecki mu zachodził, aż mu się to sprzykrzyło się zachodzić i strzelił z karabina do niego w głowę z tyłu — zeznał po wojnie jeden ze świadków zdarzenia — to ja to wszystko naocznie widziałem, ponieważ to działo się na moim podwórzu, i od początku wszystko widziałem[131]". Podobne wspomnienia z tego dnia miał również krawiec Sewek Fiszman, który był świadkiem wielu okrucieństw popełnianych na węgrowskich Żydach[132]. Według Fiszmana w obławach i w przeszukiwaniach w getcie poza ochotnikami rekrutującymi się spośród gawiedzi przodowali policjanci granatowi oraz strażacy. W pewnym momencie schwytali jego żonę i — gdy nie była w stanie dość szybko ściągnąć kolczyków — próbowali obciąć jej uszy. Uciekającej parze towarzyszył, jak opowiadał po wojnie Fiszman, śmiech stojących wokół gapiów. W pewnym momencie Fiszman ujrzał Małkę, żonę zaprzyjaźnionego krawca z Węgrowa. Mąż Małki został już wcześniej zabity, a teraz Małkę pędzono na miejsce egzkucji, na kirkut. Ze swojej kryjówki Fiszman był świadkiem następującej sceny: „Polacy wołali: «oddaj nam swoje buty!». A ona na to: «nie chcecie poczekać, aż mnie zabiją?»; na to Niemiec kazał jej zdjąć buty. No to ona spoliczkowala Niemca i zabili ją koło pompy. I wtedy Niemiec powiedział do Polaków — «teraz weźcie sobie jej buty»"[133].

Spędzaniu Żydów na rynek towarzyszyła palba karabinowa; grupy Niemców, Ukraińców i Polaków przeczesywały żydowskie domy w poszukiwaniu kryjówek, a część członków Liquidierungskommando dokonywała masowych egzekucji na cmentarzu żydowskim. Z godziny na godzinę na rynku węgrowskim gęstniał tłum czekających na najgorsze mieszkańców getta. W końcu wczesnym popołudniem polskie władze miejskie otrzymały od Niemców polecenie usunięcia zwłok pomordowanych z ulic i chodników oraz nakaz podstawienia przed wieczorem podwód. Wykonanie obu zleceń powierzono polskiemu burmistrzowi Węgrowa, ten zaś obawiał się, że nie

131 AIPN, GK 317/144, Zeznanie świadka Stanisława Raczko, 23 V 1949 r., k. 26–27.

132 USC, VHA, 18608, Relacja Sewka Fiszmana.

133 *Ibidem*.

uda mu się zmusić nikogo do tak koszmarnej pracy. Był w błędzie: „Nim wyszedłem z biura na miasto, aby zorientować się w sytuacji i wydać konieczne polecenia, usuwanie trupów już się odbywało. Były furmanki i byli ludzie. Zgłaszali się do tej roboty ochotniczo i z własnej inicjatywy. Nasze hieny węszyły żer w postaci żydowskiej odzieży, obuwia i możliwości znalezienia pieniędzy przy zabitych"[134]. Równocześnie magistrat miasta Węgrowa wysłał na miejsce furmankę, którą powoził woźny magistratu. Trupy zabitych podczas akcji Żydów ładowano na furmankę, a potem odwożono na kirkut. „Moi znajomi, którzy byli osobiście na cmentarzu żydowskim, którzy widzieli, jak się zakopuje razem trupów z żywymi jeszcze ludźmi, których niektórzy grabarze dobijali łopatami czy kamieniami, mieli łzy w oczach"[135].

Dla ludności żydowskiej, jak pisał po wojnie burmistrz Okulus, „była to tragedia biologiczna, dla ludności polskiej — moralna. Rozmiary tej tragedii moralnej były oczywiście niewymierne, ale jej skutki — zastraszające". Przykład dla wspomnianych przez Okulusa „hien" szedł z góry, od Niemców, zarazem jednak ze strony członków węgrowskiej Ochotniczej Straży Pożarnej oraz dobrze znanych wszystkim w miasteczku funkcjonariuszy PP. Strażacy pod wodzą komendanta Wincentego Ajchla zjawili się w mundurach na terenie likwidowanego getta: „rzucili się jak sfora myśliwskich psów na zwierzynę. Od tej chwili do końca akcji «pracowali» razem z Niemcami, a jako miejscowi i strażacy czynili to lepiej od Niemców". Komendant straży cały dzień nosił ze sobą coraz to cięższą teczkę, do której składano zdobyte na Żydach kosztowności; strażacy zamierzali się nimi podzielić po całodziennej „pracy". Nie brakowało też ochotników do kopania grobów oraz do zakopywania ofiar masowych mordów. „Poszli ochotniczo do tej roboty, aby zdzierać z trupów odzież i obuwie. Spodziewano się i pieniędzy. Nawet złote koronki z zębów ściągano różnymi narzędziami. Z tego powodu nazwano ich w Węgrowie «dentystami». «Dentyści» sprzedawali swój towar przy pomocy różnych pośredników. Gdy jednemu z tych pośredników, który był urzędnikiem sądowym z przesiedlonych, powiedziano, że na tym złocie jest ludzka krew, odpowiedział: «nic podobnego, sam je dokładnie oczyściłem»" — pisał burmistrz Okulus.

---

134 AŻIH, 301/6043, Relacja Władysława Okulusa.
135 AYV, O.33/1066, Relacja Władysława Wójcika, s. 32.

LIKWIDACJA GETTA W STOCZKU. WTOREK 22 WRZEŚNIA 1942 R. OD GODZ. 17 DO PÓŁNOCY

Trzecia akcja likwidacyjna na terenie kreisu nastąpiła tego dnia w Stoczku Węgrowskim, położonym 12 km na północny zachód od Węgrowa, w pół drogi do Łochowa. Było to małe getto, w przededniu likwidacji liczące około 1500 mieszkańców. Podobnie jak w Sokołowie i Węgrowie, akcja w Stoczku rozpoczęła się wcześnie rano, jeszcze przed świtem. Według młodziutkiej Diny Rubinstein (przesiedlonej kilka tygodni wcześniej z pobliskiego Sadownego), o czwartej nad ranem miasteczko zostało otoczone przez niemiecką i polską policję. Żydów wyciągano z domów i pędzono na rynek[136]. Akcja w Stoczku była równie krwawa i brutalna jak te trwające równocześnie w sąsiednich gettach kreishauptmannschaftu Sokołów. Po krótkim postoju na rynku zgromadzonych Żydów popędzono dalej, w kierunku Węgrowa, a potem Sokołowa. Wszystkich niezdolnych do szybkiego marszu rozstrzeliwano po drodze. Wedle wiarygodnych szacunków, w trakcie likwidacji getta w Stoczku zamordowano około 200 osób[137].

W Stoczku znaleźli się również wysiedleńcy z pobliskiego Łochowa (Baczków), z których część ratowała się wówczas ucieczką na aryjską stronę, przeważnie do lasu. Równocześnie z akcją w getcie w Stoczku żandarmeria z Łochowa (Budzisk) — pod dowództwem wspomnianego wcześniej Tedsena — dokonała obław na ukrywających się Żydów[138]. Do przeczesywania terenu spędzono okolicznych chłopów. Jedna z obław odbyła się we wsi Brzuza[139]. Pewną przyłapaną przez Tydsena Żydówkę komendant posterunku żandarmerii zabił osobiście przy drodze, a „w domu Cygana znaleziony w łóżku Żyd nieznany, ponieważ nie chciał wyjść z łóżka, został zastrzelony w łóżku przez innego żandarma z Budzisk". Liczba ofiar trwającego przez cały dzień polowania na uciekających Żydów była znaczna, gdyż świadkowie mówili o rozstrzelaniu na terenie cegielni, tuż za posterunkiem, ponad

---

136 AYV, M.1E/2450, Relacja 12-letniej Diny Rubinstein ze Stoczka („Ein Jüdisches Kind erzält"), spisana w obozie dla dipisów w 1946 r. „Spaliśmy głębokim snem, gdy do pokoju wpadł niemiecki żołnierz i wyciągnął nas z łóżek. Kiedy matka chciała przygotować jedzenie na drogę, żołnierz krzyknął: «Das ist nicht nötig, ihr braucht schon überhaupt nichts mehr zu essen» [„nie trzeba, wam jedzenie jest już do niczego niepotrzebne!"].

137 BAL, B 162/6843, t. 7.

138 BAL, B 162/6846, Zeznanie świadka Stanisława Oniska.

139 Miejscowość znajduje się w dorzeczu dwóch rzek: Liwca i Bugu.

70 ofiar. Wedle jednego z nich, do Budzisk zwożono cały dzień partiami schwytanych Żydów, wiązano im ręce drutem kolczastym, a następnie rozstrzeliwano ich z karabinów maszynowych: „Egzekucje odbywały się z polecenia komendanta Tedsena i jego zastępcy Prossa i w ich obecności. Przeważnie strzelał żandarm Fredek Hardmann"[140]. W pamięci miejscowych Polaków od wymordowania Żydów dużo wyraźniej utrwaliło się morderstwo popełnione wkrótce potem przez żandarmów na dwóch Polakach. Żandarmeria wyznaczyła wówczas sześciu chłopów na wartowników, by strzegli pustych domów pożydowskich w Baczkach przed kradzieżą. Kilka dni później strzeżone przez chłopów domy zostały obrabowane; wartowników zaaresztowano, a dwóch rozstrzelali żandarmi w polu, tuż za wioską, w Budziskach. Czterech pozostałych musiało wykopać dół dla swoich kolegów, a następnie pochować ich ciała. Całą operacją odwetową znów dowodził dowódca posterunku Tedsen[141].

Akcja w Stoczku odbyła się przy współudziale polskiej policji granatowej i Ochotniczej Straży Pożarnej. Udział strażaków w zbrodniach niemieckich odnotowała nawet centralna prasa podziemna[142]. W „Biuletynie Informacyjnym" z 22 października 1942 r. została opublikowana następująca notatka dotycząca likwidacji podwarszawskich gett:

> przeprowadzono mordowanie i wywożenie Żydów w Wołominie, Stoczku, Węgrowie, Radzyminie, Jadowie, Siedlcach. Z różnych stron nadchodzą wiadomości o masowym mordowaniu Żydów, lecz żadne z nich nie są tak straszne, jak to, co nam donoszą z Wołomina i Stoczka. Straż pożarna w Wołominie i męty społeczne spośród ludności Stoczka, które brały czynny udział w akcji niszczenia Żydów, zyskały sobie fatalną kartę w historii, dopomagając w zbiorowym mordzie, wyszukując ukrywających się i przodując w grabieży.

Biuletyn „Informacja Bieżąca" donosił zaś o wydarzeniach towarzyszących likwidacji getta w Stoczku: „w wysiedleniu Żydów 24 x haniebny udział

140 BAL, B 162/6846, Zeznanie świadka Feliksa Charasima, b.p.

141 *Ibidem*, Zeznanie świadka Henryki Malskiej, 12 VII 1947 r., b.p.

142 Podobnie działo się w innych dystryktach GG. Aron Sztarkman w następujących słowach opisywał likwidację Opatowa: „Biorą udział: żandarmeria, policja pomocnicza, karna ekspedycja, granatowa policja, straż pożarna. Nawet straż uczestniczy w żydowskiej śmierci! Pojawiają się we wszystkich zakamarkach" (AŻIH, 302/108).

wzięła polska Straż Ogniowa, wyciągając ich z mieszkań, rabując mienie. Katowskie pachołki doczekały się pochwały od niemieckiego Starosty"[143].

Poza doniesieniami prasy podziemnej sporo informacji o udziale strażaków w akcji likwidacyjnej w Stoczku przynoszą powojenne akta dochodzeniowo-sądowe. Choć — co trzeba podkreślić — zeznający kilka lat po wydarzeniach świadkowie nie byli pewni, czy główną rolę odgrywali podczas pacyfikacji getta sami strażacy (pojawiający się w hełmach), czy też członkowie orkiestry strażackiej, występujący w rogatywkach. Jeden z nich zeznawał: „w Stoczku mieszkałem w czasie okupacji. Zamkniętej dzielnicy żydowskiej w Stoczku nie było. Byłem w czasie wyłapywania Żydów w Stoczku — wyłapywali Żydów Niemcy, pomagali im strażacy w rogatywkach"[144]. Inny świadek obok strażaków i niemieckich żandarmów odnotował obecność granatowej policji.

W Stoczku, tak jak gdzie indziej, niektórzy Żydzi salwowali się w dniu akcji ucieczką na wieś, lecz tam również czekali na nich łapacze. Anastazja Karapata, mieszkająca pod Stoczkiem, była świadkiem interwencji strażaków:

> Stałam na drodze, w tym czasie widziałyśmy członków Ochotniczej Straży Pożarnej ze Stoczka, wieźli ob[ywateli] polskich narodowości żydowskiej; ob[ywatelkę] Fajgę wraz z jej synem i córką do Stoczka. Gdy się znajdowali naprzeciwko nas, to ta żydóweczka krzyknęła do mojej siostry: „kochana pani Witkowska, ratuj mnie!!", na co siostra odpowiedziała, „jak ja mogę ratować?". Na co jeden ze strażaków nazwiskiem Janiszewski Władysław krzyknął na moją siostrę: „odejdź od niej!", na co siostra się zawróciła i poszła do domu, a ci strażacy powieźli tych żydków do Stoczka i oddali w ręce niemieckiej żandarmerii, która tych żydków zaraz rozstrzelała na kerkucie [*sic*!], czyli na cmentarzu żydowskim[145].

Inni świadkowie mówili wprost o mordach dokonywanych w czasie akcji przez strażaków na Żydach[146]. Stoczek to bardzo mała miejscowość, gdzie

---

143 „Biuletyn Informacyjny", 22 X 1942, cyt. za: Dariusz Libionka, *Polska konspiracja wobec eksterminacji Żydów w dystrykcie warszawskim* [w:] *Prowincja noc...*, s. 453; „Informacja Bieżąca", 23 X 1942, nr 39, cyt. za: *ibidem*, s. 454.

144 AIPN, GK 318/134, Zeznanie Józefa Burczaka (ur. 1876), 21 VI 1951 r., k. 8.

145 *Ibidem*, Przesłuchanie Anastazji Karapaty, 11 IV 1950 r., k. 102.

146 *Ibidem*, Zeznanie świadka Wacława Zapiska, 11 IV 1950 r., k. 104–106. „Słyszałem, jak w czasie kłótni, kiedy to pokłócił się Flak z Figlerem, to Flak wykrzykiwał Figlerowi: «ty, bracie, lepiej się uspokój, bo ze mną to nie jest tak jak z żydami, których strzelałeś»".

trudno cokolwiek zataić przed sąsiadami. Los Żydów, którzy usiłowali się ukryć w samym miasteczku, był ze względu na prowadzoną przez miejscowych nagonkę przesądzony. Tomasz Figler, jeden ze strażaków wcześniej biorących udział w łapaniu Żydów, zaraz po deportacji zaczął wyszukiwać kolejne ofiary na własną rękę i na własny rachunek. Mieszkaniec Stoczka zeznawał po wojnie:

> Pamiętam, że po likwidacji żydów w Stoczku u wdowy Kurkowej w Stoczku ukrywało się cztery żydówki, których nazwisk nie pamiętam, i wtedy to przyszedł do mnie Tomasz Figler, jak ja stałem na rynku w Stoczku, i zaczął mnie namawiać, żeby tam pójść do żydówek, na co ja się zgodziłem i poszedłem z nim razem do tych żydówek. Gdy przyszliśmy do tej wdowy Kurkowej, to on kazał jej natychmiast otworzyć i nas wpuścić, gdy ona nas wpuściła, to Figler poszedł do pokoju, gdzie spały te żydówki, i zaraz wziął jedną żydóweczkę, która miała około 16 lat, i poszedł z nią pod szopę i tam pod szopą ją zgwałcił, na co ja się sam przyglądałem. Gdy ja mu zwróciłem uwagę, że nie powinien tego robić, to on się wcale nie odezwał, tylko w dalszym ciągu gwałcił tę żydówkę. Po zgwałceniu żydówki puścił ją do domu, a sam poszedł na wieś [...][147].

Dwóch innych strażaków ze Stoczka, Władysław Janiszewski i Wacław Zasłonka, uczestniczyło w grzebaniu zamordowanych podczas akcji na cmentarzu[148]. W czasie jednego z wypadów na kirkut Janiszewski zobaczył zwłoki Żydówki: „zdjąłem trupowi kolczyki i pierścionek i oddałem je komendantowi (policji granatowej) Pawłowskiemu, a za to otrzymałem pozwolenie zatrzymania dla siebie butów zdjętych z nóg trupa zabitej żydówki. W butach tych — dodał strażak Janiszewski — chodziła później moja żona"[149]. Innym razem strażacy powalili szpadlem rannego Żyda, który wydobywszy się z grobu, usiłował uciec z miejsca kaźni. W Stoczku, tak jak i w Węgrowie, również pojawił się motyw miejscowych „dentystów". Wcześniej wspomniany Janiszewski zauważył raz: „obok trupa leżała szczęka kauczukowa

147 *Ibidem*, Zeznanie świadka Józefa Burczaka (ur. 7 III 1886, zam. w Stoczku), 13 IV 1950 r., b.p.

148 Według Stanisława Trajana, podsołtysa Stoczka w owym czasie, „Łazanka skierowanym był do zakopywania trupów, gdyż był strażakiem [podkreślenie moje — J.G.]" (AIPN, GK 317/100, k. 40).

149 *Ibidem*, Zeznanie Władysława Janiszewskiego, k. 38.

[zapewne chodziło o protezę — J.G.] ze złotą koronką, od której szpadlem odrąbałem koronkę i schowałem do kieszeni". „Dentysta" koronkę zgubił, gdyż, jak to wyjaśniał po wojnie podczas rozprawy: „miałem dziurę w kieszeni"[150].

Nie udało mi się odnaleźć ani jednego Żyda, który przeżyłby niemiecką okupację ukryty w samym Stoczku. Instytut Yad Vashem przyznał co prawda medal Sprawiedliwego rodzinie Radzymińskich mieszkającej pod Stoczkiem, w „domku pod lasem", ale nawet w ich wypadku pomoc Żydom świadczono na odległość, donosząc żywność ukrywającym się w pobliskim lesie. Próby przechowywania 12-letniej Żydówki w domu Radzymińskich skończyły się — w obliczu ciągłych rewizji i donosów — fiaskiem.

OPÓR

Trudno znaleźć odpowiedź na pytanie, jak reagowali żydowscy mieszkańcy Węgrowa na likwidację getta. Na pewno nie ma sensu formułowanie jakichkolwiek uogólnień. Bez wątpienia, co wynika z wcześniej cytowanych relacji, przeważały wielki strach i przerażenie, przemieszane z jednostkowymi gestami rozpaczy i beznadziejnego oporu. Przytaczane w Księdze pamięci Węgrowa plotki o „setkach rewolwerów" przyszykowanych do obrony można włożyć między bajki. O ile przerażeni, głodni, bezbronni i niezorganizowani ludzie nie byli w stanie stawić czoła niemieckiej, ukraińskiej i polskiej policji i ich nieumundurowanym pomocnikom, o tyle walka o przeżycie toczyła się od pierwszej chwili akcji aż po ostateczną zagładę żydowskiego Węgrowa. Pierwszą, a często i ostatnią, linią obrony były schrony i bunkry, które w wielu wypadkach (co dotyczy choćby cytowanego kilkakrotnie Bielawskiego) pozwoliły Żydom przeczekać w ukryciu nawet kilka tygodni, a potem — korzystając z osłabionej uwagi prześladowców — opuścić miasto. Ucieczka na aryjską stronę była rzeczą trudniejszą, lecz w dniu akcji wiele osób, które dotąd się wahały, podjęło tę dramatyczną decyzję. Często wiązało się to z wysyłaniem samych dzieci pod opiekę wcześniej umówionych opiekunów, rodzice natomiast zostawali w likwidowanym getcie. Dochodziło również do bardziej zorganizowanych przejawów walki, takich jak masowa ucieczka młodych ludzi z kolumny pędzonej szosą w kierunku Sokołowa — o czym wspominał w pamiętniku burmistrz Okulus. Odnotowano też

150 *Ibidem*, k. 38v.

wiele przypadków beznadziejnego, płynącego z desperacji i najczęściej zakończonego tragedią, oporu „ewakuowanych". W Księdze pamięci Węgrowa odnotowano kilka takich sytuacji, trudno jednak uzyskać ich potwierdzenie w innych źródłach[151]. Na przykład Michał Zibica wraz z żoną zabarykadowali się w domu i zaczęli strzelać do Niemców, ci zaś w odpowiedzi mieli spalić dom wraz z jego mieszkańcami. Szmuel Halbersztat także stawił opór Niemcom i został zabity na miejscu. Podobny był los rodziny Naparstków oraz Chaima-Leiba Steinberga, zastrzelonego razem z synową i z wnukami.

Ostatnim aktem oporu były ucieczki z wagonów jadących w stronę Treblinki. Zachowała się relacja dziewczynki wywiezionej z Węgrowa, która ocalała właśnie w ten sposób. Dina Rubinstein znalazła się w dużej grupie węgrowskich Żydów, których dowieziono furmankami do Sokołowa, na stację kolejową. Na stacji wszystkich załadowano do wagonów wysypanych chlorkiem wapnia, duszącym i wywołującym pieczenie oczu. W czasie upychania ludzi w wagonach doszło do kolejnych mordów — najczęściej dzieci, które odłączyły się od rodziców. W wagonie panował nieopisany ścisk: „a ponadto pociąg stał, i stał, i stał, i dopiero po całym dniu ruszył z miejsca. Pragnienie było torturą"[152] — pisała rok po wojnie młoda Rubinstein. W drodze mężczyźni zaczęli wyrywać deski z burty wagonu i ludzie skakali na tory. „Dalej trwały poszukiwania Żydów [...] nigdy bym nie uwierzyła, że ludzie mogą się tak bardzo nienawidzić" — kończyła swoją opowieść młoda Dina Rubinstein.

WĘGRÓW, 22 WRZEŚNIA WIECZOREM

Pod wieczór masy Żydów zgromadzone na rynku ustawiono w kolumnę marszową i popędzono do odległej o 17 km stacji kolejowej w Sokołowie. Tam na ofiary czekał już pociąg do Treblinki. „W drodze grupa młodszych Żydów i Żydówek na umówiony okrzyk — pisał Okulus — rzuciła się do ucieczki i rozbiegła się na wszystkie strony. Niemcy zaczęli strzelać i kilka osób zabili, pewna ilość Żydów skryła się w pobliskich lasach. Niektórzy

151 *Kehilat Wengrow. Sefer zikaron*, rozdział „Zagłada".

152 „Dabei stand der Zug und stand und stand. Erst nach einem Tage setzte er sich in Bewegung. Der Durst quälte uns alle". Dalej opowiadała: „Juden wurden weiter gesucht und weiter wier Wild gejagd [...] nie hätte ich geglaubt, dass Menschen einander so grundlos hassen können" (AYV, M.1E/2450, Relacja Diny Rubinstein).

z nich doczekali się wyzwolenia"[153]. Pewna część węgrowskich Żydów dotarła do Sokołowa na chłopskich furmankach, które wcześniej musiały być dostarczone przez władze miejskie. Podwody przybyły na rynek przed wieczorem, sadzano na nie głównie dzieci[154]. Jeden z Polaków zmobilizowanych przez władze miejskie do wożenia Żydów do Sokołowa zeznawał po wojnie: „Ja sam też raz ich woziłem. Całą drogę płakali; wiedzieli, że jadą na śmierć"[155].

22 października 1942 r. późnym wieczorem żydowski Węgrów przestał istnieć. Po masowych rozstrzeliwaniach na cmentarzu i po wyjściu z miasta kolumny deportowanych w kierunku stacji kolejowej w Sokołowie na miejscu pozostało nie więcej niż tysiąc osób, które nadal tkwiły w przemyślnie sporządzonych bunkrach i schowkach. Ogromna większość z nich miała paść ofiarą poszukiwań prowadzonych przez Niemców oraz przez elementy miejscowe w ciągu najbliższych dni, o czym będzie mowa dalej. Komisaryczny burmistrz Okulus ocenił liczbę ofiar tego dnia na 2 tys. osób (jego szacunek przypuszczalnie odpowiada prawdzie, choć niekiedy podaje się również liczbę 3 tys. ofiar[156]). Wynikałoby z tego, że 20–25% „deportowanych" Żydów padło ofiarą mordu w czasie trwania samej akcji likwidacyjnej getta. Jeden z żydowskich policjantów z węgrowskiego getta, któremu dane było przeżyć, potwierdził szacowaną przez Okulusa liczbę ofiar:

> nad ranem usłyszałem strzały i krzyki ze wszystkich stron getta. Ja jako ordnungsdienst wyszedłem na ulicę, widziałem biegnących esesmanów wyciągających Żydów z domów, którzy strzelali bardzo często do Żydów. W przeciągu kilku minut zauważyłem kilkadziesiąt trupów [...]. Nieznany mi esesman przeznaczył mnie do zbierania trupów. Ja przez dwa dni akcji razem jeszcze z 4 ordnungdienstami zbierałem zwłoki na wozy i zwłoki te były przewożone na plac w getcie, gdzie był duży dół, skąd po roku zwłoki te wywieziono do Węgrowa, gdzie koło cmentarza żydowskiego zostały spalone. Zabito wówczas w samym getcie około dwóch tysięcy Żydow[157].

---

153 AŻIH, 301/6043, Relacja Władysława Okulusa.

154 Grabowska, *Wojna nam zabrała dzieciństwo i młodość*, s. 15.

155 Stanisław Roguski, *„Tę piłę, to ja rzeczywiście mam do dziś"* [w:] *Żydzi w Węgrowie*, s. 19–21.

156 Cyla Rubenfeld ocenia liczbę Żydów zabitych w czasie akcji na 3 tys. (BAL, B 162/6843, Zeznanie Cyli Rubenfeld z Węgrowa).

157 BAL, B 152/6845, Zeznanie Ruwena F., 12 VI 1962 r., k. 55, cyt. za: Jacek Andrzej Młynarczyk, *„Akcja Reinhard" w gettach prowincjonalnych dystryktu warszawskiego* [w:] *Prowincja noc...*, s. 67.

Wywiad AK donosił — z ponad miesięcznym opóźnieniem (oraz z wyraźnym brakiem precyzji) — o akcji w Węgrowie w następujących słowach:

Rzeź w Węgrowie. Ośrodek żydowski w Węgrowie (12 km od Treblinki) w ilości 14 000 dusz, choć miał najbardziej uroczyste przyrzeczenie komendanta Treblinki, że żadna krzywda się Żydom nie stanie, nie uszedł jednak swemu strasznemu przeznaczeniu. We wtorek dnia 22 września 1942 r. zostało całe miasto okrążone. [...] cztery tygodnie trwała akcja oczyszczająca i przyniosła w rezultacie zabitych na miejscu 10 000 Żydów. Bierny opór 10 000 Żydów, którzy nie chcieli iść na rzeź do Treblinki, w niczem nie zmienił ich losu. Wszystkie mieszkania, strychy i piwnice były obryzgane krwią dzieci i kobiet. Cztery tygodnie mordu i pożogi, oto odpowiedź teutońskich siepaczy na postawę ludności żydowskiej Węgrowa[158].

Z kolei Bielawski wspominał:

O zmroku nastały spokój i cisza. Nie widzieliśmy ulicy i mogliśmy tylko domyślać się, co się dzieje. Cienki dach pokrył się lodem. Drżeliśmy, ale nie jestem pewien, czy z zimna, czy z powodu tego wszystkiego, co słyszeliśmy w ciągu dnia. W obawie, że ktoś mógłby usłyszeć, milczeliśmy. Przez całą noc nikt z nas nie spał. Myśleliśmy tylko o tym, co przyniesie następny dzień. W nasze myśli wdzierały się hałasy Niemców, zabawiających się z kobietami, i ich głośne śmiechy. Z domu obok słyszeliśmy głos Mańka, chwalącego się swoim klientom w restauracji: „Pozbyliśmy się masy Żydów! Naprawdę masy Żydów!". Nie posiadał się z dumy. A mężczyźni w restauracji głośno wyrażali swoją aprobatę[159].

A był to dopiero pierwszy dzień akcji; kolejne dni przeszukań, prowadzonych metodycznie i z drobiazgową dokładnością, miały przynieść setki nowych ofiar. W koszmarnym spektaklu uczestniczyło i uczestniczyć musiało całe miasteczko. Burmistrz Okulus relacjonował: „Wszystkich wynalezionych i schwytanych później zabijano na miejscowym cmentarzu żydowskim i zakopywano w zbiorowych dołach. Zabijanie odbywało się w biały dzień, na oczach wszystkich. Patrzyła na to nasza młodzież, patrzyły dzieci".

158 AAN, Delegatura Rządu na Kraj, 202/II/28, k. 83.
159 Bielawski, *Ostatni Żyd z Węgrowa...*, s. 123–124.

STRAŻACY I GRANATOWI POLICJANCI PODCZAS AKCJI W WĘGROWIE

Udział Straży Pożarnej w akcji likwidacyjnej w Węgrowie wymaga — ze względu na zasięg — bliższego omówienia. Jak można sądzić z powojennych świadectw, współpraca miejscowych strażaków z Niemcami nie zaczęła się w przededniu likwidacji getta, lecz sięgała wczesnego okresu okupacji. Już na jesieni 1939 r., kiedy rozbiciu uległy struktury siłowe państwa polskiego (wojsko i policja), to właśnie spośród strażaków zaczęto rekrutować „milicję", która — działając ze zlecenia lub za zgodą Niemców — zajęła się kontrolą handlu, przeszukiwaniem chłopskich furmanek i innymi czynnościami porządkowymi[160]. Z czasem, jak można sądzić, strażacką „milicję" zastąpili powracający do służby policjanci, ale ten wczesny epizod współpracy z okupantem miał nabrać złowrogiego znaczenia w chwili likwidacji gett. W tygodniach bezpośrednio poprzedzających deportację strażacy zaczęli się włączać w przesiedlanie Żydów z mniejszych gett oraz z okolicznych wiosek do getta w Węgrowie[161]. W samym miasteczku umundurowani strażacy mieli prawo (na równi z funkcjonariuszami PP i Niemcami) do wchodzenia na teren zakazanego dla „aryjskich" mieszkańców ghetta.

Według świetnie poinformowanego komisarycznego burmistrza Węgrowa Władysława Okulusa, węgrowscy strażacy włączyli się do akcji likwidacyjnej już z samego rana, i to z z własnej nieprzymuszonej woli. Sam Wincenty Ajchel, komendant węgrowskiej OSP, twierdził co prawda, że tuż przed akcją dostał od Niemców rozkaz stawienia się w getcie, ale jego słowa trzeba traktować z wielkim dystansem[162], tym bardziej że według komendanta strażacy mieli wyłącznie pilnować „pożydowskich dóbr", a on sam nie miał pojęcia, co robili podczas akcji jego podkomendni, bo „nie wychodził wówczas z remizy". Nieco inaczej widzieli to liczni obywatele Węgrowa, według których komendant i jego ludzie nie tylko „wychodzili z remizy", lecz odgrywali zasadniczą rolę w wyniszczeniu miejscowych Żydów. Wkład strażaków w przebieg akcji docenił żandarm Miller[163], który spotkał

---

160 AP Siedlce, SOS, t. 652, Zeznanie Czesława Supla, k. 100.

161 *Ibidem*, Zeznanie Bronisława Przegalińskiego, k. 243.

162 *Ibidem*, Przesłuchanie Wincentego Ajchla, k. 54–57.

163 Przypuszczalnie chodzi tu o wcześniej wspomnianego szefa węgrowskiej Schutzpolizei Müllera.

się z kilkoma strażakami w knajpie „U Salacha" wieczorem 22 września 1942 r. Wyjął tam z teczki pieniądze i nie licząc, dał je strażakom ze słowami: „macie za waszą pracę"[164].

ROLA ELIT

Interwencja miejscowego sołtysa, nauczyciela czy księdza mogła przynajmniej w pewnym stopniu schłodzić mordercze pasje i poruszyć sumienia[165]. W wypadku Jedwabnego, jak wiadomo, ksiądz przyjął postawę bezczynną, co przez wielu mogło zostać odczytane jako swoiste przyzwolenie na pogrom. W Węgrowie sytuacja była jednak inna, gdyż do masakry Żydów doszło w ramach odgórnie zarządzonej i przeprowadzonej przez Niemców akcji likwidacyjnej. Stopień uczestnictwa Polaków w mordowaniu i w grabieniu Żydów nie mógł wszelako pozostawać bez związku z nastawieniem lokalnych elit, niewiele jednak o tym nastawieniu wiadomo, a z tego, co można wywnioskować z rozproszonych w dokumentach wzmianek, widać, że uczestnictwo w akcji likwidacyjnej na pewno nie spotkało się ze zdecydowanym potępieniem. Kazimierz Czarkowski, proboszcz parafii rzymskokatolickiej w Węgrowie, podczas akcji — jak sam stwierdził — starał się „nie wychodzić z domu"[166]. Ksiądz Czarkowski nie starał się powstrzymać strażaków, co więcej, po kilku latach komendanta Ajchla wziął wręcz w obronę, jako „dobrego Polaka, który [...] nie wysługiwał się Niemcom". Z podobnym uznaniem o komendancie OSP wypowiedzieli się po wojnie: szef działu hipotecznego miejscowego banku, przewodniczący powiatowej komórki PPS, miejscowy adwokat, kierownik firmy „Rolnik" oraz węgrowski magister farmacji, czyli aptekarz. Innym czynnikiem, który mógł mieć wpływ na rozwój wydarzeń, było nastawienie „czynników miarodajnych", czyli państwa podziemnego. Niestety, tu też nie można było zauważyć jakiegokolwiek zdecydowanego zaangażowania: „Podziemie wobec masowości

164 AP Siedlce, SOS, t. 652, Zeznanie Aleksandra Ajchla, 2 IV 1947 r., k. 5–6.

165 O tym, jak ważna mogła być rola miejscowych elit w zapobieganiu przemocy i mordom, pisze — w kontekście sytuacji na Bałkanach w 1941 r. — Max Bergholz (*idem*, *Violence as a Generative Force. Identity, Nationalism, and Memory in a Balkan Community*, Ithaca–London: Cornell University Press, 2016).

166 AP Siedlce, SOS, t. 652, Zeznanie świadka Kazimierza Czarkowskiego oraz jego deklaracja wsparcia dla oskarżonego Ajchla, k. 64, 77–79.

mordów nie zajęło żadnego stanowiska" — zeznał po wojnie burmistrz Węgrowa[167].

WYŁAPYWANIE ŻYDÓW

Pierwsza część akcji likwidacyjnej trwała do wieczora następnego dnia, choć już wcześniej zaczęto stopniowo redukować siły niemieckie zaangażowane w samym Węgrowie. Po dwóch dniach akcji niemieckie Komando Likwidacyjne opuściło Węgrów, kierując się najprawdopodobniej do pobliskiego Kałuszyna i do Mrozów[168]. Z punktu widzenia Niemców akcja zakończyła się sukcesem: w ciągu 24 godzin z miasta wywieziono (bądź zabito na miejscu) 8–9 tys. Żydów. Teraz miał się zacząć drugi, bardziej mozolny etap akcji, czyli wyszukiwanie poukrywanych w getcie Żydów, których liczbę szacowano na tysiąc osób. Nadzór nad ich wyłapywaniem objęli miejscowi żandarmi oraz funkcjonariusze Policji Bezpieczeństwa; razem kilkunastu ludzi. To ich zadaniem było odtąd koordynowanie działań polskiej policji granatowej, członków straży pożarnej oraz miejscowych ochotników, czyli zwykłych obywateli Węgrowa, którzy włączyli się w akcję „tłumienia ludności żydowskiej". Na tym etapie nie było już mowy o pędzeniu złapanych Żydów do Sokołowa i o ich dalszym transporcie koleją do Treblinki. Zamiast tego wszystkich złapanych rozstrzeliwano na miejscu, najczęściej na tzw. mogiłkach, na cmentarzu żydowskim. Już zawczasu robotnicy miejscy oraz policja żydowska przygotowali tam długie rowy, do których wrzucano ciała pomordowanych. Zasadniczo rzecz ujmując, zadaniem Polaków biorących udział w akcji było wyszukiwanie Żydów i ich dostarczanie na miejsce straceń, a zadaniem Niemców — samo zabijanie. Ale od tej zasady zdarzały się liczne odstępstwa.

Według relacji złożonej przez jednego z nielicznych ocalałych, Rotsztajna, 23 września od samego rana przystąpiono do przeszukiwania mieszkań. Wszystkich znalezionych od razu rozstrzeliwano na cmentarzu, choć większość ukrywających się Żydów miała wrażenie, że ofiary — tak jak poprzedniego dnia — zostaną wpierw odstawione do Treblinki[169]. Największą

167 AP Siedlce, SOS, t. 653, Zeznanie Władysława Okulusa na rozprawie głównej, k. 162.

168 Oba getta likwidowano 25 IX 1942 r. (Wolfgang Curilla, *Der Judenmord in Polen und der deutsche Ordnungspolizei 1939–1945*, Paderborn–München–Wien–Zürich: Schöningh, 2011, s. 651).

169 Relacja Rotsztajna [w:] *Kehilat Wengrow. Sefer zikaron*, s. 172.

aktywnością w poszukiwaniach wyróżniali się granatowi policjanci i strażacy. Nie można zresztą wykluczyć, że ich udział był po prostu bardziej widoczny niż udział tzw. gapiów ze względu na charakterystyczne mundury.

Przeczesywanie getta w poszukiwaniu Żydów trwało kilka tygodni, na pewno do połowy października. To wtedy, jak się wydaje, ostatni robinsonowie opuścili splądrowaną dzielnicę żydowską, ratując się ucieczką do lasu. W ciągu tych dni i tygodni polscy strażacy i policjanci wypracowali technikę działań, która z jednej strony zapewniała sukces poszukiwań, a z drugiej zezwalała na maksymalizację zysku. Nie ulega bowiem wątpliwości, że najważniejszym impulsem do uczestnictwa w akcji były chciwość i żądza „żydowskiego złota" — czyli stałe i fundamentalne elementy składowe toksycznej ideologii antysemickiej. Technikę tę można prześledzić na przykładzie historii Moszka Góry, który w dniu akcji przebywał poza Węgrowem, próbując zdobyć żywność dla zamkniętej w getcie rodziny. Na wieść o akcji Góra przedostał się przez kordon policji, ale przybył do getta za późno, by uratować żonę i trójkę dzieci. Kolejne dni Góra spędził w kryjówce sporządzonej w domu przy ul. Jatkowej 23. Kryjówka została wykryta przez kilku policjantów i strażaków; Góra rozpoznał wśród nich Michalaka i Guzika oraz Wincentego Ajchla. Razem z Górą z kryjówki wygarnięto wówczas ośmiu innych Żydów. Całą tę grupę policjanci odprowadzili do pobliskiego spichlerza („u Żywicy"), gdzie Polacy już przetrzymywali siedmiu wcześniej złapanych Żydów. Po drodze i na miejscu ofiary przeszukiwano, odbierając im pieniądze i kosztowności. W ciągu następnej doby policjanci i strażacy doprowadzali do spichlerza, czasowo zamienionego na prowizoryczny areszt, kolejne złapane w getcie ofiary. Po pewnym czasie, gdy w spichlerzu uzbierało się około 30 osób, policjanci i strażacy sformowali Żydów w kolumnę i — pod pretekstem wyprowadzenia na roboty przymusowe — zapędzili na „mogiłki". W tym miejscu trzeba oddać głos samemu Moszkowi Górze:

> Przyprowadzili nas na ul. Kominiarską, blisko mogiłek. Po przybyciu na mogiłki zobaczyłem, że wykopane są rowy i stoją ludzie ze szpadlami. Rów miał długości z 50 metrów, a głębokości z 50 centymetrów. Kazali nam usiąść na burcie rowu i spuścić nogi do dołu. Wtedy zobaczyłem, że między strażakami było 2-ch żandarmów i policja. Pamiętam tylko, że był komendant straży. Gdy zaczęli strzelać, przewróciłem się i drugi koło mnie, którego krew trysnęła mi na twarz. Upadłem na wznak za burtę; ile czasu tak leżałem, nie wiem. Czułem tylko, że ktoś podszedł do mnie, zdjął mi pantofle,

sweter, kamizelkę, po tym podszedł drugi, uderzył mnie szpadlem na płask, bojąc się, aby mnie żywcem nie zakopali, dałem znak oczami, że żyję. Jeden z nich, zobaczywszy mnie żyjącego, powiedział: „jak żyjesz, to uciekaj!"[170].

Góra, już bez swetra i butów, wyrwał się spod ciał swych towarzyszy i uciekł do pobliskiego lasu. Przedstawione przezeń wydarzenia wpisywały się w ponury ciąg zbrodni, które rozgrywały się dzień po dniu w Węgrowie i w okolicznych miasteczkach. W innej części getta strażacy schwytali grupę Żydów: „brali od żydków pieniądze, a potem przyprowadzali żandarmów, wiedząc, gdzie się żydzi ukrywają[171]. Po obrabowaniu ofiar strażacy i policjanci, podobnie jak w wypadku Góry, wydali Żydów w ręce żandarmów.

Mimo dobrze skoordynowanych działań polskich służb mundurowych od czasu do czasu jakiemuś Żydowi udało się ujść przed pogromem i zdać relację polskim świadkom. Wspomniani wcześniej Żydzi zostali rozstrzelani przez Niemców, ale jeden zdołał się tak dobrze ukryć, „że go Ajchel Wacław nie widział i go nie zabili" — jak zeznał po wojnie polski sąsiad. „Na drugi dzień ja się z tym żydkiem, który uciekł, spotkałem, to on mi mówił, że jak przeżyje, to on się Ajchlowi Wacławowi za to wszystko odpłaci". Możemy założyć, że jednak nie przeżył i nie odpłacił — ale o tym mowa będzie nieco dalej. Historia opowiedziana przez „żydka, który uciekł", niezwykle przypomina relację Moszka Góry i pozwala nam prześledzić sposób postępowania węgrowskiej policji granatowej oraz strażaków w dniach likwidacji getta. Polscy funkcjonariusze wyszukiwali Żydów po kryjówkach, a następnie dokonywali rabunku, wymuszając od ofiar kosztowności i pieniądze. Zazwyczaj, zapewne w celu łatwiejszej kontroli oraz ułatwienia sobie pracy, łączyli ukrywających się w większe grupy, po 20–30 osób, a na koniec wydawali w ręce żandarmów bądź sami prowadzili na kirkut, na miejsce straceń[172]. Jeszcze inni strażacy, np. Stanisław Elgas, oferowali Żydom chwilową kryjówkę we własnym domu, biorąc od nich wielkie sumy pieniędzy. „Jak się okazało, że Żydzi już więcej pieniędzy nie mają, to oddał ich w ręce żandarmów" — zakończył swoje zeznanie sąsiad przedsiębiorczego strażaka[173].

---

170 AP Siedlce, SOS, t. 652, Zeznanie Moszka Góry na rozprawie głównej, 27 V 1948 r.

171 *Ibidem*, Zeznanie Romana Ajchla, 19 IV 1947 r., k. 13–14.

172 *Ibidem*, Zeznanie Władysława Ajchla, k. 18. Ajchel widział, jak strażacy wyciągają Żydów z ukrycia i prowadzą na kirkut w grupach po dwadzieścia kilka osób.

173 *Ibidem*, Zeznanie świadka Stanisława Zbrożka, k. 12.

Niekiedy współpraca z Niemcami przyjmowała bardziej bezpośredni charakter, jak wówczas, gdy strażacy wyrzucali Żydów „za ręce, z góry domów", a na dole ofiary dobijali niemieccy żandarmi[174]. Takie przypadki zdarzały się przede wszystkim w pierwszym i drugim dniu akcji, kiedy to „niemcy tłumili narodowość żydowską". Widziano wówczas Wacława Ajchla, o czym zeznał Stanisław Dula: „[prowadził] dwie żydówki i jednego żydka, których złapał w nieznanym mi miejscu. Ci żydzi błagali go, całując go po rękach, żeby ich puścił. Ja natomiast, idąc koło kilka metrów za Ajchlem, obserwując go, co on z Żydami zrobi, on natomiast skręcił z nimi w kierunku miejskiej targowicy, w ul. Kominiarską. W tym momencie nadszedł żandarm z dwoma policjantami, którzy wracali z żydowskiego cmentarza. Ajchel Wacław oddał tych żydów żandarmowi, a on ich na miejscu rozstrzelał"[175].

Przy rynku na strychu swego domu ukrywał się cytowany wcześniej Szraga Fajwel Bielawski. Z ukrycia dzień po dniu oglądał „pracę" tropicieli wyciągających z ukrycia żydowskich rozbitków. Kilka dni po akcji zobaczył Żydów prowadzonych na rynek.

> Wiele kobiet miało podarte ubrania. Szarpały się, kopały i drapały Polaków, którzy wywlekali je z kryjówek. „Szybciej, szybciej!" — wrzeszczeli Polacy. Tego popołudnia miało się odbyć wesele i nie chcieli się spóźnić na tę uroczystość. Dziecko błagało matkę: „Ja chcę żyć". Mężczyzna stojący obok małej dziewczynki krzyczał do Polaków: „Wpychacie nas do pieców. Bóg się na was zemści. W sidurze[176] jest napisane: inne narody będą was prześladować. Będziecie niewolnikami innych narodów". Inne małe dziecko przylgnęło do swojej matki w tak silnym uścisku, jakby stanowiło z matką jedną całość. Nagle matka oderwała dziecko od siebie, ściągnęła z nóg buty i z całej siły cisnęła nimi w Polaka. Wybuchnąłem płaczem, nad którym nie mogłem zapanować. Nie byłem w stanie dalej na to patrzeć. Ale ta kobieta, która cisnęła buty prosto w twarz polskiemu policjantowi, wykazała prawdziwe bohaterstwo. Największe bomby świata nie zrobiłyby takiego wrażenia. Stawiła opór, robiąc wszystko, co była w stanie zrobić[177].

---

174 *Ibidem*, Zeznanie świadka Franciszka Waleckiego, k. 128.

175 *Ibidem*, Zeznanie Stanisława Duli, 17 V 1947 r., k. 42.

176 Sidur (hebr.) — modlitewnik żydowski.

177 Bielawski, *Ostatni Żyd z Węgrowa...*, s. 130.

W domu obok Bielawskiego, przy ul. Garbarskiej 34, ukrywała się 14-letnia Chana Zelizer. W domu tym sporządzono dwie kryjówki, jedną na strychu, a drugą pod podłogą. Co pewien czas Żydzi ukryci w „podkopie" ze względu na duchotę zamieniali się miejscami z tymi chowającymi się w schowku na górze. Przez szpary w dachu Chana mogła obserwować te same wydarzenia, które opisywał Bielawski. Według niej w poszukiwaniach Żydów stale brało udział około 30 strażaków, z których część dziewczyna znała osobiście, gdyż wcześniej nieraz gościli w domu jej rodziców. Widziała między innymi, jak z domu obok strażacy wyciągali młodą Mandelbaumównę wraz z dwoma młodszymi braćmi[178]. Świadkiem schwytania innych członków tej samej rodziny był Ignacy Flaga (właściciel sklepu galanteryjnego) — widział, jak strażacy prowadzili na śmierć pana Holanda („który prowadził biuro pisania podań"), jego żonę, modystkę Mandelbaumównę oraz jej siostrę[179].

Mendel Holland, były węgrowski radny i kierownik biura pisania podań, stoi drugi od lewej. Jego żona Gitla siedzi w środkowym rzędzie, pierwsza od lewej, koniec lat dwudziestych XX w. *(zbiory Agnieszki Holland)*

Chana Zelizer podkreśliła w swoim świadectwie, że strażacy i policjanci działali na własną rękę, bez niemieckiej asysty. Niemcy pojawiali się dopiero na sam koniec — wtedy gdy doprowadzano im Żydów na egzekucję. Chanie

178 AP Siedlce, SOS, t. 652, Zeznanie Chany Zelizer na rozprawie głównej, 21 V 1948 r., k. 31–32. Zob. również AYV, O.33/7669, Relacja Chany Dubkowskiej (z domu Zelizer).

179 AP Siedlce, SOS, t. 652, Zeznanie Ignacego Flagi, k. 17.

i ukrywającemu się wraz z nią Poziomce[180] udało się przetrwać na strychu dziesięć dni, a później, nocą, uciekli do lasów jarnickich, położonych na południe od miasta[181]. O ile nieliczni świadkowie żydowscy obserwowali polowanie przez szpary między deskami (bądź też — jak Moszek Góra — z terenu egzekucji), o tyle jeżeli chodzi o Polaków, tragedia rozgrywała się na oczach wszystkich. Marianna Ajchel widziała, jak przed jej domem przejeżdżały furmanki ze złapanymi Żydami, eskortowane na „mogiłki" przez polskich policjantów[182]. Potem: „widziałam, jak na ulicy Jatkowej w Węgrowie Wincenty Ajchel jako komendant straży pożarnej dawał strażakom rozkazy szukania Żydów, a Wacław Ajchel, s. Franciszka, jak i inni strażacy, razem w liczbie pięciu, prowadzili z ukrycia dwie Żydówki siostry i jedna z nich miała na ręku dziecko. Żydówki te były córkami rzeźnika z Węgrowa, Kupra". Kilka dni po akcji Marianna Ajchel była świadkiem tego, jak z pobliskiej „żydowskiej szmaciarni" strażacy w asyście żandarma Gilera wyciągnęli z kryjówki dziesięcioosobową rodzinę Ałtów (właśc. Altów). Nie było to niespodziewane odkrycie; jak się wydaje, strażacy już od pewnego czasu wiedzieli o ukrytych tam Żydach i systematycznie ich rabowali. Na koniec, kiedy uznali, że więcej już z Żydów nie wyduszą, przyprowadzili Gilera, ten zaś rozstrzelał ofiary na miejscu. W pewien czas po egzekucji Wacław Ajchel, komendant straży, powrócił na miejsce i zaczął szukać od nowa. Kto wie, być może nauczony wcześniejszymi doświadczeniami, postanowił się upewnić, że tym razem nie pozostawił przy życiu żadnych świadków swych zbrodni. Być może nie mógł się doliczyć kilku ofiar? Wznowione poszukiwania istotnie okazały się skuteczne i Ajchel wyciągnął ze schronu dwie dalsze ofiary, które niezwłocznie zabił specjalnie na tę okazję wezwany Giler. Dopiero wtedy strażacy zakończyli poszukiwania. Decyzja ta okazała się przedwczesna, gdyż, jak się okazało, kryjówka wciąż kogoś chroniła. „Po upływie godziny czasu z tego schronu wyszedł Żyd Jojna, rzeźnik z Węgrowa, i przyszedł do mnie na pole. Wyraził przede mną wielki żal do strażaków, a przeważnie do Wacława Ajchla, i powiedział: «chyba nie ma Boga na świecie, tyle pieniędzy od nas wzięli i nas wydali». Żyd ten poszedł ode mnie

180 Po likwidacji węgrowskiego getta niektórzy członkowie rodzin Poziomków i Zelizerów ukryli się w pobliskim Liwie, gdzie późną jesienią 1942 r. zostali zabici przez miejscowych Polaków (AYV, O.33/1066, Relacja Władysława Wójcika).

181 AYV, O.33/7669, Relacja Chany Dubkowskiej (z domu Zelizer). Już w lesie Chana spotkała dwóch innych Żydów, którym udało się uciec z Węgrowa: „opowiadali mi, że z kryjówki wyciągnęli ich Ajchel i Deszczyński i że oni cudami ocaleli".

182 AP Siedlce, SOS, t. 652, Zeznanie Marianny Ajchel, 21 VI 1947 r., k. 15–16.

gdzieś dalej, a co się z nim stało, nie wiem [...]" — wspominała po wojnie Marianna Ajchel. Codzienne polowania na ukrywających się Żydów stały się na przełomie września i października 1942 r. widokiem tak powszechnym na ulicach Węgrowa, że jeden z polskich świadków odnotował: „z rąk [policjantów i strażaków — J.G.] zginęło dużo więcej żydów, dlatego że pędzili oni wraz z żandarmami żydów całymi tłumami na cmentarz żydowski, gdzie ich zabijali. Znane mi to jest, że policja granatowa chodziła po kątach, podsłuchiwała, gdzie są żydzi, i wyciągali ich"[183].

Czym można wyjaśnić skalę udziału Polaków w wyniszczeniu Żydów Węgrowa? Czy sytuacja panująca w tym miasteczku była w jakiś sposób wyjątkowa, czy jej przebieg odróżniał się od akcji likwidacyjnych w innych polskich miastach? Z tego, co wiadomo, w 1942 i 1943 r. zarówno polscy strażacy, jak i policja granatowa prawie wszędzie odgrywali istotną rolę w deportacjach Żydów do obozów zagłady[184]. Natomiast o tym, czy uczestniczyli w większym, czy w mniejszym stopniu, decydowały zazwyczaj warunki miejscowe, takie jak strategia niemiecka, postawy lokalnych elit czy rodzaj dowódców straży i policji. Jeżeli chodzi o niemiecką strategię, to wiele zależało od sił, które okupant był skłonny lub był w stanie oddelegować do danej akcji. Im skromniejsze siły własne, im liczniejsza ludność żydowska, tym większa rola mogła przypaść polskim służbom mundurowym. O nastawieniu lokalnych elit i ich wpływie na udział Polaków w masowym mordzie pisałem wcześniej. Nie ulega wątpliwości, że miały one pewien margines działania, z którego — niekiedy i niektórzy — decydowali się korzystać. Inni, tacy jak ksiądz w Węgrowie, woleli śledzić biernie rozwój wypadków. Wiele, zapewne najwięcej, zależało od szarż policyjnych i strażackich. W Węgrowie komendanci i podoficerowie, ogarnięci żądzą zysku, dali swym podwładnym nie tylko przyzwolenie, ale wręcz polecenie mordowania i grabieży.

Koniec końców trzeba też wspomnieć o postawie samych Żydów. Nawet podczas akcji mieli oni nadal siłę sprawczą: im więcej ludzi decydowało się na ukrycie, tym więcej wysiłku musieli włożyć Niemcy w wyłapanie ofiar

183 *Ibidem*, Zeznanie Aleksandra Ajchla, 2 IV 1947 r., k. 5.

184 Wystarczy przywołać świadectwa z miast i miasteczek porównywalnych z Węgrowem, a położonych w innych częściach Polski: Opoczna, Biłgoraja, Szczebrzeszyna, Miechowa, Dąbrowy Tarnowskiej, Nowego Brzeska, aby zrozumieć, że uczestnictwo polskich służ mundurowych w eksterminacji polskich Żydów stanowiło zjawisko rozciągające się na wszystkie żydowskie skupiska w GG. Na terenach wcielonych do Rzeszy, gdzie policja granatowa nie istniała, dynamika wydarzeń była rzecz jasna inna.

i tym chętniej sięgali po miejscowych pomocników[185]. W wypadku Kreishauptmannschaft Sokolow-Wengrow szczególnie zaciekły opór Żydów możemy tłumaczyć bliskością obozu zagłady w Treblince. W odróżnieniu od innych okolic Żydzi mieszkający w bezpośrednim sąsiedztwie Treblinki jesienią 1942 r. nie mogli mieć najmniejszych złudzeń co do tego, jaki los czeka ich po wywózce. Wynikała z tego zapewne większa niż w innych okolicach determinacja i więcej osób decydowało się walczyć o życie do końca. Podjęcie decyzji o ucieczce ułatwiało natomiast to, że getto było otwarte, a w pobliżu miasteczka rozciągały się spore lasy, dające jakąś szansę na ratunek.

Sumując razem te wszystkie elementy, możemy założyć, że likwidacja getta w Węgrowie (jak też w pobliskim Sokołowie, Stoczku czy Kałuszynie), choć nie odbiegała daleko od schematu działań znanych z innych okolic, to odznaczała się swoistymi cechami szczególnymi, które w wyjątkowy i odmienny sposób wyciskały piętno na każdej akcji likwidacyjnej na terenie całego Generalnego Gubernatorstwa.

Nie można dziś określić dokładnie, ilu ludzi padło ofiarą polowania prowadzonego przez polskich strażaków i policjantów, ale we wrześniu i październiku 1942 r. na „mogiłkach" rozstrzelano około 2 tys. Żydów. Jeżeli przyjmiemy, że w pierwszym i drugim dniu akcji z rąk Niemców i askarów na ulicach Węgrowa oraz na kirkucie stracono około tysiąca ludzi, to mniej więcej drugie tyle zginęło za sprawą polskich uczestników *Liquidierungsaktion*.

EPILOG W SĄDZIE

Tragiczne wydarzenia z jesieni 1942 r. znalazły epilog w sądzie pięć lat później. Wczesnym latem 1947 r. węgrowska milicja rozpoczęła dochodzenie w sprawie uczestnictwa Polaków w wymordowaniu lokalnej społeczności żydowskiej. W trakcie wielomiesięcznego postępowania dowodowego przed Sądem Grodzkim w Węgrowie przesłuchano prawie stu mieszkańców, którzy mieli (lub powinni byli mieć) wiedzę o zajściach. Już wtedy, w 1947 r., stało się jasne, że skala współpracy z Niemcami znacznie przekracza to, co polski wymiar sprawiedliwości byłby skłonny ujawnić. Bez wielkiej przesady, idąc tropem rewelacji ujawnionych w śledztwie, należałoby postawić w stan oskarżenia wielu obywateli miasteczka. Na to zaś w klimacie późnych lat

185 Wiele o tym pisał Fritz Katzmann w swoim raporcie (*idem*, *Rozwiązanie kwestii żydowskiej w dystrykcie Galicja*, red. Andrzej Żbikowski, Warszawa: IPN, 2001).

czterdziestych nie było przyzwolenia. Rozprawa trafiła na wokandę Sądu Okręgowego w Siedlcach, a równocześnie trwały starania, by zawęzić krąg oskarżonych do najbardziej aktywnych policjantów i strażaków. „Zagrożona" wspólnota węgrowska przystąpiła zarazem do kontrataku, a świadkowie, jeden po drugim, zaczęli zmieniać zeznania złożone w śledztwie. Tuszowanie prawdy ułatwiało też to, że jedynie nieliczni węgrowscy Żydzi przeżyli masakrę, a żaden z nich nie mieszkał już wówczas w okolicy, toteż nie mógł się stać świadkiem oskarżenia. Dość późno, w lutym 1948 r., o toczącym się w Siedlcach procesie dowiedział się Moszek Góra, który uciekł z masowego grobu na kirkucie i który wcześniej stracił podczas akcji w Węgrowie żonę i trójkę dzieci.

Moszek Góra, nie mając, jak się wydaje, pojęcia o procedurze sądowej, pojawił się na sali rozpraw 12 lutego 1948 r., niezaproszony i bez wezwania. Przyjście do sądu musiało go kosztować sporo nerwów, gdyż sama podróż wiązała się wówczas dla Żydów z niebezpieczeństwem. Szofer autobusu, którym niedoszła ofiara mordu przyjechała do Siedlec, zeznał: „jakiś żydek przyszedł do mnie i chciał jechać koło mnie, ale odpowiedziałem, że nie może jechać w szoferce"[186]. Wobec tego resztę drogi Góra odbył w towarzystwie „dwudziestu Polaków", innych pasażerów autobusu. Na sali sądowej jedyny żydowski świadek tragedii węgrowskiej najwyraźniej nie wytrzymał naporu kłamstw, których musiał wysłuchać. Jak relacjonował uczestnik rozprawy: „kiedy zeznawał jakiś wójt, to Góra rwał się i chciał coś powiedzieć, ale woźny sądowy go wyprosił". Od tej chwili Moszek Góra z determinacją człowieka żądającego sprawiedliwości za wołające o pomstę do nieba krzywdy rozpoczął walkę o prawo do głosu na sali sądowej. Nie było to łatwe i bez pomocy Górze zapewne nie udałoby się przełamać przeszkód proceduralnych. 18 lutego 1948 r., sześć dni po tym jak woźny sądowy usunął go z sali, Moszek Góra wystosował następujący list do Centralnego Komitetu Żydów w Polsce z siedzibą w Warszawie: „W Siedlcach toczy się sprawa karna przeciwko 9 członkom straży ogniowej w Węgrowie, którzy wzięli czynny udział w likwidacji tamtejszych Żydów. Jestem na razie jedynym świadkiem żydowskim w tej sprawie. W akcji tej zginęła moja żona i troje dzieci. Niniejszym uprzejmie proszę o wydelegowanie adwokata żydowskiego do wystąpienia z powództwem cywilnym celem możliwości popierania oskarżenia"[187].

186 AP Siedlce, SOS, t. 653, Zeznanie Mieczysława Grochowskiego, k. 209.

187 AŻIH, Centralny Komitet Żydów w Polsce, Wydział Prawny, 303/XVI/305, List Moszka Góry do CKŻP, Siedlce, 18 II 1948 r., k. 3.

W odpowiedzi na list CKŻP zwrócił się o pomoc do Mieczysława Maślanki, znanego warszawskiego adwokata, późniejszego obrońcy w stalinowskich procesach politycznych. Maślanko mimo protestów obrony pomógł Górze znaleźć się na liście świadków w procesie. Oprócz niego w ostatniej chwili do świadków oskarżenia dołączono ściągniętych w tym celu z Dolnego Śląska Chanę Zelizer i Chila Szejnberga — dwoje innych Żydów ocalałych z Węgrowa[188].

Do rozprawy głównej doszło w maju 1948 r. Z jednej strony zeznawało sześćdziesięciu kilku obywateli Węgrowa, którzy na tym etapie procesu zmienili swe zeznania lub też nabrali jak najlepszego zdania o oskarżonych strażakach i policjantach. Z drugiej strony wystąpiło trzech świadków Żydów, którzy cudem uszli z pogromu. Chana Zelizer i Chil Szejnberg[189] przez ponad tydzień po akcji ukrywali się w kryjówkach sporządzonych we własnych domach. Oboje oglądali mordy i polowanie na ukrywających się przez szpary kryjówek i oboje widzieli strażaków prowadzących swe ofiary na śmierć. Nie byli jednak w stanie przekonać sądu o prawdziwości swych zeznań.

W uzasadnieniu wyroku czytamy: „świadek Chana Zelizer w chwili obserwowania opisywanych przez nią [wydarzeń] była osobą bardzo młodą, bo zaledwie 14 lat mającą dziewczynką, i znajdowała się w stanie silnego napięcia uczuciowego, wywołanego grożącym jej stale niebezpieczeństwem ujawnienia, a co zatem idzie i niechybnej śmierci, a w tych warunkach nie mogła ona czynić normalnych i obiektywnych spostrzeżeń co do obserwowanych przez nią wypadków i dlatego może się mylić zarówno co do rodzaju i przebiegu tych wypadków, [jak] i znaczenia osób udział w nich biorących"[190]. Świadectwo Chila Szejnberga również nie znalazło większego uznania w oczach sądu. Także jego stan psychiczny, jak pisali sędziowie, uniemożliwiał chłodną i rzeczową ocenę sytuacji. W dodatku Szejnbergowi za pomocą dużego planu-makiety udowodniono, że jego pole widzenia podczas pobytu w kryjówce musiało być bardzo ograniczone... Sąd uznał wobec tego, „że zeznanie świadka Szejnberga, subiektywnie prawdziwe, jednak obiektywnie może nie być prawdziwe i nie odpowiadać rzeczywistości"[191]. Koniec

188 *Ibidem*, Telegram prokuratora w sprawie przyjazdu spod Wrocławia Chany Zelizer i Chila Szejnberga oraz pismo Mieczysława Maślanki, w którym godzi się wystąpić w Siedlcach jako adwokat pomocniczy, k. 6.

189 AP Siedlce, SOS, t. 653, Zeznanie Chila Szejnberga, k. 32–33.

190 AP Siedlce, SOS, t. 652, Uzasadnienie wyroku, k. 101.

191 *Ibidem*, k. 101v.

końców sąd uznał za „obiektywne" jedynie fragmenty zeznań Moszka Góry. To na ich podstawie komendanta węgrowskiej straży pożarnej (określonego jako „dobry Polak, który feralnego dnia akcji uległ niemieckim naciskom") skazano na 5 lat więzienia. Wszystkich innych oskarżonych uniewinniono.

Aby zrozumieć tragifarsę, jaka rozegrała się na sali sądowej, należy sięgnąć do niedrukowanych wspomnień Władysława Grzymały, prokuratora tegoż Sądu Okręgowego w Siedlcach[192]. Grzymała, prokurator z przedwojennym stażem, gorący zwolennik endecji, nie ukrywał swoich sympatii politycznych. Nie ukrywał też, że sprawy przeciwko Polakom oskarżonym o mordowanie Żydów nie stanowiły, oględnie mówiąc, priorytetu w oczach sądowników. Wręcz przeciwnie, siedlecki prokurator pisał, że wśród Żydów „ci uczciwi wyginęli", a pozostała tylko „hołota pragnąca się odegrać na Polakach". Z tego też względu, pragnąc chronić Polaków oskarżanych o mordy dokonywane na Żydach, sędziowie i prokuratorzy działali w zmowie, tak by utrącić najpoważniejsze zarzuty. Wynikiem tej zmowy były liczne wyroki uniewinniające (bądź śmiesznie niskie w stosunku do zarzucanych czynów), a prokuratorzy nie wnosili apelacji. Nie pomagały nawet interwencje z Ministerstwa Sprawiedliwości, gdyż podobna pobłażliwość wobec morderców Żydów panowała również w sądach apelacyjnych. Warto na koniec dodać, że niechęć do rozliczeń nie była wyłącznie polską specyfiką. Podobny brak przyzwolenia na skazywanie ciemiężycieli Żydów występował we Francji, w Belgii czy też — co bardziej zrozumiałe — w Niemczech.

---

192 Fragment wspomnień prokuratora siedleckiego, cyt. za: Andrew Kornbluth, *„Jest wielu Kainów pośród nas". Polski wymiar sprawiedliwości a Zagłada, 1944–1956*, „Zagłada Żydów. Studia i Materiały" 2013, t. 9, s. 163.

Powiat węgrowski po akcjach

WĘGRÓW PO AKCJI, WRZESIEŃ–PAŹDZIERNIK 1942 R.

Po dwóch dniach akcji niemieckie Komando Likwidacyjne opuściło Węgrów i skierowało się najprawdopodobniej do pobliskiego Kałuszyna i Mrozów; oba te getta likwidowano 25 września 1942 r.[193] Jan Piechocki, jeden z nielicznych Żydów żyjących wówczas w Węgrowie „na powierzchni", podjechał na rowerze w okolice węgrowskiego getta kilka dni po akcji: „z getta, które nigdy nie było ogrodzone, zostały sterty śmieci i gruzów, zwłaszcza tam, gdzie szukano ukrytych skarbów. Mogłem to dojrzeć z daleka" — pisał we wspomnieniach[194]. Gdyby Piechocki wszedł do getta i spędził tam trochę czasu, zdałby sobie zapewne sprawę, że w ruinach nadal ukrywało się kilkuset (być może nawet ponad tysiąc) Żydów, na których od zakończenia akcji likwidacyjnej rozpoczęło się prawdziwe polowanie. Trudno dziś dokładnie określić liczbę ukrywających się, ale świadkowie i same ofiary są zgodni co do tego, że mnóstwo ludzi schowało się w przemyślnie urządzonych schowkach i bunkrach. Na miejscu pozostali żandarmi z posterunku w Węgrowie, którzy — jak wspominałem — mieli nadzorować polowanie na ukrywających się i koordynować działania polskiej policji, ochotniczej straży pożarnej i miejscowych ochotników, którzy niekiedy na własną rękę włączyli się w wyszukiwanie Żydów. Jeden z ukrywających się opisywał trwające od samego rana przeszukiwania mieszkań: „ludzie są wyciągani nawet z kominów, wychodząc stamtąd, przypominają czarnoskórych"[195]. Osoby schwytane tego dnia, tj. 23 września, pędzono wprost na żydowski cmentarz, gdzie aż do późnego wieczora trwały egzekucje, a zabitych wrzucano do głębokich wcześniej przygotowanych dołów. W wyszukiwaniu ofiar przodowała, razem ze strażakami, polska policja granatowa. Cytowany wcześniej Rotsztajn ze swojej kryjówki na strychu widział, jak polska policja pędziła kolejne ofiary na cmentarz.

---

193 Curilla, *Der Judenmord in Polen...*, s. 651.

194 Remetz [Piechocki], *Wspomnienia...*, s. 120.

195 Relacja Rotsztajna [w:] *Kehilat Wengrow. Sefer zikaron.*

GETTO WTÓRNE (RESTGHETTO WENGROW), PAŹDZIERNIK 1942 – 30 KWIETNIA 1943 R.

Po kilku tygodniach „oczyszczania" getta władze niemieckie uznały, że Węgrów stał się *judenrein*, czyli ostatecznie opróżniony z ukrywających się Żydów. Nie było to całkiem prawdą, gdyż w opuszczonych i splądrowanych domach nadal ukrywali się ostatni żydowscy robinsonowie, tacy jak Bielawski i jego najbliżsi. Niemniej w drugiej połowie października 1942 r. ogłoszono zakończenie akcji, a ukrywających się w okolicy Żydów zapewniono, że mogą bezpiecznie powrócić do Węgrowa[196]. Jeden z polskich świadków opisywał to następującymi słowami: „Żandarmi nieco się uspokoili. Wtedy ogłoszono, że potrzebni są żydowscy fachowcy do robót. Chodziło o kamaszników, szewców, krawców, kuśnierzy itp."[197].

Utworzenie tzw. getta wtórnego (lub szczątkowego – Restghetto) było wybiegiem stosowanym przez Niemców w wielu innych miastach GG. Wydaje się zarazem, że utworzenie Restghetto w Węgrowie stanowiło inicjatywę lokalną, zarządzoną na szczeblu kreishauptmannschaftu, najwyżej za wiedzą władz dystryktu[198]. Według oficjalnego rozporządzenia gubernatora Ludwiga Fischera na terenie dystryktu warszawskiego (w którego skład wchodził powiat Sokołów-Węgrów) sankcjonowano istnienie jedynie sześciu „żydowskich dzielnic mieszkaniowych": w Warszawie, Kałuszynie, Sobolewie, Kosowie Lackim, Rembertowie i Siedlcach[199].

Jak można sądzić, getto w Węgrowie powstało na skutek nieformalnej umowy między komisarzem Neumannem z Węgrowa a starostą sokołowskim Gramssem. Jednym z niewielu dokumentów, który nawiązuje do Żydów znajdujących się nadal w getcie szczątkowym w Węgrowie, jest rozporządzenie o mających nastąpić remontach i pracach publicznych, wydane 30 marca 1943 r. przez landkomisarza w Węgrowie. W dalszej części rozporządzenia stwierdza on: „Praca Żydów podlega bezpośrednio mojej osobie. Od dzisiejszego dnia nikt nie ma prawa zatrudniać żydów, względnie wydawać im rozkazy. Wyjęta spod tego rozporządzenia jest żandarmeria

196 AYV, O3.1585, Relacja Mieczysława Supła.

197 Klem, *I wtedy przyszło najgorsze*, s. 42–44.

198 Wiele podobnych „nieformalnych" rozwiązań odnotowano na terenie sąsiedniego dystryktu lubelskiego. Zob. Silberklang, *Gates of Tears...*, s. 372–378.

199 Rozporządzenie gubernatora Ludwiga Fischera z 16 XI 1942 r.

w Węgrowie"[200]. Drugim niemieckim dokumentem, w którym wzmiankuje się — choć nie bezpośrednio — Restghetto w Węgrowie, jest zarządzenie komisarza miasta Neumanna, „obejmującego w posiadanie" dzielnicę żydowską. Zarządzenie to miało na celu głównie ochronę „byłej własności żydowskiej" przed dalszym rabunkiem ze strony Polaków[201]. Na nieformalność tego rozwiązania wskazuje też rozporządzenie Gramssa z 10 listopada 1942 r.; niemiecki kreishauptmann nakazuje w nim przesiedlenie wszystkich Żydów do getta w Kosowie[202], nie wspominając ani słowem o węgrowskim getcie szczątkowym.

Dla wielu pozbawionych środków i oparcia wśród miejscowej ludności Żydów „akcja rehabilitacyjna" — jak utworzenie nowego getta określił jeden z miejscowych Polaków — była ofertą nie do odrzucenia. Żydzi zdawali sobie sprawę z grożącego im w Węgrowie ryzyka, lecz nadchodząca zima i ciągłe zagrożenie denuncjacją i śmiercią po aryjskiej stronie czyniły niemiecką ofertę chwilowego choćby zawieszenia wyroku bardzo atrakcyjną. Getto wtórne w Węgrowie ulokowano w kilku bądź kilkunastu budynkach, w których z czasem zgromadziło się kilkuset Żydów[203]. W nowym getcie zaczęły działać żydowskie zakłady rzemieślnicze: krawiecki, kuśnierski, pralnia, farbiarnia (prowadzona przez rodzinę Kredów) i kilka mniejszych; wszystkie pracowały na potrzeby Niemców. Mieszkańcy wtórnego getta dzielili się na legalnych, posiadających wystawione przez Niemców glejty, oraz na nielegalnych, którzy zazwyczaj ukrywali się w schronach. Od czasu do czasu Niemcy oraz policja granatowa przeprowadzali w żydowskich domach

---

200 Der Einsatz der Juden obliegt meiner eigenen Person. Vom heutigen Tage ab, hat keine Person recht Juden zu beschaeftigen bezw. Anordnungen zu geben. Ausgenomen hiervon ist der Gendarmerieposten in Wengrow». Faksymile dokumentu można znaleźć w: Mielniczek, *Węgrów. Miasto moje...*, s. 38, fot. 8.

201 Kserokopia tego dokumentu, którego oryginał znajduje się w zbiorach Miejskiej Biblioteki Publicznej w Węgrowie pod sygnaturą 16 (8), zob.: Małgorzata Piórkowska, *Sprawiedliwi i ocaleni. Mieszkańcy Węgrowa i okolic pomagający Żydom w latach okupacji hitlerowskiej*, Węgrów: Towarzystwo Miłośników Ziemi Węgrowskiej, 2012, s. 176. Rozporządzenie Neumanna jest opatrzone datą 17 XI 1942 r. „Es darf ohne meine schriftliche Genehmigung kein Wohnhaus abgebrochen, oder zerstort worden. Auch Entfernung von Schuppen, Ställen, Wohnungswänden und dergl. fällt hierunter [Bez mojej pisemnej zgody nie wolno niszczyć bądź włamywać się do mieszkań. To samo dotyczy szop, stajni oraz ścian domostw]".

202 USHMM, RG 15.285, rolka 13, Wybrane dokumenty z Archiwum Państwowego w Siedlcach, zbiór plakatów.

203 Trudno określić dokładnie ich liczbę, tym bardziej że wśród więźniów getta wtórnego panowała duża mobilność. Świadectwa mówią o 200–400 Żydach.

rewizję w poszukiwaniu nielegalnych mieszkańców, a znalezione ofiary rozstrzeliwali na kirkucie[204].

Równocześnie trwała grabież żydowskiego mienia. Jak wynika ze świadectwa złożonego przez komisarycznego burmistrza miasta, już w październiku 1942 r. Niemcy zarządzili sprzedaż budynków pożydowskich. „Kupujących było wielu — z miasta i okolicy. Rozbierano piękne domy murowane, rozebrano na cegłę piękną synagogę. Z tej cegły wybudowano wiele okazałych budynków gospodarczych. Rudery, których nikt nie chciał kupić, podpalano" — pisał Władysław Okulus. Technika sprzedaży polegała na tym, że Niemcy wystawiali okazałe domy za śmiesznie niską cenę, a od kupujących pobierali kwotę kilkakrotnie wyższą, chowając różnicę do kieszeni. Po odjeździe Komanda Likwidacyjnego ludność polska przystąpiła do masowego rabunku „pożydowskiego" mienia, a Niemcy, próbując opanować sytuację, wielokrotnie otwierali do szabrowników ogień i zabili kilka osób. Echa tych wydarzeń można odnaleźć zarówno we wspomnieniach świadków, jak i w powojennych aktach. Najbardziej niezwykłą interpretację dotyczącą kradzieży „pożydowskiego" mienia zawdzięczamy węgrowianinowi Zygmuntowi Klemowi[205]. Autor, były żołnierz Narodowych Sił Zbrojnych, doszedł do wniosku, że to po prostu sami Żydzi (z niemiecką pomocą) rozkradli żydowskie mienie po likwidacji getta. Pisze on: „ocalała ludność żydowska opuściła miasto i koczowała [*sic*!] w pobliżu Węgrowa, czyniąc nocami wypady do własnych mieszkań i wynosząc wartościowe rzeczy, które następnie sprzedawali lub wymieniali na żywność". W tych wyprawach Żydom, jak twierdzi Klem, przeszkadzali — nie do końca, jak widać, skutecznie — polscy policjanci oraz niemieccy żandarmi. To dość karkołomne spostrzeżenie uzupełnione zostało jednak następującą obserwacją: „Po zakończeniu upłynniania żydowskiego mienia ruchomego przedsiębiorstwo [niemieckie — J.G.] przystąpiło do sprzedaży i rozbiórki domów oraz budynków pożydowskich. Zniknęły wtedy z miasta całe dzielnice. Zniszczenia z tego tytułu można ocenić na 40% ogólnej substancji mieszkaniowej miasta". Nawet byłemu żołnierzowi NSZ niełatwo zapewne byłoby wytłumaczyć, jak „koczujący w pobliżu Węgrowa" Żydzi zdołali rozebrać swoje własne domy, sprzedając budulec aryjskim sąsiadom.

---

204 Tak zginęła m.in. Rachela Mandelbaum, narzeczona Fajwla Bielawskiego, chroniąca się wraz z siedmioma innymi osobami w kryjówce pod domem Kredów.

205 Klem, *I wtedy przyszło najgorsze*, s. 42–44.

Wróćmy jednak do getta szczątkowego. W pół drogi między Węgrowem a Sokołowem w gospodarstwie Antoniego Bielińskiego ukrywał się węgrowianin Romek Międzyrzecki. W pierwszych dniach grudnia 1942 r. dołączył do niego szwagier Ruwen Hersz, który korzystając z chwili nieuwagi ukraińskich strażników nadzorujących pracujących w lesie Żydów, uciekł z obozu zagłady w Treblince. W prowadzonym na gorąco dzienniczku Międzyrzecki zanotował relację Hersza:

> [Szwagier,] biegnąc, usłyszał strzały, ale się nie odwracał i biegł dalej co sił. Przebiegał lasy i pola, a kiedy zrozumiał, że już nic mu nie grozi, zaczął iść. Przeszedł tak dwadzieścia kilka kilometrów. Przemoknięty, zziębnięty, wymęczony, głodny i spragniony, ledwo dowlókł się do miasta Węgrów, gdzie mieszkali. Ledwo powłócząc nogami, z głową, w której huczało niczym walący młot – czy spotkam żywych spośród moich braci, sióstr, szwagierek, szwagrów albo mamę, kto to wie? Kiedy doszedł do miasta, a raczej dowlókł się, bo iść już nie mógł, przykładał ucho do każdej izby, słuchając, czy mówi się w niej po żydowsku, czy mieszka tam Żyd. I tak szedł od jednej izby do drugiej, aż dotarł do takiej, w której mieszkali żydowscy szewcy pracujący dla Niemców. Przyłożył ucho do okiennicy i na jego twarzy odmalowała się nadzieja. Mówiono w jidysz! W jidysz! Nie dawał wiary swym uszom, może sam się mamił, ale nie – tam mówiono w jidysz! Wszedł, nie, raczej trzeba powiedzieć wtoczył się do izby, bo iść już nie mógł, i legł na podłodze. Popatrzyli na niego zdumieni – kim jest ten żebrak, co tak późno tu zaszedł. Ale gospodarz krzyknął, że przecież to „kociak"[206], i wtedy wszyscy spojrzeli na niego, podali mu dłoń i bardzo się uradowali. Jeden z nich pobiegł do brata Rachmiela, który pracował u garbarzy, i powiedział, że Ruwen przyszedł z Treblinki, a ten przybiegł i go do siebie zabrał[207].

„Tak oto – kończył swoją opowieść Romek Międzyrzecki – Bóg zabrał [go] z Treblinki i niech dalej nam pomaga". Hersz już wkrótce opuścił węgrowskie getto i dołączył do ukrywających się na wsi krewnych.

---

206 W jid. *kecele*. Być może był to przydomek Hersza, a być może chodzi o „kota" w znaczeniu okupacyjnym. „Kotami" nazywano podczas okupacji ukrywających się Żydów. W slangu warszawskich szmalcowników określenie to tłumaczono na różne sposoby. Według jednych „kot" wziął się z fonetycznego podobieństwa między zwrotami „miau" i „miał" (ale już nie ma…).

207 AYV, O.33/4905, Dziennik Romka Międzyrzeckiego (w jid.), zapis z niedzieli 27 XII 1942 r.

W zimie 1942/1943 r. sytuacja mieszkańców węgrowskiego getta jeszcze bardziej się pogorszyła. Według córki Judla Żywicy, znajomego Bielawskiego, Żydów dziesiątkowały tyfus i inne choroby[208]. Jednym z ostatnich Żydów, którzy dotarli do szybko kurczącej się „żydowskiej dzielnicy mieszkaniowej", był Izrael Cymlich. W kwietniu 1943 r. uciekł on z Treblinki; po kilku dniach, słysząc od ludzi, że w Węgrowie nadal mieszkają Żydzi, dotarł do miasteczka i wśliznął się do getta. Zauważył wówczas, że wokół getta wyburzano domy — co zgadzałoby się z wcześniej opisanym rabunkiem „pożydowskiej" własności. Opis tego, co zastał w samym getcie, warto przytoczyć *in extenso*: „byłem głęboko poruszony widokiem żydowskich izb i rodzin. Cierpieli straszną biedę... mieszkali w okropnym ścisku, a ich nędza przechodziła wszelkie wyobrażenie. Większość z nich straciła podczas akcji cały dobytek; spali na piętrowych łóżkach zbitych z surowych desek, a okrywali się szmatami. Żyli w ciągłym strachu i w niepewności. W nocy rozstawiali warty, a ci, którzy szli spać, nie ściągali z siebie ubrań. Rano uderzył mnie rozpaczliwy widok: dzieci, drżąc z zimna, tuliły się do rodziców, płacząc: «zimno! zimno!»"[209]. Podczas krótkiego pobytu w Węgrowie Cymlich wdał się z mieszkańcami getta w rozmowy. O Treblince wiedzieli wszystko, lecz mimo to nie byli w stanie podjąć decyzji o ucieczce. Odpowiadali mu, że są w sytuacji bez wyjścia. Najwyraźniej perspektywa przejścia na aryjską stronę była bardziej przerażająca niż natychmiastowa śmierć z rąk Niemców. Cymlich wymknął się z Restghetto Wengrow 18 kwietnia 1943 r. Dwa tygodnie później getto przestało istnieć. I to jest właściwie wszystko, co nam wiadomo o getcie szczątkowym w Węgrowie: brakuje informacji o jego granicach („przy rynku"), nie wiemy, czy w getcie funkcjonowała jakaś żydowska władza, Rada Żydowska (choć wydaje się, że nieformalnym przywódcą był wcześniej wspomniany farbiarz Kreda) oraz ilu liczyło mieszkańców. Pytania te, jak się wydaje, pozostaną już na zawsze bez odpowiedzi.

OSTATECZNA LIKWIDACJA GETTA, 30 KWIETNIA 1943 R.

Pod koniec kwietnia 1943 r. do Żydów w węgrowskim getcie doszły pierwsze wieści o powstaniu w getcie warszawskim. Brakowało szczegółów ale, jak

208 Bielawski, *Ostatni Żyd z Węgrowa...*, s. 186.

209 Israel Cymlich, Oskar Strawczynski, *Escaping Hell in Treblinka*, Jerusalem: Yad Vashem, 2007, s. 55.

zapisał cytowany wcześniej Szraga Fajwel Bielawski, uczuciu dumy z bohaterstwa warszawskich Żydów towarzyszyły rosnące obawy o zemstę, której ofiarą mogliby paść mieszkańcy węgrowskiego getta. Obawy te potwierdziły się, gdy niemiecka sekretarka landkomisarza Neumanna poprosiła żydowską kapeluszniczkę o przyspieszenie terminu dostawy zamówionych artykułów. Żydzi liczyli się wobec tego z możliwością rychłej likwidacji getta, lecz mimo to dla większości ucieczka nie wchodziła w grę. Jak dobrze wiedzą badacze dziejów Zagłady w Polsce, wrogość i ciągłe zagrożenie po aryjskiej stronie przyczyniły się do tego, że dla wielu Żydów ucieczka z gett — nawet z gett otwartych — jawiła się jako jeszcze gorsza opcja niż ukrywanie się w gettowych bunkrach. Ukrywający się w Warszawie Mordka Purman podczas powstania w getcie warszawskim w kwietniu 1943 r. wspominał, że napotkał „swoich kolegów, którzy przez kilka dni będąc na aryjskiej stronie, zmuszeni byli wrócić do płonącego getta, gdyż nie mogli w żaden sposób znaleźć «meliny»"[210]. Powroty do gett z nieudanych wyjść na aryjską stronę to zagadnienie, które samo w sobie domaga się osobnego studium. O braku możliwości przeżycia po aryjskiej stronie Węgrowa obszernie pisali Bielawski i Cymlich.

Węgrów, młyn Mendla Kleina, 2014 r. Trasa ucieczki Szragi Fajwla Bielawskiego z getta w Węgrowie: „Postanowiliśmy wyruszyć około jedenastej wieczorem. Dom wdowy był przy ulicy Koziej. Mieliśmy iść ulicą Sokołowską do żytniego młyna Mendla Kleina, przejść przez rzekę Strugę, potem na zachód, wzdłuż brzegu, do ulicy Starowiejskiej, potem skręcić i dojść do rzeźni, która znajdowała się niedaleko domu Sasina […]" (fot. Jan Grabowski)

210 AYV, O.33/260, Mordka Purman, Wspomnienia, s. 38.

Koniec „małego getta" nastąpił 30 kwietnia 1943 r. Przed świtem Niemcy wraz z polską policją i w asyście strażaków otoczyli dom Kredy oraz inne budynki getta szczątkowego i zaczęli mordować wszystkich mieszkańców[211]. Bielawskiego obudziły serie z karabinów maszynowych; razem z braćmi zdołał się skryć na strychu sąsiedniego domu: „szybko wspięliśmy się na górę. Kiedy tylko zdążyliśmy wejść po drabinie, pojawiło się SS. Zerkając przez szpary w szczytowej ścianie, zobaczyłem, że było ich czterech. Mieli hełmy i karabiny maszynowe. Za nimi szli polscy policjanci z bronią, a po nich jeszcze dwudziestu czy trzydziestu polskich chłopaków"[212]. Według Bielawskiego, Niemcy — spodziewając się zapewne oporu — nie byli skłonni wchodzić do żydowskich domów i wysługiwali się w tym celu towarzyszącymi im granatowymi policjantami. Tym razem Niemcy i ich pomocnicy zostali wyposażeni w listy legalnych mieszkańców getta i w miarę rozwoju akcji starannie liczyli zabitych, nanosząc dane na wykazy.

Losy wtórnego getta w następujących słowach opisała „aryjska" mieszkanka Węgrowa:

> Po jakimś czasie Niemcy kazali się Żydom ujawnić — że już ich nie będą bić. Trochę ludzi się zebrało i mieszkali na terenie getta. To na pewno było już późną wiosną 1943 r. Ale znowu zaczęli ich bić. Ludzie stawiali opór. Zaczęła się strzelanina i podpalanie domów. W tym miejscu, gdzie dziś stoi Spółdzielczy Dom Handlowy i jest tablica upamiętniająca 10 rozstrzelanych Polaków, stał duży, murowany dom. Tam Żydzi mieli ukrytą broń i otworzyli ogień do Niemców. Więc Niemcy ten dom spalili. Leżało tam bardzo dużo popalonych ciał. Całą noc nie spaliśmy, bo się paliło i była strzelanina. A później samoloty niemieckie robiły zdjęcia ze swoich bandyckich popisów[213].

Trudno powiedzieć coś bardziej konkretnego o oporze rzekomo stawianym przez Żydów — raczej należy to włożyć między bajki, tym bardziej że Bielawski, będąc wówczas w getcie, żadnej walki nie odnotował. Opór, jeżeli występował, to najpewniej bierny. Bezbronni Żydzi barykadowali się w otoczonych przez policję (i przez gapiów) domach. Wskazywałaby na to relacja innego węgrowianina, który zapamiętał, że podczas likwidacji getta

211 AYV, O.3/1585, Relacja Mieczysława Supła.

212 Bielawski, *Ostatni Żyd z Węgrowa...*, s. 191.

213 Grabowska, *Wojna nam zabrała dzieciństwo i młodość*, s. 33.

„strażacy pomagali Niemcom podpalać budynki getta szczątkowego, a potem bosakami wyciągali zmoczonych Żydów z płonących domów”[214]. Następnie zaś prowadzili Żydów na znane z wcześniejszych egzekucji „mogiłki”.

Ostateczna likwidacja getta szczątkowego w Węgrowie, 30 kwietnia 1943 r. (GFH, 7103)

Jedno z dwóch zachowanych świadectw żydowskich z drugiej likwidacji getta w Węgrowie pochodzi od Menuchy Bielawskiej, pracującej w warsztacie Jechiela Kredy. Według Bielawskiej, tym razem getto likwidowano z iście niemiecką precyzją, mając w rękach listy wszystkich „legalnych” Żydów. Listy te posłużyły weryfikacji skuteczności egzekucji, gdyż jak wspomniałem wcześniej, pozwoliły na sprawdzanie tożsamości zabitych.

> Niemcy i Polacy przyszli z karabinami maszynowymi i kazali wszystkim wyjść. Ja się wymknęłam, wsunęłam się pod stertę starych desek, przykryłam się i leżałam nieruchomo. Słyszałam, jak inni krzyczą i błagają o łaskę, ale zastrzelili wszystkich, włącznie z dziećmi i liczyli ofiary. Było siedemnaście ciał. Znów weszli do domu i naliczyli dziewiętnaście nazwisk na liście pracowników Kredy. Dwóch brakowało. Przeszukawszy wszystko, Niemcy dali za wygraną i odeszli. Ale został jeden polski policjant. Mruczał, że musi znaleźć tych parszywych Żydów. Zaczął zdejmować deski ze sterty i znalazł mnie. Wlókł mnie przez ulicę na otwartą przestrzeń i wycelował we mnie

214 AP Siedlce, SOS, t. 653, Zeznanie świadka Sasina, k. 167.

broń. „Nie znasz mnie?" – zapytałam. „Puść mnie! Nikt nie widzi!" Odmówił. Miałam na sobie jedwabną koszulę nocną. Wyrwałam mu się i zaczęłam biec. Pobiegł za mną i strzelił. Upadłam, krwawiłam, więc pomyślał, że nie żyję. Odszedł. Po paru minutach wstałam i pobiegłam w pola, mocno krwawiąc[215].

Natomiast wiele lat po wojnie Polka mieszkająca niedaleko wtórnego getta opisywała akcję w następujący sposób: „opowiadali, że po zabiciu rodziny Kredów, którzy mieli pralnię i farbiarnię przy ulicy Gdańskiej, krew zabitych wypływała z podwórza do rynsztoku"[216]. Jedną z pierwszych ofiar akcji był wzmiankowany już Jechiel Kreda, który do końca wierzył, że swą użytecznością (prowadził pralnię oraz warsztat krawiecki obsługujące Niemców) zapewni sobie łaskę władz. Kreda zginął wraz z żoną Rywką oraz córkami Beile i Teiną. Jak się dowiedział dzień później Bielawski: „zastrzelili Kredę, jego żonę i ich dwoje dzieci. Niemcy i Polacy zastrzelili też wszystkich, którzy tam pracowali [...]". Z całej rodziny Kredów akcję przeżył tylko 18-letni Izaak. Izaak, ukrywając się, dożył końca okupacji, a zginął – z rąk polskich – już po wyzwoleniu, w Węgrowie w grudniu 1944 r.[217]

Nie mamy dokładnej statystyki zbrodni dotyczącej liczby ofiar akcji likwidacyjnej z 30 kwietnia 1943 r. Zginęło wówczas 200–300 Żydów, a ich zwłoki spoczęły na żydowskim cmentarzu w pobliżu masowych grobów ofiar pierwszej akcji oraz późniejszych rozstrzeliwań.

TREBLINKA

Późną jesienią 1941 r. władze dystryktu warszawskiego zdecydowały o wybudowaniu w pobliżu wsi Treblinka, na północno-wschodnim skraju powiatu węgrowskiego, obozu pracy przymusowej[218]. Arbeitserziehungslager Treblinka I, do którego w latach 1941–1944 trafiło ponad 20 tys. ludzi (połowa z nich miała tam zginąć) zyskał sobie ponurą sławę już na wiosnę 1942 r.

---

215 Bielawski, *Ostatni Żyd z Węgrowa...*, s. 217.

216 Władysława Putkowska, *W naszym domu było bardzo zimno* [w:] *Życie codzienne w czasie wojny i okupacji...*, s. 9.

217 AYV, O.3/1585, Relacja Mieczysława Supła.

218 Zarządzenie guberbatora Fischera z 11 XI 1941 r., „Amtsblatt für den Distrikt Warschau", 16 XII 1941 r.

Do AEL Treblinka I wysyłano zarówno Żydów, jak Polaków, ale los tych pierwszych był o wiele gorszy[219]. Pierwszym komendantem Treblinki I został Theo van Eupen, wcześniej urzędnik w administracji kreishauptmannschaftu Sokołów-Węgrów, podwładny Gramssa[220]. Pod koniec 1941 r. obóz Treblinka I mógł przyjąć do 3 tys. więźniów. Szraga Fajwel Bielawski pisał o początkowych stadiach budowy obozu: „Następnego dnia jacyś esesmani nakazali Judenratowi wybrać robotników do pracy w Treblince. Ci Żydzi wrócili pod koniec tygodnia i opowiadali, że ścinali drzewa na podkłady pod linię kolejową. Setki robotników coś budowały, ale nikt nie wiedział co. Codziennie Niemcy żądali więcej robotników do obozu śmierci"[221].

W maju i czerwcu 1942 r. na mocy porozumienia między niemieckimi sądami w Warszawie a komisarzem dzielnicy żydowskiej Heinzem Auerswaldem do obozu wysłano kilkuset młodych i bardzo młodych Żydów z getta warszawskiego, schwytanych po stronie aryjskiej[222]. Z tego, co wiadomo, żaden z nich pobytu w obozie nie przeżył. Równocześnie ruszyła budowa właściwego obozu zagłady, czyli Treblinki II, w której ostatecznie zginęło ponad 900 tys. Żydów. Od 22 lipca 1942 r. linią kolejową Warszawa–Małkinia oraz Lublin–Sokołów zaczęły podążać transporty śmierci. Obie linie kolejowe przebiegały przez powiat węgrowski. Linia kolejowa Warszawa–Tłuszcz–Łochów–Małkinia, którą jechały transporty śmierci, przecinała północną część powiatu węgrowskiego na odcinku od Łochowa aż po Prostyń. Druga linia kolejowa (dziś już nieistniejąca) prowadząca do Treblinki ciągnęła się od Siedlec przez Sokołów Podlaski i Małkinię. Linia siedlecka przecinała dwukrotnie granicę powiatu węgrowskiego: na południu na terenie gminy Miedzna i na północy, w pobliżu Prostyni.

Dokumenty niemieckie i polskie oraz relacje żydowskie nie pozostawiają wątpliwości, że obecność obozu zagłady w Treblince położyła się długim cieniem na całym powiecie węgrowskim, podobnie zresztą jak na sąsiednim powiecie sokołowskim. Od momentu uruchomienia obozu zagłady Treblinka II jego istnienie dało się odczuć mieszkańcom powiatu węgrowskiego w sposób dosłowny, bez żadnych przenośni. Jak pisze badaczka tematu: „swąd spalanych ciał czuć było w pobliskich wioskach oraz w okolicach

219 Zob. Cymlich, Strawczynski, *Escaping Hell in Treblinka.*

220 Roth, *Herrenmenschen...*, s. 78.

221 Bielawski, *Ostatni Żyd z Węgrowa...*, s. 85.

222 AYV, TR/10/2861–1, oryginały w: Zentrale Stelle der Landesverwaltungen zur Verfolgung nationalsozialistischer Verbrechen, Ludwigsburg, 211 AR-277/66, t. 16–17, 11 II 1942 r.

odległych nawet o 20–30 km"[223]. Jeżeli można dać wiarę świadkom, to przy mocniejszych powiewach wiatru swąd ten można było czuć nawet pod Sokołowem Podlaskim i Miedzną. Nieco dalej, tam gdzie nie dochodził zapach palonych ciał, docierały wieści o żydowskim złocie — o fortunach, które jakoby mieli przy sobie Żydzi uciekający z obozu bądź z transportów.

Toksyczny wpływ Treblinki na morale okolicznej ludności został dość dobrze opisany w literaturze historycznej i nie ma powodu, by do tych ustaleń powracać w sposób szczegółowy[224]. Pisali o tym żydowscy uciekinierzy, polscy świadkowie i historycy[225]. Schemat zachowań wokół Treblinki był zresztą podobny do tego, co działo się gdzie indziej, w okolicy Bełżca, Sobiboru, Chełmna czy Oświęcimia. Demoralizacja miejscowej ludności wiązała się głównie z walką o resztki majątku setek tysięcy Żydów zwożonych do obozów zagłady. Część kosztowności zrabowanych ofiarom wyciekała poza druty obozu — głównie za sprawą ukraińskich wachmanów — i trafiała do rąk okolicznych mieszkańców. W Treblince inną drogą zdobycia kosztowności i pieniędzy był handel z Żydami wychodzącymi z obozu do pracy w lesie[226]. Zdarzało się też często, że pociągi śmierci wstrzymywano na długie godziny, a to z kolei dawało miejscowej ludności szansę na dokonywanie intratnych, choć nieraz ryzykownych, transakcji. Jan Piechocki ukrywał się na aryjskich papierach w Węgrowie. Późnym latem 1942 r. znalazł się koło stacji kolejowej w Sadownem, na północnym wschodzie powiatu: „między Ostrówkiem a Sadownem stał na bocznym torze pociąg towarowy. Ukraińscy wartownicy snuli się wzdłuż wagonów, co zwróciło moją uwagę. Krzyczeli na chłopaków z butelkami próbujących podejść do wagonów. Dopiero wtedy zrozumiałem: przez małe okienka, poprzez kolczaste druty wysuwały się ręce po wodę. Chłopcy usiłowali zmylić czujność konwojentów,

---

223 Martyna Rusiniak, *Obóz zagłady Treblinka II w pamięci społecznej (1943–1989)*, Warszawa: Neriton, 2008, s. 19.

224 *Ibidem*, s. 22–34.

225 Jankiel Wiernik, *Rok w Treblince*, Warszawa 1944 (oraz późniejsze wydania, np. z 2003 r., także w j. angielskim); Richard Glazar, *Stacja Treblinka*, tłum. przypisy i posłowie Ewa Czerwiakowska, Warszawa: Ośrodek Karta i Dom Spotkań z Historią, 2011; Jechiel Rajzman, *Ocalałem z Treblinki. Wspomnienia z lat 1942–1943*, tłum. Bella Szwarcman-Czarnota, oprac., red. i posłowie Ewa Koźmińska-Frejlak, Warszawa: Czytelnik, 2011; Samuel Rajzman, *Uprising in Treblinka* [w:] U.S. Congress. House Committee on Foreign Affairs, *Punishment of war criminals*, 79th Cong., 1st sess. Washington, D.C.: GPO, 1945, s. 120–125; Jan Tomasz Gross, współpraca Irena Grudzińska-Gross, *Złote żniwa. Rzecz o tym, co się działo na obrzeżach zagłady Żydów*, Kraków: Znak, 2011.

226 AIPN, GK 384/184, Przesłuchanie Czesława Sudaka, k. 19.

podać butelki po wzięciu zapłaty. Usłyszałem wołania: «Żydy, rzućta zegarek!». Stanąłem jak wrośnięty w ziemię"[227]. Cenną zdobyczą była również zawartość wagonów opuszczających Treblinkę. Każdego dnia z obozu ruszały transporty wiozące w głąb GG bele ubrań należących do pomordowanych Żydów. Transporty te regularnie plądrowano, a działo się to w porozumieniu z kolejarzami, którzy w umówionych z góry miejscach zatrzymywali lub przynajmniej zwalniali bieg pociągu. Echa tych rabunków można odnaleźć w aktach niemieckich sądów z Warszawy — Sondergericht i Deutsches Gericht. Jednym z przedsiębiorczych chłopów rabujących „pożydowskie" ubrania z transportów wracających z Treblinki był Czesław L., którego złapano w pobliżu stacji Telaki 20 września 1942 r.[228]

Uciekinier z Treblinki opisywał proceder kradzieży w następujący sposób: „Kiedy pociąg się zatrzymał [na stacji Kosów Lacki — J.G.], mężczyźni podeszli [...], wzięli kilka zawiniątek z odzieżą i przenieśli je na drugi koniec składu. Czynność powtórzyli wielokrotnie. To ich drobne złodziejstwo dla nas [zbiegów z Treblinki — J.G.] osobiście było zupełnie bez znaczenia. Jak widać, Niemcy mieli poważnych rywali, jeśli chodzi o zrabowane łupy. Przypuszczaliśmy, że nim pociąg dotrze do Warszawy albo do Niemiec, będzie niemal pusty"[229]. O ile jednak handel z ukraińskimi wachmanami czy kradzieże z pociągów dotyczyły stosunkowo wąskiego kręgu ludzi bezpośrednio zaangażowanych w ten proceder, o tyle w kontakty z uciekinierami z transportów zaangażowana była znacznie większa liczba ludzi, którzy bądź to bezpośrednio zetknęli się ze zbiegami, bądź też o nich słyszeli. Wieści o „żydowskim złocie" zaczęły krążyć wcześnie: Eddie Weinstein, który uciekł z Treblinki we wrześniu 1942 r., już wtedy zauważył, że w oczach wielu napotkanych po drodze chłopów uciekający z obozu Żydzi stanowili wzbudzający pożądanie łup. Przekonanie o bogactwach niesionych przez uciekinierów z biegiem czasu jedynie się ugruntowywało. W powiatach węgrowskim i sokołowskim musiały na ten temat krążyć zgoła fantastyczne pogłoski, a ich echa można odnaleźć w raportach wywiadu AK przesłanych z Węgrowa i Sokołowa do Warszawy. W raporcie z września 1943 r. czytamy np.:

---

227 Remetz [Piechocki], *Wspomnienia...*, s. 115.

228 AMSW, Sondergericht, teczka 1305, Czesław L. został skazany wyrokiem Sądu Specjalnego (Sondergericht Warschau) na 1 miesiąc więzienia. Wyrok z 3 V 1944 r.: „Czeslaw L. hat am 20.9.1942 nach dem Einbruchdiebstahl des haupttaeters Stanislaw K., aus den Gueterwaggons verschiedene juedische abgetragene Bekleidungstuecke entwendet".

229 Eddie Weinstein, *17 dni w Treblince*, tłum. Rafał Zubkowicz, wyd. 2, Łosice: Towarzystwo Przyjaciół Ziemi Łosickiej, 2012, s. 52–53.

„w dniu 5 IX uciekło z Treblinki 18 uzbrojonych Ukraińców do okolicznych lasów, następnego dnia zbiegło dalszych 6 [...]; ci ostatni zabrali ze sobą około 3 000 000 zł w gotówce, złoto i biżuterię"[230].

Transport do Treblinki i ucieczkę z pociągu możemy obejrzeć oczyma 9-letniego Natana Najmana, który do września 1942 r. mieszkał z rodzicami w getcie w Budziskach pod Łochowem[231]. We wrześniu 1942 r., dzień przed likwidacją, sołtys Budzisk dał znać, że szykuje się wywózka. Getto zostało niebawem otoczone przez żandarmerię i polską policję, a następnie wszystkich Żydów popędzono na rampę kolejową. „Cała droga była zasłana trupami" — wspominał Natan Najman. Między ofiarami marszu znalazła się i jego matka, zabita przy drodze: „Kto tylko dał pół kroku w lewo, to został zastrzelony. Oprawcy byli wszyscy pijani". Natan znalazł się zatłoczonym wagonie, a wokół niego ludzie dusili się z braku powietrza. Wszyscy wiedzieli, dokąd jadą; dla łochowskich Żydów Treblinka nie stanowiła tajemnicy. W czasie jazdy mężczyźni oderwali dwie deski ze ściany przy podłodze i zaczęli skakać z pociągu. Wielu zginęło, zabitych przez wartowników strzelających z budki na dachu wagonu. Najman wyskoczył wraz z innymi i wpadł w kopę siana zostawioną tuż przy szynach. Idąc wzdłuż torów, widział tu i ówdzie leżące trupy, po czym natknął się na małą ranną dziewczynkę, która prosiła go: „dobij mnie, dobij mnie". Chłopiec szedł boso wzdłuż torów, w nadciągającym zmroku, z powrotem w kierunku rodzinnego Łochowa. Po drodze natknął się na parę Żydów, którzy również uciekli z pociągu. W pewnym momencie zatrzymał ich Polak jadący na rowerze i zażądał złota. Idąca koło Natana kobieta sięgnęła do stanika i oddała bandycie obrączkę. Po chwili pojawiło się dwóch innych Polaków, którzy również zażądali złota i kosztowności. Kobieta coś im wręczyła, ale widocznie nie usatysfakcjonowało to złodziei, gdyż poddali swe ofiary szczegółowej rewizji, ale niczego już przy nich nie znaleźli. W czasie rewizji Natanowi udało się uciec i schować w krzakach, a dwójkę towarzyszących mu Żydów Polacy odprowadzili na pobliską stację i wydali w ręce Niemców. Działo się to w Ostrówku blisko Łopianki, kilka kilometrów od Łochowa. Natan usłyszał strzały i z ukrycia widział śmierć swoich towarzyszy, zabitych przez żandarmów i polskich policjantów. Następnego dnia Natan Najman trafił do Łochowa, gdzie z miejsca natknął się na swojego kolegę, Żyda, którego

---

230 AAN, Delegatura Rządu na Kraj, 202-II-23, Raport sytuacyjny, wrzesień 1943 r. k. 19, 54.
231 USC, VHA, 14739, Relacja Natana Najmana.

polski policjant oraz żandarm niemiecki prowadzili na rozstrzelanie[232]. Tak wyglądała ucieczka z pociągu śmierci jadącego przez ziemię węgrowską, widziana oczyma 9-letniego żydowskiego dziecka. Mały Natan Najman znalazł w końcu schronienie u Stanisławy Roguszewskiej we wsi Wymysły niedaleko Hołowienek, w gminie Sokołów[233].

Trudno dziś oszacować liczbę Żydów uciekających z transportów — Żydzi zwożeni z innych krajów Europy w odróżnieniu od polskich Żydów nie mieli zazwyczaj pojęcia, jaki los ich czeka u kresu podróży, i decydowali się o wiele rzadziej na ryzykowną ucieczkę. Ważna też była chronologia wydarzeń — ucieczek z transportów idących latem 1942 r. było zapewne mniej niż pół roku czy rok później. Wiadomo, że ucieczki z transportów przybrały masowy charakter po powstaniu w getcie warszawskim, kiedy już nikt nie miał żadnych złudzeń co do istoty „ostatecznego rozwiązania". Nawet nie mając w ręku dokładnych danych, możemy jednak z całą pewnością stwierdzić, że tysiące ludzi uciekały z transportów. Niektórym się to udało, czego świadectwem są liczne wspomnienia ocalałych. Inni mieli mniej szczęścia i ginęli z rąk eskortujących pociągi wachmanów, z rąk miejscowej ludności czy od kul niemieckiej albo polskiej policji. Świadectwem losu tych ludzi są liczne groby, położone zazwyczaj w pobliżu torów i (niekiedy) ekshumowane po wojnie. Inne dowody ich śmierci można znaleźć w dokumentacji powojennych sądów polskich, a nawet w literaturze pięknej. Krótkie opowiadanie Zofii Nałkowskiej *Przy torze kolejowym* traktuje o leżącej przy torach kolejowych Żydówce, rannej przy próbie ucieczki z wagonu śmierci. Po pewnym czasie wokół kobiety utworzyło się zbiegowisko gapiów zafascynowanych cudzym cierpieniem. Nikt nie wiedział, jak się zachować — choć strach było jej pomóc, to ktoś podał kubek mleka, a jakiś mężczyzna przyniósł z pobliskiego sklepiku papierosa i wódkę. Na koniec pojawili się dwaj granatowi policjanci. Gdy przez chwilę wahali się, który z nich miał kobietę zabić, znalazł się jednak ochotnik, młody człowiek; ten sam, który wcześniej przyniósł rannej papierosa i wódkę. Wziął od policjantów pistolet i — bez emocji ani wahania — zabił ranną Żydówkę. Następnego dnia przybył sołtys wraz z dwoma pomocnikami i zakopali zwłoki tuż przy torach. Akcja opowiadania Nałkowskiej mogła się toczyć przy jednym z torów kolejowych biegnących przez powiat węgrowski do Treblinki. Mogła się też toczyć gdziekolwiek indziej, gdyż pociągi śmierci zdążały do obozów

---

232 *Ibidem*.

233 Ratująca została odznaczona medalem Sprawiedliwej.

zagłady ze wszystkich stron Polski. Transporty były widokiem codziennym dla mieszkańców Lubelszczyzny, Krakowskiego, Kieleckiego czy Warszawskiego. Dokładna lokalizacja opowiadania nie jest zresztą konieczna. Aby uzyskać wierny opis okupacyjnej rzeczywistości, należy znów udać się tropem źródeł historycznych.

Romek Międzyrzecki pochodził z Węgrowa, z którego uciekł — wraz z pięcioma innymi osobami — w momencie likwidacji miejscowego getta we wrześniu 1942 r. Po pewnym czasie cała grupa znalazła schronienie w domu Antoniego Bielińskiego, dobrego człowieka, gospodarza mieszkającego w Książopolu-Budkach pod Sokołowem. W następnych miesiącach Międzyrzecki prowadził w kryjówce dziennik. W piątek 18 grudnia 1942 r. zapisał:

> Rano pan Bieliński pojechał do Węgrowa [...]. Późnym wieczorem opowiedział nam o smutnych wydarzeniach, które zaszły w czasie wysiedlenia w Sokołowie. O tym, jak ludzie wyskakiwali z pociągów na trasie do Treblinki. Masy zabitych i rannych. Leżała też postrzelona kobieta — jakby tego było mało, chrześcijańskie łobuzy oderwały jej palce i uszy, bo miała złote pierścionki i kolczyki. [Mówił] o wielu takich zdarzeniach, a nam od tego mróz szedł po kościach. Muszę dodać, że wszystko, co mówił, jest prawdą, bo tysiące wydarzeń miało miejsce w lasach, gdzie rabowano Żydów, zostawiając ich nagich, bosych i bez grosza. Tak więc siedzieliśmy i słuchaliśmy tych opowieści, a potem poszliśmy spać[234].

Historia opisana przez Międzyrzeckiego rozegrała się gdzieś między Sokołowem a Treblinką, czyli na linii kolejowej Siedlce–Małkinia. I dotyczyła tylko kilku dni po likwidacji Sokołowa. Podobnie działo się na północy powiatu węgrowskiego, wzdłuż linii warszawskiej. Zachowały się z tamtej okolicy relacje polskich świadków zamieszkałych w okolicy wioski Kołodziąż (gm. Sadowne). Wioska ta leży w bezpośrednim sąsiedztwie linii kolejowej. Wiosną 1943 r. do domu Marianny Kłusek zastukała trzydziestoletnia kobieta, „prosząc o pozwolenie wypoczęcia w mieszkaniu, gdyż zbiegła z transportu przewożącego Żydów do Treblinki"[235]. Zresztą polszczyzna kobiety nie pozostawiała złudzeń co do jej pochodzenia. Pani Kłusek, bojąc się konsekwencji, wypędziła nieznajomą z domu i poradziła

234 AYV, O.33/4905, Dziennik Romka Międzyrzeckiego.

235 AIPN, GK 318/728, Akt oskarżenia, 26 IX 1950 r., k. 4.

jej iść dalej, w kierunku pobliskiego lasu. Niestety, w lesie bojewskim uciekinierkę schwytał Stanisław K., który łapaniem Żydów trudnił się „na pół etatu". Na co dzień pracował jako robotnik leśny, ale dorabiał sobie jako łapacz, gdyż miał specjalny glejt od Niemców, którzy kazali mu „chodzić po lesie i obserwować ludność żydowską i innych bandytów"[236]. Schwytawszy uciekinierkę, K. wydał ją w ręce niemieckich żandarmów, ci zaś niebawem rozstrzelali kobietę. Po egzekucji K. wraz z innym zmobilizowanym w tym celu gospodarzem wykopali dół: „przed zakopaniem żydówkę rozebrałem — zeznawał po wojnie Stanisław K. — zdjąłem z niej futro, buty, sukienki, halkę. Tylko w majtkach żydówkę zakopałem do ziemi"[237]. Na koniec Stanisław K. zdjął też z ręki zabitej kobiety złoty pierścionek. Dla Stanisława K. mord ten nie był niczym niezwykłym. Wręcz przeciwnie, jak stwierdził kilka lat po wojnie: „kiedy wieźli ich pociągiem do Treblinki, to bardzo dużo ich wyskakiwało i uciekało [...]"[238]. W Kołodziążu na dłuższy czas zakwaterowano kilku niemieckich żandarmów, by pilnowali znajdującego się we wiosce składu spirytusu[239]. Zabijanie doprowadzanych z łapanki Żydów musiało stanowić dla niemieckich policjantów — jak się można domyślać — pewne urozmaicenie dłużących się dni. Czasem przed rozstrzelaniem żandarmi „zabawiali się" ze swoimi ofiarami. Pół roku po mordzie na nieznanej 30-letniej kobiecie, o której była już mowa, ktoś doprowadził żandarmom starego Żyda: „Niemcy szyderowali z niego, ogolili mu brodę, myli go i zdjęcia z niego robili, poczem wyprowadzili go do lasu i rozstrzelali" — zeznał po wojnie polski świadek[240].

Wioska Skupie położona jest tuż za granicą powiatu węgrowskiego, w gminie Mokobody. Podczas wojny w wiosce — położonej tuż przy linii kolejowej Siedlce–Małkinia — znajdował się posterunek policji granatowej. Miejscowi policjanci w latach 1942–1943 wyrobili sobie reputację szczególnie wydajnych morderców Żydów próbujących uciekać z pociągów śmierci. Według żydowskiego świadka policjanci Kurabiak, Skanecki, Zimnacha i Wichalak wraz z innymi funkcjonariuszami z posterunku Skupie „chodzili na tory kolejowe i mordowali wszystkich Żydów, którzy ratowali się,

236 *Ibidem*, k. 40v.

237 AIPN, GK 318/728, Przesłuchanie Stanisława K., 6 VII 1950 r., k. 55–55v.

238 *Ibidem*, Zeznanie Wacława Deczyka z Kołodziąża, k. 56–57.

239 AIPN, GK 384/227, Protokół przesłuchania Aleksandra Kluska, 22 XI 1949 r., k. 7.

240 *Ibidem*, Zeznanie Jana Naścieruka, 22 XI 1949 r., k. 5.

wyskakując z pociągów. Krótko mówiąc, razem ze swoimi kolegami [Kurabiak] zamordował ze 100 Żydów"[241]. Ofiary te zamordowano tuż za granicą powiatu węgrowskiego, tak że nie będą one ujęte w statystyce zbrodni dokonanych na badanym przeze mnie terenie, ale warto odnotować działania polskiej policji granatowej — działania, których podstawowym celem był rabunek i o których niemieccy mocodawcy nie byli zazwyczaj informowani. W styczniu 1943 r. mieszkańców Sadownego obudziły strzały z broni maszynowej i odgłosy zatrzymującego się pociągu. Był to kolejny transport zmierzający do Treblinki, tym razem jednak Żydom udało się wyrwać drzwi wagonów i masowo rzucili się do ucieczki. Część uciekinierów zginęła od kul strażników, a część pochowała się w okolicy. Całą noc oraz cały następny dzień okoliczna ludność spędziła na wyłapywaniu i rabowaniu Żydów. Następnie uciekinierów oddawano w ręce Niemców – za skromną nagrodą[242].

Historie, jakich wiele — zapiski z dziennika Romka Międzyrzeckiego, świadectwo Lipińskiego z Mokobód, relacja Starkopfa z Sadownego czy zeznania Stanisława K. z Kołodziąża stanowią rozwinięcie i uzupełnienie opowiadania Zofii Nałkowskiej. Żydów zabijano bez pasji, a ich śmierć w relacjach wielu mieszkańców powiatu węgrowskiego stała się czymś codziennym, wręcz oczywistym. O masowości mordów dokonywanych na zbiegłych Żydach świadczą kwestionariusze sporządzone jeszcze w 1945 r., zaraz po wyzwoleniu, dotyczące masowych grobów. O ile w pamięci ludności miejscowej bez porównania wyraźniej utrwaliły się groby zabitych Polaków, którym prawie zawsze towarzyszą daty i nazwiska, o tyle zdecydowanie częściej w kwestionariuszach pojawiają się anonimowe groby żydowskie Zapiski o nich są tak liczne, że gdy się patrzy na lokalizację grobów, widać, że wiernie nakłada się ona na siatkę torów kolejowych, którymi podążały transporty śmierci.

---

241 AŻIH, 301/4660, Relacja Aleksandra Lipińskiego, tłum. z jidysz. Opisów mordów popełnianych na uciekinierach z Treblinki znajdujemy we wstrząsającej relacji Lipińskiego więcej: „Adaś Grzymowski, Heniek Astas i Heniek Lewicki z Kapuściak. Adaś na koniu, Lewicki i Tadek Gałecki z całą bandą gonili w lesie 3 Żydów — Herszla Rużawę z bratem i również jednego obcego — uciekinierów z aresztu w Mokobodach. Żydzi ci wyskoczyli z pociągu, który wiózł ich do Treblinki. Banda złapała tych 3 Żydów, pobito ich i przekazano polskim policjantom, którzy ich zastrzelili. Zabito ich na polu Olka Talaca, który ich zakopał (może być świadkiem) w 1942 r., w grudniu".

242 Adam Starkopf, *Will to Live. One Family's Story of Surviving the Holocaust*, Albany: State University of New York Press, 1995, s. 158–160.

BUNT W TREBLINCE

2 sierpnia 1943 r. w Treblince II doszło do buntu żydowskich niewolników. Część obozu spłonęła, a poza druty przedostało się kilkuset powstańców. Według niepewnych szacunków wojnę przeżyło 70–80 spośród nich[243]. Reszta zginęła, w różnych okolicznościach, podczas ucieczki. Z racji geograficznego zasięgu tego studium uwagę skupiam na tych żydowskich powstańcach, którzy zginęli (bądź ukryli się) na terenie powiatu węgrowskiego.

Na wieść o powstaniu nastąpiła ogólna mobilizacja niemieckich sił policyjnych, jak również polskiej policji granatowej oraz straży pożarnych w promieniu kilkunastu kilometrów od obozu[244]. Więźniów nietrudno było schwytać — nie dość że okolica była słabo zaludniona i obcy rzucali się w oczy, to na dodatek wszyscy więźniowie mieli ogolone głowy. Na pobliskich stacjach i w miejscach publicznych błyskawicznie rozwieszono plakaty informujące ludność, że na wolności znalazło się 50 „żydowskich bandytów". W szeroko zakrojonej akcji łapania (która trwała przez kolejne dni) wziął osobiście udział sam starosta z Sokołowa, wielokrotnie wcześniej wspominany Ernst Gramss.

Miejscowość Złotki (gm. Prostyń, pow. Węgrów) znajduje się w bezpośrednim sąsiedztwie obozu w Treblince. Tak blisko, że jedna z gospodyń, która 2 sierpnia 1943 r. pracowała na polu, „usłyszała wybuchy i dowiedziała się od dzieci, że wybuchy były w łagrze i że dużo Żydów uciekło"[245]. Pierwszy, bezimienny uchodźca z Treblinki tego samego dnia pojawił się w Złotkach. Jeden z gospodarzy zgodził się — za sowitym wynagrodzeniem — Żyda przechować, ale była to obietnica bez pokrycia. Następnego dnia zwłoki uciekiniera odnaleziono na pobliskich polach. Szukanie schronienia w bezpośrednim otoczeniu obozu skończyło się dla uciekającego powstańca tragicznie.

Wrotnów i Międzyleś (gm. Miedzna, pow. Węgrów) to niewielkie wioski położone w linii prostej niecałe 13 km od Treblinki. Jest to teren gęsto zalesiony, który mógł zapewnić naturalną osłonę uciekającym z obozu Żydom. Na wysokości Międzylesia kompleksy leśne ustępują jednak miejsca polom

---

243 Wedle nieopublikowanych wyników badań przeprowadzonych przez Alinę Skibińską, liczba ocalałych uciekinierów z Treblinki najprawdopodobniej przewyższa 100 osób.

244 Witold Chrostowski, *Extermination Camp Treblinka*, London–Portland: Vallentine Mitchell, 2004, s. 92–93.

245 AIPN, GK 384/184, Zeznanie Heleny Sudak, 18 III 1950 r., k. 4.

uprawnym. Tam też czekały na uciekinierów warty chłopskie zaalarmowane już wcześniej przez Niemców. To właśnie w tej okolicy 3 lub 4 sierpnia dziewięciu powstańców wpadło w ręce nocnej warty z Wrotnowa i Międzylesia. Najpierw schwytano dwóch powstańców, którzy, otoczeni przez chłopów na polu, bezskutecznie próbowali się bronić za pomocą wykonanych domowym sposobem bagnetów. Przed wieczorem straż złapała dalszych siedmiu uciekinierów z Treblinki. Schwytanych zamknięto w prowizorycznym areszcie — zaadaptowanej na ten cel piwnicy — a następnego dnia wydano w ręce żandarmerii. Zanim jednak wezwano żandarmów, uczestnicy chłopskiej obławy starannie przeszukali złapanych. W obławie brał udział sołtys Hipolit Matusik, który w rękach gospodarzy zobaczył pieniądze i kosztowności odebrane żydowskim zbiegom. Inny mieszkaniec wioski wspominał rabunek w następujących słowach: „Matusik rozkazał tym ludziom wyłożyć wszystko, co tylko mają, zaś Kozłowski zbierał wszystko, co tylko wyłożyli do chusty: złoto, którego było bardzo dużo, pieniądze, maszynki do golenia, portfele, pierścionki, kolczyki złote i inne kosztowności ze złota"[246]. Sprawa „żydowskiego złota" będącego w posiadaniu powstańców z Treblinki do tego zresztą stopnia rozpaliła wyobraźnię miejscowej ludności, że jej echa odnajdujemy nawet w raportach wywiadu AK z terenu Sokołowa i Węgrowa wysyłanych jesienią 1943 r.[247] Dopiero rano przed domem, w którym przetrzymywano więźniów, pojawiło się wielu żandarmów. Jeszcze przed ich przyjazdem dziewięć ofiar wyprowadzono z piwniczki służącej za areszt, ułożono twarzą do ziemi: „i wszyscy mieli związane ręce z tyłu" — jak dodał jeden ze świadków[248]. Wokół schwytanych zebrał się tłum gapiów, mieszkańców Międzylesia i Wrotnowa. W wiosce pojawił się również sam Gramss, kreishauptmann powiatu Sokołów-Węgrów[249] — złapanie aż dziewięciu powstańców musiano zakwalifikować w starostwie jako duży sukces. W pewnej chwili jeden z żandarmów wezwał osoby biorące udział w łapaniu Żydów, by podniosły rękę do góry: „Dużo osób podniosło ręce. Niemcy zaczęli rozdawać wódkę". Najbardziej „zasłużeni" gospodarze dostali po półtora litra wódki, a reszta po pół litra. Następnie powiązanych Żydów popędzono do lasu, w stronę pobliskiego Wrotnowa, na tzw. mogiłki, gdzie dokonano

246 AIPN, GK 318/27, Sentencja wyroku, 10 V 1951 r., k. 159–163.

247 Temat ten został szerzej rozwinięty w rozdziale poświęconym polskiej konspiracji.

248 AIPN, GK 318/27, Przesłuchania świadków: Stefana Gąsiora, Hipolita Matusika i Krystyna Panufnika, 4–6 VI 1950 r., k. 239–246.

249 *Ibidem*, Zeznanie Wacława Kosowskiego, 9 VI 1950 r., k. 278.

egzekucji. Chłopi z Międzylesia pochowali zabitych, a w nagrodę żandarmi pozwolili zabrać im ubrania ściągnięte ze zwłok[250]. W dokumentach archiwalnych dotyczących tej zbrodni Żydzi stanowią anonimową, bezimienną grupę. Jedyny wyjątek to Żyd Jarząbek z Jadowa pod Radzyminem, którego przesłuchał — i którego nazwisko zapamiętał — dowódca nocnej warty Jan Bąk. Na koniec, po odjeździe żandarmerii, sołtys wraz z innymi uczestnikami obławy urządzili sobie ucztę.

Warty chłopskie, którym przypadła ważna rola w wyłapywaniu Żydów zbiegłych z Treblinki, były jednym z zasadniczych ogniw w niemieckim systemie poszukiwania żydowskich zbiegów. W tygodniowym (spisanym w języku niemieckim i polskim) sprawozdaniu sytuacyjnym, przesyłanym przez wójta i sekretarza gminy Dąbie do dowódcy żandarmerii, czytamy: „prawie codziennie w nocnej porze wychodzą z lasu żydzi, dobijając się do przyległych wsi, lecz warta wioskowa, stojąc na straży, o ile może, chwyta takowych, reszta ucieka z powrotem do lasu"[251]. Nadzór nad chłopskimi wartami sprawowały niemiecka żandarmeria oraz policja granatowa. Od czasu do czasu (z innych okolic wiadomo, że raz w tygodniu) sołtysów z terenu powiatu węgrowskiego wzywano na odprawy do najbliższej gminy, gdzie pouczano ich o konieczności zachowywania przez wartowników chłopskich wzmożonej czujności oraz o karach grożących za przechowywanie Żydów[252]. Zagadnienie wart chłopskich, ich struktury oraz sposobu działania zostało ostatnio lepiej rozpoznane w literaturze historycznej[253].

Dla Żydów uciekających z Treblinki wieś Wrotnów, o której pisałem wcześniej, była miejscem niebezpiecznym. Poza wartami chłopskimi

---

250 *Ibidem*, Zeznanie Jana Kosowskiego, 10 VI 1950 r., k. 282.

251 USHMM, RG 15.285, rolka 2; AP Siedlce, Akta gminy Dąbie, dossier 989, klatka 1046.

252 AIPN, GK 318/152, Zeznanie sołtysa Feliksa Trojana z Mrozowej Woli, gm. Stoczek, pow. Węgrów: „Będąc na odprawie sołtysów w gminie Stoczek, komendant Żandarmerii w Stoczku powiedział, że kto we wsi będzie przetrzymywał ob[ywatela] narodowości żydowskiej, a w razie gdy to się wyda, to zostanie cała wieś spalona. Ja po przyjściu do domu ogłosiłem to ludziom, mówiąc, że kto złapie jakiegoś ob[ywatela] narodowości żydowskiej, to żeby go odwiózł do żandarmerii".

253 Andrzej Żbikowski, *Night Guard: Holocaust Mechanisms in the Polish Rural Areas, 1942–1945. Preliminary Introduction into Research* [w:] *The Holocaust in Occupied Poland: New Findings and New Interpretations*, red. Jan Tomasz Gross, Frankfurt am Main: Peter Lang, 2012, s. 161–179; Jan Grabowski, *Judenjagd. Polowanie na Żydów 1942–1945. Studium dziejów pewnego powiatu*, Warszawa: Stowarzyszenie Centrum Badań nad Zagładą Żydów, 2011; rozszerzona wersja anglojęzyczna: *Hunt for the Jews: Betrayal and Murder in German-Occupied Poland*, Bloomington: Indiana University Press, 2013.

i polską policją na uciekinierów czyhali „woluntariusze", którzy polowaniem na Żydów zajmowali się prawie zawodowo[254]. Ładosz i Łopiński, obaj gospodarze z Wrotnowa, w 1942 r. zasłużyli się w oczach Niemców mordem dokonanym na zbiegłym z niewoli jeńcu (lub też, jak wówczas mówiono, „niewolniku") sowieckim. Wezwani do Sokołowa, obaj chłopi zostali przyjęci przez samego starostę Gramssa, który docenił ich zasługi. Gramss wyprawił ich w drogę powrotną do Wrotnowa uzbrojonych w list żelazny oraz w cztery karabiny, mające im pomóc w bronieniu wioski „przed bandytami i Żydami". Istotnie już niebawem pod wodzą Ładosza i Łopińskiego zaczęło mordować i wydawać w ręce żandarmerii żydowskich rozbitków ukrywających się na terenie gminy Miedzna, czyli — by przywołać ówczesne sformułowanie — „chodzili za Żydami i za Ruskimi". Pewnego dnia koło wsi pojawiło się dwóch „dobrze zbudowanych nieznajomych o śniadych twarzach", którzy mówili słabo po polsku i dopytywali się, gdzie można kupić mleko. Już wkrótce zostali schwytani przez wartę. Żydów obrabowano, a później przekazano żandarmom na drodze z Wrotnowa do Chruszczewki; tam też ofiary zostały rozstrzelane[255]. Wieczorem koło sklepu we Wrotnowie wracający z pracy w polu gospodarze wymieniali się uwagami o wydarzeniach dnia. Był tam również miejscowy nauczyciel, niejaki Matusik, według którego „«wprawdzie Prezydent zostawił taki memoriał, że przyjdzie chwila, że Polacy będą zmuszeni, aby bić Żydów, lecz należy się tego wystrzegać, bo będzie to zapisane w historii», a wtedy podszedł do niego Ł. i powiedział: «co tam będzie kiedyś, [ważne,] aby dziś»"[256]. Trudno powiedzieć, do jakiego to prezydenckiego orędzia nawiązywał nauczyciel Matusik (być może było to dalekie echo słów Sławoja Składkowskiego o bojkocie ekonomicznym), ale martwił się niepotrzebnie — w historii nic nie zostało zapisane, a sądzony po wojnie Ł. został skazany na rok więzienia — i to wcale nie za morderstwa dokonane na Żydach, lecz za to, że włócząc się w towarzystwie żandarmów niemieckich, obrabowywał swoich polskich sąsiadów. W podobnych opałach znaleźli się uciekający z płonącej Treblinki w kierunku południowym Zygmunt i Oskar Strawczyńscy. Przedzierając się przez las, wpadli w ręce grupy Polaków, którzy chcieli wydać ich Niemcom. Oskar,

---

254 AIPN, GK 318/427, Zeznanie Jana Kosowskiego, 9 VI 1950 r., k. 281–283.

255 *Ibidem*, Uzasadnienie aktu oskarżenia przeciwko Stanisławowi Łopińskiemu i innym, 18 I 1953 r., k. 2–5.

256 *Ibidem*, Protokół rozprawy głównej, Zeznanie Stanisława Sowy, 7–8 VIII 1953 r., k. 174.

zaopatrzony w schowaną siekierę, zranił jednego z łapaczy i w ten sposób wyswobodził się z rąk obławy[257].

Nie można jednak zapomnieć, że mordowaniu towarzyszyło ratowanie. W czasie gdy niektórzy chłopi w Międzylesiu i we Wrotnowie łapali i wydawali w ręce Niemców żydowskich powstańców, Stanisław Pogorzelski, skromny gospodarz ze wsi Orzeszówka pod Miedzną, nie bacząc na ciągłe rewizje i codzienne zagrożenie, przyjął pod swój dach sześciu uciekinierów z Treblinki. Pięciu z nich przeżyło okupację[258].

Najważniejszym — oprócz wart chłopskich i straży pożarnych — ogniwem w łańcuchu obławy rozciągniętej przez Niemców wokół Treblinki były posterunki policji granatowej. Samuel Willenberg, uczestnik powstania w Treblince, wspominał swoje ówczesne przeżycia: „kiedy byłem już na zewnątrz, dostrzegłem na szosie chłopską furmankę, na której kilku polskich policjantów wiozło skutych drutem kolczastym moich kolegów z obozu. Było to dla mnie nowe ostrzeżenie, abym zachował ostrożność i zimną krew"[259]. Na ogólny komentarz dotyczący nastawienia chłopów poważył się natomiast Samuel Rajzman, także uczestnik buntu w obozie zagłady, zapisał bowiem: „Chłopi w okolicach Treblinki byli na ogół bardzo wrogo usposobieni do Żydów. Wydawali, wyłapywali dzieci i jak bydlątka na postronku przyprowadzali do Treblinki, na śmierć. Dostawali za to może 1/4 kg cukru, a może nic. Wsie okoliczne obok Treblinki mają duże skarby w złocie wydarte Żydom"[260]. Trzeba tu zwrócić uwagę, że tenże Rajzman ocalał dzięki temu, że wziął go pod swój dach niejaki Edward Gołoś, sprawiedliwy Polak spod Węgrowa. Rajzman przeżył u niego cały rok, aż do nadejścia Armii Czerwonej; był Gołosiowi dozgonnie wdzięczny za poświęcenie i odwagę. Żydowski powstaniec zdawał sobie świetnie sprawę z tego, że wydawanie, mordowanie i ratowanie były częściami tego samego strasznego pejzażu. Mówienie o ratowaniu w oderwaniu od rzeczywistości, której stałymi składowymi były wydawanie, zdrada i mord, jest nie tylko bezcelowe, lecz stanowi próbę fałszowania historii. Jest również szyderstwem z poświęcenia sprawiedliwych Polaków, gdyż odważyli się nieść Żydom pomoc mimo tak wielkiego zagrożenia i ryzyka.

---

257 Cymlich, Strawczynski, *Escaping Hell in Treblinka*, s. 187.

258 AYV, Department of the Righteous, dokumentacja dotycząca przyznania medalu Sprawiedliwego Stanisławowi Pogorzelskiemu.

259 Samuel Willenberg, *Bunt w Treblince*, Warszawa: Biblioteka „Więzi", 2004, s. 113.

260 AYV, O.3/561, Relacja Samuela Rajzmana, s. 11.

Na podstawie zachowanych — jakże niekompletnych — dokumentów z archiwów jesteśmy w stanie prześledzić i udokumentować losy siedemnastu uczestników powstania w Treblince, którzy — w pierwszych dniach 1943 r. — szukali schronienia na terenie powiatu węgrowskiego. Siedmiu z pośród nich udało się przeżyć — Samuel Rajzman oraz Arie Kucyk doczekali wyzwolenia, ukryci pod Węgrowem, a Gustaw Boraks wraz z czterema towarzyszami przeczekali resztę okupacji w Orzeszówce pod Miedzną. Natomiast dziesięciu innych powstańców bądź zginęło z rąk Polaków, bądź też zostało przez nich wydanych w ręce Niemców.

„MAŁA TREBLINKA"

Skoro już mowa o obozie w Treblince, to trzeba również wspomnieć o tzw. małej Treblince, która powstała w samym Węgrowie, późną wiosną 1944 r. 1 maja 1943 r., po zakończeniu omówionej w poprzednim rozdziale likwidacji getta wtórnego, Węgrów istotnie stał się *judenrein*. Nieliczni Żydzi, którym udało się ujść z pogromu, ukryli się poza granicami miasteczka, w okolicznych lasach i gospodarstwach chłopskich. Sytuację tę następująco opisano w raporcie wywiadu AK z września 1943 r.: „zagadnienie żydowskie w terenie [powiat sokołowski i węgrowski — J.G.] prawie nie istnieje. Żydzi zamożni, posiadający pieniądze, już dawno «urządzili się» i czekają wraz z całą ludnością końca wojny. Żydzi kryjący się po lasach są przez ludność nienawidzeni. Są oni przyczyną wielu kłopotów i nieszczęść ludności polskiej"[261]. Autorzy raportu mylili się — „zagadnienie żydowskie" w Węgrowie nie tylko nadal istniało, lecz nawet stało się wiosną 1944 r. przyczyną kolejnej „akcji likwidacyjnej". Tym razem nie chodziło już jednak o mordowanie niedobitków, ale o zatarcie śladów poprzednich egzekucji. W miarę zbliżania się frontu wschodniego Niemcy zaczęli gorączkowo zacierać ślady własnych zbrodni. Działania te otrzymały kryptonim *Sonderaktion 1005* (akcja specjalna „1005") lub też po prostu „akcja ekshumacyjna"[262]. W myśl poufnych zarządzeń Himmlera celem akcji „1005" była ekshumacja zwłok z masowych grobów, a następnie ich spopielenie. W kwietniu i maju 1944 r. *Sonderaktion 1005* zawitała do Węgrowa, z zadaniem usunięcia zwłok

261 AAN, AK, 203-x-68, Raport wywiadu AK, wrzesień 1943 r., k. 31.

262 Yitzchak Arad, *Belzec, Sobibor, Treblinka: The Operation Reinhard Death Camps*, Bloomington: Indiana University Press, 1992.

z wcześniej opisywanych „mogiłek", gdzie spoczywało 3–4 tys. ofiar „likwidacji" i mordów z lat 1942–1943.

To, że w Węgrowie doszło do operacji maskujących zbrodnię, jest zarazem potwierdzeniem skali wcześniejszych mordów — komanda specjalne akcji „1005" kierowano wyłącznie na miejsca największych zbrodni. Na potrzeby usuwania śladów zbrodni do Węgrowa sprowadzono grupę kilkudziesięciu Żydów, dla których zbudowano niewielki obóz otoczony drutem, a dostępu strzegły wieże strażnicze[263]. Jak można sądzić z kilku zachowanych relacji mieszkańców oraz z kwestionariusza Sądu Grodzkiego z Węgrowa, żydowskich niewolników zatrudnionych przy wykopywaniu i paleniu zwłok sprowadzono z Łodzi — z ostatniego istniejącego jeszcze wówczas getta[264]. Ich praca polegała na rozkopywaniu grobów i ładowaniu zwłok na ciężarówki[265]. Następnie samochody wraz ze swym koszmarnym ładunkiem jechały na pobliskie „Piaski" (dziś znajduje się tam Szkoła Podstawowa nr 1), gdzie zbudowano specjalne ruszty-krematoria do palenia zwłok. Mieszkańcy Węgrowa miejsce to zaczęli z czasem określać mianem „małej Treblinki". Władysława Putkowska, wtedy młoda dziewczyna, wspominała „małą Treblinkę" w następujących słowach: „Palono [zwłoki] na pewno w maju, bo pamiętam, że chodziliśmy modlić się pod krzyż na majowe nabożeństwa. Obserwowaliśmy palący się ogień, a kiedy wiatr wiał w naszą stronę, wtedy bardzo śmierdziało. Od krzyża do krematorium było ok. 2 kilometrów. Niemcy do wykopywania ciał przywieźli grupę Żydów, którzy chodzili w drewnianych butach i skuci byli łańcuchami za nogi. Chodzili pieszo na cmentarz żydowski. Z daleka było słychać stukot drewniaków i brzęk łańcuchów. Ten widok pozostał mi w pamięci na długie lata"[266]. Wedle jednej relacji w czerwcu 1944 r. wśród Żydów wybuchł bunt, w którego trakcie wszystkich członków sonderkomanda wymordowano. Według innych, Żydów po prostu rozstrzelano w czerwcu 1944 r. — zaraz po zakończeniu ekshumacji na „mogiłkach" — a ich zwłoki spalono. Dwa miesiące później do Węgrowa wkroczyły oddziały Armii Czerwonej.

---

263 Klem, *I wtedy przyszło najgorsze*, s. 47.

264 W maju 1944 r. przeprowadzona została przez SS przy „współudziale żydów z ghetta łódzkiego jako robotników ekshumacja i ciała spalono na stosach drewnianych na kolonii Gródzie w Węgrowie" (USHMM, RG-15.029, Akta sądów grodzkich, mf 45).

265 Wedle jednego świadectwa Żydzi ci zostali sprowadzeni z getta w Łodzi (Klem, *I wtedy przyszło najgorsze*, s. 46–47).

266 Putkowska, *W naszym domu było bardzo zimno*, s. 12.

Strategie przetrwania, 1942–1944. Szacunki i liczby

Ty, Żydzie, już nam teraz nie ujdziesz, będzie z ciebie dobre mydło![267]

Od dłuższego czasu w wąskim gronie badaczy zajmujących się „trzecią fazą Zagłady" — jak niejednokrotnie określa się tematykę losu Żydów ukrywających się w Polsce po likwidacji gett w 1942 r. — toczą się dyskusje o skali tego zjawiska. Najważniejsza kwestia dotyczy tego, ilu Żydów zdecydowało się wówczas szukać schronienia po aryjskiej stronie. Aryjską stroną mogły być w równym stopniu ulice polskich miast, jak i kryjówki na wsi, ziemianki w lasach czy oddziały partyzanckie. Wedle różnych cytowanych we wstępie do książki szacunków, ucieczką ratowało się od 200 do 300 tys. Żydów, czyli około 10% mieszkańców likwidowanych gett. Badania bardziej szczegółowe, prowadzone na terenie powiatu Dąbrowa Tarnowska, pozwoliły z grubsza potwierdzić te szacunki. Czy można jednak wyciągać daleko idące wnioski na podstawie danych uzyskanych na tak niewielkim obszarze? Studia zawarte w *Dalej jest noc* dostarczają dalszych dowodów potwierdzających prawdziwość wcześniejszych szacunków. Aby dotrzeć do danych reprezentatywnych dla całego okupowanego kraju, można też sięgnąć do szacunków współczesnych wydarzeniom. Jednym z nich jest depesza wysłana 31 sierpnia 1943 r. przez delegata rządu na kraj Jana Stanisława Jankowskiego („Soból") do Władysława Banaczyka („Orkan"), ministra spraw wewnętrznych rządu polskiego w Londynie. Warto w tym miejscu przytoczyć cały tekst tego dokumentu: „Raport nr 161 Orkan. Nr Depeszy 164 [...] Na dzień 1 lipca [1943 r.] ogólna liczba w Polsce w przybliżeniu zarówno w obozach, gettach i ukrywających, waha się od 250–300 tys. W tym: Warszawa — 15 tys.,

267 Bolesław Zalewski, zwracając się do schwytanego przez siebie Uszera Szejnberga, wieś Sulki, pow. węgrowski, 11 VI 1944 r. (AIPN, GK 317/106).

Łódź — 80 tys., Będzin — 30 tys., Wilno — 12 tys., Białystok — 20 tys., Kraków — 8 tys., Lwów — 5 tys., Lublin — 4 tys. Sobol, 31 VIII 1943 r."[268].

Liczby te, choć zawyżone (szczególnie wyraźnie widać to w wypadku Krakowa i Lublina), dają nam przynajmniej w przybliżeniu pojęcie o skali zjawiska ucieczek i ukrywania się na obszarze Generalnego Gubernatorstwa. Jeżeli z cytowanego raportu wyłączymy ludność żydowską mieszkającą w ciągle istniejących wówczas (w końcu czerwca 1943 r.) gettach w Będzinie, Wilnie, Białymstoku, Łodzi i we Lwowie), to okazuje się, że — przynajmniej w rozeznaniu polskiego podziemia — na terenie GG w lecie 1943 r., ponad rok po rozpoczęciu likwidacji gett, nadal ukrywało się 100–150 tys. Żydów. Gdy ma się w pamięci wcześniej wspomniane oceny liczby uciekinierów z 1942 r., widać wyraźnie skalę toczącego się od początku akcji „Reinhardt" polowania na Żydów.

Jednym z celów niniejszego studium jest próba wyjścia poza opis jakościowy i kwantyfikacji losów Żydów ukrywających się na terenie powiatu węgrowskiego. Jest to zadanie trudne, ale — wobec względnej obfitości materiału archiwalnego oraz późniejszych relacji — wykonalne. Zacząć należy od tego, że — jak już wspomniałem we wstępie — powiat węgrowski jest jednym z największych żydowskich cmentarzy świata. Znajdują się tam nie tylko prochy 900 tys. ofiar obozu zagłady w Treblince, lecz także — zazwyczaj nieoznakowane — groby setek ludzi, którzy zginęli przy próbie ucieczki z pociągów śmierci. Pewnym śladem tych tragedii jest rejestr masowych grobów położonych na terenie powiatu, z reguły w pobliżu torów kolejowych, sporządzony w 1945 r. Niestety, informacje zawarte w rejestrze są z reguły nieprecyzyjne, co komplikuje próby odtworzenia losu żydowskich rozbitków.

Masowa ucieczka Żydów powiatu węgrowskiego na aryjską stronę zaczęła się w chwili likwidacji gett w Węgrowie i Stoczku. Wielu ukryło się — o czym wcześniej była mowa — na terenie samych gett, w kryjówkach — a ich los został zarysowany w poprzednich rozdziałach. Teraz przyszła pora na omówienie strategii przetrwania tych, którzy zdecydowali się ukryć w lasach i wśród Polaków.

Punktem wyjściowym jest liczba 11 200 Żydów przebywających na terenie przedwojennego powiatu węgrowskiego 22 września 1942 r. — gdy zlikwidowano miejscowe getta. Punktem docelowym jest 195 ocalałych, którzy pojawili się w Węgrowie (lub też o których słyszeli członkowie węgrowskiego

---

268 AAN, Delegatura Rządu na Kraj, 202-II-7, Depesza delegata rządu na kraj Jana Stanisława Jankowskiego „Sobola" do Władysława Banaczyka „Orkana", 31 VIII 1943 r., k. 48.

Komitetu Żydowskiego) od sierpnia 1944 do czerwca 1945 r.[269] Wśród tych 195 osób znajdują się zarówno 68 ocalałych ujętych w tabeli poniżej, jak i ludzie, o których nie udało mi się odnaleźć żadnych bliższych informacji. Z szacunków tych wynika, że wojnę przeżyło 1,5–2% węgrowskich Żydów — co mniej więcej pokrywa się z ogólną statystyką dotyczącą całego kraju. Jeżeli założymy — zgodnie ze świadectwami współczesnymi wydarzeniom — że około 8 tys. ofiar Niemcy wywieźli w dniu akcji do Treblinki oraz że 1200 ludzi zabito w Stoczku i w Węgrowie w tym konkretnym dniu deportacji, to pozostaje pytanie, jak potoczyły się losy 1386 Żydów, którzy postanowili ukryć się bądź to w samym getcie, bądź to po aryjskiej stronie.

		Liczba	Odsetek
1.	Żydzi na terenie powiatu Węgrów, wrzesień 1942 r.	11 200	
2.	Deportowani do Treblinki, 22–23 września 1942 r.	ok. 8000	71,0
3.	Zabici na miejscu, w czasie akcji, Węgrów i Stoczek	1200	11,0
4.	Zabici spośród ukrywających się, 1942–1944 (w tym około 1000 zabitych na terenie getta po akcji likwidacyjnej)	1318	12,0
5.	Żydzi, którzy przeżyli na terenie powiatu w znanych okolicznościach	68	0,6

W tabeli nie uwzględniono 50 ofiar „małej Treblinki", 250 ofiar likwidacji getta wtórnego oraz około 1000 ofiar ucieczek z transportów[270].

Dane ścisłe – ludzie, których indywidualne losy są znane z dokumentów, z wyłączeniem 1000 zabitych już po likwidacji, gdy ukrywali się na terenie getta w Węgrowie		
Ofiary żandarmerii (z donosu bądź przy współudziale PP)	168	44%
Ofiary policji granatowej (akcje własne, bez udziału Niemców)	89	23%
Zginęli z rąk miejscowych	57	15%
Przeżyli na terenie powiatu	68	17%
Zmarli z innych przyczyn	4	1%
OGÓŁEM	386	100%

269 AŻIH, Wojewódzki Komitet Żydowski w Warszawie, 352/118, Korespondencja przychodząca z Komitetem Żydowskim w Węgrowie. W korespondencji pojawia się liczba 195 Żydów, którzy pojawili się po wyzwoleniu w Węgrowie. Dokumenty z tej teczki zostaną omówione szczegółowo w dalszej części tekstu.

270 Szacunek oparty na rejestrze grobów położonych w pobliżu torów kolejowych z 1945 r.

Udało mi się prześledzić losy 1386 Żydów ukrywających się na terenie powiatu węgrowskiego. W ich liczbie znajduje się tysiąc osób, które przetrwały akcję likwidacyjną, chowając się na terenie getta. Ludzie ci zostali w ciągu następnych dni i tygodni schwytani, a potem zamordowani na miejscowym kirkucie. Spośród pozostałych, o których mamy w miarę dokładne informacje, 68 dotrwało w ukryciu do wyzwolenia, a 318 zginęło w okolicznościach będących przedmiotem analizy w dalszej części tekstu. Nie jest to rzecz jasna liczba wyczerpująca — zarówno lista ocalałych, jak i lista ofiar z całą pewnością są dłuższe od ustalonych przeze mnie na potrzeby tego studium. W ogromnej większości Żydzi, którzy przegrali walkę o przeżycie, pozostają anonimowi; dane o nich trzeba czerpać często z informacji archiwalnych o masowych grobach i o ekshumacjach. Niemniej część ofiar *Judenjagd* z powiatu węgrowskiego udało się przywrócić pamięci.

Podsumowując dane ujęte w tabelach, warto podkreślić, że w momencie likwidacji gett około 12% (1386) miejscowych Żydów zdecydowało się ukryć, a spośród nich 5% (68) udało się dotrwać do wyzwolenia. Jeżeli skupimy się wyłącznie na tych, którzy ukryli się poza węgrowskim gettem, przeszli na aryjską stronę (386), to liczba ocalałych wśród szukających ratunku wzrasta do 17%. Dla tych, którzy zginęli na terenie powiatu, największym zagrożeniem były, co nie jest niczym dziwnym, polska policja granatowa oraz niemiecka żandarmeria; są one odpowiedzialne za 257 udokumentowanych zabójstw węgrowskich Żydów. Lista ta jest oczywiście niepełna.

Jednym z jej podstawowych mankamentów jest znaczne niedoszacowanie liczby żydowskich ofiar zabitych przez ludność miejscową. 57 przypadków ujętych w powyższej tabeli stanowi jedynie część mordów, zazwyczaj bowiem zabójstwa dokonywane na osobności, z dala od ludzkich oczu, nie zostawiały śladów w dokumentacji urzędowej i wobec tego uchodzą uwadze historyka. Do sądów trafiały (a i to niezbyt często, jak można sądzić) przestępstwa, w których brało udział wiele osób. Wraz z liczbą sprawców (i świadków) rosło prawdopodobieństwo tego, że ktoś doniesie władzom o dokonanej zbrodni. Na ten zbiorowy aspekt wykrytych mordów dokonywanych na wsiach zwrócili już przed laty uwagę historycy:

> Okoliczności zbrodni sprzyjały temu, gdyż w grupie człowiek ulega zachowaniu innych, poddaje mu się i zyskuje poczucie anonimowości, bezkarności, rozproszenia odpowiedzialności. Zapewne wielu sprawców indywidualnie nie dopuściłoby się tych czynów; stawały się one możliwe jako akty współdziałania grupy osób. W przypadku zbrodni popełnionych na wsiach

możemy nawet mówić o tłumie agresywnym, zbrodniczym, w którym kilku sprawców odgrywa rolę inicjatorów i prowodyrów, a pozostali uczestnicy, świadkując ich działaniom, jednocześnie są tłem i „moralnym" alibi dla zbrodni. W pewnym sensie cała wieś w tym uczestniczy, na różnym poziomie zaangażowania bądź świadkowania, i cała wieś po wojnie przechowuje w swej zbiorowej podświadomości i pamięci wydarzenia, które z jej udziałem miały miejsce[271].

Jest to niewątpliwie prawda, lecz prawdą jest również to, że akty przemocy zbiorowej znacznie częściej trafiały na wokandy sądów i tym samym — do wiadomości badaczy. W wypadku mordów dokonanych bez wiedzy sąsiadów zagrożenie wykryciem było niewielkie. Dobrze ilustruje to mord popełniony na trzech Żydówkach w wiosce Korabie, na granicy gmin Ruchna i Skupie[272]. W połowie grudnia 1942 r. do domu Czesława Rabińskiego zapukały trzy Żydówki szukające schronienia. Dwie z nich miały tak odmrożone nogi, że nie były już w stanie iść dalej. W zamian za obietnicę zapłaty — i za zgodą mieszkającej pod jego dachem kochanki Ireny Witowskiej — Rabiński udzielił kobietom schronienia. Najstarszą, 70-letnią, Żydówkę Rabiński wpuścił do swego domu, podczas gdy dwie młodsze ukryły się w stodole. Już drugiej nocy jednak, spodziewając się znaleźć „żydowskie złoto", Rabiński z Witowską postanowili zamordować uciekinierki. Pierwszą wspólnymi siłami zgładzili najstarszą z Żydówek, a wkrótce potem zamordowane zostały dwie młodsze kobiety — Rabiński udusił je szalikiem. Rachuby obojga morderców nie były bezpodstawne, w bieliźnie starszej Żydówki znaleźli bowiem siedem złotych dwudziestodolarówek, kilka pierścionków oraz pewną kwotę w złotówkach. Tego samego wieczora o mordzie dowiedzieli się mieszkająca tuż obok matka Rabińskiego, jego siostra oraz ojczym. Należało się jeszcze pozbyć zwłok — poproszony o pomoc ojczym Rabińskiego podjechał pod chałupę dwukonnym wozem, którym obaj mężczyźni wywieźli trupy

---

271 Alina Skibińska, Jakub Petelewicz, *Udział Polaków w zbrodniach na Żydach na prowincji regionu świętokrzyskiego*, „Zagłada Żydów. Studia i Materiały" 2005, nr 1, s. 131.

272 Sprawę odtworzono na podstawie dochodzenia prokuratury przy warszawskim Sondergericht (AMSW, Staatsanwaltschaft bei dem Sondergericht Warschau, t. 4579). Dalsze losy Rabińskiego są nieznane — na czas śledztwa został on osadzony w areszcie na Pawiaku. Śledztwo poszło zresztą głównie w kierunku „naruszenia przepisów dewizowych", gdyż niektóre zrabowane dwudziestodolarówki Rabiński wraz z kochanką sprzedali na czarnym rynku w Warszawie. Jako że wieś położona jest tuż za granicą powiatu węgrowskiego, ofiary mordu nie zostały uwzględnione w statystykach ogólnych dotyczących badanego terenu.

pomordowanych Żydówek do pobliskiego lasu za wsią. Nie próbując pogrzebać czy choćby zamaskować zwłok, zrzucili je w gęstych krzakach w lesie, po czym wrócili do domu. Na leżące w krzach zwłoki natknął się w Wigilię 1942 r. wioskowy pasterz. Na rozkaz powiadomionego o fakcie sołtysa trzech chłopów wykopało dół, do którego wrzucono szczątki trzech ofiar. Co ciekawe, zarówno pasterz, jak i sołtys zdawali sobie sprawę — być może mord był już wcześniej komentowany w okolicy — że chodziło o zamordowane Żydówki[273]. Na tym sprawa by się zapewne skończyła, gdyby nie to, że kilka miesięcy później Rabiński wyrzucił swoją kochankę z domu i postanowił się oświadczyć innej kobiecie. Zdradzona kochanka postanowiła się zemścić i w połowie marca 1943 r. pojawiła się na najbliższym posterunku polskiej policji granatowej, gdzie złożyła obszerne zeznania na temat dokonanej zbrodni.

Jest to jeden z nielicznych przykładów dochodzenia prowadzonego jeszcze za okupacji przeciwko ludności miejscowej w sprawie o zabicie Żydów. Tym, co zasługuje na szczególną uwagę, jest hermetyczność wiejskiej wspólnoty skonfrontowanej z dokonanym mordem. Po pierwsze, o zabójstwie wiedziała najbliższa rodzina mordercy: siostra, matka i ojczym. Po drugie, o mordzie wiedział sołtys oraz wyznaczeni przez niego grabarze. A to z kolei znaczy, że już niebawem musiała o nim wiedzieć cała wioska. Warto jednak odnotować, że sołtys także postanowił zachować sprawę zamordowania trzech niewinnych kobiet w tajemnicy i nie powiadomił policji o odnalezieniu zwłok. Na policję nie zgłosił się też żaden mieszkaniec wsi. Sprawa wydała się wyłącznie na skutek działań odtrąconej kobiety, która postanowiła pogrążyć wiarołomnego kochanka. Sytuacja ta stawia przed historykiem pytania dotyczące wiarygodności statystyk dotyczących mordów popełnionych na Żydach przez ludność miejscową. Statystycznie rzecz biorąc, mordy dokonane na Żydach bez większej liczby świadków pozostaną — najprawdopodobniej już na zawsze — ukryte przed okiem badaczy.

MIĘDZY ARYJSKĄ STRONĄ A GETTEM WTÓRNYM

Od października 1942 do końca kwietnia 1943 r., kiedy to zlikwidowano *Restghetto Wengrow*, ukrywający się po aryjskiej stronie Żydzi mogli wybrać chwilowy choćby powrót do względnego bezpieczeństwa, jakie

---

273 AMSW, Staatsanwaltschaft bei dem Sondergericht Warschau, t. 4579, Przesłuchanie świadka Teofila Dmowskiego, sołtysa Osin Dolnych, 20 III 1943 r., k. 76.

gwarantowała „dzielnica zamknięta". Poza tym w Treblince oraz w majątku Karczew, przejętym przez Niemców, znajdowały się obozy pracy dla Żydów. Obóz pracy w Karczewie zlikwidowano jednak niedługo po akcji w Węgrowie i Sokołowie. Według polskiego świadka, w obozie znajdowało się 1500 Żydów (liczba ta wydaje się mocno zawyżona); zostali oni wymordowani przez specjalny oddział (złożony z Ukraińców i funkcjonariuszy Sonderdienst) pod dowództwem zastępcy sokołowskiego starosty Gramssa dr. Hermanna[274]. Dopóki istniały miejsca, w których Żydzi mieli nadal prawo do życia, dopóty trwał ruch między stroną aryjską, gettem i julagami. Jeżeli chodzi o skalę tych przemieszczeń, to raz jeszcze skazani jesteśmy na szacunki. Na podstawie wcześniej cytowanych świadectw polskich oraz żydowskich można postawić hipotezę, że między październikiem 1942 a kwietniem 1943 r. co najmniej 300 Żydów powróciło (na stałe lub na pewien czas) do węgrowskiego getta wtórnego. Ludzie ci najczęściej nie mieli już środków na dalsze opłacanie polskich gospodarzy i nie byli w stanie dłużej przetrwać po stronie aryjskiej. Znacznie trudniej określić liczbę Żydów, którzy tak jak Bielawski ukrywali się wśród Polaków, a od czasu do czasu wracali do getta. Z pewnością nie było ich jednak wielu.

NAJGORSZA Z MOŻLIWYCH OPCJI: MIASTO WĘGRÓW. O TRUDNOŚCIACH Z RATOWANIEM

Na podstawie starannej analizy kilkuset przypadków ukrywania się na terenie powiatu węgrowskiego można postawić hipotezę, że szukanie ratunku w samym Węgrowie stanowiło najbardziej ryzykowną z możliwych strategii przetrwania. Gęsta zabudowa, brak anonimowości charakterystycznej dla większych ośrodków miejskich, połączone z bezpośrednim sąsiedztwem posterunków policji niemieckiej i polskiej, wszystko to powodowało, że szanse przetrwania Żydów w ukryciu były bliskie zeru. Na dobrą sprawę jedyną Żydówką, która przeżyła w samym Węgrowie, była trzyletnia Lusia Farbiarz,

274 BAL, B 162/6843, Zeznanie Simchy Polakiewicza, 13 III 1962 r., k. 27–28. Polakiewicz był uciekinierem z Treblinki; w zeznaniu powołuje się na wojenne świadectwo Stanisława Chomelańczuka, mieszkańca Kurczewa, potem wysłanego na roboty do Niemiec. Polakiewicz napisał też książkę „W cieniu Treblinki": *A tog in Treblinke Kronik fun a jidisz lebn*, Buenos Aires: Central-farband fun Pojlisze Jidn in Argentine cuzamen mit di Landslajt Farejnen fun Sokolow-Podlask in Argentine un Urugwaj, 1948.

podrzucona Polakom przez matkę 1 maja 1943 r. — dzień po ostatecznej likwidacji getta. Lusię przyjęła pod swój dach Pelagia Vogelgesang, nauczycielka i żona kierownika szkoły powszechnej w Węgrowie. Pani Vogelgesang przechowała dziecko — jako własną córkę — aż do wyzwolenia[275]. Pobytu dziewczynki u Vogelgesangów nie można było ukryć przed sąsiadami, co skutkowało wizytami policji oraz przeszukaniami „za Żydami". Mimo to dzięki wielkiej przedsiębiorczości przybranej matki dziewczynkę, która nauczyła się płynnie mówić po polsku, udało się zameldować na żandarmerii jako Polkę. Już po wojnie losem dziewczynki zainteresowali się członkowie węgrowskiego Komitetu Żydowskiego Rajzman i Bielawski. W końcu po Lusię przyjechał jej ocalały wuj, Farbiarz, i odebrał dziecko. Rozstanie z Lusią musiało być dla Pelagii Vogelgesang okropnym przeżyciem: „Lusi już nie mam dwa tygodnie, ciężko mi, ani ja, ani mój mąż nie jemy, nie śpimy; miejsce przy stole puste, w domu pustka i w uszach szum, nikt się nie tuli, nie śpiewa, nikogo nie uczę, dni się dłużą monotonnie [...], już nigdy, nigdy na pewno nie zobaczę dziecka" — pisała pani Vogelgesang we wrześniu 1946 r. Wiele lat po wojnie Pelagia Vogelgesang została odznaczona medalem Sprawiedliwej.

Lusia Farbiarz, fotografia powojenna (GFH, 433)

Drugą Żydówką, która przeżyła na dalszych przedmieściach Węgrowa, była inna 3-letnia dziewczynka, Gitl Przepiórka, która trafiła pod dach Marianny

275 AŻIH, 301/4875, Relacja Pelagii Vogelgesang. Pelagia Vogelgesang została odznaczona medalem Sprawiedliwej.

Kowalczyk. Gitl, tak jak i Lusię Farbiarz, również zameldowano jako polskie dziecko, oddane na wychowanie przez dalszą rodzinę[276].

Jak wcześniej wspomniałem, ukrywanie Żydów w samym Węgrowie było z całą pewnością najbardziej niebezpieczną formą konspiracji, wymagającą daleko większej odwagi i determinacji niż „zwykła" podziemna robota. O ile walka zbrojna z okupantem cieszyła się społeczną aprobatą, o tyle na ukrywanie Żydów takiej zgody nie było. Brak solidarności społecznej skutkował donosami, których konsekwencją była prawie zawsze śmierć ukrywanych Żydów, a niejednokrotnie również śmierć ukrywających ich Polaków. Dowodów na to jest zbyt wiele, aby je tu wszystkie przytaczać, ale zagrożenia dobrze ilustruje los Janiny Rogińskiej, która wraz z 12-letnią córką podnajmowała dwie izby w Węgrowie przy ul. Rucheńskiej (dziś Łamana). Na wiosnę 1943 r., najprawdopodobniej zaraz po likwidacji getta wtórnego, Rogińska zgodziła się przyjąć do siebie Józefa Frydmana, Moszego Ptaka, małżeństwo Jęczmieniów oraz rodzinę Rozenbergów — razem dziesięć osób[277]. Żydzi wykopali kryjówkę pod podłogą w pokoju Rogińskiej. Z jednej strony do kryjówki można było dostać się przez przemyślną klapę w podłodze, a z drugiej — wędrując specjalnie wykopanym tunelem — można było uciec do pobliskiej stodoły. Właściciel domu, niejaki Kisieliński, świadom, że Rogińska ukrywa Żydów, „wielokrotnie ją prosił, żeby tego nie robiła — ale bez skutku"[278]. Los Żydów (oraz samej Rogińskiej) dopełnił się 15 czerwca 1943 r., kiedy to na skutek donosu w gospodarstwie pojawili się Niemcy[279]. Wiele lat po wojnie córka Rogińskiej wspominała śmierć matki następująco: „Hitlerowcy zostali poinformowani o przechowywaniu żydów przez polskich zdrajców będących na ich usługach: niejakiego Iwańszczuka, mającego na sumieniu setki ludzi i matkę moją, i kobietę (hitlerowska przyjaciółka), której [nazwiska] nie pamiętam, do dziś mieszkający[ch] w Węgrowie bezpiecznie"[280]. Po otrzymaniu doniesienia Niemcy otoczyli kilka domów, w tym dom Rogińskiej: „Przyszli do mnie i do matki około wczesnego południa. Do domu weszło ich dwóch w stalowych mundurach z rewolwerami przy boku, w okrągłych czapkach i podniesionych z przodu. Spodnie bufiaste.

276 Korespondencja z Glorią Glantz (Gitl Przepiórką), w zbiorach autora. W 2013 r. Marianna Kowalczyk została odznaczona medalem Sprawiedliwej.

277 AŻIH, 301/6810, Relacja Barbary Suchodolskiej.

278 AYV, Department of the Righteous, teczka nr 7002, k. 17–18.

279 *Ibidem*, k. 4–5.

280 *Ibidem*, List Barbary Suchodolskiej z 11 II 1982 r., k. 2.

Prowadzili psy. Gdy weszli do mieszkania, zaczęli bić moją matkę i puszczać na nią psa, który darł z niej odzież i szarpał ciało, żądali wydania Żydów. Kiedy nie chciała powiedzieć, gdzie się znajdują, powiedzieli, że i tak wiedzą, że kłamie". Koniec końców Żydów znaleziono w stodole — i tam też zostali zastrzeleni. Ich los podzieliła Janina Rogińska, którą Niemcy również zabili za stodołą: „Błagała ich o darowanie życia, krzycząc strasznie: «nie zabijajcie mnie, pozwólcie iść do dziecka!»"[281]. Na koniec Niemcy chcieli też zastrzelić córkę Rogińskiej, lecz sąsiedzi wstawili się za nią, tłumacząc, że dziecko jest niewinne, a wina leży wyłącznie po stronie matki. Wkrótce potem nad świeżo zakopanym grobem pojawił się syn sąsiadów; znalazł tam leżące na ziemi zdjęcie Moszego Ptaka, jednego z zabitych — szewca, u którego przed wojną pracował jego ojciec[282]. Tego samego dnia córka Rogińskiej uciekła z Węgrowa, a sąsiedzi rozkradli pozostały po zamordowanej dobytek[283]. Śmierć Rogińskiej, Ptaka, Frydmana, Rozenbergów i Jęczmieniów dobitnie ukazuje zagrożenia związane z próbą ratowania Żydów w małej miejscowości: istnienie gęstej siatki informatorów, bliskość wścibskich sąsiadów oraz posterunku niemieckiej policji razem tworzyły atmosferę zabójczą dla ratujących i ratowanych.

W ZIOMAKACH U RATYŃSKIEGO, CZYLI ZNÓW O TYM, JAK TRUDNO BYŁO RATOWAĆ

W książce poświęconej Sprawiedliwym z powiatu węgrowskiego znajduje się osobny rozdział traktujący o Polakach, którzy ukrywali Żydów, ale nie zostali dotychczas odpowiednio uhonorowani. Czytamy tam: „rodzina Ratyńskich prowadziła gospodarstwo w Ziomakach". Literatura przedmiotu podaje na ten temat rozbieżne relacje: „we wrześniu 1942 r. żandarmi zaskoczyli rodzinę Ratyńskich i 12 ukrywających się w zagrodzie Żydów zbiegłych z getta w Węgrowie. Wszystkich na miejscu rozstrzelano". „20 września 1943 r. we wsi Ziomaki spalono zabudowania Wiktora Ratyńskiego, a jego aresztowano za udzielanie schronienia 12 Polakom żydowskiego

281 *Ibidem.*

282 *Ibidem*, Przesłuchanie świadka z 22 IV 1982 r., k. 14.

283 Kiedy córka Rogińskiej próbowała się upomnieć później o należące do niej rzeczy, sąsiedzi zagrozili jej wezwaniem Niemców.

pochodzenia, których na miejscu rozstrzelano. Być może tego samego wydarzenia dotyczy zapis: „21 sierpnia 1944 r. we wsi Ziomaki Wehrmacht rozstrzelał 9 Żydów. Zwłoki zakopano w lesie"[284].

Co nieco w tym opisie się zgadza: istotnie Ratyńscy prowadzili gospodarstwo w Ziomakach (gm. Wyszków[285], pow. Węgrów) oraz ukrywali Żydów. Lecz dalej sytuacja się komplikuje. 23 sierpnia 1943 r. w gospodarstwie Wiktora Ratyńskiego nie pojawili się ani żandarmi, ani Wehrmacht, lecz komendant posterunku PP w Grębkowie Czesław Kurkowski w towarzystwie jeszcze jednego granatowego policjanta. Komendant Kurkowski nie szukał w ciemno — przyjechał uzbrojony przez donosiciela w dokładną informację o liczbie i miejscu pobytu ukrywanych Żydów. Według świadectwa samego Ratyńskiego, który akurat wtedy pracował na polu, komendant PP z Grębkowa trzymał w ręce kartkę, „gdzie napisane miał, ile osób się znajduje i gdzie są przechowywani"[286]. Wkrótce potem do Ratyńskiego zajechali niemieccy żandarmi. Ani Kurkowski, ani żandarmi nie mieli jednak ochoty wchodzić do obory i tam szukać Żydów („bojali się wejść na oborę"– jak się wyraził Ratyński), wobec czego poszukiwania zlecili żonie oraz kilku sąsiadom Ratyńskiego, którzy się zbiegli na widok przybyłej policji. Wpierw ze stryszka zeskoczyły na klepisko — ze słowami „ i tak śmierć, i tak!" — dwie młode Żydówki. Potem sprowadzono na dół kolejnych sześć osób. Na tym się nie skończyło, gdyż jeden z policjantów, zerknąwszy na kartkę z donosem, skonstatował, że rachunek się nie zgadza, brakuje bowiem jednego Żyda. Istotnie, ponowne przeszukanie strychu obory pozwoliło na wykrycie kolejnej ofiary, którą dołączono do reszty schwytanych[287]. Całą dziewięcioosobową grupę wyprowadzono następnie za oborę i rozstrzelano na podwórku. Seweryna Ratyńska była nie tylko świadkiem wydarzeń, lecz zarazem ich ważnym

284 Piórkowska, *Sprawiedliwi i ocaleni...*, s. 148. Autorka opiera się na relacji E. Woźnieckiego w Archiwum Zakładu Historii Ruchu Ludowego (t. R-11, Węgrów, 26) oraz na pracy Wojciecha Gozdawy-Gołębiowskiego, *Powiat węgrowski w latach okupacji niemieckiej, 1939–1944* [w:] *Węgrów. Dzieje miasta i okolic w latach 1444–1944*.

285 Chodzi tu o wieś Wyszków położoną na południu powiatu węgrowskiego; nie należy jej mylić z Wyszkowem nad Bugiem, położonym 50 km na północny zachód od Węgrowa.

286 AIPN, GK 318/29, k. 227–231.

287 AIPN, GK 318/29, Zeznanie Seweryny Ratyńskiej, 19 VIII 1949 r., k. 223–225: „Po zrzuceniu tych żydów przez Potockiego to kazano mnie zleźć ze strychu i jeden z niemców kazał mnie policzyć, czy wszyscy żydzi są wybici; ja im odpowiedziałam, że już wszyscy, lecz na kartce pisało, że jeszcze jeden pozostał, tak jeden z niemców wlazł na strych, tego żyda znalazł i tam go zabił".

uczestnikiem. Wpierw pod groźbą weszła na stryszek obory, a potem przyglądała się, jak polska policja wespół z żandarmerią zabijają schwytane ofiary: „jak Potocki [sąsiad Ratyńskich — J.G.] tych żydów zrzucał na ziemię, to niemcy ich rozstrzeliwali i policja, lecz które, tego nie wiem, gdyż jeden z niemców stał koło mnie i trzymał karabin wymierzony przeciw mnie" — zeznała po wojnie[288]. Czytając sformułowane w suchym języku dokumenty sądowe, trudno w adekwatny sposób oddać grozę i horror narastające tego dnia w gospodarstwie Ratyńskich.

Po dokonaniu egzekucji Niemcy nałożyli na Ratyńskich grzywnę („kontrybucję") w wysokości 5 tys. zł „za przechowywanie Żydów", po czym opuścili Ziomaki. Nie wiadomo, dlaczego żandarmi oszczędzili Ratyńską i jej rodzinę — być może wstawił się za nimi sam komendant PP Kurkowski? Źródła na ten temat milczą. Ostatecznie los Polaków udzielających pomocy Żydom tak czy inaczej nie zależał od „litery prawa", lecz od widzimisię podoficera dowodzącego patrolem żandarmerii. Odjazd żandarmów (oraz polskiej policji) z gospodarstwa Ratyńskich nie oznaczał jednak tego dnia kresu mordów w Ziomakach. Autor donosu, który sprowadził do wioski policję i żandarmów, nie wiedział najwyraźniej, że w sąsieku, czyli w przegrodzie na snopki w stodole Ratyńskich, ukrywają się kolejni Żydzi. Wiedzieli o tym natomiast niektórzy inni sąsiedzi. Kilka godzin po egzekucji, w nocy, w domu Ratyńskich pojawili się nieznajomi mężczyźni. Tego było już dla gospodyni domu zbyt wiele — na widok nowych intruzów Seweryna Ratyńska salwowała się ucieczką przez okno do lasu, skąd wróciła do domu dopiero następnego dnia rano. W gospodarstwie pozostali jej mąż, Wiktor Ratyński, oraz nieletni syn Zdzisław. Nocne najście było dziełem grupy złożonej z sześciu uzbrojonych okolicznych chłopów, pod wodzą niejakiego Franciszka Wrzoska. Wrzosek, 40-letni gospodarz z Ziomaków, zdecydowanie wyrastał ponad średnią wioskową — posiadał 15 ha ziemi ornej oraz ukończył dwie klasy gimnazjum. Był też żołnierzem podziemia. Po wojnie w śledztwie Wrzosek opisał, jak doszło do najścia: dowiedziawszy się od sąsiada, że u Ratyńskiego są jeszcze inni Żydzi, zwołał kilku znajomych chłopów i razem wyruszyli na „akcję":

> [Znajomy] zaproponował mi, żebym razem z nim dokonał zabójstwa na reszcie żydów ukrywających się u Ratyńskiego. Na propozycję tę wyraziłem

---

288 *Ibidem*, Przesłuchanie świadka Seweryny Ratyńskiej, zam. Ziomaki, gm. Wyszków, pow. Węgrów, 19 VIII 1949 r., k. 223 i n.

zgodę i udałem się do domu Czesława Nejmana, który to wszedł do swego domu, a ja poczekałem przed jego domem. Po upływie kilku minut Nejman wyszedł z domu, niosąc ze sobą dwa karabiny i jedną dubeltówkę. Jeden karabin Nejman dał mi, a sam wziął karabin i dubeltówkę, po czym udaliśmy się w kierunku zabudowań Wiktora Ratyńskiego. Po drodze spotkaliśmy we wsi Ignacego Karczewskiego i Kazimierza Górala. Nejman zaznajomił ich z naszym planem i obaj dołączyli do nas. Karczewski otrzymał od Nejmana karabin, a Góral posiadał kij[289].

Ten dłuższy cytat warto było przytoczyć ze względu na gęstość zawartej w nim informacji. Po pierwsze, stanowi dowód na to, jak trudno było ukryć — w wioskowej wspólnocie — to, że się przechowuje Żydów. Po drugie, w oczy rzuca się łatwy dostęp do broni, która znakomicie ułatwiała terroryzowanie sąsiadów. Po trzecie, łatwość, z jaką można było znaleźć ludzi gotowych przystąpić do „planu" obrabowania i wymordowania odkrytych Żydów. Pod domem Ratyńskiego między gospodarzem a Wrzoskiem zawiązała się rozmowa odnotowana w protokole przesłuchania: „«Masz drugich Żydów, dawaj!» «Skąd wiesz, że mam Żydów?» «Dobrze wiemy i nie będziemy Ciebie prosić! Zabieraj chłopca [syna — J.G.] i marsz do stodoły!»"[290].

W pewnym momencie z domu, wbrew poleceniom bandytów, wyszła Krystyna, córka Ratyńskiego. Na jej widok jeden z uczestników najścia krzyknął: „Rałs na chałse!"[291]. Wrzosek i jego towarzysze nie mylili się: w stodole, w sąsieku, nadal ukrywała się rodzina żydowska z Węgrowa. Ratyński pamiętał jedynie, że znajdowali się wśród nich znani mu z lepszych czasów Gutman oraz Jankiel Kuper. Żydzi, przerażeni wcześniejszym najściem Niemców i masowym mordem dokonanym na ukrywających się w pobliskiej oborze ludziach, gotowali się do nocnej ucieczki. Nie zdążyli. Wiejskie komando było nieźle uzbrojone; Ratyński dostrzegł w ich rękach granaty, karabin i dubeltówki. Na widok uzbrojonych ludzi jeden z Żydów zawołał do niego: „Panie Ratyński, niech pan nas ratuje!". Interwencja Ratyńskiego nic jednak nie pomogła; jeden z bandytów miał wręcz zagrozić

289 *Ibidem*, Protokół przesłuchania świadka Franciszka Wrzoska, k. 203–207.

290 *Ibidem*, Przesłuchanie świadka Wiktora Ratyńskiego, 19 IV 1948 r., k. 190–193.

291 Właśc. Raus nach Hause! (niem.) — precz, do domu! Warto w tym miejscu wspomnieć, że wtrącanie niemieckich słów i zwrotów było taktyką często stosowaną przez szmalcowników i innych bandytów, którzy w ten sposób dodawali sobie nieco więcej „wiarygodności" w oczach ofiar, a przede wszystkim wzbudzali większy strach.

gospodarzowi: „odejdź, bo i ciebie zabiję!". W nocnej szamotaninie dwóm Żydom udało się uciec, a trzech zabili bandyci. Zwłoki pomordowanych bandyci kazali zakopać za stodołą, na polu. Po przeszukaniu schowka w sąsieku w ręce morderców wpadło 35 tys. zł — suma na owe czasy ogromna[292]. Nie znamy nazwisk ofiar, ale wśród Żydów ukrywających się w stodole Wiktora Ratyńskiego znajdował się również niejaki Motek, szewc z Węgrowa, który od czasu do czasu pod osłoną nocy przynosił gospodarzom we wsi, do domu, podzelowane buty[293].

W czasie egzekucji Ratyński zapytał jednego z morderców: „czy taki macie rozkaz?, na co bandyta odpowiedział, że tak"[294]. Sprawa ewentualnego „rozkazu" jest istotna ze względu na to, że według Ratyńskiego Wrzosek był żołnierzem podziemia: „Ja stałem koło Franciszka Wrzoska, wiedząc dokładnie, że jest w organizacji podziemnej, gdyż otrzymywałem [od niego] do czytania prasę, czy ma taki rozkaz wybijania żydów. Wrzosek odpowiedział, że tak. Po kilku dniach Wrzosek oświadczył mi osobiście, że rozkaz wybicia żydów był wydany przez nich samych" — zeznał po wojnie Ratyński[295]. Ta sama grupa napastników — najwyraźniej spodziewając się recydywy — powróciła do Ratyńskich „szukać za Żydami" raz jeszcze — w lutym 1944 r. Tym razem nikogo jednak nie znaleźli i — pobiwszy córkę, żonę i lokatorkę Ratyńskiego — odeszli, przedtem kradnąc pół litra wódki oraz 100 sztuk papierosów. Nawet to najście nie okazało się ostatnie — wieść o „żydowskim złocie" rozeszła się widocznie szerzej po okolicy. Tydzień później, w końcu lutego 1944 r., u Ratyńskiego pojawiło się dwóch nowych bandytów, żądając 10 tys. zł tytułem „kontrybucji" za ukrywanie Żydów. Dwaj Żydzi, którym udało się 23 sierpnia 1943 r. ujść z rąk morderców, najpewniej nie przeżyli okupacji, w przeciwnym wypadku któryś z nich zeznałby o swoich przejściach po wojnie, a Ratyńscy zostaliby przez Yad Vashem bez wątpienia uznani za Sprawiedliwych.

Warto na koniec dodać, że dom Wiktora Ratyńskiego, jak wiele innych domów, w których Żydzi znaleźli schronienie, leżał poza wsią, już w lesie.

---

292 AIPN, GK 318/29, Przesłuchanie świadka Wiktora Ratyńskiego, 19 IV 1948 r., k. 227–229.

293 Wywiad z panią Zofią Potocką, wnuczką Wiktora Ratyńskiego, Ziomaki, 30 VII 2017 r.

294 *Ibidem*, Przesłuchanie świadka Mariana Wąsowskiego, k. 234.

295 *Ibidem*, Przesłuchanie świadka Wiktora Ratyńskiego, 19 IV 1948 r., k. 230.

Dom Ratyńskiego spłonął wiele lat po wojnie, lecz nawet dziś — w miejscu, gdzie niegdyś stał — widać wzgórek, na którym bujnie krzewią się chwasty (fot. Jan Grabowski)

Uważna lektura dokumentów powiązanych ze sprawą masowego mordu dokonanego na Żydach 23 sierpnia 1943 r. w dwóch fazach przez Niemców i Polaków w Ziomakach pod Grębkowem skłania do pewnych refleksji. Przede wszystkim widać tu wagę denuncjacji — bez informacji płynących od miejscowej ludności policja (a już szczególnie policja niemiecka) nie byłaby w stanie odnieść większych sukcesów w poszukiwaniu ukrywających się Żydów. Warto przy tej okazji zwrócić uwagę na ścisłą współpracę PP z niemiecką żandarmerią — nie było to, wbrew pozorom, zjawisko codzienne w takich sytuacjach; będzie o tym mowa w dalszej części tego studium. Równie istotnym — i powiązanym — zagadnieniem jest powszechność wiedzy wśród społeczności wsi o ukrywanych Żydach bądź też dobre rozeznanie w tym, którego z gospodarzy można podejrzewać o tego rodzaju „przestępstwo". W świetle omawianego wydarzenia można też wyraźnie zobaczyć złowrogą rolę, jaką odegrał rozpowszechniony na polskiej wsi mit o „żydowskim złocie". Przyzwolenie władz, powszechny antysemityzm wzmacniany wszechobecnością starych mitów, chciwość i codzienność przemocy wobec Żydów, wszystkie te elementy nałożyły się na siebie, tworząc wybuchową i toksyczną miksturę, zabójczą dla ukrywających się ofiar Zagłady oraz dla nielicznych Polaków niosących im pomoc. Oddzielnym zagadnieniem jest udział polskiego ruchu oporu (czy też udział poszczególnych członków podziemia) w aktach przemocy lub domniemane przyzwolenie na tego rodzaju przemoc ze strony „czynników miarodajnych". Świadomość tego, że na przemoc wobec Żydów istnieje pewne placet, a w każdym razie nie ma bezpośredniego jej potępienia ze strony państwa podziemnego, jest zagadnieniem kluczowym. Właśnie ta świadomość (czy jej brak) była w jakiejś części odpowiedzialna za to, że ukrywanie Żydów stało się bez wątpienia najniebezpieczniejszą ze wszystkich form konspiracji w okupowanej Polsce. Na koniec warto dodać, że mord u Ratyńskich nie był wydarzeniem wyjątkowym — niecały miesiąc później, 17 września 1943 r., w domu Stanisława Rostka pod Stoczkiem na skutek denuncjacji pojawili się żandarmi. Donos okazał się trafny, gdyż w gospodarstwie ukrywało się 17 Żydów; Niemcy z miejsca ich zamordowali. Zabili też żonę Rostka, a jego samego oraz dwóch synów wywieźli do Auschwitz, gdzie też zginęli. A donos — jak można sądzić z akt powojennego procesu — złożył gajowy lub sąsiad, któremu Żydzi podkradali z pola kartofle[296].

NA ARYJSKICH PAPIERACH

Ukrywanie się na aryjskich papierach (czyli tzw. chodzenie po powierzchni), które w większych miastach umożliwiło przeżycie setkom Żydów, w mniejszych ośrodkach (i tym bardziej na wsiach) było o wiele trudniejsze; prawie niemożliwe. „Chodzenie po powierzchni" mogli brać pod uwagę przede wszystkim Żydzi z rodzin silnie zasymilowanych, mówiący bezbłędnie po polsku, było to rozwiązanie dla konwertytów oraz dla ludzi mających tzw. dobry wygląd i oczywiście nieznanych w okolicy, gdzie przyszło im udawać „aryjskich" Polaków. Na terenie powiatu węgrowskiego poza dwojgiem żydowskich dzieci, którym odpowiednie dokumenty wyrobili ich przybrani polscy rodzice, na aryjskich papierach przetrwały siostry Nechama i Dina Abkowicz. Obie młode kobiety dotarły pod Węgrów z likwidowanego getta warszawskiego i przechowywały się (używając aryjskich papierów) u Jana i Marii Malińskich, którzy przyjęli je pod swój dach we wsi Gajówka (gm. Stoczek, pow. Węgrów)[297]. Po pewnym czasie siostry wyruszyły pod Siedlce, gdzie doczekały wyzwolenia. Drugim przypadkiem ocalenia na aryjskich papierach byli bracia Jan i Artur Piechoccy, kaliszanie, którzy dotarli do Węgrowa również *via* warszawskie getto. Jan Piechocki przez pewien czas mieszkał w domu Józefa Dominiaka, szefa polskiego Kripo w Węgrowie

296 AIPN, GK 317/152, Zeznanie syna Rostka, Kazimierza, k. 2–4.

297 AYV, Department of the Righteous. Za pomoc udzieloną siostrom Abkowicz Malińscy zostali odznaczeni medalem Sprawiedliwych.

(on również pochodził z Kalisza i był dawnym znajomym rodziny), a potem pomieszkiwał w kilku okolicznych wioskach. Artur pozostał na terenie powiatu węgrowskiego do wiosny 1944 r., pracując jako urzędnik. Jan w 1943 r. powrócił, w dalszym ciągu jako Polak i „aryjczyk", do Warszawy, gdzie pracował w firmie ochroniarskiej aż do wybuchu powstania warszawskiego. W czasie pobytu na wsi obaj młodzi mężczyźni ostentacyjnie uczestniczyli w katolickich obrządkach, unikali nadmiaru „inteligenckich" słów, „zwrotów charakterystycznych dla Żydów, z oszczędnością w gestach, mimice, wyrażaniu emocji, także właściwych przeważnie Żydom" — wspominał Piechocki[298]. Pobożność, kontrola gestów i mimiki nie były jednak wystarczającą gwarancją przed uniknięciem podejrzeń ze strony polskich współobywateli. Pozostawała zawsze aktualna sprawa trudniejszego do zmiany „złego wyglądu": „wiedzieliśmy, że nasze twarze z profilu są bardziej semickie niż *en face*. Dlatego staraliśmy się ustawiać w miarę możności twarzą do rozmówcy. Unikaliśmy pokazywania się razem [...]. Obszerne studium poświęciliśmy włosom, ich czesaniu, prostowaniu, strzyżeniu. Każdy dzień, godzina, spotkanie, rozmowa były egzaminem" — opisywał Piechocki swoją egzystencję na powierzchni.

298 Remetz [Piechocki], *Wspomnienia...*, s. 136.

Rola polskiej policji granatowej w „ostatecznym rozwiązaniu kwestii żydowskiej" na terenie powiatu węgrowskiego

Jak wcześniej wspomniałem, na terenie powiatu węgrowskiego znajdowało się osiem posterunków policji granatowej: w Bojmiu, Miedznej, Węgrowie, Wyszkowie, Łochowie, Sadownym, Stoczku i Grębkowie; stacjonowało tam stu kilkudziesięciu policjantów mundurowych[299]. Poza tym w samym Węgrowie pełniło służbę pięciu lub sześciu tajniaków z polskiego Kripo. Liczbę policjantów zaangażowanych w różnego rodzaju akcje skierowane przeciwko Żydom trudno jednak precyzyjnie określić, gdyż w razie potrzeby siły lokalne wspierały posiłki z sąsiednich powiatów, a czasem z kolei węgrowskich granatowych kierowano do akcji poza granicami powiatu.

Omawiając miejsce PP w polityce eksterminacji Żydów prowadzonej przez Niemców na terenie powiatu węgrowskiego, należy zacząć od chronologii. Umiejscowienie wydarzeń na osi czasu ma podstawowe znaczenie, gdyż miejsce i rola polskiej policji w procesie *Endlösung* podlegały stałej ewolucji. W okresie gettoizacji (i wcześniej) do zadań funkcjonariuszy PP należał nadzór nad wdrożeniem w życie przepisów okupanta, takich jak ustawa „opaskowa", godzina policyjna, prace przymusowe, restrykcje związane z miejscem pobytu (dzielnice zamknięte) oraz ograniczenia dotyczące własności i prawa pracy[300]. Wiosną 1942 r. podczas przygotowań do deportacji Żydów do obozów zagłady polska policja została zmobilizowana

299 Cezariusz Łukaszewski, komendant powiatowy PP w Węgrowskiem, liczbę podlegających sobie funkcjonariuszy ocenił na 115, należy jednak odnieść się do tej informacji z pewnym sceptycyzmem. Łukaszewski zeznawał po wojnie: „polscy policjanci nigdy nie brali udziału w obławach na Żydów. [...] w swoim czasie wydałem rozkaz do policjantów, żeby w czasie obław nie używali broni. Rozkaz mój oparłem na zarządzeniu władz polskich z 1938 r. [*sic!*]" (AIPN, GK 209/57, k. 25–25v).

300 Stosunkowo najwięcej informacji o codziennej służbie funkcjonariuszy i ich wkładzie w nadzór nad wypełnianiem antyżydowskich przepisów okupanta w pierwszych latach okupacji można znaleźć w księgach stacyjnych posterunków PP w Nowym Brzesku (Archiwum Narodowe w Krakowie [dalej AN Kr], Posterunek Policji Polskiej w Nowym Brzesku, Księgi stacyjne) oraz w Opocznie (AN Kr, Posterunek Policji Polskiej w Opocznie, Księgi stacyjne).

w celu nadzorowania transferu ofiar z mniejszych gett do gett zbiorczych. Koncentracja Żydów przeprowadzana była głównie — jak to widać w wypadku wsi pod Węgrowem — siłami miejscowymi. Kolejne zintensyfikowanie udziału PP wiąże się z akcjami likwidacyjnymi. W większych, zamkniętych gettach — takich jak Warszawa czy Kraków — polscy funkcjonariusze mieli zabezpieczać akcję od zewnątrz, tworząc swoisty kordon ochronny i zabezpieczając tyły Niemców oraz ich najczęściej ukraińskich i litewskich pomocników. W mniejszych gettach, a przede wszystkim w gettach otwartych, takich jak Węgrów, udział polskiej policji był bez porównania większy. Można zaryzykować hipotezę, że im mniejszy ośrodek i im mniejsze zaangażowanie sił niemieckich, tym większą rolę w akcjach likwidacyjnych odgrywali funkcjonariusze policji granatowej. Zostało to szczegółowo omówione w poprzednich rozdziałach.

Do kolejnej zmiany roli PP w procesie wymordowania Żydów doszło po likwidacji gett. W wypadku Węgrowa, zgodnie z rozkazami niemieckich mocodawców, polscy funkcjonariusze mieli wyłapywać, aresztować i przekazywać w ręce żandarmerii ukrywających się Żydów. Granatowi mieli również strzec tzw. własności pożydowskiej, czyli — innymi słowy — czuwać nad tym, aby miejscowa ludność nie rozszabrowała nieruchomości i dóbr ruchomych pozostałych w getcie. Właśnie w tym okresie, zaraz po likwidacji gett, zaczęła się zaznaczać istotna zmiana w działaniach PP — zamiast wypełniać polecenia okupanta, granatowi w coraz większym stopniu wykazywali własną inicjatywę, inicjując działania, o których Niemcy nie mieli pojęcia i których nie sankcjonowali. Działania te dotyczyły zarówno kradzieży żydowskiego dobytku, jak i popełnianych na własną rękę mordów na ukrywających się Żydach. Wbrew rozkazom funkcjonariusze PP coraz rzadziej przekazywali zatrzymanych Żydów Niemcom, „rozwiązując problem żydowski" we własnym zakresie. Warto zaznaczyć, że choć żądza grabieży była najsilniejszym i najbardziej widocznym motywem, to granatowi niejednokrotnie tłumaczyli mordowanie Żydów swoiście rozumianym poczuciem patriotycznego obowiązku. Więcej na ten temat dalej.

NA POSTERUNKU W GRĘBKOWIE

Żeby zrozumieć dynamikę działań PP skierowanych przeciwko Żydom, należy przyjrzeć się poszczególnym policjantom granatowym w akcji. Za przykład niech posłużą nam funkcjonariusze z posterunków w Grębkowie i Łochowie, na dwóch przeciwległych krańcach powiatu węgrowskiego. Zacznę od posterunku PP w Grębkowie, gdzie w 1943 r. pełnił służbę sierżant Władysław Królik. Komendantem posterunku PP w Grębkowie był wówczas sierżant Adolf Bielecki, a wśród jego podwładnych znajdowali się: Antoni Iwanek, Jan Grajewski, Piotr Grochal (zastępca komendanta), wspomniany wcześniej Władysław Królik, Władysław Sałek, Babulewicz, Lucjan Marciniak oraz kilku innych funkcjonariuszy[301]. Pod koniec 1943 r. (daty dokładnej nie sposób ustalić) komendant Bielecki został „poufnie" zawiadomiony, że we wsi Gałki w domu Aleksandry Janusz ukrywają się Żydzi. Istotnie po przybyciu na miejsce zastępca komendanta Grochal[302] wyciągnął spod podłogi dziewięciu Żydów, wcześniej mieszkających w pobliskim Kałuszynie: małżeństwo Rubinów z dzieckiem, panią Kajzerową, Gurszyna (nazwisko w protokole przesłuchania słabo czytelne) oraz innych, których nazwisk dziś już nie można ustalić. Policjant Iwanek — jeżeli wierzyć jego własnym wyjaśnieniom złożonym później w śledztwie — doradzał komendantowi Bieleckiemu puszczenie Żydów wolno w lesie, ale komendant miał inne plany i rozkazał schwytanych zabić[303]. Sama gospodyni, Aleksandra Janusz, w której domu ukrywali się Żydzi, wspominała rewizję nieco inaczej. Po wejściu do domu Królik i Iwanek: „zapytali się mnie, gdzie są te «pudle». Ja ich się pytam, co to są za «pudle» gdyż nie wiedziałam, o co im się rozchodzi, więc oni jeden do drugiego mówili: «są, są», i wtedy Królik wzioł widły, poszedł do sąsiedniego pustego mieszkania, gdzie była piwnica, która była przyłożona gnojem i w której byli ukryci dziewięciu Żydów". Na widok wychodzących z kryjówki Żydów policjant Królik roześmiał się: „ho, ho panie Rubin, ja pana znam, pan jest z Kałuszyna, pan mnie buty robił; ja panu nic nie zrobię, a tylko was wyprowadzim pod las i tam oddamy kilka strzałów i wy sobie uciekniecie, ja was strzelać nie będę!"[304]. Po chwili w domu pani Janusz pojawiło się kolejnych czterech policjantów, a uśmiechnięty Królik zabrał — co podpatrzyła córka Januszowej — swemu znajomemu szewcowi Rubinowi

---

301 AIPN, GK 317/133, Akt oskarżenia przeciwko Antoniemu Iwankowi, 18 XI 1949 r., k. 4–4v, 36–38. Iwanek służył w policji od 1920 r., przed wojną również na terenie powiatu węgrowskiego.

302 AIPN, GK 318/460, t. 1, Protokół rozprawy głównej, 17 IV 1952 r., k. 147–165. Piotr Grochal był funkcjonariuszem policji z przedwojennym stażem; służył od 1934 r.

303 Iwanek bronił się dość nieprzekonywająco: „rozmawiałem z komendantem, co z nimi zrobić, bo jak się Niemcy dowiedzą, to i nas zabiją", nie tłumacząc zgoła, dlaczego Niemcy mieliby zabijać polskich policjantów z powodu samego wykrycia Żydów (AIPN, GK 317/133, Protokół rozprawy głównej, k. 37v).

304 AIPN, GK 317/134, Zeznanie Aleksandry Janusz, 22 IV 1949 r., k. 5–6.

zwitek banknotów. Następnie trzech policjantów poprowadziło Żydów pod las, skąd niebawem doszły mieszkańców wioski Gałki liczne strzały. Jakiś czas potem policjanci wrócili do wioski, a Królik poprosił gospodynię, aby dała im wody, bo muszą umyć ręce z krwi. Na koniec zaś policjant Iwanek próbował wymusić od Januszowej 3 tys. zł „za przechowywanie Żydów"[305].

Władysław Królik, zdjęcie z teczki osobowej VI SS- u. Polizei Gericht Krakau (Bundesarchiv Berlin-Lichterfelde, NS 7, t. 1185, k. 4)

Do jakich — bardzo wstępnych — wniosków można dojść po zaznajomieniu się z losem małżeństwa Rubinów z Kałuszyna? Po pierwsze, uwagę zwraca wszechobecne donosicielstwo, które w sposób szczególnie groźny biło w Żydów oraz ukrywających ich Polaków. Po drugie, motyw, tj. przede wszystkim żądza „żydowskich bogactw" czy mitycznego „żydowskiego złota", nawet gdyby miało się ono kryć w kieszeniach niezbyt zamożnego szewca z Kałuszyna. Żądza „żydowskich bogactw" była natomiast pochodną antysemickich klisz funkcjonujących w polskim społeczeństwie na wielu płaszczyznach. Po trzecie, ogromny margines swobody czy też — odwołując się do języka nauk społecznych — znaczny stopień własnej sprawczości, charakteryzujący działania polskich funkcjonariuszy, którzy — w „sprawach żydowskich" podejmowali decyzję o zatrzymaniu, obrabowaniu i rozstrzelaniu

305 „Królik powiedział, żeby dać im wody do umycia rąk, to wtedy zrozumiałam, że ci żydzi zostali zabici przez tych policjantów. Potem przyszedł Iwanek i ode mnie zażądał trzy tysiące złotych, to mnie nic nie będzie za to, że przechowywałam żydów, ale ja powiedziałam, że nic nie mam, i jemu nie dałam. [...] po upływie niespełna dwóch tygodni przyszli do mnie do mieszkania przebrane policjanci, poprzetrząsali mnie wszystkie pościele, kufry i wszystko, co było na górze, szukając, czy czasami nie znajdą złota, ja wtedy byłam na polu z dziećmi" (*ibidem*).

swoich ofiar bez żadnego rozkazu ani wiedzy niemieckich zwierzchników. Wreszcie — *last but not least* — to, że polscy policjanci nie zabijali obcych; bardzo często mordowali swoich sąsiadów, których (jak w tym wypadku) świetnie znali z dawnych lat.

Sam policjant Władysław Królik to postać nietuzinkowa: w jego teczce osobowej — która szczęśliwym trafem zachowała się w szczątkowym zespole archiwalnym SS- und Polizei Gericht przechowywanym w niemieckich archiwach — można wyczytać pochwalne opinie niemieckich zwierzchników. Pisali o grębkowskim funkcjonariuszu w takich słowach: „Królik jest wydajnym, energicznym i dzielnym policjantem"[306]. Królika, mordercę Żydów, chwalili również jego przełożeni z konspiracji, gdyż niezależnie od służby w granatowej policji był on też patriotą i żołnierzem Referatu II Obwodu „Smoła" (wywiad i kontrwywiad) Armii Krajowej[307]. Królik (oraz towarzyszący mu w akcji mordowania Żydów Grochal) został wręcz określony przez kronikarza węgrowskiej konspiracji jako człowiek należący do „najlepszego i najbardziej ideowego elementu ludzkiego ze wszystkich środowisk"[308]. Nic wobec tego dziwnego, że policjant Królik cieszył się powszechnym szacunkiem swojej społeczności, czego dowodem są listy w jego obronie, słane w końcu lat czterdziestych do Sądu Apelacyjnego w Warszawie[309].

Policjanci z posterunku w Bojmiu (ci sami, którzy wcześniej pełnili służbę w Grębkowie) latem 1943 r. osaczyli grupę Żydów ukrywających się w miejscu zwanym Pustaki, tuż koło wsi Jagodne. Jej sołtys Stanisław Fornalczyk znał tych Żydów, gdyż od dłuższego czasu ukrywali się w okolicy i trudnili się krawiectwem, reperując ubrania mieszkańców Jagodnego[310].

---

306 „Krolik ist ein tüchtiger, energischer und tapferer Polizeibeamter" (Bundesarchiv Berlin-Lichterfelde, SS- u. Polizei Gericht VI, Krakau, NS/7, t. 1185, Teczka osobowa Władysława Królika z Grębkowa, k. 8).

307 Wangrat, *Polska i powiat węgrowski...*, s. 56–57. W AK służył razem z Józefem Dominiakiem, Edwardem Podgórniakiem. Królik był też bardzo chwalony jako patriota zwalczający bandytyzm.

308 Gozdawa-Gołębiowski, *Powiat węgrowski w latach okupacji niemieckiej...*, s. 347. Zdania na temat Królika były podzielone. Inny świadek pisał po wojnie do władz: „Ulubiona i nierozłączna trójka Królik, Grochal i Marciniak, których najbardziej ulubionym procederem było polowanie na ukrywających się ludzi" (AIPN, 0255/327, Doniesienie sporządzone przez Stanisława Michałowskiego ze wsi Gałki, gm. Grębków, 17 I 1945 r., k. 5–6).

309 Władysław Królik został w różnych instancjach skazany za morderstwa popełnione na Żydach, Polakach i jeńcach sowieckich na karę śmierci, którą później zmieniono w drodze łaski na dożywocie. Wyszedł z więzienia w 1959 r. (AIPN, GK 318/126, k. 850–870).

310 AIPN, GK 318/460, t. 1, k. 212–214.

Posterunkowi z Bojmia — Babulewicz, Sałek, Iwanek i Grochal — zabili pięć ukrywających się osób, kobiet i mężczyzn, a następnie rozkazali Fornalczykowi zakopać zwłoki w pobliżu miejsca mordu.

6 stycznia 1944 r. Kazimierz Jaworowski ze wsi Soboń schwytał Żyda na kradzieży żywności. Skłuwszy jeńca widłami, doprowadził go do położonej nieopodal zagrody sołtysa Leonarda Kubaja. O Żydzie wiadomo jedynie tyle, że miał na imię Icek i udało mu się przeżyć aż do 1944 r. Chłopi zawiadomili o schwytanym Żydzie najbliższy posterunek PP w Grębkowie, a następnego dnia rano w Soboniu pojawił się funkcjonariusz Jan Grajewski z posterunku w Grębkowie i zabił Icka we wsi Wierzbno, około 500 m od żydowskiego cmentarza[311].

O ile mord na Żydach dokonany przez funkcjonariuszy PP z Grębkowa we wsi Gałki można wyjaśniać żądzą grabieży, o tyle trudniej zrozumieć zabójstwo Nojka Zaliwskiego, którego dopuścili się ci sami policjanci kilka miesięcy wcześniej. Latem 1943 r. Nojek, miejscowy Żyd, ukrywał się w Pieńkach Jagodzińskich. „Ukrywał się" to zbyt mocne określenie — po prostu przebywał we wsi i pracował u różnych ludzi, którym pomagał w mniejszych i większych pracach gospodarskich. W lipcu 1943 r. Nojek pracował przy budowie domu jednego z gospodarzy. Grębkowscy policjanci pod dowództwem Królika pojawili się w Pieńkach niespodziewanie i zaskoczyli budowniczych. Na widok obławy Nojek rzucił się do ucieczki. Pierwsi otworzyli ogień Iwankowie — ojciec i syn[312]. Nojek, ranny w rękę, uciekał dalej, w kierunku pobliskiej olszyny. Wtedy do pościgu przyłączyli się pozostali policjanci. Za którymś strzałem Nojek Zaliwski padł martwy na ziemię. Według jednego ze świadków uczestnicy obławy mieli oddać w kierunku uciekającego Nojka ponad 50 strzałów[313]. Niebawem między policjantami wywiązała się kłótnia, gdyż każdy chciał się pochwalić „szczęśliwym" strzałem. Jak później zeznał policjant Grochal:

> pobiegliśmy wszyscy, rozsypując się w tyralierkę i strzelając za uciekającym, który przebiegł już małą łąkę i dobiegał do zboża... wtedy dobiegł do mnie

---

311 AIPN, GK 317/115; zob. Wangrat, *Polska i powiat węgrowski...*, s. 77.

312 Bronisław Iwanek, syn Antoniego, w policji granatowej od 1942 r. Zlikwidowany w 1944 r. przez Lucjana Marciniaka, członka AK, z wyroku sądu podziemnego (AIPN, GK 317/133, Zeznanie świadka Marciniaka, k. 41–42).

313 AIPN, GK 318/460, t. 1, Zeznanie Franciszka Waleckiego, rolnika ze wsi Jagodne, k. 216–218.

Lucjan Marciniak, wziął ode mnie karabin i pobiegłszy jeszcze kilka kroków w przód, zajął pozycję leżącą, opierając karabin o kretowisko, a następnie wystrzelił, w następstwie czego Nojek, który był już między żytami, trafiony z tyłu, padł [...]; gdy podeszliśmy do leżącego na miedzy Nojka, ten już nie żył. Pamiętam, że przy leżącym ktoś z obecnych robił rewizję, lecz nic ciekawego przy nim nie znalazł. Na temat zabójstwa Nojka między mną a Królikiem powstała sprzeczka. Królik twierdził, że zastrzelił go Boruc[314], natomiast ja, który ten fakt dokładnie zaobserwowałem, stwierdziłem, że Nojka zabił Marciniak, co potwierdzili też policjanci Sałek i Babulewicz. Cała sprzeczka powstała na tle, kto lepiej strzela, i Marciniak dowodził także, że to on trafił Nojka, natomiast strzały Boruca były niecelne[315].

Zagadnienie kunsztu strzeleckiego do tego stopnia pochłonęło policjantów, że zostawili zwłoki Nojka na miedzy, a sami poszli razem do lasu, aby rozstrzygnąć spór, który z nich był lepszym strzelcem. Jak zeznał Grochal, po dojściu do lasu: „z karabinu Boruca strzelaliśmy do kawałka papieru przyczepionego do sosny". Pomijając zastanawiającą rozrzutność polskich funkcjonariuszy w użyciu nabojów (co może dziwić, jeśli weźmie się pod uwagę niemiecki nadzór nad zużyciem amunicji przez polskich policjantów[316]), niewiele wiadomo o bezpośrednich przyczynach obławy. Wiadomo jedynie, że pojawienie się policji w wiosce nie było dziełem przypadku. Najprawdopodobniej los Nojka przypieczętowała prośba jednego z mieszkańców, poparta wcześniejszym donosem, aby funkcjonariusze „rozwiązali problem żydowski" w Pieńkach. Dodatkowym czynnikiem pozwalającym zrozumieć śmierć Nojka Zaliwskiego jest jednak również sadyzm funkcjonariuszy. Zazwyczaj mordów na schwytanych Żydach dokonywali w sposób bezosobowy, lecz nie było to regułą.

---

314 Marian Boruc był niemieckim konfidentem, „który posiadał karabin otrzymany od niemców i trudnił się wyłapywaniem żydów" (*ibidem*, t. 2, Zeznanie policjanta Władysława Babulewicza, k. 82).

315 *Ibidem*, Zeznanie policjanta Piotra Grochala, k. 80.

316 Tytułem przykładu Rozkaz nr 6 z 9 IV 1943 r. wysłany przez komendanta PP z Miechowa do komendantów posterunków na terenie powiatu: „pozostałą na Posterunku amunicję przeliczyć i ilość wpisać do książki stacyjnej, podczas zdawania dyżuru należy każdorazowo wpisać ilość zdanej amunicji [...]. Za każdy nabój odpowiada K[o]m[en]d[an]t Posterunku, który ze swej strony ma obowiązek ten przelać na każdego podkomendnego" (AN Kr, Posterunek Policji Polskiej w Nowym Brzesku, t. 1, k. 28).

We wsi Krypy (gm. Borze, pow. Węgrów) ukrywał się krawiec Pejsach Szczur[317]. Pod koniec 1943 r. Szczura dopadł sołtys i ciężko pobił, łamiąc mu ręce. Potem sołtys związał swą ofiarę, wrzucił na wóz, wezwał dwóch gospodarzy i kazał im odwieźć rannego krawca na posterunek policji do Grębkowa. Po drodze chłopi zachęcali Szczura do ucieczki, ale ten był ciężko ranny „i powiedział, że ma dosyć takiego życia, i nie będzie uciekał"[318]. Jeden z chłopów eskortujących Szczura zeznał: „przykro mi było wieźć znajomego na śmierć i dlatego zeskoczyłem z wozu, nie chcąc tego robić". Grębkowscy policjanci (brakuje informacji, o których funkcjonariuszy chodzi) wywieźli Szczura na pole i strzelili do niego. Strzały nie okazały się jednak śmiertelne:

> [Szczur] żył jeszcze. Wówczas rozwiązałem mu ręce i kazałem uciekać, on odpowiedział, że nie może tego uczynić, ponieważ jest bardzo pobity, prosił tylko o wodę. Wybrałem wówczas lód, który już wówczas pokrył wodę w rowie, z którego ją nabrałem, i podałem mu wodę. Lód ten był grubości ok. 4 cm. [...] Ja wówczas zaproponowałem Szczurowi, by jakiś czas poleżał, a potem uciekał, on jednak prosił, by wykopać mu głęboki dół, by go psy nie pożarły, i pochować go[319].

Niebawem grębkowscy policjanci wrócili na miejsce i dobili Szczura. O ile w wypadku Pejsacha Szczura policjanci-mordercy z Grębkowa być może wykazali się zwykłą niedbałością, a nie czystym sadyzmem, o tyle takich wątpliwości nie można mieć w wypadku działań innego mordercy w granatowym mundurze, plutonowego Matusiaka z Łochowa.

NA POSTERUNKU W ŁOCHOWIE

Proces „dojrzewania" policji granatowej do mordów, swoistego wprawiania się — pod niemiecką tresurą — w zabijanie, można prześledzić na przykładzie Lucjana Matusiaka, plutonowego, zastępcy komendanta posterunku

---

317 AIPN, GK 318/183, Akta w sprawie karnej Wacława Zdzieborskiego, Zeznanie Henryka Żołędowskiego. Morderstwo Pejsacha Szczura obszerniej omówiła Barbara Engelking (*eadem*, *„Jest taki piękny słoneczny dzień...". Losy Żydów szukających ratunku na wsi polskiej 1942–1945*, Warszawa: Stowarzyszenie Centrum Badań nad Zagładą Żydów 2011, s. 163).

318 AIPN, GK 318/183, Protokół rozprawy głównej, k. 4.

319 *Ibidem*, Protokół rozprawy głównej, Zeznanie Wacława Polkowskiego, k. 8.

PP w Łochowie (Budziskach)[320]. Według Józefa Fedorczyka, mieszkańca Łopianki, wioski położonej niedaleko Łochowa, funkcjonariusze PP, pracując ramię w ramię z niemieckimi żandarmami, już latem 1942 r. wzięli udział w wyszukiwaniu ukrywających się Żydów:

> widziałem na własne oczy, jak Lucjan Matusiak razem z żandarmami brał udział w obławach na ludność żydowską. Widziałem, jak Matusiak razem z żandarmami prowadził trzech żydów; nazywali się ci Żydzi Czerwony, Złotkowski; trzeciego nie znałem, żydzi pochodzili z Łopianki. Matusiak, prowadząc Żydów, po drodze wchodził do mieszkań, kazał brać łopaty i iść razem z nim [...]. Żandarm powiedział coś do niego po niemiecku i wtedy Matusiak wziął nas trzech, wszedł do mieszkania pożydowskiego i kazał wyrzucać z tych mieszkań łóżka, pierzyny itp. A żandarmi stali nad tymi żydami, którzy kopali dla siebie dół. Potem żandarm Fredek[321] z Budzisk rozstrzelał tych Żydów[322].

Opisywane wydarzenia rozegrały się najpewniej nie latem, lecz we wrześniu 1942 r., a dokładna lista szesnastu ofiar tej egzekucji znajduje się w *Rejestrze zbrodni* sporządzonym bezpośrednio po wojnie[323]. Matusiak nie był rzecz jasna jedynym polskim policjantem z Łochowa mordującym wraz z Niemcami Żydów. Jego kolega Wincenty Kołodziejski uczestniczył w obławie na Żydów na terenie fabryki Baczki. Jak zeznał jeden z naocznych świadków, Kołodziejski strzelał do uciekającego Żyda Szolka Goldsztejna, majstra w fabryce. Zranionego Goldsztejna dobił niemiecki żandarm, wcześniej wspomniany „Fredek"[324].

O ile jesienią 1942 r. policjant Matusiak i jego koledzy jedynie „terminowali" u Niemców w roli eskorty i pomocników, o tyle już niebawem zaczęli mordować Żydów na własną rękę, nie oglądając się na niemieckich kolegów. Trzeba też przyznać, że w wielu granatowych policjantach niemieccy żandarmi znaleźli pojętnych uczniów, a niektórzy wkrótce przewyższyli pod

---

320 AIPN, GK 317/28, t. 3, Protokół rozprawy głównej, 9 IX 1949 r., k. 49–58; *ibidem*, Sentencja wyroku, 9 IX 1949 r., k. 61–62.

321 Przypuszczalnie chodzi tu o Friedricha Hartmanna, miejscowego Volksdeutscha.

322 AIPN, GK 317/28, t. 3, Zeznanie Józefa Fedorczyka, 3 X 1948 r., k. 29–29v.

323 *Rejestr miejsc i faktów zbrodni popełnionych przez okupanta hitlerowskiego na ziemiach polskich w latach 1939–1945. Województwo siedleckie*, Warszawa: Główna Komisja Badania Zbrodni Hitlerowskich w Polsce, 1985. Egzekucję opatrzono błędną datą: 1943 r.

324 AIPN, GK 209/57, Zeznanie Bolesława Abczyńskiego, k. 25–25v.

wieloma względami swoich nauczycieli. Nauce zabijania na pewno sprzyjało bliskie sąsiedztwo łochowskiego posterunku PP z posterunkiem żandarmerii — jednym z dwóch zlokalizowanych na terenie powiatu węgrowskiego. Inny polski świadek wydarzeń w ten sposób opisywał jedną z samodzielnych akcji polskiego policjanta:

> Widziałem na własne oczy, jak policjant Matusiak w roku 1943 rozstrzelał 4 żydów z jednego wystrzału w miejscowości Łopianka pod laskiem gminy Łochów, pow. Węgrów. Ustawił tych żydków jednego przed drugim i strzelając im z tyłu przez plecy. A wśród tych żydów było jedno małe dziecko, to do niego strzelił z osobnego pocisku. Po zabiciu tych żydów zapędził mnie, Widłaszewskiego Józefa oraz Smętnego Stefana, Chomontowskiego Wacława i innych, którzy byli przy tym [...]; gdy myśmy kopali dół, to nie dał kopać głębokiego, tylko płytki. Kiedy kładliśmy ich do dołu, to jeden żyd był tylko ranny, który prosił: „panie władzo, niech pan mnie dobije", a Lucjan Matusiak, policjant, odpowiedział: „szkoda dla Ciebie pocisku, ty zdechniesz!". Po ich zakopaniu przyszedłem w to miejsce zobaczyć, to ziemia się ruszała i było słychać głos żyda, jak stękał [...]"[325].

Inny przymusowy grabarz opisał tę scenę w następujący sposób: „ustawił [Matusiak] jednego przed drugiego, a na końcu to małe dziecko, które miało lat 13-cie, i strzelił potem jednym strzałem, tak że małe dziecko było zabite, a ci starsi przeważnie ciężko ranni, tak że jeden żydek dopraszał się: «panie władzo, dobij mnie!». Pan policjant Matusiak mówił, że już nie ma kuli i kazał zasypać ziemią, a potem deptał nogami po tej mogile, nie zważając na prośbę rannego żyda"[326].

*

Niewielu Żydów z Łochowa i okolicy przeżyło okupację; na dobrą sprawę można ich zliczyć na palcach obu rąk. Jednym z tych nielicznych był wcześniej cytowany dziewięcioletni Natan Najman, który wyskoczył z pociągu śmierci do Treblinki i ukrywał się przez pewien czas w okolicy Łochowa. Z relacji Najmana wynika, że złowroga reputacja, jaką zdobyli sobie polscy i niemieccy policjanci pełniący służbę w Łochowie-Budziskach, była całkowicie uzasadniona.

---

325 AIPN, GK 317/28, t. 3, Zeznanie Wacława Chomontowskiego, 4 XI 1948 r., k. 27–28.
326 *Ibidem.*

*

Jak wspomniałem we wstępie, okolice Łochowa były swoistym fenomenem pod względem gęstości żydowskiego osadnictwa. Wiązało się to z importem — w latach siedemdziesiątych XIX w. i poźniej — żydowskiej siły roboczej do pracy w fabryce w Baczkach przez jej założyciela, przemysłowca Judela Perlisa. Odbiciem tego stanu rzeczy było to, że w 1921 r. Żydzi stanowili ponad połowę mieszkańców Łopianki, Jasiorówki i Ostrówka. Niestety, w związku z tym nietrudno powiązać przedwojenne wskaźniki demograficzne ze statystyką masowych grobów sporządzoną zaraz po wojnie:

Tabela 6. Masowe groby ekshumowane po wojnie

Miejsce	Data	Ofiary	Sprawcy	Komentarze
Budziska, gm. Łochów	26 września 1942 r.	2 Polaków: Wiktor Kopania, Czesław Łach	żandarmeria: żandarm Freidrich Hartmann i lieutenant dowódca posterunku	posądzeni o przywłaszczenie rzeczy pożydowskich
	1941–1944	ponad 200 Żydów; nazwiska nieznane	żandarmi	ofiary: z różnych stron powiatu, rozstrzelani w rejonie cegielni Delegacza; groby masowe
	9 marca 1943 r.	Żydzi, 9 osób, zastrzeleni na podwórku swego domu: Majorek Kanienkowski, jego żona i troje dzieci, Abram Koper, jego żona i dwoje dzieci	Hartman i dwaj żandarmi	„za to, że byli Żydami". „Pogrzebane na podwórku, pod stodołą Kopra Abrama".
Dąbrowa, gm. Łochów	wrzesień 1943 r.	5 Żydów; nazwiska nieznane	Wehrmacht	„zakopane w Dąbrowie"
Jasiorówka, gm. Łochów	wrzesień 1943 r.	4 Rosjan oraz 80 Żydów		Żydzi miejscowi i uciekinierzy z transportów, „zakopane w Jasiorówce"
Kamionna (Kamienna), gm. Łochów	maj 1944 r.	25 Żydów; nazwiska nieznane	żandarmi	„z łapanki"

Miejsce	Data	Ofiary	Sprawcy	Komentarze
Łojki, gm. Łochów	wrzesień 1943 r.	3 Żydów; nazwiska nieznane	żandarmi	„złapane we wsi", „zakopane w Łojkach"
	wrzesień 1943 r.	7 Żydów; nazwiska nieznane	Wehrmacht	„złapane we wsi Łojki"
	grudzień 1943 r.	4 Żydów; nazwiska nieznane	Wehrmacht	„z lasu", „zakopane w Łojkach"
Łopianka, gm. Łochów	wrzesień 1943 r.	16 Żydów: Abram Czerwony, Małka Jaskółka, Dwojra Weinberg z synami, Stanisławowska z synami, Małka Pawłowna i Hana Ludwig z rodziną, Bejla Kowadło z mężem, Srul Fryd, rodzina Ziółkowskich	żandarmi	„zakopane w Łopiance"
Łosiewica, gm. Łochów	sierpień–wrzesień 1943 r.	68 Żydów; nazwiska nieznane	żandarmi	„z lasu, obława", w lesie dóbr Kurniatowskiego (?)
Matały, gm. Łochow	listopad 1943 r.	7 Żydów przywiezionych z Pułtuska/Cykoria (?)	żandarmi	„zakopane w Matałach"
Wymysły, gm. Łochów	sierpień 1943 r.	8 Żydów; nazwiska nieznane	żandarmi	ofiary przywiezione z Łopianki, zakopane przy torze kolejowym w Wymysłach

Źródło: USHMM, RG 15.029, mf, rolka 14, t. 45, Ankieta Sądów Grodzkich: egzekucje, obozy, 1945 r. (fragmenty).

Dane w tabeli 6 należy traktować z pewną ostrożnością, zwłaszcza rubrykę „sprawcy", w której rutynowo wpisywano Niemców nawet wtedy, gdy z innych dokumentów wynika niezbicie, że sprawcami byli polscy policjanci granatowi bądź okoliczni mieszkańcy. Zarówno urzędnicy sądowi, jak i mieszkańcy gminy informujący ich o lokalizacji grobów nie byli zainteresowani oskarżaniem własnych sąsiadów o mord. A żydowskich świadków, którzy mogliby dokonać istotnych uzupełnień, nie było, prawie wszyscy znaleźli się bowiem wśród ofiar ujętych w tejże tabeli. Niemniej lektura danych pozwala na zrozumienie skali polowania na Żydów ukrywających się po wysiedleniach na terenie gminy

Łochów w latach 1942–1944. Tabela pozwala też lepiej zrozumieć rozmiar i zasięg zjawiska ucieczek Żydów z transportów kolejowych kierowanych do Treblinki. Jasiorówka, Budziska, Łosiewica, Łopianka czy Łojki to miejscowości położone w bezpośrednim sąsiedztwie torów kolejowych linii Tłuszcz–Małkinia.

POLNISCHE KRIMINALPOLIZEI, AUSSENSTELLE WENGROW

Oprócz polskich i niemieckich policjantów mundurowych służbę w Węgrowie pełniło pięciu lub sześciu tajniaków z polskiej Kriminalpolizei, podległych komórce Kripo z Sokołowa Podlaskiego. Na czele węgrowskiej Kripo stał porucznik Józef Dominiak. Naczelnik placówki zewnętrznej (*Aussentelle*) Kripo był człowiekiem ze sporym doświadczeniem śledczym. Urodzony w 1898 r., zdążył wziąć udział w rozbrajaniu Niemców w rodzinnym Kaliszu w 1918 r., rok później walczył w wojnie polsko-bolszewickiej, a od 1929 r. pracował jako policjant Służby Śledczej. Po klęsce wrześniowej Dominiak wstąpił do polskiego Kripo i po krótkim pobycie w Warszawie i Sokołowie dostał awans na kierownika polskiej komórki Kripo w Węgrowie. W lipcu 1944 r. porucznik Dominiak „wycofał się" przed zbliżającym się frontem wschodnim do Warszawy, a potem do Poznania, gdzie zastał go koniec wojny[327]. Równolegle z pracą w Kripo Józef Dominiak ps. „Żbik" wypełniał swoją patriotyczną misję jako członek Kedywu, stał się jednym z najważniejszych członków Referatu II AK na teren powiatu węgrowskiego oraz wziął udział w ataku na skład jaj i masła w Węgrowie, 18 stycznia 1944 r.[328] Poza pracą w Kripo i walką w konspiracji Józef Dominiak zajmował się też niesieniem pomocy Żydom.

Dominiak trafił do Węgrowa z Sokołowa na wiosnę 1942 r. Wtedy też o pomoc zwrócił się do niego młody kaliszanin Jan Piechocki, którego rodzina pozostawała z Dominiakiem od dawna w zażyłych stosunkach[329]. Po wybuchu wojny Piechoccy zostali wysiedleni z Kalisza i trafili do warszawskiego getta. Na wieść o postępujących deportacjach zaczęli czynić energiczne starania, aby znaleźć oparcie po aryjskiej stronie. Pierwszy do domu

327 AIPN, GK 318/131.

328 Gozdawa-Gołębiowski, *Powiat węgrowski w latach okupacji niemieckiej...*, s. 365.

329 Remetz [Piechocki], *Wspomnienia...* W pamiętnikach autor zamienił nazwisko „Dominiak" na „Maliniak". Za tę informację jestem wdzięczny Barbarze Engelking, która dowiedziała się o tym od autora w czasie wywiadu przeprowadzonego z nim w Izraelu w 2015 r.

naczelnika węgrowskiego Kripo trafił Jan Piechocki, po nim jego ciotka, a na koniec, na bardzo krótko, Artur, brat Jana. Wszystkich troje przedstawiono sąsiadom jako krewnych z Kalisza. Zwiększająca się liczba nieproszonych gości wyraźnie jednak była nie w smak gospodarzowi. Już niebawem młodzi Piechoccy opuścili dom policjanta, została jedynie ciotka, mającą środki na opłacanie gospodarza. Dla Dominiaka oraz dla kilku innych policjantów z Węgrowa ukrywanie zamożnych Żydów było nie tyle wyrazem altruizmu, ile lukratywnym zajęciem. Po likwidacji getta za schronienie można było żądać zawrotnych sum. Na tle nierównego podziału łupów miało dojść w rodzinie Dominiaka do mordu. Leszek Handtke, kuzyn Dominiaka, przyjął volkslistę i zaczął grozić policjantowi: „później opowiadano, że poszło o dochody, jakie jego krewni czerpali z ukrycia kilku bardzo bogatych Żydów. Leszek [...] domagał się swojej części. Groził. Po kilku miesiącach nie żył. Zwabiono go do zasadzki i tam zabito"[330].

Los Żydów ukrywanych za pieniądze był z reguły tragiczny; gdy skończyły się pieniądze, „płatni opiekunowie" często wydawali swoich „podopiecznych" w ręce policji lub — bojąc się reakcji władz — sami ich mordowali[331]. Tak właśnie stało się z ciotką Piechockiego, która mieszkała pod dachem Dominiaka: „po ciotkę przyszli w biały dzień dwaj żandarmi. Weszli do domu policjanta. Znali ten dom, wiedzieli, do kogo przychodzą. Zabrali ciotkę na cmentarz. Tam strzelili jej w głowę"[332]. Zaaresztowanie i egzekucja ukrywającej się Żydówki najwyraźniej nie zaszkodziły dalszej karierze polskiego kripowca: Dominiak w dalszym ciągu pełnił służbę w policji i nadal piastował stanowisko szefa węgrowskiego Kripo. Zabójstwo to, z całą pewnością komentowane wówczas w Węgrowie, nie miało też żadnego wpływu na zaufanie, jakim nadal go darzyli członkowie węgrowskiej AK. Co ciekawe, Dominiak wciąż pozostawał w kontakcie z ukrywającymi się braćmi Piechockimi. Trudno więc określić, gdzie biegła — z punktu widzenia polskiego policjanta — granica między pomocą a mordem.

Pod Węgrowem, na kolonii Bagno, w gospodarstwie Lucjana i Anieli Dejnarowiczów ukrywał się Żyd Sandlaufer, zwany Chaimkiem. Jak zeznała po wojnie gospodyni, „2 stycznia 1943 r. [Chaimek] przyszedł się ogrzać, bo był bardzo zmarznięty"[333]. Wtedy na podwórzu pojawiło się trzech agentów

330 *Ibidem*, s. 144.

331 Grabowski, *Judenjagd...*, s. 69, tabela 4.

332 Remetz [Piechocki], *Wspomnienia...*, s. 169.

333 AIPN, GK/318/131, Zeznanie Anieli Dejnarowicz, 20 II 1950 r., k. 426–427.

Kripo; gdy przeszukali dom, znaleźli Chaimka: „odnaleźli ukrytego żydka, którego wyciągnęli z szafy i zaczęli go bić, po pobiciu zażądali sznórka i sznórkiem związali mu ręce w tył i pognali przed sobą". Wizyta policjantów z Kripo nie była dziełem przypadku. Dejnarowiczowa opowiadała przed sądem: „[Jeden z nich] krzyczał na mnie, że ja przetrzymuję żydków i że na mnie są już doniesienia dawno". Według świadectwa syna Stanisława, trójka agentów podzieliła się rolami: Edward Podgórniak ubezpieczał dom z zewnątrz, podczas gdy Józef Dominiak i Ryszard Cymerman dokonywali rewizji. Następnego dnia, 3 stycznia, tajniacy pojawili się powtórnie, tym razem w towarzystwie niemieckich żandarmów, którzy ciężko pobili gospodynię, po czym zaaresztowali jej męża i syna. Syn, cytowany wcześniej Stanisław, przeszedłszy przez kilka obozów koncentracyjnych, wrócił do domu po trzech latach. Lucjan Dejnarowicz zginął w Buchenwaldzie. Natomiast Edward Podgórniak uzasadnił najście na dom Dejnarowiczów podejrzeniami, że ukrywający się u nich Chaim Sandlaufer był odpowiedzialny za rozmaite kradzieże w sąsiedztwie[334].

W odróżnieniu od pracowników Gestapo czy SD, których współwina w zbrodni była oczywista, funkcjonariusze Kripo skutecznie bronili się po wojnie, szermując argumentem o „apolitycznym" charakterze zatrudniającej ich instytucji. Edward Podgórniak z Kripo w Węgrowie zeznawał:

> Policja kryminalna w czasie okupacji [...] miała za zadanie wykrywanie i zwalczanie przestępstw kryminalnych, tj. zabójstw, kradzieży i tym podobnych. Ponadto mieliśmy polecenie okazywać pomoc policji mundurowej. Przestępstwami politycznymi nie zajmowaliśmy się, gdyż mieliśmy zabronione to czynić, a zajmowało się tym gestapo. [...] W akcjach organizowanych specjalnie w celu wyłapywania osób narodowości żydowskiej policja kryminalna nie brała udziału. Ja osobiście brałem udział w trzech akcjach. Akcje te były jednak organizowane w celu wytępienia bandytyzmu. Każdego dnia poszczególne posterunki policji na gminach składały meldunki o napadach i orientując się z nich o nasileniu bandytyzmu w poszczególnych okolicach, żandarmeria niemiecka wspólnie z gestapo organizowała akcje. Zwykle otaczaliśmy las i przeszukiwaliśmy go. W tych akcjach policja kryminalna brała udział, gdyż zagadnienie bandytyzmu interesowało nas szczególnie[335].

---

334 *Ibidem*, Przesłuchanie Edwarda Podgórniaka, 20 II 1950 r., k. 424.

335 *Ibidem*, k. 422–423.

Powstaje wobec tego pytanie, do jakiego stopnia agenci Kripo działali na własną rękę, bez urzędowej sankcji. W Warszawie działanie bez niemieckiego upoważnienia było nieco bardziej skomplikowane niż na prowincji, gdzie niemiecka obecność o wiele mniej się zaznaczała. Widać to na licznych przykładach granatowych policjantów, widać to również w wypadku pracowników Polskiej Policji Kryminalnej. Wspomniany wcześniej sierżant Podgórniak z Kripo z Węgrowa, którego „szczególnie interesowało zagadnienie bandytyzmu", znalazł czas na to, aby wziąć udział w udanych polowaniach na ukrywających się w okolicy Żydów. Nie były to wyprawy zlecone przez Niemców, możemy nawet założyć, że w wielu wypadkach niemieccy oficerowie łącznikowi (urzędujący w Sokołowie) nic o łapaniu Żydów nie wiedzieli. Tymczasem w razie przekazania złapanego Żyda w ręce niemieckie pracownikom polskiego Kripo groziły poważne konsekwencje, gdyż niemające już nic do stracenia ofiary mogły poinformować żandarmów o rabunku, który zawsze towarzyszył zatrzymaniu. A rabowanie Żydów na własną rękę narażało na straty skarb Rzeszy (jak to wówczas określano) i było surowo przez Niemców karane. Nie ulega wątpliwości, że to właśnie chciwość i żądza „żydowskiego złota", czyli składowe części głęboko zakorzenionego antysemityzmu, stanowiły najsilniejszy motyw działań polskich policjantów. Żądza grabieży żydowskiego mienia dotykała w tym samym zresztą stopniu polskich funkcjonariuszy Kripo jak ich niemieckich kolegów

W kontekście działań skierowanych przeciwko ukrywającym się Żydom uparcie powraca zagadnienie obecności funkcjonariuszy PP w strukturach podziemia. Jednak na pytanie, do jakiego stopnia działalność ta była powiązana z aktywnością podziemia, łatwej odpowiedzi nie ma. W jakim momencie policjant stawał się konspiratorem, a w jakim żołnierz podziemia przeistaczał się znów w funkcjonariusza? Tytułem przykładu warto wspomnieć akcję żołnierzy akowskiego podziemia opisaną przez historyka ziemi węgrowskiej:

> 30 września 1943 r. do Bojmia przybyła uzbrojona 6-osobowa grupa. Obrabowali już kilku mieszkańców wsi. Zamożniejszym gospodarzom zaczęli zabierać pieniądze, ubrania, zapasy żywności; tych, którzy próbowali się bronić, pobili. Piotr Grochal i Władysław Królik, miejscowi policjanci i jednocześnie członkowie AK, powiadomili o tym placówkę akowską w Bojmiu, a ta natychmiast włączyła się do akcji przeciw bandytom. Gdy ci

spostrzegli biegnących uzbrojonych ludzi i policjantów w mundurach, pozostawili zrabowane rzeczy i zaczęli uciekać. Schronili się w pobliskiej stodole, skąd zaczęli strzelać. Na stodołę rzucono kilka pocisków zapalających. Stodoła spłonęła razem z bandytami[336].

Kłopot w tym, że opisana akcja nie miała wiele wspólnego z akcją „placówki akowskiej", lecz była zwykłą interwencją policyjną, do której doszło na skutek powiadomienia złożonego przez jednego z gospodarzy na posterunku PP w Bojmiu. Po otrzymaniu informacji, że w jednej ze stodół kryją się podejrzani ludzie, komendant Władysław Królik zarządził wymarsz. W operacji wzięło udział kilku funkcjonariuszy, w tym znani z wcześniejszych akcji posterunkowi Babulewicz, Sałek[337], Grochal oraz Iwanek[338]. Bandyci, którzy spłonęli żywcem w stodole, okazali się sowieckimi partyzantami bądź zbiegłymi jeńcami — co zresztą często szło w parze. Wszystko to skłania historyka do daleko idącej ostrożności. Powstaje pytanie, gdzie kończyło się działanie policji, a zaczynała samowola lub wręcz działalność konspiracyjna. Z tego względu nie zawsze można stwierdzić, czy mordy popełnianie na Żydach były działaniem na własną rękę, czy też wiązały się z wykonywaniem poleceń służbowych[339].

Wspólną klamrą spinającą wyżej opisane działania węgrowskiej Policji Polskiej GG jest prawie całkowita nieobecność Niemców. „Chrzest bojowy" w mordowaniu Żydów PP przeszła w lecie i na jesieni 1942 r. Wtedy, jak widać w wypadku Łochowa czy Węgrowa, nauk udzielali niemieccy żandarmi. Potem, w kolejnej fazie *Judenjagd*, polscy policjanci zaczęli wykazywać niespodziewaną — i z czasem rosnącą — autonomię zachowań. Granatowi nie tylko podejmowali działania bez niemieckiego zlecenia, lecz nawet

---

336 Wangrat, *Polska i powiat węgrowski...*, s. 79.

337 Władysław Sałek także działał w AK (Gozdawa-Gołębiowski, *Powiat węgrowski w latach okupacji niemieckiej...*, s. 364).

338 AIPN, GK 318/460, t. 1, k. 270–276.

339 Yisrael Gutman, Shmuel Krakowski, *Unequal Victims. Poles and Jews during World War Two*, New York: Holocaust Library, 1986, s. 216–220. O morderstwach dokonywanych przez oddziały AK na Żydach na oficjalne polecenie dowództwa zob. Jan Grabowski, *'I have only fulfilled my duties as a soldier of the Home Army.' Miechow AK and the killings of Jews in Redziny-Borek. A Case Study* [w:] *The Holocaust in Occupied Poland: New Findings...*, s. 115–131; zob. też: *„Chcę nadmienić, że nie byłem uświadomiony i wykonywałem zadanie jako żołnierz Armii Krajowej". O wymordowaniu ukrywających się pod Racławicami Żydów przez kompanię miechowskiej AK*, „Zagłada Żydów. Studia i Materiały" 2010, nr 6, s. 207–231.

nie informowali *post factum* o dokonanych aresztowaniach i egzekucjach. Po wojnie wielu węgrowskich policjantów zaczęło utrwalać nowy ustrój w szeregach Milicji Obywatelskiej. Antoni Iwanek zgłosił akces do MO już w wrześniu 1944 r. (zwolniono go dopiero trzy lata później), a policjanci Władysław Babulewicz oraz Władysław Sałek odnaleźli się w Służbie Śledczej MO[340].

340 AIPN, GK, 318/460, t. 1, Zaświadczenie Komendy Wojewódzkiej MO z czerwca 1947 r., k. 132, 138.

Polskie Państwo Podziemne a Żydzi w powiecie węgrowskim

Od 1942 r. teren powiatu węgrowskiego wszedł w skład obwodu Armii Krajowej o kryptonimie „Smoła". Obwód podzielony został na cztery ośrodki: I — Stoczek (placówki: Sadowne, Prostyń, Kamionna, Miedzna), dowodzony przez podporucznika Franciszka Andresa ps. „Janicki"; II — Grębków, podporucznik Jerzy Lipka ps. „Leszczyc" (Wyszków, Grębków, Bojmie, Wierzbno); III — Korytnica, podporucznik Lucjan Gołębiowski ps. „Stary" (Korytnica, Roguszyn, Żelazów); IV — Węgrów, podporucznik Karol Szymański ps. „Miedziński" (Węgrów, Ruchna, Starawieś)[341].

Jednym z dowódców AK na terenie Obwodu „Smoła" został Władysław Prażmowski ps. „Poraj". 7 listopada 1942 r. otrzymał awans na porucznika AK oraz mianowano go zastępcą komendanta Obwodu Węgrów AK[342]. W końcu stycznia 1953 r. Prażmowski został przesłuchany jako świadek przez organa MO. Podczas przesłuchania w obszernych zeznaniach były zastępca komendanta węgrowskiej AK zarysował dość wiernie rozwój konspiracji w swoim obwodzie[343].

Wśród wielu informacji, jakie można znaleźć w literaturze historycznej na temat styczności polskiego ruchu oporu na interesującym nas obszarze z tzw. sprawą żydowską, na czoło wysuwa się akcja „Treblinka". Historyk miejscowego ruchu oporu informuje o niej następująco: „najważniejszą akcją w sierpniu 1943 r. o aspekcie ogólnokrajowym była próba uwolnienia więźniów żydowskich z obozu zagłady w Treblince [...]; mimo trudności, myśl zniszczenia obozu powstała w Armii Krajowej wiosną 1943 r."[344]. Jak dalej wywodzi autor, już w końcu marca w komendzie Obwodu Sokołów zapadła decyzja o ataku na obóz zagłady. Wyznaczono nawet w tym celu pluton podporucznika Henryka Oleksiaka ps. „Wichura", który zapadł w lasach obok Treblinki, zerwał połączenia telefoniczne i czekał na umówiony

341 Wangrat, *Polska i powiat węgrowski...*, s. 50–52.

342 Więcej na temat Prażmowskiego, kawalera Virtuti Militari, zob. *ibidem*, s. 124–126.

343 AIPN, 0255/327, Protokół przesłuchania świadka Władysława Prażmowskiego, 24 I 1953 r., k. 100–103.

344 Gozdawa-Gołębiowski, *Powiat węgrowski w latach okupacji niemieckiej...*, s. 366–368.

sygnał. Niestety, w ostatniej chwili dowództwo odwołało rozkaz ataku, ale pluton „Wichury" i tak zdążył zaatakować wartownie obozu z broni palnej i „obrzucił granatami główną bramę". Niemcy odpowiedzieli z karabinów maszynowych i wymiana ognia trwała jakoby dobrych kilkanaście minut, po czym pluton podporucznika Oleksiaka wycofał się do domu. Ale to nie koniec; jak się okazuje, „2 sierpnia 1943 wszystkie trzy grupy oddziału partyzanckiego zajęły nakazane pozycje. Do godz. 16 panowała cisza. Dopiero po tym czasie w administracyjnej części obozu wybuchła strzelanina i dały się słyszeć detonacje granatów. Grupa «Kuleszy» przeto otworzyła ogień w wieżę obozu, a kilku żołnierzy nożycami przecięło druty kolczaste w parkanie. Zaskoczenie Niemców było duże [...]"[345]. Po otworzeniu żydowskim powstańcom drogi ucieczki przez druty oddziały AK ich osłaniały przed pościgiem nieprzyjaciela.

Opowieści te zasługiwałyby na naszą uwagę, gdyby było w nich choć trochę prawdy. Niestety, historia o oddziałach AK wspierających (czy też nawet wspólnie planujących!) powstanie w Treblince została wyssana z palca, czyli od początku do końca stanowi zwykłą konfabulację. W sokołowskim AK „na przełomie marca i kwietnia 1943" nikt nie podjął decyzji o ataku na Treblinkę i żaden pluton podporucznika Oleksiaka „Wichury" nie otworzył ognia i nie obrzucił granatami bramy obozu[346]. Nic takiego po prostu nie nastąpiło. Tak samo grupa „Kuleszy" z całą pewnością nie otworzyła ognia na wieże strażnicze obozu 2 sierpnia 1943 r.[347] Na temat powstania w obozie w Treblince historycy wiedzą wiele — zarówno ze źródeł niemieckich, jak i z relacji wielu uratowanych żydowskich powstańców. O powstaniu wiadomo dosyć, by między bajki włożyć opowieści o akcji „Treblinka".

Węgrowska konspiracja nie zaatakowała ani nie miała planów zaatakowania obozu zagłady w Treblince. Ani jeden pociąg śmierci zdążający do Treblinki nie został wykolejony, nikt też nie podjął się wysadzenia w powietrze samych torów kolejowych biegnących do Treblinki. Nie znaczy to jednak, że eksterminacja Żydów oraz obóz w Treblince pozostawały poza sferą zainteresowania węgrowskiego podziemia. Wręcz przeciwnie — wieści,

---

345 *Ibidem.*

346 Co ciekawe, w raportach Armii Krajowej z 1943 r. Oleksiak „Wichura" jest określany jako „przywódca bandy", a nie żołnierz AK: „W nocy z 18 na 19 X [19]43 r. banda Oleksiaka ps. «Wichura» dokonała napadu na mieszkanie Kreisauptmanna Gramssa w Sokołowie" (AAN, Delegatura Rządu na Kraj, 202-II-23, Raport sytuacyjny z listopada 1943 r., k. 80).

347 Podobne konfabulacje można znaleźć w artykule Władysława Prażmowskiego *Akcja Treblinka*, „Dzieje Najnowsze" 1969, nr 1, s. 167–182.

które dochodziły do dowództwa AK w Warszawie, przekazywała właśnie siatka informacyjna Obwodu „Smoła". A w informacji, czyli w Oddziale II, prym wiedli wcześniej wspomniani funkcjonariusze PP. W miejscowym wywiadzie i kontrwywiadzie AK działał m.in. Józef Dominiak, kierownik Policji Kryminalnej w Węgrowie, o którego zaangażowaniu w ukrywanie węgrowskich Żydów już wcześniej była mowa. Poza Dominiakiem w skład Referatu II wchodzili też Piotr Grochal, Władysław Królik i Edward Podgórniak. „Przekazywali oni informacje o transportach wojskowych na front wschodni i transportach Żydów do obozu zagłady w Treblince" — pisał historyk węgrowskiej konspiracji[348]. Czas się przyjrzeć wobec tego z bliska raportom lokalnych struktur AK przesyłanym do centrali, ze szczególnym uwzględnieniem informacji dotyczących Żydów ukrywających się na terenie sprawozdawczym Obwodu „Smoła".

Nie wszystkie raporty przesyłane z Węgrowa i Sokołowa do Warszawy się zachowały, nie wiadomo też, kto dokonywał selekcji raportów i filtrował informacje, które miały trafić do centrali[349]. Niemniej z tego obszaru zachowało się sporo materiałów pozwalających nam nieco lepiej zrozumieć politykę eksterminacyjną okupanta, przede wszystkim zaś stanowiących pomocne narzędzie analizy, jakie nastawienie przejawiała węgrowska konspiracja akowska wobec losu ginących Żydów. W przywoływanym już raporcie wywiadu AK z września 1943 r. stwierdzano, że o ile zamożni Żydzi zadbali o schronienie i czekają końca wojny tak samo jak Polacy, o tyle ukrywający się w lasach sprowadzają na miejscową ludność zagrożenie. „Urządzają napady rabunkowe, poza tym z reguły należą do komuny. Złapany przez żandarma «żyd leśny» prawie zawsze oskarża bogu ducha winnych mieszkańców z pobliskich osiedli. Jest to albo zemsta za nieotrzymanie pomocy, albo zasada: «ginę ja — giń i ty». Wypadki «sypania» przez żydów wieśniaków wystąpiły najjaskrawiej w sokołowskim, węgrowskim i grójeckim"[350]. Autor czy też autorzy tego raportu nie zaznajomili się najwyraźniej z meldunkiem z sierpnia tego roku, w którym w następujący sposób opisano akcję żandarmerii i policji granatowej z 14 lipca 1943 r.: „żandarmeria i policja granatowa otoczyła w gm. Wyszków: Wyszków, Proszew [Proszew leży na terenie gminy Grębków — J.G.] i Polaków. Spędzono mieszkańców

348 Wangrat, *Polska i powiat węgrowski...*, s. 57.

349 Zob. Libionka, *Polska konspiracja wobec eksterminacji Żydów w dystrykcie warszawskim*, s. 466–470.

350 AAN, AK, 203-X-68, Raport wywiadu AK z września 1943 r., k. 31.

w jedno miejsce, a potem prowadzono ich na rewizje. Tym razem chodziło o nieodstawienie kontyngentu mięsnego i jajczarskiego, a w wyniku rewizji zabrano gospodarzom 98 krów i 140 świń. Przy okazji złapano 2 Żydów; przed rozstrzelaniem przesłuchiwano ich, żądając wydania Polaków, którzy ich ukrywali. Żydzi nikogo nie wydali, a zaraz po przesłuchaniu zostali rozstrzelani"[351]. Równocześnie inny raport wywiadu AK, z lipca 1943 r., sygnalizował osłabienie akcji dywersyjnej na terenie powiatu węgrowskiego. Jedynym odnotowanym wydarzeniem było spalenie mleczarni w Sadownem 9 lipca[352]. Podsumowując „sprawy żydowskie" w powiecie Węgrów, wywiad donosił, że „spośród nielicznych ukrywających się na terenie powiatu żydów kilku w lipcu zatrzymano i rozstrzelano"[353]. Na obszarze sąsiedniego powiatu Mińsk Mazowiecki zastrzelono w tym samym czasie trzydziestu Żydów. W raporcie lipcowym można też znaleźć dość wyczerpującą informację o sytuacji w obozie Treblinka I oraz o wiele mniej pewne doniesienia na temat obozu zagłady Treblinka II[354].

Z lektury raportów wywiadu AK widać wyraźnie, jak odległa była „sprawa żydowska" od centrum uwagi polskiego podziemia. Jest ona mało istotna dla mieszkających w Węgrowie sprawozdawców i — jak można sądzić — równie mało istotna dla odbiorców w centrali. Sprawa wyniszczenia Żydów pozostaje zagadnieniem drugoplanowym w 1942 r. i prawie niewidocznym w roku następnym. Tym, co naprawdę interesuje podziemie, są mała i wielka dywersja, ataki na Niemców oraz akty odwetu okupanta. 23 lipca 1943 r. w pobliskim Mińsku zabito szefa miejscowego Kripo Schmidta. 27 maja 1943 r. w Sokołowie przeprowadzono z kolei nieudany zamach na znienawidzonego kreishauptmanna Ernsta Gramssa, w którego wyniku doszło do fali represji na terenie powiatu Sokołów-Węgrów[355]. To te wydarzenia przykuwały uwagę sprawozdawców. W raporcie sytuacyjnym za sierpień 1943 r. jeśli już Żydzi się pojawiają, to głównie jako problem, który trzeba rozwiązać. Na terenie powiatu „ukrywają się w lasach młodzi żydzi, tworząc niewielkie grupy. W 90% jest to element komunistyczny. Napadają oni na okoliczne wsie i wykradają żywność" — czytamy w raporcie[356]. Czy wspomniani

351 AAN, Delegatura Rządu na Kraj, 202-II-23, Raport wywiadu AK z sierpnia 1943 r., k. 5.

352 *Ibidem*, Folwark VII, Namiot, Sprawozdanie sytuacyjne, 1–31 VII 1943 r., k. 2.

353 *Ibidem*, k. 4.

354 *Ibidem*, k. 9.

355 *Ibidem*, k. 24.

356 *Ibidem*, k. 22.

„skomunizowani" młodzi Żydzi ukrywający się między Sokołowem i Węgrowem to uciekinierzy z powstania w Treblince? Trudno powiedzieć. W tym samym czasie wywiad donosił też, że „młodzi żydzi dokonywują napadów na ludność polską. W czasie napadów są oni bezwzględni i w sposób sadystyczny znęcają się nad ludnością"[357]. Również w sierpniu powrócił wcześniej omawiany problem „żydowskiej zdrady". Raportowano z Sokołowa, że „niewielka ilość bogatych żydów ukrywa się u gospodarzy. W wypadku odmowy dalszego ich przetrzymywania denuncjują ich przed okupantem, który rozstrzeliwuje i Żydów, i Polaków, którzy udzielają żydom schronienia"[358]. W raporcie w września 1943 r. wywiad AK szacował, że na obszarze sprawozdawczym (powiaty Garwolin, Łowicz, Radzymin, Mińsk, Sokołów i Węgrów) Niemcy co miesiąc wyłapują około dwustu Żydów i na miejscu ich rozstrzeliwują. Informację tę opatrzono jednak następującą uwagą wartościującą: „spora ilość młodych żydów przystała do band komunistycznych lub band rabujących"[359]. W podobnym duchu był utrzymany raport z września 1943 r. Omówiwszy doniesienia o stopniowej likwidacji obozu zagłady w Treblince, autorzy ponownie skupili się na wyłapywanych Żydach, wydających swoich gospodarzy w ręce niemieckie: „W areszcie w Węgrowie jest osadzony żyd, schwytany na terenie gm. Łochów, który wydał już 8 osób. Ludzi ci prawdopodobnie są już rozstrzelani. Żyd ma być wypuszczony na wolność i służyć jako konfident żandarmerii"[360].

Równolegle pojawiła się kwestia uciekinierów z Treblinki — tym razem nie ma wątpliwości, że o nich właśnie chodziło informatorom z AK. Co ciekawe, na pierwszy plan wysunęła się sprawa „żydowskiego złota" mającego się znajdować w posiadaniu żydowskich powstańców: „Żydzi w dalszym ciągu są wyłapywani w terenie przez okupanta i likwidowani. W powiatach wschodnich Okręgu ukrywa się przeciętnie po kilkudziesięciu żydów w powiecie. Na terenie powiatu sokołowskiego ukrywa się jeszcze w lasach Sterdyńskich około 300 żydów zbiegłych z Treblinki. Posiadają oni znaczne ilości złota, wyniesione ze sobą w czasie ucieczki z obozu"[361]. W raporcie z października kwestia złota z Treblinki powraca kolejny raz:

357 *Ibidem*, k. 16 (część ogólna).

358 *Ibidem*.

359 AAN, Delegatura Rządu na Kraj, 202-II-23, Sprawozdanie sytuacyjne, 1–30 IX 1943 r., k. 37.

360 *Ibidem*, k. 53.

361 AAN, Delegatura Rządu na Kraj, 202-II-23, Sprawozdanie sytuacyjne, 1–31 X 1943 r., k. 56.

„pow. węgrowski: w październiku okupant złapał na terenie powiatu i rozstrzelał 31 żydów. Pow. sokołowski — w lasach ukrywa się większa grupka żydów, około 300 osób, zbiegłych z Treblinki. Mają znaczną ilość złota"[362] Jest raczej nieprawdopodobne, aby w październiku liczniejsze grupy uciekinierów z Treblinki nadal przebywały w miejscowych lasach, ale notatka świadczy o tym, jak bardzo plotki o żydowskim złocie rozpaliły wyobraźnię miejscowej ludności, w tym informatorów AK. W raportach z listopada nie ma już co prawda mowy o złocie z Treblinki, lecz wspomina się, że „żydowskie niedobitki ukrywają się po lasach lub się komunizują w bandach GL"[363]. W doniesieniach z Węgrowa i Sokołowa dominują wtedy sprawy sabotażu, likwidacji konfidentów (w samym Węgrowie w październiku i listopadzie zastrzelono ich czterech); omówiono ponadto kolejną (również nieudaną) próbę zamachu na Gramssa oraz towarzyszące jej represje okupanta. Warto odnotować, że temat Treblinki raz jeszcze powraca w raportach AK w czerwcu 1944 r. Chodziło wówczas o nadal istniejący obóz pracy Treblinka I: „W Treblince funkcje lekarzy, kucharzy, praczy spełniają żydzi. Są oni dobrze odżywiani dzięki machinacjom z pilnującymi ich Ukraińcami. Polacy są znacznie gorzej sytuowani"[364]. Jeżeli ten passus porównamy z relacjami nielicznych ocalałych żydowskich więźniów Treblinki I, to wymowa i ton raportu stają się jednoznaczne.

---

362 *Ibidem*, k. 74, sekcja „mniejszości narodowe".

363 AAN, Delegatura Rządu na Kraj, 202-II-23, Raport wywiadu AK z listopada 1943 r., s. 77 i 93, sekcja „mniejszości narodowe".

364 AAN, Delegatura Rządu na Kraj, 202-II-41, Raport wywiadu AK z czerwca 1944 r., k. 28.

Jeńcy sowieccy, czyli „rosyjscy niewolnicy"

Zbiegli jeńcy sowieccy — często określani przez ludzi miejscowych jako „rosyjscy niewolnicy" — to temat wychodzący nieco poza zasięg tego studium. Niekiedy jednak losy zbiegłych jeńców splatały się z losami ukrywających się Żydów. Niekiedy też działania chłopskich nocnych wart i policji granatowej mające na celu schwytanie jeńców kończyły się śmiercią Żydów. Na terenie powiatu węgrowskiego do poważniejszych działań partyzanckich doszło dopiero w 1944 r. W odróżnieniu od pobliskiego powiatu wyszkowskiego, gdzie spore kompleksy leśne ułatwiały operowanie większych oddziałów, odnośnie do węgrowskiego można raczej mówić o mniejszych grupkach zbrojnych, które rozformowywały się po każdej akcji i zbierały ponownie na polecenie dowództwa. Podobnie rzecz się miała ze zorganizowaną partyzantką sowiecką — w tym wypadku można mówić o grupkach zbiegłych jeńców, którzy przechowywali się — podobnie jak Żydzi — po lasach. Ich obecność odnotowali Szraga Fajwel Bielawski i Romek Międzyrzecki. Nie były to jednak zapiski poświadczające jakąkolwiek współpracę i pomoc, wręcz przeciwnie. 11 stycznia 1943 r. Międzyrzecki zapisał w swoim dzienniku: „Rano przyszedł gość i musieliśmy się ukryć w naszym schowku. Był to Rosjanin Mikołaj. Wszyscy się go bali, bo zawsze nosił przy sobie broń i wszystkich rabował. Przede wszystkim zabijał Żydów i zabierał im wszystko, co mieli"[365]. Podobne lęki i obawy wyrażał w swoich wspomnieniach Bielawski.

Sowieccy jeńcy mogli polować na bezbronnych Żydów, lecz niekiedy sami padali ofiarą polowań prowadzonych przez Polaków „chodzących za Żydami i za Ruskimi", jak to nazywali miejscowi ludzie. Jednym z polujących był Franciszek Laskowski, dowódca oddziału NSZ, który w 1943 r. zabił kilku zbiegłych jeńców sowieckich w pobliżu wsi Nojszew i Pniewnik. Podczas śledztwa próbował przemycić gryps do żony, ale przechwyciła go straż więzienna. Gryps zachował się w aktach[366]:

---

365 AYV, O.33/4905, Dziennik Romka Międzyrzeckiego. Autor ukrywał się pod Węgrowem.

366 AIPN, GK 318/691, Gryps Franciszka Laskowskiego, k. 384.

Kochana Irenko, proszę Cię, żebyś załatwiła mnie bardzo pilną sprawę: daj znać Marianowi zaraz, żeby Klimek pojechał na wieś, Irenko, sądzę, że utrzymasz w tajemnicy wszystko, o co ciebie błagam. Irenko, zaraz jak przeczytasz, to natychmiast Klimek niech jedzie do Mariana, żeby wykopali dokładnie tych trzech ruskich, oni leżą w dwóch dołach, Marian wie dokładnie gdzie, niech robią to w nocy, że[by] nikt nie widział. Irenko, tylko dokładnie, żeby nic nie pozostało kości i włosów i żeby dzieci nie widzieli. [...] jak wyjmą wszystko, to niech Marian zakopie pod gnój w oborze [...], a na wiosnę wykopie i zakopie dokładnie, Irenko, tylko [...] żeby nie było poruty i później niech dokładnie ubiją, wodą niech polewają i ubijają, żeby nie było śladu[367].

Choć w tym wypadku wśród ofiar nie było Żydów, to w aktach sądów grodzkich oraz w powojennych rejestrach zbrodni śladów takich jest więcej. Na przykład w styczniu 1943 r. w lasach koło Sadownego na rozkaz starosty Gramssa przeprowadzono ekspedycję karną, której ofiarą padło około trzystu Żydów oraz „kilku niewolników sowieckich". Do mordów Żydów oraz jeńców sowieckich doszło również koło wsi Płatkownica (gm. Sadowne) oraz Koszewnica (gm. Borze)[368]. Trudno dziś stwierdzić, czy schwytani i zabici Żydzi przebywali w towarzystwie zbiegłych jeńców sowieckich, czy po prostu ukrywali się w tej samej okolicy.

---

367 *Ibidem*, Ekspertyza grafologiczna grypsu, 8 I 1960 r., k. 384–387.

368 AIPN Oddział w Lublinie, 336/2; *Rejestr miejsc i faktów zbrodni...* (Siedleckie).

Ratujący Żydów

Temat ratowania Żydów przez Polaków przewijał się wielokrotnie na łamach tego studium. Na pewno nie powinno się opisywać zjawiska ratowania w oderwaniu od innych form interakcji między Polakami i Żydami. Tak się jednak składa, że w polskiej historiografii tematyka ratowania Żydów żyje swoim własnym życiem, co mniej ma wspólnego z metodologią historii, a więcej z wymogami polskiej polityki historycznej[369]. Studia poświęcone pomocy i ratowaniu poruszają te kwestie najczęściej w oderwaniu od tragicznych realiów okupacyjnej codzienności, czego najbardziej jaskrawym przykładem jest wystawa stała w nowo otwartym Muzeum Polaków Ratujących Żydów podczas II Wojny Światowej im. Rodziny Ulmów w Markowej[370].

Tematyce ratowania Żydow przez Polaków na terenie powiatu węgrowskiego poświęcono dwie monografie; powstało też sporo artykuły, przeważnie o charakterze wspominkarsko-hagiograficznym[371]. Jedna ze wspomnianych monografii może wręcz służyć za przykład tego, jak o historii ratowania nie powinno się pisać[372]. Wobec namnażania się książek i artykułów poświęconych Polakom ratującym Żydów na badanym obszarze warto jednak poważyć się na pewne ustalenia i podsumowania, których w literaturze laudacyjno-wspominkarskiej raczej nie znajdziemy. Zacząć należy od dość oczywistej konstatacji, że dokumenty zgromadzone w sekcji Sprawiedliwych jerozolimskiego archiwum Yad Vashem mają na celu uzyskanie

369 Wnikliwe opracowanie dotyczące tematyki ratowania Żydów podczas wojny w polskim piśmiennictwie historycznym wyszło spod pióra Dariusza Libionki (*idem*, *Polskie piśmiennictwo na temat zorganizowanej i indywidualnej pomocy Żydom (1945–2008)*, „Zagłada Żydów. Studia i Materiały" 2008, nr 4, s. 17–79).

370 Jan Grabowski, Dariusz Libionka, *Bezdroża polityki historycznej. Wokół Markowej, czyli o czym nie mówi Muzeum Polaków Ratujących Żydów podczas II Wojny Światowej im. Rodziny Ulmów*, „Zagłada Żydów. Studia i Materiały" 2016, nr 12, s. 619–642.

371 Niesieniu pomocy Żydom w Węgrowie i w okolicy poświęcone są dwie książki: Piórkowska, *Sprawiedliwi i ocaleni...*; Edward Kopówka, Paweł Rytel-Andrianik, *Dam im imię na wieki. Polacy z okolic Treblinki ratujący Żydów*, Warszawa: Wydawnictwo Sióstr Loretanek, 2011.

372 Miażdżącą recenzję tomu Edwarda Kopówki i Pawła Rytla-Andrianika pióra Dariusza Libionki pt. *Uwagi o ratowaniu Żydów w „okolicach Treblinki"* można znaleźć w dziale „Curiosa" rocznika „Zagłada Żydów. Studia i Materiały"(2013, nr 9, s. 687–696).

zaszczytnego odznaczenia dla zgłaszanych kandydatów. Nie należy więc szukać w nich niczego, co w jakikolwiek sposób rzucałoby cień na wojenne relacje między ratowanymi i ratującym. Historię jednak rzadko można odmalować wyłącznie w kolorze białym i czarnym, gdyż najczęściej dominują inne barwy. W wypadku niektórych ratujących (i uwaga ta dotyczy wszystkich miejscowości) wystarczy sięgnąć do źródeł bliższych wydarzeniom, żeby poznać odmienne rozłożenie akcentów wojennej opowieści[373]. Zazwyczaj chodzi o kwestię wynagradzania ratujących — jednym z kryteriów oceny kandydatów jest bezinteresowny charakter niesionej przez nich pomocy. Żydzi występujący o odznaczenie wiele lat po wojnie z oczywistych przyczyn nie wspomną przecież o wyzysku, jaki towarzyszył im w ukryciu. W odniesieniu do węgrowskich ratujących można zestawić choćby wcześniej cytowany współczesny wydarzeniom dziennik Romka Międzyrzeckiego z dokumentami zgromadzonymi w teczce w Yad Vashem.

Czytelnicy wychowani na książkach o polskich Sprawiedliwych pisanych „dla pokrzepienia serc" mogą powziąć mylne przekonanie, że ratowanie Żydów stanowiło w polskim społeczeństwie normę. Nic bardziej błędnego — doświadczeniem Żydów szukających ratunku było w olbrzymiej większości przypadków doświadczenie zdrady i śmierci. W często przywoływanych wspomnieniach Bielawskiego uderzające jest to, że w oczach autora główna wina za żydowskie męczeństwo i śmierć nie jest przypisywana Niemcom, lecz właśnie Polakom. W stosunku do Niemców autor nie miał żadnych złudzeń: byli to mordercy, którzy — zgodnie ze swoją naturą — mordowali. Ale w oczach Bielawskiego Niemcy po likwidacji getta, w czasie ukrywania się istnieli gdzieś na horyzoncie postrzegania, jako złowroga, ale mimo wszystko dość odległa siła. Natomiast codzienne zagrożenie pojawiało się w postaci polskiego sąsiada donosiciela, sąsiada mordercy czy sąsiada rabusia. Poczucie zdrady ze strony kogoś, od kogo spodziewaliśmy się pomocy lub przynajmniej obojętności, musiało boleć najbardziej. Jak słusznie zauważył Jan Tomasz Gross, „śmierć zadawana przez osoby znajome wywołuje szczególne cierpienie [...] ze względu na doświadczany akt zdrady, którego równocześnie pada się ofiarą. I wiele też wskazuje na to, że – bez żadnej przenośni – śmierć z rąk sąsiadów musiała być po prostu bardzo bolesna"[374].

373 Jacek Leociak, *Ratowanie. Opowieści Polaków i Żydów*, Kraków: Wydawnictwo Literackie, 2010; Marian Berland, *Dni długie jak wieki*, Warszawa: NOW-a, 1991.

374 Gross, Grudzińska-Gross, *Złote żniwa...*, s. 107.

Dom Korczaków w Zającu, lato 2014 r. (fot. Jan Grabowski)

Dla koczujących po lasach i poukrywanych w stodołach Żydów zbawcami, ale i katami byli ich polscy sąsiedzi, od których nastawienia i humoru zależało wówczas to, kto żył, a kto ginął. We wspomnieniach Bielawskiego wśród wielu Polaków zdrajców i Polaków morderców można się natknąć tylko na jednego sprawiedliwego Polaka, który zdecydował się nieść bezinteresowną pomoc tropionym Żydom. Był nim niejaki Korczak, biedny chłop z Zająca, wsi położonej kilka kilometrów na południe od Węgrowa, koło Jarnic. Dla szukającego ratunku Bielawskiego zachowanie Korczaka było tak zdumiewające, że zapisał:

> Czy to wszystko było snem? Czy Korczak był aniołem pod postacią mężczyzny? Nie mogliśmy tego zrozumieć. Może wiedział, że wojna niedługo się skończy i wykalkulował sobie, że warto być dla nas miłym. W każdym razie nikt nas dotąd tak nie traktował i nie widzieliśmy w tym sensu. Później pojawiła się odpowiedź. Istnieją Polacy, którzy nie są obojętni, postępują odważnie, jak szlachetni, czujący, przyzwoici ludzie. Nie wszyscy odwrócili się do Żydów plecami[375].

Konstatacja Bielawskiego nie jest odosobniona: czytając relacje polskich Żydów ocalałych z Zagłady, raz po raz natrafiamy na podobne opisy, będące wyrazem piekącej goryczy spowodowanej powszechną wrogością, z jaką spotykali się na co dzień. Chil Kirszenbaum, ukrywający się w niezbyt odległym od Węgrowa Mińsku Mazowieckim, w tych słowach podsumował swoje przeżycia: „chciałbym tę część opisów zakończyć jakimś pozytywnym

375 Bielawski, *Ostatni Żyd z Węgrowa...*, s. 229.

czynem Polaków wobec Żydów. Obracam dzienniki oraz późniejsze notatki, żeby coś znaleźć, ale niestety niczego nie znajduję. Chyba ja nie miałem szczęścia do takich informacji"[376]. Na podobne stwierdzenia natykamy się, słuchając wcześniej cytowanych wywiadów z Żydami ocalałymi w okolicy Węgrowa, zarejestrowanych w Archiwum Historii Wizualnej Spielberga. Dominują w nich głęboka wdzięczność dla nielicznych Polaków, którzy odważyli się (wbrew nastawieniu własnych sąsiadów) nieść pomoc, oraz głębokie rozgoryczenie, czasem nienawiść, w stosunku do tych, którzy swoimi działaniami przyczynili się do zguby żydowskich rozbitków.

Patrząc na zagadnienie ratowania Żydów z perspektywy bardziej ogólnej, można założyć, że o szansach przeżycia ukrywanych Żydów decydowały nie tyle pomoc sąsiadów, ile po prostu brak wykazywanej złej woli. Niestety, nawet osławiona „obojętność", która miała rzekomo charakteryzować postawę polskiego społeczeństwa wobec ginących Żydów w czasach Zagłady — była stanem pożądanym, lecz na pewno nie stanowiła społecznej normy. Jak słusznie zauważyła Elżbieta Janicka, „wbrew powszechnemu przekonaniu głównym problemem związanym z polskim nastawieniem do Żydów nie był wcale brak pomocy. Nie były też nią obojętność ani bierność. Problem polegał na tym, że Polacy rozpoznawali Żydów, wyszczuwali ich z kryjówek, rabowali, donosili na nich, częstokroć wydawali ich w ręce Niemców, a niejednokrotnie — mordowali. Paradoksalnie, gdyby Polacy byli w większości bierni i obojętni, to większość — a nie znikoma mniejszość — Żydów szukających ratunku przed Niemcami po tzw. aryjskiej stronie zdołałaby ocaleć"[377].

Ten „brak obojętności" można prześledzić na przykładzie trzymiesięcznej Tołpy Szemberg, którą pędzona na śmierć matka porzuciła na ulicy w czasie likwidacji węgrowskiego getta: „Było to we wrześniu 1942 r.

---

376 AYV, O.3/842, Chil Kirszenbaum, „Bezkarny mord na Żydach w Mińsku Mazowieckim", s. 166.

377 Elżbieta Janicka, *The Square of Polish Innocence: POLIN Museum of the History of Polish Jews in Warsaw and its symbolic topography*, „East European Jewish Affairs" 2015, t. 45, nr 2/3, s. 210 („Contrary to dominant assumptions, the main problem with the dominant Polish attitude towards Jews was not a lack of help. Nor was it passivity or indifference. It was the fact that it was a common occurrence for Poles to identify Jews, expel them from subsequent hideouts, rob them, denounce them, often hand them over to the Germans, and in many cases murder them. Paradoxically, if the Poles had been mostly indifferent and passive, the majority — not a tiny minority — of Jews seeking refuge from the Germans on the so-called Aryan side would have survived").

Leżałam w beciku trzy dni i trzy noce i nikt nie chciał mnie podjąć. Ludzie się bali. Tylko niemiecki żandarm przynosił mi w butelce mleko. Tłumaczył się ludziom, że wie, że to jest żydowskie dziecko, ale nie może mnie zabić, bo w domu ma takie samo"[378]. Czwartego dnia nad niemowlęciem zlitowali się sprawiedliwi obywatele Węgrowa Marianna i Andrzej Ruszkowscy, którzy zabrali dziewczynkę do domu. Nie była to łatwa decyzja, bo w oczach sąsiadów tego rodzaju postępowanie wzbudziło sprzeciw: „mówili, niech pani Ruszkowska wie, jak się tłumaczyć, bo zaraz do Ruszkowskiej Niemcy przyjdą [...]"[379].

Podobnego „braku obojętności" doświadczyli małżonkowie Ewelina i Andrzej Koniarscy z Popielowa (tuż koło Węgrowa), którzy podczas wojny trudnili się głównie szmuglem żywności do Warszawy[380]. 18 listopada 1943 r. Koniarscy dowiedzieli się, że koło jednej z chałup na skraju wioski podrzucono niemowlę. Koniarscy, którzy kilka miesięcy wcześniej stracili syna, przygarnęli niemowlę, nie zważając na ostrzeżenia, że jest to dziecko żydowskie. Według relacji złożonej przez panią Koniarską po wojnie w ŻIH, podrzucony chłopczyk był noworodkiem, mógł mieć zaledwie dzień lub dwa. O rodzicach dziecka mieszkańcy nic nie wiedzieli poza tym, że „matka miała na imię Mędel", co jednak brzmi mało prawdopodobnie[381]. Cała wioska wiedziała, że dziecko przygarnięte przez Koniarskich to dziecko żydowskie: „dla nas było obojentne pochodzenie dziecka, gdyż czem Wiesio był większy, tem więcej kochaliśmy Wiesia" — pisała po wojnie Ewelina Koniarska. Radość z dziecka nie trwała długo, gdyż niebawem „oskarżyli nas chłopi do organizacji Todt [?], którzy wspólnie pracowali z Niemcami, że my przetrzymujemy dziecko żydowskie". Mimo chrztu (Koniarscy nadali dziecku imię Wiesław) zaczęły się szantaże, których parokrotnie — i skutecznie — dopuszczali się uzbrojeni mężczyźni[382]. Jak widać, obojętność nawet w stosunku do ratowanego żydowskiego dziecka była stanem tyleż pożądanym, ile trudnym do osiągnięcia.

---

378 Hanna Krall, Wspomnienia Zofii Ruszkowskiej-Żochowskiej spisane na spotkaniu Hidden Children, Nowy Jork, 25 V 1991 r., cyt. za: Piórkowska, *Sprawiedliwi i ocaleni...*, s. 58.

379 *Ibidem.*

380 AŻIH, 301/5180, Relacja Eweliny Koniarskiej.

381 „Najpierw mówiono, że jest to dziecko ze wsi Górki, a później że z Węgrowa, że matka jego miała nazwisko z ojca Mędel. Pewniejsze to drugie, gdyż to panią Mędlównę widywali ludzie w ciąży i Wiesia matka na pewno przechowywała się w tej wsi, u którego chłopa, i urodziła dziecko, a jak wiadomo, z dzieckiem trudno się było ukrywać" (*ibidem*).

382 Państwo Koniarscy zostali odznaczeni medalem Sprawiedliwych w 1990 r.

Jak wynika z analizy danych zgromadzonych w toku kwerendy, na terenie powiatu węgrowskiego przeżyło wojnę 68 Żydów, z czego 42 dotrwało do wyzwolenia dzięki pomocy udzielanej przez ludzi, którzy robili to przeważnie z pobudek altruistycznych i którzy zostali potem odznaczeni medalami Sprawiedliwych. Medale otrzymały 52 osoby dokonujące aktów ratowania w 18 różnych miejscach[383]. Gdyby w obliczeniach uwzględnić piętnastu Żydów, którzy zginęli, ukrywając się u ludzi odznaczonych później medalem Yad Vashem, można by dostrzec, że na jednego ratującego przypadał zazwyczaj jeden czy dwóch ratowanych. Pokrywa się to z wynikami badań prowadzonych swego czasu przez Zuzannę Schnepf-Kołacz, która na podstawie danych zgromadzonych przez Yad Vashem w odniesieniu do 1264 Polaków zauważyła: „W analizowanych przypadkach ratowanych było 1571 Żydów, co oznacza, że średnio 10 Sprawiedliwych pomagało 12 Żydom. Obliczenia te mogą wydawać się absurdalne, są jednak o tyle ważne, że podają w wątpliwość koncepcje niektórych badaczy i publicystów, według których by uratować jednego Żyda, potrzeba było wielu Polaków (na 1 ocalałego przypadać miało nawet 10 Polaków); bądź na odwrót — zdecydowanie mniej było pomagających niż osób przyjmujących pomoc, gdyż jeden Polak mógł mieć wielu podopiecznych"[384]. Statystyki pokazują, że przynajmniej na terenach wiejskich proporcje między liczbą ratujących a ratowanych były stosunkowo wyrównane. Natomiast jeżeli chodzi o multiplikowanie liczby polskich Sprawiedliwych (ostatnio prawicowi publicyści i historycy mówią już wręcz o „milionach" (!) Sprawiedliwych), to literatura na ten temat jest bogata, a liczba tytułów coraz bardziej oderwanych od realiów historycznych stale wzrasta.

Czy można powiedzieć coś konkretnego na temat ratujących? Czy mamy dane, by poważyć się na dalej idące uogólnienia? Na podstawie zgromadzonych materiałów można jedynie zaryzykować twierdzenie, że pozycja społeczna ratujących lokowała się zazwyczaj na marginesie (w sensie majątkowym lub zawodowym) lokalnej wspólnoty. Zazwyczaj byli to ludzie biedni lub bardzo biedni oraz — co mogło się wiązać z ich sytuacją społeczną

---

383 Kopówka, Rytel-Andrianik, *Dam im imię na wieki...*, s. 445.

384 Zuzanna Schnepf-Kołacz, *Pomoc Polaków dla Żydów na wsi w czasie okupacji niemieckiej. Próba opisu na przykładzie Sprawiedliwych wśród Narodów Świata* [w:] *Zarys krajobrazu. Wieś polska wobec zagłady Żydów 1942–1945*, red. Barbara Engelking, Jan Grabowski, Warszawa: Stowarzyszenie Centrum Badań nad Zagładą Żydów, 2011, s. 220.

i ekonomiczną — mieszkali na skraju wsi. Zjawisko „chaty na skraju wsi", znane z literatury wspomnieniowej i relacji żydowskich, znajduje odbicie w dokumentach sądowych. „Chata na skraju wsi" była więc najczęściej miejscem przechowywania Żydów, a zarazem najczęstszych przeszukań ze strony policji i zatroskanych sąsiadów. Równie trudno rozdzielić ratujących na tych, którzy czynili to dla zysku, od tych, którzy angażowali się z pobudek altruistycznych. Zazwyczaj widać bowiem przemieszanie obu motywów; jedna i ta sama osoba ukrywała Żydów za pieniądze, a w miarę upływu czasu i wyczerpywania się zasobów finansowych gości chęć zarobku ustępowała miejsca szlachetniejszym pobudkom. Bywało też odwrotnie: darmowa gościna i azyl zmieniały się w różne formy wyzysku i przemocy[385]. Ratujących można było spotkać w najbardziej niespodziewanych miejscach, tak jak w wypadku „litościwego" żandarma z Węgrowa, żywiącego porzucone na ulicy żydowskie dziecko, czy też wśród kolonistów niemieckich pod Sadownem[386].

Pomoc dla Żydów wyrażać się mogła nie tylko w bezpośredniej i długotrwałej gościnie. Niektórzy ratujący, bojąc się konsekwencji przechowywania Żydów pod własnym dachem, dawali im lub sprzedawali żywność. Przynajmniej troje Sprawiedliwych z okolic Węgrowa przypłaciło tę formę pomocy życiem[387]. Inną formą pomocy było wystawianie Żydom fałszywych papierów. Jednym z ludzi zaangażowanych w tego typu działalność był Zdzisław Bucholc, pracownik węgrowskiego Urzędu Pracy, do którego w 1942 r. zgłosiło się trzech Frydmanów, właścicieli młyna w Węgrowie[388].

---

385 *Szczęście posiadać dom pod ziemią... Losy kobiet ocalałych z Zagłady w okolicach Dąbrowy Tarnowskiej*, oprac. Jan Grabowski, Warszawa: Stowarzyszenie Centrum Badań nad Zagładą Żydów, 2016, s. 19.

386 AYV, O.33/4010, Wspomnienia Edouarda Ratkego z Sadownego. W Węgrowie i w okolicach, zwłaszcza w okolicy Sadownego, od połowy XIX w. istniała spora kolonia niemiecka. W czasie wojny wielu niemieckich kolonistów przyjęło volkslistę; inni wstąpili do Sonderdienst i stali się ważnym czynnikiem kontroli nad Polakami i Żydami. Niektórzy jednak z narażeniem własnego życia włączyli się w akcję ratowania Żydów. Do nich należała rodzina Edouarda Ratkego z Sadownego, która latem 1942 r. przyjęła pod swój dach dwie ranne Żydówki z małym dzieckiem.

387 Piekarz Leon Lubkiewicz z Sadownego sprzedał dwóm ukrywającym się Żydówkom chleb. Obie Żydówki (o nazwisku Czapkiewicz) zostały wraz z chlebem schwytane przez żandarmów i je rozstrzelano. Żandarmi oskarżyli później piekarza Lubkiewicza o nielegalną sprzedaż i rozstrzelali go z żoną Marianną i synem Stefanem. Lubkiewiczowie pośmiertnie zostali odznaczeni medalem Sprawiedliwych.

388 AŻIH, 301/3387, Relacja Zdzisława Bucholca z 19 V 1947 r.

Frydmanowie prosili o wystawienie tzw. meldekart, czyli skierowań do pracy. Skierowania te w połączeniu z aryjską kenkartą[389] umożliwiały Żydom legalne opuszczenie miejsca zamieszkania, wykupienie biletów kolejowych i zameldowanie się gdzie indziej. Starania Frydmanów przerwała akcja likwidacyjna w getcie, ale udało im się na czas uciec z miasta i ukryć w gminie Miedzna. Stamtąd za pośrednictwem „kobiety wiejskiej" poprosili Bucholca o wystawienie potrzebnych im dokumentów. Bucholc nie tylko wystawił im żądane dokumenty (skierowania opiewały na pracę we Lwowie), lecz po pewnym czasie — na żądanie lwowskiego Arbeitsamtu — potwierdził także wiarygodność wcześniej wydanych meldekart.

389 Jeden z Frydmanów miał aryjskie papiery na nazwisko Jakub Kopka.

Po wyzwoleniu

Węgrów został wyzwolony 9 sierpnia 1944 r. przez oddziały 28 Armii 1 Frontu Białoruskiego. W ciągu kolejnych trzech dni Niemcy zostali wypchnięci z terenu całego powiatu. Choć na południe i na zachód od Węgrowa doszło do ciężkich walk, to sam Węgrów został oszczędzony[390]. Powoli też zaczęli wracać do swoich domów ukrywający się w najbliższej okolicy Żydzi. Były to bardzo trudne powroty. Jako jeden z pierwszych zjawił się w mieście wielokrotnie już cytowany Szraga Fajwel Bielawski i natychmiast odnotował wrogą, napiętą atmosferę, jaka towarzyszyła nielicznym Żydom wracającym do Węgrowa po wyzwoleniu. Rachunek krzywd był długi i wielu Polaków nie paliło się do tego, by stanąć twarzą w twarz z ludźmi, których podczas wojny skrzywdzili, o których krzywdzie wiedzieli lub też na tej krzydzie skorzystali. Co smutne, na spotkanie z Żydami nie mieli również najmniejszej ochoty ci, którzy ich podczas wojny ratowali. Pisał Bielawski:

> Po śniadaniu Mosze i ja przeszliśmy przez ulicę na rynek [w Węgrowie]. Znów zobaczyliśmy Polaków, którzy stali w pewnej odległości od nas i gapili się z niedowierzaniem. Dobrze nas znali, ale nie mieli w sobie tyle przyzwoitości, żeby podejść i zapytać, jak się mamy lub czy czegoś nie potrzebujemy. Zauważyłem Pierkowskiego, tego, który u siebie w stodole ukrywał Menuchę, po tym jak została postrzelona. Przechowywał też część naszych wartościowych rzeczy. Stał tam, silny i wysoki. Na jego widok byłem tak przejęty, że podbiegłem do niego, chwyciłem go za rękę i pochyliłem się, żeby ją pocałować. Odepchnął mnie zdecydowanym ruchem. Podniosłem głowę, żeby sprawdzić, co się stało. Zobaczyłem Polaków, którzy stali i przyglądali się nam. Zrozumiałem. Pierkowski musiał mnie odepchnąć, bo wstyd mu było przed nimi, że Żyd się do niego zbliża. Odszedłem ze spuszczoną głową i wróciłem do domu[391].

---

390 *Węgrów. Dzieje miasta i okolic 1944–2005*, red. Arkadiusz Kołodziejczyk, Tadeusz Swat, Mariusz Szczupak, Węgrów: Towarzystwo Miłośników Ziemi Węgrowskiej, 2006, s. 12–13.

391 Bielawski, *Ostatni Żyd z Węgrowa...*, s. 275.

O ile ratujący bali się reakcji „nie-ratujących" sąsiadów, o tyle mordercy i dręczyciele Żydów żyli z początku w strachu. Nie trwał on długo; już niebawem okazało się, że nowa władza nie jest specjalnie zainteresowana w tropieniu wojennych przestępstw popełnionych przeciwko Żydom. A sami Żydzi, wyczuwając wrogą atmosferę i słusznie obawiając się skrytobójczych mordów, wkrótce zaczęli uciekać na zachód, za granicę lub do większych ośrodków miejskich, gdzie mogli liczyć na większe bezpieczeństwo.

Jednym z pierwszych Żydów, który trafił do wyzwolonego Węgrowa tuż za Bielawskim, był Jankiel Mendelson, handlarz zbożem z pobliskiej Sterdyni. Mendelson przybył do Węgrowa w jednym celu — aby stanąć twarzą w twarz z Franciszkiem Suchodolskim, mordercą, byłym granatowym policjantem. Suchodolski (podczas wojny pełnił służbę na posterunku w Sterdyni) w lipcu 1943 r. wraz ze znajomym schwytał i zgwałcił ukrywającą się w stodole żonę Mendelsona, a następnie zabił ją i jej ośmioletniego synka. Mendelsonowi udało się wówczas uciec z kryjówki. Jesienią 1943 r. Mendelson, po tym jak zdołał zdobyć broń i ukryć się w lesie, przypadkowo natknął się na człowieka, który wespół z Suchodolskim dokonał mordu:

> wyjąłem rewolwer, pytając zabójcę: „Co mam z tobą robić?". Ów przyznał się do winy, mówiąc: „Rób ze mną, co chcesz...". Wtedy się do niego odezwałem: „Nie chcę maczać palców w polskiej krwi, przyjdzie godzina sprawiedliwości". W 1944 r., w pierwszych dniach oswobodzenia byłem w towarzystwie Pinkasa Lermana w Węgrowie. Poszliśmy do teścia drugiego zabójcy — Suchodolskiego. Obecny był i sam Suchodolski — przyznał się również do winy. Opowiedział, jak to było[392].

Jankiel Mendelson, który „nie chciał maczać palców w polskiej krwi", miał nadzieję, że sądy wymierzą mordercom słuszną karę. Stało się jednak tak, że obaj sprawcy zostali skazani na 6 lat więzienia. Obu też wkrótce objęła amnestia.

Kilka tygodni później do oswobodzonego Węgrowa powrócił Oskar Strawczyński, jeden z uczestników powstania w Treblince, który przechowywał się przez pewien czas w lesie pod Łochowem, a później dołączył do grupy bojowników ŻOB w lasach wyszkowskich. Niebawem dotarł do niego brat Zygmunt; on również brał udział w powstaniu w Treblince, a później

---

392 AIPN, GK 318/506, List Jankiela Mendelsona do sądu, b.d., k. 9–11.

walczył w powstaniu warszawskim[393]. Obaj Strawczyńscy wpierw podjęli pracę jako blacharze, ale dość szybko — wobec narastającej wrogości polskich sąsiadów — opuścili miasto na dobre.

Dwunastoletni Motel Cyranko razem z nieco młodszą siostrą Celiną przez dwa lata ukrywali się w lesie, blisko rodzinnej Jasiorówki pod Łochowem. Pomagała im w tym Polka, Stanisława Roguszewska (odznaczona w 1994 r. medalem Sprawiedliwej). Zaraz po wyzwoleniu Cyrankowie wraz z innymi ocalałymi członkami rodziny wrócili do swojego domu. Niebawem jednak troje Cyranków zginęło z rąk bandytów, a Motel z Celiną uciekli do Łodzi, potem zaś dalej, na Zachód.

Kolejnym ocalałym, który usiłował wrócić do normalnego życia w Węgrowie, był William Schneiderman, żołnierz Września, później natomiast więzień Treblinki. Schneiderman pojawił się w Węgrowie na jesieni 1944 r. i zamieszkał w wynajętym pokoju z kilkoma innymi Żydami. Atmosfera wokół nich zaczęła gęstnieć, a życzliwi ludzie doradzali im jak najszybszy wyjazd z miasta. Inni otwarcie grozili śmiercią. Jak wspominał później: „ostrzegali mnie, abym uciekał dalej, bo wielu ludzi wydawało podczas wojny Żydów w ręce Niemców i teraz boją się pozostałych przy życiu świadków — i mogą ich zabijać"[394]. Schneiderman z towarzyszami mieszkali przy zasłoniętych firankach, nie rozstając się z karabinem, w który zaopatrzył ich sowiecki żołnierz. Pewnego dnia Schneiderman dowiedział się, że w pobliskim Kosowie Polacy zamordowali siedmiu Żydów; znajdowali się wśród nich jego znajomi. Tego samego dnia Schneiderman opuścił miasto na zawsze. Węgrów, tak jak setki innych miejscowości, był więc sceną dramatycznych wydarzeń, które szybko jednak zniknęły — wraz z samymi Żydami — z ludzkiej pamięci. Na przełomie 1944 i 1945 r. pod Węgrowem zamordowano też ocalałego z zagłady Izaaka Kredę — ostatniego członka tej licznej i zamożnej rodziny węgrowskich Żydów[395]. Młody Kreda, który ukrywał się w lasach jarnickich, przeżył swoich rodziców i rodzeństwo zaledwie o półtora roku.

Można by mnożyć przykłady „bardzo trudnych powrotów", ale nie ulega wątpliwości, że nawet po wyzwoleniu powiat węgrowski nie przestał być śmiertelną pułapką dla Żydów. Pisali o tym w lecie 1945 r. członkowie Komitetu Żydowskiego w Węgrowie. Ich list warto przytoczyć *in extenso*:

---

393 Cymlich, Strawczynski, *Escaping Hell in Treblinka*, s. 188–189.

394 USHMM, RG-50.030*0288, Wywiad z Williamem Schneidermanem.

395 O śmierci Kredy pisałem wcześniej, w rozdziale dotyczącym likwidacji getta wtórnego.

> Żydowski Komitet w Węgrowie, Węgrów dnia 6 czerwca 1945. Do Wojewódzkiego Komitetu Żydowskiego w Warszawie. Z powodu kilku wypadków zabicia żydów na terenie naszego powiatu i w okolicznych powiatach i z powodu wybitnie wrogiego nastawienia ludności polskiej w stosunku do żydów, spowodowało, że na terenie całego powiatu tylko pojedyncze osoby, względnie rodziny zostały na miejscu, a reszta wszystko wyjechało do większych osiedli [podkreślenie moje – J.G.]. Ze 195 dusz żydowskich na terenie naszego powiatu pozostało obecnie na miejscu około 20 osób. Większość wyjechało do miasta Łodzi, a pojedynczy na zachód. Komitet w Węgrowie został zupełnie zdekompletowany, co odbija się ujemnie specjalnie ciężko na 3 dzieciach żydowskich, które znajdują się na wychowaniu u trzech chrześcijan, ludzi b[ardzo] biednych i potrzebujących pomocy. Do czasu kompletowania Komitetu w Węgrowie polecamy we wszystkich sprawach komitetowych utrzymać kontakt z ob. F[ajwelem] Bielawskim w Węgrowie, ul. Rynek (kawiarnia). – podpis [Rajzman][396].

Z powiatu węgrowskiego nie zachowały się pełne listy ocalałych z Zagłady. Dlatego też stosunkowo najbardziej wiarygodnie brzmi cytowany raport Komitetu Żydowskiego z czerwca 1945 r., zgodnie z którym wojnę przeżyło 195 węgrowskich Żydów – z tym że nie nie wiadomo, czy przeżyli oni wojnę na terenie ZSRR, w obozach, czy też ukryci po aryjskiej stronie[397]. Ponadto z 1946 r. zachowały się dwie listy ziomkostw z terenu powiatu, dotyczą one jednak tylko Żydów mieszkających wówczas na Dolnym Śląsku[398]. Na pierwszej liście, sporządzonej we Wrocławiu 24 października 1946 r., umieszczono 84 osoby wywodzące się ze Stoczka Węgrowskiego i okolic, a na drugiej, powstałej 14 września 1946 r., 114 Żydów z Węgrowa[399]. Biorąc pod uwagę ograniczenie wykazów do obszaru Dolnego Śląska, brak danych o napływających z ZSRR repatriantach oraz tych uciekających z Polski po pogromie kieleckim, trudno wyciągnąć z obu list daleko idące wnioski. O wiele więcej informacji uzyskamy w wykorzystywanych wcześniej rozproszonych danych o Żydach ukrywających się na terenie powiatu.

---

396 AŻIH, 352/118, Korespondencja przychodząca z Komitetem Żydowskim w Węgrowie.

397 *Ibidem*, k. 1. Powroty z ZSSR zaczęły się nieco później, można więc z dużą dozą prawdopodobieństwa założyć, że lista dotyczy ludzi ocalałych pod okupacją bądź w obozach.

398 AŻIH, CKŻP, Wydział Ewidencji i Statystyki, 303/V/377, Węgrów, Komitet Żydowski.

399 USHMM, RG 15.186, rolka 62, t. 724, klatki 1068–1072.

Wielowiekowa historia Żydów Węgrowa kończy się krótką notatką sporządzoną w październiku 1949 r. przez Miejską Radę Narodową dla ŻIH w Warszawie. W notce zestawiono straty ludności żydowskiej podczas wojny. Zamieszczone tam liczby są dość niewiarygodne, ale ostatnia pozycja wygląda na prawdziwą: „liczba osób [żydowskich — J.G.] zamieszkałych w Węgrowie — 3"[400].

400 AŻIH, 310, List MRN Węgrowa do ŻIH, 7 x 1949 r.

Aneks

Niedługo po wyzwoleniu, na jesieni 1945 r., sądy grodzkie zostały zobowiązane do przeprowadzenia na podlegających im terenach badań dotyczących skali niemieckich represji podczas okupacji. Od miejscowej ludności zebrano przede wszystkim informacje o masowych mordach popełnionych przez okupanta, a wyniki śledztwa ujęto w specjalnych jednobrzmiących kwestionariuszach. Mimo bliskości czasowej opisywanych wydarzeń w kwestionariuszach roi się od błędów; niektóre spowodowane były, jak można dziś sądzić, niedoskonałą pamięcią świadków. Inne w sposób oczywisty wskazywały na chęć ukrycia przed władzami co bardziej niewygodnych aspektów niedalekiej przeszłości. Ogólnie rzecz biorąc, polscy świadkowie — co zrozumiałe — lepiej pamiętali o represjach okupanta wobec Polaków. W tych wypadkach możemy liczyć nie tylko na wiarygodne daty, lecz także na pełne zestawy nazwisk i imion ofiar. Rodziny zabitych potrafiły też podać dokładne miejsce mordu, pogrzebu oraz wymienić sprawców. W odniesieniu do mordów popełnionych na Żydach informacje zgromadzone przez sądy były uboższe, a same dokumenty wymagają ze strony historyka większej dozy krytycyzmu i uwagi. W kwestionariuszach sądów grodzkich znajdziemy mianowicie wzmianki o większych egzekucjach, uwzględniające przybliżoną liczbę ofiar. Niekiedy podana jest data egzekucji, rzadko kiedy dokładna. W nielicznych jedynie przypadkach w kwestionariuszu można natrafić na nazwiska żydowskich ofiar. Najwięcej wątpliwości wzbudza natomiast punkt dotyczący tożsamości sprawców. W rubryce „sprawcy" wszędzie można znaleźć krótką wzmiankę: „żandarmeria", „Niemcy", „gestapo" lub „SS i Ukraińcy". Nawet w wypadku mordów popełnionych ponad wszelką wątpliwość przez Polaków winę przypisywano Niemcom. Odbywało się to, jak można przypuszczać, za cichym przyzwoleniem albo nawet zdecydowaną zachętą samych sądowników, którzy nie mieli najmniejszej ochoty na wyciąganie na wierzch przewin i grzechów swoich polskich sąsiadów[401].

---

401 Kornbluth, *„Jest wielu Kainów pośród nas". Polski wymiar sprawiedliwości a Zagłada...*, s. 157–172.

W tabeli ujęte zostały polskie i żydowskie ofiary (ludzie zabici i pochowani na terenie powiatu węgrowskiego), które wpisano do sporządzonych zaraz po wojnie kwestionariuszy.

Tabela 7. Polskie i żydowskie ofiary na podstawie Ankiety Sądów Grodzkich

Miejsce[402]	Data	Ofiary	Sprawcy	Komentarze
Koszewnica, gm. Borze	20 września 1941 r.	4 Polaków: Wiktor Kopeć, Jan Chróścicki, Zygmunt Koszowski, Marianna Koszowska	żandarmeria, SS	za przynależność do konspiracji
Krypy, gm. Borze	10 marca 1941 r.	2 Polaków: Marian Boguszewski, Jan Rogala	żandarmeria i SS	
Trawy, gm. Borze	listopad 1942 r.	3 Polaków: Jan Paczuski, Władysław Malinowski, Marian Kodym	żandarmi, SS	za działalność konspiracyjną
Pabiany, gm. Jaczew	5 grudnia 1943 r.	2 Polaków: Jan Kruszewski, Kazimierz Sobieraj	Gestapo	za konspirację
Popielów, gm. Korytnica	2 lutego 1943 r.	5 Żydów; nazwiska nieznane	żandarmi	jako Żydzi („zakopane na miejscu egzekucji")
Sewerynów, gm. Korytnica	6 marca 1944 r.	3 Polaków: Bernard Talaśka, Kaz[imierz] Sobieraj, Wacław Kotulski	wojsko i żandarmeria	odwet
Budziska, gm. Łochów	26 września 1942 r.	2 Polaków: Wiktor Kopania, Czesław Łach	żandarmeria: żandarm Friedrich Hartmann i lieutenant dowódca posterunku	posądzeni o przywłaszczenie rzeczy pożydowskich
	1941–1944	ponad 200 Żydów; nazwiska nieznane	żandarmi	ofiary: z różnych stron powiatu, rozstrzelani w rejonie cegielni Delegacza; groby masowe

402 USHMM, RG 15.019, rolka 14, t. 45, Ankieta Sądów Grodzkich: egzekucje, obozy, 1945 r.

Miejsce	Data	Ofiary	Sprawcy	Komentarze
Budziska, gm. Łochów (cd.)	9 marca 1943 r.	Żydzi, 9 osób, zastrzeleni na podwórku swego domu: Majorek Kanienkowski, jego żona i troje dzieci, Abram Koper, jego żona i dwoje dzieci	Hartmann i dwaj żandarmi	„za to, że byli Żydami". „Pogrzebane na podwórku, pod stodołą Kopra Abrama".
Dąbrowa, gm. Zalków (?)	wrzesień 1943 r.	5 Żydów; nazwiska nieznane	Wehrmacht	„zakopane w Dąbrowie"
Jasiorówka, gm. Łochów	wrzesień 1943 r.	4 Rosjan oraz 80 Żydów		Żydzi miejscowi i uciekinierzy z transportów. „Zakopane w Jasiorówce".
Kamionna (Kamienna), gm. Łochów	maj 1944 r.	25 Żydów; nazwiska nieznane	żandarmi	„z łapanki"
Łojki, gm. Łochów	wrzesień 1943 r.	3 Żydów; nazwiska nieznane	żandarmi	„złapane we wsi", „zakopane w Łojkach"
	grudzień 1943 r.	4 Żydów; nazwiska nieznane	Wehrmacht	„z lasu"; „zakopane w Łojkach"
	wrzesień 1943 r.	7 Żydów; nazwiska nieznane	Wehrmacht	„złapane we wsi Łojki"
Łopianka, gm. Łochów	wrzesień 1943 r.	16 Żydów: Abram Czerwony, Małka Jaskółka, Dwojra Weinberg z synami, Stanisławowska z synami, Małka Pawłowna i Hana Ludwig z rodziną, Bejla Kowadło z mężem, Srul Fryd, rodzina Ziółkowskich	żandarmi	„zakopane w Łopiance"
Łosiewica, gm. Łochów	sierpień–wrzesień 1943 r.	68 Żydów; nazwiska nieznane	żandarmi	„z lasu, obława"; w lesie dóbr Kurniatowskiego (?)
Matały, gm. Zalków (?)	listopad 1943 r.	7 Żydów przywiezionych z Pułtuska/Cykoria (?); nazwiska nieznane	żandarmi	„zakopane w Matałach"

Miejsce	Data	Ofiary	Sprawcy	Komentarze
Wymysły, gm. Łochów	sierpień 1943 r.	8 Żydów; nazwiska nieznane	żandarmi	ofiary przywiezione z Łopianki, zakopane przy torze kolejowym w Wymysłach
Miedzna, gm. Miedzna	styczeń 1943 r.,	35 Żydów; nazwiska nieznane	żandarmeria	część ofiar ukrywała się w miejscowych lasach, część przywieziono skądinąd
Ugoszcz, gm. Miedzna	lipiec 1943 r.	6 Polaków i 1 żołnierz sowiecki; nazwiska Polaków znane	żandarmeria	za przetrzymywanie jeńców sowieckich
Wola Orzeszowska, gm. Miedzna	maj 1943 r.	22 Żydów; nazwiska nieznane	żandarmeria	„ofiary były na miejscu, ukrywały się przed niemcami w stodole". Zwłoki zakopano w miejscowości „Przecze", na polach wsi Wola Orzeszowska.
Orzełek, gm. Prostyń	styczeń 1943 r.	4 Polaków: Władysław Kucharek, Jan Konik, Franciszek Subda, Wacław Andrzejczuk	żandarmi oraz Policja Polska: Matys, Fogel, nieznani z Sokołowa policjanci, Kobryński i z Kosowa jeden	konspiracja, pomoc partyzantom
Treblinka, gm. Prostyń	1942–1943	50 Żydów; nazwiska nieznane		W okolicach stacji, egzekucja Żydów uciekających z transportu. Kilkanaście grobów po 2, 3, 4 osoby.
Złotki gm. Prostyń	styczeń 1943 r.	3 Polaków: Tadeusz Przyborowski, Regina Przyborowska, Wacław Przyborowski	żandarmi i Policja Polska (Matys, Fogel, Kobryński)	pomoc partyzantom
Jarnica-Pieńki, gm. Ruchna	1943 r.	23 Żydów, nazwiska nieznane	żandarmi	znalezione w schronie na miejscu, las jarnicki

Miejsce	Data	Ofiary	Sprawcy	Komentarze
Sadowne, cała gmina	1942–1944	64 Polaków		ekspedycje karne za „bandytów"
Las przy leśniczówce Sadowne, gm. Sadowne	styczeń–luty 1943 r.	300 Żydów; 1 Polak, Karol Zasłana, i „kilku niewolników sowieckich"	karna ekspedycja	z nakazu władz: „starosta Gramss"
Stoczek, gm. Stoczek	22 września 1942 r.	188 Żydów; nazwiska nieznane	żandarmeria, Gestapo	egzekucja masowa – likwidacja Żydów. Grób wspólny 125 ofiar, II – 5 ofiar, III – 18, IV – 25, V – 8, VI – 7.
Ziomaki, gm. Wyszków	21 sierpnia 1944 r.	9 Żydów; nazwiska nieznane	Wehrmacht	
Węgrów, gm. Węgrów	22 września 1942 r.	około 2000 Żydów z Węgrowa; nazwiska nieznane	egzekucji dokonywali żandarmi, Gestapo, SS, Wehrmacht i oddziały Ukraińców	Żydzi z Węgrowa „w ilości ok. 12 000 osób, wybitych zostało na miejscu ok. 2000 osób. Resztę wywieziono do obozu w Treblince. Zabijano od niemowląt do starców włącznie".
	21 stycznia 1944 r.	10 Polaków; nazwiska znane		egzekucja w odwet za zabicie żandarma w Węgrowie, z inicjatywy Gramssa
OGÓŁEM		3058		

Tabela 8. Obsada posterunków Orpo i PP na terenie powiatu węgrowskiego podczas okupacji

Orpo Węgrów (Sokołów)	August Piotrowski, porucznik Karl Tedsen (1939–1940) Erich Rieger Karl Oberhofer Reuke Draxler Maurer Josef Preiner Juch Friedrich Ahlers Krebs Franz Kessler (sierżant?) Herbert Strasser (zabity przez podziemie w 1944 r.)
Orpo Łochów-Budziska	Karl Tedsen (od jesieni 1940 r. w Budziskach) Wilhelm Pross Rudolf Pietsch (z Poczdamu) Friedrich Hartmann, Volksdeutsch Oprisnik Schmidt Kögel Huebscher Hoppe
Sipo (Gestapo) Sokołów-Węgrów	Friedrich Schröder, sturmschaführer SS, kriminalsekretär Uwe Karsten, scharführer SS Gustav Friedrich, rottenführer SS Kurt Nicolaus, kriminalkomissar Rudolf Weber, obersturmführer SS (zastąpił Schrödera w 1943 r.) Schweitzer, kierowca Hirsekorn, miejscowy Volksdeutsch
Sipo (Polnische Kriminalpolizei, Kripo) Sokołów-Węgrów	Józef Dominiak, kierownik Edward Podgórniak (na stałe w Węgrowie) Tadeusz Figiel (Tolek?) Jarosz Władysław Kurialski (Węgrów) Gorzoch Ryszard Cymerman Stanisław Lange Józef Kosmala (Sokołów) Marian Nowakowski (Sokołów) Jan Biługa (Sokołów)

Jean-Charles Szurek

Powiat łukowski

POWIAT ŁUKOWSKI
DYSTRYKT WARSZAWSKI
DYSTRYKT LUBELSKI
pow. miński
pow. siedlecki
pow. garwoliński
pow. radzyński
pow. puławski
ŁUKÓW
Łęcznowola
Zembry
Grochówka
Gołowierzchy
Krynka
Trzebieszów
Leszczanka
Celiny
Toczyska
Jagodne
Gręzówka
Stoczek Łukowski
Role
Gołaszyn
Szaniawy
Jedlanka
Dąbie
Kisielsk
Strzyżew
Kownatki
Czerśl
Tuchowicz
Wnętrzne
Świdry
Stanin
Gołąbki
Jeleniec
Malcanów
Sarnów
Domaszewnica
Kępki
Zakrzew
Mysłów
Finkówka
Sętki
Wierzchowiny
Podosie
Radoryż Smolany
Sobole
Stok
Siedliska
Ulan Majorat
Stara Huta
Budki
Burzec
Wojcieszków
Wola Bystrzycka
Wola Okrzejska
Okrzeja
Gułów
Adamów
Wola Osowińska
Lipiny
Czarna
Serokomla
Wola Gułowska
Ernestynów
Talczyn
Tchórzew
Wola Bukowska
Charlejów
Kock
Białobrzegi
Łysobyki
0 5 10 15 20 km
Oznaczenie wielkości miejscowości
<5000
1000–5000
>1000
Oznaczenie granic
granica powiatu

Źródła

Badacz zajmujący się Zagładą na poziomie mikrohistorii ma do dyspozycji ograniczoną liczbę dostępnych źródeł, szczególnie twardych danych liczbowych, i siłą rzeczy udaje się odtworzyć niepełny obraz przeszłości. Przy ustalaniu jednostkowych losów szczególnie przydatne są wszelkie relacje. W tekście wykorzystywałem przede wszystkim relacje ocalałych z Łukowa i okolic, w tym z Kocka i Stoczka Łukowskiego, nagrane w ramach Visual History Archive USC Shoah Foundation („Archiwum Spielberga", fundacja utworzona przez United States Holocaust Memorial Museum), a także relacje, dzienniki i wspomnienia zachowane w archiwach Yad Vashem i Żydowskiego Instytutu Historycznego[1]. W ŻIH można się też zapoznać z imiennymi wykazami ocalałych, dokumentacją różnych instytucji i organizacji żydowskich oraz różnorodnymi źródłami dotyczącymi sytuacji w powiecie łukowskim zebranymi przez archiwistów „Oneg Szabat". Kolejnym wyjątkowo ważnym źródłem do zbadania poruszonej w tekście problematyki była księga pamięci ocalałych z Zagłady Żydów z Łukowa (*Le Livre de Lukow*[2]).

W USHMM poza świadectwami ocalałych znajdują się zbiory pozwalające odtworzyć działalność instytucji żydowskich — judenratów, organizacji samopomocowych czy Jointu. Kartoteka skonfiskowanych nieruchomości

---

1 Niektóre relacje i wspomnienia ocalałych ukazały się drukiem, zob. np. *Dzieci Holocaustu mówią*, red. Wiktoria Śliwowska, Warszawa: Stowarzyszenie Dzieci Holocaustu w Polsce, 1993; Régine Frydman, *J'avais huit ans dans le ghetto de Varsovie*, Paris: Taillandier, 2011; *Życie i zagłada Żydów polskich 1939–1945. Relacje świadków*, oprac. Michał Grynberg, Maria Kotowska, Warszawa: Oficyna Naukowa, 2003; Sonia i Abram Hurman, *Pod osłoną nocy. Wspomnienia z lat 1939–1945*, oprac. Halina Birenbaum, Kraków: Fundacja Instytut Studiów Strategicznych, Oświęcim: Państwowe Muzeum Auschwitz-Birkenau, 2007; *Losy żydowskie. Świadectwo żywych*, red. Marian Turski, Warszawa: Stowarzyszenie Żydów Kombatantów i Poszkodowanych w II Wojnie Światowej, t. 1 (1996), t. 2 (1999).

2 *Le Livre de Lukow 1200–1945: récits et témoignages. Pages de l'Histoire sorties de l'ombre*, tłum. z jidysz Alain Zilbering, Maurice Dab, red. Alain Zilbering, Paris: Associations des Originaires de Lukow d'Israël et des Etats-Unis, 1987. Istnieje też księga pamięci po hebrajsku i w jidysz: *Sejfer Lukow. Gehajlikt chorew-geworener kehile* [Księga Łukowa. Pamięci unicestwionej gminy], red. B. Heler, Tel Awiw: Irgun Jocej Lukow be-Israel i Lukower Landsmanszaft in di Farajnikte Sztatn, 1968.

żydowskich z dystryktu lubelskiego daje pojęcie o skali zawłaszczania żydowskiego mienia. Zasoby waszyngtońskiego muzeum umożliwiają również wniknięcie w działania struktur okupacyjnych, w tym urzędu gubernatora dystryktu lubelskiego, dowódcy SS i policji w dystrykcie, SA, Sipo, SD, Orpo, żandarmerii i różnych jednostek pomocniczych. Zgromadzone tam archiwalia dotyczą także Polskiego Państwa Podziemnego i konspiracji na tym terenie.

W kwestii zniknięcia Żydów z powiatu łukowskiego korzystałem także m.in. z akt sądowych ludzi oskarżonych po wojnie o kolaborację (tzw. sierpniówek), m.in. policjantów granatowych, które znajdują się obecnie w archiwum Instytutu Pamięci Narodowej, częściowo w Warszawie, częściowo zaś w Lublinie. W warszawskiej centrali przechowywane są niezwykle cenne dokumenty Głównej Komisji Badania Zbrodni Hitlerowskich/Głównej Komisji Ścigania Zbrodni przeciwko Narodowi Polskiemu. Akta tych niemieckich sprawców, przeciwko którym prowadzono postępowania przed sądami RFN głównie w latach sześćdziesiątych, zgromadzone przez Zentrale Stelle der Landesjustizverwaltungen w Ludwigsburgu, współcześnie są dostępne w Bundesarchiv.

Do przydatnych pozycji literatury przedmiotu odsyłam w przypisach, tu natomiast chciałbym wspomnieć o książce, która bardzo pomogła mi w pracy, wyznaczając jej ogólne ramy. Oparłem się mianowicie na monografii Krzysztofa Czubaszka *Żydzi Łukowa i okolic*[3].

Za granice administracyjne powiatu łukowskiego przyjąłem jego obszar sprzed 1939 r. mimo zmian wprowadzonych przez nazistowskiego okupanta, który włączył część powiatu łukowskiego do Kreis Radzyn.

3 Krzysztof Czubaszek, *Żydzi Łukowa i okolic*, Warszawa: Danmar, 2008.

Żydzi w Łukowie przed 1939 r. – krótkie wprowadzenie

Obecność Żydów w Łukowie datuje się co najmniej od XV w., choć nie można ustalić ich ówczesnej liczby. W 1676 r. statystyki podawały, że w mieście mieszkały 304 osoby, w tym 74 Żydów. Od tego czasu liczba ludności żydowskiej stale rosła. Spis z 1787 r. wspominał już o 871 katolikach i 772 żydach w Łukowie. W 1861 r. na 3311 mieszkańców 2255 było Żydami. W tabeli 1 pokazuję, jak kształtowała się relacja liczby Żydów i nie-Żydów (głównie katolików) od drugiej połowy XIX w. do końca drugiej wojny światowej:

Tabela 1. Ludność Łukowa w latach 1861–1945[4]

Rok	Ludność ogółem	Żydzi	Odsetek Żydów
1861	3 311	2 255	68,10
1907	11 206	7 094	63,30
1897	8 781	4 799	54,60
1911	12 583	8 058	64,01
1921	12 571	6 145	48,80
1939	12 785[5]	około 6 000	około 48,80
1945	7 894[6]	60[7]	<1,00

Źródło: Krzysztof Czubaszek, *Żydzi Łukowa i okolic*, Warszawa: Danmar, 2008.

4 Wszystkie dane liczbowe dotyczące ludności Łukowa pochodzą z monografii historyka łukowskich Żydów Krzysztofa Czubaszka (*idem*, *Żydzi Łukowa i okolic*, s. 13). W odniesieniu do pierwszych lat okupacji zob. też *Amtliches Gemeinde- und Dorfverzeichnis für das Generalgouvernement auf Grund der Summarischen Bevölkerungsbestandsaufnahme am 1. März 1943*, Krakau: Burgverlag, 1943.

5 Źródło: Franciszek Gryciuk, *Łuków w latach 1944–1975* [w:] *Łuków i okolice w XIX i XX wieku*, red. Romuald Turkowski, Warszawa: Wydawnictwa Geologiczne, 1989, s. 301.

6 *Ibidem*, s. 301.

7 *Ibidem*, s. 309.

Tabela 2. Populacja powiatu łukowskiego w 1921 r.

Miasto	Ludność ogółem	Żydzi
Łuków	12 571	6 145
Kock	3903	2 092
Stoczek	2951	1 962
Gmina	**Ludność ogółem**	**Żydzi**
Białobrzegi	6 389	20
Celiny	2 811	126
Dąbie	3 575	75
Gołąbki	3 489	80
Gułów	7 454	916
Jakusze	2 382	163
Jarczew	3 421	220
Krasusy	2 263	88
Łuków – gmina	4 767	46
Łysobyki	5 922	495
Prawda	8 206	47
Radoryż	4 117	136
Serokomla	5 573	239
Skrzyszew	2 288	166
Stanin	4 384	164
Trzebieszów	3 055	158
Turchowicz	6 208	146
Ulan	4 872	295
Wojcieszków	7 390	149
OGÓŁEM	107 991	13 928

Źródło: *Skorowidz miejscowości Rzeczypospolitej Polskiej opracowany na podstawie wyników pierwszego powszechnego spisu ludności z dn. 30 września 1921 r. i innych źródeł urzędowych*, t. 4: *Województwo lubelskie*, Warszawa: GUS RP, 1924.

Szybki wzrost liczebności społeczności żydowskiej w Łukowie w drugiej połowie XIX w. był w dużej mierze spowodowany przez napływ Żydów z Białorusi i Litwy (litwaków) na skutek pogromów, jakie przetoczyły się przez Rosję w 1880 r. Poczynając od 1868 r., Żydzi mogli swobodnie migrować między Imperium Rosyjskim i Królestwem Polskim. Warto także zauważyć, że aż do wybuchu pierwszej wojny światowej wśród ludności żydowskiej dominował chasydyzm[8].

Po zakończeniu działań wojennych część ludności Łukowa, w tym także Żydzi, opuściła miasto w poszukiwaniu pracy. Spadek liczby Żydów był ponadto rezultatem zajęcia miasta przez Armię Czerwoną między 11 a 17 sierpnia 1920 r. podczas wojny polsko-bolszewickiej. Moment ten wywarł wpływ na relacje żydowsko-polskie w Łukowie. Co prawda okupujący te tereny zostali 17 sierpnia wyparci przez wojsko polskie, ale w ciągu tych kilku dni udało im się ustanowić komitet rewolucyjny. Obecność czerwonoarmistów wsparli komuniści żydowscy i bundyści, w przeciwieństwie do ortodoksyjnych Żydów, a także zamożnych kupców, na których nałożono specjalną kontrybucję. Na czele nowych efemerycznych władz stanęło dwóch Żydów i trzech Polaków.

„Zdrada własnego państwa przez znaczną grupę Żydów była bezsporna, jednak odpowiedzialność za ich postawę powracający do Łukowa polscy żołnierze rozciągnęli na całą ich społeczność"[9]. Ocena owej „zdrady" wymaga wnikliwego podejścia. Odrodzenie państwa polskiego jako państwa narodowego spotkało się z akceptacją, a nawet entuzjazmem większości obywateli. Z tego punktu widzenia mniejszości narodowe i religijne, stanowiące 35% społeczeństwa, były solą w oku wyznawców nacjonalistycznej monoetnicznej ideologii, która dominowała w dwudziestoleciu międzywojennym. Każdy przejaw „działalności odśrodkowej" był energicznie zwalczany. Podczas wojny polsko-bolszewickiej w 1920 r. władze polskie — zwłaszcza dowodzący w niej podczas różnych kompanii płk/gen. Władysław Sikorski (przyszły premier rządu) — potępiały „żydowskich komisarzy", którzy dowodzili „bolszewickimi bandami"[10].

Jeżeli chodzi o Żydów, sytuacja była skomplikowana. Część z nich, szczególnie Żydzi zasymilowani, zagorzale broniła racji stanu państwa polskiego, inni żywili poglądy syjonistyczne, jeszcze inni sympatyzowali

---

8 *The Encyclopedia of Jewish Life Before and During the Holocaust*, t. 2, red. Shmuel Spector, Geoffrey Wigoder, New York: New York University Press, 2001, s. 766; zob. też opis Sylvii Friedman w jej relacji: „Łuków był obwoźną jesziwą — chodziło się od domu do domu" (USC Shoah Foundation, Visual History Archive [dalej USC, VHA], 26955, Relacja Sylvii Friedman, 1997 r.).

9 Czubaszek, *Żydzi Łukowa i okolic*, s. 119.

10 *Inwazja bolszewicka a Żydzi. Zbiór dokumentów*, z. 1, Warszawa: Narodowy Klub Żydowski Posłów Sejmowych przy Tymczasowej Żydowskiej Radzie Narodowej, 1921, Odezwa do Ludu Polski, s. 8, 123.

z komunistami, bundystami etc. W Łukowie pojawienie się Armii Czerwonej zostało potraktowane z ostrożnym wyczekiwaniem (poza komunistami i bundystami), zgodnie z przyjętą przez społeczności żydowskie postawą wobec okupanta, który — zwłaszcza w tej części Europy — zmieniał się często. Natomiast wojsko polskie przy odbijaniu utraconych pozycji nie wahało się atakować Żydów, utożsamiając ich z bolszewickimi wrogami.

Podczas kilku tygodni, które nastąpiły po wycofaniu się Armii Czerwonej, w Łukowie i okolicach dokonywano aktów terroru, zabójstw i grabieży[11]. Władze gminy żydowskiej (kahału) w Łukowie pisały 23 sierpnia: „Chrześcijanie — mieszkańcy miasta, chłopi, a także inteligencja nie przestają namawiać żołnierzy do rabunków, podczas których chłopki stoją na uboczu z koszami i zabierają mienie żydowskie"[12]. Posłowie żydowscy Apolinary Hartglas, Izaak Grünbaum i Joszua Farbstein 24 września 1920 r. złożyli w sejmie wniosek w sprawie prześladowań Żydów, informując w nim m.in., że żołnierze polscy zabili bez sądu dwunastu Żydów z Łukowa podczas ich powrotu z sąsiedniego Międzyrzeca, przedtem zaś kazali im wykopać własne groby; trzej kolejni Żydzi zostali zamordowani w sąsiedniej miejscowości Jagodne[13].

Nie chodzi w tym miejscu o całościową rekonstrukcję wydarzeń roku 1920 w Łukowie. W tym celu konieczne byłoby przeanalizowanie racji i motywów, jakimi kierowali się wszyscy uczestnicy zdarzeń, zarówno jednostki, jak i społeczności. Skupiam się na akcjach antyżydowskich, ponieważ uderzające jest to, jak niektóre zachowania, zwłaszcza chłopów, będą się powtarzać w czasie okupacji niemieckiej.

Podczas dziesięciolecia 1911–1921 liczba Żydów zmniejszyła się o 2 tys., z jednej strony w wyniku emigracji ekonomicznej, z drugiej na skutek prześladowań o podłożu antysemickim, które nastąpiły po 1920 r.

W dwudziestoleciu międzywojennym życie społeczne Żydów i Polaków na płaszczyźnie politycznej, religijnej, ekonomicznej i kulturalnej biegło równoległymi, niezależnymi od siebie torami. Kiedy się krzyżowały, zazwyczaj działo się to z powodu ekscesów antysemickich.

W powiecie łukowskim poza samym Łukowem ludność żydowska zamieszkiwała także dwa miasteczka — Kock (2092 Żydów) i Stoczek Łukowski

11 Warto tu wspomnieć o ciekawym świadectwie Yeshiaou Cohena, który w 1920 r. miał 15 lat (*idem*, *1920 à Lukow* [w:] *Le Livre de Lukow...*, s. 290–296).

12 *Inwazja bolszewicka a Żydzi...*, z. 1, s. 70–71.

13 *Ibidem*, s. 8.

(1962 Żydów), oraz kilka wsi, z których najważniejsze ze względu na liczbę żydowskich osiedleńców były: Stok — 167, Stanin — 131, Trzebieszów — 83 i Paskudy — 55 Żydów. W Łukowie, Kocku i Stoczku Żydzi stanowili ponad połowę mieszkańców. Jak wynika z powszechnego spisu ludności, w 1931 r. powiat łukowski zamieszkiwało 129 083 osób, z czego 9,8% stanowili Żydzi (14 736). 77% mieszkańców powiatu utrzymywało się z rolnictwa. Pośród pobliskich miast poza powiatem jedynie Międzyrzec liczył więcej Żydów (9415), podczas gdy Radzyń już tylko 2895[14].

Miasto Łuków nie miało chodników, nie było także skanalizowane. Stosowano bardzo prymitywne oświetlenie. Na 850 budynków mieszkalnych jedynie 150 było murowanych, nie licząc około 50 budynków użyteczności publicznej (zabudowania stacji kolejowej, koszary etc.)[15]. Blisko 90% mieszkańców czynnych zawodowo pracowało w rolnictwie. Usługi zależne od rolnictwa (młyny, olejarnie, gorzelnie) oraz tartaki i cegielnie angażowały resztę. W 1927 r. w Łukowie istniało 14 większych przedsiębiorstw, m.in. browar, tartak, cegielnia, trzy młyny, fabryka obuwia i tkanin, zakład mechaniczny, rozlewnia wody gazowanej i drukarnia. Dominowały jednak drobne przedsiębiorstwa. W 1927 r. w Łukowie zarejestrowanych było 576 zakładów handlowych i przemysłowych (530 w 1930 r.). Jak stwierdziła autorka, która przywołuje te dane: „Zaledwie 15 proc. z nich należało do chrześcijan"[16]. W 1930 r. zarejestrowano w Łukowie 558 rzemieślników, w tym 138 szewców i 110 krawców; 173 z nich było „Polakami chrześcijanami". By podsumować te dane, dalej cytując tekst Krystyny Jastrzębskiej z opracowania zbiorowego dotyczącego Łukowa, powstałego pod koniec epoki komunizmu: „A zatem cechą charakterystyczną przemysłu i handlu Łukowa było jego rozdrobnienie i podporządkowanie Żydom"[17]. Sytuacja ekonomiczna Łukowa i okolic, naznaczona przez przeludnienie agrarne i bezrobocie, była trudna.

W mieście działały cztery szkoły powszechne, z czego jedna przeznaczona dla dzieci żydowskich, oraz dwie szkoły średnie. Poziom analfabetyzmu był wysoki: w 1931 r. 22,2% mieszkańców Łukowa nie umiało czytać ani pisać. We wsiach powiatu wskaźnik ten wynosił 20%.

---

14 Krzysztof Czubaszek, *Z dziejów społeczności żydowskiej w Łukowie*, „Zeszyty Łukowskie" 2007, nr 19, s. 8.

15 Krystyna Jastrzębska, *Życie polityczne Łukowa i powiatu łukowskiego w okresie dwudziestolecia międzywojennego* [w:] *Łuków i okolice...*, s. 81.

16 *Ibidem*, s. 82.

17 *Ibidem*.

W tym okresie ukształtowało się wiele partii politycznych zarówno po stronie polskiej, jak i żydowskiej. Partie żydowskie stanowiły znaczącą siłę polityczną w miastach powiatu.

Tabela 3. Wyniki wyborów parlamentarnych w Łukowie (1919, 1922, 1928, 1930)

	1919		1922		1928		1930	
	Głosy	%	Głosy	%	Głosy	%	Głosy	%
ZLN	1 278	27,6	1 355	33,5	606	11,4		
Centrum Polskie			554	14,5				
ChD							503	9,8
BBWR					993	18,5	1 924	37,5
PPS	627	13,6			1 430	26,6		
PSL „Wyzwolenie”	279	6	89	2,3	45	0,8		
PSL „Piast”			10	0,3	19	0,4		
ZLCh „Samopomoc”					338	6,3	408	7,9
Komuniści			171	4,5				
Partie żydowskie	2 079[1]	44,9	1 633[3]	42,8	1 936[4]	36	2 300[5]	44,8
Inne	328[2]	6,9				8		

Uwagi:
1. Ortodoksi — 1100 głosów, Żydowska Narodowa Lista — 601, Bund — 330, Poalej Syjon — 48.
2. Drobne listy bezpartyjne.
3. Blok Mniejszości– 1542 głosów, Poalej Syjon — 91.
4. Bund — 224 głosy, Poalej Syjon — 84, Blok Mniejszości– 486, Ogólnożydowski Narodowy Blok Gospodarczy — 1142.
5. Bund — 145 głosów, Poalej Syjon — 78, Blok Obrony Praw Żydów — 564, Ogólnożydowski Narodowy Blok Gospodarczy — 1513.

Źródło: Jastrzębska, *Życie polityczne Łukowa i powiatu łukowskiego...*, s. 97.

Analiza partii politycznych w Łukowie w okresie dwudziestolecia międzywojennego, wraz z następującymi w nich przekształceniami i ruchami na skutek zmian politycznych, nie jest przedmiotem niniejszych badań. Przywołanie danych liczbowych służy raczej pokazaniu głównych tendencji.

Linia podziału była przede wszystkim etniczna: partie żydowskie *vs.* partie polskie. Jedyna, która względnie wymyka się temu podziałowi, to Komunistyczna Partia Polski, tam bowiem Żydzi byli częstokroć lokalnie licznie reprezentowani. Dysponujemy jednak danymi tylko za rok 1922, ponieważ partia została szybko zdelegalizowana.

Wagę głosów partii żydowskich, czyli takich, które skupiały jedynie Żydów, można określić na 40–45%. W wyborach samorządowych w 1919 i 1927 r. zdobyły one 10 mandatów na 24. Warto podkreślić, że partie żydowskie były mocno zróżnicowane. Ugrupowania ortodoksyjne zdobywały najwięcej mandatów (7 w 1919, 6 w 1927 r.). Poalej Syjon-Prawica, Mizrachi (ortodoksyjni syjoniści) i fołkiści dzielili między siebie resztę. „Silna reprezentacja we władzach miejskich pozwalała Żydom — pisze Krzysztof Czubaszek — istotnie wpływać na kształt życia społeczno-kulturalnego swej społeczności"[18], zwłaszcza w kwestiach związanych ze szkolnictwem. Na przełomie 1926 i 1927 r. partia ortodoksyjna liczyła 400 członków (150 w Kocku, 120 w Stoczku Łukowskim). Należał do niej m.in. Mosze Wajntraub, przyszły prezes Judenratu. Trudno pominąć też obecność syjonistów — partia Mizrachi liczyła w 1921 r. 140 członków, a w 1933 r. jej nowo powstała sekcja syjonistyczno-rewizjonistyczna skupiała 160 członków[19]. Na tym tle Bund, którego wieluset członków wróciło do Rosji Sowieckiej w 1920 r., gdzie poddano ich represjom, nie stanowił znaczącej siły politycznej w kontekście wyborów.

Wśród partii polskich w Łukowie w Drugiej Rzeczypospolitej dominowały stronnictwa ludowe i Narodowa Demokracja. Stosunki żydowsko-polskie, napięte od 1920 r., czyli od czasu okupacji sowieckiej, były raczej brakiem stosunków, jak ujmuje to Krzysztof Czubaszek, analizując prasę polską wydawaną w Łukowie: „Na łamach takich pism jak «Gazeta Łukowska» czy «Gazeta Powiatu Łukowskiego» (późniejsze «Podlasie») znajdowało się miejsce na aktualne wydarzenia, wiadomości kulturalne, artykuły poświęcone rolnictwu, szkice historyczne czy doniesienia kryminalne, ale wszystkie one dotyczyły tylko Polaków, jakby w mieście nikt inny poza nimi nie mieszkał. A przecież tyle samo, a nawet nieco więcej, żyło tam potomków Abrahama"[20].

Od końca lat trzydziestych stosunki między Żydami i Polakami stały się na nowo napięte wskutek narastającego antysemityzmu. Hershel Prengler, jeden ze świadków, który przeżył Zagładę w rejonie Łukowa, wspominał, że Żydzi opłakiwali Piłsudskiego po jego śmierci: „Był dobry dla Żydów"[21].

---

18 Czubaszek, *Żydzi Łukowa i okolic*, s. 61.

19 Jastrzębska, *Życie polityczne Łukowa i powiatu łukowskiego...*, s. 90.

20 Czubaszek, *Żydzi Łukowa i okolic*, s. 128.

21 USC, VHA, 11663, Relacja Hershela Prenglera, 1996 r.

W relacjach ocalałych z Zagłady obraz stosunków między uczniami żydowskimi i polskimi był zróżnicowany. Większość przywołuje przykłady bezlitosnego antysemityzmu (rzucanie kamieniami, ochlapywanie błotem płaszcza mełameda przychodzącego do polskiej szkoły na lekcje religii żydowskiej). Inni mówią jednak o wzajemnym zrozumieniu, a nawet pewnego rodzaju solidarności — o małych Polakach przychodzących do Żydów na Święto Paschy i małych Żydach udających się do polskich rodzin na Boże Narodzenie, a także o dzieciach żydowskich nadrabiających opuszczane przez nich sobotnie lekcje z pomocą ich polskich kolegów[22]. Część ocalałych z zamożnych rodzin mieszkających w Łukowie podkreśla swój uprzywilejowany status. Helen Biderman (z domu Prengler) zapamiętała, że mogła siadać w pierwszych rzędach, podczas gdy inne żydowskie dzieci były przesadzane do ostatnich ławek, ponieważ jej ojciec, wpływowy człowiek, znał męża nauczycielki[23]. Eta Wrobel w swojej relacji[24] oraz w książce[25] wspomina z kolei dużą, dobrze prosperującą piekarnię swoich rodziców: „Wszyscy ich znali, a oni utrzymywali bardzo serdeczne relacje z Polakami. Mój ojciec dwoił się i troił, żeby Polacy, wychodząc ze mszy, mogli kupić świeże pieczywo [...]. Łuków był przyjemnym miastem, dobrze się tam żyło, było wiele różnych aktywności (sport, syjonizm, Ha-Szomer)”[26].

Bracia Prenglerowie, pochodzący z jednej ze znamienitszych rodzin żydowskich w Łukowie, przywołują dobre relacje między Żydami i Polakami, jakie zrodziły się wokół sklepu żelaznego prowadzonego przez ich matkę. Zwłaszcza w czwartek, dzień targowy, wielu chłopów przyjeżdżało do miasta. Matka Prenglerów mówiła bardzo dobrze po polsku, znała wszystkich, sprzedawała na kredyt — układ ten funkcjonował sprawnie. Wielu Żydów było robotnikami rolnymi[27]. Jak zauważył urodzony w Dęblinie David Brook: „Mieliśmy świadomość, że jesteśmy obywatelami drugiej kategorii, mimo że mieszkaliśmy na tych ziemiach od tysiąca lat. Byliśmy na ogół tolerowani, jednak nigdy nie uważano nas za równych”[28].

---

22 USC, VHA, 26955, Relacja Sylvii Friedman.

23 USC, VHA, 10911, Relacja Helen Biderman, 1996 r.

24 USC, VHA, 13813, Relacja Ety Wrobel, 1996 r.

25 Eta Wrobel, *My Life, My Way: The extraordinary memoir of a Jewish partisan in WWII Poland*, New York: YIVO Institute for Jewish Research, 2006.

26 USC, VHA, 13813, Relacja Ety Wrobel.

27 USC, VHA, 11663, Relacja Hershela Prenglera.

28 USC, VHA, 50327, Relacja Davida Brooka, 1999 r.

W mieście spotykało się przypadki wielkiej biedy, dlatego działalność dobroczynna miała duże znaczenie. W 1937 r. liczni sympatycy Narodowej Demokracji przy pomocy działaczy katolickich rozpoczęli akcję przeciw żydowskim kupcom z Łukowa. Zwolennicy nacjonalistycznej prawicy, jak podawała gazeta „Przyjaciel Podlasia" wydawana w Siedlcach (20 km od Łukowa), walczyli otwarcie o „odżydzenie Polski", postulowali, by „nie kupować u Żyda", „bojkotować tych pasożytów". Wydawany w Kocku miesięcznik „Nowe Wieści" w 1939 r. zajmował takie samo stanowisko. Jeden z redaktorów stwierdził, że Żydzi mają już przedsmak tego, co nastąpi, kiedy „odżydzenie" nabierze właściwego tempa[29]. W obliczu nieokiełznanego antysemityzmu lokalnych kół Narodowej Demokracji i Akcji Katolickiej partie lewicowe (Polska Partia Socjalistyczna, część ruchu ludowego, komuniści) oraz inteligencja zorganizowały się przeciw bojkotowi sklepów żydowskich w imię działań antyfaszystowskich. Środowiska żydowskie także nie pozostawały w tej sytuacji bierne, zakazując Żydom kupować u „chrześcijan", korzystać z polskich dorożek czy bojkotując polskie przedstawienia teatralne. Bojkot, wraz z towarzyszącą mu atmosferą, z czasem zaczął przybierać łagodniejsze formy, lecz bez wątpienia pozostawił ślady.

W okresie dwudziestolecia aż do przedednia wojny liczba ludności żydowskiej ustabilizowała się na poziomie 6 tys. Życie żydowskie w Łukowie, wzbogacane działalnością Żydowskiej Biblioteki Ludowej, koła dramatycznego, kina, gazet w jidysz (dziennika i tygodnika), z uczniami i działalnością religijną (Łuków był obwoźną jesziwą — jak mówi Sylvia Friedman, kolejna ocalała, która wyjechała do Stanów Zjednoczonych pod koniec lat czterdziestych) skończyło się wraz z niemiecką inwazją 1 września 1939 r. „Wraz z pojawieniem się Niemców Polacy się zmienili" — podsumowuje Sylvia Friedman[30].

29 *Jesteśmy na dobrej drodze*, „Nowe Wieści" 1939, nr 1.
30 USC, VHA, 26955, Relacja Sylvii Friedman.

Skutki polityki nazistowskiej na terenie dystryktu lubelskiego

Jak pisze Dariusz Libionka:

> Ze statystyk niemieckich wynika, że pod koniec 1942 r. spośród 260 705 Żydów znajdujących się na terenie dystryktu lubelskiego pozostało ich tylko 20 000. Ogółem do 4 listopada 1943 r. (*Aktion Erntefest*) Akcja Reinhard pochłonęła około 2 milionów istnień ludzkich, zamordowanych w gettach, masowych egzekucjach i obozach (Bełżec, Sobibór, Treblinka, Majdanek), czyli więcej, niż było ofiar w obozie zagłady Auschwitz-Birkenau. Wśród jej ofiar byli nie tylko Żydzi polscy, lecz także deportowani do GG Żydzi niemieccy, austriaccy, czescy, słowaccy, holenderscy i francuscy[31].

Przeżyli ci, którzy byli potrzebni w niemieckich przedsiębiorstwach. Jedynie bardzo nielicznym Żydom udało się uciec z getta czy z transportów śmierci. Szacuje się, że od końca 1942 r. 250 tys. osób na terenie całej Polski błądziło po lasach i wsiach w poszukiwaniu pomocy. Końca wojny dożyło nie więcej niż 40–50 tys. z nich[32].

Po likwidacji getta w Lublinie, co nastąpiło w nocy z 16 na 17 marca 1942 r. pod dowództwem gruppenführera SS Odila Globocnika, *Aktion Reinhardt* w dystrykcie lubelskim objęła miejscowości położone w pobliżu linii kolejowych, by następnie rozszerzyć się na teren całego Generalnego Gubernatorstwa. W kwietniu 1942 r. ludność żydowska Lubartowa (leżącego 40 km od Łukowa), Kraśnika i głównie Zamościa została wywieziona do obozu w Bełżcu. „Godny zastanowienia jest fakt — pisze Tatiana Berenstein, badaczka z Żydowskiego Instytutu Historycznego, pracująca tam w latach pięćdziesiątych — iż w tym czasie transporty Żydów z zagranicy nie były

---

31 Dariusz Libionka, *Wstęp* [w:] *Akcja Reinhardt. Zagłada Żydów w Generalnym Gubernatorstwie*, red. Dariusz Libionka, Warszawa: IPN, 2004, s. 7.

32 „Z 3,3 miliona Żydów, którzy mieszkali w Polsce w 1939 r., wojnę przeżyło około 300 000, z czego około 40 000 przetrwało, ukrywając się na terytorium Polski" (Saul Friedländer, *Czas eksterminacji. Nazistowskie Niemcy i Żydzi 1939–1945*, tłum. Sławomir Kupisz, Anna Maria Nowak, Krzysztof Masłowski, Warszawa: Prószyński Media, 2010, s. 704).

kierowane do obozu śmierci w Bełżcu, lecz do wyludnionych gett. Przypuszczalnie Niemcom chodziło o to, aby nie zaginął od razu ślad po ludziach deportowanych z zagranicy, aby utrzymywali oni kontakt listowny z bliskimi w miastach rodzinnych"[33]. Ośmiuset Żydów z Lubartowa, wywiezionych 9 i 10 kwietnia 1942 r., zostało zastąpionych kilkuset kobietami i dziećmi ze Słowacji. Mężczyzn po drodze oddzielono i skierowano do budowy obozu na Majdanku[34]. Komory gazowe obozu w Sobiborze (dystrykt lubelski) zaczęły pracować na początku maja 1942 r., a te w obozie w Treblince (dystrykt warszawski) — w drugiej połowie lipca tegoż roku. Po dwumiesięcznej przerwie wznowiono wywózki Żydów z dystryktu lubelskiego. W sierpniu Żydzi z powiatu biłgorajskiego zostali deportowani do obozu w Bełżcu, a z radzyńskiego — do Treblinki. Największymi miastami powiatu radzyńskiego, oprócz samego Radzynia, były Międzyrzec i Łuków — z Parczewa i Międzyrzeca deportowano 20 tys. Żydów. W październiku 1942 r. Żydzi z innych gett powiatu radzyńskiego byli regularnie wyłapywani i wysyłano ich do Treblinki, a Łuków i Międzyrzec stały się miejscami koncentracji ludności żydowskiej z całego powiatu radzyńskiego.

Wielu Żydom udało się uciec z gett jesienią 1942 r. i ukryć. W celu ponownego zgromadzenia rozproszonych Żydów Friedrich Wilhelm Krüger, wyższy dowódca SS i policji (Höherer SS- und Polizeiführer) w Generalnym Gubernatorstwie, 28 października 1942 r. wydał zarządzenie o utworzeniu w dystrykcie warszawskim i lubelskim „nowych żydowskich dzielnic mieszkaniowych", czyli *de facto* nowych gett. Na mocy tej decyzji odtworzono osiem gett w dystrykcie lubelskim, w tym trzy jedynie dla powiatu radzyńskiego (który był najludniejszy) — w Międzyrzecu, Łukowie i Parczewie. Naziści dopilnowali nawet utworzenia nowych judenratów. Likwidacja drugiego getta w Międzyrzecu i Łukowie nastąpiła na początku maja 1943 r. Kilka tysięcy osób zostało wysłanych do komór gazowych Treblinki, a część robotników do obozu na Majdanku[35].

---

33 Tatiana Berenstein, *Martyrologia, opór i zagłada ludności żydowskiej w dystrykcie lubelskim*, „Biuletyn ŻIH" 1957, nr 1 (21), s. 39. Prace tej badaczki cieszą się uznaniem do dziś. „To Tatianie Berenstein — zauważa niemiecki historyk Dieter Pohl — zawdzięczamy pierwszy szczegółowy opis prześladowań Żydów w dystrykcie lubelskim. Przez dziesięciolecia badania zachodnie w dużej mierze nie znały jej dokonań. Historiografia polska korzystała z nich, ale już dawno przestała je rozwijać" (Dieter Pohl, *La position du district de Lublin dans 'La solution finale de la question juive'*, „Revue d'histoire de la Shoah. Aktion Reinhardt. La destruction des Juifs de Pologne 1942–1943", lipiec–grudzień 2012, nr 197).

34 Zob. Berenstein, *Martyrologia, opór i zagłada ludności żydowskiej w dystrykcie lubelskim*, s. 39.

35 Zob. *ibidem*, s. 44.

Prześladowania Żydów z Łukowa, praca przymusowa, pomoc socjalna

Łuków i okolice były regionem o znaczeniu strategicznym ze względu na znajdujący się tam węzeł kolejowy – skrzyżowanie linii Siedlce–Łuków–Lublin–Lwów oraz Brześć–Łuków–Dęblin–Radom[36]. Okoliczna ludność została przygotowana do wojny przez główne partie polityczne (Stronnictwo Narodowe pracowało nad szlachtą zagrodową mieszkającą na wsi, a Stronnictwo Ludowe i PPS nad chłopami). Przed wybuchem wojny przygotowanie wojskowe w Łukowie objęło nawet kobiety.

> Rozpoczęło się prześladowanie łukowskich Żydów. Mieli bezwzględny obowiązek noszenia na ramionach opasek z gwiazdą Dawida, a także cały szereg nakazów i zakazów. Za złamanie ich groziła kara śmierci. Nieraz widziałam grupy Żydów pędzonych przez Niemców z bronią w ręku do przymusowej pracy. Kazano im śpiewać. Bardzo popularna wówczas była piosenka, w której powtarzały się słowa:
>
> „Nasz Śmigły-Rydz jest niewart nic
> Ale Hitler złoty nauczy nas roboty"[37].

Burmistrzem Łukowa został Niemiec, landrat Fischel, utworzono posterunki niemieckiej żandarmerii, policji kolejowej, a także polskiej policji granatowej i policji pomocniczej składającej się z Volksdeutschów (Sonderdienst)[38]. Miał tam siedzibę także Arbeitsamt (Urząd Pracy) — jeden z pięciu w regionie lubelskim[39]. W Łukowie stacjonowały również bataliony 101 i 104 Ordnungspolizei (Policji Porządkowej) oraz jeden z batalionów SS „Totenkopf".

---

36 Janusz Odziemkowski, *Ziemia łukowska w wojnie obronnej 1939 roku* [w:] *Łuków i okolice...*, s. 221.

37 Czubaszek, *Żydzi Łukowa i okolic*, s. 150.

38 *Encyclopedia of Camps and Ghettos 1933–1945*, t. 2: *Ghettos in German-Occupied Eastern Europe*, cz. A, red. Martin Dean, współpraca Mel Hecker, Bloomington–Indianapolis: Indiana University Press we współpracy z USHMM, 2012, s. 678.

39 Janusz Gmitruk, *Walki partyzanckie na ziemi łukowskiej w latach okupacji hitlerowskiej 1939–1945* [w:] *Łuków i okolice...*, s. 257.

W listopadzie i grudniu 1939 r. do miasta przyjechały transporty przesiedleńców z północnego wschodu (Suwałki) i z terenów na północ od Warszawy (Nasielsk, Serock), liczące łącznie 3550 Żydów. Punkt docelowy nie był jasny — kierowały się najpierw w stronę Königsbergu (Królewca), potem w rejon Łukowa i Międzyrzeca. Żydzi w transporcie jechali 36 godzin bez jedzenia i picia; około 1000 z nich zostało wysłanych do Kocka. Pod koniec grudnia 1939 r. Łuków „przyjął" około 2500 przesiedlonych, którzy mogli liczyć jedynie na społeczność żydowską[40]. Powstał Komitet Pomocy Przesiedleńcom pod auspicjami gminy żydowskiej i jej przewodniczącego Moszego Aharona Wajntrauba, postaci znaczącej jeszcze przed wojną, który podjął się rozlokowania większości przybyłych w rodzinach łukowskich, a reszty w domach modlitwy[41]. *Gros* kosztów pobytu przesiedleńców pokrył Joint, resztę — gmina żydowska. Środki jednak szybko się skończyły z powodu licznych postulatów kolejnych gmin żydowskich przyjmujących przesiedleńców, a także limitów dotyczących pomocy, narzuconych przez Niemców[42]. „Warunki życia były bardzo ciężkie, umierało tak wielu ludzi, że niektóre ciała musiały czekać na pochówek nawet trzy dni"[43].

W grudniu 1939 r. landrat Fischel powołał Judenrat (Radę Żydowską), która składała się z dwunastu członków, z Moszem Aharonem Wajntraubem na czele. Rada z kolei powołała Służbę Porządkową, tzw. policję żydowską, kierowaną przez Salomona „Salka" Cukiermana. Aby przyjść z pomocą Żydom spoza Łukowa oraz najbiedniejszym miejscowym, rada otworzyła w listopadzie 1940 r. szpital zakaźny na 25 łóżek. Jego dyrektor dr Pikielny już w grudniu 1940 r. musiał stawić czoła epidemii tyfusu, do której dołączały przypadki gruźlicy. Doktor przyjmował o wiele więcej pacjentów, niż szpital mógł pomieścić[44].

*

40 Czubaszek, *Żydzi Łukowa i okolic*, s. 139; Emanuel Ringelblum, *Kronika getta warszawskiego. Wrzesień 1939–styczeń 1943*, tłum. Adam Rutkowski, oprac. Artur Eisenbach, Warszawa: Czytelnik, 1983, s. 38 i 40.

41 Helen Biderman (z domu Prengler) opowiada w relacji o przybyciu przesiedlonych z Suwałk (USC, VHA, 10911), a Mira Feldman przywołuje wyczerpującą tułaczkę z Suwałk do Łukowa i zdziwienie, jakie jej towarzyszyło na widok strojów ortodoksyjnych Żydów, mówiących do tego w jidysz (USC, VHA, 23342, Relacja Miry Feldman, 1996 r.).

42 Czubaszek, *Żydzi Łukowa i okolic*, s. 141.

43 Prengler, *La disparition du Lukow juif*, s. 95.

44 Czubaszek, *Żydzi Łukowa i okolic*, s. 143.

Od 1940 r. Żydzi byli kierowani do różnych obozów pracy. Najbardziej znany jest ten w Łapiguzie pod Łukowem, lecz w okolicy było ich kilka — mniejszych i większych: w Dmininie, Ulanie, Staninie, Adamowie, a zwłaszcza w Rogoźnicy. Żydzi z obozu w Ulanie (wsi położonej 15 km od Łukowa), utworzonego jesienią 1940, a zlikwidowanego 31 października 1942 r., pracowali przy poszerzaniu rzeki[45]. Leibish Barn, jeden z głównych świadków, którego relację podaje *Le Livre de Lukow*, tak opisuje tę „pracę":

> W maju 1940 roku wyszło zarządzenie, aby wszyscy Żydzi w wieku od 16 do 60 lat zgromadzili się na targowisku. Stamtąd wysłali nas do Rogosznice [Rogoźnica], Domnik [?] i Zarce [?], oddalonych około 7 km od Mezritch [Międzyrzec]. Było nas 500 Żydów z Łukowa. Nasze zadanie polegało na poszerzaniu rzeki płynącej przez miasto do szerokości 15 m. Komendant obozu, niejaki Lishko, ostatni śmieć, zwołał apel z okazji wizytacji dwóch urzędników zajmujących się gospodarką wodną. Podczas prezentacji Leibl, syn piekarza Józefa, zemdlał. Lishko podniósł go i zastrzelił. To była pierwsza ofiara śmiertelna spośród nas. Niedługo potem zastrzelili też Leibla Karpikacza[46].

Inny świadek, Max Biderman, potwierdza, że praca w obozie w Rogoźnicy była bardzo ciężka: po pobudce o 2.30 w nocy więźniowie musieli przejść 17 km do miejsca pracy, wieczorem wystawać na apelu, spać w drewnianych barakach na ławach pokrytych słomą. Chorych zabijano, a ich ciała grzebali wyznaczeni do tego Żydzi[47].

W 1940 r. Żydzi zostali zmuszeni do pracy przy odbudowie dworca w Łukowie oraz budynków niemieckiego przedsiębiorstwa Richarda Reckmanna. Z relacji Abrama Chaima Sylbersztejna, złożonej w 1947 r. w Żydowskim Instytucie Historycznym, poznajemy jego ówczesne przeżycia:

> Gdy wybuchła wojna w 1939 roku, mieszkałem w Łukowie. Niemcy wkroczyli do Łukowa 18 [właśc. 17] września 1939 r. Richard Reckmann przybył do Łukowa w 1940 roku i założył przedsiębiorstwo budowlane, które mieściło się w stacji kolejowej. Reckmann był właścicielem tej firmy. Przedsiębiorstwo zajmowało się układaniem nowego toru kolejowego, prowadzącego

45 *Ibidem*, s. 150; *Obozy hitlerowskie na ziemiach polskich 1939–1945. Informator encyklopedyczny*, Warszawa, PWN, 1979, s. 534.

46 Barn, *Mes souvenirs du ghetto de Lukow*, s. 22.

47 USC, VHA, 10912, Relacja Maxa Bidermana, 1996 r.

ze stacji Łuków do lasów, gdzie odprowadzano wagon z uzbrojeniem i amunicją, by uchronić je przed nalotami. Wszystkie te prace wykonywali Żydzi, przydzieleni na zadanie Reckmanna przez Arbeitsamt[48] niemiecki drogą przymusu. Każdy Żyd wyznaczony przez Arbeitsamt otrzymał od niemieckiego Arbeitsamtu nakaz stawienia się do przymusowej pracy do firmy R[ichard]a] Reckmanna. Reckmann zatrudniał przeciętnie około 1000 (tysiąc) Żydów. Żydzi pracowali tylko przy pracach niewykwalifikowanych. Majstrami i nadzorcami byli Volksdeutsche. Żydzi fachowcy również pracowali do 1942 r. przy pracach niewykwalifikowanych.

Praca trwała od 8 rano do 8 wieczór. Z dwugodzinną przerwą obiadową. O ile ktoś z robotników Żydów nie stawił się na jeden dzień do pracy wskutek choroby, Reckmann natychmiast doniósł o tym na Gestapo w Radzyniu i Żyd ten został natychmiast zabrany przez Gestapo, skąd już nie wracał. Było również wiele wypadków donosów Reckmanna do Gestapo na robotników żydowskich, które pociągnęły za sobą przybycie Gestapo z Radzynia i rozstrzelanie Żydów na miejscu w Łukowie w podwórzu magistratu. W ten sposób zginęli w Łukowie w 1942 r. z donosu Reckmanna, rozstrzelani przez Gestapo 1. Wolant Majer, 2. syn jego Wolant Izrael, 3. Slodzian Pinchas, 4. syn jego Slodzian Szachna, 5. jeszcze jeden syn jego — imienia nie pamiętam, 6. Ochman Chaskiel, 7. Lichtenstein Szmuel.

Równocześnie z wymienionymi zostało rozstrzelanych około 20 osób — nazwisk nie pamiętam. Nadzorcy Volksdeutsche bili nas pałkami przy pracy, często do krwi. Za pracę płacił Reckmann około 2 zł dziennie, za co nie można było kupić nawet jednego kawałka chleba. Ja również pracowałem u Reckmanna[49].

Christopher Browning pisze, że po wojnie jeden z policjantów niemieckich, który nadzorował pracujących Żydów, potwierdził, iż nie dostawali oni prawie nic do jedzenia, dodając komentarz: „chociaż dla nas pracowali"[50].

Żydów kierowano również do sąsiednich obozów. Poza pracami na rzecz przedsiębiorstwa Reckmanna ładowali i rozładowywali wagony na dworcu,

48 W relacji dla USC Shoah Foundation Eta Wrobel wspomina, że pracowała w wydziale żydowskim Arbeitsamtu, co pozwalało jej ukryć część fiszek osobowych, a tym samym udaremnić wyjazd na roboty niektórych Żydów (USC, VHA, 13813).

49 Archiwum Żydowskiego Instytutu Historycznego (dalej AŻIH), Relacje Żydów Ocalałych z Zagłady, 301/3880, Relacja Abrama Chaima Sylbersztejna, 24 XI 1947 r.

50 Christopher R. Browning, *Zwykli ludzie. 101. Policyjny Batalion Rezerwy i „ostateczne rozwiazanie w Polsce"*, tlum. Piotr Budkiewicz, Warszawa: Bellona, 2000, s. 165.

pracowali w składzie broni i magazynach SS. Rzemieślnicy wykonywali prace dla SS, żandarmerii i administracji miasta. Kobiety natomiast były zatrudnione na fermie drobiu Dietera Dietza zaopatrującej front wschodni[51]. Warto zaznaczyć, że nazwy przedsiębiorstw Reckmanna i Dietza pojawiają się w wielu świadectwach[52].

W 1941 roku utworzono kilka niewielkich obozów pracy:

- Obóz pracy w Dmininie, ustytuowany w stodole. Funkcjonował od wiosny do jesieni 1941 r. Przebywało w nim średnio 200 Żydów zatrudnionych przy kopaniu rowów w okolicy wsi Gołąbki. Podczas jego likwidacji Niemcy zaprowadzili ostatnich Żydów na dworzec, skąd zostali oni wysłani w nieznanym kierunku[53].
- Obóz w Staninie, zlikwidowany w tym samym roku, usytuowany w budynku parafialnym. 150 Żydów wykonywało tam prace melioracyjne. Zostali oni wywiezieni w nieznanym kierunku (prawdopodobnie do Treblinki).
- Obóz w Łapiguzie, w którym pracowali Żydzi z Polski, Czechosłowacji i Węgier.

*

17 grudnia 1940 r. do Łukowa dotarł transport 957 Żydów z Mławy (położonej około 100 km na północ od Warszawy), wypędzonych z Wartheland. Potrzeba zapewnienia im opieki stała się wraz z upływem kolejnych miesięcy 1941 r. dojmująca. Na początku tego roku z inicjatywy kilku mieszkańców miasta powstała delegatura Żydowskiej Samopomocy Społecznej[54], której głównym celem było niesienie pomocy przesiedleńcom. Jej powstanie zostało zatwierdzone przez kreishauptmanna (starostę) Radzynia. Działania tej organizacji animowali trzej lokalni notable: Moszko Lejzerzon, Moszko Farel Fiszbajn i Fiszel Rozenberg[55].

Co ciekawe, w tym samym czasie powstała konkurencyjna organizacja przy łukowskim Judenracie, którą zatwierdził z kolei landkommissar Łukowa. Jej reprezentantami byli Mendel Zaremba, Szloma Rozenfeld i Abram

51 *Encyclopedia of Camps and Ghettos...*, s. 679.

52 Na przykład Eta Wrobel pracowała u Dietza, a Max Biderman u Reckmanna (USC, VHA, 13813, Relacja Ety Wrobel; USC, VHA, 10912, Relacja Maxa Bidermana).

53 *Obozy hitlerowskie na ziemiach polskich...*, s. 155.

54 Żydowska Samopomoc Społeczna była żydowską organizacją humanitarną z siedzibą w Krakowie, powołaną za zgodą Niemców; jej celem było udzielanie pomocy Żydom.

55 Czubaszek, *Żydzi Łukowa i okolic*, s. 143.

Prengler. Ostatecznie krakowska Centrala Żydowskiej Samopomocy Społecznej uznała za swe przedstawicielstwo tę drugą. „Trudno powiedzieć — pisze Czubaszek — dlaczego wygrała akurat ta frakcja. Być może udało się jej zyskać poparcie jakiegoś znaczniejszego przedstawiciela nazistowskiej władzy. Cała ta przepychanka była zaś wynikiem ścierania się różnych grup interesów i zwykłej walki o przetrwanie. W grę wchodziła zapewne nie tylko chęć wspierania biednych i przesiedleńców, ale także kwestia dostępu do środków pomocowych przekazywanych przez ŻSS i Joint"[56].

Oczywiste jest, że możliwość zatrudnienia w Żydowskiej Samopomocy Społecznej stała się podczas pierwszych miesięcy 1941 r., kiedy jeszcze los Żydów nie wydawał się przesądzony, bardzo atrakcyjna. Nową władzę oskarżono o nepotyzm i 31 października 1941 r. odwołano. Kolejną delegaturę Żydowskiej Samopomocy Społecznej Niemcy powołali 8 stycznia 1942 r. Przewodniczył jej Szachna Biderman, a członkami byli Mordko Morgensztern i Józef Żyto.

Instytucje te pomagały najbardziej potrzebującym. W 1941 r. rozdały posiłki 2000 osób. W maju tego roku otworzono punkt dożywiania dzieci, wydający posiłki 145 chłopcom do 14. roku życia[57]. Podobnie miało być z dziewczętami, ale z braku środków delegatura musiała ograniczyć liczbę wydawanych posiłków do 470. W tym samym roku centrala Żydowskiej Samopomocy Społecznej przyznawała regularnie środki delegaturze w Łukowie, świadoma tego, że tamtejsza ludność żydowska musiała zadbać o los „2000 uchodźców i drugie tyle miejscowych biednych"[58].

Począwszy od 1942 r., przyznawane subwencje stawały się coraz niższe, choć nowa delegatura była jeszcze w stanie wydawać 1700 posiłków dziennie. 1 kwietnia 1942 r. utworzyła Koło Kobiet; zobowiązało się ono do pomocy wszystkim tym spośród najbardziej potrzebujących, którzy nie mogli korzystać z kuchni ludowej — w sumie około 50 rodzinom[59]. Fundusze pochodziły ze składek łukowskich Żydów — wpłacali na ten cel od 1 do 5 zł tygodniowo. Przyjazd ponad 2000 Żydów ze Słowacji 8 i 9 maja 1942 r., mimo doraźnej pomocy ze strony centrali w Krakowie, znacznie pogorszył sytuację.

Do Łukowa przybywali także pojedynczy uciekinierzy z warszawskiego getta, np. Halina Bartosiak: „Mówiło się, że w Łukowie jest spokojnie, że nie

56 *Ibidem*, s. 144.

57 *Ibidem*, s. 145.

58 AŻIH, Korespondencja ŻSS 1939–1941, k. 24, cyt. za: *ibidem*, s. 145.

59 AŻIH, Korespondencja ŻSS z 1942 r., k. 22, za: *ibidem*, s. 146.

ma tam zamkniętego getta, że Żydzi mogli tam mieszkać, jeśli pracowali dla Niemców (sprzątając ulice, jako krawcy, szewcy)"[60]. Podobnie sytuację relacjonowała Lillian Fenster, która uciekła z getta w Warszawie wiosną 1941 r. W Łukowie mieszkała jej ciotka: „Słyszało się, że w Łukowie nie ma getta"[61].

60 USC, VHA, 31545, Relacja Haliny Bartosiak, 1997 r.
61 USC, VHA, 42816, Relacja Lillian Fenster, 1998 r.

Getto w Łukowie i Rada Żydowska w 1942 r.

„Dzielnica żydowska" w Łukowie, czyli getto, została utworzona w maju 1941 r. Początkowo był to teren otwarty, z grubsza pokrywający się z obszarem zamieszkanym przez Żydów przed wojną. „Do połowy 1941 roku — pisze jeden ze świadków, który przeżył — Żydzi żyli w mieście mniej więcej normalnie. Nieszczęście zaczęło się wraz z atakiem Niemiec na Związek Radziecki"[62]. Według relacji Joëla Estracha[63], niektórzy żyli całkiem dobrze, zarabiając sporo na szmuglu i handlu z gettem w Warszawie. Ogólnie rzecz biorąc, wpływowi Żydzi, mający wiele kontaktów z Polakami, wykorzystywali je w okresie tzw. otwartego getta. Helen Biderman, której rodzina posiadała ziemie w okolicy Łukowa, wspomina na przykład, że jeden z jej wujów dostarczał żywność Niemcom, a także wysyłał ją do Warszawy. Ponieważ pracował dla SS, cieszył się przywilejami. Mógł więc wydostać się z obozu pracy, dokąd trafili. Nawet mniej wpływowi Żydzi, którzy mieli dobre kontakty z Polakami, mogli je w tym okresie wykorzystać. Kiedy Niemcy kazali ojcu Ety Wrobel przekazać piekarnię zarządcy komisarycznemu, nowy piekarz szepnął mu do ucha: „Jeśli będzie pan potrzebował pomocy czy żywności, proszę do mnie przyjść, pomogę panu"[64].

Począwszy od lata 1941 r., naziści zakazali Żydom opuszczać getto. Nie mogli oni również korzystać ze środków transportu publicznego[65] ani mieć psa (Eta Wrobel opowiada w swojej relacji, że oddali psa chłopu, ale zwierzę wracało do nich kilka razy. Musieli go ostatecznie utopić...[66]). Prasa gadzinowa, a konkretnie „Nowy Głos Lubelski", wspominała o korzyściach, jakie wynikały z odizolowania Żydów. Jak pisze Małgorzata Maria Opasiak-Piasecka: „Autor [„Nowego Głosu Lubelskiego"] podpisany (sz) chwalił

62 Moshe Graicer, *La lutte pour la vie* [w:] *Le Livre de Lukow...*, s. 14.

63 USC, VHA, 9775, Relacja Joëla Estrakha (Estracha), 1995 r.

64 Wrobel, *My Life...*

65 *Żydom nie wolno używać publicznych środków lokomocji*, „Nowy Głos Lubelski", 25 IX 1941, nr 224, za: Małgorzata Maria Opasiak-Piasecka, „Propaganda antysemicka w prasie gadzinowej na podstawie «Nowego Głosu Lubelskiego» 1940–1944", praca magisterska, Katolicki Uniwersytet Lubelski, 2009, s. 53.

66 USC, VHA, 13813, Relacja Ety Wrobel.

władze Łukowa za akcję, która miała na celu poprawienie estetyki sklepowych wystaw"[67]: «Zrobione jest już wiele, jeśli praca potrwa w takim tempie, to miejmy nadzieję, że dotychczas zażydzony i zaśmiecony Łuków zmieni się w ładne i miłe miasto»"[68].

4 listopada 1941 r. burmistrz Łukowa zlecił rozplakatowanie obwieszczenia (*Bekanntmachung*) dla mieszkańców w języku niemieckim i polskim, które utrzymywało w mocy decyzję generalnego gubernatora z 15 października: „«Żydzi, którzy bez upoważnienia opuszczają wyznaczoną im dzielnicę, podlegają karze śmierci. Tej samej karze podlegają osoby, które takim żydom świadomie dają kryjówkę» [...]. Wyraźnie zwracam uwagę na to, że rozporządzenie niniejsze dotyczy również Żydów miasta Łukowa"[69].

Mimo licznych źródeł, którymi dysponujemy, niewiele z nich dotyczy pierwszych sześciu miesięcy 1942 r. w Łukowie. Świadkowie w swoich relacjach nie zawsze podają daty wydarzeń, a i najważniejsze opracowania na ten temat (Czubaszek; *Encyclopedia of Jewish Life* Yad Vashem; *Encyclopedia of Camps and Ghettos, 1933–1945* USHMM) nie skupiają się na tym okresie. Na podstawie kilku relacji wiadomo jednak, że w pierwszych miesiącach 1942 r. terror nazistowski wyraźnie przybrał na sile. Jeden ze wspomnianych już świadków, Leibish Barn, którego relacja znajduje się w *Le Livre de Lukow*, pisze:

> Na początku 1942 roku Mal Rozenblum i Szepsel Nasielski zostali zabici tylko za to, że nosili kaszkiety podczas pracy. Kilka dni później policjanci zgwałcili dwadzieścia Żydówek. Szewc Szmil Sztainberg próbował stanąć w obronie swojej żony. Został zatłuczony na miejscu młotkiem[70].

Polski nauczyciel Stanisław Żemiński pozostawił najbardziej poruszające świadectwo. Gdy okupanci zażądali dostarczenia wszystkich futer, jakie znajdowały się w posiadaniu Żydów, opisał kolejne wydarzenia następująco: „Przyszła akcja zbierania futer. Żydzi dali za mało. Doszły ekspedycje i w każdym mieście zabito po kilkunastu Żydów. W marcu br. zabito w Łukowie 47 osób, mężczyzn i kobiet. W dniu 31 kwietnia zabito 49 osób"[71].

---

67 Opasiak-Piasecka, „Propaganda antysemicka w prasie gadzinowej na podstawie «Nowego Głosu Lubelskiego»...".

68 *Ibidem*.

69 Czubaszek, *Żydzi Łukowa i okolic*, s. 153.

70 Barn, *Mes souvenirs du ghetto de Lukow*, s. 24.

71 AŻIH, Pamiętniki Żydów Ocalałych z Zagłady, 302/30, Stanisław Żemiński, Dziennik, zapis z 27 XI 1942 r. Zapiski Żemińskiego zostały opublikowane w „Biuletynie ŻIH" z 1958

W kwietniu 1942 r. getto zamieszkiwało 8093 Żydów — zarówno łukowskich, jak i przesiedleńców. W dniach 8–9 maja 1942 r. dołączyła do nich grupa 2031 Żydów ze Słowacji (wielu z nich uważało się za Żydów węgierskich). W tym samym czasie majątek żydowski poza gettem został wystawiony na sprzedaż, a dla potencjalnych kupców chrześcijańskich, którzy przejmowali żydowskie sklepy, zorganizowane zostały specjalne szkolenia z zakresu handlu.

*

Akcja „Reinhardt", która — przypomnijmy — oznacza zagładę Żydów w Generalnym Gubernatorstwie, przede wszystkim przez zagazowywanie w obozach śmierci w Bełżcu, Treblince i Sobiborze, rozpoczęła się w marcu 1942 r. Getta miały być sukcesywnie likwidowane. W okresie marzec–kwiecień tego roku około 300 tys. Żydów z Lublina wysłano do obozu w Bełżcu. Od tego czasu większość gett z terenu Generalnego Gubernatorstwa, w szczególności te, które znajdowały się niedaleko Łukowa, miały zostać zlikwidowane[72]. Masowo deportowano Żydów z Parczewa (19 sierpnia), Międzyrzeca (25–26 sierpnia) i Radzynia (1 października).

1 czerwca 1942 r. getto w Łukowie przeszło pod zarząd SS-mana Josefa Bürgera (Policja Bezpieczeństwa). Jego zastępcą został Anton Neumann, lokalny Volksdeutsch.

Na czele Rady Żydowskiej stał już nowy prezes, Hersz Lejzor Lender. Poprzedni — Mosze Waintraub — został aresztowany przez Niemców w październiku 1940 r. z niejasnych powodów. Według niektórych przyczyną było zaangażowanie w działania ruchu oporu, według innych „malwersacje", przede wszystkim oskarżenie o przywłaszczenie paczek z odzieżą wysłanych przez Joint[73].

(nr 3 [27]), pt. *Kartki dziennika nauczyciela w Łukowie z okresu okupacji hitlerowskiej*). Przetłumaczone na język francuski fragmenty znalazły się w *Le Livre de Lukow*. W 2017 r. ukazała się krytyczna edycja relacji w opracowaniu Aliny Skibińskiej (Stanisław Ż(Rz)emiński, *Pamiętniki. Łuków i okolice — getto*, „Zagłada Żydów. Studia i Materiały" 2017, nr 13, s. 626–639).

72 Wyjątkowa relacja dotycząca deportacji Żydów dokonywanych w Generalnym Gubernatorstwie zob. Zygmunt Klukowski, *Dziennik z lat okupacji Zamojszczyzny 1939–1944*, red. Zygmunt Mańkowski, Lublin: Lubelska Spółdzielnia Wydawnicza, 1959; najnowsza edycja: *Zamojszczyna 1918–1959*, Warszawa: Ośrodek Karta, 2017. Na temat niemieckich sił policyjnych zaangażowanych w Zagładę zob. Wolfgang Curilla, *Der Judenmord in Polen und der deutsche Ordnungspolizei 1939–1945*, Paderborn–München–Wien–Zürich: Schöningh, 2011.

73 Czubaszek, *Żydzi Łukowa i okolic*, s. 141–142 i 156.

Żydzi z getta w Łukowie wiedzieli o deportacjach i oczekiwali swojej kolei. Lender starał się „obłaskawić" Niemców, przynosząc im prezenty, zwłaszcza szefowi powiatu Radzyń. Władze niemieckie nakazały Lenderowi, by ten przekazał mieszkańcom getta w Łukowie informację, że nie grozi im deportacja, ponieważ 80% tamtejszych Żydów pracuje dla przedsiębiorstw niemieckich. Tak pisze o tym anonimowy świadek, który ocalał:

> Jeszcze przed pierwszą „akcją", mającą na celu eksterminację Żydów z naszego miasta, zaczęły do nas docierać niesłychane wieści, jedne straszniejsze od drugich. Dotyczyły one Warszawy, Nowomińska, Lublina, Lubartowa, Chełma etc. Żydzi, którzy stamtąd uciekali, przybywali do nas. Pośród nich było nawet kilku takich, którzy wyskoczyli z pociągu do Treblinki. Ludzie ci opowiadali nam o strasznych cierpieniach, jakich doznawali ze strony hitlerowskich bandytów. Opowieści o nieprawdopodobnych aktach sadyzmu wobec kobiet i starców mroziły krew w żyłach.
>
> Z dnia na dzień atmosfera stawała się coraz bardziej beznadziejna. Kręciliśmy się w kółko jak obłąkani. Nie mogliśmy spać i cały czas myśleliśmy, jak znaleźć pomoc. Ludzie zwracali się do Rady Żydowskiej i do przewodniczącego gminy z pytaniem, co się stanie. Dlaczego nic nie robimy? Dlaczego milczymy, kiedy mamy nóż na gardle? Odpowiedziano nam, że trzeba pracować. Możliwe, że Niemcy nie zrobią nic tym, którzy dla nich pracują. I tak rozpoczął się wyścig — każdy na wszelkie możliwe sposoby szukał posady, która mogła mu zapewnić przeżycie[74].

Przekonanie, że uda się przetrwać dzięki pracy, pojawia się bardzo wyraźnie w wielu relacjach ocalałych. Była to bezsprzecznie jedna z pierwszych strategii przeżycia. Istniało przekonanie, podzielane zresztą przez wszystkich, że pracując, można przeżyć. Wszystkie świadectwa zawierają informacje o zaciekłym poszukiwaniu pracy, nawet bezpłatnej czy płatnej bardzo słabo. Bycie produktywnym było uważane za przepustkę do dalszego życia[75]. Susan Weiss opowiada, że w Kocku ryzykowała życiem, „ponieważ nie pracowała"[76]. Nawet dzieci miały zbierać zioła — był to rodzaj pracy, a zatem i ochrony (Helen Biderman). Podobnie relacja Annette

---

74 Relacja anonimowa, *La première action d'extermination des Juifs de Lukow selon le témoignage d'un rescapé* [w:] *Le Livre de Lukow...*, s. 36–37.

75 USC, VHA, 50327, Relacja Davida Brooka.

76 USC, VHA, 48207, Relacja Susan Weiss, 1998 r.

Smilovic, która miała wówczas 11–12 lat, pełna jest pozytywnych odniesień do pracy. Już jako starsza pani u schyłku życia wciąż uważała, że ci, którzy mieli jakieś zajęcie, byli chronieni, a kiedy wspominała własne ocalenie, wyrażała przekonanie, że przeżyła dzięki pracy w obozie w Dęblinie — w kuchni i opiekując się małymi dziećmi[77].

Wielu Żydów przygotowywało w tym czasie kryjówki, kolejny sposób na przetrwanie[78]:

> Trzeba było przygotować kryjówki dla członków rodziny — żon, dzieci i rodziców. Pracowało się w największej tajemnicy, nawet przed sąsiadami, głównie w nocy, kopiąc bunkry, w których można będzie się ukryć podczas akcji. Z opowiadań tych, którym udało się uciec z innych miast, wiedzieliśmy, że Gestapo działa według z góry ustalonego planu — mają rozkaz zamordować określoną liczbę Żydów. [...]
>
> Prezes Lender nie czekał z założonymi rękoma. Często odwiedzał niemieckiego komendanta i przynosił mu wartościowe rzeczy, żeby odroczyć deportację. [...] Delegacje jeździły i do Radzynia, do tamtejszego szefa. Po przyjęciu drogich prezentów morderca ten zapewnił, że nic złego nie czeka łukowskich Żydów, ponieważ 80% z nich jest zatrudnione przez władze niemieckie. [...] Te wszystkie piękne deklaracje nie uspokoiły ludzi. Instynktownie wiedzieli, że nie należy im wierzyć, że służą jedynie uśpieniu czujności — akcja mogła zacząć się w każdej chwili. Dlatego też w każdym domu ustanowiono straż, która całymi nocami obserwowała przez szpary w okiennicach ulice. Widząc, że Gestapo i Ukraińcy otaczają miasto, mielibyśmy trochę czasu, aby ukryć się w skrytkach. Tygodniami żyliśmy w ciągłym udręczeniu, czekając na śmierć, która mogła przyjść w każdej chwili[79].

Łukowscy Żydzi byli, jak widać, całkowicie świadomi pętli, która powoli zaciskała się na ich szyjach. Wiedzieli także, że „akcję poprzedzał rabunek" — jak pisze ten sam anonimowy świadek przywołany w *Le Livre de Lukow*[80]. Po zbiórce futer przyszła kolej na kradzież złota:

---

77 USC, VHA, 3071, Relacja Annette Smilovic, 1995 r.

78 Przygotowanie kryjówek ułatwiało to, że „w Łukowie domy przylegały jeden do drugiego, a strychy tworzyły jeden ciąg" (USC, VHA, 5897, Relacja Hanka Rosenbauma, 1995 r.).

79 Relacja anonimowa, *La première action d'extermination des Juifs de Lukow...*, s. 36–37.

80 *Ibidem*, s. 36.

SS nakazało Radzie Żydowskiej dostarczyć 10 kg złota. W razie niespełnienia tego żądania grozili rozstrzelaniem połowy łukowskich Żydów. Komisja zwołała ludzi na dziedzińcu synagogi. Głos zabrali członkowie Rady, którzy przeczytali fragmenty Tory odnoszące się do obowiązku wykupienia swego życia. Kobiety miały dać przykład wiary, że Bóg pomoże, oddając swoje obrączki i biżuterię. Zaczęły się dyskusje i targi o to, kto jest bogatszy. Ludzie oskarżali się wzajemnie. Rada przy pomocy policji żydowskiej zatrzymała najbardziej chciwych i umieściła ich w areszcie. Dręcząc Żydów i odmawiając im jedzenia, udało się pozbawić ich całego złota i biżuterii. W siedzibie Judenratu zegarmistrz Fiszel wyceniał i ważył wszystkie przynoszone przedmioty oraz wydawał pokwitowania. Po czterech dniach przewodniczący gminy zaniósł na Gestapo całe zebrane złoto, oddając je w zamian za gwarancję bezpieczeństwa dla Żydów. Hitlerowscy kaci przyjmowali je, wygłaszając jednocześnie kłamstwa, obiecując, że miasto pozostanie bezpieczne — Żydzi łukowscy mogą pracować w spokoju[81].

Temat policji żydowskiej pojawia się w kilku relacjach. W 1947 r. nieliczni ocalali zrzeszeni w Komitecie Żydów Łukowskich opublikowali wraz z Żydowską Komisją Historyczną broszurę pod tytułem *Lukower kdoszim un heldn*[82]. Opisali w niej grupę policjantów żydowskich z Łukowa, którzy wraz z dowódcą „donosili na Żydów i bili ich, pomagając w ten sposób Gestapo zmusić ich do oddania złota. Każda nowa szykana była zarazem nowym źródłem dochodu. Współpraca z Niemcami przyniosła im wielkie bogactwo"[83].

W połowie września 1942 r. Policja Bezpieczeństwa nakazała otoczyć teren getta drutem kolczastym. Stanisław Żemiński wspomina, że dzięki kontrybucji 10 kg złota i temu, że getto nie było w żaden sposób zamknięte, Żydzi z Łukowa — w przeciwieństwie do Żydów z sąsiednich miast — korzystali z odroczenia deportacji. Krzysztof Czubaszek, opierając się na *Fahrplananordnung* 586, dowodzi, że Żydzi mieli zostać wywiezieni z Łukowa

81 *Ibidem*, s. 38–39.

82 *Lukower kdoszim un heldn* [Łukowscy męczennicy i bohaterowie], red. Mojsze Tirman, Łódź: Algemajne Komitet fun Lukower Jidn baj der Central Jidiszer Historiszer Komisje in Pojlin, 1947.

83 Isaiah Trunk wspomina o tym w książce o radach żydowskich (*idem*, *Judenrat. The Jewish Councils in Eastern Europe*, New York: Macmillan Company, 1972; cytowane zdanie z broszury znajduje się na s. 134).

POWIAT ŁUKOWSKI

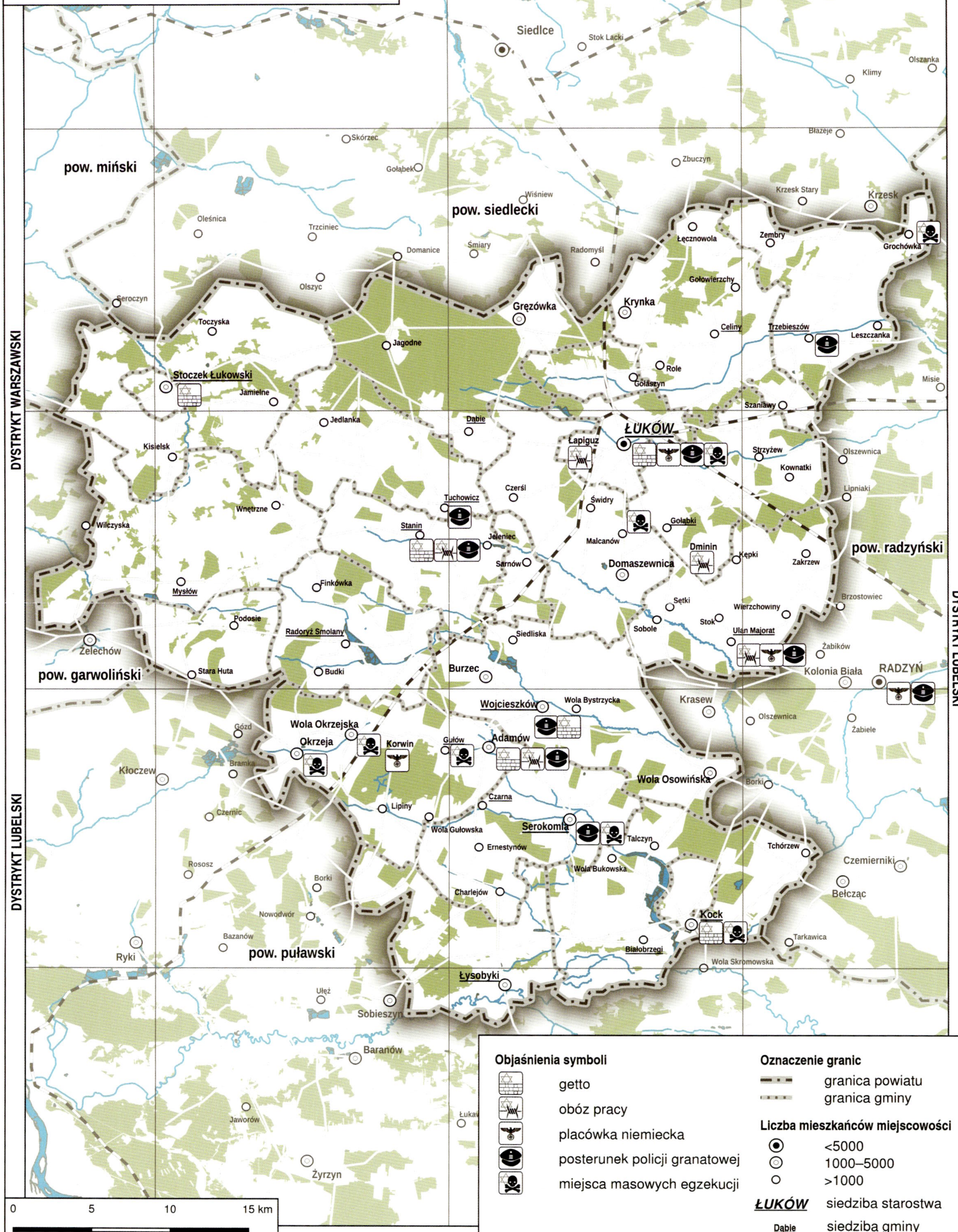

już 28 sierpnia. Skład liczący 25 wagonów miał tego dnia opuścić miasto o godz. 10.44 i dojechać do Treblinki o 14.52, by znów wrócić do Łukowa o 15.22[84]. Transport został odwołany, ponieważ machina śmierci w Treblince nie nadążała z gazowaniem i paleniem ogromnej liczby ofiar[85].

84 Czubaszek, *Żydzi Łukowa i okolic*, s. 159. Autor opiera się na *The Holocaust Chronicle* (Lincolnwood, 2000, s. 415). W rozkładzie jazdy (*Fahrplananordnung*) nr 565 podano inną godzinę powrotu z Treblinki — 17.22.

85 Browning, *Zwykli ludzie...*, s. 130.

Likwidacja getta w Łukowie i innych gett

Poza Łukowem głównymi miastami powiatu były Kock i Stoczek Łukowski.

LOS ŻYDÓW Z KOCKA

Kock rozsławiała postać rabina Menachema Mendla Morgensterna, słynnego talmudysty z XIX w., który przyciągał rzesze chasydów. Mieszkał on — a później jego potomkowie — w domu z wieżyczką (odwiedzanym do dziś), w którym podczas niemieckiego bombardowania 9 września 1939 r. zginął ostatni rabin Kocka, Józef Morgenstern. Wehrmacht zajął ostatecznie miasto w październiku 1939 r., w listopadzie spłonęła synagoga.

Kreishauptmann Radzynia Hennig von Winterfeld zdecydował, że część Żydów zostanie przesiedlona do Kocka. W grudniu 1939 r. 1200–3000 Żydów zostało przywiezionych do miasta m.in. z Lubartowa, Nasielska, Serocka, Suwałk i Chełma. Utworzono Judenrat. Pod koniec miesiąca liczba ludności żydowskiej Kocka wzrosła z ponad 2 do 8 tys.[86] Byli oni stłoczeni w nieludzkich warunkach. Wybuchła epidemia tyfusu, który stał się przyczyną śmierci wielu dzieci. Jeden z ocalałych świadków wspomina, że Żydzi byli skazani na żebranie w okolicznych wsiach, gdzie ostrzegano: „«Nie wpuszczajcie Żydów, Żyd to tyfus.» [...] Miało to na celu uniemożliwienie Żydom wyproszenia sobie żywności"[87].

Na ludność żydowską nałożono kontrybucję 2 kg złota — zapłacili. Wtedy Winterfeld pozwolił niektórym z nich wrócić do siebie[88]. W kwietniu 1941 r. w Kocku doliczono się 3191 Żydów. Tym, którzy opuściliby getto, groziła kara śmierci. Żydzi byli zmuszani do wykonywania różnorakich prac (osuszanie bagien, ścinka drzew, nawadnianie pól).

---

86 Laura Crago, *Kock* [w:] *Encyclopedia of Camps and Ghettos...*, s. 647–649.
87 AŻIH, 301/2013, Relacja Mojżesza Apfelbauma, 1946 r.
88 Crago, *Kock*, s. 648.

Obóz pracy dla Żydów w okolicach Kocka (GFH, 7374)

Tego lata kocka żandarmeria zatrzymała poza miastem około trzydziestu Żydów, jego mieszkańców, i zastrzeliła na cmentarzu żydowskim. 16–19 sierpnia 1942 r. Rada Żydowska wyznaczyła sto rodzin (400–500 osób), w większości przesiedleńców, do natychmiastowego wyjazdu do Parczewa. Stamtąd zostali wysłani do Treblinki podczas deportacji przeprowadzanych od 19 sierpnia do 20 października. 101 Policyjny Batalion Rezerwy, stacjonujący w Kocku, nadzorował wywózki w sumie 1700 Żydów. Jedna z nich nastąpiła 10 września. W odwecie za zabicie żołnierza niemieckiego w okolicach wsi Talczyn mjr Wilhelm Trapp, dowodzący 101 Batalionem, zdecydował, przy poparciu władz nazistowskich w Lublinie (w tym samego Globocnika), by rozstrzelać całą ludność tej wsi — dwustu mieszkańców. Po zabiciu osiemdziesięciu z nich, nie mogąc się zdecydować na zabicie pozostałych chłopów, postanowił dopełnić wymaganą przez Lublin liczbę ofiar Żydami z miasta sąsiadującego z Kockiem. Pod koniec września stracono ponad stu Żydów[89].

Od 8 października setki Żydów przewieziono do getta w Łukowie. W getcie w Kocku, ograniczonym do kilku ulic, zostało nie więcej niż 400–500 osób. Następujące po sobie deportacje do Łukowa, a stamtąd do Treblinki, odbywały się 26–27 października i 7–10 listopada. Przeżyło niespełna trzydziestu Żydów z Kocka.

89 Archiwum Instytutu Pamięci Narodowej (dalej AIPN), GK 284/41, Akta procesu Wilhelma Trappa; zob. także AIPN, GK 284/43, Akta Gustava Drewesa; *W 70. rocznicę tragedii Talczyna*, Kock: Dom Kultury, 2012.

ŻYDZI ZE STOCZKA ŁUKOWSKIEGO

Niemcy weszli do Stoczka 12 września 1939 r. i zaczęli podpalać budynki w centrum miasta[90] — 80% drewnianych domów, w tym synagoga, zostało zniszczonych. Administracyjnie Stoczek Łukowski należał do Distrikt Warschau. Do kwietnia 1941 r. stanowisko kreishauptmanna zajmował dr Hans Klein, później zastąpił go dr Carl Freudenthal, który terroryzował mieszkańców radykalnymi metodami[91]. W 1939 r. w Stoczku mieszkało 2200 Żydów, a pod koniec listopada 1940 r. liczba ta zmniejszyła się do 1956, wskutek ucieczek na terytoria okupowane przez Sowietów. W 1940 r. na Żydów ze Stoczka nakładano rozmaite kontrybucje, ale mogli oni jeszcze, choć z trudem, handlować z chłopami z okolicznych wsi. Dwóch z nich zostało wysłanych do obozu pracy w Chyżynach, położonego 14 km od Stoczka.

W 1941 r. liczba Żydów wzrosła do 2450, a w kwietniu następnego roku nawet do 2950 (według innych szacunków — do 3300), czyli 15% całego Kreis Garwolin[92].

W 1940 r. Rada Żydowska w Stoczku otworzyła jadłodajnię, która wydawała posiłki dla 600 ubogich Żydów z funduszy przekazanych przez Joint. „Ludność żydowska miasta — pisał Aron Heller, prezes Rady Żydowskiej — liczy 1956 osób, z tego 1200 potrzebuje pomocy"[93]. Dodawał, że dzielnica żydowska spłonęła doszczętnie i nie została odbudowana.

Getto w Stoczku utworzono pod koniec 1941 r., nie było ono ogrodzone. Ogólna liczba mieszkańców przekroczyła 5000 osób ze względu na napływ Żydów z okolicznych gett, także z getta warszawskiego. W miasteczku znalazło się też wielu Polaków wydalonych z Wielkopolski. „Począwszy od 1941 roku — wspomina jeden z ocalałych ze Stoczka, Henry (Hersz) Rubinstein — zostaliśmy zamknięci w mieście"[94].

W drugiej połowie września 1942 r. („między Rosz ha-Szana a Jom Kipur, około 5–6 rano" — opowiada Henry Rubinstein), większość Żydów ze Stoczka Łukowskiego została deportowana do Treblinki przez Parysów,

90 Adam Budzyński, Józef Filipczuk, *Żydzi w Stoczku Łukowskim*, Stoczek Łukowski–Warszawa: Towarzystwo Przyjaciół Stoczka, 2010.

91 Stephan Lehnstaedt, *Stoczek Lukowski* [w:] *Encyclopedia of Camps and Ghettos...*, s. 448–449.

92 *Ibidem*.

93 Budzyński, Filipczuk, *Żydzi w Stoczku Łukowskim*, s. 82.

94 USC, VHA, 35378, Relacja Henry'ego Rubinsteina, 1997 r.

miejscowość położoną 17 km od miasta, i prawdopodobnie przez Sobolew, który stał się punktem tranzytowym dla różnych gett, także tego w Stoczku. Henry Rubinstein tak wspomina ten dzień:

> To musiała być środa, ponieważ dzień wcześniej był targ, który odbywał się we wtorki. Nie spodziewaliśmy się tego. Mieliśmy zostawić nasze rzeczy i wyjechać. Niektórym pozwolili coś zabrać, jakieś wózki, wszyscy biegali, starcy nie byli w stanie iść, niektórych zabito na miejscu. Jeden facet z miasta niósł na plecach swoją matkę przez 23–25 km, Niemcy szli przy nim. Zmierzaliśmy w kierunku sąsiedniego Parysowa[95].

Według innych źródeł, zwłaszcza polskich świadków, główna wywózka nastąpiła 12 września, pierwszego dnia święta Rosz ha-Szana[96]. Niemcy otoczyli miasto, podczas gdy polska policja i strażacy wyganiali Żydów z domów i pędzili ich na targowisko. Strażak Stanisław Sitkiewicz opowiadał, jak w nocy z 11 na 12 września pilnował z wysokości remizy strażackiej, aby żaden Żyd nie uciekł ze Stoczka: „Niczego specjalnego nie zauważyłem, ale o świcie 12 września pojawił się na targowisku jakiś Niemiec i przez blaszaną tubę zaczął wzywać Żydów, żeby się wokół niego gromadzili. I po kilku minutach otoczyła go grupa lamentujących starozakonnych"[97]. Na miejscu część wózków została zabrana przez chłopów, na pozostałych położono chorych, starców i dzieci. Reszta Żydów musiała iść do Parysowa pieszo — 2000 osób pod eskortą żołnierzy niemieckich z psami. W czasie marszu zabito 200 osób[98]. Żydzi ze Stoczka, razem z ludnością z okolicznych gett (z Łaskarzewa, Żelechowa, a zwłaszcza Maciejowic) czekali w Parysowie dziesięć dni na transport do Treblinki, który odbywał się między 27 a 30 września 1942 r. Akcję przeprowadzały miejscowa żandarmeria i polska policja (przy wsparciu KdS Warschau i komanda wysiedleńczego z Warszawy)[99]. Żydzi zostali zamordowani w Treblince 2 października.

---

95 *Ibidem.*

96 Budzyński, Filipczuk, *Żydzi w Stoczku Łukowskim*, s. 87–88.

97 *Ibidem*, s. 89.

98 Zob. Relacja Jakoba F., przytoczona przez Jacka Andrzeja Młynarczyka w: *„Akcja Reinhard" w gettach prowincjonalnych getta warszawskiego 1942–1943* [w:] *Prowincja noc. Życie i zagłada Żydów w dystrykcie warszawskim*, red. Barbara Engelking, Jacek Leociak, Dariusz Libionka, Warszawa: Wydawnictwo IFiS PAN, 2007, s. 60.

99 *Ibidem.*

Kilku świadków potwierdza, że po wywózce Żydów dochodziło do rabunków. Michalina Świątek, urodzona w 1924 r., wspominała: „Wstyd mi o tym mówić, ale tak było. Niektórzy rabowali i grabili żydowski dobytek. Słyszałam na własne uszy, jak pilnujący Żydów Niemiec, pewnie Poznaniak, bo znał język polski, głośno powiedział: «No, ciekawe, kto po was rzeczy będzie brał»"[100]. Polscy „sąsiedzi" uczestniczyli także w polowaniu na Żydów w rejonie Stoczka Łukowskiego, które zainicjowali Niemcy. Podczas jednej z takich akcji bracia Jojne, mieszkający w Toczyskach (4 km od Stoczka), zostali zamordowani przez sąsiada, inni zostali wydani za kilogram cukru (Wola Kisielska)[101].

Część sąsiadów starała się nieść Żydom ratunek. Próbę taką podjęła m.in. Barbara Nowelska (1919–2012), mieszkająca w położonym 2 km od Stoczka dworze w Zgórznicy, komórce konspiracyjnej AK, w którym notabene miało zwyczaj się zatrzymywać wielu Niemców. Młodziutki Żyd Chaim Lehrman przybył do dworu pod koniec października 1942 r. Barbara Nowelska przybliża okoliczności dalszych wydarzeń w swoich wspomnieniach:

> Ukryliśmy go nad oborą. Przez wiele tygodni nosiłam mu jedzenie. W domu wciąż byli Niemcy. Pewnego wieczoru Chaimek przyszedł do nich i poprosił, by go zastrzelili. Nie potrafił tak dłużej żyć. A ja przecież rozmawiałam z nim codziennie i nie pojęłam, że tego nie wytrzyma. Miał dopiero 16 lat. A mogłam go wziąć do domu. Strych był duży. Przebacz mi, Chaimku[102].

Przeżyło jedynie kilkudziesięciu Żydów ze Stoczka Łukowskiego, większość w ZSRR. Aron Heller, prezes Rady Żydowskiej, wyemigrował po wojnie do Stanów Zjednoczonych.

Deportacja Żydów z Łukowa i powiatu łukowskiego do Treblinki odbywała się etapami. Wielu z nich zostało rozstrzelanych i pochowanych w zbiorowych grobach w lesie koło Malcanowa oddalonego 4 km od Łukowa.

Rankiem 5 października 1942 r. getto w Łukowie zostało otoczone przez jednostki Policji Bezpieczeństwa z Radzynia, 101 Policyjny Batalion Rezerwy, formacje pomocnicze SS (składające się z Ukraińców, Litwinów i Łotyszy), żandarmów, Volksdeutschów i polskich policjantów. Nakazawszy Żydom zgromadzić się na targowisku przy ul. Międzyrzeckiej, zaczęto strzelać do

---

100 Budzyński, Filipczuk, *Żydzi w Stoczku Łukowskim*, s. 90.

101 *Ibidem*, s. 91.

102 *Ibidem*, s. 95; zob. także Dorota Stefańska, *Barbara Nowelska (1919–2012)*, „Biuletyn Szadkowski" 2016, t. 16, s. 159–175.

tych, którzy nie chcieli opuścić getta, a także do chorych i personelu szpitala. Mężczyźni zdolni do pracy zostali oddzieleni od kobiet, dzieci i starców. Niemieccy pracodawcy odczytali nazwiska tych, których nie objęła deportacja. Na miejscu zabito 500 Żydów oraz 11 członków Judenratu. Około 4000 kobiet, dzieci i starców pomaszerowało w stronę dworca, skąd zostali wysłani do Treblinki. Powyższe dane pochodzą z *Le Livre de Lukow*, za którą podają je również Krzysztof Czubaszek oraz *Encyclopedia of Camps and Ghettos*. To właśnie 5 października zostały zrobione przerażające zdjęcia przedstawiające poniżanie Żydów z Łukowa przez roześmianych Niemców. Wtedy też zabity został prezes Judenratu Hersz Lejzor Lender.

Łuków, scena poniżania Żydów z Łukowa przez roześmianych Niemców, październik 1942 r. *(Yad Vashem, 117FO3)*

8 października Niemcy za pośrednictwem Judenratu zawiadomili, że wszyscy pozostali po deportacji Żydzi, łącznie z ukrywającymi się, mają się zgłosić do Judenratu po nowe pieczątki na dokumentach o zatrudnieniu. Zgłosiło się 2000 osób, które natychmiast wysłano do Treblinki[103]. Bürger zarządził utworzenie żydowskiej jednostki strażackiej, która pomagałaby polskiej policji w „czyszczeniu" mieszkań deportowanych Żydów, a także grupy „sanitarnej", do pomocy policji żydowskiej i Chewra Kadisza[104]

103 Berenstein, *Martyrologia, opór i zagłada ludności żydowskiej w dystrykcie lubelskim*, s. 180. Liczba ta została powtórzona także przez Browninga (*idem, Zwykli ludzie...*, s. 143).

104 Bractwo religijne, które przygotowywało ciało zmarłego do pogrzebu.

w grzebaniu zabitych pod Malcanowem. Cały rejon Łukowa został skrupulatnie przeczesany przez nazistów. „W połowie października spędzili do Łukowa Żydów z Adamowa (1724 osoby), Wojcieszkowa (213 osób), gminy Stanin (460 osób), gminy Ulan (446 osób), a także Kocka, Tuchowicza i Trzebieszowa"[105].

Kolejna deportacja Żydów z Łukowa nastąpiła 27 października 1942 r. Kilkaset osób zostało wywiezionych do Treblinki, kilkadziesiąt zabito na miejscu. Przypomnijmy, że następnego dnia, czyli 28 października, Krüger zezwolił na ponowne utworzenie getta w Łukowie. We wsiach i miasteczkach w okolicy Łukowa naziści tropili Żydów, którym udało się ujść z życiem z *Aktion*. 101 Policyjny Batalion Rezerwy 6 listopada 1942 r. przewiózł z Kocka do Łukowa 600 Żydów.

7 listopada przeprowadzono trzecią deportację. Stanisław Żemiński opisuje ją tak:

> Wczoraj znów, już po raz trzeci, wywożono Żydów z Łukowa. Tym razem musiałem być naocznym świadkiem tej zbrodni. Zamierzałem jechać do Trzebieszowa, już wyjechałem z domu. Na targowisku spotkałem tłum Żydów zbitych w jedną gromadę, otoczoną przez ukraińców. Pojedyncze strzały dawały znać, że dobrze strzegą swych ofiar. Dzień zimny, wietrzny, mglisty. Na placu tym trzymano ich przez cały dzień. O lekkim zmroku tłum ten eskortowano na stację. Droga wiodła przez nasze ulice, tuż obok naszego domu. Kopałem ogródek, gdy usłyszałem gęste strzały, krzyki, poszedłem na ulicę, gdy szedł już olbrzymi pochód 2–3 tys. ludzi zbitych i stłoczonych jednych na drugich[106].

Deportowano wtedy do Treblinki około 3 tys. Żydów, wliczając tych, którzy pracowali i zostali doprowadzeni do pociągu prosto z miejsca pracy. Browning pisze, że Żydzi nie mieli cienia wątpliwości co do własnego losu. Idąc, śpiewali: „Idziemy do Treblinki"[107]. Opierając się na zeznaniach policjantów ze 101 Batalionu, historyk amerykański precyzuje:

> W odwecie za utajenie przez żydowską policję faktu, że wielu Żydów ukryło się w getcie, Policja Porządkowa rozstrzelała od 40 do 50 uwięzionych.

---

105 Czubaszek, *Żydzi Łukowa i okolic*, s. 164.

106 AŻIH, 302/30, Stanisław Żemiński, Dziennik; zob. też Ż(Rz)emiński, *Pamiętniki...*, s. 633.

107 Browning, *Zwykli ludzie...*, s. 123.

Podczas ostatniej deportacji Niemcy nie mieli wątpliwości, że wielu Żydów nadal się ukrywa. Po wyjeździe pociągów Policja Bezpieczeństwa usiłowała podstępem wywabić z kryjówek resztę ludzi pozostających w getcie. Głośno obwieszczono, że zostały wydrukowane nowe karty identyfikacyjne i wszyscy, którzy się po nie zgłoszą, pozostaną przy życiu. Osoby nieposiadające kart miały być natomiast rozstrzelane na miejscu. Z ukrycia wyszło co najmniej 200 Żydów, którzy liczyli przynajmniej na chwilową przerwę w ciągłych deportacjach. Wszystkich wyprowadzono 11 listopada z Łukowa i rozstrzelano. Kolejną grupę zebrano i rozstrzelano 14 listopada[108].

Wszystkich, których ujęto w mieście, zaprowadzono do Malcanowa i tam rozstrzelano, głównie 11 i 14 listopada. Oznacza to, że „administrator getta łukowskiego esesman Josef Bürger w samym tylko grudniu rozstrzelał od 500 do 600 Żydów w celu zmniejszenia zaludnienia"[109].

*

Na początku 1943 r. w getcie łukowskim, ograniczonym do trzech ulic, zostali już tylko robotnicy zatrudnieni na niemieckiej fermie drobiu Dietza, w przedsiębiorstwie Reckmanna i w magazynach SS. Już 28 października poprzedniego roku getto otrzymało status „getta pracy": „Położone w dystrykcie lubelskim getta pracy — stwierdza Browning — w Międzyrzecu, Łukowie, Piaskach, Izbicy i Włodawie otrzymały zezwolenie na funkcjonowanie zimą, na przełomie lat 1942–1943"[110]. Ogrodzenie getta, zdemontowane podczas *Aktion*, zostało ustawione na nowo. Urodzeni w Łukowie stanowili 20–30% z 3–4 tys. mieszkańców getta[111]. Deportowani do miasta Słowacy i Węgrzy byli znaczną grupą, podobnie Żydzi z innych miejscowości. Hershel Prengler, wspominany już ocalały, potwierdza, że większość Żydów przebywających wówczas w getcie pochodziła spoza Łukowa[112].

2 maja 1943 r. ostatni Żydzi z Łukowa, grupa 3–4 tys. osób, zostali wywiezieni do Treblinki. Jeden z ocalałych, Jakow Keselbrener, opisuje te wydarzenia następująco:

---

108 *Ibidem.*

109 *Ibidem*, s. 145.

110 *Ibidem*, s. 148.

111 *Encyclopedia of Camps and Ghettos...*, s. 680.

112 USC, VHA, 11663, Relacja Hershela Prenglera.

Dźwięki strzelaniny słychać było cały dzień. Wieczorem przez otwór, przez który dochodziło do naszego bunkra powietrze, usłyszeliśmy, że krzyki i wystrzały cichną. Wtedy we czwórkę, z moim bratem Herszelem, Aaronem Erlichem i Abrahamem Wisznią, wyszliśmy na ulicę. Było pusto, wszystko tonęło w ciemności. Na ulicach leżało dużo trupów. Można było spostrzec przemykające cienie — byli to Polacy, którzy biegli grabić opuszczone domy. Getto było strzeżone przez polską policję, która pozostawała w pogotowiu po ostatecznej ofierze żydowskiej[113].

Franciszek Dobromirski, polski policjant z Radzynia pochodzący z Łukowa, złożył następujące zeznanie na temat ostatecznej likwidacji Żydów z Łukowa:

Zdaje mi się, że na wiosnę 1943 r. pewnego dnia przyjechałem z Radzynia, gdzie pełniłem służbę, do Łukowa, do rodziny. Przy okazji oddałem wówczas znajomemu Żydowi szewcowi długie buty do podzelowania i tegoż dnia lub następnego powróciłem do Radzynia. Tegoż dnia w Radzyniu dowiedziałem się, że w Łukowie Niemcy przeprowadzają na większą skalę akcję likwidowania Żydów. Więc chcąc odebrać przy okazji buty, pojechałem do Łukowa samochodem. Po przyjeździe widziałem ludność żydowską zgromadzoną na targowicy miejskiej. Jednak szewca tam nie zauważyłem. Poszedłem więc do domu, gdzie on mieszkał, i po zezwoleniu jednego z gestapowców, który stał w pobliżu tego domu, wszedłem do mieszkania. Mieszkanie tego szewca było już ograbione i butów moich tam nie odnalazłem. Wróciłem wówczas na targowicę, chcąc zobaczyć szewca, lecz go tam nie widziałem.

W dniu tym odbywała się akcja wysiedlenia ludności żydowskiej z Łukowa. Zabierano Żydów z mieszkań, gromadzono na targowicy i później dostarczano do wagonów i wywożono do Treblinki. Podczas tej akcji, gdy Żydzi opóźniali się w marszu, Niemcy strzelali do nich. Byłem więc tylko przypadkowym świadkiem tej akcji, nie biorąc w niej żadnego udziału, zwłaszcza że miejscem mojego urzędowania wówczas był Radzyń[114].

---

113 Relacja Jakowa Keselbrenera [w:] *Le Livre de Lukow...*, s. 130.

114 Archiwum Instytutu Pamięci Narodowej Oddział w Lublinie (dalej AIPN Lu), 326/13, Akta procesu Franciszka Dobromirskiego, Zeznanie Franciszka Dobromirskiego.

Próby ocalenia

NA CZYM POLEGA DOBRA STRATEGIA PRZEŻYCIA?

Podczas dwóch pierwszych lat okupacji niemieckiej, głównymi strategiami przeżycia były — jak już wspominałem:

- uporczywe poszukiwanie pracy,
- poszukiwanie kryjówek (w getcie i poza nim), spowodowane lękiem przed mającymi nadejść wydarzeniami (w całym okresie okupacji niemieckiej), a zwłaszcza tuż przed likwidacją getta (5 października 1942 r.) i w czasie ostatecznej jego likwidacji (3 maja 1943 r.),
- ponadto zaś próby, udane lub nie, wyskoczenia z pociągu jadącego do Treblinki.

Aby omówić strategie przeżycia Żydów z powiatu łukowskiego po likwidacji gett, niezbędne jest ich liczbowe podsumowanie. Należy przy tym pamiętać, że przytoczone dane wskazują jedynie pewne tendencje. Takie podejście może być uznane za bezduszne, niemniej jest ono konieczne, aby zauważyć pewne prawidłowości.

STATYSTYKI

Liczba Żydów					
zamordowanych w Treblince	13 000				81,30%
zamordowanych podczas akcji	1 300	na	15 988	tj.	8,10%
ukrywających się w powiecie	986				6,16%
zamordowanych przez Polaków	356	na	2 409	tj.	14,77%
ukrywających się zamordowanych przez Polaków	356		986		36,10%

Tabela 4. Ludność gett w przeddzień akcji likwidacyjnych

Getto w:	Liczebność
Łukowie	9950 Żydów w październiku 1942 r. (w tym Żydzi ze Słowacji i innych miejsc)[115]
Kocku	3300 Żydów w marcu 1942 r. (w tym Żydzi z innych miejscowości)[116] 3138 Żydów w lipcu 1942 r.[117]
Stoczku Łukowskim	2900 Żydów w marcu 1942 r.[118]
OGÓŁEM	15 988

Źródło: Opracowanie własne na podstawie zgromadzonej dokumentacji.

Tabela 5. Liczba Żydów zabitych między kwietniem 1942 a końcem 1944 r. (powiat Łuków), poza zorganizowanym akcjami

Zabici	Liczba	Odsetek
Zabici przez Niemców bez donosu	1 435	59,57
Zabici przez Niemców nie wiadomo jak	342	14,20
Zabici przez Niemców z donosu	276	11,46
Zabici przez Polaków:	356	14,77
– przez chłopów	250[119]	10,37
– ujęci przez sąsiadów i odprowadzeni do Policji Polskiej	75	3,11
– zabici przez funkcjonariuszy PP bez donosu	13	0,54
– zabici przez AK	18	0,75
OGÓŁEM	2 409	100,00

Źródło: Opracowanie własne na podstawie zgromadzonej dokumentacji.

115 Dokumentacja Zentrale Stelle der Landesjustizverwaltungen w Ludwigsburgu, obecnie Bundesarchiv Ludwigsburg (dalej BAL), B 162/2184, Teczka Fritza Fischera.

116 Archiwum Akt Nowych (dalej AAN), Rada Główna Opiekuńcza (dalej RGO), marzec 1942 r.

117 BAL, B 162/2184, Teczka Fritza Fischera.

118 AAN, Rada Główna Opiekuńcza, marzec 1942 r.

119 Szacunki wahają się od 224 do 291 zabitych.

Tabela 6. Liczba Żydów zabitych między kwietniem 1942 a końcem 1944 r. (powiat Łuków), rok po roku, poza zorganizowanym akcjami

Okres	Liczba zabitych	Odsetek zabitych
październik–listopad 1942	1 699	70,53
1943	544	22,58
1944	5	0,21
1945	2	0,08
brak danych	159	6,60
OGÓŁEM	2 409	100,00

Źródło: Opracowanie własne na podstawie zgromadzonej dokumentacji.

CO MÓWIĄ NAM STATYSTYKI?

Tabele 5 i 6 powstały na podstawie różnych źródeł, głównie jednak wszystkich bezpośrednich świadectw ocalałych (ŻIH, Yad Vashem, USC Shoah Foundation, *Le Livre de Lukow*) oraz innych źródeł mówiących o ocalałych (zwłaszcza akt procesów o kolaborację — tzw. sierpniówek). Są to dane siłą rzeczy cząstkowe, prezentujące raczej pewne tendencje. Innych jednak nie ma.

1. Na samym początku trzeba podkreślić, że nazistowski przemysł śmierci był w powiecie łukowskim porażająco skuteczny. Jeśli nie liczyć Żydów, którzy schronili się w ZSRR i później wrócili do Polski (216 osób), ocalali stanowią grupę około 140 osób, tj. 0,86% Żydów z powiatu (według stanu na 1939 r.)[120]. Wśród 140 ocalałych z powiatu łukowskiego znajduje się: 63 mężczyzn, 24 kobiet, 28 dzieci, 17 ocalałych, co do których wiadomo, że mieszkali w powiecie łukowskim przed wojną, ale nie wiadomo, gdzie przeżyli okupację (po wojnie osiedli w USA) oraz 8 N.N.

120 Według wstępnych szacunków przeprowadzonych przez Komitet Żydów Łukowskich po wojnie, na dzień 4 V 1945 r. ocalało 154 Żydów, w tym 15 dzieci (AŻIH, Centralny Komitet Żydów w Polsce, Wydział Ewidencji i Statystyki, 303/106). Według Adama Kopciowskiego, który analizował statystyki komitetów żydowskich głównych miast województwa lubelskiego, liczba dzieci ocalałych w powiecie łukowskim należy do najniższych (Adam Kopciowski, „Żydzi w Lublinie w latach 1944–1949", praca magisterska, Wydział Humanistyczny UMCS w Lublinie, 1998).

2. Niemcy (SS, Policja Porządkowa, Gestapo, żandarmeria etc.) oraz jednostki pomocnicze (Ukraińcy etc.) byli głównymi sprawcami zbrodni.
3. Przytłaczająca większość (13 000 Żydów, tj. 81%) została deportowana do obozu zagłady w Treblince i tam zamordowana. 1300 Żydów (8,1%) zostało zabitych podczas kolejnych akcji.
4. Liczba Żydów zabitych w powiecie łukowskim w latach 1942–1944 (po ucieczce z transportu lub getta), którzy szukali schronienia u Polaków, wynosi 2409 osób, tj. 13% (na 15 988). Za 85% tych przypadków śmierci odpowiedzialni są Niemcy, którzy mordowali Żydów bądź w akcjach odwetowych (Serokomla, Kock), bądź w inny sposób.
5. Jak wygląda odpowiedzialność strony polskiej? Jeśli wziąć pod uwagę liczbę wszystkich zabitych Żydów, jest ona znikoma. Jednak przestaje być taka, jeśli odnieść się do istoty niniejszych rozważań — strategii przeżycia uciekających Żydów w latach 1942–1944. Odpowiedzialność polska może być wprost oceniona na blisko 15% żydowskich ofiar śmiertelnych szukających ratunku (dokładnie 14,77% z 2409 zabitych).
6. Odpowiedzialność ta staje się większa, jeśli wziąć pod uwagę liczbę Żydów szukających pomocy zamordowanych przez Polaków w latach 1942–1944. Wynosi ona 356 zamordowanych na 986 ukrywających się Żydów, tj. 36,10%. Niemożliwe było dokładne ustalenie skali odpowiedzialności polskiej policji czy AK, lecz można stwierdzić, że zabójstwa Żydów przez chłopów stanowią znaczącą liczbę — 25,3% (tj. 250 na 986). Jeśli wliczyć w to przypadki schwytania przez chłopów 75 Żydów (7,6% z 986 ukrywających się) i odprowadzenia ich do polskiej policji, tzn. wydania na pewną śmierć, chłopi ponoszą odpowiedzialność za śmierć 33,64% ofiar żydowskich. A jeśli doliczyć Żydów zabitych przez Niemców na skutek denuncjacji (276), odpowiedzialność polska wzrasta do 632 zabitych, tj. 64,0% Żydów szukających pomocy!
7. Liczba ta jest statystycznie nieistotna w porównaniu z ogólną liczbą ofiar żydowskich zabitych przez Niemców, jednocześnie bardzo znaczna, jeśli brać pod uwagę możliwość znalezienia schronienia na polskiej wsi, a raczej należałoby powiedzieć: jej brak. Pokazuje, że polska wieś w tym rejonie była dla Żydów więzieniem pod gołym niebem.
8. Analizując strategie przeżycia ocalałych, trudno jest wyciągać stanowcze wnioski na podstawie tak małej liczby przypadków (140). Znamy strategie przeżycia zakończone sukcesem jedynie w odniesieniu do 39 na 140 ocalałych. Tak czy inaczej wyłaniają się z nich następujące proporcje:

- 30% — u chłopa,
- 25% — tułaczka,
- 15% — w partyzantce,
- 9,17% — zmiana na aryjską tożsamość,
- 8,33% — kryjówka w lesie (np. w bunkrze),
- 5,83% — w stodole tymczasowo (czasem bez wiedzy chłopów).

Strategie te, wybierane często spontanicznie, nigdy nie były wyłączne i często się kumulowały. W tabelach 7 i 8 wskazuję pewne tendencje co do stosowanych strategii przeżycia, wyróżnione głównie na podstawie historii ocalałych.

Tabela 7. Strategie przeżycia Żydów szukających pomocy (ocalałych i zabitych)

Strategie	Liczba Żydów	Odsetek
U chłopa	136	47,72
W lesie	74	25,96
Tułaczka	40	14,04
W lesie + u chłopa	11	3,86
W partyzantce	15	5,26
Zmiana na aryjską tożsamość	8	2,81
W stodole + zmiana na aryjską tożsamość	1	0,35
OGÓŁEM	285	100,00

Źródło: Opracowanie własne na podstawie zgromadzonej dokumentacji.

Tabela 7 pokazuje, że na 285 podjęte próby przeżycia (zakończone powodzeniem bądź nie) blisko połowa dotyczyła szukania pomocy u chłopów (47,72%), jedna czwarta — schronienia w lesie (25,96%), a 14,04% tułaczki. Inne stanowiły poniżej 15%.

Porównajmy teraz strategie przeżycia ocalałych i zabitych, mając cały czas w pamięci, że prezentowane wyliczenia są względne, ponieważ opierają się na częściowych danych. W tabeli 7 zostały uwzględnione wszystkie strategie, co do których mamy informacje (39 na 140; brak danych dotyczących strategii przeżycia 101 ocalałych).

Tabela 8. Podsumowanie strategii przeżycia wraz z wartościami procentowymi

Strategie	Całość strategii dla zabitych	Odsetek zabitych przy danej strategii	Całość strategii dla ocalałych	Odsetek ocalałych przy danej strategii	Ogółem
U chłopa	120	88,2	16	11,8	136
W lesie	73	98,6	1	1,4	74
Tułaczka	30	75,0	10	25,0	40
W lesie + u chłopa	10	90,9	1	9,1	11
W partyzantce	7	46,7	8	53,3	15
Zmiana na aryjską tożsamość	5	50,0	5	50,0	10
W stodole + zmiana na aryjską tożsamość	1	100,0	0	0,0	1
OGÓŁEM	246	86,3	39	13,7	285

Źródło: Opracowanie własne na podstawie zgromadzonej dokumentacji.

Analiza danych z tabeli 8 prowadzi do kilku wniosków:

1. Na 285 podjętych prób (tabela 7) ogromna większość (246, tj. 86,3%) to przypadki osób, które zginęły, a tylko 39, tj. 13,7%, czyli znakomita mniejszość, zakończyła się powodzeniem.
2. Strategie przyjęte przez Żydów, którzy nie przeżyli (a raczej — zostali zamordowani). Większość strategii najczęściej przyjmowanych przez Żydów, którzy ostatecznie zginęli, okazała się beznadziejna. Były to zwłaszcza schronienie w lesie (98,6% zgonów), u chłopa (88,2% zgonów), połączenie schronienia w lesie oraz u chłopa (90,9%). Inne strategie (partyzantka — 46,7%, zmiana tożsamości — 50%, tułaczka — 75% zgonów) okazały się skuteczniejsze, choć zarazem były one dużo mniej liczne (w każdym razie dla zmiany tożsamości i partyzantki).
3. Strategie ocalałych. Strategie, które charakteryzują się najwyższym odsetkiem powodzenia, to walka partyzancka (53,3%), zmiana tożsamości (50%, choć jest to wyliczenie na podstawie jedynie pięciu przypadków) i tułaczka (25%). Strategie łączone nie wydają się skuteczniejsze.

Nieważne, czy łączone, czy nie, strategie przeżycia ogólnie nie wydają się skuteczne. Dołączenie do partyzantki było jedynie strategią kończącą się śmiercią najrzadziej ze wszystkich omawianych, natomiast szukanie schronienia u chłopa stanowiło rozwiązanie kończące się śmiercią najczęściej.

Tabela 9 prezentuje dane dotyczące rozkładu przestrzennego ofiar żydowskich.

Tabela 9. Zabici według miejscowości

Miejscowość	Liczba zabitych	Odsetek zabitych
Łuków	740	30,70
Okrzeja	96	3,99
Trzebieszów	53	2,20
Stanin	23	0,95
Adamów	320	13,20
Wojcieszków	16	0,66
Charlejów	14	0,58
Jonnik	12	0,49
Burzec	10	0,41
Zimna Woda	9	0,39
Krynka	8	0,33
Mysłów	7	0,29
Oszczepalin	7	0,29
Prawda	6	0,25
Tuchowicz	5	0,20
Kock	34	1,41
Wólka Rozwadowska	2	0,08
Klębów	1	0,04
Poważe	1	0,04
Siedliska	1	0,04
Stoczek Lukowski	200	8,30
miejsce nieznane	844	35,00
OGÓŁEM	2 409	100,00

Źródło: Opracowanie własne na podstawie zgromadzonej dokumentacji.

Potwierdza się, że większość ofiar została zamordowana w Łukowie, mieście, do którego — przypomnijmy — jesienią 1942 r. zwożono Żydów z wielu innych gett.

Przyjrzyjmy się teraz strategiom przeżycia przedstawionym wyżej w zestawieniu statystycznym na przykładzie kilku historii ocalałych — w porządku malejącym ze względu na szanse przeżycia.

PARTYZANTKA, PODJĘCIE WALKI ZBROJNEJ

Dołączyć do partyzantów w lesie — oto cel, który postawiła sobie część młodych Żydów, późniejszych ocalałych. Eta Wrobel (1918–2008) opowiada, jak po opuszczeniu getta w Łukowie przystała wraz z kilkorgiem przyjaciół do grupy partyzantów. W obozowisku, do którego zaprowadzili ją znajomi, schroniło się mniej więcej 60 Żydów z okolic Lublina. Znajdowało się ono około „6 km od Łukowa" — choć naprawdę zapewne nieco dalej — w środku lasu. Były tam dwa bunkry, a raczej zwykłe dziury w ziemi. Główny problem stanowiło zdobycie broni. Eta Wrobel, pochodząca z zamożnej łukowskiej rodziny, znała wielu Polaków i starała się wykorzystać w tym celu swoje kontakty. Inni niekoniecznie wiedzieli, że była Żydówką, ponieważ nosiła cały czas na szyi krzyżyk.

Relacja Ety Wrobel nasuwa pytanie o zachowanie partyzantów podczas akcji zbrojnej. W jej grupie obowiązywała zasada, że żaden nie-Żyd znaleziony w okolicy nie może ujść z życiem — ryzyko denuncjacji było zbyt duże. Partyzanci czuwali także nad Żydami przechowywanymi przez polskich chłopów. W razie wydania ukrywających się, grozili podpaleniem gospodarstwa.

Inny świadek, Marianna Adameczek (1930–2017), która w 1943 r. miała 13 lat, została umieszczona na prośbę jej ojca w kryjówce u sąsiadów w rodzinnej wsi Charlejów. W swoim zeznaniu potwierdza, że uzbrojeni Żydzi przychodzili regularnie sprawdzać, czy jest tam bezpieczna. Terror i groźba śmierci wisząca nad Żydami pozwalają zrozumieć stosowaną pomoc. Chłopi, którzy ocalili Mariannę Adameczek, doświadczyli zagrożenia ze wszystkich stron. Najpierw ze strony części sąsiadów, którzy wyłapywali Żydów, potem ze strony członków żydowskiego ruchu oporu. Jedni i drudzy składali im wizyty, i to nie partyzanci byli gorsi. Poza tym grupa Ety Wrobel kradła kury i łupiła Polaków plądrujących domy żydowskie.

Moshe Graicer opowiada, jak błądził przez trzy dni w lesie, by ostatecznie wrócić do getta po ukryte tam dolary, za które kupił „od Polaka dwa karabiny i rewolwer"[121]. Inny ocalały, Anshel Katz, ukrywający się w stodole,

---

121 *Le Livre de Lukow...*, s. 15.

opowiada, że chłopi sprowadzili „ludzi z AK", którzy chcieli się od niego dowiedzieć, gdzie znajdują się „uzbrojeni Żydzi". Został przez nich pobity, udało mu się jednak dostać do nieodległego lasu:

> Spotkałem tam grupę dobrze uzbrojonych Łukowian [Żydów]. Grożąc bronią, przymusili chłopów, by nas przyjęli. Byli ze mną Frida Ploug i Nisen Hirszberg. Trzy tygodnie później nasi przyjaciele przyszli po nas, by nas zabrać do nowej kryjówki. Tam doczekaliśmy wyzwolenia, cudownie ocaleni![122]

Wspomniane przypadki przeżycia dzięki zbrojnemu oporowi w lesie nie powinny usuwać w cień strasznych ofiar, jakie ponieśli inni członkowie żydowskiego ruchu oporu. Jednym z niezwykle przejmujących tego przykładów jest historia Żydów z Adamowa, miejscowości oddalonej 22 km od Łukowa. Kiedy tamtejsi Żydzi zdali sobie sprawę z groźby deportacji, postanowili się bronić. Jeden ze ocalałych, Icchak Grinbaum, opowiada, że nie było trudno o broń: chłopi zdobyli ją po walkach między wojskami niemieckimi i polskimi w 1939 r.[123] Zawiązała się grupa 50 Żydów, którzy postawili sobie za cel ocalenie jak największej liczby Żydów, ukrywając ich w ogromnej kryjówce w lesie, wyposażonej w broń i zapasy żywności. W jej skład wchodzili także policjanci żydowscy. Mieli nadzieję, że kontakty z polskimi policjantami pomogą im ustalić, na kiedy planowana jest akcja likwidacyjna.

Kiedy Żydzi z Adamowa dowiedzieli się o deportacji Żydów z Łukowa, oczekiwali ataku w każdej chwili, zwłaszcza że we wsi Krzywda, leżącej w odległości 8 km, Niemcy i Ukraińcy przeprowadzili wyjątkowo krwawą akcję przeciwko rodzinom żydowskim. Pod koniec października 1942 r. Judenrat dowiedział się, że Żydzi z Adamowa zostaną deportowani do Łukowa i umieszczeni w domach Żydów wywiezionych z miasta. Polski wójt Adamowa, który — jak zaznacza Grinbaum — chętnie kolaborował z Niemcami, wyznaczył datę deportacji na 30 października. Żydzi mieli oczekiwać w gotowości. Okazało się jednak, że podano datę „celowo późniejszą". Adamów został otoczony przez kordon niemieckiej żandarmerii, Ukraińców i polskich policjantów już 26 października. Żydów przesiedlono do Łukowa i stamtąd deportowano. Około 300 z nich (starcy, kobiety oraz ci, którzy nie chcieli wsiąść do ciężarówek) zostało rozstrzelanych na przedmieściach osady i pochowano ich 500 m dalej[124]. Po tym wydarzeniu

122 Anshel Katz, *La lutte pour la vie*, s. 109.

123 Archiwum Yad Vashem, O.3/1845, Relacja Icchaka Grinbauma (w j. polskim), 1961 r.

124 Czubaszek, *Żydzi Łukowa i okolic*, s. 174.

partyzanci uwolnili kilkudziesięciu Żydów pozostających w więzieniu w Adamowie i zabili Polaków, którzy pomagali przy deportacji. Wkrótce potem w okolicy pojawił się oddział niemiecki, który zorganizował obławę w lesie i w jej wyniku zastrzelił 70 Żydów znajdujących się w kryjówce nieopodal Wojcieszkowa.

Jedno z najważniejszych świadectw dotyczących tego wydarzenia złożył Jakow Keselbrener, który wyemigrował po wojnie do Izraela, gdzie przewodniczył przez lata stowarzyszeniu Likever. Wspomina on, że jego grupa postanowiła „utworzyć oddział partyzancki i schronić się w lesie w okolicach Kocka", mówi także o desperackim poszukiwaniu broni. Pewnego dnia dostarczył ją jeden z chłopów: „Kiedy dotykaliśmy tych karabinów pierwszy raz, nasza radość była nie do opisania. Teraz mogliśmy zemścić się na wrogu". Wrogami tymi byli najczęściej — w sytuacji stawiania oporu — Polacy, nie Niemcy. „Nasi towarzysze próbowali dołączyć do polskich partyzantów" — pisze Keselbrener, lecz Polacy zwracali się zbrojnie przeciwko nim. „Wiązaliśmy z partyzantami z Kocka wielkie nadzieje — kontynuuje — jednak nasi przyjaciele wracali do nas poturbowani i pozbawieni złudzeń".

Irving Lumerman, który po wojnie wyemigrował do Stanów Zjednoczonych, wspomina, że w czasie wojny jako małe dziecko przez dwa lata błąkał się po lasach, spotykając kilka grup Żydów, w tym jedną składającą się z młodych ludzi, szczególnie agresywnych i mściwych. „Chodziło się boso lub ze stopami obwiązanymi jakimiś szmatami"[125]. Mściwą przemoc wspomina też inny ocalały, Manny Orlinsky. Opowiada on, że jego „grupa leśna" wyposażona w broń „kupioną za świnię", dowiedziawszy się, iż chłopi wydali Niemcom Żydów, oblała ich gospodarstwo benzyną. „Z pożaru uciec zdołał syn gospodarzy, ale został zastrzelony — wspomina Orlinsky, który przez lata zachowywał na ten temat milczenie. — Nie ma tu nic do ukrycia, to było słuszne posunięcie"[126].

W swoim zeznaniu dla ŻIH złożonym po wojnie Kiwel Tikocki także mówi o istnieniu kilku grup partyzantów żydowskich. Wreszcie Shlomo Huberman w *Le Livre de Lukow* wspomina poległych w walce (zwłaszcza P. Schnaisera, M. Blachowicza, M. Szaloma Wołowskiego, Szmulika Estraicha, Moszego Kodnera — wydaje się konieczne wymienić ich z nazwiska,

125 USC, VHA, 15411, Relacja Irvinga Lumermana, 1996 r.

126 USC, VHA, 24208, Relacja Manny'ego Orlinsky'ego (ur. w Łukowie 10 VIII 1919 r. jako Menachem Icchak Orliński), 1996 r.

by pokonać niepamięć, która trwa do dzisiaj): „Żydzi ci zdobyli karabiny, stanęli na czele organizacji zbrojnej Łukowa i zostali bohaterami, walcząc z bronią w ręku"[127].

Walka zbrojna podjęta przez Żydów jako strategia przeżycia, ostatecznie najlepsza w świetle (ograniczonych) statystyk, potwierdza to, co Claude Lanzmann nazwie „ponownym odkryciem przemocy przez Żydów".

ZMIANA TOŻSAMOŚCI NA ARYJSKĄ, ZMIANA NAZWISKA

Zmiana tożsamości była trudna i w istocie należałoby raczej mówić o pojedynczych przypadkach zmiany tożsamości w powiecie łukowskim, może nawet mechanizmach niż strategiach.

Znamy pięć przypadków udanej zmiany tożsamości na aryjską, w tym trzech zmiany nazwiska[128]. Warto podkreślić, że wymienione przykłady zmiany tożsamości ocalałych dotyczą jedynie kobiet: dwóch młodych dziewcząt: Lillian Fenster[129] (ur. 1926, w 1942 r. miała więc 16 lat) oraz Ryszki Huberman-Iwan[130] (jej daty urodzenia nie znamy), a także trójki dzieci: Marianny Adameczek[131] (ur. 1930), Estery Borensztejn[132] (ur. 1932) i Ireny Krawczyk (ur. 1932). To głównie kobiety, w większości chłopki, opiekowały się tymi dziewczynkami i młodymi dziewczętami. Świadectwa tego dotyczące zostały złożone w różnych okresach: w ŻIH bezpośrednio po wojnie, a w wypadku innych archiwów — pod koniec lat dziewięćdziesiątych. Wszystkie są głęboko poruszające, szczególnie te z końca lat czterdziestych, z których przebija dziecięcy styl i język gwary wiejskiej. Najmniej znana z wymienionych jest relacja Ireny Krawczyk złożona 21 września 1948 r. Przeprowadzający rozmowę zaczyna tak:

---

127 Shlomo Huberman, *La lutte des Juifs de Lukow* [w:] *Le Livre de Lukow...*, s. 155.

128 O skutkach zmiany tożsamości żydowskiej podczas wojny w Polsce najpełniej pisała Małgorzata Melchior (*eadem*, *Polscy Żydzi ocaleni na „aryjskich papierach". Analiza doświadczenia biograficznego*, Warszawa: Wydawnictwo IFiS PAN, 2004).

129 USC, VHA, 42816, Relacja Lillian Fenster (ur. jako Luba Skorka), 1998 r.

130 Relacja Rushkie Huberman-Ivan, *Dispersés et opprimés* [w:] *Le Livre de Lukow...*, s. 53–71. Streszczenie tej relacji znajduje się w monografii Krzysztofa Czubaszka (*idem*, *Żydzi Łukowa i okolic*, s. 246–251).

131 Marianna Adameczek, *Ludzie ludziom* [w:] *Czarny rok..., czarne lata...*, red. Wiktoria Śliwowska, Warszawa: Stowarzyszenie Dzieci Holocaustu w Polsce, 1996, s. 131–137.

132 AŻIH, 301/2989, Relacja Estery Borensztejn.

Siedzi przede mną – pisze protokolant B[enjamin] Mosiężnik – typowa wiejska dziewczyna z wyglądu, z zachowania się, z wymowy. Ograniczyłem wywiad z nią w Warszawie do ostatniego okresu przed przybyciem do Domu Dziecka. Ciekawe, że pierwszej niedzieli pobytu w Łodzi musiano z nią pójść do kościoła. Nie chciała się uczyć hebrajskiego, brzydziła się tego języka. Obecnie już się oswoiła. Zeznająca ma obecnie 16 lat. Około 4 lata przebywała u Polaków, przeważnie na wsi. Nic dziwnego więc, że wywarło to kolosalny wpływ na jej psychikę. Zeznająca została odszukana i przywrócona na łono żydostwa przez Syjonistyczną Komisję Koordynacyjną dla spraw dzieci i młodzieży[133].

Przeprowadzający rozmowę w kilku słowach niezwykle trafnie nakreśla główne rysy osobowości rozmówczyni. Część z nich jest wspólna z charakterystyką pozostałych dziewcząt, które zmieniły tożsamość. Wszystkie stały się sierotami w 1942 r. Spośród nich jedynie Marianna Adameczek pochodziła z powiatu łukowskiego, reszta znalazła się tam albo dlatego, że miała w okolicy rodzinę, albo po wyskoczeniu z pociągu do Treblinki zaczęła szukać pomocy, albo też ich rodziny uważały, że pobyt w getcie w Łukowie będzie łagodniejszy niż egzystencja w „ich" getcie. Wszystkie pozostawały w okolicy między 1942 a końcem 1944 r. Także wszystkie pracowały — krócej lub dłużej — u chłopów, często zmieniając miejsce pracy. Wszystkie pasły krowy. Trzy spośród nich zmieniły w pewnym momencie nazwisko. Irena Krawczyk była córką Frajdy i Pinkusa, urodziła się w Warszawie, ale w ankiecie nie zamieszczono jej żydowskich danych. Marianna Adameczek nazywała się Blima Kurcand, Lillian Fenster natomiast dostała „katolickie papiery".

Proces zmiany tożsamości wiąże się z dwiema przynajmniej formami przemocy: początkową, wynikającą z samej zmiany, oraz długotrwałą, dotyczącą dekulturacji. Może to one popchnęły Irenę Krawczyk do odrzucenia żydowskiej tożsamości i opowiedzenia się po stronie katolicyzmu — religii swoich wybawicieli? Od momentu kiedy została sierotą w wieku 11–12 lat, otrzymywała stałą pomoc. Musiała mieć „dobry wygląd", ponieważ nikt się niczego nie domyślał. Polka, którą znała w Siedlcach, zabrała ją do organisty, ten zaś wystawił jej metrykę na nazwisko Irena Jakubiak, niczego nie podejrzewając — jak stwierdza Irena Krawczyk. Z tym dokumentem błąkała się od wsi do wsi.

133 AŻIH, 301/3998, Relacja Ireny Krawczyk.

Warto przywołać niektóre wątki z jej zeznania ze względu na ich specyficzną szorstkość, nieobecną w późniejszych źródłach; nie sposób się jej doszukać w relacjach pozostałych kobiet (złożyły one swoje świadectwa, czasem wielokrotnie, już w zaawansowanym wieku): „Spotkałam chłopa na polu i powiedziałam, że chcę iść na służbę. Zaprowadził mnie do gospodarza, więc mnie wzięli do pasienia. Pasłam dwie krowy". Irena Krawczyk pozostała w tej wsi (Stoku Lackim niedaleko Siedlec) przez sześć miesięcy:

> Gospodarze nie wiedzieli, że jestem Żydówką. Do kościoła chodziłam, do spowiedzi też chodziłam. Ponieważ warunki pracy były złe, to odeszłam i udałam się do innego gospodarstwa. Tam też roboty było dużo, a zapłata mała; tam byłam dwa lata, już za Sowietów. Nie myślałam w ogóle, czy są Żydzi, czy nie. Tam też nie wiedziano, że jestem Żydówką. Żadnych przykrości nie miałam[134].

Następnie udała się do Łukowa, gdzie znała pewną Polkę, która wiedziała, że jest Żydówką.

> Więc powiedziałam jej, że chcę się przechrzcić. Wyjaśniam, że religia katolicka mi się podobała. Ta Polka nazywa się Nasiłowska Maria. Nasiłowska zgodziła się. Poszła ze mną do księdza. Ksiądz się zgodził i wychrzciłam się. Nadano mi moje imię Irena. Chrzestnymi byli: Nasiłowska i pewien pan, Antoni Węgier. Węgier zabrał mnie do Siedlec i pracowałam u niego jako służąca przez 8 miesięcy. Pokłóciłam się z gospodynią, żoną Węgra, i odeszłam, i wróciłam do Łukowa do chrzestnej. Byłam u niej 9 miesięcy jako córka.
>
> W Łukowie są Żydzi i byli wśród nich [tacy], którzy mnie znali jako Żydówkę, więc na pewno dali znać do Łodzi. Więc przyjechał pan Birger z Domu Dziecka z Łodzi po mnie, a ja nie chciałam wrócić do Żydów. Nie chciałam wrócić do Żydów, bo zostałam przechrzczona. I dlatego też, że nie lubiłam Żydów. Jak znajomy Żyd z Serokomli chciał do mnie podejść, to uciekłam od niego, bo wstydziłam się z Żydami rozmawiać[135].

W relacji Ireny Krawczyk widać dobrze — mimo młodego wieku, choć żydowskie sieroty pozostawione same sobie szybko dorastały — skuteczną

---

134 *Ibidem.*
135 *Ibidem.*

strategię przeżycia, wprowadzaną w życie dobrowolnie i z powodzeniem. Cena, jaką za to zapłaciła, jest oczywista — Irena Krawczyk zrezygnowała ze swojej tożsamości, nazwiska, zaczęła nienawidzić świata, z którego pochodziła — rodzaj *jüdische Selbsthasse*? — a przyjęła za swój ten, który dał jej ratunek. Wreszcie wyrwana z nowego środowiska przez organizację żydowską wbrew swojej woli, jeszcze przez jakiś czas w Domu Dziecka odmawiała pacierz i co najmniej raz poszła do kościoła. Nie wiadomo, co się stało z nią po 1948 r., przynajmniej mnie nie udało się dotrzeć do żadnych informacji.

Ból związany ze zmianą tożsamości znajdziemy też w historii Marianny Adameczek, urodzonej jako Blima Kurcand. Świadectwo, na którym się głównie, acz nie tylko, opieram, znajduje się w archiwum USC Shoah Foundation, jest zatem ogólnie dostępne[136]. Ograniczę się tu do kwestii związanych z jej zmianą tożsamości.

Najpierw słowo o rodzinie Blimy-Marianny, pochodzącej z położonej 25 km od Łukowa wsi Charlejów. Jej ojciec był jedynym szewcem we wsi, matka handlowała owocami na targu. Blima miała cztery siostry i dwóch braci. Chodzili pieszo do polskiej szkoły w Krzówce, oddalonej 2 km od Charlejowa. Ukończyła tam dwie klasy, co czyni jej los podobnym do historii Ireny Krawczyk: obie odebrały jedynie wstępną edukację, obie mówiły gwarą, jak ich sąsiedzi. W klasie nie było innych Żydów, natomiast w Charlejowie mieszkały jeszcze dwie rodziny żydowskie. W domu mówiło się w jidysz. Ojciec nakładał tałes i modlił się; rodzice chodzili do synagogi oddalonej 3 km od wsi. Jej dziadek był kuśnierzem w Kocku. W sobotę polska sąsiadka przychodziła wydoić krowę i rozpalić ogień.

„Zimą 1940 roku we wsi było jeszcze do zniesienia" — opowiada Blima. Później sytuacja pogorszyła się, głównie z powodu niebezpieczeństwa, jakie pojawiło się ze strony sąsiadów: „zaczęła panoszyć się banda [zbirów]", atakująca jej siostry. Rodzina postanowiła przeprowadzić się do Serokomli, położonej 7 km od ich wsi. Nie można ustalić, kiedy opuściła Charlejów. Wiemy jednak, że część jej rodziny — matka, trzy siostry i brat — zginęli 22 września 1942 r., kiedy ludność Serokomli została otoczona, a następnie unicestwiona przez Niemców. Masakra w Serokomli była odwetem za zabicie dwóch Niemców[137]. Reszta rodziny nie została zamordowana: Blima,

---

136 USC, VHA, 49044, Relacja Marianny Adameczek, 1998 r.

137 „O godzinie ósmej przyjechali Niemcy, Gestapo z Radzynia — opowiada Abram Rozenman, jeden z ocalałych z masakry — i okrążyli całą Serokomlę, by nikt nie mógł uciec. Pewna

która pasła krowy kilka kilometrów dalej, jej ojciec, brat i siostra. Dowiedziawszy się o masakrze, ojciec podjął decyzję o umieszczeniu rodziny w kryjówce u chłopa o nazwisku Adameczek, mieszkającego w Charlejowie. Ojciec Blimy, jej brat i siostra zostali zamordowani w różnych okolicznościach. Pozostawała sama w kryjówce przez dwa lata, jedynie w towarzystwie innej dziewczynki z Serokomli, Dory Ajzenberg, aż do września 1944 r. — wejścia Armii Czerwonej, kiedy opuściła skrytkę.

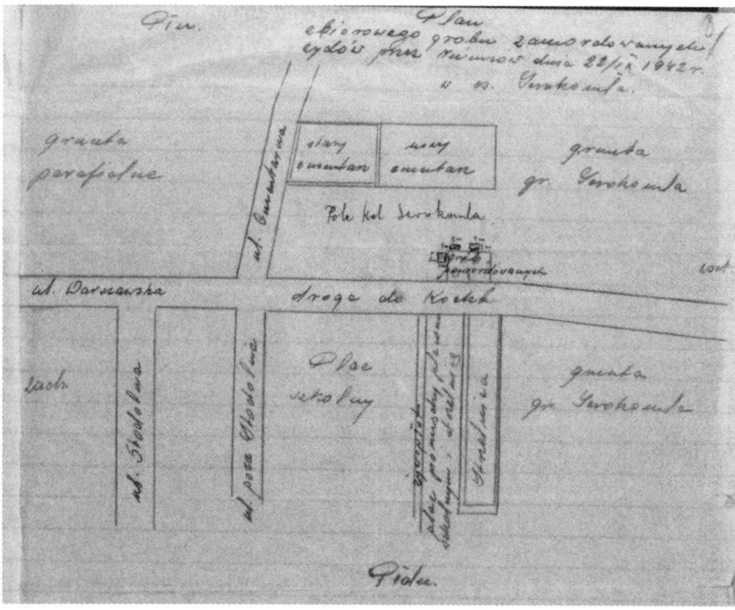

Lokalizacja grobów zbiorowych w Serokomli w 1945 r. przez Główną Komisję Badania Zbrodni Niemieckich w Polsce (AIPN, GK 180/22, k. 4)

Blima nie wiedziała, dokąd iść, nie znała nikogo. Żydzi z jej wsi nie żyli, a ona miała tylko 14 lat. Mimo że w Łukowie istniał komitet żydowski, odnalazł ją dopiero 1946 r. Nim to się stało, Blima zmieniła wyznanie, imię (na Marianna) i postanowiła wyjść przedwcześnie za mąż za syna gospodyni,

część Niemców wpadła do wsi i wyciągała Żydów z mieszkań i ukrycia, prowadzali przed gminę, a następnie wywieźli samochodami na strzelnicę i wystrzelali bronią maszynową". Śledztwo zostało wszczęte 19 X 1945 r. przez oddział Głównej Komisji Badania Zbrodni Niemieckich w Lublinie. W jego wyniku odtworzono przebieg masakry oraz zlokalizowano dwa groby zbiorowe (AIPN, GK 180/22, Informacja na temat masakry Żydów z Serokomli).

która ją potem przyjęła (także o nazwisku Adameczek — zbieg okoliczności). Stała się polską chłopką.

Skąd decyzja o zmianie wyznania, tak rzadka w 1945 r.? Z rodzinnego domu w Charlejowie wszystko zostało rozkradzione:

> Nie mogłam tam zostać. Ludzie gadali, że nie jestem mężatką, że jestem Żydówką. Mogli dopaść mnie o północy i zabić. Przygarnęła mnie sąsiadka, moja przyszła teściowa, pani Adameczek. [...] Była bardzo dobrą kobietą, zaraz uszyła mi sukienkę, dała mi czystą koszulę, przyjęła do własnego łóżka. Współczuła mi, że byłam sierotą, i postanowiła się mną zaopiekować. I już tam zostałam.

Bycie Żydem na polskiej wsi w latach 1944–1945 nie było jednak łatwe: przedstawiciele nieznanych bliżej Blimie sił politycznych („bandy" — jak ich nazywała) żądali od jej opiekunów, nachodząc ich stale, aby się przechrzciła — była to cena za pobyt w Charlejowie. Wdzięczna rodzinie Adameczków za przyjęcie, zmieniła tożsamość i wyszła za mąż za syna gospodyni w 1946 r. Z tego związku narodzi się sześcioro dzieci. Kiedy przyjechali przedstawiciele Komitetu Żydów Łukowskich, by sprowadzić ją do wspólnoty żydowskiej, ona żyła już innym życiem. Zarzuciła im, że pojawili się za późno.

Trudno stwierdzić, czy zmiana tożsamości na aryjską stanowi jakąś strategię Blimy-Marianny, w każdym razie w obliczu zagrożenia życia, co prawda nie tak wielkiego, jak w 1942 r., niemniej wciąż rzeczywistego, zachowywała się tak, jakby nie miała innego wyjścia. Historia Marianny została ponownie odkryta w latach dziewięćdziesiątych przez Stowarzyszenie Dzieci Holocaustu. Jej relację spisano wtedy po raz pierwszy, choć w zwięzły sposób[138]. Wspomina w niej o potrzebie posiadania rodziny: „Syn tej mojej opiekunki, starszy o dziesięć lat, postanowił zaopiekować się mną i zaproponował, abym została jego żoną. Zgodziłam się na to, ponieważ zbyt trudna była dla mnie tułaczka, a nie mając żadnej rodziny, chciałam bardzo posiadać bratnią duszę"[139]. W licznych wywiadach, których później udzieliła, poza poczuciem spełnienia życiowego mimo trudnego losu przejawiała się także wielka gorycz. Miała świadomość, że gdyby pozostała przy żydowskiej tożsamości, jej życie wyglądałoby inaczej. Często wspominała, że kiedy

---

138 Adameczek, *Ludzie ludziom.*

139 *Ibidem*, s. 135.

chodziła do kościoła, „robiła to, co inni", że przecież „Bóg jest jeden", jednym słowem — miała problemy ze swoją tożsamością.

Spotkanie Dory Ajzenberg, mieszkającej w Izraelu, i Marianny Adameczek u córki Marianny Barbary Adameczek, pod Lublinem w październiku 2015 r., po 71 latach niewidzenia się *(fot. Jean-Charles Szurek)*

Inny przykład zmiany tożsamości przywołuje Ryszka Huberman-Iwan, młoda kobieta, której udało się 15 maja 1942 r. opuścić getto w Warszawie i dołączyć do krewnej w Łukowie[140]. Po przybyciu do miasta znalazła zajęcie u chłopów w oddalonym 5 km Aleksandrowie. Miała nadzieję uratować resztę rodziny, która została w getcie warszawskim. Praca okazała się dla niej ciężka, ponieważ — wychowana w mieście — nigdy nie pracowała na roli. „Nawet język, którym mówili chłopi, był dla mnie dziwny". Jej rodzina nie chciała opuścić getta w Warszawie i Ryszka nie wiedziała, co robić, zwłaszcza że musiała ukrywać swoją tożsamość przed gospodynią, „która wciąż wykrzykiwała, że Żydzi nie chcą pracować [...] i Hitler dobrze wiedział, co z nimi zrobić"[141]. Warunki życia były bardzo trudne, poza tym dowiedziała się o deportacji matki i losie Żydów z Łukowa. Gospodyni nie chciała już, by ta u niej pracowała, ze strachu przed denuncjacją. Ryszka zdecydowała się więc odejść i poprosiła o zapłatę, na co jej pracodawczyni odpowiedziała: „Wynoś się, Żydówo. Jeśli zaraz nie znikniesz, oddam cię Niemcom. Już oni dadzą ci twoją zapłatę". Ryszka opuściła zatem wieś i znalazła dach nad

140 Huberman-Ivan, *Dispersés et opprimés.*

141 *Ibidem*, s. 56.

głową u innej rodziny chłopskiej, we wsi Gołąbki, kilka kilometrów dalej. Tym razem zajęto się nią bardzo dobrze:

> Dobrze mnie traktowano i karmiono. Miałam dobry wygląd i moja pracodawczyni chwaliła moją pracę przed sąsiadkami. Była bardzo pobożna. Każdej niedzieli szła do kościoła w Łukowie, aby wysłuchać mszy. Czuwała nade mną. Musiałam często się żegnać i nosić krzyżyk na szyi – prezent od niej. Chodząc z nią do kościoła, bałam się, że ktoś mnie rozpozna. W kościele obserwowałam ją i powtarzałam po niej wszystkie gesty[142].

Ryszka Huberman dowiedziała się, że w getcie łukowskim przeprowadzono „akcję" i wielu Żydów zostało zamordowanych bądź wywiezionych. Nie podała daty, musiało to jednak być w październiku 1942 r. Popadła w malignę:

> Pewnej nocy, kiedy już spałam w domu, śniło mi się, że jestem w getcie. Zdawało mi się, że się duszę. Zaczęłam krzyczeć i się przebudziłam. Wtedy usłyszałam, jak moja gospodyni mówi do męża: „Słuchaj, Michał, Anna musi być Żydówką, mówiła przez sen w ich języku". Jej mąż odpowiedział: „To prawda, nie mówiła po polsku". Postanowili pomówić o tym ze mną z samego rana. [...]
>
> Ledwo usiadłam przy stole, gospodyni zapytała mnie głosem pełnym współczucia: „Anno, miałaś w nocy zły sen?". Zaraz odpowiedziałam, że śniło mi się, jak Niemcy prowadzili moich bliskich na śmierć, że jestem Żydówką, a moją rodzinę niedawno wymordowano i zostałam sama. Poprosiłam o wybaczenie, że ukryłam przed nimi swoje pochodzenie. Nie mogłam dłużej mówić. Wybuchłam szlochem i zobaczyłam, że gospodyni też płacze. Próbowali mnie uspokoić, obiecując, że zrobią wszystko, żeby mnie uratować. Gospodyni przytuliła mnie, obejmując silnymi ramionami, i z nową otuchą wróciłam na pole do pracy. Postanowili zabrać mnie do miasta i tam ochrzcić[143].

I rzeczywiście chłopka zabrała Ryszkę Huberman do księdza w Łukowie i poprosiła o jej ochrzczenie:

---

142 *Ibidem*, s. 59.
143 *Ibidem*, s. 61.

> Ksiądz, młody człowiek, chciał najpierw mnie zobaczyć. Zaczął już wypisywać metrykę, kiedy wszedł dziekan i — zrozumiawszy, co się dzieje — zabronił mnie ochrzcić. Wytłumaczył, że dostał niedawno rozkaz od Niemców zabraniający konwersji. Jeśli zostałabym aresztowana i torturowana podczas przesłuchania, mogłabym ich zadenuncjować. Księża pocieszali mnie, mówiąc: „Jeśli przeżyjesz wojnę i wciąż będziesz chciała się ochrzcić, będziesz mogła dołączyć do dzieci Chrystusa".
>
> Moja gospodyni była zasmucona. Argumentowała, że dla zbawienia własnej duszy chciała nawrócić Żydówkę na katolicyzm. Dziekan dał jej wtedy taką radę: jeśli tak jej na tym zależy, może tymczasem dokonać chrztu prywatnego. Wystarczy posadzić mnie na taborecie w domu, zrobić znak krzyża na moim czole wodą święconą i odmówić stosowne modlitwy. A po wojnie ochrzczą mnie w kościele. Po powrocie do domu postąpiła tak, jak poradzili jej księża. Zachowywałam się jak oni — dawało im to poczucie satysfakcji[144].

Po miesiącu gospodyni postanowiła umieścić Ryszkę z dala od domu, który stał niebezpiecznie blisko drogi Łuków–Radzyń, w gospodarstwie swojego brata 25 km dalej. Tam jednak sytuacja wyglądała diametralnie inaczej. Żydom z powiatu groziło zewsząd niebezpieczeństwo.

Świadectwo Ryszki Huberman-Iwan jest warte lektury w całości, tu jednak skupiam się na kwestii zmiany tożsamości. Pomijam fakt — zresztą zaskakujący — że jej tożsamość została ujawniona „z powodu" snu. Strategia przeżycia dzięki konwersji została zainicjowana przez polską chłopkę, jak w wypadku Marianny Adameczek. Ryszka Huberman najwidoczniej o tym nie myślała. Metryka, ta przepustka do aryjskiego życia, czy mówiąc krócej — do życia w ogóle, była na wyciągnięcie ręki. Młody ksiądz miał dość odwagi, by wydać dokument, i tylko lęk dziekana wstrzymał całą sprawę. Kto pierwszy rzuci kamieniem? Zadziwiające, że Ryszka Huberman-Iwan nie ocenia „chrztu prywatnego" jako taktyki grania na zwłokę.

Strategie zmiany tożsamości na aryjską opierały się na współpracy z Polakami, którzy nierzadko byli także ich inspiratorami. Wspomniane Polki wyróżniał ponadto wysoki poziom moralny. Zmiana tożsamości, mimo wszystkich słów krytyki, jakie o niej wypowiedziano, była strategią skuteczną. Wszystkie historie jej dotyczące są poruszające.

---

144 *Ibidem.*

TUŁACZKA, UKRYWANIE SIĘ U CHŁOPÓW

Złudny byłby pogląd, że poszukiwanie schronienia u chłopów stanowiło lepszą strategię przetrwania dla błąkających się Żydów. To prawda, że dwanaścioro Sprawiedliwych wśród Narodów Świata uznanych przez Yad Vashem z powiatu łukowskiego to chłopi, jednak z zaprezentowanych zestawień, mimo że są tak ograniczone, jasno wynika, iż pobyt u chłopów czy ogólnie kontakty z nimi kończyły się bardzo często śmiercią.

Na wsi obowiązywała niemiecka struktura administracyjna — mimo że Niemcy często nie byli bezpośrednio jej funkcjonariuszami — która opierała się na określonych formacjach: polskiej policji (tzw. granatowej), straży pożarnej, urzędzie sołtysa. Można stwierdzić, że społeczności wiejskie, charakteryzujące się silnymi więzami lokalnymi i wzajemnymi znajomościami, tworzyły gęstą sieć. Żydom było trudno z niej uciec: każdy napotkany Żyd musiał być zgłoszony lub odprowadzony do sołtysa, ten zaś miał obowiązek przekazać go na posterunek policji. Od tego momentu istniało wiele scenariuszy rozwoju sytuacji. Przytoczę kilka przykładów, nie wyczerpując bynajmniej tematu, które pokazują, do jakiego stopnia hermetyczność świata chłopskiego była niebezpieczna dla Żydów. W trudnej sytuacji pozostawali sołtysi.

Proces Jana Wereszczyńskiego, sołtysa wsi Poważe, oddalonej 3 km od Łukowa, oraz chłopa Stefana Markowskiego, który toczył się w 1949 r.[145], pokazuje, do jakiego stopnia dana sytuacja może być różnie interpretowana. Latem 1943 r. dwoje Żydów — znana chłopom pani Furman i nieznany bliżej Żyd — ukrywali się w pobliskiej żwirowni. Zostali zauważeni; zawiadomiony sołtys wkrótce ich zatrzymał i odprowadził na policję w Łukowie przy wsparciu przymuszonych do tego Markowskiego i innego chłopa, Domańskiego. Furmanowa po drodze błagała ich, by pozwolili jej odejść (wszyscy wiedzieli, że z posterunku policji nie wychodziło się żywym), i wspomnianego Żyda. Wereszczyński przyznał, że myślał o tym, aby ich puścić, jednak — jak stwierdził na procesie — Domański się bał. Markowski chciał zrobić podobnie: „Zaprowadziliśmy te Żydki na posterunek w Łukowie. Radziłem sołtysowi, żeby ich puścił, ale on się nie zgodził, bo za dużo ludzi ich widziało"[146].

---

145 AIPN Lu, Sąd Apelacyjny w Lublinie, 76, Proces Stefana Markowskiego i Jana Wereszczyńskiego, sołtysa, [1949 r.].

146 *Ibidem*, Zeznanie Stefana Markowskiego.

Sąd Okręgowy w Siedlcach 27 kwietnia 1949 r. uniewinnił oskarżonych, ocenił bowiem, że działali w „stanie wyższej konieczności", chcąc ochronić wieś przed niemieckimi represjami. Warto zauważyć, że sędzia przewodniczący w zdaniu odrębnym zdystansował się od reszty składu sędziowskiego, kwestionując wystąpienie stanu wyższej konieczności. Ocenił, że oskarżeni nie byli w stanie bezpośredniego zagrożenia i mogli umożliwić ucieczkę zatrzymanym Żydom. W konkluzji stwierdził, że doprowadzając te osoby na posterunek policji granatowej, „która była na usługach Niemców", oskarżeni popełnili przestępstwo z dekretu z 31 sierpnia 1944 r. („o wymiarze kary dla faszystowsko-hitlerowskich zbrodniarzy winnych zabójstw i znęcania się nad ludnością cywilną i jeńcami oraz dla zdrajców Narodu Polskiego"). W wyniku apelacji przyznano mu rację i skazano Wereszczyńskiego na 6 lat więzienia, a Markowskiego na 5 i pół roku.

To stanowisko Sądu Okręgowego w Siedlcach jest tak rzadkie, że aż warte odnotowania. Wnioski z lektury akt sprawy, jeśli można wydawać na ich podstawie sądy, mogą być uznane za dwuznaczne. We wsi położonej tak blisko Łukowa niebezpieczeństwo groziło całkiem realnie: Niemcy bywali tam często, istniał ruch oporu (sam sołtys sympatyzował z AK, a jego syn działał aktywnie w jego strukturach; sołtys został zatrzymany na 15 dni przez Gestapo). Zatrzymana Żydówka nie była nieznajomą, chciano jej pomóc. Jednak od momentu kiedy o obecności Żydów dowiedziała się cała wieś, zaczęła obowiązywać odpowiedzialność zbiorowa. Sołtys, główny oskarżony, twierdził, że nie miał wyboru — jeśli chciał ochronić wieś, musiał doprowadzić Żydów na posterunek. Dla Żydów znalezienie się we wsi Poważe okazało się śmiertelnie groźne. W wypadku sołtysa można odnieść wrażenie, że wpadł całkiem wbrew swojej woli w tragiczną pułapkę.

Niektórzy sołtysi dali dowód swego człowieczeństwa, np. sołtys wsi Celiny (9 km od Łukowa), o którym opowiada ocalały Berl Ryczywoł, nie wyjawiając jednak jego nazwiska. Berl Ryczywoł jako strategię przetrwania wybrał tułaczkę:

> Trafiłem do wioski Celiny pod Łukowem. Nie myślałem o niczym innym, jak tylko o miejscu do spania, bo mróz był wielki. Zacząłem mówić, jąkając się, żegnać, ale sołtysowi się to moje żegnanie jakoś nie spodobało. Nie wiedziałem jeszcze, jak to się robi, czy kończy się na lewej, czy na prawej stronie i skończyłem na lewej. Zauważył to i powiedział, że jestem Żydem. Kazał mi się jeszcze raz przeżegnać. Odpowiedziałem mu: „Pan Jezus nie chce, żebym się dwa razy żegnał". Sołtys, niewiele myśląc, kazał zawołać strażaków, żeby

zawieźli mnie do gminy. Żydów już nie było, strażacy pomagali ich szukać i łapać. Strażacy nosili dwa bardzo szerokie pasy na marynarkach, to był ich znak. Szajgec już pobiegł po strażaków. Z Niemcami nie byłoby dyskusji, po prostu by mnie zastrzelili. Zacząłem prosić sołtysa: „Powiem panu prawdę, jestem Żydem, ale ochrzczonym, mam polską żonę, którą zabili razem z naszymi dziećmi. Na zawsze już będę gojem, chcę leżeć na gojskim cmentarzu, nienawidzę Żydów i nie mogę na nich patrzeć. Pamiętaj, że jeśli przez ciebie mnie zamordują, to zginie twój brat i nie będziesz miał jak się wytłumaczyć przed Panem Jezusem". Zmiękł nieco. Popatrzył na mnie, na swoją żonę, która powiedziała: „Daj mu iść...". Wyszedł ze mną i nakazał: „Uciekaj, zanim przyjadą strażacy". Pokazał mi drogę do wsi Lipniak, dwa kilometry dalej. Było już ciemno, ale ruszyłem śmiało, bo przecież uratowałem życie[147].

Takie zachowania wśród sołtysów nie były częste. Niektórzy wprowadzali niemieckie rozkazy w życie z gorliwością. Liczne procesy wszczęte na podstawie dekretu PKWN z 31 sierpnia 1944 r. obrazują częste przypadki podporządkowania się sołtysów *Judenjagd*, nierzadko podporządkowania aktywnego i interesownego. Inni wydawali się niewzruszeni we wprowadzaniu w życie reguł okupanta.

Przykładem może być Eugeniusz Świder, sołtys wsi Siedliska (gmina Wojcieszków), zaangażowany w przeprowadzenie obławy na Żydów ukrywających się w okolicznych lasach, która została zorganizowana z inicjatywy tamtejszego gajowego, Volksdeutscha[148]. Na początku chłopi mieli tylko zbierać drewno, potem wspólnie polowali na Żydów. Niektórzy ze złapanych zostali zabici na miejscu, resztę zaprowadzono do aresztu w Wojcieszkowie. Ten sam sołtys kazał odstawić na policję żydowską rodzinę, która szukała pomocy we wsi.

Przypadki nieposłuszeństwa chłopów są rzadkie. Przykładem może być proces chłopów (sprawa Bolesława Przeździaka, Jana Markowskiego — zastępcy sołtysa, Antoniego Walczaka, Feliksa Walczaka i Stanisława Kameckiego)[149] ze wsi Krynka w gminie Celiny, który rozpoczął się 19 maja 1951 r. w Lublinie. Dwaj chłopi przeciwstawiali się denuncjowaniu Żydów i polowaniu na nich. Jesienią 1942 r. grupa ta miała za zadanie wyłapywać Żydów,

147 AŻIH, 302/43, Pamiętnik Berla Ryczywoła (tłum. z jidysz Monika Polit).

148 AIPN Lu, 326/23, Proces Eugeniusza Świdra, Władysława Kopyścia i Bolesława Kołodziejaka, Zeznanie Władysława Kopyścia.

149 AIPN Lu, 326/11, Proces Bolesława Przeździaka, Jana Markowskiego, Antoniego Walczaka, Feliksa Walczaka i Stanisława Kameckiego, Zeznanie Bolesława Przeździaka.

którzy wyskoczyli z pociągów, często podczas postoju (Krynka leży blisko linii kolejowej), i przekazywać ich Niemcom. Część chłopów, w tym zastępca sołtysa Markowski, wykonywali rozkazy Niemców, dodatkowo łupiąc zatrzymanych Żydów, ale dwóch spośród nich — Stanisław Czubaszek i Stanisław Wilczek — przeciwstawiali się temu, ryzykując puszczanie Żydów wolno.

Warto zauważyć, że niektóre spośród zachowań Sprawiedliwych były możliwe, lecz przez większość czasu chłopi zachowywali się wrogo, czy to działając wspólnie, czy indywidualnie. Przykład takiego wspólnego działania opisuje Finkelstein — młody człowiek, któremu udało się 8 listopada 1942 r. wydostać z pociągu jadącego do Treblinki:

> Banda trzydziestu chłopów, w wieku od dwudziestu do czterdziestu lat, uzbrojonych w pałki i metalowe pręty, urządziła polowanie na zbiegów. Bili ich, często katowali na śmierć, żeby zabrać im pokrwawione ubrania i buty.
>
> Setki Żydów padły ich ofiarą.
>
> Mnie ukradli marynarkę i buty. Po skończonej masakrze dzwonili na policję, aby mogła zabrać tych, którzy jeszcze żyli! W drodze najciężej ranni byli bezzwłocznie dobijani[150].

Elkie Gerecht-Tikotzki[151] przytacza podobną sytuację, w której znalazł się jej brat po wyskoczeniu z pociągu razem z narzeczoną. „Uścisnęłyśmy się serdecznie z Libe Ribak. Skoczyła pierwsza, ja za nią". Libe została podziurawiona kulami. „Płacząc, [mój brat] całował jej ciepłą jeszcze twarz. [...] Chciał wrócić do miasta, jednak drogi nie były bezpieczne. Złapała nas banda Polaków, by wydać nas Niemcom [podkreślenie moje — J.Ch.S.] w zamian za nagrodę".

Taki sam opis przedstawia Anshel Katz, 9-letnie dziecko, któremu Żydzi pomogli wyskoczyć z pociągu:

> Krzyki tych, którzy zamierzali skoczyć, wytrąciły mnie z otępienia. Usłyszałem: „Biegnij, biegnij!". Mimo że byłem ranny, biegłem przez pola. Widziałem wokół rannych i zabitych — zastrzelonych. Poza tym Polacy uzbrojeni w pałki próbowali nas wyłapać[152].

---

150 Relacja sióstr Finkelstein streszczających opowieść brata, *Le Livre de Lukow...*, s. 138.

151 Relacja Elkie Gerecht-Tikotzki [w:] *ibidem*, s. 80. Kolejne cytaty z relacji Elkie Gerecht-Tikotzki pochodzą z tej samej strony.

152 Relacja Anshela Katza [w:] *ibidem*, s. 106.

Rubin Rosenberg z Adamowa, mający w 1945 r. 17 lat, opowiada: „Żydów wydawali też Polacy. Pomagali oni w walce z Żydami po lasach. Była to akcja likwidacyjna”[153].

Z jednej strony polscy chłopi byli niebezpieczni we wspólnym działaniu przeciwko Żydom, z drugiej zaś stanowili równie duże zagrożenie indywidualnie, kiedy Żydzi zwracali się do nich o pomoc bezpośrednio. W większości przypadków indywidualne poszukiwanie pomocy u chłopów kończyło się tragicznie. Świadczą o tym wszystkie dostępne źródła (akta sierpniówek, relacje ocalałych Żydów oraz Polaków z powiatu łukowskiego etc.).

Potwierdza to m.in. historia trzech Żydów (Gierszona Handelsmana, Jankela Borensztajna i Wolfa Nosela) wysłanych przez ich grupę ukrywającą się w lesie w okolicach Serokomli po żywność. Dotarli oni do wsi Bielany i poprosili chłopów — Grabowskiego i Sławińskiego — o pomoc. Chłopi zaoferowali Żydom nocleg w stodole Grabowskiego, po czym ich zamordowali i zawiadomili niemieckich żandarmów. Gdy ci przyjechali, kazali chłopom pogrzebać ciała[154]. Barbara Lipińska, polski świadek cytowany przez Krzysztofa Czubaszka, którego książka obfituje w przykłady zachowania chłopów (jeden z rozdziałów nosi zresztą znamienny tytuł: „Śmierć z rąk sąsiadów”), wspomina:

> Kiedyś wracaliśmy wozem z Łukowa drogą przez las rzymski. Przysiedli się dwaj sąsiedzi. Rozmawiano o prześladowaniach Żydów. W pewnym momencie jeden z nich wskazał dom w pobliżu lasu i powiedział, że ukrywano w nim bogatą rodzinę żydowską, ale gospodarz po ograbieniu wydał ich Niemcom[155].

Matka Sylvii Friedman nie chciała iść do partyzantów. Główną strategią przeżycia, jaką przyjęła wraz z córką, była tułaczka. Nie chciała także zatrzymywać się u chłopów „ze strachu, że zostaną wymienione na kilogram cukru”[156]. Tułaczka jednak zmuszała je do zatrzymywania się od czasu

153 AŻIH, 301/639, Relacja Rubina Rosenberga. W 2002 r. Rosenberg przyjechał z Chicago, gdzie mieszka na stałe, do Adamowa i ufundował pomnik poświęcony adamowskim Żydom (Czubaszek, *Żydzi Łukowa i okolic*, s. 31).

154 Sąd Okręgowy w Siedlcach, zespół 1569, sygn. 709.

155 Czubaszek, *Żydzi Łukowa i okolic*, s. 196.

156 USC, VHA, 26955, Relacja Sylvii Friedman.

do czasu u chłopów. Szczęśliwie udało im się cudem pozostać 18 miesięcy u znajomego chłopa. Gdy przyszły do niego, były bardzo wystraszone, bały się tych ludzi, chłopów w ogóle, „twardego spojrzenia" gospodarza. Matka Sylvii rozpoznała w gospodarzu człowieka, który wydawał Żydów Niemcom. Te kobiety jednak oszczędził: chciał jednocześnie zabijać Żydów i udowodnić, że jest dobrym człowiekiem.

Sylvia i jej matka żyły w stałej niepewności: dni spędzały w bunkrze w stodole razem z ciotką i wujem (którzy przybyli tam wcześniej), wychodziły z niego nocą. Polska gospodyni bardzo się bała, że je zauważy jej mieszkający w gospodarstwie obok brat. Żydówki prały i szyły dla gospodyni. Kiedy mogła je wpuścić do domu, szorowały na kolanach podłogę, a gospodyni patrzyła przez okno, czy jej brat ich nie widzi. Poza pracą gospodarze domagali się pieniędzy za ich ukrywanie. Pewnej nocy matka Sylvii wyruszyła od Łukowa, aby odzyskać pieniądze od Polaków, którzy byli jej winni pewną sumę. Miała wrócić kolejnej nocy, ale nie wróciła już nigdy — zabito ją i pochowano na podwórzu. Jak dowiedziała się o tym Sylvia Friedman? Po zakończeniu wojny chciała wrócić do miasta, by dowiedzieć się, co się stało. Znajoma Polka powiedziała jej wtedy: „Pokażę ci, gdzie jest pochowana. Nie ma gospodarzy, pokażę ci to miejsce". Sylvia usiłowała doprowadzić do ukarania sprawców i, według jej słów, dopięła swego[157].

Historia Sylvii Friedman dobrze oddaje złożoność spotkań Żyda z chłopem w cztery oczy: trudna wspólna i bliska egzystencja, strach, zależność, rola pieniądza, ale zarazem strach gospodarzy są składowymi tych sytuacji.

157 Rozmowa Sylvii Friedman z autorem, wrzesień 2014 r.

Podsumowanie

W tekście przedstawiłem zaledwie jeden z wymiarów złożonej problematyki, mianowicie kwestię strategii przeżycia. W tym celu wyróżnionych zostało na podstawie dostępnych źródeł maksymalnie wiele strategii przyjętych przez Żydów po likwidacji gett. Opisałem zarówno strategie ocalałych, jak i ofiar.

Szkic ten nie jest wyczerpującą monografią losów Żydów z powiatu łukowskiego. Dlatego też część tematów, które wydają się oczywiste, nie została poruszona: okrucieństwo Niemców, odznaczające się sadyzmem i cynizmem mordercze praktyki, zamiłowanie do znieważania Żydów (dobrze znane dzięki zdjęciom upokarzanych Żydów z Łukowa), rabowanie, gwałty. Nie ma najmniejszych wątpliwości: Niemcy byli mordercami Żydów.

Wychodząc z tego samego założenia, nie omówiłem kwestii powrotu ocalałych do Łukowa czy żydowskiej pamięci rozkwitłej w ostatniej dekadzie.

Polacy stali się przedmiotem bliższej analizy, ponieważ wydają się partnerami koniecznymi w strategiach przeżycia Żydów. Partnerami stawianymi przez Niemców często w trudnych sytuacjach, czasem nawet bez wyjścia, jednak w najlepszym razie obojętnymi. Świadczą o tym chociażby publikacje odtwarzające historię AK w powiecie łukowskim. Opracowanie lokalnego historyka Zygmunta Cichosza *Obwód Armii Krajowej Łuków „Łoś" „Wielkie Łuki" „Maciek" 1939–1945*[158] jest tego dobrym przykładem. Autor tej skądinąd poważnej pracy opisuje detalicznie powstanie i kolejne akcje AK, wieś po wsi. Relacjonuje walki, działalność sabotażowo-dywersyjną, szkoleniową, wywiadowczą i propagandową. Wspomina nawet o organizacji kobiet. Jednym słowem — mamy do czynienia z wyczerpującą monografią miejscowej AK, napisaną z wyraźnym zaangażowaniem emocjonalnym. Zarazem jednak spośród 277 stron tylko jedna, i to bardzo ogólnie, poświęcona jest eksterminacji Żydów. Taka postawa, jak i sposób opowiedzenia ich historii dobrze oddaje pozycję Żydów w strukturach AK podczas wojny[159].

---

158 Zygmunt Cichosz, *Obwód Armii Krajowej Łuków „Łoś" „Wielkie Łuki" „Maciek" 1939–1945*, Biała Podlaska: Arte, 2009.

159 Potwierdzają to też wspomnienia polskich konspiratorów, zob. np. Stanisław Wieczorek, *Partyzanckie wspomnienia. Relacje oraz dokumenty żołnierzy Armii Krajowej ze Stoczka Łukowskiego i okolic*, Warszawa: Światowy Związek Żołnierzy Armii Krajowej, 1996.

Innymi słowy, nic dziwnego, że liczba ocalałych Żydów, nawet przyjmujących żałosne „dobre" strategie, jest tak nikła.

Malcanów (las pod Łukowem, gdzie Niemcy zastrzelili kilka tysięcy Żydów). Na zdjęciu trzech łukowskich ocalałych, koniec lat czterdziestych (GFH, 43547)

Z języka francuskiego przełożyła Maria Krawczyk

Aneks

Główne daty z historii powiatu łukowskiego 1939–1944

16/17 września 1939	W nocy z 16 na 17 września w szkole w Jarczewie (gm. Jarczew) zostali rozstrzelani przesiedleńcy (sześciu Żydów, dwóch Polaków). Polaków pochowano na polu gospodarza, Żydów – obok szkoły. Ciała sześciu Żydów zostały ekshumowane i pogrzebane na cmentarzu w Żelechowie. Ekshumacja dwóch Polaków, według sołtysa, byłaby pożądana, ponieważ może chodzić o studentów z Warszawy.
Wrzesień–październik 1939	Okupacja niemiecka, następnie sowiecka i powtórnie niemiecka. Gmina żydowska wzięła pod opiekę 2500 Żydów pochodzących z północnego wschodu Polski. Powołano Judenrat: przewodniczący – Mosze Aharon Wajntraub; Salomon „Salek" Cukierman wyznaczony na dowódcę Służby Porządkowej.
Październik 1939	Dwaj młodzi niezidentyfikowani Polacy zostali rozstrzelani za posiadanie broni; pochowano ich na cmentarzu.
Styczeń 1940	Pięciu Żydów i Polkę rozstrzelano w Kocku. Żydzi za ukrywanie się w bunkrze i opuszczenie terenu w getta, Polka – z nieznanych przyczyn. Wszystkich pochowano na terenie garnizonu, w mogile zbiorowej 2 × 3 m.
14 kwietnia 1940	Oddział Selbschutzu pod komendą Odila Globocnika rozstrzelał w Józefowie Dużym 217 Polaków z okolicznych wsi[160].
1940	Prace na dworcu w Łukowie i w firmie Reckmanna.
Październik 1940	W Łukowie aresztowano Moszego Wajntrauba, na stanowisku przewodniczącego Judenratu zastąpił go Hersz Lejzor Lender.
Maj 1941	Utworzenie getta w Łukowie, zakaz opuszczania jego terenu bez zezwolenia.
1942	Łuków Kwiecień: ludność getta to 8093 Żydów + 2031 (Żydzi ze Słowacji). 1 czerwca: getto przeszło pod zarząd SS-mana Josefa Bürgera, Anton Neumann został jego zastępcą. (cd. w następnym wierszu)

160 *Józefów, 14 kwietnia 1940*, Siedlce: Wojewódzki Komitet Ochrony Pamięci Walk i Męczeństwa w Siedlcach, 1990.

1942 (cd.)	5 października: ludność getta została zgromadzona na targowisku przy ul. Międzyrzeckiej (Mesdrich), mężczyzn zdolnych do pracy oddzielono od reszty. Około 4 tys. kobiet, starców i dzieci zaprowadzono na dworzec i deportowano do Treblinki; 500 osób zastrzelono na miejscu. 8 października: deportacja 2 tys. Żydów do Treblinki. 27 października: deportacja kilkuset osób do Treblinki. 28 października: getto w Łukowie otrzymało status „getta pracy".
29 czerwca 1942	We wsi Wola Okrzejska (gm. Gułów) rozstrzelano dwóch chłopów polskich o znanej tożsamości. Odpowiedzialny: komendant Gestapo Imbek.
Sierpień 1942	We wsi Ciechomin Podworski żandarmeria rozstrzelała trzech Polaków (ojca i dwóch synów) pod zarzutem bandytyzmu. Pochowano ich na polu, na miejscu egzekucji. Brak wiadomości o ekshumacji.
10 września 1942	Młody Polak został rozstrzelany przez Schutzpolizei za odmowę wyjazdu do pracy do Niemiec. Pochowano go na cmentarzu. Dziesięciu Żydów o nieznanej tożsamości rozstrzelała Schutzpolizei na polu koło Kocka. Pochowano ich w mogile zbiorowej 5 × 2 m.
10 października 1942	We wsi Grochówka (gm. Zbuczyn Poduchowny) rozstrzelano 70 Żydów. Zwłoki pochowano na miejscu egzekucji, na pastwisku. Następnie przeniesiono na cmentarz w Łukowie[161].
Połowa października 1942	W Adamowie „ludzi ładowano do ciężarówek, zaś starych, chorych i tych, co nie chcieli iść do samochodów, zabijano na miejscu"[162]. Egzekucja odbywała się na przedmieściach osady, na łące położonej na wschód od kościoła. Zginęło wówczas ponad 300 osób. Ofiary pochowane na polu, około 500 m od miejsca egzekucji, w kierunku wsi Glinne[163].
Październik 1942	W Okrzei zamordowano 90 Żydów.
Październik 1942	(Mylnie podawany rok 1943). W Kocku Schutzpolizei rozstrzelała 161 Żydów w ogrodzie Weroniki Chaberskiej, w odwecie za zabicie żołnierza z Talczyna. Ciała pochowano w ogrodzie Weroniki Chaberskiej przy ul. 3 Maja. Nie zostały ekshumowane.
Listopad 1942	W Adamowie SS-mani i plutonowy Policji Polskiej Piotr Wiśniewski rozstrzelali 32 Żydów z okolicy i 8 polskich chłopów ze wsi Szczepaniec. Żydów pochowano na cmentarzu żydowskim, Polaków na cmentarzu parafialnym. Ofiary zostały zidentyfikowane.

161 Czubaszek, *Żydzi Łukowa i okolic*, s. 174, za: Shmuel Krakowski, *Żydowski opór w Generalnym Gubernatorstwie* [w:] *Akcja Reinhardt...*, s. 288.

162 Relacja Edwarda Czyżo, w zbiorach Krzysztofa Czubaszka.

163 Czubaszek, *Żydzi Łukowa i okolic*, s. 174, za: Krakowski, *Żydowski opór w Generalnym Gubernatorstwie*, s. 288.

28 grudnia 1942	29 polskich chłopów, w tym kobiety, rozstrzelała w Gęsiówce (gm. Dąbie) żandarmeria pod zarzutem współpracy z bandytami. Zostali pochowani przez rodziny na cmentarzu parafialnym. W Woli Okrzejskiej zamordowano 36 Żydów.
Grudzień 1942	Bliżej nieokreślonego dnia stracono 26 Żydów i Polkę (jedna osoba przez powieszenie, reszta przez rozstrzelanie) we wsi Gułów. Pochodzili z różnych miejscowości, ich tożsamość jest nieznana. Żydów oskarżono o opuszczenie miejsc zamieszkania, Polka została stracona z niewiadomej przyczyny. Odpowiedzialni: Imbek, Gestapo, SS. 27 ciał pochowano w lesie, w mogile zbiorowej 12,5 × 2 m.
1942	Sześciu Żydów i dziesięciu Rosjan rozstrzelano pod Gułowem. Nie wiadomo, kim byli Żydzi, zostali doprowadzeni z różnych miejsc. Rosjan rozstrzelano za ucieczkę z obozu. Odpowiedzialni: Imbek, Gestapo, SS. Rosjanie zostali pochowani w lesie koło Gułowa, w mogile zbiorowej 3 × 1,5 m, Żydzi – na polu koło wsi Hordzieżka, w mogile 2 × 1,5 m.
1942	Ośmiu polskich chłopów o znanej tożsamości zostało zabitych w Lipinach (gm. Gułów) przez SS i policjanta Piotra Wiśniewskiego z Adamowa, z upoważnienia Imbeka, komendanta Gestapo, stacjonującego w tartaku Korwin w Gułowie. Pochowano ich na cmentarzu w Woli Gułowskiej.
1942	SS-mani i policjant Wiśniewski rozstrzelali 113 Żydów we wsi Okrzeja (gm. Gułów) na rozkaz Imbeka. Zabitych pochowano w mogile zbiorowej 35 × 2 m na wydmach w Okrzei.
1942	SS-mani i policjant Wiśniewski 11 polskich chłopów i 6 Żydów o znanej tożsamości rozstrzelali (a roczne dziecko żydowskie spalili żywcem) we wsi Turzystwo (gm. Gułów) na rozkaz Imbeka. Polaków pochowano w mogiłach rodzinnych, Żydów – na polu w Turzystwie. Ich grób został zaorany i jego lokalizacja jest nieznana.
Styczeń 1943	Dwunastu Żydów ze wsi Niedźwiedź rozstrzelała żandarmeria (ustalono nazwiska żandarmów: Buch, Sieja?, Pacek?) we wsi Drewnik. Pochowano ich w zbiorowej mogile 2 × 2 m.
5 lutego 1943	Żandarmeria niemiecka, policja i Wehrmacht rozstrzelali 38 chłopów o ustalonej tożsamości ze wsi Lendo Wielkie (gm. Łysobyki). Powód: przynależność do podziemia, nieposłuszeństwo. Pochowano ich na cmentarzu.
2 maja 1943	Deportacja 3–4 tys. Żydów do Treblinki.
5 maja 1943	Trzynaścioro polskich chłopów i chłopek o znanej tożsamości rozstrzelała żandarmeria z niewiadomego powodu we wsi Wola Bukowska. Ciała ekshumowano i przeniesiono na cmentarz.
Maj 1943	We wsi Wola Blizocka (gm. Łysobyki) żandarmi zabili polskiego chłopa. Został pochowany na cmentarzu w Sobieszynie.

9 czerwca 1943	W Kolonii Jarczew (gm. Jarczew) żandarmeria zastrzeliła 11 osób (6 Żydów, Polaka, 2 cudzoziemców, 2 Niemców) podczas obławy na partyzantów. Polak został pochowany w pierwszej mogile, w drugiej – 4 Żydów, w trzeciej – Żyd, w czwartej – 2 cudzoziemców i Żyd. Ciała Niemców zabrano natychmiast. Wszystkie mogiły zostały zaorane i obecnie trudno wskazać ich lokalizację.
29 czerwca 1943	Pięciu Polaków (o znanej tożsamości) i czterech Żydów rozstrzelano we wsi Poizdów – ich kryjówka została odkryta. Nazwiska Żydów i ich pochodzenie są nieznane. Egzekucję przeprowadziła żandarmeria z Kocka. Zostały wykopane dwie mogiły. Niemcy pozwolili Polakom pochować ich zmarłych na cmentarzu. Żydzi zostali pogrzebani w mogile zbiorowej 2 × 2 m.
Czerwiec 1943	We wsi Żurawiec (gm. Gułów) rozstrzelano dwóch polskich chłopów o znanej tożsamości. Jeden z nich spotkał na drodze jeńca sowieckiego. Egzekucję przeprowadzili SS-mani i policjant Wiśniewski na rozkaz Imbeka. Zabitych pochowano w indywidualnych grobach na cmentarzu w Woli Gułowskiej.
25 lipca i 8 sierpnia 1943	Żandarmeria niemiecka rozstrzelała kolejno czworo i dwanaścioro polskich chłopów, w tym kobiety i niemowlę, w akcie zemsty za zabicie żandarma niemieckiego przez partyzantów w lesie koło wsi Kryńszczak. Szczególnie aktywny udział w przeprowadzeniu egzekucji brał niejaki Witkowski. Rodziny ekshumowały ciała i przeniosły na cmentarze katolickie (w Łukowie i okolicach Siedlec). Tożsamość ofiar jest znana.
9 września 1943	Ośmiu polskich chłopów ze wsi Oszczepalin (gm. Wojcieszków) zostało zaprowadzonych do Kocka i tam rozstrzelali ich funkcjonariusze Schutzpolizei w ramach odwetu. Zabitych pochowano na cmentarzu.
Październik 1943	We wsi Wola Gułowska (gm. Gułów) Gestapo i SS zamordowało dwóch Żydów i Rosjanina podczas obławy. Żydzi zostali pochowani na cmentarzu w Adamowie, Rosjanin w lesie koło Gułowa.
Październik 1943	Dwaj Polacy zostali rozstrzelani przez żandarma Tobera na rynku we wsi Łysobyki (gmina Łysobyki) – mężczyzna, lat 20, i dziecko, lat 12. Oskarżono ich o złamanie prawa przeciw Edmundowi Krajewskiemu. Zostali pochowani na cmentarzu.
Listopad 1943	We wsi Wola Okrzejska (gm. Gułów) rozstrzelano 30 niezidentyfikowanych Żydów z okolicy; pochowano ich w mogile zbiorowej 12 × 1,5 m.
20 grudnia 1943	Dwie Polki ze wsi Wola Skromowska (gm. Kock) zostały rozstrzelane przez Schutzpolizei za udzielenie schronienia partyzantom sowieckim. Pochowano je na cmentarzu.

1943	Ośmiu Żydów z okolicy zostało rozstrzelanych we wsi Lipiny (gm. Gułów) przez SS i policjanta Wiśniewskiego na rozkaz Imbeka. Pochowano ich w grobach indywidualnych w Adamowie.
1943	SS-mani i policjant Wiśniewski rozstrzelali dziesięciu polskich chłopów o ustalonej tożsamości we wsi Okrzeja (gm. Gułów) na rozkaz Imbeka. Zabitych pochowano w grobach rodzinnych.
7 lutego 1944	Józef Korciuk ze wsi Przytoczno (gm. Łysobyki) został rozstrzelany przez Gestapo z Radzynia za działalność podziemną. Pochowano go na cmentarzu.
9 lutego 1944	We wsi Nowy Świat (gm. Jarczew) trzech mieszkańców o ustalonej tożsamości zostało rozstrzelanych przez Gestapo z nieznanej przyczyny. Pochowano ich na polu sąsiada, następnie zostali ekshumowani przez rodziny i pochowani na cmentarzu parafialnym.
15 marca 1944	We wsi Feliksin (gm. Jarczew) 16 polskich chłopów zostało rozstrzelanych z nieznanego powodu przez Gestapo i żandarmerię. Sześć ciał spalono w domu Jana Kowalczyka i Bolesława Dubileckiego. Ciała trzech chłopów pochowano na cmentarzu w Okrzei, siedem ciał pochowano na polu należącym do Stefana Sobieckiego w Feliksinie. Partyzanci ekshumowali zwłoki i pochowali na cmentarzu w Wojcieszkowie. We wsi Stara Huta (gm. Jarczew) żandarmeria rozstrzelała trzech polskich chłopów z nieznanego powodu. Pochowani w mogile zbiorowej obok stodoły, następnie ekshumowani przez rodziny i pochowani na cmentarzu.
6 lipca 1944	Pięciu Polaków ze wsi Wnętrzne (gm. Mysłów) zostało rozstrzelanych w majątku Miastków koło pałacu przez Schutzpolizei. Pochowano ich w mogile zbiorowej 6 × 2,5 m na miejscu egzekucji, następnie ciała ekshumowano i pochowano na cmentarzu w Wandalinie (?).

Lista ocalałych z Łukowa i okolic[164]

Nazwisko i imię	Wiek w 1942 r.	W Łukowie i/lub okolicy podczas okupacji niemieckiej	Czasowo w Łukowie i/lub okolicy
Adameczek Marianna	12	x	
Bara Jacques	25		x
Bartosiak Halina	21		x
Berg Robert	13	x	
Biderman Helen	14	x	
Biderman Max	23	x	
Brook David	19	x	
Dębski Tadeusz	21		x
Eisenberg Ben	22		x
Estrach Joël	18	x	
Feldman Mira	11	x	
Fenster Lillian	16		x
Friedman Sylvia	14	x	
Frydman Régine	10		x
Greene Fran	7	x	
Jacobs Harry	19		x
Lumerman Irving	5	x	
Orlinsky Manny	23	x	
Pelcman Bella	19		x
Prengler Aaron	10	x	
Prengler Hershel	20	x	
Ross Sima	27		x
Rosenbaum Hank	6	x	
Rubinstein Henry	21	x	
Smilovic Annette	13	x	
Tischmann Henry	20		x
Weiss Susan	12	x	
Wiener Sally	20		x

164 Na podstawie zbiorów USC Shoah Foundation. Relacje głównie po polsku, angielsku, francusku i w jidysz.

Nazwisko i imię	Wiek w 1942 r.	W Łukowie i/lub okolicy podczas okupacji niemieckiej	Czasowo w Łukowie i/lub okolicy
Wrobel Eta	24	x	
Zygielbojm Reuven	29		x
Pozostałe nazwiska na liście:			
Dwosh Tovia			
Petryszak Joseph			
Heftman Henri			

Anna Zapalec

Powiat złoczowski

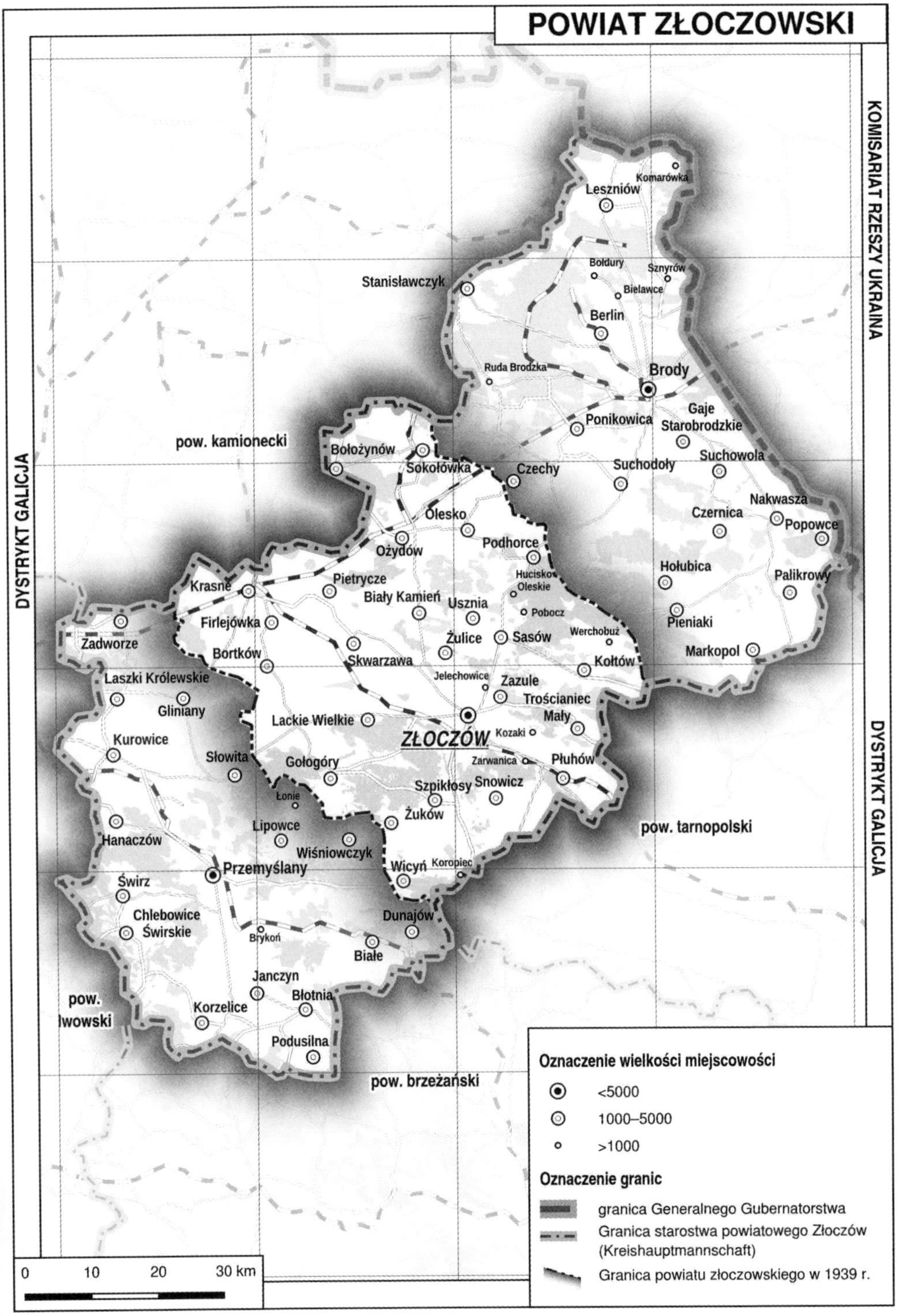
POWIAT ZŁOCZOWSKI
KOMISARIAT RZESZY UKRAINA
DYSTRYKT GALICJA
DYSTRYKT GALICJA
pow. kamionecki
pow. tarnopolski
pow. lwowski
pow. brzeżański
Komarówka
Leszniów
Stanisławczyk
Bołdury
Sznyrów
Bielawce
Berlin
Ruda Brodzka
Brody
Gaje Starobrodzkie
Ponikowica
Bołożynów
Sokołówka
Czechy
Suchodoły
Suchowola
Olesko
Nakwasza
Czernica
Popowce
Podhorce
Ożydów
Hołubica
Hucisko Oleskie
Palikrowy
Krasne
Pietrycze
Biały Kamień
Usznia
Pobocz
Pieniaki
Zadworze
Firlejówka
Żulice
Sasów
Werchobuż
Markopol
Bortków
Skwarzawa
Kołtów
Jelechowice
Zazule
Laszki Królewskie
Gliniany
Trościaniec Mały
Lackie Wielkie
ZŁOCZÓW
Kozaki
Kurowice
Słowita
Zarwanica
Płuhów
Gołogóry
Szpikłosy
Snowicz
Łonie
Żuków
Lipowce
Hanaczów
Wiśniowczyk
Przemyślany
Wicyń
Koropiec
Świrz
Chlebowice Świrskie
Dunajów
Bryków
Białe
Janczyn
Błotnia
Korzelice
Podusilna
Oznaczenie wielkości miejscowości
<5000
1000–5000
>1000
Oznaczenie granic
granica Generalnego Gubernatorstwa
Granica starostwa powiatowego Złoczów (Kreishauptmannschaft)
Granica powiatu złoczowskiego w 1939 r.
0
10
20
30 km

Źródła i literatura

Złoczów i ziemia złoczowska miały wielowiekową historię i wielonarodowościową kulturę oraz związki z wielkimi rodami szlacheckimi i magnackimi: Sienińskich, Górków, Daniłowiczów, Wiśniowieckich, Koniecpolskich, a przede wszystkim z rodem Sobieskich, którzy dobra złoczowskie posiadali od końca XVI w., gdy nabył je wojewoda lubelski Marek Sobieski, dziad przyszłego króla Polski — Jana III Sobieskiego. Zarówno on, jak i jego następcy potwierdzali przywileje uzyskane przez Złoczów, zabiegali o jego rozwój, a syn Marka Jakub przebudował zamek złoczowski, zamieniając go w cytadelę. Stamtąd wyruszali na wyprawy zbrojne przeciwko Turkom i Kozakom, tam odpierano najazdy nieprzyjaciela w latach 1670–1690. Jan Sobieski często tam przebywał i dbał o swoje dobra, czemu między innymi miało służyć osadnictwo Ormian, przyczyniające się do rozwoju handlu i zwiększenia zaludnienia. Ormianie dysponowali w Złoczowie własną parafią, lecz w 1800 r. przestała ona istnieć, a ludność ormiańska stopniowo uległa asymilacji. Od XVI w. zaczęli się tam osiedlać także Żydzi, początkowo nielicznie, ale już w XVII w. udało się im założyć gminę żydowską; rabin ze Złoczowa był zarazem zwierzchnikiem Żydów z Sasowa. Na mocy przywileju z 1654 r. Żydzi otrzymali całkowitą swobodę osiedlania się w dobrach złoczowskich, a w samym Złoczowie zawsze mieli prawo do utrzymywania bożnicy, łaźni, jatek koszernych, szpitala, uzyskali też dostęp do handlu i wyszynku. Wobec właścicieli zamku ponosili takie same ciężary i opłaty jak chrześcijańscy mieszczanie, zobowiązani byli na przykład do zgromadzenia zapasu broni na wypadek wojny i uczestniczenia w obronie miasta. Za czasów Sobieskich w Złoczowie uposażone zostały również parafie rzymskokatolicka i greckokatolicka. Wiek XVII z powodu toczących się wojen przyniósł jednak ziemi złoczowskiej duże zniszczenia, w tym spalenie Złoczowa w 1672 r. przez Turków i Kozaków, ponowny pożar miasta w 1691 r. i kolejny na początku XVIII stulecia. Po śmierci królewicza Jakuba — syna Jana III Sobieskiego — dobra złoczowskie zmieniały kilkakrotnie właścicieli, a w 1772 r. znalazły się w zaborze austriackim i wraz z upływem czasu popadły w zaniedbanie. Dopiero od 1848 r. sytuacja powoli zaczęła się zmieniać na lepsze. Także dla społeczności żydowskiej był to okres rozwoju. Od XVIII w. uczestniczyli

Żydzi w wyborach do magistratu miasta. W 1874 r. na 30 radnych w radzie gminy złoczowskiej było: 14 rzymskich katolików, 13 Żydów i 3 grekokatolików. W 1890 r. Złoczów zamieszkiwało 5086 osób wyznania mojżeszowego, 2190 rzymskich katolików i 2826 grekokatolików. W tym czasie powiat złoczowski liczył: 97 967 grekokatolików, 29 460 rzymskich katolików, 20 947 osób wyznania mojżeszowego i 444 osób innych wyznań[1]. Jak wynika z tej krótkiej analizy, w samym Złoczowie Żydzi osiedli od dawna i stanowili większość mieszkańców miasta.

Pierwsza wojna światowa poczyniła na ziemi złoczowskiej spore zniszczenia materialne, a w samym Złoczowie uszkodzeniom uległy m.in. dworzec kolejowy i koszary. Najbliższy okres po jej zakończeniu nie przyniósł uspokojenia z powodu konfliktu polsko-ukraińskiego o Galicję Wschodnią (1918–1919). Te wydarzenia zostały boleśnie zapamiętane przez polską społeczność Złoczowa, gdyż na przełomie marca i kwietnia 1919 r. Ukraińcy, mający wtedy kontrolę nad miastem, rozstrzelali 22 Polaków. Każda strona konfliktu przedstawiała te wydarzenia i ich przyczyny inaczej, uzasadniając swoje racje. Ostatecznie o losach ziemi złoczowskiej rozstrzygnęły wydarzenia wojny polsko-bolszewickiej z lat 1919–1921, gdy po podpisaniu w marcu 1921 r. traktatu pokojowego w Rydze obszar ten, tak jak inne tereny Galicji Wschodniej aż po rzekę Zbrucz, wszedł w skład Rzeczypospolitej Polskiej[2].

Do dziejów Złoczowa i powiatu złoczowskiego w okresie dwudziestolecia międzywojennego zachowało się mało źródeł kancelaryjnych wytworzonych przez miejscowe urzędy, a w odniesieniu do drugiej wojny światowej prawie w ogóle ich nie ma. Nic nie wskazuje na to, by te archiwalia gdzieś się zachowały. W źródłach wspomnieniowych istnieją wzmianki, że przynajmniej część archiwum złoczowskiego z okresu ostatniej wojny zniszczyli Niemcy przed wycofaniem się z miasta. To, co zostało, przejęła Armia

1 Łucja Charewiczowa, *Dzieje miasta Złoczowa*, Złoczów: Powiatowe Towarzystwo Turystyczno-Krajoznawcze, 1929, s. 56–68; *Słownik geograficzny Królestwa Polskiego i innych krajów słowiańskich*, t. 14, Warszawa: nakładem Filipa Sulimierskiego i Władysława Walewskiego, 1895, s. 628–632; Kazimierz Żmigrodzki, *Powiat złoczowski*, Złoczów: Powiatowe Towarzystwo Turystyczno-Krajoznawcze, 1927, s. 25–43.

2 Żmigrodzki, *Powiat złoczowski*, s. 34; Tomasz Kunzek, *Przewodnik po województwie tarnopolskiem. Monografia krajoznawcza z 82 ilustracjami w tekście i 2 mapkami*, Tarnopol: Podolskie Towarzystwo Turystyczno-Krajoznawcze, 1928, s. 99; *Z krwawych dni Złoczowa*, Złoczów: W. Zukerkandel, 1921, s. 67; Mykoła Andrusiak, *Z mynułoho Zołocziwszczyny* [w:] *Zołocziwszczyna: iji mynule i suczasne*, oprac. Wołodymyr Bolubasz, N'ju Jork–Toronto: Kanadśkie Naukowe Towarystwo im. Szewczenka, 1982, s. 79–80.

Czerwona w 1944 r. i niestety niektóre dawne dokumenty posłużyły sowieckim władzom wojskowym oraz instytucjom cywilnym jako papier do bieżących czynności urzędowych, czego dowody można dzisiaj odnaleźć w moskiewskich archiwach. W pewnym stopniu te braki źródłowe zrekompensowały dokumenty urzędów dystryktu Galicja przechowywane w Państwowym Archiwum Obwodu Lwowskiego we Lwowie oraz dokumentacja będąca w dyspozycji Instytutu Pamięci Narodowej — Komisji Ścigania Zbrodni przeciwko Narodowi Polskiemu.

Wydarzenia z okresu ostatniej wojny spowodowały zmiany, które wpłynęły na skład społeczny mieszkańców ziemi złoczowskiej, pozbawiając ją przy tym wielokulturowego charakteru. Wojnę przetrwała tylko garstka Żydów, która stamtąd wyjechała i szybko rozpierzchła się po świecie. Prawie wszyscy Polacy zostali przesiedleni w nowe granice Polski. Rozproszeniu uległy zarazem źródła do dziejów przedwojennego powiatu złoczowskiego obejmujące również okres okupacji[3]. Po wojnie w Polsce zarządzono jedynie kilka śledztw dotyczących kolaboracji tamtejszych obywateli polskich z Niemcami w czasie okupacji. Dochodzenia te i procesy były prowadzone nieudolnie: nie ujawniały szerszych okoliczności zajść; prokuratorzy nie podejmowali kroków w celu dokładnego rozpoznania sprawy; strona polska i ukraińska nie współpracowały ze sobą, aby zebrać dowody. Z tego względu materiał ten ma niewielką wartość poznawczą[4]. Natomiast obszerne zbiory umożliwiające badanie historii Żydów złoczowskich znalazły się w Yad Vashem w Jerozolimie i w United States Holocaust Memorial Museum w Waszyngtonie. Instytucje te dysponują różnorodnymi zasobami do dziejów powiatu złoczowskiego, m.in. kolekcjami dokumentów z niemieckich urzędów i instytucji okupacyjnych, materiałami z procesów zbrodniarzy wojennych, dokumentami osobistymi, a także częścią dokumentacji żydowskich

3 Na przykład księgi metrykalne żydowskiej gminy wyznaniowej ze Złoczowa znalazły się w Przemyślu; księgi metrykalne parafii rzymskokatolickich, w tym dokumentacja parafii ze Złoczowa (niestety szczątkowa) — w Krakowie; wspomnienia świadków historii i część złoczowskich dokumentów zdeponowano w Warszawie w Żydowskim Instytucie Historycznym, a w Archiwum Wschodnim Ośrodka Karta są dostępne wspomnienia i relacje Polaków.

4 W Polsce takie dochodzenia i procesy były prowadzone na podstawie Dekretu Polskiego Komitetu Wyzwolenia Narodowego z dnia 31 sierpnia 1944 roku o wymiarze kary dla faszystowsko-hitlerowskich zbrodniarzy winnych zabójstw i znęcania się nad ludnością cywilną i jeńcami oraz dla zdrajców Narodu Polskiego (Dz.U. 1944, nr 4, poz. 16). W sprawie kolaboracji obywateli polskich (Polaków i Ukraińców) i wysługiwania się niemieckiemu okupantowi na terenie powiatu złoczowskiego podjęto dziesięć śledztw, a skazano tylko jedną osobę za udział w pogromie Żydów w lipcu 1941 r.

i polskich instytucji z okresu drugiej wojny światowej, w tym źródłami wspomnieniowymi i zbiorami *oral history*[5].

Wspomnienia i relacje Żydów złoczowskich oraz podobne teksty polskie i ukraińskie stanowiły jeden z najważniejszych materiałów do moich badań. Podobną rolę odegrała Księga pamięci Złoczowa (Yizkor Book). Te źródła mimo subiektywizmu przekazu pozwoliły na poznanie okupacyjnych realiów życia codziennego w powiecie złoczowskim, pomogły w weryfikacji innych typów źródeł, miały też kluczowe znaczenie przy ustalaniu żydowskich strategii przetrwania.

W tym kontekście ważne okazały się również opracowania poświęcone losom lokalnych społeczności żydowskich Generalnego Gubernatorstwa. Mam tu na myśli przede wszystkim prace: Shimona Redlicha o Brzeżanach[6], Omera Bartova o Buczaczu[7], Jakowa (Jakuba) Honigsmana o historii Żydów w Brodach i zagładzie Żydów lwowskich[8], Jana Grabowskiego o Dąbrowie Tarnowskiej[9] oraz Barbary Engelking o realiach ukrywania się Żydów na wsi polskiej[10], a także w odniesieniu do okresu okupacji sowieckiej edycję wspomnień i relacji zredagowanych przez Jana Tomasza Grossa i Irenę Grudzińską-Gross o sowieckich represjach w latach 1939–1941 na ludności polskiej (różnych narodowości)[11]. Należy ponadto wymienić artykuły poruszające problematykę kolaboracji w dystrykcie Galicja, szczególnie

---

5 Do zbiorów *oral history* z USHMM można otrzymać dostęp przez bibliotekę Muzeum Historii Żydów Polskich Polin. Serdecznie dziękuję Eli Linde, Alexowi Zenginowi i Witoldowi Mędykowskiemu z Yad Vashem za pomoc w kwerendzie oraz Romanowi Maćkówce za udostępnienie archiwum prywatnego.

6 Shimon Redlich, *Razem i osobno. Polacy, Żydzi, Ukraińcy w Brzeżanach 1919–1945*, tłum. Grzegorz Godlewski, Sejny: Pogranicze, 2002.

7 Omer Bartov, *Wołanie krwi brata twego. Rekonstrukcja ludobójstwa w lokalnej skali*, „Zagłada Żydów. Studia i Materiały" 2014, nr 10, t. 1, s. 319–353.

8 Jakow Chonigsman, *Katastrofa lwowskogo jewrejstwa*, Lwow: Lwowskoje Obszczestwo Jewriejskoj Kultury im. Szolom Alejchema, 1993 (wydanie polskie: Jakub Honigsman, *Zagłada Żydów lwowskich*, tłum. i oprac. Adam Redzik, Warszawa: ŻIH, 2007); *idem*, *Jewriei goroda Brody (1584–1944)*, Lwow: Lwowskoje Obszczestwo Jewriejskoj Kultury im. Szolom Alejchema, 2001.

9 Jan Grabowski, *Judenjagd. Polowanie na Żydów 1942–1945. Studium dziejów pewnego powiatu*, Warszawa: Stowarzyszenie Centrum Badań nad Zagładą Żydów, 2011.

10 Barbara Engelking, *„Jest taki piękny słoneczny dzień…". Losy Żydów szukających ratunku na wsi polskiej 1942–1945*, Warszawa: Stowarzyszenie Centrum Badań nad Zagładą Żydów, 2011.

11 *„W czterdziestym nas matko na Sibir zesłali". Polska a Rosja 1939–1942*, wybór i oprac. Jan Tomasz Gross, Irena Grudzińska-Gross, wstęp Jan Tomasz Gross, Warszawa: Res Publica, 1990.

opracowania Gabriela Findera i Alexandra Prusina[12] oraz Johna-Paula Himki[13]. Jeśli chodzi o sam powiat złoczowski, to do tej pory najwięcej publikacji zostało poświęconych pogromowi Żydów w Złoczowie 3–4 lipca 1941 r.[14] Natomiast inne wydarzenia wojenne na tym terenie znalazły się w polu zainteresowania badaczy głównie w kontekście analiz odnoszących się do całego dystryktu Galicja. Przydatne okazały się zwłaszcza artykuły Tatiany Berenstein o pracy przymusowej i akcjach eksterminacyjnych wobec ludności żydowskiej w dystrykcie Galicja oraz Aleksandra Kругłowa o deportacjach ludności żydowskiej z tego dystryktu do Bełżca w 1942 r.[15]

---

12 Gabriel N. Finder, Alexander V. Prusin, *Collaboration in Eastern Galicia: The Ukrainian Police and the Holocaust*, „East European Jewish Affairs" 2004, t. 34, nr 2, s. 95–118.

13 John-Paul Himka, *Former Ukrainian Policemen in the Ukrainian National Insurgency: Continuing the Holocaust outside German Service* [w:] *Lessons and Legacies XII: New Directions in Holocaust Research and Education*, red. Wendy Lower, Lauren Faulkner Rossi, Evaston: Northwestern University Press, 2017, s. 141–163. Autor opublikował też ważny tekst o pogromie Żydów we Lwowie i nastrojach społecznych, które temu towarzyszyły: *idem*, *The Lviv Pogrom of 1941: The Germans, Ukrainian Nationalists, and the Carnival Crowd*, „Canadian Slavonic Papers" 2011, t. 53, nr 2/3/4, s. 209–243. Kwestię ukraińskiej kolaboracji oraz postulaty badawcze przedstawił także w jednym ze swoich artykułów Jarosław Hrycak (*idem*, *Ukrajinci w antyjewrejskich akcijach pid czas Druhoji switowoji wijny*, „Ji" 1996, nr 8, s. 60–68).

14 Bernd Boll, *Zloczow, Juli 1941: Die Wehrmacht und der Beginn des Holocaust in Galizien*, „Zeitschrift für Geschichtswissenschaft" 2002, nr 10, s. 899–917; Marko Carynnyk, *Zołocziw mowczyt'*, „Krytyka" 2005, nr 10, s. 14–17; Gabriele Lesser, *Pogromy w Galicji Wschodniej w 1941 r.* [w:] *Tematy polsko-ukraińskie. Historia, literatura, edukacja*, red. Robert Traba, Olsztyn: Wspólnota Kulturowa „Borussia", 2001, s. 103–126; Witold Mędykowski, *Pogrom*, „Karta" 2012, nr 71, s. 68–89. Pogrom w Złoczowie był także omawiany w pracach: Witold Mędykowski, *W cieniu gigantów. Pogromy 1941 r. w byłej sowieckiej strefie okupacyjnej. Kontekst historyczny, społeczny i kulturowy*, Warszawa: ISP PAN, 2012; Bogdan Musiał, *Rozstrzelać elementy kontrrewolucyjne! Brutalizacja wojny niemiecko-sowieckiej latem 1941 roku*, Warszawa: Stowarzyszenie Kulturalne „Fronda", 2001; Dieter Pohl, *Nationalsozialistische Judenverfolgung in Ostgalizien 1941–1944*, München: Oldenbourg, 1996; Kai Struve, *Rites of Violence? The Pogroms of Summer 1941*, „Polin: Studies in Polish Jewry" 2012, t. 24: „Jews and Their Neighbours in Eastern Europe since 1750", s. 257–274; Andrzej Żbikowski, *Lokalne pogromy Żydów w czerwcu i lipcu 1941 roku na wschodnich rubieżach II Rzeczypospolitej*, „Biuletyn ŻIH" 1992, nr 2–3 (162–163), s. 2–18.

15 Tatiana Berenstein, *Eksterminacja ludności żydowskiej w dystrykcie Galicja (1941–1943)*, „Biuletyn ŻIH" 1967, nr 1 (61), s. 3–58; *eadem*, *Praca przymusowa ludności żydowskiej w tzw. Dystrykcie Galicja (1941–1944)*, „Biuletyn ŻIH" 1969, nr 1 (69), s. 3–46; Aleksander Kругłow, *Deportacje ludności żydowskiej z dystryktu Galicja do obozu zagłady w Bełżcu w 1942 r.*, „Biuletyn ŻIH" 1989, nr 3 (151), s. 101–118. Wspomnieć też należy o publikacji: Tadeusz Jędruszczak, *Początki okupacji niemieckiej w tzw. dystrykcie galicyjskim w 1941 r.*, „Acta Universitatis Wratislaviensis. Historia" 1981, t. 36, s. 207–216. Z ważniejszych publikacji wymienię jeszcze: Jakow Chonigsman, *Katastrofa jewriejstwa Zapadnoj Ukrainy: jewriei Wostocznoj Galicii, Zapadnoj*

Obszar badań

Na początku lat dwudziestych XX w. Złoczów był małym miastem, jednym z wielu takich ośrodków miejskich, jakie znajdowały się wtedy wokół Lwowa, Tarnopola i Stanisławowa — największych miast wschodniej Galicji. Były to tereny pogranicza kulturowego i etnicznego, co nadawało miastu specyficzny charakter ze zróżnicowaną narodowościowo społecznością, cechującą się odmiennościami kulturowymi, obyczajowymi i religijnymi[16].

UWARUNKOWANIA GEOGRAFICZNE

Miasto od 1 września 1921 r. stanowiło centrum powiatu, który należał administracyjnie do województwa tarnopolskiego. Znajdowały się tam m.in.: starostwo, sądy — okręgowy i powiatowy (dla części gmin, gdyż północna część powiatu podlegała sądowi powiatowemu w Olesku), urząd skarbowy, urząd drogowy i urząd ziemski, Rada Szkolna Powiatowa, poczta, Powiatowa Komenda Policji Państwowej. W Złoczowie istniało kilka szkół państwowych i prywatnych, w tym Państwowe Gimnazjum im. króla Jana Sobieskiego, kilka banków oraz liczne instytucje społeczne i kulturalne różnych narodowości. W koszarach stacjonowały trzy jednostki Wojska Polskiego: 52 Pułk Piechoty Strzelców Kresowych, 12 Pułk Artylerii Lekkiej

---

Wołyni, Bukowiny i Zakarpatja w 1933–1945 gg., Lwow: b.w., 1998; Aleksandr Krugłow, *Chronika Chołokosta w Ukrainie*, Zaporoże: Izdatielstwo „Priemier", 2004. Charakterystykę dorobku historiografii ukraińskiej na temat zjawisk zachodzących w pamięci społecznej o Holokauście na Ukrainie przedstawił m.in.: Anatolij Podolskij, *Społeczeństwo ukraińskie a pamięć o Holocauście — próba analizy wybranych aspektów* [w:] *Praca z „trudną pamięcią" w społecznościach lokalnych. Polsko-ukraińska wymiana doświadczeń. Materiały seminaryjne*, Lublin: Ośrodek „Brama Grodzka-Teatr NN" i Stowarzyszenie Panorama Kultur, 2010, s. 26–35.

16 Kunzek, *Przewodnik po województwie tarnopolskiem*..., s. 98–104; *Przewodnik po województwie tarnopolskiem z mapą*, Tarnopol: Wojewódzkie Towarzystwo Turystyczno-Krajoznawcze, 1928, s. 122–133; Stanisław Sławomir Nicieja, *Kresowa Atlantyda. Historia i mitologia miast kresowych*, t. 10: *Złoczów, Zadwórze, Kozaki, Gańczary, Łanowce, Zasmyki*, Opole: Wydawnictwo MS, 2007, s. 7, 75; „Złoczowianka. Gazetka okolicznościowa Klubu Złoczowskiego w Gliwicach" 1997, nr 3.

i szwadron zapasowy 22 Pułku Ułanów Podkarpackich z Brodów, a Powiatowa Komenda Uzupełnień obejmowała nie tylko powiat złoczowski, lecz także zborowski i przemyślański[17]. O ile Złoczów ze względu na swoje położenie i infrastrukturę miejską zaliczał się wtedy do lepszych miast tej części Polski, o tyle cały powiat stanowił jeden z biedniejszych obszarów w Polsce, a jednocześnie jeden z najludniejszych. Tereny te były typowo rolnicze, mało uprzemysłowione. Bezrobocie i głód ziemi na ludnej wsi ukraińskiej charakteryzowały całe województwo tarnopolskie, w tym powiat złoczowski i jego tereny wiejskie. Sam Złoczów prezentował się jednak dość dobrze. Po pożarze z 1903 r., który strawił większą część miasta, miasto zostało odbudowane, nadano mu nowy układ topograficzny, zachowany także po pierwszej wojnie światowej. W tym czasie istniały już dogodne połączenia komunikacyjne ze Lwowem i z Tarnopolem, gdyż Złoczów leżał na głównej trasie linii kolejowej łączącej te miasta. Druga linia kolejowa w powiecie prowadziła z Krasnego do Brodów[18].

Złoczów, ul. Sobieskiego — jedna z głównych ulic miasta, 1914 r., nakładem Księgarni Józefa Landesberga *(zbiory autorki)*

17 Rozporządzenie Rady Ministrów z dnia 17 maja 1921 r. w przedmiocie wykonania art. 3 ustawy z dnia 3 grudnia 1920 r. o tymczasowej organizacji władz administracyjnych II instancji (województw) na obszarze b. Królestwa Galicji i Lodomerji z W. Ks. Krakowskiem oraz na wchodzących w skład Rzeczypospolitej Polskiej obszarach Spisza i Orawy, Dz.U. RP 1921, nr 46, poz. 282; Żmigrodzki, *Powiat złoczowski*, s. 34–35; 49–50.

18 Kunzek, *Przewodnik po województwie tarnopolskiem...*, s. 98–104; *Przewodnik po województwie tarnopolskiem...*, s. 122–133.

Teren powiatu złoczowskiego był urozmaicony krajobrazowo. Części północnej i północno-zachodniej charakterystyczny wygląd nadawała dolina Bugu, który swoje źródła ma we wsi Werhobuż i płynie przez środek powiatu ze wschodu na północny zachód. Był to obszar całkowicie równy lub najwyżej z małymi wzniesieniami. Natomiast w środku powiatu do Płuhowa oraz na północny wschód od Złoczowa aż po Podhorce i Olesko wznosiły się pasma Gołogór, będących częścią głównego europejskiego działu wodnego, oraz pasmo Woroniaków, u których podnóża znajdował się Złoczów. Tereny południowe i południowo-wschodnie powiatu stanowiły wyżyny z charakterystycznym pagórkowatym krajobrazem, gęsto porośnięte lasem[19].

Złoczów — widok ogólny na miasto, lata dwudzieste lub trzydzieste XX w. (NAC, 1-U-8205)

LUDNOŚĆ

Według wyników drugiego spisu powszechnego z 9 grudnia 1931 r. Złoczów liczył 13 265 mieszkańców (bez uwzględnienia wojska), a pozostałe dwa większe miasta powiatu złoczowskiego znacznie ustępowały mu wielkością, gdyż Olesko zamieszkiwały jedynie 3824 osoby, a Sasów miał tylko

19 Bronisław Sokalski, *Rys geograficzno-statystyczny złoczowskiego okręgu szkolnego wraz z dokładnym opisem poszczególnych miejscowości obu powiatów (złoczowski i brodzki)*, Złoczów: Towarzystwo Pedagogiczne, 1885, s. 6–7, 18.

3112 mieszkańców[20]. Dwa inne miasteczka: Gołogóry i Sokołówka, były o wiele mniejsze, a ich ludność często trudniła się zajęciami o charakterze wiejskim. Społeczności powiatu złoczowskiego były więc stosunkowo małe, a dzięki temu ludzie się tam znali. Ogółem ludność powiatu złoczowskiego na początku lat trzydziestych XX w. wynosiła 118 609 osób, z tego większość żyła poza miastami i utrzymywała się z pracy na wsi. Była ona przede wszystkim wyznania greckokatolickiego — 64 518 osób stanowiło 54,4% mieszkańców. Natomiast w miastach te proporcje kształtowały się inaczej: w 1931 r. w Sasowie, Olesku i Złoczowie łącznie żyło 7408 osób wyznania mojżeszowego (najwięcej w Złoczowie — około 6500), 6343 osoby wyznania rzymskokatolickiego i 6078 grekokatolików. Żydzi byli więc społecznością przede wszystkim o charakterze miejskim, a w samym Złoczowie przeważali nad pozostałymi narodowościami. Natomiast we wsiach i w małych miasteczkach (Gołogóry, Sokołówka) stanowili tylko niewielki odsetek ludności, gdyż odnotowano tam jedynie 2828 osób wyznania mojżeszowego. Ogółem na początku lat trzydziestych w całym powiecie złoczowskim mieszkało 10 236 wyznawców judaizmu[21].

Od 1934 r. w powiecie złoczowskim wprowadzono nowy podział administracyjny w odniesieniu do gmin wiejskich. Cały powiat, obejmujący wtedy 1195 km kw., podzielono na 12 gmin wiejskich: Biały Kamień, Folwarki, Gołogóry, Kołtów, Krasne, Ożydów, Płuhów, Podhorce, Remizowce, Skwarzawa, Sokołówka, Złoczów (bez miasta, które stanowiło gminę miejską); w ich

20 Liczba ludności w miastach podana została na podstawie tymczasowych wyników spisu powszechnego z 1931 r., gdyż nie dysponujemy dokładniejszymi danymi. W ostatecznie ogłoszonych wynikach spisu ogólna liczba ludności w tych miastach była nieco niższa i wynosiła 19 945, czyli o 256 osób mniej. Nie można jednak precyzyjniej ustalić liczby ludności Sasowa, Złoczowa i Oleska, gdyż szczegółowe dokumenty spisu się nie zachowały. Zob. *Drugi Powszechny Spis Ludności z dn. 9 grudnia 1931 r. Miasta liczące powyżej 10 000 mieszkańców według spisów z 1931 i 1921 r. Wyniki tymczasowe*, Warszawa: GUS RP, 1932, s. 3; *Skorowidz gmin Rzeczypospolitej Polskiej. Ludność i budynki na podstawie tymczasowych wyników Drugiego Powszechnego Spisu Ludności z dn. 9 grudnia 1931 r. oraz powierzchnia ogólna i użytki rolne*, cz. 3: *Województwa południowe*, „Statystyka Polski", seria B, zeszyt 8c, Warszawa: GUS RP, 1933, s. 78; *Drugi Powszechny Spis Ludności z dnia 9 grudnia 1931 r. Wyniki ostateczne opracowania spisu ludności z dn. 9.XII.1931 r. w postaci skróconej dla wszystkich województw, powiatów i miast powyżej 20 000 mieszkańców Rzeczypospolitej Polskiej*, Warszawa: GUS RP, 1934, tabela XVII: „Powiat Złoczów".

21 *Drugi powszechny spis ludności z dnia 9 grudnia 1931 r. Mieszkania i gospodarstwa domowe. Ludność. Stosunki zawodowe*, „Statystyka Polski", seria C, zeszyt 78: *Województwo tarnopolskie*, Warszawa: GUS RP, 1938, s. 32, 35; Kunzek, *Przewodnik po województwie tarnopolskiem...*, s. 98.

skład wchodziło po kilka gromad. Oprócz tego istniały trzy gminy miejskie: Złoczów, Sasów i Olesko[22].

Różnorodność narodowościową i kulturową tamtych terenów oddają polskie i żydowskie wspomnienia. Na przykład w Sasowie jego wielonarodowościowa społeczność widoczna była w mieście poprzez „ogromną synagogę, a parę kroków dalej cerkiew św. Mikołaja, zaś po drugiej stronie Rynku kościół katolicki św. Jana, [...] gdy słyszało się w synagodze niesamowity rejwach podczas święta Jom Kippur zwanego Sądnym Dniem, gdy znajomi Żydzi częstowali nas charakterystycznymi ciastkami «hamanowymi uszami», gdy z otwartej cerkwi niósł się potężny bas popa «Hospody, pomiłuj»”[23].

Tabela 1. Ludność powiatu złoczowskiego według wyznania i języka ojczystego w 1931 r.

POWIAT		Miasta	Wieś	OGÓŁEM
Ludność ogółem		19 945	98 664	118 609
Wyznanie	rzymskokatolickie	6 343	30 594	36 937
	greckokatolickie i obrządek wschodnich Kościołów katolickich	6 078	64 518	70 596
	mojżeszowe	7 408	2 828	10 236
	inne	106	698	804
	nie podano	10	26	36
Język ojczysty	polski	11 262	45 366	56 628
	ukraiński i ruski	3 704	51 677	55 381
	żydowski i hebrajski	4 921	1 145	6 066
	inny	30	399	429
	nie podano	28	77	105

Źródło: *Drugi powszechny spis ludności z dnia 9 grudnia 1931 r. Mieszkania i gospodarstwa domowe. Ludność. Stosunki zawodowe*, „Statystyka Polski”, seria C, zeszyt 78: *Województwo tarnopolskie*, Warszawa 1938, s. 32, 35.

22 Rozporządzenie ministra spraw wewnętrznych z 14 VII 1934 r. o podziale powiatu złoczowskiego w województwie tarnopolskiem na gminy wiejskie, Dz.U. 1934, nr 64, poz. 572, s. 1139–1140; *Skorowidz gmin Rzeczypospolitej Polskiej. Ludność i budynki na podstawie tymczasowych wyników Drugiego Powszechnego Spisu Ludności...*, cz. 3, s. 5.

23 Ośrodek Karta, Archiwum Wschodnie, Wspomnienia, II/1420/2KW, Franciszek Sikorski, „Najpiękniejsze wzgórza i doliny” (wspomnienia), s. 1.

Wśród ludności żydowskiej powiatu złoczowskiego dużym poparciem i zainteresowaniem cieszył się ruch syjonistyczny. W 1928 r. powstała w Złoczowie Ogólna Organizacja Syjonistyczna, z dr. Mateuszem Gruberem jako prezesem; jego zastępcą został dr Zygmunt Majblum. Organizacja ta miała znaczne wpływy w społeczności żydowskiej w mieście. Za główne zadanie uważali zbieranie pieniędzy na szkolenie chaluców (osadników żydowskich) w celu zakupienia dla nich ziemi w Palestynie[24]. Wpływy syjonistów w Złoczowie nie traciły na sile także w latach późniejszych, o czym świadczą odbywające się choćby w 1937 r. częste spotkania z działaczami syjonistycznymi, propagującymi założenia i działalność tego ruchu[25]. W 1931 r. w powiecie złoczowskim działały różne żydowskie towarzystwa społeczne, kulturalne, oświatowe, religijne i polityczne. Jednym z największych był związek religijno-kulturowy Agudas Izrael o charakterze partii politycznej, działający wśród ortodoksów i chroniący ich interesy. Byli oni najliczniejszą grupą wśród społeczności żydowskiej Złoczowa[26]. W większych skupiskach żydowskich istniało pięć bóżnic[27]. Elitę złoczowskich Żydów stanowiła świetnie wykształcona inteligencja, która odbywała praktyki zawodowe lub

---

24 Państwowe Archiwum Obwodu Tarnopolskiego w Tarnopolu (Derżawnyj Archiw Ternopilśkoj Obłasti, dalej DATO), Urząd Wojewódzki w Tarnopolu 1921–1939, f. 231, op. 1, spr. 1216, Organizacja syjonistyczna „Allgemeine", s. 47.

25 DATO, f. 231, op. 1, spr. 3142, Doniesienie z 29 V 1937 r. starosty powiatowego w Złoczowie do Urzędu Wojewódzkiego w Tarnopolu o zebraniu syjonistycznym w wielkiej synagodze w Złoczowie w dniu 23 V 1937 r., s. 1; *ibidem*, Doniesienie z 4 VI 1937 r. starosty powiatowego w Złoczowie do Urzędu Wojewódzkiego w Tarnopolu o zebraniu syjonistycznym w Sasowie w dniu 26 V 1937 r., s. 2; *ibidem*, Doniesienie z 17 VII 1937 r. starosty złoczowskiego do Urzędu Wojewódzkiego w Tarnopolu o zgromadzeniu w Złoczowie organizacji syjonistycznej „Ahawath Zion", s. 3. Nastroje polityczne wśród ludności żydowskiej pod koniec lat trzydziestych XX w. przedstawił Ezra Mendelsohn (*idem*, *Żydzi Europy Środkowo-Wschodniej w okresie międzywojennym*, tłum. Agata Tomaszewska, Warszawa: Wydawnictwo Naukowe PWN, 1992, s. 114–117).

26 W południowo-wschodnich województwach Polski ortodoksyjna partia Agudas Isroel (hebr. Agudat Israel — Związek Izraela) występowała też pod nazwą Agudas Izrael. Podaję za: DATO, f. 231, op. 1, d. 1216, Żydowska partia „Aguda" [dane na 1 IX 1929 r.], s. 48; *ibidem*, d. 1668, Wykaz statystyczny dla powiatu złoczowskiego przygotowany przez starostę złoczowskiego dla wojewody tarnopolskiego, 18 V 1931 r., k. 1–3v; *ibidem*, spr. 3362, List do Jego Ekscelencji Pana Premiera gen. Felicjana Sławoja Składkowskiego od przedstawicieli żydowskich „Agudas Izrael" w sprawie rabina Sperbera, maj/czerwiec 1937 r., k. 2; *ibidem*, spr. 759, Żydowskie ugrupowania i stronnictwa polityczne w Polsce (I półrocze 1926 r.) [opracowanie Ministerstwa Spraw Wewnętrznych], k. 1. Szerzej o partii Agudas Isroel zob.: Mendelsohn, *Żydzi Europy Środkowo-Wschodniej...*, s. 86–87, 94–95.

27 Żmigrodzki, *Powiat złoczowski*, s. 51.

uczyła się na najlepszych europejskich uniwersytetach, obejmująca prawników, lekarzy i inżynierów. Miasto na całą Polskę rozsławiła firma księgarska Zukerkandlów, która działała w mieście od 1870 r. i zdobyła renomę pięknymi wydaniami dzieł literackich; duże zasługi w rozwoju czytelnictwa położyła serią „Biblioteka Powszechna", udostępniając w niej m.in. wielkie dzieła literatury polskiej w niskich cenach[28].

Złoczów, ul. Sokoła, 1918, nakładem Księgarni Wilhelma Zukerkandla (zbiory autorki)

28 Charewiczowa, *Dzieje miasta...*, s. 68; Państwowe Archiwum Obwodu Lwowskiego (Derżawnyj Archiw Lwiwśkoj Obłasti, dalej DALO), Urząd Gubernatora Dystryktu Galicja we Lwowie 1941–1944, f. R-35, op. 9, spr. 358, Jüdisches Spital in Zloczow, b.d., s. 10; *ibidem*, Curriculum Vitae dr Abraham Hreczanik [20 XI 1941 r.], k. 11; *ibidem*, Lebenslauf dr Chaja Zwerdling [19 XI 1941 r.], k. 14; *ibidem*, Lebenslauf dr Salomon Jolek, k. 16. Z ziemi złoczowskiej pochodzili znani poeci żydowscy, m.in. Mojsze Lejb Halpern (1886–1932, ur. w Złoczowie), Szmuel Jakow Imber (1889–1942, ur. w Sasowie) i Nachum Bomze (1905–1954, ur. w Sasowie) Dane za: http://www.jhi.pl/psj/Halpern_Mosze_Lejb; http://www.jhi.pl/psj/Imber_Samuel_Jakub; http://www.jhi.pl/psj/Bomze_Nachum (dostęp 19 XI 2017 r.); Szlojme Mayer, *The Destruction of Zloczów*, tłum. Gloria Berkenstat Freund [tytuł oryginału: *Der Untergang fun Zloczów*] (Munich: Ibergang Publishing House, 1947), https://www.jewishgen.org/yizkor/Zolochiv/zolo05.html (dostęp 19 XI 2017 r.). Kopia opublikowanych w Niemczech wspomnień Szlojme Mayera znajduje się także w: Archiwum Yad Vashem (dalej AYV), Zbiór relacji, dzienników i pamiętników, O.33/6659, Wspomnienia Szlojme Mayera.

STOSUNKI NARODOWOŚCIOWE

Stosunki narodowościowe w powiecie złoczowskim były w międzywojniu skomplikowane; zaogniły się zwłaszcza relacje polsko-ukraińskie. Za ich normalizacją i uzyskaniem większych praw dla mniejszości ukraińskiej na drodze porozumienia z władzami polskimi opowiadało się Ukraińskie Zjednoczenie Narodowo-Demokratyczne (Ukrajinśke Nacionalno--Demokratyczne Objednannia, UNDO), domagające się m.in. utworzenia uniwersytetu ukraińskiego, szerszego dostępu Ukraińców do urzędów państwowych, poszanowania praw języka ukraińskiego czy większego udziału Ukraińców w reformie rolnej[29]. Strona polska nigdy nie zrealizowała większości tych postulatów. Konflikt polsko-ukraiński zaostrzył się, gdy latem 1930 r. w Galicji Wschodniej bojówki Organizacji Ukraińskich Nacjonalistów (Orhanizacija Ukrajinśkych Nacionalistiw, OUN) przystąpiły do akcji sabotażowych i napadów na polskie majątki ziemskie, gospodarstwa polskich kolonistów, własność komunalną i państwową, aby zdezorganizować lokalne struktury władzy i zastraszyć ludność polską. W województwie tarnopolskim odnotowano w sumie kilkadziesiąt takich przypadków, a w powiecie złoczowskim doszło do siedmiu akcji sabotażowych, co na tle województwa nie było liczbą wysoką, ale wzbudziło niepokój wśród władz lokalnych i ludności polskiej. Władze polskie w odpowiedzi na działania OUN skierowały do Galicji Wschodniej oddziały wojska i policji, by dokonały brutalnej akcji represyjnej wobec tamtejszych wsi ukraińskich. Ludność ukraińska w całym województwie tarnopolskim dotkliwie ją odczuła, co jeszcze bardziej pogorszyło relacje narodowościowe na tym terenie[30].

W drugiej połowie lat trzydziestych pogorszył się stosunek innych narodowości do Żydów. Wprawdzie starostwo powiatowe odnotowało w tym czasie jedynie dwa przypadki działań antysemickich — w Przewłocznej, gdzie w lutym 1937 r. wybito szyby w sklepie i rozrzucone zostały ulotki przeciwko Żydom, o co podejrzewano młodzież ukraińską, a w grudniu w Ożydowie napadnięto na wyszynk — ale nastroje antysemickie dawały się

---

29 Wojciech Momot, *Ukraińskie przedstawicielstwo parlamentarne w Sejmie i Senacie w latach 1935–1939*, „Studia Historyczne" 1999, z. 3, s. 401–417.

30 Robert Potocki, *Polityka państwa polskiego wobec zagadnienia ukraińskiego w latach 1930–1939*, Lublin: Instytut Europy Środkowo-Wschodniej, 2003, s. 76–78; Karol Grünberg, Bolesław Sprengel, *Trudne sąsiedztwo. Stosunki polsko-ukraińskie w X–XX wieku*, Warszawa: Książka i Wiedza, 2005, s. 390, 424–426.

zauważyć w wielu sferach życia[31]. W relacjach świadków wydarzeń odnajdujemy informacje o rywalizacji gospodarczej, wznoszeniu antyżydowskich haseł, utarczkach słownych z Żydami w przestrzeni publicznej i przy różnych kontaktach bezpośrednich, a nawet o zatargach i bójkach młodzieży na tle narodowościowym wynikających z niechęci między Polakami a Żydami oraz Ukraińcami a Żydami. Sytuacja tych ostatnich w Złoczowie stała się niekorzystna pod względem szans awansu politycznego i społecznego. Większość Żydów nie miała możliwości otrzymania pracy w polskiej administracji, instytucjach państwowych i samorządowych, co odczuwali jako krzywdę[32].

Na koniec, mając na uwadze późniejsze wydarzenia wojenne, należy zaznaczyć, że w latach trzydziestych struktury organizacyjne partii komunistycznej były na terenie przedwojennego powiatu złoczowskiego słabe, pozostawała ona nieliczna, a działalność jej była bacznie obserwowana. Wydział Śledczy przy Komendzie Powiatowej Policji Państwowej w Złoczowie dobrze rozpoznał te kręgi i ich aktywność; w 1934 r. aresztowania rozbiły miejscowy Rejonowy Komitet Komunistycznej Partii Zachodniej Ukrainy. Co prawda KPZU wznowiła działania na terenie powiatu w pierwszym półroczu 1935 r., ale już w grudniu tego roku policja ponownie aresztowała niektórych działaczy komunistycznych. Na podstawie dostępnych danych statystycznych należy ocenić, że w stosunku do liczby miejscowości i ich mieszkańców komórki komunistyczne były tam słabo rozwinięte i nie

---

31 DATO, f. 231, op. 1, spr. 3062, Pismo z 16 II 1937 r. starosty powiatowego w Złoczowie do Wydziału Społeczno-Politycznego Urzędu Wojewódzkiego w Tarnopolu w sprawie akcji antyżydowskiej ze strony Ukraińców, k. 7; *ibidem*, Afisz (odpis), b.d., s. 8 *ibidem*, Telefonogram z 17 XII 1937 r. ze Starostwa Powiatowego w Złoczowie do Wydziału Społeczno-Politycznego Urzędu Wojewódzkiego w Tarnopolu, s. 12; *ibidem*, Pismo starosty kamioneckiego z 8 IX 1937 r. do Wydziału Społeczno-Politycznego Urzędu Wojewódzkiego w Tarnopolu, s. 15–16; *ibidem*, Artykuł „Warszawskiego Dziennika Narodowego" pt. *Żydzi prowokują*, 3 IX 1937 r., s. 17. W Ożydowie pobito właściciela wyszynku Noego Taubę, wybito część szyb w mieszkaniu, po czym sprawcy zbiegli. Policja podejrzewała, że napad nie miał charakteru rabunkowego, ponieważ w czasie zajścia napastnicy niczego nie zażądali. W tym czasie do podobnych zajść doszło także w innych miejscowościach województwa tarnopolskiego w powiatach: kamioneckim, tarnopolskim, skałackim, trembowelskim, co starostowie zgłaszali do władz województwa.

32 USC Shoah Foundation, Visual History Archive (dalej USC, VHA), 32492, Relacja Maurycego Altstocka; USC, VHA, 1518, Relacja Jackoba Ganga; USC, VHA, 36932, Relacja Pepe Chouak; Ośrodek Karta, Archiwum Wschodnie, II/1420/2KW, Franciszek Sikorski, „Najpiękniejsze wzgórza i doliny", s. 2.

przeprowadziły żadnej poważnej akcji protestacyjnej czy propagandowej. Zdobyły też nieliczną grupę zwolenników[33].

Z takimi nastrojami Złoczów i powiat złoczowski znalazł się u progu wojny. W 1939 r. miejscowa ludność pilnie śledziła wydarzenia w Europie i żywo je komentowała, chociaż każda grupa narodowościowa miała odmienne obawy i oczekiwania. Wśród ludności ukraińskiej, zwłaszcza w kręgach młodzieży o nastawieniu nacjonalistycznym, liczono na niepodległość Ukrainy w wypadku korzystnego dla sprawy ukraińskiej przebiegu wydarzeń po wybuchu wojny polsko-niemieckiej. Zajęcie przez Węgrów Rusi Zakarpackiej w marcu 1939 r. zostało więc przyjęte przez miejscowych Ukraińców z rozgoryczeniem, gdyż uznali to za oddalenie możliwości utworzenia państwa ukraińskiego. Negatywnym echem w społeczności ukraińskiej odbiły się aresztowania przeprowadzone przez polskie siły porządkowe wśród

---

33 DATO, f. 231, op. 1, spr. 2776, Pismo z 25 VI 1936 r. Wydziału Śledczego przy Komendzie Powiatowej Policji Państwowej w Złoczowie dla Urzędu Śledczego w Tarnopolu o stanie organizacji komunistycznej z końcem czerwca 1936 r., k. 1–9; *ibidem*, Pismo z 31 XII 1936 r. Wydziału Śledczego przy Komendzie Powiatowej Policji Państwowej w Złoczowie dla Urzędu Śledczego w Tarnopolu o stanie organizacji komunistycznej z końcem grudnia 1936 r., s. 10–16; *ibidem*, f. 231, op. 1, spr. 3202; *ibidem*, Pismo Starostwa Powiatowego w Złoczowie z 5 XII 1936 r. do Wydziału Społeczno-Politycznego Urzędu Wojewódzkiego w Tarnopolu w sprawie Rejonowego Komitetu KPZU, s. 114; *ibidem*, Pismo Starostwa Powiatowego w Złoczowie z 8 I 1937 r. do Wydziału Społeczno-Politycznego Urzędu Wojewódzkiego w Tarnopolu w sprawie KPZU na terenie Złoczowa, k. 96–97; *ibidem*, Pismo Starostwa Powiatowego w Złoczowie z 21 IV 1937 r. do Wydziału Społeczno-Politycznego Urzędu Wojewódzkiego w Tarnopolu w sprawie KPZU na terenie Złoczowa, s. 102; *ibidem*, Pismo Starostwa Powiatowego w Złoczowie z 28 IV 1937 r. do Wydziału Społeczno-Politycznego Urzędu Wojewódzkiego w Tarnopolu w sprawie rozrzucenia ulotek KPZU w Kątach i Czyszkach, s. 103; *ibidem*, Sprawozdanie z 25 VI 1937 r. Wydziału Śledczego przy Komendzie Powiatowej Policji Państwowej w Złoczowie dla Urzędu Śledczego w Tarnopolu, s. 104–109; *ibidem*, Pismo Starostwa Powiatowego w Złoczowie z 22 VI 1937 r. do Wydziału Społeczno-Politycznego Urzędu Wojewódzkiego w Tarnopolu w sprawie KPZU na terenie Złoczowa, s. 110; Pismo Starostwa Powiatowego w Złoczowie z 5 VIII 1937 r. do Wydziału Społeczno-Politycznego Urzędu Wojewódzkiego w Tarnopolu w sprawie KPZU — informacje, s. 112; *ibidem*, Pismo z 22 XII 1937 r. z Wydziału Śledczego przy Komendzie Powiatowej Policji Państwowej w Złoczowie dla Urzędu Śledczego w Tarnopolu o organizacji komunistycznej w powiecie złoczowskim z końcem grudnia 1937 r., s. 116–118. Według jednego z ukraińskich mieszkańców Złoczowa miejscowi komuniści przypisywali sobie zorganizowanie strajku robotników budowlanych w czerwcu 1932 r. i robotników piekarni w czerwcu 1935 r. oraz straży leśnej; pracowników wodociągów i zakładów krawieckich w marcu 1936 r., lecz dokumentacja Powiatowej Policji Państwowej w Złoczowie z lat 1934–1936 nie potwierdza jakichś szerszych akcji komunistycznych na tym terenie, które zagroziłyby porządkowi publicznemu (*ibidem*; Mykoła Andrusiak, *Złocziwszczyna u sowietśkiej „Istoriji mist i sił Ukrajiny”* [w:] *Złocziwszczyna: iji mynule...*, s. 88).

podejrzanych o działalność nacjonalistyczną działaczy ukraińskich i ich sympatyków. W kręgach polskiej społeczności panowało natomiast zadowolenie z powstania wspólnej granicy z Węgrami, ale rodziły się obawy o bezpieczeństwo Polski wobec nasilonej ekspansji państwa niemieckiego[34]. Obawy wzrosły także wśród ludności żydowskiej, gdyż wskutek pogorszenia relacji polsko-niemieckich na jesieni 1938 r. doszło do wydalenia z Trzeciej Rzeszy 17 tys. Żydów polskich, a jedną z konsekwencji było docieranie żydowskich uchodźców do województw na południowym wschodzie Polski[35].

34 Rosyjskie Państwowe Archiwum Wojskowe (Rossijskij gosudarstwiennyj wojennyj archiw, dalej RGWA), Korpus Ochrony Pogranicza Ministerstwa Spraw Wewnętrznych Rzeczypospolitej Polskiej (Warszawa) 1918–1939, f. 354k, op. 1, d. 451, Biuletyn w sprawie ukraińskiej nr 5, Złoczów, 20 III 1939 r., s. 3–4; *ibidem*, Biuletyn w sprawie ukraińskiej nr 6, Złoczów, 24 III 1939 r., s. 5–6; *ibidem*, Biuletyn w sprawie ukraińskiej nr 7, Złoczów, 27 III 1939 r., s. 7–8; *ibidem*, Biuletyn w sprawie ukraińskiej nr 8, Złoczów, 30 III 1939 r., s. 9–10; *ibidem*, Biuletyn w sprawie ukraińskiej nr 9, Złoczów, 3 IV 1939 r., s. 11–12.

35 Grzegorz Hryciuk, *Przemiany narodowościowe i ludnościowe w Galicji Wschodniej i na Wołyniu 1931–1948*, Toruń: Wydawnictwo Adam Marszałek, 2005, s. 162.

Sytuacja ludności żydowskiej w okresie okupacji sowieckiej 1939–1941

WYBUCH WOJNY

Tuż przed 1 września 1939 r. w Złoczowie mieszkało według szacunków Tatiany Berenstein 7800 Żydów; swoje mieszkania i domy mieli oni przeważnie w pobliżu znajdującej się przy ul. Bożniczej synagogi[36]. Wybuch wojny polsko-niemieckiej spowodował duży napływ na obszar wschodniej Polski uchodźców wojennych, a wśród nich wielu Żydów z Polski centralnej i zachodniej. Niektórzy Żydzi, obawiając się represji niemieckich, już po ustaniu działań wojennych podjęli próbę ucieczki na ziemie pod okupacją sowiecką i starali się nielegalnie przekroczyć granicę między strefami okupacyjnymi. Ich liczba na terenie powiatu złoczowskiego i w samym Złoczowie nie jest dokładnie znana, ale nie stanowili bardzo licznej grupy. Należy szacować, że w tym czasie w Złoczowie liczba ludności żydowskiej mogła sięgnąć 8100–8800 osób na ogólną liczbę 15–15,5 tys. mieszkańców miasta, czyli przybyło tam i znalazło mieszkanie nie więcej niż 1000 żydowskich uchodźców. Pewna ich część zaraz na początku okupacji sowieckiej opuściła te tereny, by szukać mieszkania gdzie indziej, inni już jesienią 1939 r. z własnej inicjatywy wyjechali na wschodnią Ukrainę do pracy lub zostali tam skierowani przez władze sowieckie. Tamtejsze trudne warunki pracy i życia spowodowały jednak, że wielu Żydów uciekało i samowolnie wracało do Galicji Wschodniej[37].

Bardzo szybko Złoczów dosięgły naloty niemieckie. Bombardowane były przede wszystkim stacja i linia kolejowa, a polska obrona bezskutecznie próbowała powstrzymać niemieckie bombowce i zestrzeliła tylko jeden z nich. Wielokrotnego bombardowania doznał też węzeł kolejowy w Krasnem,

---

36 Berenstein, *Eksterminacja ludności żydowskiej...*, tabela 12: „Powiat Złoczów".

37 Te zjawiska w Złoczowie mają odzwierciedlenie we wspomnieniach i relacjach żydowskich: Archiwum Żydowskiego Instytutu Historycznego (dalej AŻIH), Relacje Żydów Ocalałych z Zagłady, 301/3285, Zeznanie Anny Ulreich, mps, s. 1; USC, VHA, 38456, Relacja Ruvima Rubina; USC, VHA, 36181, Relacja Aleksandra Safiera; USC, VHA, 7345, Relacja Szymona Borkowskiego.

ale skutki bombardowań starano się tam szybko usuwać. Stan wojny odczuwano także ze względu na przemieszczające się oddziały Wojska Polskiego i ośrodki zapasowe wycofujące się dalej w kierunku wschodnim lub południowym oraz napływających cywilów, ewakuowanych urzędników i żołnierzy. Wraz z nimi docierały niepokojące wiadomości z polsko-niemieckiego frontu[38].

Wkroczenie wojsk sowieckich 17 września 1939 r. do Polski było zaskoczeniem i szokiem dla polskich wojskowych i cywilnych władz centralnych. Dezorientacja zapanowała także wśród ludności cywilnej i w lokalnej administracji, gdyż nie istniały instrukcje określające postępowanie w takiej sytuacji. W Złoczowie wiadomość o wkroczeniu Armii Czerwonej do Polski nadeszła telefonicznie z Tarnopola zaraz z samego rana, a potwierdzenie znalazła w sowieckim nalocie na stację i linię kolejową w Złoczowie oraz węzeł kolejowy w Krasnem. Już w godzinach przedpołudniowych polskie oddziały wojskowe rozpoczęły wymarsz z miasta[39]. Po wyjściu wojska na miejscu pozostali nadal policjanci, którzy aż do wkroczenia pierwszych oddziałów sowieckich pilnowali porządku. Zapewne dlatego nie doszło do napadów i kradzieży. Po wkroczeniu do Złoczowa pierwszych czołgów sowieckich polscy policjanci zostali rozbrojeni i wzięto ich do niewoli[40]. W niedalekim Sasowie miejscowa policja i znajdujący się tam polscy żołnierze stawili zbrojny, lecz bezskuteczny opór wkraczającym wojskom[41].

Złoczów został zajęty 18 września, a wcześniej nad miastem z samolotów zrzucono ulotki propagandowe informujące o wkroczeniu Armii Czerwonej do Polski. Miasto leżało na trasie głównego natarcia na Lwów i szosą przez Złoczów przechodziły całe kolumny sowieckiego wojska należące do

---

38 Anna Zapalec, *Ziemia tarnopolska w okresie pierwszej okupacji sowieckiej 1939–1941*, Kraków: Księgarnia Akademicka, 2006, s. 41–42, 46; Ośrodek Karta, Archiwum Wschodnie, II/1388/2K, Władysław Olesiński, Zapiski, mps, s. 3, 5; USC, VHA, 51184, Relacja Leonida Vugmana.

39 Zapalec, *Ziemia tarnopolska...*, s. 65; Czesław K. Grzelak, *Kresy w czerwieni. Agresja Związku Sowieckiego na Polskę w 1939 roku*, Warszawa: Oficyna Wydawnicza Rytm, 2001, s. 218, 307, 309, 311; Ośrodek Karta, Archiwum Wschodnie, II/1388/2K, Władysław Olesiński, Zapiski, s. 5–6.

40 Zapalec, *Ziemia tarnopolska...*, s. 74; Archiwum Instytutu Pamięci Narodowej Oddział w Krakowie (dalej AIPN Kr), Kolekcja Adama Macedońskiego, 719/38, Rozmowa przeprowadzona przez Adama Macedońskiego z Jerzym Goliczem w Krakowie 21 I 1994 r. dotycząca wkroczenia wojsk radzieckich i okupacji Złoczowa, mordów dokonanych na Zamku w Złoczowie i deportacji Polaków na Syberię [nagranie dźwiękowe z 1994 r.].

41 Zapalec, *Ziemia tarnopolska...*, s. 53; Grzelak, *Kresy w czerwieni...*, s. 312.

jednostek 6 Armii Frontu Ukraińskiego, w tym czołgi i kawaleria. Zaraz za wojskami liniowymi podążały grupy operacyjne NKWD, do których zadań należało przede wszystkim aresztowanie osób uznanych za wrogów władzy sowieckiej, inicjowanie formowania władz tymczasowych, przejmowanie środków łączności, redakcji gazet, archiwów państwowych, drukarń, muzeów, banków i innych instytucji[42]. W Złoczowie kilka dni po zajęciu miasta rozstrzelano na terenie więzienia 10 osób (niekiedy podawana jest liczba 12 zabitych) spośród urzędników, policji i straży więziennej, m.in. zabito naczelnika więzienia i jego zastępcę, zastępcę prokuratora miejskiego, byłego starostę złoczowskiego, który pełnił tę funkcję w latach 1934–1937[43].

CHARAKTERYSTYKA OKUPACJI SOWIECKIEJ

Okres okupacji sowieckiej — na ziemi złoczowskiej i w całej strefie okupacyjnej — charakteryzował się sowietyzacją wszystkich dziedzin życia politycznego, społecznego, gospodarczego i kulturalnego. Przede wszystkim ziemie polskie zajęte przez Armię Czerwoną zostały włączone w skład Ukraińskiej i Białoruskiej socjalistycznych republik sowieckich, a obywatelom polskim bez względu na narodowość 29 listopada 1939 r. nadano obywatelstwo sowieckie i od tej pory podlegali wszystkim przepisom prawa ZSRR[44]. Ponadto

---

42 Na tereny południowo-wschodniej Polski wkroczyło pięć grup operacyjnych NKWD. Dokładnie na ten temat zob. Natalia S. Lebiediewa, *Politbiuro CK WKP(b) i sowietizacyja prisojediniennych k SSSR w 1939 g. tierritorij* [w:] *Sowietyzacja Kresów Wschodnich II Rzeczypospolitej po 17 września 1939*, red. Adam Sudoł, Bydgoszcz: Wydawnictwo Uczelniane WSP, 1998, s. 36–37; Igor Iluszyn, *Utworzenie i działalność operacyjno-czekistowskich grup NKWD w zachodnich obwodach Ukrainy we wrześniu–październiku 1939 roku (według dokumentów Państwowego Archiwum Służby Bezpieczeństwa Ukrainy)* [w:] *Polski wrzesień 1939 r. — wojna na dwa fronty. Materiały międzynarodowej konferencji naukowej*, red. Henryk Stańczyk, Piotrków Trybunalski: WSP. Filia, 2000, s. 57–68; Albin Głowacki, *Sowieci wobec Polaków na ziemiach wschodnich II Rzeczypospolitej 1939–1941*, Łódź: Wydawnictwo UŁ, s. 265.

43 Rozstrzelanie tych osób w Złoczowie, według dokumentacji sowieckiej, miało być następstwem uchwały Rady Wojennej 6 Armii, a aresztowania i rozstrzelanie przeprowadził szef Oddziału Specjalnego 2 Korpusu Kawaleryjskiego. Szerzej o tym: Grzelak, *Kresy w czerwieni...*, s. 497–498, 500.

44 Najważniejsze działania polityczne i administracyjne na terenach zajętych przez Armię Czerwoną zostały zaplanowane przez władze sowieckie przed wkroczeniem wojsk sowieckich do Polski. Świadczy o tym chociażby Dyrektywa nr 01 Rady Wojennej Frontu Białoruskiego z 16 IX 1939 r., w której wyznaczono różne działania konieczne zaraz po zajęciu polskiego terytorium, w tym m.in. tworzenie zarządów tymczasowych w miastach, a na wsiach komitetów

dostosowano lokalny podział administracyjny do istniejącego w tym państwie. Od 4 grudnia zlikwidowano przedwojenne województwa, a w ich miejsce wprowadzono obwody. Ich granice w stosunku do przedwojennych województw uległy zmianom, ale na niższym szczeblu tymczasowo pozostawiono granice przedwojennych powiatów, chociaż niektóre podporządkowano już innym centrom zarządzania. Powiat złoczowski w całości przeniesiono z obwodu tarnopolskiego do obwodu lwowskiego, podobnie jak powiat brodzki, przemyślański, kamionecki i radziechowski. Powołano też wtedy obwodowe komitety wykonawcze oraz obwodowe komitety Komunistycznej Partii (bolszewików) Ukrainy, a zaraz potem powstały podporządkowane im niższe szczeble administracji i struktury partii. W ich skład weszło wiele osób przysłanych ze wschodniej Ukrainy[45]. Na niższych szczeblach administracji włączono także ludzi miejscowych, ale różne stanowiska w miastach i powiatach zajmowali też oddelegowani tam działacze sowieccy, którzy nadawali ton pracy danego urzędu[46]. Podział administracyjny zmienił się ponownie 17 stycznia 1940 r., gdy w miejsce powiatów wprowadzono rejony. Były to dużo mniejsze jednostki, zmiany te doprowadziły więc do sporego rozdrobnienia administracyjnego. Na terenie będącym przedmiotem analizy w miejsce powiatu powstał rejon złoczowski, którego centrum stał się

---

chłopskich oraz doprowadzenie do wyłonienia zgromadzeń ludowych tzw. Zachodniej Ukrainy i Zachodniej Białorusi, które miały podjąć najważniejsze decyzje co do losów ziem polskich. Wybory do tych zgromadzeń oraz ich obrady były kontrolowane i reżyserowane przez sowieckich działaczy partyjnych (*Radziecka agresja 17 września 1939 i jej skutki dla mieszkańców ziem północno-wschodnich II Rzeczypospolitej. Studia i materiały*, red. Michał Gnatowski, Białystok: IH UwB, 2000, s. 76–77; „Czerwony Sztandar", 31 X 1939, nr 33, s. 2; Głowacki, *Sowieci wobec Polaków...*, s. 25, 54–61, 63, 66; szerzej o procesie sowietyzacji zob. *ibidem*, s. 74–76, 78, 128–131, 134–147).

45 Na przykład w Biurze Tarnopolskiego Obwodowego Komitetu KP(b)U wszyscy jego członkowie zostali przysłani ze wschodniej Ukrainy, a w Tarnopolskim Obwodowym Komitecie Wykonawczym tylko jedna osoba była miejscowa. Podaję na podstawie: Centralne Państwowe Archiwum Organizacji Społecznych Ukrainy w Kijowie (Centralnyj derżawnyj archiw hromadśkych objednań Ukrajiny, dalej CDAHOU), Komitet Centralny Komunistycznej Partii Ukrainy 1917–1991, f. 1, op. 6, spr. 513, k. 235; Centralne Państwowe Archiwum Wyższych Organów Władzy i Urzędów Ukrainy w Kijowie (Centralnyj derżawnyj archiw wyszczych orhaniw władу i uprawlinnia Ukrajiny, dalej CDAWOWUU), Rada Najwyższa Ukrainy 1917–1991, f. 1, op. 16, spr. 7, k. 75.

46 Siergiej G. Filippow, *Diejatiel'nost' organow WKP(b) w zapadnych obłastiach Ukrainy i Biełorussii w 1939–1941 gg.* [w:] *Riepressii protiw polakow i polskich grażdan*, red. Aleksandr Gurjanow, Moskwa: Izdatiełstwo „Zwienja", 1997 (seria „Istoriczeskije sborniki «Memoriała»", z. 1), s. 46.

Złoczów, ale w jego skład weszły jedynie gminy: Złoczów, Płuhów i Folwarki. Wieś Krasne stała się natomiast centrum odrębnego rejonu, do którego włączono wsie gminy Krasne oraz gminy Skwarzawę i Gołogóry. Utworzono też oddzielny rejon Olesko, obejmujący miasto Olesko i Sasów oraz miejscowości w granicach gmin: Sokołówka, Ożydów, Podhorce, Biały Kamień i Kołtów. Z kolei gmina Remizowce została włączona do rejonu Dunajów[47].

Na niższych szczeblach tych władz umożliwiono szeroki dostęp do urzędów zwłaszcza ludności ukraińskiej, dopuszczono do nich także ludność żydowską. Skala udziału Żydów złoczowskich w strukturach lokalnej administracji i partii jest trudna do określenia, gdyż nie dysponujemy dokumentami władz tymczasowych ani późniejszych władz administracyjnych i partyjnych, możemy więc opierać się jedynie na relacjach świadków wydarzeń[48]. Miejscowi działacze przedwojennej KPZU włączyli się w prace administracyjne i polityczne, a obietnice uzyskania szerokich przywilejów politycznych i ekonomicznych przyciągnęły pewną część ludności żydowskiej, szczególnie najbiedniejszej. Szybko jednak przekonała się ona o prawdziwych intencjach władz sowieckich, głównie w czasie nacjonalizacji, gdy małe sklepy i warsztaty żydowskie zostały przejęte na rzecz państwa, a wielu żydowskich właścicieli stało się pracownikami spółdzielni. Wielu Żydów złoczowskich, zwłaszcza ortodoksi, nie przyjmowało sowieckich porządków z radością i negatywnie odbierało zachodzące zmiany, gdyż uderzyły one w dotychczasowe zasady żydowskiego życia społecznego i religijnego: młodzież poddano komunistycznej indoktrynacji, nakłaniano, by wstępowała do Komsomołu, zamknięto jeszywę, a nauka w chederze odbywała się na innych zasadach niż przed wojną[49].

REPRESJE WOBEC LUDNOŚCI

Represje sowieckie nie ominęły żadnej narodowości. W pierwszych miesiącach ucierpiała społeczność polska: internowano lub aresztowano ziemian,

47 CDAWOWUU, f. 1, op. 16, spr. 6, k. 28–29; Głowacki, *Sowieci wobec Polaków*..., s. 84–85.

48 Zapalec, *Ziemia tarnopolska*..., s. 87–94. Zob. także wspomnienia uchodźcy wojennego Aleksandra Safiera, który tuż po wkroczeniu wojsk sowieckich znalazł się w Złoczowie, a potem mieszkał w Jasionowie, pow. Brody (USC, VHA, 36181, Relacja Aleksandra Safiera).

49 Ośrodek Karta, Archiwum Wschodnie, II/1420/2KW, Franciszek Sikorski, „Najpiękniejsze wzgórza i doliny", s. 13; USC, VHA, 36932, Relacja Pepe Chouak; USC, VHA, 32492, Relacja Maurycego Altstocka.

przedsiębiorców, wojskowych, działaczy społecznych i politycznych oraz inne osoby uznane za wrogo nastawione do władzy sowieckiej. Tysiące rodzin różnych narodowości wywieziono w głąb ZSRR, w tym do Kazachstanu i na Syberię, wiele innych w ramach nacjonalizacji pozbawiono domów i mienia. Uderzono w organizacje społeczne i gospodarcze, dokonano sowietyzacji szkolnictwa, a młodzież w wieku poborowym zaczęto wcielać do Armii Czerwonej. Chociaż w pierwszym okresie mniejszości narodowościowe były faworyzowane, to gdy władza sowiecka umocniła się w terenie, rozpoczęły się aresztowania wśród ukraińskich działaczy politycznych i społecznych, którzy przed wojną byli organizatorami życia swoich społeczności, a represjom poddano nie tylko polską, lecz także ukraińską inteligencję. Zamknięto Ridną Szkołę i zlikwidowano ukraińską spółdzielczość. Zwalczano ukraińskie organizacje narodowe i nacjonalistyczne. Ucierpiały też społeczności żydowskie. Mimo że niektórzy Żydzi zyskali dostęp do różnych funkcji i urzędów, zmiany, jakie wprowadziły władze sowieckie, uderzyły w podstawy żydowskiego życia gospodarczego, mienie żydowskie podlegało bowiem nacjonalizacji, na kupców i przedsiębiorców nałożono podatki, rzemieślników zaś skupiono w artelach. Zlikwidowano gminy wyznaniowe, a działaczy Bundu aresztowano. Żydzi znaleźli się również wśród wywiezionych w głąb ZSRR, zwłaszcza podczas deportacji z czerwca 1940 r., ale dla powiatu złoczowskiego nie dysponujemy żadnymi danymi liczbowymi na ten temat, lecz jedynie wzmiankami, że ich także dotknęły te represje[50].

W okresie okupacji sowieckiej wzrosła ogólna liczba ludności żydowskiej w Złoczowie, co było spowodowane, jak już wspominałam, przede wszystkim napływem uchodźców wojennych w 1939 r. Nie jest możliwe nawet w przybliżeniu określenie, jaka ich liczba została deportowana w głąb ZSRR w czerwcu 1940 r. Natomiast zaraz po wybuchu wojny niemiecko-sowieckiej w czerwcu 1941 r., przybyła do Złoczowa i do innych miejscowości powiatu

---

50 Realia życia codziennego Żydów złoczowskich po wkroczeniu na te tereny Armii Czerwonej przedstawiają żydowskie wspomnienia: USC, VHA, 32492, Relacja Leonida Vugmana; USC, VHA, 36932, Relacja Pepe Chouak; USC, VHA, 21772, Relacja Fani Fulero. Informacje o tym można znaleźć również w polskich źródłach: AIPN Kr, 719/38, Rozmowa przeprowadzona przez Adama Macedońskiego z Jerzym Goliczem w Krakowie 21 I 1994 r.; Centrum Dokumentacji Czynu Niepodległościowego w Krakowie (dalej CDCN), Archiwum złoczowskie Romana Maćkówki, 2628, Wróbel [imię nieznane], „Dziennik złoczowski z lat 1939–1941: wydarzenia ze Złoczowa, kraju i ze świata", cz. 1, s. 3. Na temat sytuacji pod okupacją sowiecką w województwie tarnopolskim zob. także: *„W czterdziestym nas matko na Sibir zesłali"*..., s. 157–175, 439.

kolejna fala uciekinierów ze Lwowa i innych miast. Dokładnych liczb jednak nie można przedstawić. Na podstawie zachowanych danych statystycznych dopiero z października 1941 r. należałoby szacować, że mimo różnych migracji związanych z przybyciem do miasta lub odpływem Żydów ze Złoczowa w okresie okupacji sowieckiej oraz zaraz po wybuchu wojny niemiecko-sowieckiej, przed wkroczeniem Niemców liczba ludności żydowskiej w mieście prawdopodobnie nadal oscylowała wokół 8100–8800 Żydów, w Sasowie — 950, a w Olesku — 600. Natomiast w gminach wiejskich (wliczając Gołogóry, Sokołówkę i Biały Kamień) przed wybuchem wojny niemiecko-sowieckiej żyło według tych danych około 2100 Żydów[51]. Konkludując: na przełomie czerwca i lipca 1941 r. na terenie powiatu złoczowskiego przebywało od 11 750 do 12 450 Żydów.

51 Obliczenia na podstawie danych przygotowanych dla Sądu Okręgowego w Złoczowie w październiku/listopadzie 1941 r. oraz dokumentacji niemieckiego starostwa powiatowego w Złoczowie z okresu październik–grudzień 1941 r.: DALO, Sąd Okręgowy w Złoczowie 1941–1944, f. R-370, op. 1, spr. 22, Gemeinden der Zloczow Bezirkes [Gminy w okręgu złoczowskim, X/XI 1941 r.], k. 10–13; DALO, f. R-35, op. 9, spr. 37, Kreis Zloczow. Die Nachweisung der Stadt und Landgemeinden mit eingegliederter Ortschaften [Starostwo powiatowe Złoczów. Wykaz gmin miejskich i wiejskich wraz z wcielonymi miejscowościami], listopad 1941 r., k. 9–13; 15–18. Do liczb zawartych w tych źródłach dodano szacunki Żydów zamordowanych na terenie powiatu złoczowskiego między lipcem a październikiem 1941 r.

Represje w pierwszym okresie okupacji niemieckiej

POGROM ŻYDÓW W ZŁOCZOWIE W LIPCU 1941 R.

WKROCZENIE NIEMCÓW DO ZŁOCZOWA

Błyskawiczna ofensywa niemiecka przeciwko ZSRR w czerwcu 1941 r. spowodowała zajęcie Galicji Wschodniej w ciągu około dwóch tygodni. Niemieckie jednostki lądowe wspomagane były przez lotnictwo, a wskutek tych bombardowań ucierpiała ludność cywilna, zniszczono też wiele budynków i ulic[52]. Jeszcze przed nadejściem frontu grupy miejscowych Żydów próbowały ewakuować się na wschód, ale dla wielu z nich skończyło się to śmiercią, ponieważ dogoniły ich nacierające jednostki niemieckie. Część ludności rzuciła się do ucieczki poza Złoczów, by u znajomych ukryć choć trochę dobytku i małe zapasy żywności, wyniesione w walizkach i zawiniątkach[53]. W samym Złoczowie jeszcze przed wejściem wojsk niemieckich rozgrywały się okropne sceny, trwał bowiem ostrzał i dokonywano bombardowań, wskutek których północna część miasta płonęła. Całe miasto było spowite dymem, ciągle przejeżdżały przez nie czołgi, samochody wojskowe, rozlegały się strzały. Tuż przed wkroczeniem wojsk niemieckich rozpoczął się rabunek sklepów i domów przez chłopów z okolicznych wsi. Jeden z mieszkańców Złoczowa zanotował w dzienniku: „do miasta rusza chłopstwo, przysadziste baby z workami, chłopcy i podlotki na rabunek, i taszczą różne rzeczy, mąkę, kasze, krupy, cukier, butelki, wszystko, co ma jakąś wartość, nawet fotele, krzesła, balie i garderobę. Nastał raj dla

52 Hryciuk, *Przemiany narodowościowe i ludnościowe w Galicji Wschodniej i na Wołyniu...*, s. 200.

53 AŻIH, 301/3285, Zeznanie Anny Ulreich, s. 1; USC, VHA, 17071, Relacja Shlomo Wolkowicza; USC, VHA, 7345, Relacja Szymona Borkowskiego; AYV, O.33/253, Wspomnienia Szymona Strasslera; AYV, Kolekcja relacji Yad Vashem, O.3/3302, Maksymilian Dul, „Z otchłani...", mps, s. 10.

przywłaszczyciela ludzkiego mienia w okresie ogólnej ruiny, pożaru, zniszczenia, klęski ogólnej"[54].

Niemieckie bombardowanie szosy koło Złoczowa w lipcu 1941 r.
(NAC, 2-1796)

Wojska niemieckie zajęły Złoczów we wtorek 1 lipca 1941 r. Pierwsze weszły do miasta jednostki Wehrmachtu, ale tuż za nimi pojawiły się niemieckie oddziały specjalne. Do Złoczowa wkroczyło Einsatzkommando 4b z Einsatzgruppe B (od 11 lipca oznaczenie tej grupy operacyjnej zmieniono na Einsatzgruppe C), ale to nie tej jednostce została przypisana główna inspiracja zajść antyżydowskich w Złoczowie zaraz po wkroczeniu wojsk niemieckich, chociaż nie można zupełnie tego wykluczyć[55]. Prawdopodobnie

---

54 CDCN, Archiwum złoczowskie Romana Maćkówki, 2628, Wróbel, „Dziennik złoczowski z lat 1939–1941: wydarzenia ze Złoczowa, kraju i ze świata", cz. 1, s. 20.

55 RGWA, Urząd Tajnej Policji Państwowej w Berlinie (Gestapo) 1933–1945, f. 500k, op. 2, d. 229, Ereignismeldung UdSSR nr 14 (6 Juli 1941) [mf], s. 5–6; *ibidem*, Ereignismeldung UdSSR nr 24 (16 Juli 1941) [mf], s. 73; Dieter Pohl, *Nationalsozialistische Judenverfolgung in Ostgalizien 1941–1944. Organisation und Durchführung eines staatlichen Massenverbrechens*, München: Oldenbourg Verlag, 1997, s. 59, 62–63; Gabriele Lesser, *Pogromy w Galicji Wschodniej w 1941 r.* [w:] *Tematy polsko-ukraińskie. Historia, literatura, edukacja*, red. Robert Traba, Olsztyn: Wspólnota Kulturowa „Borussia", 2001, s. 108; Marko Carynnyk, *Złoczów milczy* [w:] *OUN, UPA i zagłada Żydów*, red. Andrzej Ziemba, Kraków: Księgarnia Akademicka, 2016, s. 344–345. Według meldunków szefa Policji Bezpieczeństwa i Służby Bezpieczeństwa 11 VII 1941 r. zmieniono oznaczenia grup operacyjnych — Einsatzgruppe C na Białorusi oraz Einsatzgruppe B na Ukrainie (Richard Rhodes, *Mistrzowie śmierci. Einsatzgruppen*, tłum. Maciej Urbański, Warszawa: Bellona, 2007, s. 93).

już w pierwszych dniach lipca do Złoczowa przybyła też specjalna grupa operacyjna hauptsturmführera SS Edmunda Schönego, licząca początkowo 20 osób[56]; później zwiększyła się do 39 osób. Jej celem był Tarnopol i 30 czerwca wyruszyła ona z Krakowa do Lwowa i dalej, a po drodze włączono do niej kolejne 60 osób z byłej ukraińskiej milicji i dodatkowo przyjęto 20 osób w charakterze personelu technicznego i transportowego, w tym m.in. kierowców i mechaników samochodowych. Nie wiemy dokładnie, jaki przebieg miały poszczególne etapy podróży tej jednostki specjalnej, ale musiała ona przejeżdżać także przez Złoczów, leżący na głównej tarasie biegnącej ze Lwowa do Tarnopola. Wiadomo, że Edmund Schöne od lipca do października był szefem ekspozytury Policji Bezpieczeństwa i SD w Tarnopolu i budował w okolicach struktury niemieckiej policji, ale nie ma dowodów pozwalających powiązać obecność jego grupy z wydarzeniami, które rozgrywały się początkiem lipca 1941 r. w Złoczowie[57]. W samym mieście zaś już pierwszego dnia obecności wojsk niemieckich można było obserwować następujące sceny: „jakiś Niemiec wyważył drzwi do Składnicy, wziął parę flaszek likieru, rzucił mydłem w gawiedź i patrzy, jak to się bije, pcha do sklepu i rabuje. Wyciąga aparat i zrobił zdjęcie". Dzień później, 2 lipca, Niemcy zaczęli rozstrzeliwać Żydów, których wcześniej zabierano do różnych prac[58].

---

56 Do pierwszego składu specjalnej grupy operacyjnej Edmunda Schönego należeli, głównie funkcjonariusze Sipo odkomenderowani z Warszawy, dokąd też składano raporty: Alfred Bartels, Wilhelm Braulicke, Hans-Gerhard Freiwald, Heinz Görke, Heinz Häpke, Wilhelm Jansen, Wilhelm Klinkerfuß, Bruno Kunkel, Günther Kurtze, Willi Marx, Gerhard Mietzner, Alfred Mühe, Karl Peukert, Otto Reichel, Johann Reith, Willi Röhn, Gustav Schulz, Karl Spengler, Horst Winkler (RGWA, Urzędy policyjne i administracyjne w Niemczech i na terenach tymczasowo przez nich okupowanych 1806–1945, f. 1323, op. 1, d. 59, Der Kommandeur der Sicherheitspolizei und des SD für den Distrikt Warschau an den Befehlshaber der Sicherheitspolizei und des SD im Generalgouvernement z. Hd. des Herrn Befehlshabers in Krakau, (Beglaubigte Abschrift) [Komendant Policji Bezpieczeństwa i SD na dystrykt warszawski do dowódcy Policji Bezpieczeństwa i SD w Generalnym Gubernatorstwie, do rąk własnych dowódcy w Krakowie (poświadczona kopia), 30 VI 1941 r.], k. 237).

57 *Ibidem*, k. 237, 241; *ibidem*, Pol. Insp. Anw. Mietzner an den Der Kommandeur der Sicherheitspolizei und des SD für den Distrikt Warschau [Inspektot policji Mietzner do komendanta Policji Bezpieczeństwa i SD na dystrykt warszawski], 21 IX 1941 r., s. 258; Aleksiej Bakanow, *„Ni kacapa, ni żyda, ni lacha". Nacjonalnyj wopros w idieołogii Organizacii ukrainskich nacjonalistow, 1921–1945*, Moskwa: Ałgoritm, 2014, s. 188; Dieter Schenk, *Noc morderców. Kaźń polskich profesorów we Lwowie i holokaust w Galicji Wschodniej*, tłum. Paweł Zarychta, Kraków: Wysoki Zamek, 2011, s. 225, 271.

58 CDCN, Archiwum złoczowskie Romana Maćkówki, sygn. 2628: Wróbel, „Dziennik złoczowski z lat 1939–1941: wydarzenia ze Złoczowa, kraju i ze świata", cz. 1, s. 22.

POCZĄTEK POGROMU

Zaraz po wkroczeniu Niemców w miejscowym więzieniu mieszczącym się w starym zamku (cytadeli) ludność miasteczka odnalazła zbiorowe mogiły więźniów zamordowanych kilka dni wcześniej przez wycofujący się z miasta miejscowy Zarząd Ludowego Komisariatu Bezpieczeństwa Państwowego (Narodnyj komissariat gosudarstwiennoj biezopasnosti, NKGB). Trzy mogiły z ciałami znaleziono w ogrodzie okalającym zamek. Większość tam pochowanych więźniów została zabita strzałem w potylicę. Na ciała natrafiono również w pobliżu muru więziennego, ale były one już w zaawansowanym stadium rozkładu. Grób więźniów znaleziono też na dziedzińcu zamkowym, ponadto ciała zabitych znajdowały się także w celach. Wśród zamordowanych więźniów było bardzo wielu miejscowych Ukraińców, duża grupa Polaków i pewna, bliżej nieznana, liczba Żydów — rozpoznano m.in. dziesięciu bogatych złoczowskich kupców. Według wiadomości zamieszczonych w prasie w więzieniu złoczowskim w lipcu 1941 r. znajdowało się 649 ciał zamordowanych. Do dzisiaj udało się dokładnie ustalić nazwiska 485 osób[59]. Rozstrzeliwań dokonało NKGB, ale winą za te morderstwa Niemcy obarczyli „żydowsko-bolszewickich zbrodniarzy",

---

59 Studium Polski Podziemnej w Londynie (dalej SPP), Relacje, B.I. 14/10, Relacja Władysława Giżejewskiego, s. 2; Ośrodek Karta, Archiwum Wschodnie, Zbiór wspomnień, II/901, Anna Brudniewicz; Instytut Pamięci Narodowej Oddziałowa Komisja Ścigania Zbrodni przeciwko Narodowi Polskiemu w Krakowie (dalej IPN OK Kr), Akta główne śledztwa w sprawie zbrodni na obywatelach polskich — mieszkańcach byłego województwa tarnopolskiego, poprzez dokonanie ich masowych deportacji w głąb ZSRR, popełnionych przez NKWD w miesiącach lutym, kwietniu, czerwcu 1940 r. oraz maju i czerwcu 1941 r., S 23/2000/Zk, Protokół przesłuchania świadka Jadwigi P-B z 4 XI 1993 r., s. 22050k–22051; *ibidem*, Protokół przesłuchania świadka Romana Bolesława M. z 29 IV 1991 r., s. 23476; *ibidem*, Protokół przesłuchania świadka Stanisławy B. z 23 XII 1991, s. 6803; IPN OK Kr, Akta główne prokuratora w sprawie zabójstw obywateli polskich narodowości żydowskiej na terenie byłego powiatu Złoczów, woj. tarnopolskie, S 47/13/Zn, t. 7, Pismo Prokuratury rejonu złoczowskiego obwodu lwowskiego z 30 III 1999 r. o odmowie wszczęcia sprawy karnej w sprawie zamordowania kilkuset obywateli polskich — więźniów więzienia w Złoczowie w byłym województwie tarnopolskim w okresie od 17 IX 1939 r. do czerwca 1941 r. przez funkcjonariuszy NKWD [kopia tłumaczenia przysięgłego z języka ukraińskiego na język polski], s. 1242–1243; *ibidem*, Postanowienie prokuratora Okręgowej Komisji Ścigania Zbrodni przeciwko Narodowi Polskiemu w Łodzi z 30 XII 1996 r. o zawieszeniu śledztwa w sprawie zamordowania kilkuset obywateli polskich — więźniów więzienia w Złoczowie, województwo tarnopolskie, od września 1939 r. do czerwca 1941 r. przez funkcjonariuszy NKWD [kserokopia], s. 1247.

przemilczając przy tym ofiary żydowskie[60]. Ta argumentacja trafiła na podatny grunt i nienawiść została skierowana na miejscowych Żydów. Nastroje panujące wówczas w Złoczowie odnotował katolicki ksiądz Józef Anczarski, którego ojciec jako więzień został także rozstrzelany w więzieniu złoczowskim:

> Gorzej było z Żydami. Bestialskie mordy dokonane na setkach uwięzionych, wśród których było sporo Ukraińców, rozpętały szał nienawiści ku Żydom. Zbrodnię tę przypisywano także Żydom [...]. Sprawcami tej zbrodni — według opinii ogółu — byli Żydzi[61].

2 lipca na ulicach miasta pojawiły się plakaty z informacją, że Żydzi mają następnego dnia o godz. 8.00 stawić się na placu magistrackim do pracy, w przeciwnym razie grożono im rozstrzelaniem[62]. Szlomo Wolkowicz zapamiętał ówczesne odczucia członków miejscowej społeczności:

> Strach padł na Żydów. Co to znaczy? Pierwszy raz się z tym spotkali, że jak nie stawią się do pracy, to zostaną rozstrzelani. Nikt nie przypuszczał, że możliwa jest taka rzecz. Wszyscy zaczęli dyskutować: co to znaczy? Wielu było przeciwko zgłoszeniu się, ale wielu także, że trzeba pójść, bo tu mimo wszystko chodzi o pracę i nie trzeba się narażać[63].

Werbunek do pracy przeprowadzał miejscowy Komitet Ukraiński, który powstał tuż po wejściu wojsk niemieckich do Złoczowa i odegrał jedną z głównych ról podczas pogromu. Na jego czele stanął Ukrainiec Eliasz

---

60 Lesser, *Pogromy w Galicji Wschodniej...*, s. 112; Mędykowski, *W cieniu gigantów. Pogromy 1941 r. w byłej sowieckiej strefie okupacyjnej...*, 2012, s. 263. Nastroje wśród niemieckich żołnierzy i ludności cywilnej w miejscowościach, w których doszło do pogromu, analizował także Bogdan Musiał (*idem*, *„Rozstrzelać elementy kontrrewolucyjne!" Brutalizacja wojny niemiecko-sowieckiej latem...*, s. 214–215, 224–227).

61 Józef Anczarski, *Kronikarskie zapisy z lat cierpień i grozy w Małopolsce Wschodniej 1939–1946*, oprac. Kazimierz Załuski, Kraków: Wydawnictwo bł. Jakuba Strzemię Archidiecezji Lwowskiej, 1996, s. 195. Na temat nastrojów antyżydowskich wśród ludności miasta pisał też Maksymilian Dul, naoczny świadek wydarzeń (AYV, O.3/3302: Maksymilian Dul, „Z otchłani...", s. 12).

62 USC, VHA, 17071, Relacja Shlomo Wolkowicza.

63 *Ibidem*.

(Illia) Antoniak[64], a zastępcą został jego zięć dr Włodzimierz Gilewicz[65]. Komitet ten prawdopodobnie był związany lub przynajmniej akceptowany przez lokalne struktury OUN, chociaż nie ma na to bezpośrednich dowodów. Jedynie w niemieckim meldunku (Ereignismeldung UdSRR) nr 24 z 16 lipca 1941 r. dla szefa Policji Bezpieczeństwa i Służby Bezpieczeństwa podawano, że dużymi wpływami cieszyła się w Złoczowie grupa zwolenników Stepana Bandery i powstała w mieście ukraińska administracja, która na plakatach i ulotkach witała Niemców jako sojuszników[66]. Dieter Pohl, analizując antyżydowskie zajścia w Złoczowie, uznał, że wpływy zdobyła tam marszowa (ukr. *pochidna*) grupa Iwana Kłymiwa „Lehendy"; jego zdaniem mogła ona być „inicjatorem, a przynajmniej zwolennikiem

64 Archiwum Państwowe Federacji Rosyjskiej (Gosudarstwiennyj archiw Rossijskoj Fiedieracyi, dalej GARF), Państwowa Komisja Nadzwyczajna do spraw Ustalenia i Badania Zbrodni Niemiecko-Faszystowskich Najeźdźców i ich Popleczników i wyrządzonych przez nich szkód osobom prywatnym, gospodarstwom kolektywnym (kołchozom), organizacjom społecznym, przedsiębiorstwom państwowym i instytucjom ZSRR (NKP) 1942–1951, f. 7021, op. 67, d. 134, Wykaz niemiecko-faszystowskich przestępców i ich współpracowników dokonujących zbrodni na tymczasowo okupowanym terytorium obwodu lwowskiego USRR; GARF, f. 7021, op. 67, d. 80, Protokół przesłuchania Abrama Rozena z 16 IX 1944 r., s. 4; *ibidem*, Protokół przesłuchania Alte Bomzego z 16 IX 1944 r., s. 9. W kwietniu 1945 r. w Przemyślu aresztowano Eliasza Antoniaka na podstawie oskarżenia Menachima Fenstera (ur. 30 IX 1929 r.) o to, że należał do OUN i w lipcu 1941 r. brał czynny udział w pogromie Żydów w Złoczowie. Według Menachima Fenstera Antoniak miał się przyczynić do śmierci jego ojca Izaaka. W kwietniu 1945 r. Antoniak oskarżony został także przez Dorę Imber [Zuber?], która znała go osobiście, gdyż mieszkała w Złoczowie na tej samej ulicy co on (ul. Gliniańska). Zeznała, że Antoniak był jedną z osób aktywnie uczestniczących w pogromie Żydów w lipcu 1941 r., należał do OUN i „był jednym z pierwszych, który ten pogrom podpisał". Z akt śledztwa wynika, że Antoniak wyjechał ze Złoczowa w 1944 r. tuż przed wkroczeniem wojsk sowieckich do Przemyśla. W procesie toczącym się przeciwko niemu w Polsce został uniewinniony, ponieważ świadkowie oskarżenia nie stawili się na rozprawę, a w ocenie sądu dowody przedstawione przez prokuraturę nie wystarczały do udowodnienia oskarżonemu winy. Prokuratura nie dysponowała wtedy materiałami śledztwa Państwowej Komisji Nadzwyczajnej do spraw Ustalenia i Badania Zbrodni Niemiecko-Faszystowskich przy Komitecie Terytoriów Radzieckich. Nie dotarła do Żydów ocalałych z pogromu i ich nie przesłuchała (AIPN Kr, Specjalny Sąd Karny w Krakowie 1945–1946, 502/609, Akta w sprawie: Eliasz Antoniak, członek OUN oskarżony o to, że współpracując z władzami nazistowskimi, brał udział w pogromach ludności żydowskiej, swoim działaniem spowodował śmierć mężczyzny narodowości żydowskiej w m. Złoczów w 1941 r., tj. o czyn z art. 1 dekretu z 31 VIII 1944 r. (1945–1946); *ibidem*, Protokół przesłuchania oskarżonego-podejrzanego Eliasza Antoniaka z 2 VIII 1945 r., k. 35–36v.

65 Bakanow, *„Ni kacapa, ni żyda, ni lacha"*..., s. 188–189; Carynnyk, *Złoczów milczy...*, s. 345.

66 RGWA, f. 500k, op. 2, d. 229, Ereignismeldung UdSRR nr 24, k. 74.

przyłączenia się do działań Einsatzkommando 4b"[67]. We wspomnieniach świadków kluczową rolę w przeprowadzeniu pogromu przypisywano tzw. trzydziestce, którą należy utożsamiać z ukraińską milicją podlegającą Komitetowi Ukraińskiemu[68].

PRZEBIEG ZAJŚĆ

Rano 3 lipca 1941 r. część Żydów złoczowskich zgłosiła się na wyznaczone miejsce do pracy. Tych, którzy się nie stawili, żołnierze SS i milicja ukraińska zaczęła wyłapywać w domach i wyciągać z kryjówek. Na ulicach miasteczka rozgrywały się brutalne sceny maltretowania i zabijania Żydów[69]. Większość ludzi wyciągniętych z domów pędzono do więzienia, by pracowali przy ekshumacji ciał zamordowanych więźniów. W czasie drogi byli katowani przez milicję ukraińską przy użyciu pałek, drągów, łopat i różnego rodzaju narzędzi. To wszystko powtórzyło się także po dotarciu na teren więzienia (tzw. zamek). Na miejscu Żydzi musieli gołymi rękoma zdzierać ziemię i wydobywać trupy z mogił[70].

Wiadomo też, że w pierwszych dniach lipca przez Złoczów przechodziły główną drogą na Tarnopol różne oddziały niemieckie, w tym jednostki Dywizji Waffen SS „Wiking". Niektóre jednostki zaopatrzenia tej dywizji nocowały nieopodal miasta. Dotyczyło to m.in. żołnierzy 3 Kompanii Pułku

67 Pohl, *Nationalsozialistische Judenverfolgung in Ostgalizien...*, s. 62.

68 Bakanow, *„Ni kacapa, ni żyda, ni lacha"...*, s. 188–189.

69 Salomon Altman, *Haunting Memories* [w:] *Yizkor Books* [Księgi pamięci]: *Zolochiv*, s. 38–39 [tłumaczenie w j. angielskim], tekst dostępny online: The New York Public Library: http://yizkor.nypl.org/ (dostęp 19 VII 2016 r.). Duży fragment tych wspomnień opublikowano także na stronie: https://www.jewishgen.org/yizkor/Zolochiv1/zole029.html]; AŻIH, 301/87, Relacja Mendla Rudera, rkps, s. 1.

70 CDCN, Archiwum złoczowskie Romana Maćkówki, sygn. 2628: Wróbel, „Dziennik złoczowski z lat 1939–1941: wydarzenia ze Złoczowa, kraju i ze świata", cz. 1, s. 24; *Protokoł doprosow żytielej g. Zołoczewa A.W. Roziena i J.W. Roziena o pogromach i unicztożenii mirnych żytielej niemieckimi formirowanijami i sotrudniczawszymi s Niemcami priedstawitielami Ukrainskogo komitieta w 1941–1943 gg. (16 sientiabrija 1944 g.)* [w:] *Ukrainskije nacjonalisticzeskije organizacii w gody wtoroj mirowoj wojny. Dokumienty*, t. 2: *1944–1945*, red. Andriej N. Artizow, Moskwa: Rossijskaja politiczeskaja encikłopiedija (ROSSPEN), 2012, s. 320–322; GARF, f. 7021, op. 67, d. 80, Akt Miejskiej Komisji do spraw Ustalenia i Badania Zbrodni Niemiecko-Faszystowskich Najeźdźców w mieście Złoczowie, 24 IX 1944, (fragment zeznań Dory Kremnicer [Kremnitzer]), k. 79.

Zaopatrzenia, którzy weszli do miasta najprawdopodobniej właśnie 3 lipca i zatrzymali się około 500 m poniżej więzienia złoczowskiego na nocleg. Jeden z żołnierzy tej kompanii, przesłuchiwany jako świadek w czwartym procesie w Norymberdze, zeznał:

> zobaczyliśmy tam, jak Żydzi zostali spędzeni razem i pogonieni w górę do cytadeli w Złoczowie. [...] Żydów wypędzono z domów, a następnie musieli udać się główną ulicą do cytadeli. [...] niektórzy leżeli na ulicy, ci, którzy przez wielokrotne bicie nie mogli dalej iść, ci, którzy już byli martwi. [...] W tej łapance brał udział Wehrmacht, cywile, również SS, potem widzieliśmy, kiedy weszliśmy do miasta, jak gnali ludzi do cytadeli. [...] Widziałem ten grób masowy. Zeszliśmy ok. 500 m poniżej cytadeli i potem powiedziano, że na cytadeli jest masowy grób zamordowanych Ukraińców i obejrzeliśmy go. Tam zobaczyliśmy Żydów podczas wykopywania zmarłych [...] Stała tam żandarmeria polowa, ale nie żandarmeria SS, tylko armii[71].

Bernd Boll na podstawie niemieckich archiwaliów wojskowych stwierdził jednak, że żołnierze Dywizji Waffen SS „Wiking" nie tylko przypatrywali się zajściom pogromowym w Złoczowie, lecz brali w nich udział. Podtrzymują to też inni badacze, podkreślając, że żołnierze brali w ten sposób odwet za śmierć dowódcy jednego z pułków wchodzących w skład tej dywizji, który zginął nieopodal wsi Słowita oddalonej około 25 km na zachód od Złoczowa, zastrzelony przez sowieckiego żołnierza. Winnych jednak tego zajścia widziano w Żydach, a żołnierze dywizji zaczęli brutalnie ich mordować[72]. Natomiast interwencję przeciwko panującemu w mieście chaosowi i zabijaniu Żydów miał podjąć płk Otto Korfes — dowódca 518 Pułku 295 Dywizji Piechoty, który dowiedział się o mordach od swojego oficera wysłanego na zwiad. Jednocześnie ze strony komendanta miasta otrzymał polecenie przywrócenia porządku. Do Złoczowa wysłał on mjr. Eitela Friedricha Patzwahla, komendanta jednego z batalionów w swoim regimencie, aby przywrócił spokój w mieście. Interwencja ta przyczyniła się jedynie do zwolnienia kobiet żydowskich z dziedzińca więzienia, gdzie SS prowadziło

71 IPN OK Kr, S 47/13/Zn, t. 3, Tłumaczenia przysięgłe kopii akt Amerykańskiego Trybunału Wojskowego nr II, sprawa IV, Norymberga, Niemcy (s. 6496–6506), Przesłuchanie Arnolda S. z 20 VIII 1947 r., s. 389–390.

72 Carynnyk, *Złoczów milczy...*, s. 345–347; Kai Struve, *Wstrząsy w strefie starcia imperiów. Galicja Wschodnia latem 1941 r.* [w:] *OUN, UPA i zagłada Żydów...*, s. 163–164.

rozstrzeliwanie. Była więc jedynie połowiczną i mało skuteczną próbą położenia kresu mordowaniu Żydów, gdyż w dalszym ciągu zabijano ich tego dnia i następnego[73].

Oprócz esesmanów, niektórych członków Komitetu Ukraińskiego, milicji ukraińskiej i części ukraińskich mieszkańców miasta[74] duży udział w zajściach antyżydowskich miała ludność okolicznych wsi, która tłumnie przybyła do miasta. Chłopi uczestniczyli także w maltretowaniu i mordowaniu Żydów przy użyciu motyk, łopat, drągów i kamieni. Zabijaniu towarzyszyło grabienie żydowskiego majątku. Niektórzy świadkowie wydarzeń wskazali również na przypadki, gdy Polacy brali udział w różnych zajściach podczas pogromu, m.in. w wyszukiwaniu Żydów w mieście. Helena Kitaj podała, że do jej domu przyszli dwaj młodzi chłopcy polscy — uczniowie szkół złoczowskich — aby zabrać jej ojca[75]. Ponadto ze wspomnień i relacji mieszkańców miasta wynika, że znęcanie się nad Żydami na ulicach działo się

73 Boll, *Zloczow, Juli 1941...*, s. 906–907; Carynnyk, *Złoczów milczy...*, s. 348.

74 W źródłach pojawia się sporo nazwisk miejscowych osób, które miały być uczestnikami różnych zajść podczas pogromu (wskazywały żydowskie mieszkania, dokonywały zatrzymań lub znęcały się nad Żydami). Podawano m.in. następujące nazwiska: dr Gilewicz — zięć Antoniaka, zamieszkały przy ul. Gliniańskiej; Michał Pawliszyn [niekiedy podawano Pawłyszyn] — jedyna osoba, którą po wojnie w Polsce skazano na karę więzienia (6 lat) za udział w łapance na Żydów podczas pogromu i ich bicie; Michał Pawliszyn po wojnie podawał się za Polaka, ale według żydowskich świadków pogromu w lipcu 1941 r. przypinał do ubrania niebiesko-żółtą wstążkę — symbol władzy ukraińskiej; D. Pawłyszyn, Serba, Malinowski, Bojko, Waniewa, Aliszkiewicz [Alieskiewicz] i inni. Wśród wymienianych osób byli nie tylko ludzie z biedoty miejskiej, lecz także członkowie ukraińskiej elity miasta (Bakanow, *„Ni kacapa, ni żyda, ni lacha"...*, s. 189–191; AYV, Zbiór relacji z Centralnego Komitetu Historycznego Wyzwolonych Żydów w Monachium 1946–1948, M.1.E/668, Ilena Baum, s. 1; Archiwum Instytutu Pamięci Narodowej [dalej AIPN], Sąd Okręgowy w Brzegu, GK 623/33, Akta w sprawie: Michał Pawliszczyn, oskarżony o to, że w 1941 r. w m. Złoczów pomagał członkom SS w aresztowaniu i egzekucji na miejscowym zamku około 3000 osób pochodzenia żydowskiego; tj. o czyny z art. 1 Dekretu z 31 VIII 1944 r.; GARF, f. 7021, op. 67, d. 80, Protokół przesłuchania świadka Abrama Rozena z 16 IX 1944 r., s. 4; *ibidem*, Protokół przesłuchania świadka Alte Bomzego z 16 IX 1944 r., s. 9; *ibidem*, Protokół przesłuchania świadka Jakowa Tajchmana z 16 IX 1944 r., s. 12–13; *ibidem*, Protokół przesłuchania świadka Marder Ilii z 16 IX 1944 r., s. 15 (odwrót); *ibidem*, Protokół przesłuchania świadka Abrama Czortkowera, 17 IX 1944, s. 32; *ibidem*, Protokół przesłuchania świadka Rudolfa Panczuka, 17 IX 1939, s. 26–27 i in.; IPN OK Kr, S 47/13/Zn, t. 7, Protokół przesłuchania świadka Romana M. z 20 XI 2008 r. [kserokopia], s. 1297).

75 AYV, Zbiór relacji z Żydowskiego Instytutu Historycznego, M.49.E/1524, Helena Kitaj-Drobnerowa, s. 1–4; AYV, M.1.E/668, Ilena Baum, s. 1; IPN OK Kr, S 47/13/Zn, t. 7, Protokół przesłuchania świadka Romana M. z 20 XI 2008 r., s. 1297; USC, VHA, 21772, Relacja Fani Fulero; USC, VHA, 12624, Relacja Marka Goldenberga; AŻIH, 301/801, Relacja Bolesława Kapelmana, s. 1; AŻIH, Pamiętniki Żydów Ocalałych z Zagłady, 302/227, Pamiętnik Fani Laufer, s. 3; AYV, O.3/3302, M. Dul, „Z otchłani...", s. 12–13; Altman, *Haunting Memories...*, s. 42.

na oczach mieszkańców miasta oraz ludności polskiej i ukraińskiej z okolic Złoczowa, która licznie przybyła oglądać mogiły i rozpoznać ciała więźniów zamordowanych przez NKGB[76].

Szlomo Wolkowicz, który w lipcu 1941 r. uciekł ze Lwowa do Złoczowa i zamieszkał u wujostwa, został wyciągnięty z domu przez SS-mana i towarzyszących mu Ukraińców, a następnie zaprowadzono go na dziedziniec więzienia, gdzie był zmuszony wydobywać ciała rozstrzelanych więźniów[77]. O zajściach na zamku złoczowskim opowiadał po latach następująco:

> I nadszedł wieczór. I nagle zauważyłem, że coś się tu dzieje między Niemcami, [...] widzę, że dwóch wychodzi do góry z karabinami maszynowymi w rękach. I oni od razu maszerują na kraniec grobu z dwóch stron, z dwóch stron postawili te karabiny maszynowe na nóżkach i pozycja strzelania do nas, lufy skierowane do nas. Z tą chwilą, kiedy stały karabiny maszynowe przed nami, było jasne, że to jest nasz..., to jest koniec. [...] I nie dali nam długo czekać, i nagle jeden z Niemców z tej grupy przy schodach krzyczał „Feuer!" — „Ognia". I te kule zaczęły świstać, rwać powietrze, i nas zaczęły siekać te kule na lewo i na prawo. I krzyki, i krzyki, straszne krzyki [...][78].

Nie wszystkie kule i uderzenia morderców nad wykopanymi dołami okazały się śmiercionośne. Wieczorem z powodu szalejącej burzy doły z zamordowanymi Żydami nie zostały przez oprawców zasypane. Osoby ranne, którym udało się wydostać spod ciał zabitych, uciekły do swoich domów. Jedną z nich był lekarz Salomon Jolek, który ukrył się w zagłębieniu w murze więzienia złoczowskiego, gdzie nie dosięgły go kule. Oceniał on, że w nocy z dołów śmierci udało się wyjść 30–40 osobom[79]. Przeżył także Chaim

---

76 IPN OK Kr, S 47/13/Zn, t. 1, Protokół przesłuchania świadka Władysława K. z 16 III 1993 r., s. 5.

77 USC, VHA, 17071, Relacja Shlomo Wolkowicza.

78 *Ibidem.*

79 Jednym z ocalałych był również Tadeusz Halski, który dzięki szczęśliwemu zbiegowi okoliczności wpadł żywy do dołu podczas rozstrzeliwania. Natomiast Hania Kandel-Kac jako jedna z kobiet żydowskich znalazła się na dziedzińcu więzienia i widziała początek rozstrzeliwania, ale Niemcy zezwolili jej opuścić miejsce kaźni wraz z grupą innych kobiet (AIPN, GK 623/33, Protokół przesłuchania świadka Hani Kandel-Kac z 13 VIII 1946 r., k. 2; *ibidem*, Protokół przesłuchania świadka Jerzego Kudysza z 15 VIII 1946 r., k. 3; *ibidem*, Protokół rozprawy głównej z 15 lipca — zeznania świadka Hani Kandel-Kac, k. 160; IPN OK Kr, S 47/13/Zn, t. 3, Przesłuchanie Salomona Joleka z 3 IX 1947 r. [tłumaczenie przysięgłe z j. niemieckiego na j. polski], k. 549). Wśród Żydów, których w czasie pogromu zabrano na teren więzienia w Złoczowie, znajdowały się też osoby z innych miejscowości Galicji Wschodniej, które w czerwcu

Wittelsohn, jeden z uchodźców wojennych; według jego relacji część Żydów, których zaprowadzono na teren więzienia w Złoczowie, nie brała udziału w ekshumacji ciał więźniów, lecz trafiła tam od razu na rozstrzelanie[80].

Jednym z miejsc zabijania Żydów były również doły koło muru więzienia, w sadzie, gdzie wcześniej dokonano ekshumacji zabitych więźniów. Uratował się stamtąd m.in. Abram Rozen, a jako sprawców pogromu wymienił on oddziały SS i „ukraińskich nacjonalistów", którzy przeprowadzali obławę na dorosłych żydowskich mieszkańców Złoczowa pod pretekstem zabrania ich do pracy w więzieniu. Ukraińców znał z nazwiska, gdyż byli to ludzie miejscowi[81].

LICZBA OFIAR

W 1944 r. po wyparciu z tych terenów Niemców radziecka Ekspercka Komisja Sądowo-Lekarska dokonała w Złoczowie częściowej ekshumacji ciał z jednej mogiły spośród grobów zbiorowych znajdujących się nieopodal więzienia złoczowskiego. Rozkopano wtedy na zewnątrz murów okalających zamek grób położony przy zachodniej ścianie więzienia (z jego zewnętrznej strony) o rozmiarach 13 na 6 m, o głębokości ponad 2 m, w którym znajdowały się ciała mężczyzn i kobiet[82]. Leżały one w nieuporządkowany sposób, co świadczyło o tym, że ludzie najprawdopodobniej spadali do dołu lub też zamordowano ich w dole, po tym jak kazano im tam wejść, a ich ciała po śmierci nie były układane i pozostały tak, jak upadły. Zwłoki miały na sobie odzież i obuwie, a przy zabitych znaleziono również dokumenty i pieniądze.

1941 r. uciekały przed natarciem niemieckim, ale udało się im dotrzeć jedynie do Złoczowa. Część przeżyła rozstrzelanie i udało się im wydostać z masowych grobów. Wspominała o tym m.in. mieszkanka Dubna (USC, VHA, 44638, Relacja Sheivy Fradkiny).

80 AŻIH, 301/531, Relacja Chaima Wittelsohna, mps, s. 1.

81 *Protokoł doprosow żytielej g. Zołoczewa A.W. Roziena i J.W. Roziena o pogromach...*, s. 320–321.

82 GARF, f. 7021, op. 67, d. 80, Protokół Eksperckiej Komisji Sądowo-Lekarskiej do spraw Ustalenia Miejsc Pogrzebania i Zbadania Zwłok w mieście Złoczowie i jego okolicach [kopia potwierdzona za zgodność z oryginałem], brak daty [1944–1945], k. 59–61. Rozstrzelano tam m.in.: Gerszę Rotenberga, ur. 1886; Szońkę Gołsztejn, ur. 1894; Simona Szymela, ur. 1898; Judę Winowicza [Binowicza?], ur. 1906; Mozesa Szwagera, ur. 1875; Bronisławę Szwager, ur. 1877; Izraila-Szulima Dancera, ur. 1884; Arona Oksa, ur. 1895; Lejwiego Brattera, ur. 1924; Mozesa Brawna, ur. 1882; Ryfkę Saluman, ur. 1889; Majera Szmuca, ur. 1893; Wolfa Bliwsztejna, ur. 1897 (nazwiska przytaczam w transkrypcji z j. rosyjskiego).

Ofiary zostały rozstrzelane, a strzały oddano w różne części ciała. Niektórych uśmiercono przez uderzenie w głowę tępym narzędziem. Wiek ofiar kształtował się od 15–20 lat do 70–80 lat. W czasie śledztwa nie zostały ekshumowane ciała Żydów zabitych na dziedzińcu zamku. Zbadano tam wtedy jedynie grób rozstrzelanych jeńców sowieckich. Na podstawie dokonanych ekshumacji radziecka komisja oceniła, że w mogile zbiorowej, którą odkryto w sadzie przy więzieniu, było nie mniej niż 600 zabitych, a ostatecznie oszacowano, że ogółem podczas pogromu rozstrzelanych zostało ponad 3200 osób[83]. Szacunki te należy uznać jednak za zbyt wysokie. Oparte one były przede wszystkim na zeznaniach świadków wydarzeń i tylko częściowej ekshumacji ciał zabitych. Jeśli weźmie się pod uwagę dane statystyczne z listopada 1941 r. o liczbie ludności żydowskiej w Złoczowie, to podczas pogromu zginęło od 1400 do 2100 osób[84].

Złoczów, ekshumacja ciał więźniów rozstrzelanych przez NKGB w więzieniu złoczowskim, lipiec 1941 r. Na zdjęciu widoczny masowy grób w sadzie nieopodal murów więzienia. Do wydobywania ciał więźniów w Złoczowie zmuszono miejscowych Żydów *(AYV, 65387)*

---

83 *Ibidem*, k. 59–75.

84 Ludność żydowska w Złoczowie na przełomie października i listopada 1941 r. liczyła 6228 osób. Dane statystyczne z 1941 r. pochodzą z: DALO, f. R-370, op. 1, spr. 22, Anzahl der Bewohner in den Räumen der einzelnen Gemeinden Zloczower Bezirkes [Liczba mieszkańców poszczególnych gmin w powiecie złoczowskim; dokument z końca października/początku listopada 1941 r.], k. 1. W okresie okupacji wojskowej, już po pogromie, w mieście rozstrzelano jeszcze około 460 Żydów (zob. tabela 9).

MORDOWANIE ŻYDÓW W OKRESIE NIEMIECKIEJ ADMINISTRACJI WOJSKOWEJ

6 lipca 1941 r. na złoczowskim placu przed cerkwią odbył się ukraiński wiec proklamujący niepodległość Ukrainy, podczas którego ogłoszono Akt odnowienia Państwa Ukraińskiego, podpisany 30 czerwca 1941 r. przez Jarosława Stećkę. Na starostę złoczowskiego powołano Stepana Turkewycza, a burmistrzem Złoczowa został Mikołaj Ałyśkewycz. Podobne zebrania ludności ukraińskiej odbyły się także w innych miejscowościach powiatu złoczowskiego. Nadzieje Ukraińców jednak się nie ziściły, a samodzielność ukraińskiej administracji skończyła w sierpniu 1941 r., gdy powołano niemiecką administrację cywilną z niemieckim starostą na czele[85].

ZŁOCZÓW

Zanim to nastąpiło, w okresie administracji wojskowej doszło do wielu aktów zbrodni popełnionych na Żydach, w których brali udział miejscowi Ukraińcy, żołnierze jednostek Wehrmachtu oraz funkcjonariusze SS [86]. Do 7 lipca każdego dnia 30–40 osób ginęło na głównych ulicach, a ich ciała zakopywano na poboczach. Takie mogiły powstały na ul. Sobieskiego, Kopernika, Zamkowej i innych[87]. 10 lipca Niemcy wymordowali około 300 osób spośród miejscowej inteligencji żydowskiej. Do domów przyszli po Żydów miejscowi Ukraińcy[88].

---

85 *Akt progłoszennja widnowlennja Ukrajinśkoj Derżawy u Zołoczewi* [w:] *Zołocziwszczyna: iji mynule...*, s. 539–540; Petro Oryszkiewycz, *Szkilnictwo u Zołoczewi w rokach 1939–1941* [w:] *ibidem*, s. 549; O. Ilkiw, *Sieło Bużok za swaje nacionalnoje obliczcza* [w:] *ibidem*, s. 307; DALO, Rada wiejska Firlejówki, gmina Krasne, w okręgu złoczowskim w dystrykcie Galicja 1941–1944, f. R-87, op. 1, spr. 1, Okólnik nr 1–41 przewodniczącego Rady Rejonu Krasne do przewodniczących rad wiejskich z 3 VII 1941 r., k. 46; *ibidem*, Sprawozdanie Rady wiejskiej Firlejówki z wykonania okólnika nr 1–41 z 3 VII 1941 r., k. 47.

86 Berenstein, *Eksterminacja ludności żydowskiej...*, s. 4–6.

87 GARF, f. 7021, op. 67, d. 80, Akt Miejskiej Komisji do spraw Ustalenia i Badania Zbrodni Niemiecko-Faszystowskich Najeźdźców w mieście Złoczowie, 24 IX 1944 r., k. 77.

88 AŻIH, 301/4991, Relacja Chaima Schöpsa, s. 1; Ephraim Sten, *1111 Days in My Life Plus Four*, Maryland: Dryad Press, 2006, s. 11, 13.

SASÓW

W lipcu 1941 r. Ukraińcy oraz żołnierze Wehrmachtu dokonali pogromu Żydów w Sasowie — miasteczku, które przed wojną liczyło ponad 3 tys. mieszkańców, w tym około 1100 Żydów. Słynęli oni z produkcji ozdób do tałesów, czym zajmowała się prawie jedna czwarta tej społeczności. Mieszkał tam też cadyk Szlomo Majer, a po jego śmierci Szulim Taube, dlatego Sasów był celem pielgrzymek chasydów. Większość miejscowych Żydów stanowili jednak rzemieślnicy i drobni kupcy. W latach 1939–1941 ogólna liczba ludności żydowskiej miasteczka zmniejszyła się między innymi z powodu migracji do większych miast, ale nadal mieszkało tam prawdopodobnie około 950 Żydów[89].

Gdy tylko Niemcy wkroczyli do Sasowa, rozstrzelali 15 Żydów, uzasadniając to rozprawą z komunistami. Natomiast tydzień później miejscowi Ukraińcy z Sasowa i okolicznych wsi zaczęli wyciągać z domów żydowskich mężczyzn, których zabrano do czyszczenia samochodów należących do jednostki niemieckiej stacjonującej wówczas w miasteczku. Dołączono też do tej pracy jeńców sowieckich wyznania mojżeszowego. Z relacji świadków wynika, że po południu, pod koniec pracy, Ukraińcy i żołnierze niemieccy zaczęli bić Żydów kolbami karabinów i sztachetami wyrwanymi z płotu. Kazano im podejmować próby przeskoczenia przez półtorametrowe ogrodzenie, a w czasie tych prób okrutnie ich bito. Skatowani ludzie leżeli przez całą noc pod płotem, nie było możliwości udzielenia im pomocy. Ci, którzy jeszcze żyli, zmarli w ciągu nocy. Dopiero rano pozwolono rodzinom zabrać ciała. Zginęło wtedy około 25 osób[90]. Kilkanaście dni później — według jednego ze świadków było to 18 lipca — do Sasowa przyjechali SS-mani i podpalili synagogę, a po uzyskaniu w miejscowym urzędzie gminnym nazwisk bogatych Żydów zrabowali część ich najlepszych ubrań i dobytku. Po południu zebrali wszystkich Żydów na rynku, po czym wyczytano nazwiska 30 młodych mężczyzn i załadowano ich na samochody. Kobietom i dzieciom pozwolono wtedy odejść do domów, ale na placu nadal pozostawiono mężczyzn, wśród których miejscowemu Ukraińcowi kazano rozpoznać

89 AYV, M.49.E/3701, Herman Weigler, s. 1; AŻIH, 301/4670, Relacja Majera Perlmuttera, mps, s. 1. Podana przez Hermana Weiglera liczba 850 żydowskich mieszkańców miasteczka w czerwcu 1941 r. była zbyt niska.

90 AYV, M.49.E/3701, Herman Weigler, s. 2–3.

komunistów. Człowiek ten wskazywał przypadkowe osoby. W ten sposób wybrano jeszcze 20 mężczyzn i razem z 30 wcześniej zatrzymanymi wywieziono ich do Oleska. Rodziny w rozpaczy interweniowały u miejscowego księdza i wójta, ofiarując kosztowności za pomoc. Rzeczywiście następnego dnia delegacja z miejscowej gminy udała się do Oleska i po tej interwencji zwolniono około 20 Żydów sasowskich, ale pozostałe 26–30 osób już nigdy nie wróciło do swych rodzin. Prawdopodobnie zostali rozstrzelani w Juśkowicach niedaleko Oleska[91].

INNE TERENY W POWIECIE ZŁOCZOWSKIM

Zaraz po wejściu Niemców, około 3 lipca, jeden z SS-manów w asyście miejscowego Ukraińca rozstrzelał około 30 Żydów, w tym kobiety, w okolicach wsi Zarwanica, a miejscowym chłopom nakazano ich pochowanie w wykopanym dole[92].

Przez pierwszy miesiąc okupacji niemieckiej w powiecie złoczowskim mordowano ludność żydowską we wsiach i w miasteczkach, a brali w tym udział funkcjonariusze komend operacyjnych Sipo i SD, żołnierze Wehrmachtu oraz osoby spośród miejscowej ludności. Palono bóżnice i domy modlitwy oraz rabowano mienie żydowskie[93]. Już administracja wojskowa nakazała Żydom noszenie opasek w celu oznaczenia ich żydowskiego pochodzenia[94].

Podsumowując losy Żydów w okresie administracji wojskowej, należy stwierdzić, że w powiecie złoczowskim padli oni wówczas ofiarą zabójstw dokonywanych przez SS-manów oraz niemieckich żołnierzy przy udziale członków miejscowej ludności i ukraińskiej milicji. W tym czasie

---

91 USC, VHA, 1518, Relacja Jackoba Ganga; AYV, M.49.E/3701, Herman Weigler, s. 4; AŻIH, 301/4670, Relacja Majera Perlmuttera, s. 1. Majer Perlmutter podał, że osoby te zamordowano prawdopodobnie w „Jasinowicach pod Oleskiem", ale takiej miejscowości nie ma koło Oleska. W powiecie złoczowskim była natomiast miejscowość Jasionowice nieopodal Złoczowa. Miejsce rozstrzeliwania Żydów z Sasowa i Oleska w okresie niemieckiej administracji wojskowej nadal nie jest dokładnie znane.

92 AŻIH, 301/7006, Relacja Michała Kutnego, s. 1; W jednym ze źródeł mowa również o tym, że grupę 9 Żydów rozstrzelano w Zarwanicy koło linii kolejowej (GARF, f. 7021, op. 67, d. 84, Akt z 18 XI 1944 r. ze wsi Zarwanica, k. 26).

93 Berenstein, *Eksterminacja ludności żydowskiej...*, s. 6; Anczarski, *Kronikarskie zapisy z lat cierpień i grozy w Małopolsce Wschodniej...*, s. 195.

94 *Ibidem.*

w Złoczowie zabito od 420 do 460 osób, w Sasowie — 70 osób, w Olesku prawdopodobnie 120 Żydów[95].

PIERWSZE NIEMIECKIE REPRESJE WOBEC ŻYDÓW PO UTWORZENIU ADMINISTRACJI CYWILNEJ W POWIECIE ZŁOCZOWSKIM

NIEMIECKI APARAT OKUPACYJNY

W związku z utworzeniem dystryktu Galicja (Distrikt Galizien) i włączeniem go do Generalnego Gubernatorstwa od 1 sierpnia 1941 r. niemiecka administracja cywilna zastąpiła funkcjonujący dotąd zarząd wojskowy. W połowie września wprowadzono nowy podział administracyjny. Zgodnie z nim w dystrykcie powstało 15 powiatów (Kreishauptmannschaften), które dzieliły się na okręgi (Bezirke) oraz miasto wydzielone (Stadthauptmannschaft) Lwów i okręg komisaryczny (Kreiskommissariat) Sądowa Wisznia[96].

Złoczów stał się centrum kreishauptmannschaftu obejmującego przedwojenne powiaty złoczowski, brodzki i przemyślański. Kreis Zloczow tym samym stanowił dużo większą jednostkę administracyjną pod względem terytorium i liczby ludności niż przedwojenny powiat złoczowski[97]. W Złoczowie mieścił się komisariat Policji Kryminalnej (Kriminalkommissariat Kripo), a placówki Kripo umieszczono ponadto w Brodach i Przemyślanach. Podobnie żandarmeria niemiecka została ulokowana w Złoczowie, Brodach i Przemyślanach, a najbliższy posterunek Schutzpolizei (Schupo) w Tarnopolu[98].

---

95 GARF, f. 7021, op. 67, d. 80, Akt Miejskiej Komisji do spraw Ustalenia i Badania Zbrodni Niemiecko-Faszystowskich Najeźdźców w mieście Złoczowie, 24 IX 1944 r., k. 77; AŻIH, 301/4991, Relacja Chaima Schöpsa, s. 1; AŻIH, 301/4670, Relacja Majera Perlmuttera, s. 1; AYV, M.49.E/3701, Herman Weigler, s. 2–4.

96 Berenstein, *Eksterminacja ludności żydowskiej...*, s. 9.

97 DALO, Sąd Specjalny przy Sądzie Niemieckim we Lwowie dystryktu Galicja 1941–1944, f. R-77, op. 1, spr. 225, Verteiler 4–7, k. 5–8.

98 DALO, f. R-77, op. 1, spr. 712, Dane o strukturze i organizacji lwowskich i innych organów porządkowych prokuratury (1943 r.), k. 1; Thomas Sandkühler, *„Endlösung" in Galizien. Der Judenmord in Ostpolen und die Rettungsinitiativen von Berthold Beitz 1941–1944*, Bonn: Dietz, 1996, s. 439.

Do stycznia 1943 r. stanowisko kreishauptmanna zajmował regierungsassessor Hans Mann[99], następnie od 6 stycznia 1943 r. starostą został dr Otto Wendt, a jego zastępcą był dr Gerhard von Jordan, sprawujący tę funkcję już od 1942 r. i będący jednocześnie kierownikiem urzędu do spraw wewnętrznych[100]. Natomiast dyrektorem miejscowego więzienia w Złoczowie i szefem złoczowskiej Kripo prawdopodobnie od grudnia 1941 aż do 1943 r. był pochodzący z Wiednia sturmscharführer SS Otto Zikmund[101],

---

99 Hans Mann (ur. 1908), od 1932 r. w NSDAP, kreishauptmann Kreis Zloczow do stycznia 1943 r., następnie wcielony do Wehrmachtu (Pohl, *Nationalsozialistische Judenverfolgung in Ostgalizien...*, s. 418; „Lwiwśkie Wisti", 23 I 1943, nr 13, s. 3; *Encyclopedia of Camps and Ghettos...*, t. 2, s. 850).

100 Dr Otto Wendt po wybuchu wojny niemiecko-sowieckiej w 1941 r. został zastępcą starosty w Stryju i Kałuszu, a następnie od 6 I 1943 r. pełnił funkcję starosty powiatowego w Złoczowie. W latach sześćdziesiątych Prokuratura przy Sądzie Krajowym w Getyndze (Staatsanweltschaft bei dem Landgericht Göttingen) prowadziła postępowanie w jego sprawie, czy w 1943 r. ponosił winę „za morderstwo albo pomocnictwo w morderstwie przy likwidacji pozostałości getta w galicyjskim mieście Złoczów". Jednym ze świadków był Gerhard von Jordan (niemiecki wicestarosta w Złoczowie). Zeznał on, że Wendt w czasie likwidacji getta udał się z nim na miejsce, ale po to, aby nie dopuścić do zajść wbrew porządkowi. Tam pokazano im kryjówki Żydów. Wendt opuścił getto i według słów Jordana nie wziął udziału w akcji. Na podstawie tych zeznań oraz zeznań innych świadków ostatecznie w konkluzjach śledztwa zapisano: „nie udowodniono kwalifikacji morderstwa w odniesieniu do sprawcy, należy złagodzić karę zgodnie z przepisami o ukaraniu usiłowania popełnienia przestępstwa; oznacza to, że nie można orzec dożywotniego więzienia, lecz tylko karę pozbawienia wolności na okres od 3 do 15 lat. Przesłanki te zachodzą tutaj, ponieważ nie udowodniono kwalifikacji morderstwa w odniesieniu do sprawcy (cech charakteru), tj. żądzy zabijania z niskich pobudek [...]. Ponieważ tym samym w rachubę wchodzi jedynie kara tymczasowego pozbawienia wolności, począwszy od dnia 8 V 1945 r. zaczął bieg okres przedawnienia [...]". Postępowanie zostało umorzone ze względu na przedawnienie (IPN OK Kr, S 47/13/Zn, t. 7, Postanowienie o umorzeniu postępowania przeciwko dr. Wendtowi wydane przez prokuraturę w Göttingen [tłumaczenie przysięgłe z j. niemieckiego], k. 1406–1413; AIPN, Urząd Dystryktu Galicyjskiego, GK 97/6, Wykaz imienny starostów, [brak tytułu dokumentu, brak daty sporządzenia], k. 3; Sandkühler, *„Endlösung" in Galizien...*, s. 452; *Encyclopedia of Camps and Ghettos, 1933–1945*, t. 2: *Ghettos in German-Occupied Eastern Europe*, cz. A, red. Martin Dean, Bloomington: Indiana University Press, 2012, s. 850).

101 Archiwum Instytutu Pamięci Narodowej Oddział w Lublinie (dalej AIPN Lu), Prokuratura Sądu Okręgowego w Lublinie 1944–1950, 319/1145, Akta prokuratora Sądu Okręgowego w Lublinie w sprawie Ottona Zickmunda [Zikmunda], Pismo z Internationales Komitee für Jüd. KZ-ler und Flüchtlinee Poln. Jüd. Hilfeekomitee do kierownika Ekstradycyjnego Nadzoru Prokuratorskiego Ministerstwa Sprawiedliwości w Warszawie z 29 V 1947 r. [odpis w j. polskim], k. 2; AYV, Kolekcja Tuwii Friedmanna, O.5/61, Otto Zikmund, „Niederschrift über Vernehmung des Angezeigten [Uwagi do protokołu przesłuchania]", s. 9; Pohl, *Nationalsozialistische Judenverfolgung in Ostgalizien...*, s. 423.

z Hansem (lub Franzem) Drexlerem z berlińskiej Komendy Głównej Policji Kryminalnej jako zastępcą. Drugim zastępcą był niejaki Zinke. Komisariat Kripo z aresztem znajdował się przy ul. Wały 7 i liczył 20 funkcjonariuszy — przede wszystkim Polaków, ponadto zaś Ukraińców i Niemców. Otto Zikmund podczas procesu wytoczonego mu po wojnie twierdził, że policjanci kryminalni w Złoczowie podlegali swojemu polskiemu dowódcy, któremu on wydawał instrukcje i zarządzenia, a w wypadku prowadzonych akcji specjalnych rozkazy mogły być wydawane przez funkcjonariusza wyższej rangi z Tarnopola lub ze Lwowa. Czasami takie rozkazy wydawał Policji Kryminalnej komendant złoczowskiej placówki Gestapo. Kierował nią oficer SS N. Ludwig, podlegający Gestapo w Tarnopolu, na którego czele od października 1941 r. stał Hermann Müller[102]. Natomiast żandarmerią niemiecką dowodził kpt. Schwartz, z zastępcą kpt. Fueg-Lobensteinem[103]. Na posterunku służyło 9 żandarmów, którzy dysponowali jednym karabinem maszynowym, czterema automatami, dziewięcioma kbk i dziewięcioma pistoletami. Do pomocy stworzono policję ukraińską, która w Złoczowie liczyła 18 osób. W Bezirk Zloczow (okręg Złoczów) powstało 14 posterunków policji ukraińskiej oraz jej komenda okręgowa w Złoczowie, liczące łącznie 2 oficerów i 78 policjantów różnych stopni. Dla porównania na terenie całego Kreis Zloczow istniało 35 posterunków policji ukraińskiej, w których służyło 4 oficerów oraz 190 policjantów podoficerów i szeregowców[104].

---

102 Altman, *Haunting Memories*, s. 54, 90; AIPN Lu, 319/1145, Odpis zeznania Hermanna Grünseida z 2 V 1947 r. (Wiedeń), s. 5; AYV, O.5/61, Otto Zikmund, Przesłuchanie Otto Zikmunda z 13 V 1947 r., s. 6; *ibidem*, Przesłuchanie Otto Zikmunda z 14 V 1947 r., s. 5; *ibidem*, Przesłuchanie Otto Zikmunda z 12 maja 1947 r., s. 8; Pohl, *Nationalsozialistische Judenverfolgung in Ostgalizien...*, s. 89, 255. Jeden z polskich świadków, żołnierz jednego z oddziałów miejscowej Armii Krajowej związany ze sztabem Inspektoratu, podał, że 90% składu złoczowskiego Kripo stanowili Polacy, dzięki czemu dowódca Inspektoratu AK Złoczów liczył na przeniknięcie w szeregi Policji Kryminalnej. W źródłach brakuje jednak jakichkolwiek informacji, czy to w ogóle udało się zrobić (IPN OK Kr, S 47/13/Zn, t. 1, Protokół przesłuchania świadka Juliana W. z 9 V 2001 r., s. 26).

103 Imion żandarmów nie udało się ustalić. Podaję za: Altman, *Haunting Memories*, s. 54; IPN OK Kr, S 47/13/Zn, t. 7, Postanowienie o umorzeniu postępowania przeciwko dr. Wendtowi wydane przez prokuraturę w Göttingen, k. 1408.

104 GARF, f. 7021, op. 148, d. 321, Anlage 1 zur Verfügung des Kommandaurs der Ordnungspolizei im Distrikt Galizien vom 27.7.1942 — Abt. IIIb 27 01/12. Sollstärke der Ukrainischen Polizei im Distrikt Galizien für das Rechnungsjahr 1942/1943 [Załącznik nr 1 dla komendanta Policji Porządkowej w dystrykcie Galicja z 27 VII 1942 r. Wydział IIIb 27 01/12. Stan etatów w Policji Ukraińskiej dystryktu Galicja za rok obrachunkowy 1942/1943], 1 VII 1942 r., k. 1a; *ibidem*, Güederung und Stellenplan des Kreiskommandos der Ukrainian Polizei in Zloczow

W mieście powiatowym znajdowała się też miejscowa komenda Wehrmachtu[105].

W okresie okupacji niemieckiej Bezirk Zloczow wchodzący w skład Kreis Zloczow w zasadzie pokrywał się z granicami przedwojennego powiatu złoczowskiego z 1939 r.[106] Dokonano jednak zmian w podziale administracyjnym. Z gminy Przemyślany-wieś przeniesiono do gminy Gołogóry dwie miejscowości — Lipowce i Łonie. Niektóre przedwojenne gminy scalono z innymi: wsie gminy Płuhów włączono do gminy Folwarki (z siedzibą gminy w Folwarkach), ale wsie Woroniaki i Jelechowice przesunięto do gminy Złoczów-wieś; gmina Sokołówka została scalona z gminą Ożydów z siedzibą w Ożydowie; gminę wiejską Skwarzawa włączono do gminy Biały Kamień (z siedzibą w Białym Kamieniu), a Sasów przesunięto do gminy wiejskiej Kołtów z siedzibą od tej pory w Sasowie. Olesko scalono z gminą wiejską Podhorce i stało się ono

(Bereich der Kreishauptmannschaft Zloczow) [Wytyczne i plan zatrudnienia okręgowej Policji Ukraińskiej w Złoczowie (obszar starostwa powiatowego złoczowskiego)], k. 16; *ibidem*, Anlage 3 zur Verfügung des Kommandaurs der Ordnungspolizei im Distrikt Galizien vom 27.7.1942 — Abt. III b 27 01/12. Waffenverteilungsplan betr.: Ausrüstung der ukrainischen Polizeidienststellen im Distrikt Galizien mit Mannldehergewehren und Faustfeuerwaffen [Załącznik nr 1 dla komendanta Policji Porządkowej w dystrykcie Galicja z 27 VII 1942 r. Wydział IIIb 27 01/12. Plan przydziału broni: Wyposażenie oddziałów Policji Ukraińskiej w dystrykcie Galicja w karabiny i pistolety], k. 19; AIPN Lu, Specjalny Sąd Karny w Lublinie 1944–1946, 315/76, Protokół przesłuchania podejrzanego Henryka Lenca, 15 IV 1945, k. 14; Finder, Prusin, *Collaboration in Eastern Galicia*..., s. 106. Na niższych szczeblach w różnych służbach i instytucjach do pracy powołano miejscowych ludzi. W źródłach zachowały się informacje, że służba leśna (Forstschutz) w powiecie złoczowskim składała się przeważnie z Polaków, obsługa stacji kolejowej w Złoczowie z Niemców i Polaków, a na czele Arbeitsamtu w 1943 r. stał Ukrainiec. Natomiast gminami i gromadami przeważnie kierowali Ukraińcy (Archiwum Akt Nowych [dalej AAN], Armia Krajowa 1940–1945, 1326/203/XV/28, Sprawozdanie Referenta Bezpieczeństwa z 19 VI 1943 r. [Złoczów], k. 11; AAN, 1326/203/XV/16, Sytuacja na kolei w Złoczowie 6 IV 1944 r., k. 244; AAN, Delegatura Rządu RP na Kraj 1940–1945, 202/II/53, Sprawozdanie sytuacyjne z Ziem Wschodnich, b.d., k. 88; IPN OK Kr, S 47/13/Zn, t. 1, Protokół przesłuchania świadka Juliana W. z 9 V 2001 r., k. 27).

105 IPN OK Kr, S 47/13/Zn, t. 7, Postanowienie o umorzeniu postępowania przeciwko dr. Wendtowi wydane przez prokuraturę w Göttingen, k. 1411.

106 Wójtami w gminach wiejskich na początku okupacji niemieckiej byli prawie wyłącznie Ukraińcy. Tylko w Ożydowie wójtem został Niemiec. Podobnie stało się w Sasowie, gdzie burmistrzem był Ukrainiec Józef Myketowycz, i w Olesku, gdzie stanowisko to zajął Dymitr Werniuk (DALO, f. R-35, op. 9, spr. 37, Sammelgemeinde [Gminy wiejskie], b.d. s. 43–44; *ibidem*, Listenmässige Aufstellung der zur Kreishauptmannschaft Zloczow gehörenden 6 Städte und 29 Sammelgemeinden sowie namentliches Verzeichnis der Bürgermeister [Wykaz 6 miast i 29 gmin wiejskich w kreishauptmannschafcie Złoczów, wraz z nazwiskami burmistrzów], b.d., b.p.

siedzibą nowej gminy wiejskiej[107]. W tym miejscu chcę podkreślić, że w dalszych rozważaniach o losach Żydów złoczowskich wszelkie statystyki i analizy przeprowadzone zostały dla terenu przedwojennego powiatu Złoczów.

Tabela 2. Ludność powiatu Złoczów w listopadzie 1941 r. w statystykach niemieckich (według przedwojennego podziału administracyjnego)[108]

Gmina	Ukraińcy	Polacy	Żydzi	Inni	Razem
Złoczów gmina	7 085	1 767	65[109]	–	8 917
Folwarki	6 051	3 777	118	2	9 948
Płuhów	7 094[110]	970	29	33	8 126

107 Zmiany w podziale administracyjnym zostały podane na podstawie: Rozporządzenie Ministra Spraw Wewnętrznych z 14 VII 1934 r. o podziale powiatu złoczowskiego w województwie tarnopolskim na gminy wiejskie, Dz.U. 1934, nr 64, poz. 572, s. 1140; DALO, f. R-35, op. 9, spr. 37, An alle Kreishauptleute. Betrifft: Bildung der Sammelgemeinden [Do wszystkich starostów powiatowych w sprawie tworzenia gmin zbiorowych], 16 X 1941 r., k. 3; *ibidem*, An den Herrn Kreishauptmann in Zloczow. Betrifft Bildung der Landgemeinden [Do starosty powiatowego w Złoczowie w sprawie tworzenia gmin wiejskich], k. 6; *ibidem*, *Kreis Zloczow: Bericht* [Starostwo powiatowe Złoczów: sprawozdanie], brak daty, k. 7–8; *ibidem*, *Kreis Zloczow: Bericht* [Starostwo powiatowe Złoczów: sprawozdanie], k. 14–14v; *Amtliches Gemeinde- und Dorfverzeichnis für das Generalgouvernement auf Grund der Summarischen Bevölkerungsbestandsaufnahme am 1. März 1943*, Krakau: Burgverlag, 1943, s. 17–18.

108 Gdy przeprowadzano nowy podział administracyjny, dane statystyczne o liczbie ludności miały być uaktualniane przez władze okupacyjne na potrzeby reformy administracyjnej. Liczba ludności żydowskiej zamieszkującej powiat Złoczów w listopadzie 1941 r. ukazuje więc stan liczbowy żydowskich mieszkańców powiatu dopiero po kilku miesiącach od wkroczenia Niemców. Tym samym nie odzwierciedla stanu liczebnego Żydów z początku okupacji. W tych statystykach przypisano: Zarzecze z gm. Folwarki do gm. Złoczów (900 osób); Horodyłów z gm. Złoczów do gm. Folwarki (840 osób); Chwatów z gm. Ożydów do gm. Podhorce (538 osób); Hutę Werchobuzką z gm. Podhorce do gm. Kołtów (410 osób).

109 W dokumentacji Sądu Grodzkiego w Złoczowie wymieniono ogółem 65 osób narodowości żydowskiej w gminie wiejskiej Złoczów. W danych cząstkowych dla poszczególnych wsi wykazano jednak łącznie 59 Żydów. Ponieważ w statystykach niemieckiego starostwa powiatowego konsekwentnie wykazywano 65 osób, właśnie tę liczbę przyjęto jako najbardziej prawdopodobną (DALO, f. R-370, op. 1, spr. 22, Anzahl der Bewohner in den Räumen der einzelnen Gemeinden Zloczower Bezirkes, k. 1; DALO, f. R-370, op. 1, spr. 22, Gemeinden der Zloczow Bezirkes, k. 10; DALO, f. R-35, op. 9, spr. 37, Kreis Zloczow. Die Nachweisung der Stadt und Landgemeinden mit eingegliederter Ortschaften, k. 13).

110 W danych Sądu Grodzkiego w Złoczowie błędnie podano liczbę 1423 osób narodowości ukraińskiej w miejscowości Krasnosielce oraz wsi Łuka, w której wykazano 335 Ukraińców. W materiałach niemieckiego starostwa powiatowego liczbę Ukraińców w Krasnosielcach określono na 423 osoby, a w Łuce na 355 osób, co łącznie z danymi z innych wsi tej gminy dało ogółem 7094 osoby przypisane do narodowości ukraińskiej. Obliczenia na podstawie:

Gmina	Ukraińcy	Polacy	Żydzi	Inni	Razem
Remizowce	9 500	2 201	131	–	11 832
Gołogóry	7 320[111]	2 684	544	2	10 550[112]
Krasne	11 357	2 509[113]	366	50	14 282
Sokołówka	4 709	648	333	–	5 690
Ożydów	8 025	347	51	134	8 557
Biały Kamień	5 609[114]	2 515[115]	313	16	8 453
Skwarzawa	4 048	1 468	87	–	5 603
Podhorce	2 786	2 057	24	–	4 867
Kołtów	2 687	2 411	14	–	5 112
Złoczów miasto	3 444	3 243	6 228	126[116]	13 041

DALO, f. R-370, op. 1, spr. 22, Gemeinden der Zloczow Bezirkes, k. 10; DALO, f. R-35, op. 9, spr. 37, Kreis Zloczow. Die Nachweisung der Stadt und Landgemeinden mit eingegliederter Ortschaften, k. 9, 15.

111 W dokumentach Sądu Grodzkiego w Złoczowie wykazano 7320 osób narodowości ukraińskiej, ale w dokumentacji starostwa powiatowego liczbę Ukraińców szacowano w tej gminie na 7270 osób. W tabeli przyjęto dane według statystyki Sądu Grodzkiego w Złoczowie (DALO, f. R-370, op. 1, spr. 22, Anzahl der Bewohner in den Räumen der einzelnen Gemeinden k. 1; DALO, f. R-370, op. 1, spr. 22, Gemeinden der Zloczow Bezirkes k. 11; DALO, f. R-35, op. 9, spr. 37, Kreis Zloczow. Die Nachweisung der Stadt und Landgemeinden mit eingegliederter Ortschaften, k. 10, 16.)

112 W dokumentacji Sądu Grodzkiego w Złoczowie błędnie zsumowano dane cząstkowe, określając ogółem liczbę ludności w gminie Gołogóry na 10 650 osób. W tabeli przyjęto dane Sądu Grodzkiego w Złoczowie, po poprawnym podliczeniu danych cząstkowych (*ibidem*).

113 Przyjęto dane z listopada 1941 r. za Sądem Grodzkim w Złoczowie, po zweryfikowaniu liczb zgodnie z materiałami niemieckiego starostwa powiatowego (DALO, f. R-35, op. 9, spr. 37, Kreis Zloczow. Die Nachweisung der Stadt und Landgemeinden mit eingegliederter Ortschaften, k. 11, 17; DALO, f. R-370, op. 1, spr. 22, Gemeinden der Zloczow Bezirkes k. 11).

114 Liczbę tę podano według statystyki niemieckiego starostwa powiatowego z listopada 1941 r. (DALO, f. R-35, op. 9, spr. 37, Kreis Zloczow. Die Nachweisung der Stadt und Landgemeinden mit eingegliederter Ortschaften, k. 15). W dokumentacji Sądu Grodzkiego w Złoczowie dane dla tej gminy wykazały ogółem liczbę 5618 Ukraińców, gdyż przy wsi Czeremosznia zostało podane 339 osób narodowości ukraińskiej, czyli o 9 osób za dużo (DALO, f. R-370, op. 1, spr. 22, Gemeinden der Zloczow Bezirkes, k. 12).

115 Przyjęto za danymi niemieckiego starostwa powiatowego dla poszczególnych wsi wchodzących w skład przedwojennej gminy Biały Kamień (DALO, f. R-35, op. 9, spr. 37, Kreis Zloczow. Die Nachweisung der Stadt und Landgemeinden mit eingegliederter Ortschaften, k. 9, 15).

116 W niemieckich statystykach z października i listopada 1941 r. nie zawsze wykazywano tę liczbę, a niekiedy osoby te wliczano do liczby ludności ukraińskiej (DALO, f. R-370, op. 1, spr. 22, Anzahl der Bewohner in den Räumen der einzelnen Gemeinden Zloczower Bezirkes, k. 1; DALO, f. R-35, op. 9, spr. 37, Kreis Zloczow. Die Nachweisung der Stadt und Landgemeinden mit eingegliederter Ortschaften, k. 9).

Gmina	Ukraińcy	Polacy	Żydzi	Inni	Razem
Sasów miasto[117]	1 139	901	877	–	2 917
Olesko miasto[118]	2 518	556	480	–	3 554
OGÓŁEM	83 372	28 054[119]	9 660	363	121 449

Źródło: DALO, f. R-370, op. 1, spr. 22, Anzahl der Bewohner in den Räumen der einzelnen Gemeinden Zloczower Bezirkes, k. 1; *ibidem*, Gemeinden der Zloczow Bezirkes, k. 10–13; DALO, R-35, op. 9, spr. 37, Kreis Zloczow. Die Nachweisung der Stadt und Landgemeinden mit eingegliederter Ortschaften, k. 9–13, 15.

POWSTANIE JUDENRATÓW I DZIELNICY ŻYDOWSKIEJ

Na terenie powiatu Złoczów zaczęło obowiązywać ustawodawstwo niemieckie. 7 sierpnia na cały dystrykt Galicja zostały rozciągnięte przepisy o przymusie pracy oraz Pierwsze rozporządzenie o wprowadzeniu przepisów administracji ogólnej w dystrykcie Galicja. Między innymi zawierało ono definicję pojęcia Żyda oraz decyzję o ustanowieniu judenratów. Od 6 września 1941 r. weszło w życie Drugie rozporządzenie o wprowadzeniu przepisów administracji ogólnej w dystrykcie Galicja, uwzględniające nakaz noszenia przez Żydów oznaczeń — specjalnych opasek, chociaż w rzeczywistości stosowano to już wcześniej. Od 5 września 1941 r. Żydzi zostali pozbawieni możliwości opuszczania miejsca zamieszkania, a w drugiej połowie października zakazano im tego pod karą śmierci[120].

117 W czasie okupacji niemieckiej Sasów utracił prawa miejskie. Stał się siedzibą gminy wiejskiej po włączeniu w jego administracyjny zasięg gminy Kołtów, która uległa likwidacji.

118 W okresie okupacji niemieckiej Olesko zostało pozbawione praw miejskich. Stało się siedzibą dawnej gminy Podhorce, która uległa likwidacji.

119 Wykazana w tych statystykach ogólna liczba Polaków była o kilka tysięcy mniejsza niż szacuje się według spisu powszechnego ludności z 1931 r., w którym tylko przy uwzględnieniu kryterium wyznaniowego (tj. liczby rzymskich katolików), wytyczającego dolną granicę liczby osób narodowości polskiej, wynosiła ona 36 937 osób. Podobne tendencje wystąpiły w niemieckim spisie powszechnym z 1943 r. W jednym z polskich raportów z terenu Galicji Wschodniej z 1943 r. podano, że jedną z przyczyn było wliczenie części łacinników do narodowości ukraińskiej, gdyż uznano ich za Ukraińców „z pochodzenia" (AAN, 1326/203/XV/41, Raport w sprawach ukraińskich z czerwca [wyraz mało czytelny — A.Z.] 1943 r., b.p.). Grzegorz Hryciuk oceniał, że decyzja o zakwalifikowaniu do określonej grupy społecznej zapadała na podstawie subiektywnych kryteriów i zależała od respondenta, a w wypadku wątpliwości także od decyzji komisarza spisowego (Hryciuk, *Przemiany narodowościowe i ludnościowe w Galicji Wschodniej i na Wołyniu...*, s. 216). Nie wiemy też dokładnie, jakie były straty i migracje ludności polskiej na tych terenach w okresie okupacji sowieckiej w latach 1939–1941.

120 Berenstein, *Eksterminacja ludności żydowskiej...*, s. 14–15.

Rada Żydowska w Złoczowie powstała jednak wcześniej, niż ukazało się rozporządzenie generalnego gubernatora. Tworzyło ją 12 osób, z których większość należała do wpływowej miejscowej inteligencji żydowskiej — byli to adwokaci i lekarze oraz znani społecznicy. W połowie lipca 1941 r. na czele rady stanął znany złoczowski działacz syjonistyczny adwokat dr Zygmunt Majblum[121], jego zastępcą został lekarz dr Abraham Hreczanik, Wydziałem Zaopatrzenia kierował adwokat dr Mojżesz Schotz, a pozostałymi radcami byli: adwokat dr Rubin[122], dr M. Gruber[123], dr Praeger[124], lekarz dr Gärber[125], dr Dyner[126], dr Glanz — odpowiedzialny za kontakt z Oddziałem do spraw Zatrudnienia Żydów (Judeneinsatz) przy niemieckim Urzędzie Pracy (Arbeitsamt), kupiec Ojzer Schmierer — skarbik Judenratu, Bernstein[127] i Jakier[128]. Natomiast M. Zuckerkandel został wyznaczony do kontaktów z biurem szefa Gestapo w Tarnopolu i starostą powiatowym[129]. Radę Żydowską podzielono na wydziały: Sekretariat, Finansowy, Pracy, Zaopatrzenia, Zdrowia i Szpitali, Pomocy Społecznej, Mieszkaniowy, Sklepy Judenratu, Pocztowy, Księgowy, Prowizji i Zakupów[130]. Powołana została również policja żydowska (niem. Jüdischer Ordnunsgdienst; potocznie OD-mani); kierował nią Dziuniek Landsberg, a jego zastępcą był Henek Steinwurzel[131]. Judenraty powstały również w Olesku i Sasowie[132].

---

121 Zygmunt Majblum był jedną ze znanych postaci społeczności żydowskiej w Złoczowie przed wybuchem wojny. Pod koniec lat dwudziestych XX w. był znanym działaczem syjonistycznym w Złoczowie. Informacje o nim można odnaleźć m.in. w dokumentacji Urzędu Wojewódzkiego w Tarnopolu: DATO, f. 231, op. 1, spr. 1216, Organizacja syjonistyczna „Allgemeine" w Złoczowie, s. 47.

122 Prawdopodobnie chodzi o dr. Szwagera Rubina lub dr. E. Rubina.

123 Osobę tę należy utożsamiać z adwokatem dr. Mateuszem Grüberem.

124 Zapewne chodzi o adwokata dr. Abrahama Pragera.

125 W Złoczowie lekarzem był dr B. Gärber.

126 Nie udało się zweryfikować nazwiska.

127 Nie udało się zweryfikować nazwiska.

128 Nie udało się zweryfikować nazwiska.

129 Altman, *Haunting Memories*, s. 50–51; AŻIH, 301/3550, Relacja Anny Szolder-Ulreich, mps, s. 2; AŻIH, 301/1524, Relacja Heleny Kitaj-Drobnerowej, mps, s. 5; USC, VHA, 12624, Relacja Marka Goldenberga; USC, VHA, 06089, Relacja Arona Frankla. Część nazwisk zweryfikowano w: *Księga adresowa Polski (wraz z W.M. Gdańsk) dla handlu, przemysłu, rzemiosła i rolnictwa 1930*, Warszawa: Towarzystwo Reklamy Międzynarodowej, 1927–1930, s. 1729.

130 Altman, *Haunting Memories*, s. 50; USC, VHA, 06089, Relacja Arona Frankla.

131 *Encyclopedia of Camps and Ghettos...*, t. 2, s. 850; Altman, *Haunting Memories*, s. 50. Nazwisk tych osób nie udało się zweryfikować.

132 AŻIH, Żydowska Samopomoc Społeczna. Centrala Pomocy dla Żydów w Generalnym Gubernatorstwie 1939–1942 (dalej ŻSS), 211/751, Pismo z Judenratu w Olesku do Prezydium

POWIAT ZŁOCZOWSKI

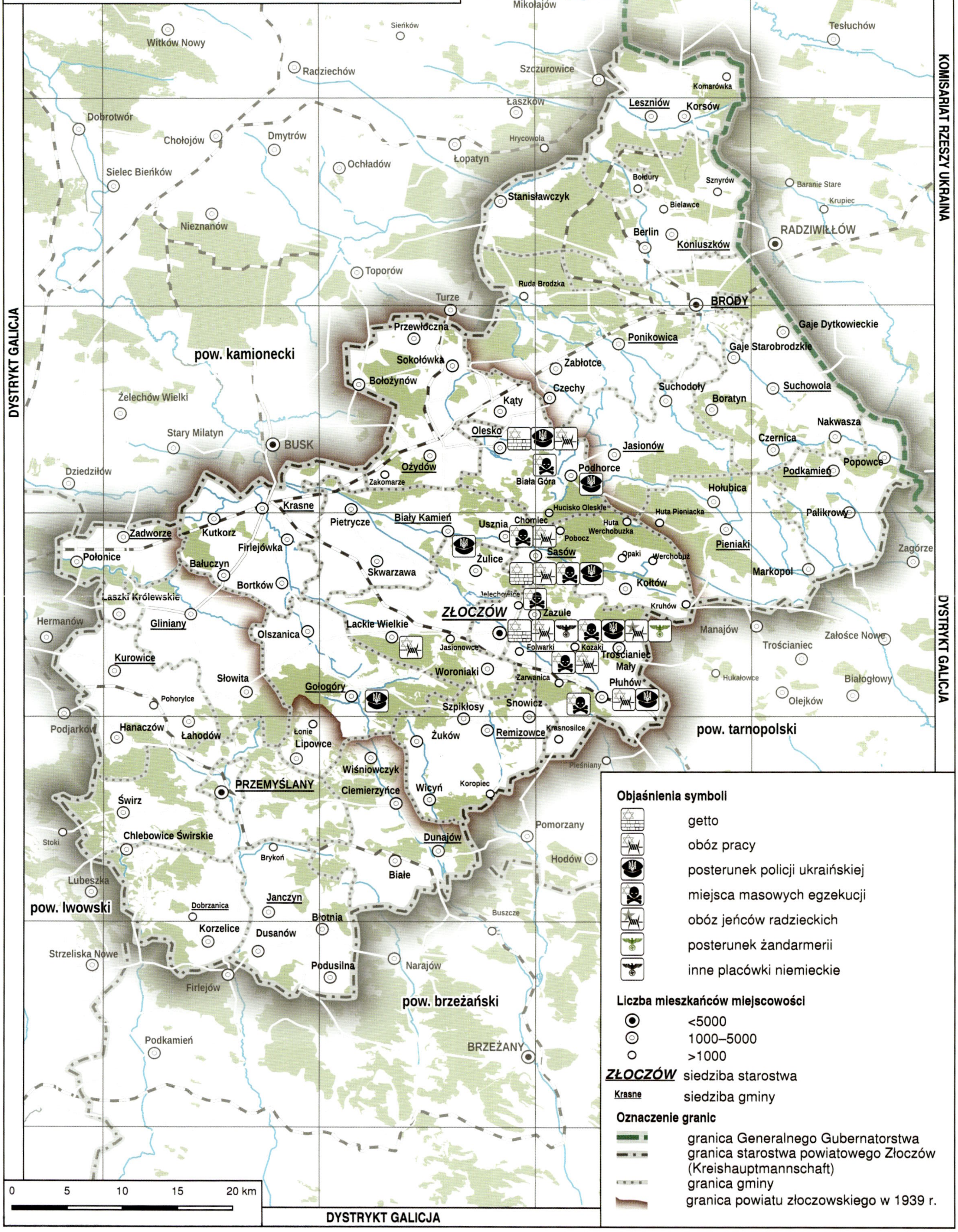

Początkowo w Złoczowie nie ogrodzono getta jako zamkniętej dzielnicy. Według relacji Samuela Holendra getto w sierpniu 1941 r. zasadniczo objęło połowę ulic Ormiańskiej i Sokoła oraz część ul. Mickiewicza. Większość Żydów i tak już mieszkała w zwartej grupie wokół synagogi i na jej tyłach. Jesienią 1941 r. część mieszkań i domów zarekwirowano, a ich właściciele musieli się przenieść do innych lokali. Wykwaterowaniem objęto zwłaszcza Żydów zamieszkałych w kamienicach, w których większość stanowiła ludność chrześcijańska, oraz Żydów posiadających domy przy głównych ulicach, w tym: Legionów, Kolejowej i Wały. Wprowadzono zakazy ograniczające swobodne poruszanie się Żydów po mieście, m.in. godzinę policyjną i zakaz robienia zakupów przez Żydów przed godz. 10.00 na placu targowym, opuszczania granic Złoczowa[133]. Zaraz na początku okupacji rozpoczęło się wyrzucanie Żydów z lepszych mieszkań i ich przenoszenie do gorszych lub dokwaterowywanie do innych rodzin. Nie pozwalano im przy tym niczego ze sobą zabrać poza niewielkim bagażem. Ogołocono ich z pieniędzy i cennych rzeczy[134].

Fragment złoczowskiego getta *(GFH, 6700)*

ŻSS w Krakowie z 16 V 1942 r., s. 5–6; AŻIH, ŻSS, 211/943, Pismo Judenratu w Sasowie do Prezydium ŻSS w Krakowie z 11 VI 1942 r., s. 18.

133 AŻIH, 301/3550, Relacja Anny Szolder-Ulreich, s. 3; AYV, O.33/6659, Szlojme Mayer, The Demise of Zloczow, s. 24; IPN OK Kr, S47/13/Zn, t. 4, Relacja Samuela Holendra [tłum. na j. polski M. Rajak], s. 593.

134 AYV, M.49.E/1524, Helena Kitaj-Drobnerowa, s. 6.

KONTRYBUCJE I REKWIZYCJE

W sierpniu 1941 r. w mieście pojawiły się plakaty Judenratu wzywające do wypełnienia niemieckiego zarządzenia o zapłaceniu olbrzymiej kontrybucji. Wyznaczono ją w wysokości aż 1,5 mln zł, a płatną w walucie, złocie lub drogocennych rzeczach. Judenratowi udało się wtedy zebrać wyznaczoną sumę[135].

Po przyjeździe do Złoczowa obersturmführer SS Friedrich Warzok — od października 1941 r. komendant obozu pracy przymusowej (Zwangsarbeitslager, ZAL) w Lackiem Wielkim i obozów pracy na terenie całego Kreis Zloczow, jednocześnie zaś judenreferent w sztabie Friedricha Katzmanna (dowódcy SS i policji w dystrykcie Galicja) — pojawił się w budynku Judenratu. Podczas tej pierwszej wizyty zażądał dla siebie szofera, wyposażonego mieszkania i rozmaitych drobnych rzeczy, które miała mu dostarczyć społeczność żydowska. Podobno rozmawiając wtedy z przewodniczącym — adwokatem Zygmuntem Majblumem — uderzył go pejczem w twarz[136]. Była to pierwsza z wielu takich wizyt Warzoka; w czasie okupacji stał się on postrachem całego miasta i okolic[137]. Podobne żądania i zachowania prezentowali także inni SS-mani. Juliusz Gutfreund — jeden z ocalałych Żydów, w czasie okupacji przebywający w Złoczowie — podał: „Judenrat złoczowski często zanosił podarunki dla Zigmunda [Zikmunda] — chcąc przez to zyskać sobie poniekąd jego względy. Dochodziło nawet do tego, że Zigmund [Zikmund] sam dysponował, co sobie życzy, aby mu przyniesiono. Oczywiście niezastosowanie się do jego życzenia pociągało za sobą różne przykre

135 AŻIH, 301/3550, Relacja Anny Szolder-Ulreich, s. 3; AYV, M.49.E/1524, Helena Kitaj-Drobnerowa, s. 6.

136 AYV, O.33/253, Wspomnienia Szymona Strasslera, s. 10. Friedrich Warzok (ur. 1903), od października 1941 r. komendant ZAL Lackie Wielkie i obozów w Kreis Zloczow oraz judenreferent w sztabie Friedricha Katzmanna, a od lipca do listopada 1943 r. komendant ZAL Janowska. Więcej danych biograficznych można znaleźć w: Pohl, *Nationalsozialistische Judenverfolgung in Ostgalizien...*, s. 422; Sandkühler, *„Endlösung" in Galizien...*, s. 437.

137 Friedrich Warzok po zakończeniu wojny był ścigany przez polski wymiar sprawiedliwości, który przypisywał mu odpowiedzialność za zbrodnie popełnione w różnych miejscach Polski na co najmniej 60 tys. osób. Warzok uciekł jednak z Europy, a jego ślady prowadziły do Egiptu; poszukiwania nie przyniosły rezultatu i nie został postawiony przed wymiarem sprawiedliwości (AIPN, Główna Komisja Badania Zbrodni przeciwko Narodowi Polskiemu — Instytut Pamięci Narodowej 1991–1999, 3058/87, Egipt. Zbrodniarze hitlerowscy. Kartoteka, Warzok Friedrich, b.p.).

Friedrich Warzok i Gustav Willhaus, oficerowie SS, w Złoczowie w 1943 r. (Yad Vashem, 1584/185)

konsekwencje"[138]. Judenrat, aby wypełnić te żądania, zbierał wśród rodzin żydowskich cenne rzeczy i pieniądze. Właściwie każda sprawa, którą chciał załatwić Judenrat, wiązała się z wręczeniem okupu czy łapówki różnym niemieckim funkcjonariuszom lub urzędnikom. Żydzi byli pozbawieni jakiejkolwiek ochrony wobec niemieckich żądań nakazanych postanowieniami władz okupacyjnych i wymuszeń ze strony miejscowych urzędników[139]. Otto Zikmund już po wojnie w czasie przesłuchań podczas procesu próbował umniejszyć swoją winę, twierdząc, że za urządzenie opuszczonych przez Żydów mieszkań odpowiadał bezpośrednio starosta złoczowski. To na jego polecenie dowódca oddziału specjalnego wyposażał przejęte mieszkanie, co następnie akceptował niemiecki funkcjonariusz albo urzędnik, któremu zostało ono przydzielone, a za dostarczenie brakujących mebli i innego wyposażenia odpowiadał Judenrat[140]. W świetle przywołanych wspomnień świadków Zikmund jednak bardzo często i bez skrupułów zwracał się do Rady Żydowskiej o przysłanie potrzebnych mu rzeczy i nie troszczył się zupełnie o to, skąd one zostaną zabrane lub za co zakupione. Proceder ten trwał od początku okupacji, a jeden z Polaków ze Złoczowa w dzienniku pod datą

138 AIPN Lu, 319/1145, Protokół przesłuchania świadka Juliusza Gutfreunda z 13 V 1948 r. (Bielsko), k. 35. Taka sytuacja znajduje potwierdzenie także w zeznaniach: AYV, O.5/61, Zeznanie Benjamina Hochberga z 23 V 1947 r. (Wiedeń), k. 57.

139 W źródłach podano przykłady takich sytuacji: AYV, O.33/253, Wspomnienia Szymona Strasslera, s. 9–11; AŻIH, 301/3550, Relacja Anny Szolder-Ulreich, s. 6.

140 AYV, O.5/61, Otto Zikmund, Przesłuchanie Otto Zikmunda z 2 V 1947 r., s. 4.

22 sierpnia 1941 r. zapisał: „Wczoraj zbierali meble po lepszych domach żydowskich, a meblują się nimi przybyli Niemcy"[141].

W grudniu 1941 r. w Złoczowie, podobnie jak w całym GG, została przeprowadzona tzw. akcja futrzana, gdy ludność żydowska musiała oddać posiadane futra. Tym, którzy tego nie zrobili, groziło nawet rozstrzelanie. W Złoczowie zdarzyło się kilka takich przypadków[142].

PRACA PRZYMUSOWA. OBOZY PRACY

Żydów zaczęto wykorzystywać do różnych prac na rzecz okupanta[143]. Wśród głównych form pracy przymusowej należy wymienić jej wykonywanie w miejscu zamieszkania (placówki pracy) oraz kierowanie do zamkniętych obozów pracy przymusowej. Za dostarczenie odpowiedniej liczby Żydów do pracy odpowiadały judenraty. W złoczowskiej Radzie Żydowskiej powołano właśnie w tym celu Wydział Pracy. Podobne zadanie stało również przed Judenratem w Sasowie[144].

Od początku okupacji niemieckiej Żydzi w dystrykcie Galicja byli zatrudnieni w wielu dziedzinach gospodarki, np. w majątkach ziemskich będących pod zarządem niemieckich władz administracyjnych czy policji i SS. Żydzi z Sasowa przez pierwsze miesiące pracowali w folwarkach w Kalince i Poboczu oraz w dużych gospodarstwach chłopskich[145]. Już w marcu 1942 r. zostali skierowani na cmentarz żydowski w Sasowie do rozbiórki nagrobków, które miały posłużyć za materiał do budowy drogi. Cały cmentarz

141 CDCN, Archiwum złoczowskie Romana Maćkówki, 2628, Wróbel, „Dziennik złoczowski z lat 1939–1941: wydarzenia ze Złoczowa, kraju i ze świata", cz. 1, s. 45.

142 AYV, M.49.E/1524, Helena Kitaj-Drobnerowa, s. 6.

143 Już w okresie niemieckiej administracji wojskowej Żydów zmuszano do pracy przymusowej przy uprzątaniu ulic, remontach, myciu samochodów, sprzątaniu koszar i budynków. Musieli też wykonywać różne prace na rzecz niemieckich żołnierzy, SS-manów i innych funkcjonariuszy niemieckich. Towarzyszyły temu znęcanie się, bicie i zabójstwa. Rozporządzenie Hansa Franka z 7 VIII 1941 r. wprowadziło przymus pracy na terenie dystryktu Galicja (w nawiązaniu do rozporządzenia z 26 X oraz przepisów wykonawczych z 11 i 12 XII 1939 r.). Pracować mieli wszyscy Żydzi mężczyźni w wieku od 14 do 60 lat, ale rejestracji mieli podlegać już chłopcy 12-letni. Rejestrowanych umieszczano w kartotece osób podlegających przymusowej pracy, a podczas rejestracji wydawano tzw. Meldekarte, będącą najważniejszym dokumentem dla Żydów. Szerzej na ten temat: Berenstein, *Praca przymusowa ludności żydowskiej...* s. 3, 10.

144 Altman, *Haunting Memories*, s. 50.

145 Berenstein, *Praca przymusowa ludności żydowskiej...*, s. 13.

w ciągu kilku miesięcy został zburzony oprócz dwóch nagrobków — cadyka Moszego Jidł Lejba i rabina Szulima Taubego, gdyż Żydom udało się je uratować za łapówkę. W okresie nasilających się represji Żydzi sasowscy doszli do wniosku, że utworzenie w pobliżu miasta obozu pracy zapewni im pozostanie na miejscu i uchroni przed deportacją. Dlatego też z inicjatywy miejscowej społeczności żydowskiej zainteresowano austriacką firmę wykonującą w powiecie złoczowskim prace budowlane i drogowe do wydobywania kamienia w lesie koło Sasowa oraz w Rudzie Kołtowskiej, co skutkowało utworzeniem w tym celu obozu pracy[146].

Oprócz wymienionych form zatrudnienia Żydzi pracowali w niemieckich przedsiębiorstwach i na rzecz niemieckich władz administracyjnych, a rzemieślnicy wykonywali także bezpłatne prace dla różnych instytucji i władz niemieckich. Niektórzy mogli uzyskać zwolnienie od pracy przymusowej, jeżeli byli zatrudnieni w przedsiębiorstwach objętych zarządem powierniczym. Stanowiska pracy zachowali tam fachowcy niezbędni ze względu na ich umiejętności. Szybko jednak zaczęto ich usuwać i tylko czasami pozostawiano na dłużej, a do wyjątków należały osoby pozostawione aż do likwidacji getta[147].

W dystrykcie Galicja celem strategicznym Niemców była przebudowa drogi tranzytowej DG IV, która biegła z Przemyśla przez Lwów, Złoczów, Tarnopol, Podwołoczyska i dalej w kierunku Odessy. Od 15 października 1941 r. zaczęto zakładać w pobliżu tej drogi obozy pracy przymusowej, z których więźniowie byli kierowani do prac drogowych lub do kamieniołomów w celu dostarczenia surowca potrzebnego do budowy dróg. Z czasem takich obozów powstawało coraz więcej przy różnych szlakach komunikacyjnych oraz w miejscach wydobycia kamienia lub innych surowców. Najwięcej założono ich w powiecie złoczowskim i tarnopolskim, gdzie prace budowlane prowadziła m.in. firma Radebeule[148]. Jako jeden z pierwszych obozów w Kreis Zloczow utworzono obóz pracy przymusowej w Lackiem Wielkim. Funkcjonował on już w październiku 1941 r., a powstał na terenie dawnego folwarku należącego do byłego klasztoru. Obóz był otoczony podwójnym drutem kolczastym, do jednej z dużych stajni wstawiono

---

146 AŻIH, 301/3777, Relacja Chaima Wandera, mps, s. 1–2.

147 Berenstein, *Praca przymusowa ludności żydowskiej...*, s. 6–8, 13–14, 16.

148 Friedrich Katzmann, *Rozwiązanie kwestii żydowskiej w dystrykcie Galicja*, tłum. Jolanta Pawłowska, oprac. Andrzej Żbikowski, Warszawa: IPN, 2001, s. 19.

prycze i zamieszkali tam więźniowie[149]. Do ZAL Lackie Wielkie trafiali Żydzi przywożeni z całej okolicy, a także osądzeni za sprawy karne z obozu janowskiego lub porwani z ulic miast w czasie łapanek. Więziono tam w całym okresie jego istnienia Żydów z Żółkwi, ze Lwowa, ze Złoczowa i innych miejscowości. W obozie znalazła się też pewna grupa Polaków i Ukraińców. Pod koniec 1941 r. liczył on około 400 żydowskich więźniów, ale w kolejnych latach liczba ta mogła być wyższa[150]. Żydów przyjmowanych do obozu oznaczano żółtą łatą przypinaną na plecach i z przodu na piersi. Początkowo kierowano tam mężczyzn, ale wiosną 1942 r. przywieziono pierwsze kobiety[151]. Część więźniów pracowała w kamieniołomie — około 80 osób, a pozostali przy budowie drogi. Wielu przetrzymywanych nie miało obuwia, nawet w zimie. Nogi więc chronili szmatami, podartymi kaloszami. Ogólnie odzież stanowiły łachmany — dziurawe i brudne[152]. Załogę obozową tworzyli policjanci ukraińscy i żydowscy, którzy brutalnie traktowali więźniów zarówno w obozie, jak i podczas pracy, popychając ich i poniżając. W stosunku do policjantów żydowskich, którzy ociągali się w stosowaniu przemocy, stosowano takie same represje jak wobec więźniów. Aby zmniejszyć przemoc ze strony załogi obozowej, więźniowie wręczali policjantom ukraińskim łapówki w postaci papierosów, ale to nie pomagało na długo. Według relacji żydowskich najgorsi byli policjanci Baran, Majorczak i Szafrański. Dokonywali brutalnych przeszukań, szykanowali, wyganiali z baraków i pędzili ludzi do pracy, bijąc dotkliwie. Brutalni i mało solidarni z więźniami byli także żydowscy więźniowie funkcyjni.

---

149 AŻIH, 301/4719, Relacja Jakuba Chamaidesa, mps, s. 1.

150 *Ibidem*, s. 1–2, 6; AŻIH, 301/4025, Relacja Mojżesza Teichmana, mps, s. 1; AŻIH, 302/227, Pamiętnik Fani Laufer, s. 6; Altman, *Haunting Memories*, s. 61; AŻIH, Rada Żydowska we Lwowie. Zbiór dokumentów dotyczących Getta Lwowskiego (Teka Lwowska), 1941–1942, 229/77, Wykresy dotyczące zaopatrzenia w przedmioty użytku codziennego, wykaz liczby robotników w obozach: janowskim, Czwartaków, Winniki, Kurowice, Lackie Wielkie, Jaktorów, Płuhów, Kozaki, Borki Wielkie, Stupki, Złotów, s. 5; Archiwum Instytutu Pamięci Narodowej Oddział w Rzeszowie (dalej AIPN Rz), Okręgowa Komisja Badania Zbrodni Niemieckich w Rzeszowie z siedzibą w Tarnowie 1945–1949, 1/15, Protokół przesłuchania świadka Ambrożego Krzemińskiego z 8 IV 1949 r., s. 87–87v; *ibidem*, Protokół przesłuchania świadka Aleksandra Bodaja z 8 IV 1949 r., s. 89–90; *ibidem*, Protokół przesłuchania świadka Franciszka Winiarskiego z 31 III 1949 r., s. 92 i in. Przyjęto liczbę więźniów najczęściej pojawiającą się w źródłach.

151 AŻIH, 301/4719, Relacja Jakuba Chamaidesa, s. 1–2; Berenstein, *Praca przymusowa ludności żydowskiej...*, s. 20.

152 AŻIH, 301/4719, Relacja Jakuba Chamaidesa, s. 1–2.

W całym okresie istnienia obozu wystąpiło wiele przypadków śmierci przez rozstrzelanie[153].

W październiku 1941 r. powstał obóz pracy przymusowej w Płuhowie, skąd Żydów przeznaczono do pracy w kamieniołomach i przy linii kolejowej[154]. Więziono tam Żydów ze Lwowa oraz ofiary licznych łapanek dokonywanych w okolicy. Należy szacować, że umieszczono tam 300–400 więźniów. Załogę pilnującą stanowili ukraińscy strażnicy, a pracę przy torach nadzorowali Polacy. W obozie przebywały też dzieci[155]. Po akcji deportacyjnej we Lwowie, przeprowadzonej w sierpniu 1942 r., z obozu janowskiego do okolicznych obozów pracy, w tym do Płuhowa, skierowano część zatrzymanych lekarzy[156].

W tym samym czasie powstał również obóz w Kozakach. Żydzi pracowali tam w kopani węgla brunatnego i przy kolejce wąskotorowej. Jeden z baraków przeznaczony był dla polskich więźniów, a drugi dla Żydów. Dokładna liczebność więźniów nie jest znana, ale według polskich mieszkańców wsi osadzono tam 300–400 więźniów żydowskich[157].

Dopiero od maja 1942 r. działał obóz pracy nieopodal Sasowa — w Chomcu. Skierowano do niego miejscowych Żydów oraz tych z łapanek z Podkamienia w powiecie brodzkim, a także kilkadziesiąt osób z Oleska i z obozu w Lackiem. Początkowo więziono tam 180 osób, w tym około 130 Żydów z Sasowa, ale pod koniec listopada 1942 r. obóz liczył już 328 osób, w tym 6 kobiet, które pracowały w kuchni lub jako sanitariuszki. Większość więźniów pracowała w kamieniołomach. Od grudnia był też mały obóz w samym Sasowie[158].

---

153 *Ibidem*, s. 1–6; AŻIH, 301/3752, Relacja Leona Torczynera, mps, s. 2–3.

154 Berenstein, *Praca przymusowa ludności żydowskiej...*, s. 20.

155 AŻIH, 301/5329, Relacja Rózi Kohn, mps, s. 1; AYV, O.3/2373, Relacja Efraima Halperna, s. 10, 13.

156 AYV, O.3/2373, Relacja Efraima Halperna, s. 8–9, 11.

157 Berenstein, *Praca przymusowa ludności żydowskiej...*, s. 21; USC, VHA, 29836, Relacja Edwina Rozłubirskiego; IPN OK Kr, S 47/13/Zn, t. 1, Protokół przesłuchania świadka Marii P. z 8 IV 2003 r., k. 41; *ibidem*, Odpis protokołu przesłuchania świadka Zofii M. z 8 IV 2003 r., k. 68; *ibidem*, Odpis protokołu przesłuchania świadka Władysława S. z 14 IV 2003 r., k. 57. Jedna z mieszkanek Kozaków podała, że w obozie było od 800 do 1000 więźniów, ale inne relacje mieszkańców tej wsi tego nie potwierdzają. Liczba ta była dużo niższa (*ibidem*, Protokół przesłuchania świadka Marii P. z 8 IV 2003 r., k. 41).

158 AŻIH, 301/3777, Relacja Chaima Wandera, s. 1–6; AŻIH, 301/1403, Relacja Samuela Wandera, mps, s. 3–4.

Najpóźniej, dopiero wiosną 1943 r., powstał obóz pracy w Olesku. Przywożono tam Żydów z okolicy, by m.in. naprawiali drogę i wydobywali kredę na tzw. Białej Górze. Ten obóz został zlikwidowany jako pierwszy na terenie powiatu złoczowskiego, prawdopodobnie już w czerwcu w 1943 r.[159]

Obozy pracy były w rzeczywistości miejscami fizycznego wyniszczenia. Słabe wyżywienie, ciężka praca, brak podstawowych środków czystości prowadziły do wyczerpania sił i chorób. W obozach wiele zależało od strażników i tam gdzie nie zachowywali się brutalnie, nie bili, łatwiej było przetrwać. Znęcanie się nad żydowskimi więźniami było jednak na porządku dziennym, a selekcje przeprowadzane przez Warzoka skutkowały rozstrzelaniami ludzi ocenionych jako słabi i niezdolni do pracy[160].

---

159 Mieczysław Kufel, *Wspomnienia z rodzinnego Oleska*, http://wegorzyno.pl/wspomnienia-zr-odzinnego-oleska.html (dostęp 20 IX 2016 r.); Berenstein, *Praca przymusowa ludności żydowskiej...*, s. 33, 35; AŻIH, 301/6271, Relacja Józefa Nowaka.

160 USC, VHA, 32492, Relacja Maurycego Altstocka; AYV, O.3/434, Relacja Bernarda Gaerbera, mps, s. 34–35; AŻIH, 301/4024, Relacja Hermana Weiglera, mps, s. 1–2. W kwestii funkcjonowania i znaczenia obozów pracy dla Żydów na terenie powiatu złoczowskiego można dokonać przynajmniej kilku analogii do funkcjonowania obozów, które przedmiotem analizy uczynił Christopher Browning. W książce o obozach pracy w Starachowicach stwierdził on między innymi, że praca Żydów dla Niemców w tamtejszych obozach pracy miała bardzo istotne znaczenie ekonomiczne i wojskowe, a u Żydów wywierała bezpośredni wpływ na ich przeżycie, aczkolwiek przetrwanie było zależne także od ilości jedzenia i od istnienia podziemnego życia gospodarczego (Christopher R. Browning, *Pamięć przetrwania. Nazistowski obóz pracy oczami więźniów*, tłum. Hanna Pustuła-Lewicka, Wołowiec: Czarne, 2012, s. 213–214, 219 i in.).

Żydowskie sposoby przetrwania w okresie od sierpnia 1941 do sierpnia 1942 r.

Żydzi mieszkający na terenie powiatu złoczowskiego od początku okupacji niemieckiej podejmowali starania, by przeciwdziałać zagrożeniom ze strony okupanta, stosując zróżnicowany wachlarz metod. Początkowo miejscowe judenraty próbowały podejmować pewne próby ratowania Żydów leżące w ich skromnych możliwościach, by powstrzymać lub zmniejszyć skutki niemieckich represji.

ŁAPÓWKI I OPŁATY ZA OCALENIE

W wielu wspomnieniach i relacjach Żydów złoczowskich przekupstwo i łapówki wymieniano jako jedną z metod ocalenia życia zarówno na początku okupacji, jak i w późniejszym czasie. Mogły doprowadzić do zmiany czyjejś decyzji, dawały możliwość wykupienia kogoś z więzienia lub obozu, a w okresie akcji deportacyjnych — umieszczenia kogoś w obozie pracy lub w gronie robotników niemieckiego przedsiębiorstwa. Uzyskanie statusu robotnika pracującego na rzecz niemieckiej gospodarki lub Wehrmachtu dawało bowiem Żydom przez jakiś czas ochronę.

Zachowanie niemieckich urzędników, esesmanów, policjantów oraz innych osób z aparatu okupacyjnego było ukierunkowane na grabienie ludności żydowskiej. W pierwszych miesiącach okupacji złoczowski Judenrat zaspokoił wiele takich finansowych i materialnych żądań. We wspomnieniach Żydów złoczowskich zachowały się raczej dobre opinie na temat jego działalności, podobne do oceny Heleny Kitaj-Drobnerowej, która stwierdziła: „Judenrat złoczowski był słynny na całą okolicę, gdyż bardzo się opiekował swoimi ludźmi. Mniejszym mirem cieszył się Ordnungsdienst”[161].

---

161 AYV, M.49.E/1524, Helena Kitaj-Drobnerowa, s. 7. Ocena roli Judenratu jest bardzo złożona i trudna, gdyż działał w warunkach niemieckiego terroru, zmuszony wykonywać niemieckie zarządzenia i nakazy, od czego ucieczki nie było. Wydaje się, że Judenrat w Złoczowie próbował jednak lawirować w sprawach żydowskich z miejscowym niemieckim aparatem

Natomiast o Zuckerkandlu, który z ramienia Judenratu był powołany do kontaktowania się w różnych sprawach z Gestapo i za swoje pieniądze oraz złoto wykupił wielu Żydów z opresji, jeden z mieszkańców wspominał: „On bardzo cierpiał z rąk niemieckiej i ukraińskiej policji. Często był przez nich bity za niewykonanie ich rozkazu"[162]. Z kolei Izak Wischnitzer pozytywnie odniósł się do innego radcy: „znaleziono u mojej żony 10 kg kartofli i około 10 dkg masła. Obawiałem się, że żona moja może być bardzo ukarana z tego powodu. [...] Podczas aresztowania mojej żony interweniował u Zikmunda dr Rubin"[163].

Przekupstwo i wnoszenie opłat za ocalenie nie okazały się zbyt skuteczne w dłuższej perspektywie, gdyż postępujące zubożenie wielu Żydów nie dawało im szansy na stałe opłacanie się, by zachować minimalne bezpieczeństwo.

INSTYTUCJE POMOCOWE I OPIEKUŃCZE

Jedną z form ochrony społeczności żydowskiej były różne akcje pomocowe na rzecz najbardziej potrzebujących. Judenrat złoczowski szybko przystąpił do organizowania pomocy społecznej. Teoretycznie fundusze na taką działalność mógł przyznać kreishauptmann, ale w praktyce takie dotacje właściwie nie istniały. Także niezwykle skromne fundusze z centrali Żydowskiej Samopomocy Społecznej w Krakowie nie mogły zasilić budżetu Powiatowego Komitetu Opiekuńczego Żydowskiej Samopomocy Społecznej w Złoczowie. Środki finansowe na pomoc dla najbiedniejszych zbierano więc ze składek tych Żydów złoczowskich, którzy mogli je zapłacić. Był to budżet bardzo skromny. Niemniej w styczniu 1942 r. została w getcie zorganizowana kuchnia ludowa, która miała wydawać jeden posiłek dziennie (obiad) dla 800 osób. Był on płatny, ale 25% obiadów wydawano za darmo. Jednak z braku dostatecznych wpływów pieniężnych nawet na tę skromną pomoc już w kwietniu 1942 r. obiady wydawano nieregularnie i czasem nawet przez cały tydzień kuchnia nie działała. W mieście istniały też szpital

okupacyjnym. To rodziło też wiele kontrowersji, a niektórzy wyrażali bardziej krytyczne lub wręcz odmienne opinie niż ta przytoczona w tekście, por. AYV, O.33/253, Wspomnienia Szymona Strasslera, s. 50; AYV, O.33/1579, Samuel Tennenbaum, s. 232, 235.

162 AŻIH, 301/87, Relacja Mendla Rudera, rkps, s. 3.

163 AIPN Lu, 319/1145, Odpis zeznania Izaka Wischnitzera z 13 V 1947 r. (Wiedeń), k. 4.

ogólny z oddziałami: wewnętrznym, chirurgicznym i położniczym oraz z wydzielonym szpitalem zakaźnym i ambulatorium. W marcu 1942 r. pracowało tam ośmiu lekarzy niepobierających żadnej pensji oraz siedem pielęgniarek i tyle samo pielęgniarzy. Działalność była finansowana w połowie z opłat od chorych, a w połowie z funduszy Judenratu. Uruchomiona została także łaźnia, czynna raz w tygodniu, z której korzystało 150–200 osób[164].

25 marca 1942 r. powołany został Powiatowy Komitet Opiekuńczy Żydowskiej Samopomocy Społecznej z dr. Mojżeszem Schwagerem na czele, a delegatury komitetu powstały też m.in. w Sasowie, Olesku, Sokołówce, ale ostatecznie nie zostały one zatwierdzone przez władze niemieckie. Zaraz na początku działalności jedną z najważniejszych akcji pomocowych było wysyłanie paczek dla Żydów przebywających w obozach pracy przymusowej[165]. W następnych miesiącach komitet zaczął prowadzić szwalnię, kuchnię (finansowaną za środków żydowskich), hafciarnię, pralnię, ponadto zbierał bieliznę dla obozowiczów, osób najbiedniejszych i tym samym próbował dać zajęcie niepracującym, co było jednocześnie próbą ich ochrony przed niemieckimi represjami. Powszechnie jednak brakowało produktów żywnościowych i lekarstw, których starostwo powiatowe nie przydzielało. Złoczowscy Żydzi próbowali sami współorganizować pomoc społeczną i tym kontekście należy uznać takie działania za jedną z kolektywnych strategii przetrwania, gdyż starano się pomóc najbiedniejszej grupie ludzi. Oczywiście funkcjonowanie w obrębie komitetu również stanowiło jakąś formę ochrony przed zabraniem do obozu pracy[166].

Analizując dokumentację żydowskiej samopomocy w Złoczowie z 1942 r., można dostrzec całkowity brak jakiejkolwiek pomocy materialnej z zewnątrz. Do Złoczowa nie docierało nic poza symbolicznymi przesyłkami z żydowskiej centrali ŻSS w Krakowie, co wynikało także z jej skromnych możliwości. Dokumentacja złoczowskiej ŻSS jest dowodem tragicznego

---

164 AŻIH, ŻSS, 211/1159, Pismo Prezydium ŻSS w Krakowie do Komitetu Powiatowego ŻSS w Złoczowie z 7 IV 1942 r., s. 6; *ibidem*, Pismo Komitetu Powiatowego ŻSS do Prezydium ŻSS w Krakowie z 15 IV 1942 r., s. 10–13. Informacje dotyczące szpitala żydowskiego zachowały się w: DALO, f. R-35, op. 9, spr. 358, Pismo Chai Zwerdling do starosty powiatowego w Złoczowie z 4 III 1942 r., a także inne dokumenty, k. 1–23.

165 AŻIH, 211/1159, Pismo Prezydium ŻSS w Krakowie do Komitetu Powiatowego ŻSS w Złoczowie z 7 IV 1942 r., s. 6; *ibidem*, Pismo Komitetu Powiatowego ŻSS do Prezydium ŻSS w Krakowie z 17 VI 1942 r., s. 58.

166 *Ibidem*, Pismo Komitetu Powiatowego ŻSS do Prezydium ŻSS w Krakowie z 17 VI 1942 r., s. 57–59; AŻIH, 301/4718, Relacja Meiera Hellera, s. 3.

położenia tamtejszych Żydów, zawiera świadectwa rozpaczy ludzi niemających znikąd pomocy, a jednak starających się cokolwiek zorganizować na rzecz lokalnej społeczności, aby wesprzeć potrzebujących. Tych była cała rzesza, gdyż większość Żydów z nastaniem okupacji niemieckiej straciła dotychczasowe źródła dochodu, a zakaz swobodnego poruszania się odebrał możliwość kontaktów z okolicznymi wsiami i handlowania, przez co bardzo trudno było pozyskać żywność.

Podsumowując jednak pierwszy rok okupacji niemieckiej i żydowskie próby przeciwdziałania negatywnym skutkom niemieckiego systemu okupacyjnego, należy stwierdzić, że w 1941 r. mimo ogromnych strat poniesionych w czasie pogromu i podczas pierwszych represji społeczność żydowska próbowała zorganizować się na nowo. Wypełniano zarządzenia Judenratu i nie protestowano przeciwko konieczności oddania części pieniędzy na opłaty i kontrybucje, a często i na łapówki. Wtedy jeszcze wierzono, że to może uchronić przed terrorem i złagodzić antyżydowskie działania Niemców. Solidaryzowano się i pomagano sobie nawzajem, zaczęto tworzyć instytucjonalne podwaliny wspomagania najbiedniejszych[167]. Nie mogło to jednak uchronić niektórych osób przed śmiercią w wyniku epidemii tyfusu, która wybuchła na przełomie 1941 i 1942 r. Do sierpnia 1942 r. z tego powodu i ogólnie ciężkich warunków życia zmarło w getcie 369 osób, co stanowiło kilkakrotnie więcej zmarłych niż przed wojną[168].

---

167 AYV, M.49.E/1524, Helena Kitaj-Drobnerowa, s. 7.

168 Archiwum Państwowe w Przemyślu (dalej AP Przemyśl), Akta stanu cywilnego Izraelickiej Gminy Wyznaniowej w Złoczowie 1829–1877; 1896–1942, 2257, t. 5, Indeks do księgi zmarłych 1938–1942.

Wykres 1. Śmiertelność w Izraelickiej Gminie Wyznaniowej w Złoczowie w latach 1938–1942 (do października 1942 r.)

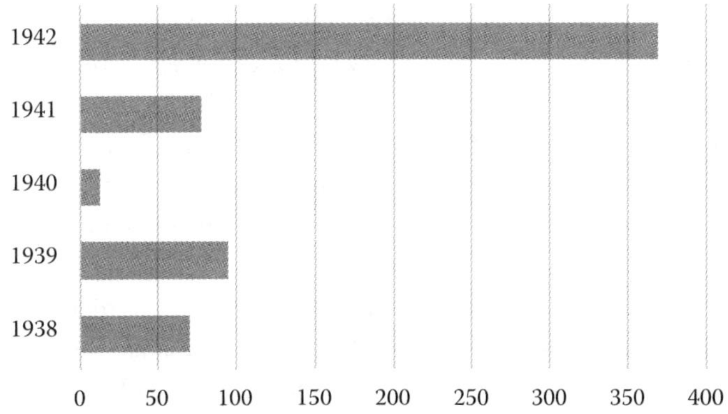

Źródło: Państwowe Archiwum w Przemyślu, 2257, t. 5, Indeks do Księgi zmarłych 1938–1942[169].

ZMIANA TOŻSAMOŚCI

Już w tym okresie nieliczni Żydzi decydowali się opuścić swoją miejscowość i ukryć na wsi lub w innym miasteczku, przybierając fałszywą tożsamość. Ci, którzy podejmowali takie działania, nie mogli się zdradzić przed miejscową ludnością. Nie wiedzieli, komu mogą zaufać. Niewiele osób było skłonnych im pomóc. Z relacji ocalałych Żydów wynika, że trzeba było wykazywać się dużą determinacją i odwagą, aby udawać Ukraińca lub Polaka i zamieszkać między nimi. Ponadto, aby można było w ogóle myśleć o powodzeniu tej strategii przetrwania, musiały zostać spełnione pewne określone warunki: należało znać język danej grupy narodowościowej, wśród której próbowano się ukryć, oraz jej obyczaje.

Spora część Żydów złoczowskich znała doskonale język polski, niektórzy także ukraiński, toteż udawanie Polaka lub Ukraińca nie stanowiło dla nich problemu. Gorzej było jednak ze znajomością obyczajów, zwłaszcza religijnych. Niektórym Żydom jednak udało się w ten sposób ukryć, przynajmniej

169 W Indeksie nie uwzględniono ofiar śmiertelnych pogromu żydowskiego w Złoczowie w lipcu 1941 r. oraz ofiar śmiertelnych podczas pierwszej niemieckiej akcji deportacyjnej 28–29 VIII 1942 r. Dane z 1940 i 1941 r., z okresu okupacji sowieckiej, nie są pełne, gdyż metryki przejął urząd sowiecki.

przez jakiś czas. Co charakterystyczne, gdy tylko padały jakiekolwiek słowa świadczące o podejrzeniach polskiego lub ukraińskiego otoczenia, że ktoś jest żydowskiego pochodzenia, ukrywający się zmieniali miejsce pobytu. Chaim Wittelsohn, uchodźca wojenny, w czasie okupacji niemieckiej przebywał w jednym z chłopskich gospodarstw pod Złoczowem, gdzie przez dwa lata z powodzeniem podawał się za Polaka. Gdy jednak nieostrożnie zdradził się w rozmowie, kim jest, natychmiast opuścił wieś. Podobnie postąpił Bolesław Kopelman, mieszkaniec Lwowa przebywający tymczasowo w 1941 r. na terenie powiatu złoczowskiego i szukający schronienia w gospodarstwach ukraińskich[170]. Ten sposób wybrał też Szlomo Wolkowicz, który dwa tygodnie po złoczowskim pogromie zdecydował się ukryć niedaleko Złoczowa w polsko-ukraińskiej wsi Woroniaki. Szlomo, podając się za Polaka ze Lwowa, znalazł tam pracę w polskim gospodarstwie. Gdy jeden ze znajomych podał w wątpliwość jego pochodzenie, Wolkowicz natychmiast uciekł ze wsi, obawiając się, że ktoś doniesie o tym ukraińskiej policji[171].

Ten sposób ukrywania się był stosowany także w późniejszym czasie okupacji. Wymagał wiele determinacji i przystosowania się do życia w odmiennych kulturowo społecznościach[172].

---

170 AŻIH, 301/531, Relacja Chaima Wittelsohna, s. 1; AŻIH, 301/801, Relacja Bolesława Kopelmana, s. 1. O tego typu sposobie ukrywania się na terenie powiatu złoczowskiego przez jedną z kobiet żydowskich ze Lwowa wspominał także Henryk Frenkiel (AYV, O.3/1640).

171 USC, VHA, 17071, Relacja Shlomo Wolkowicza.

172 Jako przykład podam, że w ten sposób ukrywała się od kwietnia 1942 r. koło Sokołówki Leokadia Bachner; gdy przyszli ją sprawdzić policjanci, niestety nie pamiętała modlitwy po polsku „Wierzę w Boga Ojca", którą kazano jej odmówić. Ocalała tylko dlatego, że Polka, która pomagała jej w ukrywaniu się, zagwarantowała, że ją zna i poświadczyła jej polską tożsamość. Ten sposób wybrał też Maurycy Altstock ze Złoczowa, który od połowy 1943 r. wędrował po powiecie i poza jego granice. Podając się za Ukraińca, potrafił oszukać spotykanych na swojej drodze ukraińskich chłopów, a także Niemców (USC, VHA, 32492, Relacja Maurycego Altstocka; AYV, Zbiór Michała Borwicza, O.62/53, Bachner Leokadia, s. 1).

Niemieckie akcje likwidacyjne na terenie powiatu złoczowskiego

Pierwsze akcje deportacyjne ludności żydowskiej do Bełżca zaczęły się w dystrykcie Galicja od połowy marca 1942 r. Do tego czasu dokonywano jedynie przesiedleń ludności żydowskiej ze wsi do pobliskich miast i miasteczek, np. w powiatach Brzeżany, Kołomyja, Czortków, ale na terenie powiatu złoczowskiego zasadniczo nie dokonywano takich przemieszczeń poza skierowaniem pewnej liczby Żydów do obozów pracy. W pierwszym okresie okupacji dystrykt charakteryzowały natomiast kontrybucje, represje wobec inteligencji żydowskiej i egzekucje w gettach, zwłaszcza wśród osób uznanych za tzw. element nieproduktywny[173].

PIERWSZA DEPORTACJA

1 kwietnia 1942 r. w Złoczowie mieszkało 5833 Żydów[174]. Już od pewnego czasu do miasta docierały informacje o akcjach prowadzonych na innych terenach. Stosunkowo niedaleko był Lwów, gdzie od kilku miesięcy wywożono tysiące Żydów do Bełżca (w marcu, czerwcu i sierpniu). Informacje przekazywali także nieżydowscy mieszkańcy Złoczowa, którzy mówili, że transporty idą do Bełżca, gdzie jest obóz, i opowiadali, iż w tamtej okolicy na przestrzeni kilku kilometrów czuć było zapach palonych ciał ludzkich. Dochodziły też listy od znajomych i bliskich z niepokojącymi wiadomościami, w związku z czym „strach był powszechny". Niektórzy wątpili w te wieści, wydawało się niemożliwe, by w Złoczowie doszło do takich wydarzeń, a ponieważ tych akcji nikt nie widział na własne oczy, powątpiewano, czy to prawda. Pierwsza akcja deportacyjna nastąpiła 28 i 29 sierpnia 1942 r.[175].

---

173 Berenstein, *Eksterminacja ludności żydowskiej...*, s. 4, 15–16.

174 Dane liczbowe podaję za: AŻIH, ŻSS, 211/1160, Pismo Komitetu Powiatowego ŻSS do Prezydium ŻSS — Wydział Spraw Ogólnych i Organizacyjnych z 17 VII 1942 r., s. 11; *ibidem*, Formularz A z danymi dla Prezydium ŻSS w Krakowie, b.d., s. 12.

175 AŻIH, 301/3784, Relacja Anny Szolder-Ulreich, mps s. 1; AYV, O.33/253, Wspomnienia Szymona Strasslera, s. 9.

Przeprowadziło ją Gestapo z Tarnopola. Według świadectw żydowskich, w połowie sierpnia 1942 r. Zuckerkandel otrzymał stamtąd polecenie, by Judenrat złoczowski dostarczył kontyngent ludzi zaliczanych do kategorii „nieproduktywnych", a gdyby tego nie wypełnił, grozi gettu „dzika akcja", w której zostanie wyłapanych wielu ludzi. Prawdopodobnie to sam szef tarnopolskiego Gestapo sturmbannführer SS Hermann Müller nakazał Judenratowi sporządzenie listy osób podlegających deportacji. Jeden ze świadków wydarzeń twierdził, że większość radców była kategorycznie przeciwna sporządzeniu listy i przyjęto strategię odwlekania sprawy. Późniejsze wypadki potwierdzają ten scenariusz. W nocy z 27 na 28 sierpnia Zuckerkandel został wezwany do placówki Gestapo w Złoczowie, gdzie był już Müller, który ponownie zażądał listy osób przeznaczonych do transportu. Nie otrzymał jej wtedy pod pretekstem, że nadal nie jest gotowa, co go rozwścieczyło. Na zakończenie rozmowy gestapowiec nakazał stawić się następnego dnia wcześnie rano całemu Judenratowi i policji żydowskiej przed budynkiem rady. Tymczasem wieść o obecności szefa tarnopolskiego Gestapo i jego żądaniach rozeszła się błyskawicznie wśród żydowskich mieszkańców miasta. Wszyscy próbowali gdzieś się ukryć. Matki z dziećmi uciekały w pola lub do niedalekich wsi. Akcja rozpoczęła się wczesnym rankiem. Müller miał wtedy jeszcze raz zażądać od Judenratu, aby na wyznaczony plac zbiórki do wysiedlenia zgłosiło się 2500 osób. To jednak nie mogło być wykonane, gdyż nikt nie zamierzał stawić się dobrowolnie. Przystąpiono więc do brutalnej akcji rozbijania drzwi wejściowych mieszkań i domów, wyciągania poszczególnych osób ze schronów i schowków. Szef tarnopolskiego Gestapo razem z ludźmi ze swojego urzędu przy wsparciu Schupo i żandarmerii przeczesywał domy i wszelkie możliwe kryjówki. Zażądał również od szefa Kripo, by w akcji uczestniczyli jego policjanci. Ponieważ w Złoczowie nie było zamkniętej dzielnicy żydowskiej, a domy żydowskie znajdowały się w różnych częściach miasta, zaangażowana została do tych działań także policja ukraińska; funkcjonariusze chodzili od domu do domu i wyciągali Żydów. Widziano również przy tej akcji młodych chłopców polskich, którzy wskazywali, gdzie mieszkają Żydzi. Wszystkich złapanych kierowano na tzw. Zielony Rynek, tam bowiem wyznaczono punkt zbiórki. Podczas zapędzania ludzi w to miejsce niektórych Żydów zastrzelono w mieście; spotkało to m.in. Marcusa Smala i Samuela Schwartza. Akcja trwała długo, gdyż ciągle szukano kolejnych osób. Sterroryzowani członkowie Judenratu z policją żydowską, podzieleni na grupy, oraz SS-mani i żandarmi szli od domu do domu, szukając ludzi. Wszystkich, których Niemcy złapali i zgromadzili na

Zielonym Rynku, po wielu godzinach przetrzymywania skierowano pieszo lub przewieziono ciężarówkami na stację kolejową i załadowano do wagonów. Odłączono od tej grupy tylko kilkudziesięciu młodych Żydów, których przeznaczono do obozu pracy w Lackiem. Pozostałych wywieziono do obozu zagłady w Bełżcu. W czasie drogi do obozu tylko nielicznym udało się wyskoczyć z pociągu i przeżyć upadek[176].

W czasie pierwszej akcji deportacyjnej wywieziono z samego Złoczowa około 1650 Żydów, do tej grupy dołączono także około 100 Żydów z Sasowa oraz prawdopodobnie większość Żydów z Oleska. Tak mała liczba deportowanych Żydów sasowskich była spowodowana tym, że dotarła tam wiadomość o akcji w Złoczowie i przeważająca część ludności żydowskiej skryła się w pobliskim lesie, a niektórzy w przygotowanych schronach. Kiedy do Sasowa przyjechało Schupo z Müllerem i Ludwigiem na czele, na miejscu zastali oni tylko nieliczną grupę chorych, starców i dzieci. Chorych natychmiast rozstrzelali, a pozostałych załadowali na samochód. Część funkcjonariuszy Schupo pojechała jeszcze do Oleska, aby i tam przeprowadzić deportację. Wszystkie te działania niemieckie w Sasowie, Złoczowie i Olesku doprowadziły do sformowania transportu deportacyjnego, który liczył około 2000 osób i po załadowaniu ludzi na stacji w Złoczowie odszedł do obozu zagłady w Bełżcu[177]. W trakcie akcji

176 Krugłow, *Deportacje ludności żydowskiej...*, s. 103; USC, VHA, 32492, Relacja Maurycego Altstocka; *Encyclopedia of Camps and Ghettos...*, t. 2, s. 850; Altman, *Haunting Memories*, s. 94–99; AIPN, 2586/115, Odpis wyroku Sądu Krajowego w Stuttgarcie z 15 VII 1966 r. w sprawie karnej przeciwko: Paul Raebel, Hermann Müller, Walter Lambor, Paul Mellar, Thomas Hassenberg, Julius Aust, Hubert Schwach, Horst Winkler, Willi Herrmann, Erwin Czerwony — członkowie SS, funkcjonariusze Policji Bezpieczeństwa – Placówki zamiejscowej w Tarnopolu (Sicherheitspolizei – Aussendienststelle Tarnopol), oskarżeni o zbrodnie popełnione na osobach narodowości żydowskiej w rejonie Tarnopola w latach 1941–1943, t. 1 (fotokopia), 1967, k. 198.

177 AŻIH, 301/3776, Relacja Hermana Weiglera, mps, s. 1–2. Szacunek liczby Żydów ze Złoczowa wywiezionych do Bełżca podczas pierwszej deportacji oparty został na dokumentacji Komitetu Powiatowego Żydowskiej Samopomocy Społecznej ze Złoczowa, gdzie podano liczbę ludności żydowskiej w kwietniu 1942 r. (5833 osoby) oraz w październiku 1942 r. (4172 osoby). Różnica wynosiła 1661. Należy przyjąć, że część osób zginęła na miejscu podczas akcji, o czym wspominają świadkowie, do wagonów wprowadzono więc ze Złoczowa około 1650 osób. Dołączono jednak do nich część Żydów zabranych z Sasowa i Oleska (AŻIH, 211/1160, Pismo Komitetu Powiatowego ŻSS do Prezydium ŻSS — Wydział Spraw Ogólnych i Organizacyjnych z 17 VII 1942 r., s. 11; *ibidem*, Formularz A z danymi dla Prezydium ŻSS w Krakowie, b.d., s. 12; *ibidem*, Pismo Komitetu Powiatowego ŻSS do Prezydium ŻSS w Krakowie z 30 X 1942 r., s. 48).

pewną liczbę Żydów rozstrzelano na miejscu w Złoczowie i wymienionych miejscowościach[178].

Po tych wydarzeniach społeczność żydowska Złoczowa popadła w rozpacz, a ludzie stracili nadzieję, że Judenrat może coś zrobić, aby powstrzymać niemieckie akty terroru, i że jest jakaś metoda kontaktów z niemieckimi władzami umożliwiająca powstrzymanie antyżydowskich represji. W Judenracie wszyscy byli skłóceni i oskarżali się wzajemnie o nieskuteczność podejmowanych kroków i błędy. W czasie akcji dr Schotz się ukrył, a dr Majblum nie stawił się pod pretekstem choroby. Natomiast radcy obecni podczas przesiedlenia zostali zmuszeni do udziału w akcji zabierania ludzi z domów, za co potem spotkały ich zarzuty o współpracę z Niemcami. W świetle tego, co dzisiaj wiemy o przebiegu tej operacji, oraz ze względu na to, że Judenrat nie ukrywał przybycia tarnopolskiego Gestapo, a także nie przygotował listy osób do deportacji, należy uznać, że sytuacja tych ludzi była beznadziejna wobec przemocy i aktów morderstw dokonywanych na ulicach, a jedynym wyborem, jakiego mogli dokonać w tych okolicznościach, pozostawało samobójstwo[179].

Niemniej według ocen świadków to właśnie po tych wydarzeniach przestano wiązać z Judenratem jakiekolwiek nadzieje jako z instytucją mogącą ochronić społeczność żydowską. Wydatnie zmniejszyła się też praca społeczna. Pierwsza akcja deportacyjna zmiażdżyła psychicznie i fizycznie ludność żydowską Złoczowa[180].

Następnego dnia po wysiedleniu odbyła się w Złoczowie tzw. akcja meblowa, podczas której Niemcy, ukraińska policja i policja żydowska zabrali z mieszkań wysiedlonych Żydów całe wyposażenie i wywieźli do magazynów, gdzie je sortowano. Domy żydowskie oznaczono gwiazdą Dawida wymalowaną czerwoną farbą[181].

Wprowadzono też drastyczne zmiany w sytuacji pozostawionej ludności żydowskiej. Judenrat złoczowski wezwał wszystkich posiadaczy kart pracy w celu ich ponownego ostemplowania przez tarnopolskie Gestapo, co dodatkowo wiązało się po raz kolejny z dostarczeniem Müllerowi znacznej łapówki[182].

---

178 AŻIH, 301/3776, Relacja Hermana Weiglera, s. 1–2.

179 Altman, *Haunting Memories*, s. 99.

180 AYV, M.49.E/1524, Helena Kitaj-Drobnerowa, s. 8.

181 AŻIH, 301/3784, Relacja Anny Szolder-Ulreich, s. 5; Sten, *1111 Days...*, s. 29.

182 Altman, *Haunting Memories*, s. 100–101.

Po pierwszej deportacji społeczność żydowska w Złoczowie i w innych miejscowościach powiatu złoczowskiego żyła w ciągłym strachu przed kolejną akcją. Na terenie dystryktu Galicja szalały oddziały SS dokonujące kolejnych akcji deportacyjnych. Pod koniec października jeden ze złoczowskich prawników, dr Salomon Altman, otrzymał od niemieckiego urzędnika, który nie akceptował niemieckiej polityki wobec Żydów — Josefa Meyera, dyrektora Wydziału Dostaw i Rolnictwa w Złoczowie — informację, że do Złoczowa przyszły rozkazy o postawieniu w stan gotowości policji, żandarmerii, służb porządkowych i jednostek Miejskiego Dowództwa Wojskowego. Altman przekazał ją przewodniczącemu Judenratu. Postanowiono wtedy stworzyć punkty, z których zamierzano obserwować drogi dojazdowe do Złoczowa i ostrzegać jak najwcześniej o zbliżaniu się oddziałów niemieckich, aby ludzie mogli się ukryć. Udało się wielkim wysiłkiem takie punkty zmontować przy końcu ul. Lwowskiej dzięki lekarzom żydowskim oraz w młynie Weintrauba dzięki pracującym tam żydowskim robotnikom, obserwującym szosę biegnącą do Tarnopola. W nocy 1 listopada 1942 r. przyniesiono ze szpitala żydowskiego informację o kolumnie wojskowych ciężarówek czekających w pobliżu miasta. Na tę wiadomość wybuchła w mieście panika i wszyscy zaczęli się kryć w przygotowanych wcześniej schronach i schowkach[183].

DRUGA AKCJA DEPORTACYJNA

Druga akcja wysiedlenia Żydów złoczowskich rozpoczęła się 2 listopada 1942 r. W tym czasie ludność żydowska Złoczowa liczyła 4172 osoby. Tym razem akcję przeprowadzało Gestapo lwowskie i dowodził nią oberscharführer SS Karl Wöbke, który już od kilku miesięcy dokonywał takich akcji na terenie dystryktu[184]. Teraz nie prowadzono już żadnych rozmów

183 *Ibidem*, s. 103.

184 W drugim rozporządzeniu o utworzeniu sądów specjalnych (Sondergerichte) w dystrykcie Galicja z 23 I 1942 r. złoczowskie starostwo powiatowe (Kreishauptmannschaft) włączono do kompetencji Sądu Specjalnego we Lwowie. Nie jest jasne, czy oznaczało to jednocześnie zmianę właściwości miejscowej Policji Bezpieczeństwa, gdyż w sierpniu 1942 r. pierwszą akcję deportacyjną przeprowadzało Gestapo z Tarnopola. Dopiero następne akcje przeciwko Żydom należały do Gestapo lwowskiego. Szef Gestapo tarnopolskiego tłumaczył podczas procesu, że Złoczów podlegał Gestapo w Tarnopolu, ale akcje przeciwko Żydom złoczowskim prowadziło Gestapo ze Lwowa, któremu łatwiej było dotrzeć do Złoczowa. Sprawę tę

z Judenratem w Złoczowie[185]. Do akcji skierowano grupę SS-manów i policji, Ukraińską Policję Pomocniczą oraz oddział składający się z Łotyszy. Rozpoczęto przeczesywanie domów, próbowano wyśledzić kryjówki, rozbijano schrony, a złapanych ludzi kierowano do punktu zbiórki, maltretując ich po drodze. Wiele osób zastrzelono na miejscu: starców, chorych, a także dzieci. Do transportu załadowano też część policji żydowskiej, w tym jej komendanta Landesberga. Akcja trwała dwa dni. Ofiary partiami wysyłano na stację kolejową w Złoczowie i załadowywano do wagonów towarowych. Na stacji oddzielono około 50 osób i skierowano do obozu pracy w Lackiem[186].

W czasie tej akcji ciężarówki wysłano także do Sasowa, ale jak przekazał jeden z ocalałych mieszkańców tego miasta, wtedy w ogóle nikogo stamtąd nie zabrano, gdyż Żydzi na wieść o akcji w Złoczowie tak jak poprzednio uciekli do lasu[187].

Na stacji kolejowej w czasie załadunku rozgrywały się rozpaczliwe sceny. Zabitych, których zastrzelono podczas wyciągania z domów lub na ulicach, ukraińscy chłopi załadowali na furmanki i odtransportowali na stację. Zwłoki załadowano razem z żywymi ludźmi do wagonów. Nikt ze złapanych podczas akcji nie miał złudzeń, że transport idzie na śmierć. Gdy wagony się zapełniły, przystąpiono do ich zamykania. Małe okienka u góry były zabite deskami i owinięte drutem kolczastym, a drzwi zamykano na hak, który także drutowano. Po zaplombowaniu wagonów transport ruszył do Bełżca[188].

Należy szacować, że w czasie drugiej akcji deportacyjnej do obozu zagłady w Bełżcu wywieziono około 2000 osób[189].

---

normowało porozumienie między obiema placówkami Sipo (AIPN, Zbiór akt z postępowań karnych dotyczących zbrodni nazistowskich, 2586/115, Odpis wyroku Sądu Krajowego w Stuttgarcie z 15 VII 1966 r. w sprawie karnej przeciwko: Paul Raebel, Hermann Müller, Walter Lambor, Paul Mellar, Thomas Hassenberg, Julius Aust, Hubert Schwach, Horst Winkler, Willi Herrmann, Erwin Czerwony — członkowie SS, funkcjonariusze Policji Bezpieczeństwa — Placówki zamiejscowej w Tarnopolu (Sicherheitspolizei — Aussendienststelle Tarnopol), oskarżeni o zbrodnie popełnione na osobach narodowości żydowskiej w rejonie Tarnopola w latach 1941–1943, t. 1 (fotokopia), 1967–1967, k. 93, 195).

185 *Encyclopedia of Camps and Ghettos...*, t. 2, s. 850.

186 Kugłow, *Deportacje ludności żydowskiej...*, s. 116; *Encyclopedia of Camps and Ghettos...*, t. 2, s. 850; Altman, *Haunting Memories*, s. 104; AŻIH, 301/3752, Relacja Leona Torczynera, s. 2.

187 AŻIH, 301/3776, Relacja Hermana Weiglera, s. 2.

188 USC, VHA, 32492, Relacja Maurycego Altstocka; AŻIH, 301/1793/7, Relacja H. Fromera, s. 2.

189 W opracowaniach encyklopedycznych dla Złoczowa liczbę deportowanych w czasie drugiej akcji oszacowano na 2 500 deportowanych Żydów: *Encyclopedia of Camps and Ghettos...*,

Po drugiej akcji deportacyjnej robotnicy żydowscy pracujący dla różnych niemieckich firm zostali skoszarowani, a młodych mężczyzn umieszczono w obozie przy ul. Jabłonowskich. Żydzi pracowali tam przy naprawie szosy Złoczów–Tarnopol lub na terenie obozu i miasta jako specjaliści różnych zawodów. Obóz ten podlegał, tak jak inne obozy pracy przymusowej na terenie całego Kreis Zloczow, Warzokowi. Był on postrachem więźniów, stosował bowiem brutalne kary: za spóźnienie na apel nakazywał wieszać głową w dół; za złamanie obozowego regulaminu wymierzał karę kilkudziesięciu batów, prowadził nocne apele, inspekcje czystości nóg w pomieszczeniach mieszkalnych więźniów i ciężko karał za uchybienia, a słabych więźniów nakazywał rozstrzelać[190].

O tym, że Żydzi będą przesiedlani z małych miasteczek i wsi do Złoczowa, mówiło się już kilka miesięcy wcześniej, zanim ukazały się rozporządzenia w tej sprawie. Już w czerwcu 1942 r. wicestarosta złoczowski przekazał członkom Powiatowego Komitetu Żydowskiej Samopomocy Społecznej, że odmawia utworzenia komitetów opieki w niektórych miejscowościach ze względu na plany przesiedlenia Żydów do Złoczowa[191].

Zgodnie z rozporządzeniem wyższego dowódcy SS i policji w Generalnym Gubernatorstwie Friedricha Wilhelma Krügera z 10 listopada 1942 r. o powstaniu zbiorczych żydowskich dzielnic mieszkaniowych, tzw. gett wtórnych, w okręgach Radom, Kraków, Galicja (wchodziło w życie 20 listopada), od 1 grudnia żadnemu Żydowi z wymienionych okręgów nie wolno było pod karą śmierci przebywać poza obrębem żydowskiej dzielnicy mieszkaniowej (czyli gettem), a osoby, które udzieliłyby schronienia Żydom przebywającym poza wyznaczonym terenem, żywiły ich lub ukrywały, podlegały również karze śmierci[192]. W listopadzie 1942 r. na ulicach Złoczowa ukazało się rozporządzenie nakazujące przesiedlenie się wszystkich Żydów

---

t. 2, s. 850; *Encyclopedia of the Ghettos during the Holocaust*, red. Guy Miron, t. 1, Jerusalem: Yad Vashem, 2009, s. 987. Jeśli weźmie się pod uwagę liczbę Żydów, którzy znaleźli się później w getcie wtórnym, to do wagonów załadowano raczej mniej osób (zob. tabela 9).

190 AYV, O.3/2373, Relacja Efraima Halperna, s. 22; USC, VHA, 32492, Relacja Maurycego Altstocka; USC, VHA, 8443, Relacja Hermana Lewintera; USC, VHA, 51184, Relacja Leonida Vugmana.

191 AŻIH, 211/1159, Pismo Komitetu Powiatowego ŻSS do Prezydium ŻSS w Krakowie z 2 VI 1942 r., s. 48.

192 Rozporządzenie policyjne o tworzeniu żydowskich dzielnic mieszkaniowych w Okręgach Radom, Krakau, Galizien (Galicja) z 10 XI 1942 r., „Dziennik Rozporządzeń dla Generalnego Gubernatorstwa", 14 XI 1942, nr 98, s. 684–685.

z dotychczasowych miejsc zamieszkania na teren wokół Zielonego Rynku, otoczonego murem. Towarzyszyły temu antyżydowskie plakaty propagandowe. Odgrodzenie getta od pozostałej części miasta wzmocniono jeszcze drutem kolczastym, a wokół ustawiono warty ukraińskiej policji[193]. Oprócz Żydów złoczowskich przesiedlono tam wszystkich Żydów z miasteczek i ze wsi położonych na terenie powiatu Złoczów z wyjątkiem tych, którzy pozostawali w obozach pracy przymusowej: Kozaki, Lackie Wielkie, Olesko, Płuhów, Sasów-Chomiec i niewielki obóz w samym Sasowie[194]. Do getta w Złoczowie przesiedlono prawdopodobnie 2376 Żydów z obszaru całego powiatu złoczowskiego; w tej liczbie także znalazła się też pewna liczba osób spoza powiatu, których skierowano tam do pracy.

Getto obejmowało zaledwie kilka ulic z centrum na „Zielonym Rynku", na których stłoczono 4548 Żydów[195]. Wchodziło się do niego przez wejście na rogu ulic Mickiewicza i Pocztowej lub przez drugie przy ul. Sokolej. Pilnowane było przez policjantów ukraińskich, a wewnątrz przez policję żydowską[196]. Pod groźbą natychmiastowego rozstrzelania zabroniono opuszczać Żydom wyznaczony obszar i utrzymywać kontakty ze stroną aryjską. Wprowadzono godzinę policyjną, a tych, którzy znaleźli się na ulicy w czasie jej trwania, rozstrzeliwano. Tak zginął z ręki ukraińskiego policjanta jeden z Żydów, o nazwisku Blum. Ogólnie brakowało żywności i początkowo każdy czerpał z niewielkich zapasów, które zabrał ze sobą. Nie wystarczyły one na długo i szybko zapanował głód, ponieważ wielu produktów nie można było już kupić, sprowadzić lub wymienić. Położenie mieszkańców pogarszał fakt, że dla tysięcy osób udostępniono tylko jedną studnię, do której trzeba było stać całymi dniami w kolejce[197].

Mieszkano po kilkanaście osób w pokoju, brakowało żywności i wody, nie było mydła oraz środków czystości. Na skutki nie trzeba było długo czekać. Zaczęły się zachorowania na tyfus, który w tych warunkach szybko się rozprzestrzeniał. Tymczasem szpital żydowski został nakazem władz niemieckich przekazany dowódcy Obozu Dystryktu, a chorzy nienależący do obozu mieli zostać z niego natychmiast usunięci. Judenrat, szukając

193 AŻIH, 301/87, Relacja Mendla Rudera, s. 3; Altman, *Haunting Memories*, s. 105.

194 Berenstein, *Praca przymusowa ludności żydowskiej...*, tabela „Obozy pracy przymusowej w Dystrykcie Galicja"; AŻIH, 301/87, Relacja Mendla Rudera, s. 3–4.

195 Stan liczbowy Żydów w getcie z marca 1943 r. podaję za: Hryciuk, *Przemiany narodowościowe i ludnościowe w Galicji Wschodniej i na Wołyniu...*, s. 234.

196 Altman, *Haunting Memories*, s. 106; USC, VHA, 27766, Relacja Joe Teitelbauma.

197 AŻIH, 301/87, Relacja Mendla Rudera, s. 3–4; AYV, M.1.E/668, Ilena Baum, s. 1–2; GARF, f. 7021, op. 67, d. 80, Protokół przesłuchania świadka Dory Kremnicer [Kremnitzer], k. 5v.

natychmiastowego rozwiązania tej sytuacji, zorganizował prowizoryczny szpital w domu Scharera przy ul. Chodakiewicza, ale nie dysponował on żadnymi środkami, aby leczyć chorych[198].

LIKWIDACJA GETTA

Likwidacja getta złoczowskiego rozpoczęła się 2 kwietnia 1943 r. tuż nad ranem. Ludzi rozbudziły odgłosy strzałów z broni maszynowej i z karabinów. Według zeznań świadków do getta wkroczył oddział składający się z miejscowych sił porządkowych: niemieckiej żandarmerii, Policji Kryminalnej ze Złoczowa, Ukraińskiej Policji Pomocniczej i Sonderdienst, oraz żołnierze SS i Schutzpolizei (ze Lwowa) wraz z oddziałem Łotyszy[199]. Adwokat Salomon Altman podał, że tego dnia w Judenracie pojawił się hauptsturmführer SS Erich Engels[200], który zażądał podpisania przez jego przewodniczącego dokumentu o likwidacji getta w związku z epidemią tyfusu. Dr Majblum odmówił. Został zakatowany przez Engelsa na miejscu. Radcy Schotz i Jakier również odmówili podpisania tego dokumentu i zostali zamordowani, po czym cały Judenrat postawiono pod ścianą i rozstrzelano[201].

---

198 Altman, *Haunting Memories*, s. 106; USC, VHA, 27766, Relacja Joe Teitelbauma; USC, VHA, 24249, Relacja Clary Hoffmann.

199 AŻIH, 301/87, Relacja Mendla Rudera, s. 4; AYV, O.5/61, Zeznanie Emila Silbera z 3 V 1947 r. (mps, oryginał), s. 47; *ibidem*, Zeznanie dr. Spindela z 2 V 1947 r., s. 51; Altman, *Haunting Memories*, s. 123; AŻIH, 301/5879, Jan Kulpa, Juliusz i Hugon Gutfreund i inni, rkps, s. 3.

200 Kapitan SS Erich Engels od drugiej połowy 1941 do połowy 1944 r. był kierownikiem referatu spraw żydowskich w Gestapo we Lwowie (referat IV 5), gdzie został przeniesiony z Gestapo w Warszawie. Był odpowiedzialny za akcje przeciwko Żydom we Lwowie oraz na terenie dystryktu Galicja, w tym także w Złoczowie, i kierował nimi. Po wojnie osądzony w Polsce i skazany na karę śmierci. Wyrok wykonano 19 maja 1951 r. (Pohl, *Nationalsozialistische Judenverfolgung in Ostgalizien...*, s. 255; AIPN, Zbiór Głównej Komisji Badania Zbrodni przeciwko Narodowi Polskiemu — Instytut Pamięci Narodowej. Więzienne akta osobowe, GK 919/1574, Księga więźniów: Engels Erich, s. 3–4; *ibidem*, Wyrok z 13 III 1950 r. w imieniu Rzeczypospolitej Polskiej, s. 22–28; *ibidem*, Protokół wykonania wyroku, s. 52; AIPN, Sąd Apelacyjny w Warszawie, GK 227/84, t. 1, *Protokół rozprawy głównej*, s. 114 [zeznanie Leona Torczynera]; *ibidem*, cz. 1, Protokół przesłuchania Wintera Markusa z 28 V 1974 r., k. 374–375; *ibidem*, Personnel Questionnaire: Engels Erich Wilhelm Gerhard, k. 364–365; AIPN, GK 227/84, t. 2, cz. 1, Wyrok w imieniu Rzeczypospolitej Polskiej z 9 I 1950 r., k. 174, 176).

201 Altman, *Haunting Memories*, s. 123–124; AYV, O.33/253, Wspomnienia Szymona Strasslera, s. 16, 18–21; GARF, f. 7021, op. 67, d. 80, Protokół przesłuchania świadka Efrena Rozena, 16 IX 1944, s. 8; IPN OK Kr, S 47/13/Zn, t. 7, Postanowienie o umorzeniu postępowania przeciwko dr. Wendtowi wydane przez prokuraturę w Göttingen, k. 1408–1410.

Przez trzy dni ludzi brutalnie wyciągano z domów i kryjówek, zabierano im biżuterię i pieniądze. Leon Torczyner, naoczny świadek tych wydarzeń, opisał to następująco:

> Engels nam kazał zdejmować wszelkie kosztowności i pieniądze, które składano do specjalnie na ten cel przygotowanego kosza, a następnie ludzi już obrabowanych kazał ładować na samochód. [...] Gdy przy ładowaniu ludzi na samochody dzieci poczęły płakać, to Engels kazał dzieci odłączyć od matek i następnie wspólnie z gestapowcami osobiście rozstrzeliwał dzieci. W mojej obecności Engels rozstrzelał około 15 dzieci[202].

W czasie łapanek wśród tych, którzy pomagali zabierać ludzi z domów, widziani byli niektórzy miejscowi ludzie, których jednak w źródłach w większości nie wymieniono z nazwisk. Żydów grupami po 50–100 osób przewożono ciężarówkami eskortowanymi przez ukraińskich policjantów szosą na Brody w kierunku wsi Jelechowice, oddalonej o 5 km od Złoczowa, a potem w kierunku wsi Zazule. Tam, 3/4 km od szosy, w młodym sosnowym lesie, około 10 m od leśnej drogi, zostało wykopanych osiem dużych dołów, przy których rozstrzeliwano ofiary. Wcześniej zmuszano je do rozebrania się. Świadkowie wydarzeń oskarżali o udział w tym mordzie Otto Zikmunda oraz jego ludzi ze złoczowskiego Kripo. Nie przyznawał się oczywiście do winy, ale świadkowie wskazali między innymi jego i Warzoka (odegrał podczas likwidacji Żydów jedną z najbardziej znaczących ról w mordowaniu), a także żandarmów złoczowskich jako osoby biorące udział w akcji[203].

---

202 AIPN, GK 227/84, t. 2, Protokół przesłuchania świadka Leona Torczynera z 12 IV 1949 r., s. 134–135.

203 GARF, f. 7021, op. 67, d. 80, Akt Miejskiej Komisji do spraw Ustalenia i Badania Zbrodni Niemiecko-Faszystowskich Najeźdźców w mieście Złoczowie, 24 IX 1944 r., k. 78–79; *ibidem*, Protokół Eksperckiej Komisji Sądowo-Lekarskiej z oględzin miejsc pochówku i badania ciał zabitych osób w mieście Złoczowie i jego okolicach, k. 68–69; AIPN Lu, 319/1145, Odpis zeznania Emila Silbera z 3 V 1945 r., k. 3; *ibidem*, Odpis zeznania Hermanna Grünseida z 2 V 1947 r. (Wiedeń), k. 5 [to zeznanie także w: AYV, O.5/61, Kopia zeznania Hermanna Grünseida z 2 V 1947 r. (tłumaczenie na j. niemiecki podpisane przez świadka), s. 108; AYV, O.5/61A, Zeznanie Hermanna Grünseida z 2 V 1947 r. (oryginał w j. polskim), s. 18]; AYV, O.5/61, Zeznanie dr. Spindela z 2 V 1947 r., s. 51; AIPN Lu, 319/1145, Odpis zeznania Pepi Wischnitzer z 13 V 1947 r., k. 7; *ibidem*, Zeznanie Naftalego Marguliesa z 19 V 1947 r., k. 11–11v; *ibidem*, Protokół przesłuchania świadka Juliusza Gutfreunda z 13 V 1948 r., k. 35–35v; *ibidem*, Protokół przesłuchania świadka Hugona Gutfreunda z 13 V 1948 r., k. 36–36v; *ibidem*, Wniosek wiceprokuratora do Sądu Okręgowego w Lublinie o wydanie postanowienia o aresztowaniu

Świadkami akcji w getcie było wielu mieszkańców miasta, w tym młodzież szkolna, gdyż zajęcia tego dnia odbywały się normalnie. Niektórzy mieszkańcy śledzili wydarzenia przez ogrodzenie getta, a nieliczni z ukrycia widzieli egzekucję Żydów w lesie koło Jelechowic[204]. Zbrodnie tę oglądał między innymi Polak Jan Kulpa ze wsi Zazule, obserwujący masakrę m.in. przez okno na strychu. Mimo że Niemcy nakazali mieszkańcom opuścić domy znajdujące się nieopodal lasu, Kulpa tego nie zrobił i widział, co działo się z Żydami:

> Koło lasku zatrzymywano samochód z przyczepą załadowaną Żydami. Ludziom kazali zejść i się rozebrać. Nastąpił straszny płacz, lament. Zszedłem ze strychu, nie mogłem patrzeć. Gestapowcy nahajkami bili bez litości, gonili [wyraz nieczytelny], zmuszali do rozebrania się i odejścia, gdzie była fosa, przez którą przerzucono deskę. Do ludzi wstępujących na deskę strzelali w tył głowy, tak że ofiara padała do dołu. Czas był chłodny, po godzinie, półtorej zaczął padać śnieg, samochody z ludźmi stale przybywały. Masakra trwała bez przerwy trzy dni, później rozstrzeliwano ludzi, którzy początkowo ukryli się. Ja z bratem ukryłem się [wyraz nieczytelny] w krzakach w odległości 500–600 [nieczytelne – metrów] i obserwowaliśmy przez lornetkę, co się dzieje koło fosy, ale po 10 min[utach] zrezygnowaliśmy. Widok był okropny, matki błagały na kolanach o życie dla dzieci[205].

To, co działo się nad dołami śmierci, przez lornetkę ze wzgórza Horodysko obserwowali także polscy żołnierze złoczowskiej Armii Krajowej. Jeden z nich zeznał:

> Było to w odległości około jednego kilometra. Ze mną było jeszcze kilku mężczyzn, ale nie pamiętam ich nazwisk. Widziałem wykonującego egzekucję esesmana, siedział na stołku przy stole, na którym stała wódka i worek z piaskiem, na którym leżał karabin. Pozostali Niemcy rozbierali kobiety,

---

Otto Zikmunda, 19 V 1948 r., k. 37; AYV, O.5/61, Zeznanie Benjamina Hochberga z 23 V 1947 r., s. 57; IPN OK Kr, S 47/13/Zn, t. 7, Protokół przesłuchania świadka Lecha A. z 18 XII 2008 r., s. 1387v; Sten, *1111 Days...*, s. 63; *Chołokost na territorii SSSR. Encykłopiedia*, główny red. Il'ja A. Altman, Moskwa: Nauczno-proswietitielnyj Centr „Chołokost", 2011, s. 335; Sandkühler, *„Endlösung" in Galizien...*, s. 258.

204 IPN OK Kr, S 47/13/Zn, t. 7, Protokół przesłuchania świadka Adolfa S. z 15 XII 2008 r., s. 1381; AYV, O.5/61, Kontynuacja przesłuchania Otto Zikmunda w dniu 13 V 1947 r., k. 6.

205 AŻIH, 301/5879, Jan Kulpa, Juliusz i Hugon Gutfreund i inni, rkps, s. 3–4.

dzieci i mężczyzn, którzy ustawiani byli kolejno do strzału. Następnie całość mogiły zasypano cienką warstwą ziemi[206].

W 1944 r. po wyparciu Niemców z powiatu złoczowskiego została dokonana ekshumacja części ciał z jednego z grobów w lesie jelechowickim i radziecka Ekspercka Komisja Dochodzeniowa sporządziła ekspertyzę medyczno-sądową. Stwierdzono wtedy, że nagich ludzi rozstrzeliwano z broni automatycznej na skraju dołu, do którego wpadali. Niektórzy — w tym dzieci — zostali zabici przez uderzenie w głowę. Ciała zabitych spoczęły w mogiłach zbiorowych różnej wielkości — największa miała rozmiar 16 × 7 m, najmniejsza 7 × 4 m. Ekshumowano kilkadziesiąt ciał z jednej z tych mogił, by ustalić czas i przyczyny śmierci ofiar. Oszacowano, że w sumie we wszystkich mogiłach zamordowanych zostało około 3500 osób[207]. Kilku osobom udało się uciec z tego miejsca tuż przed rozstrzelaniem[208].

---

206 IPN OK Kr, S 47/13/Zn, t. 1, Zeznanie Juliana W. z 9 V 2001 r., k. 28.

207 GARF, f. 7021, op. 67, f. 80, Protokół oględzin miejsc masowego pochówku ciał ofiar terroru niemiecko-faszystowskiego w pobliżu Jelechowic w miejscowości Zazule niedaleko miasta Złoczowa, k. 68–71; *ibidem*, Protokoły ekshumacji ciał osób rozstrzelanych przez Niemców i wydobytych z grobu w lesie w pobliżu wsi Jelechowice, k. 75.

208 W źródłach zachowały się informacje o dwóch młodych kobietach i 6-letnim chłopcu, którym udało się zbiec. Podaję za: Altman, *Haunting Memories*, s. 125; AYV, M.49.E/2541, Zehawa Rothowa, s. 4.

Sposoby ratowania się Żydów w okresie niemieckich akcji deportacyjnych

Na wypadek niemieckiej akcji Żydzi w Złoczowie obmyślali różne sposoby ukrycia się lub uniknięcia wywózki. Wiadomości o deportacjach i rozstrzeliwaniach docierały różnymi kanałami informacyjnymi, zdawano więc sobie sprawę z niebezpieczeństwa, zwłaszcza już po pierwszej akcji deportacyjnej, gdy dramatyczne i mrożące krew w żyłach sceny rozgrywały się na ulicach miasta. Nie potrafiono tylko dokładnie przewidzieć, kiedy nastąpi kolejne uderzenie w ludność żydowską.

SKRYTKI I MIEJSCA TRUDNO DOSTĘPNE

Ludność żydowska w Złoczowie przygotowywała różne kryjówki, planowała sposoby ucieczki, np. załatwiała sobie miejsca schronienia w sąsiednich wsiach. To między innymi spowodowało, że w czasie pierwszej akcji deportacyjnej funkcjonariusze SS i ich pomocnicy nie mogli szybko sformować transportu z wyznaczoną liczbą Żydów[209].

Anna Szolder-Ulreich mieszkała w domu na przedmieściach; gdy zaczęła się pierwsza akcja deportacyjna, ukryła się wraz z rodziną w skrytce w piwnicy domu. Tam przetrwali noc i następny dzień. Mieli szczęście, ponieważ gdy przyszli po nich Niemcy i Ukraińcy, sprawdzili tylko mieszkanie, rozrzucając i rozbijając meble, dostrzegłszy zaś, że nikogo nie ma, wycofali się[210].

Natomiast Helena Kitaj-Drobnerowa schowała się podczas pierwszej akcji w kryjówce wykonanej w stropie jednego z pokoi. Między podłogą a sufitem apteki mieszczącej się pod mieszkaniem istniała mniej więcej 80-centymetrowa przestrzeń, powstała w wyniku obniżenia sufitu. W tym miejscu schowały się aż 24 osoby. Podłogę, pod którą znajdowały się ukrywające

209 AŻIH, 301/3784, Relacja Anny Szolder-Ulreich, s. 1; AYV, O.33/253, Wspomnienia Szymona Strasslera, s. 9. Sposoby ukrywania się w tym czasie opisał także: AYV, O.33/1579, Samuel Tennenbaum, s. 230.

210 AŻIH, 301/3784, Relacja Anny Szolder-Ulreich, s. 2–3.

osoby, zasłonięto linoleum i skropiono amoniakiem, aby psy nie odkryły ludzi. Żydzi spędzili w tym miejscu półtora dnia, słuchając kroków SS-manów nad swoimi głowami[211].

W czasie drugiej akcji deportacyjnej jeszcze bardziej zaskakujące schronienie stworzono na terenie tartaku w Złoczowie — został tam wybudowany duży schron dla około 70 osób. Wejście do niego znajdowało się w stajni pod żłobem konia i aby tam się dostać, trzeba było odkręcić żłób i wcisnąć się do dziury prowadzącej do schronu[212].

W Złoczowie i w innych miasteczkach powiatu złoczowskiego podobnych schowków powstało wiele zarówno przed pierwszą akcją, jak i po niej — na wypadek kolejnej. Większość z nich nie stanowiła jednak skutecznej ochrony. Osoby przeszukujące domy dość łatwo znajdowały miejsca ukrycia się Żydów i wyciągały z nich ludzi. Spora część tych skrytek mogła posłużyć tylko krótko, nie miały bowiem wystarczającego dostępu powietrza, nie były wyposażone w zapasy żywności i wodę. Ludzie ukrywający się w nich po pewnym czasie musieli je opuścić i wtedy wpadali w ręce oprawców.

UCIECZKI Z TRANSPORTÓW

Z pierwszego transportu Żydów złoczowskich do Bełżca zachowała się w źródłach jedynie informacja o Irenie Popławskiej (Rózka Lerner) i jej synu Jurku, którzy wyskoczyli z wagonu i udało się im przeżyć ten skok. O innych osobach, a zapewne takie były, nic nie wiadomo, prawdopodobnie więc zginęły albo już przy skoku, albo później podczas akcji lub w jednej z obław[213].

W czasie drugiej akcji deportacyjnej ludzie już bardzo dobrze zdawali sobie sprawę z tego, że jadą na pewną śmierć. W pędzących wagonach dokonywano dramatycznych prób wydostania się z transportu, ale tylko niektórym udało się to zrobić. Jedną z takich osób był Maurycy Altstock, którego razem z ojcem złapano w trakcie akcji. Dzięki korzystnemu zbiegowi okoliczności pojawiły się możliwości ucieczki. Przede wszystkim nie odebrano mu noża podczas załadunku, a jego wagon zamykał i plombował akurat jeden ze znajomych Polaków, uprosił go więc, aby słabo przybił deskę na wagonowym okienku i niezbyt mocno zabezpieczył hak zamykający drzwi. Gdy

---

211 AYV, M.49. E/1524, Helena Kitaj-Drobnerowa, s. 7–8.

212 *Ibidem*, s. 8.

213 Altman, *Haunting Memories*, s. 98–99.

tylko pociąg ruszył, deska i drut kolczasty zostały zdjęte z okienka, a ludzie próbowali przekupić pilnującego ich strażnika ukraińskiego, by nie strzelał do nich, gdy będą skakać. To jednak się nie powiodło i gdy tylko pierwsza osoba podjęła próbę ucieczki, zginęła od kuli. Wtedy Maurycy otworzył drzwi wagonu. Nożem wydrążył w deskach otwór i odbezpieczył hak przy drzwiach. Gdy za stacją Krasne zaczęto wyskakiwać, znalazł się wśród skaczących; ojciec ze względu na stan zdrowia nie podjął próby ucieczki. Maurycy ocalał podczas skoku i na piechotę, podając się za ukraińskiego chłopa, wrócił następnego dnia do Złoczowa[214].

Takie dramatyczne sytuacje zdarzały się i w innych wagonach tego transportu. Przytoczę tu jeszcze przykłady losów żydowskich dzieci, które wyskoczyły z pędzącego pociągu. Zdecydował się na to m.in. 12-letni chłopiec H. Fromer, który został zabrany bez rodziców podczas listopadowej akcji deportacyjnej w Złoczowie. Po drodze on i kilku starszych chłopców uciekło przez małe wagonowe okienko. Razem wrócili do Złoczowa. Tam okazało się, że jego rodzice i brat przeżyli w ukryciu[215]. Takiego szczęścia nie miał 13-letni chłopiec, prawdopodobnie wywieziony z getta w Brodach w jednej z tamtejszych deportacji. Pociągi przejeżdżały przez powiat złoczowski w kierunku węzła kolejowego w Krasnem i dopiero tam skręcały na Lwów. Zanim pociąg dojechał do stacji Krasne, chłopiec wyskoczył z wagonu, ale czasie tego skoku urwało mu nogę. Leżał ranny w lesie w okolicach Sokołówki przez tydzień. Miejscowi wieśniacy wiedzieli o tym, ale nikt nie zabrał chłopca do siebie i nie było lekarza, który by go opatrzył, jedynie pasterze przynosili mu trochę jedzenia. To było stanowczo za mało, aby uratować mu życie[216].

Nie jest możliwe podanie liczby Żydów złoczowskich, którzy zdecydowali się na ucieczkę z wagonów w czasie deportacji do Bełżca. Niestety źródła, którymi dysponujemy, tylko ogólnie dają nam podpowiedź co do skali tych ucieczek. Oprócz przywołanych już wcześniej takim materiałem jest pamiętnik wojenny jednej z polskich dziewczynek — 14-letniej Wiesławy Michałek, w czasie wojny mieszkającej w Skwarzawie — która 2 listopada 1942 r. w Złoczowie widziała, co działo się w miasteczku z Żydami, a pod datą 10 listopada zapisała: „Kilka dni temu szedł w pociągu transport żydów ze Złoczowa do Bełza [Bełżca]. Tam jest bowiem budynek, do którego

214 USC, VHA, 32492, Relacja Maurycego Altstocka.

215 AŻIH, 301/1793/7, Relacja H. Fromera, s. 2.

216 AYV, O.62/53, Leokadia Bachner, s. 2.

ich wiozą, a nikt już z niego nie wychodzi. [...] Wielu żydów wyskakiwało z jadącego pociągu, ale mało kto ocalał"[217].

PRÓBY SZUKANIA RATUNKU WE WSIACH WŚRÓD POLSKICH I UKRAIŃSKICH SĄSIADÓW

W 1942 r. tylko nieliczni znaleźli pomoc wśród ludności nieżydowskiej. Za ukrywanie Żydów groziła kara śmierci, a prawdopodobieństwo, że ktoś doniesie Niemcom lub ukraińskiej policji i ujawni miejsce ukrywania Żydów, było bardzo duże. Jeden z polskich mieszkańców Huciska Oleskiego podał, że taki los spotkał jedną z rodzin żydowskich z Sasowa, która zdecydowała się ukryć po stronie aryjskiej. Zapewne jeszcze przed przesiedleniem do getta w Złoczowie ojciec tej rodziny, pracujący w miejscowym browarze, poprosił mieszkającą tam Janinę Jaworską o ukrycie jego żony i synka. Janina i jej mąż Zygmunt zgodzili się i umieścili kobietę z małym dzieckiem w komórce przylegającej do ich mieszkania. Przechowywali ich około roku, ale w końcu któryś z robotników doniósł na policję ukraińską w Podhorcach. Policjanci zabrali Żydówkę wraz z synkiem i rozstrzelali oboje na kirkucie w Sasowie. Mąż kobiety na wieść o śmierci dziecka i żony powiesił się, natomiast rodzinę Jaworskich razem z małymi dziećmi przewieziono do placówki Gestapo. Podobno dzięki wstawiennictwu Volksdeutscha — kierownika produkcji w browarze — zostali oni za dużą łapówkę zwolnieni do domu[218].

Więcej szczęścia mieli Anna Sten i jej syn Efraim, którzy w czasie drugiej deportacji ze Złoczowa uniknęli wywózki do Bełżca, a kilka dni później uciekli do Jelechowic, gdzie zostali ukryci w domu Heleny Skrzeszewskiej, dzięki pomocy Grzegorza Tyża i Marii Koreniuk. Dom stał na uboczu, blisko lasu, a nieopodal mieszkało tylko siedmiu sąsiadów, którzy nie zdawali sobie sprawy, że obok są ukrywani Żydzi[219].

---

217 Wiesława Michałek, *Zapiski 1939–1944*, oprac. Grzegorz Bębnik, Katowice: IPN, 2012, s. 130. W cytacie zachowano styl i pisownię autorki.

218 Ośrodek Karta, Archiwum Wschodnie, II/1420/2KW, Franciszek Sikorski, „Najpiękniejsze wzgórza i doliny", s. 29–30. Przywołane tu wspomnienia pozostawił brat Janiny. Nie znamy jednak bliższych szczegółów tych zajść, których nie udało się uzupełnić na podstawie innych wspomnień.

219 W domu Heleny Skrzeszewskiej w następnych miesiącach zostały ukryte kolejne osoby. Ogółem znalazło tam schronienie aż szesnaście osób — jedenaście Grzegorz Tyż umieścił w jednym z pokoi, a pięcioro w piwnicy. Tyż wypiekł co dwa tygodnie kilkanaście bochenków

W czasie akcji deportacyjnych i w okresie przesiedlania do złoczowskiego getta Żydzi próbowali szukać schronienia w polskich domach także w Gołogórach i okolicach. Niestety, skutkowało to donosami na policję ukraińską i do władz niemieckich. W jednej z polskich relacji zachowała się informacja, że z tej przyczyny miała zginąć pięcioosobowa rodzina Smolińskich mieszkająca w Gołogórach „pod lasem", którą ktoś z mieszkańców wydał, a w konsekwencji rozstrzelano wszystkich wraz z czworgiem ukrywanych Żydów[220].

Nieżydowscy mieszkańcy powiatu złoczowskiego zajmowali często postawę niechętną wobec ludności żydowskiej, nawet swoich sąsiadów, a znalezienie osób decydujących się w takich warunkach urządzić w domu czy obejściu skrytkę dla Żydów było bardzo trudne.

UCIECZKI DO LASU

W 1942 r. na wieść o akcji deportacyjnej Żydzi podejmowali ucieczki do lasu, ale rzadko decydowano się na budowanie bunkrów z myślą o dłuższym ukrywaniu się. Jeżeli takie ucieczki się zdarzały, to Żydzi i tak po zakończeniu niemieckich akcji wracali do swoich miejsc zamieszkania. Przyczyn tego należy upatrywać w niezwykle trudnych warunkach ukrywania się w lasach, zwłaszcza jesienią i zimą, gdy bardzo trudno było zdobyć jakąkolwiek żywność, a dym z palenisk łatwo mógł naprowadzić osoby ścigające do kryjówek.

Wiadomo jednak, że w ten sposób zamierzali się chronić niektórzy Żydzi z Gołogór, którzy już latem lub jesienią 1942 r. zbudowali schrony w pobliskim lesie na wypadek niebezpieczeństwa ze strony Niemców. Podobnie przygotowywali się Żydzi z Sasowa. W czasie dwóch deportacji Niemcy

---

chleba, gotował sam dla wszystkich jedzenie i codziennie wynosił nieczystości, gdyż nikt nie opuszczał kryjówek. Mąkę na chleb przywoził od młynarza za pieniądze, które dostawał od jednej z ukrywających się osób. Wszyscy Żydzi przeżyli wojnę, ale dziecko, które urodziło się w rodzinie Parille, zmarło zaraz po urodzeniu (Sten, *1111 Days*..., s. 35–36, 45, 63, 86–87; USC, VHA, 46008, Relacja Grzegorza Tyża). Atmosferę ukrywania się po aryjskiej stronie opisali także: AYV, O.33/1579, Samuel Tennenbaum, s. 230, 241, 257; Altman, *Haunting Memories*, s. 114–115, 117.

220 Henryk Komański, Szczepan Siekierka, *Ludobójstwo dokonane przez nacjonalistów ukraińskich na Polakach w województwie tarnopolskim 1939–1946*, Wrocław: Nortom, 2004, s. 978: „Wspomnienia Ignacego Pawlika". Niestety, nie udało się potwierdzić w innych źródłach tego tragicznego wydarzenia ani bliżej określić czasu i okoliczności.

z tego ostatniego miasteczka zabrali nieliczną grupę osób, gdyż Żydzi sasowscy na wieść o tym, co dzieje się w Złoczowie, prawdopodobnie na polecenie miejscowego judenratu tłumnie uciekali do pobliskich lasów, a w mieście pozostawali tylko chorzy i starcy oraz ci, którzy mieli na miejscu dobrze urządzone skrytki i bunkry. Wiele jednak o trudnościach i małych możliwościach ukrywania się poza gettem mówi fakt, że uciekinierzy z Sasowa po zakończeniu akcji deportacyjnej jednak wrócili do mało bezpiecznego miasta. Tylko niektórzy w drugiej połowie 1942 r. ukrywali się w okolicznych lasach na stałe. Byli to Żydzi zbiegli w okresie eksterminacyjnych akcji niemieckich, a także niektóre osoby unikające przeniesienia do getta w Złoczowie lub obawiające się likwidacji obozu pracy w Sasowie[221].

W Złoczowie także pewna liczba Żydów na krótko przed akcjami lub już w ich trakcie uciekała w okoliczne lasy. Skala tych ucieczek nie była tak duża jak w niedalekim Sasowie, prawdopodobnie dlatego, że początek każdej akcji eksterminacyjnej przeciwko Żydom w powiecie rozpoczynał się właśnie w Złoczowie. Dzielnicę żydowską szczelnie wtedy okrążano i bardzo trudno było ją komuś opuścić. Przed pierwszą akcją deportacyjną wiele osób już dzień wcześniej wiedziało o przyjeździe do miasta Gestapo z Tarnopola, co słusznie odczytano jako niebezpieczeństwo, ale tylko niektóre rodziny zdecydowały się na ucieczkę poza miasto, większość zaś skryła się w schowkach, skrytkach i bunkrach przygotowanych na terenie Złoczowa[222]. Znane do tej pory źródła nie zawierają informacji o masowym zbiegostwie Żydów ze Złoczowa poza miasto, np. w pola i do lasów w czasie akcji deportacyjnych, chociaż na mniejszą skalę takie ucieczki się zdarzały.

Ten sposób wybrała latem 1942 r. (brak dokładnych danych o miejscu) rodzina Sally Felzen z domu Peczenik. Razem z nią w lasy uciekli: rodzice, siostra, dziadkowie, brat matki oraz ciotka z mężem i maleńkim dzieckiem. Ojciec Sally na czas zimy znalazł dla córki kryjówkę u jednego z leśników, za co zapłacił dużo pieniędzy. Pozostali natomiast nadal ukrywali się w lesie. Latem 1943 r. chyba ktoś z miejscowych zauważył dym z ogniska i wydał ich

---

221 AIPN, Zbiór dotyczący relacji osób, które przetrwały Holocaust na terenie III Rzeszy i okupowanej Europy, pozyskanych z Muzeum Holocaustu w Waszyngtonie, 2646/1/D, Wspomnienia Marii Davidson dotyczące życia we Lwowie, Gołogórze [Gołogórach] i w Warszawie w czasie II wojny światowej, s. 5; AŻIH, 301/3776, Relacja Hermana Weiglera, s. 1–2; Komański, Siekierka, *Ludobójstwo dokonane przez nacjonalistów ukraińskich na Polakach*..., s. 986: „Wspomnienia Jana Zelka".

222 AŻIH, 301/1793/7, Relacja H. Fromera, s. 2v; AŻIH, 301/3784, Relacja Anny Szolder-Ulreich, s. 1–2.

kryjówkę. W czasie obławy urządzonej przez Niemców zginęli ojciec Sally i mąż ciotki, a miesiąc później dziadek i brat jej matki[223].

WARSZTATY RZEMIEŚLNICZE W ZŁOCZOWIE

Już od wiosny 1942 r. w wielu miejscowościach dystryktu Galicja powstawały żydowskie warsztaty rzemieślnicze jako próba ratowania się przez niemieckimi represjami. Przez pewien czas bowiem nie obejmowano deportacjami osób pracujących na rzecz ważnych gałęzi niemieckiej gospodarki, a władze niemieckie wyrażały zainteresowanie żydowską produkcją rzemieślniczą. Zatrudnienie było rodzajem ochrony w okresie akcji deportacyjnych[224].

Ideę zakładania warsztatów rzemieślniczych (Städtische Lagerwerstätte) podjęli Żydzi złoczowscy w sierpniu 1942 r. Korespondencję w tej sprawie prowadził Powiatowy Komitet Żydowskiej Samopomocy Społecznej z centralą w Krakowie. Prawdopodobnie jednak zostały one utworzone dopiero po pierwszej akcji deportacyjnej. Pracowali w nich rzemieślnicy: futrzarze, złotnicy, krawcy, bieliźniarki, hafciarki. Oprócz nich przybywała w warsztatach także elita społeczności żydowskiej miasta: lekarze, adwokaci, członkowie Judenratu i ich rodziny. Jak przekazał jeden ze świadków wydarzeń, aby dostać się do pracy w tych warsztatach, trzeba było podobno zapłacić sporą łapówkę, tj. 700–800 dolarów[225]. Warsztaty przetrwały aż do 23 lipca 1943 r., gdy to razem z obozem pracy zostały zlikwidowane, a pracujących tam ludzi rozstrzelano. Tylko pewną część z innymi wyselekcjonowanymi Żydami zabrano prawdopodobnie do obozu janowskiego.

Podsumowując, w źródłach znalazło potwierdzenie 112 przypadków ukrycia się Żydów w 1942 r., tj. w okresie akcji deportacyjnych i powstania getta wtórnego w Złoczowie. W zdecydowanej większości ludzie ci szukali kryjówek na terenie powiatu, a tylko 11 Żydów próbowało się ratować

---

223 AYV, O.33/4249, Pamiętniki Sali (Peczenik) Felzen, s. 1–2.

224 Szerzej takie inicjatywy w dystrykcie Galicja zostały omówione w: Berenstein, *Praca przymusowa ludności żydowskiej...*, s. 12–13.

225 AYV, O.3/2373, Relacja Efraima Halperna, s. 22; USC, VHA, 32492, Relacja Maurycego Altstocka. Korespondencję w sprawie utworzenia warsztatów pracy w Złoczowie prowadził Komitet Powiatowy Żydowskiej Samopomocy Społecznej w Złoczowie z Wydziałem Pomocy Pracy ŻSS w Krakowie w sierpniu 1942 r. (AŻIH, 211/1160, Pismo Wydziału Pomocy Pracy ŻSS w Krakowie do Powiatowego Komitetu ŻSS w Złoczowie w sprawie warsztatów zbiorowych z 27 VIII 1942 r., s. 27).

ucieczką poza powiat złoczowski. Największa grupa przeżyła dzięki pomocy niewielkiej grupy życzliwych gospodarzy wiejskich. Losy tych ludzi były bardzo zróżnicowane, ale ogółem z grupy Żydów, którzy wtedy podjęli ucieczkę, ponad połowie udało się przetrwać do końca wojny. Jeszcze inni widzieli ocalenie w pracy w przedsiębiorstwach oraz warsztatach rzemieślniczych na terenie getta, uznali bowiem, że to odsuwa groźbę deportacji, i dlatego wtedy nie zdecydowali się uciekać poza getto[226].

226 Dane liczbowe podane zostały na podstawie zgromadzonych źródeł i istniejących baz danych.

Wyłapywanie Żydów po likwidacji getta

Około dwóch miesięcy trwało wyłapywanie ukrywających się Żydów na terenie getta i w innych częściach miasta. Akcje były też prowadzone na terenie całego powiatu, gdyż w tym czasie spora część Żydów uciekła ze Złoczowa do lasów oraz okolicznych wiosek. Łapanki organizowały różne służby policyjne i porządkowe: niemieccy żandarmi, policjanci kryminalni, policjanci ukraińscy oraz SS-mani, a na terenie powiatu i w samym Złoczowie brali w nich udział także niektórzy mieszkańcy, wskazujący żydowskie skrytki. Po wojnie szef złoczowskiego Kripo, Zikmund zeznawał na procesie, że skuteczne wyłapywanie Żydów w Złoczowie było możliwe wskutek donosów od miejscowej ludności[227].

Odnalezieni w ten sposób Żydzi mieli być odsyłani do aresztu Kripo, a stamtąd przekazywani do dyspozycji placówki Gestapo. Według słów Zikmunda ich egzekucji dokonywał oddział specjalny starostwa powiatowego[228]. Świadkowie tych zbrodni przekazali jednak, że zazwyczaj miały one inny przebieg. Najczęściej osoby ujęte od razu kierowano na miejsce rozstrzelania, dokonywanego na placu na terenie getta, na cmentarzu żydowskim; czasami złapane osoby wywożono niedaleko do lasu, gdzie po ich zabiciu ciała zakopywano. W Złoczowie odbyło się kilkanaście takich akcji, ale tylko część znalazła szersze odzwierciedlenie w źródłach. Rzadko kiedy możliwe jest poznanie nazwisk ofiar[229]. W materiałach źródłowych

---

227 AYV, O.5/61, Zeznanie Otto Zikmunda z 13 V 1947 r., s. 6.; AYV, O.5/61, Zeznanie Benjamina Hochberga z 23 V 1947 r. (Wiedeń), s. 57; AYV, O.5/61A, Zeznanie Hermanna Grünseida z 2 V 1947 r. (Wiedeń), k. 18; AŻIH, 301/2541, Relacja Zehawy Rothowej, mps, s. 4; AIPN Lu, 319/1145, Odpis zeznania Emila Silbera z 3 V 1947 r. , s. 3; USC, VHA, 32492, Relacja Maurycego Altstocka. O wydawaniu Żydów przez osoby miejscowe w czasie trwania akcji niemieckich i po nich zob. także: GARF, f. 7021, op. 67, d. 80, Protokół przesłuchania świadka Abrama Czortkowera z 17 IX 1944 r., s. 33; *ibidem*, Protokół przesłuchania świadka Rozy Falii z 21 IX 1944 r., s. 48v; *ibidem*, Protokół przesłuchania Leona Torczynera z 21 IX 1944 r., s. 49v–50; Altman, *Haunting Memories*, s. 126.

228 AYV, O.5/61, Zeznanie Otto Zikmunda z 13 V 1947 r., s. 6; Altman, *Haunting Memories*, s. 114.

229 Realia ukrywania się przedstawiają m.in.: USC, VHA, 32492, Relacja Maurycego Altstocka; IPN OK Kr, S47/13/Zn, t. 4, Relacja Samuela Holendra [tłum. na j. polski M. Rajak], s. 99;

odnaleziono informacje o 296 osobach, które w czasie likwidacji getta skutecznie ukryły się na terenie Złoczowa przed złapaniem i wywiezieniem, szukając schronienia w różnych miejscach, w tym: 51 osób w trzech dużych bunkrach, 10 osób u dwóch polskich rodzin, 235 Żydów (kobiety i mężczyźni) znalazło miejsce w różnych tymczasowych kryjówkach. Z grupy tej 80 kobiet żydowskich się ujawniło, nie wierzyły bowiem w możliwość przetrwania w ukryciu i próbowały w Złoczowie znaleźć jakąś inną metodę ocalenia. Po krótkim czasie same zgłosiły się do Warzoka, aby przyjął je do obozu pracy w Złoczowie. Na rozstrzelanie wywieziono od razu 40 z nich, pozostałe prawdopodobnie zginęły najpóźniej podczas likwidacji obozu. Bunkry na terenie miasta również nie zapewniły skutecznego ukrywania się, gdyż zostały wykryte, a wyciągniętych z nich Żydów zabito. Szacuję, że między kwietniem a lipcem 1943 r. zginęło w Złoczowie co najmniej 199 osób, a o kilkudziesięciu nie mamy w ogóle żadnych wiadomości. Z grupy próbujących ukryć się po likwidacji getta złoczowskiego w mieście lub na przedmieściach mamy potwierdzenie w źródłach, że przeżyły do końca wojny jedynie cztery osoby, w tym dwaj chłopcy żydowscy ukryci przez jednego z Polaków oraz dwie osoby, które prawdopodobnie opuściły jednak Złoczów po aresztowaniu ich opiekunki jesienią 1943 r.[230] W źródłach zachowały się informacje, że jeszcze przed likwidacją getta lub zaraz po niej zbiegło z getta lub obozu i ukryło się na terenie powiatu przynajmniej 180 osób. Największa grupa z nich — 66 Żydów — znalazła schronienie w gospodarstwach chłopskich, 77 osób ukryło się w leśnych i polnych bunkrach, czasami w opuszczonych domach, kilku Żydów ukrywało się w różnych gospodarstwach, zmieniając kryjówki (około 10 osób), inni wybrali jeszcze

---

AIPN Lu, 319/1145, Odpis zeznania Hermanna Grünseida z 2 v 1947 r. (Wiedeń), s. 5; AYV, O.33/253, Wspomnienia Szymona Strasslera, s. 52.

230 AYV, Rodzina Lewickich, http://db.yadvashem.org/righteous/family.html?language=-en&itemId=4039722 (dostęp 21 IX 2016 r.); Mayer, *The Destruction of Zloczów*, s. 33; AŻIH, 301/3777, Relacja Chaima Wandera, mps, s. 5; AŻIH, 301/1200, Relacja Fajwla Auerbacha, s. 2–3; AŻIH, 301/4025, Relacja Mojżesza Teichmana, s. 2; USC, VHA, 32492, Relacja Maurycego Altstocka; AYV, O.33/253, Wspomnienia Szymona Strasslera, s. 18–26; AŻIH, 301/1779, Relacja Jana Falsberga, s. 1; IPN OK Kr, S 47/13/Zn, t. 7, Protokół przesłuchania świadka Romana M., 28 XI 2008, k. 1299; *ibidem*, Protokół przesłuchania świadka Stanisławy Bajorek z 1 XII 2008 r., k. 1339; AIPN, Główna Komisja Badania Zbrodni Hitlerowskich w Polsce 1949–1984, 392/999, Protokół przesłuchania świadka Bronisławy Zofii Stachuń z 31 I 1989 r., s. 4–6; AYV, O.5/61, Protokół przesłuchania Ernsta Stella z 23 V 1947 r., s. 17; *ibidem*, Odpis zeznań Adama Imbera i Dory Marder z 2 VI 1947 r., s. 28; *ibidem*, Odpis zeznania Benjamina Hochberga z 23 V 1947 r., s. 56.

inne sposoby przetrwania, np. uciekli poza powiat (5 osób), a losy kilkunastu Żydów nie są znane. Skuteczność przeżycia w ukryciu poza Złoczowem była jednak dużo większa niż w mieście, gdyż spośród tej grupy zbiegów w trakcie ukrywania się zginęło 26 Żydów, czyli zdecydowanie mniej niż w Złoczowie[231].

Oprócz Żydów ukrywających się w Złoczowie po zlikwidowaniu getta w samym mieście nadal przebywało około 400 Żydów przetrzymywanych w obozie pracy. Wykonywali oni różne zajęcia na rzecz Niemców. W kwietniu 1943 r. ta grupa jeszcze ocalała, gdyż obozu nie objęła wtedy akcja likwidacyjna.

231 Informacje o możliwościach przeżycia ukrywających się Żydów na terenie powiatu można odnaleźć w: AYV, Meyer Family, http://db.yadvashem.org/righteous/family.html?language=en&itemId=4044507 (dostęp 23 XI 2017 r.); AŻIH, 301/3752, Relacja Leona Torczynera, s. 4; AYV, M.49.E/2541, Zehawa Rothowa, s. 4; AYV, O.3/6973, Relacja Gishy Weis, s. 23–25; AYV, M.1.E/668, Relacja Ileny Baum, s. 2–3; AŻIH, 301/87, Relacja Mendla Rudera, s. 5; AŻIH, 301/4670, Relacja Majera Perlmuttera, s. 2–4; AYV, O.3/2373, Relacja Efraima Halperna, s. 22–25; USC, VHA, 24249, Relacja Clary Hoffmann; *Roald Hoffmann — Biographical* https://www.nobelprize.org/nobel_prizes/chemistry/laureates/1981/hoffmann-bio.html (dostęp 22 VII 2017 r.); AŻIH, 301/3777, Relacja Chaima Wandera, mps, s. 5; AŻIH, 301/1793/7, Relacja H. Fromera, s. 2–3; AŻIH, 301/4015, Relacja Aleksandra Morgersterna, s. 1; Informacje o Żydach ukrywających się wśród rodzin nieżydowskich pochodzą z bazy The Righteous Among The Nations z Yad Vashem: http://db.yadvashem.org/righteous/familyList.html?language=en&applid=JAGUAR22&queryId=JAGUAR022_2964_994421&page=1 (dostęp 1 X 2016 r.); GARF, f. 7021, op. 67, d. 80, Protokół przesłuchania Michała Genisa z 23 IX 1944 r., s. 54; *ibidem*, Protokół przesłuchania Gieni Kornblit z 22 IX 1944 r., s. 51; Relacje z zbiorów USHMM, m.in.: Relacja Fani Fulero (USC, VHA, 21772); Relacja Marka Goldenberga (USC, VHA, 12624); Relacja Martina Perlmuttera (USC, VHA, 01387).

Likwidacja obozów pracy. Strategie przetrwania więźniów

Po zlikwidowaniu getta Niemcy pozostawili jeszcze w Złoczowie oraz na terenie powiatu Żydów w obozach pracy i przy niemieckich przedsiębiorstwach. Dla wszystkich było jednak jasne, jaka czeka ich przyszłość. Prawie we wszystkich obozach powstawały więc małe grupy, od kilku do kilkunastu osób, których celem było przygotowanie ucieczki i wybudowanie schronów w okolicznych lasach.

PLANY UCIECZEK I PRÓBY KONSPIRACJI W OBOZACH PRACY

W Zwangsarbeitslager Lackie Wielkie znajdował się szpital, w którym więźniów leczył dr Schreiber (przed wojną podpułkownik Wojska Polskiego). Już w 1942 lub w pierwszej połowie 1943 r. zainicjował on gromadzenie broni i zebrał grupę więźniów gotowych uciec do lasu. Wtajemniczono w te działania tylko osoby uważane za godne zaufania i zaczęto się starać o broń i wyposażenie. Zgromadzone materiały wraz z odzieżą ukradzioną z niemieckich magazynów zostały zakopane nieopodal w lesie. Plan ucieczki został zdradzony przez jednego z żydowskich więźniów funkcyjnych, ale podczas rewizji w obozie niczego nie znaleziono, toteż z braku dowodów nikogo wtedy nie ukarano. W następstwie tego zdarzenia konspiratorzy zmienili zasady postępowania, gdyż działanie w większej grupie okazało się zbyt niebezpieczne, i od połowy 1943 r. planowali już tylko ucieczki indywidualne. Próba jednej z nich zakończyła się tragicznie, gdy trzech uciekinierów złapano i w odwecie na oczach więźniów dwóch z nich rozstrzelano, a wraz z nimi także dwanaście innych osób. Obóz został zlikwidowany w lipcu 1943 r. Wtedy część więźniów przewieziono do obozu janowskiego, innych rozstrzelano w Jaktorowie w powiecie przemyślańskim[232].

Natomiast w Płuhowie wśród żydowskich więźniów wyłoniła się grupa mająca na celu pomaganie sobie i wzajemne wspieranie się. Nawiązano

232 AŻIH, 301/4719, Relacja Jakuba Chamaidesa, s. 6–7.

kontakty z miejscowymi chłopami, u których za pieniądze kupowano żywność, a następnie ją dodawano do wspólnego kotła z zupą. Zaczęto gromadzić także broń na wypadek zlikwidowania obozu. Miał ją szmuglować do obozu jeden z furmanów dowożący paczki. Raczej jednak nie doszło do realizacji tych planów i niestety nie udało się Żydom uciec z tego obozu przed jego likwidacją. Nic też nie wskazuje na to, aby więźniowie zaopatrzyli się w broń, gdyż zapewne zostałaby ona użyta przeciwko Niemcom. Obóz w tym samym czasie co inne, tj. nocą z 22 na 23 lipca 1943 r., został otoczony, więźniów załadowano na ciężarówki i wywieziono. Brakuje natomiast danych, w jaki sposób ich zamordowano. Prawdopodobnie z tego obozu nikt nie ocalał[233].

W warsztatach obozowych w Złoczowie tuż po likwidacji getta zorganizowały się dwie grupy Żydów planujące ucieczkę do okolicznych lasów. Pierwsza, składająca się z co najmniej kilkunastu osób, dysponowała niewielką ilością broni, m.in. dwoma karabinami maszynowymi, paroma pistoletami oraz granatami i amunicją. Po ucieczce z obozu zaczęli w pobliskim lesie koło wsi Zazule budować bunkry. Niestety zauważył ich miejscowy chłopiec, który natknął się na nich w lesie. Ze wsi zawiadomiono policję niemiecką w Złoczowie i kilku Żydów zostało otoczonych przez grupę Niemców. Zanim zginęli, zabili dwóch niemieckich żandarmów. Podczas tej potyczki nie było w bunkrze jednego z uciekinierów — Frojko (?) Nachimowicza (w innym źródle występuje jako Nachumowicz) — który dzięki temu ocalał. Nie widząc jednak możliwości przeżycia w lesie, razem z jeszcze jednym Żydem wrócił do obozu pracy w Złoczowie. Zginął później z rąk Niemców[234].

Do drugiej grupy należeli m.in. inżynier Hillel Safran, jeden z monterów ze Lwowa, nieznana z nazwiska para narzeczonych z Rzeszowa i jeszcze dwóch Żydów z warsztatów złoczowskich. Oni także próbowali gromadzić broń i prawdopodobnie mieli jakieś kontakty z polską konspiracją, gdyż planowali uciec do oddziału partyzanckiego. Zostali jednak w maju

---

233 AYV, O.3/2373, Relacja Efraima Halperna, s. 19–20.

234 AYV, O.33/253, Wspomnienia Szymona Strasslera, s. 27–29. Szczegółów dostarczają także wspomnienia: AŻIH, 301/4670, Relacja Majera Perlmuttera, s. 2–5; Altman, *Haunting Memories*, s. 131–132. Dla porównania o ucieczkach z obozu pracy, ukrywaniu się oraz czynnikach wpływających na przetrwanie w Polsce centralnej zob. Browning, *Pamięć przetrwania...*, s. 328–335. Autor podkreślił, że uciekający Żydzi stawali przed niewyobrażalnymi trudnościami w ukrywaniu się, byli narażeni m.in. na napady, grabież i morderstwa. Niestety, zderzali się również z niechęcią ze strony lokalnych społeczności polskich.

1943 r. zdradzeni i aresztowani przez Policję Kryminalną. Ominęło to wtedy Klarę — żonę inżyniera Safrana — z dzieckiem, których on wcześniej ukrył u ukraińskiej rodziny w Uniowie (pow. Przemyślany). Według jednej z relacji, egzekucja zatrzymanych miała się odbyć na terenie byłego getta. W obozie między więźniami krążyła historia o tym, że doprowadzeni na egzekucję Żydzi rzucili się na swoich oprawców, rozbili SS-manowi i ukraińskiemu policjantowi głowy, po czym uciekli poza Złoczów. Niestety dogoniła ich ukraińska policja i rozstrzelała. Miało wtedy zginąć dwanaście osób. Ta wersja wydarzeń nie znalazła jednak potwierdzenia w innych źródłach. W świetle zeznań naocznego świadka Benjamina Hochberga pięciu inżynierów z tej grupy konspiracyjnej rozstrzelano „na placu rynkowym", od którego on sam był oddalony o 40 m; wraz z nimi zastrzelono jeszcze jedną osobę[235].

Likwidacja obozu pracy w Złoczowie rozpoczęła się w nocy z 22 na 23 lipca 1943 r. Jego teren został otoczony przez wojsko, ukraińską policję oraz SS-manów. W czasie wyprowadzania więźniów z baraków wielu zabito, około 160 zostało zabranych prawdopodobnie do obozu janowskiego, a co najmniej kilkanaście kobiet skierowano do Jaktorowa, gdzie już wtedy dokonywano wyłącznie rozstrzeliwań. Podczas akcji zdołało się jednak ukryć 97 osób, z których część uciekła do lasu i poza powiat, nieliczni znaleźli skrytki w mieście, a dwie duże grupy zeszły do wcześniej przygotowanych podziemnych schronów mogących pomieścić po kilkadziesiąt osób[236].

W niedalekim obozie koło Sasowa — Chomcu — na początku czerwca 1943 r. zawiązały się dwie grupy więźniów, które przygotowywały schrony w lesie i planowały ucieczkę. Jedna z nich uciekła już 24 czerwca 1943 r., druga zaś kupiła niewielką ilość broni u jednego z Polaków. Czujnie śledzono wszystkie docierające do obozu informacje na temat wydarzeń w okolicy i próbowano przewidzieć termin kolejnej niemieckiej operacji przeciwko Żydom. W nocy wystawiono nawet w baraku wartę, aby jak najszybciej

235 AŻIH, 301/4719, Relacja Jakuba Chamaidesa, s. 7; AIPN Lu, 319/1145, Odpis zeznania Hermanna Grünseida z 2 maja 1947 r. (Wiedeń), s. 5; AYV, O.33/253, Wspomnienia Szymona Strasslera, s. 29–30; USC, VHA, 24249, Relacja Clary Hoffmann. *Roald Hoffmann — Biographical* https://www.nobelprize.org/nobel_prizes/chemistry/laureates/1981/hoffmann-bio.html (dostęp 22 VII 2017 r.). O zatrzymaniu i egzekucji informacji dostarczają także: AYV, O.5/61, Protokół przesłuchania Ernsta Stella z 23 V 1947 r., s. 17; *ibidem*, Odpis zeznań Adama Imbera i Dory Marder z 2 VI 1947 r., s. 28; *ibidem*, Odpis zeznania Benjamina Hochberga z 23 V 1947 r., s. 56.

236 USC, VHA, 32492, Relacja Maurycego Altstocka; AYV, O.33/253, Wspomnienia Szymona Strasslera, s. 32–36, 39–48, 51–56.

dowiedzieć się o niebezpieczeństwie. Według relacji jednego z ocalałych, Chaima Wandera, w obozie umówiono się, że wszyscy uciekną do lasu w tym samym czasie, i wyznaczono nawet konkretny termin. Niestety na krótko przed planowaną ucieczką Niemcy z policją ukraińską otoczyli obóz i uniemożliwili ten plan. Żydzi na odgłos pierwszych strzałów rzucili się do ucieczki. Bardzo wielu wtedy zginęło, ale ponad połowa wydostała się poza obóz. Mogło wówczas zbiec około 150 osób, szukając schronienia przede wszystkim w lasach. Jesteśmy w stanie prześledzić losy zaledwie kilkunastu z nich[237].

Podsumowując losy żydowskiej konspiracji obozowej, należy stwierdzić, że kończyła się ona najczęściej niepowodzeniem, gdyż możliwości działania były bardzo ograniczone: brakowało pieniędzy, kontaktów ze światem zewnętrznym i pomocy stamtąd, a poważne zagrożenie w obozie stanowiło donosicielstwo (z różnych przyczyn). Mimo tych wszystkich trudności doszło do prób uzbrojenia małych konspiracyjnych grup obozowiczów, które planowały i przygotowywały ucieczkę oraz zdobyły niewielkie wyposażenie niezbędne do przetrwania w terenie. Broń, amunicję i inny ekwipunek starano się ukryć poza obozem. Celem tych działań była samoobrona, a nie prowadzenie walki, do zbrojnego oporu więźniowie nie mieli bowiem żadnych środków. Poszczególne grupy w obozach nie miały ze sobą kontaktów i nie planowały żadnych wspólnych działań, co wynikało z małych możliwości porozumiewania się i obawy przed wykryciem planów. Niekiedy Żydzi próbowali nawiązywać kontakt z grupami partyzanckimi w lesie, np. polską lub ukraińską konspiracją terenową, od których próbowano kupić broń lub uzyskać wsparcie. Takie kontakty były jednak rzadkie i nie ma dowodów, aby dochodziło do jakiegoś organizacyjnego wspierania konspiracji żydowskiej przez konspirację polską czy ukraińską na terenie powiatu złoczowskiego.

Na tle wszystkich działań konspiracyjnych wyróżnia się konspiracja w obozie pracy w Sasowie. Według zachowanych źródeł już samo jego powstanie stanowiło metodę ochrony społeczności żydowskiej tego miasteczka. Uznano bowiem, że utworzenie obozu pracy daje przez pewien czas możliwość minimalnej ochrony przed masowymi represjami niemieckimi. Sasowscy Żydzi chcieli jak najdłużej pozostać na miejscu. W czasie akcji deportacyjnych większość tamtejszych Żydów dzięki informacjom od ludzi

237 AŻIH, 301/3777, Relacja Chaima Wandera, s. 8; AŻIH, 301/4991, Relacja Chaima Schöpsa, s. 2; AŻIH, 301/1403, Relacja Samuela Wandera, s. 5–6; AŻIH, 301/1200, Relacja Fajwla Auerbacha, s. 3–4. W szacunkach przyjęto niższą liczbę uciekinierów wymienianą w źródłach.

przybyłych ze Złoczowa jeszcze zanim do Sasowa dotarli Niemcy, zdążyła się ukryć, a większość uciekła do pobliskiego lasu. Także w tym obozie pracy powstało w 1943 r. porozumienie wśród obozowiczów i umówiono się, że więźniowie dokonają zbiorowej ucieczki, zanim zacznie się akcja likwidacyjna, co starano się przewidzieć. Ten plan się nie powiódł, ponieważ mimo przygotowań zostali zaskoczeni. Niemniej to właśnie z obozu sasowskiego najwięcej ludzi zbiegło i dlatego chyba rzeczywiście można dać wiarę opowieściom o tamtejszych planach grupowej ucieczki więźniów z obozu. Losy wielu z nich po ucieczce nie są jednak znane i tylko niektórzy dotrwali do końca wojny.

Likwidacja obozów pracy na terenie powiatu złoczowskiego nastąpiła latem 1943 r. i był to jeden z ostatnich etapów zagłady Żydów złoczowskich. Prawdopodobnie już w czerwcu zlikwidowano obóz pracy w Olesku, a w nocy z 22 na 23 lipca 1943 r. pozostałe, w tym obóz w Złoczowie. Wielu Żydów zabito wtedy na miejscu, a innych przeniesiono do obozu w Jaktorowie (gdzie ich rozstrzelano) lub do obozu janowskiego. Wstępnie szacując, należy uznać, że tuż przed likwidacją mogło w tych obozach przebywać około 2450 Żydów pochodzących z różnych terenów dystryktu Galicja, w tym część stanowili mieszkańcy powiatu złoczowskiego. Podczas akcji likwidacyjnych przypuszczalnie na miejscu zginęło około 1650 więźniów żydowskich z tych obozów, resztę wywieziono poza powiat do innych obozów pracy. Tylko niewielkiej liczbie z nich udało się zbiec z obozu lub podczas likwidacji uchronić się przed śmiercią. O losach wielu z nich nie mamy żadnych bliższych informacji. Do końca wojny przeżyli nieliczni[238].

---

238 Losy uciekinierów z obozów charakteryzują źródła: Archiwum Instytutu Pamięci Narodowej Oddział w Katowicach (dalej AIPN Ka), Kolekcja prof. Andrzeja Szefera, 315/1/J, Protokół przesłuchania oskarżonego Josefa Grzimka z 9 II 1948 r., k. 144; AYV, O.33/253, Wspomnienia Szymona Strasslera, s. 45–49, 51–60, 70; AŻIH, 301/4027, Relacja Hermana Bermana [Bergmana], s. 2–3; AIPN Lublin, 315/76, Protokół przesłuchania świadka Andrzeja Pankiewicza, 12 IV 1945 r., k. 9; *ibidem*, Protokół przesłuchania podejrzanego Henryka Lenca, 15 IV 1945, k. 14; *ibidem*, Protokół rozprawy głównej z 10 VII 1945 r., k. 38–45; AŻIH, 301/3752, Relacja Leona Torczynera, s. 4; AYV, O.5/61A, Zeznanie dr. Spindela z 2 V 1947 r. [w bazie Centralnego Komitetu Żydów w Polsce podano, że był jednym z obozowiczów w Lackiem Wielkim w 1942 r.; w kwietniu 1943 r. przebywał w Złoczowie i był świadkiem likwidacji getta; prawdopodobnie już przed likwidacją obozu lub w jej trakcie ukrywał się]; AŻIH, 301/4670, Relacja Majera Perlmuttera, s. 5; AŻIH, 301/87, Relacja Mendla Rudera, s. 4; AŻIH, 301/1403, Relacja Samuela Wandera, mps, s. 5–7; AYV, O.3/2373, Relacja Efraima Halperna, s. 20, s. 24–25; AYV, O.3/1818, Relacja Mariana Ryszarda Szadkowskiego, s. 12–13; Altman, *Haunting Memories*, s. 137–139; Berenstein, *Praca przymusowa ludności żydowskiej...*, s. 35–36; AYV, Dokumenty

KILKA METRÓW POD ZIEMIĄ. BUNKRY I SCHRONY

Żydzi złoczowscy budowali różne schrony i bunkry przez cały okres okupacji niemieckiej, ale w większości z nich można było przebywać tylko tymczasowo, gdyż brakowało w nich wody, powietrza i żywności. W okresie między kwietniem a lipcem 1943 r. w Złoczowie wśród Żydów nadal tam pracujących dwie grupy osób skonstruowały bunkry. Mogły one pomieścić po kilkanaście, a nawet kilkadziesiąt osób. Były to wydrążone pod ziemią tunele z komorami mieszkalnymi, mające dostęp do wody i powietrza.

Jeden z nich powstał przy ul. Brodzkiej na terenie firmy budowlanej należącej do F. Knell i E. Wyklick, gdzie pracowała duża grupa żydowskich robotników; zbudowali go, spodziewając się likwidacji przez Niemców pozostałych Żydów przebywających w Złoczowie. Według jednej z relacji ukryło się w nim 35, według innej 30 osób. Przez miesiąc schowane w bunkrze osoby wytrzymywały w zamknięciu. Największy problem sprawiał brak wody pitnej. Co prawda wykonano w bunkrze prowizoryczną studnię, ale woda okazała się niezdatna do picia. Ludzie zaczęli chorować, a nie mieli lekarstw i nie było wśród nich lekarza. Niektórzy, nie mogąc znieść tej sytuacji, wychodzili na na zewnątrz, po czym wracali. W sierpniu 1943 r. „aryjscy" robotnicy firmy zauważyli jednego z Żydów na placu i donieśli o tym żandarmerii niemieckiej. Ujęto go i zmuszono, by wskazał miejsce ukrywania się pozostałych osób. W likwidacji bunkra brali udział żandarmi niemieccy, policjanci ukraińscy oraz robotnicy firmy, którzy rozkopali ziemię i otworzyli wejście. Żydzi zostali wyciągnięci ze schronu i następnie rozstrzelani na kirkucie w Złoczowie. Na miejscu zabito 11–15 osób. Uratowały się tylko dwie osoby, ale nie wiadomo, jak to się stało. Ukryły się potem w okolicy miasta, bały się jednak wejść do jakiegokolwiek domu chłopskiego i prosić o pomoc. Po pewnym czasie postanowiły wrócić do Złoczowa i ukrywać się w opuszczonych domach, co tylko potwierdza wcześniejszy wniosek, że

---

z archiwów regionalnych na Ukrainie, M.52/246, Oficjalna dokumentacja Radzieckiej Państwowej Komisji Specjalnej dotycząca nazistowskich zbrodni wojennych we Lwowskiem, 8 IX 1944–11 VIII 1945 r., Akt z 29 X 1944 r., Olesko, k. 65 [w dokumencie podano niepoprawną datę likwidacji obozu]. Chaim Schöps, który był więźniem obozu pracy w Sasowie-Chomcu, podał dużo wyższe liczby odnośnie do liczby więźniów w poszczególnych obozach. W świetle znanych źródeł szacunki te należy jednak uznać za zdecydowanie zawyżone (AŻIH, 301/4991, Relacja Chaima Schöpsa, s. 1).

Żydzi widzieli większe szanse schronienia się w opuszczonym getcie mimo prowadzonych tam łapanek niż na złoczowskiej wsi[239].

Jedyny bunkier w Złoczowie, który nie został wykryty, chociaż Niemcy usilnie go poszukiwali, zbudowała rodzina Strasslerów.

Izaak Strassler, z zawodu cukiernik, posiadał przed wojną w centrum Złoczowa piętrowy dom przy Rynku pod numerem 26, w którym mieściła się mała fabryczka cukierków i marmolady. W czasie okupacji sowieckiej została ona znacjonalizowana. Gdy zaczęła się wojna niemiecko-sowiecka, sytuacja stała się jeszcze bardziej niebezpieczna. Porządki niemieckie zaczęły się od bestialskiego pogromu Żydów złoczowskich połączonego z rabunkiem. Synom Strasslera udało się wtedy uciec z rąk oprawców i ukryć dzięki znajomemu Ukraińcowi, który towarzyszył SS-manom w wyprowadzaniu Żydów z ich domów, ale akurat Strasslerom pozwolił się schować. Kolejne miesiące przyniosły przejęcie fabryki przez niemieckie władze bezpieczeństwa (SS i policji). Właścicielom pozwolono pozostać na jej terenie ze względu na ich kwalifikacje, aby prowadzili produkcję. Wpłynęło to na ich dalsze los, gdyż podczas akcji deportacyjnych w 1942 r. oraz w czasie likwidacji getta w kwietniu 1943 r. nie podlegali oni wywiezieniu i dzięki temu mimo różnych niebezpieczeństw przetrwali we własnym domu. W 1943 r. wiedzieli już, że Niemcy nie pozostawią ich przy życiu, zaczęli więc planować budowę bunkra dla mieszkańców całego domu. Zadanie skonstruowania bezpiecznego schronu było nad wyraz trudne, ponieważ wszystkie bunkry na terenie Złoczowa, które powstały wcześniej, zostały przez Niemców wykryte lub ludzie musieli je opuścić, bo zabrakło w nich wody, powietrza i jedzenia. Pomysł Strasslerów okazał się najlepszy. Do jego realizacji wykorzystano stare piwnice, zbudowane jeszcze w XIX w., znajdujące się pod fundamentami domu. W jednym z pomieszczeń na parterze wybito w podłodze wejście do podziemi i zasłonięto je platformą, na której umieszczono piec. W każdej chwili mógł on zostać odsunięty, a ponadto można było w nim palić, tym bardziej kamuflując wejście do piwnic. Największy jednak problem stanowiło umiejętne zbudowanie komory mieszkalnej głęboko pod ziemią, ponieważ dopiero przez piwnice wchodziło się do korytarza prowadzącego

239 AIPN Lu, 315/76, Protokół przesłuchania świadka Andrzeja Pankiewicza, 12 IV 1945 r., k. 9; *ibidem*, Protokół przesłuchania podejrzanego Henryka Lenca, 15 IV 1945 k. 14; *ibidem*, Protokół rozprawy głównej z 10 VII 1945 r. [zeznanie Andrzeja Pankiewicza], k. 43; AYV, O.33/253, Wspomnienia Szymona Strasslera, s. 54–55.

do wydrążonego w ziemi pomieszczenia mieszkalnego wybudowanego kilka metrów pod ziemią. Zrealizowanie tego zamierzenia wymagało długich prac podziemnych, wynoszenia wydrążonej ziemi, zgromadzenia żywności, zaplanowania dostępu do wody i powietrza. Wszystkie te warunki udało się Strasslerom spełnić. Przede wszystkim zdobyli fachowca umiejącego robić szalunki i przekopano się ponad 120 m do miejsca, gdzie była studnia, i w jej ścianie wybito otwór. Poza tym w ścianach kanałów przeciwdeszczowych wykonano kilka otworów doprowadzających powietrze do korytarza i komory mieszkalnej, zgromadzono skromne zapasy żywności, niemniej pozwalające przeżyć kilka miesięcy, dobudowano małą kuchnię i pomieszczenie na zapas nafty oraz wstawiono prycze. Bunkier przypominał sztolnię w kopalni, a wnętrze mieszkalne o wymiarach 3 m szerokości na 2,20 m wysokości zostało obłożone deskami. W razie niemieckiej akcji mieszkańcy domu Strasslerów i osoby zatrudnione przy budowie miały zejść do bunkra i ziemią zasypać za sobą wejście. Od tej chwili opuszczenie bunkra było możliwe wyłącznie przez jeden z kanałów przeciwdeszczowych, gdzie trzeba było pokonać odcinek długości około 1000 m. Strasslerowie zeszli do bunkra w lipcu 1943 r., gdy rozpoczęła się w Złoczowie likwidacja obozu pracy. Na odgłosy strzelaniny 23 lipca Strasslerowie wraz z innymi, łącznie 23 osoby, udali się podziemnym korytarzem kilka metrów pod ziemię, zasypując za sobą wejście. Bez światła dziennego i z ograniczonymi zapasami żywności przebywali tam wszyscy prawie rok, aż do przyjścia Armii Czerwonej. W tym czasie Niemcy nie odnaleźli bunkra, przede wszystkim dlatego, że był on bardzo głęboko ukryty pod ziemią, a jego mieszkańcy nie wychodzili na zewnątrz i nie zdradzili swojej obecności. To schronienie miało jednak jeden słaby punkt. Można było je odszukać, wchodząc do niego od strony ujścia kanału przeciwdeszczowego. Udało się to odkryć czterem Żydom, którzy ukrywali się w budynkach getta i w okolicy Złoczowa. Osoby te wyczuły zapach gotowanego jedzenia i dzięki temu trafiły do bunkra Strasslerów[240].

Pobyt ludzi kilka metrów pod ziemią to było całe spektrum trudnych relacji społecznych, ciężkich przeżyć psychicznych, chorób, braku światła i niedożywienia, a także narodzin dzieci i ich śmierci. Dwie osoby nie przeżyły w bunkrze, a dwie inne nie wytrzymały i bunkier opuściły. Poszły do obozu janowskiego, uważając, że tam może przetrwają, ale zapłaciły za tę decyzję życiem. Natomiast Strasslerom i pozostałym osobom udało się

240 AYV, O.33/253, Wspomnienia Szymona Strasslera, s. 32–36, 39–47, 51–56.

przeżyć. Do momentu gdy Armia Czerwona wkroczyła do Złoczowa, w bunkrze przeżyły 23 osoby. W ostatnich miesiącach, gdy już nie mieli żywności, jedna z osób wyszła z bunkra i poprosiła znajomego chłopa o dostarczanie żywności w umówione miejsce, na co ten przystał. Skuteczne ukrywanie się i ocalenie życia w czasie Zagłady było możliwe, jeżeli otrzymało się pomoc drugiego człowieka, chociażby w postaci zakupu chleba.

Wśród metod ukrywania się bunkry budowane w miastach należały do najbardziej kosztownych i jednocześnie najmniej skutecznych strategii przetrwania. Jedynie bunkier Strasslerów umożliwił to swoim mieszkańcom. Wszyscy inni, którzy zbudowali w Złoczowie tego rodzaju konstrukcje, zginęli lub musieli z nich zrezygnować. Do końca wojny tylko bunkier rodziny Strasslerów nie został odkryty przez Niemców, mimo usilnych poszukiwań. Pozostałe zostały wyśledzone, a ich mieszkańców zabito.

Wykres 2. Zmiany liczby ludności żydowskiej w Złoczowie w latach 1941–1944

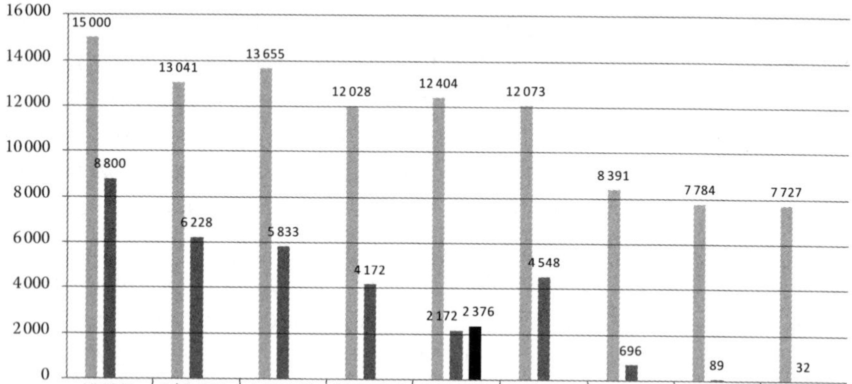

	VI 1941	X/XI 1941	1 IV 1942	30 X 1942	1 XII 1942	2 IV 1943	6 IV 1943	VIII 1943	VII 1944
Liczba ludności ogółem	15 000	13 041	13 655	12 028	12 404	12 073	8 391	7 784	7 727
Żydzi przebywający w Złoczowie	8 800	6 228	5 833	4 172	2 172	4 548	696	89	32
Żydzi przesiedleni do Złoczowa					2 376				

Źródło: Opracowanie własne (dane o ludności żydowskiej w Złoczowie podano na podstawie tabeli 9)[241].

241 Wykazana na wykresie liczba 32 Żydów ukrywających się w Złoczowie w lipcu 1944 r. to liczba osób ukrywających się wyłącznie w samym mieście. Żydzi ze Złoczowa, którzy uciekli w czasie akcji eksterminacyjnych i ukryli się na terenie powiatu złoczowskiego lub poza jego granicami, zostali wykazani w statystykach dotyczących obszarów wiejskich lub wliczono ich do grupy ukrytych poza powiatem. Ogólna liczba ludności oparta została na podstawie dokumentów i innych źródeł zawierających takie dane, ale nie zawsze było możliwe jej dokładne określenie. W odniesieniu do października/listopada 1941 r. na podstawie: DALO,

Żydowskie strategie przetrwania w okresie „polowania na Żydów"

Po likwidacji getta w Złoczowie, a trzy i pół miesiąca później obozów pracy w powiecie złoczowskim, zaczęły się niemieckie akcje oczyszczania terenu. Były to obławy organizowane w lasach przeciwko partyzantom i ukrywającym się Żydom. Aby szybko rozprawić się z żydowskimi uciekinierami, wyznaczono też nagrodę za ich wydanie. Wśród miejscowej ludności krążyła wiadomość, że takie wynagrodzenie za wydanie lub złapanie Żyda to 5 kg cukru, 1000 marek i ubranie[242]. Dla niektórych osób stanowiło to wystarczającą zachętę. Żydzi byli ponadto narażeni na wydanie w ręce Niemców lub na śmierć z ręki miejscowych ludzi chcących ograbić swoje ofiary. W relacjach ocalałych Żydów z terenu powiatu złoczowskiego pojawia się

---

f. R-370, op. 1, spr. 22, Anzahl der Bewohner in den Räumen der einzelnen Gemeinden Zloczower Bezirkes, k. 1; DALO, f. R-35, op. 9, spr. 37, Kreis Zloczow. Die Nachweisung der Stadt und Landgemeinden mit eingegliederter Ortschaften, k. 15. Ogólna liczba osób mieszkających w Złoczowie w kwietniu 1942 r. została podana na podstawie danych Powiatowego Komitetu Żydowskiej Samopomocy Społecznej w Złoczowie: AŻIH, 211/1160, Pismo Powiatowego Komitetu ŻSS w Złoczowie do Wydziału Spraw Ogólnych i Organizacyjnych ŻSS w Krakowie z 17 VII 1942 r., s. 11–12. Liczbę mieszkańców Złoczowa w grudniu 1942 r. oparto na: *Zolocziw u 1942 roci*, „Lwiwśkie Wisti", 31 I – 1 II 1943, nr 20. Natomiast liczba ludności Złoczowa w kwietniu 1943 r. określona została według: *Amtliches Gemeinde- und Dorfverzeichnis für das Generalgouvernement...*, s. 18. Liczbę Żydów w październiku/listopadzie 1941 r. podano za: DALO, f. R-370, op. 1, spr. 22, Anzahl der Bewohner in den Räumen der einzelnen Gemeinden Zloczower Bezirkes, k. 1; dane za kwiecień 1942 r. oparto na: AŻIH, ŻSS, 211/1160, Formularz A z danymi dla Prezydium ŻSS w Krakowie, b.d., k. 12; dane za październik 1942 r. określono na podstawie: AŻIH, 211/1160, Pismo Komitetu Powiatowego ŻSS do Prezydium ŻSS w Krakowie z 30 X 1942 r., k. 48. Liczbę Żydów przesiedlonych do Złoczowa do getta wtórnego (od 1 XII 1942 r.) oszacowano na podstawie liczby Żydów przebywających na terenie powiatu (poza Złoczowem), uwzględniając jednocześnie, że część Żydów pozostała w obozach pracy. Natomiast liczba Żydów w Złoczowie podana pod datą 6 IV 1943 r. obejmuje osoby przebywające nadal w obozie pracy oraz osoby, które ukrywały się na terenie miasta po likwidacji getta wtórnego. Ogólna liczba mieszkańców w czerwcu 1941, październiku 1942, sierpniu 1943 i lipcu 1944 r. jest szacunkowa i wymaga w przyszłości doprecyzowania.

242 Podobną stawkę specjalną w wysokości 1000 zł za każdego schwytanego Żyda płaciła też Polska Policja Kryminalna we Lwowie na przełomie 1943 i 1944 r. (Jan Grabowski, *Tropiąc Emanuela Ringelbluma. Udział polskiej Kriminalpolizei w „ostatecznym rozwiązaniu kwestii żydowskiej"*, „Zagłada Żydów. Studia i Materiały" 2014, nr 10, t. 1, s. 54).

motyw ich wydawania przez nieżydowskich mieszkańców powiatu, napadów podejmowanych przez chłopów z zamiarem dokonania takich grabieży oraz obław. Z tego powodu ujawnienie się i przyjście Żyda do wsi po pomoc zawsze niosło ze sobą oba zagrożenia, tj. wydania go Niemcom lub obrabowania ze wszystkiego, co posiadał, a nawet zamordowania przez miejscowych[243].

Sytuację Żydów ukrywających się w drugiej połowie 1943 i w 1944 r. oddają ich wspomnienia, a także relacje polskich i ukraińskich mieszkańców powiatu, chociaż w tych ostatnich wątki poświęcone losom ludności żydowskiej są często więcej niż skromne. Wyłaniają się z tych źródeł pełna niebezpieczeństw rzeczywistość i tragiczne położenie Żydów złoczowskich oraz bardzo złożone okoliczności wpływające na ich przetrwanie. Jeden z ocalałych — Samuel Wander — ukazał atmosferę i realia ukrywania się, jakie spotkał po tzw. aryjskiej stronie, następująco:

> Poszedłem do znajomego chłopa do Huty Werchobuzkiej. Nakarmił mnie, opatrzył rany i znów poszedłem do lasu. Spotkałem starca, który powiada, że za wydanie Żyda dają 5 kg cukru, 1000 marek i ubranie. Dwaj koledzy, Uszer Podhorcer i Symche Baumer, poszli do lasu po jedzenie, zastrzelili ich Ukraińcy. Powoli zebrała się nas grupa 18 Żydów. Mieliśmy kryjówkę w lesie. Przed każdą obławą ostrzegali nas Polacy. Raz Niemcy otoczyli las psami, ale udało się nam zbiec. Chłopi szukali ukrytych w lesie Żydów w celu grabieży. Wpadli do naszej kryjówki, złapali trzech Żydów oprócz tego ojca z synem, rozebrali ich, ograbili i zastrzelili. Uciekliśmy do okolicznego lasu, gdzie ukryło się około 800 Żydów [liczba w źródle jest mało czytelna; poprawiona odręcznie — A.Z.][244]. Chłopi, szukając bogatego Żyda Perlmuttera,

243 AIPN Lu, 315/76, Protokół przesłuchania Henryka Lenca z 12 IV 1945 r., k. 10; AŻIH, 301/1403, Relacja Samuela Wandera, s. 6–7; AYV, M.49.E/2541, Zehawa Rothowa, s. 3–4; GARF, f. 7021, op. 67, d. 80, Protokół przesłuchania świadka Dory Kremnicer [Kremnitzer], k. 30v; *ibidem*, Protokół przesłuchania świadka Michała Genisa z 23 IX 1944 r., s. 54–54v; Altman, *Haunting Memories*, s. 114, 116–118; AAN, 203/XV/28, Meldunek tygodniowy z 30 czerwca 1944 r., powiaty: Kamionka Strumiłowa, Sokal, Radziechów, Złoczów, Zborów, Brody, Przemyślany, Brzeżany, Podhajce, Buczacz, Bóbrka, k. 138.

244 Podana przez świadka wydarzeń z pamięci liczba 800 Żydów ukrywających się w lasach na granicy powiatu złoczowskiego i brodzkiego, tj. wokół Huty Werchobuzkiej (pow. Złoczów) i Huty Pieniackiej (pow. Brody), nie znalazła potwierdzenia w innych źródłach. Nic nie wskazuje na to, aby w lasach tych przebywała tak duża ich grupa. Należy uznać, że w cytowanym źródle liczba ukrywających się Żydów została znacznie zawyżona. Natomiast na obszarze tym ukrywało się sporo Żydów w leśnych bunkrach, ale ich liczba nie była aż tak wysoka jak przytoczona we wspomnianym źródle.

> wpadli do naszej kryjówki, zrewidowali nas, nie wzięli nic i puścili wolno. Jakieś przeczucie nie dało mi tu dłużej pozostać i poszedłem dalej. Po kilku dniach napadli tamtą kryjówkę banderowcy i wszystkich wymordowali. [...] Raz napadli na nas Polacy, żądając dwa tysiące okupu. Byliśmy bez grosza, zabrali nam buty, palto. Była zima, mróz, a ja zostałem bosy bez palta[245].

Nie mieli szczęścia Żydzi ukrywający się w lipcu 1943 r. okolicach Sasowa, gdzie przebywało 12 osób po ucieczce z miejscowego obozu pracy. W schronie przygotowanym u chłopa w jednej ze wsi zostali przez niego zamordowani[246]. W tym samym czasie w tych okolicach dokonano w leśnym bunkrze zabójstwa 12 Żydów na tle rabunkowym[247].

Do śmierci przyczyniały się także osoby należące do niemieckich struktur policyjnych i administracyjnych lub im się wysługujące, czego przykład mamy w jednej ze wsi w gminie Folwarki, gdzie mieszkała nieznana z nazwiska Żydówka ze Złoczowa, ukrywająca się na aryjskich papierach. Prawdopodobnie to jeden z polskich policjantów kryminalnych, znający tę kobietę, wydał ją Niemcom[248]. Nie oszczędzono takiego losu nawet 6-letniemu chłopcu, o którego pobycie w okolicach wsi Jelechowice ktoś z miejscowych doniósł niemieckiej żandarmerii. Ze Złoczowa przyjechali wtedy kilkoma samochodami Niemcy z policjantami[249], aby zatrzymać dziecko. Bardzo im zależało na jego złapaniu, gdyż chłopiec uciekł w czasie likwidacji getta z miejsca rozstrzelań Żydów nad dołami w lesie jelechowickim i był świadkiem tego, co tam się działo. Jednak i tym razem dziecku udało się wymknąć z obławy i zbiec do lasu; podobno zginął podczas jednej z kolejnych obław[250]. W powiecie złoczowskim niechlubną kartą kolaboracji i udziałem w mordowaniu Żydów okryła się zwłaszcza ukraińska policja. Uczestniczyła ona w akcjach likwidacyjnych, a później brała udział w wyłapywaniu Żydów ukrywających się w terenie. W okolicach Sokołówki w 1943 i 1944 r. z rąk ukraińskich policjantów i nieustalonych z nazwiska miejscowych sprawców zginęło co najmniej pięć osób ukrywających się

245 AŻIH, 301/1403, Relacja Samuela Wandera, s. 6–7.

246 *Ibidem*, s. 6.

247 AŻIH, 301/4991, Relacja Chaima Schöpsa, s. 2.

248 AYV, M.49.E/2541, Zehawa Rothowa, s. 2.

249 Autorka wspomnień podała, że „przyjechało wtedy 6 aut z granatowymi policjantami". Na omawianych terenach nie było Polskiej Policji Pomocniczej, wspomnianych przez nią policjantów należy więc utożsamiać raczej z Policją Kryminalną ze Złoczowa, w której służyli także m.in. Polacy.

250 AYV, M.49.E/2541, Zehawa Rothowa, s. 4.

w okolicy tego miasteczka, a dwie kobiety żydowskie rozstrzelali gestapowcy i policja[251].

W okresie niemieckich akcji likwidacyjnych prowadzonych na terenie powiatu złoczowskiego w 1942 i 1943 r. wielu Żydów ukrywało się w przygotowanych kryjówkach, ryglowało drzwi domów, sądząc, że może nie będą one forsowane. Niestety, większość została złapana. Z ogólnej liczby osób próbujących się ukrywać w okresie okupacji niemieckiej zdecydowana większość podjęła taką próbę w 1943 r., przede wszystkim w czasie i po likwidacji getta oraz obozów pracy. Losy ich jednak były bardzo różne: większość szukała ratunku w powiecie złoczowskim, a tylko kilkudziesięciu opuściło powiat, widząc w tym szansę na przetrwanie. Przeżyła tylko część z nich. Losów niektórych z tych osób w ogóle nie udało się poznać[252].

MOŻLIWOŚCI UKRYWANIA SIĘ W ODDZIAŁACH PARTYZANCKICH

Powiat złoczowski był terenem działania partyzantki polskiej, sowieckiej i ukraińskiej. Miejscowa Armia Krajowa i partyzanci sowieccy nie zwalczali się nawzajem, a czasami nawet dochodziło między nimi do bezpośrednich kontaktów, np. udzielano sobie informacji o nieprzyjacielu[253]. O czymś podobnym w ogóle nie mogło być mowy wobec partyzantki OUN, która już

251 AYV, O.62/53, Leokadia Bachner, s. 1–2; AŻIH, 301/4670, Relacja Majera Perlmuttera, s. 3; AŻIH, 301/1779, Relacja Jana Falsberga, s. 1.

252 Takie tendencje wynikały ze zgromadzonego materiału źródłowego i informacji uzyskanych w bazach danych.

253 Niekiedy te kontakty wykraczały poza wytyczne komendanta Okręgu AK Tarnopol i przybierały formę niezgodną z jego intencjami. Gdy pod koniec lutego 1944 r. jeden z żołnierzy AK i jednocześnie dowódca lokalnego oddziału polskiej samoobrony wydał trochę broni partyzantom sowieckim, komendant obwodu wysłał do Inspektoratu AK w Złoczowie polecenie: „proszę wydać zarządzenie, by nasze oddziały nie kontaktowały się z partyzantką bolszewicką — Wichurze [kpt. Mieczysław Lipa — A.Z.] zezwoliłem, by wyznaczył inteligentnych i sprytnych ludzi do nawiązania kontaktu z oddziałami partyzanckimi w celach informacyjnych jedynie, ewentualnie zdobycia od nich broni. Rozkaz widocznie został źle zrozumiany" (AIPN, Ministerstwo Spraw Wewnętrznych w Warszawie [1944] 1954–1990, 1558/606, Armia Krajowa. Obszar Południowo-Wschodni kryptonimy „Lux", „Lutnia", „Orzech". Okręg Tarnopol kryptonimy „Komar", „Tarcza", „Ton". Wojskowa Służba Ochrony Powstania (WSOP), Instrukcja „Skawy" [Franciszek Studziński — komendant Okręgu AK Tarnopol — A.Z.] dla komendanta Inspektoratu AK Złoczów, 28 II 1944 r., k. 30). O kontaktach z partyzantką sowiecką zob. także: AAN, 1326/203/XV/25, Meldunki sytuacyjne dotyczące działalności okupanta,

w drugiej połowie 1943 r. przystąpiła, tak jak i na innych obszarach Galicji Wschodniej, do akcji antypolskiej, chociaż początkowo były to jedynie napady na pojedyncze osoby cieszące się autorytetem w społecznościach lokalnych oraz na leśników, którzy znali dobrze lasy[254]. W powiecie złoczowskim pierwszy atak uznany za mord zbiorowy został dokonany w Kruhowie w Wigilię 1943 r., gdy zabito 15 Polaków i dwóch Ukraińców, którzy świętowali wspólnie z polskimi sąsiadami[255].

Podczas takich napadów Żydzi, którzy ukrywali się w wioskach, dzielili los polskich mieszkańców. W odniesieniu do powiatu złoczowskiego

---

Ukraińców, partyzantki radzieckiej na terenie Komendy Obszaru Lwów, Meldunek sytuacyjny „Skawy" z 3 IV 1944 r., s. 18.

254 Nie jest znana dokładna data, kiedy zapadła decyzja o rozpoczęciu przez UPA akcji antypolskiej w Galicji Wschodniej. Grzegorz Motyka przypuszcza, że mogło się to stać podczas III Zjazdu OUN w sierpniu 1943 r., gdy dano wolną rękę Romanowi Szuchewyczowi, lub najpóźniej jesienią 1943 r. po inspekcji Szuchewycza na Wołyniu. W 1943 r. w Galicji Wschodniej przeprowadzono pojedyncze akcje likwidacyjne wobec Polaków, ale od końca 1943 r. zaczęły się mordy zbiorowe. Liczba napadów zaczęła wzrastać od lutego 1944 r., a najpóźniej w marcu 1944 r. wydany został przez Główne Dowództwo UPA rozkaz, aby od kwietnia rozpocząć akcję wypędzania Polaków (Grzegorz Motyka, *Ukraińska partyzantka 1942–1960. Działalność Organizacji Ukraińskich Nacjonalistów i Ukraińskiej Powstańczej Armii*, Warszawa: ISP PAN i Rytm, 2006, s. 376–377, 381).

255 Szacuje się, że w powiecie złoczowskim w okresie całej wojny ukraińscy nacjonaliści dokonali kilkudziesięciu napadów na polskie miejscowości, gdzie palono zabudowania, mordowano mieszkańców. Poczynione przez Ewę Siemaszko oblicznia dla powiatu złoczowskiego informują, że w czasie różnych akcji antypolskich ze strony OUN-UPA i policjantów ukraińskich w latach 1943–1945 zginęło 786 Polaków (Ewa Siemaszko, *Straty ludności polskiej w wyniku zbrodni ludobójstwa dokonanych w latach czterdziestych XX wieku przez nacjonalistów ukraińskich. Aktualny stan badań* [w:] *Wołyń 1943 — rozliczenie. Materiały przeglądowej konferencji naukowej „W 65. rocznicę eksterminacji ludności polskiej na Kresach Wschodnich dokonanej przez nacjonalistów ukraińskich", Warszawa 10 lipca 2008*, red. Romuald Niedzielko, Warszawa: IPN, 2010, s. 92). Nie wiemy, ilu Ukraińców zabito w akcjach odwetowych prowadzonych przez Polaków, ale według Grzegorza Motyki ofiar ukraińskich w Galicji Wschodniej było zdecydowanie mniej niż ofiar polskich (szerzej o akcji antypolskiej OUN-UPA zob. Motyka, *Ukraińska partyzantka...*, s. 411–412). Nasilenie w drugiej połowie 1943 r. akcji OUN-UPA przeciwko Polakom w Galicji Wschodniej, w tym na terenie powiatu złoczowskiego odzwierciedlały sprawozdania sytuacyjne sporządzane przez Wydział Społeczny Ministerstwa Spraw Wewnętrznych rządu polskiego na wychodźstwie w Londynie na podstawie meldunków otrzymywanych z kraju (Wojskowe Biuro Historyczne, Centralne Archiwum Wojskowe [dalej CAW], Oddział VI Sztabu Głównego Naczelnego Wodza 1940–1949, II.52.176, t. 1, Sprawozdania sytuacyjne Ministerstwa Spraw Wewnętrznych (maj 1943–grudzień 1944), Sprawozdanie sytuacyjne z ziem polskich (za lipiec–sierpień 1943 r.), s. 108; *ibidem*, Sprawozdanie sytuacyjne z ziem polskich za wrzesień–październik 1943 r., s. 237).

w źródłach zachował się jeden taki przypadek, gdy w Angelówce, w gminie Ożydów, w drugiej połowie 1943 r. podczas napadu ukraińskiego odkryta została kryjówka Żydów; zmasakrowano jej mieszkańców, a ukrywającą ich Bronisławę Fedorowską zatrzymano, ale zdołała potem zbiec. Trudno jednak dzisiaj ustalić szczegóły i bliższe dane osób biorących udział w napadzie[256].

W oddziałach Ukraińskiej Powstańczej Armii operujących na terenie powiatu złoczowskiego panowały tendencje charakterystyczne dla Galicji Wschodniej. Stosunek do Żydów był negatywny, ale robiono odstępstwa od tej zasady dla lekarzy żydowskich, których chętnie przyjmowano z powodu zapotrzebowania na ich usługi[257]. Według relacji Szymona Strasslera w połowie 1943 r. kilkunastu złoczowskich lekarzy i reprezentantów innych przydatnych zawodów zostało zabranych do oddziałów leśnych OUN. Ich dalsze losy nie są jednak znane i nie wiadomo, czy w ogóle przeżyli[258]. Natomiast w lasach wokół Huty Werchobuzkiej (pow. Złoczów) i Huty Pieniackiej (pow. Brody) ukrywała się grupa kilkunastu Żydów, do której należał także przywoływany już Samuel Wander. Opuścił on swoich towarzyszy z powodu ciągłego zagrożenia ze strony chłopów. Tuż potem na ukrywających się Żydów napadnięto i zostali oni wymordowani. Wander utrzymywał, że dokonali tego właśnie banderowcy[259].

Natomiast Efraim Halpern wraz z żoną dzięki kontaktowi z jedną z ukraińskich grup partyzanckich uciekł z obozu pracy w Złoczowie zaraz po likwidacji getta i opuścił powiat. Przebywał w oddziale bulbowców i zawędrował z nimi aż na Wołyń, zajmując się jako lekarz rannymi i chorymi. Ich stanowisko wobec Żydów scharakteryzował następująco: „Powiedziano nam, że celem jej [partyzantki] jest utworzenie wolnej Ukrainy, dodając, że nas przyjęto, dlatego ponieważ jesteśmy im potrzebni. Wkrótce zorientowałem się, że oddziały tej partyzantki walczyły zarówno z Niemcami, jak i z Polakami, oraz że jedną z ich dewiz było: śmierć Żydom”[260].

Zbliżanie się wojsk sowieckich wymusiło zmianę stanowiska UPA wobec Niemców i w pewnym sensie motywowało Ukraińców do taktycznej

---

256 Zob. http://db.yadvashem.org/righteous/family.html?language=en&itemId=4035303 (dostęp 27 IV 2017 r.).

257 Bakanow, *„Ni kacapa, ni żyda, ni lacha”...*, s. 217–221.

258 AYV, O.33/253, Wspomnienia Szymona Strasslera, s. 38–39.

259 AŻIH, 301/1403, Relacja Samuela Wandera, s. 6–7. Na zagrożenie ze strony partyzantki banderowskiej i przykłady śmierci Żydów wskazał także: Altman, *Haunting Memories*, s. 117.

260 AYV, O.3/2373, Relacja Efraima Halperna, s. 23–25.

współpracy z nimi. Jak pisał John-Paul Himka, w maju 1944 r. „ta współpraca w Galicji Wschodniej obejmowała zgodę UPA na likwidowanie «żydowskich gangów»"[261].

Na terenie powiatu złoczowskiego powstała również partyzantka polska, a polskie struktury konspiracji wojskowej istniały w większych skupiskach ludności polskiej. W połowie 1943 r. polska sieć konspiracyjna była już dobrze rozwinięta, a Złoczów był centrum obwodu Armii Krajowej Złoczów oraz jednocześnie siedzibą Inspektoratu AK Złoczów. Prowadzono wywiad, rozpoznanie, dywersję, przygotowywania do akcji „Burza", przede wszystkim zaś polskie oddziały brały udział w obronie wsi polskich przed napadami UPA[262].

Mimo że w jednym z meldunków OUN z 1942 r. mówiło się o przychylnym odnoszeniu do Żydów niektórych lokalnych polskich organizacji konspiracyjnych w północno-zachodniej części Galicji Wschodniej, to w zachowanych źródłach polskich i żydowskich z powiatu złoczowskiego nie ma żadnych informacji świadczących o tym, że udzielano tam jakiejś szerszej pomocy przy organizowaniu ucieczek albo wsparcia w czasie ukrywania się czy włączano Żydów do działań konspiracyjnych. Na terenie powiatu nie przyjęto żadnej większej grupy Żydów do polskiej partyzantki. Jedynie w październiku 1943 r. kilkoro z nich znalazło się w szeregach przebywającego w lasach gołogórskich oddziału Mikołaja Mazurka[263], który liczył stale około 20 osób. Rekrutował on ludzi wśród miejscowych Polaków

---

261 Himka, *Former Ukrainian Policemen in the Ukrainian National Insurgency...*, s. 152.

262 Inspektorat AK Złoczów obejmował obwody: Złoczów, Zborów, a od 1 V 1943 r. także Krasne i Brody. W maju 1943 r. powstał też ośrodek dywersji (ośrodek Kedywu). Jeżeli chodzi o stan osobowy obwodu Złoczów AK, to w październiku 1943 r. liczył on 1387 żołnierzy skupionych w dziewięciu kompaniach i pięciu oddziałach Kedywu (później liczba kompanii wzrosła do jedenastu, a liczba oddziałów Kedywu do dwunastu). Natomiast obwód Krasne w tym samym czasie liczył 477 żołnierzy w czterech kompaniach i jeden pluton samodzielny (Jerzy Węgierski, *Armia Krajowa w okręgach Stanisławów i Tarnopol*, Kraków: Platan, 1996, s. 165, 168, 170, 172).

263 Oddział leśny Mikołaja Mazurka ps. „Dąb" operował w okolicach Mitulina i w rejonie szosy na odcinku między Nowosiółkami a Lackiem, tj. 10–20 km na zachód od Złoczowa. Był dobrze uzbrojony, dysponował siecią bunkrów w lasach i oddziałem konnym. Prawdopodobnie w 1944 r. oddział ten przeszedł do południowej części powiatu złoczowskiego w okolice wsi Wicyń, gdzie operowała 4 Kompania Obwodu Złoczów Armii Krajowej oraz oddziały dyspozycyjno-bojowe Kedywu, a także inne polskie oddziały zbrojne. Szerzej o tym: Węgierski, *Armia Krajowa...*, s. 181; Ośrodek Karta, Archiwum Wschodnie, II/690, Edward Kisielewski, s. 8.

i osiągał nawet stan do 50 osób[264]. Innych podobnych przykładów ukrywania się Żydów w polskich oddziałach partyzanckich w powiecie złoczowskim nie odnaleziono i wygląda na to, że chociaż dochodziło do sporadycznych kontaktów, polska konspiracja na tym obszarze nie przejawiała właściwie żadnej aktywności w celu pomagania Żydom, najwyżej zbierała informacje o sytuacji w getcie i akcjach likwidacyjnych, aby przesłać je zwierzchnikom. Słabo zachowane archiwa lokalnej konspiracji nie pozwalają ocenić, jak często i jakie informacje o losie Żydów przekazywano od Komendy Okręgu AK Tarnopol. Wymowne jest jednak to, że w „Biuletynie Ziemi Czerwieńskiej" (od lutego 1943 r. wydawanym pod nazwą „Biuletyn Informacyjny Ziemi Czerwieńskiej") — jednym z głównych czasopism konspiracyjnych Biura Informacji i Propagandy Obszaru 3 Związku Walki Zbrojnej-Armii Krajowej — w numerach z 1942 i 1943 r. znajdujemy jedynie skąpe wzmianki o losie Żydów w okresie, gdy trwały masowe akcje likwidacyjne w powiecie złoczowskim oraz na innych terenach dystryktu Galicja. Na łamach tego konspiracyjnego pisma nie nawoływano także do udzielania pomocy Żydom ani w ogóle nie propagowano takich postaw wśród Polaków[265]. Co więcej, zachowane ślady w źródłach raczej sugerują, że postawa lokalnej konspiracji nie była aż tak przychylna, jak twierdziła miejscowa OUN. Dzisiaj już trudno wyjaśnić niektóre zajścia, np. okoliczności mordu z listopada 1943 r. dokonanego na 48 lub 49 Żydach w lasach koło Wicynia, którzy należeli do 70–80-osobowej grupy Żydów próbujących przetrwać w tamtej okolicy.

---

264 *Witiag iż wistok pro politicznu situaciju na tierienach Zołocziws'koji okruhi OUN u druhij połowini żowtnja 1943 r. [nie ran'sze 30 żowtnija]* [w:] *Litopys UPA. Nowa seria*, t. 24: *Zołocziws'ka okruha OUN. Orhanizacijni dokumenty: 1941–1952*, oprac. Mychajło Romaniuk, Kyjiw–Toronto: Litopys UPA, 2014, s. 60–61; *Wyciąg z „Wisnyka Informacijnoj Służby OUN" z 1942 r.* [w:] *Polacy i Ukraińcy pomiędzy dwoma systemami totalitarnymi 1942–1945*, t. 4, cz. 1: *1942–1945*, oprac. Grzegorz Motyka, Jurij Szapował, Warszawa–Kijów: IPN, 2005, s. 111; AAN, 1326/203/XV/41, Z terenu [tłum. z j. ukraińskiego], [druga połowa 1942 r.], k. 47.

265 „Biuletyn Informacyjny Ziemi Czerwieńskiej" za lata 1942–1944. Natomiast w relacji Mariana Ryszarda Szadkowskiego, pochodzącego z Podhala, a ukrywającego się w lesie niedaleko obozu Lackie Wielkie można natrafić na opis następującej sytuacji: „W lesie natknąłem się na trzech uzbrojonych partyzantów, mówiących po polsku. Zatrzymali mnie, twierdzili, że widocznie jestem Żydem zbiegłym z pobliskiego obozu. Zaprzeczyłem temu, kazali mi zdjąć spodnie i przy tej sposobności stwierdzili nie tylko, że jestem Żydem, ale w czasie osobistej rewizji znaleźli u mnie ukryte 6000 zł i nowy zegarek ręczny. Naturalnie zostałem obrabowany, a następnie zwolniony przez nich" (AYV, O.3/1818, Relacja Mariana Ryszarda Szadkowskiego, s. 14). Większość relacji żydowskich jednak w ogóle nie dotyka tematu zagrożenia lub pomocy ze strony miejscowej konspiracji polskiej. Jeżeli Żydzi przeżyli, to innymi sposobami niż udział w polskiej partyzantce.

Po wojnie o to morderstwo podejrzewany był leśniczy, a jednocześnie, jak podano w dokumentach dochodzeniowych, członek miejscowej konspiracji polskiej. Dwie Żydówki, które przeżyły, złożyły na niego doniesienie, twierdząc, że był on jednym z napadających i grabiących Żydów ukrywających się w tym lesie. Znalazły się jednak osoby, które go broniły, zapewniając, że im akurat pomagał. W źródłach brak dokładniejszych informacji o tym, jaki był finał prowadzonego w tej sprawie postępowania[266].

W drugiej połowie 1943 r. teren powiatu złoczowskiego stał się również miejscem stacjonowania lub przemarszu dużych sowieckich grup partyzanckich, w których składzie znajdowali się Żydzi. Według doniesień wywiadu OUN w lasach w okolicy wsi Pieniaki, Opaki i Trościaniec operował we wrześniu 1943 r. oddział partyzantów sowieckich, zrzeszający zarówno mężczyzn, jak i kobiety, a przy oddziale przebywały także dzieci. Wszyscy stanowili grupę około tysiąca osób; według narodowości najwięcej było tam Rosjan, trochę Żydów, a ponadto grupa Ukraińców. Byli to w większości dezerterzy ze wschodniej Ukrainy, słabo uzbrojeni, niektórzy nawet obdarci i bosi. Około 17 września poszczególne grupy tego oddziału weszły do wiosek: Kołtów, Kruhów, Opaki, Trościaniec. Niemcy skierowali przeciwko nim garnizon złoczowski, ale już w pierwszym starciu ponieśli straty, dlatego Schupo i wojsko obstawiły tylko drogi biegnące koło lasów. Nie podejmowali już więcej próby walki, jedynie samolot niemiecki zbombardował środek zgrupowania[267].

Na początku stycznia 1944 r. przez powiat złoczowski przemaszerowała grupa 20 partyzantów sowieckich pod dowództwem lejtnanta Borysa Krutikowa ze zgrupowania płk. Dymitra Miedwiediewa, a w dniach 25 marca – 2 kwietnia 1944 r. bliżej nierozpoznany oddział partyzantów znajdował się w okolicach m.in. Werchobuża, Kołtowa, Kruhowa i Trościańca Małego. Partyzanci ci byli dobrze uzbrojeni, kontrolowali okoliczne lasy i bezdroża, prowadzili wywiad na temat OUN, a nawet akcje na tyłach niemieckich

---

266 AIPN, Zbiór Głównej Komisji Badania Zbrodni Hitlerowskich w Polsce. Akta badawczo-dochodzeniowe, GK 164/2496, List Mosesa Reissa do Michała Ż. z 16 VI 1947 r., k. 21–23; *ibidem*, Protokół przesłuchania Michała Ż. z 5 VI 1947 r., k. 31–32; *ibidem*, „Application", 18 II 1947 r., k. 33; *ibidem*, Zeznanie Pepy Altman z września 1946 r., k. 50; *ibidem*, Oświadczenie Etki Preiss, 26 IX 1946 r., k. 52–53; *ibidem*, Identification of Prisoner, 15 IV 1947 r., s. 59. Natomiast na wrogi stosunek Narodowych Sił Zbrojnych do Żydów w Galicji Wschodniej zwracał uwagę Salomon Altman (*idem*, *Haunting Memories*, s. 117).

267 *Witiag iz wistiej pro syspilno-politycznie ta wijs'kowie stanowiszczie na tierienach zołocziws'koji okrugi OUN w sierpni–wieriesni 1943 r.* [w:] *Litopys UPA*, t. 24, s. 52–53.

wojsk. Największą grupę narodowościową wśród nich stanowili Polacy z okolicznych wsi, w dalszej kolejności zaś Rosjanie, Gruzini, Tatarzy oraz Ukraińcy ze wschodniej Ukrainy i Czesi. Na najniższym szczeblu dowodzili młodzi mężczyźni (18–20 lat) — Ukraińcy, Rosjanie, a także Żydzi[268].

Obecnie nie jest możliwe dokładne określenie liczby Żydów w oddziałach partyzanckich. Ze źródeł wynika, że na terenie powiatu Złoczów ogółem od lata 1943 r. mogło się tak ukrywać około 128 Żydów, z których duża część znalazła się w partyzantce sowieckiej i tam prawdopodobnie przetrwała do końca wojny (zob. tabela 4).

BUNKRY W LASACH

Część Żydów złoczowskich ukrywała się w okolicznych lasach na własną rękę. Było tam jednak bardzo trudno przeżyć z powodu braku żywności. Trzeba było o nią prosić we wsiach, ukraść albo zabrać siłą z gospodarstwa lub pola. Ujawnienie się Żydów w okolicy wsi wiązało się przy tym z groźbą donosu ze strony któregoś z mieszkańców do niemieckiej placówki policji lub żandarmerii. W lesie trzeba było umieć też zbudować bunkier, w którym można było zamieszkać i schronić się przed deszczem, chłodem i mrozem. O tym, jak trudne panowały tam warunki życia, niech świadczy to, że część Żydów podejmujących ucieczkę do lasu w okresie istnienia getta i obozów pracy po pewnym czasie wracała do miejsc, skąd uciekali, mimo że istniało tam niebezpieczeństwo deportacji lub rozstrzelania. Do powrotu skłaniały ich głód i zimno, brak lekarstw i opieki medycznej oraz narażenie na napady i grabieże[269]. Chaim Schöps, ukrywający się w lasach w okolicach Sasowa, swoje doświadczenia ukrywania się wspominał następująco: „Znalazłem się w lesie z grupą złożoną z 30 ludzi. Postanowiliśmy zbudować sobie schronienie (bunkier) strzeżony dniem i nocą. Dla załatwienia pewnych spraw wróciłem do miasta. Po powrocie z miasta znalazłem w bunkrze 12 rozebranych trupów"[270].

---

268 *Nadzwyczajnij zwit pro diji czierwonich partizaniw na tierienach Zołocziws'koji okrugi OUN, 25 kwitnia 1944 r.* [w:] *ibidem*, s. 71–72.

269 AYV, O.3/1818, Relacja Mariana Ryszarda Szadkowskiego, s. 14; AŻIH, 301/3777, Relacja Chaima Wandera, s. 5; AŻIH, 301/801, Relacja Bolesława Kopelmana, s. 1; AIPN, 2646/1/D/, Wspomnienia Marii Davidson dotyczące życia w Lwowie, Gołogórze [Gołogórach] i w Warszawie w czasie II wojny światowej, s. 5.

270 AŻIH, 301/4991, Relacja Chaima Schöpsa, s. 2.

W czasie ukrywania się w lesie Uszer Podhorcer i Symche Baumer, którzy zbiegli w czasie likwidacji obozu pracy w Sasowie, w okolicach Huty Werchobuzkiej zostali zastrzeleni przez Ukraińców. W lipcu 1943 r. w tej okolicy ukrywała się też grupa innych 18 Żydów; napadnięto na nią dla rabunku i w bunkrze zastrzelono 5 osób (sprawcy pozostali nieznani)[271].

By unaocznić sytuację Żydów ukrywających się w lasach, przytoczę jeszcze jeden przykład. Otóż w nocy z 19 na 20 września 1943 r. około 10 uzbrojonych Żydów dokonało napadu na dom Volksdeutscha w Majdanie Pieniackim, chcąc zabrać stamtąd potrzebne im rzeczy. Ludzie ci mieli widocznie słabe doświadczenie z bronią, bo w czasie napadu strzelano chaotycznie i dwóch Żydów podobno zginęło od kul swoich towarzyszy[272].

Obecnie można przyjąć, że na własną rękę w lasach i polnych bunkrach na terenie powiatu złoczowskiego próbowało się ukryć w czasie okupacji niemieckiej około 483 Żydów, z których nieliczni podjęli taką próbę już w 1942 r., ale większość ukrywających zbiegła do lasów dopiero w 1943 r. Żydzi ukrywający się w leśnych bunkrach byli największą grupą spośród ogółu ukrywających się w powiecie złoczowskim, mimo że ta strategia należała do najtrudniejszych i była mało skuteczna. Mamy informacje jedynie o 156 Żydach (32%), którzy przeżyli, i o 177 osobach (37%), które zginęły, a o dużej liczbie tych, którzy się ukryli, w ogóle nie mamy żadnych danych[273].

---

271 AŻIH, 301/1403, Relacja Samuela Wandera, s. 6.

272 *Witiag iz zwitu pro podiji na tierienach Zołocziwszczyny w żowtni 1943 r., 25 żowtnja 1943 r.* [w:] *Litopys UPA*, t. 24, s. 59.

273 Losy Żydów ukrywających się w lasach charakteryzują liczne źródła: AYV, O.33/4249, Wspomnienia Sali (Peczenik) Felzen, s. 1–3; USC, VHA, 1518, Relacja Jackoba Ganga; USC, VHA, 32492, Relacja Leonida Vugmana; USC, VHA, 36932, Relacja Pepe Chouak; USC, VHA, 25298, Relacja Berthy Hauser; USC, VHA, 22866, Relacja Shmuela Pelega; USC, VHA, 01387, Relacja Martina Perlmuttera; USC, VHA, 47521, Relacja Abrahama Shapiry; USC, VHA, 20581, Relacja George'a Eisenberga; AIPN, GK 164/2496, „Application", 18 II 1947 r., k. 33; *ibidem*, Zeznanie Pepy Altman z września 1946 r., s. 50; *ibidem*, Oświadczenie Etki Preiss, 26 IX 1946 r., k. 52–53; *Witiag iz zwitu pro podiji na tierienach Zołocziwszczyny...* [w:] *Litopys UPA*, t. 24, s. 59; AŻIH, 301/4015, Relacja Aleksandra Morgersterna, s. 1–2; Ośrodek Karta, Archiwum Wschodnie, II/1420/2KW, Franciszek Sikorski, „Najpiękniejsze wzgórza i doliny", s. 29; Komański, Siekierka, *Ludobójstwo dokonane przez nacjonalistów ukraińskich na Polakach...*, s. 978: „Wspomnienia Ignacego Pawlika" i in. Do przedstwionych danych nie wliczono grupy 134 osób, która ukrywała się w lasach sasowskich i brodzkich, ponieważ osoby te mogły dublować się z już wykazanymi w tych lasach innymi grupami. Nie było pewne, czy ludzie ci przebywali na terenie powiatu złoczowskiego (AŻIH, 301/4991, Relacja Chaima Schöpsa, s. 2).

UKRYWANIE SIĘ W GOSPODARSTWACH CHŁOPSKICH I WŚRÓD NIEŻYDOWSKICH MIESZKAŃCÓW MIASTECZEK

Według zebranych danych źródłowych w czasie okupacji niemieckiej próbowało szukać ratunku u gospodarzy na wsiach około 200 Żydów (w tej liczbie również osoby, które podjęły taką próbę już w 1942 r.). Ponadto w samym Złoczowie prawdopodobnie dziesięć osób zostało ukrytych przez dwie polskie rodziny, natomiast kolejne dwie osoby otrzymały znaczącą pomoc, by mogły przetrwać w terenie. Do wkroczenia Armii Czerwonej w lipcu 1944 r. ogółem przeżyły dzięki swoim opiekunom 154 osoby (73%), w tym jedynie kilka w samym Złoczowie. Niestety w tym mieście osiem osób musiało uciekać z kryjówki i pewne jest tylko, że z tej grupy dwie szczęśliwie przeżyły wojnę, o pozostałych nie mamy żadnych informacji. W powiecie złoczowskim z miejsc ukrycia zostało wyrzuconych lub musiało je porzucić pod wpływem różnych okoliczności pięć osób, np. jedna w Sokołówce, gdy napadu dokonali banderowcy. W tym powiecie w okresie wojny zginęło 48 Żydów (24%), którzy szukali schronienia u gospodarzy na wsiach. Przyczynami śmierci były: aresztowanie dokonane przez Niemców, wydanie kryjówki przez kogoś miejscowego, zatrzymanie przez policję ukraińską, czasami też morderstwo popełnione przez ludzi, u których Żydzi się schronili[274].

Ogólnie rzadko który polski czy ukraiński chłop oferował schronienie w domu lub gospodarstwie, tylko nieliczni zdecydowali się ukrywać Żydów. Jeżeli już to robiono, to w powiecie złoczowskim przede wszystkim

---

274 Rodzina Marka Goldenberga ukrywała się od 1942 r. najpierw na wsi, a od kwietnia/maja 1943 r. w Złoczowie (USC, VHA, 12624, Relacja Marka Goldenberga). Trzy osoby zostały zatrzymane przez Niemców w lesie i zabite, gdy z konieczności opuściły kryjówkę, u swojego gospodarza; co najmniej trzy osoby (brak dokładnych danych) podczas napadu ukraińskich nacjonalistów na jedno z gospodarstw chłopskich; przyczyna śmierci jednej osoby nie jest znana. Losy ukrywających się charakteryzują teksty źródłowe: AYV, Righteous Among The Nations, http://db.yadvashem.org/righteous/familyList.html?placeTemp=Zloczow&results_by=family&placeFam=Zloczow&language=en (dostęp 21 IX 2016 r.); AŻIH, 301/87, Relacja Mendla Rudera, s. 5; AYV, M.1.E/668, Ilena Baum, s. 3; AIPN, 2586/115, Odpis wyroku Sądu Krajowego w Stuttgarcie z 15 VII 1966 r. w sprawie karnej przeciwko: Paul Raebel, Hermann Müller, Walter Lambor, Paul Mellar, Thomas Hassenberg, Julius Aust, Hubert Schwach, Horst Winkler, Willi Herrmann, Erwin Czerwony — członkowie SS, funkcjonariusze Policji Bezpieczeństwa — Placówki zamiejscowej w Tarnopolu (Sicherheitspolizei — Aussendienststelle Tarnopol), oskarżeni o zbrodnie popełnione na osobach narodowości żydowskiej w rejonie Tarnopola w latach 1941–1943, t. 1 (fotokopia), 1967–1967, k. 195–197.

postępowały tak rodziny polskie. Medal Sprawiedliwego wśród Narodów Świata otrzymało 40 osób z powiatu złoczowskiego. Z zebranego materiału źródłowego wynika, że grupa osób, które przez dłuższy czas ukrywały Żydów, oraz tych, które pomogły znaleźć schronienie u miejscowych, liczyła około 89 osób. Częściej zdarzały się gesty solidarności przez nakarmienie lub ostrzeżenie przed grożącym niebezpieczeństwem. Współczucie oraz doraźna pomoc nie gwarantowały jednak przeżycia, gdyż aby to się stało możliwe, najważniejsze było zdobycie kryjówki, schronu, mieszkania i chociażby skromnego wyżywienia.

Tabela 3. Rodziny/osoby ukrywające Żydów w domu lub gospodarstwie w powiecie złoczowskim podczas okupacji niemieckiej

Kategorie ukrywających	Ogółem liczba rodzin	Liczba osób zaangażowanych w ukrywanie	Liczba odznaczonych medalem Sprawiedliwy wśród Narodów Świata	
			rodzin	osób
Mieszkańcy wsi	42 (3 ukraińskie; 31 polskich; o 8 brak bliższych danych	70	12 (w tym 1 ukraińska)	26
Mieszkańcy Złoczowa	3 (polskie)	11	2	6
Pomogli ukryć się lub znaleźli ludzi, którzy przyjęli Żydów do swojego domu	2 (1 niemiecka i 1 polska)	8	2	8
OGÓŁEM	47	89	16	40

Źródło: Opracowanie własne[275].

275 Na temat warunków ukrywania zob.: Lewicky Family, http://db.yadvashem.org/righteous/family.html?language=en&itemId=4039722 (dostęp 21 IX 2016 r.); AYV, Righteous Among the Nations; AYV, O.3/674, Relacja Zipory Meinemer; AYV, M.49.E/2541, Zehawa Rothowa; AYV, M.1.E/668, Ilena Baum; AYV, O.3/6973, Relacja Gishy Weis; AŻIH, 301/1954, Relacja Mariusza Jerzego Heszelesa; AŻIH, 301/427, Relacja Hermana Bermana [Bergmana]; AŻIH, 301/3784, Relacja Anny Szolder-Ulreich; AŻIH, 301/87, Relacja Mendla Rudera; AŻIH, 301/5879, Jan Kulpa, Juliusz i Hugon Gutfreund i inni; AIPN, 392/999, t. P 1127, dotyczy: Bronisławy Stachuń i Karoliny Hajek; USC, VHA, 46008, Relacja Grzegorza Tyża; USC, VHA, 21772, Relacja Fani Fulero; USC, VHA, 12624, Relacja Marka Goldenberga; USC, VHA, 28042,

Do pomagających należała rodzina Lewickich ze Złoczowa. Aleksander Lewicki w czasie okupacji niósł pomoc Żydom w getcie, przekazując im leki i żywność, a po likwidacji getta ukrył u siebie dwóch żydowskich chłopców. Pomagał też 25 ukrywającym się Żydom, dostarczając im prowiant[276]. Na podkreślenie zasługuje również postawa jednego z urzędników niemieckich, Josefa Meyera, który w okresie okupacji, będąc kierownikiem Wydziału Dostaw i Rolnictwa w Złoczowie, wykorzystywał swoje stanowisko do udzielania ludności żydowskiej pomocy. Niejednokrotnie zwiększał dostawy żywności dla szpitala żydowskiego, ukrywając w formularzach, że jest to wsparcie dla Żydów, oraz zwiększał przydziały produktów dla kuchni żydowskiej, która wydawała obiady. Znajomemu prawnikowi Salomonowi Altmanowi — jak już była wcześniej mowa — przekazał informacje o niepokojących przygotowaniach władz niemieckich do akcji eksterminacyjnych, a w maju 1943 r. swoim służbowym samochodem zawiózł żonę Altmana do Lwowa. Wyjechała ona następnie do Warszawy na fałszywych papierach aryjskich. Meyer pomógł ukryć się także Altmanowi, jego synowi i ojcu u polskiego chłopa w Jelechowicach, dzięki czemu ocalił im życie[277]. W dziele niesienia pomocy Meyera wspomagała żona z córkami. Również Władysław Sajdak i jego synowie Adam i Tadeusz, mieszkający nieopodal stacji kolejowej w Złoczowie, udzielali pomocy Żydom i przede wszystkim dzięki temu trzech z nich szczęśliwie doczekało końca wojny[278].

Pomoc ukrywającemu się w lesie Fajwelowi Auerbachowi i jego towarzyszom okazali polscy mieszkańcy Huty Werchobuzkiej i Huty Pieniackiej, o czym on sam wspominał następująco:

Relacja Reginy Hamery; USC, VHA, 6924, Relacja Abrama Gellera; Ośrodek Karta, Archiwum Wschodnie, II/1420/2KW, Franciszek Sikorski, „Najpiękniejsze wzgórza i doliny", s. 29–31; Altman, *Haunting Memories*, s. 107–108; Komański, Siekierka, *Ludobójstwo dokonane przez nacjonalistów ukraińskich na Polakach...*, s. 978: „Wspomnienia Ignacego Pawlika"; *Politicznij zwit iz Zołocziwszczyny bid 30 kwitnja do 15 trawnja 1944 roku [nie ran'sze 15 trawnja 1944 r.]* [w:] *Litopys UPA*, t. 24, s. 81; AAN, 203/XV/28, Meldunek tygodniowy z 30 VI 1944 r., powiaty: Kamionka Strumiłowa, Sokal, Radziechów, Złoczów, Zborów, Brody, Przemyślany, Brzeżany, Podhajce, Buczacz, Bóbrka, k. 138.

276 Lewicky Family, http://db.yadvashem.org/righteous/family.html?language=en&itemId=4039722 (dostęp 21 IX 2016 r.).

277 Meyer Family, http://db.yadvashem.org/righteous/family.html?language=en&itemId=4044507 (dostęp 21 IX 2016 r.).

278 Sajdak Family, http://db.yadvashem.org/righteous/family.html?language=en&itemId=4044976 (dostęp 1 X 2016 r.).

W lesie było nas 30. Ukrywaliśmy się w Hucie Werchobuzkiej i Pieniackiej. Pomagali nam mieszkańcy tych wsi, Polacy, bardzo biedni chłopi, którzy dzielili się z nami ostatkami, cierpiąc sami głód. Przebywaliśmy tam od lipca 1943 r. do marca 1944 r. Dzięki nim żyjemy. Mieliśmy broń. Gdy były obławy, sołtys nas ostrzegał[279].

Natomiast Majerowi (Martinowi) Perlmutterowi i jego towarzyszowi w kwietniu 1943 r. w lesie koło Pobocza pomagali przez pewien czas miejscowi chłopi ukraińscy[280].

Udzielanie schronienia Żydom w domach i gospodarstwach utrzymywano w jak największej tajemnicy przed sąsiadami. Ludzie podejmujący się przygotowania skrytek i bunkrów wykonywali je w taki sposób, aby nie były dla nikogo widoczne i rozpoznawalne. Miejsce takie Żydzi mogli opuszczać jedynie w nocy, aby nie ujawnić swojej obecności. Jan Kulpa ze wsi Zazule, ukrywający po likwidacji getta złoczowskiego aż piętnaście osób oraz w sąsiedniej wsi Jelechowice pięć osób, umożliwiał swoim podopiecznym wychodzenie z ukrycia do pomieszczeń mieszkalnych wyłącznie nocą. Żywność dostarczał tylko osobiście i tylko on utrzymywał wszelkie kontakty ze światem zewnętrznym. To były ciężkie warunki życia, ale metoda okazała się skuteczna i wszyscy Żydzi ukrywani przez kilkanaście miesięcy doczekali końca okupacji[281].

Chłopi ukrywający Żydów we wsiach powiatu złoczowskiego kierowali się różnymi motywacjami i reprezentowali różne postawy. Byli wśród nich życzliwi i dobrzy ludzie, lecz występowały także postawy przeciwne. Takich właśnie doświadczyli Żydzi, którzy trafili do jednego z gospodarzy w gminie Folwarki (dokładne miejsce nie jest znane). Pomagał im on za pieniądze, w czym nie byłoby nic złego, wszak Żydzi często, jeżeli mieli pieniądze, płacili swoim opiekunom za żywność, ale tym razem żydowskim opiekunem został człowiek chciwy i o antysemickich poglądach. Często groził swoim podopiecznym otruciem lub rozstrzelaniem. Mieszkali jednak u niego od jesieni 1942 do lata 1943 r., ponieważ nie widzieli innego wyjścia. Ich schowek stanowił wykopany w ziemi dół o długości około 2 m i wysokości 1,5 m, którego strop został zasłonięty stertą obornika. Odór i wilgoć, jakie trzeba było

279 AŻIH, 301/1200, Relcja Fajwla Auerbacha, s. 4.

280 AŻIH, 301/4670, Relacja Majera Perlmuttera, s. 4.

281 AŻIH, 301/5879, Jan Kulpa, Juliusz i Hugon Gutfreund i inni, s. 2–3, 5–6.

znosić, były nie do wytrzymania. Ukrywało się tam dziewięć osób przez ponad dziesięć miesięcy, aż do czasu, gdy udało im się znaleźć inne miejsce[282].

Wśród wszystkich żydowskich strategii przetrwania to zaoferowanie schronienia przez nieżydowskich sąsiadów — udzielane częściej przez Polaków, rzadziej przez Ukraińców — było najskuteczniejszą metodą i zapewniało największe szanse przeżycia złoczowskim Żydom. Wiązało się to jednak z ogromnym ryzykiem, gdyż groziło karą śmierci. O prześladowaniach za pomoc Żydom zachowały się w źródłach jedynie wzmianki. Na terenie powiatu złoczowskiego odnotowano kilka przypadków represjonowania rodzin ukrywających Żydów, należy więc je tutaj przywołać. Podobno za ukrywanie Żydów aresztowano: w 1943 r. w Hucisku Oleskim rodzinę Jaworskich; jesienią 1943 r. w Złoczowie rodzinę Karoliny Hajek; w maju 1944 r. w Zazulach bliżej nieokreśloną liczbę Polaków. W źródłach zachowały się jedynie krótkie informacje, że za udzielenie schronienia Żydom zamordowano: w drugiej połowie 1942 r. w Gołogórach rodzinę Smolińskich; w Uszni pod koniec sierpnia lub we wrześniu 1942 r. cztery polskie rodziny, które policjanci ukraińscy mieli rozstrzelać za ukrywanie Żydów i za zaangażowanie w działania AK; w drugiej połowie czerwca 1944 r. w okolicach lasów zazulskich powieszono ukraińskiego chłopa[283].

Łapanki na Żydów urządzano do samego końca okupacji, a z dotychczas znanych materiałów źródłowych wynika, że ogólnie w powiecie złoczowskim osoby, które zechciały i odważyły się ukryć Żydów, należały do wyjątków wśród mieszkańców tego terenu.

282 AYV, M.49.E/2541, Zehawa Rothowa, s. 1–3.

283 AAN, 203/XV/28, Meldunek tygodniowy z 30 VI 1944 r., powiaty: Kamionka Strumiłowa, Sokal, Radziechów, Złoczów, Zborów, Brody, Przemyślany, Brzeżany, Podhajce, Buczacz, Bóbrka, k. 138; AIPN, 392/999, List Floriana Szpyta do Okręgowej Komisji Badania Zbrodni Hitlerowskich w Polsce z 21 XI 1988 r., b.p.; *ibidem*, Protokół przesłuchania świadka Bronisławy Stachuń z domu Hajek z 31 I 1989 r., k. 3–6; *Politicznij zwit iz Zołocziwszczyny bid 30 kwitnja do 15 trawnja 1944 roku...* [w:] *Litopys UPA*, t. 24, s. 81; Ośrodek Karta, Archiwum Wschodnie, II/1420/2KW, Franciszek Sikorski, „Najpiękniejsze wzgórza i doliny", s. 29–30; Komański, Siekierka, *Ludobójstwo dokonane przez nacjonalistów ukraińskich na Polakach...*, s. 978: „Wspomnienia Ignacego Pawlika"; Węgierski, *Armia Krajowa...*, s. 174.

WĘDROWANIE

Żydowskie ukrywanie się to niekiedy wędrowanie i zmiana miejsca pobytu, aby nie zostać rozpoznanym, uciec przed szantażystami lub zdobyć żywność i nocleg. Łączyło się to zawsze z koniecznością szybkiego dostosowania się do okoliczności i warunków w terenie, podjęcia błyskawicznej decyzji o ucieczce lub pozostaniu w danym miejscu. Ten sposób wybierali Żydzi, którzy nie mieli możliwości ukrycia się na stałe na wsi u gospodarzy, oraz ci, którzy zamiast ukrywać się w lesie decydowali się na szukanie schronienia po wsiach dopóty, dopóki ktoś ich nie wygoni i nie zmusi do odejścia. Losy tych osób kształtował często przypadek oraz brak szczęścia, gdy trafiając do wielu miejsc, nie spotkali na swojej drodze żadnych bohaterskich polskich lub ukraińskich sąsiadów, którzy przyjęliby ich na stałe.

W celu zobrazowania tego zjawiska przytoczę tutaj dwa przykłady losów osób ukrywających się w ten sposób w powiecie złoczowskim. Jedną z nich był Maurycy Altstock, który początkowo po likwidacji obozu pracy w Złoczowie zaplanował, że o pomoc będzie prosił swoich przedwojennych polskich kolegów ze szkoły. Ukrywał się, wędrując od domu jednego do drugiego i zachodząc do ludzi, których oceniał jako życzliwych. U niektórych chował się w zabudowaniach gospodarczych przez jedną noc, wyjątkowo dłużej, a w innych miejscach otrzymał tylko jedzenie[284]. Natomiast dla Mendla Rudera wędrowanie było koniecznością, gdyż nie miał innej sposobności ukrycia się. Uciekł z obozu w Lackiem Wielkim, prawdopodobnie w październiku 1942 r.[285], i dołączył do swojej rodziny ukrywającej się wraz z dzieckiem u jednego z polskich chłopów w Woroniakach. Ktoś zauważył obecność Żydów we wsi i Mendel oraz jego żona musieli uciekać z gospodarstwa, gdzie dano im schronienie, ale pozostawili tam nadal swoje dziecko. Rodzice powędrowali do Płuhowa. Po pewnym czasie matka, chcąc zobaczyć syna, udała się z powrotem do Woroniaków. Po drodze została zatrzymana przez policję i oddana w ręce SS-manów. Mendel po jej śmierci uciekł z powiatu złoczowskiego i zaczął się ukrywać w lasach snowickich, gdzie dołączył do większej grupy Żydów. Zostali oni rozbici podczas jednej z obław, kiedy to 22 osoby złapali prześladowcy podczas pościgu, a ocalało jedynie pięcioro. Ruder przez trzy dni leżał w bagnie, żywiąc się trawą. Nie wiedząc, co dalej

---

284 USC, VHA, 32492, Relacja Maurycego Altstocka.

285 We wspomnieniach podał, że stało się to w październiku 1943 r., ale obóz został zlikwidowany w lipcu 1943 r., najprawdopodobniej więc świadek pomylił daty wydarzeń.

zrobić, powrócił na teren powiatu złoczowskiego, gdzie ukrywał się w lasach w okolicach wsi Szpikłosy. Tam spotkał Żydów, którzy tak jak on przebywali w lesie. Wędrował przez osiem miesięcy. Po tym czasie uznał, że nie wytrzyma już takiego życia, że jest bliski śmierci i wrócił do Woroniaków — do gospodarstwa, w którym był jego syn. Tam szczęśliwie doczekał końca wojny[286].

Wędrowanie było najtrudniejszym sposobem przetrwania i stanowiło najrzadziej wybieraną metodę ukrywania się Żydów złoczowskich. Wiązało się z koniecznością poruszania się po terenie i zaopatrywania się w żywność w wioskach, w których zazwyczaj bardzo wielu mieszkańców było nastawionych wobec Żydów wrogo lub niechętnie.

INNE STRATEGIE: NA ARYJSKICH PAPIERACH, WYJAZD NA ROBOTY PRZYMUSOWE, UCIECZKA POZA GRANICE POWIATU

Wyrobienie fałszywych dokumentów wymagało nawiązania kontaktów z kimś z organizacji konspiracyjnej lub z osobą, która mogła wystawić np. fałszywą metrykę urodzenia. Wiązało się też z koniecznością zapłacenia sporych pieniędzy za nowy komplet dokumentów. W grupie Żydów złoczowskich metoda ta była stosowana, ale nie zawsze z powodzeniem. Jej skuteczność zależała od dobrego wykonania podrobionych dokumentów oraz od tego, czy ktoś z miejscowych ludzi nie zdekonspirował ukrywającego się[287]. Osób, które wybrały tę metodę i pozostały z papierami na terenie powiatu złoczowskiego, było niewiele.

Częściej próbowano ratować się, opuszczając rodzinne strony i udając się poza powiat. Nie można jednak precyzyjnie określić, ilu Żydów podjęło taką decyzję i ilu z nich się uratowało. W źródłach udokumentowanie znalazło

---

286 AŻIH, 301/87, Relacja Mendla Rudera, s. 4. Podobną metodę przetrwania zastosował Bolesław Kopelman, pochodzący z centralnej Polski, a mieszkający we Lwowie. Uciekł stamtąd do Złoczowa po wybuchu wojny niemiecko-sowieckiej w czerwcu 1941 r., zmieniał miejsca pobytu, podając się za Polaka. Stosował różne metody ukrywania się, po jakimś czasie wrócił do Lwowa (AŻIH, 301/801, Relacja Bolesława Kapelmana, s. 1). Zmianę tożsamości i wędrowanie wybrał także Chaim Wittelsohn (AŻIH, 301/531, s. 1–2).

287 Informacje o różnych osobach ukrywających się w ten sposób na terenie powiatu Złoczów podali: Zehawa Rothowa (AYV, M.49.E/2541), Helena Kitaj-Drobnerowa (AYV, M.49.E/1524), Mendel Ruder (AŻIH, 301/87), Rózia Kohn (AŻIH, 301/5329), Salomon Liberman (AŻIH, 301/2752).

69 przypadków (w tym na robotach i w obozach); większość z tych osób przeżyła wojnę (zob. tabele 4 i 5). Próby podejmowano w różnym czasie i udawano się w różnych kierunkach. Wśród osób, które w ten sposób się uratowały, znajdowali się m.in. Helena Kitaj-Drobnerowa oraz dr Bernard Gaerber z żoną i synem. Zostali oni zabrani 5 listopada 1942 r. przez trzech Polaków do Warszawy. Szczegóły zawarte we wspomnieniach wskazują, że byli to żołnierze Armii Krajowej. Żydzi otrzymali fałszywe metryki urodzenia i podrobione kenkarty, którymi mogli od tej pory się posługiwać. W Warszawie zamieszkali w różnych miejscach. Helenę ukryto w jednym z mieszkań przy al. 3 Maja 2, „gdzie prowadzono kuchnię prywatną dla członków komórki organizacji podziemnej. Tam przychodził Zbyszek i inni członkowie organizacji". Helena Kitaj-Drobnerowa i rodzina Gaerberów przeżyli do końca wojny, chociaż z niemałymi trudnościami[288].

Innym sposobem ukrycia się było znalezienie się wśród ludzi jadących na roboty przymusowe do Rzeszy. Dla kobiet żydowskich stanowiło to jedną z metod na przetrwanie, ale dla mężczyzn wiązało się z dużo większym ryzykiem, gdyż ludzie zgłaszający się do pracy w Rzeszy lub zabierani tam pod przymusem przechodzili kontrolę komisji lekarskiej, oceniającej ich stan zdrowia. Dla mężczyzn Żydów były to okoliczności nie do pokonania, ponieważ lekarze podczas badań mogli z łatwością poznać ich żydowskie pochodzenie. A jednak tak ocalał 14-letni Marek Josch ze Złoczowa, którego w 1943 r. zatrzymano podczas łapanki i wysłano wraz z innymi robotnikami do pracy w Austrii[289].

Oprócz heroicznych postaw, odważnych, i tych polegających po prostu na wykorzystywaniu nadarzających się możliwości, by zwiększyć szanse na przeżycie, zdarzały się postawy szukania ocalenia przez donosicielstwo lub zdradę, o czym niekiedy mówi się w źródłach. Były przypadki, gdy ktoś próbując ratować siebie i bliskich, chwytał się tego najgorszego i złudnego sposobu ocalenia życia[290]. Często trudno jednoznacznie ocenić takie działania,

---

288 Cyt. za: AYV, M.49.E/1524, Helena Kitaj-Drobnerowa, s. 10–11 i in. Dom przy al. 3 Maja nr 2 był wykorzystywany do konspiracyjnych działań warszawskiej AK. W mieszkaniu Haliny Hołówko mieścił się jeden z lokali konspiracyjnych, gdzie odbywały się szkolenia m.in. Wojskowej Służby Kobiet. Możliwe, że tam właśnie trafiła Helena Kitaj-Drobnerowa (*Wywiad z Barbarą Kinast*, http://www.1944.pl/powstancze-biogramy/barbara-kinast,21000.html, dostęp 5 V 2017 r.).

289 AŻIH, 301/811, Relacja Marka Joscha.

290 AŻIH, 301/4670, Relacja Majera Perlmuttera, s. 5; AŻIH, 301/4719, Relacja Jakuba Chamaidesa, s. 6; AYV, O.5/61, Protokół przesłuchania Ernsta Stella z 23 V 1947 r., k. 17.

gdyż analizowane wydarzenia rozgrywały się w świecie, w którym panowały terror, przemoc, głód, choroby oraz śmierć, i to one tworzyły rzeczywistość złoczowskich Żydów.

Tabela 4. Sposoby przeżycia Żydów z powiatu Złoczów ukrywających się w latach 1941–1944

Sposób przeżycia	Liczba i odsetek ocalałych	
Las/bunkry	179[291]	28,2%
Wieś w jednym miejscu[292]	140[293]	22,1%
Wieś w kilku miejscach	14	2,2%
Wędrowanie między wsiami	7	1,1%
Partyzantka	128	20,2%
Aryjskie papiery	2	0,3%[294]
Obóz pracy[295]	6[296]	0,9%

291 W tej liczbie 23 osoby, które przeżyły w bunkrze w Złoczowie.

292 Tutaj wykazałam także osoby ukryte u polskich rodzin w Złoczowie.

293 W szacunku uwzględniono 2 osoby, które przeżyły w Złoczowie dzięki ukryciu ich u polskiej rodziny.

294 Wykazano osoby, które przebywały na terenie powiatu.

295 Przyjęłam, że obóz mógł być strategią przetrwania tylko wtedy, gdy ktoś wybierał ten sposób jako formę ukrycia się oraz miał jakiś plan działania, kiedy z rozmysłem wybierano ratowanie się przez wejście do obozu. Sprawa ta jest jednak trudna do rozstrzygnięcia. Na przykład Żydzi w Sasowie oceniali obóz jako gwarantujący im uniknięcie deportacji i minimalną ochronę przed akcjami niemieckimi (w dwóch obozach w Sasowie w pierwszej połowie 1943 r. osadzonych było około 400 więźniów, w tym około 200 Żydów z Sasowa). Podobną ostoję widziano w warsztatach pracy w Złoczowie, gdzie byli skupieni specjaliści i fachowcy. Obóz pracy uznałam za strategię tylko wówczas, gdy wiązało się to z zaplanowanym wejściem na teren obozu w celu tymczasowego ukrycia się, zdobycia noclegu i wyżywienia oraz gdy towarzyszyła temu decyzja, że jest to jedyna metoda na uniknięcie deportacji lub śmierci. Zdarzało się to po likwidacji getta w Złoczowie, gdy Żydzi uciekali do lasu, a następnie podejmowali decyzję o wejściu do obozu (np. kilka osób, które weszły bez zgody strażników do obozu w Sasowie). W większości te osoby zginęły (zaraz po odkryciu ich obecności w obozie) lub nic nie wiadomo o ich losach. Nie zostały więc one wykazane w tabeli o przeżyciu. Inni obozowicze, którzy uciekli podczas akcji likwidacyjnej (lipiec 1943 r.), ukrywali się na terenie powiatu lub w rodzinnym mieście i zostali wykazani w innych strategiach przetrwania.

296 Wliczono Żydów, którzy do Centralnego Komitetu Żydów w Polsce podali obóz jako sposób przetrwania; prawdopodobnie 4 osoby znalazły się poza powiatem.

Sposób przeżycia	Liczba i odsetek ocalałych	
Ucieczka poza powiat	56[297]	8,8%
Na robotach w Rzeszy	3	0,5%
Przeżyli, ale brak danych, w jaki sposób	99[298]	15,6%
Ogółem liczba ocalałych	634	100%

Źródło: Opracowanie własne[299].

Znaleźli się oni w sytuacji granicznej, porównywalnej ze staniem nad przepaścią, której krawędź wyznaczały drzwi deportacyjnego wagonu lub brzeg wykopanego masowego grobu mieszczącego ciała zabitych. Ludzie w takich warunkach zachowywali się różnie, a instynkt podpowiadał rozwiązania i każdy chciał przeżyć. W źródłach żydowskich widać przede wszystkim próby aktywnego zapobieżenia zagrożeniu i najczęściej są to samodzielne lub wspólnie z rodziną działania służące znalezieniu dobrego miejsca ukrycia się w sytuacjach najgroźniejszych, rzadziej prośby skierowane do polskich lub ukraińskich sąsiadów o pomoc.

297 Ucieczki poza powiat. Nie odnalazłam przypadków przekroczenia granicy i ucieczki do innego państwa.

298 Osoby te przeżyły, ale nie można było ustalić, czy ukryły się na terenie powiatu czy poza nim.

299 Obliczenia oparto na źródłach zgromadzonych podczas kwerend, dostępnych bazach danych oraz literaturze przedmiotu wykazanych w przypisach oraz bibliografii.

Postawy Polaków i Ukraińców wobec zagłady Żydów złoczowskich

Okupacja niemiecka przyniosła ludności ziemi złoczowskiej przemoc i represje, m.in. aresztowania, zesłania do obozów pracy, rekwizycje i zajęcie części własności prywatnej. Wieś ucierpiała od nałożonych na nią obowiązkowych kontyngentów. Dotkliwie odczuwano wywózki na roboty przymusowe do Niemiec, które zmniejszyły stan ludnościowy powiatu i odebrały mu część siły roboczej. Porównując statystyki ludnościowe dla poszczególnych gmin z początku okupacji niemieckiej z danymi niemieckiego spisu powszechnego z 1943 r., można zauważyć, że w tym okresie prawie w każdej gminie ubyło kilkaset osób, a kolejne miesiące okupacji pogłębiły ten proces[300]. Na tym tle sytuacja Żydów przedstawiała się jednak szczególnie dramatycznie ze względu na bezwzględne postępowanie niemieckiego aparatu okupacyjnego, masowe morderstwa, a także konsekwencje różnych, często negatywnych postaw przejawianych wobec nich w społecznościach lokalnych.

W realiach okupacyjnego życia codziennego z jednej strony znajdowały się osoby polujące na Żydów, naganiacze, szmalcownicy i złodzieje żydowskiego mienia, a z drugiej nieliczni ludzie pomagający Żydom i ich ukrywający. Była jeszcze grupa obserwatorów przejawiających wobec Żydów różne uczucia i postawy. Zdarzali się w niej antysemici, którzy nie współczuli Żydom, lecz nie uczestniczyli w ich niszczeniu. Niektórzy spośród obserwatorów z obawy o własne bezpieczeństwo odmawiali ukrywania Żydów, ale litowali się i czasem nakarmili miską zupy lub dali chleb, a inni odgonili i odmówili czegokolwiek.

Te trzy grupy: pomagający (prezentujący jednak różne postawy co do sposobu pomagania i poziomu zaangażowania w pomoc), ścigający i mordujący oraz obserwatorzy (wykazujący bardzo zróżnicowany stosunek do Żydów), pozostawiły różne teksty narracyjne lub są w nich reprezentowane[301].

---

300 Szerzej o zmianach ludnościowych wśród różnych grup narodowościowych w Galicji Wschodniej w okresie okupacji niemieckiej oraz ich przyczynach pisał: Hryciuk, *Przemiany narodowościowe i ludnościowe w Galicji Wschodniej i na Wołyniu...*, s. 208–216; 234–257.

301 Engelking, *„Jest taki piękny słoneczny dzień...". Losy Żydów szukających ratunku na wsi...*, s. 8–9.

Helena Kitaj-Drobnerowa ogólnie pozytywnie oceniła stosunek złoczowskiej polskiej inteligencji do Żydów w czasie wojny:

> Jeżeli idzie o stanowisko ludności miejscowej do nas, to chcę stwierdzić, że inteligencja polska w Złoczowie była raczej przychylna Żydom. Natomiast inteligencja ukraińska pomagała Niemcom. Inteligencję polską nawet przygnębiały te okrucieństwa. Był nawet jeden ksiądz, z pochodzenia hrabia[302], który niósł pomoc Żydom. Były również sporadyczne wypadki udziału Polaków w pogromach[303].

Takim miejscem, gdzie skłaniano się do pomocy na rzecz Żydów, był szpital miejski. Tam właśnie pomoc otrzymała Maria Cukier, mieszkanka Zborowa, która wyskoczyła z wagonu deportacyjnego w pobliżu Złoczowa, a w czasie skoku została postrzelona. Zraniona, dotarła do Złoczowa i opatrzono ją dopiero w miejskim szpitalu. Pisała o tym następująco:

> Uchodziłam za Polkę bez papierów. Cały personel i lekarze domyślali się, że jestem Żydówką, ale udawali, że nie wiedzą. Otoczyli mnie największą opieką. Gdy wyszłam ze szpitala, udałam się w niewiadome[304].

Tego typu opinie o lekarzach ze szpitala miejskiego w Złoczowie znajdują też potwierdzenie w relacji Bernarda Gaerbera, lekarza żydowskiego, który stwierdził:

> Dzięki znajomościom z polskimi lekarzami, a w szczególności z dyrektorem miejskiego szpitala dr. Martynowiczem, okazującym dużo współczucia Żydom, oraz dzięki przekupieniu Niemców licznymi podarkami przez Judenrat złoczowski, udało mi się jeszcze uzyskać salę dla chorych na tyfus Żydów w tymże szpitalu miejskim, mieszczącym się po stronie aryjskiej[305].

Mimo pochlebnych opinii o niektórych mieszkańcach Złoczowa ogólna ocena postaw nieżydowskiej społeczności tego miasta, zwłaszcza ukraińskiej,

---

302 Chodzi zapewne o ks. Jana Cieńskiego, który był wnukiem hrabiego Włodzimierza Dzieduszyckiego, a w czasie wojny pełnił posługę kapłańską w Złoczowie. Nie udało się jednak odszukać żadnych innych materiałów o udzielaniu przez niego pomocy Żydom.

303 AYV, M.49.E/1524, Helena Kitaj-Drobnerowa, s. 8.

304 AŻIH, 301/2520, Relacja Marii Cukier, s. 2.

305 AYV, O.3/434, Relacja dr. Bernarda Gaerbera, s. 2.

w kwestii pomagania żydowskim sąsiadom musi być negatywna. Na bilans ten składają się bowiem haniebne morderstwa i grabieże podczas pogromu w lipcu 1941 r., a potem nieprzychylne postawy w czasie okupacji i w trakcie akcji likwidacyjnych, w tym wydawanie Żydów, podczas gdy jedynie nieliczni złoczowianie udzielili Żydom pomocy, np. tymczasowego schronienia i opieki.

Natomiast na wsi złoczowskiej atmosfera była przeważnie wobec Żydów nieprzychylna, a często wroga. Ze wspomnień ocalałych wynika, że jeżeli w ogóle mogli liczyć na jakąkolwiek pomoc na wsi, to w tamtym rejonie raczej przychodziła ze strony Polaków niż Ukraińców. Zdecydowana większość rodzin, które ukryły u siebie Żydów, była narodowości polskiej. Znajdowały się wśród nich osoby decydujące się pomagać Żydom i przyjmujące pod swój dach do wybudowanego bunkra od razu kilkanaście osób. Była ich jednak garstka. Na wsiach antysemickie postawy występowały często i mnożyły się napady na ukrywających się Żydów w lasach bądź w okolicach wsi. Maurycy Altstock doświadczył obławy, w której ukraińska ludność jednej z wiosek goniła go całą gromadą i szukała z zamiarem schwytania[306]. Natomiast w polskiej Hucie Werchobuzkiej ukrywający się w miejscowych lasach Żydzi mogli liczyć na otrzymanie żywności i ostrzeżenia przed obławami. Spora grupa Żydów wybrała też Jelechowice i Zazule na swoje kryjówki, a niektórych ukrywających się przyjęto tam do polskich domów.

Warto jednak w tym miejscu przytoczyć jeszcze jedno zdarzenie, które oddaje sytuację ludności żydowskiej na wsi złoczowskiej i ogólną atmosferę wobec Żydów na wsiach. W Uszni mieszkało przeszło 1800 mieszkańców, wśród których dwie trzecie stanowili Polacy. Pomiędzy Ukraińcami i Polakami mieszkało też osiem rodzin żydowskich, w tym pięcioosobowa rodzina Cajzlów. Handlowali bydłem. Niemcy pojawili się w tej wsi bardzo późno, dopiero w 1942 r., i kilku z nich zaczęło tam stacjonować. Latem lub wczesną jesienią 1942 r. jeden z nich i trzej ukraińscy policjanci pili razem w wiejskiej karczmie. Gdy do karczmy wszedł miejscowy Żyd, podpity Niemiec go zaczepił, a potem wybiegł za uciekającym. Po powrocie zaczął rozpytywać o Żydów we wsi, a następnie razem z policjantami ukraińskimi oraz jednym z Polaków (podobno w czasie wojny podającym się za Ukraińca) wyszli razem z karczmy. Napadli na rodzinę Abrahama Cajzla, zabili jego żonę, a dwóch synów zmasakrowali[307].

---

306 USC, VHA, 32492, Relacja Maurycego Altstocka.

307 Archiwum Instytutu Pamięci Narodowej Oddział w Szczecinie, Sąd Apelacyjny w Szczecinie 1945–1950, 447/6, Protokół przesłuchania świadka Władysława Baśladyńskiego z 5 XII

Szczególnie złą sławą w powiecie złoczowskim okryła się policja ukraińska, która współpracowała z Niemcami i uczestniczyła w akcjach antyżydowskich prowadzonych na tym terenie. Po ich zakończeniu z dużym zaangażowaniem wyłapywała ukrywających się Żydów. Tym samym policjanci ukraińscy z powiatu złoczowskiego wpisali się w tendencję istniejącą w całym dystrykcie Galicja, o czym pisali Gabriel Finder i Alexander Prusin, podkreślając, że ukraińska policja odegrała w dziele niemieckiego niszczenia Żydów istotną rolę[308]. Wyjątkowo negatywną rolę odegrali też policjanci (byli wśród nich także Polacy) służący w Złoczowie w Policji Kryminalnej, z których część prawdopodobnie przyjęła volkslistę[309]. Niestety podczas kwerendy, poza protokołami przesłuchań podczas śledztw prowadzonych po wojnie, nie odnalazłam żadnej innej szczegółowej dokumentacji kancelaryjnej o Kripo w Złoczowie, która dokładniej przybliżyłaby tę sprawę. Pomocne okazały się już przeprowadzone badania nad tymi kwestiami w odniesieniu do ziem centralnej Polski. Wiadomo bowiem, że późną jesienią 1939 r. polscy policjanci śledczy zaczęli pracować dla niemieckiej Policji Bezpieczeństwa (Sipo), a po włączeniu dystryktu Galicja do GG podobne zasady organizacyjne rozciągnięto na nową jednostkę administracyjną, w której ramach powołano Dyrekcję Policji Kryminalnej we Lwowie[310].

Bardzo trudno uchwycić w źródłach postawę miejscowych Kościołów rzymskokatolickiego i greckokatolickiego wobec zagłady Żydów. Wśród ocalonych, którzy pozostawili relacje o przeżyciach wojennych, nie znalazły się osoby zawdzięczające ratunek duchownym wspomnianych wyznań. Istnieją jedynie wzmianki o ukryciu dwóch osób narodowości żydowskiej z powiatu złoczowskiego w klasztorach, ale szerzej nic o tym nie wiadomo[311]. Wątek

---

1949 r., k. 54–54v; *ibidem*, Protokół rozprawy głównej w Sądzie Apelacyjnym w Szczecinie w sprawie Władysława Ś., ur. 1912, s. Michała, 20 X 1950 r. k. 300–302, 308, 311; *ibidem*, Sentencja wyroku w imieniu Rzeczypospolitej Polskiej Sądu Wojewódzkiego w Szczecinie z 5 IV 1951 r. w sprawie Władysława Ś., ur. 1912 r., syna Michała, k. 437, 439; *ibidem*, Protokół przesłuchania świadka Wiktora Górskiego w Brzegu z 29 V 1949 r., k. 153–154.

308 Finder, Prusin, *Collaboration in Eastern Galicia*..., s. 106, 108.

309 Zob. AIPN Ka, Wojewódzki Urząd Spraw Wewnętrznych w Bielsku-Białej [1975] 1983–1990, 047/363, Sprawa operacyjna dot.: G. Stefan, imię ojca Wojciech, ur. 4 VIII 1908 r. Kontrola operacyjna byłego funkcjonariusza Policji Państwowej II RP oraz policji granatowej w Złoczowie w czasie II wojny światowej (1946–1959).

310 Szerzej zob. Grabowski, *Tropiąc Emanuela Ringelbluma*..., s. 32; Adam Hempel, *Pogrobowcy klęski. Rzecz o policji „granatowej" w Generalnym Gubernatorstwie 1939–1945*, Warszawa: PWN, 1990, s. 124–137.

311 Ośrodek Karta, Archiwum Wschodnie, II/1420/2KW, Franciszek Sikorski, „Najpiękniejsze wzgórza i doliny", s. 31.

losów Żydów złoczowskich i postawy Kościołów wobec zagłady Żydów powinien w przyszłości zastać podjęty szerzej. Wymaga żmudnej i długiej pracy w archiwach kościelnych i zakonnych, wciąż w dużej mierze niedostępnych dla badaczy[312].

Na zakończenie jeszcze raz powtórzę, że brak również dowodów na prowadzenie przez miejscową konspirację ukraińską i polską nawet niewielkich działań i inicjatyw poza sporadycznymi, a tym bardziej większej zorganizowanej akcji pomagania Żydom przy organizowaniu ich ucieczek oraz przy ukrywaniu się przed Niemcami.

W polskich oddziałach leśnych Żydzi nie mieli wielkiego udziału, a postawa polskiej konspiracji powiatu złoczowskiego wobec ich zagłady jest problematyczna. Podziemie ograniczyło się w gruncie rzeczy do zbierania informacji o akcjach prowadzonych przez Niemców i przekazywania ich do swoich zwierzchników. To nie przyniosło żadnych korzyści Żydom, jeżeli chodzi o ich przetrwanie, a wręcz minęło bez echa[313]. Pozostaje nadal kwestią otwartą, jak polskie oddziały partyzanckie reagowały i jaką postawę przyjmowały wobec grup żydowskich ukrywających się w miejscowych lasach. W jednym z raportów AK z połowy 1942 r., charakteryzującym stosunek społeczeństwa polskiego do Żydów na terenie Obszaru Lwów AK, podawano:

> Ogromna większość społeczeństwa polskiego zajmuje stanowisko wrogie w stosunku do Żydów lub co najmniej negatywne. Jedynie nieliczni Polacy szczerze współczują losom Żydów jako jednostek znanych sobie dobrych obywateli polskich i śpieszą im z pomocą w razie konieczności. Najbardziej zdecydowani antysemici głośno objawiają swoje zadowolenie z powodu

---

312 Nadmienię tutaj, że zachowane dokumenty metropolii lwowskiej obrządku łacińskiego zdeponowane w Archiwum Arcybiskupa Baziaka w Krakowie zawierają szczątkowe źródła z parafii dekanatu złoczowskiego, m.in. akta parafialne parafii Złoczów, pod sygnaturą 388. Są to nieliczne materiały sprzed 1939 r., m.in. inwentarze kościelne, beneficjalne i fundacyjne, szczątki akt kościoła w Jelechowicach, różnego rodzaju szczątki dokumentów urzędowych, np. korespondencja w sprawach kościelnych ze starostwem powiatowym. Dokumentacja ta nie zawierała żadnych danych o okresie wojny. Natomiast w księgach konsystorskich z lat drugiej wojny światowej zawierających bieżącą korespondencję z kurią metropolitalną, które nie są również kompletne, ale stosunkowo obszerne, nie odnaleziono żadnych śladów dotyczących ludności żydowskiej i ewentualnej pomocy udzielanej Żydom.

313 Stanowisko OUN-UPA wobec Żydów szerzej zob.: Omer Bartov, *Wołanie krwi brata twego. Rekonstrukcja ludobójstwa w lokalnej skali*, „Zagłada Żydów. Studia i Materiały" 2014, nr 10, t. 1, s. 340; Himka, *Former Ukrainian Policemen in the Ukrainian National Insurgency...*, s. 147.

likwidacji przez Niemców poważnej cyfry Żydów. [...] Większość natomiast potępia brutalne metody stosowane przez Niemców, lecz swój stosunek do Żydów określa słowami: dobrze, że to robią Niemcy i Ukraińcy, bo my nie będziemy musieli tego robić[314].

Negatywne postawy wobec ukrywających się Żydów przejawiała ludność ukraińska. W jednym z meldunków tygodniowych AK, z 30 czerwca 1944 r., zwracano uwagę na stosunek ludności ukraińskiej do wyłapywania ukrywających się Żydów w powiatach Galicji Wschodniej, w którym pisano: „na całym terenie nie ma prawie dnia, by władze niemieckie przy współdziałaniu Ukraińców nie dostały w ręce jakichś Żydów"[315].

314 AAN, 203/XV/40, Raport [brak dokładnego tytułu] z „Orzecha" [kryptonim Obszaru Południowo-Wschodniego AK] do 1 VII 1942 r., cz. II: Sytuacja polityczna, pkt: Żydzi, s. 29 (dokument omawia też sprawy żydowskie w Małopolsce Wschodniej). Bliskie tym stwierdzeniom są oceny Efraima Stena ze Złoczowa, który przeżył dzięki pomocy Grzegorza Tyża, Marii Koreniuk i Heleny Skrzeszewskiej. We wspomnieniach z lat okupacji niemieckiej pisał: „Odsetek Polaków kolaborujących z Niemcami był znikomy; myślę, że odpowiadał odsetkowi ludzi, którzy pomagali Żydom. Przytłaczająca większość Polaków była po prostu obojętna. Nie mogli zlikwidować Żydów własnymi rękami. Och, nie w ten sposób. Ale nie mieli nic przeciwko temu, by dokonali tego Niemcy, których nienawidzili, lub Ukraińcy, którymi pogardzali" (Sten, *1111 Days...*, s. 31–32). Na temat realiów ukrywania Żydów na wsi złoczowskich zob. także USC, VHA, 46008, Relacja Grzegorza Tyża. Ogólne wnioski o postawach ludności polskiej w czasie wojny wobec Żydów oraz ocena stopnia, w jakim ta pomoc była udzielana, zostały sformułowane przez dowódcę Armii Krajowej gen. Tadeusza „Bora" Komorowskiego w depeszy do władz wojskowych w Londynie z 5 VIII 1943 r. Potwierdzają one wymienione tendencje. Oryginał zaszyfrowanej depeszy znalazł się w dokumentach skonfiskowanych płk. Marianowi Utnikowi przez Urząd Bezpieczeństwa podczas jego aresztowania w 1949 r. i rozszyfrowany przez pracowników Ministerstwa Spraw Wewnętrznych na początku lat sześćdziesiątych XX w. Obecnie przechowywany jest w: CAW, II.52.597, Komenda Główna Armii Krajowej (1943). Maszynopisy depesz 1301–1400, Depesza Lawiny [Tadeusza Bora-Komorowskiego] z 5 VIII 1943 r., k. 18.

315 Na postawie dostępnych źródeł dotyczących powiatu złoczowskiego nie zawsze jesteśmy w stanie określić narodowość osób wydających ukrywających się Żydów lub pomagających w ich wyłapywaniu. Mamy jednak sporo przykładów, że w takich działaniach uczestniczyli miejscowi Ukraińcy lub ukraińska policja zaangażowana do obław (AAN, 203/XV/28, Meldunek tygodniowy z 30 VI 1944 r., powiaty: Kamionka Strumiłowa, Sokal, Radziechów, Złoczów, Zborów, Brody, Przemyślany, Brzeżany, Podhajce, Buczacz, Bóbrka, k. 138; AŻIH, 301/4670, Relacja Majera Perlmuttera, mps, s. 3; AYV, O.62/53, Leokadia Bachner, s. 1–2; USC, VHA, 32492, Relacja Leonida Vugmana; USC, VHA, 32492, Relacja Maurycego Altstocka; IPN OK Kr, S 47/13/Zn, t. 7, Protokół przesłuchania świadka Romana M. z 20 XI 2008 r. [kserokopia], s. 1299; AIPN Lu, 315/76, Protokół przesłuchania Henryka Lenca z 21 IV 1945, k. 14; *ibidem*, Protokół rozprawy głównej, Zeznanie świadka Andrzeja Pankiewicza, 10 VII 1945 r., k. 43).

Tabela 5. Przyczyny śmierci i liczba zabitych Żydów z powiatu Złoczów ukrywających się w latach 1941–1944

Przyczyny śmierci	Liczba i odsetek zabitych	
Mord z rąk niemieckiej żandarmerii/policji (akcja własna)	232	46,3%
Mord z rąk niemieckiej żandarmerii/policji (wydani przez miejscowych, złapani przez policję ukraińską lub przy jej współudziale)	122	24,4%
Mord z rąk ukraińskich policjantów (akcja własna)	6	1,2%
Mord z rąk ukraińskich policjantów (wydani przez miejscowych)	2	0,4%
Mord z rąk miejscowej konspiracji	17[316]	3,4%
Mord z rąk miejscowych cywilów	96	19,2%
Śmierć z innych przyczyn (w kryjówce, samobójstwo)	7	1,4%
Zabici poza powiatem	6	1,2%
Zabici, ale okoliczności niewyjaśnione/brak danych/inne	13	2,1%
Ogółem liczba ofiar w okresie ukrywania się	501	100%
Ukrywali się, ale nie ma żadnych danych, co się z nimi stało	221[317]	
Szacunkowa (przybliżona) liczba Żydów, którzy podjęli ucieczkę i ukrywali się poza gettem w czasie akcji deportacyjnych w 1942 r., ale wrócili po akcjach do getta	800[318]	

Źródło: Opracowanie własne[319].

316 W 15 przypadkach świadkowie podali, że sprawcami byli banderowcy; 2 przypadki śmierci to rozstrzelanie w lesie prawdopodobnie przez partyzantkę ukraińską.

317 Z oszacowanej na podstawie źródeł liczby 1356 osób, które próbowały ukryć się w różnych miejscach, stosując różne strategie, przeżyły 634 osoby, 501 zginęło, a o 221 osobach nie można podać żadnych danych co do ich przeżycia lub śmierci.

318 Część osób, które uciekły i po akcjach wróciły do getta, podejmowała później ponowne próby ukrycia się, ale tylko niewielka ich liczba uniknęła śmierci. Ci, którym się to udało, zostali wykazani w liczbie ocalonych na terenie powiatu złoczowskiego. Większość jednak zginęła podczas akcji likwidacyjnych w 1942 oraz w 1943 r. i została wliczona do statystyk zamordowanych wskutek akcji deportacyjnych i likwidacyjnych.

319 Przy obliczeniach oparto się na źródłach zgromadzonych podczas kwerend, dostępnych bazach danych oraz literaturze przedmiotu.

Statystyki i konkluzje

Na podstawie materiałów wspomnieniowych ocalałych Żydów z powiatu złoczowskiego oraz informacji pochodzących z różnych baz danych szacuję, że ogółem na terenie tego powiatu (w jego przedwojennych granicach) w czasie okupacji niemieckiej znajdowało się 13 500 do 14 200 Żydów, w tej liczbie były także osoby, które wcześniej tam nie mieszkały, a zostały przywiezione do obozów pracy. Zdecydowana większość z tych Żydów zginęła wskutek niemieckich akcji deportacyjnych i likwidacyjnych prowadzonych w powiecie oraz ścigania wszystkich tych, którzy wymknęli się siłom niemieckim podczas akcji. Mimo że wielu Żydów złoczowskich próbowało uchronić się przed zatrzymaniem, różne okoliczności i warunki lokalne, wśród których jako kluczowe czynniki należy wymienić brak szerszego wsparcia ze strony społeczności lokalnych oraz brak zaangażowania w ukrywanie Żydów, spowodowały, że w powiecie złoczowskim prawdopodobnie jedynie 1356 osób podjęło próbę ratowania się, wybierając jedną lub kilka różnych strategii przetrwania. Odnaleziono informacje o 634 osobach (46,8%), które przeżyły m.in. dzięki pomocy miejscowej ludności, w bunkrach w lesie, w partyzantce oraz dzięki innym strategiom. O części osób nie wiemy, jakim sposobem przetrwały. Szacuję, że na terenie powiatu przeżyły co najmniej 472 osoby, a poza powiatem 63 Żydów. Z ogółu ukrywających się poznano losy 501 Żydów, którzy zginęli (w tym 6 osób poza powiatem), co stanowiło 36,9% próbujących się ratować. Przy czym większość straciła życie na terenie powiatu — 495 Żydów. W prawie połowę z tych morderstw aktywnie zaangażowali się lub przyczynili się do ich dokonania niektórzy mieszkańcy powiatu złoczowskiego (243 zabójstwa, tj. 48,5% przypadków śmierci); najczęściej byli to miejscowi ukraińscy policjanci, którzy stali się pomocnikami Niemców (wyłapywali i wydawali Żydów, współpracowali z Niemcami w czasie akcji, niektórzy także osobiście mordowali), a dalej mieszkańcy miasteczek i chłopi, którzy śledzili i wydawali Żydów lub też osobiście ich mordowali (96 przypadków śmierci bezpośrednio z rąk miejscowej ludności cywilnej). Te wskaźniki mogą być jeszcze wyższe, jeżeli weźmiemy pod uwagę odpowiedzialność i współudział w niemieckich obławach na Żydów, w których brali udział również policjanci ukraińscy i część miejscowej ludności cywilnej. Za wyłapywanie Żydów po akcji likwidacyjnej w getcie odpowiadali m.in. funkcjonariusze Policji Kryminalnej, prawdopodobnie także służący w niej miejscowi Polacy. W tym kontekście nie można także pominąć udziału części miejscowych osób w pogromie Żydów w lipcu 1941 r. To wszystko sprawiło, że Niemcy mieli ułatwione zadanie w czasie akcji likwidacyjnych i przy wyłapywaniu ukrywających się Żydów. Jedną z największych grup zabitych wśród ukrywających się Żydów w powiecie złoczowskim stanowiły osoby złapane podczas niemieckich obław lub innych akcji — ogółem zginęło w ten sposób 232 Żydów (46,3%)[320]. Pozostają niewyjaśnione losy 221 osób, które podjęły próbę ratowania się, ale nie wiadomo, czy zginęły, czy też przeżyły.

Chciałabym w tym miejscu zaznaczyć, że w statystykach przyczyn śmierci Żydów podejmujących próbę ratowania się nie mogły zostać uwzględnione bezimienne osoby uciekające z wagonów deportacyjnych. Wiele z nich zginęło podczas takiej próby ucieczki. Nie wiadomo, jak duża była to grupa ludzi. Ich śmierć została wliczona do ofiar zamordowanych w Bełżcu. Należy również przyjąć, że nie o wszystkich ukrywających się i zabitych Żydach zachowały się informacje w źródłach. Tam, gdzie nie było świadków śmierci, nie została ona odnotowana.

---

320 Dane do obliczeń statystycznych zaczerpnięto ze wspomnień i z relacji polskich, ukraińskich i żydowskich przechowywanych w archiwach oraz drukowanych; z dokumentów procesowych niemieckich zbrodniarzy wojennych; bazy Komitetu Żydowskiego w Bielsku-Białej; bazy Centralnego Komitetu Żydów w Polsce; ze spisów Żydów, którzy w 1944 r. przebywali na terenie powiatu złoczowskiego oraz w Złoczowie i zarejestrowali się u rejonowego pełnomocnika rządu RP do spraw ewakuacji ludności polskiej z Ukraińskiej SRR w Złoczowie na wyjazd do Polski; powojennych spisów ziomkostw, wykazujących tych, którzy przeżyli wojnę i czasami uwzględniających sposób ich przetrwania; bazy Yad Vashem Righteous Among the Nations; dokumentacji radzieckiej Państwowej Komisji Nadzwyczajnej do spraw Ustalenia i Badania Zbrodni Niemiecko-Faszystowskich Najeźdźców i ich Popleczników w mieście Złoczowie i jego okolicach (w tym z ekspertyz ekshumacji, protokołów przesłuchania świadków i innej dokumentacji) z 1944 r. oraz bazy *oral history* w zbiorach USC Shoah Foundation (przejrzano 22 wywiady Żydów ze Złoczowa); meldunków i raportów konspiracji wojskowej ZWZ-AK z Okręgu Tarnopol, Inspektoratu Złoczów i Obwodu Złoczów; opublikowanych meldunków Okręgu Złoczowskiego OUN oraz z literatury przedmiotu. Starano się określić poszczególne przypadki przeżycia i sporządzono zestawienie sposobów przetrwania Żydów ukrywających się na terenie powiatu złoczowskiego i poza jego granicami po niemieckich akcjach likwidacyjnych. Podobnie dążono do rozpoznania przypadków śmierci wśród Żydów, którzy w czasie okupacji niemieckiej przebywali na terenie powiatu złoczowskiego i próbowali ratować się, oraz przyczyny ich śmierci.

Wykres 3. Szacowana liczb ofiar wśród Żydów powiatu złoczowskiego w latach 1941–1944

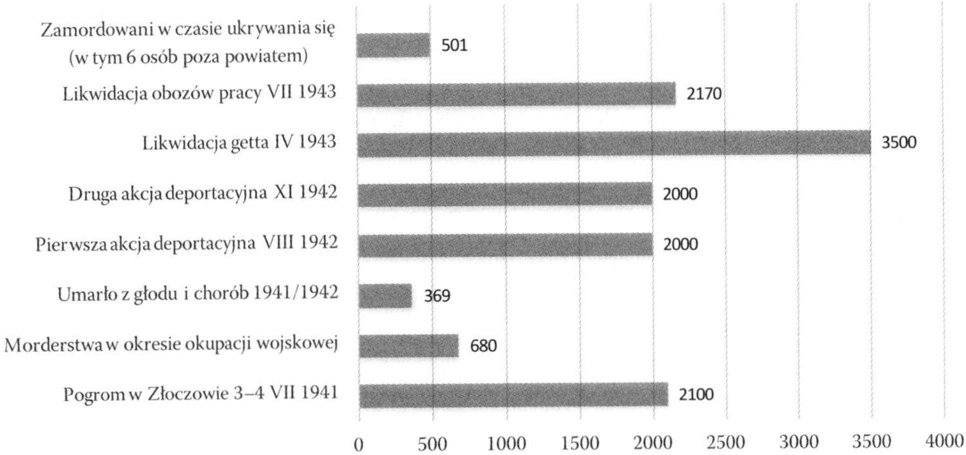

Źródło: Opracowanie własne na podstawie źródeł wykazanych w tekście przy omawianiu kolejnych akcji likwidacyjnych.

Jak wskazują powojenne dokumenty, w Złoczowie w 1944 i 1945 r. w czasie akcji przesiedlania ludności polskiej i żydowskiej w nowe granice Polski zostało zarejestrowanych do wyjazdu 395 Żydów, którzy przed wojną mieszkali w powiecie złoczowskim i nadal tam przebywali w okresie prowadzenia tych zapisów[321]. Należy uznać, że zdecydowaną większość stanowiły osoby, które przeżyły wojnę na terenie powiatu. Z tej liczby Złoczów opuściło w pociągach z przesiedleńcami 335 osób, a 60 osób nie ewakuowało się w transportach zorganizowanych (wyjechali w inny sposób). Oprócz tego część Żydów złoczowskich na własną rękę i różnymi drogami opuściła miasto i powiat, np. niektórzy wstąpili do wojska[322]. Pewna bliżej nieokreślona grupa Żydów nigdzie się nie zarejestrowała i własnym sumptem wyjechała

321 Warto tu wspomnieć, że na terenach sąsiednich — powiat Brody i Przemyślany, które w czasie okupacji niemieckiej wchodziły w skład Kreise Zloczow u rejonowych pełnomocników rządu RP do spraw ewakuacji ludności polskiej z USRR zarejestrowało się zdecydowanie mniej osób niż na terenie powiatu złoczowskiego — odpowiednio z powiatu brodzkiego — 167 Żydów (72 rodziny), a z powiatu przemyślańskiego — 192 osoby (93 rodziny). Podaję za: Hryciuk, *Przemiany narodowościowe i ludnościowe w Galicji Wschodniej i na Wołyniu...*, s. 336.

322 AAN, Rejonowi Pełnomocnicy Rządu RP do Spraw Ewakuacji Ludności Polskiej z Ukraińskiej SRR — grupa zespołów 1944–1946, 527, seria XIX: Rejonowy Pełnomocnik Rządu RP do spraw Ewakuacji Ludności Polskiej z Ukraińskiej SRR w Złoczowie, t. 4, Wykaz [liczbowy] przyjętych do ewakuacji, ewakuowanych i nieewakuowanych obywateli polskich w złoczowskim Pełnomocnictwie z objaśnieniem powodów do nieewakuacji (25 VI 1946 r.), k. 14.

do Polski. Z dokumentów rejonowego pełnomocnika rządu RP do spraw ewakuacji ludności polskiej z Ukraińskiej SRR w Złoczowie wynika, że ze Złoczowa wyjechali wszyscy Żydzi uprawnieni do przesiedlenia się.

Tabela 6. Szacunkowe dane o liczbie Żydów w powiecie złoczowskim i potwierdzone źródłowo przypadki ukrywania się w latach 1941–1944

Liczba Żydów w powiecie przed 1939 i w 1941 r.	1931:	10 236[323]
	1941:	11 750–12 450[324]
Liczba Żydów 1942 r. — przed akcjami		10 359[325]
Liczba próbujących się ratować (ukrywający się) przy pomocy różnych strategii przetrwania		1356[326]
Odsetek próbujących się ratować wobec liczby Żydów z 1942 r.		13,1
Szacunkowa liczba Żydów próbujących ratować się ucieczką poza getto w czasie akcji deportacyjnych w 1942 r., którzy po akcjach wrócili z powrotem do getta		800[327]

Źródło: Opracowanie własne.

Na koniec chciałabym wspomnieć, że 130–145 Żydów, którzy we wrześniu 1939 r. mieszkali w powiecie złoczowskim, w czasie wojny z różnych przyczyn znalazło się w głębi ZSRR (m.in. osoby represjonowane, uchodźcy

323 *Drugi powszechny spis ludności...*, z. 78: *Województwo tarnopolskie*, s. 32.

324 Dane szacunkowe zostały oparte na liczbie ludności żydowskiej powiatu złoczowskiego występującej w dokumentach z października/listopada 1941 r., w których podano liczbę 9660 Żydów mieszkających na terenie powiatu. Do tej liczby dodano szacunkową liczbę ofiar śmiertelnych poniesionych w okresie niemieckiej okupacji wojskowej, tj. 2080–2780 osób (pogrom w Złoczowie i morderstwa w różnych miejscowościach) i po zaokrągleniu przyjęto od 11 750 do 12 450 Żydów zamieszkujących powiat przed wybuchem wojny niemiecko-sowieckiej w czerwcu 1941 r. (zob. tabele 2 i 9).

325 Liczba szacunkowa otrzymana przez zsumowanie liczby Żydów w Złoczowie z kwietnia 1942 r. — 5833 osoby (dane na podstawie: AŻIH, 211/1160, Pismo Komitetu Powiatowego ŻSS do Prezydium ŻSS w Krakowie — Wydział Spraw Ogólnych i Organizacyjnych z 17 VII 1942 r., s. 12) z liczbą Żydów z innych miejscowości powiatu złoczowskiego oraz szacowaną liczbą Żydów spoza powiatu w obozach pracy (zob. tabela 9).

326 Zob. przypis 320.

327 Nie jest możliwe obecnie precyzyjne określenie liczby osób, które w okresie akcji deportacyjnych w 1942 r. podejmowały ucieczkę poza teren getta w celu ukrycia się. Na przykład ludność żydowska Sasowa w czasie obu akcji deportacyjnych stosowała ucieczkę w okoliczne lasy jako sposób uniknięcia wywiezienia, o czym w źródłach wspomina się bardzo wyraźnie. Natomiast w Złoczowie ucieczki w 1942 r. poza getto wydają się zdecydowanie mniej liczne niż w Sasowie, a ludność zazwyczaj ukrywała się na terenie getta, niektórzy w innych częściach miasta.

wojenni, osoby ewakuowane w czerwcu 1941 r.). Sumując ich liczbę z liczbą Żydów, którzy przetrwali Zagładę w strefie okupacji niemieckiej, można przyjąć, że ogółem wojnę przeżyło w różnych miejscach (także poza powiatem) łącznie 779 Żydów z powiatu złoczowskiego, ale na terenie samego powiatu okres okupacji niemieckiej przetrwała tylko część z nich, co stanowiło niewielki procent ogólnej liczby Żydów, która znajdowała się w czasie wojny na terenie powiatu złoczowskiego[328]. Statystyki te należy traktować jako szacunkowe i przybliżone, niemniej ukazują one pewne tendencje na badanym obszarze.

Żydzi złoczowscy przyjmowali różnorodne strategie przetrwania. Wielu próbowało się ratować sposobami, które były dla nich realnie dostępne: jedni mogli kupić fałszywe papiery, zapłacić za pokój i ukryć się po stronie aryjskiej; inni budowali w lesie bunkier, który trzeba było wykopać w ziemi i zamaskować, a następnie zdobywać każdego dnia żywność; jeszcze inni prosili znanych im Polaków lub Ukraińców, aby pomogli się ukryć. Różne osoby miały więc odmienne możliwości przeżycia. Powodzenie każdej z przyjętych strategii przetrwania zależało jednak zawsze od wsparcia innych ludzi — przede wszystkim nieżydowskiej społeczności Złoczowa i powiatu. Wydawałoby się, że na ziemiach, gdzie Polacy, Żydzi i Ukraińcy żyli od wieków ze sobą, ta wielowiekowa koegzystencja okaże się wystarczającym powodem do przeciwstawienia się złu, jakie przynieśli Niemcy. Tymczasem stało się inaczej. Wiele uprzedzeń i rywalizacja, które dawały się zauważyć już przed wojną zostało zwielokrotnione w okresie okupacji. Niektórzy mieszkańcy powiatu złoczowskiego wykorzystywali różne sytuacje na swoją rzecz. Część Ukraińców i Polaków bardzo chętnie brała sprawy w swoje ręce — wstępowali oni do policji lub administracji, przejmowali odebrane Żydom sklepiki i firmy. W okupacyjnej prasie ukraińskojęzycznej — „Lwiwśkich

---

328 Dane o Żydach złoczowskich, którzy przeżyli wojnę, oparto na bazie danych: Yad Vashem Righteous Among the Nations o osobach ukrywających Żydów w czasie wojny, którym przyznano medal Sprawiedliwego wśród Narodów Świata; bazie Centralnego Komitetu Żydów w Polsce, w tym dokumentach poszczególnych jego wydziałów (m.in. 303/V, Centralny Komitet Żydów Polskich, Wydział Ewidencji i Statystyki 1944–1950; 303/XIX, Centralny Komitet Żydów Polskich, Wydział Ziomkostw 1944–1950; 350, American Joint Distribution Committee 1945–1949); wykazach i spisach Rejonowego Pełnomocnika RP do spraw Ewakuacji Ludności Polskiej z USRR z lat 1944–1946; wykazach poszczególnych ziomkostw (dane niepełne), dokumentach procesowych zbrodniarzy wojennych, w których jako świadkowie brali udział Żydzi złoczowscy; dokumentach rosyjskich, polskich i niemieckich dotyczących losów ludności żydowskiej na terenie Bezirk Zloczow oraz na wspomnieniach i relacjach świadków wydarzeń. W odniesieniu do części osób nie udało się określić, w jaki sposób i gdzie dana osoba przetrwała wojnę, i dlatego dane te powinny być w przyszłości jeszcze uzupełnione.

Wistiach" z 1 lutego 1943 r. — jako jedno z urbanistycznych osiągnięć za 1942 r. komunikowano, że w Złoczowie, „gdzie były jakieś stare budynki żydowskie, to je rozebrano, aby nie psuły estetycznego wyglądu miasta"[329]. Natomiast w lutym 1943 r. Józef Anczarski, będący wtedy w Złoczowie, zanotował w dzienniku: „Domy opuszczone przez Żydów świecą pustkami. Hołota ludzka wszelkiego rodzaju obłupiła je z czego się tylko dało. [...] Chłopi podmiejscy za bezcen kupują domy pożydowskie na rozbiórkę"[330]. A przecież w tym czasie Złoczów był już po dwóch wielkich deportacjach Żydów do Bełżca, podczas których na ulicach rozgrywały się dramatyczne sceny, ponad 4500 Żydów zaś żyło stłoczonych w getcie.

Badania nad powiatem złoczowskim ukazują, że jedna z największych grup ocalałych Żydów na tym terenie przetrwała dzięki pomocy innych ludzi, i był to jeden z najskuteczniejszych sposobów przetrwania. Było ich jednak niewielu w stosunku do ogólnej liczby nieżydowskich mieszkańców powiatu. Odnalazłam jedynie 81 osób udzielających schronienia Żydom przez dłuższy czas. Kryli to jednak przed wszystkimi, a zwłaszcza przed tymi, którzy mogliby złożyć donos do ukraińskiej policji, niemieckiej żandarmerii czy Kripo. Okupanci mieli ułatwione zadanie. Donosicielstwo rozkwitło w Złoczowie i powiecie wyjątkowo. W lasach szerzyły się rabunki i napady. Przeżyli tam tylko nieliczni spośród próbujących się ukryć. Pewna część Żydów znalazła się w oddziałach partyzanckich, w tym sowieckich.

Tabela 7. Szacowane straty ludnościowe wśród Żydów z powiatu złoczowskiego podczas okupacji niemieckiej (łącznie z Żydami przywiezionymi na teren powiatu do pracy przymusowej)

Rok	1941	1942	1943
Liczba wywiezionych w czasie akcji	–	4 000[332]	520[334]
Liczba zabitych na miejscu na terenie powiatu	2080–2780[331]	co najmniej kilkadziesiąt osób[333]	5 150[335]
Liczba zabitych w okresie ukrywania się	501		
Odsetek zabitych w okresie ukrywania się wobec liczby Żydów próbujących się ratować	36,90%		

Źródło: Opracowanie własne.

329 „Lwiwśkie Wisti", 1 II 1943.

330 Anczarski, *Kronikarskie zapisy z lat cierpień i grozy w Małopolsce Wschodniej...*, s. 262.

331 Podane liczby obejmują tylko zamordowanych. Wliczono 1400–2100 ofiary pogromu z lipca 1941 r. oraz 680 osób zamordowanych w okresie niemieckiej okupacji wojskowej. Liczba nie obejmuje 369 ofiar śmiertelnych z powodu chorób i głodu z końca 1941 i pierwszej połowy 1942 r.

332 Łączna liczba osób wywiezionych podczas pierwszej akcji deportacyjnej w sierpniu 1942 r. (około 2000 osób) oraz w czasie drugiej akcji deportacyjnej w listopadzie 1942 r. Przyjęłam, że podczas drugiej akcji zostało wywiezionych około 2000 osób, gdyż ze względu na liczbę Żydów, którzy pozostali na miejscu i przebywali w getcie wtórnym od grudnia 1942 r., liczba ta raczej nie mogła być dużo wyższa; w niektórych publikacjach podaje się jednak 2500 deportowanych. Podczas drugiej akcji deportacyjnej osoby zabite w trakcie wyciągania z domów i w drodze na stację kolejową załadowano do wagonów deportacyjnych.

333 W źródłach brak precyzyjnie określonych liczb Żydów zabitych na miejscu podczas akcji deportacyjnych 28–29 VIII i 2 XI 1942 r. Na podstawie wspomnień świadków wydarzeń można było bliżej rozpoznać okoliczności śmierci jedynie kilkunastu osób rozstrzelanych na miejscu podczas pierwszej i drugiej akcji deportacyjnej. Osoby zabite w Złoczowie w trakcie drugiej akcji deportacyjnej załadowano do wagonów razem z osobami żywymi. Podaję za: AŻIH, 301/4846, Relacja Ozjasza Sigala z 15 XII 1948 r., s. 1; AŻIH, 301/3784, Relacja Anny Szolder-Ulreich, s. 4 (mps); AŻIH, 301/3776, Relacja Hermana Weiglera, s. 1–2; AIPN, 2586/115, Odpis wyroku Sądu Krajowego w Stuttgarcie z 15 VII 1966 r. w sprawie karnej przeciwko takim osobom, jak: Paul Raebel, Hermann Müller, Walter Lambor, Paul Mellar, Thomas Hassenberg, Julius Aust, Hubert Schwach, Horst Winkler, Willi Herrmann, Erwin Czerwony — członkowie SS, funkcjonariusze Policji Bezpieczeństwa Placówki zamiejscowej w Tarnopolu (Sicherheitspolizei Aussendienststelle Tarnopol), oskarżonym o zbrodnie popełnione na osobach narodowości żydowskiej w rejonie Tarnopola w latach 1941–1943, t. 1 (fotokopia), 1967–1967, k. 200–201; AŻIH, 301/3752, Relacja Leona Torczynera, s. 2 (mps). Wilhelm Strassler ze Złoczowa podał, że podczas pierwszej akcji deportacyjnej na miejscu zginęło około 200 osób, a podczas drugiej akcji deportacyjnej rozstrzelanych zostało około 500 Żydów. Te liczby należy uznać za zawyżone i nieznajdujące potwierdzenia w innym materiale źródłowym (AŻIH, 301/4834, Relacja Wilhelma Strasslera, s. 1 [mps]).

334 Szacunkowa liczba więźniów obozów pracy wywiezionych podczas likwidacji obozów w lipcu 1943 r. poza powiat złoczowski do obozu janowskiego lub do obozu w Jaktorowie.

335 W wykazanej ogólnej liczbie zamordowanych w 1943 r. na terenie powiatu było około 3500 Żydów podczas likwidacji getta w Złoczowie, którzy zostali rozstrzelani nad dołami śmierci w lesie jelechowickim, i około 1650 zabitych na miejscu podczas likwidacji obozów pracy z ogólnej liczby około 2450 więźniów żydowskich. Tylko niewielka ich część ukryła się w czasie akcji likwidacyjnej, a pozostałych przetransportowano do obozu janowskiego lub do obozu w Jaktorowie, gdzie prawdopodobnie zdecydowana większość z nich zginęła. Relacje o obozach złożyło wiele osób: USC, VHA, 32492, Relacja Maurycego Altstocka; USC, VHA, 51184, Relacja Leonida Vugmana; AYV, O.33/253, Wspomnienia Szymona Strasslera; Altman, *Haunting Memories*, s. 118, 137–139; AIPN Ka, 315/1/J, Przesłuchanie oskarżonego Josefa Grzimka z 9 II 1948 r., k. 144; AIPN Rz, 1/15, Obóz pracy przymusowej w Lackie Wielkie; AŻIH, 301/4719, Relacja Jakuba Chamaidesa; AŻIH, 301/87, Relacja Mendla Rudera; AŻIH, 301/4718, Relacja Mejera Hellera; AIPN Kr, S 47/13/Zn, t. 1, Protokół przesłuchania świadka Marii P. z 8 IV 2003 r. [odpis], k. 41–42; *ibidem*, Protokół przesłuchania świadka Władysława

Tabela 8. Liczba Żydów ocalałych z powiatu złoczowskiego

Liczba ocalałych	634[336]	w powiecie	472
		poza powiatem	63
Odsetek ocalałych wobec liczby Żydów z 1941 r.			5,1–5,4
Odsetek ocalałych wobec liczby Żydów z 1942 r.			6,1
Odsetek ocalałych wobec liczby Żydów próbujących się ratować			46,7
Przeżyli, ale nie wiadomo, w jaki sposób			99[337]

Źródło: Opracowanie własne[338].

S. z 14 IV 2003, k. 57–58; *ibidem*, Protokół przesłuchania świadka Zofii M. z 8 IV 2003 r., s. 68; AŻIH, 301/1403, Relacja Samuela Wandera; AŻIH, 301/3777, Relacja Chaima Wandera; AŻIH, 301/4991, Relacja Chaima Schöpsa; AŻIH, 301/1200; Relacja Hermana Weiglera; AŻIH, 229/77, Wykresy dotyczące zaopatrzenia w przedmioty użytku codziennego, wykaz liczby robotników w obozach: janowskim, Czwartaków, Winniki, Kurowice, Lackie Wielkie, Jaktorów, Płuhów, Kozaki, Borki Wielkie, Stupki, Złotów, s. 5; Ośrodek Karta, Archiwum Wschodnie, II/1420/2KW, Franciszek Sikorski, „Najpiękniejsze wzgórza i doliny", s. 29; AYV, O.3/2373, Relacja Efraima Halperna, s. 20; Mieczysław Kufel, *Wspomnienia z rodzinnego Oleska*, http://wegorzyno.pl/wspomnienia-zr-odzinnego-oleska.html (dostęp 20 IX 2016 r.). W źródłach wspomnieniowych podaje się różną wielkość poszczególnych obozów pracy w powiecie złoczowskim, a niekiedy są to bardzo rozbieżne dane. Na podstawie źródeł niemieckich (protokoły przesłuchań zbrodniarzy wojennych, nieliczne materiały kancelaryjne o obozach) oraz oceniając położenie obozów i infrastrukturę obozową, można uznać, że obozy w powiecie złoczowskim były małe, a liczbę więźniów żydowskich należy szacować na około 400 więźniów w każdym. W okresach wzmożenia prac i inwestycji gospodarczych mogła ona nieco wzrastać. Herman Berman podał, że w obozie pracy w Złoczowie podczas likwidacji zginęło 1200 osób. Ta liczba jest zdecydowanie za wysoka, jeśli weźmie się pod uwagę, jakie straty ludnościowe poniosła społeczność żydowska w akcjach likwidacyjnych oraz z powodu braku potwierdzenia w źródłach napływu robotników żydowskich do tego obozu w 1943 r. (AŻIH, 301/4027, Relacja Hermana Bermana).

336 Liczba ta nie obejmuje Żydów złoczowskich, którzy przeżyli wojnę w ZSRR i wrócili po wojnie do Polski (trudno precyzyjnie określić tę liczbę i obecnie można podać, że było to od 130 do 145 osób).

337 Przeżyli wojnę, ale nie udało się ustalić, czy ukrywali się na terenie powiatu, czy poza nim.

338 Podstawę do obliczeń stanowiły źródła zgromadzone podczas kwerend, dostępne bazy danych oraz literatura przedmiotu, wykazane w przypisach i bibliografii.

*

mówią, że byliśmy zobojętniali

mówią, że w gettach byliśmy zobojętniali
zatraciliśmy uczucia od ogromu grozy...
może powiedzą też że już
byliśmy martwi przed zamordowaniem?!
mówi tak kto tam nie był nie czytał
sam nie przeżywał
– trudno wprawdzie od każdego
oczekiwać zrozumienia
ja proszę tylko by
słuchano z szacunkiem bez uprzedzeń
by zgłębiano realia które panowały wtedy
a nie filozofie wokół nich — by zrozumiano że
żyć i umierać pośród tamtych okropności
kochać jeszcze życie gdy już nie ma do tego powodów
to sens potężniejszy od wszelkich burz uczuć
od wszystkiego co przez ludzi poznane i uznane[339].

1983

Halina Birenbaum

339 Halina Birenbaum, *Moje życie zaczęło się od końca*, Oświęcim: Państwowe Muzeum Auschwitz-Birkenau, 2010, s. 37. Halina Birenbaum z domu Grynsztajn, ur. w 1929 r. w Warszawie, pisarka i poetka; pierwsze lata okupacji niemieckiej przetrwała w getcie warszawskim, później jako więźniarka w obozie na Majdanku, następnie Auschwitz-Birkenau, Ravensbrück i Neustadt-Glewe. W czasie wojny zginęła jej najbliższa rodzina. Od 1947 r. zamieszkała w Izraelu, gdzie założyła rodzinę. Jej utwory zostały przetłumaczone na wiele języków.

Tabela 9. Zagłada ludności żydowskiej w powiecie Złoczów 1941–1944

Miejscowości	Złoczów	Sasów	Olesko
Liczba Żydów w czerwcu 1941 r.	8100–8800[340]	950	600
Pogromy	1400–2100[341]		
Morderstwa w czasie administracji wojskowej	420–460[345]	70[342]	około 120[343]
Liczba ludności żydowskiej X/XI 1941[346]	6228	877	480
Liczba Żydów około połowy 1942 r.	5833[347]	888[348]	472[349]
Pierwsza deportacja 28–29 VIII 1942 r.	około 1650[355]	około 100 deportowano; 8 osób rozstrzelano na miejscu[356]	około 250[357]
Liczba ludności żydowskiej 30 X 1942 r.	4172[358]	780[359]	220[360]
Druga deportacja 2 XI 1942 r.	2000[361]	nikogo nie wywieziono[362]	b.d.[363]
Liczba ludności żydowskiej 1 III 1943 r.[364]	4548[365]	około 580 osób pod koniec listopada 1942 r. przesiedlono do getta w Złoczowie[366]	około 450; nieobjęci przesiedleniem do getta w Złoczowie[367]
Likwidacja getta 2 IV 1943 r.	3500[368]	nie objęła[369]	nie objęła[370]
Liczba Żydów w obozach pracy przed ich likwidacją latem 1943 r.	400[371]	400 (w tym 200 z Sasowa i okolic)	450[372]

Ogólna liczba ukrywających się Żydów w latach 1941–1944	1356
Liczba ocalałych – ukrywających się w Złoczowie	32
Liczba ocalałych – reszta powiatu	602 (w tym 63 osoby przeżyły poza powiatem)

Dane statystyczne

Gołogóry	Sokołówka	Biały Kamień	Pozostałe tereny powiatu złoczowskiego
2100			
b.d.	b.d.	b.d.	rozstrzelano co najmniej kilkanaście osób ze wsi Zarwanica i z jej okolic[344]
507	314	251	1003
534[350]	321[351]	291[352]	1020[353] + około 1000[354]
b.d.	b.d.	b.d.	b.d.
b.d.	b.d.	b.d.	b.d.
b.d.	b.d.	b.d.	b.d.
1 XII 1942 r. przesiedleni do getta w Złoczowie	przesiedleni do getta w Złoczowie	od 1 XII 1942 r. przesiedleni do getta w Złoczowie	od 1 XII 1942 r. część Żydów złoczowskich ze wsi została przesiedlona do getta w Złoczowie; do obozów pracy trafiła część Żydów złoczowskich oraz Żydzi przywiezieni spoza powiatu. W obozach w Kozakach, Płuchowie i Lackiem Wielkim mogło ogółem przebywać 1300–1400 osób
zginęli podczas likwidacji getta w Złoczowie	zginęli podczas likwidacji getta w Złoczowie	zginęli podczas likwidacji getta w Złoczowie	Żydzi przesiedleni do Złoczowa zginęli podczas likwidacji getta
–	–	–	około 1200 (obozy pracy w Kozakach, Płuchowie i Lackiem Wielkim[373]

b.d. – brak danych

Źródło: Opracowanie własne.

Przypisy do tabeli znajdują się na kolejnych stronach.

340 Liczba szacunkowa na postawie danych o liczbie Żydów w Złoczowie z października/listopada 1941 r. zsumowanej z ofiarami pogromu z 3–4 VII 1941 r. i rozstrzeliwań w okresie niemieckiej administracji wojskowej.

341 Pogrom w Złoczowie 3–4 VII 1941 r.

342 Żydzi zamordowani od lipca do października 1941 r. w Sasowie w różnych akcjach przeciwko Żydom (AYV, M.49.E/3701, Herman Weigler, s. 2–4; AŻIH, 301/4670, Relacja Majera Perlmuttera, s. 1).

343 Brak dokładnych danych. Statystyki z października/listopada 1941 r. wykazują ubytek ludności żydowskiej w Olesku około 120 osób w porównaniu do liczby mieszkańców z 1931 r. Osoby te zginęły zapewne na początku okupacji. W relacjach żydowskich wspomina się o rozstrzeliwaniach prowadzonych w okolicy Oleska w pierwszych miesiącach okupacji niemieckiej. Dane liczbowe z października/listopada 1941 r. pochodzą z: DALO, f. R-370, op. 1, spr. 22, Gemeinden der Zloczow Bezirkes, k. 13.

344 AŻIH, 301/7006, Relacja Michała Kutnego; GARF, f. 7021, op. 67, d. 84, Akt z 18 XI 1944 r. ze wsi Zarwanica [straty ludnościowe w czasie okupacji niemieckiej], k. 26. Liczba zabitych mogła sięgnąć około 30 osób.

345 GARF, f. 7021, op. 67, d. 80, Akt Miejskiej Komisji do spraw Ustalenia i Badania Zbrodni Niemiecko-Faszystowskich Najeźdźców w mieście Złoczowie, 24 IX 1944 r., s. 77; AŻIH, 301/4991, Relacja Chaima Schöpsa, s. 1. Między 3 a 7 lipca zginęło 120–160 osób, zabitych na głównych ulicach miasta. 10 VII 1941 r. Niemcy zamordowali 300 Żydów z grona inteligencji.

346 Dane pochodzą z: DALO, f. R-370, op. 1, spr. 22, Anzahl der Bewohner in den Räumen der einzelnen Gemeinden Zloczower Bezirkes, k. 1; *ibidem*, Gemeinden der Zloczow Bezirkes, k. 10–13; DALO, R-35, op. 9, spr. 37, Kreis Zloczow. Die Nachweisung der Stadt und Landgemeinden mit eingegliederter Ortschaften, k. 9–13, 15–18.

347 Liczba Żydów w Złoczowie podana na 1 IV 1942 r. za: AŻIH, 211/1160, Pismo Komitetu Powiatowego ŻSS do Prezydium ŻSS w Krakowie z 17 VII 1942 r., s. 12; Według *Księgi Zmarłych* Gminy Izraelickiej w Złoczowie od sierpnia 1941 do sierpnia 1942 r. zmarło 369 osób. Podaję za: AP Przemyśl, 2257, t. 5, Indeks do księgi zmarłych 1938–1942.

348 AAN, Rada Główna Opiekuńcza. Biuro Centrali w Krakowie 1939–1945, 125, seria 2.4, t. 703, Sprawozdanie I referenta organizacyjno-inspekcyjnego Polskiego Komitetu Opiekuńczego w Złoczowie za miesiąc lipiec 1942 r., s. 112.

349 AŻIH, 211/1159, Pismo Komitetu Powiatowego ŻSS do Prezydium ŻSS w Krakowie z 15 kwietnia 1942 r., s. 10.

350 AAN, 125, seria 2.4, t. 703, Sprawozdanie I referenta organizacyjno-inspekcyjnego Polskiego Komitetu Opiekuńczego w Złoczowie za miesiąc czerwiec 1942 r., s. 97.

351 AŻIH, 211/1159, Pismo Komitetu Powiatowego ŻSS do Prezydium ŻSS w Krakowie z 15 kwietnia 1942 r., s. 10.

352 *Ibidem.*

353 Liczba podana została na podstawie danych Polskiego Komitetu Opiekuńczego w Złoczowie z 1942 r., dokumentacji Komitetu Żydowskiej Samopomocy Społecznej w Złoczowie z 1942 r., a w przypadku braku danych dla poszczególnych miejscowości oparto się na statystyce złoczowskiego okręgu sądowego z przełomu października/listopada 1941 r. Zob.: AAN, 125, seria 2.4, t. 703, Sprawozdanie I referenta organizacyjno-inspekcyjnego Polskiego Komitetu Opiekuńczego w Złoczowie za miesiąc czerwiec 1942 r., s. 95–96, 98, 101; *ibidem*, Sprawozdanie I referenta organizacyjno-inspekcyjnego Polskiego Komitetu Opiekuńczego w Złoczowie za miesiąc lipiec 1942 r., s. 112.

354 Liczba szacunkowa Żydów, których przywieziono na teren powiatu złoczowskiego do obozów pracy, folwarków i przedsiębiorstw.

355 Od danych z 1 IV 1942 r. podanych przez KP ŻSS — 5833 Żydów (w tym 500 uchodźców) odjęto liczbę ludności żydowskiej w Złoczowie podaną przez KP ŻSS 30 X 1942 r. — 4172 osób, co dało ubytek ludności o 1661 osób. Podaję za: AŻIH, 211/1160, Pismo Komitetu Powiatowego ŻSS do Prezydium ŻSS w Krakowie z 17 VII 1942 r., k. 12; *ibidem*, Pismo Komitetu Powiatowego ŻSS do Prezydium ŻSS w Krakowie z 30 X 1942 r., k. 48. Nieco inne dane podano w korespondencji do Prezydium ŻSS w Krakowie z 10 IV 1942 r., gdzie wykazywano 5831 Żydów w Złoczowie. Zob.: AŻIH, ŻSS, 211/1159, Pismo KP ŻSS do Prezydium ŻSS w Krakowie z 15 IV 1942 r., k. 12. Założyłam, że pomiędzy kwietniem a październikiem oprócz wywiezionych co najmniej kilkanaście osób zostało zabitych lub zmarło, stąd liczbę deportowanych ustalono na niższą, tj. na około 1650 osób.

356 AŻIH, 301/3776, Relacja Hermana Weiglera, mps, s. 1–2. Inni Żydzi — mieszkańcy miasteczka ukryli się przed akcją deportacyjną.

357 Dane szacunkowe. Przy obliczeniach uwzględniono, że transport deportacyjny ze Złoczowa prawdopodobnie liczył 2000 Żydów, założono więc, że aby dopełnić liczbę Żydów złapanych w Złoczowie i Sasowie, z Oleska zabrano prawdopodobnie około 250 osób.

358 AŻIH, 211/1160, Pismo Komitetu Powiatowego ŻSS do Prezydium ŻSS w Krakowie z 30 X 1942 r., s. 48.

359 Obliczenia szacunkowe: od liczby ludności wykazanej na przełomie października i listopada 1941 r. odjęto liczbę wywiezionych w pierwszej akcji deportacyjnej.

360 Dane jedynie szacunkowe.

361 Trudno jest określić liczbę wywiezionych Żydów do Bełżca z terenu powiatu złoczowskiego podczas drugiej deportacji, ponieważ dysponujemy jedynie źródłami wspomnieniowymi. Padają w nich różne nieprecyzyjne określenia ilości wywiezionych. Tylko niekiedy świadkowie podają dokładniejsze szacunki strat ludnościowych podczas tej akcji. Ilość 2000 osób wywiezionych podali: Salomon Altman, *Haunting Memories*, s. 104; AŻIH, 301/4834, Relacja Wilhelam Strasslera, s. 1. W opracowaniach encyklopedycznych dla Złoczowa określono tę liczbę na 2 500 deportowanych Żydów: *Encyclopedia of Camps and Ghettos...*, t. 2, s. 850; *Encyclopedia of the Ghettos during the Holocaust*, t. 1, s. 987. Jednak ze względu na ilość Żydów, którzy po tej akcji pozostali w Złoczowie w getcie wtórnym przychylam się do liczby 2000 deportowanych Żydów ze Złoczowa w dniu 2 XI 1942 r.

362 AŻIH, 301/3776, Relacja Hermana Weiglera, s. 1–2. Nikogo nie deportowano, bo wszyscy Żydzi na wiadomość o akcji w Złoczowie uciekli z miasteczka do lasu.

363 Prawdopodobnie nikogo wtedy nie zabrano.

364 1 III 1943 r. w GG został przeprowadzony niemiecki spis powszechny.

365 Liczba podana za: Hryciuk, *Przemiany narodowościowe i ludnościowe w Galicji Wschodniej i na Wołyniu...*, s. 234. Autor dokonał obliczeń za danymi archiwalnymi z niemieckiego spisu powszechnego z 1 III 1943 r. Wśród 4548 osób było prawdopodobnie 2376 Żydów przesiedlonych od 1 XII 1942 r. z terenu powiatu złoczowskiego do getta wtórnego (przesiedlenie nie objęło Żydów z obozów pracy) oraz nie więcej niż 2172 Żydów mieszkańców miasta. Była też bliżej niedająca się precyzyjnie określić grupa osób przywiezionych do Złoczowa spoza powiatu. Grzegorz Hryciuk podał, że w całym powiecie Złoczów w momencie spisu 1 III 1943 r. znajdowało się 5913 Żydów (Hryciuk, *Przemiany narodowościowe i ludnościowe w Galicji Wschodniej i na Wołyniu...*, s. 225, Tabela 35: „Ludność województwa tarnopolskiego w 1943 r.").

366 Żydów sasowskich pod koniec listopada 1942 r. przesiedlono do getta w Złoczowie. Na miejscu zostali tylko obozowicze, wśród których było około 200 osób z Sasowa (AŻIH, 301/3777, Relacja Chaima Wandera, s. 2, 4).

367 W tym czasie pozostawali tam już tylko Żydzi w obozie pracy, w tym zapewne część Żydów z Oleska.

368 GARF, f. 7021, op. 67, d. 80, Protokoły ekshumacji ciał osób rozstrzelanych przez Niemców z grobów w lesie w pobliżu wsi Jelechowice, k. 75. W tej liczbie są ujęci Żydzi z Sasowa i innych miasteczek oraz ze wsi z terenu Bezirk Zloczow, którzy zostali przesiedleni do getta wtórnego w Złoczowie od 1 XII 1942 r.

369 Byli tam tylko Żydzi w obozach pracy, którzy nie podlegali akcji likwidacyjnej.

370 Byli tam tylko Żydzi w obozach pracy.

371 Komendant żydowskiego obozu pracy w Złoczowie Josef Grzimek podał, że w lipcu 1943 r. więziono tam około 400 Żydów. W obozie przebywali głównie Żydzi ze Złoczowa, ale byli tam także Żydzi przywiezieni z innych terenów, których liczby nie udało się wyodrębnić. We wspomnieniach jednego ze świadków wydarzeń — Hermana Bermana [Bergmana] — została wymieniona liczba 1200 więźniów osadzonych w obozie, ale wydaje się ona za wysoka (AIPN Ka, 315/1/J, Protokół przesłuchania oskarżonego Josefa Grzimka z 9 II 1948 r., k. 144; AŻIH, 301/4027, Relacja Hermana Bermana [Bergmana], s. 2).

372 W tej liczbie prawdopodobnie około 220 Żydów z Oleska. Wszyscy rozstrzelani na Białej Górze.

373 Według danych Grzegorza Hryciuka w kwietniu 1943 r. poza gettem w Złoczowie na terenie powiatu miało znajdować się 1365 Żydów, których należy utożsamiać z więźniami obozów pracy (Hryciuk, *Przemiany narodowościowe i ludnościowe w Galicji Wschodniej i na Wołyniu...*, s. 225, tabela 35: „Ludność województwa tarnopolskiego w 1943 r."). Zachowane relacje, wspomnienia i zeznania świadków wydarzeń jednak przekonują o wyższym stanie osobowym tych obozów. Zob.: AYV, O.33/253, Wspomnienia Szymona Strasslera, s. 47–48; AŻIH, 301/4719, Relacja Jakuba Chamaidesa, s 1; AŻIH, 301/4025, Relacja Mojżesza Teichmana, s. 1; AŻIH, 302/227, Pamiętnik Fani Laufer, s. 6; AIPN Rz, 1/15, Protokół przesłuchania świadka Ambrożego Krzemińskiego z 8 IV 1949 r., s. 87; *ibidem*, Protokół przesłuchania świadka Aleksandra Bodaja z 8 IV 1949 r., s. 89; *ibidem*, Protokół przesłuchania świadka Franciszka Winiarskiego z 31 III 1949 r., s. 92 i in; AŻIH, 301/4718, Relacja Meiera Hellera, s. 1; IPN OK Kr, S 47/13/Zn, t. 1, Protokół przesłuchania świadka Marii P. z 8 IV 2003 r., k. 41; *ibidem*, Odpis protokołu przesłuchania świadka Władysława S. z 14 IV 2003 r., k. 57; AYV, O.3/2373, Relacja Efraima Halperna, s. 10; AŻIH, 301/1403, Relacja Samuela Wandera, s. 1, 5; *ibidem*, 301/3777, Relacja Chaima Wandera, s. 2–4; *ibidem*, 301/4991, Relacja Chaima Schöpsa, s. 2. W obliczeniach liczby bardzo skrajne występujące w źródłach odrzucono jako mało prawdopodobne.

Indeksy

Indeks osobowy

A

B

C

D

G

H

I

J

K

L

Ł

M

O

R

S

Ś

U

Z

Ż

Indeks geograficzny

D

K

N

O

U

V

W

Ż

Wykaz skrótów

AAN	Archiwum Akt Nowych
ABLG	Archiwum Beit Lochamej ha-Getaot (Archiwum Kibucu Bojowników Gett); zob. też GFH
AEL	Arbeitserziehungs Lager (wychowawczy obóz pracy)
AHM	Archiwum Historii Mówionej
AIPN	Archiwum Instytutu Pamięci Narodowej
AIPN Bi	Archiwum Instytutu Pamięci Narodowej Oddział w Białymstoku
AIPN Ka	Archiwum Instytutu Pamięci Narodowej Oddział w Katowicach
AIPN Ki	Archiwum Instytutu Pamięci Narodowej Oddział w Kielcach
AIPN Kr	Archiwum Instytutu Pamięci Narodowej Oddział w Krakowie
AIPN Lu	Archiwum Instytutu Pamięci Narodowej Oddział w Lublinie
AIPN Rz	Archiwum Instytutu Pamięci Narodowej Oddział w Rzeszowie
AIPN Sz	Archiwum Instytutu Pamięci Narodowej Oddział w Szczecinie
AIPN Wr	Archiwum Instytutu Pamięci Narodowej Oddział we Wrocławiu
AJDC	American Jewish Joint Distribution Committee (Amerykańsko--Żydowski Połączony Komitet Rozdzielczy)
AK	Armia Krajowa
AKO	Armia Krajowa Obywatelska
AL	Armia Ludowa
AMSW	Archiwum Ministerstwa Spraw Wewnętrznych
AMT	Archiwum Muzeum Tatrzańskiego
AN Kr	Archiwum Narodowe w Krakowie
AN Kr Bochnia	Archiwum Narodowe w Krakowie Oddział w Bochni
AN Kr ONS	Archiwum Narodowe w Krakowie Oddział w Nowym Sączu
AOK	Armeeoberkommando (Naczelna Komenda Armii)
AP Białystok	Archiwum Państwowe w Białymstoku
AP Kielce	Archiwum Państwowe w Kielcach
AP Kraśnik	Archiwum Państwowe w Kraśniku
AP Lublin	Archiwum Państwowe w Lublinie
AP Przemyśl	Archiwum Państwowe w Przemyślu
AP Rzeszów	Archiwum Państwowe w Rzeszowie

AP Siedlce	Archiwum Państwowe w Siedlcach
AP Zamość	Archiwum Państwowe w Zamościu
ASG	Ankieta Sądów Grodzkich
AYV	Archiwum Yad Vashem
AZHRL	Archiwum Zakładu Historii Ruchu Ludowego
AŻIH	Archiwum Żydowskiego Instytutu Historycznego
BAB	Bundesarchiv Berlin (Archiwum Federalne w Berlinie)
BAL	Bundesarchiv Ludwigsburg (Archiwum Federalne w Ludwigsburgu)
BBWR	Bezpartyjny Blok Współpracy z Rządem
BCh	Bataliony Chłopskie
BIP	Biuro Informacji i Propagandy
BSRR	Białoruska Socjalistyczna Republika Radziecka
BStU	Die Behörde des Bundesbeauftragten für die Unterlagen des Staatssicherheitsdienstes der ehemaligen Deutschen Demokratischen Republik (Pełnomocnik Federalny do spraw Materiałów Państwowej Służby Bezpieczeństwa NRD)
BUJ	Biblioteka Uniwersytetu Jagiellońskiego
Bund	Powszechny Żydowski Związek Robotniczy na Litwie, w Polsce i Rosji
CAW	Centralne Archiwum Wojskowe
CDAHOU	Centralnyj derżawnyj archiw hromadśkych objednań Ukrajiny (Centralne Państwowe Archiwum Organizacji Społecznych Ukrainy)
CDAWOWUU	Centralnyj derżawnyj archiw wyszczych orhaniw władу i uprawlinnia Ukrajiny (Centralne Państwowe Archiwum Wyższych Organów Władzy i Urzędów Ukrainy)
CDCN	Centrum Dokumentacji Czynu Niepodległościowego
CENTOS	Centrala Związku Towarzystw Opieki nad Sierotami i Dziećmi Opuszczonymi
ChD	Chrześcijańska Demokracja
CK	Centralny Komitet
CKŻP	Centralny Komitet Żydów w Polsce
CSS	Cywilny Sąd Specjalny
CŻKH	Centralna Żydowska Komisja Historyczna
DALO	Derżawnyj Archiw Lwiwśkoj Obłasti (Państwowe Archiwum Obwodu Lwowskiego)
DATO	Derżawnyj Archiw Ternopilskoj Obłasti Państwowe Archiwum Obwodu Tarnopolskiego
DGW	Deutsches Gericht Warschau (Sąd Niemiecki w Warszawie)

DP displaced persons (dosł. osoby przemieszczone – uchodźcy)
DP Dywizja Piechoty
DSZ Delegatura Sił Zbrojnych na Kraj
GARF Gosudarstwiennyj archiw Rossijskoj Fiedieracyi (Archiwum Państwowe Federacji Rosyjskiej)
Gestapo Geheime Staatspolizei (Tajna Policja Państwowa)
GFH Ghetto Fighters' House, zob. też ABLG
GK Główna Komisja Badania Zbrodni Hitlerowskich/ Ścigania Zbrodni przeciwko Narodowi Polskiemu
GKBZHwP Główna Komisja Badania Zbrodni Hitlerowskich w Polsce
GKBZN Główna Komisja Badania Zbrodni Niemieckich
GKŚZpNP Główna Komisja Ścigania Zbrodni przeciwko Narodowi Polskiemu
GL Gwardia Ludowa
GPO Government Publishing Office (USA)
GRN Gromadzka Rada Narodowa
GUS Główny Urząd Statystyczny
HASAG Hugo Schneider Aktiengesellschaft Metallwarenfabrik
HKP Heeres Kraftfahr Park (wojskowe warsztaty samochodowe)
Hobag Holzbau Aktiengesellschaft Breslau
IFiS Instytut Filozofii i Socjologii
IH Instytut Historii
IPH Izba Przemysłowo-Handlowa
IPN Instytut Pamięci Narodowej – Komisja Ścigania Zbrodni przeciwko Narodowi Polskiemu
IPN OK Kr Instytut Pamięci Narodowej Oddziałowa Komisja Ścigania Zbrodni przeciwko Narodowi Polskiemu w Krakowie
IPN OK Rz Instytut Pamięci Narodowej Oddziałowa Komisja Ścigania Zbrodni przeciwko Narodowi Polskiemu w Rzeszowie
ISP Instytut Studiów Politycznych
ITS International Tracing Service (Międzynarodowa Służba Poszukiwań)
JOD Jüdischer Ordnungsdienst (Żydowska Służba Porządkowa)
Joint zob. AJDC
Julag Juden Arbeitslager (obóz pracy dla Żydów)
KdO Kommandeur der Ordnungspolizei (komendant Orpo)
KdS Kommandeur der Sicherheitspolizei und des SD (komendant Policji Bezpieczeństwa i Służby Bezpieczeństwa)
Kedyw Kierownictwo Dywersji

KG	Komenda Główna
KL	Konzentrationslager (obóz koncentracyjny)
KOP	Komitet Opiekuńczy Powiatowy
KP	Komenda Powiatowa/Komitet Powiatowy
KP(b)U	Komunistyczna Partia (bolszewików) Ukrainy
KPP	Komunistyczna Partia Polski
KPZU	Komunistyczna Partia Zachodniej Ukrainy
Kripo	Kriminalpolizei (Policja Kryminalna)
KUL	Katolicki Uniwersytet Lubelski
KW	Komenda Wojewódzka/Komitet Wojewódzki
KW (AK)	Kontrwywiad
KWP	Kierownictwo Walki Podziemnej
LG	Landgericht (Sąd Krajowy)
LSB	Ludowa Straż Bezpieczeństwa
MAP	Ministerstwo Administracji Publicznej
MB	Muzeum w Bochni
MBP	Ministerstwo Bezpieczeństwa Publicznego
MHMK	Muzeum Historyczne Miasta Krakowa
MO	Milicja Obywatelska
MON	Ministerstwo Obrony Narodowej
NKGB	Narodnyj komissariat gosudarstwiennoj biezopasnosti (Ludowy Komisariat Bezpieczeństwa Państwowego)
NKWD	Narodnyj komissariat wnutriennich dieł (Ludowy Komisariat Spraw Wewnętrznych)
NOW	Narodowa Organizacja Wojskowa
NRD	Niemiecka Republika Demokratyczna
NSDAP	Nationalsozialistische Deutsche Arbeiterpartei (Narodowsocjalistyczna Niemiecka Partia Robotników)
NSZ	Narodowe Siły Zbrojne
NTN	Najwyższy Trybunał Narodowy
NZW	Narodowe Zjednoczenie Wojskowe
OD	Ordnungsdienst (Służba Porządkowa)
OK	Ośrodek Karta
OKBZH	Okręgowa Komisja Badania Zbrodni Hitlerowskich
Orpo	Ordnungspolizei (Policja Porządkowa)
OSP	Ochotnicza Straż Pożarna

OUN	Orhanizacija Ukrajinśkych Nacionalistiw (Organizacja Ukraińskich Nacjonalistów)
OZN	Obóz Zjednoczenia Narodowego
PAL	Polska Armia Ludowa
PAN	Polska Akademia Nauk
PAP	Polska Agencja Prasowa
PCK	Polski Czerwony Krzyż
PKWN	Polski Komitet Wyzwolenia Narodowego
PMM	Państwowe Muzeum na Majdanku
PP	Policja Państwowa
PP (GG)	Polnische Polizei im Generalgouvernement (Policja Polska Generalnego Gubernatorstwa)
PPPNB	Posterunek Policji Polskiej w Nowym Brzesku
PPR	Polska Partia Robotnicza
PPS	Polska Partia Socjalistyczna
PPS-WRN	Polska Partia Socjalistyczna-Wolność, Równość, Niepodległość
PRL	Polska Rzeczpospolita Ludowa
PSL	Polskie Stronnictwo Ludowe
PUBP	Powiatowy Urząd Bezpieczeństwa Publicznego
PUR	Państwowy Urząd Repatriacyjny
PWN	Państwowe Wydawnictwo Naukowe
PZPR	Polska Zjednoczona Partia Robotnicza
RFN	Republika Federalna Niemiec
RGG	Rząd Generalnego Gubernatorstwa
RGO	Rada Główna Opiekuńcza
RGWA	Rossijskij gosudarstwiennyj wojennyj archiw (Rosyjskie Państwowe Archiwum Wojskowe)
RP	Rzeczpospolita Polska
RPŻ	Rada Pomocy Żydom „Żegota"
RSHA	Reichssicherheitshauptamt (Główny Urząd Bezpieczeństwa Rzeszy)
RŻ	Rada Żydowska
SA	die Sturmabteilungen der NSDAP (Oddziały Szturmowe NSDAP)
SA Kr	Sąd Apelacyjny w Krakowie
Schupo	Schutzpolizei (Policja Ochronna)
SD	Sicherheitsdienst (Służba Bezpieczeństwa)
Sipo	Sicherheitspolizei (Policja Bezpieczeństwa)

SL Stronnictwo Ludowe
SN Stronnictwo Narodowe
SO Sąd Okręgowy
SO Ki Sąd Okręgowy w Kielcach
SOS Sąd Okręgowy w Siedlach
SPP Studium Polski Podziemnej
SRR Socjalistyczna Republika Radziecka
SS die Schutzstaffel der NSDAP (Sztafety Ochronne NSDAP)
SSPF der SS- und Polizeiführer (dowódca SS i policji)
TOPR Tatrzańskie Ochotnicze Pogotowie Ratunkowe
TOZ Towarzystwo Ochrony Zdrowia Ludności Żydowskiej
UAM Uniwersytet Adama Mickiewicza
UB Urząd Bezpieczeństwa
UBP Urząd Bezpieczeństwa Publicznego
UdSRR zob. USRR
UJ Uniwersytet Jagielloński
UJK Uniwersytet Jana Kazimierza
UŁ Uniwersytet Łódzki
UMCS Uniwersytet Marii Skłodowskiej-Curie
UNDO Ukrajinśke Nacionalno-Demokratyczne Objednannia (Ukraińskie Zjednoczenie Narodowo-Demokratyczne)
UPA Ukrajinśka powstanśka armija (Ukraińska Armia Powstańcza)
USA United States of America (Stany Zjednoczone Ameryki)
USC, VHA USC [University of South California] Shoah Foundation, Visual History Archive
USHMM United Holocaust Memorial Museum
USRR Ukraińska Socjalistyczna Republika Radziecka (niem. UdSRR – Ukrainische Sozialistische Sowjetrepublik)
UwB Uniwersytet w Białymstoku
UW Kr Urząd Wojewódzki w Krakowie
VD Volksdeutsch (Niemiec etniczny)
VL Vernichtungslager (ośrodek zagłady)
WiN Wolność i Niezawisłość
WKP(b) Wszechzwiązkowa Komunistyczna Partia (bolszewików)
WKW Wywiad i Kontrwywiad
WKŻ Wojewódzki Komitet Żydowski

WP	Wojsko Polskie
WSP	Wyższa Szkoła Pedagogiczna
WUBP	Wojewódzki Urząd Bezpieczeństwa Publicznego
WUSW	Wojewódzki Urząd Spraw Wewnętrznych
ZAL	Zwangsarbeitslager (obóz pracy przymusowej)
ZBoWiD	Związek Bojowników o Wolność i Demokrację
ZLCh	Zjednoczenie Lewicy Chłopskiej „Samopomoc"
ZLN	Związek Ludowo-Narodowy
ZMNT	Zarząd Miejski Nowego Targu
ZNO	Zakład Narodowy im. Ossolińskich
ZSRR	Związek Socjalistycznych Republik Radzieckich
ZSRS	Związek Socjalistycznych Republik Sowieckich
ZWZ	Związek Walki Zbrojnej
ŻIH	Żydowski Instytut Historyczny
ŻKOP	Żydowski Komitet Opiekuńczy Powiatowy
ŻOB	Żydowska Organizacja Bojowa
ŻOK	Żydowski Komitet Opiekuńczy (Jüdische Hilfskomitee)
ŻSS	Żydowska Samopomoc Społeczna
ŻUS	Żydowski Urząd Samopomocy (Jüdische Unterstützungsstelle)

PODZIAŁ ADMINISTRACYJNY OKUPOWANYCH ZIEM

1:4 000 000

granice Polski w 1939

granice okręgów, prowincji i rejencji

granice innych państw

ziemie pod okupacją

ziemie włączone do

Trzecia Rzesza

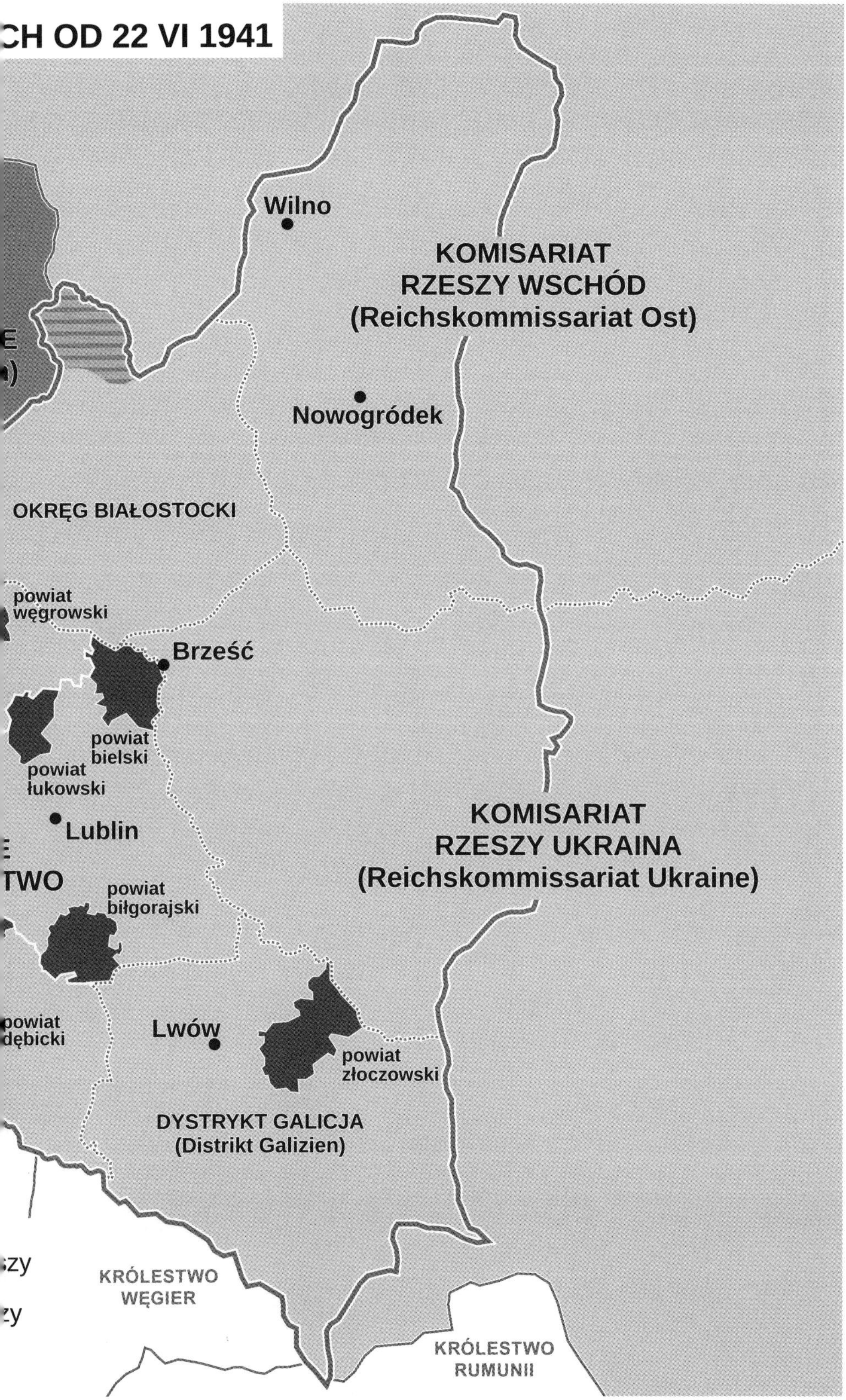
CH OD 22 VI 1941
Wilno
KOMISARIAT
RZESZY WSCHÓD
(Reichskommissariat Ost)
Nowogródek
OKRĘG BIAŁOSTOCKI
powiat
węgrowski
Brześć
powiat
bielski
powiat
łukowski
Lublin
KOMISARIAT
RZESZY UKRAINA
(Reichskommissariat Ukraine)
TWO
powiat
biłgorajski
powiat
dębicki
Lwów
powiat
złoczowski
DYSTRYKT GALICJA
(Distrikt Galizien)
KRÓLESTWO
WĘGIER
KRÓLESTWO
RUMUNII

REDAKTOR PROWADZĄCY
Jakub Petelewicz

REDAKCJA I INDEKSY
Beata Bińko

KOREKTA
Dorota Białas

OPRACOWANIE KARTOGRAFICZNE
Zbigniew Gałęza, Mariusz Olczyk

PROJEKT OKŁADKI I SKŁAD
libellicosa

Na okładce wykorzystano wykonane przez Jana Mikulskiego
zdjęcie ukrywanej przez niego Rywki Wajnberg,
ze zbiorów Danuty Mikulskiej-Renk

Stowarzyszenie Centrum Badań nad Zagładą Żydów
ul. Nowy Świat 72, pok. 120
00-330 Warszawa
e-mail: stowarzyszenie@holocaustresearch.pl
www.holocaustresearch.pl

ISBN 978-83-63444-62-4 [tom II: 978-83-63444-63-1]
ISBN kompletu 978-83-63444-64-8

ISBN dla oprawy twardej:
tom I: 978-83-63444-58-7, tom II: 978-83-63444-59-4, komplet 978-83-63444-60-0

ISBN e-book 978-83-63444-61-7

Objętość: 48 ark. wyd., 54,5 ark. druk.

Druk:
POLIGRAF Joanna Goś
ul. Męczenników Podl. 8
21-570 Drelów